中央和国家机关定点扶贫成就巡礼集

上

中央和国家机关工委 编

人民出版社

庆祝中国共产党成立100周年

The 100th Anniversary of the Founding of
The Communist Party of China

　　我国脱贫攻坚战取得了全面胜利，现行标准下 9899 万农村贫困人口全部脱贫，832 个贫困县全部摘帽，12.8 万个贫困村全部出列，区域性整体贫困得到解决，完成了消除绝对贫困的艰巨任务，创造了又一个彪炳史册的人间奇迹！

　　　　　　　　　　　——习近平总书记在全国脱贫攻坚总结表彰大会上的讲话（2021 年 2 月 25 日）

脱贫攻坚精神

上下同心　尽锐出战
精准务实　开拓创新
攻坚克难　不负人民

　　我代表党和人民庄严宣告，经过全党全国各族人民持续奋斗，我们实现了第一个百年奋斗目标，在中华大地上全面建成了小康社会，历史性地解决了绝对贫困问题，正在意气风发向着全面建成社会主义现代化强国的第二个百年奋斗目标迈进。这是中华民族的伟大光荣！这是中国人民的伟大光荣！这是中国共产党的伟大光荣！

——习近平总书记在庆祝中国共产党成立 100 周年
大会上的讲话（2021 年 7 月 1 日）

总目录

中央和国家机关定点扶贫工作

先进典型风采录

上卷目录

序　言

　　2021年2月25日，习近平总书记在全国脱贫攻坚总结表彰大会上庄严宣告，我国脱贫攻坚战取得了全面胜利，区域性整体贫困得到解决，完成了消除绝对贫困的艰巨任务，创造了又一个彪炳史册的人间奇迹！

　　消除贫困、改善民生、逐步实现共同富裕，是中国特色社会主义的本质要求，是中国共产党的历史使命。中央单位定点扶贫是中国特色扶贫开发事业的重要组成部分，是我国政治优势和制度优势的生动体现。中央和国家机关离党中央最近，服务党中央最直接，在脱贫攻坚工作中具有重要作用。早在20世纪80年代，中共中央、国务院印发《关于一九八六年农村工作的部署》之后，中央和国家机关就率先开展定点扶贫。原国家科委、原国家教委、原农业部、原商业部、原林业部、民政部、原地矿部、原化工部、中国科协、中国科学院等10个部门开始定点联系帮助贫困地区。1994年《国家八七扶贫攻坚计划（1994—2000年）》实施时，共有89个中央和国家机关部门（单位）帮扶241个贫困县。1998年10月，中央重新部署定点扶贫工作，确定107个中央和国家机关部门（单位）帮扶240个贫困县。2002年，中央再次调整定点扶贫结对关系，共有106个中央和国家机关部门（单位）帮扶203个贫困县。2012年，在新一轮定点扶贫工作中，明确116个部门（单位）帮扶237个贫困县。党的十八大以来，中央和国家机关定点扶贫工作按照党中央决策部署和习近平总书记重要指示批示精神进一步推进，越来越多的部门（单位）参与定点扶贫。2015年，中央和国家机关133个部门（单位）定点帮扶232个贫困县。之后经过几次动态调整，至2018年党和国家机构改革后，共有117个中央和国家机关部门（单位）定点帮扶233个贫困县。2019年，又新增2个定点帮扶部门，至此中央和国家机关共有 119 个部门（单位）定点帮扶 233 个贫困县。

历经 30 多年的定点扶贫工作，特别是党的十八大以来，中央和国家机关各部门（单位）坚决响应党中央号召，坚持以习近平新时代中国特色社会主义思想为指导，认真贯彻落实习近平总书记关于扶贫工作的重要论述，自觉把定点扶贫工作作为增强"四个意识"、坚定"四个自信"、做到"两个维护"、当好"三个表率"的具体实践。各部门（单位）坚持精准扶贫精准脱贫基本方略，加强组织领导，健全工作机制，创新帮扶模式，选派帮扶干部，有力推动和促进 233 个定点扶贫县脱贫摘帽、27911 个贫困村出列、1802 万贫困人口脱贫，为全面打赢脱贫攻坚战作出了应有贡献。

高度重视，切实加强组织领导。中央和国家机关各部门（单位）坚决贯彻党中央决策部署，把定点扶贫作为重大政治任务扛在肩上、抓在手上。及时出台定点扶贫工作制度，每年印发定点扶贫工作计划，广泛深入动员部署。各部门（单位）普遍成立扶贫工作领导小组，建立和完善主要负责同志带头抓、分管负责同志具体抓、扶贫工作领导小组专题研究部署的定点扶贫工作领导体制。兼任中央和国家机关部门领导职务的党和国家领导同志率先垂范，亲自赴定点扶贫县调研指导定点扶贫工作，听取工作汇报，作出指示批示，看望慰问贫困群众，进村寨、走学校、看医院，摸实情、察实效、访民情。各部门（单位）主要负责同志履行第一责任人职责，把定点扶贫工作摆上重要议事日程，深入定点扶贫县开展调查研究，与贫困县干部群众共商脱贫之策、共谋致富之路，全力支持定点扶贫县打赢脱贫攻坚战。党的十八大以来，中央和国家机关各部门（单位）部级以上领导赴定点扶贫县调研督导逾 2000 人次，其他各级领导干部到定点扶贫县调研逾 40000 人次。

立足实际，创新完善帮扶机制。中央和国家机关各部门（单位）充分发挥自身优势，创新探索出务实有效、各具特色的经验做法，形成了产业扶贫、科技扶贫、教育扶贫、文化扶贫、健康扶贫、消费扶贫等帮扶模式，有力促进全面打赢打好脱贫攻坚战。有的发挥行业系统工作优势，建立部、省、市、县"四级联动"机制；有的打造"组团帮扶""联动帮扶""互联网＋订单产业"等，实现帮扶工作效益最大化；有的探索出"3 人小组"工作法、"大河小河"工作法、"五包"脱贫工作法等，有效提高扶贫工作质量；有的通过开行公益"慢火车"、建设"扶贫车间"等方式帮扶贫困群众脱贫致富；有的立足当地资源，探索构建"有机农业 + 生态旅游 + 美丽乡村"发展模式，设计"红色文化、休闲生态、有机康养"等主题旅游参考线路，引进投资建设特色民宿；有的聚焦贫困群众罹患疾病、灾害意外、财产损失等，创新推广防返贫保险和"期货 + 保险"；有的精准对接企业，变"零散式"外出务工为"组团式"集中输出务工，新冠肺炎疫情发生后，开展点对点、一站式闭环输送务工人员；有的帮助开展形式多样的网络销售、直播带货，孵化当地优质"村播"，组织"丰收节"等专场活动，推动构建可持续的消费帮扶方式。

多措并举，形成攻坚克难合力。中央和国家机关各部门（单位）紧紧围绕落实"两不愁三保障"，汇聚各种资源和力量，通过直接投入资金、加大各类专项资金倾斜、帮助申请各类项目资金等，全力帮扶贫困地区发展。发动部门（单位）干部职工捐款捐物，积极为定点扶贫作贡献；动员高层次专业人才参与，组织专家到贫困县对接服务；开展国际减贫领域的交流合作，组织外国使团到贫困县考察，向全球推介贫困县产品；用活用足产业发展和招商引资政策，培育和吸引有影响力的市场主体，带动产业发展、贫困户就业；加大干部群众培训力度，推动从"输血"方式向"造血"方式转变；大力开展消费扶贫，积极帮助销售贫困地区农产品。党的十八大以来，各部门（单位）共向定点扶贫县投入帮扶资金 147 亿元，引进帮扶资金 607 亿元，购买贫困地区农产品 19 亿元，帮助销售贫困地区农产品 1032 亿元。特别是 2020 年，面对新冠肺炎疫情的冲击，各部门（单位）战贫战疫两手抓、两不误，提前超额完成定点扶贫责任书各项指标任务，仅购买和帮助销售湖北滞销农产品就达 42 亿元。

尽锐出战，确保扶贫工作实效。中央和国家机关各部门（单位）积极响应号召，选派优秀干部深入脱贫攻坚一线，与基层干部群众想在一起、干在一起，在宣传党的政策、建强基层党组织、发动贫困群众、实施扶贫项目、监管扶贫资金、推动政策试点、为民办事服务、提升治理水平等方面发挥了积极作用。他们与群众同吃同住同劳动，成了地道的"村里人"。他们帮助贫困县建起了"致富路"，搭起了"连心桥"，让贫困群众喝上了"放心水"、住上了"安全房"。他们克服工作生活等困难，把心思和精力都倾注在扶贫工作上，逢年过节不能与亲人团聚，父母病重、孩子年幼顾不上照看，有的甚至献出了宝贵的生命。党的十八大以来，各部门（单位）共选派了900多名挂职扶贫干部、500多名驻村第一书记，有成千上万的机关干部参与扶贫工作。其中，1名个人被授予"全国脱贫攻坚楷模"荣誉称号，87个集体被授予"全国脱贫攻坚先进集体"荣誉称号，114名个人被授予"全国脱贫攻坚先进个人"荣誉称号，有14个集体、15名个人获得"全国脱贫攻坚奖"有关奖项，有40个集体、100名个人分别获得中央和国家机关脱贫攻坚先进集体、优秀个人称号，还有很多集体和个人受到地方表彰。

夯实基层，增强党组织凝聚力战斗力。中央和国家机关各部门（单位）高度重视农村基层党组织建设，坚持抓党建促脱贫攻坚，帮助提升基层党组织的凝聚力、战斗力。组建宣讲小分队、邀请专家学者到定点扶贫县开展党的理论和路线方针政策宣讲；打造"党建＋扶贫"示范点，引领贫困人口转变观念，提升贫困群众自我发展能力；因地制宜发展壮大村级集体经济，消除"空壳村"，管好用好财政扶持资金，夯实带领贫困群众脱贫的物质基础；发挥基层党组织和党员领富带富作用，培育出一批党带群、强带弱、富带贫先进典型，为稳定脱贫注入了"红色动力"；帮助贫困村从返乡优秀青年、致富能手、农民合作社负责人等优秀分子中发展党员，培育群众信赖的"领头雁"；开展形式多样的党建联建共建，实现资源共享、深度融合、双赢发展；加大对贫困县党政干部、农村党支部书记、致富带头人和技术人员等的培训，不断增强脱贫的内生动力。党的十八大以来，各部门（单位）累计为贫困县培训基层干部48万名，培训技术人员102万人。

中央和国家机关定点扶贫工作

中央纪委国家监委机关

历 程

自 20 世纪 90 年代开始，中央纪委机关积极响应党中央号召，对河南省驻马店市确山县、上蔡县、平舆县、新蔡县，以及信阳市淮滨县、新县开展定点扶贫。2004 年，按照党中央、国务院的部署要求，中央纪委机关定点扶贫县调整为四川省凉山彝族自治州的甘洛县和乐山市的马边彝族自治县。2012 年 11 月，按照《关于做好新一轮中央、国家机关和有关单位定点扶贫工作的通知》精神和关于"连片开发、集中扶贫"的统一部署，同属乌蒙山片区的四川省凉山彝族自治州雷波县连同马边县一并确定为中央纪委机关定点扶贫县，并延续至今。

党的十八大以来，中央纪委国家监委机关深入学习贯彻习近平总书记关于扶贫工作的重要论述和党中央精准扶贫、精准脱贫的重大决策部署，把打赢脱贫攻坚战作为增强"四个意识"、坚定"四个自信"、做到"两个维护"的实际行动，在中央纪委常委会的坚强领导下，有力监督保障脱贫攻坚战的同时，着力在定点扶贫工作中发挥政治机关带头示范作用，积极帮助两县理思路、定规划、投资金、牵项目、育人才，破解制约长远发展和民生改善等重大问题。2015 年以来，共赴两县调研指导工作 81 次，选派挂职扶贫干部 21 人，投入帮扶资金 4442 万元，引进帮扶资金近 12 亿元，协调落地国家级重点项目 7 个，捐款捐物折合 450 余万元，消费扶贫 1070 余万元，帮助培训基层干部 2800 余人次，培训技术人员 1.3 万余人次，为马边、雷波两县打赢脱贫攻坚战提供了

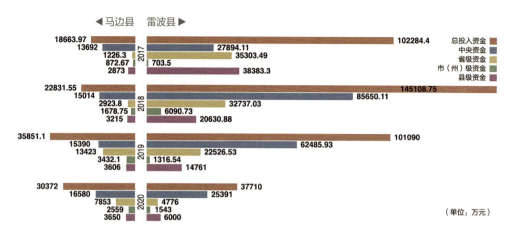

◀马边县　雷波县▶

	总投入资金
	中央资金
	省级资金
	市（州）级资金
	县级资金

2017
18663.97
13692
1226.3
872.67　703.5
2873
27894.11
35303.49
38383.3
102284.4

2018
22831.55
15014
2923.8
1678.75　6090.73
3215
32737.03
20630.88
85650.11
145108.75

2019
35851.1
15390
13423
3432.1　1316.54
3606
22526.53
14761
62485.93
101090

2020
30372
16580
7853
2559　1543
3650　6000
25391
4776
37710

（单位：万元）

｜ 2017—2020 年两个定点扶贫县财政专项扶贫资金投入情况

有力支持。自 2017 年国务院扶贫开发领导小组开展中央单位定点扶贫工作成效评价以来，委机关考核等次均为"好"。

一、坚持抓党建促脱贫，切实强化基层党组织领导作用

立足政治机关定位，注重发挥政治机关功能，坚持将党建扶贫作为精准扶贫的首要举措，厚植脱贫致富的政治基础。一是压紧压实脱贫攻坚政治责任。坚持把督促推动主体责任落实作为首要任务，通过调研督导、监督检查、日常督促等多种方式，推动两县党委和政府扛牢脱贫攻坚主体责任，束紧各级党组织书记抓脱贫攻坚主体责任落实的链条，确保各项脱贫攻坚政策措施落地落实。二是帮助建强基层党组织战斗堡垒。指导两县抓住行政区划改革契机，突出抓好贫困村党支部书记、创业致富带头人、实用科技人才三支队伍建设，配好配强村级党组织带头人。目前两县村支书、村主任中，当过兵、打过工、经过商的致富能手达到 295 名，占比 53.6%。以机关定点帮扶村、挂职干部联系村为试点，探索实施挂职干部所在单位党支部结对共建、县乡村三级党员干部联学联动抓落实、"蜂巢式党建＋微治理"、组建村"老年顾问团"和"青年服务队"、加强村务监督委员会规范化建设等系列基层党建新举措，推进党群工作融合，把党的组织优势切实转化为经济社会发展优势和致富优势，示范带

动其他贫困村强党建促脱贫。三是着力培育一支能战斗、带不走的骨干队伍。紧密结合两县干部队伍能力建设需求，针对不同层级、不同部门、不同领域，积极协调培训资源，搭建培训平台，持续提升两县干部队伍素质；每年安排基层骨干赴脱贫致富示范地区考察调研，协调组织基层干部、专技人才赴东部沿海发达地区挂职锻炼或跟班学习，两县 2800 余人次参加了委机关协调安排的各类培训实践，这批干部人才都成了两县脱贫攻坚的主力军。四是切实强化纪律保障。党风政风监督室和信访室把两县作为观察点、第十监督检查室坚持暗访督导，指导两县纠治"四风"，开展"清卡行动""明目行动""作风提振百日攻坚"等专项治理行动，深入整治扶贫领域腐败和作风问题，推动政治生态持续向好。

二、坚持着眼人的全面发展，多措并举指导帮助激发群众内生动力

立足两县均属彝族"直过区"、现代化文明程度较低的客观现实，坚持把促进人的全面发展摆在扶贫最核心突出位置，指导两县持续深入推进扶志工作。一是针对群众眼界不开阔、思想不解放等导致的"不想干"问题，指导两

马边彝族自治县概况

马边彝族自治县总面积 2293 平方千米，总人口 22.19 万人。1984 年经国务院批准成立彝族自治县，2002 年、2004 年分别被确定为国家扶贫开发工作重点县、中央纪委国家监委机关定点扶贫县。全县自然资源丰富，磷矿远景储量 24.8 亿吨，有茶叶、竹笋、青梅、猕猴桃等特色产业基地 177 万亩。2020 年 2 月脱贫摘帽。

县完善帮扶工作机制和内容，调动各级干部、帮扶责任人、驻村工作队一对一帮带村"两委"成员，开展常态化走村入户、举办农民夜校、实施新型农民素质提升工程等，持续强化宣传教育和政策讲解，带动群众不断解放思想；结合彝区"老人当家"的传统习惯，指导两县分批组织 60 岁以上山区老人"进城看变化"，引导老人转变观念，注重教育后辈，激发奋进意识。二是针对彝族群众不良习惯等导致的"稳不住"问题，指导两县陆续出台系列移风易俗新规和约束性制度，系统推进符合彝区实际的"三建四改五洗"、上门送科教以及各类文明创建评比活动，不断完善乡村综合文化设施，引导群众摒弃传统陋习、减少不良行为、树立文明新风，推动生活习惯与文明新风同步"直过"。三是针对群众产业自主发展意识不强、转移就业意愿不足、就业渠道较为单一等问题，推动两县整合政策、资金和资源，为群众量身设立各类产业发展扶持、奖补基金，鼓励群众发展"短平快"产业和特色产业增加收入，激励贫困群众主动发展生产。把促进群众就业摆在突出位置，协调有关部委增加公益性岗位，为两县积极推送务工信息，组织多家央企、国企、民企上门开展就业实用技能培训和专场招聘，为群众创造更多"饭碗"；协调东西部协作对口帮扶地区、用工大户与两县建立"订单式"定向用工模式，稳定转移输出劳动力。

三、坚持扶贫必先扶智，深化教育扶贫阻断贫困代际传递

立足两县教育现状，针对不同层面教育需求，分类精准投放教育扶贫资源，弥补当地教育短板，推动教育工作质量水平稳步提升。在改善乡村办学条件上，协调教育部、四川省给予两县薄弱学校改造项目、资金支持，全面提升学校硬件基础；委机关筹措并协调社会资金 6000 余万元，投向两县近 80 所学校的搬迁、改建、新建，学生学习生活条件大幅度改善。在助力学前教育上，协调推动"学前学会普通话"、"一村一幼"学前教育提升、"慧育中国"儿童早期养育、儿童营养改善等多个优质项目在两县全面实施，促进幼儿成长发育，更好衔接义务教育。在提升教育质量上，紧密依托教育部、团中央、知名学校以

及社会上的优质教育资源，在两县持续实施师资援建、结对扶教、挂职支教、蹲点助教、暑期实践、教师培训等十余个基础教育帮扶项目，有效缓解了当地师资力量不足的问题，持续提升了当地教师执教能力和水平。针对彝区大龄低年级学生的厌学辍学问题，支持马边县开办"桐华学校"，集中最好的资源教授困难学生，探索了符合彝区实际的控辍保学新途径。在促进教育资源均衡上，注重发挥互联网优势特点，协调对接有关教育资源和社会力量，通过建设网络互动共享课堂、试点"网络班"同步教学、开办网校、提供网络平台免费网课等，共享全国优质教育资源，为当地学生创造更多更好学习机会。在教育保障激励上，协调有关社会团体在两县实施"活水计划""关爱陪伴计划""春蕾计划""护苗行动"等系列慈善扶助项目，帮助解决贫困学生学习生活困难；积极协调社会爱心力量在两县捐资成立多个教育基金，专款用于奖励优秀师生，持续激发个体动力。据统计，精准扶贫以来，两县学生辍学、失学率大幅下降，高考本科及重点本科两个上线率大幅攀升，雷波县在2020年高考中，有两名学生被清华、北大录取。两县教育事业呈现出持续上升的良好发展态势。

针对彝族地区大龄低年级学生厌学辍学问题，支持当地开办"桐华学校"，集中优质资源教授困难学生，探索彝族地区控辍保学新途径。图为马边彝族自治县2019年暑期"桐华培优班"结业典礼。

雷波县概况

雷波县位于四川省西南边缘、凉山彝族自治州东部、金沙江下游北岸，总面积2838平方千米，辖21个乡（镇）、170个村（社区），人口28.4万人，其中以彝族为主体的少数民族占59.6%，享有"孟获故里、中国彝族民歌之乡、中国优质脐橙第一县"等美誉。1994年被确定为国家重点扶持贫困县，2012年，由中央纪委国家监委机关定点帮扶，2020年2月脱贫摘帽。

四、坚持提升产业发展基础，着力增强自身"造血"功能

针对两县产业基础薄弱、产业链条短、专业技术人才缺乏、现有企业带动力差等短板和实际，紧紧围绕资源禀赋、发展需求、支柱产业发展、产销对接等方面帮助夯实提升产业发展水平。一是注重规划引领。协调农业农村部、科学技术部、中旅集团等指导两县制定乡村振兴规划、农业发展规划、旅游发展规划，以及多个细分产业发展规划，从源头上解决当地产业发展"做什么""为什么""怎么做"的问题。二是注重项目扶持。为两县协调落地产业强镇示范、万亩高标准农田改造、茶叶提质增效、中旅集团马边"云上福来"美丽乡村旅游和雷波马湖荆竹半岛精品民宿等多个产业发展大项目；协调引进峨眉雪芽等国企在马边县投资设厂，惠及周边乡镇30000多亩茶园5000余人。三是注重人才技术支撑。坚持"请进来"与"走出去"相结合，协调多个国家产业体系专家组、大型专业企业专家团队到两县调研指导茶叶、冷水鱼、脐橙、中药材、乡村旅游等产业发展，并持续开展现场教学、集中办班、跟踪指导等工作；委机关每年组织两县专业干部、技术人员赴产业发展先进地区、大型企业考察学习，拓宽产业发展思路，对接有关企业资源，学习借鉴成功经验。四是

注重打通产品出路。在扩大品牌知名度上，对接中央电视台以及快手等网络平台公益宣传两县特色资源。在帮助建立稳定销售渠道上，协调全国供销总社、中粮集团等将两县优质农副产品纳入供应体系，长期定向采购。在拓展产品销路上，协调十余家知名电商免费上架或设专区销售两县特产，助力产品销售；委机关也坚持通过消费扶贫、帮助销售等方式化解产品卖难问题。通过全方位产业扶贫，进一步助推两县产业科学定位、结构优化、转型升级和绿色生态可持续发展，产业基础稳固提升，市场竞争力有效增强。

五、坚持助推重大基础项目落地，不断打牢两县可持续发展根基

高度关注国家重大投资项目在两县的规划落地，积极帮助两县衔接争取发展资源。一方面，围绕解决长期掣肘经济社会发展的症结，着力推动对接国家

| 围绕两县资源禀赋，协调中旅集团等龙头企业帮扶两县旅游产业发展，促进群众就业增收。图为马边"云上福来"旅游项目。

级发展规划和重点项目。积极协调国家主管部门,将马边支线纳入仁沐新高速同步建设,协调乐西高速规划贯穿马边县,两条高速分别于 2020 年底、2023年建成通车后,将彻底改善马边县的交通状况;协调推动国家有关部门,将宜攀高铁规划途经雷波县并设站,建设雷波与宜攀高速的连接线公路等,建成后将为雷波县带来历史性发展机遇。另一方面,聚焦重大民生难题,帮助解决民生所需。协调水利部、财政部在两县立项建设青龙水库、芦蒿溪水库、麻柳湾水库,支持两县推进供水、防洪、节水、水保建设,将有效解决两县长期以来"有水难存""靠天喝水"的问题。协调中国电信投资 3000 万元建设马边"策马扬边"脱贫攻坚信息化平台,整合政策宣传、信息发布、便民服务、群众监督等功能,为马边脱贫攻坚和长远发展连上信息路、智慧路。协调中国三峡集团连续 5 年对雷波县 20 亿度电进行补贴,每度电补贴 0.05 元,并与雷波县签订总值 60 亿元水风光互补清洁能源项目战略合作协议,首期投资 6 亿元建设雷波县清洁能源基地。协调国家卫健委、国家中医药管理局落实 4000 万元支持马边县中医院住院大楼、5000 万元支持雷波县中彝医院门诊住院大楼建设,进一步改善当地医疗卫生条件。

虽然两县已成功脱贫,但摘帽只是底线,小康不是终点,发展仍在路上。接下来,中央纪委国家监委机关将坚持以习近平新时代中国特色社会主义思想为指导,坚持"四个不摘"、坚持力度不减,继续围绕两县短板弱项和新阶段发展需求,持续推动内生动力有效激发、特色产业发展壮大、教育卫生事业稳

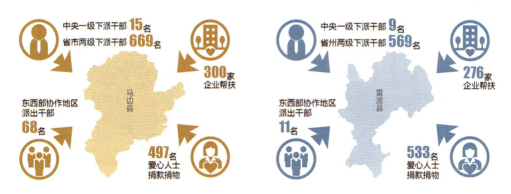

| 脱贫攻坚以来机关定点帮扶县外来帮扶力量情况

创新帮扶模式

　　脱贫攻坚战打响以来，中央纪委国家监委机关坚持定点扶贫工作与纪检监察业务工作同谋划、同部署、同推进，立足政治机关特点，着力构建纵向中央、省、市（州）三级纪委监委合力帮扶，横向调度发挥各有关派驻、中管企业纪检监察机构协调推动作用的工作机制，紧密结合当地实际，围绕促进人的全面发展，有力协调了各类资源支持提升基础设施、教育卫生、产业就业、人才培训等事业发展水平。探索出的"蜂巢式党建＋微治理"基层治理模式、"策马扬边"脱贫攻坚信息化平台、"桐华学校"控辍保学新途径以及"清卡行动""明目行动"等基层监督工作收效良好，具有一定的推广借鉴意义。

步提升、易地扶贫搬迁后续帮扶、干部人才队伍培训培养等工作，指导两县持续巩固拓展脱贫攻坚成果，顺利衔接乡村振兴，推动县域经济社会发展和群众生活改善取得更大成效。

历任扶贫干部

挂职扶贫干部

挂职时间	姓　名	挂职地	挂职职务
2016.7—2018.8	雷　勤	四川省马边彝族自治县	县委副书记
2018.7—2021.5	陈劲松	四川省马边彝族自治县	县委副书记、副县长
2021.5—	陈　猛	四川省马边彝族自治县	县委副书记

挂职时间	姓 名	挂职地	挂职职务
2016.7—2017.7	王 明	四川省雷波县	县委常委、副县长
2017.7—2019.8	王世峰	四川省雷波县	县委副书记
2019.8—	刘二伟	四川省雷波县	县委副书记

驻村第一书记

驻村时间	姓 名	所驻村及职务
2015.7—2017.7	帅志聪	马边彝族自治县柏香村第一书记
2017.7—2019.10	穆 伟	马边彝族自治县后池村第一书记
2019.8—	柴 杰	马边彝族自治县小谷溪村第一书记
2016.7—2018.7	王寿梗	雷波县磨石村第一书记
2018.7—2021.5	宋 刚	雷波县甲谷村第一书记
2021.5—	苏世承	雷波县汶水村第一书记

中央办公厅

历 程

按照党中央的统一部署，中央办公厅承担定点扶贫工作已经28年。1994年帮扶青海省玉树县（今玉树市），2012年调整为帮扶陕西省宁陕县，2015年新增帮扶河南省光山县。其中，玉树县于1999年10月宣布脱贫摘帽，光山、宁陕两县分别于2019年5月和2020年2月宣布脱贫摘帽。

党的十八大以来，中央办公厅坚决贯彻党中央关于脱贫攻坚的重大决策部署，深入落实习近平总书记关于扶贫工作的重要论述和系列重要指示批示精神，认真履行对河南光山、陕西宁陕两县定点扶贫政治责任，把协助两县打赢脱贫攻坚战作为重大政治任务，多措并举推进精准扶贫精准脱贫，扎实推动两县实现高质量脱贫。

一、落实政治责任，精心加强组织领导

中央办公厅高度重视定点扶贫工作，中办领导班子多次召开厅务会会议听取工作汇报、研究谋划定点扶贫措施，帮助两县厘清发展思路，把握好重点和节奏，切实推进脱贫攻坚。2013年初，新一轮定点扶贫对象确定后，第一时间成立中办定点扶贫工作领导小组，精心谋划、扎实推进定点扶贫各项工作。2016年2月，脱贫攻坚战打响伊始，时任中央政治局委员、中央书记

处书记、中央办公厅主任栗战书专程前往两县调研考察，了解两县扶贫工作情况，研究谋划脱贫攻坚工作措施。2018年、2019年，在两县全力冲刺脱贫摘帽时期，中央政治局委员、中央书记处书记、中央办公厅主任丁薛祥到两县调研扶贫工作，深入走访贫困户，慰问勉励扶贫一线基层干部，考察了解特色产业带动脱贫情况，推进落实打赢脱贫攻坚战的思路举措。丁薛祥同志每年主持召开中办定点扶贫工作领导小组会议，学习贯彻党中央决策部署，听取两县脱贫攻坚工作汇报，研究落实帮扶措施。其他厅领导结合分管工作想办法、抓落实，组织力量赴两县进行工作对接、开展调研和走访慰问，全力以赴推动定点扶贫工作。中办定点扶贫工作领导小组发挥牵头抓总作用，建立完善与省市县协调对接、分工负责、合力攻坚的工作机制，精心组织、认真督促各单位将各项帮扶举措落实到位，确保帮扶力量、帮扶力度、帮扶投入只增不减。中办各单位充分挖掘利用自身优势，广泛组织动员党员干部职工参与扶贫济困活动，多方协调社会资源支持两县脱贫攻坚工作，力所能及为两县办实事解难事。

二、坚持精准帮扶，在补短板促发展上出实招

认真贯彻落实党中央精准扶贫精准脱贫基本方略，按照"实事求是、因地制宜、分类指导、精准扶贫"要求，立足职能特点，在扶持对象精准、项目安排精准、资金使用精准、措施到户精准、因村派人精准、脱贫成效精准上出实招、见实效。深入调研补短板，紧紧围绕习近平总书记关注的扶贫领域突出问题，多次赴两县开展实地调研，深入了解建档立卡贫困户实际需求，形成系列专题调研报告，如实反映基层脱贫攻坚中出现的新情况新问题，有针对性地提出帮扶思路，既为当地补短板、强弱项提出有的放矢的举措，也为党中央决策提供参考。针对调研反映的困难和问题，与国家发展改革委、国家卫健委等部门对接，派出专家团队前往两县专题调研，在中药材产业扶贫、患病贫困群众救治、全域旅游规划等方面问诊把脉，给予指导帮助。聚

2017 年以来，中央办公厅联系协调知名药企在宁陕县建成投产猪苓饮片加工厂生产线，联结合作社推动猪苓种植形成规模产业。图为梦阳药业为贫困户发放猪苓种子。

焦重点促发展，结合两县实际，瞄准脱贫攻坚的重点领域、难点问题，研究制定《中央办公厅定点帮扶光山县、宁陕县脱贫攻坚具体措施》和年度扶贫工作要点，帮助培育特色产业、协调重大项目、培训技术人才，中办各单位各负其责，抓好重点任务落实。两县如期脱贫后，落实"四个不摘"要求，研究制定 8 条脱贫攻坚后阶段帮扶措施，印发《中办帮扶光山、宁陕两县重点项目跟进落实任务清单》，对助力当地长远发展的 23 个重点项目，逐一明确责任单位和帮扶要求，持续跟踪推动落实，坚决防止"半拉子工程"。督促指导强后劲，发挥中央层面解决形式主义突出问题为基层减负牵头单位作用，围绕产业扶贫、易地扶贫搬迁、扶贫资金规范使用等问题开展专项督查，大力整治脱贫攻坚中的形式主义、官僚主义问题，对症下药、靶向施治，确保各项减负措施落地见效。发挥厅扶贫办、帮扶小组统筹协调作用，实地了解中央政策措施落地情况，加强脱贫薄弱环节督促指导，及时发现问题并精准提出解决办法。

三、培育内生动力，在厚植产业基础上有作为

深入贯彻习近平总书记关于脱贫攻坚要坚持群众主体、激发内生动力的指示要求，充分尊重和发挥贫困群众主体作用，以产业帮扶为牵引，推动扶贫与扶智扶志相结合、输血与造血相结合，激发困难群众致富奔小康的精神劲头，提升参与发展、共享发展、自主发展的能力，增强经济活力和发展后劲。在推进产业帮扶上，立足产业兴村强县强化帮扶，围绕金融、电商、教育、医疗等投入自筹资金 4373 万元，实施具体帮扶项目和措施 58 项。支持做强做优做大油茶、猪苓、麻鸭、中华蜂等特色产业，接续建设一批特色种植养殖基地，着力打造"光山十宝""宁陕山珍"等区域品牌。协调多家电商平台推广土特产品，联系相关企业投资发展支柱产业，提升农户参与程度，完善利益联结机制。在抓实消费帮扶上，综合利用机关食堂大宗预订、春节集中采买、个人自费网购等方式，持续加大购买两县贫困户生产的农副产品力度，带动贫困户稳

> 2016 年以来，中央办公厅每年入冬前组织女干部及其家属编织毛衣捐赠光山、宁陕两县贫困学生，累计捐赠 1467 件爱心衣物。图为光山县贫困学生收到帽子和围巾等爱心衣物。

定增收 2500 多万元。连续多年在中办机关举办农特产品展销会，帮助扩大产品知名度。针对新冠肺炎疫情特殊情况，帮助两县搭建"扶贫 832"全国网络销售平台，全厅多渠道购买 685 万元农副产品。在改善教育帮扶上，着眼阻断贫困代际传递，组织发放中办扶贫助学金 306 万元，共资助贫困学生 970 名。连续 8 年组织北京名师送教下乡，协调中小学退休名师开展长期支教，协调清华大学在宁陕设立远程教育培训点，为两县 95 所中小学校开通网上培训课程，累计培训基层教师 1945 人次。组织干部职工为贫困学生捐赠学习用品、书籍，帮助改善乡村学校办学条件。促成中科院心理研究所援建 1 所少年儿童心灵驿站，为有需要的少年儿童开展心理援助。在促进健康帮扶上，连续 7 年组织 305 医院医疗队赴两县开展义诊巡诊，累计接诊偏远乡镇和山区患者 1.88 万人次，捐赠医疗设备和药品折合 2314 万元。支持两县乡镇医护骨干 92 人进京免费进修，联系专家一对一带教。协调微医集团帮建县乡村三级远程会诊系统，累计培训村医 2700 人次。在助力志智帮扶上，支持贫困村建设"爱心公益超市"，探索以表现换积分、以积分换物品的自助式帮扶。协调知名专家团队深入两县镇村实地指导，加大培养新型职业农民力度。协调安排基层骨干"走出去"考察学习，提高带动脱贫致富的能力和水平。在动员社会帮扶上，积极协调社会资源、动员社会力量到两县开展帮扶，牵线青岛胶州与宁陕县开展扶贫

宁陕县概况

宁陕县地处秦岭中段南麓，紧邻西安，西汉高速、210 国道穿境而过；森林覆盖率达 90.2%，山大沟深坡陡，土地资源匮乏，属"九山半水半分田"。全县以全域旅游、现代农业、绿色工业为主导产业，盛产香菇、天麻、猪苓、板栗、核桃等特色产品。2001 年被确定为国家扶贫开发工作重点县。2012 年以来，中办定点帮扶宁陕。2020 年 2 月，宁陕县脱贫摘帽。

光山县概况

光山县位于河南省东南部，鄂豫皖三省交界地带，北临淮河，南依大别山，总面积 1835 平方千米，总人口 93 万人。全县初步形成羽绒服装、粮油食品、茶叶油茶、电子商务、纺织器材等五大产业。1986 年被确定为国家重点扶持贫困县。2015 年以来，中办定点帮扶光山。2019 年 5 月，光山县脱贫摘帽。

协作，探索打造"东西部互助手拉手、共同致富奔小康"的合作典范。携手农科院蜜蜂研究所建设院士专家工作站，打造"蜂婆娘"等蜂业品牌，帮助小产业实现大作为。

四、发挥政治优势，在抓党建促脱贫上见成效

始终牢记习近平总书记关于抓党建促脱贫攻坚的重要指示，坚持把定点扶贫纳入大党建工作格局。抓党建引领，中办机关党委充分发挥职能作用，广泛发动工会、团委、妇女组织和全厅广大党员干部职工，共同助力脱贫攻坚。每年组织到两县走访慰问，开展"微心愿·献爱心"及主题宣讲等活动，组织女干部职工编织毛衣捐赠贫困学生，努力把党中央和习近平总书记的关怀温暖传递到千家万户。抓基层共建，制定印发《中办党支部与光山县、宁陕县贫困村结对帮扶工作方案》，大力推动党支部结对帮扶，组织全厅230多个党支部与114个贫困村开展结对共建，形成一个或几个党支部对口帮扶一个贫困村的长效机制。组织开展抓党建促脱贫、搞宣讲强信心、转作风树形象、送温暖献爱心活动，切实推动定点扶贫与创建模范机关相结合，与建强村"两委"班子相结合，与互促基层党组织建设相结合。抓干部帮扶，先后选派13批39名扶贫干

创新帮扶模式

　　中央办公厅充分发挥核心政治机关优势，坚持把定点扶贫纳入大党建工作格局，厅领导亲自点题、大力推动党支部结对帮扶，厅机关党委组织全厅230多个党支部与114个贫困村开展结对共建，形成一个或几个党支部对口帮扶一个贫困村的长效机制，组织开展抓党建促脱贫、搞宣讲强信心、转作风树形象、送温暖献爱心活动，帮助建强激活农村党支部。

部、驻村第一书记到两县挂职扶贫，探索形成帮扶小组组长牵头抓总，其他干部兼顾县脱贫攻坚指挥部、扶贫办、镇村等工作的有效分工，形成帮扶合力。

　　历经9年接续奋斗，中央办公厅定点扶贫成效显著。截至目前，共向两县投入、引进帮扶资金25118万元，购买、帮销农产品2596万元，培训人员21989人次。在各方面共同努力下，截至2020年底，光山县建档立卡贫困户累计减贫25731户100038人，宁陕县建档立卡贫困户累计减贫7087户20060人，长期困扰两县群众的绝对贫困问题得到历史性解决。在全国脱贫攻坚总结表彰大会上，中办督查室、305医院被评为全国脱贫攻坚先进集体，原驻村第一书记胡达被评为全国脱贫攻坚先进个人。

　　2019年9月17日，习近平总书记在河南考察期间，到光山县了解该县脱贫工作和中办定点扶贫工作情况，亲切接见中办派驻光山县挂职扶贫干部，对中办定点帮扶工作给予肯定。习近平总书记的亲切接见和谆谆教诲温暖人心、催人奋进，激励全厅上下不忘初心、牢记使命，认真落实党中央决策部署，积极采取措施帮扶光山、宁陕两县实现巩固拓展脱贫攻坚成果同乡村振兴有效衔接，促进当地经济社会发展和群众生活持续改善，向着全体人民共同富裕目标不断迈进。

历任扶贫干部

挂职扶贫干部

挂职时间	姓　名	挂职地	挂职职务
2013.3—2014.2	陈永祥	陕西省宁陕县	县委常委、副县长
2013.3—2014.2	何劲军	陕西省宁陕县	副县长
2014.2—2015.1	李　福	陕西省宁陕县	县委常委、副县长
2015.1—2016.1	王　亮	陕西省宁陕县	县委常委、副县长
2015.11—2016.11	苏利江	陕西省宁陕县	县委常委、副县长
2016.11—2017.12	朱海军	陕西省宁陕县	县委常委、副县长
2016.11—2017.12	闫文华	陕西省宁陕县	副县长
2017.12—2018.12	李国海	陕西省宁陕县	县委常委、副县长
2017.12—2018.12	翟章章	陕西省宁陕县	县委常委
2017.12—2018.12	张　建	陕西省宁陕县	副县长
2018.12—2019.12	曲永鑫	陕西省宁陕县	县委常委、副县长
2018.12—2019.12	张　斌	陕西省宁陕县	副县长
2018.12—2019.12	王志刚	陕西省宁陕县	副县长
2019.12—	韩向忠	陕西省宁陕县	县委常委、副县长
2015.11—2016.11	党孝民	河南省光山县	县委常委、副县长
2016.11—2017.12	刘国梁	河南省光山县	县委常委、副县长
2016.11—2017.12	杨光辉	河南省光山县	副县长
2017.12—2018.12	董丽娟	河南省光山县	县委常委、副县长
2017.12—2018.12	顿继峰	河南省光山县	副县长
2017.12—2018.12	毛　娓	河南省光山县	副县长

挂职时间	姓　名	挂职地	挂职职务
2018.12—2019.12	戴东凯	河南省光山县	县委常委、副县长
2018.12—2019.12	孔凡文	河南省光山县	副县长
2019.12—	杨　婷	河南省光山县	县委常委、副县长

驻村第一书记

驻村时间	姓　名	所驻村及职务
2015.7—2016.7	胡　达	陕西省宁陕县海棠园村第一书记
2016.11—2017.12	陈立诚	陕西省宁陕县海棠园村第一书记
2017.12—2019.12	于晓磊	陕西省宁陕县海棠园村第一书记
2019.12—	郝伟栋	陕西省宁陕县海棠园村第一书记

中央组织部

| 历 | 程 |

　　中央组织部于 2010 年 8 月与甘肃省舟曲县、2016 年 1 月与贵州省台江县建立定点扶贫关系。自接受定点扶贫任务以来，赵乐际同志、陈希同志先后 5 次实地调研指导，部务会 7 次、部扶贫工作领导小组 6 次专题研究，明确发挥组织部门职能优势、抓党建促脱贫攻坚的思路。先后派出 9 批共 35 名干部驻点帮扶，重点帮助县里建强基层组织，培训党员干部队伍，引进教育医疗人才，推动民生事业和特色产业发展。2020 年 2 月、3 月，舟曲、台江分别退出贫困县序列，实现脱贫摘帽。

　　党的十八大以来，中央组织部深入学习贯彻习近平新时代中国特色社会主义思想，认真落实党中央决策部署，充分发挥党建引领作用，全力帮助甘肃省舟曲县、贵州省台江县打赢脱贫攻坚战。2020 年 2 月、3 月，两县分别退出贫困县序列，实现脱贫摘帽。开展定点帮扶以来，中央组织部在中央单位定点扶贫工作成效评价中，连续 4 年被评定为"好"的等次，圆满完成党中央交给的光荣任务。

一、坚持把定点扶贫作为重要政治任务抓牢抓实

　　赵乐际同志、陈希同志对定点扶贫工作高度重视、亲力亲为，多次深入定

舟曲县概况

舟曲县隶属甘南藏族自治州，全县人口12.5万人，其中藏族人口占36%，位于藏汉文化交汇带。地处青藏高原、黄土高原、四川盆地接合部，川甘陕三省交界处，海拔1400—4500米，是长江水源涵养区、补给区。特色产业主要有经济林果、汉藏药材、特色养殖、设施种植等。2001年被确定为国家扶贫开发工作重点县，2020年2月，脱贫摘帽。

点扶贫县调研考察，指导推动有关工作，强调要提高政治站位，扛起政治责任，把做好定点扶贫工作作为做到"两个维护"的重要检验，为定点扶贫工作把脉定调、明确方向。部务会坚持第一时间传达学习习近平总书记有关重要指示批示精神和党中央决策部署，专题研究定点扶贫工作。部机关设立扶贫工作领导小组，由分管日常工作的副部长担任组长、秘书长担任副组长，各局级单位主要负责同志为成员，加强对实施定点扶贫工作的组织领导。部务会成员多次到两县看望慰问帮扶干部和贫困群众，帮助解决实际困难。部机关专门设立扶贫公益基金，每年向两县直接投入帮扶资金。各局级单位结合职能倾力支持，在党员教育、干部培训、组织工作联系点等方面向两个定点扶贫县适度倾斜，形成全部上下一心、前方后方合力推进的生动局面。部机关驻台江舟曲扶贫工作组、组织二局一处荣获"全国脱贫攻坚先进集体"，受到党中央、国务院表彰。组织二局一处、干部一局调配处（援派干部工作处）先后被国务院扶贫开发领导小组授予"全国脱贫攻坚奖组织创新奖"。党建读物出版社荣获"中央和国家机关脱贫攻坚先进集体"。

二、坚持选派精兵强将到基层驻点帮扶

认真落实习近平总书记尽锐出战要求，调配精锐力量投入一线战场攻城拔寨，帮助基层更新理念、协调资源、破解难题。党的十八大以来，部机关先后选派 9 批共 35 名优秀年轻干部到定点扶贫县驻点帮助工作，他们与当地干部群众苦在一起、干在一起、打成一片，既帮助基层攻坚克难、啃硬骨头，又在实践中接地气、知国情、长本事，靠无私的奉献精神、过硬的工作作风、扎实的扶贫业绩，赢得当地干部群众充分肯定。派驻台江县担任第一书记的王小权同志在扶贫一线不幸牺牲，被追授为"全国脱贫攻坚先进个人"。多名同志受到中央和国家机关工委、甘肃省委、贵州省委表彰，被授予脱贫攻坚优秀共产

中央组织部发挥职能优势，推动开展国家"万人计划"教学名师舟曲行、院士专家台江行等活动，为两县发展把脉定向，助力脱贫攻坚。图为活动现场。

台江县概况

台江县隶属黔东南苗族侗族自治州，全县人口17.3万人，其中苗族人口占98%以上，苗族文化保存完整，被誉为"天下苗族第一县"。2007年被联合国列为全球一等"返璞归真、重返大自然"的十大人文旅游景区之一。特色产业主要有食用菌、中药材、生态畜牧业等。1994年被确定为国家重点扶持贫困县。2020年3月，脱贫摘帽。

党员等荣誉称号。

三、坚持抓党建促脱贫攻坚

驻县扶贫工作组协助县委狠抓基层党组织建设，建好党支部书记、党员、第一书记、后备干部等基本队伍，加快村党组织书记年轻化、知识化进程。指导舟曲公开选聘53名大学生担任专职党组织书记、208名大学生担任村文书，帮助台江调整配强村书记31名。大力开展党员干部培训，协调北京、天津、杭州等地为定点扶贫县举办各类专题培训班28期，累计培训干部7900多人次。建立健全党员干部日常学习制度，深入开展习近平新时代中国特色社会主义思想学习活动，培训党员干部6万多人次。着眼增强党组织政治功能，指导基层完善组织制度、规范组织生活，常态化整顿软弱涣散基层党组织，推进基层组织阵地标准化规范化建设。帮助两县建成村级党群服务中心76个，全面落实村级组织办公经费、服务群众经费、党员活动经费，基本实现为群众服务有场所、有能力、有资源。推动抓党建与兴产业深度融合，在舟曲帮助推广"1个党组织带动1个联合社、发展多家合作社、帮扶多个贫困户"的党建工作模式，在台江帮助推广"龙头企业＋合作社＋十户一体＋贫困户"等模式，促进"小农户"与"大市场"的对接,增强基层组织和集体经济的带富能力。

四、坚持开展"组团式"教育医疗帮扶

发展教育事业是阻断贫困代际传递、拔除穷根的治本之策,提高医疗保障水平是稳定脱贫的重要基石。定点扶贫工作组紧密依托国家东西部对口协作机制,协调天津市及和平区、兰州大学,杭州市及余杭区、浙江大学等单位支持,整合天津、杭州优质资源,采取"省外组团、省内组队"模式,攥成拳头实施教育医疗"组团式"帮扶。帮助两县引进天津、杭州的优秀中学校长、职校校长和兰大二院、浙大二院的优秀院长挂职支教支医,配套引进学科带头人和专家团队,形成"主责明确、多方参与、重点突破、分层实施、合力推进"的帮扶格局。挂职校长、院长将发达地区先进的办学办院理念全方位植入帮扶

• 舟曲县 以"四抓两整治"推进农村党支部标准化。统筹抓基层党组织带头人队伍建设、抓基层党组织阵地和体系建设、抓基层党组织党内政治生活规范、抓强化基层党组织基础保障,整治软弱涣散村党组织、整治"村霸"和党员信教问题,全面建强农村基层党组织,为打赢脱贫攻坚战提供坚强组织保证。

• 台江县 开展"组团式"教育医疗帮扶。采取"省外组团、省内组队"模式,引进优秀校长、院长挂职支教支医,配套引进学科带头人和专家团队,充实教学医疗骨干队伍,带动本地人才成长,促进教育医疗事业实现跨越式发展。

| 结合国家电子商务进农村综合示范县建设，促进产销对接，打通特色农产品出山通道。图为贵州省台江县阳芳村合作社群众在电商服务站统一包装红米。

学校医院，并通过"一对一"结对带教、选派教师医师外出跟班学习等手段培养当地专业技术人才，推动两县学校医院教育教学、医疗服务和管理水平快速提升。台江民族中学高考上线率连年攀升，台江职校、舟曲职专基础设施和硬件配备得到全面改造提升，学科设置更加完善，师资队伍全面加强。职校学生在国家、省、州技能大赛中屡获大奖，就业率和收入水平获得毕业生高度认可。两县人民医院硬件设施和诊疗水平得到全面改善，均顺利通过二甲医院评审。台江县人民医院 5 年间门急诊就诊量增长 222.4%，住院人数增长 52.8%，手术人数增长 167.7%，转诊率下降 62.9%，成为省内有影响力的县级示范医院。舟曲县人民医院诊疗病种增加到 251 种，7 项医学技术填补甘南州空白。

五、坚持因地制宜发展产业

配合当地党委和政府，深入研究自然禀赋条件，找准产业发展方向，发展特色产业。协助舟曲制定富民产业高质量发展实施方案，推动经济林果提质增效、汉藏药材规模种植，高起点推进旅游景区建设，打造白龙江风情线、东山镇"转灯节"等特色旅游品牌；协助台江制定中草药、食用菌产业发展方案和产业带建设项目规划，推动林下经济、精品水果、中药材、民族文化旅游等产业发展。帮助拓宽产销对接渠道，结合国家电子商务进农村综合示范县建设，引导两县通过电商等新方式，进一步打开特色农产品出山通道。把"打工经济"作为重要脱贫事业来抓，协调有关方面培训各类专业技术人员和农村实用技能人才 3.9 万多人次，帮助贫困群众提升就业能力。协助两县与东部发达地区建立常态化就业协作机制，有计划组织贫困劳动力外出就业。同时在两县开发扶贫车间 23 个，吸纳劳动力在家门口就近就业。多管齐下强化产业扶贫，带动两县 30673 名建档立卡贫困群众实现稳定脱贫。

经过长期艰苦奋战，舟曲、台江两县脱贫攻坚战取得全面胜利，经济社会发展实现历史性跨越。至 2020 年，舟曲县城乡居民人均可支配收入分别达 27400 元、8868 元，台江县城乡居民人均可支配收入分别达 32438 元、10063 元。舟曲、台江两县累计实现 180 个贫困村、23247 户、97151 人脱贫，贫困发生率分别由 5 年前的 28.66%、37.71%下降到 0。城乡路、水、电、网、讯等基础设施和人居环境全面改善，教育、医疗、就业等民生事业发展取得显著成就，"两不愁三保障"稳定实现。城乡教育均衡发展通过国家验收，建档立卡贫困家庭学生应助尽助，义务教育阶段学生因贫失学、辍学问题有效解决；农村医疗卫生条件明显改善，城乡医疗服务水平全面提升，群众看病难就医难问题明显改善；扶贫产业稳步壮大，贫困群众稳定就业渠道拓宽，生活困难家庭社会兜底应保尽保，人民群众获得感、幸福感、安全感显著提高。在抓党建促脱贫的实践中，定点扶贫县基层党组织的战斗堡垒作用得到锻造，凝聚力、战斗力不断增强，基层治理能力明显提升。广大群众听党话、感党恩、跟党走愈发坚定自觉，党群关系、干群关系得到极大巩固发展，党在农村的执政基础更加牢固。

历任扶贫干部

挂职扶贫干部

挂职时间	姓　名	挂职地	挂职职务
2010.10—2011.4	宋　健	甘肃省舟曲县	县委副书记
2012.1—2013.1	周立众	甘肃省舟曲县	县委副书记
2013.1—2014.1	颜道帅	甘肃省舟曲县	县委常委、副县长
2013.1—2014.1	刘爱卿	甘肃省舟曲县	副县长
2014.2—2017.4	高响鸣	甘肃省舟曲县	县委副书记
2014.2—2015.2	刘　沛	甘肃省舟曲县	县委常委、副县长
2014.2—2016.2	黄　浩	甘肃省舟曲县	县委常委、副县长
2017.4—2019.3	黄蓬勃	甘肃省舟曲县	县委副书记
2017.4—2019.3	赵　琦	甘肃省舟曲县	县委常委、副县长
2019.3—2021.7	张向涛	甘肃省舟曲县	县委副书记
2021.7—	邓爱军	甘肃省舟曲县	县委副书记
2021.7—	李　震	甘肃省舟曲县	县委常委、副县长
2016.1—2018.7	赵凯明	贵州省台江县	县委副书记
2016.1—2018.4	彭　彬	贵州省台江县	副县长
2017.8—2019.3	朱　浩	贵州省台江县	副县长
2018.7—	任四平	贵州省台江县	县委副书记
2021.7—	王　萍	贵州省台江县	县委副书记
2021.7—	王宇华	贵州省台江县	县委常委、副县长

驻村第一书记

驻村时间	姓　名	所驻村及职务
2019.3—2021.7	栾　勇	甘肃省舟曲县磨沟村第一书记
2019.3—2021.7	常伟峰	甘肃省舟曲县石门坪村第一书记
2021.7—	郭泽成	甘肃省舟曲县杰迪村第一书记
2017.8—2019.3	方晓安	贵州省台江县富强村第一书记
2017.8—2019.3	刘虎辰	贵州省台江县大田村第一书记
2017.8—2019.3	王光臻	贵州省台江县翁你村第一书记
2019.3—2020.5	王小权	贵州省台江县长滩村第一书记
2019.3—2021.7	宋鲁滕	贵州省台江县交密村第一书记
2019.3—2021.7	杜国贞	贵州省台江县新江村第一书记
2019.3—2021.7	李　昌	贵州省台江县红光村第一书记
2021.7—	钱　超	贵州省台江县党纲略村第一书记
2021.7—	李晓寒	贵州省台江县红光村第一书记

中央宣传部

历 程

1994年8月，按照中央的统一部署，中央宣传部定点帮扶陕西省铜川市耀县(现耀州区)，先后选派17批70名干部前往挂职扶贫，帮助当地引进项目、资金、物资价值近1亿元，2020年2月实现全区脱贫摘帽。

2003—2014年，原中央外宣办连续12年定点帮扶内蒙古自治区兴安盟科尔沁右翼中旗（以下简称科右中旗），共派出9名挂职干部。2015年8月，中央确定由中宣部接替原中央外宣办定点帮扶科右中旗。6年来，先后选派6名干部前往挂职扶贫，帮助当地引进项目、资金、物资价值超过12亿元，全旗于2019年4月脱贫摘帽。

党的十八大以来，中央宣传部机关扶贫工作坚持以习近平新时代中国特色社会主义思想为指导，认真落实党中央、国务院关于扶贫工作部署，从定点扶贫县陕西省铜川市耀州区和内蒙古自治区兴安盟科右中旗经济社会发展实际出发，发挥工作优势，通过高位推动、精准帮扶，促进区域性整体贫困彻底消除，按照"四个不摘"要求持续巩固脱贫成果，两地经济社会发展、社会治理效能、干部精气神等各方面得到较大提升，群众获得感、幸福感明显增强，定点扶贫工作取得显著成效。

一、强化顶层设计，坚持高起点组织谋划

刘奇葆同志、黄坤明同志和部务会高度重视脱贫攻坚工作，多次召开部务会议进行学习研讨，深刻理解习近平总书记关于扶贫工作重要论述的丰富内涵、精神实质和人民至上的价值取向、改革创新的不懈追求和精准扶贫的科学方略，充分认识我国扶贫事业取得的举世瞩目成就，以及对于国际减贫事业的重要意义，用习近平总书记关于扶贫工作重要论述来指导推动扶贫工作。2013年7月，刘奇葆同志专程前往耀州区考察扶贫工作。2017年以来，黄坤明同志多次深入厂矿企业、嘎查农户开展调研，对脱贫攻坚和振兴发展作出指示。2017年11月，黄坤明同志前往耀州区了解党的十九大精神学习宣传工作和脱贫攻坚情况，与基层干部群众面对面座谈交流。2018年8月，黄坤明同志深入科右中旗蹲点调研，实地考察产业项目，为影视外景拍摄基地揭牌，出席部机关干部职工治沙捐款仪式，见证亿利源、鸿安等4家企业与科右中旗签约。主持撰写的《吃生态饭、做牛文章、念文旅经》等两篇调研报告，习近平总书记均作出重要批示，予以充分肯定。汪洋、王沪宁、胡春华同志也先后作出批示，中办、国务院扶贫办分别转发全党和中央各部门。2019年11月，黄坤明

科右中旗概况

科右中旗是科尔沁文化重要发祥地，也是内蒙古自治区蒙古族人口比例最高的少数民族聚居旗。境内风能、太阳能、农畜产品、文化旅游等资源丰富，是绿色农畜产品生产加工、清洁能源生产输出基地。1988年被列为国家重点扶持贫困旗（县），2011年被列入大兴安岭南麓集中连片特困地区。2003年起由原中央外宣办定点帮扶，2015年8月开始由中宣部定点帮扶。2019年4月脱贫摘帽。

同志、王晓晖同志一起专程前往科右中旗调研，考察扶贫产业，看望贫困群众，了解脱贫进展成效。2020 年 8 月，黄坤明同志在内蒙古调研期间，专程前往科右中旗看望脱贫后的农牧民群众，强调要坚持脱贫不脱钩、帮扶不松劲，结合当地实际和群众需求，完善帮扶机制和思路举措，久久为功抓好生态治理、产业发展，夯实巩固脱贫成果。在科学、深入调研的基础上，明确了做大做强农业、牧业和果业等本地传统优势产业；转型淘汰水泥、煤炭、低端制造等高耗能高污染产业；结合精神文明建设和乡村振兴，大力发展文化、旅游、康养等新兴产业的脱贫工作思路，为中宣部扶贫工作和两地经济社会发展指明方向。徐麟、蒋建国、孙志军、贾育林、郭卫民、傅华等同志也先后多次深入两地，督促推动定点扶贫工作。

在部主要领导的示范带领下，部机关扶贫工作领导小组每年召开相关责任单位负责同志参加的扶贫工作分工协调会议，每年同两地党委和政府主要负责同志座谈，研究确定年度计划，安排部署重点事项，细化具体帮扶措施。时任副部长、部机关扶贫工作领导小组组长傅华亲自部署，靠前指挥，按照"四个不摘"要求和"抓政策落实、抓项目落地、抓责任到位、抓舆论宣传"的工作思路，构建巩固拓展脱贫攻坚成果同乡村振兴有效衔接的扶贫工作格局。全部上下形成合力，建立工作台账，督查任务落实，先后投入帮扶资金 9812.98 万元，购买和帮助销售农产品逾 4.4 亿元，培训人员 1.98 万人次，通过项目投放、协调捐赠等方式，帮助两地资金、物资价值达 13 亿元，先后选派挂职干部 23 人前往扶贫，切实有效履行脱贫攻坚政治责任和使命担当。

二、发挥工作优势，推动扶贫与扶志扶智相结合

充分履行职能，协调各方资源，从文化建设、教育帮扶、干部培训、宣传推介等方面入手，完善基础设施，提高群众素质，打牢脱贫基础，增强定点扶贫工作针对性。

一是聚焦文化民生。启动创建国家欠发达地区基本公共文化服务标准化均

等化工作，按照"七个一"标准，在全国贫困地区推广实施"百县万村综合文化服务中心"示范工程，安排专项资金 3460 万元，帮助耀州区在尚未建立综合性文化中心的村完成全覆盖，推动科右中旗 173 个嘎查完善公共文化设施。协调"科技文化卫生三下乡""送欢乐下基层""文化进万家"前往开展慰问演出、专家义诊活动 5 次，援建红色影厅、捐赠放映设备和拷贝，支持乡村学校少年宫、中小学校"数字图书馆"建设，向县图书馆、乡镇文化站和建档立卡贫困户分别捐赠图书 10 万余册，电脑、彩电 503 台。同期，向全国贫困地区捐赠电视机 101 万台，投入资金 6.26 亿元。

二是坚持志智双扶。建立每年资助两地优秀教师利用暑期"走出来""送进去"学习培训制度，先后资助耀州区 10 批 174 名山区教师、科右中旗农牧区 95 名教师赴教育发达地区学习考察，并邀请考察团在京学习参观期间来部机关座谈交流。通过中国人权发展基金会协调安排优秀师资前往当地分期分批培训中小学校长、骨干班主任、学科教师，2016 年以来共培训耀州区教师 722 人次、科右中旗教师 4165 人次。协调相关部门支持两地乡村学校少年宫建设，2013 年完成耀州区 12 个乡镇学校少年宫全覆盖，2016 年完成科右中旗 17 个苏木（镇）全覆盖。协调国家图书馆向科右中旗所有中小学捐赠书香校园"数字图书馆"，提供 5000 余种（类）与教材同步的图书、音视频服务资源。形成两地宣传思想文化系统干部参加中宣部培训的长效机制，先后安排耀州区 126 人次、科右中旗 71 人次到全国宣传干部学院参加培训。帮助设立"耀州大讲堂"，组织"科右中旗经济社会发展建议"等课题调研，每年邀请中央党校、社科院等部门专家学者前往两地举办讲座，基层干部近万人次参加学习。帮助两地开展丛生木槿、青贮、香菇种植、肉牛养殖、蒙古族刺绣等培训活动，培训技术人员 11897 名。

三是注重党建引领。充分利用新时代文明实践中心、学习强国等平台和阵地，积极配合两地开展党建引领扶贫活动。支持耀州区开展"访民意、解民困、送温暖"党旗领航奔小康活动，宣传"八星励志"成效和经验，推动形成"人人争星、我要脱贫"和"勤劳致富、脱贫光荣"的风气；帮助科右中旗实施以"一

| 耀州区通过开展"八星励志"活动促进脱贫攻坚。图为柳林村评星活动现场。

学一带两转三改"（即学习习近平新时代中国特色社会主义思想，党支部带动，转变思想观念、转变生产方式，改变生活环境、改变陈规陋习、改变生活习惯）为主要内容的牧民素质提升工程，组建以嘎查第一书记、"两委"成员、农牧民党员、能人大户等为主体的近4000人的"带动人"志愿服务队，提升嘎查集体经济、贫困群众自我发展能力，凝聚起贫困群众精气神和脱贫攻坚合力。

三、聚焦产业项目，夯实精准脱贫和可持续发展基础

根据当地实际需求，部领导主动联系、帮助引进扶贫项目，培育壮大当地特色扶贫产业。部机关积极跟进协调推动有关方面落实两地经济文化社会发展中的具体项目、资金，持续打牢有利于振兴发展的支柱产业基础。

一是协调推动扶贫项目落地。推动耀州把发展苹果、核桃等干鲜果业和肉兔养殖、蔬菜种植及红色旅游等作为脱贫主导产业。协调将耀州区照金至马栏公路纳入国家红色旅游道路建设项目、引荐企业发展中医药健康服务产业。协

耀州区概况

陕西省铜川市耀州区是唐代医药学家孙思邈等"一圣四杰"的故里，刘志丹、谢子长、习仲勋等老一辈无产阶级革命家在这里创建了西北地区第一个山区革命根据地——陕甘边照金革命根据地。境内石灰石、煤炭储量丰富，是陕西省优质外销果、加工专用果等优势特色农产品基地。1986 年被确定为国家重点扶持贫困县，2001 年被重新核定为国家扶贫开发工作重点区（县）。1994 年 8 月，中宣部定点扶贫耀州区（原耀县）。2020 年 2 月，全区整体脱贫摘帽。

调版权保护中心投资 54 万元援建耀州区版权保护工作图书室，分 3 年每年出资 200 万元，共建全国首个县级形象推广和版权管理中心。协调平安集团"三村工程"产业扶贫项目落地耀州，通过"扶贫保"撬动了 1000 万元"免息免担保"扶贫资金，支持耀州龙头企业鸿伟兔业发展。在科右中旗帮助协调肉牛养殖、沙化土地治理、影视文旅、蒙绣以及路口电厂建设等产业项目，引进山东亿利源、鸿安 2 家肉牛产业项目总投资 9.8 亿元，协调学习出版社直接投入帮扶资金 160 万元支持科右中旗国家级种公牛站项目建设，更新畜牧业品种，打造畜产品品牌。协调中央和区级水利资金 4400 万元，支持科右中旗中小河流治理、水土保持工程建设。协调引进治沙绿化资金推进科右中旗公益造林，完成防风固沙生态林 7.15 万亩，成活率 92% 以上。部机关党员干部捐款 100 万元在哈吐布其嘎查种植的 0.15 万亩沙棘长势良好。划拨党费 82 万元支持第一书记驻在的 2 个村，建设山桃核手工制品扶贫车间 1 个、肉牛养殖和蔬菜种植扶贫合作社 2 个，帮助贫困人口就业增收。

二是积极开展消费扶贫。持续加大消费帮扶力度，指导两地将滞销农产品按照品种、数量绘成图表，制成二维码，协调对接帮扶资源构建产销渠道。2018 年、2019 年通过电商平台、直接购买等方式帮助销售大米、牛肉干等每年均超过 3000 万元。2020 年新冠肺炎疫情期间，积极通过消费扶贫帮助贫困户稳收入减损失，直接购买和帮助销售定点扶贫地区农产品 3.7 亿元，部机关食堂坚持采购耀州苹果、大米；协调动员部机关及直属单位直接采购湖北省特色农产品 67.73 万元；协调中国平安集团公司采购耀州区 50 吨苹果，科右中旗 25 吨大米、10 吨牛肉，共计 75 万元，捐赠给武汉抗疫医院和医护工作者。

三是大力加强宣传推介。在全面展现新时代扶贫脱贫的壮阔实践，深刻揭示成就背后的制度优势的基础上，部机关协调中央主要媒体把两地作为"走转改"基层联系点，进乡村进企业进农家采访报道，帮助提高知名度美誉度，激发干部群众脱贫攻坚信心决心。指导耀州建立新闻发言人制度，集中宣传耀州基层党建、红色旅游、好人好事等。利用科右中旗举办中国速度马大赛暨国际马术节和五角枫旅游文化节等契机，深入宣传当地两个文明建设、文化旅游、民族团结等发展情况。2020 年，支持和推动以科右中旗脱贫攻坚事业为原型拍摄 34 集电视剧《枫叶红了》，并在央视一套黄金时段热播，帮助拍摄电影

| 组织中央媒体开展"走转改"活动，2019 年 4 月中新社记者在科右中旗采访。图为"全国脱贫攻坚楷模"白晶莹（左）为妇女进行刺绣培训。

创新帮扶模式

中宣部发挥扶志扶智优势，通过日走访、月碰头、季评星、年表彰，以"热爱集体觉悟高、诚实守信品行好、精神面貌变化大、摆脱现状愿望强、不等不靠动力足、勤劳致富步子快、致富点子提得多、示范带动成效佳"8个星目，在耀州区推广"八星励志"评比活动。以"学习习近平新时代中国特色社会主义思想，党支部带动，转变思想观念、转变生产方式，改变生活环境、改变陈规陋习、改变生活习惯"为主要内容，在科右中旗实施"一学一带两转三改"牧民素质提升工程，增强脱贫内生动力。

《奔腾岁月》于2020年元旦首映并在民族院线上映，唱响脱贫攻坚时代主旋律。先后组织宣传耀州革命老区精准实施扶贫搬迁、掀起"厕所革命"的做法以及科右中旗实施草原生态保护、帮助牧民长期脱贫的经验。协调各大媒体刊发两地整版扶贫公益广告，转载当地特色产业、生态文明建设和脱贫攻坚方面的宣传报道千余篇（条），生动展现当地干部群众脱贫攻坚精神风貌。

历任扶贫干部

挂职扶贫干部

挂职时间	姓 名	挂职地	挂职职务
2012.3—2013.3	周黎明	陕西省铜川市耀州区	区委常委、副书记
2014.3—2015.3	黄仁宗	陕西省铜川市耀州区	区委常委、副书记

挂职时间	姓 名	挂职地	挂职职务
2017.4—2019.4	邱小涛	陕西省铜川市耀州区	区委常委、副书记
2019.6—	秦 洁	陕西省铜川市耀州区	区委常委、副书记
2016.5—2018.5	霍增龙	内蒙古自治区兴安盟科尔沁右翼中旗	旗委常委、副书记、副旗长
2017.4—2018.4	张佳慧	内蒙古自治区兴安盟科尔沁右翼中旗	副旗长
2018.5—2021.5	管 军	内蒙古自治区兴安盟科尔沁右翼中旗	旗委常委、副书记、副旗长
2021.5—	汪 洋	内蒙古自治区兴安盟科尔沁右翼中旗	副旗长

驻村第一书记

驻村时间	姓 名	所驻村及职务
2017.12—2020.1	刘晓龙	陕西省铜川市耀州区柳林村第一书记
2020.3—	鲁 骥	陕西省铜川市耀州区柳林村第一书记
2017.12—2019.12	谭安东	内蒙古自治区兴安盟科尔沁右翼中旗哈吐布其嘎查第一书记
2020.1—	王 超	内蒙古自治区兴安盟科尔沁右翼中旗哈吐布其嘎查第一书记

中央统战部

历　程

中央统战部从 1988 年开始支持贵州省赫章县扶贫开发。1995 年，根据国家"八七"扶贫攻坚计划要求正式定点帮扶赫章县。2015 年，按照国务院扶贫开发领导小组安排，增加贵州省晴隆县、望谟县为部定点扶贫县。2018 年，党和国家机构改革后，原国家宗教局定点帮扶的贵州省三都县和原国务院侨办定点帮扶的甘肃省积石山县确定由中央统战部定点帮扶。

党的十八大以来，中央统战部深入贯彻落实党中央和习近平总书记关于定点扶贫工作的决策部署，把定点帮扶贵州省赫章等 4 县（其中赫章、晴隆、望谟属于 2020 年全国 52 个、贵州省 9 个挂牌督战县；三都县为贵州省 14 个深度贫困县之一、黔南州唯一深度贫困县）和甘肃省积石山县（"三区三州"深度贫困县）作为必须坚决完成的重要政治任务来抓，坚决落实精准扶贫精准脱贫基本方略要求，坚持聚焦需求统筹资源力量，坚持结果导向推进任务落实，坚持围绕实效强化组织指导，先后在 5 县实施帮扶项目 632 个，涉及资金 4.78 亿元，组织扶贫培训 5.76 万人次，各类帮扶活动直接惠及贫困村（寨）689 个，贫困群众 152.3 万人次，为定点县 682 个贫困村、15.19 万贫困户、69.26 万贫困人口顺利脱贫，5 县如期摘帽作出了应有贡献。

赫章县概况

　　赫章县位于贵州省西北部乌江北源六冲河和南源三岔河上游滇东高原向黔中山地丘陵过渡的乌蒙山区倾斜地带，是农产资源大县，特种农业名县，是"中国核桃之乡""中国樱桃之乡"，全国唯一连续两届被评为"全国核桃林业标准化示范区"，是贵州省中药材的重要产区之一，被誉为"天麻之乡"。1986年被确定为国家重点扶持贫困县，1995年被确定为中央统战部定点扶贫县，2020年脱贫摘帽。

一、高度重视，加强指导

　　一是高位部署推动。中央统战部领导班子把定点扶贫作为统一战线参与脱贫攻坚的重要任务谋划推动。中央政治局委员、时任中央统战部部长孙春兰多次主持召开专题会议，研究布置定点扶贫等工作，带领调研组赴赫章、晴隆、望谟等定点帮扶地区调研指导工作。中央书记处书记、中央统战部部长尤权定期会见贵州省、甘肃省有关负责同志和5个定点扶贫县主要负责同志，就压实攻坚责任、持续帮扶深入、确保任务完成等问题提出具体要求。二是强化资源统筹。部务会会议明确常务副部长负责部定点扶贫工作，成立统一战线社会服务工作领导小组，机关各部门主要负责同志担任成员，定期研究定点扶贫有关事项。建立中央统战部、各民主党派、全国工商联、贵州及甘肃省委共同参加的扶贫工作联席会议机制，每年召开会议协调明确帮扶重点任务，为有效统筹帮扶资源提供组织保障。三是督促责任落实。部领导68人次到定点县开展调查研究，现场推动帮扶工作，各部门（单位）组织统一战线相关方面赴定点县考察调研238批次共889人次，实地了解需求，共商脱贫之策，实地了解扶贫一线工作进展情况，及时向地方反馈调查中遇到的情况问题，督促地方党委政府落实主体责任，助力定点扶贫县高质量稳定脱贫。四是配强扶贫干部。把扶贫挂职纳入部干部培养锻炼规划，先后选派24名优秀干部组建团队到帮扶地区挂职扶贫，目前在岗6人，超额完成任务。有11名挂职干部获得省级及以上表彰，马玉飞同志（曾挂任三都县拉揽村第一书记）被授予"全国先进工作者"荣誉称号，邹传彪同志（时任积石山县吊坪村第一书记）、李光同志（时任赫章县丰收村第一书记）的突出事迹入选《中央和国家机关驻村第一书记典型案例集》。部定点扶贫工作机构被授予"中央和国家机关脱贫攻坚先进集体""贵州省脱贫攻坚先进集体"荣誉称号。

二、整合资源，深挖潜力

一是积极协调投入帮扶资金。开展"中国光彩事业临夏行"活动，在积石山县落地项目已完成投资7600万元。协调河仁慈善基金会、香港仁善扶贫基金会等捐资4600万元，为赫章县20个贫困村发展扶贫产业提供资金支持，带动12000多贫困人口受益。协调拼多多等多家电商企业与三都县合作，投入专

| 积极协调民营企业助力脱贫攻坚。图为2019年以"汇聚民企力量，助力临夏脱贫"为主题的"中国光彩事业临夏行"在甘肃省临夏州举办。

望谟县概况

　　望谟县位于贵州省南部，喀斯特地貌，平均海拔 550 米，森林覆盖率为 70.53%，民族文化保存完善，民族风情浓郁，享有"中国布依古歌之都""中国布依纺织文化之乡"等称号。全县大力发展"三果两茶"（板栗、芒果、澳洲坚果、紫茶、油茶）种草养畜等五大支柱产业，现有板栗 27.2 万亩、油茶 14.7 万亩、芒果 10.65 万亩、紫茶 1.56 万亩、澳洲坚果 0.5 万亩、中药材 8.55 万亩。被称为"中国板栗名县""中国紫茶之乡"。2014 年被确定为国家扶贫开发工作重点县，2015 年被确定为中央统战部定点扶贫县，2020 年脱贫摘帽。

项资金推动葡萄、黄桃等水果进入华南市场，实现农商互联总销量 3.5 亿元，覆盖贫困户 5155 户，为 2.7 万贫困人口增加了收入。二是组织侨界力量助力脱贫。支持侨界爱国人士设立扶贫产业发展、贫困学生助学、贫困家庭救助等专项基金，为积石山县建设 7 所侨爱医院，协调暨南大学为积石山县培养医务骨干 1.38 万人（次），捐资 200 万元在积石山县成立大病返贫救助基金。三是引导宗教界人士贡献力量。国家宗教局 2016 年 7 月在定点扶贫县贵州省三都县建立"全国宗教界公益慈善实践基地"，充分利用慈善公益基金，聚焦"两不愁三保障"突出问题实施精准扶贫项目 99 个，引进帮扶项目资金 7989.76 万元。其中，援建的第二中学学生宿舍、周覃镇第二幼儿园、中和镇第二幼儿园等，有效解决三都县易地扶贫搬迁安置点搬迁群众 2367 户学生入学难题。

三、注重实效，补齐短板

　　一是助力改善办学条件。组织专家学者在定点县培训教师 3.5 万人次，做到贫困村（寨）学校骨干教师培训全覆盖，两次对校长等管理人员开展全员型普及培训。协调有关民营企业捐赠 7500 万元帮助 5 个定点扶贫县解决了贫困村校舍等硬件设施；协调欧美同学会等为望谟县捐赠价值 1859.65 万元的学校教学设备；支持"泛海助学行动"为 5962 名建档立卡贫困户大学新生发放资助金近 3000 万元。二是助力医疗事业发展。协调传化慈善基金会捐资 500 万元，帮助积石山县新建、维修村卫生室 40 所，为 50 所村卫生室配齐医疗设备。协调欧美同学会捐赠价值 391 万元的医疗器材、医疗互联网课件等。协调暨南大学医学院到定点县开展送健康义诊活动，受益群众 1000 余人。协调中国宋庆龄基金会和北京同仁医院医疗团专家组为积石山县眼疾患儿进行术前检查、眼科保健科普活动，让当地百姓在家门口享受到高水平的医疗服务。累计协调统一战线医疗专家学者为 3.8 万余人次进行义诊，并赠送价值 360 多万元药品。三是注重夯实组织基础。协调相关方面为 5 县提供资金 341 万元用于村党组织活动场所建设，举办定点扶贫县基层干部和致富带头人以及实用科技人才培训 1.9 万人次，通过扶贫政策系统介绍、特色扶贫产业观摩、基层党组织建设案例交流等形式，增强精准帮扶本领，提高自我发展能力，增强基层党组织战斗堡垒的作用，不断增强党组织在脱贫攻坚中的凝聚力。

晴隆县概况

晴隆县地处云贵高原中段和珠江上游，能源矿产资源丰富。有金、煤、锑等 30 多种能源矿产资源，其中锑储量居全国第二。被誉为"世界茶籽化石之乡"，是世界古茶树起源地和世界茶文化发祥地。"贵隆牌"茶叶、晴隆脐橙、波尔山羊等农畜产品通过 ISO9001 质量体系认证，"晴隆羊""晴隆脐橙""晴隆糯薏仁"获得农产品地理标志。1993 年被确定为国家重点扶持贫困县，2015 年被确定为中央统战部定点扶贫县，2020 年脱贫摘帽。

三都水族自治县概况

　　三都县是全国唯一的水族自治县。目前有集高速、高铁、公路于一体的交通网络，为融入黔中经济区、长株潭经济区、珠三角经济区提供了便捷条件。水书习俗、水族端节、水族马尾绣、水族剪纸已列入国家级非物质文化遗产名录。有葡萄、黄桃、水家桑羊等特色优势产业。全县水晶葡萄种植面积达 13.6 万亩，黄桃种植面积达 6.93 万亩。1986 年被确定为国家重点扶持贫困县，2015 年被确定为原国家宗教局定点扶贫县，2019 年脱贫摘帽。

四、聚焦产业，提升水平

　　一是推动扶贫产业发展。协调恒大集团帮助赫章县打造蔬菜瓜果基地和肉牛养殖基地，帮助赫章 1 万户、6.8 万贫困人口发展蔬菜、肉牛以及中药材、经果林等特色产业，并引进上下游龙头企业，形成"龙头企业＋合作社＋贫困户＋基地"的帮扶模式，实现"供、产、销"一体化经营。协调万达集团帮助晴隆县大厂镇六坝田村发展大棚蔬菜种植，带动周边 4 个村 140 多户贫困户增收。协调中国光彩事业指导中心修改完善胡林家乡左家村"乡村振兴"项目投入资金 938 万元，帮助当地发展产业，探索实施"党建＋合作社"的模式，发展壮大以良种牛羊养殖、经济林栽植为主的村集体经济，惠及 100 余户困难群众。二是推动消费扶贫升级。协调拼多多、黔货出山等知名平台为定点县等帮扶地区开设特色频道，通过互惠互利机制，形成企业农户利益共同体，助力消费扶贫深入开展。支持部直属事业单位暨南大学、华侨大学对接销售农特产品 320 万元，为贫困群众送上实实在在的消费红利。协调挂职干部开展"黔货在京"网络直播带货活动，帮助赫章、望谟、三都县销售农特产品，在线观

│ 中央统战部坚持智志双扶，积极开展职业致富技能培训。图为在三都县开展的"马尾绣"绣娘培训项目。

看超过 5 万人，完成订单 2600 余件，实现交易额 32 万元。在晴隆县战马村建设电商孵化馆，打造电商扶贫示范村，孵化电商平台"晴隆好物"，开展直播 15 场，销售农产品 55 万元，探索形成"电商＋基层党建＋乡村治理＋集

积石山县概况

积石山县位于甘肃省西南部，临夏州西北角小积石山东麓，是甘肃省唯一多民族自治县。积石山县大墩峡被誉为西北的"西双版纳"，大墩峡景区被评为国家 AAAA 级旅游景区。黄河沿岸干旱山区栽植的花椒，产量高、品质好、香味浓，已成为支柱产业和特色产业，累计栽植量达 256550 亩，被国家林业局命名为"中国花椒之乡"。1998 年被确定为原国务院侨办定点扶贫县，2013 年被确定为国家扶贫开发工作重点县，2019 年脱贫摘帽。

创新 帮扶模式

根据定点扶贫县资源禀赋和脱贫需求共同设计帮扶项目，组织专家学者围绕项目提供智力及信息支持，协调相关民营企业针对项目提供过程管理及技术支撑，引进电商平台重点拓展销售渠道促进增收，指导挂职扶贫干部主动推进项目落实，帮助县里相关方面通过利益联结组织贫困群众参与项目实施，把帮扶资源转化成脱贫要素，形成持久攻坚合力。

体经济＋农户"的消费扶贫模式。协调三都县、积石山县参加第三届粮食大会，拓展销售平台，开拓销售渠道；协调相关民营企业搭建销售平台，依托拼多多、京东等电商平台帮助贫困村销售西瓜、火龙果、黄桃等325万元。

五、着眼长远，加强培训

一是组织基层干部培训。每年通过系统介绍扶贫政策、现场观摩特色扶贫产业、交流基层党组织建设案例等形式，引导参训人员对照工作典型和经验做法，思考自身工作中遇到的情况和问题，探索推进扶贫工作持续深入的思路措施。通过优秀村支部书记、优秀驻村第一书记等介绍工作经验，发现先进典型和成功案例，总结推广有效做法，拓宽参训人员的视野和思路，共组织基层干部培训142场，培训基层干部7857人次，做到贫困村"两委"成员培训全覆盖。协调线上教育机构"跟谁学"组织名师赴赫章县兴发乡民族光彩小学现场授课、与老师开展交流和结对帮扶，并向赫章全县教师捐赠1000万元的网络课程。二是开展职业致富技能培训。协调联系华中农业大学柑橘种植研究团队和广西农科院百香果种植研究团队，深入晴隆柑橘、百香果种植一线，对种植环境、土壤结构、病虫害防治等进行技术指导，惠及全县 1270 亩百香果、8000 亩柑橘。协调相关方面在定点县开展拉面、电焊、瓦工、种植养殖专业培训 4400余人。协调湖北省网商协会等专家为帮扶地区 400 余名电商从业人员授课，助力打造"互联网＋产业"扶贫新样本。联系苏绣国家级传承人和有关企业定向为三都举办"苏绣和马尾绣交流论坛"，培训"马尾绣"绣娘 685 人。

历任扶贫干部

挂职扶贫干部

挂职时间	姓 名	挂职地	挂职职务
2016.10—	李 光	贵州省赫章县	县委常委、副县长
2017.10—2019.12	王 华	贵州省赫章县	副县长
2016.10—2017.9	姜红星	贵州省晴隆县	县委常委、副县长
2017.10—2019.7	徐 欣	贵州省晴隆县	县委常委、副县长
2019.7—	昂翁洛布	贵州省晴隆县	县委常委、副县长
2016.10—2017.8	卢会国	贵州省望谟县	县委常委、副县长
2017.7—2019.7	瞿 胜	贵州省望谟县	县委常委、副县长
2019.7—	刘海峰	贵州省望谟县	县委常委、副县长
2015.12—2017.12	李云华	贵州省三都县	县委副书记
2016.1—2017.5	王生才	贵州省三都县	县委常委
2017.12—2019.12	吴 娟	贵州省三都县	县委常委、副县长
2019.7—	冯循春	贵州省三都县	县委常委、副县长
2016.3—2018.12	李永清	甘肃省积石山县	副县长
2018.12—	时晓光	甘肃省积石山县	县委常委、副县长

驻村第一书记

驻村时间	姓 名	所驻村及职务
2015.8—2016.9	孙绍华	贵州省赫章县雄营村第一书记
2016.10—2018.7	李 光	贵州省赫章县丰收村第一书记
2016.10—2018.7	张鸿浩	贵州省晴隆县三宝村第一书记
2019.7—	张冬冬	贵州省晴隆县战马村第一书记
2016.10—2017.8	卢会国	贵州省望谟县牛角村第一书记
2017.7—2018.5	瞿 胜	贵州省望谟县牛角村第一书记
2015.12—2017.12	王生才	贵州省三都县拉揽村第一书记
2017.12—2019.12	马玉飞	贵州省三都县拉揽村第一书记
2015.7—2017.7	石海强	甘肃省积石山县高关村第一书记
2017.6—2019.7	邹传彪	甘肃省积石山县吊坪村第一书记

中央对外联络部

历 程

中央对外联络部自 2012 年底开始对河北省行唐县定点帮扶，成立定点扶贫领导小组，主要负责同志为第一责任人，研究制定了定点扶贫工作规划、选派干部双向挂职、建立扶贫工作台账等一系列帮扶机制，并积极发挥对外工作优势，探索出以"党建促扶贫、产业促发展、农业促增收、水利促安全、医疗促健康、党际交往创特色"的精准帮扶举措，2019 年行唐县脱贫摘帽。

中央对外联络部自 2013 年开始新一轮定点帮扶河北省行唐县以来，先后引进和直接投入帮扶资金 6.4 亿元，培训乡村干部和技术人员 1640 余人次，消费扶贫 200 万元。2019 年，行唐县累计实现 20514 户 53780 人脱贫，108 个贫困村出列，贫困发生率降至 0，提前退出贫困县序列实现脱贫。县域特色产业发展方向更加明确，产业规模不断壮大，初步形成绿色农产品精深加工、先进装备制造、新型节能建材等产业集群，为巩固脱贫攻坚成果实现乡村振兴打下坚实基础。

一、坚持以上率下，加强组织领导

深入学习习近平总书记关于扶贫工作的重要论述和系列重要指示批示精神，认真贯彻落实党中央脱贫攻坚决策部署，中联部部长宋涛切实履行好定点

行唐县概况

行唐县地处河北省西南部、省会石家庄北部，属太行山东麓浅山区，面积966平方千米，辖15个乡镇和1个省级经济开发区，330个行政村，人口46.3万人，地势自西北向东南倾斜，素有"五山二坡三分田"之称。2012年被确定为国家扶贫开发工作重点县，同年底被确定为中央对外联络部定点扶贫县，2019年5月脱贫摘帽。

扶贫第一责任人的责任，带领部领导班子始终把定点扶贫工作作为一项重要政治任务抓紧抓实。多次召开部务会、部长办公会专题研究扶贫工作。在部领导的指导下，研究制定了《中联部新一轮定点扶贫工作规划（2013—2020年）》，建立了部领导靠前指挥、深入调研、签订年度扶贫责任书、选派优秀干部"双向挂职"、定期召开扶贫工作协调会、制定扶贫工作台账以及各单位积极参与等系列帮扶机制。宋涛同志等8位部领导先后十余次赴行唐县调研指导工作。宋涛同志连续3年捐赠个人稿费，并联系水利部、农业部、住房和城乡建设部等，促成一批重大项目在行唐落地实施，明确要求在确保扶贫的精准性和可持续性上下功夫，做到真脱贫、可持续、不反复。驻中央外办纪检监察组两任组长也先后赴行唐调研，对部扶贫工作给予"真重视，真给力，真见效"的充分肯定。部内各相关单位积极协调联络有关部门支持扶贫工作。联系国际友好团体资助行唐黄龙岗饮水项目；开展防盲治盲项目，对9.5万人进行眼科疾病筛查，提高当地群众自我保健意识，培训了400多名村级医务人员；促成日中友好21之会植树代表团连续3年来行唐县义务植树等。机关服务中心、机关工会开展线下集体消费扶贫行动，单位和干部职工个人购买销售贫困地区农产品突破百万元。各级党组织多次到行唐县开展主题党日活动，倾力奉献、捐款捐物，多位老同志还匿名捐赠资金近30万元。

中联部选派的驻村第一书记苏祖辉搭建了县域内首个村级电商平台，并依托平台开展精准扶贫。图为运营人员在行唐县东安太庄村苹果园同果农交流果品培育和品质把关等问题。

二、力求精准务实，形成帮扶合力

中联部结合工作实际和行唐县需求，探索出以"党建促扶贫、产业促发展、农业促增收、水利促安全、医疗促健康、党际交往创特色"为主的精准帮扶举措，同时，注重用好各方力量，形成合力，达到多重帮扶效果。产业扶贫方面，引进北京华都峪口禽业有限责任公司投资 3.7 亿元，建成世界单体最大的蛋种鸡示范园区，带动当地 3000 人就业，3598 户建档立卡贫困户脱贫致富；联系水利部先后资助行唐郜河防洪整治等一批重大水利项目，使 8100 人的饮水安全问题得到解决；促成北京新发地农业科技发展有限公司与行唐县政府签署脱贫攻坚和农业发展战略合作协议；先后引进伊诺精密仪器机械有限公司、奥锐虚拟数字科技公司、智成—京津冀服装产业园等企业，扶持县里 8 个龙头企业。引进北京环卫集团投入专业环卫机械设备、车辆等，实现垃圾全密闭清运，达到日产日清。教育扶贫方面，联系建立"中联部—中国人保行唐县教育扶贫基金"，3 年来资助贫困学生上千人；促成北京新启英才携手北京再佳学教育集团，为行唐县1—6年级师生捐助4.5万套总价值9000万元的《最美课本》，受益学生3万人。联系中国扶贫基金会捐赠行唐县学校5000套爱心包裹、中国扶贫志愿服务促进会和北京防痨协会捐赠行唐县价值4800万元医疗设备。邀请省市农科专家多次到东井底村、东安太庄村讲授果树栽培技术，小麦、玉米等农作物的管理方法，近千人接受培训。发挥"党建促脱贫"作用，捐赠150多万元党费，改造提升村级党群活动设施。东安太庄村通过签署支部共建协议，相互学习，共享资源，积极探索基层"支部共建促抱团发展"的新路径。

中联部选派的驻村第一书记李双伍为推动部里捐建的木耳大棚项目落地生效，积极动员本村返乡人员，引进东北的技术和管理，形成了资金与技术合作、所有权与经营权分置、保底分红与利润分成相结合的合作模式。图为中联部捐建的木耳大棚。

三、选派精锐出战，尽心尽职尽责

先后选派7位优秀干部（均为现职处长），赴行唐县挂职（包括3位驻村第一书记）。挂职干部按照"尽心尽职，带着对行唐干部群众深厚感情，认认真真、踏踏实实做扶贫"的要求，忠于职守、苦干实干、无私奉献，同行唐县干部群众一起摸爬滚打，一起攻坚克难，为行唐县提前退出贫困县序列发挥了积极作用，受到当地干部、群众的高度评价和充分认可，"中联驻行唐县工作组"被评为河北省脱贫攻坚先进集体。其中，杨万强同志荣获"全国脱贫攻坚先进个人"荣誉称号，面对突如其来的新冠肺炎疫情，他与当地干部群众一道抗击疫情，并及时转赠外国政党捐赠的医疗物品，为行唐实现"零感染、零确诊"尽心、为经济社会稳定出力。积极推动金丰公社发展壮大。金丰公社模式不是简单的土地流转，是在确保农户土地所有权和经营权的前提下，提供种养殖全程服务的全新模式。金丰公社土地托管模式初步解决了"种谁地，谁种地"等乡村发展核心问题，为解决"三农"问题进行了有益探索。3 位驻村第一书记均获得河北省"优秀驻村第一书记"荣誉称号。高玉琪同志驻村期间接地气、动真情、强支部、谋发展，按照"富民产业发展＋集体经济壮大＋美丽乡村建设"的发展模式，带领村民脱贫致富，荣获河北省优秀共产党员。李双伍同志驻村期间创新政府拨款、企业建设、村集体收益的合作模式，促成北京大地津泰会计师事务所捐助 20 万元，在行唐县东井底村建立村级互助福利院，形成"20 万元捐助 +20 万元配套 +35 万元赞助"的新模式，使村里 24 名五保户和低保户受益。所驻村实现脱贫摘帽并获得"全国民主法治示范村"荣誉称号，成为助力行唐脱贫攻坚过程取得成绩的重要体现。他本人荣获中央和国家机关脱贫攻坚优秀个人。苏祖辉同志在所驻村搭建村级电商平台，依托平台精准扶贫，实现贫困户和村集体双赢。所驻村获"国家森林乡村"并被列为乡村振兴示范村，他本人荣获中央和国家机关五一劳动奖章，河北省脱贫攻坚先进个人。

四、突出特色优势，讲好脱贫故事

中联部发挥党的对外工作特色优势，加大对外宣传习近平总书记关于扶贫工作重要论述的世界意义，与全世界分享脱贫攻坚、全面建成小康社会的经验，推动构建人类命运共同体。先后与贵州、福建等省委共同举办"中国共产党的故事"专题宣介会和国际理论研讨会，分别以"决战脱贫攻坚""摆脱贫困与政党的责任"为主题，通过线上线下相结合的方式，向与会政党全面介绍

创新帮扶模式

探索出以"党建促扶贫、产业促发展、农业促增收、水利促安全、医疗促健康、党际交往创特色"为主的精准帮扶举措，形成政府拨款、企业建设、村集体收益合作新模式；开展"支部共建"活动，发挥"支部共建促抱团发展"作用；搭建村级电商平台，依托平台开展精准扶贫，实现贫困户和村集体双赢；利用党际交往渠道讲好中国共产党脱贫攻坚故事。

以习近平同志为核心的党中央带领中国人民决战脱贫攻坚的生动实践和重要成果。习近平总书记向"摆脱贫困与政党的责任"国际理论研讨会致贺信。外方高度评价习近平总书记关于扶贫工作的重要论述，认为中国脱贫成就举世瞩目，为世界减贫事业作出了突出贡献。新华社专题撰写《深山苗寨，见证中老两党两国交往的一段佳话》侧记，报道时任老挝人革党中央总书记、国家主席本扬赴湘西十八洞村考察访问后，对习近平总书记"精准扶贫"的重要论述给予高度评价，掀起了扶贫外交的新高潮，扩大了国际影响力。中联部"复兴路上工作室"与"中国好故事"数据库联合出品短视频《一杯咖啡里的脱贫故事》，以动画形式"趣说""数说"中国精准扶贫、精准脱贫新模式，向国际社会生动讲述能够引起世界人民"共情、共识、共振"的中国好故事，受到广泛转载，阅看与互动量双双过亿。2013 年以来，先后组织多批外国政党干部代表团到行唐县实地考察，挂职干部和驻村第一书记结合个人帮扶实践，向外方宣传中国扶贫做法和经验，提升对外宣传的有效性和吸引力。新冠肺炎疫情期间，驻村第一书记为非洲、拉美国家政党领导人和智库学者视频授课，讲好中国共产党脱贫攻坚故事。结合党的对外工作特点，尝试将行唐县"市级非物质文化遗产"特色葫芦烫画作为外事礼品推出，得到外方好评。

历任扶贫干部

挂职扶贫干部

挂职时间	姓　名	挂职地	挂职职务
2013.7—2015.8	叶晓林	河北省行唐县	县委常委、副县长
2014.1—2016.1	李　军	河北省行唐县	副县长
2016.5—2018.6	曾凡辉	河北省行唐县	县委常委、农工委书记
2018.6—	杨万强	河北省行唐县	县委常委、副县长

驻村第一书记

驻村时间	姓　名	所驻村及职务
2015.7—2017.7	高玉琪	河北省行唐县口头村第一书记
2017.7—2019.8	李双伍	河北省行唐县东井底村第一书记
2019.8—	苏祖辉	河北省行唐县东安太庄村第一书记

中央政法委

历 程

中央政法委2002年开始定点帮扶内蒙古自治区扎赉特旗。成立中央政法委扶贫工作领导小组，委机关主要负责同志任组长；把定点扶贫列入中央政法委年度"十大工作"；先后选派14名干部到扎赉特旗挂职任职。

一、持续强化组织领导，凝心聚力决战脱贫攻坚

（一）领导高度重视，高位持续推进

中央政法委高度重视定点扶贫工作，坚持以习近平新时代中国特色社会主义思想为指导，认真贯彻落实党中央、国务院关于脱贫攻坚的决策部署。中央政治局委员、中央书记处书记、中央政法委书记郭声琨亲赴扎赉特旗调研，实地考察指导推进脱贫攻坚。中央政法委秘书长陈一新2018年以来三赴扎赉特旗，把脉经济社会发展，研究脱贫攻坚举措。班子其他成员先后6人次赴扎赉特旗调研，指导解决问题。把定点扶贫列入中央政法委年度"十大工作"，与政法工作同谋划、同部署、同考核。陈一新主持召开11次秘书长会议研究扶贫重点事项、43次批示作出具体部署。陈一新同志先后率浙商、汉商及央企、京企等13家企业赴扎赉特旗，组织与扎赉特旗签订对口帮扶协议16个。

扎赉特旗概况

内蒙古自治区扎赉特旗地处内蒙古自治区东北部，位于内蒙古、黑龙江、吉林三省区交界处，全旗总人口 40 万人，是全国粮食生产先进县、全国生猪调出大县、全国牛羊调出大县，建有全国最大、自治区首个国家现代农业产业园。扎赉特旗 1994 年被列为国家重点扶持贫困县，2002 年开始由中央政法委定点帮扶，2019 年脱贫摘帽。

（二）机关全员参与，全力以赴落实

机关上下把定点扶贫作为大事要事、分内事，各单位群策群力，发挥各自优势、找准帮扶结合点，采取结对共建、政策支持、资金助力等形式，累计投入资金 3401 万元，捐款捐物 17.5 万元，举办各类培训班 5 期。专门机构全力推动，充分发挥扶贫办设在机关党委（干部局）优势，统筹协调抓督办落实，实行台账管理，逐项明分工、明时限、明要求，周跟踪、旬研究、月督办，滚动推进；抓动态会商，同帮扶单位、扶贫干部和扎赉特旗建立微信工作群，随时沟通、研判、解决问题；抓考核激励，把扶贫情况纳入各单位年终考核、党支部书记述职评议考核重要内容。扶贫干部一线奋战，累计选派 14 名优秀干部到扎赉特旗艰苦一线挂职锻炼，投身脱贫攻坚。强化关爱激励，把挂职扶贫作为特别艰苦岗位，纳入干部选任"三个特别"优先提拔使用机制，形成优秀干部竞相扶贫、扶贫干部优先提拔的局面。

（三）组织扎实有序，健全"十大扶贫机制"

强化研究部署，建立定点扶贫纳入年度"十大工作"、秘书长会议定期研究、班子成员每年赴扎赉特旗调研机制；强化任务落实，建立台账化管理、定期会商、年度考核机制；强化党建引领，建立机关各党支部与扎赉特旗贫困村结对帮扶、机关年轻干部蹲点调研机制；强化扶贫干部管理，建立选派优秀干

中央政法委援建扎赉特旗巴达尔胡中心学校,帮助协调资金建设体育场、体育馆等设施。图为2018年建设完成后的巴达尔胡中心学校。

部驻点扶贫、扶贫干部管理晋升机制,为脱贫攻坚筑牢制度保障。

(四)帮扶全面开展,建成"百项扶贫项目"

先后组织实施102项精准扶贫项目,推动扎赉特旗如期脱贫摘帽,经济社会各项事业长足发展。促进经济产业,万头安格斯牛养殖屠宰加工、"虾稻共育"、牛肉干订单化生产等项目先后落地见效,累计引进企业资金近亿元,产业换挡提速升级发展;促进设施建设,111国道乌兰浩特至新林北段公路升级改造、扎赉特旗至阿尔山旅游公路七家子至喇嘛洞大桥段提质改造、都尔本新大桥项目等先后建成,发展基础不断夯实;促进消费拉动,协调中粮集团、首农集团、浙江万惠公司、浙江百草味公司、阿里巴巴集团等国内行业领军企业均与扎赉特旗建立合作关系,已累计帮助销售大米、玉米等农产品5.45亿元;促进扶志扶智,巴达尔胡中心学校、2个高标准足球场地、20个长安书屋等先后建成,培训基层干部和电商、种植、养殖等技术人员2万余名,脱贫致富能力不断增强;促进解决就业,帮助增加护林员名额660个,发展产业转移就业2300余名,脱贫致富路进一步拓宽;促进社会治理,帮助建设"雪亮工程"、社会治理中心、反邪教警示教育基地、平安广场等一大批项目，扎赉特旗连续三届被评为全国平安建设先进县（市、区、旗），荣获"长安杯"，脱贫发展的环境更加安全稳定。

二、持续强化工作创新，努力创造脱贫攻坚经验

（一）创新市场化社会化扶贫思路，争取规模小、资源少单位扶贫大作为、大成效

克服中央政法委机关自身人少、资源匮乏局限，发挥中央机关统筹协调、视野开阔优势，积极探索引进社会力量，运用市场规则，推动扎赉特旗走可持续发展之路。协调争取中组部、原国务院扶贫办支持培训干部，交通部、农业农村部、水利部、国家林草局支持基础设施建设，中国足协、北京朝阳医院、阿里巴巴基金会等助力教育、健康事业。充分运用市场机制，帮助引进浙商、汉商及央企、京企的技术、资金，助力经济发展，最大限度汇聚扶贫合力。

（二）创新实施"九大扶贫"举措，实现精准扶贫与全面发展一体推进

陈一新同志三度深入扎赉特旗实地调研、把脉问诊，针对扎赉特旗区域特点、自然禀赋、基础设施、民生保障等方面现实情况和发展需求，坚持因地因人制宜，树立全方位扶贫理念，打出了"以党建扶贫强引领、以产业扶贫促长效、以电商扶贫添活力、以消费扶贫强拉动、以交通扶贫破瓶颈、以生态扶贫固根基、以健康扶贫防返贫、以教育扶贫增动力、以政法扶贫创特色"的"九位一体"扶贫组合拳，促进脱贫攻坚、助推全面发展，大大增强了扶贫力度、广度、效度。

1.推进产业扶贫。针对扎赉特旗农牧业传统悠久，但产业初级、品种单一、经济效益较低实际，陈一新同志亲自协调引进浙江百草味公司开展牛肉干"订单生产"、浙江万惠公司开展"我在扎赉特有一亩田"订制农业，拉长产业链、提高附加值。"我在扎赉特有一亩田"每亩售价高达12000元（大米30元/斤）。

协调引进北京祥达瑞林公司，累计投资 9500 余万元建设万头安格斯牛养殖基地，改善养殖品种、提高养殖水平。

2. 推进消费扶贫。着力解决扎赉特旗作为产粮大县多年来粮食销售质好价不优、销路不稳定、群众售粮回款慢等问题，协调中粮集团、首农集团、浙江万惠公司等帮助销售玉米、大米近 17 万吨，共计 5.45 亿元，中粮等企业即时闪付加快了百姓卖粮收益速度，纳入其销售网络提高了扎赉特旗农产品市场占有率，也带动了当地粮食收储企业发展。

3. 推进电商扶贫。针对扎赉特旗地处偏远、农牧产品销路受限，协调阿里巴巴集团、上海多恩公司加大帮销力度，仅天猫平台就销售近 2000 万元。促成与抖音、快手、斗鱼等新兴流量平台合作，开展电商培训、拓展销售平台，打造全网营销矩阵。2021 年，扎赉特旗在"全国十大淘宝直播村播示范县"中跻身前三名。

4. 推进教育扶贫。开展"点穴式"培训，发挥当地足球教学优势，积极协调中国足协、中超公司帮助开展高水平训练、观摩全国性赛事、捐建标准化足球场。开展"牵引式"培训，针对部分贫困户有劳动能力却缺乏劳动技能问题，组织学习种植、养殖、庭院经济、中式面点、育婴等实用技能，掌握一技之长，拉动就业脱贫。开展"定制式"培训，认真征求当地培训需求，量身定制学习党的十九届五中全会精神、习近平生态文明思想、脱贫攻坚形势与思路对策、基层社会治理等培训班次。

5. 推进健康扶贫。针对扎赉特旗群众心脑血管疾病高发、因病致贫返贫问题突出，协调北京朝阳医院帮助开展心脑血管病治疗培训，开通远程医疗、建立就医"绿色通道"。支持抗疫，在 2020 年 2 月疫情最紧张时期协调阿里公益基金会捐赠扎赉特旗 1 万个 N95 口罩，价值 21 万余元，缓解燃眉之急。

6. 推进交通扶贫。先后推动 111 国道升级改造、扎赉特旗至阿尔山旅游公路提质改造，建成花园大桥、都尔本新大桥，形成了较完备的公路交通网络。

7. 推进生态扶贫。扎赉特旗地处"三北"防护林带，对维护好北疆生态安全防线责任重大，积极协调国家林草局，争取植被恢复及重点区域绿化、"三

中央政法委帮助扎赉特旗协调了扎旗七家子至阿尔山喇嘛洞旅游公路改建工程项目，2020年完工，拉动了旅游经济发展，助推了周边5个乡镇、10万农牧民脱贫致富。图为旅游公路改建工程项目现场。

北"防护林工程资金、贫困林场补助资金等1.4亿余元。促进生态就业，增加660名护林员，一体实现林地保护、贫困户就业增收。

8.推进政法扶贫。全面加强对扎赉特旗政法工作的指导和支持，为脱贫攻坚营造安全稳定社会环境。支持基础设施，帮助建设8个平安广场、网格化社会治理信息平台等；支持干部培训，举办政法干部服务脱贫攻坚、反邪教、基层社会治理等培训班，提升保安全、护稳定、促发展能力。

9.推进党建扶贫。发挥政治机关优势，深入开展机关各党支部与扎赉特旗贫困村党支部结对帮扶、支部共建，积极帮助讲党课、捐资建立"长安书屋"，资助贫困学生，捐稿费购图书等，将党建优势转化为发展优势。创建年轻干部扶贫点蹲点调研制度，已分批选派12名年轻干部赴扎赉特旗与贫困群众同吃同劳动，深入调研帮助解决脱贫攻坚、基层治理难题。

（三）创新"一二三四"工作方法，推动帮扶工作更加科学高效

1.突出"一个重点"。针对新冠肺炎疫情下传统经济模式受到较大影响、"云端经济"逆势上扬，同时扎赉特旗地处偏远、物流人流不便、传统模式市

创新帮扶模式

中央政法委针对扎赉特旗现实情况和发展需求，坚持因地因人制宜，树立全方位扶贫理念，打出了"以党建扶贫强引领、以产业扶贫促长效、以电商扶贫添活力、以消费扶贫强拉动、以交通扶贫破瓶颈、以生态扶贫固根基、以健康扶贫防返贫、以教育扶贫增动力、以政法扶贫创特色"的"九位一体"扶贫组合拳，促进脱贫攻坚、助推全面发展。

场狭窄的特点，把电商扶贫作为重中之重、当务之急，充分发挥促进产业、拉动消费、增进就业等作用。

2.实施"二个精准"。精准运用扶贫政策，帮助扎赉特旗开展扶贫产品认定，纳入扶贫产品名录，享受贴息贷款等政策红利；精准制定帮扶措施，聚焦扎赉特旗需求"滴灌式"帮扶，协调中国足协帮助修建急需的足球场、朝阳医院帮助开展心脑血管病治疗和培训，分类培训技术人员等。

3.做好"三个结合"。远近结合，夯实交通、生态等长远之基与解决产业、就业等眼前之困并举；东西结合，借助京浙楚等先进地区资金、市场优势与发挥扎赉特旗自身资源禀赋并行；内外结合，物质帮助引"外援"与扶志扶智强"内功"并重。

4.推动"四个升级"。业态升级，推动从以种植养殖为主向深度加工、集群贸易、农业观光旅游等一二三产业融合发展，从单一产销模式向共享经济、体验经济等现代模式转型；品牌升级，帮助打造"扎赉特味稻"等拳头产品，"我在扎赉特有一亩田""稻梦星空"等特色品牌；机制升级，横向拓展与部委、央企等扶贫合作范围，纵向建立与自治区、盟、旗四级扶贫联动机制；成效升级，扎赉特旗代表内蒙古自治区接受国家脱贫攻坚成效考核被评为"好"。

历任扶贫干部

挂职扶贫干部

挂职时间	姓　名	挂职地	挂职职务
2009.3—2016.3	张思剑	内蒙古自治区扎赉特旗	旗委副书记
2016.3—2018.8	唐盛利	内蒙古自治区扎赉特旗	旗委副书记
2018.8—2021.4	马　祎	内蒙古自治区扎赉特旗	副旗长
2021.4—	赵庆林	内蒙古自治区扎赉特旗	副旗长

驻村第一书记

驻村时间	姓　名	所驻村及职务
2015.7—2016.9	王　玮	内蒙古自治区扎赉特旗巴达尔胡嘎查第一书记
2016.9—2018.8	丁　杰	内蒙古自治区扎赉特旗巴达尔胡嘎查第一书记
2018.8—2021.4	刘定坤	内蒙古自治区扎赉特旗巴达尔胡嘎查第一书记
2021.4—	胡剑涛	内蒙古自治区扎赉特旗巴达尔胡嘎查第一书记

中央政研室、中央改革办

中央政研室、中央改革办从 2002 年开始定点帮扶吉林省安图县。通过选派干部到安图县挂职、赴安图县调研督导等方式，把党中央对基层的关心和中央政策带到安图，尽可能协调有关力量为安图县发展提供力所能及的帮助。同时，把安图县当作了解国情农情、了解中央政策落实情况的"窗口"，加深和基层干部群众的感情。2020 年 4 月，安图县实现脱贫摘帽。

中央政研室、中央改革办坚持把对吉林省安图县的定点扶贫工作作为一项重要政治任务，严格落实习近平总书记关于扶贫工作的重要论述，以高度责任感组织完成好各项定点扶贫任务。室办帮扶的安图县已于 2020 年 4 月实现脱贫摘帽，并在全省脱贫攻坚成效考核中综合评价位列第一，第三方实地评估中群众满意度位列第一。中央政研室农村研究局（室办扶贫办）和安图县委均获评全国脱贫攻坚先进集体，室机关服务中心主任、曾任安图县明月镇龙泉村第一书记的王平堂同志获评全国脱贫攻坚先进个人。

一、加强调研督导

中央政治局常委王沪宁高度重视室办定点扶贫工作，每年均多次作出指示批示。室务会每年均多次研究定点扶贫工作，及时学习习近平总书记关于扶贫

安图县概况

安图县地处吉林省东部、延边朝鲜族自治州西南部，素有"长白山下第一县"的美誉，南部与朝鲜接壤，边境线长33.7公里。全县面积7444平方千米，人口20.9万人，森林覆盖率达86%，是"中国矿泉水之乡"。2002年被确定为国家扶贫开发工作重点县，2020年脱贫摘帽。

工作的重要论述，部署落实中央下达的任务要求，及时研究解决安图提出的问题。江金权、穆虹同志和其他室办领导班子成员亲自赴安图实地调研督导、督促检查定点扶贫工作；积极出面协调相关部委，帮助安图解决实际问题。室办扶贫办负责定点扶贫日常事务，并编辑《扶贫工作动态》，及时向室务会和室办扶贫领导小组报告情况。室办先后有12批次、49人次到安图县开展调研督导，其中正部级干部4人次、副部级干部5人次。调研期间，召开座谈会18次，调研贫困村12个。调研督导期间，召开座谈会听取安图县委、县政府工作汇报，进村入户了解脱贫攻坚工作进展、第一书记工作和群众生产生活等情况，与吉林省委、延边州委领导交换意见。每次督导后均形成督导报告，指出安图县脱贫攻坚中存在的问题，提出改进工作的建议。发挥室办政策研究和改革指导的优势，指导并专门派工作组到安图调研总结县级领导下社区的做法，所撰写的调研报告得到有关领导同志批示。指导并总结安图县驻村干部党委的做法，在《党建要报》《当代组工干部》等刊发，经验在延边州推广。总结安图县开展大学生假期实践的做法等，在《改革情况交流》上刊发。

室办每年年底均派人赴安图县看望干部群众，送去党中央和习近平总书记对他们的关心、室办干部职工的爱心。图为 2018 年底在安图举行的捐赠仪式。

二、推进项目和产业帮扶

一是协调国家发展改革委将安图县天泉矿泉水小镇纳入第一轮全国特色小镇典型经验名录。该小镇先后引进广州恒大、台湾统一、韩国农心、福建雅客、内蒙古伊利等 11 户企业，累计完成工业投资 35 亿元，建成工业厂房 24 万平方米，形成了特色鲜明的产业集群。2018 年矿泉水产能达到 300 万吨、产量 70 万吨，实现产值 10 亿元，税收 9000 万元（扣除留抵税额实际上缴税金 4800 万元）。2019 年产量 80 万吨，实现产值 11.4 亿元，税收 10260 万元（扣除留抵税额实际上缴税金 5500 万元）。二是协调安图县长兴水利枢纽工程纳入国家发展改革委投资项目，2020 年中央预算内投资 2 亿元，吉林省财政投资 0.64 亿元，成功解决该工程的资金缺口。工程完工后，将为 10 万群众提供稳定的"第二水源"，减轻县城及其下游延吉市的洪水威胁。三是协调文化和旅游部，帮助安图县成功创建全国第二批国家全域旅游示范区。四是协调国家口岸办，国务院 2019 年 12 月下发《国务院关于同意吉林双目峰公路口岸对外开放的批复》，目前口岸性质为双边常年开放公路客货运输口岸。五是协调科技部等部委领导参加安图县伊利石产业发展论坛，助推安图县伊利石产业发展。六是协调中国黄金集团与安图县对接，谋划实施相关项目等。七是帮助引进浙江千济方医药科技有限公司到安图县发展桑黄产业。

三、与国家开发银行、中国农业银行开展定点扶贫合作

室办 2016 年起与国家开发银行、2017 年起与中国农业银行开展定点扶贫合作。通过多年探索，合作模式逐渐成熟。室办发挥居间协调作用，一方面指导安图县归集产业和项目发展的金融需求，统一提供给金融机构；另一方面协调金融机构，为安图县量身定做提供金融服务，开展脱贫攻坚、棚户区改造、基础设施建设、产业发展等项目建设。截至 2020 年 9 月，国家开发银行对吉林省安图县的授信贷款额度达到 10.08 亿元，累计发放贷款 4.9 亿元，当前贷款余额 3.84 亿元，累计惠及 8304 名贫困人口、2126 名贫困学生。国家开

室办发挥政策研究和改革指导优势，指导安图县创新脱贫攻坚工作，包括指导安图县设立驻村干部党委，整合驻村干部力量。图为 2016 年中共安图县脱贫攻坚驻村干部委员会成立暨第一次党员大会。

发银行连续 3 年每年捐助安图县 100 万元设立贷款风险补偿金，化解扶贫产业贷款风险。中国农业银行发挥自身优势，跟踪安图县农业产业化项目，帮助安图县引进客户企业。截至 2020 年 10 月，中国农业银行安图县支行贷款余额达 10.72 亿元，支持带动建档立卡贫困人口近 3000 人。

四、选派得力干部

从 2002 年开始，室办先后选派 12 名干部到安图县挂职。其中 2 人任延边州委常委，5 人先后任安图县委副书记，2 人先后任安图县委常委，2 人先后任安图县长助理，5 人先后任安图县委办副主任，3 人先后任驻村第一书记（部分同志不同时期任不同职务，同期兼任几个职务）。挂职干部在挂职中经受了锻炼、增长了才干。室办去延边挂职的干部集体获得延边州 2020 年脱贫攻坚特别奉献奖。曾经在安图县挂职的王平堂同志荣获全国脱贫攻坚贡献奖，评选为"吉林好人·脱贫攻坚先锋""吉林省最美第一书记"，曹利群同志、钟世强同志获吉林省脱贫攻坚特别贡献奖，吕冠军同志被授予延边州优秀党务工作者称号。

五、开展扶贫慰问和捐赠

近些年来，坚持年底室办派人赴安图县看望干部群众，送去党中央和习近平总书记对他们的关心、室办干部职工的爱心。近 3 年每年投入帮扶资金 80 万元，其中 30 万元用于对贫困群众的年底慰问。室办还为安图县捐赠 14 台电脑，图书资料若干。此外，协调国家开发银行吉林省分行捐款 40 万元，中国农业银行捐款 20 万元，阳光保险集团捐款 103 万元、投入 205 万元（脱贫攻坚期内分红全部用于龙泉村），天安人寿捐款 30 万元。协调阳光保险集团为全县 500 名驻村工作队成员和部分建档立卡贫困人员购买保险，保额达 3000 万元。协调宁波奔野拖拉机厂给红星村捐赠拖拉机 1 台。

创新帮扶模式

中央政研室、中央改革办发挥政策研究优势，与国家开发银行、中国农业银行开展定点扶贫合作并做好机制设计，国家开发银行创新采取"批发＋零售"模式，把资金批发给安图县农商行，由后者再对县内农户和中小企业进行贷款，国家开发银行和安图县共同成立风险补偿金。中国农业银行对安图县农行增加扶贫再贷款额度、提高容忍度，推动县农业银行增加在安图的贷款投放。

六、组织消费扶贫

2018 年起，每年动员室办干部职工购买安图农产品约 10 万元，动用办公经费采购安图矿泉水 5 万元。通过与中国农业银行合作，在农行官网上开辟专区帮助安图县销售农产品，目前已销售农产品 256 万元；协调阳光保险集团购买安图县大米 154 万元、煎饼 126 万元，推介安图农产品 40 万元；协调国家开发银行积极采购安图县大米 32 万元；协调国家粮食和物资储备局帮助安图县销售农产品 38 万元。经组织批准，室办在安图县任驻村第一书记的钟世强同志任延边州第一书记协会副理事长、安图县第一书记协会理事长。第一书记协会积极探索创新，依托政府公信力，利用驻村干部人脉资源，甄选一批优质农产品，积极开展网络直播带货，将贫困村和贫困户生产的农产品直接推送到消费群体。

七、组织捐资助学和培训

从 2019 年开始对安图县开展捐资助学，每年室办领导亲自捐款，全体干部职工积极参加，捐款 5 万余元对安图县 4 个学校 50 余名建档立卡贫困学生予以资助。2019 年，首次联合中国农业银行在吉林省分行长春培训学院，对安图县百余名干部开展培训，中央政研室和农行专门派人授课，同时还邀请中国人民大学专家授课。在疫情期间，委托安图县委组织部培训 101 名安图县基层干部。结合浙江千济方医药科技有限公司与红星村的桑黄种植合作项目，委托公司培训相关技术人员。

历任扶贫干部

挂职扶贫干部

挂职时间	姓 名	挂职地	挂职职务
2012.10—2015.4	李修吉	吉林省安图县	县委副书记
2015.4—2017.8	倪好勤	吉林省安图县	县委副书记
2015.7—2017.2	吕冠军	吉林省安图县	县委常委
2017.8—2018.5	王平堂	吉林省安图县	县委常委、县委副书记
2018.5—	毛光升	吉林省安图县	县委副书记

驻村第一书记

挂职时间	姓 名	所在村及职务
2015.7—2017.2	吕冠军	吉林省安图县茶条村第一书记
2017.8—2020.1	王平堂	吉林省安图县龙泉村第一书记
2020.1—	钟世强	吉林省安图县红星村第一书记

中央网信办

历 程

中央网信办自 2016 年起定点帮扶陕西省佛坪县。5 年来，认真贯彻落实党中央、国务院关于打赢脱贫攻坚战的决策部署，始终把定点扶贫作为一项重要的政治任务来抓。充分发挥网信工作优势，精心选派挂职干部，集全办之力扎实推进产业扶贫、扶志扶智、消费扶贫、党建促脱贫等各项工作，促进佛坪县经济社会快速发展，顺利实现脱贫摘帽。

中央网信办定点帮扶陕西省汉中市佛坪县以来，累计选派挂职干部 8 人（含第一书记 4 人），实施和引进帮扶项目 100 多个，直接投入帮扶资金 1239.68 万元，引进帮扶资金 8643.55 万元，培训基层干部 2056 人次，培训技术人员 824 人次，直接购买农产品 52 万元，帮助销售农产品 6368 万元。在中央网信办帮扶和佛坪人民共同努力下，佛坪县脱贫攻坚工作扎实推进，产业质量快速提升，民生福祉持续增进，生态建设成效显著，地区生产总值从 2015 年的 7.32 亿元跃升至 2020 年的 11.88 亿元，年均增长 10%。2018 年 9 月通过国家验收，宣布脱贫摘帽。中央网信办在帮扶过程中立足网信优势，采取一系列具有网信特色的帮扶做法，取得了较好的工作成效。

一、室务会高度重视、办领导高位推动，是帮扶工作取得成功的关键

中央网信办高度重视定点扶贫工作，以习近平新时代中国特色社会主义思想为指导，认真贯彻落实党中央、国务院关于脱贫攻坚的决策部署，始终把定点扶贫作为一项重要的政治任务来抓，成立了以主要负责同志为组长、分管负责同志为副组长、18个局级部门为成员单位的定点扶贫工作领导小组，形成了分工明确、联动紧密、齐头并进的良好工作局面。办领导先后10次赴佛坪考察调研，召开座谈会、专题会、领导小组会等会议10余次，研究部署、强力推动定点扶贫工作。

佛坪县概况

佛坪县是"秦岭四宝"栖息地，被誉为"大熊猫的家园"和"中国山茱萸之乡"。2011年被确定为国家扶贫开发工作重点县，2016年开始接受中央网信办定点帮扶。近年来，佛坪县实施"生态立县、林药兴县、旅游强县"战略，发展山茱萸种植、冷水鱼养殖等特色产业，着力构建有地方特色的县域经济体系。2018年9月脱贫摘帽。

二、强化统筹协调，全面宣传佛坪脱贫攻坚和经济社会发展成绩

（一）加强指导，提升佛坪新闻宣传工作水平

加强与佛坪县委宣传部的沟通交流，及时了解佛坪新闻宣传工作实际需求，帮助分析形势、研究业务、解决困难，积极完善新闻宣传管理制度，推动制定年度对外新闻宣传工作要点和实施方案，建立对外新闻宣传目标考核系列

机制，极大激发宣传系统干部职工的工作热情和积极性。

（二）突出重点，全面展现佛坪工作亮点成效

围绕佛坪"生态立县、林药兴县、旅游强县"发展战略和"一旅二药三养"产业布局，重点在生态保护、乡村旅游、农特产品等方面加大宣传力度。协调人民网、新华网、学习强国学习平台刊发《佛坪脱贫攻坚成效考核进入全省"第一方阵"》《"秦岭绿"的佛坪贡献》等重要稿件，组织"决战脱贫攻坚·决胜全面小康——陕西在行动""镜头中的脱贫故事""决战2020·陕西担当"等大型网络主题采访活动，全面展示佛坪在脱贫攻坚、经济社会发展方面的喜人成绩，相关网上报道1.2万条，直播观看人数和微话题参与量超过1亿人次。疫情防控期间，协调中央媒体发布佛坪稿件100多篇，全面宣传佛坪疫情防控做法、成绩和复工复产复学情况，大力展现佛坪疫情防控、经济建设两手抓的得力举措和积极成效。

（三）立足文旅，持续强化佛坪形象宣传推广

充分借助"秦岭大熊猫"这一特殊名片，连续3年协助佛坪县举办"秦岭

| 积极宣传推广佛坪县特色文旅名片，不断提升当地文旅产业、特色产品知名度、美誉度。图为中央网信办协助佛坪县举办秦岭大熊猫文化旅游节。

大熊猫文化旅游节"系列主题活动，累计邀请20多家直播平台和100多名人气主播先后参与"主播带你游佛坪""网络公益演唱会"等30多场直播及采风活动，全方位展现佛坪独特魅力和风土人情，进一步提升佛坪文化旅游和农特产品全网知名度、美誉度。特别是新冠肺炎疫情后，下大力气协助佛坪县做好假期文化旅游网上宣传推广，联系知名旅游网站加大推介力度，进一步帮助促进旅游市场回暖、提振消费市场信心，激励当地旅游行业走出困境、渡过难关。

（四）精准发力，促进媒体融合纵深发展前进

直接投入75万元，协调陕西省财政厅专项补助50万元，协调陕西广电网络减免"秦岭云"每年服务费15万元，在技术建设、设施配备、人员培训等多方面支持佛坪县融媒体中心建设和发展，初步形成以"爱佛坪"APP、佛坪发布微信公众号、佛坪融媒等为主要平台的融媒体矩阵。协调今日头条旗下平台对"爱佛坪"APP、佛坪发布微信公众号所发部分稿件进行转发，进一步扩大宣传范围、提升宣传效果。

三、积极发挥网信特色优势，助力脱贫攻坚和乡村振兴提质增效

（一）树立乡村数字经济发展样板典型，有效发挥示范引领作用

一是将佛坪县纳入国家数字乡村试点。以试点工作为契机，进一步指导完善佛坪县新一代信息基础设施，探索数字乡村经济新业态、数字乡村治理新模式、数字乡村可持续发展新机制。二是将佛坪县银厂沟村作为乡村数字经济发展样板进行打造，形成《佛坪县银厂沟村金银谷新型农业观光产业园修建详细规划》，确定了"农旅结合、以农促旅、以旅带农"的发展思路，以特色生态农业为依托、社交直播电商为驱动、乡村休闲旅游为载体，先后投入和协调资金1200多万元，建设高品质民宿、食用菌菌棒加工厂、棕榈产品加工厂、食用百合花卉基地、休闲垂钓园等产业项目，形成了以乡村旅游为主、观光农业

和农产品加工销售为辅、一二三产业融合发展的良好局面，加快了全村从厂房民宿租赁为主的"房东经济"向多元的"创业经济"转型，逐步实现由"筑巢引凤"向"引凤筑巢"的转变，为佛坪县发展数字乡村建设和"互联网＋"赋能乡村振兴提供样板支撑。

（二）深入推进网络消费扶贫，有效带动农特产品和电商产业发展

一是因地制宜扶持佛坪食用菌特色产业健康发展。协调资金从食用菌品牌建设、生产设备到人员培训、产品销售进行全产业链协助，有力稳定带贫龙头企业（合作社）的生产，有效带动贫困人口持续增收。特别是陕西网信办实施的智慧香菇大棚示范项目和产品溯源系统，使佛坪的香菇深受消费者喜爱和放心。二是积极拓展扶贫产品线上销售渠道。协调推动共计36家供应商78款产品上线"832平台"、中国社会扶贫网、农行扶贫商城、"七代志小镇"电商平台，以及24家供应商133款产品进入《全国扶贫产品目录》；协调多家佛坪电商企业参加淘宝（天猫）"年货节""天猫晚会"等大型促销活动。三是积极探索推动直播和社交电商发展。协调抖音、快手、斗鱼、虎牙等多家平台，深入田间地头直播推广佛坪县农特产品，在助力产业兴旺、产品上行的同时，又锻炼培养了本土直播人才。此外还协调中国平安集团、社员网、探探科技采购农特产品价值1500万元，带动贫困户395户1126人就业增收，有效落实"保市场主体"和"稳就业"任务。

（三）持续开展"互联网＋教育帮扶"，弥补教育领域存在的短板弱项

一是积极引进优质线上教学资源和教育管理信息化资源。协调好未来、沪江教育等多家互联网教育企业量身打造体系化教育解决方案，通过信息化设备捐赠、教学软件和线上教学资源共享等形式，提升教学水平，补足素质教育课程。二是进一步改善学校办学条件和学生学习生活质量。协调蒙牛乳业连续3年向全县1600多名小学生无偿提供早餐奶；协调中国互联网发展基金会、KEEP运动等网信部门和企业捐资协助学校集中供暖项目建设、寄宿制学校住宿条件提升、塑胶操场修建等；推动 TT 语音"网络书屋"、阿里公益"松果课堂"、中国平安集团"平安智慧小学 & 科技素养实践学校"等项目落地实施。三是设立专项基金激励优秀师生。其中中国互联网发展基金会设立高考激励基金资助全县本科新生达 230 余万元；草花互动网络科技公司设立优秀师生奖励基金发放达 56.4 万元；中国扶贫基金会出资 50 余万元设立自强班资助 100 名品学兼优的家庭经济困难学生。

（四）积极开展"互联网＋医疗帮扶"，不断提高人民群众健康生活保障水平

一是进一步改善基层医疗和公共卫生条件。协调中国互联网发展基金会、中国平安集团、恩福科技等部门和企业捐赠资金、医疗耗材、智能医疗器械，并对 30 名村医开展业务培训，有效提升基层公共卫生服务水平。二是推动实施贫困及老龄人口全面体检。中国平安集团"村医工程"免费为全县 1140 名贫困人口和 60 岁以上老人进行全面体检，有效推动佛坪医疗机构对相关人群的重大和慢性疾病进行及时治疗和长期跟踪。三是为贫困户提供多重医疗保障。协调"顶梁柱"健康扶贫公益保险落地佛坪，为建档立卡贫困人口 180 人次线上理赔近 20 万元；协调平安财产保险公司向 80 户存在返贫风险的贫困户捐赠保额 80 万元的"民生保"保险产品。

（五）扭住"扶志扶智"这个治本之策，加大培训和文化帮扶力度

一是开展形式多样内容丰富的培训活动。举办"佛坪发展大讲堂"，对全县党政干部、基层党组织书记、第一书记、驻村工作队队长共 1249 人次进行理论与实践培训；协调美团、抖音、淘宝等互联网企业围绕酒店民宿服务管理、新媒体技术应用、电商运营等方面，对县融媒体中心工作人员、酒店民宿从业人员、电商从业人员共计 480 人次进行专业技能培训，并形成在线培训的长效机制。二是动员社会力量捐赠图书和文化设施设备。协调"中华文学基金会"向县图书馆捐赠价值 20 万元图书 7000 册，"趣头条"捐赠 10 万元用于图书馆设施改善；协调"全民 K 歌"向县文化馆捐赠价值 15 万元的文化设施 275 件，"YY 直播"向县电视台捐赠价值 25 万元的直播设备。

（六）不断加大协调投入力度，持续改善基础设施

一是有效提升当地电信普遍服务水平。协调电信企业投入 1500 多万元完善通信基础设施，提升 4G 网络承载能力，实现了 4G 网络深层次全域覆盖、5G 网络主城区全覆盖，整体提升了佛坪信息化发展水平。二是协调解决西汉高速佛坪出口至县城段的部分经费。"中国互联网发展基金会"出资 80 万元建设银厂沟村文化大舞台和旅游公厕；协调"凤凰网"捐赠 8 万元修缮银厂沟村乡村文化大舞台；协调"滴滴"捐赠 600 辆青桔共享单车。

四、深入推进抓党建促脱贫，有效发挥基层党组织战斗堡垒作用

（一）充分发挥驻村第一书记重要作用

驻村第一书记不断创新党建工作方式方法，推动银厂沟村党支部焕发生机

银厂沟村第一书记组织党员、团员、职工志愿者 40 余人前往村百合花培育大棚开展志愿服务活动，完成 6000 余株百合花种装杯培育，以实际行动助力村集体经济合作社蓬勃发展。图为活动现场。

创新帮扶模式

　　中央网信办在定点扶贫工作中，始终注重把网信工作所长和佛坪县脱贫所需相结合。一是做好网络宣传，全面宣传佛坪脱贫攻坚和经济社会发展成绩，不断提高佛坪知名度、美誉度。二是帮助佛坪改善信息化基础设施，建设数字乡村，提升信息化发展水平。三是做好"互联网＋教育""互联网＋医疗""网络消费扶贫"等，全方位推动佛坪经济社会发展。

　　活力。积极当好党中央路线方针政策的宣传员，组织党员干部群众集中学习研讨，使党中央决策部署第一时间在大山深处落地生根。同时当好精准扶贫的战斗员，组织党员干部到帮扶项目上开展"互动体验式"组织生活，进一步增强脱贫致富信心。

　　（二）多形式协助提升基层党组织建设水平

　　推动相关业务局与银厂沟村党支部开展结对共建，积极探索中央机关和农村基层党组织互帮互助工作经验，大力推进基层党组织工作方法和活动方式创新。协调"咪咕阅读"捐赠157台党建知识电子阅读器。

　　（三）广泛动员广大干部职工参与定点扶贫工作

　　广大干部职工积极购买佛坪农特产品，同时积极协助联系销售农产品。相关业务局及陕西省委网信办50多名党员先后来到佛坪红军旧址学习党史、接受理想信念教育，同当地党员干部群众进行深入交流，并开展消费扶贫等帮扶工作。

历任扶贫干部

挂职扶贫干部

挂职时间	姓 名	挂职地	挂职职务
2016.3—2017.3	王 勉	陕西省佛坪县	副县长
2017.3—2019.3	王 峰	陕西省佛坪县	副县长
2019.3—2021.4	高 波	陕西省佛坪县	县委常委、副县长
2021.4—	韩中正	陕西省佛坪县	县委常委、副县长

驻村第一书记

驻村时间	姓 名	所驻村及职务
2016.3—2017.3	徐 硕	陕西省佛坪县银厂沟村第一书记
2017.3—2019.3	李 冬	陕西省佛坪县银厂沟村第一书记
2019.3—2021.4	訾雪岩	陕西省佛坪县银厂沟村第一书记
2021.4—	杜 村	陕西省佛坪县银厂沟村第一书记

中央台办

历 程

中央台办自1995年起定点帮扶甘肃省广河县(隶属临夏回族自治州，系"三区三州"深度贫困地区)。党的十八大以来，中央台办认真学习领会习近平总书记关于扶贫工作的重要论述，认真贯彻落实党中央关于打赢脱贫攻坚战决策部署，坚决扛起政治责任，加强组织领导，健全工作机制，精心选派干部，充分发挥对台工作特色，全力配合广河县委和县政府精准聚焦、真抓实干定点扶贫工作，取得明显成效，助力广河于2020年初完成三级验收，实现脱贫摘帽。

党的十八大以来，中央台办甄选4名优秀干部挂职县委常委、驻村第一书记，在产业、教育、医疗卫生、劳务输出、重点联系村的帮扶工作上干出了实绩，累计帮助广河县实施扶贫项目100多个，投入各类资金总计超4478万元，帮助广河县将贫困发生率由27.22%降到1.06%以下，协调解决了当地许多陷于困境的难题，扶植电商企业、改善文教卫生条件、拓宽务工渠道、打造扶贫车间、发动社会捐赠、帮扶重点联系村，发挥台办帮扶优势、展现台办帮扶特色，为广河县全面打赢脱贫攻坚战注入强劲动力。

一、强化组织领导，坚决扛起政治责任

党的十八大以来，中央台办领导班子高度重视定点扶贫工作，成立定点扶

广河县概况

广河县位于甘肃省中部西南，是临夏回族自治州的"东大门"，辖6镇3乡、102个行政村，其中贫困村51个。全县总面积538平方千米，耕地面积42万亩，总人口25.94万人，回、东乡等信仰伊斯兰教的少数民族占总人口的98%。开展精准扶贫以前，该县尚有贫困人口6454户、32345人，贫困率为15.13%，系"三区三州"深度贫困地区，是党中央多次强调要聚焦并扎实推进脱贫攻坚的重点区域之一。2020年脱贫摘帽。

贫工作领导小组，由办主要领导担任组长，分管扶贫工作的办领导担任副组长，定期召开专题会议，研究谋划部署定点扶贫工作。办主要领导、分管领导坚持每年专题调研定点扶贫工作，每年派出工作组赴广河调研、跟进各项工作进展，确保帮扶政策落实到位。中央台办经济局于2021年2月荣获"全国脱贫攻坚先进集体"；中央台办机关党委办公室于2021年6月荣获"甘肃省脱贫攻坚帮扶先进集体"；挂职干部李杨分别荣获"全国民族团结进步模范个人""甘肃省脱贫攻坚先进个人"称号；驻村第一书记常超分别荣获"中央和国家机关脱贫攻坚优秀个人""甘肃省脱贫攻坚先进个人"，驻村第一书记卢健荣获"中央和国家机关五四青年奖""甘肃省脱贫攻坚帮扶先进个人"；机关党委2019年被评为"甘肃省脱贫攻坚帮扶先进集体"，2020年被评为"临夏回族自治州脱贫攻坚先进集体"。

二、强化产业帮扶，增强产业"造血"功能

针对广河县产业"造血"功能不足实际情况，中央台办加强资源整合，积

极指导广河县探索出一条"特色产业为依托、政策扶持为牵引、企业带动为支撑、车间培训为抓手、群众增收为目标"的特色产业扶贫之路。指导广河县打造电子商务服务体系，广河电商企业现已发展到 205 家，从业人员 10000 余人，2021年营业额预计超过 2.5 亿元。2016 年、2020 年广河先后两次被列为全国电子商务进农村综合示范县。协调台商台企赴广河县开展经贸

积极协调台企台商为广河县困难群众开展技能培训，建设扶贫车间。图为贫困户妇女在扶贫车间工作。

考察，与当地开展产业对接合作，助力广河现代农业发展。天津康农食品集团在广河县注册分公司，成为广河县第一家台资企业，并投资 180 万元建设智能化蔬菜暖棚。积极推动广河县政府成立农业协会，与台湾知名农业企业和相关机构建立长效交流联系机制，学习引进台湾农牧业先进技术。帮助广河县企业"走出家门"，参加东莞"台博会"等展会活动，拓宽销售渠道。结合广河县特点，发展"炕头经济"，创造"留守人口"红利，引导劳动密集型企业到广河建立扶贫车间，开展圣诞彩灯、鞋业、皮业加工项目。

三、既扶志又扶智，激发群众内生动力

中央台办坚持把教育扶贫作为阻断贫困代际传递的根本之策，努力提升当地教育软硬件水平，巩固"控辍保学"成果。2016 年以来，先后动员社会各界投入 1585 万元，为广河县修建 11 所村级小学、幼儿园；投入 145.82 万元，

为 17 所县级小学改造提升教学环境；投入 572 万元，为 14 所中小学修建录播教室、图书室、操场跑道等基础设施；投入 164.74 万元，设立 10 个贫困学生助学金资助项目；捐赠各类图书、电脑、校服等物资，总价值共计 749.16 万元。坚持扶贫与扶志（智）相结合，加强劳务人员技能培训，提升劳动致富能力和信心。先后协调十余家台资企业培训广河籍务工人员 6000 余人，与广河县签订长期用工协议，累计输转劳动力 8000 余人，实现创收近 1.5 亿元。

四、医疗、消费齐发力，夯实脱贫攻坚根基

中央台办始终心系群众安康，持续推动解决广河县因病致贫、因病返贫多发问题，不断造福当地贫困群众。2016 年以来，先后投入 730 万元资金，用于乡村两级卫生所建设、基层卫生员培训、引入远程医疗等 7 个项目，极大提升了广河县医疗水平，改善了医疗卫生条件。积极开展公益医疗服务，为广河县耳疾患者捐赠价值 50 万元的 70 套耳蜗，为白内障患者捐赠价值 60 万元的

| 广泛协调台资企业及台商协会为定点帮扶县捐赠各类物资。图为 2018 年 1 月成都台协为贫困群众捐赠价值 121 万元的过冬物资。

100 枚人工晶体，帮助贫困群众重返健康。协调全国台企联、爱心企业先后 12 次为广河县群众捐赠价值 364 万元的过冬物资。在广河县遭遇特大洪涝灾害及新冠肺炎疫情防控中，协调顶新集团捐赠价值 23 万元的救灾物资（4000 箱方便面、1000 箱矿泉水），助力贫困群众渡过难关。办服务中心、机关工会和中央台办干部职工定期采购广河牛羊肉及农副产品共计 39.8 万元，帮助销售广河农产品 136.79 万元。组织台湾青年网红赴广河县开展网络平台直播带货，多措并举拓宽销售渠道。

五、创新宣传宣介方式，讲好大陆扶贫故事

中央台办多次组织策划两岸青年报道团赴广河县、临夏州采访报道，宣传党中央脱贫攻坚决策部署、宣传广河脱贫攻坚成就、扩大广河知名度、开展直播带货活动。指导台湾青年制作的《台湾女生逛大陆五线城市》《广河县里会算账的马大哥》《台湾网红看广河》等新媒体作品，在两岸网络舆论场产生积极效应，视频播放逾 2300 万次。在广河县举行"海峡两岸媒体记者精准扶贫联合采访"活动，邀请 13 家两岸重要媒体对县内电商扶贫产业、牛羊养殖产业、重点联系村、远程医疗等帮扶点与帮扶项目进行深入采访报道。组织中央人民广播电视总台所属海峡飞虹网、你好台湾网、今日头条等媒体平台和两岸青年网红赴广河，配合中央"十四五"规划开展精准扶贫采访活动，展现广河县应对疫情、防止返贫、实现可持续发展的积极作为，初步构建了中央媒体与地方媒体、当地政府与媒体、自媒体与商业平台间多层次交流的媒体扶贫机制。在今日头条平台开设"广河扶贫"和"台湾网红看广河"话题板块，通过扶贫视角彰显中国特色社会主义的制度优势和历史性成就，阅读量达 1.1 亿多人次。广大台胞在参与和见证广河脱贫过程中深刻认识到中国共产党以人民为中心的发展思想和社会主义集中力量办大事的制度优势，增强对我们党的执政理念和制度的认同。参与扶贫的台商台胞普遍感到"无论是打赢脱贫攻坚战，还是打赢疫情防控阻击战，大陆均取得了巨大成果，这是其他国家和地区都没

有做到的，这些成绩表明中国人民在中国共产党的带领下，坚定不移走中国特色社会主义道路，深入贯彻习近平新时代中国特色社会主义思想的正确性"，有的台协负责人讲到"大陆脱贫攻坚这样巨大的投入和取得的巨大成绩，美国做不到，台湾地区也做不到，这就是大陆的制度优势"。中央台办还通过组织台湾青年开展社会实践、采访访谈、直播带货，进一步增进台湾同胞尤其是青年一代对大陆经济社会发展成就的正确认识，在潜移默化中推动了两岸同胞更深层次的心灵契合。

六、抓好党建促脱贫，打造"不走的工作队"

帮钱帮物，不如帮助建个好支部。多年来，中央台办充分发挥政治机关优势，始终把抓好党建促脱贫摆在突出位置，选优配强挂职干部、驻村第一书记，帮助培育建设乡村党员干部队伍，不断厚植精准扶贫的党建力量。党的十八大以来，先后选派 1 名挂职副县长、3 名第一书记到广河县挂职，为红星村拨付 14 万元修建党员活动室。挂职干部定期组织开展专题学习、"三会一课"，深入田间地头，增强党员干部参与脱贫攻坚的思想自觉和行动自觉，帮助干部群众转变思想观念，激发自力更生、脱贫致富的信心。筹措资金 20 万元，举办 2 期脱贫攻坚工作能力培训班，培训 404 名基层扶贫干部，为广河县培养了一支能战斗、带不走的党员干部队伍。同时，中央台办将定点扶贫作为坚持马克思主义在意识形态领域指导地位，作为让少数民族地区群众知党恩、报党恩的生动实践，多措并举、积极作为，努力消弭宗教对贫困群众的消极影响。通过开展技术培训、改善教育条件、公益捐资助学、捐赠发放图书及电视机、开展远程医疗等方式，帮助困难群众了解社会发展，提高科学文化水平，树立社会主义核心价值观。通过技能培训、劳务输转、扶贫车间融入社会发展，参与生产活动，改变思想观念，向往美好生活，知党恩、报党恩。通过驻村第一书记开展宗教通识教育，引导贫困村群众尤其是青少年正确认识宗教，学会区分宗教信仰和

中央台办牢牢把握定点扶贫工作政治属性，积极引导广大台商台企履行社会责任和社会义务，参与扶贫，使广大台胞在参与和见证广河脱贫过程中切身感受党和国家以人民为中心的发展思想和社会主义集中力量办大事的制度优势，增强对党和国家政治理念、制度优势的认同。中央台办始终将定点扶贫作为"知党恩、报党恩"的生动感召，通过以党建促扶贫，组织贫困群众参加技能培训、劳务输转、扶贫车间就业等方式，积极引导贫困村群众树立正确的世界观、人生观、价值观。

封建迷信、邪教的不同，树立正确的世界观、人生观、价值观。通过抓党建促扶贫，抓政治生活强信仰根基，谱写了一部"中华民族一家亲，共话党恩奔小康"的生动篇章。

历任扶贫干部

挂职扶贫干部

挂职时间	姓　名	挂职地	挂职职务
2016.10—	李　杨	甘肃省临夏回族自治州广河县	县委常委、副县长

驻村第一书记

驻村时间	姓　名	所驻村及职务
2015.7—2017.8	毛玉峰	甘肃省广河县红星村第一书记
2017.8—2019.10	常　超	甘肃省广河县红星村第一书记
2019.10—	卢　健	甘肃省广河县红星村第一书记

中央外办

历 程

2015 年底，中央外办开始对重庆市彭水苗族土家族自治县定点帮扶。2016 年 4 月，中央外办定点扶贫工作领导小组成立。2016 年 9 月以来，先后选派 3 位处级干部到彭水县政府挂职或担任驻村第一书记，扎根基层，紧盯定点帮扶重大项目落实。2020 年 2 月，彭水县脱贫摘帽。

按照党中央统一部署，中央外办自 2015 年开始定点帮扶重庆市彭水苗族土家族自治县。帮扶以来，中央外办始终坚持以习近平新时代中国特色社会主义思想为指导，深入贯彻落实习近平总书记关于扶贫工作的重要论述，增强"四个意识"、坚定"四个自信"、做到"两个维护"，把定点扶贫工作作为中央交办的重要政治任务，作为中央外办参与脱贫攻坚的重要平台，以钉钉子精神一抓到底，担当主体责任，强化组织领导，坚持目标导向，立足自身优势，加强供需对接，创新方式方法，建机制、派干部、提思路、搞协调、引项目、找资金，多管齐下，力所能及加大投入，真心实意多办实事，紧紧依靠重庆市彭水县党委、政府和干部群众，全力推进定点扶贫工作任务落实，成效显著。

2020 年 2 月 22 日，彭水县脱贫摘帽，115 个贫困村出列，贫困人口全部脱贫。在国家脱贫攻坚普查事后质量抽查中，彭水实现未完成率、差错率"两个零"目标。中央外办定点帮扶项目多点开花，为彭水高质量打赢脱贫攻坚战发挥重要助力。3 名挂职干部不仅给彭水带去中央和国家机关的过硬作风、外交战线的良好

| 坚持通过旅游扶贫推进农村基础设施建设。图为中央外办帮扶彭水打造的罗家坨苗寨 3A 级景区。

传统，也带去全球视野、前沿理念和创新思维，工作表现和业绩得到彭水上下一致好评。中央政治局委员、重庆市委书记陈敏尔和重庆市委副书记、重庆市市长唐良智多次作出批示，高度肯定中央外办扶贫工作并表示感谢。

一、强化组织领导，提供政治保障

中央政治局委员、中央外办主任杨洁篪以上率下、身体力行，亲自研究、部署、协调定点扶贫工作，先后十多次作出重要批示，为做好中央外办定点扶贫工作指明方向。

2018 年 10 月 12 日至 14 日，杨洁篪同志亲赴彭水进行实地调研，要求细化实化思路举措，不断提升精准帮扶实效，确保高质量打赢脱贫攻坚战。

2020 年 6 月，杨洁篪同志同唐良智同志在北京就定点扶贫工作交换意见。办领导班子高度重视，将定点扶贫工作重要事项列入办务会、班子碰头会议题及时谋划落实，各位班子成员积极带头，出面协调相关部委，与重庆市、彭水县对接沟通，赴彭水实地调研指导、督促检查定点扶贫工作。

2016 年 4 月，中央外办定点扶贫工作领导小组成立以来，每年上、下半年

彭水苗族土家族自治县概况

彭水苗族土家族自治县位于重庆市东南部，面积约 3900 平方千米，人口约 70 万人，"民族、生态、文化"是彭水的三大特色。彭水有苗族人口 30 多万人，是全国苗族人口聚居最多的少数民族自治县。山清水秀，生态环境优美，文化底蕴深厚。1987 年被认定为国家重点扶持贫困县，中央外办于 2015 年开始定点帮扶彭水。2020 年 2 月脱贫摘帽。

定期开会制定全年计划、做好总结，加强对定点扶贫工作的谋划部署和推进落实。机关党委作为定点扶贫工作具体落实机构，积极牵头、加强协调，各局结合自身特长、各司其职、担当作为，形成全办上下齐抓共管良好局面。与彭水建立中央外办定点帮扶工作会议机制，每年上、下半年各召开一次会议，定期听取彭水县委和县政府有关经济社会发展和脱贫攻坚工作汇报，共同研究推进定点扶贫工作。

二、固根基扬优势，扭住重点固本培元

在充分调研基础上，立足彭水发展实际和资源优势，结合彭水脱贫攻坚战略，全面推进人才培训、党建扶贫、旅游扶贫、产业扶贫、教育扶贫等领域帮扶项目。坚持将农村建设和旅游扶贫作为重点，协调农业综合开发项目资金 5198 万元实施善感乡周家寨和鞍子镇罗家坨苗寨农旅融合项目，推进两村基础设施改善、道路交通升级和景观工程建设；积极协调文化和旅游部、重庆市提供指导和支持，推动彭水县阿依河成功创建国家 5A 级旅游景区。5 年来，共协调农综开发、林业补贴和社会力量资金约 1.05 亿元，累计培训各类人才

1258 人，其中基层干部 808 人，技术人员 450 人。

新冠肺炎疫情发生后，疫情防控成为彭水工作的重中之重。针对彭水防疫物资不足问题，杨洁篪同志第一时间指示中央外办加大工作力度，积极支持彭水县一手抓疫情防控，一手抓脱贫攻坚。中央外办积极组织协调资源，全力帮助彭水打好疫情防控阻击战和脱贫攻坚战"两场战役"。广泛动员社会力量，先后捐赠医用口罩、防护服、检测设备、消毒用品等各类医疗物资价值 76 万余元，为彭水打赢疫情防控阻击战提供有力支持。协调落实阳光保险集团为彭水县 500 名医护人员、基层民警等战疫防控人员赠送最高保险金额 50 万元的人身意外保险，筑牢一线防疫人员生命安全屏障。

三、产业、就业两手抓，打好扶贫组合拳

发展产业是脱贫的根本之策。中央外办围绕彭水产业发展多措并举。推动阿依河成功创建国家 5A 级景区，并入选全国 5A 级景区品牌 100 强；鞍子镇罗家坨村、善感乡周家寨村两处乡村旅游景点均成功创建国家 3A 级景区，"一个 5A、两个 3A"成为中央外办定点扶贫工作最闪亮的名片，旅游扶贫对彭水经济社会发展积极效应日渐显现。协调农业农村部渔业渔政管理局与彭水县碧水清泉渔业有限公司落实帮扶协议，助力彭水渔业发展。协调农业农村部派出 3 位中蜂养殖专家进行现场技术指导，支持彭水中蜂产业发展，提升中蜂产业经济效益。推动新希望六合公司与彭水签订生猪养殖框架合作协议，构建"3+N"（政府、企业、村合作社 +N 个农户代养合作项目）的生猪养殖合作模式，形成多方参与的生猪养殖产业发展格局。积极推动同仁堂、中国医药、国药种业、华润三九和北京本草方源等 5 家中药材企业与彭水县签订战略合作协议，未来将通过采购中药材、打造种植示范基地和建设加工厂等方式，带动彭水中药材产业发展。就业是最有效的脱贫方式。中央外办协调联系浙江、广东和重庆等省（市）政府部门和大型企业，为彭水农民工提供长期就业岗位 3 万余个。采取"点对点、一站式"直达运送方式，通过"绿色通道"先后安排彭

水籍农民工赴浙江就业 133 名，其中贫困户 17 名。推动浙江省湖州市专门针对彭水籍应届毕业大学生（贫困户优先）开展一次"云招聘"活动，6 位应届毕业生签订就业意向协议。

四、补短板强弱项，问题导向助力脱贫

彭水山清水秀，景色优美，旅游是其支柱产业，但"养在深闺人未识"，宣传不够；脱贫愿望强烈，但办法不多、创新不够；乡村发展急需人才，但教育事业发展仍需继续努力。中央外办紧盯上述问题，多点发力。

（一）加强宣传扶贫

推动新华社、中央电视台新闻频道等向海内外宣介彭水阿依河景区和蚩尤九黎城。协调北京三木国际文化传播有限公司免费为彭水提供地铁广告资源，在北京地铁站和上海虹桥高铁站等户外广告平台推介彭水文化旅游资源和产品。协调重庆市外办组织驻重庆和成都的 12 家外国驻华机构官员和外国媒体记者到彭水进行实地参观和旅游推介活动，扩大彭水旅游品牌和特色产品在海外的知名度。在 APEC 工商领导人中国论坛等大型涉外活动现场开设免费展区，宣介彭水特色文旅景区及农特产品。

（二）聚焦创新扶贫

在疫情特殊环境下创新扶贫工作方式，协调中国扶贫基金会举办"社会力量助力彭水脱贫攻坚线上协作交流会"，邀请 40 余家国内外爱心企业开展"集团协作帮扶"，13 家爱心企业当场认捐价值 1500 余万元的扶贫项目。推动腾讯公司依托平台和技术优势全面定点帮扶彭水，通过游戏板块线上、线下流量和资源支持助推彭水文旅发展提质增效。引进花椒直播与彭水开展旅游品牌合作，推动景区苗族工作人员以主播身份走入线上直播间，吸引游客"云观赏"，扩大旅游品牌知名度；协调花椒直播对苗乡主播开展培训，传授运营思路和直播技巧，通过"直播＋扶贫"模式，提升景区关注度，为彭水旅游发展带来"直播思维"。

丨 中央外办协调新加坡驻华使馆帮扶建设鞍子镇中心校学生宿舍楼于 2021 年 1 月 11 日投入使用。
图为当地学生高兴入住新校舍。

（三）抓好教育扶贫

协调新加坡驻华使馆筹资 360 万元，用于援建的鞍子镇中心校学生宿舍楼和资助彭水民族中学的贫困学生。现两个项目均已实施，其中鞍子镇中心校学生宿舍楼于 2021 年 1 月 11 日建成投入使用，最多可容纳 150 名学生住宿，首期入住学生 41 名，极大缓解了学生每天上学往返 2—3 小时的劳顿。协调中国扶贫基金会与好未来公益基金会共同发起"共享好未来"公益项目活动，为彭水籍贫困家庭学生免费提供"985 课程""211 课程"等优质在线资源，对彭水所有学校免费赠送"好未来"在线教育线上学习账户，惠及 240 余名高三贫困学生。会同中国扶贫基金会协调推动阳光保险集团、广州市祥云公益基金会等 13 家爱心企业和公益机构积极捐赠资金（用于智慧教室建设、书路计划项目和贫困高中生、大学生的资助）和爱心包裹、学生教辅用书等。

五、选派干部一线帮扶，加强督促确保实效

中央外办贯彻落实习近平总书记关于"尽锐出战"的重要指示精神，克服

创新帮扶模式

在疫情条件下创新"互联网＋扶贫"工作方式。协调中国扶贫基金会举办"社会力量助力彭水脱贫攻坚线上协作交流会"，促成13家爱心企业当场认捐价值1500余万元的扶贫项目。推动腾讯公司依托平台和技术优势全面定点帮扶彭水，助推彭水文旅发展提质增效。引进花椒直播与彭水开展旅游品牌合作，为彭水旅游发展带来"直播思维"。

任务繁重、人手缺乏的客观困难，精心选拔政治过硬、能力强、作风好的优秀年轻干部到彭水一线参与脱贫攻坚，加大人力投入和智力帮扶。自2016年9月以来，先后选派于子森、赵亚、刘进杰3位处级干部到彭水县政府挂职或担任驻村第一书记，扎根基层、奋战一线，畅通前后方沟通联系，紧盯定点帮扶重大项目落实，积极建言献策彭水脱贫攻坚，发挥了重要积极作用。坚持定期开展督促检查，要求彭水县委和县政府切实履行脱贫攻坚主体责任，以"严、细、深、实"的作风，把习近平总书记强调的精准扶贫和"两不愁三保障"落实到位，确保高质量打赢脱贫攻坚战。自帮扶以来，中央外办先后56人次（其中办领导班子成员8人次）到彭水实地调研，深入基层一线，走进建档立卡贫困户家中，了解一手情况，有针对性地督促县里开展工作。挂职干部、驻村第一书记经常性走村入户、实地察看，督促检查扶贫任务落实情况。

六、强化党建引领，助力脱贫攻坚

中央外办高度重视党建对扶贫工作的引领作用。一是积极开展党支部结对共建工作。中央外办外管局党支部与石柳乡中心校党支部结对，设立奖学金，联合开展 1 次主题党日活动并捐赠图书。协调重庆市委外办秘书处党支部与彭水民族中学党支部结对共建，重庆市委外办有关同志为彭水民族中学党支部讲党课。协调四川省彭州市桂花镇蟠龙村与彭水鞍子镇罗家坨村结对共建，就党建引领脱贫攻坚和乡村振兴、文旅资源共享、产业联帮等开展交流合作。二是通过派驻彭水县东流村第一书记抓党建促扶贫。东流村基层党组织以政治理论学习为支撑、以党建活动为载体、以阵地建设为依托，通过强化思想定力、发挥班子主力、凝聚党员合力、激发群众动力、加强基层组织引力等"五力"建设，把东流村基层党组织建设成为宣传党的政策、落实扶贫任务、引领脱贫攻坚、带领动员群众、对接乡村振兴的坚强战斗堡垒。

历任扶贫干部

挂职扶贫干部

挂职时间	姓 名	挂职地	挂职职务
2018.9—2019.7	于子森	重庆市彭水县	县政府党组成员
2019.8—	赵 亚	重庆市彭水县	副县长

驻村第一书记

驻村时间	姓 名	所驻村及职务
2017.4—2018.9	于子森	重庆市彭水县罗家坨村第一书记
2020.8—	刘进杰	重庆市彭水县东流村第一书记

中央编办

历　程

自 2002 年定点帮扶内蒙古自治区化德县以来，着重在抓党建促脱贫、发展村集体经济、基层干部和技术人员培训、电商扶贫等方面积极开展帮扶，先后选派挂职干部 22 人，投入资金 1500 余万元，协调引进资金近 3 亿元。2020 年 3 月，化德县脱贫摘帽。

从 2002 年 3 月开始，中央编办定点帮扶内蒙古自治区乌兰察布市化德县。党的十八大以来，中央编办室务会深入学习贯彻习近平新时代中国特色社会主义思想和习近平总书记关于扶贫工作的重要论述，把定点扶贫工作作为重大政治任务，认真履行定点帮扶责任，精心组织、主动作为，累计直接投入资金 1500 余万元、引进帮扶资金近 3 亿元，培训基层干部和技术人员 4700 多人，直接购买和帮助销售农产品 1800 多万元。2020 年 3 月，化德县顺利实现脱贫摘帽。中央编办连续 3 年在中央单位定点扶贫工作成效评价中被评为"好"。

一、加强组织领导

中央编办高度重视定点扶贫工作，成立由办主要领导为组长、有关局级单位负责人为成员的定点扶贫工作领导小组，下设综合协调办公室和组织实施办公室，一名副局级干部担任联络员。办主要领导和分管领导每年都赴化德县实地督促指导，定点扶贫工作领导小组其他同志也多次到化德县调研指导，了解项目落实进展情况，帮助解决实际困难。指导成立扶贫前方党小组，定期召开工作会议，研究落实扶贫工作。认真做好扶贫挂职干部选派，党的十八大以来先后安排3名干部挂职内蒙古自治区乌兰察布市委常委副市长、4名干部挂职化德县委常委副县长、3名干部任驻村第一书记兼驻村工作队队长、4名新入职干部充实到扶贫一线。挂职干部带着感情、带着责任，投身化德、支援化德、建设化德，同贫困群众想在一起、过在一起、干在一起，倾力奉献、苦干实干，涌现出很多感人事迹，得到当地干部群众的一致好评，也得到了上级组织的认可和表扬，扶贫前方党小组被评为"内蒙古自治区脱贫攻坚先进集体"，2名同志分别被评为"全国脱贫攻坚先进个人""中央和国家机关脱贫攻坚优秀个人"。

二、坚持抓党建促脱贫

中央编办作为党的政治机关，坚持抓党建促脱贫，提升基层党支部凝聚力战斗力，筑好脱贫攻坚战斗堡垒。一是采取"请进来""走出去"等多种方式，分类别、分层次、分领域开展干部培训，切实提高广大基层干部的政治意识和能力水平。分两批组织化德县乡镇党委书记和行政村第一书记共108人赴河南省新乡市唐庄乡镇干部学院进行集中学习，请"改革先锋""乡镇基层党员干部的优秀代表"吴金印与学员座谈，介绍脱贫致富经验，提升基层干部工作的积极性创造性。培训村"两委"干部使用电脑、打印机等电子办公设备，帮助更加高效开展工作。二是着力解决基层党组织带头人能力素质问题，累计培训基层干部1300余人，培训技术人员3400余人。加强村级党组织带头人队伍建设，积极鼓励养殖大户、返乡大学生、退伍军人、大学生村官、致富能手到重点帮扶的白音特拉村任职，在全县起到很好的示范作用。2020年白音特拉村党支部书记在化德县86个行政村"两委"比武大赛中脱颖而出，荣获一等奖。三是加强基层党组织阵地建设。投入近80万元新建党员活动室，累计

| 立足化德县资源禀赋，大力开展电商扶贫。图为中央编办组织的电商技能培训班。

为农村党建阵地捐赠各类办公家具 900 余件，价值 100 余万元。所属原电子政务中心党支部与白音特拉村党支部结对帮扶，捐赠价值 4.2 万元办公设备。四是开展经常性党性教育。组织贫困村党员观摩学习已脱贫的先进村，参观集宁战役纪念馆、守备一师纪念馆，组织白音特拉村驻村工作队、村"两委"和部分党员开展义务植树、"不忘初心、缅怀先烈"等主题党日活动。

三、积极帮助引进项目资金

中央编办强化政治担当，坚持"县里需要、政策允许、编办可为"的原则，结合化德县实际，发挥自身优势，协调中央有关部门和东部发达地区，搭建外部对口援助共建平台，积极为化德县争取项目资金投入，累计争取项目资金近3 亿元，协调专项债券 1.2 亿元。在农牧方面帮助引进了高效节水灌溉、高标准农田建设、畜禽粪污资源化利用、农业生产社会化服务、旱作农业推广、小型农田水利建设等项目；在林草方面帮助引进了京津风沙源治理二期工程、森林资源培育、植被恢复、增加生态护林员等项目；在住建方面帮助引进了老旧小区改造、城镇供水管网改造、城镇供热管网改造等项目；在就业领域帮助引进了公共实训基地建设、农村公益岗位补助等项目；在电商领域为化德县争取到电子商务进农村综合示范县、特色产品电子名录、服装产业升级等项目，协调规划建设电商产业园，帮助建设扶贫"云平台"，帮助化德县被纳入阿里巴巴"千县万村"计划。这些项目的实施取得了良好的经济效益和社会效益，有力推进了化德县脱贫攻坚和产业发展。

> **化德县概况**
>
> 化德县位于内蒙古自治区乌兰察布市东北部，平均海拔 1500 米，年均气温 2.1℃，年降水量 260 毫米左右。化德县常住人口 12 万人，农牧业生产以燕麦、土豆以及牛羊养殖为主，1994 年被列入国家重点扶持贫困县，2011 年被列入燕山—太行山集中连片扶贫开发重点县，2019 年 6839 户 14972 人实现脱贫，贫困发生率降至 0.23%，2020 年 3 月脱贫摘帽。

四、着力壮大村集体经济

白音特拉村是中央编办驻村第一书记所在村，2017 年该村开办集体企业后，集体经济实现了从无到有、从弱到强的飞跃，已连续 2 年蝉联全县村集体收入排名榜首，为贫困村集体经济发展壮大探索出了新路子。一是给予资金支持。中央编办先后直接投入资金 63.75 万元，协调引进资金 78 万元，重点支持白音特拉村集体经济发展，帮助购买档案盒生产设备、档案盒半自动化生产设备以及包装箱生产设备，建设新厂房，改造自流平地面，整理脱贫车间院落。二是拓宽收入来源。白音特拉村集体经济收入来源主要包括光伏收入、设备及房屋出租收入、产品销售收入。集体经济做强做大不仅带来了更高的收

中央编办多方协调联系，积极动员社会力量捐资捐物，参与化德县帮扶工作。图为协调精益眼镜店为化德县第三中学捐资助学。

入，还为村民创造了更多的就业岗位，带动了 100 余人稳定就业。三是合理分配集体经济收入。驻村第一书记与村"两委"充分听取村民意见，共同研究制定了村集体经济收入分配方案。秉持利润分配既让村民得到实惠，又兼顾长远发展的原则，将利润的 40% 用于全体村民分红，30% 用于企业再生产，30% 用于村委会为村民捐资助学、购买爱心超市商品、发放村民奖励金等公益事业，并为全村 603 名村民缴纳合作医疗保险 3 万多元；提供 20 个保洁员、宣传员岗位，每年为每个岗位补助 3000 元。四是帮助招商引资。在挂职干部的积极协调下，白音特拉村吸引了铭东生态、弘毅食品等多家龙头企业进驻，村集体经济得以进一步发展壮大。

五、开展美丽乡村建设

中央编办着力帮助化德县改善农村人居环境，优先协调解决制约发展的民生问题，提升村民生活品质。一是深入调研摸底，制定工作方案。前方挂职干部先后到全县 200 多个村入户调研，协调设立专项扶贫基金，编制中央编办定点扶贫规划和年度工作安排。二是积极筹集资金，推进惠民项目建设。协调安装路灯近 300 盏，方便村民夜间出行，多方筹措资金 23 万元，为驻村第一书记所在村每户村民购买安装燃气报警器。三是试点农村卫生厕所改造。积极联系在生态无水厕所生产领域处于技术领先地位的中国节能集团，协调技术人员到化德县实地考察，因地制宜选择三个村庄作为农村卫生厕所改造试点。投入 75 万元在水资源相对丰富的白音特拉村建设水循环公厕，并附属建设小型公共澡堂。投入 12.6 万元在水资源最为匮乏、经济基础最为薄弱的公腊胡洞乡两处幸福院等地试点安装使用 130 台生态无水户厕。四是试点新型农村垃圾处理模式。积极协调乌兰察布市为化德县白音特拉村引进生活垃圾闪蒸矿化处理项目，作为农村生活垃圾无害化治理试点。该技术降解率可达 95%，实现了分散生活垃圾就地集中处置，垃圾处理较过去传统的焚烧式、填埋式已有明显改观，有效减少了对生态环境的破坏。在推进美丽乡村具体项目建设的同时，还注重丰富农村群众文化生活，选派的白音特拉村驻村第一书记积极倡导组织成立文艺宣传队、秧歌队、广场舞队，创办村民健康大讲堂，邀请北京专家定期到村开展讲座和义诊，为村民送健康送知识。

六、加强沟通联系，切实解决突出困难

中央编办倾情助力打赢脱贫攻坚战，累计到化德调研慰问 170 多人次，办主要领导和分管领导每年都带队到化德实地调研，与地方党政领导会商发展大计，听取对定点扶贫工作意见建议，及时研究解决新情况、新问题。一是积极助力疫情防控。2020 年春节复工后，在疫情防控最吃紧的情况下，中央编办第一时间向化德县拨付 10 万元专项资金，向白音特拉村、二台村捐赠特殊党费 3 万元，用于支持开展疫情防控，并向白音特拉村捐赠一次性医用口罩、消毒湿巾等防疫物资。二是机关上下情系化德，踊跃捐款捐物，为困难群众捐赠过冬衣物 600 余件，捐资 10.4 万元结对帮扶 10 余名贫困在校学生，每年春节前开展送温暖活动，慰问老党员、贫困户以及孤寡老人、残疾人等。三是积极

创新帮扶模式

中央编办始终坚持抓党建促脱贫，筑好脱贫攻坚战斗堡垒；健全定点扶贫组织机构，积极选派扶贫挂职干部，加强基层干部培训；着力提升基层党员队伍能力素质，发挥好基层党员先锋模范作用；积极探索贫困村集体经济发展壮大新路子，有力推动乡村振兴；加强阵地建设，开展经常性党性教育，提升基层党组织凝聚力战斗力。

协调专项资金帮扶当地困难学生。协调中国扶贫基金会设立"长城计划高中生自强班"，为化德县 20 个贫困学生家庭发放家庭型爱心包裹，向困难学生每年资助 1800 元，还积极协调为困难学生捐赠近视眼镜。四是深入挖掘当地优质产品。鼓励机关工会、下属事业单位购买化德县及其他贫困地区特色农产品，积极与北京市有关部门沟通，帮助扩大特色农产品销售渠道，支持当地经济发展。

与此同时，中央编办还积极发挥机构编制职责作用，主动服务党和国家脱贫攻坚大局，优化各级扶贫机构职能定位，完善机构设置、充实工作力量，为打赢脱贫攻坚战提供有力体制机制保障，在原国务院扶贫办组织的脱贫攻坚重要政策措施第三方评估中，中央编办获得"优秀"。以"机构编制服务脱贫攻坚"为主题，先后共举办 10 期全国贫困县编办负责同志轮训，对 22 个省（区、市）国家级贫困县 940 名编办负责同志进行了培训。下一步，中央编办将与化德县干部群众共同努力，乘势而上，助力全面开启化德乡村振兴新征程。

历任扶贫干部

挂职扶贫干部

挂职时间	姓　名	挂职地	挂职职务
2012.10—2014.4	李克兵	内蒙古自治区化德县	县委常委、副县长
2016.3—2018.4	蔡书巧	内蒙古自治区化德县	县委常委、副县长
2018.3—2021.3	郭　嘉	内蒙古自治区化德县	县委常委、副县长
2021.4—	李　楠	内蒙古自治区化德县	县委常委、副县长

驻村第一书记

驻村时间	姓　名	所驻村及职务
2015.9—2017.1	陈立庚	内蒙古自治区化德县录义村第一书记
2017.3—2021.3	王　华	内蒙古自治区化德县白音特拉村、二台村第一书记
2021.4—	冯立学	内蒙古自治区化德县补龙湾村第一书记

中央和国家机关工委

历　程

按照党中央统一部署，原中央直属机关工委于 2010 年起定点帮扶山西省宁武县，2015 年增加河北省平山县作为定点扶贫县；原中央国家机关工委于 2012 年起定点帮扶河北省临城县，2015 年增加河北省阳原县作为定点扶贫县。2018 年 3 月，中央直属机关工委、中央国家机关工委合并组建中央和国家机关工委，上述 4 县成为中央和国家机关工委定点扶贫县。在工委帮扶下，2018 年至 2020 年期间，4 个县相继脱贫摘帽。

中央和国家机关工委坚持以习近平新时代中国特色社会主义思想为指导，深入贯彻落实习近平总书记关于扶贫工作的重要论述和党中央脱贫攻坚决策部署，认真履行定点扶贫政治责任，切实把增强"四个意识"、坚定"四个自信"、做到"两个维护"、当好"三个表率"落实到定点扶贫的具体行动中，以钉钉子精神推动定点扶贫扎实开展、落地生根。

按照党中央部署，工委履职尽责，扎实做好牵头联系中央和国家机关 119 个部门（单位）定点扶贫工作。以加强组织领导、完善工作体系为基础，建立了有效的牵头联系机制，通过工作推进会、调度会，及时通报进展情况，督促年度责任书的落实；以分级分类培训为抓手，不断提升扶贫干部的帮扶能力和工作水平；以"不忘初心、牢记使命"主题教育为契机，通过举办中央和国家机关定点扶贫工作成果展、汇编出版《中央和国家机关驻村第一书记扶贫典

平山县概况

平山县是河北"西大门",集革命老区、山区、移民区、生态涵养区"四区合一"。该县是革命圣地西柏坡所在地,新中国从这里走来。文化底蕴厚重,是石家庄的历史文化根脉。旅游资源丰富,是河北省"A级"景区数量最多的县。2018年9月,平山县脱贫摘帽。

型案例集》、开展优秀驻村第一书记先进事迹巡回宣讲、编发工委简报、组织采访报道等,讲好扶贫故事,营造了浓厚的脱贫攻坚氛围;以表彰和考核、约谈为杠杆,进一步树立导向,明确要求,压实责任,推动定点扶贫工作提质增效。

在做好牵头联系工作的同时,工委努力走在前、作表率,以高度政治责任感和深厚为民情怀,认真做好结对帮扶的河北省平山县、临城县、阳原县和山西省宁武县的定点扶贫任务,做到精准施策、精准帮扶,真金白银投、真情实意帮、真抓实干扶,4个定点扶贫县如期脱贫摘帽。工委在历年中央单位定点扶贫工作成效评价中,均获得了"好"的等次。

一、强化领导,压实责任

工委切实把定点扶贫作为重要政治任务抓紧抓实,建立健全由工委统一领导、扶贫工作领导小组牵头抓总、工委领导班子成员率先垂范、主要负责同志亲自抓、分管负责同志具体抓、挂职扶贫干部和驻村第一书记一线抓的责任落实机制。中央政治局委员、中央书记处书记、中央和国家机关工委书记丁薛祥多次听取有关工作汇报,作指示、提要求,带头为定点扶贫县捐款助学。工委分管日常工作的副书记切实履行第一责任人职责,亲自谋划,靠前指挥,深入一线走访调研，具体指导定点扶贫工作。工委把定点扶贫工作纳入重要议事日程，作为中央和国家机关党的建设工作要点的重要内容，同工委全局工作一体谋划、统筹推进，建立台账，跟踪问效，明码结账。党的十八大以来，工委领导先后 65 人次到 4 个定点扶贫县调研慰问、督促指导，帮助联系重大扶贫项目，察实情、出实招，访贫问苦，与当地干部群众共商脱贫之策、共谋发展之道。特别是面对新冠肺炎疫情的影响，开展多种形式督促指导定点扶贫县党委和政府严格对标对表习近平总书记关于扶贫工作的重要论述，落实脱贫攻坚主体责任，坚持战贫战"疫"两手抓，确保如期完成脱贫攻坚任务。工委各部门、直属事业单位充分发挥自身优势，积极争取各方支持，先后为 4 个定点扶贫县提供精准政策支持和项目援助 100 余个，协调项目资金总额超过 10 亿元，购买和帮助销售农产品总额约 2700 万元。工委干部职工以"扶贫有我，责无旁贷"的主人翁精神积极参与定点扶贫工作，开展支部共建、结对帮扶、捐款捐物等形式多样的帮扶活动。在多年的定点扶贫工作实践中，逐渐形成了责任分工明确、压力传导有效，扶贫工作人人有参与、扶贫责任层层有人担的良好局面。

二、选优配强，尽锐出战

坚持严格标准条件，精准选派，先后共选派 13 名同志挂职任定点扶贫县县委副职，9 名同志担任驻村第一书记，另有 13 名同志在县直机关、乡镇参与扶贫工作，形成了县、乡（镇）、村三级全覆盖。加强同一线扶贫干部经常性沟通联系，并通过列席工委扶贫工作领导小组会议、召开扶贫干部座谈会等形式，统一思想、明确任务，督促履行职责，倾情帮扶。同时，为扶贫干部开展工作提供强力支持保障，配备专项经费，帮助协调项目、资金，解决实际困难，做好"娘家人"、当好后盾。关心关爱扶贫干部，对表现优秀的予以提拔和重用，让有为者有位。工委扶贫干部守初心、担使命，不负重托、辛勤奉献，用心用情用力帮扶，深入基层一线工作，与群众想在一起、干在一起，帮

｜ 中央和国家机关工委"明志奖学助学金"用于资助河北省临城县、阳原县等地贫困学生。目前该
基金已有 449 万元规模，累计资助学生 387 人。图为临城县石家栏中学举办中央和国家机关工委
"明志奖学助学金"发放仪式。

助排忧解难，得到广泛好评。工委扶贫工作领导小组办公室和驻宁武县帮扶工
作队被评为"全国脱贫攻坚先进集体"，工委选派到阳原县挂职的王羽霄同志
被评为"全国脱贫攻坚先进个人"，还有多名同志获得"全国脱贫攻坚奖"有
关奖项以及受到河北省和山西省的脱贫攻坚表彰。

宁武县概况

　　宁武县地处晋西北管涔山北麓，境内有汾河与桑干河上游恢河
的发源地，属于典型的高寒土石山区。矿产资源丰富，有"地下黑
色宝库"的美誉。近年来打造了兼有山水自然生态和人文景观的芦
芽山风景区。2020 年 2 月，宁武县脱贫摘帽。

三、聚焦精准，提高成效

按照"县里需要、政策允许、工委可为"的原则，深入研究定点扶贫县实际情况，发挥工委优势，精准施策，务求实效。强化产业支撑。切实抓住产业扶贫这一稳定脱贫的根本之策，全力扶持支柱产业，帮助发展平山县红色旅游，培育临城县核桃产业，扶持阳原县养驴产业，扩大宁武县蔬菜种植加工等。帮助建立农宅旅游专业合作社、开展创业孵化和培训、推进农民工返乡创业试点建设。不断推进产业融合，全力推动临城县新农利合·太行山农博园项目开工建设，帮助打造"红色小镇""运动休闲特色小镇"，成功申报"全国休闲农业与乡村旅游示范县"等。坚持教育优先。治贫先治愚，扶贫必扶智，先后自筹和协调资金约 3600 万元用于教育扶贫，其中，发动工委干部职工捐款65 万余元、协调资金 384 万元在临城县和阳原县设立"明志奖学助学金"。自筹资金 427.5 万元为临城县捐建一座中心小学教学楼和一所幼儿园，并联系成龙慈善基金会捐赠 150 万元，为小学购置配套教学设备。协调为临城县石家栏中学综合教学楼项目捐助 1000 万元，出资 98 万元为阳原县东井集镇中心学校改造操场。联系国家开发银行为阳原县提供生源地信用助学贷款 9540 万元，12380 名贫困学子获得资助，并捐赠价值 1350 万元的教育云平台服务系统。此外，连续 23 年选派中央和国家机关青年支教扶贫队，共有 82 名优秀青

临城县概况

临城县地处太行山东麓，是革命老区，境内有仰韶文化、龙山文化和先商文化遗址，曾被评为中国邢窑工艺传承创新示范县。生态旅游资源丰富，有国家地质公园、国家森林公园，是全国休闲农业与乡村旅游示范县、中国薄皮核桃之乡。2019 年 5 月，临城县脱贫摘帽。

阳原县概况

阳原县位于河北省西北部，南北环山，桑干河由西向东横贯全境，是河北省园林县城。境内泥河湾遗址群被誉为"世界天然地层博物馆"和"东方人类的故乡"，毛皮文化历史悠久，"碎皮缝制"技艺在行业内独树一帜，是"中国毛皮碎料加工基地"。2020年2月，阳原县脱贫摘帽。

年干部赴平山县、阳原县开展支教助学、扶贫济困工作，共组织捐资助学总金额逾 2600 万元。协调希望工程资助建档立卡贫困家庭大中小学生 329 人。注重民生兜底。聚焦定点扶贫县民生关切，在"两不愁三保障"及医疗、就业等方面帮助牵线搭桥，积极引入帮扶资源，持续推动保障和改善贫困群众生活水平。争取国家烟草专卖局专项资金 1000 万元，帮助宁武县实施农村人畜饮水安全提升工程。协调中国红十字会为宁武县河西村引进博爱家园项目。引进中国扶贫基金会"顶梁柱"健康扶贫公益保险项目，为阳原县符合条件的 1.37 万贫困人口按照每人每年 30 元的标准投保医疗保险。协调中日友好医院与阳原县人民医院建立长期合作关系，并捐赠价值 69 万元医疗设备。联系河北省人民医院、河北武警总队医院、中部战区陆军总医院等多次赴贫困村开展义诊活动。为临城县、阳原县、宁武县争取国家林草局护林员项目资金 6292 万元，协调国家开发投资集团有限公司"国聘"平台、江苏省常熟市招聘平台等为 4个定点扶贫县提供 5500 余个就业岗位，达成就业意向 1426 人。

四、党建领航，凝心聚力

先后两次开展"抓党建促脱贫"调研，形成专题报告上报党中央。指导 4

个定点扶贫县建强农村基层党组织，把党建资源转化为帮扶资源、把党建优势转化为发展优势、把党建活力转化为攻坚动力，推动机关党建与基层党建良性互动，着力夯实农村基层党组织建设。通过在北京举办培训班，协调教学资源到县、村开展培训等方式，累计帮助培训县乡村干部、致富带头人、驻村工作队员、技术人员等8000余人，帮助提升基层队伍精准脱贫能力和水平。划拨专项经费、协调资金380余万元支持4个定点扶贫县用于建设农村党员活动基地、贫困村党校、慰问困难党员等。帮助协调资金用于4个定点扶贫县开展党建工作、修建党员活动场所、发展集体经济等。挂职扶贫干部切实把抓好基层党组织建设作为重要的政治任务，坚持不懈协助贫困县认真贯彻落实党支部工作条例和农村基层党组织工作条例，指导建强建好村党支部，有的直接分管驻村第一书记和工作队，帮助打造一支留得住、能战斗、带不走的人才队伍。聚焦扶贫领域作风建设组织开展督促检查，帮助定点扶贫县及时发现和纠正扶贫工作中存在的苗头性倾向性问题。选派的驻村第一书记扎根农村，与村民

中央和国家机关工委发挥党建工作优势，持续帮助定点扶贫县开展各项各类基层干部培训班，推动定点扶贫县党员干部提升以党建引领脱贫攻坚的能力。图为工委举办的定点扶贫县贫困村党支部书记培训班现场教学场景。

创新 帮扶模式

多年来，中央和国家机关工委始终坚持以抓党建促脱贫攻坚为引领，统筹产业扶贫、金融扶贫、消费扶贫、教育扶贫、体育扶贫、文化扶贫、健康扶贫和基础设施扶贫，打造出"1+8"雁阵式帮扶体系，形成重点突出、多点发力、多管齐下、合力攻坚的帮扶局面，为助力4个定点扶贫县脱贫摘帽发挥了明显的作用。

同甘苦共喜忧，坚持用党建工作统领脱贫攻坚工作，切实发挥"领头雁"作用，建强基层党支部，团结村"两委"一班人有效地组织群众、宣传群众、凝聚群众、服务群众，带领和帮助群众兴产业、办好事、谋发展。积极推进所在部门党组织与所驻村党支部结对共建，深耕细作"帮助建个好支部"，作出示范表率。着力志智双扶，帮助选树宣传先进典型，弘扬脱贫攻坚精神，培育文明乡风，促进敦风化俗，激发干部群众摆脱贫困、创造美好生活的内生动力。

五、广泛动员，合力攻坚

充分挖掘潜力、广泛动员，倡议社会各界和干部群众广泛为扶贫事业献计献策出力，大力推动消费扶贫。积极推进贫困地区产品进机关、进学校、进食堂、进社区、进超市，在国家扶贫日开展"贫困县农产品进工委"活动。新冠肺炎疫情发生后，多措并举加大对贫困地区农产品帮销力度，通过食堂采购、发放节日慰问品等方式购买湖北滞销农产品24万余元。加大公益工委平台帮销力度，帮助20余家企业入驻"扶贫832"平台、人民优选、铁路12306扶贫商城、农行商城等电商平台。协调定点扶贫县相关企业参加中央和国家机关定点扶贫县农产品产销对接、北京消费促进月扶贫产品展等活动。协调通过发布会、展会、各大媒体投放等方式助力平山县"柏坡湖"、临城县薄皮核桃、阳原县原味桑干、宁武县芦芽山珍和汾源印象等区域公共品牌闯市创牌。通过《机关党建研究》杂志、《旗帜》杂志和旗帜网、紫光阁微博等宣传推广 4 个定点扶贫县产品和旅游文化资源，在各大主流媒体刊发宣传报道。组织媒体记者赴定点扶贫县采写报道，宣传扶贫，展现扶贫干部坚决打赢脱贫攻坚战的意志和行动。

历任扶贫干部

挂职扶贫干部

挂职时间	姓名	挂职地	挂职职务
2015.7—2017.7	陈利明	河北省平山县	县委副书记
2017.7—2019.7	钱建忠	河北省平山县	县委副书记
2019.7—	侯国江	河北省平山县	县委副书记
2012.6—2015.2	郭建军	河北省临城县	县委副书记
2015.3—2016.8	陈哲锋	河北省临城县	县委副书记
2016.5—2019.7	侯 兵	河北省临城县	县委副书记
2019.7—	佘明军	河北省临城县	县委副书记
2016.5—2021.6	王羽霄	河北省阳原县	县委副书记
2021.6—	张佩征	河北省阳原县	县委常委、副县长
2010.9—2012.12	罗云光	山西省宁武县	县委副书记
2015.8—2017.7	丁龙广	山西省宁武县	县委副书记

挂职时间	姓名	挂职地	挂职职务
2017.7—2021.6	李长平	山西省宁武县	县委副书记
2021.6—	任 红	山西省宁武县	县委副书记

驻村第一书记

驻村时间	姓名	所驻村及职务
2015.7—2017.7	陈利明	河北省平山县梁家沟村第一书记
2017.7—2018.7	钱建忠	河北省平山县北庄村第一书记
2018.7—	范麐京	河北省平山县北庄村第一书记
2015.7—2017.1	张 力	河北省临城县南程村第一书记
2017.1—2019.7	魏皓阳	河北省临城县西冷水村第一书记
2015.8—2017.11	丁龙广	山西省宁武县阳方村第一书记
2017.7—2018.7	李长平	山西省宁武县河西村第一书记
2018.7—2021.6	李晨宇	山西省宁武县河西村第一书记
2021.6—	刘 哲	山西省宁武县杨庄村第一书记

中央党校（国家行政学院）

历｜程

2018 年 3 月，按照《深化党和国家机构改革方案》，组建新的中央党校（国家行政学院）。原中央党校定点帮扶的河北省武邑县、江西省安远县，原国家行政学院定点帮扶的云南省大关县和墨江县，由新组建的中央党校（国家行政学院）定点帮扶。校（院）成立扶贫工作领导小组并设立办公室，锚定原校、院定点扶贫责任，统筹协调、聚焦精准、整合资源、优势互补，迅速开展定点扶贫工作，并在校（院）工作中率先实现了扶贫力量的深度融合。

开展定点扶贫工作以来，校（院）认真学习贯彻习近平总书记关于扶贫工作的重要论述，在体制机制上把好脉、在精准施策上出实招、在精确推进上下实功、在精准落地上见实效，坚持统筹、务实、创新、高效的原则落实各项扶贫工作，取得了一系列好经验好做法。

一、做好顶层设计，建立定点扶贫工作联席会议机制

为帮扶定点扶贫县打赢脱贫攻坚战，统筹协调校（院）定点扶贫工作，校（院）2016 年起建立定点扶贫工作联席会议制度。由校（院）扶贫办牵头组织，校（院）有关领导、校（院）扶贫工作领导小组成员单位和四个定点扶贫县参加，每年轮流在校（院）或四个定点扶贫县，至少召开两次定点扶贫工作联席

武邑县概况

武邑县历史文化悠久，是"河北蔬菜之乡""供港肉牛基地"，武邑中学是全国百强县级中学，硬木雕刻和金属橱柜是武邑县两大特色优势产业。河北省武邑县1994年被确定为国家重点扶持贫困县。2012年，中央党校开始定点帮扶。2018年9月脱贫摘帽。

会议，通过邀请专家解读政策、各县总结交流工作、现场解决扶贫难题，有效推进了扶贫工作的精准落实。2020年5月12日，克服新冠肺炎疫情影响，校（院）创新采用电视电话会议的形式，研究部署疫情条件下脱贫攻坚与疫情防控工作，何毅亭同志出席并讲话，极大地鼓舞了扶贫县党员干部战贫和战"疫"的热情。2018年在武邑县召开和2019年在大关县召开的扶贫联席会议上，参加联席会议的国家开发银行副行长周清玉表示，将进一步在产业扶贫、创新模

中央党校（国家行政学院）加强顶层设计，统筹协调校（院）定点扶贫工作，建立定点扶贫工作联席会议制度。图为2018年在武邑县召开的定点扶贫工作联席会议。

式、引进优势、基础设施、助学贷款、完善政策等方面给予中央党校（国家行政学院）四个扶贫县大力支持，为扶贫县实现如期脱贫摘帽提供强大助力，并现场解决大关县高速开口资金短缺难题。2020年11月8日在墨江县召开的扶贫联席会议上，参加联席会议的中国农业银行行长张青松表示，将围绕墨江县乡村振兴中迫切需要的金融支持，提供多项优惠政策帮助墨江巩固脱贫攻坚成果，并现场捐助100万元。

二、做好志智双扶，进一步变自身优势为扶贫效益

围绕"给扶贫干部充电、给脱贫攻坚鼓劲、给发展致富赋能"的目标，充分发挥校（院）优势，从马克思主义学院、经济学教研部、科学社会主义教研部、社会和生态文明教研部、党的建设教研部等相关教研单位选派20名专家教授，由四个定点扶贫县联合下发聘任书，组建扶贫政策咨询和讲课团队，随时为定点扶贫县提供政策咨询和送教下乡服务，受到了当地干部群众的普遍欢迎。经过多年努力，智力扶贫已经成为校（院）定点扶贫工作的一大亮点，极大地提升了扶贫县党员干部和农村"双带头"队伍的能力与素质。五年间，校

安远县概况

安远县位于江西省南部，赣州市东南部，客家文化源远流长，是国家首批非物质文化遗产赣南采茶戏的发源地。安远县森林覆盖率84.3%，盛产赣南脐橙、红薯、食用菌、百香果等农特产品，稀土稀有金属元素含量位居全国前列。江西省安远县是国家重点扶持贫困县（1994年）、罗霄山集中连片特困县。2015年，原中央党校开始定点帮扶。2019年4月脱贫摘帽。

（院）组织送教下乡、送教下村活动 37 次，为四个定点扶贫县举办定点扶贫县领导干部培训班和各类技术人才培训班近 30 期，培训基层干部 1.09 万人次，培训技术人员 1780 人次，并为定点扶贫县起草《乡村振兴战略规划》，把志智双扶与巩固拓展脱贫攻坚成果同乡村振兴有效衔接高效融合，引向深入。在 2020 年疫情期间，校（院）扶贫办和各直属单位创新思路，采取多种方式落实帮扶措施：信息技术部为定点县开通"网上党校"账号，使当地广大党政干部随时能享受到中央党校（国家行政学院）名师大家的风采；信息技术部、国际和港澳培训中心通过网上党校在线学习平台为武邑县举办了网络培训班，破解了受疫情影响导致无法集中培训的难题；出版集团音像出版社的中国公务员培训网 4603 门网络培训课程向四个定点扶贫县开放，并向每个县捐赠 100 个学习账号。

三、做好牵线扶贫，帮助解决扶贫县重大民生问题

充分发挥和有效利用好牵线扶贫，也是校（院）定点扶贫工作近年来的又一特色。创新开展定点扶贫工作以来，校（院）针对定点扶贫县提出的和在实地调研中发现的问题和难题，牵线协调相关单位和部门为扶贫县办实事办好事。其中，联系国家开发银行为大关县解决昆水高速公路吉利立交及连接线建设资金 1.35 亿元，为墨江县争取碧溪至双龙段高速公路立项并予以补助和 500 亩土地增减挂钩结余指标流转事项，为四个定点扶贫县协调国家开发银行生源地助学贷款 2.09 亿元，协调国家开发银行产业扶贫贷款 33.75 亿元，支持定点扶贫县易地扶贫搬迁、农村基础设施、产业发展、教育扶贫等领域重点项目建设，有力促进了定点扶贫县经济社会发展。

在疫情期间，校（院）挂职扶贫干部主动牵线联系购买防护服 2000 套、隔离服 600 套等各类防疫物资，价款合计 20.74 万元，有力地支援了当地疫情防控。他们通过发挥桥梁纽带作用，协调动员各方力量，帮助扶贫县进一步解决了重大民生问题。2020 年 9 月 29 日，原国务院扶贫办主办的《扶贫信息》

第 104 期，以"中央党校不断推进定点扶贫工作取得实效"为题，刊登了近年来校（院）定点扶贫工作成绩和主要做法。

四、做大消费扶贫，进一步帮助贫困群众增收致富

在消费扶贫方面，校（院）扶贫办打造"以消费促产业发展，以产业确定扶贫项目"的完整链条，把重点帮扶的产业纳入消费扶贫的重点，实现扶贫项目、帮扶产业、消费扶贫的有机衔接。一方面会同机关服务中心、校（院）工会加大消费扶贫力度。机关服务中心采购定点扶贫县农产品。校（院）工会制定每季度采购一个定点扶贫县农产品的计划。另一方面通过现场销售和网上平台加大帮助销售力度。在各单位工作群和校园网发布定点扶贫县网上采购二维码，动员教职工共同为定点扶贫作贡献。自 2016 年起，在中央党校社区每年为定点扶贫县举办农特产品展销会，促进消费扶贫。2020 年 9 月，校（院）组织历年来规模最大的第四届定点扶贫县农特产品展销会，四个县 30 余家企业、合作社参展，展销产品达到 110 余种，销售额超过 110 万元。通过"扶贫832"平台、人民优选、农行扶贫商城等电商平台，开展消

大关县概况

大关县位于云南省东北部，昭通地区腹心地带，境内山峦重叠，"五河"纵贯，水力、矿藏资源和土特产品丰富，是中国筇竹之乡，盛产优质烤烟，杜仲畅销全国，是云南省的生漆基地县之一。大关县集"山区、贫困、民族、多灾"四位一体，基础薄弱、发展滞后，是云南省 27 个深度贫困县之一。1999 年，原国家行政学院开始定点帮扶。2020 年 5 月脱贫摘帽。

｜ 中央党校（国家行政学院）着力打造"以消费促产业发展，以产业确定扶贫项目"的完整链条。图为 2020 年举办第四届定点扶贫县农特产品展销会。

费扶贫三年来帮助定点扶贫县在线销售 9129 万元农产品。在与网络电商平台深化合作的基础上帮助扶贫县培养电商、微商人才，有效增强了消费扶贫的内生动力。通过做大消费扶贫，进一步扩大了扶贫县特色产品的知名度和销量，实现了贫困群众增收致富。

五、做好党建扶贫，进一步强化对发展的引领力

习近平总书记强调，打赢脱贫攻坚战，必须切实加强党的建设，发挥党的政治优势、组织优势和密切联系群众优势。开展定点扶贫工作以来，校（院）重视抓强党建引领，做实做强基层党组织建设，坚持基层党建促扶贫。校（院）党的建设教研部率先在安远县委党校挂牌"党建科研基地"，机关服务中心、离退休干部局、国际和港澳培训中心、应急管理培训中心等部门与结对帮扶村开展"一对一"党支部共建，细化明确共建事项清单，强化党建

墨江哈尼族自治县概况

　　云南省墨江哈尼族自治县位于云南省南部，普洱市东部，是一个以哈尼族占比最多的多民族聚居县。"哈尼之乡、回归之城、双胞之家"是其亮丽的地域名片，盛产紫米，是"中国紫米之乡"。1994年被国家八七扶贫攻坚计划列为国家重点扶持贫困县，2001年确定为国家扶贫开发工作重点县，2011年纳入滇西边境片区县。2015年，原国家行政学院开始定点帮扶。2020年5月脱贫摘帽。

扶贫任务推进。校（院）在有限资金中拨出专款支持武邑县委党校、安远县委党校和大关县委党校建设和发展。向武邑县、大关县、墨江县拨付党建扶贫专项经费支持贫困村基层党建，帮助建设村党员群众活动室和图书室。在武邑县贾寺院村创新开展"1+1+1"支部联建工作（即班子队伍一起抓、思想观念一起带、脱贫攻坚一起干）；在大关县甘顶村定期组织"户户清动态研判会"；在墨江县坝利村举办"新时代党员群众讲习所"，促进组织建设和扶贫工作融合共进。这些工作不仅实现了扶志扶智的功效，更起到了凝聚民心、引领发展的作用。

　　截至2020年11月，校（院）定点帮扶的4个县全部实现脱贫摘帽，脱贫人口总数超过28万人。其中，河北省武邑县于2018年9月率先脱贫摘帽；2020年6月实现整县脱贫，荣获原国务院扶贫办"全国脱贫攻坚组织创新奖"；2021年2月，武邑县委被评为"全国脱贫攻坚先进集体"。江西省安远县于2019年4月脱贫摘帽。云南省大关县和墨江县于2020年5月实现整县脱贫摘帽。

　　五年来，校（院）定点扶贫工作得到了原国务院扶贫开发领导小组、中央和国家机关工委、民政部、国家开发银行、中国农业银行、河北省、江西省和云南省等表彰和充分肯定。在原国务院扶贫开发领导小组对286家中央单位

创新帮扶模式

中央党校（国家行政学院）发挥智力资源优势，通过组建扶贫政策咨询团队、开展干部培训和送教下乡活动、免费开放校（院）教学资源、创新"一询二送三免"帮扶模式，为全面打赢脱贫攻坚战贡献智慧和力量。

2019 年和 2020 年定点扶贫工作成效评价中，校（院）定点扶贫工作连续被评定为"好"的等次。2020 年 11 月，中央和国家机关工委授予校（院）扶贫办"中央和国家机关脱贫攻坚先进集体"荣誉称号。2021 年 2 月，校（院）扶贫办被评为"全国脱贫攻坚先进集体"，赵广周同志被评为"全国脱贫攻坚先进个人"。

历任扶贫干部

挂职扶贫干部

挂职时间	姓 名	挂职地	挂职职务
2012.11—2013.11	洪建彦	河北省武邑县	县委常委
2012.11—2013.11	李媛媛	河北省武邑县	副县长
2014.1—2015.2	张秋华	河北省武邑县	县委常委
2014.1—2015.2	冯书泉	河北省武邑县	副县长
2015.2—2016.2	许 韬	河北省武邑县	县委常委

挂职时间	姓　名	挂职地	挂职职务
2015.2—2016.2	张　严	河北省武邑县	副县长
2016.3—2017.3	张学博	河北省武邑县	县委常委
2017.7—2019.7	谢保忠	河北省武邑县	县委常委、副县长
2019.7—2021.7	董明发	河北省武邑县	县委常委、副县长
2021.7—	李旭军	河北省武邑县	县委常委、副县长
2016.3—2018.3	赵　培	江西省安远县	县委委员、常委
2017.3—2018.3	张珊珍	江西省安远县	县委委员、常委
2018.4—2021.6	王天帅	江西省安远县	县委副书记、副县长
2021.6—	孙　巍	江西省安远县	县委副书记、副县长
2011.12—2012.12	杜庆昊	云南省大关县	副县长
2012.12—2013.12	万代玺	云南省大关县	县委常委、副县长
2014.4—2015.4	戴建华	云南省大关县	副县长
2015.5—2016.7	薛　刚	云南省大关县	县委常委、副县长
2016.10—2017.10	李志明	云南省大关县	县委常委、副县长
2017.10—2018.10	王　华	云南省大关县	县委常委、副县长
2018.10—2021.5	孙　林	云南省大关县	县委常委、副县长
2021.5—	张　临	云南省大关县	县委常委、副县长
2016.3—2017.3	高宏存	云南省墨江县	副县长
2017.3—2018.3	何　哲	云南省墨江县	副县长
2018.3—2019.4	刘小康	云南省墨江县	县委常委、副县长
2019.4—2021.5	秦真英	云南省墨江县	县委常委、副县长
2021.5—	王远征	云南省墨江县	县委常委、副县长

驻村第一书记

驻村时间	姓　名	所驻村及职务
2015.9—2016.9	周　宁	河北省武邑县贾寺院村第一书记
2016.10—2018.8	冯　丰	河北省武邑县贾寺院村第一书记
2018.8—2021.5	郝建华	河北省武邑县贾寺院村第一书记
2021.5—	卢　乐	河北省武邑县贾寺院村第一书记
2016.3—2018.3	张吉瑞	江西省安远县咀下村第一书记
2018.8—2021.6	杨卿一	江西省安远县咀下村第一书记
2021.6—	李　瑞	江西省安远县咀下村第一书记
2015.7—2016.7	赵广周	云南省大关县甘顶村第一书记
2016.10—2018.10	张北发	云南省大关县甘顶村第一书记
2018.10—2021.5	李文滨	云南省大关县甘顶村第一书记
2021.5—	张植红	云南省大关县甘顶村第一书记
2016.3—2017.3	王海燕	云南省墨江县坝利村第一书记
2017.3—	赵广周	云南省墨江县坝利村第一书记

中央党史和文献研究院

历 程

2018 年 3 月，中央党史和文献研究院组建成立，定点扶贫县由组建前 3 家单位定点扶贫县组成，分别是甘肃省镇原县、河南省南召县和河北省唐县。其中甘肃省镇原县由原中央党史研究室于 2013 年开始定点帮扶，已帮扶 8 年；河南省南召县由原中央文献研究室于 1994 年开始定点帮扶，已帮扶 27 年；河北省唐县由原中央编译局于 2003 年开始定点帮扶，已帮扶 18 年。

中央党史和文献研究院始终高度重视定点扶贫工作，坚持以习近平新时代中国特色社会主义思想为指导，深入贯彻习近平总书记关于扶贫工作的重要论述，全面落实《中共中央 国务院关于打赢脱贫攻坚战的决定》《中共中央 国务院关于打赢脱贫攻坚战三年行动的指导意见》，增强"四个意识"、坚定"四个自信"、做到"两个维护"，切实增强做好扶贫工作的责任感、使命感、紧迫感，把定点扶贫工作作为一项重要政治任务放到心上、抓在手上、扛在肩上，强化组织领导，加强工作力量，认真贯彻落实党中央、国务院的各项工作部署，充分发挥定点帮扶的作用，发挥自身特色，从抓党建促扶贫、消费扶贫、产业扶贫等方面入手，全力开展定点帮扶工作。

甘肃省镇原县是原中央党史研究室定点扶贫县，已帮扶 8 年，于 2020 年 11 月实现脱贫摘帽。镇原县 2013 年建档立卡贫困人口 4.25 万户 17.23 万人，贫困发生率 36.21%。2014—2019 年动态调整后建档立卡贫困人口 42314 户

168044 人；贫困村 120 个，其中深度贫困村 80 个；2014—2019 年 6 年稳定脱贫 39119 户 159474 人，贫困村退出 107 个。特别是 2016 年脱贫攻坚战以来，中央党史和文献研究院与原中央党史研究室全力开展定点帮扶工作，五年来直接投入帮扶资金 580 多万元，引进帮扶资金 860 多万元，培训基层党员干部和技术人员 1200 多名，购买镇原县农产品 170 多万元，帮助销售农产品 330 多万元，助力镇原县 2016 年脱贫 4805 户 20250 人，2017 年脱贫 4754 户 20744 人，2018 年脱贫 6263 户 24054 人，2019 年脱贫 9302 户 34010 人，2020 年脱贫 3103 户 8329 人，退出贫困村 120 个，整县脱贫退出指标全部达标，贫困人口动态清零。主要工作有：一是发挥党史部门自身优势，开展扶贫课题研究。原中央党史研究室按照曲青山同志提出的"要发挥党史部门自身优势，编撰扶贫工作大事记，认真研究记载好党中央、国务院扶贫开发工作全过程，与甘肃省、庆阳市共同认真研究记载好庆阳脱贫攻坚工作全过程"的特色扶贫工作要求，启动"扶贫工作纪实"和"镇原县扶贫工作大事记"课题研究，中央党史和文献研究院新组建成立后，继续开展相关工作，每年资助一定资金，用于开展课题研究。二是原中央党史研究室协调北京市顺义区赵全营镇向镇原县郭原乡毛庄村捐助产业扶贫资金 400 万元，2018 年和 2019 年每年捐助 200 万元，

镇原县概况

甘肃省镇原县辖 13 镇 6 乡、215 个行政村，总人口 53.15 万人。县域经济以农业为主，红杏、苹果、忘忧草等农产品享誉国内外，是省级肉鸡产业园区、全国苹果最佳优生区。曾为陕甘宁边区的重要组成部分，红军长征三岔纪念馆、屯字援西军纪念馆等红色旅游资源引人注目。镇原县系国家扶贫开发工作重点县，是甘肃省 23 个深度贫困县之一。2013 年建档立卡贫困人口 17.23 万人，贫困发生率 36.21%。2020 年脱贫摘帽。

中央党史和文献研究院 2016—2020 年为南召县培训基层党员干部和技术人员 1100 多名。图为 2020 年南召县举行基层农村党员暨退役军人党员培训班。

重点用于发展毛庄村肉牛养殖产业、花椒种植产业等扶贫产业。

　　河南省南召县是原中央文献研究室定点扶贫县，已帮扶 27 年，于 2020 年 2 月实现脱贫摘帽。南召县有建档立卡贫困人口的乡镇 15 个（其中 14 个乡镇有贫困村），有建档立卡贫困人口的行政村 300 个，其中 102 个为建档立卡贫困村（其中深度贫困村 29 个），2014—2019 年已退出 102 个村，已脱贫 24627 户 76394 人。特别是 2016 年脱贫攻坚战以来，中央党史和文献研究院与原中央文献研究室全力开展定点帮扶工作，五年来直接投入帮扶资金 340 多万元，引进帮扶资金 4200 多万元，培训基层党员干部和技术人员 1100 多名，购买南召县农产品 70 多万元，帮助销售农产品 180 多万元，助力南召县 2016 年退出 13 个村 12128 名贫困人口，2017 年退出 11001 名贫困人口（未退出贫困村），2018 年退出 26 个村 13574 名贫困人口，2019 年退出 33 个村 18216 名贫困人口，未脱贫 2456 户 5401 人，2020 年实现贫困人口动态清零。主要工作有：一是重视产业项目对脱贫致富的带动作用。几年来，挂职干部帮助南召县协调推进天池抽水蓄能电站项目和中机国能光伏发电项目。并且，利用南召县地处豫西

南召县概况

河南省南召县辖 15 个乡镇 310 个行政村，总人口 63 万人。南召县立足中国玉兰之乡、中国辛夷之乡、中国柞蚕之乡的品牌优势，把生态产业作为脱贫攻坚和经济发展的重要路径，唱"山歌"，念"林经"，以资源育产业，以产业促增收。南召县 1989 年被确定为国家重点扶持贫困县，2014 年全县共有 102 个贫困村（其中深度贫困村 29 个），建档立卡贫困人口 27490 户 82725 人。2020 年 2 月脱贫摘帽。

南、生态资源丰富这一实际情况，协调文化和旅游部，支持南召县列入"全国旅游示范区创建单位"，为开展生态富民建设打下了基础。二是大力实施教育扶贫，以扶智促扶贫。几年来，中央党史和文献研究院在南召县共援建希望小学 10 所，解决了 1000 多名学生的入学难问题，并且每年都投入教育帮扶资金，为学校采

中央党史和文献研究院依托各县名优农产品，大力推进消费扶贫。图为该院在唐县挂职副县长郝云昌同志在淘宝直播上帮助销售唐县特色农产品。

购电脑、复印机、办公桌、文件柜、热水器等教学设备与生活设施，改善学校的办公和生活条件，有力支持了当地教育事业的发展。

河北省唐县是原中央编译局定点扶贫县，已帮扶 18 年，于 2019 年 5 月实现脱贫摘帽。唐县是集太行山区、移民库区、革命老区为一体的国家扶贫开发工作重点县。新一轮精准识别确定贫困村 151 个，建档立卡贫困户 14392 户 33261 人。2018 年以前脱贫 114 个村；2018 年脱贫 36 个村 2802 户 5701 人，剩余 1 个村 2137 户 4594 人，贫困发生率 0.83%；2019 年脱贫 1 个村（至此贫困村全部出列）1754 户 3735 人，剩余 403 户 964 人，贫困发生率降至 0.17%。特别是 2016 年脱贫攻坚战以来，中央党史和文献研究院和原中央编译局认真贯彻落实党中央、国务院的各项工作部署，全力开展定点帮扶工作，五年来直接投入帮扶资金 500 多万元，引进帮扶资金 130 多万元，培训基层党员干部和技术人员 1200 多名，购买唐县农产品 70 多万元，帮助销售农产品 340 多万元，助力唐县贫困人口动态清零。主要工作有：一是推动党建和文化扶贫。积极发挥中直机关文化单位和自身理论宣传优势，鼓励有关专家学者深入基层一线，广泛宣传党中央、国务院扶贫政策。二是大力开展产业扶贫。几年来，积极帮助唐县谋划脱贫产业，帮助唐县齐家佐乡开展寿桃种植业，利用唐县家庭手工业基础大力打造特色手工业加工基地、保护发展民间非物质文化遗产申遗产业等。

唐县概况

河北省唐县地处保定西部、太行山东麓，面积 1417 平方千米，82% 为山地，2001 年被确定为集太行山区、移民库区、革命老区为一体的国家扶贫开发工作重点县，唐县是华北最大的肉羊育肥基地，年出栏 800 万只，盛产核桃、大枣、小米等农产品，是驰名的古建园林之乡。2019 年 5 月脱贫摘帽。

发挥党史职能优势，指导帮助 3 个定点扶贫县收集整理一线扶贫史料，助力红色资源开发利用。从 2016 年开始，结合定点扶贫任务，与省、市、县三级合作开展了"扶贫工作纪实"课题研究，每年都划拨专项经费帮助 3 个县实施该课题。另外，选派专家指导帮助 3 个县开发利用红色资源，如镇原县的红军长征三岔纪念馆、南召县的中共南召第一支部纪念馆、唐县的晋察冀军区司令部旧址展陈等。

历任扶贫干部

挂职扶贫干部

挂职时间	姓 名	挂职地	挂职职务
2016.10—2018.11	张彦甫	甘肃省镇原县	县委常委、副县长
2018.11—2021.5	夏俊杰	甘肃省镇原县	县委常委、副县长
2021.5—	于智明	甘肃省镇原县	县委常委、副县长
2013.6—2017.8	周 锋	河南省南召县	县委委员、常委，副书记（扶贫）
2017.8—2019.9	陶永祥	河南省南召县	县委常委、副县长
2019.9—	李 炎	河南省南召县	副县长
2016.10—2018.12	刘宏宇	河北省唐县	副县长
2018.12—2021.6	郝云昌	河北省唐县	副县长

挂职时间	姓 名	挂职地	挂职职务
2021.6—	王 勇	河北省唐县	副县长

驻村第一书记

驻村时间	姓 名	所驻村及职务
2015.8—2017.7	齐 雄	甘肃省镇原县毛庄村第一书记
2017.8—2019.9	张卓然	甘肃省镇原县毛庄村第一书记
2019.9—	陈郝杰	甘肃省镇原县毛庄村第一书记
2015.7—2017.8	胡鹏飞	河南省南召县东庄村第一书记
2017.8—2019.9	霍 冉	河南省南召县东庄村第一书记
2019.9—	熊道宏	河南省南召县东庄村第一书记
2015.8—2016.8	刘建军	河北省唐县史家佐村第一书记
2016.8—2018.8	李 旭	河北省唐县史家佐村第一书记
2018.8—2021.6	刘中文	河北省唐县史家佐村第一书记
2021.6—	李兆杰	河北省唐县史家佐村第一书记

人民日报社

历 程

1995 年，人民日报社开始定点帮扶河南省虞城县。2015 年 8 月，按照国务院扶贫办等部门《关于进一步完善定点扶贫工作的通知》要求，人民日报社承担河南省虞城县、河北省滦平县定点帮扶工作。

党的十八大以来，人民日报社坚持以习近平新时代中国特色社会主义思想为指导，深入学习贯彻习近平总书记关于扶贫工作的重要论述和党中央决策部署，将定点扶贫作为重要政治任务，以高度的责任感、使命感扎实做好河南省虞城县、河北省滦平县帮扶工作，加强组织领导，发挥自身优势，聚焦精准帮扶，着力做好宣传报道，精心选派挂职干部，积极引进扶贫项目，广泛开展党建扶贫和结对帮扶，助力两县决战脱贫攻坚取得决定性胜利。2019 年 5 月 5 日、9 日，河北省、河南省先后发布通知，正式宣布滦平县、虞城县脱贫退出。两县脱贫摘帽后，人民日报社认真落实"四个不摘"要求，围绕"两不愁三保障"基本标准，坚持帮扶力度不减，协助巩固脱贫成果，推动高质量发展。截至 2020 年底，虞城县实现全县 44540 户、96051 名建档立卡贫困人口全部稳定脱贫，滦平县实现全县 17599 户、54508 名建档立卡贫困人口全部稳定脱贫。

人民日报社立足两县资源禀赋，有针对性引进产业扶贫项目。图为其为滦平县引进的光伏发电扶贫项目于 2018 年投产发电。

一、切实加强组织领导

人民日报社把定点扶贫作为一项重要政治任务，切实扛起政治责任，成立了由报社主要负责同志任组长的报社扶贫工作领导小组，2 名副组长分别由副总编辑和秘书长担任，领导小组办公室设在办公厅，总编室、新闻协调部、经济社会部、人事局、计划财务部、管理保障局、机关党委、广告公司为成员单位，形成了机构完备、运转顺畅的工作机制。编委会会议每年都专题研究定点扶贫工作，明确目标任务、责任分工和具体举措。报社主要负责同志 72 次在定点扶贫有关文件上作出批示，提出工作要求，给予有力指导。编委会成员 15 人次到定点扶贫县调研，了解实际情况、倾听群众意见。在编委会带领下，全社上下对定点扶贫工作给予高度关注，把定点帮扶作为分内之事，形成群策群力搞帮扶、齐心协力助攻坚的良好氛围。报社扶贫办积极主动承担任务，有效发挥牵头抓总和综合协调作用，出台《人民日报社关于加强定点扶贫工作的意见》等一批制度文件，组织有关部门单位细化目标、狠抓落实，确保年度计划落地见效、整体工作扎实推进。

滦平县概况

河北省承德市滦平县与北京密云区、怀柔区接壤，是沟通辽蒙、连接京津的重要交通枢纽；境内有潮河、滦河两大水系，是京津重要水源地和生态涵养区。2012 年被列为国家扶贫开发工作重点县。2015 年 8 月，国务院扶贫办明确滦平县为人民日报社定点扶贫县。2019 年 5 月，滦平县脱贫摘帽。

二、选优配强挂职扶贫干部

报社先后选派政治文化部时圣宇、海外版刘泉、国际金融报程惠建、总编室杨远帆、海外版杨一枫、评论部吕晓勋、对外交流合作部扬朴等 7 名优秀干部到两县挂职任副县长或驻村第一书记。他们沉下心来、扑下身子，在舆论扶贫、党建扶贫、教育扶贫、产业扶贫和引进帮扶资金等方面做了大量工作，发挥了应有作用、展现了良好形象，受到两县干部群众广泛好评。时圣宇同志 2016 年获全国脱贫攻坚贡献奖、2020 年获全国脱贫攻坚先进个人称号、2020 年河北省脱贫攻坚贡献奖、2021 年河北省脱贫攻坚先进个人称号，吕晓勋同志 2020 年获中央和国家机关脱贫攻坚优秀个人称号，程惠建同志 2017 年至 2019 年连续 3 年被中央和国家机关工委推荐为全国脱贫攻坚奖候选人、2021 年河南省脱贫攻坚先进个人称号。虞城县、滦平县多次致信报社，对刘泉、杨一枫、扬朴、杨远帆等同志的好作风、好成绩给予充分肯定。

三、认真做好宣传报道

报社做好定点扶贫工作，十分重要的一条就是充分发挥党中央机关报优势，切实做好定点扶贫县的宣传报道。把两县作为编辑记者走基层联系点，定期安排记者开展调研采访，每年为两县研究制定报道计划，在《人民日报》《人民日报海外版》、人民日报客户端和人民网等安排大量版面、栏目和页面进行报道。脱贫攻坚以来，《人民日报》为两县刊发正面报道文章119篇，其中头版15篇，还推出数百件新媒体产品，引发良好社会反响，有效提高了两县知名度和美誉度。

四、因地制宜引进项目

根据两县资源禀赋、区位优势、发展战略和实际需求有针对性地引进产业扶贫项目，联系国家能源局为虞城县批复全国首批农村新能源革命试点100兆瓦光伏扶贫项目，为滦平县批复60兆瓦光伏扶贫项目，两个项目均已建成发挥效益，直接帮扶5334户贫困户每户每年增加3000元收入，将持续20年。联系水利部在滦平县实施岗子川小流域综合治理项目，获批财政资金超2亿元，为滦平县改善河道生态、推动美丽乡村建设发挥了重要作用。报社下属国际金融报社于2019年在虞城县成功举办第三届资本市场扶贫高峰论坛，以此为契机为当地引入数十家有合作意向的龙头企业。引荐碧桂园等企业累计向两县投入资金超4000万元，建设苗木基地等项目，建成一批扶贫车间，开展就

虞城县概况

河南省商丘市虞城县地处豫、鲁、苏、皖四省接合部，是中国木兰之乡、中国钢卷尺城、全国科技进步先进县、全国食品工业百强县。1994年被列为国家重点扶持贫困县。1995年，人民日报社对虞城县开展重点帮扶。2019年5月，虞城县脱贫摘帽。

人民日报社围绕绿色发展为两县引入产业项目。图为在虞城县协助引进的电镀产业园一期于2018年11月正式运营，电镀质量、环保标准国内领先。

业扶贫、教育扶贫，取得较好成效。

五、深入开展精准帮扶

报社 30 多个基层党组织与两县贫困村党组织结成帮扶对子，开展党建扶贫活动超 80 次，有效解决两县社会治理和群众生产生活中的困难和问题，为当地带来实实在在的效益，切实增强了当地群众的获得感幸福感安全感。在虞城县开展招募"名誉村长"活动，组织 22 家上市公司高管担任 22 个贫困村"名誉村长"并签署帮扶协议，推进实施的厕所革命、路面硬化等项目获得群众好评。在滦平县开展招募"名誉校长"教育扶贫活动，报社选派的 13 名"名誉校长"在改善当地校舍条件、丰富课堂内容等方面做了扎实工作。报社把两县作为职工食堂定点副食基地和职工福利采购基地，采购贫困村农副产品超 600 万元。新媒体中心、数字传播公司、人民网等在抖音、快手等平台开展直播带

创新帮扶模式

　　积极发挥三项优势，探索创新"宣、联、融"的帮扶模式。发挥党中央机关报优势，提高宣传报道质量。在《人民日报》推出一批高质量报道，用小切口展示大主题，通过生动鲜活故事介绍两县统筹疫情防控和经济社会发展举措成效，为两县招商引资、加快发展提供有力舆论支持。发挥联系广泛优势，引入各方帮扶资源。协调有关部门给予大力支持，推动两县光伏扶贫、岗子川小流域治理等一系列扶贫项目建成使用，为当地改善环境、稳定增收提供坚实支撑。发挥媒体融合发展优势，打造电商扶贫平台。连续举办"有'扶'同享"等一系列线上销售活动，协助两县优质农副产品入驻人民优选等电商平台，为两县企业商户拓宽销售渠道。

　　货，帮助两县拓展农副产品销售渠道，推动消费扶贫。报社主办的中国品牌论坛开设"一县一品"品牌建设发展分论坛，为两县品牌建设搭建平台。

历任扶贫干部

挂职扶贫干部

挂职时间	姓 名	挂职地	挂职职务
2016.7—2018.6	刘 泉	河北省滦平县	县委常委、副县长
2018.7—2021.6	杨一枫	河北省滦平县	县委常委、副县长
2021.6—	张 雷	河北省滦平县	县委常委、副县长

挂职时间	姓 名	挂职地	挂职职务
2016.7—2019.7	程惠建	河南省虞城县	县委常委、副县长
2019.7—	扬 朴	河南省虞城县	副县长

驻村第一书记

驻村时间	姓 名	所驻村及职务
2016.8—2018.7	杨远帆	河北省滦平县路南营村第一书记
2018.7—2021.6	吕晓勋	河北省滦平县于营村第一书记
2021.6—	左松涛	河北省滦平县下营子村第一书记
2015.6—2021.6	时圣宇	河南省虞城县韦店集村、柴王村、西关村第一书记
2021.6—	孙德庚	河南省虞城县张庄村第一书记

求是杂志社

历 程

1998 年，求是杂志社开始定点帮扶青海省杂多县。22 年不忘初心，不断探索定点帮扶高原少数民族贫困县的有效方法和途径，把扶贫与扶志、扶智相结合，帮扶从未间断。

在全面建成小康社会决胜期，精准脱贫是全党全国要坚决打赢的三大攻坚战之一。习近平总书记在党的十九大报告中明确指出，坚决打赢脱贫攻坚战，让贫困人口和贫困地区同全国人民一道进入全面小康社会，是我们党的庄严承诺。求是杂志社坚决贯彻落实党中央、国务院关于脱贫攻坚的一系列重大决策部署，始终坚持"精准识别、精准施策、精准扶贫、精准脱贫"基本方略，紧紧围绕"两不愁三保障"总体要求，始终把青海省玉树藏族自治州杂多县的定点帮扶作为一项重大政治任务，不断加大对杂多县的帮扶力度，不断探索对口帮扶的有效途径和方法，取得显著成效。

一、高度重视扶贫工作

杂志社编委会以习近平新时代中国特色社会主义思想为指导，深入学习领会习近平总书记关于扶贫工作的重要论述，发挥党刊的独特政治优势，将落实脱贫攻坚战略部署作为重大政治任务、政治责任，把加强政治建设贯穿在定点

杂多县概况

青海省杂多县总面积 3.01 万平方千米，平均海拔 4290 米，总人口 7.14 万人。2015 年底，通过"两线合一"精准识别，共识别贫困人口 5137 户 15206 人，是国家扶贫开发工作重点县。1998 年，按照党中央、国务院统一部署，求是杂志社结对帮扶杂多县，开展定点帮扶工作。2020 年 3 月，杂多县顺利通过青海省 2019 年度退出贫困县专项评估检查，于 4 月 21 日由青海省人民政府公告退出贫困县序列，并于 6 月通过国家抽检。

扶贫工作的各个环节，结合当地实际加强对定点扶贫工作的正确领导，保证各项扶贫举措落实到位。先后多次召开扶贫工作专题会议，多次把扶贫工作列入编委会会议议题，听取扶贫工作汇报，研究和审议扶贫举措。社长夏伟东担任扶贫领导小组组长，并成立了以办公室、机关党委、事业服务中心等几个部室组成的扶贫办公室具体负责此项工作。多年来，社扶贫工作领导小组办公室坚持定期召开扶贫工作会议，研究落实中央和国家机关工委、原国务院扶贫办的工作部署，拟订完成定点扶贫责任书的具体方案和扶贫举措，及时总结定点扶贫工作开展过程中的经验和不足。2021 年 4 月，编委会专题学习《中共中央　国务院关于实现巩固拓展脱贫攻坚成果同乡村振兴有效衔接的意见》等文件，研究谋划巩固拓展脱贫攻坚成果、接续推动定点单位脱贫后发展和乡村全面振兴的工作思路。

二、领导带队实地调研

近年来，杂志社先后有 30 多名局处级以上干部克服严重的身体不适赴杂多县调研，不断探索搞好民族地区扶贫工作的有效途径，对接帮扶工作。夏伟东同志 2018 年到任后，连续 3 年带队赴杂多县开展实地调研。深入高原牧区进行实地察看，谋划精准扶贫有效之策，先后到杂多县苏鲁乡山荣村与村社干部和牧民群众进行座谈交流，到杂多县易地扶贫搬迁小区——牧人希望家园走访慰问搬迁户，到杂多县第二民族中学与西部计划志愿者老师进行座谈，到杂多县人民医院察看当地医疗设施的建设情况，到杂多县澜沧江源藏文化工艺品有限公司和杂多县岗日麻贝土特产有限公司研究当地特色产业经营及发展规划等。时任社长李捷分别于 2015 年 6 月、2016 年 11 月，带队赴杂多县实地调研。

三、选派优秀干部挂职

杂志社先后选派了刘磊、严海波、周祖友、刘帅、公衍国等 5 名优秀干部赴杂多县挂职。2021 年 4 月，新选派黄相柏同志担任杂多县驻村第一书记，公衍国同志继续挂职县委副书记。几位同志长期奋战在海拔 4200 多米的扶贫

｜ 求是杂志社始终坚持"精准扶贫，人才先行"，多次组织开展基层干部、技术人员、致富带头人、学生等教育培训。图为 2020 年对杂多技术人员开展教育培训。

一线，不断忍受高海拔环境下头疼、气喘、失眠、鼻衄等高原反应的折磨，下基层调查研究，结合当地实际出谋划策，走出去联络社会投资和社会捐助，积极组织推动了一系列扶贫活动，为高原牧民做了不少实事好事，赢得了各方赞誉，激发了牧民群众脱贫的内生动力。

四、精准扶贫，人才先行

先后多次组织杂多县基层干部、技术人员、致富带头人、学生等教育培训。2018 年 11 月、2019 年 11 月、2020 年 9 月连续 3 年在江苏省张家港市善港农村干部学院举办"青海省杂多县乡村振兴战略专题培训班"，培训基层干部 121 人次，培训围绕"产业兴旺、生态宜居、乡风文明、治理有效、生活富裕"的总要求，用互动教学、现场教学、案例教学、分组讨论等培训方式，充分为精准扶贫提供智力支持。2019 年 4 月、2020 年 9 月连续 2 年与北京电子科技职业学院及北京中农服农业科技股份有限公司合作，为杂多县培训基层技术人员、致富带头人 360 余人次，培训通过名企现场教学、专家讲座、实战操作、沙盘推演等理实一体化的教学方式，帮助学员初步掌握视觉营销、电子商务基础知识、运营技巧、运输物流等专业技能，助力杂多县逐步培养和建设一支能够熟练掌握运用网络技术促销当地特色产品的人才队伍。2018 年 11 月、2019 年 11 月连续 2 年协调中央文明办、中国文联在玉树州开展杂多县乡村学校少年宫艺术辅导员培训活动，培训玉树州少年宫辅导员 310 余名，杂多县中小学少年宫辅导员 60 余名。

五、扶志扶智，教育为重

杂志社认真总结扶贫工作经验，逐步把帮扶重点放在帮助杂多发展基础教育上，把扶志扶智作为实现精准扶贫精准脱贫的根本大计，把帮助杂多县发展基础教育作为定点扶贫的重点工作。2018—2020 年，连续 3 年扎实推进西部青年志愿者计划，累计投入资金 80 万元，支援杂多县 28 名教师志愿者。这支队伍勇于克服高寒不适，为当地师资注入了新鲜血液，显著提升了当地教育水平，改善了当地教育风貌。2017 年协调中国图书国际展览会 203 家出版社联合给杂多师生捐赠图书 2015 册，价值 11.2 万元。2019 年在以社资金投入为主的基础之上，积极争取社会援助，为杂多县第一民族完全小学、杂多县第二民族完全小学、杂多县第三民族完全小学、萨呼腾镇实验小学等 4 所小学配备了科学实验室，为解决萨呼腾镇实验小学师生就餐问题采购了厨房设备，为一批小学生捐赠了图书、文具和书包等物资。

六、引进社会力量，助力脱贫攻坚

协调引进社会力量助力杂多县实现脱贫目标是求是杂志社扶贫工作的一项重要抓手。2016—2020 年，先后协调引进多家社会力量助力杂多县脱贫。

求是杂志社通过多渠道积极协调引进社会帮扶力量，助力健康扶贫。图为 2017 年协调深圳康泰生物制品股份有限公司向杂多县捐赠疫苗。

2020 年协调中国扶贫基金会为杂多县扎青乡昂闹村小学捐赠床上用品、书籍、书架等物品，价值 50 万元。北京天宜上佳高新材料股份有限公司给杂多县瓦里滩孤儿福利学校捐赠床架 185 套、床上用品 370 套、被褥 370 套、伸缩门 1 套，价值 40 万元，对接帮扶该学校 13 个孤儿，帮扶资金 3 万元。2018 年联络中国残疾人福利基金，实施了"建档立卡贫困人口骨关节康复公益项目暨集善扶贫健康行"项目走进玉树和杂多，为 6 名骨关节患者做了膝、髋关节置换手术。2017 年 6 月，协调深圳康泰生物制品股份有限公司向青海省玉树州杂多县政府捐赠乙肝疫苗及冷藏设备，包括 1.20 微克乙肝疫苗 1.5 万人份（4.5 万支）、2.10 微克乙肝疫苗 1 万人份（3 万支）以及依维柯 V36 冷藏车一部，捐赠价值合计 270 万元，同时，康泰生物还专门捐赠 50 万元补助资金用于疫苗注射。2017 年 5 月协调联系万平集团有限公司向杂多县妇幼保健院捐赠 10 万元现金用于购买"爱心产房"系列设备，以提高杂多地区妇产医疗卫生水平。

七、开展"三热爱"教育实践活动

2015 年 8 月至 2018 年 8 月，求是杂志社连续组织四批 300 余名杂多县藏族师生，赴北京参加为期 10 天的"热爱党、热爱祖国、热爱社会主义"教育实践活动。组织杂多的师生们在北京参观天安门广场、观看升旗仪式，感受爱国主义教育；参观天坛、故宫、长城、颐和园等名胜古迹，接受历史文化陶冶；瞻仰毛主席纪念堂、人民英雄纪念碑和抗日战争纪念馆，参观北大红楼和求是杂志社，接受革命史和党史教育；参观科技馆、海洋馆、鸟巢、水立方，感受最新科技和现代化气息；参观北大、清华校园，鼓励他们树立远大志向、激励他们成长成才。"三热爱"教育实践活动，让更多的孩子能够成为传播热爱中国共产党、热爱祖国、热爱社会主义的使者，为教育扶贫、智力扶贫，乃至民族教育工作开辟出崭新途径，对筑牢中华民族共同体具有重要意义。

创新帮扶模式

杂多县地处青藏高原北部，自然条件艰苦，当地师资力量薄弱，教育水平不高。我社坚持扶志扶智促脱贫，以推动教育事业为抓手，提高民族地区的教育质量和水平，进一步增强牧民群众的就业能力和脱贫致富的内生动力。先后三年资助 28 名教师志愿者到杂多县支教，协调中央文明办、中国文联培训少年宫辅导员 370 余名。

八、开展"生态牧场建设"专项工作

针对杂多县当前"资源禀赋开发不足、产业结构不够固定、产业发展特色不够突出"的问题，求是杂志社以实现人与自然和谐发展和牧业增效、牧民增收为目标，多次与杂多县领导和有关部门会商研究，进行实地调研，提出了建设草原生态牧场的发展思路。2020 年 5 月，社扶贫办组织召开牧场建设专题会议初步拟定实施计划，并于 6 月 12 日向杂多县拨付 200 万元用于苏鲁乡山荣村牧场建设，并以此为启动资金，持续组织当地部分困难户和撂荒牧场户，以牧场和牦牛入股，在当地政府的帮扶下，推选能人作为带头人，以股份合作制的形式把牧场建起来、经营好。

历任扶贫干部

挂职扶贫干部

挂职时间	姓 名	挂职地	挂职职务
2016.11—2018.11	严海波	青海省杂多县	县委副书记
2018.11—	公衍国	青海省杂多县	县委副书记

驻村第一书记

驻村时间	姓 名	所驻村及职务
2015.8—2016.8	刘 磊	青海省杂多县山荣村第一书记
2016.11—2018.11	周祖友	青海省杂多县山荣村第一书记
2018.9—2021.4	刘 帅	青海省杂多县山荣村第一书记
2021.4—	黄相柏	青海省杂多县山荣村第一书记

全国总工会

历程

全国总工会 1999 年开始定点帮扶山西省榆社县，3 年后榆社县实现脱贫。2002 年开始定点帮扶山西省和顺县，2015 年底增加山西省壶关县。22 年来，先后派出 15 批 59 名队员到山西省挂职扶贫，投入帮扶资金 7500 余万元，组织实施改善民生、发展产业、增强能力、保障健康等 500 多个帮扶项目，惠及数万贫困人口，帮助定点扶贫县实现高质量脱贫摘帽。

党的十八大以来，全国总工会深入学习贯彻习近平新时代中国特色社会主义思想，特别是习近平总书记关于扶贫工作的重要论述和重要指示精神，坚决贯彻落实《中共中央　国务院关于打赢脱贫攻坚战的决定》《中共中央办公厅　国务院办公厅关于进一步加强中央单位定点扶贫工作的指导意见》，切实履行中央单位定点扶贫工作责任，围绕精准扶贫精准脱贫方略，充分发挥工会组织优势，不断加大帮扶力度，帮助定点扶贫县如期高质量完成脱贫攻坚目标任务。

一、领导重视，始终把定点扶贫工作摆在突出位置

时任中央政治局委员、十二届全国人大常委会副委员长、全国总工会主席李建国，十三届全国人大常委会副委员长、全国总工会主席王东明在中国工会十六大、十七大及历次执委会、主席团会上多次对做好工会脱贫攻坚工作作出

部署、提出要求。特别是 2020 年 9 月，王东明同志亲自到定点扶贫县和顺县调研，深入了解定点扶贫工作情况，强调要坚持扶贫与扶志扶智相结合，加强职业技能培训，提升贫困人口就业能力，推动帮扶模式从输血式扶贫向帮助打造产业、增强造血机能转变，为进一步提高脱贫质量、巩固脱贫成果提供人力保障，全力完成工会脱贫攻坚任务。全国总工会党组书记、副主席、书记处第一书记陈刚 2020 年 12 月一到任，就对定点扶贫工作高度重视，提出了明确要求。时任全国总工会党组书记、副主席、书记处第一书记陈豪、李玉赋履行定点扶贫工作第一责任人职责，多次主持召开党组、书记处会议，传达学习贯彻习近平总书记关于脱贫攻坚重要指示批示精神，研究落实党中央、国务院关于脱贫攻坚工作决策部署的具体措施；40 多次作出批示，对工作提出明确要求；5 次到定点扶贫县调研，指导工作开展。时任全国总工会党组纪检组组长、书记处书记、扶贫开发领导小组组长王瑞生，全国总工会副主席、书记处书记、党组副书记、扶贫开发领导小组组长刘国中，全国总工会副主席、书记处书记、扶贫工作领导小组组长阎京华多次主持召开领导小组会议，组织召开全国工会脱贫攻坚工作座谈会、推进会和深度贫困地区工会脱贫攻坚工作会，牵头制定相关文件推动工作落实。全国总工会副主席、书记处书记江广平、魏地春，全国总工会书记处书记张茂华、王俊治等多次深入定点扶贫县调研，推动实施相关帮扶项目。

二、强化机构，上下联动齐抓共管

注重健全工作机构，对扶贫工作领导小组成员单位进行充实，在原有 9 个成员单位的基础上，增加了 8 个单位，并明确单位主要负责人担任领导小组成员。在机关精简编制的情况下，增设扶贫工作处，并配备 2 名专职工作人员。形成了全国总工会党组、书记处统一领导，扶贫工作领导小组牵头抓总，领导班子成员率先垂范，主要负责同志亲自抓，分管负责同志着力抓的工作格局，为定点扶贫工作提供了坚强有力的组织领导保障。扶贫工作领导小组办公室切实发挥引导、协调、推动和督促作用，制定年度定点扶贫工作计划，编制脱贫攻坚工作动态，明确工作要点，确定帮扶项目，分解帮扶任务，压紧压实责任，调度工作进展，确保各项工作的落实落地。机关各部门及直属单位增强大局意识和责任意识，把定点扶贫工作作为重要政治任务，主动认领帮扶项目，多方筹措帮扶资源，为定点扶贫县贫困群众做好事、办实事、解难事。干部职工通过支部共建、捐款捐物、以买代帮等帮扶活动，到定点扶贫县走访调研，积极为贫困学生捐款捐物，踊跃购买扶贫农产品，形成人人关心、人人支持、人人参与的良好氛围。

三、尽锐出战，持续改进工作作风

注重把脱贫攻坚与干部队伍建设有机结合，把挂职扶贫作为锻炼干部能力、加强作风建设的平台，把脱贫攻坚实绩作为选拔任用干部的重要依据，选派政治素质好、工作能力强、作风过得硬、自我要求严、发展潜力大的干部到定点扶贫县挂职和到贫困村担任第一书记，集中力量攻克坚中之坚、难中

| 全国总工会坚持扶贫与扶智相结合，加强职业技能培训，为提高脱贫质量、巩固脱贫成果提供人力保障。图为壶关县农村"领头雁"培训班。

之难。党的十八大以来，选派 5 批 28 名干部到两个定点扶贫县挂职扶贫（目前驻山西定点帮扶工作队 7 人）。对扶贫干部在政治上激励、工作上支持、待遇上保障、生活上关心。牢固树立讲担当、重担当的鲜明导向，近年来，十多名扶贫干部因工作业绩突出晋升职务职级。不断健全扶贫干部待遇激励保障体系，在政策、待遇等方面给予倾斜，让他们安心、安身、安业，更好履职尽责。为扶贫干部购买人身意外伤害保险，计发挂职补助，并多次调整标准至 100 元 / 天。注重扶贫干部身心健康，加强人文关怀和心理疏导，落实带薪休假、定期体检。经常慰问看望挂职扶贫干部，了解干部实际困难，在配偶工作安排、孩子上学等问题上主动为干部排忧解难。制定《全国总工会开展扶贫领域作风问题专项治理实施方案》，把党中央关于全面从严治党的一系列部署要求不折不扣落实到定点扶贫工作全过程各环节，用作风建设的成果促进各项扶贫举措的落实。注重完善相关制度，制定《全国总工会扶贫工作队管理办法》，对扶贫工作队职责任务、待遇、日常管理、教育培训、考核、纪律要求等予以明确规定；制定《全国总工会定点扶贫资金使用管理办法》，严格扶贫资金的使用和监督管理，确保扶贫资金真正用于贫困群众；修订全国总工会驻山西扶贫工作队财务管理、党风廉政建设等制度，推进定点扶贫工作的科学化、制度化、规范化。

四、多措并举，聚焦精准持续发力

党的十八大以来，直接投入帮扶资金 5858 万元（由 2012 年的 150 万元增长到 2020 年的 1700 万元），引进帮扶资金物资 1648 万元，组织实施产业扶贫、就业扶贫、教育扶贫、健康扶贫、党建扶贫、消费扶贫等 400 多个帮扶项目，惠及 6 万多建档立卡贫困人口，助力定点扶贫县脱贫攻坚。干部人才培训方面，联合定点扶贫县相关部门举办十多期基层干部培训班，累计培训 1948 人次；联合定点扶贫县相关部门对农村贫困人口开展种植、养殖等方面农业产业技能培训，累计培训 21796 人次。消费扶贫方面，帮助定点扶贫县农产品加工企业在产品深加工、包装和营销等方面提档升级，提高产品附加值，同时通过媒体宣传推介、农副产品产销对接活动、协调相关企业工会直接购买等方式，帮助定点扶贫县销售农产品1378万元；通过动员机关和直属事业单位工会购买两县农产品向会员发放节日慰问品、微信小程序平台销售等方式，组织机关、直属事业单位工会及干部职工购买定点扶贫县农产品152万元。产业扶贫方面，投入4500多万元帮扶资金，帮助定点扶贫县发展种植、养殖及农产品加工项目300余个。在和顺大力培育肉牛养殖、食用菌种植等产业，在壶关叫响做实"全总连翘""全总香菇"产业扶贫品牌，带动4万多名贫困人口增收。教育扶贫方面，组织清华大学、北京师范大学等校师生，上海市、浙江省优秀教师，举办助教、支教活动十多场，受益师生10000多人次；协调相关社会组织和企业捐赠300多万元资金物资，改善教学条件，开展助学活动，资助1000多名贫困学生，阻断贫困代际传递。健康扶贫方面，组织北京各大医院100多位知名专家到定点扶贫县开展扶贫义诊、医疗讲座活动，让当地4000多名贫困群众在家门口就看上了"专家号"，通过辅导授课、研讨交流等方式培训当地医护人员1000余人，提升当地医疗水准，改善群众健康状况。党建扶贫方面，组织机关13家单位党组织与定点扶贫县13个贫困村党组织结对共建，通过同上党课、共同组织党日活动帮助贫困地区干部群众更新发展观念，

壶关县概况

山西省壶关县地处山西省东南部，面积1013平方千米，辖7镇3乡，279个行政村，总人口30万人，其中农业人口26.4万人。境内太行山大峡谷八泉峡旅游区是国家5A级景区。太焦高铁、207国道贯通南北，县城距长治机场20公里。盛产旱地西红柿、食用菌、中药材等。壶关县是国家扶贫开发工作重点县，2015年底全国总工会开始定点帮扶。2020年2月脱贫摘帽。

全国总工会在定点扶贫县和顺县易地扶贫搬迁集中安置点扶持建设后续帮扶产业，助力搬迁群众稳得住、有就业、逐步能致富。图为扶持建设的食用菌园区。

提升贫困村党支部凝聚力，点燃基层干部工作激情，激发贫困群众内生动力。筹措帮扶资金300多万元帮助结对共建村建设基层党建设施、发展产业项目，促进贫困村巩固提升。驻村帮扶方面，驻和顺县青杨树村第一书记履行第一书

和顺县概况

　　山西省和顺县地处山西省东陲，东邻河北邢台，西通太原，北连太旧高速，南下上党，面积2250平方千米，辖5镇3乡1个城区和1个省级开发区，176个行政村，常住人口14.77万人。耕地面积33.8万亩，森林覆盖率30.79%，已探明矿产资源29种之多。盛产小杂粮、中药材、火麻、醋等。和顺县于2002年被确定为国家扶贫开发工作重点县，同年全国总工会开始定点帮扶。2019年4月脱贫摘帽。

记抓党建职责，规范村级组织运行，带领村民发展香菇、木耳、树莓等产业，帮助剩余劳动力到北京务工，筹资 60 多万元完善组织活动场所、村级卫生室等基础设施建设，青杨树村成功列入"全国乡村旅游扶贫重点村"。两任驻壶关县水池村第一书记坚持抓党建促脱贫，直接投入帮扶资金 373 万元，引进帮扶资金 656.9 万元，协调捐赠物资设施价值 138.4 万元，整合各方资源建设特色农业产业园区、农产品初加工产业园区和"水池精选"电商平台，修路供水改电、推进"厕所革命"、振兴乡村文化，昔日脏乱差的穷山村变成了全县的党建引领红旗村。

五、成效明显，定点扶贫县高质量脱贫摘帽

和顺县于 2019 年 4 月被省政府正式批准退出贫困县序列，到 2020 年底脱贫攻坚取得全面胜利。现行标准下 173 个贫困村全部退出，17797 户 48873 名贫困人口全部脱贫，建档立卡贫困户人均纯收入由 2014 年的 2440.74 元增长到 2020 年的 9984.8 元，贫困村集体经济由 2014 年的平均不足 5000 元，增长到 2020 年的 5 万元以上。在山西省 2018 年、2019 年度脱贫攻坚成效考核评价中连续 2 年被评为最高等次"好"。2019 年 7 月，接受了国家第三方脱贫摘帽抽检，抽查结果错退率、漏评率为"零"，满意度为 98.82%，位列全省抽查县第一。壶关县于 2020 年 2 月被省政府正式批准退出贫困县序列，实现脱贫摘帽，脱贫成效考核位列山西省第一方阵，脱贫攻坚取得全面胜利。现行标准下 285 个贫困村全部退出，37584 户 92091 名贫困人口全部脱贫，贫困发生率由 2015 年的 30.4% 下降为零。建档立卡贫困户人均纯收入由 2016 年的 3474.33 元增长到 2020 年的 8100 元。2017 年 9 月 4 日，李克强总理亲临壶关视察，对壶关县脱贫攻坚、健康扶贫等工作给予充分肯定。全国总工会的定点扶贫工作得到当地干部群众的高度赞扬和认可，山西省和定点扶贫县党委和政府多次以专程拜访、发来感谢信、送来锦旗牌匾等方式，对全国总工会给予的帮助表达感激之情。全国总工会驻山西扶贫工作队先后被授予"中央和国家机

创新帮扶模式

　　构建"就业 + 产业 + 设施"三位一体帮扶模式，助力和顺县易地扶贫搬迁群众稳得住、有就业、逐步能致富。指导搬迁小区组建工会，并通过技能培训、就业援助等方式促进贫困群众就业。扶持建设扶贫车间、食用菌园区等产业，使迁出贫困户"家家有产业、户户能增收"。支持搬迁小区幼儿园改善办园条件、建设扶贫超市，完善配套设施建设。

关脱贫攻坚先进集体""全国脱贫攻坚先进集体"称号，驻村第一书记夏成方先后被授予"中央和国家机关脱贫攻坚优秀个人""全国脱贫攻坚先进个人"称号，驻村第一书记刘欢被表彰为"山西省干部驻村帮扶工作模范第一书记"。

历任扶贫干部

挂职扶贫干部

挂职时间	姓 名	挂职地	挂职职务
2010.10—2014.1	高中华	山西省和顺县	县委常委、副县长
2012.12—2014.12	黄 飞	山西省和顺县	县委常委、副县长
2014.12—2015.12	夏成方	山西省和顺县	县委常委、副县长
2014.12—2017.1	孙文常	山西省和顺县、壶关县	副县长
2015.12—2017.1	关祥坤	山西省和顺县	县委常委、副县长

挂职时间	姓　名	挂职地	挂职职务
2017.1—2021.4	贾海涛	山西省和顺县	县委常委、副县长
2017.12—2019.1	吴传华	山西省和顺县	副县长
2021.4—	汪　颖	山西省和顺县	县委常委、副县长
2017.1—2017.12	郑家恒	山西省壶关县	县委常委、副县长
2017.12—2019.1	李旭军	山西省壶关县	县委常委、副县长
2019.1—2021.4	陈伶浪	山西省壶关县	县委常委、副县长
2021.4—	万晓莉	山西省壶关县	副县长

驻村第一书记

驻村时间	姓　名	所驻村及职务
2015.7—2017.7	李孝海	山西省和顺县青杨树村第一书记
2017.7—2019.7	夏成方	山西省壶关县水池村第一书记
2019.7—2021.7	刘　欢	山西省壶关县水池村第一书记
2021.7—	常　岭	山西省壶关县水池村第一书记

共青团中央

历　程

共青团中央自 1998 年起定点扶贫山西省灵丘县，2016 年起点扶贫山西省石楼县。1998 年成立团中央定点扶贫工作领导小组，2018 年 7 月调整为扶贫工作领导小组，办公室设在青年发展部。2020 年 12 月，团中央扶贫工作领导小组调整为团中央乡村振兴工作领导小组。23 年来，团中央共选派 19 批工作队、95 名干部扎根扶贫一线接力扶贫。其中，灵丘县 17 批工作队 82 人，石楼县 2 批工作队 13 人。

党的十八大以来，中国共产主义青年团中央委员会（以下简称团中央）认真学习贯彻习近平总书记关于扶贫工作的重要论述，严格落实党中央要求和定点扶贫责任，围绕山西省灵丘县、石楼县经济社会发展大局，聚焦"两不愁三保障"开展学业就业创业扶贫、产业扶贫、劳务输出、易地搬迁社区帮扶等工作，立足团的实际开展志智双扶、公益捐赠、志愿扶贫等项目，助力两县脱贫摘帽、乡村振兴。截至 2020 年底，山西省灵丘县（2019 年）和石楼县（2020 年）均已如期摘帽，累计退出贫困村 237 个、减少建档立卡贫困户 102812 人。团中央连续 3 年（2018—2020 年）在中央单位定点扶贫工作成效评价中评为"好"等次。

一、健全统筹协调机制，下好定点扶贫"一盘棋"

（一）书记处高度重视、靠前指挥

团中央书记处始终把定点扶贫这一重要政治责任摆在首位、扛在肩上，团十八大以来负责同志先后 19 次赴两县落实项目、对接资源、督导调研。书记处第一书记贺军科先后 6 次实地调研，在现场推动解决难点重点问题；与地方党委和政府主要负责同志面对面研讨，并通过电话、书信等形式加强互动协同。

（二）建立领导小组统筹协调机制

团中央成立扶贫工作领导小组，统筹机关各部门、直属单位资源全力支持两县打赢脱贫攻坚战。每年制定《定点扶贫工作要点》《定点扶贫工作台账》《定点扶贫计划指标》，各成员单位签署《定点扶贫责任书》，压实帮扶责任。严格落实项目帮扶责任制，按照年初定计划、年中督促、年末销账的工作要求，组织实施扶贫项目。直属机关 32 个党支部与 31 个贫困村党支部结对开展党日活动、党员教育培训、慰问贫困党员等活动，机关全员参与两县脱贫攻坚。

（三）抽调精干力量接力扶贫

党的十八大以来，在群团改革编制压缩的情况下，共选派 35 名干部驻扎一线扶贫。按照"严管厚爱"原则，在提拔任用、住房保障、改善工作条件等方面优先保障。扶贫干部得到了当地干部群众的一致认可，多次获得全国脱贫攻坚先进集体和先进个人、中央和国家机关脱贫攻坚先进集体和优秀个人、山西省脱贫攻坚奖、大同市优秀扶贫干部、感动吕梁脱贫攻坚年度人物等荣誉，有关工作入选中国优秀扶贫案例。

二、坚决执行精准方略，因地制宜脱贫攻坚

（一）真金白银倾情投入

聚焦"两不愁三保障"和两县脱贫攻坚整体部署，实施学业资助、就业援助、创业扶助、教育扶贫、公益扶贫、基础设施建设项目，累计投入资金

8529.82 万元、引进资金 16351.14 万元，培训基层干部 4040 名、技术人员 10877 名，直接购买农产品 465.54 万元、帮助销售农产品 3936.27 万元。

（二）围绕脱贫攻坚大局开展工作

聚焦产业扶贫、就业增收，引进呼叫中心、义乌手工业协会等建设"扶贫车间"就地吸纳劳动力；培育"灵丘阿姨""石楼护工"等就业品牌推动劳务输出，对接务工岗位数千个；招引企业 20 家，扶持定点扶贫县龙头企业和农村合作社 93 家，引进红枣防裂果、渗水地膜等农业技术，提高产品质量、延长产业链条、提升附加值；聚焦交通不便、不通高速这一长期制约两县发展的重要障碍，通过几年的持续跟进，帮助对接建设企业，荣乌高速灵丘段已通车运行、汾石高速石楼段已获批并动工；解决"两不愁三保障"突出难题方面，实施水源治理、安居保障、老年公寓、危房改造、饮水改造、急救医疗设备等项目。

（三）大力支持易地扶贫搬迁点建设

在灵丘县，组织实施"共青团参与易地扶贫搬迁安置社区治理项目"，派出区域团工委聚焦创业就业、村民融合、群体帮扶、环境整治等方面开展工

灵丘县概况

灵丘县位于山西省东北部，隶属于山西省大同市，因赵武灵王墓得名。全县面积 2732 平方千米，下辖 3 镇 9 乡，共 255 个行政村，总人口 24.6 万人，其中农业人口 16.2 万人，耕地 52.9 万亩。灵丘属土石山区，主要种植玉米、苦荞等杂粮，金、银、铜、铁、锰、花岗石等 40 多种矿藏储量丰富。依托荣乌高速构建北京、雄安新区三小时交通圈，有平型关战役遗址、赵武灵王墓等历史人文资源。1991 年被确定为国家重点扶持贫困县，1998 年被确定为团中央定点扶贫县。2019 年 4 月脱贫摘帽。

作，采用"合作社＋扶贫车间＋社会组织＋贫困户"模式，帮助150余名搬迁贫困户实现家门口就业。在石楼县，成立石楼小镇社区团工委、龙山水岸社区团工委，面向易地扶贫搬迁安置社区群众提供新社区居民习惯养成、促进社区关系融合、重点青少年群体帮扶、净化美化社区环境、帮助青年就业创业等方面的服务，针对社区青少年共开展服务123次，覆盖青少年2500余人次。

（四）协调资源支持两县疫情防控、复工复产

在灵丘县，捐赠医用口罩1万个、医用级防护服1000套，组织青年成立28支"疫情防控突击队"作贡献，为26家中小青创企业协调减免租金31.2万元、免除水暖物业费10.4万元；协调邮储银行为青创企业申请低息贷款，缓解企业压力。在石楼县，成立6支青年突击队参与疫情防控，募集隔离服1.13万件、隔离帽5.1万顶、医用手套1500双，开展各类资金募集，点对点输送111名农民工外出务工，协调支教志愿者网上教学。此外，在两县开展"一起学习希望同行"希望工程特别行动，为贫困家庭青少年捐赠平板电脑、流量、网课。

三、始终保持定力耐力，久久为功培育产业

（一）助力灵丘县产业扩大规模、打通市场、扩大销量

一是帮助灵丘县成功申请"全国电子商务进农村示范县"，建设各类农作物栽培大棚320座；建成羊肚菌、灵芝、栗蘑农作物大棚17栋，带动上沿河、下沿河等4个村303户762名建档立卡贫困户增收1000元以上，提供就业岗位126个；资助建设百亩有机山楂园，带动308名建档立卡贫困人口增收；帮扶38家村级集体经济开展特色种植养殖扶贫项目。二是支持154户贫困户、416人建设小型拱棚或温室大棚，每棚每年最多可增收2.5万元。三是支持十余家示范性合作社增资扩容，采取"合作社＋贫困户"的带动模式，逐步扩大集体经济的运营规模和受益面。四是在特色古村落规划设计生态民宿项目，通过"流转性收益、工资性收益、分红性收益"等多种途径，带动23户31名贫困人口实现稳定增收。

| 近年来，团中央统筹资源，建立"共青团助力灵丘发展公益服务平台"，大力支持青年创业发展。图为 2020 年 12 月，灵丘县创业青年向来宾介绍消费扶贫产品。

（二）助力石楼县产业壮大优势、培育动能、优化结构

着力做深做实"五个一"产业扶贫。一是一碗小米。建立"公司＋合作社＋村集体＋农户"利益联结模式，创立"一碗粥道"代餐粥品牌，带动 200 多户贫困群众增收。二是一瓶蜂蜜。深入推广蜂蜜品牌"甜蜜网事"，建设产、学、研一体的示范蜂场，带动全县发展养蜂户 244 户，发展蜂群 1.4 万箱。三是一篇诗词。举办《沁园春·雪》研讨会，组织专家以及旅游开发企业共同开发石楼县红色资源。四是一项产业试验。争取农业农村部 1000 万元红枣防裂果集成示范项目，组织山西、河北、陕西等涉农高校和农科院专家进行深入论证，对全县 27 万亩红枣提质增效产生积极推动作用。五是一个品牌。打造石楼县"塬谷石楼"公共服务品牌，建设区域公共品牌和管控体系。目前已实现帮助销售超过 350 多万元，2020 年实现产值 4000 余万元，直接或间接带动 1000 户以上群众增收；依托线上"云认购"、线下"五进"等模式，实现帮销 350 余万元，带动增收群众 1000 户以上。

石楼县概况

　　石楼县位于山西省西南部，隶属于山西省吕梁市，因通天山"石叠如楼"得名。全县面积1808平方千米，下辖5镇4乡，共104个行政村，总人口12.1万人，其中农业人口9.7万人，耕地49.5万亩。石楼是全国最大的三个殷商青铜器出土方国之一，是红军东征首战地和《沁园春·雪》创作地，是黄土高原为主的黄河沿线县。主导产业包括天然气开发、风力发电、光伏发电为重点的"一气双电"清洁能源项目，以及红枣、小米、核桃、蜂蜜、豆、薯等小杂粮为主的绿色食品产业基地。1986年被确定为国家重点扶持贫困县，2016年被确定为团中央定点扶贫县。2020年2月脱贫摘帽。

四、立足共青团实际，创新开展特色扶贫项目

（一）支持培养青年创业人才

　　在灵丘县，成立"共青团助力灵丘发展公益服务平台"助力青年创业，设置300万元的青创发展基金，累计撬动投资3000余万元，培育青创企业63家、吸纳创业青年273名；举办灵丘青年创新创业大赛，邀请专业导师开展电商从业人员培训，帮助申请电商产品商标树立区域品牌，对接各大平台对灵丘特色农产品进行直播带货。在石楼县，成立石楼青年创业协会，凝聚70余名创业青年骨干；成立团县委直属青年创业就业服务中心、建设石楼青年众创空间，推出"引凤还巢"计划，扶持青年创业项目35个，举办创业交流沙龙7期。

（二）多措并举开展智力扶贫

　　按照"扶贫先扶志，扶贫必扶智"的思路，聚焦基层干部、教师、学生以及各类技能人才，多措并举开展智力扶贫。一是发展广覆盖的"青年夜校"。

创新帮扶模式

• 创新精准扶贫模式。因地制宜发展产业，积极培育"一村一品"特色产业，理顺带贫利益机制，组织青年企业家考察投资，重点发展研学旅游、农副产品加工等扶贫产业。因人而异促进就业，发展"灵丘阿姨""石楼护工"等劳务品牌，加大劳务输出力度。因户施策开展帮扶，广泛统筹资源、汇聚社会力量，开展志愿扶贫、公益扶贫、消费扶贫。

• 创新共青团扶贫模式。聚焦学业就业创业扶贫，帮助两县贫困青少年完成学业、找到工作、创新创业。开展志智双扶，充分发挥共青团组织人才优势和智力资源，采用"请进来"与"走出去"相结合方式，大力培养帮扶地干部、教师、学生以及各类技能人才。

根据当地青年职业发展需求，邀请农业、电商、教育专家，举办就业创业、励志教育、公益服务等培训；同时，推动多所高校在灵丘县建立学生实践基地。二是开展短而精的培训交流，拓宽视野。选派灵丘县、石楼县一线扶贫干部赴井冈山、丽水、杭州等地参加定点扶贫干部培训、观摩实训，赴俄罗斯、越南考察交流，开阔视野、提振信心、增长本领；联合北京师范大学组织中青年教师、辅导员、优秀中小学生赴北京、吉林、北戴河参加夏令营等培训活动。三是充分挖掘子母绵掌、罗罗腔、面塑等当地传统艺术，传承保护非物质文化遗产，推动乡土特色文化建设；依托"青年之家"开展 VR 团课、3D 打印等活动，服务青少年 3000 余人次，帮助当地青少年了解科技文明。

（三）助力青少年健康成长

大力开展学业资助，安排资助款 4000 余万元，直接资助建档立卡贫困家庭、受疫情影响家庭子女 9000 余名；通过教学和生活用房建设、校园操场建

｜ 多年来，团中央以"希望工程圆梦行动"为载体，广泛募集社会资金资助建档立卡贫困家庭学生完成学业。图为集中开展"希望工程"募捐活动，组织城乡中小学生为困难学生捐献零花钱。

设、水冲厕所改造等，支持两县建设 15 所希望小学。采取支教扶贫、教学设备捐赠、教师培训等方式，为上万名两县学生提供线上教学设备、学习课程。针对留守儿童、困难青少年等群体的现实困难，实施"童心港湾""四点半课堂"项目。举办"中华诗词大会""追寻红色足迹·放飞青春梦想""红领巾讲解员"等活动，增强青少年对中华传统文化的热爱、传承红色基因。探索运行"青年党支部"，大力开展推优入党，为乡村治理储备青年人才。

历任扶贫干部

挂职扶贫干部

挂职时间	姓　名	挂职地	挂职职务
2012.9—2013.12	尹　虓	山西省灵丘县	县委常委、副县长
2014.1—2015.2	郑　凯	山西省灵丘县	县委副书记
2015.2—2017.2	谢　兴	山西省灵丘县	县委常委、副县长
2017.3—2019.3	阚宝奎	山西省灵丘县	县委常委、副县长
2019.3—	严　石	山西省灵丘县	县委常委、副县长
2016.5—2018.7	陈晓峰	山西省石楼县	县委副书记
2018.7—	孟　利	山西省石楼县	县委副书记

驻村第一书记

驻村时间	姓　名	所驻村及职务
2015.8—2017.8	赵　赟	山西省灵丘县韩家房村第一书记
2017.8—2019.8	高珊珊	山西省灵丘县韩家房村、边台村第一书记
2019.8—	张维熙	山西省灵丘县边台村第一书记
2016.5—2018.7	郭连乐	山西省石楼县岔沟村第一书记
2018.7—2021.4	连李生	山西省石楼县泊河村第一书记
2021.5—	宋阳阳	山西省石楼县车家坡村第一书记

全国妇联

1998年，全国妇联开始定点帮扶甘肃省漳县，并成立了定点帮扶漳县领导小组，由妇女发展部牵头负责帮扶工作，2009年专门设立了扶贫工作处。2015年增加了定点帮扶西和县之后，统筹成立了定点扶贫领导小组，由党组书记任组长，各部门和直属单位负责同志为成员，领导小组办公室设立在妇女发展部，每年召开定点扶贫工作会议，举全会之力，推进漳县、西和县如期脱贫。

党的十八大以来，全国妇联深入学习贯彻习近平总书记关于扶贫工作的重要论述，按照党中央关于定点扶贫工作决策部署，切实把定点扶贫甘肃省漳县、西和县作为一项重要政治任务扛在肩上、抓在手上，紧扣甘肃省脱贫攻坚工作部署和两县实际，坚持以党建带妇建，扶志扶智结合、输血造血并重，用心用力用情，下"绣花"功夫，举全会之力，助力两县如期脱贫摘帽。全国妇联连续4年在中央单位定点扶贫工作成效评价中均为"好"，先后被甘肃省委、省政府授予"帮扶工作先进帮扶单位"、省外帮扶单位"民心奖"。2021年，全国妇联妇女发展部被评为"全国脱贫攻坚先进集体"。

一、坚决贯彻中央部署，聚焦重点精准发力

全国妇联认真贯彻落实习近平总书记关于扶贫工作的重要论述和党中央决

策部署，结合两县实际，找准定点扶贫工作切入点，助力两县脱贫。一是强化政治担当。全国人大常委会副委员长、全国妇联主席沈跃跃高度重视定点扶贫工作，多次召开专题会传达学习习近平总书记重要指示精神，要求自觉把思想和行动统一到以习近平同志为核心的党中央决策部署上来，指导在甘肃省陇南市、临夏州召开"巾帼脱贫行动"现场会，强调认真贯彻落实党中央对中央单位定点扶贫工作的部署要求，坚持党建带妇建，尽锐出战、攻坚克难，与贫困地区和两县干部群众一起干、一起拼，不获全胜决不收兵，坚决如期打赢这场硬仗，确保定点扶贫工作务实，脱贫过程扎实，脱贫结果真实。宋秀岩、黄晓薇两任党组书记接续带领党组、书记处的同志坚决贯彻落实习近平总书记重要讲话精神和党中央决策部署，把做好定点扶贫工作作为全国妇联党组、书记处践行"两个维护"的实际行动，认真研究帮扶举措，举全会之力，凝聚各方力量，狠抓任务落实，着力在扶志扶智、产业帮扶、就业帮扶、消费帮扶和助力乡风文明等方面下功夫，不断创新帮扶方式，以钉钉子的精神持续抓好两县定点帮扶工作，助力两县如期脱贫。二是深入调研指导。2012 年以来，沈跃跃同志 3 次深入漳县、西和县调研，帮助协调争取基础设施建设、产业开发、社会事业发展等各类项目，实地指导、全力推动定点扶贫工作抓紧抓细抓实。黄晓薇同志 3 次深入漳县、西和县，就妇联组织助力决战脱贫攻坚工作开展调研。党组书记处同志 33 人次赴两县调研，其中两任党组书记调研 13 次，通过实地调研、与两县干部交流座谈等方式，详细了解两县产业发展、群众生产生活和脱贫攻坚问题困难等，接续推动两县高质量完成脱贫攻坚任务。

二、提高政治站位，夯实定点扶贫组织保障

全国妇联切实把做好定点扶贫工作作为增强"四个意识"、坚定"四个自信"、做到"两个维护"的具体行动，健全工作机制，为扶贫提供坚强组织保障。一是高度重视，层层压实帮扶责任。全国妇联专门成立定点扶贫领导小组，党组书记任组长。全会 23 个部门、单位主要负责人为成员，每年多次召开领导

漳县概况

　　甘肃省漳县自然资源和野生药材丰富，有碘盐、岷归、野生党参等特色物产，被誉为"中国蚕豆之乡""中国沙棘之乡""中国绿色名县"。1998 年被确定为全国妇联定点扶贫县，2002 年被列入国家扶贫开发工作重点县，2011 年被列入六盘山集中连片特困片区和全省 25 个特别困难县，2014 年有贫困村 68 个，贫困人口 5.14 万人。2019 年脱贫摘帽。

小组会议，专题研究出台年度定点扶贫工作计划和具体实施方案，列出任务清单和责任部门，层层压实帮扶责任，形成了党组统筹领导、领导小组组织谋划、办公室协调推进、成员单位共同参与、挂职干部协助落实的定点扶贫工作格局。2009 年，专门设立了扶贫工作处，配齐配强工作力量，统筹做好全国妇联定点扶贫工作。二是尽锐出战，锻造了一支强有力的扶贫队伍。把两县作为机关干部转变工作作风、密切联系群众、锻炼培养能力的基地，出台挂职扶贫干部管理办法，强化对挂职干部的严格管理和关心关爱。党的十八大以来，先后选派政治素质高、业务能力强的挂职扶贫干部 19 人，驻村第一书记 4 人，接续驻县驻村开展帮扶。马守途同志被评为"中央和国家机关脱贫攻坚优秀个人"，郭冬生同志被评为"全国脱贫攻坚先进个人"。选派 19 批 113 名干部组成 38 支扶贫接力小分队，选派漳县、西和县 3 名干部到全国妇联挂职"充电"，探索干部双向交流培养机制。三是将妇联改革成果转化为脱贫攻坚力量。以深化基层妇联改革推动两县定点扶贫工作，两县乡村两级妇联队伍由 500 多人壮大到 7877 人，在组织开展"姐妹手拉手·巾帼脱贫快步走"等活动中，推动实现妇联执委与建档立卡贫困妇女结对帮扶。

三、强化思想引领，有效激发群众内生动力

扶贫先扶志，充分发挥妇联组织和妇女在脱贫攻坚中的独特作用，引领贫困妇女和家庭立志脱贫。一是巾帼脱贫宣讲激发新动力。依托两县基层妇联组织、村和社区妇女之家、姐妹微信群，以"巾帼脱贫大讲堂""百千万巾帼大宣讲"等为载体，举办形式多样的宣讲扶贫活动，捐赠各类书籍、音像制品，广泛宣传党的扶贫政策和脱贫攻坚先进典型，引领群众听党话、跟党走，激发脱贫活力。二是妇联特色活动引领新风尚。在两县开展"最美家庭"评选表彰、创建"美丽庭院"等活动，创新性开展建立"巾帼家美积分超市"活动，吸引两县妇女群众线上线下参与，引导她们带动家庭成员弘扬良好家风、推进移风易俗、养成文明卫生习惯和健康生活方式。三是典型宣传形成新示范。授予西和县石堡镇包集村手工编织协会"全国三八红旗集体"称号，漳县马泉推进牛

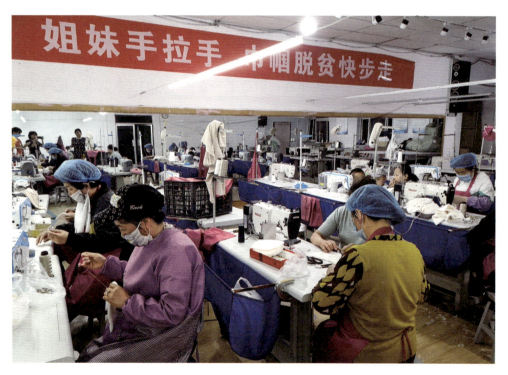

充分发挥妇女在脱贫攻坚中的独特作用，帮助贫困妇女就近就地就业。图为全国妇联扶持漳县创办"巾帼扶贫车间"。

羊养殖农民专业合作社"全国巾帼建功先进集体"称号，收集整理两县脱贫攻坚先进典型案例，并在《中国妇女报》《甘肃日报》及中国青年网等媒体上广泛宣传，让贫困群众学有目标、干有榜样。

四、精准帮扶出实招，带贫增收成效显著

依托两县资源特点，扶持发展脱贫特色产业，创新开展消费扶贫，加大就业帮扶力度，带动贫困群众稳定脱贫。一是突出特色，不断提升扶贫产业层次。立足两县资源优势，帮助当地贫困群众大力发展高原夏菜、中药材、手工编织等特色产业，注重提升技术含量，延长产业链，不断增强特色产业带贫能力。2016 年以来，发放妇女小额贷款 1.7 亿元，扶持贫困妇女发展养殖、种植和加工项目；直接投入和协调资金 315 万元建立手工编织、半夏种植、油用牡丹种植加工等全国妇联定点扶贫示范基地 61 个。二是积极拓展新渠道，消费扶贫多点发力。发动机关各部门、各直属单位以及干部职工采取"以购代捐""以买代帮"等方式采购定点扶贫县农产品；推动将两县纳入京东电商扶贫试点县，帮助两县开展扶贫产品直播销售活动、推动农产品上线建行"融善商城"电商平台，组织两县产品参加陕西农高会，协调到青岛、深圳举办项目推介会等，累计帮助销售农特产品 1564 万元。三是加大技能培训力度，就业

西和县概况

甘肃省西和县药用植物资源丰富，盛产半夏、花椒，农作物以小麦、马铃薯、玉米为主，是人文始祖伏羲的诞生地、仇池国的故土，被誉为"中国半夏之乡""中国乞巧文化之乡"。2001 年被列入国家扶贫开发工作重点县，2014 年有贫困村 177 个，贫困人口 12.03 万人，2015 年被确定为全国妇联定点扶贫县。2020 年脱贫摘帽。

扶贫取得新成效。发挥妇联职能优势，协调资源培训两县基层干部 1813 人次；举办电商、家政、手工编织、乡村旅游等各类培训班，培训两县妇女骨干、致富带头人等各类技术人员 5492 人，有效提升了干部群众的带贫能力、脱贫技能。协调瑞蚨祥、圆方集团、北京元彩文化等企业开设分公司、开展订单生产和劳务输转对接，帮助两县贫困群众就业增收，实现"一人就业，全家脱贫"。

五、抓党建促脱贫，充分发挥基层党组织作用

推动基层党建工作与精准扶贫工作深度融合，强化基层党组织对扶贫工作的领导。一是全覆盖培训村党支部书记，提升基层干部带贫能力。组织两县 519 名村党支部书记到北京、陕西、山东参加培训，帮助他们开阔视野、转变观念，更加坚定带领群众打赢脱贫攻坚战的信心和决心，提高脱贫带贫能力。二是争取资金扶持，贫困村集体经济发展初见成效。向漳县、西和县拨付党费

全国妇联动员团体会员和爱心企业开展妇女健康扶贫。图为组织医务人员赴定点扶贫县开展"两癌"防治宣传和义诊活动。

120万元支持脱贫攻坚，其中安排党费82万元助力贫困村发展集体经济，在西和县建设蔬菜大棚5座，在漳县建成醋厂，带动贫困户就业增收。三是强化支部共建，党建引领脱贫取得新进展。指导全国妇联扶贫小分队党支部与两县深度贫困村开展支部共建主题党日活动，结对共建党支部35个，共建贫困村21个；结合农村"三变"改革，推动党支部引领、党员带头示范、土地流转入股、产业资金入股等方式参与合作社发展，引领带动群众脱贫致富。

六、整合协调资源，为贫困群众办好事办实事

了解回应两县贫困群众诉求，全力协调国内外资源，强化关爱帮扶，让贫困群众有更多获得感幸福感。一是动员团体会员和爱心企业，开展妇女健康扶贫。针对贫困妇女因病致贫、返贫问题，加大"两癌"检查救助力度，帮助两县建立人工智能宫颈癌前病变筛查实验室、筛查农村妇女近10万人次，投入314万元救助两县"两癌"患病妇女，为建档立卡妇女提供"两癌"和"加油木兰"公益保险。动员女科技工作者协会、女医师协会在两县开展科普、健康义诊活动。二是争取女性组织和爱心人士支持，实施帮扶项目。号召北京英联邦协会、德国汉斯赛德尔基金会以及港澳妇女、社会爱心人士、企业融入服务国家脱贫攻坚大局，帮助两县改善基础设施，建设扶贫车间及幼儿园，因地制宜开展创业培训、就业帮扶等项目，助力两县减贫脱贫和妇女儿童事业发展。三是发挥所属基金会和直属单位作用，关心关爱妇女儿童。通过中国儿童少年基金会和中国妇女发展基金会募集社会扶贫资金物资，实施"春蕾计划""儿童快乐家园""母亲健康快车""母亲邮包""母亲水窖""妈妈制造"等项目。动员中华女子学院师生在两县开展留守儿童、贫困儿童暑期家庭教育大学生志愿服务活动，为两县妇女儿童送去关爱和温暖。

党的十八大以来，全国妇联共向两县直接投入资金物资8647万元，协调引进各类帮扶资金3974万元，从立志扶贫、能力扶贫、产业扶贫、就业扶贫、消费扶贫、健康扶贫以及爱心扶贫等方面精准发力，助力两县打赢打好脱贫攻

创新帮扶模式

一是开展"姐妹手拉手·巾帼脱贫快步走"工作，通过"会改联"壮大妇联执委队伍，发挥她们在脱贫攻坚中的作用。二是创建"巾帼家美积分超市"，发挥妇女在社会和家庭生活中的作用，引导广大妇女带动家庭成员树立脱贫光荣导向。三是派遣扶贫接力小分队，组织干部"双月下基层"，把定点扶贫工作与群团改革相结合，全员参与助力两县脱贫。

坚战。经过共同努力，漳县于2019年整县脱贫摘帽，2020年实现贫困村、贫困人口全部退出；西和县于2020年10月完成脱贫摘帽任务，223个贫困村全部退出，减贫3.57万户、16.2万人，高质量脱贫摘帽、历史性消除了绝对贫困。

历任扶贫干部

挂职扶贫干部

挂职时间	姓　名	挂职地	挂职职务
2011.4—2014.3	刘文彦	甘肃省漳县	副县长
2014.3—2015.1	钱叶卫	甘肃省漳县	副县长
2015.3—2016.2	高彤军	甘肃省漳县	副县长
2016.4—2018.4	翟雁燕	甘肃省漳县	副县长
2018.4—2021.2	郭冬生	甘肃省漳县	县委常委、副县长

挂职时间	姓 名	挂职地	挂职职务
2021.3—	闫永峰	甘肃省漳县	县委常委、副县长
2016.5—2017.4	马 菁	甘肃省西和县	副县长
2017.11—2021.2	马守途	甘肃省西和县	县委常委、副县长
2021.3—	段 琼	甘肃省西和县	副县长

驻村第一书记

驻村时间	姓 名	所驻村及职务
2015.7—2016.10	高宏亮	甘肃省漳县立桥村第一书记
2017.1—2019.1	杨庆杰	甘肃省漳县立桥村第一书记
2019.5—	张晓晨	甘肃省漳县立桥村第一书记
2017.8—2019.8	陈 睿	甘肃省西和县下寨村第一书记
2019.8—	高宏亮	甘肃省西和县下寨村第一书记

中国文联

历　程

1998 年 7 月，中国文联定点帮扶甘肃省陇南市武都区。从 1998 年 8 月，中国文联党组领导带领中国文联扶贫考察小组赴甘肃武都实地考察调研，开展定点帮扶工作至今，已是第 24 个年头。2020 年 2 月，武都区脱贫摘帽。

党的十八大以来，在习近平总书记关于扶贫工作的重要论述指引下，中国文联党组坚决贯彻党中央打赢脱贫攻坚战要求，将武都的脱贫攻坚工作作为一项重大政治任务，党组主要领导亲自谋划部署定点扶贫工作，深入对口帮扶县区调研督导，履行主体责任；扶贫办在认真调研基础上制定工作方案，落实文联党组确定的各项任务；各全国文艺家协会、各职能部门结合中央要求和工作实际积极参与；定点扶贫区县挂职干部认真履职，发挥联络协调作用，中国文联以文艺扶贫为主线，科技扶贫、产业扶贫、消费扶贫多管齐下，先扶志、再扶智，为有志有智农民搭建创业舞台，探索出一条具有中国文联特色的"文艺扶贫"之路，累计落实定点帮扶项目 60 余项，累计投入帮扶资金 1942.5 万元，引进帮扶资金 106 万元，培训基层干部 286 人次，培训技术人员 9160 人次，购买贫困地区农产品 119.23 万元，帮助销售贫困地区农产品 30 万元，帮扶贫困学生 300 余人。中国文联连续被评为甘肃省定点扶贫先进集体。

一、扶贫先扶志，以文艺扶贫补齐"精神短板"

习近平总书记指出，"扶贫先扶志""扶贫必扶智"。有些贫困群众之所以贫困，一个重要原因是存在一定的"等、靠、要"思想。有一句顺口溜"靠着墙根晒太阳，等着政府来救济"，形容的就是这种总是伸手要钱，没想过双手挣钱的现象。有些贫困户还存在迷信思想，在家里挂符，庙里烧香，却不去勤劳致富。要告别贫困，首先是激发贫困群众的志气，改变群众精神面貌，做好扶志工作。中国文联广泛动员社会力量和各艺术门类的扶贫热情，通过艺术教育，传承传统文化；通过文艺骨干，带动武都经济社会文化发展。组织中国书法家协会每年春节前开展"送万福"活动，众多著名书法家顶风冒雪走进贫困村，为群众写春联、送福字，村民从开始的不关心、不热心，到现在争着要、抢着要，爱不释手；组织著名摄影家，拍摄全家福，并冲印装裱后送到农户家中。贫困群众用名家的书法作品、欢乐的全家福，换下了悬挂多年的神符，乡村风尚为之一变；家家户户门口挂上了积极向上、充满幸福愿景的楹联，一个村落的文化气息陡然浓郁，农民的精神面貌也焕然一新。组织著名歌唱家、舞蹈家、曲艺家文艺小分队每年开展 20 余场慰问演出，将最好的文艺带进了大

武都区概况

陇南市武都区位于甘肃省东南部，地处长江流域嘉陵江水系白龙江中游，是"中国油橄榄之乡"和"中国花椒之乡"。全区辖 36 个乡镇、4 个街道，650 个村、55 个社区，总人口 60 万人。2017 年，被确定为全省 23 个深度贫困县（区）之一，洛塘、五库两个乡镇被纳入全省深度贫困乡镇，218 个村被确定为深度贫困村，建档立卡贫困村总数达到 319 个。2020 年 2 月，武都区脱贫摘帽。

山深处，提升了农民群众的文化素养，为地区经济社会发展营造了良好氛围。

二、扶贫必扶智，用科学文化提升脱贫本领

贫困发生的原因还与文化环境、教育程度、技能知识有关，改掉旧风气，还要学会新技能，培训一人、改变一生，就业一人、脱贫一家，授人以鱼不如授人以渔。按照党中央的部署，2020 年能够基本消除绝对贫困，但是相对贫困仍然长期存在。因此，中国文联在"扶志"的同时更重视"扶智"。一是倾力资助贫困学生。孩子是家庭的希望，是摆脱贫困的重要力量。累计投入 155 万元，资助了 305 名贫困家庭学生，有 200 余名学生考上了大学，今后每年还要资助 155 名贫困学生，不让学生因为家庭困难中断学业。二是广泛组织文艺人才培训。邀请各艺术领域名家大师到武都区开展艺术培训，为当地培养输送文艺人才，累计培训各类文艺工作者、专业技术人员 9160 人次，力度之大，前所未有。三是组织文艺支教活动。中国文联中国文艺志愿服务中心每年筹措 15 万元，每年选派文艺志愿者到贫困地区中小学进行文艺支教，为青少年教

| 中国文联每年邀请专业艺术教师赴武都，为当地高考艺术类考生进行艺术专业课培训，累计培训学生 1500 余人。图为中国文联艺术教师在培训现场和部分受训学生合影。

育培养提供师资保障和智力支持。四是组织开展科技、技能培训。文联党组领导多次亲赴西南科技大学，与高校深度合作，邀请中药材种植、羊肚菌培植专家教授走到武都田间地头为贫困群众现场指导，组织专家授课，累计培训当地科技干部群众 286 人次；因地制宜，引进适合地区气候、土壤条件的农业种植养殖新技术、新品种，提高了贫困群众的脱贫技能。五是建设美育教室。投入180 万元建设乡村美育圆梦教室工程，援建的 14 个美育圆梦艺术教室辐射 7个乡镇的中小学生，为当地中小学艺术教育从无到有打下了坚实物质基础。六是加强文化设施建设。近年来，协调文联各出版单位累计为武都区图书馆和各乡镇图书室、阅览室，乡村中小学捐赠了 600 余万元的图书报刊。在中国文联的帮助下，武都区图书馆实现了"总分馆制"，成为甘肃第一家与省图书馆实现联网的图书馆，陇南市唯一的国家二级图书馆，各类功能均达到国家一级图书馆水平。

三、为"有志有智"贫困群众搭建脱贫致富的平台

贫困户们精神状态好了，干劲足了，接下来怎么解决百姓的钱袋子，就成了下一步要解决的重点问题。脱贫致富，知识技能是基础，平台是关键。农业生产集约化、产业化经营程度低，农民抵抗风险能力不足，农产品推广不够、销路不畅一直制约着农民的脱贫致富。同时，武都区有着得天独厚的自然条件和丰富的旅游资源，但是宣传不足，难以将绿水青山变成金山银山。为解决这些问题，中国文联搭建产业平台，号召全体中国文联干部职工和相关单位，筹集 450 万元设立中药材发展基金，发放给中药材种植合作社、种植大户、收购加工合作社，合作社带动贫困户种植中药材，为其提供种苗、培育支持，收获后以高于市场 10% 的收购价收购，提高了贫困农民的收入，增强了抵抗风险能力；协调相关单位先后投入 100 万元建设蔬菜大棚日光温室，种植草莓种苗5 万多株，以谁承包、谁带贫的方式，鼓励村民共同致富。建设电商平台，邀请专家讲授电子商务知识技能，为农户搭建电商平台，通过网店解决农产品推

中国文联依托自身优势，不断加大文化扶贫力度。图为艺术家为武都音乐工作者和爱好者讲解发声要领。

广不够问题。在中国文联党组的大力支持下，协调动员文联上上下下 1000 多名干部职工积极参与到消费扶贫、购买武都农产品活动中来，文联干部职工购买贫困地区农产品 119.23 万余元；引进社会资金购买农产品 30 万元。

中国文联更重视对文化品牌的推介，对地方名片的打造，协调邀请著名词曲作家屈塬、王备围绕当地特产油橄榄和橄榄油产业，创作了主题歌曲《橄榄梦》，并由王丽达担纲主唱，在全国各地演唱并进京汇报演出，《橄榄梦》MV 在全国范围发行。现在，呼叫任何一位武都机关干部的手机，呼叫方手机中都会听到优美动听的彩铃，看到描绘大美陇南、歌颂陇南人民的《橄榄梦》MV。

武都高山戏是国家级非物质文化遗产，被称为"戏剧研究活化石"。为挽救这一岌岌可危的地方剧种，加强高山戏的传承保护，充分发挥该戏在群众中的影响力，中国文联积极支持高山戏创作和戏剧传习，投入 300 万元，创排了一部武都高山戏经典剧目——《米仓魂》，该剧在陇南的首演引起了轰动，此后在甘肃省巡演 30 余场，业已成为武都区的文化名片、文化品牌，对宣传武

创新帮扶模式

中国文联发挥文艺资源优势，探索出一条"文艺扶贫"之路：扶贫先扶志，开展艺术、美育教育，开办文艺展演，培养文艺骨干，以文艺力量补齐"精神短板"；扶贫必扶智，资助贫困学生、组织文艺人才培训和文艺支教，以科学文化提升脱贫本领；通过产业扶贫、科技扶贫、消费扶贫，为"有志有智"贫困群众搭建脱贫致富的舞台，取得了较好效果。

都旅游文化、民俗文化、戏曲文化起到了重要促进作用，同时，戏剧的排练与巡演也带动了当地农民演员文化和农村经济的双方面脱贫。

每年花椒收获的季节，中国文联都会组织知名艺术家到武都区开展"送欢乐下基层"活动，助推了"武都花椒洽谈会"顺利举行。一斤武都大红袍花椒的价格从 2018 年初的 70 元左右，增长到 2019 年下半年的 100 元以上，老百姓都说，是中国文联的文艺扶贫、文艺宣传把大红袍的名气打响了，把大红袍打红了。

历任扶贫干部

挂职扶贫干部

挂职时间	姓 名	挂职地	挂职职务
2016.10—2021.4	孙明亮	甘肃省陇南市武都区	区委常委、副区长
2021.4—	黄业松	甘肃省陇南市武都区	副区长

驻村第一书记

驻村时间	姓　名	所驻村及职务
2015.8—2016.8	曹　俊	甘肃省陇南市武都区上尹家村第一书记
2016.8—2018.8	汪　杨	甘肃省陇南市武都区上尹家村第一书记
2018.9—2021.4	曹　俊	甘肃省陇南市武都区上尹家村第一书记
2021.4—	李晓栋	甘肃省陇南市武都区上尹家村第一书记

中国作协

1998 年 7 月，中国作协开始定点帮扶甘肃省临潭县，中国作协党组、书记处的领导同志深入临潭县乡镇农村进行考察调研，就中国作协的定点帮扶工作提出要求。坚持"扶贫先扶智"的文化扶贫战略，选派优秀干部到临潭县挂职，坚持"文化润心，文学助力，扶志扶智"理念，持续投入资金，结合自身的优势资源进行精准帮扶。

党的十八大以来，中国作协高度重视定点扶贫工作，以习近平新时代中国特色社会主义思想为指导，认真贯彻落实党中央、国务院关于脱贫攻坚的决策部署，坚持把定点扶贫工作作为一项重大任务，切实加强组织领导，做好顶层设计，最大限度投入资金，最大力度统筹资源，最大强度整合力量，为临潭县脱贫攻坚贡献文学力量。近年来，中国作协直接投入帮扶资金 1048 万元，间接和引入资金 300 余万元。组织著名作家前往临潭采访采风，建立育才图书室，捐赠大量图书，培养临潭县本土作家，出版临潭文学专著，培训临潭县宣传、文化、科技、农村人才。助力临潭县池沟村打造"全国旅游小康村""中国乡村旅游模范村""甘肃省基层党建模范示范点"，帮助临潭县建设"文学之乡"，协助临潭县申请"万人拔河"国家级非物质文化遗产项目，利用自身优势资源宣传和推介临潭。经过艰苦努力，中国作协定点帮扶工作结下丰硕成果。

临潭县概况

　　甘肃省临潭县总面积 1557 平方千米，平均海拔 2825 米，气候属高寒干旱区，辖 16 个乡镇 141 个行政村，总人口 16.12 万人，是国家扶贫开发工作重点县，也是甘肃省 58 个集中连片贫困县和 23 个深度贫困县之一。2013 年底全县共识别出建档立卡贫困户 1.25 万户 4.99 万人，贫困发生率为 37.6%。截至 2019 年底，78 个贫困村全部出列，实现脱贫摘帽。

一、加强组织领导，强化整体谋划

　　中国作协始终贯彻党中央的决策部署，坚持扶贫同扶志扶智相结合的文化扶贫战略，特别是党的十八大以来，始终坚持把定点扶贫工作作为一项重大政治任务，成立了中国作家协会扶贫工作领导小组，党组书记任组长，成员由有关单位、部门主要负责同志组成。时任党组书记钱小芊先后 4 次就定点帮扶工作作出批示，并于 2018 年 5 月、2019 年 6 月、2020 年 10 月连续 3 年到临潭县考察调研，就中国作协定点帮扶工作提出明确要求。中国作协党组、书记处的领导同志先后 10 人次深入临潭县进行考察调研。中国作协坚持扶贫同扶志扶智相结合的文化扶贫战略，确定了"文化润心，文学助力"的扶贫思路，最大限度投入资金和统筹资源定点扶贫，选派优秀挂职干部到临潭县挂职，为临潭县脱贫攻坚胜利作出应有贡献。

二、有效发挥作协自身优势，开拓文化助力扶贫新途径

　　中国作协坚持把自身优势与临潭短板有机结合，确立了"文化润心，文学

中国作协坚持扶贫同扶志扶智相结合的文化扶贫战略，先后 5 次组织国内知名作家深入临潭采访采风。图为"见证新时代　书写新辉煌"中国作协庆祝新中国成立 70 周年主题采访团到池沟村采访采风。

助力"的工作理念，瞄准群众文化需求，紧抓扶志扶智引擎，强化文化磁场效应，在文化方面做到了"三个助力"，为使临潭县成为甘肃甘南自治州乃至全省文化强县、文学强县作出了积极贡献。

一是资金助力。近年来共向临潭捐赠 1048 万余元的扶贫资金，着力于临潭县产业扶贫、教育扶贫、旅游扶贫、文化扶贫以及贫困户人居环境改善和卫生治理，尤其是充实农家书屋，丰富乡村文化生活；着力于冶力关镇池沟村村级党组织活动场所的修缮、党员管理教育活动的开展、党员教育培训设施的更新、农村基础设施建设；着力于扶持临潭县文学创作、文学创作人员培训和文学刊物出版；着力于临潭县开展帮扶慰问、社会救助和组织文学活动等工作。

二是培训助力。中国作协先后在鲁迅文学院举办临潭县中小学教师文学培训班，在当地开展文学培训和基层干部培训，培训文学人才和基层干部 474 名，不断提高各级干部素质，同时帮助临潭文学爱好者提高创作能力，书写"脱贫攻坚"故事。中国作协挂职干部在"洮州大讲堂"、干部夜校等各类培训活动中，为广大干部群众讲授学习党的十九大精神和习近平新时代中国特色社会主义思想，以及摄影专业技术、公文写作、临潭文化等，受众人数达到 1200 多人次。

三是文化助力。先后 5 次组织国内知名作家深入临潭采访采风，结集出版文学作品集《洮州温度——临潭文学 70 年》（三卷本）、《爱与希望同行——作家笔下的临潭》、《临潭有道》、《临潭的潭》等；《文艺报》用两个专版集中展示临潭 14 名本土作家的文学、摄影作品 25 篇（首、幅），展现临潭人民扑下身子抓扶贫、竭尽全力奔小康的精神风貌；组织实施临潭县职业中学汽修专业实验室、乡镇图书馆建设工程等项目，捐建"中国作家西部文化扶贫图书中心""作家书画作品展馆"，建立育才图书室 20 个，捐赠各类图书近 10 万册，丰富了藏书品种、增加了图书量；培养临潭县当地作家 16 名；出版临潭文学专著 15 部；培训临潭县宣传、文化、科技、农村人才 474 名。在中国作协支持帮助下，临潭洮州"万人拔河"项目申遗获得成功，临潭县获得"文学之乡"称号，冶力关镇池沟村被打造成"全国旅游小康村""中国乡村旅游模范村"。协助拍摄的大型舞台剧《麻娘娘的传说》，为外界了解临潭提供了窗口。拍摄制作反映脱贫攻坚的纪录片《扶贫路上的文学力量》等，并在全国各地电视台播放，产生强烈反响。

服务脱贫攻坚战略，开展脱贫

│ 中国作协发挥自身专业优势，按照"文化润心，文学助力"的帮扶思路，加强对临潭的宣传和推介。图为近年来，中国作协结集出版的书写临潭文学集，以及临潭作家创作的作品。

攻坚题材报告文学创作工程。投入数百万元资金，大力推动脱贫攻坚题材文学创作，组织 25 名具有深厚创作实力、具有重大影响的作家沿着习近平总书记的足迹，深入中国作协定点扶贫的甘肃省临潭县等地区，采访创作了 25 部脱贫攻坚题材的长篇报告文学，深刻反映党的十八大以来，在以习近平同志为核心的党中央领导下我国脱贫攻坚事业取得的伟大成就。该工程于 2019 年 9 月 19 日正式启动，目前已出版 18 部，9 部入选中宣部 2020 年主题出版重点出版物，70 多部作品节选在《人民日报》《光明日报》等发表，向海外推荐该工程成果，签订了英文版出版合同。

三、秉持"用'好干部'""'用好'干部"理念，精心选派优秀扶贫干部

一是把优秀干部选派到定点扶贫第一线。先后选派 5 名优秀干部到临潭县挂职，其中 2 名同志挂职县政府副县长，3 名同志挂职冶力关镇池沟村第一书记。挂职干部克服高原反应等实际困难，不畏艰辛，夜以继日奔忙在脱贫攻坚一线，认真履行岗位职责，深入各乡镇村社开展调研，积极参与县内、村内各项工作；提出许多贴近实际又具专业性的评估和建议；广泛动员社会各界力量参与临潭县的扶贫工作；创造了许多帮扶工作经验。

陈涛同志挂职"第一书记"的工作经验被收入中央和国家机关工委主编的《中央和国家机关驻村第一书记扶贫典型案例集》，2021 年 2 月作为"全国脱贫攻坚先进个人"被党中央、国务院表彰。朱钢同志 2016 年 10 月至 2019 年 10 月挂职县委常委、副县长，主动延长一年挂职，2017 年、2019 年度两次被评为"甘肃省脱贫攻坚先进个人"。王志祥同志被评为"2020 年度甘肃省脱贫攻坚先进个人"。翟民同志被评为"2020 年度甘肃省脱贫攻坚先进个人"，同时被评为"2020 年度甘南州脱贫攻坚先进个人"。

由于工作出色，朱钢同志在挂职期间被提拔为中国作协创作研究部副主任（副局级），陈涛、张竞、王志祥同志在挂职期间由副处级干部提拔为正处级

创新帮扶模式

中国作协党组、书记处注重将中国作协自身优势与临潭短板相对应，坚持"文化润心，文学助力"帮扶模式，瞄准群众文化需求，紧抓扶志扶智引擎，强化文化磁场效应。通过脱贫攻坚报告文学创作工程，创作出版反映临潭县脱贫攻坚题材的报告文学作品，组织作家深入采访，鼓励支持扶贫干部写作，帮助县里培训宣传创作人才，拍摄纪录片等，协助申请"万人拔河"国家级非物质文化遗产项目；帮助临潭县池沟村打造成为"全国旅游小康村""中国乡村旅游模范村""中国文学之乡"，为推动临潭县成为甘肃省文化强县、文学强县贡献了努力。

干部。

二是充分发挥挂职干部个人特长，尽心竭力推介临潭。扶贫干部注重深度挖掘临潭的历史、文化和旅游风貌，撰写了数十万字散文作品，发表在《人民文学》《十月》等全国知名的大型报刊上，反映"第一书记"生活的散文集《山中岁月》产生广泛影响；创作诗歌750多首，在中国青年出版社出版反映临潭人文的诗集《临潭的潭》，引起强烈反响，先后有20多家报刊进行报道；在《人民日报》等报刊发表新闻、摄影作品400余篇（幅）；以文学评论推介临潭作家作品，先后在《文艺报》《中国民族报》等报刊发表推介文章十多篇，在宣传临潭、推介临潭上取得了很高的实质性效果；最大限度地利用网络新媒体全面介绍临潭，在各类新媒体推送发布图文或图集320多篇，阅读量超过100万人次；持续、高频率地广泛宣传临潭，获得了广大读者的好评，进一步提升了临潭形象的宣传；组织开展了"助力脱贫攻坚文学创作培训班"，帮助临潭文学爱好者提高创作能力，着力讲好"脱贫攻坚"故事。

四、竭力投入帮扶资金，积极组织各方力量参与扶贫

一是尽力投入帮扶资金，积极改善民生。谋划好帮扶思路，确立帮扶主攻方向，中国作协在深入分析自身独特优势和临潭的发展潜质及短板后，采取资金助力、教育助力、文化助力的帮扶措施，找到了中国作协与临潭扶贫工作的契合点，最终激发了临潭人对家乡的自信心和自豪感，极大地提升了贫困群众的获得感、幸福感，走出了一条文化扶贫的新路。

近年来，中国作协加大了对临潭县的帮扶力度。2018 年、2019 年和 2020 年分别支持资金 500 万元、300 万元和 322 万元，用于临潭县产业扶贫、就业扶贫、教育扶贫、旅游扶贫、文化扶贫、贫困户人居环境改善、卫生治理、教育培训、农村基础设施建设、职中建设汽修专业教室、图书馆公共阅读设施、信息化建设、帮扶慰问、社会救助、组织文学活动、冶力关镇池沟村修缮村级党组织活动场所、开展党员管理教育活动、更新党员教育培训设施、帮扶脱贫、补助大学生学费和农村基础设施建设等方面。累计购买农副产品 45 万元，帮助推销农副产品 13 万元，超额完成责任书承诺任务。

二是积极争取社会资源，帮扶临潭县发展。协调中国平安保险（集团）股份有限公司投资约 1500 万元用于定点扶贫工作，并会同该公司负责同志赴临潭县，同县委、县政府、县属企业共同探讨"产业扶贫、健康扶贫、教育扶贫"，洽谈培养致富带头人、扶持企业、推销农产品、村医、村教等具体项目；协调中国农业银行股份有限公司在网上开设定点扶贫县农副产品销售专区，进一步拓宽农副产品销售渠道；联系作家出版社有限公司和北京蔚蓝公益基金会，引进帮扶资金 40 余万元，用于改善临潭县贫困学生生活条件；在易地搬迁过程中，向全国的作家、艺术家发起助力乡村教育活动倡议，收到来自全国各地的捐赠物资 50 余万元，为冶力关镇 7 所村小学购置书桌书架、创建图书室、配置百余幅书画作品以及大量文具、玩具，改善教学条件，帮助帮扶村打造 3 个文化广场，配置健身器材与太阳能路灯，建立了农家书屋。中国作协还指导中华文学基金会实施育人图书室工程，在全国 15 个市县建立

育人图书室 104 个，捐赠图书 70 万册，码洋 2460 万元，为文化扶贫作出了贡献。

挂职扶贫干部

挂职时间	姓　名	挂职地	挂职职务
2016.10—2019.10	朱　钢	甘肃省临潭县	县委常委、副县长
2019.10—	王志祥	甘肃省临潭县	副县长

驻村第一书记

驻村时间	姓　名	所驻村及职务
2015.7—2017.7	陈　涛	甘肃省临潭县池沟村第一书记
2017.7—2019.7	张　竞	甘肃省临潭县池沟村第一书记
2019.7—	翟　民	甘肃省临潭县池沟村第一书记

中国科协

历 程

1985 年 8 月，中国科协开始定点帮扶山西省吕梁地区，率先派出 10 位同志参加中央讲师团吕梁分团，赴山西省吕梁地区开展支教帮扶活动。1986 年 6 月，中国科协第三次全国代表大会通过决议，重点在吕梁地区开展科技扶贫，当年组建科技扶贫团赴吕梁开展科技扶贫工作。2013 年，国务院扶贫办将中国科协定点帮扶县由 6 个调整为临县、岚县 2 个。35 年来，中国科协先后向吕梁选派 21 届扶贫团和 4 届讲师团、117 名（计 132 人次）优秀干部挂职。

党的十八大以来，以习近平同志为核心的党中央把脱贫攻坚摆在治国理政的突出位置，作出一系列重大部署和安排，全面打响脱贫攻坚战。中国科协作为党领导下的人民团体，始终坚定不移贯彻落实党中央、国务院关于脱贫攻坚的战略部署，1986 年开始在山西省吕梁地区开展定点帮扶，为我国脱贫攻坚战取得全面胜利作出了积极贡献。

中国科协高度重视吕梁定点扶贫工作，充分发挥组织优势，积极组织全国学会、各级各类科协组织和广大科技工作者参与定点扶贫，坚持扶贫主题、志智双扶，围绕定点扶贫县实际需求，以科技助力精准扶贫为主线，以产业帮扶为主要抓手，结合派驻挂职帮扶干部、强化科普服务，深入开展定点扶贫工作，助力定点扶贫县岚县、临县分别于 2019 年和 2020 年实现脱贫摘帽。2018—2020 年，每年均超额完成定点扶贫责任书各项目标任务。自 2017 年原国务院扶贫开发领导小组对中央单位定点扶贫工作成效评价以来，中国科协连续多年被评为"好"。

> **岚县概况**
>
> 　　岚县，位于吕梁山北端，汾河上游，海拔较高，地势平坦，人称"天上云间"；与太原、忻州、吕梁三市相连，直线距离各为 100 公里，国道 209 线、太佳高速、太兴铁路贯穿全境，区位优势十分明显；境内有着非常得天独厚的自然资源，目前已经探明的铁矿储量达到 20 亿吨、煤炭探明的储量 26.61 亿吨。近年来，岚县将马铃薯全产业链发展作为全县扶贫主导产业，以打造"全国马铃薯主食化开发第一县""山西马铃薯第一县"为目标，加快农业供给侧结构性改革步伐，初步形成了"土豆种—土豆花—土豆品—土豆宴"全产业链经济。山西省岚县 1986 年被确定为国家重点扶持贫困县。2019 年 4 月脱贫摘帽。

一、召开专题工作会议，学习贯彻落实习近平总书记关于脱贫攻坚的重要指示要求

　　中国科协党组、书记处及时组织召开扶贫专题工作会议，学习贯彻落实习近平总书记关于扶贫工作的重要论述，听取定点扶贫工作汇报，统筹协调科协各方力量，研究部署和推动落实中国科协定点扶贫工作。

二、建立完善定点扶贫工作机构，创新定点扶贫工作机制

　　中国科协把定点扶贫工作纳入科协年度重大任务，一是成立并及时调整中国科协定点扶贫领导小组，党组、书记处主要负责同志担任组长，党组、书记

处分管领导同志担任副组长，机关部门和直属事业单位的主要负责同志为成员，负责统筹协调落实中国科协定点扶贫主体责任，谋划中国科协定点扶贫战略规划，研究决定定点扶贫重大事项，指导和督促定点扶贫县党委政府完成脱贫攻坚任务。二是中国科协定点扶贫领导小组下设办公室，办公室成员由中国科协有关机关部门和直属单位的负责同志组成，主要负责组织落实中国科协定点扶贫领导小组确定的各项任务。三是成立中国科协定点扶贫工作督导组，中国科协机关党委主要负责同志担任组长，负责督促检查中国科协定点扶贫领导小组确定的各项任务落实情况，督促检查中国科协定点扶贫领导小组办公室、机关部门和直属单位，以及全国学会定点扶贫任务的完成情况等。四是恢复建立吕梁市中国科协定点扶贫工作协调小组，由吕梁市委主要领导同志担任组长，负责提出年度扶贫工作建议，督导定点扶贫项目实施，协调解决中国科协吕梁定点扶贫重大事项，统筹协调定点扶贫和市会合作协议的落实。

临县概况

山西省临县位于晋陕黄河峡谷中部，吕梁山西侧，总面积2979平方千米，辖23个乡镇631个行政村，总人口65.95万人，耕地面积154万亩，面积和人口均居山西省第二位。临县农业以红枣产业为主，红枣种植面积82万亩，正常年景产量达3.6亿斤。工业以煤炭产业为主，含煤面积占全县总面积的86%，储量311.75亿吨，煤层气储量4000亿立方米，紫金山钾矿为全国三大富钾矿之一。服务业以革命老区、碛口景区文旅产业为主。2020年2月脱贫摘帽。

三、深入实际调查研究，推动定点扶贫工作不断取得新实效

中国科协党组、书记处主要负责同志及分管领导同志坚持每年赴定点扶贫

| 2008 年起，中国科协为山西省岚县引进推广脱毒马铃薯繁育技术，全县马铃薯平均亩产增加 60%，促使马铃薯成为岚县支柱产业。图为当地农户种植的马铃薯喜获丰收。

县调研和督导定点扶贫工作，督促定点扶贫各项任务落实，检查中国科协定点帮扶项目实施情况、基层科协组织力提升"3+1"试点工作等情况，与定点扶贫县党委和政府领导沟通，看望慰问中国科协挂职扶贫干部和驻村第一书记，深入推动中国科协定点扶贫各项工作顺利开展。

四、强化科学决策和规划引领，帮助定点扶贫县制定实施脱贫攻坚规划计划

中国科协党组、书记处每年召开专题工作会议，研究制定年度定点扶贫工作要点及详细作战图，明确主要工作任务及关键时间节点，督促定点扶贫各项任务落实。结合临县、岚县脱贫攻坚目标任务，制定了《中国科协科技助力山西省临县精准脱贫规划（2017—2019 年）》《中国科协科技助力山西省岚县精准脱贫规划（2017—2019 年）》，重点围绕科技助力两县特色产业发展、科技

增收脱贫、科普设施建设以及科普能力提升等重要方面，提出切实举措，有力推动中国科协定点扶贫工作取得实效。

五、选派干部在扶贫一线出色发挥积极作用

党的十八大以来，中国科协在定点扶贫县共派出 10 名挂职扶贫干部和 6 名驻村第一书记。中国科协挂职扶贫干部和驻村第一书记按照党组、书记处部署安排，积极带领和组织基层干部和科技人员培训、引进农业新产品新技术、引入科技专家资源、开展青少年科普教育活动，各项工作受到定点扶贫县干部群众的普遍好评，为定点扶贫县脱贫摘帽作出突出贡献。

六、坚持扶贫主题，志智双扶，定点帮扶项目实施取得良好实效

中国科协充分发挥组织优势，动员机关和直属单位、全国学会、各级科协组织积极参与吕梁定点扶贫，聚焦定点扶贫县实际需求，坚持以扶贫为主题，志智双扶，广泛开展产业扶贫、科普扶贫、健康扶贫、消费扶贫、就业扶贫等工作。因地制宜组织实施科技帮扶项目，为吕梁引入新技术新品种，助力定点扶贫县红枣、马铃薯、沙棘、食用菌等主导产业转型升级和提质增效，使产业发展步入高质量发展的快车道。针对吕梁基层干部和专业技术人员，开展健康医疗、护工技能、科普业务、实用技术等订单式培训，有效提升了老区干部群众科学素质和技能水平，一大批贫困户成长为技术能手，成为脱贫致富的带头人。针对定点扶贫县乡村振兴建设需求，组织全国学会、科研院所编制了红色旅游规划、古迹保护与利用总体规划、农业现代化园区规划，以及乡村建设规划等规划 20 余部，助力定点扶贫县巩固脱贫攻坚成果同乡村振兴有效衔接。

中国科协针对不同人群开展实用技术、科学普及等订单式培训，提升贫困地区干部群众和青少年科学素质和技能水平。图为 2019 年 4 月中国科协在岚县民觉学校开展"老区科普行"流动科技馆巡展活动。

七、突出"科"字和"协"字的特色，形成定点扶贫工作合力

中国科协积极拓宽定点扶贫路子，广泛动员全国科协系统以及社会力量参与定点扶贫。充分发挥组织优势，引入科普大篷车、农村中学科技馆等科普设施，打造基层科普服务阵地，拓展基层科普服务领域；丰富青少年科技教育活动，开展科普报告希望行、中科馆大讲堂和中国流动科技馆巡展活动，组织参加全国青少年高校科学营活动等，切实提高贫困地区青少年科普教育水平。广泛组织动员全国学会、高校院所等各级各类科协组织参与定点扶贫，发挥学会资源优势，提供科普智力支持。组织举办产业论坛、研讨会，为产业发展问诊把脉、建言献策，帮助解决技术难题和发展瓶颈；组织开展医疗帮扶活动，帮助提高定点扶贫县规范化诊疗水平，积极探索健康扶贫长效机制。广泛动员社会力量为定点扶贫县引进资金和设备，购买和帮助销售定点扶贫县特色农产品，组织开展各类科普教育活动，帮助定点扶贫县培训基层干部和技术人员，

为定点扶贫县提供智力资源，提高贫困人口科学文化素质，助力打赢脱贫攻坚战。

八、坚决履行定点扶贫主体责任，全面超额完成定点扶贫任务指标

党的十八大以来，中国科协对标党中央关于定点扶贫的部署要求，逐项落实，超额完成各项任务指标。累计投入帮扶资金9033.5万元，为定点扶贫县引进帮扶资金2120.4万元，为定点扶贫县培训基层干部4100多名，培训技术人员4.4万多名，购买贫困地区农产品171.6万元，帮助销售贫困地区农产品4353.6万元；按照党中央要求和中组部的统一部署，中国科协先后选派16名优秀干部赴吕梁临县和岚县挂职，其中选派挂职扶贫干部10名，选派驻村第一书记6名。在挂职干部中，涌现出以全国五一劳动奖章获得者、党的十九大代表房瑞标，优秀驻村第一书记蔡钢、刘洋等为典型的一批想干事、能干事、敢担当、善作为的优秀扶贫干部。

创新帮扶模式

• 创新定点帮扶项目模式。中国科协优化定点帮扶项目实施机制，加强项目规范管理，创新形成"定点扶贫县点单、科技组织接单、科协买单"的项目模式，精准满足定点扶贫县需求。

• 创新工作监督机制。中国科协创新成立定点扶贫工作督导组，负责督促检查脱贫攻坚主体责任落实、资金管理使用、作风建设等情况，有效推动定点扶贫工作取得实效。

　　中国科协定点扶贫工作，主要总结有以下经验：一是坚决对标和贯彻党中央、国务院扶贫开发和脱贫攻坚的英明决策和战略部署，是定点扶贫取得成绩的根本。二是党组、书记处高度重视，成立扶贫工作机构，主要领导同志靠前调研和指挥，狠抓落实，是定点扶贫取得成绩的前提。三是举全国科协系统之力，发挥科技优势，坚持扶贫主题、志智双扶，是定点扶贫取得成绩的基础。四是创新定点扶贫工作机制，加大投入，实行"定点扶贫县点单、科技组织接单、科协买单"精准扶贫、精准施策模式，是定点扶贫取得成绩的保障。

历任扶贫干部

挂职扶贫干部

挂职时间	姓　名	挂职地	挂职职务
2012.3—2013.2	马义刚	山西省临县	县长助理
2013.7—2015.7	李鹏超	山西省临县	县长助理
2015.7—2016.12	田　鹏	山西省临县	县政府办公室副主任
2016.12—2019.12	周　峰	山西省临县	副县长
2019.12—	赵金毅	山西省临县	副县长
2011.3—2013.2	段晓荣	山西省方山县	县长助理
2013.7—2015.7	陈韶光	山西省岚县	县长助理
2015.7—2016.12	华立新	山西省岚县	县政府办公室副主任
2016.12—2018.12	王保辉	山西省岚县	副县长
2018.12—	常　羽	山西省岚县	副县长

驻村第一书记

驻村时间	姓 名	所驻村及职务
2015.7—2017.7	杨富国	山西省临县张阳会村第一书记
2017.7—2019.7	刘 洋	山西省临县程家塔村第一书记
2019.8—	赵 奇	山西省临县程家塔村第一书记
2015.7—2017.7	房瑞标	山西省岚县楼坊坪村第一书记
2017.7—2019.7	蔡 钢	山西省岚县长门村第一书记
2019.10—	张建华	山西省岚县店上村第一书记

中国侨联

中国侨联自 2002 年开始定点帮扶江西省上饶市广信区（原上饶县）。党的十八大以来，中国侨联加大帮扶力度，加大资金投入，通过选派机关干部挂职，引导侨资侨智加强教育扶贫、健康扶贫、基础设施扶贫、产业扶贫等，尽全力支持广信区开展脱贫攻坚。

按照党中央统一部署，中国侨联自 2002 年开始对江西省上饶市广信区进行定点帮扶。在帮扶过程中，中国侨联历届党组始终高度重视，持续推进定点扶贫工作。特别是党的十八大以来，中国侨联党组坚持以习近平新时代中国特色社会主义思想为指导，认真学习贯彻习近平总书记关于扶贫工作的重要论述，按照中央和国家机关工委、原国务院扶贫办关于定点扶贫工作的要求，认真履行中央单位定点扶贫工作政治责任，积极作为，通过选派机关干部挂职，引导侨资侨智加强教育扶贫、健康扶贫、基础设施扶贫、产业扶贫等，尽全力支持广信区开展脱贫攻坚，有力推动了广信区扶贫开发事业不断向前发展。其间，中国侨联到广信区开展定点扶贫帮扶考察调研百余人次，其中中国侨联历届主席、副主席等 19 人次赴广信区指导工作；驻点帮扶贫困村 2 个；直接投入和引进帮扶资金 2100 余万元；培训基层干部 900 余人次，培训技术人员 200 余人次，农村创业致富带头人 122 人次；直接购买或帮助销售扶贫农产品 180 余万元；直接带动建档立卡贫困户 113 户 396 人实现稳定脱贫。经过十几年的

上饶市广信区概况

上饶市广信区位于江西省东北部，全区面积 2240 平方千米，总人口 85 万人，是"中国油茶之乡""中华蜜蜂之乡"。广信区 1988 年被确定为国家重点扶持贫困县，2002 年中国侨联开始对其实施帮扶，经过十几年的努力，2018 年 7 月脱贫摘帽。

不懈努力，上饶县于 2018 年脱贫摘帽，2019 年撤县设区。在具体工作中，中国侨联主要做到了"七聚焦"。

一、聚焦政治责任，做到帮扶到点到位

一是中国侨联党组多次组织学习习近平总书记关于打赢脱贫攻坚战的重要指示精神，第一时间成立中国侨联扶贫工作领导小组，党组书记、主席万立骏和分管副主席李卓彬多次赴广信区开展调研，指导、督查定点扶贫工作。二是定期召开中国侨联扶贫工作领导小组会议，就每年《责任书》所承诺的各项目标任务落实、广信区向中国侨联提交的帮扶项目申请等工作作出明确部署。三是选派精干力量，助力脱贫攻坚。先后派出 4 名干部赴广信区挂职，并与扶贫挂职干部建立常态化工作联动机制，定期沟通。此外，按照规定落实挂职干部保险、生活补贴等福利待遇，做到政治上关心、工作上支持、生活上关爱。四是加强督促指导，制定了《中国侨联定点扶贫县脱贫攻坚督促检查工作实施办法》，经中国侨联十届七次主席办公会审议通过后正式印发；为确保帮扶资金尽快落实，多次发函请广信区委、区政府协调相关单位加快工程审批，督促工程项目按程序有序推进，共同履行好定点扶贫工作职责。此外，2020 年 9 月，中国侨联副主席李卓彬率队赴广信区，对中国侨联当年

投入的扶贫资金、资助项目的落实情况等进行审计督查，增强监管效能。五是实施"党建＋脱贫攻坚"，为石峡村争取41万元中央下拨党费，用于完善村党支部建设和帮助困难党员脱贫。六是调动整合资源，为广信区争取帮扶经费15万余元，缓解了各村精准扶贫开支压力；联系邮政部门，在郑坊镇实现邮政电商入村，方便了村民进行网上售卖、缴费取款等业务；针对广信区遭受洪涝灾害、群众受灾严重的情况，下拨救灾款项43万元，用于组织生产自救及灾后重建。

二、聚焦产业扶贫，扎实推动巩固提升

一是壮大村集体经济。投入帮扶经费12万元建成番鸭养殖场，开展产业帮扶；运用10万元第一书记工作经费和驻县部队5万元帮扶资金入股合作社，建立禽类养殖场，实现当年投产出效益，带动贫困户入股分红。二是加强产业指导。组织部分乡镇领导和养殖专业人员赴山东进行专题考察，邀请华侨企业技术人员实地指导，并拨付5万元用于推广南德温肉牛养殖项目。三是推动考察调研。中国侨联调研组携2名中草药专家赴上饶市广信区尊桥乡上乐村实地考察当地自然环境、土壤、气候等条件，与上乐村村委干部、村民代表等进行座谈并就当地发展中草药种植的可行性进行论证，根据实际情况提出了"因地制宜将中药材产业发展与生态旅游结合，提高中草药产品附加值，帮助农户脱贫增收"等意见建议。

三、聚焦基础设施建设，改善提升乡村环境

一是解决"行路难"问题。争取项目和社会资金百余万元，实施道路水泥硬化工程、上乐村爱心路等项目，实现"村村通"，缓解了村民生活出行困难情况；筹集资金帮助上泸镇泉洋村做好村庄"亮化工程"，解决村民夜间出行和资源利用问题，贫困村民的生活质量得到明显改善。二是加强新农村建设。

协调落实省市县中央苏区项目、水利、交通、新农村等项目资金 75 万元用于石峡村基础设施建设；筹集资金 28.5 万元，积极推动侨心扶贫工程示范镇建设工作。三是为望仙乡望仙村大沙洲河堤维修加固项目、花厅镇白塔村河堤护坡建设项目、上泸镇王家山村红林至大山坞公路硬化项目、湖村乡碧霞学校、茶亭镇中心小学校舍维修项目等提供资金共计 180.296 万元。

四、聚焦教育扶贫，确保扶贫扶智相结合

一是投入资金 180 万元，协调当地政府进行剩余款项兜底，帮助广信区建立 9 所侨心小学。此外，拨付 13.56 万元，作为茶亭镇中心幼儿园校园文化建设资金，保障教学工作的正常开展。二是协调中国华侨公益基金会捐助 120 万元设立"树人班"，资助学生 150 名。三是争取贫困助学资金近 4 万元，联系爱心汇基金企业捐助器材设备 12 万元。四是动员侨资企业筹集资金 5.3 万元，

| 中国侨联坚持扶贫扶智相结合，通过资助建立小学、捐助器材设备、学习用品以及网络课程服务平台等方式，提升教育质量。图为中国侨联向广信区尊桥乡上乐村捐赠图书。

为贫困小学添置双人课桌 600 张。五是争取美国和西班牙等地有关基金会为 7 名贫困学生提供长期助学金。六是对接精准扶贫网络课服务平台——"零分贝"帮扶平台，启动"春晓"公益计划向广信区 3 所小学捐赠价值 10 万余元的物资。七是争取中国香港地区侨商郑仁华先生捐赠学习用品价值 2 万元，澳大利亚魏基成慈善列车冬衣捐赠项目捐赠物资 26 万余元，"精准扶贫、金秋助学"帮扶资金 9000 元等。八是发动中国侨联干部职工向广信区捐书 700 余册，协调主管的黄奕聪慈善基金会向上饶市广信区捐赠本册（学生学习用品）2073 箱共计 866760 册，惠及 15 所学校约 30000 名贫困学生。九是协调中国侨联"亲情中华·文艺轻骑兵"艺术团走进江西省上饶市广信区黄沙岭乡蔡家村、尊桥乡上乐村开展演出活动，为身处脱贫攻坚第一线的干部及乡亲父老们送上丰盛的精神食粮。

五、聚焦健康扶贫，着力织起保护网

一是投入资金约 30 万元，联系中国侨联特聘专家、国家肿瘤专家邹检平赴广信区为 1000 名贫困群众进行免费肿瘤筛查。二是协调中国华侨公益基金会在广信区开展"还笑童颜·爱满人间"全国儿童血管瘤公益筛查活动，资助金额 12 万余元。三是积极联系对接思迈科技为区人民医院捐赠价值 98 万元的"等离子双极电切电凝系统"。四是动员侨胞、侨企捐赠价值 102 万元的微创手术医疗仪器和价值 56 万元的医药卫生垃圾焚化炉。五是协调启动澳洲魏基成"天籁列车"助听器捐赠项目，为广信区有听力障碍的老人儿童捐赠助听器和教学机。六是在新冠肺炎疫情初期，以中国侨联法顾委办公室名义，向中国侨联法顾委海内外委员发起倡议，号召大家为广信区抗击疫情提供资金和物资支持。在中国侨联领导、法顾委主任们及侨商侨企的大力支持下，共募集到善款 137.9553 万元人民币，并相继以物资和汇款的形式陆续送达广信区红十字会，用于支持广信区的疫情防控工作。与此同时，中国侨商联合会、国内外法顾委律师委员也为寻找紧缺的防疫资源热心奔走，美国委员赵联向上饶捐

中国侨联聚焦健康扶贫，为贫困地区儿童织起保护网。图为 2019 年，中国侨联协调中国华侨公益基金会"还笑童颜血管瘤胎记基金"在广信区举办了"还笑童颜·爱满人间"儿童血管瘤脉管瘤畸形公益筛查活动。

赠了 5000 套防护服及一次性防护口罩 4900 个，日本委员张玉人捐赠一次性防护口罩 720 只。

六、聚焦社会扶贫，协调引进多方资源

一是对接沿海地区侨商总会，侨联主要领导亲自带队率华商、海内外侨领、知名人士参观考察，推介广信区招商项目。二是在中国侨商联合会引荐下，嘉里集团董事长郭孔丞为广信区儿童福利院捐款 280 万元，2016 年"嘉里儿童村"建成并投入运营。儿童村内设康复区、生活区、活动区、综合区等，可容纳 72 名孤残儿童生活，是上饶市县级规模最大、设施最齐全的儿童福利院。

立足侨联优势，广泛凝聚侨力，实现扶贫经济效益与社会效益的统一。充分发挥侨联组织联系广泛、人才荟萃的优势，利用中国侨商联合会、中国华侨公益基金会、中国企业经营咨询公司等平台，广泛动员广大侨商、侨社团、侨资企业助力脱贫攻坚。

七、聚焦消费扶贫，确保产有所销

一是发挥广信区盛产茶油优势，向海外华商、政协侨联界委员广泛推介，推动广信区茶油龙头企业产品在美国、西班牙等多个国家和地区销售。二是主动搭桥铺路，与中国农业银行合作，在其扶贫商城中上架"中国侨联"专区，用于销售广信区特色农产品，并积极推进侨商、侨企购买广信区特色农产品。中国侨联所属的中国侨商联合会积极采购了360盒茶油，用于慰问其分布各地的会员企业。三是号召全会消费扶贫，助力脱贫为爱拼单。中国侨联积极践行"人人皆能为，人人皆可为"的消费扶贫理念，中国侨联领导发挥带头模范作用自费采购广信区农产品，机关工会及各直属企事业单位工会也积极利用为职工采购节日福利的机会，购买广信区特色农产品。

历任扶贫干部

挂职扶贫干部

挂职时间	姓 名	挂职地	挂职职务
2015.10—2017.12	徐友佳	江西省上饶县	副县长
2018.7—2019.5	刘景春	江西省上饶县	县委副书记、副县长
2019.6—	李博文	江西省上饶市广信区	区委常委、副区长

驻村第一书记

驻村时间	姓 名	所驻村及职务
2015.10—2017.12	徐友佳	江西省上饶县石峡村第一书记
2018.7—	周臻扬	江西省上饶市广信区上乐村第一书记

全国人大常委会机关

历　程

1998 年，全国人大常委会机关开始定点帮扶内蒙古自治区太仆寺旗。同年成立了全国人大常委会机关扶贫领导小组并设立办公室，推进定点扶贫工作。2016 年，新增察右前旗为全国人大常委会机关定点扶贫县。2020 年 3 月太仆寺旗、察右前旗脱贫摘帽。

党的十八大以来，全国人大常委会机关坚持以习近平新时代中国特色社会主义思想为指导，深入学习贯彻习近平总书记关于扶贫工作的重要论述，深刻认识理解决战决胜脱贫攻坚的重大意义，把做好定点扶贫工作作为机关党组的重要政治任务，积极务实推进，扎实有效开展定点帮扶内蒙古自治区太仆寺旗、察右前旗（以下简称"两旗"）各项工作，取得重要进展和积极成效。

一、领导高度重视

栗战书委员长主持召开全国人大常委会党组会议，专题听取有关情况汇报，对做好全国人大机关定点扶贫工作提出明确要求。2017 年，时任全国人大常委会副委员长兼秘书长王晨赴太仆寺旗调研定点扶贫工作，走访慰问困难群众、基层干部和机关扶贫干部，与当地同志召开座谈会。2019 年，全国人大常委会副委员长沈跃跃、十届全国人大常委会副委员长顾秀莲先后带队

太仆寺旗概况

内蒙古自治区太仆寺旗地处阴山北麓、浑善达克沙地南缘，与河北省交界，距北京 350 千米。海拔 1300—1800 米，年平均气温 1.7℃，年平均降水量近 400 毫米。现有耕地 142 万亩，林地 154 万亩，草场 216 万亩，着力发展"肉、酒、油、蛋、菜、药、游"七大优势产业。1994 年被列为国家重点扶持贫困县，1998 年全国人大常委会机关开始定点帮扶。2020 年 3 月脱贫摘帽。

赴"两旗"调研了解定点扶贫工作，深入企业和学校考察慰问、捐赠物资。全国人大常委会机关党组高度重视定点扶贫工作，始终把坚强有力的组织领导作为定点扶贫工作落到实处、取得实效的关键和保证，成立机关扶贫工作领导小组并设立办公室，召开机关党组会议研究定点扶贫工作。全国人大常委会秘书长、机关党组书记杨振武，常委会副秘书长、机关党组副书记信春鹰 2018 年至 2020 年坚持每年带队赴"两旗"实地调研。在领导同志的带领下，形成了全机关人人关心、人人支持、人人参与定点扶贫的浓厚氛围和良好局面。

二、多种方式投入

党的十八大以来，全国人大常委会机关累计为"两旗"投入帮扶资金和物资 2000 余万元，协调引进各类帮扶资金和物资超过 3 亿元，直接购买和帮助销售产品 6000 余万元。其中，协调中国下一代教育基金会向"两旗"捐赠运动鞋服、文具和图书等总价值 1000 余万元的物资，推动中华慈善总会大众慈善促进会为"两旗"26 所公立中小学设立 24 间"中慈爱心图书室"，共捐赠图书 88800 余册，价值约 240 万元。自 1998 年与太仆寺旗建立定点

| 1998 年以来，全国人大机关投入资金 720 万元建设了骆驼山镇、千斤沟镇 2 所小学室外运动场，援建村级活动阵地等。图为全国人大机关援建千斤沟小学塑胶操场。

帮扶关系以来，全国人大常委会机关累计捐款捐物 2000 余万元；帮助建设了幸福乡希望小学，帮助争取了通乡油路、康闪线公路、水利专项、安全饮水等项目资金 2800 多万元，投入资金 720 万元建设了骆驼山镇、千斤沟镇 2 所小学室外运动场，援建村级活动阵地等。2016 年定点帮扶察右前旗以来，连续 5 年挤出自身办公经费，每年向察右前旗捐赠 50 万元帮扶资金，协调引进多项帮扶资金，全部用于扶持脱贫攻坚产业发展；使用党费 60 万元，援建 3 个基层党建活动阵地，开展结对帮扶活动，累计捐款 36.8 万元，资助察右前旗 368 名建档立卡贫困学生每人 1000 元，缓解贫困家庭"代际传递"。

三、推进重点项目

充分发挥全国人大常委会机关沟通协调优势，整合发挥各专门委员会、工作委员会等扶贫资源，着力在统筹协调、参谋助手、审核把关、综合保障等多项职责上助力精准扶贫。积极做好"小土豆、大文章"，协调有关部门将察右前旗纳入国家马铃薯制种大县，助力创办察右前旗国家现代农业产业园，争取财政资金 1.6 亿元，辐射带动相关产业规模化发展；积极帮助解决察右前旗畜禽粪污资源化利用项目资金使用问题，与财政部相关业务司和自治区人大相关部门进行协调对接，明确项目资金使用渠道，推进 4000 万元脱贫攻坚专项资金得到充分运用；积极推进太子城至锡林浩特铁路途经太仆寺旗并设站事宜，2020 年 9 月项目可研报告正式获批，项目建成后将结束太仆寺旗不通铁路的历史；协调申请全国乡村旅游重点村；帮助太仆寺旗积极争取低质低效林退化防护改造项目；协调联系北京市商务局，召开"两旗"优质农副产品交流研讨会，为"两旗"产品进入北京市场搭建桥梁，进一步助力消费扶贫。

四、深化志智双扶

充分发挥机关党建优势、组织优势、人才优势，近 5 年累计培训"两旗"基层干部、技术人员 7000 余人次。以"志智双扶"为突破口，提升本领促脱贫攻坚。努力推动干部教育培训常态化机制化，线上线下并重，连续 3 年"送课上门"，及时为"两旗"基层干部、技术人员解读中央政策、提升理论素质、

察右前旗概况

察右前旗全称为"察哈尔右翼前旗"，位于内蒙古乌兰察布市中南部。境内"8 公 5 铁"纵横交错，大交通格局基本形成。着力打造服务首都的"中央厨房"，全旗蔬菜产量突破 40 万吨，马铃薯产量 16 万吨。初步形成以农畜产品加工、冶金化工、木材家具、清洁能源为主的产业格局。1994 年被确定为国家重点扶持贫困县，2016 年全国人大常委会机关开始定点帮扶。2020 年 3 月脱贫摘帽。

增强工作本领。同时，形成了选派部分"两旗"干部参加全国人大常委会机关有关培训班的固定机制，为"两旗"在全国人大网络学院专门设立了10个学习账号（每旗5个），组织"两旗"干部免费参加全国人大代表培训班、县级人大常委会主任学习班40余期。推进按需授课，2020年成功举办网络直播销售培训班，并开展座谈交流、进行实地指导，察右前旗78个行政村"两委"班子成员、回村任职大学生、民营企业负责人和销售人员共计161人参加学习。

五、配强挂职干部

党的十八大至2020年底，先后派出14名优秀干部赴"两旗"扶贫挂职。2020年，机关挂职干部杨波荣获中央和国家机关脱贫攻坚优秀个人，2021年2月又荣获全国脱贫攻坚先进个人。全国人大常委会机关党组高度重视挂职扶贫干部的选派和管理工作，坚决落实党中央的各项要求，把定点扶贫作为机

全国人大机关协助"两旗"打造特色品牌，驻村第一书记大力谋划特色产业，推动"一村一品"战略实施。图为帮助培育申请"帐房优品""骆山物语"注册商标，形成特色名片效应。

关干部成长培养的重要途径和手段,坚持优中选优,精心挑选扶贫干部,确保把觉悟高、能力强、有志于扶贫的干部选派到一线。这些干部挂职期间勤奋好学、尽职尽责,多方奔走、积极协调重点项目、募款捐物,为"两旗"经济社会发展出主意、想办法,在助力"两旗"脱贫摘帽和振兴发展方面作出了贡献,与当地干部群众结下了深厚感情,展示了中央和国家机关干部的良好形象。

六、加强沟通对接

持续加强与"两旗"、市盟的联系协调,进一步健全与自治区人大常委会办公厅、扶贫办的联络对接机制,加强与有关合作方的深度沟通,仅 2020 年与"两旗"及有关方面召开扶贫工作各类对接、协调会 30 余次,就培训学习、物资捐赠、产业扶持、消费扶贫等项目进行深度对接,随时电话沟通有关情况,督促"两旗"党委和政府认真履行主体责任,不断提高扶贫工作实效。中央纪委国家监委驻全国人大常委会机关纪检监察组主要负责同志实地调研检查机关扶贫捐赠款物的发放使用、帮扶项目进展以及干部作风等情况,确保帮扶资金不空转、不闲置。机关扶贫办及时了解扶贫资金使用情况并上报派驻纪检监察组。

七、积极探索新做法

近年来,全国人大常委会机关积极探索远程教育、"互联网 + 消费扶贫"、金融扶贫等新做法,助力定点扶贫工作取得明显成效。

(一)依托高校资源,创新开展远程教育培训

在新冠疫情常态化防控背景下,积极协调联系清华大学,在"两旗"设立乡村振兴远程教学站,力争将培训站建成支持乡村振兴人才培养的重要平台。2020 年 6 月,全国人大常委会机关定点帮扶"两旗"基层干部和中小学教师线上培训班成功举办,"两旗"1422 名基层干部和 410 名中小学教师参加此次

培训。培训结束后，学员们普遍表示，培训课程设计合理、内容丰富、知识量大、实用性强，既"接天线"又"接地气"，对提升自身的工作及教学水平具有重要意义，做到了学有所思、学有所悟和学有所获。

（二）"互联网＋消费扶贫"新模式促脱贫助攻坚

全国人大常委会机关"互联网＋消费扶贫"新模式入选国家发展改革委评选的 2020 年全国消费扶贫优秀典型案例。主要做法是：充分运用互联网技术，结合"两旗"区域特点和产品特色，在中央和国家机关中率先创建和应用"公益人大"精准扶贫平台，实现线上线下同频发力，助推"两旗"1200余款农产品在平台展销，通过平台累计销售"两旗"农特产品 1700 余万元。一是在机关设立 7 处产品展示推介专柜，举办现场展销活动。2020 年 1 月，在机关办公楼举办"两旗"年货进机关推介展销活动。"两旗"28 家脱贫助理人企业携 180 余款产品参加活动，"线上线下"总销售额达 50 余万元。二是帮助解决湖北省农产品滞销问题。第一时间在"公益人大"精准扶贫平台设立"助力湖北　为农分忧"专区，将湖北滞销农产品纳入集中采购范围，并协调专门资金进行补贴推动促进销售。倡导机关干部职工以消费扶贫献爱心，日常生活中优先选购、多购贫困地区和湖北滞销农产品，在"公益人大"精准扶贫平台销售湖北滞销农特产品 90 余万元。三是进一步拓宽"两旗"龙头企业销售渠道。积极助推察右前旗农产品"走出去"，组织察右前旗 15家企业走进人民日报社、广电总局、航空集团等中央和国家机关、中央企业进行展销和推介，协调"易捷加油"、"人民优选"、中国社会扶贫网、惠农网、京东等电商平台走进察右前旗，扩大了农产品知名度，产生了良好社会效果。四是组织"两旗"与中国农业银行对接，筛选优秀企业产品入驻农业银行线上扶贫商城销售。

（三）多措并举形成合力，打好金融扶贫"组合拳"

2020 年 6 月，全国人大常委会办公厅与中国农业银行签署扶贫合作备忘录，在消费扶贫领域合作的基础上，中国农业银行加大对"两旗"的资源投入和政策倾斜，发挥金融行业优势，推动定点扶贫地区信贷投放，推广复制金融

创新
帮扶模式

全国人大常委会机关充分运用互联网技术，结合"两旗"区域特点和产品特色，在中央和国家机关中率先创建和应用"公益人大"精准扶贫平台，实现线上线下同频发力，助推"两旗"1250款农产品在平台展销，累计销售"两旗"农特产品1709万元。该"互联网＋消费扶贫"新模式入选国家发展改革委评选的2020年全国消费扶贫优秀典型案例。

扶贫典型模式，建立强化"银行让利、企业带动、贫困户受益"的利益联结机制，帮助贫困人口稳定增收。中国农业银行结合"两旗"发展实际，分别拟订了金融扶贫服务方案，"两旗"精准扶贫贷款余额较2020年初增加4400余万元。

2020年3月4日，"两旗"成功脱贫摘帽，贫困发生率均降为零，极大增强了人民群众的获得感、幸福感、安全感，彻底改变了贫困地区的面貌，改善了生产生活条件，提高了群众生活质量，"两不愁三保障"全面实现。2021年2月，全国人大常委会机关扶贫办获评全国脱贫攻坚先进集体。2018年、2019年、2020年全国人大常委会机关定点扶贫工作连续3年成效评价等次为"好"。《人民日报》、新华社等20余家媒体对全国人大常委会机关定点扶贫工作成效进行了广泛报道，其中新华社、《法治日报》报道被国务院扶贫办官网全文转载，社会反响良好。

历任扶贫干部

挂职扶贫干部

挂职时间	姓 名	挂职地	挂职职务
2013.1—2014.1	王晓东	内蒙古自治区太仆寺旗	旗委副书记
2013.1—2014.1	李松林	内蒙古自治区太仆寺旗	副旗长
2015.5—2016.5	符巍巍	内蒙古自治区太仆寺旗	旗委副书记
2015.5—2016.5	吴 彭	内蒙古自治区太仆寺旗	副旗长
2016.7—2017.7	武 英	内蒙古自治区太仆寺旗	旗委副书记
2016.7—2017.7	陈立春	内蒙古自治区太仆寺旗	副旗长
2017.9—2019.9	陈本淇	内蒙古自治区太仆寺旗	副旗长
2018.9—2021.3	尹卫中	内蒙古自治区太仆寺旗	副旗长
2021.3—	徐一石	内蒙古自治区太仆寺旗	副旗长
2016.7—2017.7	林卫星	内蒙古自治区察右前旗	副旗长
2017.9—2019.12	龙湘林	内蒙古自治区察右前旗	副旗长
2018.9—2021.3	高树进	内蒙古自治区察右前旗	旗委副书记
2021.3—	张 鸿	内蒙古自治区察右前旗	副旗长

驻村第一书记

驻村时间	姓 名	所驻村及职务
2015.8—2017.8	张春扬	内蒙古自治区太仆寺旗骆驼山村第一书记
2017.9—2019.9	杨 波	内蒙古自治区太仆寺旗骆驼山村、帐房山村第一书记
2019.9—	贾永春	内蒙古自治区太仆寺旗红喜村第一书记

全国政协机关

历 程

1995 年，全国政协机关定点帮扶安徽省无为县、枞阳县，2012 年枞阳县实现脱贫摘帽、无为县进入全省县域经济前三名。2012 年 11 月，原国务院扶贫办和中央组织部等八部门联合印发了《关于做好新一轮中央、国家机关和有关单位定点扶贫工作的通知》，明确全国政协机关定点帮扶安徽省舒城县和阜阳市颍东区。2019 年、2020 年，舒城县和颍东区先后脱贫摘帽。

党的十八大以来，全国政协机关深入学习习近平总书记关于扶贫工作的重要论述，连续 8 年定点帮扶安徽省舒城县和阜阳市颍东区两个国家级贫困区县。八年来，在全国政协领导同志的关心关怀下，在机关党组的坚强领导下，在全国政协委员的大力支持下，在机关扶贫工作领导小组各成员单位和机关挂职扶贫干部的共同努力下，两区县产业扶贫成效恒久、教育扶贫硕果累累、消费扶贫网上开花、党建扶贫堡垒筑强。2019 年 4 月和 2020 年 4 月，舒城县、颍东区相继实现脱贫摘帽。

一、上下同心、尽锐出战，认真落实党中央重大决策部署

全国政协领导同志始终高度重视脱贫攻坚工作。全国政协主要领导中央政治局常委、全国政协主席汪洋和十八届中央政治局常委、十二届全国政协主席

俞正声亲自关心指导机关定点扶贫工作，20 余位全国政协副主席和机关党组成员先后率队深入舒城县、颍东区扶贫工作一线调研指导，帮助解决脱贫攻坚工作中的具体困难。2018 年，党中央发出打赢脱贫攻坚战三年行动总动员令后，全国政协副主席夏宝龙、副主席兼秘书长李斌连续 3 年分别签署《中央单位定点扶贫责任书》，立下"军令状"，领导督促各项目标任务落实。

为深入贯彻党中央关于打赢脱贫攻坚战的决策部署，全国政协机关把定点扶贫工作作为一项重要政治任务，加强组织领导，完善体制机制，形成帮扶合力。建立由机关党组成员、分管副秘书长任扶贫工作领导小组组长，相关专委会办公室、行政室局、直属企事业单位等 18 家成员单位共同发力的工作格局。领导小组充分发挥牵头抓总的作用，先后联系全国政协委员和有关专家学者 400 多人次赴两区县实地考察调研，为扶贫工作把脉问诊、建言献策。定期召开领导小组会议，研究制定年度工作计划，督促落实工作任务。建立"机关干部下派、区县干部上挂"双向交流机制，促进干部成长，帮助当地发展。对脱贫攻坚工作进行专项监督检查，对机关和两区县在脱贫攻坚责任落实、政策落实、工作落实和工作作风等方面督促指导，明确将各成员单位落实扶贫工作任务情况纳入机关重点工作督查督导范围，确保党中央决策部署和机关工作部署落实落地。

二、精准务实、开拓创新，充分体现政协扶贫优势和特色

（一）发挥人民政协制度优势，将扶贫良策化为脱贫实策

十二届全国政协以来，全国政协先后于 2016 年、2017 年和 2020 年，分别围绕"实施精准扶贫、精准脱贫，提高扶贫实效""实施精准扶贫中存在的问题和建议""高质量打赢脱贫攻坚战，建立解决相对贫困长效机制"等主题，召开 4 次专题议政性常委会会议、1 次专题协商会。于 2015 年和 2019 年，围绕"集中连片特困地区精准扶贫""巩固脱贫成果，减少和防止脱贫后返贫"主题，召开 2 次双周协商座谈会。就脱贫攻坚有关主题，组织开展视察考察调

研70余次，形成综合报告报送党中央。

为更好把人民政协制度优势转化为国家治理效能，全国政协机关在定点扶贫工作中，充分发挥人民政协的制度优势，将全国政协近年来的扶贫调研成果和委员提案不断转化到两区县的脱贫工作中去。2013年下半年，在全国政协机关和机关扶贫办的协调下，经济委员会、人口资源环境委员会、港澳台侨委员会等先后组织4次调研考察，邀请原国务院扶贫办、国家发展改革委、中国农业银行等部门单位的负责同志，以及部分海外侨胞，围绕舒城县、颍东区两地农业、食品工业、基础设施、湿地建设、文化产业、旅游发展、教育和养老事业等，提出了很多有价值的意见建议。聚焦贫困地区基础教育短板，加强对《关于加大大别山农村地区幼儿教师培养力度的提案》《关于尽快解决大别山区幼儿教师严重短缺问题的提案》两件提案的跟踪督办工作，极大地促进了两区县幼儿教师严重短缺问题的有效解决。

（二）发挥政协委员作用，将定点扶贫工作与"委员作业"紧密结合

全国政协机关在定点扶贫工作中充分调动全国政协委员积极性，深挖委员资源，发挥全国政协委员在政策解读和实施、产业项目与资金等方面的独特优势，紧盯两区县的难点、堵点问题，精准开展扶贫工作，在许多"委员作业"中都书写了两区县扶贫工作的精彩一笔。

一是发挥委员资金优势，引入项目拉动就业。全国政协机关广泛联系全国政协委员企业到舒城县、颍东区投资兴业，累计引进投资共1000多亿元，为当地贫困群众提供了更多的就业机会，帮助建档立卡贫困人口增收致富。包括总投资260亿元的华夏幸福杭埠产业新城项目，恒大集团、碧桂园、泛海集团、香江集团等委员企业投资的恒大文旅城、恒大康养、六安恒慧旅游、光启阜阳研究院、安徽大粮集团等项目，以及2020年成功签约的京东电商物流园项目等。

二是发挥委员资源优势，协调解决发展难题。八年来，全国政协机关积极联系在有关部门任职的政协委员，帮助协调解决了一批制约两地发展的堵点、

舒城县概况

安徽省舒城县位于合肥都市圈，拥有舒城小兰花、万佛湖鳙鱼、舒城黄姜 3 个国家地理标志保护产品，特色产业有电子信息、光电显示、高端装备制造、新能源和童车童床、纺织服装、农产品加工、羽毛羽绒等。2002 年被列为国家扶贫开发工作重点县，2012 年由全国政协机关开始定点帮扶。2019 年 4 月脱贫摘帽。

难点问题，办成了一批推动发展的重大项目。自 2013 年起积极联系原国家旅游局等部门，经过多年、多任领导、多批次挂职干部接续努力，于 2016 年 10 月促成舒城县万佛湖成为国家 5A 级景区，极大推动了当地旅游产业发展。帮助颍东区纳入城镇化建设试点范围，促成国家开发银行和安徽省连续 10 年每年给予 5 亿元建设资金支持。联系上海铁路局，优化舒城县杭埠开发区北环路下穿合九铁路工程设计方案，节省建设资金 4800 余万元，解决了制约当地发展的跨铁路公路建设项目审批和建设资金的瓶颈难题。联系中国国家铁路集团有限公司、上海铁路局，帮助颍东区插花镇县道上跨青阜铁路立交桥项目获得批准并按相关政策给予技术支持和资金减免 2000 多万元。联系原国土资源部追加颍东区土地挂钩指标 1000 亩，增加舒城县产业园区用地指标，推动开发区和园区扩容。帮助颍东区争取 2016 年度第二批国家专项基金 3 亿多元，帮助舒城县争取"国家彩票公益项目"1250 万元用于支持乡村建设。联系国家开发银行支持舒城县 3.2 亿元项目资金用于棚户区改造和城市基础设施建设，支持颍东区债转贷 3 亿元开展塌陷区和低洼区治理。联系水利部多年持续综合治理巢湖流域舒城县境内杭埠河、丰乐河，兴修水闸并加固水利设施，提高河道防洪标准，大幅提高区域抗洪能力，为应对 2020 年洪涝灾害发挥了重要作用。

三是发挥委员智力优势，增强发展持久动力。2020 年 7 月，全国政协委员、北京市东城区史家教育集团校长王欢和全国政协委员、阜外医院麻醉中心主任医师敖虎山通过视频连线，给远在千里之外的舒城县、颍东区教师、医生和相关部门干部职工近千人授课，帮助两区县进一步提高教育、医疗水平。组织召开全国政协委员支持颍东、舒城扶贫发展座谈会，对两区县发展理念、招商引资、文化教育、发展旅游、对接台商资源等提出意见建议，帮助两区县进一步科学规划发展思路，精准谋划发展路径。

（三）发挥政协组织优势，将扶贫政策用好用足

针对制约舒城县、颍东区经济社会发展的瓶颈问题，全国政协机关积极做好牵线搭桥工作，加强与政府有关部门的联系沟通，在政策、项目、资金等方面为两区县提供支持。

积极联系国家能源局，推动 30 兆瓦光伏扶贫电站建设指标落户颍东，带动 50 个贫困村集体、5782 户贫困户增收。积极联系农业农村部，把舒城县列为全国农村一二三产业融合发展先导区；把舒城县桃溪产业园列为国家农村产业融合发展示范园。积极联系生态环境部，申请专项资金用于提升舒城县万佛湖景区（5A）生态品质。积极联系国家发展改革委等部门，帮助舒城一中获得"教育基础薄弱县普通高中建设项目"专项支持资金 3719 万元，帮助舒城县桃溪镇中心小学、千人桥镇重阳中学获得 280 万元"边远艰苦地区农村学校

颍东区概况

安徽省阜阳市颍东区，人口多、农产品丰饶、资源丰富，是国家重要的"粮、棉、油、肉"生产基地，全区形成了冉庙西瓜，枣庄土豆，插花，正午番茄，老庙西蓝花和口孜大蒜等优势特色产业。阜阳火车站位于颍东主城区，颍河、茨淮新河穿境而过，区位优越。2012 年被列为国家扶贫开发工作重点县（区）。2012 年 5 月，由全国政协机关定点帮扶。2020 年 4 月脱贫摘帽。

| 全国政协机关协调推动30兆瓦光伏扶贫电站落户颍东区，带动当地增收。图为光伏扶贫电站一角。

周转宿舍建设项目"建设资金。促成安徽省第一块"中国县域电子商务大讲堂"在颍东区挂牌，帮助颍东区成功入围第五批国家电子商务进农村综合示范县，获得专项资金2000万元。联系国家粮食和储备局，组织两区县到福州市参加第二届全国贫困地区优质特色粮油产品展销会，现场合作签约达382.85万元。联系"全国联合旅游年票一卡通"公司在年票销售上给予支持，提高旅游产业发展竞争力。

（四）发挥机关平台优势，将公益扶贫落实到位

全国政协机关各专门委员会办公室、各行政室局、直属企事业单位发挥各自优势奉献爱心，全力做好机关定点扶贫工作。资助舒城师范学院100万

元购买急需的专业教学设备，捐助颍东区西康小学 50 万元建设音乐、科技、计算机教室，配备教育大数据与精准教学系统，为贫困村装备村级电子阅览室。组织两区县特色农产品进政协机关，通过在京委员活动日现场展销、发放工会会员节日慰问品、采购会议用茶、采购食堂食材和组织职工购买等多种形式，累计采购农副产品 260 余万元。联系有关单位创立"公益政协 APP"网上销售平台，遴选两区县 87 种特色农副产品上线销售，挂职干部在两区县积极开展"皖中有货"抖音直播带货，依托人民政协报（网）等网络、报刊，全力宣传推介，全方位助推消费扶贫，实现销售收入 1460 余万元。联系中国制笔协会自 2015 年起连续 6 年向两区县捐赠价值达 980 多万元的学习用品。依托有关专门委员会办公室、全国政协干部培训中心并联系相关部委，通过多种培训方式，累计培训两区县基层干部 380 余人，基层教师、农技人才等近 4800 人。安排舒城县、颍东区 28 名基层干部分七批次到全国政协机关挂职学习。

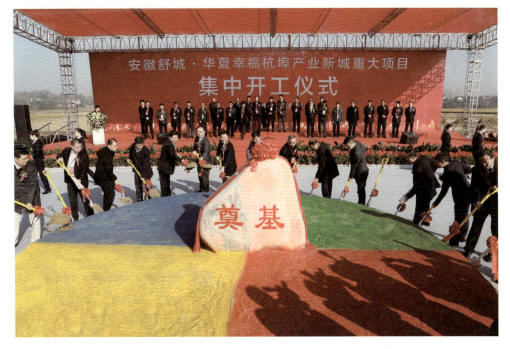

全国政协机关协调全国政协委员投资 260 亿元在安徽省舒城县建设华夏幸福杭埠产业新城项目。图为该项目集中开工仪式。

（五）发挥机关党建优势，将基层党建筑牢筑强

坚持强基和引领有机结合，推进党建扶贫。八年来，机关先后选派 30 名懂党建、会党建、抓党建的优秀骨干到两区县挂职担任扶贫干部和驻村第一书记，借鉴机关党务工作的好经验、好做法，规范基层党支部建设，筑牢脱贫攻坚战斗堡垒，带领乡亲摆脱贫困发挥"领头雁"作用，打造一支"永不离开的工作队"。着力破解基层党组织涣散、力量薄弱、干群关系复杂等问题，把基层党组织建在扶贫点上、建在产业链中。通过组织学习党的十九大精神、举办扶贫政策宣讲会、讲党课，建起村级党群服务中心，组织外出参观、开设流动党员微信群等丰富村党支部活动。协调团中央开展"贫困地区青春行"、文化艺术服务团暑期社会实践文艺演出活动，以及开展"根在基层"机关青年干部调研实践活动等，为贫困地区群众送上党组织温暖和精神文化大餐。策划开展"和政协来的第一书记同吃、同住、同劳动"活动，夯实干群联动基础，讲好扶贫故事。从机关收缴的党费中拨付 117 万元专项资金，用于支持贫困村更新党员教育培训设施、修缮活动场所，为基层党组织开展党员管理教育活动提供有效保障。

八年来，挂职扶贫干部把激情燃烧的岁月留在了两区县，得到当地干部群众高度赞扬。赵立军同志被党中央、国务院授予"全国脱贫攻坚先进个人"称号，刘焕性同志被国务院扶贫开发领导小组授予"全国社会扶贫先进个人"称号，顾宏伟、张红印、谢会昌、张启振、李章程等同志受到中央和国家机关工委、安徽省委和省政府的表彰。

三、攻坚克难、不负人民，圆满完成党中央交给的政治任务

八年来，全国政协机关肩负重担，攻坚克难，不负舒城县、颍东区人民的期望，圆满完成党中央交给的政治任务。累计投入帮扶资金 791.1 万元，引进无偿帮扶资金 7.37 亿元，引进项目投资 1022.6 亿元，培训基层干部、技术人员 6476 人。两区县贫困人口数量明显减少，贫困发生率明显下降，经济社会

创新帮扶模式

　　将定点扶贫工作与"委员作业"紧密结合，依托有关专门委员会办公室，积极争取委员支持，调动委员积极性，发挥委员在资金、资源、智力等方面的独特优势，积极引进各类投资，协调解决产业用地指标、5A 级旅游景区创建、专项基金投入等难题；克服疫情给扶贫教育培训带来的不利影响，利用全国政协"远程协商和网络议政"平台，通过视频连线，远程培训教育、医疗技术人员；结合全国政协"在京委员活动日"开展消费扶贫，组织颍东区绿色农产品、特色工艺品进机关展销推介，获得在京委员普遍关注，取得良好宣传效果。

发展明显加快，生产生活条件明显改善，贫困群众收入水平大幅提高，脱贫攻坚取得显著成就。2012 年至 2020 年，舒城县地区生产总值从 127.8 亿元增加到 306.5 亿元，财政收入从 9.7 亿元增加到 30.2 亿元，农民人均可支配收入从 6769 元增加到 14488 元，建档立卡贫困人口从 2014 年的 40893 户、109000 人减少至 0。颍东区地区生产总值从 105.6 亿元增加到 229.1 亿元，财政收入从 5.36 亿元增加到 25.99 亿元，农民人均可支配收入从 5327 元增加到 13426 元，建档立卡贫困人口从 2013 年的 34574 户、104308 人减少至 0。

　　八年来，全国政协机关在中央单位定点扶贫工作成效评价中，连续多年被评为"好"。机关扶贫办（机关事务管理局办公室）2014 年被授予"中央国家机关等单位定点扶贫先进集体"荣誉称号，2018 年被授予"中央和国家机关脱贫攻坚先进集体"荣誉称号，2021 年 2 月被党中央、国务院授予"全国脱贫攻坚先进集体"荣誉称号。

历任扶贫干部

挂职扶贫干部

挂职时间	姓 名	挂职地	挂职职务
2013.7—2014.7	刘焕性	安徽省阜阳市颍东区	区委常委、副区长
2014.7—2015.7	张红印	安徽省阜阳市颍东区	区委常委、副区长
2015.7—2016.8	周 洁	安徽省阜阳市颍东区	副区长
2016.8—2018.9	陈中鹏	安徽省阜阳市颍东区	副区长
2018.9—2021.3	顾宏伟	安徽省阜阳市颍东区	副区长
2021.5—	孙 宁	安徽省阜阳市颍东区	副区长
2013.7—2014.7	张启振	安徽省舒城县	副县长
2014.7—2015.7	谢会昌	安徽省舒城县	县委常委、副县长
2015.7—2016.8	张 浩	安徽省舒城县	副县长
2016.8—2018.9	张海鸿	安徽省舒城县	副县长
2018.9—2021.3	赵丽芳	安徽省舒城县	县委常委、副县长
2021.5—	薛 潇	安徽省舒城县	县委常委、副县长

驻村第一书记

驻村时间	姓 名	所驻村及职务
2015.7—2017.7	赵立军	安徽省舒城县北隅村、朱流圩村第一书记
2017.7—2019.8	叶 松	安徽省舒城县徐圩村、青墩村第一书记
2019.9—	李章程	安徽省舒城县青墩村第一书记

最高人民法院

| 历 程 |

最高人民法院自 1995 年至今一直担负河南省宁陵县、睢县两个贫困县定点扶贫任务。2019 年 5 月，宁陵县、睢县两县脱贫摘帽，两县建档立卡贫困人口已全部脱贫，贫困村全部实现出列。

党的十八大以来，最高人民法院坚持以习近平新时代中国特色社会主义思想为指引，认真贯彻落实党中央、国务院关于脱贫攻坚的一系列重大决策部署，切实将定点扶贫工作作为一项重要政治任务，坚持多措并举、务求实效、开拓创新，并注重突出行业优势，调动全院力量，打造独具法院特色的扶贫模式，用心、用力、用情帮助宁陵县、睢县脱贫攻坚。2019 年 5 月，宁陵、睢县两县提前两年完成贫困县脱贫摘帽的历史任务。2020 年 11 月，最高人民法院司法行政装备管理局荣获"中央和国家机关脱贫攻坚先进集体"称号；2021年 2 月，最高人民法院扶贫办被授予"全国脱贫攻坚先进集体"荣誉称号。

一、加强组织领导，高位谋划推动

最高人民法院始终把定点扶贫工作作为增强"四个意识"、坚定"四个自信"、做到"两个维护"的具体实践，以对党和人民事业高度负责的政治自觉精心谋划、真抓实干、全力推进定点扶贫各项工作。

一是健全工作机制。设立专门工作机构，成立院定点扶贫工作领导小组，下设办公室（挂靠司法行政装备管理局），建立院党组统一领导、定点扶贫工作领导小组部署推动、扶贫办统筹协调、成员单位分工落实的定点扶贫工作机制。院扶贫办制定《最高人民法院定点扶贫工作实施办法》，滚动制定年度脱贫攻坚计划，实施"挂图作战"，确保帮扶工作有章可循、有序推动。

二是强化指导督促。院党组书记、院长周强 2 次到定点县调研指导，进村寨、摸实情、察实效，研究脱贫规划、明确帮扶思路、制定帮扶措施；多次主持专题会议，研究部署定点扶贫任务。打响脱贫攻坚战以来，最高人民法院班子成员累计 10 余人次赴定点扶贫县调研指导，分析研判形势，破解工作难题，为稳步推进定点扶贫工作提供强有力的支撑和保障。

三是配强扶贫干部。把扶贫挂职纳入干部培养锻炼规划，先后选派 16 名优秀干部充实扶贫一线，为定点扶贫工作奠定了坚实的组织基础。所选派的挂职干部们扎根基层、以县为家、兢兢业业、成效显著，获得当地干部群众高度赞誉。所派驻的睢县驻村工作服务队荣获商丘市委、市政府表彰的"商丘好人"团体荣誉称号；所选派的驻村第一书记郑汝军，村里群众联名要求驻留，工作两年多时间，该村发生了翻天覆地的变化，成为商丘市"脱贫示范村"。

二、坚持精准扶贫，增强"造血"功能

坚持精准扶贫，突出分类施策，是打赢脱贫攻坚战的基本方略。最高人民法院因地制宜，组织实施产业、消费、特色农业等多种措施，帮助定点县提升"造血"功能，提高脱贫质量。

一是发力产业扶贫、提升"造血"功能。组织产业对接，先后协调引进宁陵果蔬冷链物流交易中心，一期投资 1.2 亿元建设万吨冷链物流园；二期投资 2 亿元建设果蔬农产品交易中心，可年创利税 2000 多万元，收益覆盖全镇所有非贫困村；协助宁陵县引进国家高新技术企业湖北三宁化工股份有限公司，每年为宁陵增加财政收入 3000 万元，带动 500 名贫困人口稳定就业。为大力

推动农业产业发展，协调相关部门对两县田园综合体项目给予政策资金支持；协调高科技生态农业企业河南凤彩农业公司加大对睢县投资力度，以无公害高科技农业技术实现蔬菜水果绿色产业化，促进农业产业升级，带动农民增收致富；协助睢县对接上海光明集团、西郊国际农产品交易中心，成为河南省唯一的上海市市外蔬菜主供应基地，为商丘地区乃至河南地区的农产品进沪开启了绿色通道。

二是大力发展电商扶贫，帮助销售扶贫产品。利用信息化资源优势，对接阿里巴巴、京东、拼多多等电商平台，为扶贫县的农产品打开销路；协助定点扶贫县宁陵县与京东集团就建设豫东物流仓储集散地进行洽谈，与中国农业银行签订网上扶贫商城消费扶贫合作备忘录；指导宁陵县确定了"互联网＋特色产业"的发展思路，规划建设了宁陵县科创电商产业园，打造了"宁陵酥梨"等特色优势品牌。协助宁陵县成功申报国家级电子商务农村综合示范县，争取中央财政补贴2000万元，每年帮助贫困村线上销售洋葱、大蒜、酥梨、花生等实现收入近7亿元，电商企业通过电商扶贫带动1800余户贫困户参与就业，户均增收3000余元。

三是因地制宜发展旅游文化扶贫，打造两县亮丽名片。指导睢县将"水族"

宁陵县概况

宁陵县位于河南省东部，隶属商丘市，辖14个乡镇、1个产业集聚区、1个特色商业区，359个行政村，区域面积798平方千米，总人口66万人，耕地面积80万亩。1994年被国家列为八七扶贫攻坚计划重点扶持县，2002年被确定为扶贫开发工作重点县，2011年被确定为大别山连片特困地区重点县和国家扶贫开发工作重点县。2019年5月脱贫摘帽。

最高人民法院大力发展电商扶贫，利用信息化资源优势，推介河南省宁陵县农特产品。图为最高人民法院挂职扶贫干部杨建文作为好物推荐官在央视推荐宁陵特产。

发源地文化与乡村旅游相结合，协助睢县乔寨村发展观光农业、休闲农业、历史文化体验，打造以乡村旅游为引领，集游、购、食、宿、娱为一体的旅游乡村。规划了果树种植（110亩）、设施农业（120亩）、土地托管（500亩以上）三大板块的发展思路，通过对接与山东寿光技术推广协会的紧密战略合作，将山东寿光的技术和资源引入乔寨村，为乔寨村村集体发展注入源源不断的活力。

睢县概况

睢县位于河南省东部，地处豫东平原、黄淮腹地，隶属商丘市，辖8镇12乡545个行政村，总面积926平方千米，人口91万人。2002年被确定为扶贫开发工作重点县，同时被纳入河南省"三山一滩"片区县。2019年5月脱贫摘帽。

四是多方挖潜筹措，加大直接投入帮扶力度。脱贫攻坚战以来，最高人民法院坚持聚焦定点扶贫责任目标，调动一切可以调动的资源，采取一切可以采取的措施，不断加大对定点扶贫县直接投入帮扶力度，先后对两定点扶贫县直接投入帮扶资金 2450 余万元，引进帮扶资金 22900 万元，干警捐款捐物达 150 余万元，所有扶助资金均用于两县扶贫项目发展、支持贫困村教育、培训党员干部及专业技术人员。组织全院各单位加大采购最高人民法院定点扶贫县农副产品力度，直接采购农产品达 250 余万元，每年均超额完成定点扶贫责任书任务。在中央单位定点扶贫工作成效评价中，连续多年获最高等级"好"。

三、突出行业优势，打造司法扶贫模式

在帮扶过程中，最高人民法院立足专业优势，突出司法特色，将帮扶措施与定点地区实际结合起来，探索了一系列"司法＋扶贫"模式，走出了法院扶贫的特色之路。

一是"司法＋教育"，贫困县师生夏令营走进最高人民法院感受"模拟审判"。治贫先治愚，把贫困地区孩子培养出来，才是根本的扶贫之策。最高人民法院连续多年组织睢县梁庄小学和梁庄小天才幼儿园师生在北京开展"爱国·法治"主题夏令营活动，师生们参观游览天安门、故宫、法院博物馆等名胜古迹和教育基地，并在法院博物馆的现代法庭展厅，身临其境坐到法庭审判席上模拟审判。

二是"司法＋扶智"，千名村支书进课堂学习脱贫攻坚知识。为切实提高基层农村党支部书记的履职能力，最高人民法院联合国家法官学院河南分院开展"脱贫攻坚——千名农村党支部书记进课堂"活动，每年对睢县、宁陵县两县行政村千余名党支部书记进行培训。

三是"司法＋宣传"，普法示范街推进乡村法治文明。为贯彻党的十九大精神，最高人民法院将全面依法治国与精准扶贫、乡村振兴战略相融合，2018年在睢县梁庄村建成一条普法示范街。示范街由梁庄自然村主街道"红旗路"

和"法治路"组成,总长度 520 米,将婚姻法、老年人权益保障法、义务教育法等枯燥的法律条文变成一个个生动的法治故事,图文并茂地刻在白墙上,并聘请兼职讲解员,面向全社会开放展示。同时最高人民法院驻村干部还利用自身法律资源,在睢县梁庄村开设"法治讲堂",成立法律工作室,为村民义务解答法律问题,保障村民合法权益,将矛盾纠纷化解在源头,群众上访率、诉讼率大幅降低。

四是"司法+建设",基层法院创新家事审判、打造智慧法院。基层法院建设是最高人民法院在两县扶贫的重点之一。在最高人民法院多次调研指导下,宁陵县法院结合辖区家事纠纷案件不断增多的实际特点,探索和创新家事审判,挂牌成立河南省首个家事法庭,采用会客式审判庭,甄选审判经验丰富、善于做调解工作的女法官,专门审理家事案件。2017 年,宁陵县人民法院荣获"全国优秀法院"称号。

五是"司法+指导",专业法官指导张弓酒厂改制,振兴豫酒。2018 年最

2018 年,最高人民法院在河南省商丘市睢县梁庄村建成一条普法示范街,推进乡村法治文明建设。图为最高人民法院驻村干部为群众现场普法宣传。

创新帮扶模式

最高人民法院立足专业优势，探索了独具法院特色的"司法+"扶贫模式："司法+教育"，组织贫困县师生夏令营走进最高人民法院培养爱国主义和法治理念；"司法+扶智"，千名村支书进课堂学习脱贫攻坚知识；"司法+宣传"，推进乡村法治文明；"司法+建设"，指导基层法院创新家事审判、打造智慧法院；"司法+指导"，专业法官指导企业改制。

高人民法院选派民二庭、民三庭的破产和知识产权专业法官针对改制涉及的破产清算、商标处置和租赁合同的处理等复杂专业问题开展法律适用指导，使棘手的破产重组工作平稳有序开展。

脱贫摘帽不是终点，而是新生活、新奋斗的起点。今后，最高人民法院将继续坚持以习近平新时代中国特色社会主义思想为指导，认真贯彻落实党中央关于乡村振兴战略的决策部署，弘扬"上下同心、尽锐出战、精准务实、开拓创新、攻坚克难、不负人民"的脱贫攻坚精神，在巩固拓展脱贫成果推动乡村振兴的战场上再创新绩！

历任扶贫干部

挂职扶贫干部

挂职时间	姓 名	挂职地	挂职职务
2012.11—2014.11	姚宝华	河南省睢县	县委常委、副县长

挂职时间	姓　名	挂职地	挂职职务
2015.4—2017.4	邓　亮	河南省睢县	县政府党组成员
2017.8—	贾　毅	河南省睢县	副县长
2012.11—2014.11	林鸿顺	河南省宁陵县	县委常委、副县长
2015.4—2017.4	骆惠华	河南省宁陵县	县委常委、副县长
2017.8—2021.6	杨建文	河南省宁陵县	县委常委、副县长
2021.6—	侯佳明	河南省宁陵县	副县长

驻村第一书记

驻村时间	姓　名	所驻村及职务
2015.8—2017.8	吴海江	河南省睢县保庙村第一书记
2017.8—2021.6	郑汝军	河南省睢县梁庄村第一书记
2021.6—	王　晨	河南省睢县回示村第一书记

最高人民检察院

历 程

1995 年最高人民检察院定点帮扶云南省西畴县，2015 年承接定点帮扶富宁县。最高人民检察院以习近平新时代中国特色社会主义思想为指导，认真贯彻落实党中央、国务院关于扶贫开发和脱贫攻坚的决策部署，持续强化工作力度，多方协调整合资源，不断创新帮扶方式，通过不懈努力，2018 年、2019 年西畴县、富宁县先后脱贫摘帽。

党的十八大以来，最高人民检察院认真贯彻落实习近平总书记关于扶贫工作的重要论述和党中央、国务院关于扶贫开发与脱贫攻坚的各项决策部署，以高度的政治自觉、法治自觉、检察自觉全面履行定点扶贫政治责任，举全院之力，用真心、动真情、真扶贫、扶真贫，把助推云南省西畴、富宁两县如期完成脱贫攻坚任务，为推动文山州经济社会高质量发展、实现中华民族伟大复兴中国梦贡献检察力量。

一、院党组高度重视，组织领导有力

一是提高政治站位。院党组始终把定点扶贫工作作为重大政治任务摆上议事日程，作为"一把手"工程来抓，重要情况"一把手"亲自听取汇报，重大问题"一把手"亲自过问，重大事项"一把手"亲自协调。二是构建大扶贫格局。构建主要领导亲自抓、党组负总责、扶贫办具体负责、各厅级单位全力配合、干部职工积极参与的定点扶贫工作格局，大家各司其职，各负其责，相互支持配合。三是健全完善工作机制。强化顶层设计，结合最高人民检察院和定点扶贫县工作实际，从规划、措施、管理等方面研究制定了《最高人民检察院定点帮扶云南省西畴县富宁县脱贫攻坚工作规划》《最高人民检察院关于认真学习贯彻党的十九大精神大力推进定点扶贫工作的十项措施》《最高人民检察院定点帮扶云南省西畴县富宁县工作联席会议制度（试行）》《最高人民检察院各厅级单位党组织与定点扶贫县贫困村党组织结对共建工作机制（试行）》《最高人民检察院定点扶贫资金管理使用办法》《最高人民检察院扶贫挂职干部管理办法》等系列制度办法，持续完善工作运行机制。

二、加强调研督导，派强扶贫干部

一是强化调研督导。院领导带头，各级干部积极参与，全院各级领导干部170多人次赴两县开展调研，其中部级及以上领导干部16人次。2018年5月，院党组书记、检察长张军深入定点扶贫县开展调研，至今已先后3次深入西畴、富宁两县开展调研指导。二是选优派强扶贫干部。坚持尽锐出战，共向定

西畴县概况

西畴县位于云南省东南部，有9个乡镇，总人口26.6万人，面积1506平方千米，99.9%的面积属于山区，裸露、半裸露的喀斯特山区面积占75.4%，是云南省石漠化程度最严重的地区之一。1986年被确定为国家重点扶持贫困县，1995年开始定点帮扶，2018年脱贫摘帽。

点扶贫县选派优秀挂职扶贫干部 13 名，分别挂任定点扶贫县县委副书记和驻村第一书记。坚持严管厚爱，强化扶贫干部管理监督，定期开展家访和慰问工作，及时帮助解决实际困难和问题，努力营造良好的工作和生活环境。

三、落实帮扶责任，抓实扶贫举措

在全面聚焦两县"两不愁三保障"的前提下，以加大协调力度推动地方发展、产业扶贫夯实脱贫根基、消费扶贫带动群众增收、教育扶贫阻断贫困代际传递、素质技能培训助推人才兴县、党建扶贫筑强基层战斗堡垒、公益扶贫凝聚扶贫力量、搭建人才交流平台等"八大举措"为抓手，积极开展定点扶贫工作。一是加大协调力度推动地方发展。紧盯西畴、富宁两县及文山州基础设施、产业发展等重大项目，充分发挥助推器作用，积极协调国家相关部门，争取项目和政策资金支持。党的十八大以来，共帮助协调争取和推动地方项目 27 个，有效促进地方经济社会健康发展。协调交通运输部将天保至文山高速公路纳入"十三五"规划并获得国家资金补助；协调国家发展改革委等部门推动文山州停滞 10 年的百色水利枢纽通航设施项目取得实质性进展；协调原中国铁路总公司将文山至蒙自铁路纳入 2018 年勘察设计计划；协调工业和信息化部支持文山州成为 2016 年度全国 39 个获批创建"宽带中国"示范城市之一；帮助富宁县田蓬口岸获得《国务院关于同意云南省田蓬公路口岸开放的批复》；帮助富宁县成功申报全国电子商务进农村综合示范项目，获得中央预算内补助资金 2000 万元；协调国务院扶贫办将富宁县列为 2017 年彩票公益金支持计划，获得中央预算内补助资金 2000 万元；协调国家发展改革委等部门将富宁县架街生态旅游区基础设施建设纳入"'十三五'国家旅游基础设施和公共服务设施预算内投资项目"，获得中央预算内补助资金 1000 万元；协调民政部等部门将"女子太阳山祭祀"申报为国家非物质文化遗产，授予西畴县荣获"中国壮族童谣之乡"等。二是以产业扶贫夯实脱贫根基。一方面，打造产业示范点，在西畴县瓦厂村直接投资 460 万元建设两个养猪

富宁县概况

富宁县位于云南省东南部，与越南接壤，毗邻广西，面积 5352 平方千米，有 13 个乡镇，总人口 42.5 万人。富宁县是革命老区、民族地区、边疆地区，同时，也是一个区位优越、资源丰富、蓄势待发的地区，是中国稻作文化和"坡芽歌书"的发源地、"中国八角之乡"、云南通往沿海地区的咽喉要道，素有"滇之胜境，粤地风光"之美誉。1986 年被确定为国家重点扶持贫困县，2015 年开始定点帮扶，2019 年脱贫摘帽。

场，在富宁县格当村为 89 户建档立卡群众购买能繁母牛，推广莪术和山豆根种植，创建普洱茶厂等。另一方面，帮助引进龙头企业，党的十八大以来帮助两县引进企业超过 9 个，引入企业实际投资超过 73 亿元。在富宁县，帮助引进河南省神火集团年产 90 万吨绿色水电铝项目，引进北京户联控股有限公司投资 1.2 亿元建设富宁县电子商务智慧园，帮助格当村引进扶贫车间项目；在西畴县，帮助引进中国服务集团有限公司投资新建服装生产车间，帮助瓦厂村引进文创产品和电子线圈两个扶贫车间等。三是以消费扶贫带动群众增收。党的十八大以来，最高人民检察院累计从西畴、富宁两县以及其他贫困地区直接购买农产品 1950 余万元，帮助两县销售农产品 2460 余万元。同时，帮助协调支持两县参与中国农产品加工业投资贸易洽谈会等展销会，联系主流媒体和平台撰文推荐两县农产品，持续扩大宣传面，联系人民网人民优选平台帮助发布滞销农产品信息 28 条，有效缓解了两县农产品滞销状况。四是以教育扶贫阻断贫困代际传递。始终坚持"扶贫先扶智"的原则，变"输血式"扶贫为"造血式"扶贫，积极推动教育扶贫项目落地两县，协调中国人民大学附属中学为全州开通中小学教育联盟网，助推教育均衡化；促成中国发展研究基金会援建"山村幼儿园"145 所，累计资助 1466 万元；协调财政资金 257 万元建设富宁县格当小学教学综合楼，争取 1380 万元财政资金建设富宁县第三小学、富宁县洞波乡中心小学；协调中国扶贫基金会为两县举办高中生自强班和新长城特困大学生项目，为富宁县中小学贫困生发放爱心包裹 2 万多个，总价值 200 多万元；帮助两县及文山州贫困学生争取助学金 70 多万元等。五是以素质技能培训助推人才兴县。围绕党务知识、农村实用技能开展专题培训，不断提升党政干部视野，提升贫困群众种植养殖和就业技能。党的十八大以来，共组织培训 30 余期，培训 8350 余人次。六是以党建扶贫筑强基层战斗堡垒。通过党组织结对共建，帮助两县基层党组织进一步规范和完善党组织生活及议事决策等规章制度，组织机关各部门党组织筹集资金为基层党组织解决实际困难，突出抓好贫困村党支部书记、创业致富带头人、实用科技人才三支队伍建设，努力打造一支"不走的扶贫工作队"。七是积极推动公益扶贫。号召全院干部职工经常性为两县贫困儿童捐赠物资，捐赠图

最高人民检察院协调财政资金 257 万元建设云南省富宁县新华镇格当希望小学综合楼。图为希望小学孩子们在教学楼前举行升国旗仪式。

｜ 最高人民检察院坚持扶贫扶志扶智相结合，以素质能力培训助推人才兴县。图为西畴县瓦窑幸福村留守妇女在滤波器扶贫车间接受技术培训。

书 4000 余册以及其他生活用品和学习用品。动员社会力量，推动社会帮扶，协调澳大利亚慈善家魏基成夫妇为富宁县捐赠蓝牙助听器、羊绒冬衣、棉被等物资折合人民币 580 多万元等。八是搭建人才交流平台。最高人民检察院每年从文山州级机关和西畴、富宁两县选派 4 名优秀年轻干部到机关交流学习，帮助他们不断提升工作能力，拓展工作视野。累计选派交流学习干部 20 余名，返回原单位后均成为骨干、后备培养干部。

四、精准扶贫显成效，脱贫摘帽奔小康

党的十八大以来，最高人民检察院倾心全力帮扶，向两个定点扶贫县累计直接投入资金 2411 万元，协调争取引进各类资金 67.75 亿元，助推两县打赢脱贫攻坚战，推动两县经济社会高质量发展。西畴县 2018 年实现脱贫摘帽，62 个贫困行政村全部出列，全县累计脱贫 37154 人；2020 年完成地区生产总值 56.35 亿元，是 2015 年的 1.86 倍；农村常住居民人均可支配收入 12096 元，是 2015 年的 1.68 倍。富宁县 2019 年实现脱贫摘帽，132 个贫困行政村全部出

创新帮扶模式

坚持把人才兴县作为打赢脱贫攻坚战的重要保证。采取"培训＋交流"模式，多次组织县乡党政干部、教师、医生、贫困村党支部书记、创业致富带头人、实用科技人才参加素能培训，考察学习；建立常态化交流工作机制，每年安排文山州、定点扶贫县4名干部到最高人民检察院跟班学习，着力开阔眼界视野，不断提升能力本领，累计选派干部20余名，返回原单位后均成为骨干、后备培养干部。

列，全县累计脱贫67864人；2020年完成地区生产总值127.48亿元，是2015年的1.75倍；农村常住居民人均可支配收入12453元，是2015年的1.57倍。2018年，"最高人民检察院全面帮扶富宁县（案例）"入选人民日报社和国家扶贫基金会联合评选的"精准扶贫综合治理模式"推荐案例；2019年，最高人民检察院入选人民网和《中国扶贫》杂志社联合评选的第二届中国优秀扶贫案例报告会"东西协作与定点扶贫优秀案例"，被中央和国家机关工委推荐参评"全国脱贫攻坚奖"。2018年、2019年连续2年在国务院扶贫办和中央和国家机关工委的定点扶贫工作成效评价中被定为等次"好"；2020年，最高人民检察院扶贫工作领导小组办公室被评为"中央和国家机关脱贫攻坚先进集体"；2021年，最高人民检察院扶贫工作领导小组办公室荣获"全国脱贫攻坚先进集体"。

历任扶贫干部

挂职扶贫干部

挂职时间	姓 名	挂职地	挂职职务
2012.12—2016.1	张玉亮	云南省西畴县	县委常委、副书记
2016.1—2018.2	时 磊	云南省西畴县	县委常委、副书记
2018.3—2021.2	张庆敏	云南省西畴县	县委常委、副书记
2021.3—	杨 旭	云南省西畴县	县委常委、副书记
2016.1—2018.2	廉士兵	云南省富宁县	县委常委、副书记
2018.3—2021.2	朱荣力	云南省富宁县	县委常委、副书记
2021.3—	耿 娜	云南省富宁县	县委常委、副书记

驻村第一书记

驻村时间	姓 名	所驻村及职务
2015.11—2018.2	冀永生	云南省西畴县瓦厂村第一书记
2017.7—2019.7	巩宸宇	云南省西畴县瓦厂村第一书记
2019.8—	谢晓歌	云南省西畴县瓦厂村第一书记
2016.1—2018.2	秦西宁	云南省富宁县格当村第一书记
2017.7—2019.7	宋海涛	云南省富宁县格当村第一书记
2019.8—	郑文文	云南省富宁县格当村第一书记

国务院办公厅

|历 程|

国务院办公厅分别自 2002 年和 2015 年开始定点帮扶河北省怀安县和张北县。国务院机关党组成立机关定点扶贫工作领导小组及办公室，在两县设立扶贫工作组，选优配强扶贫干部，持续加大帮扶力度，推进产业扶贫、教育帮扶、健康帮扶、消费扶贫等各项任务，推动两县于 2020 年初脱贫摘帽。

党的十八大以来，国务院机关党组认真贯彻党中央、国务院脱贫攻坚决策部署，坚决落实中央单位定点扶贫政治责任，贯彻精准方略，强化帮扶举措，抓好督促落实，推动河北省怀安、张北两县全面打赢脱贫攻坚战。

一、坚持高位推动，认真扛起定点帮扶政治责任

国务院机关党组坚决向党中央脱贫攻坚决策部署对标看齐，认真扛起定点帮扶重大政治责任。机关党组先后召开 24 次会议，持续跟进学习习近平总书记关于扶贫工作的重要论述和李克强总理指示要求，专题研究定点帮扶重点工作；机关党组同志赴两县调研指导 19 人次，深入考察扶贫项目，广泛听取基层意见，走访慰问贫困群众，与地方党委和政府共商脱贫大计；累计作出 180 余次重要批示，亲自协调解决定点帮扶中的重点难点问题，督促指导工作落实落地。

怀安县概况

怀安县地处河北省西北部，与晋冀蒙三省（区）交界，处于北京"一小时经济圈"范围。经济活跃，整车制造、应急服务、新型能源、特色农牧、文化旅游等产业快速发展。2001年，怀安县被确定为国家扶贫开发工作重点县，2002年国务院办公厅开始定点帮扶，2020年脱贫摘帽。

在机关党组坚强领导下，国务院办公厅深刻认识做好定点帮扶工作的极端重要性，先后围绕空心村治理、防止返贫等开展专题调研20余次，为领导同志决策提供了重要参考。充分发挥自身优势，积极在项目对接、消费扶贫、人才培训等方面担当作为、献计出力，不折不扣抓好帮扶任务落实。党的十八大以来，国务院办公厅共选派20名干部扎根一线挂职扶贫，直接投入和帮助引进资金7.12亿元，培训基层干部和技术人员1.65万人，直接购买和帮助销售农产品1.05亿元，每年均超额完成定点扶贫责任书确定的各项目标任务。

二、加强组织领导，切实凝聚脱贫攻坚强大合力

完善工作机制。搭建"1+1+2"的工作架构，国务院机关党组成立定点扶贫工作领导小组抓统筹，设立国务院办公厅扶贫办抓日常，在两县分设扶贫工作组抓落实。机关党组主要领导同志亲自挂帅、牵头抓总，明确机关党组副书记和1名党组成员具体抓定点帮扶工作，机关党组其他同志在联系的业务领域内协调推动帮扶事项，督促分管的机关单位积极参与帮扶工作，切实将党的组织优势转化为定点扶贫的战斗力。

张北县概况

张北县位于河北省西北部、内蒙古高原南麓的坝上地区，气候宜人，是有名的避暑胜地。交通便捷，是连通京冀晋蒙的交通枢纽。资源丰富，1994 年被确定为国家重点扶持贫困县，2015 年国务院办公厅开始定点帮扶，2020 年脱贫摘帽。

选优派强力量。落实"尽锐出战"要求，注重选派业务骨干、年轻干部挂职扶贫，不断优化队伍结构，充实一线帮扶力量。选派的干部平均年龄 31 岁，均为大学以上学历，其中处级干部 9 人、科级干部 11 人。国务院机关党组领导同志多次与驻县工作组成员座谈交流，勉励大家发扬国务院机关优良传统，扎根一线，履职尽责。认真落实考核评优、津补贴待遇等政策措施，帮助解决实际困难，激励干部担当作为。

汇聚多方资源。国务院办公厅充分发挥政策信息富集、联系面广泛等优势，与国务院扶贫办、农业农村部等部门加强沟通联系。近年来围绕两县提出的 50 余件需要协调支持的事项主动对接，开展政策咨询和项目论证，为两县交通基础设施改造、旅游产业发展等创造条件。协调帮助两县举办多场对接活动，联系引进企业 21 家，实际投资额 7.7 亿元，推进实施一批重点产业、民生帮扶项目，辐射带动 6.8 万贫困人口实现增收。

三、突出产业带动，积极协助打造高质量发展引擎

推动特色种养业提质升级。一是抓规模化生产。引进实施马铃薯育种、藜麦基地等项目，推动张北微型薯年产量突破 3 亿粒，藜麦种植面积达 2 万亩；怀安贫困户优质谷子、甜糯玉米等特色种植由 2018 年的 33636 亩增至 2020 年

| 国务院办公厅帮扶河北省张北县推动藜麦种植，面积达 2 万亩。图为张北县玉狗梁村村民郭明与老伴儿沉醉在藜麦丰收的喜悦中。

的 50660 亩，贫困户肉牛、肉驴等特色养殖由 2018 年的 123 头增至 2020 年的 512 头，传统种养业打出了更多"增收粮"。二是抓品牌化发展。根据市场需求推动开发 200 余种扶贫产品，深入乡村工厂指导做好原料选择、规范加工等工作，支持"怀安贡米"、张北马铃薯和藜麦等开展绿色食品、有机农产品认证，往日"卖不动"的土特产成了"香饽饽"。三是抓多元化销售。深化产销对接，积极联系大型超市、高校食堂等建立长期稳定产销关系，帮助销售两县蔬菜、小米等 8130 余万元。统筹线上线下，指导两县申报电子商务进农村综合示范县项目，推动优质农产品上线，带动销售 1060 余万元。拓宽渠道平台，牵头研发"扶贫有藜"微信小程序，组织社会力量和机关干部职工认购张北藜麦 1200 余亩。四是抓精准化联结。推动两县实施订单种植、吸纳就业奖励等措施，带动有劳动能力的贫困户通过种植养殖、企业务工等增加收入；引导无劳动能力的贫困户以土地、资金入股农民合作社或扶贫产业项目，获取租金和股金收益，完善特色种养产业联农带贫机制。

推动光伏产业扩模增效。一是抢抓"早"，推进光伏电站建成并网。积极协调争取 32.95 万千瓦光伏扶贫电站指标，协助制定电站建设、融资贷款等方案，协调解决选址施工、电网改造等问题，推动两县建成各类光伏电站 822 个，2018 年全部并网发电，累计结算收益 3.76 亿元。二是突出"公"，严把光伏收益分配关口。协助两县制定光伏收益分配办法，明确光伏收益主要用于贫困户直接增收、村集体公益事业和电站运维，确立公益岗位网格化、工资薪酬科学化、生活补助差异化等分配机制，确保光伏收益精准分配、科学使用。三是强化"稳"，加强光伏电站运维管理。指导制定光伏电站运营制度，明确产权归属，明晰管理责任，将光伏收益的 8% 作为专项经费，引入专业运维公司，建立远程监控系统和定期巡检机制，保障电站安全高效运行。

推动旅游产业做优做强。一是坚持科学规划引领。实地考察两县乡村旅游资源，协调编制完成两县旅游发展规划，明确文化、农业、生态与旅游深度融合的开发思路，着力打造京津冀一流的文化旅游和休闲度假目的地。二是坚持景区项目带动。举办旅游规划推介会和旅游扶贫对接活动，组织 40 余家行

国务院办公厅推动定点扶贫县光伏电站建成并网，为当地贫困户种下旱涝保收的"铁杆庄稼"。图为光伏电站一角。

业协会、企业考察两县旅游资源开发，规划建设景区景点 20 多处、旅游线路 7 条，实施元中都遗址等文物古迹和碹窑等传统建筑保护性开发工程，打响草原天路、草原音乐季等旅游名片。三是坚持节庆赛事拉动。推动怀安举办全国业余围棋公开赛，擦亮"全国围棋之乡"品牌；支持张北举办青少年滑雪冬令营和全国群众冬季运动推广普及活动，带动当地冬季旅游发展。四是坚持新兴业态撬动。深入挖掘农业农村生态康养、休闲观光等价值功能，探索在张北德胜村、怀安北庄堡村等建设集光伏观光、大棚采摘、民宿休闲为一体的美丽乡村，引导村民吃上"文旅饭"。

四、补齐民生短板，不断提升贫困群众幸福指数

深入实施教育扶贫。切实把教育作为阻断贫困代际传递的重要工作抓实抓好，督促两县全面落实教育扶贫政策，强化控辍保学工作。持续开展国务院办公厅"大手拉小手""教育自强班"等帮扶项目，筹集助学款 254 万元，资助贫困学生 2180 人。组织机关单位向两县学校捐赠图书、文具、采暖设备等多批物资，联系相关部门、企业为当地学校迁建、硬件设施建设等捐资 1500 余万元，帮助改善办学条件，让每一个贫困孩子看到通过学习改变命运的希望。

扎实开展健康扶贫。针对两县因病致贫比例较高等问题，将健康扶贫作为定点帮扶工作的优先重点。指导两县建立大病患者回访、参保数据比对等机制，推动落实贫困人口参保、"先诊疗后付费"等政策，从根本上改变贫困群众看不起病的现象。协调北京三甲医院对口帮扶两县医院，帮助建立腔镜手术、变态反应科室，培训医务人员 600 余人，不断提高当地医疗能力水平。对接相关部门、公益组织等为两县医院扩建、村卫生室修缮等提供 960 余万元资金支持，探索推进"互联网＋医疗"发展，减轻贫困群众就医负担。

切实保障住房和饮水安全。牵头成立工作专班，推动两县对农户住房和饮水情况进行普查，对接相关部门拨付专项资金 5150 万元支持两县危房改造和饮水安全巩固提升工程，推动解决季节性缺水、建新房住旧房等难点问题，确

保贫困群众住上安居房、喝上放心水。做好易地扶贫搬迁及后续扶持，全程参与项目建设督导，如期实现9426名搬迁群众安置；推动配套产业园区建设，协调引进蔬菜净加工、箱包加工等产业项目，实现搬迁群众稳得住、有就业、能致富。

完善防返贫致贫机制。指导两县将防止返贫致贫摆在突出位置，建立健全防止返贫监测和帮扶机制。实行台账管理，对脱贫不稳定户和边缘户分别建立台账，做好跟踪帮扶；加强动态监测，强化扶贫、卫生健康等部门数据共享和比对分析，及早预警返贫致贫风险；及时实施帮扶，针对不同返贫致贫风险，综合采取发展产业、推动就业、防贫保险等方式提供帮扶，保障基本生活，不断提升贫困群众的获得感、幸福感、安全感。

五、从严从实要求，确保定点帮扶成果经得起检验

强化党建引领。协助两县深入推进抓党建促脱贫，抓好贫困村党组织"强身健体"，努力把党建资源转化为帮扶资源、把党建优势转化为发展优势、把党建活力转化为攻坚动力。扎实开展驻村帮扶，国务院办公厅驻怀安县北庄堡村第一书记以开展"两学一做"学习教育、"不忘初心、牢记使命"主题教育为契机，组织党员干部学理论、谋增收、抓落实，发展设施蔬菜、肉牛养殖等主导产业，实施道路硬化亮化、新建村卫生室等12项民心工程，推动北庄堡村率先脱贫出列。驻张北工作组在包联的盘常营村打造"亲历扶贫"党建扶贫教育基地，通过"点面结合的政策讲解""沉浸式的实地参观""交互式的算账体验"等展示扶贫工作成效，吸引40余批团队参观学习，募集捐资近300万元，孵化扶贫项目10余个，带动村民增收脱贫。

强化能力提升。国务院办公厅连续2年举办两县农村党组织书记专题培训班，围绕打赢脱贫攻坚战、农业供给侧结构性改革等安排集中授课，参观学习产业发展、基层党建等典型经验。联系国务院扶贫办、农业农村部等部门，聚焦精准识别、产业帮扶等重点工作专题讲解、解疑释惑。机关各司局积极发挥

创新帮扶模式

　　坚持以上率下，凝聚帮扶合力。国务院机关党组发挥"头雁效应"，机关单位发挥各自优势，在政策指导、资金投入、项目引进、干部培训等方面积极为定点扶贫县提供支持。拓宽产品销路，创新消费扶贫。开展"众筹消费"扶贫活动，开发"扶贫有藜"微信小程序，大力实施"互联网＋扶贫"，推动定点扶贫县优质农产品上线电商平台，开展网络直播活动，提升农产品知名度。建强"战斗堡垒"，推进党建帮扶。开展定点扶贫县党组织书记专题培训，充分发挥驻村第一书记作用，打造党建扶贫教育基地。坚持扩面提质，强化就业帮扶。帮助支持企业稳岗就业，发展扶贫车间吸纳就业，组织劳务输出拓展就业，实施公益岗位托底就业。

业务专长，围绕"放管服"改革、政务公开工作等，培训两县基层干部517人次，帮助拓宽工作思路，提升攻坚能力。

　　强化作风护航。督促指导推动两县深入开展脱贫攻坚作风建设年、扶贫领域腐败和作风问题专项治理行动，对脱贫验收、年终考核中发现的问题严肃认真整改，力戒形式主义、官僚主义。协助两县加强扶贫项目和资金管理，对国务院办公厅协调引进的项目建立跟踪审计机制，严防资金挪用、乱用、贪污等问题。扎实开展贫困人口精准识别"回头看"，督促及时更新台账，实施动态管理，确保数据准确。牵头开发精准扶贫信息系统，明确信息录入和档案整理规范，有效减少填表报数、过度留痕等问题，切实为基层干部减负，确保脱贫工作务实、过程扎实、结果真实。

历任扶贫干部

挂职扶贫干部

挂职时间	姓 名	挂职地	挂职职务
2013.6—2014.6	于纪东	河北省怀安县	县委副书记
2014.9—2015.7	刘 斌	河北省怀安县	县委副书记
2016.6—2018.6	罗小青	河北省怀安县	县委副书记
2017.10—2019.10	肖汪洋	河北省怀安县	县委常委、副县长
2018.6—2021.4	冷张君	河北省怀安县	县委常委、副县长
2021.4—	张 健	河北省怀安县	县委副书记
2016.4—2017.4	张广成	河北省张北县	县委常委、副县长
2016.6—2018.6	强 强	河北省张北县	县委副书记
2017.10—2019.10	经常龙	河北省张北县	县委常委、副县长
2018.6—2021.4	张呈祥	河北省张北县	县委常委、副县长
2021.4—	蔡惊雷	河北省张北县	县委副书记

驻村第一书记

驻村时间	姓 名	所驻村及职务
2015.7—2016.8	刘 斌	河北省怀安县北庄堡村第一书记
2016.9—2018.8	吴 憾	河北省怀安县北庄堡村第一书记
2018.8—2021.4	韩惟灏	河北省怀安县北庄堡村第一书记
2021.4—	赵怡玮	河北省怀安县北庄堡村第一书记

外交部

历 程

1992 年，外交部开始定点帮扶云南省金平、麻栗坡两个国家级贫困县，并成立部扶贫工作领导小组，由部领导任组长，设立负责扶贫事务的办公室。1997 年起共选派 38 位干部挂职两县。2009 年由外长夫人出任"扶贫工作名誉大使"，自此每年举办"大爱无国界"国际义卖活动。共选派 3 位驻村第一书记。2020 年 5 月两县如期实现脱贫目标。

党的十八大以来，外交部深入学习贯彻习近平总书记关于扶贫工作的重要论述和党中央决策部署，科学规划，统筹安排，精准施策，狠抓落实，开拓创新，助力定点扶贫的云南省金平、麻栗坡两个国家级贫困县于 2020 年 5 月如期实现脱贫摘帽目标。

一、强化党的领导，部党委靠前指挥

国务委员兼外交部长王毅高度重视扶贫工作，亲自部署，亲自推动，亲赴两县考察指导，推动解决两县关切的麻天高速公路、沿边口岸开放建设等问题；每年都亲自出席扶贫相关活动。外交部党委书记齐玉亲抓扶贫工作，经常就扶贫工作作出指示批示，分别于 2019 年、2020 年赴两县考察指导。外交部党委每年召开专题会学深悟透党中央决策部署精神，研究部署扶贫工作。外交

金平苗族瑶族傣族自治县概况

金平苗族瑶族傣族自治县地处云南省红河州南部，与越南2省5县接壤，面积3677平方千米，总人口39.6万人。享有"中国·红河蝴蝶谷""中国长寿之乡""中国天然氧吧"等美誉，拥有金水河国家级一类口岸，出产古树茶、百香果等农特产品。1992年由外交部定点帮扶，2020年5月脱贫摘帽。

部扶贫工作领导小组以召开全体会议和专项会议的方式，规划全年工作。外交部扶贫工作领导小组组长指导推动，定期召集外交部扶贫办研究工作，赴两县考察调研，并以视频会议形式出席英国中国商会与伦敦金融城联合举办的"中英公益"云南扶贫项目爱心支票捐赠仪式。外交部党委其他成员十分关心扶贫工作，率先垂范，不仅参与助学、会见捐资者，而且经常利用各种机会和场合与云南省州县领导沟通交流扶贫工作。在京部领导积极参加每年的"大爱无国界"义卖活动并慷慨解囊，以实际行动参与消费扶贫。党的十八大以来，外交部领导共计18人次赴两县调研考察，推动沿边口岸建设、产业转型升级、民生和教育发展等一系列当地关切的重大项目。

二、发挥外交工作优势、在"外"字上做文章

根据外交工作特点，充分挖掘外国政府、基金会、企业财团及海外华人华侨等潜力，为两县引入资金、项目、技术，所募集帮扶资金里有一半以上来自海外，并将两县特色产品推介国内外市场。2016年9月，协调赤道几内亚政府捐赠490多万元修建的金平县第一小学（现更名为"中国—赤道几内亚友谊小学"）的新教学楼落成。两县随处可见带"外"字的教学楼、卫生院、人畜

饮水设施等扶贫项目。近年来，先后引进了新西兰的牛羊、奇异果、黑木耳等养殖种植项目，借助丹麦绫致基金在金平县成立"彩虹手工艺专业合作社"，培训当地绣娘提高刺绣水平并网售作品。积极拓展"中国扶贫"的国际意义，组织协调外交一线人员讲好扶贫开发故事，宣介中国为国际减贫事业所作的贡献。特别是自2009年起，每年举办由外长夫人发起、由驻华使领馆和国际组织代表机构以及相关企业参与的"大爱无国界"国际义卖活动，展售世界各国特色产品，所筹善款用于中西部贫困地区发展，其中用于金平县和麻栗坡县的善款达2888万元。为拓宽两县干部国际视野、学习国外经济发展经验，2017年11月组织两县30名干部赴日本考察交流。同时，还将两县农特产品引入国宴、国际活动以及驻外使领馆采购名录。2018年起培训并选派麻栗坡县贫困人员作为技能实习生赴日本务工。此外，针对两县地处中越边境且有沿边开发迫切需求，积极做越南政府及我国相关部门工作，推动金水河口岸升格为国际性口岸，实施金水河口岸友谊桥修复加固项目，持续推进天保—清水口岸跨界

| 2016 年，外交部协调赤道几内亚政府捐赠 490 多万元修建"中国—赤道几内亚友谊小学"。图为小学新落成的教学楼。

麻栗坡县概况

　　麻栗坡县位于云南省文山州东南部，与越南接壤，在对越自卫反击战和防御战中作用突出。面积 2357 平方千米，总人口 29 万人，少数民族占 40.6%。矿产、水资源丰富，盛产热带水果和咖啡、石斛、三七等农特产品。天保口岸为国家级一类口岸。1992 年由外交部定点帮扶，2020 年 5 月脱贫摘帽。

交通工程项目。

三、精准施策，多措并举，在"实"字上做文章

　　紧紧围绕两县脱贫需求，聚焦解决"两不愁三保障"突出问题，在推进产业发展、技术培训、消费扶贫、就业扶贫等方面精准施策，全面发力。党的十八大以来，外交部通过国内国外渠道共筹集帮扶资金 1.64 亿元，投入帮扶资金 1.87 亿元，实施了教育、卫生、饮水、美丽乡村建设、培训、产业等扶贫项目 443 个，其中向金平县投入了 9590 万元，实施扶贫项目 266 个；向麻栗坡县投入了 9111 万元，实施扶贫项目 177 个。培训基层干部 5262 人，专业技术人员 3728 人。开展消费扶贫，直接购买两县产品 328.63 万元，帮助销售 906.58 万元。在两县投入 2244 万元，设立了"外交部产业扶贫基金"和"香港仁善产业扶贫基金"，以"基金＋合作社＋贫困户"模式，扶持了 29 家合作社，带动 5905 户贫困家庭就业增收。引入钓鱼台食品生物科技有限公司，分别与两县成立合资公司，建立千亩百香果、万亩石斛标准化示范基地，为咖啡、古树茶、火龙果、梯田红米等 13 个农产品进行了标准化设计和认定，开发了百香果酱、手冲咖啡等产品。引荐有实力的药业集团建立中药饮片加工厂。多渠道推动就业扶贫，帮助贫困人口实现转移就业 2112 人。

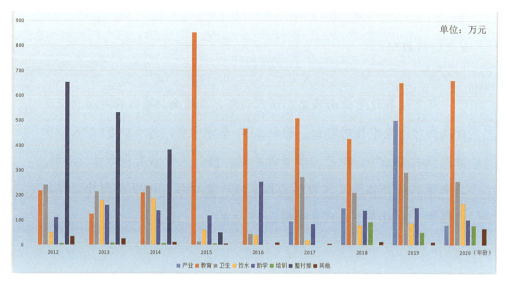

单位：万元

| 党的十八大以来外交部定点帮扶云南省金平县项目资金统计

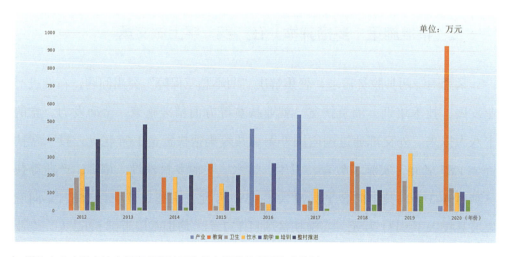

单位：万元

| 党的十八大以来外交部定点帮扶云南省麻栗坡县项目资金统计

四、干部职工积极参与，形成大扶贫格局

部内部属单位和驻外机构以强烈的责任感和使命感，通过组织开展捐款、义卖、赠书、一对一帮扶等活动，积极参与扶贫工作。不少部司领导长年捐资助学，有的携家人捐资 30 多万元设立了"阳光奖学金"，有的长期捐款累计多达 100 多万元。驻外使领馆积极做当地政府、企业、慈善基金以及华人

华侨工作，筹集资金，力荐好项目。同时，不断创新帮扶方式，2018年起选派干部赴麻栗坡县开展志愿者支教活动，至今已有5批次49人参与，受到当地教育部门和学校师生的好评；2019年4月与腾讯公司合作发起一个月的"爱心捐书、始于足下"捐步助学活动，部内部属单位、驻外使领馆及社会热心人士积极响应参与，成功筹集到腾讯公益基金会配资60万元，为金平县6所中学和15所小学购买了7万多册图书。利用部里的培训优势，聘请专家学者、技术人员开展党政干部培训、乡镇干部和村"两委"轮训、技术职能培训。全部同志积极参与每年在部内举办的两县产品推销会，外交部工会将两县产品列为节日福利包，采购分发给干部职工。新冠肺炎疫情暴发后，积极协助两县防控疫情，从国外争取急需的防疫防护用品。引荐澳大利亚、新西兰华人向两县捐赠了10万只口罩；驻德国杜塞尔多夫总领馆引导华侨华人向金平县红十字会捐款26万多元以及9000只医用口罩；驻越南使馆、驻日本使馆协助采购或运回防疫物资。

五、建立了一套严谨高效的工作机制和管理规章

1992年成立了"外交部扶贫工作领导小组"，下设负责日常事务办公室（部扶贫办）。每年召开领导小组全会研究部署工作。自1997年起已选派38位干部到两县任扶贫代表兼县委常委、副县长。2015年起，向金平县派出3位驻村第一书记。在长期扶贫工作实践中，形成了部扶贫工作领导小组指导规划，部扶贫办协调组织落实，各司局和驻外使领馆干部职工广泛参与，挂职干部和县外援办监督执行的一套有效机制。此外，为加强对扶贫资金、项目以及驻两县扶贫代表的管理，外交部先后出台了相关管理规章，并设立专门扶贫账户，建立了扶贫资金、项目管理数据库。

28年来，外交部始终将定点扶贫工作视为分内事，在外交战线干部职工齐心努力下，共募集了帮扶资金4.67亿元，实施了教育、卫生、饮水、培训、整村推进、产业等1600多个扶贫项目，帮助解决上学难、饮水难、看病难、

创新帮扶模式

　　外交部不断创新产业、就业帮扶方式。在两县投入 2244 万元设立"外交部产业扶贫基金"，以"基金＋合作社＋贫困户"模式，扶持了 29 家合作社，带动 5905 户贫困家庭就业增收。引入钓鱼台食品生物科技有限公司，与两县成立合资公司，建立水果、中药材标准化示范基地，标准化设计和认定农产品，开发新产品。选派贫困人员作为技能实习生赴日本务工。

吃饭难等困难，两县 40 多万群众直接受益。

　　外交部定点扶贫工作多次受到国务院扶贫工作领导小组以及中央有关部门和地方各级政府的肯定。在 2017 年、2018 年、2019 年、2020 年中央单位定点扶贫工作成效评价中均获得"好"的等次。2018 年 10 月，外交部扶贫工作

外交部协调国内国外资源，实施教育、卫生、饮水、美丽乡村建设、培训、产业等扶贫项目。图为外交部协调中国丹麦商会援建的麻栗坡县麻栗镇岩子脚村饮水项目。

领导小组办公室被评为"中央和国家机关脱贫攻坚先进集体"。2021年2月25日，外交部扶贫工作领导小组办公室和驻麻栗坡县扶贫代表薛炜同志分别获得全国脱贫攻坚"先进集体"和"先进个人"称号，这是外交战线全体同志的殊荣，是党中央对外交部扶贫工作的充分肯定和褒奖。

历任扶贫干部

挂职扶贫干部

挂职时间	姓 名	挂职地	挂职职务
2012.5—2013.6	方 威	云南省麻栗坡县	县委常委、副县长
2013.6—2014.7	陈立文	云南省麻栗坡县	县委常委、副县长
2014.8—2015.8	张晓丽	云南省麻栗坡县	县委常委、副县长
2015.9—2017.1	雷建军	云南省麻栗坡县	县委常委、副县长
2017.1—2019.1	河江川	云南省麻栗坡县	县委常委、副县长
2019.1—2021.4	薛 炜	云南省麻栗坡县	县委常委、副县长
2021.4—	陈明煌	云南省麻栗坡县	县委常委、副县长
2012.5—2013.6	颜 亮	云南省金平县	县委常委、副县长
2013.7—2014.7	周 聪	云南省金平县	县委常委、副县长
2014.8—2015.8	邱先明	云南省金平县	县委常委、副县长
2015.9—2017.1	刘 波	云南省金平县	县委常委、副县长
2017.1—2019.1	冯 胤	云南省金平县	县委常委、副县长
2019.1—2021.4	王尉育	云南省金平县	县委常委、副县长
2021.4—	王 震	云南省金平县	县委常委、副县长

驻村第一书记

驻村时间	姓 名	所驻村及职务
2016.3—2017.4	吴 銎	云南省金平县广街村第一书记
2017.4—2019.6	付 涛	云南省金平县五家寨村第一书记
2019.7—	周育江	云南省金平县五家寨村第一书记

国家发展改革委

历 程

国家发展改革委于 1990 年起帮扶河北灵寿县、1997 年起帮扶广西田东县、2003 年起帮扶吉林汪清县，向三县投入大量人力、物力和财力，帮助解决贫困人口温饱问题、改善生活条件、推进基础设施建设等。党的十八大以来，从规划政策、项目资金、人才智力、媒体宣传等方面倾力帮扶。打响脱贫攻坚战以来，进一步强化投入力度，定点帮扶的田东、灵寿、汪清三县先后摘帽。

党的十八大以来，国家发展改革委认真学习贯彻习近平总书记关于扶贫工作的重要论述，增强"四个意识"、坚定"四个自信"、做到"两个维护"，把定点扶贫作为重大政治任务抓紧抓好。脱贫攻坚战打响以来，国家发展改革委深入开展全方位、立体式、系统化精准帮扶，从规划政策、项目资金、人才智力、媒体宣传等方面持续加大投入力度，定点帮扶的田东、灵寿、汪清县先后摘帽，分别减贫约 5.2 万人、4.4 万人、1.6 万人，贫困发生率分别由 15%、16.3%、23.2% 全部降至动态为零，2020 年农村居民人均可支配收入分别达 17518 元、10096 元、13680 元，较 2013 年分别增长 98%、133%、141%。三县经济社会发展取得长足进步，完成了消除绝对贫困的艰巨任务，城乡面貌焕然一新，人民群众获得感、幸福感、安全感显著增强。国家发展改革委 2018 年、2019 年、2020 年连续 3 年定点扶贫工作成效评价为"好"。

一、加强组织领导，用心倾力帮扶

国家发展改革委党组书记、主任、委脱贫攻坚工作领导小组组长何立峰高度重视，靠前指挥，以上率下推进定点扶贫工作。通过委党组中心组集体学习、委党组（扩大）会议等，及时传达学习贯彻习近平总书记关于脱贫攻坚的重要讲话和重要指示批示精神，多次主持召开会议研究定点扶贫工作，先后5次赴田东、灵寿、汪清三县开展专题调研，对定点扶贫工作提出明确要求。委党组成员赴三个定点扶贫县（以下简称三县）调研16人次，深入研究帮扶举措，督促指导工作。全委上下齐心协力，带着感情和责任投身定点扶贫事业。先后选派93人赴三县挂任县领导、县直部门副职、乡镇副职、驻村第一书记等，49个司局（直属单位）党支部与三县53个村党支部开展结对共建，形成工作合力。振兴司认真履行领导小组办公室职责，加强统筹协调，周密制定年度工作要点和工作计划，协调各单位提前超额完成各项帮扶任务，指导帮助三县发现和纠正扶贫工作中存在的问题，督促抓好各项工作任务贯彻落实。

国家发展改革委的定点扶贫工作得到中央领导同志和上级部门的充分肯定。2015年11月，习近平总书记在中央扶贫工作会议上指出，广西田东县通过建设机构、信用、支付、保险、担保、村级服务组织等六大金融服务体系，

> **田东县概况**
>
> 田东县位于广西西南部，面积2816平方千米，总人口44万人，是百色起义的策源地。是百色芒果主产区，芒果种植面积34万亩，年产量20万吨，百色芒果产业作为首批特色产业扶贫范例在全国推广。1997年由国家发展改革委开始定点帮扶，2019年4月脱贫摘帽。

有效缓解了贫困户资金缺、贷款难问题。2018 年 12 月，汪洋同志在广西壮族自治区成立 60 周年纪念大会上指出，广西创造了农村金融改革的"田东模式"。2020 年，国家发展改革委振兴司易地扶贫搬迁项目组荣获全国脱贫攻坚奖组织创新奖。2021 年，国家发展改革委振兴司、国家发展改革委评估督导司评估督导三处荣获全国脱贫攻坚先进集体，农经司郑慧涛同志（驻灵寿县马家庄村第一书记）荣获全国脱贫攻坚先进个人。

二、积极探索创新，强化政策支持

委内各司局在组织实施相关政策和试点示范时，积极纳入三个定点扶贫县，将"责任田"打造成为政策实施和试点示范的"试验田"。在三县开展以工代赈巩固脱贫攻坚成果衔接乡村振兴试点，加强试点工作后续指导，及时掌握新情况，协调解决推进中的堵点难点问题。支持将三县纳入国家农村产业融合发展示范园创建名单，邀请相关专家实地调研，对产业融合发展试点工作进行规划指导。协调有关电商平台企业为汪清县搭建联供联配供应链体系，探索打通农产品销售"最后一公里"，降低试点商户物流成本 30%左右。

在支持三县脱贫攻坚重点工作的同时，提前谋划部署，指导三县压茬推进乡村振兴和新型城镇化，实现工作体系的平稳过渡。印发实施《关于指导定点扶贫县脱贫摘帽后压茬推进乡村振兴战略的方案》。结合实施乡村振兴战略和新型城镇化建设，指导三县做好"十四五"发展规划编制、粮食安全保障、东北虎豹国家公园试点、电商扶贫、特色产业发展、基础设施建设等。

三、注重志智双扶，激发内生动力

组织相关司局和直属单位赴三县深入开展调查研究，帮助三县厘清发展思路，编制产业发展战略规划、乡村振兴规划以及"十四五"规划思路研究等。

开展"援智灵寿""信用大讲堂"等系列培训。组织相关司局（单位）负责同志围绕脱贫攻坚、乡村振兴等方面进行政策解读，提高基层干部的政策理论水平，做好打通政策"最后一公里"的"摆渡人"。邀请教育、医疗等领域的高级教师、专家教授开展专题培训，为教师和医务工作者传授方法、提升技能，以点带面吹响高质量发展"冲锋号"。邀请驻村书记、村党支部书记结合自身工作经历，介绍有益经验做法，让培训"听得懂""接地气"，传授干部群众能信服、可操作的"土方子"。累计培训基层干部8078人次、技术人员8755人次。积极组织开展就业帮扶，帮助三县与发达地区、用人单位加强劳务供需对接，拓宽就业渠道。

落实"尽锐出战"要求，打造善打硬仗能打胜仗的扶贫"铁军"。党的十八大以来，累计向三县压茬选派扶贫干部93名，其中驻村第一书记4名，确保扶贫干部人员不断档、工作不脱节、力度不减弱。制定出台廉政跟踪、专项考核等多项制度规定，对扶贫干部全方位监督管理，坚决避免"假挂职""混

｜ 国家发展改革委支持田东县积极发展芒果产业，解决3万多名农村劳动力就业问题。图为广西壮族自治区田东县芒果园丰收。

基层""两头跑"现象。通过举办系列讲座、专题培训班等，加强对扶贫干部的培训指导。委扶贫干部与三县当地干部群众一起，苦干实干，切实为贫困县脱贫发展出实策、解难题。中央组织部对国家发展改革委相关工作给予充分肯定，作为典型在全国组织系统内交流推广。

四、加大资金项目支持，夯实发展基础

强化资金直接投入，助力三县补齐短板弱项。以"两不愁三保障"为重点，在健康保障、教育现代化、文化旅游、农村人居环境整治、产业发展等领域，安排中央预算内资金约 24.3 亿元，支持三县重大项目建设。引进帮扶资金 9100 万元，支持建设爱心图书馆、购买农产品保险、建设生态公益林、发展职业教育等。

牵头消费扶贫，倾斜支持定点扶贫县。履行消费扶贫牵头部门职责，联合多部门加大政策、资金、项目支持力度，打通生产、流通、消费环节制约瓶颈，为贫困地区积极应对疫情影响、发展农村电子商务、助力农产品销售提供坚实保障。同时，加大对自身定点扶贫县的消费扶贫力度，优先从三县购买机关食堂、老干部慰问、工会活动所需农产品，直接购买农产品约 536 万元；对

汪清县概况

汪清县地处吉林省延边朝鲜族自治州东北部，面积 9016 平方千米，总人口 22.2 万人，其中朝鲜族占总人口的 26.1%。是"黑木耳之乡"，年产量 3.5 万吨，产值达 34 亿元，属于国家级出口食用菌质量安全示范区。重点发展黑木耳、黄牛等特色产业。1994 年被列入国家重点扶持贫困县，2003 年开始定点帮扶，2020 年 4 月脱贫摘帽。

灵寿县概况

　　灵寿县位于河北省石家庄市西北部，面积 1069 平方千米，总人口 35 万人。白碎云母储量 1340 万吨，占全国总储量的 80%。重点发展核桃、中药材、茶叶、旅游等特色产业，"灵寿丹参""灵寿腌肉"获国家地理标志证明商标。1986 年被确定为国家重点扶持贫困县，1990 年开始定点帮扶，2019 年 5 月脱贫摘帽。

接各类电商平台，帮助销售农产品约 2671 万元。组织协调三县利用电商平台、参加农商对接活动，拓宽农产品销售渠道。

　　积极培育壮大特色优势产业，让贫困群众共享发展收益。推动汪清县列入中国特色农产品优势区，获得农业农村部地理标志认证。支持田东县培育壮大芒果标准化示范基地，打造产旅融合示范样板。借助"互联网+"拓展销售渠道，打造线上爆款产品，带动线下销售，将"好资源"转化为"好品牌""好价格"，将农产品价值更多留在农户手中。汪清县黑木耳产业带动近 4 万人就业，年产值超过 30 亿元。田东县芒果产业种植面积超过 34 万亩，1.6 万贫困人口依靠种植芒果脱贫致富。

　　强化组织引导，让精准扶贫搭上电商快车。制定实施《电商扶贫工作方案》。积极搭建对接平台，多次组织平台企业和三县召开网络扶贫工作对接会，交流分享经验、对接合作需求，推动建设双向沟通机制。协调将汪清木耳、松子等纳入电商公益直播，销售金额超过 400 万元。推动灵寿与中国银行"公益中国"平台合作，销售金额超过 900 万元。通过电商支持拓展销路、打造品牌、培育人才，有力提升了三县特色农产品的发展规模和品质。

五、加强宣传报道，讲好定点扶贫发改故事

通过委门户网站、"两微一端"、"两报两刊"等媒体平台，深入开展"用心·用情·用力"系列宣传活动。《中国经济导报》《中国改革报》等开设专栏，刊发专题新闻报道，讲述脱贫攻坚感人事迹。《中国经贸导刊》《宏观经济管理》等无偿赠送广告宣传版面，委属媒体拿出专门版面、网络专区和移动端平台等，持续推介三县特色农产品、优势产业和招商引资项目，提高定点扶贫县的知名度、美誉度和市场推广度，取得良好反响。

在认真抓实抓好定点扶贫工作的同时，国家发展改革委认真履行国务院扶

国家发展改革委大力支持灵寿县因地制宜发展旅游扶贫产业，打造漫山花溪谷景区。图为景区一部分。

充分发挥经济综合部门优势，深入开展全方位、立体式、系统化精准扶贫。主要负责同志亲力亲为、以上率下，全委齐心协力，抓好"六个强化"，强化探索创新，打造政策实施和试点示范"试验田"；强化突出特色优势，小产品撑起脱贫大产业；强化统筹协调，凝聚消费扶贫各方力量；强化调动社会资源，让精准扶贫搭上电商快车；强化志智双扶，春风化雨激发内生动力；强化组织人事支撑，打造善打硬仗能打胜仗的扶贫"铁军"。

贫开发领导小组副组长单位职责，牵头推进易地扶贫搬迁这一脱贫攻坚"头号工程"，完成960多万建档立卡贫困群众易地扶贫搬迁任务；充分发挥以工代赈"赈"的作用，不断激发贫困群众脱贫内生动力；牵头组织消费扶贫，动员直接采购或帮助销售贫困地区农产品超过6000亿元，为支持全国贫困地区打赢疫情防控和脱贫攻坚两场硬仗、积极探索中国特色减贫道路发挥了重要作用。

历任扶贫干部

挂职扶贫干部

挂职时间	姓 名	挂职地	挂职职务
2013.5—2014.5	王 晴	河北省灵寿县	副县长
2014.8—2015.8	邢晓东	河北省灵寿县	县委常委、副县长

挂职时间	姓 名	挂职地	挂职职务
2015.11—2016.12	于 红	河北省灵寿县	县委常委、副县长
2017.4—2018.4	李晨阳	河北省灵寿县	县委常委、副县长
2017.9—2018.9	王笑蕾	河北省灵寿县	县委常委、副县长
2018.10—2019.10	王 吕	河北省灵寿县	县委常委、副县长
2018.10—2019.10	陈成云	河北省灵寿县	县委常委、副县长
2018.10—2020.10	彭 涛	河北省灵寿县	副县长
2019.10—2020.12	但 萍	河北省灵寿县	副县长
2021.2—	闫 雁	河北省灵寿县	副县长
2021.2—	周 静	河北省灵寿县	副县长
2013.5—2014.5	张国华	吉林省汪清县	副县长
2013.5—2014.5	程振义	吉林省汪清县	副县长
2014.8—2015.8	崔 鹏	吉林省汪清县	县委常委、副县长
2015.11—2016.11	郑金花	吉林省汪清县	县委常委、副县长
2017.4—2018.4	黄进辉	吉林省汪清县	县委常委、副县长
2018.10—2019.10	严 畅	吉林省汪清县	县委常委、副县长
2018.10—2019.10	王胜民	吉林省汪清县	县委常委、副县长
2018.10—2020.12	常 健	吉林省汪清县	副县长
2019.11—2020.12	葛晓鹏	吉林省汪清县	县委常委、副县长
2021.2—	吴丕达	吉林省汪清县	县委常委、副县长
2013.5—2014.4	潘兴良	广西壮族自治区田东县	县委常委、副县长
2014.9—2015.9	刘希龙	广西壮族自治区田东县	县委常委、副县长
2015.10—2016.10	支玉强	广西壮族自治区田东县	县委常委、副县长
2017.4—2018.4	辛 群	广西壮族自治区田东县	县委常委、副县长
2018.10—2019.10	陈 敏	广西壮族自治区田东县	副县长

挂职时间	姓　名	挂职地	挂职职务
2018.10—2019.10	马子健	广西壮族自治区田东县	副县长
2018.10—2020.12	潘玛莉	广西壮族自治区田东县	县委常委、副县长
2021.2—	杨晓斌	广西壮族自治区田东县	县委常委、副县长

驻村第一书记

驻村时间	姓　名	所驻村及职务
2015.11—2016.12	唐继发	河北省灵寿县马家庄村第一书记
2016.12—2018.12	夏凤阳	河北省灵寿县马家庄村第一书记
2018.12—2021.4	郑慧涛	河北省灵寿县马家庄村第一书记
2021.4—	毕　赛	河北省灵寿县马家庄村第一书记

教育部

| 历 | 程 |

2012年确定河北省青龙县、威县、新河县为教育部定点扶贫县，2015年，教育部定点扶贫县调整为青龙县、威县。党的十八大以来，教育部贯彻落实党中央决策部署，持续加大帮扶力度，助力青龙县、威县于2018年9月高质量退出贫困县序列，2020年两县实现贫困人口"清零"。

党的十八大以来，教育部深入学习贯彻习近平总书记关于扶贫工作的重要论述，认真贯彻落实党中央、国务院的决策部署，在中央和国家机关工委的指导下，切实把对河北省青龙县、威县定点扶贫工作责任扛在肩上。教育部立足两县精准扶贫、精准脱贫要求，与两县共谋脱贫之策、全力破解脱贫难题，帮助两县落实"两不愁三保障"要求，督促、帮助两县完成年度减贫任务。

教育部在定点帮扶工作中，建立了党建引领、司局（单位）协同、四级教育行政部门联动、高校产学研对接帮扶、京津冀协同帮扶"五大工作机制"，成功打造"农校对接"消费扶贫、京津冀职教协同扶贫、网络扶智攻坚行动、"高校＋扶贫产业"、"职校＋特色村"等五大帮扶品牌，形成了党建引领、横向协作、纵向联动、立体作战的定点扶贫新格局。在教育扶贫、职教扶贫、消费扶贫、科技扶贫、产业扶贫和项目帮扶等方面做了大量卓有成效的工作。2020年11月，教育部定点扶贫牵头机构职业教育与成人教育司获评"中央和国家机关脱贫攻坚先进集体"。在全国脱贫攻坚总结表彰大会上，教育部脱贫工作领导小组办公室获得"全国脱贫攻坚先进集体"荣誉称号，两县共获得 6 项表彰。

一、强化政治担当，决战脱贫攻坚

一是加强组织领导。教育部党组书记、部长亲自抓，部党组成员、副部长直接抓，党组成员结合业务同步抓。部党组成员先后 16 人次深入两县实地调研、督导定点扶贫工作。教育部脱贫攻坚工作领导小组加强对定点扶贫工作的领导，定期组织召开领导小组会、定点扶贫推进会、座谈会等，研究推进定点扶贫工作，及时协调解决两县定点帮扶工作需求。二是明确职责分工。部内 32 个司局（单位）主要负责同志亲自抓，明确处室职责，责任到人。牵头单位负责组织协调，加强工作统筹，推动司局（单位）协同联动，打好定点扶贫组合拳。三是印发年度工作要点。2016 年以来，根据有关要求和两县需求，通过印发年度教育部定点扶贫工作要点，细化帮扶工作任务。四是强化监督指导。部党组成员通过调研、批示、会议等多种形式，加强对两县脱贫攻坚工作监督指导。充分发挥部、省、市教育纪检部门和县纪检监察委四级联动监督作用，及时贯彻落实习近平总书记重要指示批示精神，贯彻落实党中央决策部署，确保两县脱贫攻坚责任落实、政策落地、工作落细落实。

二、创新构建协同帮扶工作机制

一是创新党建引领工作机制。教育部党组推动 15 个司局（单位）党组织与两县基层党支部结对子，加强基层党组织建设。为提高两县三支队伍的综合能力，部机关党委安排 800 万元特殊党费，培训人员 12605 人。多年来，教育部党组广泛宣传党的扶贫政策，持续对两县开展春节送温暖活动，每年慰问贫困户和特困教师上百人次。二是创建司局单位协同工作机制。以项目为载体，牵头单位组织协调 32 个司局（单位）协同实施帮扶项目，几百人次深入两县，落实上百项帮扶工作任务。三是创建四级教育行政部门联动工作机制。教育部建立"部统筹指导、省倾斜支持、市衔接配套、县落地实施"的四级教育行政部门联动工作机制和部省市教育纪检部门和县纪检监察委的四级联动监督机制，推动定点扶贫工作落实落地。四是创建京津冀协同帮扶机制。通过建立京津冀协同帮扶的工作机制，组织京津冀教育行政部门、20多所职业院校对口帮扶两县职业教育和继续教育，实施上百个项目，大大提升了两县职教中心的办学能力和服务水平。五是建立高校产学研对接帮扶机制。通过实施"百校进青""百校进威"项目，协调组织70多所高校开展产学研合作，激活两县产业发展动力。通过"一校帮扶一产业"的模式，助力青龙县打造"八大富民产业"、威县"五大产业扶贫模式"，惠及了10余万贫困人口。

三、打造定点扶贫五大帮扶品牌

一是打造"农校对接"消费扶贫品牌。搭建"农校对接"精准扶贫平台，探索构建消费扶贫带动产业发展的长效扶贫机制。通过组织高校与两县农业产业的全面对接，直接带动两县杂粮深加工产业、畜禽产业发展。以需求为导向，协调组织院校参与农校电商实训项目帮扶，打造青龙"四四二"板栗电商、威县"威魏农品"两个农特产品销售品牌。自2017年"农校对接"项目启动以来，累计完成购买贫困县农产品约2亿多元，帮助贫困县销售农产品10亿多元，完成指标情况位居中央单位定点扶贫单位前列。二是打造京津冀职教协同扶贫品牌。实施京津冀职业教育和继续教育对口帮扶等专项行动，实现贫困学生"升学有路""就业有门"。加强两县"三支队伍"建设，培训14万余人次，为两县培养了一大批"留得住、用得上"的本地人才。三是打造"高校+扶贫产业"品牌。通过推动高校与两县重点企业建立结对帮扶关系，实现产业项目帮扶的全覆盖。已有70所院校参与，建立了产学研平台，带动了两县扶贫产业，助力接续推进乡村振兴的产业发展。四是打造网络扶智攻坚行动扶

教育部开展职教扶贫，帮助青龙县职教中心开展"三支队伍"培训。图为县职教中心教师在青龙县官场乡讲授板栗种植技术。

品牌。搭建"在线教育和数字化学习资源共享服务平台"，形成贫困地区数字化资源共享和服务全民终身学习的新模式。推动两县农村中小学教育信息化提升项目，在两县成功探索优质教学资源共享的新机制。五是打造"职校＋乡村振兴特色村"新品牌。聚焦两县特色示范村乡村振兴发展，组织项目团队对接两县5个特色村，以提升农村致富能力和农民文明素养为核心，推动开展技能培训、社区教育、老年教育等，打造乡村振兴示范村样板。

四、立足实效，扎实推进重点扶贫工作

（一）助力两县按期高质量摘帽

一是助力两县于2018年9月高质量退出贫困县序列，2020年初建档立卡贫困户及贫困发生率实现全面"清零"。两县在国家、省脱贫成效考核和防贫防返贫成效考核中，成绩位居河北省前列。二是助力两县形成了一批在国家、省、行业中得到推广的典型经验做法，如威县形成了金鸡、白羽、金牛、威

梨、根力多"五大利益联结模式"。青龙县形成了京东板栗、满药本草、木兰菌菇、三融肉鸡、在旗豆包、桃林山泉、鸿翔源羊绒、恒茂纺织、光伏发电等"九大资产收益模式",发展了村集体经济。青龙县"以奖代补"发动群众脱贫致富的做法作为河北省脱贫典型进行推广。三是在两县脱贫摘帽后,教育部严格落实"四个不摘"要求,持续助力两县巩固脱贫成果,指导两县建立防贫防返贫预警雷达系统、隔离屏障系统、分工责任区、产业支撑结构、教育基础结构、组织保障机制体系,积极推进脱贫攻坚与乡村振兴衔接。两县贫困人口全面"清零"以来,无一例返贫致贫,2020年8月两县均高质量通过国家脱贫成效普查。

（二）超额高质量完成《责任书》指标任务

2018年以来,教育部逐年高标准签订《中央单位定点扶贫责任书》,高质量超额完成《中央单位定点扶贫责任书》任务指标。截至2020年,累计投入帮扶资金5000万元、引进帮扶资金2亿多元、培训基层干部1万多人次、培训技术人员12万多人次、购买贫困县农产品2亿多元、帮助销售贫困地区农产品10亿多元,完成情况居中央单位前列。

威县概况

河北省威县是河北省唯一的综合改革试点县,2012年被列为国家扶贫开发工作重点县,2012年被确定为教育部定点扶贫县。威县建设了现代农业"三带三园",建成德青源"金鸡"扶贫产业园,成为河北省唯一拥有3个"国字头"农业园区的县。威县创新实施金鸡、白羽、金牛、威梨、根力多"五大利益联结模式",实现对所有贫困村户全覆盖,"金鸡模式"进入中央政治局集体学习内容,2018年退出贫困县序列。

青龙满族自治县概况

青龙县地处承唐秦 1 小时经济圈和京津 3 小时经济圈，是山区大县、生态大县、文化大县、资源大县，1994 年被确定为国家重点扶持贫困县，2001 年被列为国家扶贫开发工作重点县，2012 年被确定为教育部定点扶贫县。在教育部定点扶贫的大力支持下，形成了京东板栗、满药本草、木兰菌菇、三融肉鸡、在旗豆包、桃林山泉、鸿翔源羊绒、恒茂纺织、光伏发电等"九大资产收益模式"，2018 年退出贫困县序列。

（三）定点扶贫品牌项目成效显著

一是以农校对接构建消费扶贫长效机制，开通了贫困县农产品到餐桌的"直通车"。组织高校与两县农业产业的对接，对两县涉农扶贫产业实现全覆盖，直接带动两县杂粮深加工产业、畜禽产业发展，有效促进脱贫扶贫产业高质量发展，生产能力、仓储能力同比增长约 20%，贫困户户均收入同比增长 10%。2017 年"农校对接"项目启动以来，帮助 138 个其他贫困县入驻平台在线销售，协调购买其他 152 个贫困县农副产品约 1 亿元以上、帮助销售农副产品 4 亿多元。二是京津冀对口帮扶职业教育和继续教育项目，有效提升了两县职业教育办学能力和水平。实施职教专项，将两县职教中心打造成为脱贫基地，实施新型职业农民培养工程、农村致富带头人"领雁"工程，培养 500 余名农村致富带头人，培训技术人员 12 万多人次，为两县培养了一大批"留得住、用得上"的本地人才。三是"高校＋扶贫产业"支持培育壮大两县支柱产业。实施"百校进威"工程，协调推动 70 余所高校与两县签订战略合作协议，围绕扶贫主导产业，支持有关高校在两县分别建成梨产业和板栗产业技术教育部工程研究中心，对口帮扶两县产业发展，在两县建立 17 个产学研平台，开展产学研合作，助力两县企业解决技术、人才、管理上的短板难题。组织高校专家智库开展乡村振兴、产业发展咨询，助力两县脱贫攻坚、乡村振兴的顶层设计。四是打造教育信息化"示范田"。利用信息技术手段扩大优质教育资源覆盖面。2020年，青龙县、威县中小学（含教学点）互联网接入率均已达到100%，学校带宽达到100M的比例均为100%，至少拥有一间多媒体教室的学校比例均为100%。探索实施信息化技术为支撑的"双师课堂"，率先探索了一条解决县城缺优秀教师、乡村缺教师难题新路径。为两县搭建"在线教育和数字化学习资源共享服务平台"，聚集15000余门课程资源，探索了数字化资源共享和服务全民终身学习的新模式。实施农村学校基础设施提升行动，直投资金资助两县200余所农村中小学校，实施"土操场"改造工程、危房改造工程、乡镇中心幼儿园改造工程、厕改工程等项目，帮扶项目覆盖了两县全部贫困乡镇农村中小学。助力两县高质量完成脱贫指标"因贫失学"零发生，帮助两县"控辍保学"实现动态清零。五是以"职业院校+"打造乡村振兴特色示范村。首批对接包括驻村第一书记所在村、"孝道村"、"旅游示范村"在内

教育部联系企业以保护价收购青龙安梨，让常年滞销的青龙安梨产业起死回生。图为农户售出滞销安梨。

教育部在定点扶贫工作中发挥教育系统优势,建立了党建引领、司局(单位)协同、四级教育行政部门联动、高校产学研对接帮扶、京津冀协同帮扶"五大工作机制",打造了"农校对接"消费扶贫、京津冀职教协同扶贫、"高校＋扶贫产业"、网络扶智攻坚行动、"职校＋乡村振兴特色村""五大帮扶品牌",形成了特色鲜明、行之有效的教育部定点扶贫帮扶模式。

的 5 个特色村,以打造乡村特色品牌、提升农村致富能力和农民文明素养为核心,开展技能培训、社区教育、老年教育,打造乡村振兴示范样板。

(四)挂职干部获得充分肯定

2016 年以来,先后选派 27 名优秀年轻干部(挂职副县长 4 位,挂职干部 18 位,驻村第一书记 5 位)到两县,在两县成立工作组,成立临时党支部。教育部挂职干部长期坚持在脱贫一线作战,得到充分认可,先后获得 6 个集体表彰,1 人获得中央和国家机关脱贫攻坚优秀个人表彰,另有 13 人次获得省级表彰,工作组 5 次获得河北省脱贫攻坚奖先进集体等荣誉称号。

历任扶贫干部

挂职扶贫干部

挂职时间	姓 名	挂职地	挂职职务
2017.2—2019.3	赵 璇	河北省青龙县	副县长
2019.3—	李 龙	河北省青龙县	副县长
2017.2—2019.2	张 磊	河北省威县	副县长
2019.3—	王炳明	河北省威县	副县长

驻村第一书记

驻村时间	姓 名	所驻村及职务
2015.8—2017.7	董振华	河北省青龙县龙潭村第一书记
2017.7—	肖 峰	河北省青龙县龙潭村第一书记
2015.9—2017.8	李 强	河北省威县魏家寨村第一书记
2017.7—2019.9	张晓彬	河北省威县魏家寨村第一书记
2019.9—	皇甫磊	河北省威县魏家寨村第一书记

科技部

从 1986 年迄今，科技部先后在大别山、井冈山、太行山、吕梁山等地的 8 省 12 个贫困县开展定点扶贫工作，向贫困地区选派了 30 届科技扶贫团，累计超过 500 人次参与定点扶贫。2018 年机构改革后，科技部定点帮扶江西井冈山市、永新县，四川屏山县，陕西佳县、柞水县。2020 年，5 个定点县全部高质量脱贫，其中 2017 年井冈山市在全国率先脱贫摘帽。

党的十八大以来，科技部深入贯彻落实习近平总书记关于扶贫工作的重要论述和党中央决策部署，切实把定点扶贫工作作为一项重大政治任务扛在肩上，牢牢把握精准扶贫、扶贫先扶志、扶贫必扶智，坚持高位推动，严格督促指导，实施科技扶贫"百千万"工程，着力补齐定点扶贫县科技和人才两大短板，创新部际协调、东西部科技扶贫协作、部省市县科技管理部门四级联动三项机制，系统强化精准赋能扶贫产业、精准选派科技人才、精准统筹科技资源三项举措，充分展示贵在精准、重在产业、根在创新、要在合唱、恒在坚持五大特色，做响了井冈山蔬菜、永新蚕桑、屏山茶叶、佳县小杂粮、柞水木耳等特色产业，把定点扶贫县打造成了创新驱动精准脱贫的示范田。

习近平总书记指出"科技扶贫扎实推进"，先后赴井冈山市和柞水县考察指导脱贫攻坚工作。2017 年井冈山市在全国率先脱贫摘帽，把习近平总书记"井冈山要在脱贫攻坚中作示范、带好头"的殷切嘱托变成了美好现实。柞水

井冈山市概况

江西省井冈山市现有人口 19.13 万人，面积 1450.64 平方千米。不仅是革命圣地，还拥有独特的绿色生态资源，被誉为"绿色宝库"。特产有茶叶、笋干、油茶、井冈蜜柚、猕猴桃、奈李、黄桃、竹产品等，特色产业有红色旅游、研学培训等。2001 年被确定为国家级贫困县，科技部自 1989 年开始连续 32 年定点帮扶井冈山，2017 年 2 月井冈山市在全国率先摘帽。

木耳被总书记点赞"小木耳，大产业"。2019 年，习近平总书记对科技特派员制度推行 20 周年作出重要指示，充分肯定了科技特派员在脱贫攻坚工作中所作贡献。科技部在中央单位定点扶贫工作成效评价中连续 3 年均为第一等次"好"。2021 年科技部科技扶贫办公室（农村科技司）荣获"全国脱贫攻坚先进集体"，科技部农村科技司和中国农村技术开发中心分别于 2018 年和 2020 年荣获"中央和国家机关脱贫攻坚先进集体"。江西省井冈山市荣获"全国脱贫攻坚组织创新奖"，四川省屏山县被评为"四川省脱贫攻坚先进县"，陕西省柞水县被评为"陕西省脱贫攻坚先进县"。

一、提高政治站位，准确把握职责使命

中央单位定点扶贫，是中国特色扶贫开发事业的重要组成部分，是我国政治优势和制度优势的重要体现。科技部党组认真学习习近平总书记关于扶贫工作的重要论述，深刻认识打赢脱贫攻坚战重大意义，坚定打赢脱贫攻坚战必胜信心，增强做好定点扶贫工作的紧迫感和责任感，不断提高政治站位，部系统各单位不断强化使命担当，上下齐心共同推动定点扶贫工作落实。部党组第一时间传达学习贯彻习近平总书记关于扶贫工作系列重要讲话和指示精神，牢牢

把握本质内涵、基本要求、重要手段和根本方法，始终坚持精准扶贫、智力扶贫、创业扶贫和协同扶贫相统一，为定点扶贫县脱贫攻坚提供强有力科技支撑。

二、强化组织领导，坚决扛起政治责任

科技部高度重视定点扶贫工作，成立了以党组书记、部长王志刚为组长的科技扶贫工作领导小组，全面负责定点扶贫工作的规划指导、统筹协调、工作推进、督导检查。王志刚同志认真落实定点扶贫第一责任人职责，徐南平同志切实履行分管责任，科技部每年多次召开党组会、部务会、部长办公会专题研究定点扶贫工作。王志刚同志靠前指挥，每年都到定点扶贫县调研督导，召开定点扶贫工作推进会，研究部署定点扶贫工作安排，部领导先后50余人次到5个定点扶贫县调查研究，切实解决工作实际问题，提升定点扶贫工作的针对性和有效性。坚持选优派强，选派15名后备干部赴定点扶贫县挂职，机关司局主要负责人担任科技扶贫团团长，部省市县四级科技管理部门派出干部组成扶贫团，共同开展定点扶贫工作。科技部各单位先后700余人次到定点扶贫县开展工作，有效保障了定点扶贫的工作成色。先后出台《关于印发科技扶贫精准脱贫实施意见的通知》《深入推进科技扶贫助力打赢脱贫攻坚战三年行动实施方案》《科技部科技扶贫团管理办法（修订）》等政策文件和历年定点扶贫工作计划，确保科技扶贫各项工作有力有序开展。

三、突出督促指导，狠抓扶贫作风建设

按照国务院扶贫开发领导小组关于开展扶贫领域作风问题专项治理要求，印发《科技扶贫领域作风问题专项治理实施方案》，开展科技扶贫领域作风问题专项治理，以作风建设成果提升定点扶贫工作成效。部领导赴5个定点扶贫县开展科技扶贫领域作风建设专项调研，加强对定点县脱贫攻坚工作指导和督

导检查，推动各项扶贫举措落实落地；督导地方党委政府履行脱贫攻坚主体责任，落实中央扶贫政策；督促扶贫干部深化责任意识，强化作风建设，抓实抓好脱贫攻坚工作。扶贫挂职干部深入基层、贴近群众开展调研，形成各种调研报告，总结经验做法，发现存在问题，提出对策建议。科技扶贫办公室加强日常监督指导，及时向定点扶贫县扶贫干部反馈有关信息，确保了作风务实、过程扎实、结果真实。

科技部牢牢把握精准扶贫、扶贫先扶志、扶贫必扶智，坚持高位推动，实施科技扶贫"百千万"工程，着力补齐定点扶贫县科技和人才两大短板，充分发挥科技特派员作用，创新部际协调、东西部科技扶贫协作、部省市县科技管理部门四级联动三项机制，系统强化精准赋能扶贫产业、精准选派科技人才、精准统筹科技资源，走出了一条创新驱动精准脱贫之路。

四、聚焦目标任务，打造脱贫攻坚样板

科技部党组坚持高位推动，严格督促指导，持续狠抓产业扶贫、消费扶贫、就业扶贫等工作，通过"五个一批"加大支持力度，聚焦引进专家团队、建设创新平台、加强成果转化、培育龙头企业、做强扶贫产业等举措，不断提高定点扶贫县产业创新力和竞争力。

一是选送了一批业务精作风实的科技人才。科技部在定点扶贫工作中，把推行科技特派员制度作为科技创新人才服务基层的重要手段，广大科技特派员秉持初心，认真践行习近平总书记提出的要成为"党的'三农'政策宣传队、农业科技的传播者、科技创新创业的领头羊、乡村脱贫致富的带头人"的指示

精神，先后涌现出了李玉、姚建民、吕秀兰等一批先进典型，做给农民看、领着农民干、带着农民赚，提升了农民运用实用技术脱贫增收的能力。2020 年疫情期间，印发《关于组织动员科技特派员推成果强服务保春耕的通知》，为5 个定点扶贫县选派科技特派员，组织科技特派员创新服务方式，促进定点扶贫县龙头企业依靠科技创新实现高质量发展。其中，陕西柞水李玉院士科技特派员团队下沉一线，针对木耳菌包护理、病虫害防治等方面，开展 9 场技术培训，培训贫困群众达 410 人次。

二是实施了一批接地气效果好的科技项目。2016 年以来，科技部加强科技项目与定点扶贫县科技需求有效对接，实施国家重点研发计划、中央引导地方科技发展专项、"科技助力经济 2020"专项等 250 余个项目，累计投入资金 2.19 亿元，引进帮扶资金约 8.45 亿元，选育近 200 个新品种，开发产业关键技术 100 多项，有力提升了定点扶贫县产业发展科技水平。2020 年，通过"科技助力经济 2020"重点专项，定向支持井冈山、永新、屏山、佳县、柞水等定点扶贫县的相关龙头企业参与实施 5 个技术推广应用项目，帮助相关龙头企业转化落地短期内能见到实效、带动效果明显的技术成果，提升产业质量。永新县大力推广小蚕共育、自动取茧等新技术，使蚕农年养殖量批次从 5 批次提高到 12 批次，亩桑产值提升了 3000 元，蚕农年均收入达

永新县概况

江西省永新县位于江西西部、罗霄山脉中部，辖 25 个乡镇 238个行政村，全县面积 2195 平方千米，总人口 53 万人。特产主要有笋干、蚕丝制品、井冈蜜柚、酱萝卜、毛栗、陈皮等，特色产业有精品果蔬、高产油茶、蚕桑、茶叶等。1989 年，科技部开始对永新定点帮扶。2018 年永新县脱贫摘帽。

屏山县概况

　　四川省屏山县位于四川省南缘，金沙江、岷江夹境而过，森林覆盖率 52.9%，是长江上游重要生态屏障。屏山属川南城市群 1 小时经济圈、成渝 2 小时经济圈，境内有八仙山立佛、龙华古镇，有茶叶、茵红李、竹笋、白魔芋等特产和生物基纺织特色产业。屏山辖 2 个乡、9 个镇、151 个村、16 个社区，总人口 32 万人，区域面积 1504 平方千米。2014 年被确定为国家扶贫开发工作重点县，2018 年屏山县成为科技部定点扶贫县，2020 年 2 月脱贫摘帽。

1.6 万元。

　　三是建立了一批示范优带动强的创新创业载体。在 5 个定点扶贫县建立了国家级和省级农业科技园区、星创天地、众创空间、协同创新分中心、科技示

| 科技部支持陕西柞水打造柞水木耳扶贫产业，带动 30 个示范基地、300 个合作社，实现木耳产业年产值近 3 亿元。图为木耳种植基地。

佳县概况

陕西省佳县位于榆林市东南部、黄河中游秦晋峡谷西岸，总面积2029平方千米，辖12个镇、1个街道办事处、324个行政村，总人口27万人。佳县是革命老区、颂歌《东方红》的故乡，是文化旅游资源大县。佳县是中国红枣名县，泥河沟千年古枣园入选"全球重要农业文化遗产"。佳县是正在强劲崛起的新兴工业县，着力打造光伏材料、盐化工、新能源、装备制造四大集群。1994年被确定为国家重点扶持贫困县，自2002年开始由科技部定点帮扶，2020年2月脱贫摘帽。

范基地、产业示范园、科技资源统筹中心等创新创业载体30多个，推动科技创新与产业深度融合，促进扶贫主导产业提质增效。如佳县东方红小杂粮国家级星创天地培育创客99名，转化科技成果9项，研发杂粮新产品7个，提供就业岗位50多个，带动820个贫困户脱贫增收。

四是做响了一批有特色可持续的扶贫产业。集聚各类创新资源，助力打造井冈山蔬菜、永新蚕桑、屏山茶叶、佳县小杂粮、柞水木耳等一批响当当的扶贫主导产业。支持柞水县创建创新型县（市），建立木耳技术研发中心、木耳大数据中心、院士工作站等3个创新平台，带动30个示范基地，300个专业合作社，实现木耳产业年产值近3亿元，将全县60%以上的贫困户吸纳在木耳产业链条上。"渗水地膜旱地穴播技术"在陕西佳县全面推广，2019年扩大推广到4.2万亩，高粱平均亩产900千克（增产70%）、谷子410千克（增产105%），均创陕北种植纪录，带动6000户农民户均增收4000元，在大旱之年实现了稳产增收。

五是办成了一批有温度暖人心的民生实事。科技部及时研判新冠肺炎疫情对定点扶贫县贫困劳动力就业的影响，出台《科技部办公厅关于实施定点扶贫县就业帮扶行动的通知》，统筹利用中央引导地方科技发展资金等科技计划，通过精准盘活岗位、支持企业发展、开展技能培训、促进创业带动等方式，帮助定点扶贫县 2000 余人实现就业。制定助力消费扶贫行动方案，组织"爱心扶贫 你我同行"系列活动常态化推介定点扶贫县近 20 种扶贫产品，依靠人民优选、中国农业银行等各方电商平台优势，2020 年帮助定点扶贫县销售农产品近 815 万元。2016 年以来，部内各单位向定点扶贫县捐款捐物累计价值 2000 多万元，购买和帮助销售定点扶贫县价值 1000 多万元的农产品。通过"樱花计划"项目支持 60 名定点扶贫县师生赴日本开展研学交流，组织 35 名定点扶贫县干部赴香港参加高级公务员经济管理研讨班培训，开阔视野，提升脱贫攻坚能力，连续 3 年资助永新县留守儿童 520 人次。在远程医疗、远程教育、安全饮水、文化广场建设等方面捐建了一批民生项目，建立了一批爱心教室、中学科技馆、科技创新操作室，受到定点扶贫县群众一致好评。

柞水县概况

陕西省柞水县区位优越、交通便捷、生态良好，总面积 2332 平方千米，辖 9 个镇、82 个行政村，总人口 16.5 万人。植被覆盖率高达 88%，负氧离子每立方厘米高达 5 万个以上；中药材资源丰富，入典药物 200 味，素有"中国天然氧吧""秦巴药苑"之美誉。已建成的牛背梁、柞水溶洞等精品景区享誉省内外。柞水先后被列入全国首批创新型县建设名单，荣获全国科技进步先进县等 70 余项荣誉。1986 年被确定为国家重点扶持贫困县，2012 年由科技部定点帮扶，2020 年 2 月脱贫摘帽。

　2017 年 2 月 26 日，江西省井冈山市在全国率先脱贫摘帽。图为该市神山村新旧面貌对比照（2015年和 2018 年）。

历任扶贫干部

挂职扶贫干部

挂职时间	姓 名	挂职地	挂职职务
2013.1—2013.12	肖立春	江西省井冈山市	副市长
2015.1—2015.12	孙康泰	江西省井冈山市	副市长
2016.7—2017.12	张洪刚	江西省井冈山市	市委副书记、副市长
2018.1—2021.2	胡永健	江西省井冈山市	市委常委、副市长
2021.4—	周 波	江西省井冈山市	市委常委、副市长
2013.1—2013.12	杨 智	湖北省英山县	副县长
2015.1—2015.12	马宗文	湖北省英山县	县政府办副主任
2013.1—2013.12	杨雪梅	河北省魏县	副县长
2015.1—2015.12	韩红旗	河北省魏县	副县长
2013.1—2013.12	望俊成	江西省永新县	副县长
2015.1—2015.12	宋金湘	江西省永新县	副县长
2016.7—2017.12	马连玉	江西省永新县	县委常委、副县长
2018.1—2021.2	郭 戎	江西省永新县	县委常委、副县长
2021.4—	王俊峰	江西省永新县	县委副书记、副县长
2013.1—2013.12	谢 飞	陕西省佳县	县政府党组成员
2015.1—2015.12	李 兵	陕西省佳县	副县长
2016.7—2017.12	唐玉立	陕西省佳县	县委常委、副县长
2018.1—2021.4	徐 辉	陕西省佳县	县委常委、副县长
2021.4—	李 伟	陕西省佳县	县委常委、副县长
2013.1—2013.12	宋海刚	陕西省柞水县	副县长

挂职时间	姓　名	挂职地	挂职职务
2015.1—2015.12	李　沛	陕西省柞水县	县政府党组成员
2016.7—2017.12	敖　翼	陕西省柞水县	县委常委、副县长
2018.1—2021.2	利　斌	陕西省柞水县	县委常委、副县长
2021.3—	吴　根	陕西省柞水县	县委常委、副县长
2015.8—2017.8	郭学民	四川省屏山县	县委常委、副县长
2018.1—2021.2	钟　震	四川省屏山县	县委常委、副县长
2019.8—2021.8	徐　轶	四川省屏山县	县委常委、副县长
2015.1—2015.12	王志强	河南省光山县	副县长

驻村第一书记

驻村时间	姓　名	所驻村及职务
2015.7—2016.6	宋金湘	江西省永新县荣天村第一书记
2018.9—2021.3	张　硕	江西省永新县花汀村第一书记
2016.9—2018.8	郑　迪	江西省永新县荣天村第一书记
2021.3—	王鹏飞	江西省永新县花汀村第一书记
2015.8—2017.8	郭学民	四川省屏山县旭光村第一书记
2017.8—2019.7	杨启明	四川省屏山县旭光村第一书记
2019.8—2021.7	许志翔	四川省屏山县旭光村第一书记

工业和信息化部

1992 年起，原邮电部、原电子工业部、原信息产业部、工业和信息化部按照党中央、国务院的决策部署，先后开展了对四川省阆中市、苍溪县、南部县、南充市嘉陵区、山西省大宁县、永和县和河南省洛宁县、汝阳县的定点扶贫工作，接续投入大量人力、物力、财力，与帮扶地区干部群众一道，共同为摆脱贫困和夺取脱贫攻坚胜利而努力。2017—2020 年，工业和信息化部定点帮扶的南部、嘉陵、洛宁、汝阳 4 县区相继脱贫摘帽。

党的十八大以来，工业和信息化部认真学习贯彻习近平总书记关于扶贫工作的重要论述，按照党中央、国务院决策部署，定点帮扶四川省南充市嘉陵区、南部县和河南省洛阳市洛宁县、汝阳县。在原国务院扶贫办、中央和国家机关工委的有力指导下，不断加强组织领导，完善工作机制，发挥行业特色，创新帮扶举措，坚持因地制宜、因县施策，组织开展"产业、网络、教育、党建"组团式帮扶，帮助 4 个定点县区如期完成脱贫摘帽，不断提高脱贫质量。

一、组织领导

一是健全工作机制。部党组高度重视，成立部扶贫工作领导小组，由主要负责同志担任组长，设立扶贫办公室（挂靠部规划司），建立部党组统一领导、

南部县概况

四川省南部县地处四川盆地东北部，以丘陵山地为主，自然环境优美，气候温和，土地肥沃，物种多样，有较丰富的沙金、石油、天然气等矿产资源。历来被视为四川的"北道孔衢，东西要害"，是川北地区交通枢纽和物资集散地。南部县 1986 年被确定为国家重点扶持贫困县，同时也是川陕革命老区，1994 年成为原电子工业部定点扶贫县，2008 年成为工业和信息化部定点扶贫县，2017 年在全国首批实现脱贫摘帽。

扶贫工作领导小组部署推动、部扶贫办统筹协调、成员单位分工落实的定点扶贫工作机制，并根据扶贫工作形势和任务变化进行优化完善。部扶贫办成员单位包括 25 个司局、6 家部属事业单位和 4 所"双一流"部属高校。二是加强统筹部署。部领导主持召开部党组会、部长办公会、部扶贫工作领导小组会 30 余次，研究部署定点扶贫工作。部领导先后赴 4 个定点县区调研 31 人次；部系统各单位累计赴 4 个定点县区调研 749 人次，督导推进定点扶贫工作。三是出台政策文件。每年制定年度工作计划，统筹推进各项重点任务，实施"挂图作战"。先后出台定点扶贫项目（资金）管理办法、定点扶贫"升级版"实施方案、定点帮扶两年行动计划等相关政策文件 32 份，为定点扶贫工作提供政策保障。

二、选派干部

工业和信息化部坚持尽锐出战，选派年轻干部投身脱贫攻坚，关心激励基层一线挂职扶贫干部。一是选派干部挂职扶贫。按照国务院扶贫办、中央组织部有关要求，累计向 4 个定点县区选派 33 名挂职扶贫干部（其中区县领导 18 名，均分管或协助分管扶贫工作，驻村帮扶干部 15 名）和 2 名驻村第一书记。挂职时间一般为 2 年，其中 1 名驻村第一书记主动申请延长期限，实际驻村工作 3 年 10 个月。挂职干部和驻村第一书记倾情倾力，为定点县区脱贫攻坚做了扎实有效的工作，取得骄人的成绩。二是关心关爱扶贫干部。坚持对扶贫干部"高看一眼，厚爱三分"，部领导每年主持召开挂职扶贫干部座谈会，深入定点县区看望慰问挂职扶贫干部，了解他们的工作生活情况，发放慰问金。同时，出台政策文件落实挂职扶贫干部待遇，明确每月补助 3000 元（驻村第一书记额外增加相关补贴 1000 元），落实异地探亲休假制度，每年为每人办理 50 万元人身意外伤害保险，明确职级晋升对定点县区挂职扶贫干部倾斜政策，通过落实各项政策确保挂职扶贫干部心无旁骛在一线扶贫。

嘉陵区概况

　　四川省南充市嘉陵区地处川东北中心，"西通蜀都，东向鄂楚，北引三秦，南连重庆"，与成都、重庆构成三角形的 2 小时经济圈，是四川省"K"字形的重要节点，有丝绸、柑橘、桑茶、生猪等丰富的地方特产。嘉陵区 1994 年被确定为国家重点扶持贫困县，同年成为原电子工业部定点扶贫县，2008 年成为工业和信息化部定点扶贫县，2018 年实现脱贫摘帽。

三、产业帮扶

　　工业和信息化部充分发挥行业特色，坚持因地制宜、精准施策，结合定点县区资源禀赋和产业基础，加强规划指导、安排产业项目、组织产业对接、指导试点示范、推动金融协作，不断增强贫困地区"造血"功能。一是加强规划指导。先后帮助 4 个定点县区编制工业经济、节能环保等特色产业发展规划，指导当地结合资源禀赋，厘清思路，科学发展。二是实施定点专项扶持。在 4 个定点县区累计安排定点扶贫专项资金 7600 万元，支持当地开展产业、民生、教育等项目 196 项，惠及当地 3.9 万户 10.7 万名贫困人口。安排专项资金支持汝阳县小店镇李村返乡创业大学生实施"牛粪上的甜瓜"项目，荣获"河南省高素质农民创新创业大赛"二等奖和"全国高素质农民创新创业大赛"优胜奖。三是搭建产业对接平台。与四川省联合开展"工业产业扶贫助力乡村振兴——走进四川南充"系列活动，开展汽车汽配、油气化工、纺织服装、工业设计和节能环保技术装备等 5 个领域产业对接，达成 17 项投资意向，合同金额达 97 亿元；开展设计扶贫系列活动，先后在四川南充、河南汝阳举办专题调研对接活动。通过多渠道帮助定点县区招商引资，协调吉利汽车、新疆天业等 63 家企业落户，企业实际投资额超过 223 亿元。四是试点示范先行。帮助南充市嘉陵区打造川东北"双创"高地，授予南充创业小镇国家小型微型创新创业示范基地。将南部县工业园区作为定点帮扶园区，授予南部县"经济开发区产业转移·国家新型工业化产业示范基地"；帮助南部县农业园区引进新疆天业节水

汝阳县概况

河南省汝阳县位于河南省西部，是中国历史文化名酒——杜康酒的发祥地，亚洲最大的恐龙化石——汝阳黄河巨龙的发现地，有"中国杜康文化之乡"和"中国恐龙化石之乡"的美誉。汝阳红薯、香菇、杜仲、角里艾、花生获国家级农产品地理标志认证。汝阳县 1986 年被确定为国家重点扶持贫困县，同时也是国家集中连片特困地区秦巴山片区县，2013 年成为工业和信息化部定点扶贫县，2020 年实现脱贫摘帽。

洛宁县概况

　　河南省洛宁县是河洛文化发祥地，中华文明之源、文字之源、音乐之源。有丰富的矿产资源和生物资源，是国家有色系统三大白银开发基地之一，被誉为"绿竹之乡"，也是"全国林业科技推广示范县""国家优质苹果生产基地县"。洛宁县1984年被确定为国家重点扶持贫困县，同时也是国家集中连片特困地区秦巴山片区县、革命老区县，2013年成为工业和信息化部定点扶贫县，2019年实现脱贫摘帽。

集团"水肥一体化智慧管理系统"，打造智慧农业示范。指导汝阳县打造绿色建材产业集聚区，培育壮大当地装配式建筑产业。协调国家烟草专卖局帮助洛宁县烟草种植合作社实施自动化改造，支持当地金珠沙梨一二三产业融合发展，打造"金叶""金果"特色产业扶贫。五是推进金融协作扶贫。大力推进

　　工业和信息化部大力推进金融协作扶贫，在智慧医疗、智慧教育、智慧农业等方面给贫困群众实实在在的帮扶。图为南部县贫困群众领取工信部产业扶贫项目分红收益。

金融协作扶贫，推动平安财险四川分公司与南部县签订《扶贫战略合作协议》，在智慧医疗、智慧教育、智慧农业等方面开展全面合作。协调平安保险集团与汝阳县签署"三村工程"协议，已发放贴息贷款 300 万元；促成蚂蚁金服集团与汝阳县签约"普惠金融＋智慧县域"项目。协调平安财险支持洛宁县"政银保"合作项目。在工业和信息化部支持下，近年来 4 个定点县区规模以上企业工业增加值年均增速高出全国平均水平 4 个百分点。

四、网络帮扶

习近平总书记指出，要让贫困地区群众在互联网共建共享中有更多获得感。在工业和信息化部的大力支持下，定点县区手机已成为新农具，直播成为新农活，数据成为新农资。一是深化网络覆盖。以电信普遍服务试点为抓手，深入实施网络通信扶贫工程，2015 年以来，联合财政部组织实施六批电信普遍服务试点，支持全国超过 13 万个行政村光纤宽带建设和 5 万个 4G 基站建设，推动全国贫困村通光纤和通 4G 比例均超过 98％，其中工业和信息化部 4 个定点县区贫困村通光纤和通 4G 比例率先达到 100％，并指导洛宁县董寺村成为全国首批 5G 覆盖的贫困村。二是推动"互联网＋医疗"。指导汝阳县成为全国首批"互联网＋健康扶贫"试点，"互联网远程医院"实现全县 216 个行政村卫生室全覆盖，获评全球减贫最佳案例。指导洛宁县城乡医疗机构配置 5G 网络，开展智慧医疗远程会诊。协调北京协和医院在南充市嘉陵区世阳镇试点开展远程专家会诊和在线专科培训。三是发展"互联网＋电商"。指导 4 个定点县区率先成为全国电子商务进农村示范县。帮助南部县建立电商产业园，打造"淘南部""蜀优优"等南部本土电商平台。帮助南充市嘉陵区申建阿里巴巴"特色中国南充馆"和"中国丝绸之都产业带"电商平台。协调新华书店云书网、阿里巴巴、网库集团等 20 余家电商企业入驻汝阳县电子商务产业园。帮助洛宁县举办"云上"金珠沙梨梨花节暨梨树认养助农活动，通过网络直播、微信公众号、短视频将当地传统梨花节搬上"云端"。四是支持"互联网＋教育"。联合教育部开展学校联网攻坚行动，专题部署推进偏远贫困地区学校宽带网络全覆盖，助力教育资源均等化。截至 2020 年底，包括 4 个定点县区在内的全国中小学校联网率达到 100%。

五、教育帮扶

工业和信息化部坚持志智双扶，通过在定点县区实施教育组团帮扶，组织基层人才培训，不断提升当地自我发展能力。一是开展教育组团帮扶。充分发挥部属高校和单位的智力优势，将扶贫同扶志、扶智结合起来，开展教育组团帮扶。制定教育组团帮扶方案，北航、北理工、哈工大、西工大等 7 所部属高校对口帮扶 4 个定点县区，围绕支教帮扶、社会实践、人才培养、科普宣讲等，多措并举开展教育帮扶工作。2020 年洛宁县实现清华大学录取零的突破，8 名学生被部属高校录取，一本上线率比上年提高 21.6%；嘉陵区、南部县高考学生分别获得南充市文理科状元。二是组织人才培训。大力实施扶贫能力提升工程，面向基层扶贫干部、致富带头人、职业技能人才等不同群体，采用专家授课、现场教学、实地调研等多种形式，组织分类专题培训。累计培训 4 个定点县区基层干部和技术人员 9936 人次，有效提升基层干部工作能力和贫困群众脱贫本领。

六、党建帮扶

工业和信息化部把脱贫攻坚同基层党组织建设有机结合起来，帮助打造"不走的扶贫工作队"。一是开展党建组团帮扶。科学制订党建组团帮扶工作方案，确定 20 个司局单位对口帮扶 4 个定点县区 12 个贫困村，开展联学共建，通过组织"根在基层""灯塔助学""关爱留守儿童""童悦工程"等特色党建帮扶活动，实现人员互动；通过组织学习培训，实现观念互通；通过党性教育和理论学习，实现作风互鉴。二是完善基层党建设施。拨付 960 万元党费支持

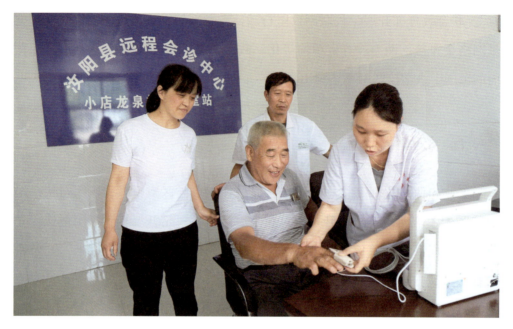

工业和信息化部指导汝阳县成为全国首批"互联网＋健康扶贫"试点，"互联网远程医院"获评全球减贫最佳案例。图为汝阳县小店镇龙泉村卫生室乡村医生为村民测血糖。

定点县区修建基层党组织活动场所、发展空壳村集体经济、改善中小学教学条件等，持续提升基层党支部活力和攻坚能力。

七、动员系统力量

工业和信息化部积极协调动员各方力量共同参与脱贫攻坚工作，推动形成大扶贫格局。一是组织消费扶贫活动。积极发挥"互联网＋"消费扶贫作用，开发"工信扶贫专区"APP，编制贫困地区特色农产品目录，推动农产品进单位、进食堂，动员部系统各级工会和干部职工积极购买农产品。与字节跳动、快手等互联网企业合作，开展网络直播带货，帮助南充市嘉陵区销售滞销春见耙耙柑，与河南移动、中国农业银行等共同组织"云上梨花节""扶贫暖心购"等特色活动，帮助洛宁县众筹金珠沙梨。累计购买和帮助销售贫困地区农产品2583万元。二是克服疫情影响。新冠肺炎疫情期间，积极主动帮助协调医疗保障物资，挂职扶贫干部帮助定点县区协调口罩30余万只、红外体温仪700

余个、一次性医用防护服 1900 余套，组织向湖北武汉捐赠 50 吨南部县优质晚熟柑橘、90 吨嘉陵区有机萝卜；部扶贫办协调企业向定点县区捐赠 4 台负压救护车、1000 套医用防护服、1 万个医用口罩，价值 133.6 万元。协调出台《关于进一步做好新冠肺炎疫情防控期间宽带网络助教助学工作的通知》，解决农村偏远地区信号弱、宽带覆盖不够、贫困家庭用网支出压力大等问题；协调西北工业大学附属中小学面向定点县区开通 29 门线上课程，确保疫情期间定点县区学生停课不停学。协调平安银行等机构开展电商、种养殖等定制化远程在线培训，累计培训 1500 余人次。发挥复工复产联络员机制作用，帮助南部县解决垃圾焚烧发电项目设备供应紧缺问题。三是引导广泛参与。部机关、部属单位和高校结合教育、党建组团帮扶工作，协调资源在定点县区开展多种类型的帮扶活动，机关党委利用党费支持南部县窑湾村"妇女儿童之家"在六一前夕举办经典诵读活动；规划司、人教司、工信出版传媒集团联合在南充市嘉陵区开展"衣衣深情·爱暖人心"冬衣捐赠活动；原材料司协调向汝阳县河西村捐赠 150 吨水泥修建村道路；电子标准化研究院向洛宁县关庙村幼儿园捐建教学设施。工信出版传媒集团先后多次向 4 个定点县区中小学和村党建活动室捐赠图书 7.9 万册，价值 414.8 万码洋。机电设备招标中心会同中国红十字会设立"中招公益"扶贫专项基金，资金规模累计达到 267.3 万元，已支持南充市嘉陵区谢家庙村蓄水池建设等一批产业扶贫项目。2014 年起，工业和信息化部每年组织部系统干部职工"一对一"结对帮扶 4 个定点县区贫困学生，累计帮扶贫困学生 773 人次，捐赠助学金 103 万元。

八、扶贫宣传

工业和信息化部将宣传报道作为扶贫工作的重要组成部分，着力讲好工信扶贫故事，传播工信扶贫声音。一是举办扶贫工作展览。先后举办"凝聚工信力量 打赢脱贫攻坚""电信普遍服务 助力脱贫攻坚"等扶贫工作线下展览 4 次，"真情洒满扶贫路——工信部脱贫攻坚纪实"线上展览 1 次，参加"中

创新开展"产业、网络、教育、党建"组团式帮扶，与定点县区共谋脱贫之计、发展之策。产业组团帮扶，由规划司牵头组织有关单位帮助定点县区编制特色产业规划，搭建产业对接平台，开展试点示范，协助引商引资引技，培育壮大特色产业，增强自我发展能力。党建组团帮扶，由机关党委牵头制订实施方案，组织20个司局和部属单位党支部，与4个定点县区12个贫困村党支部开展联学共建，通过组织特色主题党建活动，实现人员互动；通过组织培训交流，实现观念互通；通过党性教育和理论学习，实现作风互鉴。

央和国家机关定点扶贫工作成果展"2次，制作《打赢脱贫攻坚战　工信人在行动》等扶贫宣传视频4个，宣传展示工业和信息化部定点扶贫工作成果。二是加强媒体宣传。建立部扶贫工作专题网站。部党组在《旗帜》《学习时报》上发表脱贫攻坚署名文章。《中国电子报》推出"决战决胜脱贫攻坚"专栏，《人民邮电报》推出"助力打赢脱贫攻坚战"系列报道，"工信微报"推出"脱贫攻坚　工信楷模"系列报道。推荐工业和信息化部帮扶贫困县脱贫攻坚典型案例入选央视《百村脱贫记》。联合国务院新闻办召开网络扶贫发布会，宣传电信普遍服务成就。举办网络扶贫论坛，交流网络扶贫新成果新举措。此外，每年配合国务院扶贫办协调三大电信运营商发送扶贫日公益短信，号召全社会参与脱贫攻坚。三是总结扶贫案例。2012年起，每年编印《工业和信息化部扶贫工作年鉴》，全面总结每年度部系统扶贫工作经验成果。先后出版《善作善成：中国网络扶贫纪事》《决胜脱贫攻坚　贡献工信力量——工信扶贫典型案例集》《工业和信息化教育（扶贫专刊）》等，汇编工信扶贫经验案例。

截至目前，工业和信息化部4个定点县区全部脱贫摘帽，南部县作为全国首批脱贫摘帽县，荣获全国脱贫攻坚组织创新奖。工业和信息化部先后获得国家和省级扶贫工作相关集体奖项 5 个、个人奖项 8 个。其中，工业和信息化部扶贫工作领导小组办公室先后获评全国定点扶贫先进集体、中央和国家机关脱贫攻坚先进集体；信息通信发展司网络发展处获评全国脱贫攻坚先进集体；2 名挂职扶贫干部分别获评全国脱贫攻坚先进个人、中央和国家机关脱贫攻坚优秀个人。

历任扶贫干部

挂职扶贫干部

挂职时间	姓　名	挂职地	挂职职务
2011.5—2013.5	侯剑涛	四川省南充市嘉陵区	副区长
2013.5—2015.5	韩成宇	四川省南充市嘉陵区	区委常委、副区长
2015.5—2017.7	韩　行	四川省南充市嘉陵区	区委常委、副区长，副书记
2017.7—2019.8	张　正	四川省南充市嘉陵区	区委副书记
2019.8—	方　航	四川省南充市嘉陵区	区委副书记
2011.5—2013.5	李家禄	四川省南部县	副县长
2013.5—2015.5	罗大午	四川省南部县	县委常委、副县长
2015.5—2017.7	赵晨阳	四川省南部县	县委常委、副县长，副书记
2017.7—2019.8	李广超	四川省南部县	县委副书记
2019.8—	雷　文	四川省南部县	县委副书记
2013.5—2015.5	鲍常科	河南省洛宁县	县委常委、副县长
2015.5—2017.7	王国宏	河南省洛宁县	县委常委、副县长
2017.7—2019.9	杨　盛	河南省洛宁县	县委常委、副县长
2019.9—	杨　桅	河南省洛宁县	县委常委、副县长
2013.5—2015.5	徐　鹏	河南省汝阳县	副县长

挂职时间	姓　名	挂职地	挂职职务
2015.5—2017.7	谢武成	河南省汝阳县	县委常委、副县长
2017.7—2019.9	周　彤	河南省汝阳县	县委常委、副县长
2019.9—	杨会军	河南省汝阳县	县委常委、副县长

驻村第一书记

驻村时间	姓　名	所驻村及职务
2015.6—2017.6	王梓延	河南省汝阳县龙泉村第一书记
2017.7—2021.4	陆瑞阳	四川省南充市嘉陵区谢家庙村第一书记
2021.4—	欧昌胜	四川省南部县羊角山村第一书记

国家民委

历 程

国家民委分别于 1989 年和 1993 年起开始定点帮扶广西德保县和内蒙古巴林右旗。2016 年，成立了由委主要负责同志任组长的委定点扶贫工作领导小组。2018 年，调整充实委定点扶贫工作领导小组，把机关各部门、直属各单位全部纳入，举全委之力加强对定点扶贫县（旗）的帮扶。经过多年帮扶，巴林右旗于 2019 年脱贫摘帽，德保县于 2020 年脱贫摘帽。

党的十八大以来，国家民委坚持以习近平新时代中国特色社会主义思想为指导，认真贯彻落实党中央、国务院脱贫攻坚决策部署，切实增强责任感、使命感、紧迫感，坚持精准扶贫、精准脱贫基本方略，坚持发挥自身职能优势与定点扶贫县（旗）实际相结合，着力整合帮扶资源，健全工作机制，创新帮扶举措，加大帮扶力度，提高帮扶成效，抓重点、补短板、强弱项，出实招、办实事、献真情，全力助推广西德保县和内蒙古巴林右旗脱贫攻坚取得全面胜利。

一、坚持高位推动，不断提高政治站位

深入学习习近平总书记关于扶贫工作的重要论述，充分认识开展定点扶贫工作是中国特色扶贫开发事业的重要组成部分，是我国政治优势和制度优势的

重要体现，是中央单位积极参与扶贫、推动贫困地区加快发展的有力抓手，坚持把定点扶贫工作摆在突出位置，汇聚全委之力，推动两县（旗）脱贫攻坚。

一是加强组织领导，健全工作机制。2016年，成立了由委主要负责同志任组长、分管委领导任副组长、有关司局负责同志任成员的国家民委定点扶贫工作领导小组。2018年，调整充实国家民委定点扶贫工作领导小组，将机关各部门、直属各单位全部纳入，举全委之力加强对定点扶贫县（旗）的帮扶。定期召开"国家民委定点扶贫工作领导小组全体会议"，审议《国家民委帮扶定点扶贫县（旗）工作计划》，领导小组与各成员单位签订《国家民委定点扶贫责任书》，推动定点扶贫任务项目化、具体化，各部门各单位充分发挥自身优势，将部门所长与定点帮扶县（旗）所需紧密结合起来，确保各项任务举措取得实效。

二是突出工作主线，聚焦精准发力。把铸牢中华民族共同体意识贯穿定点扶贫工作的始终。制定并下发《国家民委"十三五"定点扶贫工作方案及任务分工》，制订年度定点扶贫工作计划，将各项帮扶举措抓实落细。印发实施《国家民委关于推动深度贫困民族地区决战决胜脱贫攻坚的通知》《国家民委关于进一步提升民族工作在脱贫攻坚中的作用和水平的工作方案》等，对定点扶贫工作作出专门部署，推动定点扶贫县（旗）决战决胜脱贫攻坚。

三是深入调研指导，共谋发展良策。委领导以及机关各部门、直属各单位有关负责同志多次带队赴两县（旗）调研指导，与两县（旗）干部群众共商脱贫攻坚大计，研究帮扶资金、项目计划，了解两县（旗）集体经济产业发展、"三保障"和饮水安全巩固提升、决战决胜脱贫攻坚等工作情况，督促两县（旗）党委政府落实好各项脱贫攻坚主体责任，帮助解决突出困难和问题。特别是，通过实地走访、现场考察、召开座谈会、宣传报道等多种方式，引导两县（旗）干部群众在脱贫攻坚的生动实践中进一步增强"五个认同"，铸牢中华民族共同体意识。党的十八大以来，包括主要负责同志在内的委领导累计21次赴两县（旗）调研指导定点扶贫工作。2018年11月，巴特尔同志带队赴德保县调研指导定点扶贫工作，极大地鼓舞了全县干部群众打赢脱贫攻坚战的信心和决心。

二、加大资金投入，持续夯实发展基础

聚焦两县（旗）基础设施建设短板以及产业发展的薄弱环节，充分发挥各部门、各单位职能优势，通过直接投入帮扶资金、物资捐赠、引进帮扶资金等，不断加大投入力度，助推两县（旗）解决行路难、饮水难等突出困难，发展壮大林果种植、牲畜养殖等扶贫产业。

一是持续加大投入力度。党的十八大以来，累计为两县（旗）直接投入帮扶资金 11095.5 万元，包括中央财政专项扶贫资金（少数民族发展支出方向）8518 万元，定点扶贫补助经费 2577.5 万元；引进帮扶资金 626.1 万元，为两县（旗）如期打赢脱贫攻坚战提供有力资金支持。

二是狠抓产业扶贫。坚持把发展产业作为推动两县（旗）脱贫的治本之策，充分发挥中央财政专项扶贫资金（少数民族发展支出方向）和国家民委定点扶贫补助经费作用，指导两县（旗）不断提高资金使用精准度，大力发

| 国家民委支持德保县发展柑橘类产业示范基地。图为脐橙丰收场景。

展多种特色扶贫产业。支持和指导巴林右旗建设"幸福之路苏木产业扶贫示范培训基地建设项目",通过对外承包经营的方式,发展西红柿、黄瓜、香瓜等瓜果类种植产业,配套开展乡村特色旅游,发挥了较好的示范带动作用,为村集体经济注入了新的活力。支持和指导德保县凌雷村发展柑橘类产业示范基地建设,培育发展火龙果种植产业;坡那村发展种桑养蚕产业,通过流转土地,带动周边村屯实现脱贫退出和贫困户脱贫增收。坚持发挥龙头企业带动作用,引导两县(旗)加强龙头企业打造,通过延长产业链、提升价值链、完善利益链,让扶贫产业发挥更大的辐射效应。巴林右旗现有规模以上农牧业产业化重点企业 26 家,其中自治区级重点龙头企业 7 家,认定了 11 个旗级农牧业产业化联合体。申报农产品地理标志保护产品 3 个,即"巴林牛肉""巴林羊肉""巴林大米",授权 4 家企业使用,充分发挥特色优势产业的带贫益贫作用。德保县有百亩以上连片产业基地(园)159 个,"5+2"特色产业覆盖有发展能力建档立卡贫困户 18322 户,覆盖率 98.79%,特色产业发展已成为德保群众增收致富的"金钥匙"。

三是大力推进消费扶贫。深入贯彻落实《国务院办公厅关于深入开展消费扶贫助力打赢脱贫攻坚战的指导意见》,扎实推进消费扶贫,组织机关各部门、直属各单位与两县(旗)加强产销对接,解决两县(旗)农畜产品滞销卖难等问题。党的十八大以来,累计帮助购买包括两县(旗)在内的贫困地区农

内蒙古巴林右旗概况

内蒙古自治区巴林右旗,拥有丰富的农林牧资源,水源富足、矿产资源富集、交通网络发达,是蒙东地区重要的电力汇聚点和输送通道。1986 年被确定为国家重点扶持贫困县,1993 年被确定为国家民委定点扶贫县,2019 年 4 月脱贫摘帽。

产品 858.32 万元，帮助销售包括两县（旗）在内的贫困地区农产品 7199.1 万元，有力带动两县（旗）贫困群众脱贫增收。2020 年，巴林右旗城乡居民人均可支配收入分别达到 29409 元和 12768 元。德保县城镇居民人均可支配收入 35940 元，农村居民人均可支配收入 12386 元。

三、着眼长远发展，持续激发内生动力

坚持扶贫同扶志扶智相结合，通过加大干部人才支持力度等方式，努力调动两县（旗）干部群众干事创业的积极性和创造性，不断增强贫困地区群众自我发展能力。

一是选派优秀挂职干部。党的十八大以来，累计为两县（旗）选派优秀挂职干部 14 人，含驻村第一书记 3 人。挂职干部立足脱贫攻坚第一线，积极深入贫困乡村开展精准帮扶工作，走村入户宣传党的扶贫政策，实施帮扶项目，监管帮扶资金，推动各项扶贫政策落实，切实为地方办实事、做好事、解难事，很好地发挥了国家民委与定点扶贫县（旗）的桥梁纽带作用，助力两县（旗）脱贫攻坚，赢得了当地干部群众的普遍赞誉。史睿同志和邱鹏同志分别于 2018 年、2020 年荣获"中央国家机关脱贫攻坚优秀个人"荣誉称号。

二是开展干部人才培训。认真贯彻落实习近平总书记"扶贫既要富口袋，也要富脑袋"的重要指示精神，把人才培训作为增强两县（旗）自我发展能力的重要举措，2016 年以来，多次举办"精准扶贫能力建设研讨班""国家民委定点扶贫县（旗）村党支部书记培训班"等特色扶贫培训班，累计为两县（旗）培训基层干部 2590 人次，培训技术人员 1360 人次，为两县（旗）干部群众打赢脱贫攻坚战提供有力智力支持。

三是注重人的全面发展。发挥定点扶贫项目对就业的带动作用，促进各族群众积极参与产业发展，教育和引导两县（旗）贫困群众牢固树立起"宁愿苦干、不愿苦熬"的观念，不断提升自力更生、艰苦奋斗的能力和本领，力争靠辛勤劳动摆脱贫困现状，奋力实现"弱鸟先飞""至贫先富"。

德保县概况

广西壮族自治区德保县，物产资源丰富，已探明的矿产资源有铝、锰、铜、铁、金、磷、重晶石、大理石等 20 多种。1989 年被确定为国家民委定点扶贫县，2020 年 5 月脱贫摘帽。

四、突出凝心聚力，不断铸牢中华民族共同体意识

充分发挥国家民委职能优势，将定点扶贫与民族工作有机结合，把推动脱贫攻坚的着眼点和着力点放到改善民生、凝聚民心上来，指导两县（旗）以脱贫攻坚伟大成果为生动教材，教育引导各族群众，感党恩、听党话、跟党走，不断增进对伟大祖国、中华民族、中华文化、中国共产党、中国特色社会主义的认同，加强民族团结，铸牢中华民族共同体意识。

一是创新推进民族团结进步事业。认真贯彻落实习近平总书记"把民族团结进步事业作为基础性事业抓紧抓好"重要指示精神，不断深化民族团结进步创建的内容和内涵，指导两县（旗）把各族群众凝心聚力脱贫奔小康作为创建工作的重要内容之一，促进两县（旗）各族干部群众在脱贫攻坚的实践中深入交往交流交融，像石榴籽一样紧紧拥抱在一起，切实感受到共产党好、社会主义好、伟大祖国好、民族团结好，推动两县（旗）民族团结进步事业不断发展。支持巴林右旗成立"一家亲"民族团结进步党建联合体，实现党建工作与中心工作互促互赢，促进巴林右旗民族团结进步事业创新发展。指导两县（旗）扎实推进少数民族特色村寨保护与发展工作，把少数民族特色村寨打造成各民族共同团结奋斗、共同繁荣发展的示范窗口。

二是广泛开展宣传报道。认真贯彻落实习近平总书记"脱贫攻坚不仅要做得好，而且要讲得好"重要指示精神，组织协调中央及委属新闻媒体深入基层、

深入一线，大力宣传习近平总书记关于扶贫工作、民族工作的重要论述在两县（旗）的成功实践，大力宣传国家民委定点扶贫工作 30 年的成就以及定点扶贫县（旗）的巨大变化，生动讲述两县（旗）各民族群众凝心聚力携手奔小康的动人故事，唱响民族团结的新时代赞歌。2017 年 9 月，组织"中央媒体民族地区走基层"采访报道活动，人民日报、新华社、光明日报等 8 家中央媒体走进广西德保县，就国家民委定点扶贫和民族地区精准扶贫、精准脱贫工作进行采访报道，取得积极的社会反响。

党的十八大以来，两县（旗）深入学习贯彻习近平总书记关于民族工作的重要论述，紧紧围绕铸牢中华民族共同体意识这条主线，广泛深入开展民族团结进步创建，各族群众共居、共学、共事、共乐现象越来越多，和睦相处、和衷共济、和谐发展良好局面日益巩固，各族群众携手致富、共谋发展的生动局

国家民委把产业扶贫作为关键举措，支持农牧业产业化企业发展。图为巴林右旗查干诺尔镇二八地村设施农业。

国家民委定点扶贫工作开展以来，形成了"党组引领、计划先行、上下联动、合力攻坚"的定点帮扶模式。党组引领：委主要负责同志任定点扶贫工作领导小组组长，委领导每年到定点扶贫县（旗）调研指导。计划先行：每年制订工作计划。上下联动：倾听定点扶贫县（旗）诉求，帮助解决实际困难。合力攻坚：举全委之力开展帮扶工作。

面不断显现，平等团结互助和谐的社会主义民族关系得到巩固和发展。2019年，巴林右旗被命名为第七批"全国民族团结进步示范旗"。2020年，德保县被命名为第八批"全国民族团结进步示范县"。

历任扶贫干部

挂职扶贫干部

挂职时间	姓 名	挂职地	挂职职务
2012.5—2014.5	孙妮桔子	内蒙古自治区巴林右旗	旗长助理
2017.1—2018.12	李 光	内蒙古自治区巴林右旗	旗委常委、副旗长
2018.12—2021.3	邱 鹏	内蒙古自治区巴林右旗	旗委常委、副旗长
2021.3—	王冰清	内蒙古自治区巴林右旗	副旗长
2016.12—2018.12	叶 波	广西壮族自治区德保县	县委常委、副县长

挂职时间	姓　名	挂职地	挂职职务
2019.1—2021.3	刘　勇	广西壮族自治区德保县	县委常委、副县长
2021.3—	段志辉	广西壮族自治区德保县	县委常委、副县长

驻村第一书记

驻村时间	姓　名	所驻村及职务
2015.8—2017.7	史　睿	广西壮族自治区德保县凌雷村第一书记
2017.8—2019.7	赵宇航	广西壮族自治区德保县凌雷村第一书记
2019.8—	姚　钢	广西壮族自治区德保县凌雷村第一书记

公安部

1994年，根据国务院的统一部署，公安部定点帮扶黑龙江省杜尔伯特蒙古族自治县、克东县和泰来县。2012年，国家部署新一轮定点扶贫工作，公安部定点帮扶贵州省兴仁市、普安县。2018年12月，公安部又承接了定点帮扶广西壮族自治区三江县脱贫攻坚任务，帮扶工作具体由国家移民管理局承担。脱贫攻坚战打响以来，公安部定点扶贫日常工作由直属机关党委具体负责。2018年，兴仁市退出贫困县序列；2020年，普安县、三江县先后脱贫摘帽。

自定点帮扶贵州兴仁市、普安县和广西三江县以来，公安部坚决贯彻落实习近平总书记关于扶贫工作的重要论述和党中央决策部署，增强"四个意识"、坚定"四个自信"、做到"两个维护"，发扬公安机关召之即来、来之能战、战之必胜的优良传统和过硬作风，聚焦精准主线，真心真情用力，多措并举帮扶，在贯彻落实党中央决策部署"最初一公里"上带好头、作表率。截至2020年底，累计为兴仁、普安、三江投入帮扶资金4.28亿元，引进帮扶资金2.89亿元，培训基层干部8585人，培训技术人员11444人，购买农产品5376万元，帮助销售农产品2.36亿元，助力三地如期顺利实现脱贫摘帽，以实际行动践行了"两个维护"。

一、提高政治站位，高位谋划推进

始终把定点扶贫工作作为重大政治任务，国务委员，公安部党委书记、部长赵克志每年听取定点扶贫工作汇报，多次作出指示批示，明确提出公安部定点扶贫工作要走在中央和国家机关各单位前列、扶贫地区公安工作要走在所在省前列的"两个走在前列"目标要求。成立扶贫开发领导小组，由常务副部长担任组长，每年召开定点扶贫工作会议和阶段推进会。部党委副书记、常务副部长经常召开领导小组会议和专题会，连续3年赴帮扶地区调研指导，现场办公、协调解决困难问题。副部长、国家移民管理局局长7次主持召开移民局党组会研究谋划，2次深入当地推动落实。其他部领导专程前往帮扶地区调研指导、慰问贫困群众和挂职干部，协调资金项目，推动了定点扶贫工作深入开展。加强指导推进，制定年度帮扶要点并分解细化工作任务，建立台账清单，定期调度督促，狠抓推动落实，确保各项帮扶措施落地见效。

二、强化党建引领，凝聚攻坚合力

把定点扶贫作为党建工作的一项重要内容，动员部扶贫开发领导小组各成员单位和全国特勤、铁路公安、民航公安、移民管理系统及经济发达地区公安机关群策群力、尽锐出战，共派出3044人次赴三地调研，了解帮扶需求，筹措帮扶资金，实施帮扶项目近千个。每年对先进单位进行表彰，将各单位完成帮扶任务情况纳入机关党建述职评议考核和领导班子年度考核，以考核促帮扶责任落实。坚持帮扶力量前移，会同黔西南州党委和政府成立公安部定点帮扶督导调度工作领导小组，国家移民管理局在三江组建扶贫工作专班，累计选派13名优秀干部到三地挂职，其中7人担任驻村第一书记，4人担任分管扶贫工作的副县长，与当地党委和政府合力开展工作，督促落实脱贫攻坚主体责任。与国家体育总局、国家开发银行、北京首农食品集团、浙江宁波市建立完善合作帮扶机制，推动社会力量参与助力，合力推进脱贫攻坚。

三江侗族自治县概况

三江侗族自治县隶属广西壮族自治区柳州市，位于桂、湘、黔三省区交界处，区域面积 2454 平方千米，辖 15 个乡镇，人口 41.8 万人。三江县特色生态产业有茶叶、油茶、杉木、优质稻、稻田鱼，其中三江茶、三江茶油、三江稻田鲤鱼成为国家地理标志保护产品。2012 年被确定为国家扶贫开发工作重点县，2018 年 12 月被确定为公安部定点扶贫县，2020 年 11 月脱贫摘帽。

三、聚焦民生短板，强化精准帮扶

坚持精准扶贫基本方略，紧紧围绕解决"两不愁三保障"突出问题，先后投入 9000 余万元，为三地 70 多所中小学校、幼儿园新建、改建教学楼、图书室、运动场等基础设施，捐赠课桌椅、电脑、实验器材等教学设备，选派干部民警、在校研究生援教助教，帮助 6 万名搬迁子弟实现就近入学，资助 5000 名贫困生继续学业。先后投入近 6000 万元，改建 16 所乡镇卫生院、58 个村级卫生室，组建医疗队赴三地农村巡诊义诊并免费发放各类药品，有效解决了群众看病就医难题。一次性投入 2600 万元为普安 92 个村 1.7 万个贫困家庭购置木桌、衣柜、床、米缸等，投入 4500 多万元为三江 2533 个贫困家庭改造危房，确保贫困群众住得上、住得好。投入 1600 万元为当地修建"甬安桥"，为三地修建多条产业路、通村通组路，安装路灯和道路护栏、减速带，帮助易地扶贫搬迁小区安装智能安防系统、建立养殖平安卡，极大改善了群众的生产、生活和出行条件。

四、夯实产业基础，培育"造血"功能

着眼帮扶三地经济长远发展，协调国家开发银行为普安提供基本建设贷款40.44亿元，用于支持特色产业、光伏和水务一体化等重点项目，缓解当地财政压力；协调北京首农食品集团与兴仁共同实施薏仁米保价收购，惠及22.86万名群众；一次性投入1000万元帮助普安建设万亩茶园，惠及农户3000多户；与国旅、中旅等大型企业开展战略合作，推动118家旅游企业开辟三江旅游线路，帮助打造县域支柱产业。按照"一村一产业、帮助就近就业"的思路，累计为三地贫困村援建乌金鸡、食用菌、小黄姜等特色种养殖项目70余个，贫困村、贫困户的"造血"能力得到提升。把实现就业作为稳定脱贫的重要途径，引进两家警用被装生产企业落地普安，提供就业岗位400余个；援建农贸市场、茶叶加工厂、手袋厂扶贫车间，组织三地群众赴经济发达地区务工，帮助千名搬迁群众实现稳定就业。把促进消费作为增产增收的重要手段，多方协调三地农副产品上线"扶贫832"平台销售，在全国边检口岸、高铁沿线车站设立扶贫产品专柜，在中国警察网上线"扶贫助农专区"，发动全警购买三地绿色农

公安部投入1000万元援建贵州省普安县万亩茶园。图为农户在采茶。

普安县概况

普安县隶属贵州省黔西南布依族苗族自治州,位于贵州省西南部,区域面积 1453 平方千米,辖 4 个街道 10 个乡镇,人口 35.7 万人。普安县有野生四球古茶树 2 万多株,茶园总面积 18.3 万亩,被誉为"中国古茶树之乡""中国茶文化之乡"。2002 年被确定为国家扶贫开发工作重点县,2012 年 11 月被确定为公安部定点扶贫县,2020 年 3 月脱贫摘帽。

产品,定期采购三地农副产品用于干部职工年节福利和食堂食材,帮助群众更好增产增收。

五、志智帮扶结合,激发内生动力

把"增志""引智"作为带动群众脱贫的重要手段,坚持"帮钱帮物,不如帮助建个好支部",组织机关万名干部职工为三地贫困群众捐款 1371 万元,发动部直属机关和移民管理系统基层党组织与三地 77 个贫困村党支部结对共建,通过捐赠党建活动经费、开展联学联建、帮助培训基层干部等方式,有效提升了贫困村党支部脱贫攻坚能力。组织部属研究所、院校与 4 个省级深度贫困村开展"一对一"结对帮扶,实施教育、医疗、产业等帮扶项目 100 余个,带动 8000 余名群众顺利脱贫。强化专业技能培训,组织普安茶农赴天福集团以工代训,帮助培养乡村致富带头人;为三地举办大货车驾驶员、旅游茶艺、民族刺绣、电商销售等培训班,让更多贫困群众拥有一技之长,鼓足干劲,依靠勤劳双手和顽强意志摆脱贫困、改变命运。

六、突出平安帮扶，护航脱贫攻坚

把平安帮扶作为公安机关开展扶贫的最大特色和亮点，充分发挥政治优势和职能优势，不断加强对三地公安机关的援建力度，有效提升了保稳定、促脱贫的能力水平。夯实基层基础，为三地新建、改建派出所办公用房、出入境服务大厅，捐赠执勤执法装备，建设DNA数据库、大数据实战化指挥平台系统，改善基层执法办案条件，提高硬件建设水平。加强队伍建设，为三地贫困民警划拨补助金、慰问金200余万元，传递部党委的关爱和温暖；结合实施"全国公安机关素质强警交流合作行动计划"，在部级各类培训中专门为三地公安民警安排名额，组织教官团送教上门培训警务实战人员，赠送微课程、警种练兵教材。加强工作指导，指导普安编制实施《交通社会治安综合治理视频联网共享信息平台应用工作方案》和《交通安全宣传教育基地设计方案》，帮助提

| 公安部举办"助力脱贫攻坚　公安在行动"直播带货帮助销售农产品500余万元。图为网络直播带货截图。

升交通管理和社会治安综合治理水平；会同黔西南州制定《创建全国禁毒示范城市方案》，加强经费支持和缉毒执法工作指导，实现禁毒工作和扶贫工作双促进。

七、主要成效

在公安部的倾力帮扶下，兴仁、普安、三江先后于 2018 年 9 月、2020 年 3 月、2020 年 11 月脱贫摘帽，三地 210 个贫困村 30 万余名贫困人口全部脱贫。定点扶贫工作取得扎实成效。

——"两不愁三保障"突出问题得到有效解决。三地控辍保学政策全面落实，中小学基础设施全部达标，基础教育质量进一步提高；新建、改建的乡镇卫生院、村级卫生室有效解决了群众看病就医难题，当地卫生机构的诊疗能力进一步提升；群众安居需求得到满足，搬迁群众实现了稳得住、有就业，三地群众的获得感、幸福感、安全感进一步增强。

——群众收入水平大幅提高。兴仁市 2020 年农村居民人均可支配收入达

兴仁市概况

兴仁市隶属贵州省黔西南布依族苗族自治州，位于贵州省西南部，区域面积 1785 平方千米，辖 6 个街道 11 个乡镇，人口 57.8 万人。兴仁市主要经济作物有烤烟、油菜等，主要粮食作物以水稻、玉米、小麦、薏仁米为主，全市薏仁米种植 35 万亩，年综合产值约 50 亿元，销售份额占全球同行业市场份额的 70% 以上，被誉为"中国薏仁米之乡""中国长寿之乡""全国文化先进县""中国道地中药材之乡"。2002 年被确定为国家扶贫开发工作重点县，2012 年 11 月被确定为公安部定点扶贫县，2018 年 9 月脱贫摘帽。

 帮扶模式

把发展产业作为带动脱贫的根本之策。围绕帮扶薏仁米、茶叶、旅游业等县域支柱产业发展，引进北京首农食品集团、福建天福集团、国旅、中旅等行业龙头企业，帮助三地提高优势产业发展质量，为当地经济健康可持续发展增添动力，带动三地群众收入实现大幅提升。广泛深入发动，凝聚攻坚合力。立足直属单位多、联系社会面广、民警队伍大的特点，发挥"1+1>2"的联手帮扶效应，合力推进脱贫攻坚。

到 11457 元，较 2016 年提高 48.56%；普安县 2020 年农村居民人均可支配收入达到 10644 元，较 2016 年提高 67.65%；三江县 2020 年农村居民人均可支配收入达到 14698 元，较 2016 年提高 45.7%。其中，工资性收入和生产经营性收入占比显著提升。

——经济发展动力持续增强。兴仁市地区生产总值从 2016 年的 112.8 亿元增加至 2020 年的 195 亿元，年均增长 14.57%；普安县地区生产总值从 2016 年的 60.1 亿元增加至 2020 年的 100.02 亿元，年均增长 11.1%；三江县地区生产总值从 2016 年的 47.08 亿元增加至 2020 年的 78.44 亿元，年均增长 8.2%，县域经济的"造血"能力进一步增强。

——精神文明建设成效显著。三地群众的精神面貌明显提升，自我发展的内生动力进一步增强。基层干部的能力素质、基层党组织的凝聚力战斗力明显提升，带领群众脱贫致富的能力进一步增强。

——公安工作实现提质增效。三地公安民警的政治素质、业务能力大幅提升，公安机关的战斗力进一步增强，社会治安秩序呈持续良好态势，刑事案件发案数量明显下降，破案率实现连续 3 年同比上升，特别是扫黑除恶专项斗争、

命案防控、禁毒工作、社会治安防控体系建设等均走在了所在省（区）前列。

公安部定点扶贫工作受到了党中央、国务院的充分肯定，得到了帮扶地区广大干部群众的高度认可。公安部扶贫办被授予"全国脱贫攻坚先进集体"称号，国家移民管理局李金东同志被授予"全国脱贫攻坚先进个人"称号。在2018年、2019年、2020年中央单位定点扶贫工作成效评价中，公安部连续获评"好"的等次，2020年公安部扶贫办被评为"中央和国家机关脱贫攻坚先进集体"。原国务院扶贫办《扶贫信息》多次刊发公安部扶贫工作情况。贵州省委、省政府主要负责同志2次专门批示给予肯定和感谢，2019年公安部扶贫办被授予"贵州省脱贫攻坚先进集体"称号。

历任扶贫干部

挂职扶贫干部

挂职时间	姓名	挂职地	挂职职务
2017.1—2019.1	陈兴宇	贵州省兴仁县	县委常委、副县长
2018.12—	齐朝栋	贵州省兴仁市	市委常委、副市长
2017.1—2019.1	毕海滨	贵州省普安县	县委常委、副县长
2018.12—	孙安飞	贵州省普安县	县委常委、副县长
2018.12—	王旸	广西壮族自治区三江县	县委常委、副县长

驻村第一书记

驻村时间	姓名	所驻村及职务
2015.8—2016.8	朱晖	贵州省兴仁市民裕村第一书记
2017.1—2019.1	程显臣	贵州省兴仁市民裕村第一书记

驻村时间	姓　名	所驻村及职务
2018.12—	侯　毅	贵州省兴仁市老里旗村第一书记
2018.12—	李建华	贵州省普安县辣子树村第一书记
2018.12—	樊阳升	贵州省普安县西龙村第一书记
2018.12—	田　智	贵州省普安县棉花村第一书记
2018.12—	朱　振	广西壮族自治区三江侗族自治县唐朝村第一书记

国家安全部

历 程

自 1986 年党中央、国务院部署开展扶贫开发工作以来，国家安全部在帮扶辽宁省岫岩县、内蒙古自治区多伦县脱贫后，接续于 2009 年帮扶河北省盐山县、2013 年帮扶内蒙古自治区敖汉旗。到 2020 年底，盐山县和敖汉旗均已脱贫摘帽，迈入新发展阶段。

党的十八大以来，国家安全部深入学习贯彻习近平总书记关于扶贫工作的重要论述和一系列重要指示批示精神，坚决贯彻落实党中央、国务院脱贫攻坚工作部署，把定点扶贫工作作为"两个维护"的具体检验，作为国家安全工作的重要组成部分，充分发挥垂直领导体制优势，坚持精准要义，聚焦"两不愁三保障"短板弱项，落实帮扶责任，创新帮扶举措，提高帮扶实效。

一、坚持高位推进，强化组织领导

国家安全部党委把定点扶贫工作纳入重要议事日程，多次听取专题工作情况汇报。部党委书记、部长、定点扶贫工作领导小组组长等部领导先后 11 次到盐山县和敖汉旗调研督导，主动谋划、亲力亲为推动定点扶贫工作。

部定点扶贫工作领导小组、责任单位、扶贫办认真履职尽责，规划、落实、监督有机衔接，权责清晰、运转顺畅。坚持壮大帮扶力量，发挥体制优势，全系统 30 个单位积极主动参与定点扶贫工作。坚持督战一体，建立部扶贫办、挂职干部与帮扶县旗的联动机制，前线后方整体作战。坚持尽锐出战，累计选派 15 名部机关优秀青年干部挂职任职，在脱贫攻坚一线服务群众、担当作为。

二、聚焦精准要义，补齐民生短板

围绕道路、教育、饮水安全等"两不愁三保障"瓶颈问题，出实招、办实事，让普通群众有更多获得感、幸福感。打通了交通大动脉，协调敖汉旗 210 省道南段、北段和 305 国道北段，盐山县沧乐公路升级改造、205 国道绕城段、正港公路东延段等交通项目先后建成通车，极大提升了交通服务保障能力。

连接了清洁用水网络，推动盐山县城镇供水管网、水库节水改造、敖汉旗辽西北调水工程等水利项目陆续实施，保障安全供水、清洁饮水。满足了安居需求，直接投入资金 3000 余万元，重点加强农村基础设施建设，主要用于农村道路硬化、排水沟建设、清淤挖沟、坑塘整治、旱厕改造，实现安全出行、便利出行。

敖汉旗概况

敖汉旗地处蒙东辽西，总面积 8300 平方千米，总人口 60 万人，是以农为主、农牧结合经济类型区。这里史前文明厚重，是中华五千年文明起源地之一；农耕文明璀璨，敖汉旱作农业系统是全球·中国重要农业文化遗产，有"世界小米之源""中国小米之乡"的美誉；生态文明辉煌，荣获"全球 500 佳"环境奖。敖汉旗于 2013 年被确定为国家安全部定点扶贫县，2020 年 3 月脱贫摘帽。

三、强化党建引领，进村入户帮扶

国家安全部始终坚持抓党建促脱贫攻坚，把党建资源转化为扶贫资源，把党建优势转化为扶贫优势。深挖内部渠道，部机关 18 个局级单位机关党委主动与敖汉旗、盐山县 18 个贫困村基层党组织开展一对一党建结对帮扶。通过共建党组织、捐赠设备图书、义诊送药、订单采购、设立助学基金、援建产业项目和基础设施等方式，开展调研、帮扶活动 60 余次，走访慰问两旗县贫困群众数百户，结合致贫原因帮助解决实际问题。实现了帮扶活动与贫困村、贫困群众个性化需求的精准对接，帮助贫困村党支部提高了治理水平，形成了"支部设在村里，阵地建在组里，工作做到群众家里"的党建工作格局。通过持续结对帮扶，提升了贫困群众自我发展的信心和能力，树立了一批自强自立的脱贫典型。

四、开展志智双扶，激发内生动力

加大教育扶贫力度，向盐山县、敖汉旗共投入资金 730 万元，撬动地方资金、企业帮扶力量，设立"大爱无疆——青春圆梦"教育扶贫基金，支持品学兼优的贫困学生完成学业，阻隔贫困代际传递。持续开展国家安全教育进校园、青年干部支教、捐资助学等活动，组织贫困旗县师生赴北京开展夏令营活动，激发学生努力学习摆脱贫困的动力。坚持每年投入专项经费开展脱贫攻坚和乡村振兴专题培训，鼓励勤劳脱贫。帮助学员了解助农扶农政策举措，掌握劳动技术，增强自我发展的能力和信心。优先优价购买贫困群众农产品，让贫困群众通过辛勤劳动实现脱贫。发挥典型带动作用，化解部分群众"等靠要"思想，不断激发内生动力。

五、聚焦长远发展，助推特色产业

结合两县旗资源禀赋，因地制宜选定盐山县管件阀门、敖汉旗肉羊品种改良、小米、食用菌等产业，在科研、生产、加工等各环节同步发力，立体化推动政府、企业、合作社、农户合作互补，夯实县旗长远发展潜力。精准对接敖汉旗百亿元产值肉羊产业发展帮扶需求，整合资金投入、突出技术支撑，协调中国农业科学院北京畜牧兽医研究所等机构设立专家工作站，打造畜牧业"种子高地"，完善"中心＋养殖户＋合作社＋企业"合作模式，创新"放种收羔"利益分配方式带动贫困户稳定增收。根据盐山县管件产业集群发展规划，帮助引进

国家安全部帮扶敖汉旗打通交通大动脉，提升交通服务保障能力。图为内蒙古自治区敖汉旗210省道建成通车。

浙江温州阀门企业，与盐山管件企业合作生产各型精密阀门，通过合作打通了管件产业上下游，进一步提升了产品竞争力和生产效益，壮大了县域经济。

六、引领消费扶贫，挖掘市场潜力

充分发挥部内部外两种资源，拓展线上线下两个渠道，推动形成政府引导、市场主导、社会参与的可持续消费扶贫方式。发挥垂直领导体制优势，充分挖掘内部购买力，调动部机关和地方厅局力量，结合工会节日慰问工作需要，采购敖汉旗牛肉、杂交改良羊肉，盐山县小枣、面粉等农产品。广泛发动社会力量，协调广东、福建、浙江等沿海发达地区企业商会采购盐山、

敖汉特色农产品。探索建立消费扶贫长效机制，定点采购盐山县面粉、鸡蛋和敖汉旗小米杂粮供给食堂，推动机关大院超市设立扶贫产品专柜。不断探索拓展销售渠道，推动两县旗特色农产品上线"扶贫832"、农行扶贫商城等平台，长期展示、持续销售。提升产品知名度，协调央视、农行等单位开展直播带货，提升两旗县特色农产品影响力，以优质优价赢得市场认可。

七、动员社会力量，凝聚帮扶合力

引导碧桂园集团、国强公益基金会对接帮扶定点扶贫旗县，累计投资600余万元，在党建、产业、教育、就业等方面开展一系列帮扶项目。协调中粮集团将敖汉旗全部建档立卡贫困户纳入玉米"期货＋保险"项目，保证贫困户收益。协调中国扶贫基金会在敖汉旗推广"顶梁柱健康扶贫公益保险"项目，为45000名18岁至60岁建档立卡贫困群众提供健康保障。协调中国残联为听障贫困群众捐赠助听器。

盐山县概况

盐山县位于河北省沧州市东南部，地处京津冀经济圈和环渤海经济圈双重位置，总面积800平方千米，总人口49.5万人，是"三皇五帝"中少皞帝的出生地，别称"凤凰城"。全县管道装备企业1700余家，先后被命名为"中国管道装备制造基地""中国管道管件出口基地""国家新型工业化产业示范基地"。盐山县于2009年被确定为国家安全部定点扶贫县，2018年脱贫摘帽。

| 国家安全部加大教育扶贫力度，向盐山县、敖汉旗共投入资金 730 万元。图为援建河北省盐山县第六中学。

八、加强宣传推广，讲好脱贫故事

　　适应融媒体发展趋势，开展立体化对外宣传。统筹报纸、电视等传统媒体与网络直播新媒体，覆盖不同受众。电视媒体方面，"敖汉小米熬出中国味"扶贫广告在央视一套、十三套持续播出。网络媒体方面，中央电视台社会与法频道、央视频、长城网等对国家安全部定点帮扶工作措施成效进行宣传报道，并在快手平台上组织旗县农产品直播带货活动。报刊媒体方面，在《人民日报》《光明日报》《农民日报》《文化月刊》刊发多篇专题文章。结合选树先进典型开展内部宣传，向部扶贫团队授予"国安好青年"荣誉，制作宣传微视频《播种》，并刊发定点扶贫工作系列报道，营造扶贫事业人人关心、人人参与的良好氛围。同时，推动扶贫故事走向国际，邀请联合国原副秘书长吴红波一行赴敖汉旗调研，梳理敖汉旗扶贫工作举措和成功经验，推荐入选联合国扶贫案例库。

8年来，国家安全部与定点帮扶的河北省盐山县、内蒙古自治区敖汉旗广大干部群众携手奋战、合力攻坚，取得具有历史意义的工作成果。

一是摘掉了贫困的帽子。通过国家安全部和两县旗共同努力，盐山县于2018年9月脱贫摘帽，敖汉旗于2020年3月脱贫摘帽，两县旗建档立卡贫困人口81629名全部实现脱贫，212个贫困村全部脱贫出列，迈入新发展阶段。

二是保住了民生的底线。聚焦"两不愁三保障"弱项短板，国家安全部先后向盐山县、敖汉旗直接投入帮扶资金6722.7万元，落实精准扶贫项目94个，帮助贫困群众年均增收1000元以上，建档立卡贫困户"两不愁"质量水平明显提升，"三保障"突出问题彻底消除。

三是打破了发展的桎梏。精准对接旗县重大基础设施建设需求，国家安全部协调落地交通、水利、环保等重大民生工程13个，资金总额28.78亿元。敖汉旗210省道和305国道，盐山县沧乐公路、正港公路等交通项目先后建成通车，敖汉旗大黑山自然保护区规划调整、盐山县城镇供水管网建设等顺利实施。通过上述努力，两旗县的内外大通道打通了，科学发展的条件改善了，发展动力越来越强。

四是开阔了振兴的道路。围绕供给侧结构性改革发展需要，先后推动盐山县管件阀门，敖汉旗肉羊奶羊品种改良、食用菌养殖等一系列大型产业项目落地投产，助力两县旗地区生产总值增长数亿元，增加就业岗位数百个，实现了从"输血"到"造血"的质变。

五是增强了致富的劲头。通过举办脱贫攻坚专题培训班，在田间地头宣讲党的扶农助农好政策、增收富民新技术，先后培训旗县基层干部和技术人员15162人次，带动了广大群众勤劳致富。近年来，盐山县、敖汉旗农村居民人均可支配收入年增长率都在7%以上，村村都有一张规划图，家家都有一本致富经，人人都能算一笔增收账。

突出科技支撑，助推敖汉旗肉羊产业发展。推动成立敖汉旗良种繁育推广中心，统筹推进肉羊品种改良工作，协调中国农业科学院北京畜牧兽医研究所设立专家工作站，打造畜牧业"种子高地"，持续加速移植杂交、扩大种群规模，完善"中心＋养殖户＋合作社＋企业"合作模式，采取"放种收羔"利益分配方式带动贫困户稳定增收。

六是夯实了党的基层组织。一线扶贫挂职任职干部扑下身子，倾情投入，用自己的辛苦指数换来群众的幸福指数。800 余名党员干警先后赴贫困村调研并开展帮扶工作，累计捐款捐物价值近 500 万元，精准解决了贫困群众生产生活难题，基层党组织建设得到了全面加强、全面进步，党组织战斗堡垒作用和党员先锋模范作用得到充分发挥，党旗在疫情防控斗争、决战脱贫攻坚、决胜全面建成小康社会中高高飘扬。广大人民群众深切感受到，风雨袭来时，党的坚强领导、党中央的权威是最坚实的靠山。

国家安全部定点扶贫工作赢得了两地党委和政府，以及当地干部群众充分认可，受到党中央、国务院表扬。2019 年、2020 年连续 2 年国家安全部定点扶贫工作成效评价等次为"好"，国家安全部扶贫办被授予"全国脱贫攻坚先进集体"荣誉称号。

民政部

历 程

自 1986 年 10 月以来，民政部对江西省遂川县、莲花县实施点扶贫。35 年来，先后派出 100 多名挂职干部到两县实施定点扶贫工作，实施扶贫项目 220 多个。立足职能优势，指导两县从民生保障、产业扶贫等多方面入手，注重发挥党建引领、坚持志智双扶。两县于 2019 年脱贫摘帽，2020 年建档立卡贫困人口全部脱贫。

党的十八大以来，民政部深入学习领会习近平总书记关于扶贫工作的重要论述，认真落实中央决策部署，坚决扛起政治责任，加强组织领导和工作协调，立足职能优势，指导和推动定点扶贫县——江西省遂川县、莲花县（以下简称两县）脱贫攻坚工作，持续巩固脱贫攻坚成果。2019 年 4 月 28 日，两县正式退出国家扶贫开发工作重点县序列，2020 年建档立卡贫困人口全部脱贫。

一、加强组织领导，持续高位推进

民政部将定点扶贫作为重点工作纳入部扶贫工作全局，由民政部扶贫工作领导小组统一领导，部党组书记、部长担任领导小组组长。党的十八大以来，民政部多次召开部党组会、部长办公会和部扶贫工作领导小组会议，研究部署定点扶贫工作。部党组成员每年多次带队前往两县调研扶贫工作，走访看望困难群众，研商发展思路，解决实际问题。部党组以党建为引领，将定点扶贫与党群工作密切结合起来，广泛发动部机关和直属单位干部职工参与定点扶贫，多方筹措帮扶资源，为两县贫困群众办好事、办实事。组织机关司局和直属单位党组织，与两县深度贫困村党支部进行结对帮扶、联学共建。制定印发《民政部关于进一步加强定点扶贫工作的实施意见》，健全工作机制，强化制度保障，明确目标任务。各司（局）、直属单位把定点扶贫工作纳入本单位重要工作日程，明确分管领导，落实帮扶责任，以"优先考虑、重点扶持、专门安排、单独解决"为原则，在政策扶持、项目支持、资金安排、人才培养、试点示范等方面对两县出台支持举措，形成了共同参与、合力攻坚的良好局面。认真做好督促指导工作，要求两县认真落实党中央各项扶贫政策，切实承担起脱贫攻坚主体责任，持续巩固脱贫攻坚成果，不断提升困难群众的获得感、幸福感、安全感。组织召开专题协调会议，帮助两县就有关项目、资金和政策与国家相关部门和社会组织沟通对接。突出政策和规划引领，指导两县编制脱贫摘帽攻坚战实施方案。

遂川县概况

遂川县隶属江西省吉安市，地处罗霄山脉南段东麓，是井冈山革命根据地核心组成部分，面积3144平方千米，总人口62万人。遂川生态优美，物产丰饶，"千年鸟道、千年茶山、千年温泉、千年梯田、千年楠木"等生态文化源远流长，狗牯脑茶、金橘、板鸭被誉为"遂川三宝"。1986年被确定为国家重点扶持贫困县，同年民政部开始定点帮扶，2019年4月脱贫摘帽。

二、加大资金投入，增强支持力度

在分配中央财政困难群众救助补助资金和民政部本级彩票公益金时，向两县予以倾斜。协商江西省民政厅加大对两县民政事业发展的支持力度。2016年以来，民政部累计向两县安排资金 13.9 亿元，切实保障两县困难群众基本生活。其中，累计安排彩票公益金 6100 万元、中央预算内投资补助资金 7536万元，统筹支持两县养老服务、儿童福利、殡葬服务等民政基础设施建设，提升民生保障能力和水平。深入落实"四个不摘"要求，2019—2020 年总计向两县专项倾斜支持中央财政困难群众救助补助资金 5395 万元、民政部本级彩票公益金 2893 万元。近年来，部机关司（局）、直属单位和广大干部职工积极投身定点帮扶，通过自有资金、爱心捐款捐物等方式，向两县直接投入资金建设民生和产业发展项目。

三、推动产业和消费扶贫，增加群众收入

近年来，民政部努力将帮扶重点从直接帮扶向产业扶持转变，注重增加"造血"功能，促进当地长远发展。制定《民政部支持定点扶贫县产业扶贫工作方案》，确定两县主要产业支持方向。会同定点扶贫县围绕茶叶、金橘、大米等特色产业，研提产业需求项目建议书，为精准对接帮扶资金打好基础。民政部直接投资 456 万元，建设了高标准、示范性、可推广的茶叶加工厂——南屏茶厂，带动狗牯脑茶产业升级，并联合中国茶叶发展有限公司，促进狗牯脑茶实现跨越式发展。加强组织动员力度，将各司（局）、直属单位大力开展消费扶贫纳入年度定点扶贫工作要点，在发放工会福利、采购餐厅食材时，主动选择两县农副产品。引导部机关、直属单位将帮扶资金用于产业帮扶，直接投入资金 229 万元，支持两县茶园、旅游、冷库等 11 个产业项目。拍摄制作遂川狗牯脑茶、莲花莲产品、血鸭等特色农产品宣传片，通过央视、门户网站、部属媒体、新媒体等多渠道多形式加大推介。在第八届中国公益慈善项目交流

莲花县概况

莲花县隶属江西省萍乡市，地处罗霄山脉中段、井冈山北麓，面积1072平方千米，总人口27万人。1986年被确定为国家重点扶持贫困县，同年民政部开始定点扶贫。近年来，莲花县大力发展肉牛养殖、空压机、乡村旅游等特色产业，经济社会蓬勃发展，民生福祉持续改善，2019年4月脱贫摘帽，2020年实现建档立卡贫困户全部脱贫。

展示会上为两县专设展示席位，扩大产品销路。

动员引导社会力量，特别是积极发挥慈善组织、行业协会商会的作用，指导两县聚焦"两不愁三保障"，精准提出亟须实施的项目名称及具体内容清单。积极引导社会组织帮扶资金投向产业发展，直接用于两县产业项目。民政部直接捐赠100万元、引进中国扶贫基金会300万元、中国社会工作联合会100万元等项目资金，统筹支持莲花县甘祖昌干部管理学院"红色培训"产业发展项目。引进国家能源集团公益基金会、中国社会福利基金会等300多万元善款，帮扶莲花县"扶贫牛"牛舍、扶贫车间等项目建设。充分发挥民政部登记管理社会组织的职能优势，通过召开座谈会、供需对接会、定向争取等方式，引导社会组织参与定点扶贫。党的十八大以来，民政部动员引导社会组织数百家，引进帮扶资金2.8亿元，内容有效覆盖产业扶贫、民生兜底、教育医疗等各个方面。

四、志智双扶，激发群众内生动力

强化干部选派工作，制订选派挂职工作方案，严格选派标准，做到从严从优。加强挂职干部管理服务，严格执行季报、年报制度，全面了解掌握挂职表

现，并加强关心关爱，按规定落实各项福利待遇，有效解决后顾之忧。党的
十八大以来，累计向两县选派挂职干部20名和3名驻村第一书记。每位挂职
干部切实强化政治担当，把群众冷暖放在心间，全身心投入脱贫攻坚事业当
中，在研提帮扶需求、引进帮扶资金、推动项目落地等方面发挥了突出作用，
涌现了一大批精准扶贫精准脱贫先进典型。

加强培训工作，发挥人才支撑作用。围绕脱贫攻坚、社会工作、儿童福
利、就业技能、养老护理、农业技术等方面组织培训，助力两县盘活红色培训
资源，切实提高两县基层干部抓精准扶贫的能力、素质和水平，提升基层群众
的技术水平和就业本领。立足业务职能，通过线上线下相结合的方式为两县举
办养老护理员培训班，培训护理员1100多名。2016年4月至12月，在两县
举办千名养老护理员职业技能培训班，有1003名贫困人员参加培训，87%学
员取得国家职业资格证书，实现"帮助一名学员就业，脱贫一个家庭，带动一
个乡村"的目标任务。民政部培训中心与遂川县南井冈干部学院签订战略合作
协议，将其列为教学基地。民政部直属北京社会管理职业学院与遂川、莲花县

| 民政部大力开展扶贫扶志工作，组织贫困户参加电商创业培训班，开展技能培训。图为电商培训班现场。

民政局签署"社管青年"教育实践基地、社会工作教育参与脱贫攻坚实习实训基地合作协议。党的十八大以来，累计培训两县基层干部1100多名，培训基层技术人员1300多名。

创新服务模式，采取"线上组织、属地实践、远程协同"的形式，开展助残孝老、关爱儿童、直播带货等志愿公益服务活动，有力支持当地志愿服务工作，激发当地群众脱贫致富内在动力。

五、立足职能优势，发挥民政特色

立足民政职能，指导两县持续健全社会救助兜底保障制度，加强特困人员救助供养，不断提高社会救助水平，加大困难群众救助补助资金的倾斜支持，做到了"应兜尽兜、应保尽保"。支持两县建立健全养老服务体系，有力保障两县群众有尊严地幸福养老。优先将两县所在的吉安市、萍乡市列入全国居家

| 民政部着力发挥农村低保、特困人员救助供养、临时救助等制度在脱贫攻坚中的兜底保障作用。图为贫困老人领取补助金。

和社区养老服务改革试点城市，并要求吉安市和萍乡市将两县养老服务工作作为扶持重点；支持两县社会福利院改造建设成为专门为失能、半失能老年人服务的老年养护院，打造示范性旗舰养老服务基地。对遂川县 25 所、莲花县 14 所乡镇敬老院实施提升改造，有力提升两县养老服务兜底保障能力。实施社会服务兜底工程，以完善平台、打造精品、形成亮点为重点，重新规划了社会福利院、儿童福利院、救助站等民政公共服务设施建设，两县民政基础设施水平得到全面提升。聚焦贫困家庭，开展"十百千"行动。连续两年利用部机关干部职工自愿捐款和中国社会福利基金会捐赠资金共计 100 万元，资助两县 10 个乡（镇）100 个贫困村 1000 户贫困家庭。聚焦贫困残疾人，实施"福康工程"，为社会福利机构配置康复辅具，帮助脑瘫儿童、残疾人改善和恢复身体功能。聚焦孤寡老人和留守儿童，开展"陪伴"实践活动。组织部机关干部和青年代表走进两县敬老院和学校，开展送温暖献爱心社会实践活动，用真心真情陪伴老人和儿童。聚焦贫困村实际困难，在莲花县捐建"福彩连心桥"，切实解决当地村民出行难问题。

经过长期艰苦奋战，两县脱贫攻坚战取得全面胜利，经济社会实现较快发展，民生保障水平和服务能力显著提高。两县提前实现脱贫摘帽，建档立卡贫困人口全部实现脱贫，贫困率大幅下降。截至 2020 年底，遂川县共脱贫 22778 户 85385 人，贫困发生率从 16.03％下降至零。莲花县实现 10242 户 39819 人建档立卡贫困户全部脱贫，贫困发生率从 17.2％下降至零。在经济发展方面，茶叶、莲子、养殖等农业特色产业不断壮大，产业扶贫、电商扶贫、光伏扶贫、旅游扶贫等较快发展，经济活力和发展后劲明显增强。遂川县狗牯脑茶、金橘、板鸭被誉为"遂川三宝"。莲花县大力发展肉牛养殖、空压机特色产业，建设甘祖昌干部学院，以红色培训资源富村富民，精心打造一批旅游资源较好的贫困村，创收创富。两县贫困户就业增收渠道明显增多，农村居民收入增长明显。在公共服务能力提升方面，一大批民政服务设施投入使用，教育、医疗、卫生设施得到极大改善，建制村公路硬化率达到100％，自然村通路、通电达到100％，两县自我发展能力明显提高。在保障

创新帮扶模式

助名茶促民富。引入国内茶叶龙头企业中国茶叶股份有限公司，推动产业升级。红色培训产业富村富民。争取各方资金支持，推进甘祖昌干部学院建设，创新开发"课堂在田野、吃住在农家、农民当教员、人人齐参与"的干部教育培训新模式。发挥社会组织优势参与扶贫。动员引导社会组织结合自身特色积极参与定点扶贫，有力提升了两县脱贫攻坚整体水平，增强了贫困村和贫困群众"造血"功能。

"两不愁三保障"方面，两县农村最低生活保障标准年均增长率均超过10%，目前达到年人均5640元，符合条件的建档立卡贫困人口全部纳入低保范围、特困救助保障范围，实现应保尽保。设立健康扶贫"保障线"，按医疗总费用比例不低于90%的标准报销。通过实施高标准维修、安居工程、移民工程、交钥匙工程等项目实现村民安居。通过"两免一补"、"雨露计划"等，落实从义务教育至大学阶段全过程资助政策，确保无一学生因贫失学辍学。社会福利院、儿童福利院、救助站等民政公共服务基础设施水平得到全面提升。在基层治理方面，指导两县选优配强村"两委"班子，选派第一书记、党建扶贫指导员和帮扶工作队到村工作等，狠抓基层党组织建设，强化党建引领、压实责任，有力推动两县高质量打赢脱贫攻坚战，贫困群众思想观念明显转变，对扶贫政策认可度高、对扶贫成效满意度高，听党话跟党走的向心力更加凝聚。

挂职扶贫干部

挂职时间	姓　名	挂职地	挂职职务
2016.10—2019.3	曹洪峰	江西省莲花县	县委常委、副县长
2019.3—	陈鲁南	江西省莲花县	县委副书记、副县长
2016.10—2019.3	杨　亮	江西省遂川县	县委常委、副县长
2019.3—	杨　斌	江西省遂川县	县委副书记、副县长

驻村第一书记

挂职时间	姓　名	所驻村及职务
2015.7—2016.7	金　伟	江西省遂川县枚溪村第一书记
2017.3—2019.4	赵　康	江西省遂川县盆珠村第一书记
2019.4—	蒋　敏	江西省遂川县南屏村第一书记

司法部

历　程

司法部共有 3 个定点帮扶县，其中，原司法部承担四川省平昌县（2013年起开始帮扶）、苍溪县（2015 年起开始帮扶）的定点帮扶任务，原国务院法制办承担河北省阜城县（2012 年起开始帮扶）的定点帮扶任务。2018 年，司法部重新组建以后，成立了司法部扶贫工作领导小组，领导小组办公室设在办公厅，由办公厅办公室承担定点扶贫工作的日常协调、联络、考核等相关工作。2018 年，阜城县脱贫摘帽。2020 年，平昌、苍溪两县脱贫摘帽。

司法部高度重视定点扶贫工作，坚决贯彻落实党中央关于脱贫攻坚的决策部署，贯彻精准扶贫精准脱贫方略，把定点扶贫作为重大政治任务，明确主要负责同志为定点扶贫工作第一责任人，切实加强组织领导，强化充实工作力量，创新工作举措，加大帮扶力度，帮助 3 个定点扶贫县——河北省阜城县（2012 年起开始帮扶）、四川省平昌县（2013 年起开始帮扶）和苍溪县（2015年起开始帮扶）如期打赢脱贫攻坚战，圆满完成定点扶贫任务。

司法部多次召开部党组会、部长办公会专题学习贯彻习近平总书记关于扶贫工作的重要指示批示，尤其是 2018 年司法部重新组建以来，共召开 5 次部党组会、6 次部长办公会、3 次专题会议，传达学习习近平总书记关于脱贫攻坚的重要批示，研究贯彻落实意见。举部机关和全系统之力，充分发挥职能作用，强化组织领导，旗帜鲜明抓落实、促攻坚，推动 3 个定点扶贫县如期实现脱贫摘帽。部扶贫办发挥好桥梁纽带作用，积极协调国务院有关部门，为定点扶贫县落实有关政策创造条件，着力加强当地主动"造血"功能，确保实现脱贫目标。部监狱局、戒毒局把参与扶贫工作融入全面建成小康社会的战略布局，在采购四川省、河北省定点扶贫县农副产品的基础上，号召全国贫困地区所在的监狱、戒毒所就近采购所在贫困地区的农副产品。先后印发《进一步做好司法部机关定点扶贫工作的意见》《三个定点扶贫县和两个对口支援县请求解决事项责任分工的通知》《贯彻落实习近平总书记脱贫攻坚重要指示　进一步做好司法部机关定点扶贫工作的意见》等，从人才扶贫、物质扶贫、法治扶贫、产业扶贫、智慧扶贫、党建扶贫、信息化扶贫、关心支持挂职干部8个方面对进一步做好部机关定点扶贫工作作出了详细安排。7位部领导赴3个定点扶贫县调研定点扶贫和司法行政工作共计14次，实地查看产业扶贫和法治扶贫具体开展情况，走访慰问贫困户，与当地群众座谈，指导定点扶贫和司法行政工作。

2020年，司法部进一步提高认识、完善举措、强化落实，推动定点扶贫工作迈上新台阶。3月24日，第15次部长办公会审议通过了《司法部2020

阜城县概况

河北省阜城县系国家级生态示范区、全国有机瓜菜种植基地示范县、中国鸭梨之乡、中国杏梅之乡、河北省农业可持续发展试验示范区、中国北方剪纸生产基地。农业上，形成了设施瓜菜、林果等特色产业；工业上，形成了装备制造、纺织服装、农副产品加工、包装制品等主导产业。阜城县于2012年被确定为国家扶贫开发工作重点县，同年司法部开始承担定点帮扶阜城县的工作任务。2018年9月，阜城县脱贫摘帽。

年定点扶贫工作计划》，对司法部 2020 年定点扶贫工作作了部署和安排。4 月 14 日，部扶贫办召开定点扶贫工作专题会，会同相关单位对 3 个定点扶贫县提出的需求事项逐项进行研究，形成年度扶贫任务清单。4 月 19 日，印发了《司法部 2020 年度定点扶贫工作责任清单》，明确了 21 家责任单位 54 项任务的具体帮扶举措和完成时限。5 月 12 日，部扶贫办向部内 6 家填报了拟预留预算比例的单位下发了《关于督促我部相关预算单位采购贫困地区农副产品有关工作的通知》，要求其尽快完成消费扶贫工作任务。2020 年度责任书明确的各项指标数和 6 家参与消费扶贫的预算单位采购额均已超标完成。

党的十八大以来，司法部深入学习贯彻习近平总书记关于扶贫工作的重要批示，按照党中央和国务院决策部署，充分发挥职能作用，强化组织领导，坚持脱贫攻坚和法治建设同步推进，为 3 个定点扶贫县脱贫攻坚和法治建设作出了积极贡献。

司法部派驻挂职干部深入基层，解民情、谋发展，关心关爱贫困地区留守儿童。图为 2019 年六一前夕，四川省平昌县挂职干部刘建东同志看望大运村小学留守儿童，并送去学习用品。

一、人才扶贫

2012 年以来，司法部共选派 17 位优秀挂职干部（含 6 位驻村第一书记）深入 3 个定点扶贫县基层促发展、助脱贫，通过强化结对帮扶、重点扶持，用实际行动帮扶贫困群众，巩固脱贫成果，为 3 县扶贫开发工作作出了积极贡献。其中，秘书局李宗波同志获得"全国脱贫攻坚先进个人"荣誉称号，律师局刘建东同志获得"中央和国家机关脱贫攻坚优秀个人"荣誉称号，立法一局庞新宇同志获得"四川省脱贫攻坚先进个人"荣誉称号。部扶贫办获得"四川省脱贫攻坚先进集体"荣誉称号。

二、物质扶贫

2012 年以来，司法部向 3 个定点扶贫县直接投入扶贫资金 1625 万元，引进项目资金 25823.7 万元；积极开展消费扶贫，购买贫困地区农产品 185.56 万元，帮助销售贫困地区农产品 3790.87 万元；捐赠办公电脑、法律图书、衣物

> **平昌县概况**
>
> 四川省平昌县地处大巴山腹心地带，气候温和，雨量充沛，森林覆盖率 52%，土壤富含锌硒，无重工业，素有"天然氧吧"之称。平昌县被评为"全国十大魅力茶乡"，有 16 个茶叶品牌。平昌县盛产青花椒，目前已建成青花椒产业基地 35 万亩，2019 年被授予"全国青花椒产学研基地"。平昌县拥有全国百家红色旅游景点区——刘伯坚烈士纪念园，是四川省国防教育基地、党史教育基地。平昌县于 2014 年被确定为国家扶贫开发工作重点县，2020 年 2 月脱贫摘帽。

药品；以购代赈，长期协作采购 3 县农副产品，为 3 县脱贫致富奠定了坚实的物质基础。2019 年 5 月，根据贫困县实际情况，司法部协调四川省司法厅向平昌县陇山村捐助资金 20 万元，用于修建冷库和购买冷冻车；向苍溪县捐赠一辆价值 10 万元的农产品运输车。9 月，号召部机关全体干部职工帮助购买苍溪县滞销的翠冠梨，共计 5 吨，价值 3.2 万元。2020 年 3 月，司法部收到四川省平昌县请求援助抗疫物品的求助信后，多方筹措物资，先后向平昌县人民医院捐赠口罩 5000 个、葛兰素口服液 2000 支，价值 4 万元。6 月，中国法制出版社向平昌县捐赠法律图书 8000 册，价值 25 万元。

三、法治扶贫

2012 年以来，司法部协助定点扶贫县打造法治文化广场 4 个、法治文化大院 4 个、法润扶贫创客产业园 6 个，营造出浓厚的乡村法治文化氛围。不断加强对定点扶贫县司法行政业务指导，部机关相关业务局和河北省司法厅、四川省司法厅在普法宣传、人民调解、司法所标准化建设、公共法律服务、律师工作、社区矫正、安置帮教、行政复议与应诉、"放管服"改革、综合行政执法体制改革等方面均给予 3 县大力支持。全国司法鉴定管理干部培训班、行政复议与应诉工作培训班、全国司法所长示范培训班、全国法律援助机构

2012 年以来，司法部协助定点帮扶县打造法治文化广场、法治文化大院、法润创客产业园等，营造浓厚的乡村法治文化氛围。图为四川省平昌县陇山村法治文化大院一隅。

领导干部培训班、全国社区矫正教育管理工作培训班等均给予 3 县额外名额，助力提高当地司法行政干部能力水平和法律明白人的培养。大力推进 3 县法治乡村示范区和示范点建设、支持 3 县作为法治政府建设示范创建活动的试点县，为地方精准扶贫树立法治样本。此外，司法部会同国务院扶贫开发领导小组办公室政策法规司共同组织编写了《助力脱贫攻坚普法丛书》，涵盖了法律救济、婚姻家庭、土地房屋、劳动劳务、法治乡村、生态环境、防范金融集资诈骗 7 个方面，以 3 县挂职干部为撰稿人，结合脱贫攻坚中遇到的各项法律问题，采取以案说法的形式，增强干部群众的法治观念，满足人民群众的法治需求。

四、项目扶贫

司法部协助 3 县挂职干部在贫困县推行"电商＋脱贫""旅游＋脱贫""互联网＋订单产业"等模式，推动建立金融旅游、农业园特色产品、"电商＋果蔬肉"等特色产业发展模式。协助指导平昌县规模发展茶叶、花椒、生态养殖

苍溪县概况

四川省苍溪县地处四川盆地北缘、秦巴山脉南麓、嘉陵江中游，历史悠久，文化厚重，生态优良。近年来，苍溪县重点打造乡村旅游和生态康养旅游两大产品，有苍溪雪梨、苍溪红心猕猴桃、苍溪川明参、御楼兰真丝挂（地）毯等多种特色商品。苍溪县于 2014 年被确定为国家扶贫开发工作重点县，贫困村 214 个、贫困人口 27061 户 92193 人，贫困发生率 13.92%。2015 年起，司法部开始承担定点帮扶苍溪县的工作任务。2020 年 2 月，苍溪县脱贫摘帽。

等特色产业 70 万亩，建成海升、元丰等产业扶贫示范园区 6 个，各类农产品加工企业 50 家，发展龙头企业 32 家，农民专业合作社 30 个、专业大户 200 户。通过强化招商引资，积极促成一些转移产业项目在平昌县落地，建成扶贫创客产业园，成功引进多家知名企业在平昌县落地办厂，协调阿里巴巴集团上线"平昌原产地商品"天猫旗舰店。在平昌县成功创建白衣古镇、皇家山 2 个国家 4A 级旅游景区，全县 4A 级旅游景区总数达到 7 个，惠及贫困人口 6 万余人，实现旅游收入 55.87 亿元；引导苍溪县围绕"三个百亿产业"布局，新发展猕猴桃 2 万亩、中药材 1.5 万亩，新增健康养殖猪牛羊 25 万只、小家禽 240 万只，实现"一户一园一产业"目标。协调农业农村部、财政部将苍溪县纳入国家现代农业产业园创建工作。协调国家铁路总公司支持苍溪县火车站基础建设。加大苍溪县云台山等旅游开发项目的招商引资和推介工作，协调将苍溪县云台山旅游项目纳入全省旅游项目中期调整规划和全省重点旅游项目招商引资项目库，争取到省旅游发展委员会乡村旅游资金 200 万元；协助阜城县申报 2018 年国家级电子商务进农村综合示范县项目，协调商务部市场体系建设司、省商务厅有关领导到县培训授课、考察调研，继续与京东集团合作办好阜城梨花节等。

五、智慧扶贫

自 2018 年起，在司法部沟通组织下，3 县约 50 位司法行政基层干部和法律服务人员到发达地区司法行政机关和法律服务机构跟班学习培训，提高了其执法执业能力和水平。同时，司法部还协助邀请商务部门、京东集团等为贫困县电商从业人员开展 20 余次生产技能和技术培训，培训基层干部 3149 名，培训技术人员 5257 名，助推脱贫攻坚和乡村振兴，努力变被动"输血"为主动"造血"。重视定点扶贫的宣传工作，及时挖掘提炼、总结上报好典型、好经验、好做法，宣扬脱贫致富正能量。法治日报社分别刊发《法治扶贫让村镇大变样》《多措并举固根本　凝心聚力促稳定》《让公平正义走进寻常百

　　司法部始终注重发挥行业优势，坚持脱贫攻坚和法治建设同步推进，将法治扶贫作为创新基层治理、助力脱贫攻坚的突破口，立足依法治县，坚持"维权减贫"，坚持"依法治贫"，开展针对性普法，积极运用法治思维和法治方式帮助贫困地区人口脱贫，促进经济薄弱地区发展，保障群众享有均等的公共法律服务，做到了让法治为脱贫攻坚工作保驾护航，赢得了贫困县政府和群众的一致好评。

姓家》，专题报道、宣传当地政法、司法行政及脱贫攻坚工作。

六、党建扶贫

　　司法部用机关党员交纳的党费为贫困村党支部捐建了党员活动室，从2018 年开始，每年向 3 个定点扶贫县划拨 5 万元支持基层党组织建设，将基层党组织与精准扶贫深度融合，充分发挥党的政治优势、组织优势和群众工作优势，为坚决打赢脱贫攻坚战提供坚强保障。在 3 县组织开展专题学习、驻村工作队讲党课等，引导党员干部增强参与脱贫攻坚的思想自觉和行动自觉，推动他们积极主动参与扶贫工作，密切帮扶关系，提升群众满意度，切实做到抓党建、促脱贫、出实效。协助当地办好农民夜校、道德讲堂等，引导贫困群众转变观念、振奋精神、艰苦奋斗、劳动致富、依法致富。

　　自 2017 年起，原国务院扶贫办、中央和国家机关工委开始实施中央和国家机关定点扶贫工作年度考核，司法部先后获得一次"一般"（2017 年）、两次"较好"（2018 年、2019 年）、一次"好"（2020 年）的评价等次。自 2018

年起，中央机关各单位开始签订年度定点扶贫责任书，司法部连续三年（2018年、2019年、2020年）各承诺事项均超额完成。河北省阜城县于2018年9月顺利退出贫困县序列；四川省平昌县、苍溪县于2020年2月实现脱贫摘帽，完成省级验收，司法部定点扶贫任务圆满完成。

历任扶贫干部

挂职扶贫干部

挂职时间	姓名	挂职地	挂职职务
2014.10—2016.3	杨向斌	四川省巴中市恩阳区	副区长
2013.5—2014.5	李钰	四川省平昌县	县委常委、副县长
2016.9—2018.12	关小琳	四川省平昌县	县委常委、副县长
2018.11—	刘建东	四川省平昌县	县委常委、副县长
2016.9—2018.12	王林	四川省苍溪县	县委常委、副县长
2018.11—	庞新宇	四川省苍溪县	副县长
2013.4—2014.4	律磊	河北省阜城县	副县长
2014.4—2015.4	田超奇	河北省阜城县	副县长
2015.6—2016.6	阮晏子	河北省阜城县	副县长
2016.9—2018.12	王鸿雁	河北省阜城县	副县长
2018.12—2021.7	明俊	河北省阜城县	副县长
2021.7—	郭薇	河北省阜城县	副县长

驻村第一书记

驻村时间	姓　名	所驻村及职务
2015.9—2016.9	钱　程	四川省平昌县陇山村第一书记
2016.9—2018.9	袁存凤	四川省平昌县陇山村第一书记
2018.8—	张体磊	四川省平昌县陇山村第一书记
2015.7—2016.7	苏玉超	河北省阜城县建阳村第一书记
2016.7—2018.7	何忠凯	河北省阜城县建阳村第一书记
2018.9—2021.7	李宗波	河北省阜城县建阳村第一书记
2021.7—	夏晶晶	河北省阜城县西马村第一书记

财政部

历 程

财政部定点扶贫工作始于 1994 年，2002 年以前帮扶地区为湖南省新化县和云南省保山地区，2002 年调整为湖南省平江县和云南省永胜县。党的十八大以来，财政部认真贯彻落实习近平总书记关于扶贫工作的重要论述，强化定点帮扶政治担当，创新工作方法，加大帮扶力度，帮助平江县、永胜县分别于 2019 年、2020 年脱贫摘帽，县域整体贫困得到解决，群众生活水平明显提升。

财政部是原国务院扶贫开发领导小组副组长单位，承担着脱贫攻坚投入保障、扶贫资金监管、提供财税政策支持及相关统筹协调、定点帮扶的任务，在打赢脱贫攻坚战中肩负着特殊的重要职责。党的十八大以来，财政部深入学习领会习近平总书记关于扶贫工作的重要论述，认真贯彻落实党中央、国务院关于脱贫攻坚的决策部署，强化投入保障，完善支持政策，加强资金管理，扎实开展帮扶，为包括平江、永胜在内的贫困地区脱贫攻坚全面胜利作出了重要贡献。在全国脱贫攻坚总结表彰中，财政部农业农村司荣获"全国脱贫攻坚先进集体"，3 名同志荣获"全国脱贫攻坚先进个人"称号。农业农村司扶贫开发处、经济建设司能源政策处、金融司普惠金融处 3 家单位被原国务院扶贫开发领导小组授予"2020 年全国脱贫攻坚奖组织创新奖"。在 2018、2019、2020 年度中央单位定点扶贫工作成效评价中，财政部连续三年被评为"好"的等次。

平江县概况

湖南省平江县隶属岳阳市，地处湘鄂赣交界，总面积 4125 平方千米，总人口 112 万人，曾集"老、山、边、穷、大"于一体。自 1986 年起被列为国家重点扶持贫困县。借助脱贫攻坚"东风"，实现 3 条高速、1 条铁路过境，休闲食品等主导产业集群发展，平江迈入了由贫转强新征程。2002 年，财政部开始定点帮扶。2019 年 3 月，脱贫摘帽。

为履行好定点扶贫政治责任，财政部结合自身职能和定点帮扶县实际，真情实意搞帮扶，真金白银抓扶贫。2013 年以来，财政部协调联系各方资源，向湖南平江、云南永胜两个定点帮扶县投入各类资金 28.62 亿元，培训基层干部 6807 人次，培训技术人员 25978 人次，开展消费扶贫直接购买农产品 555.94 万元，帮助销售农特产品 1.18 亿元。在各方努力下，平江县、永胜县分别于 2019 年 3 月、2020 年 5 月实现脱贫摘帽。

一、健全机制、压实责任，确保部内上下"一盘棋"合力攻坚

财政部党组切实履行好定点扶贫政治责任，坚持把定点扶贫工作摆到重要议事日程，及时调整完善定点扶贫工作领导小组工作机制，由部党组书记、部长担任组长，分管农业农村和机关党建工作的副部长分别担任副组长，相关司局为成员单位，定期召开会议研究定点扶贫工作。研究制定《财政部加强定点扶贫工作方案》，建立七大工作机制，协调整合部门力量，统筹推进定点扶贫工作。部党组书记、部长认真履行定点扶贫第一责任人职责，亲自主持召开定点扶贫专题会议，前往定点帮扶县调研督导，部署推动相关工作。2017 年以

来，部领导每年带头开展定点扶贫调研，实地考察推动脱贫攻坚工作。部内各单位都结合自身业务工作和职能职责，认真落实帮扶责任，到定点帮扶县调研对接，研究具体帮扶措施，推动解决实际问题。

二、选优派强、尽锐出战，确保定点扶贫干部能打仗、打胜仗

打赢脱贫攻坚战，干部是关键因素。财政部按照"尽锐出战"的要求，选派精兵强将到定点帮扶县挂职，在脱贫攻坚一线干事锤炼。选派挂职扶贫干部时，充分考虑定点县实际，从业务对口司局选派能力突出的干部到县里挂职，选派具有农村工作经验的青年干部到贫困村担任第一书记，并成立驻平江、永胜定点扶贫工作队，由正处长级挂职干部分别担任队长。2016 年以来，财政部累计选派 20 名干部到定点帮扶县工作。目前财政部驻两县扶贫干部达到 17人。这些干部沉在一线、全心投入，冲锋陷阵、加油苦干，赢得当地干部群众

财政部借助新媒体推广定点帮扶县特色产品。图为财政部协调云南省永胜县与快手科技进行合作，现场推介农产品。

永胜县概况

云南省永胜县位于滇西北，有悠久的边屯文化、毛氏文化，境内有云南九大高原湖泊之一的程海，是丽江旅游后花园。如今永胜已经成为大丽攀交通次枢纽，形成"一业（食用菌）为主，四业（粮食、蔬菜、经济林果、畜禽）并举"的产业布局。2001年12月被确定为国家扶贫开发工作重点县，2002年财政部开始定点帮扶工作，2020年5月脱贫摘帽。

高度肯定。先后有6位挂职干部获得中央和国家机关工委、共青团中央和湖南省、云南省表彰奖励，多项工作被省市县作为典型经验进行推广。平江驻村第一书记创建的"三人小组"村级治理模式被岳阳市组织部大力推广，相关做法被《经济日报》整版刊载。云南省委扶贫调研组在报告中评价，财政部对永胜县的帮扶"堪称定点扶贫的典范"，云南省委将财政部定点帮扶永胜工作经验印发各地参阅。

三、解剖麻雀、改进政策，确保政策"试验田"发挥有效作用

财政部将定点帮扶县作为财政政策的"试验田"，积极发挥中央、省、市、县四级财政部门联动作用，在帮助定点帮扶县引进项目资金解决实际困难的同时，通过"解剖麻雀"检验各项财政扶贫政策落实效果，不断改进财政扶贫工作。一方面，在符合国家相关政策规定的前提下，财政部对定点帮扶县道路交通、农业开发、水利发展、社会保障、教育科技、文化旅游、生态环保、金融信贷、电信服务、PPP推广等方面加大支持力度，帮助夯实脱贫攻坚和经济社会发展基础；另一方面，将定点帮扶县作为财政扶贫政策试点县，先行先试，

帮助完善宏观扶贫政策。近年来,财政部在平江、永胜率先建立财政扶贫资金绩效管理动态监控机制、率先开展政府采购贫困地区农副产品试点、率先推进融资担保扶贫专项产品实质性落地、率先运用保险工具建立防止返贫致贫机制等,在定点帮扶的实践中推进财政扶贫机制的创新完善。

新冠肺炎疫情发生以来,财政部密切关注定点扶贫县新冠肺炎疫情防控情况和扶贫工作进展,多措并举支持定点扶贫县统筹推进疫情防控和脱贫攻坚。部长刘昆主持召开会议研究部署定点帮扶工作,要求各有关单位密切关注疫情对两县脱贫攻坚的影响,帮助解决实际问题。时任副部长邹加怡专门致电定点帮扶县负责同志,慰问指导疫情防控工作。疫情期间,部党组安排成立调研组赴定点帮扶县实地了解疫情影响、脱贫攻坚进展等有关情况,形成的调研报告得到原国务院扶贫办主要负责同志批示肯定。部内干部职工自愿捐款 15 万元支持平江县疫情防控。经过努力,定点帮扶县疫情迅速得到控制,复工复产复学复市顺利,央视总台《新闻联播》专题报道了平江县复工复产情况。

四、做强产业、增加就业,确保脱贫攻坚成果能稳固、可持续

财政部始终将产业扶贫和就业扶贫作为帮扶重点,结合当地实际,支持培育优势特色产业,在提高脱贫持续性、稳定性上下功夫。协调支持平江县发展茶叶、油茶、中药材产业,支持培育休闲农业和乡村旅游、农村电商等新型业态,"两茶"产业和休闲旅游业成为带动平江县稳定脱贫的重要支撑。帮助永胜县引进龙头企业,大力发展订单产业,发展食用菌、魔芋、沃柑、软籽石榴种植,打造 10 万亩红高粱基地,推动解决金沙江干热河谷地带集中贫困区没有产业支撑的问题。大力实施消费扶贫,帮助定点帮扶县加强与电商企业、电视媒体、直播平台等合作,拓展特色产品销售渠道。鼓励引导部内各单位、干部职工购买定点帮扶县产品,机关工会发放职工福利优先采购定点帮扶县产品。积极组织产销对接,以消费助力产业发展。

| 财政部充分发掘财政培训资源提升扶贫干部能力素质。图为财政部对平江县干部开展培训。

五、党建引领、强化培训，确保脱贫致富内生动力不断增强

财政部坚持以抓党建促脱贫攻坚为抓手，推动定点帮扶县加强基层组织建设，加大教育培训力度，在增强内生动力上持续发力。探索实践部机关基层党组织、乡镇党委、村党支部与驻村干部、致富带头人共同协作的"3+2"基层党组织对接帮扶机制，选取10个基层党组织结对帮扶定点帮扶县10个贫困村，帮助贫困村党组织提升组织力，增强发展动力。依托财政培训资源，吸引社会力量参与，立足定点县需求，从资金管理、廉政教育、扶贫技术、就业技能、电商推广等各个方面，对平江县和永胜县、乡、村三级扶贫干部以及专业技术人员进行培训，进一步提高扶贫干部和贫困群众脱贫能力素质。对接联系专家到定点帮扶县进行食品加工、果树种植等技术指导，协调帮扶村党员干部外出参观学习先进经验，开阔视野、激发动力。

创新帮扶模式

财政部把提高预算绩效管理水平作为定点帮扶工作的重要内容，指导定点帮扶县建立起了全方位、全过程、全覆盖的预算绩效管理体系，实现预算和绩效管理一体化，"花钱必问效，无效必问责"，为管好用好各类扶贫资金，高质量打赢脱贫攻坚战提供了坚强保障。

六、注重总结，及时宣传，讲好财政定点帮扶故事

财政部注重及时总结宣传定点帮扶工作中形成的经验做法，根据工作进展编发《财政部定点扶贫简报》，向中央和国家机关工委、原国务院扶贫办报送经验做法。积极对接中央媒体和部属媒体，对定点帮扶工作及定点帮扶县脱贫攻坚进展成效进行宣传报道。中央和国家机关工委、原国务院扶贫办有关信息刊发了财政部支持两县积极应对疫情、发挥脱贫攻坚政策"试验田"作用的有关做法。结合开展全国财政系统先进集体和先进工作者、"两优一先"评选表彰活动，对定点扶贫干部队伍在名额推荐上有所倾斜，对定点扶贫先进事迹在表彰宣传上加大力度，以实际行动助力脱贫攻坚。

下一步，财政部将坚持以习近平新时代中国特色社会主义思想为指导，深入学习贯彻党的十九届五中全会精神，认真落实党中央、国务院关于定点帮扶工作的决策部署，落实"四个不摘"要求，立足自身职能落实好各项帮扶任务，在持续巩固拓展脱贫攻坚成果、全面推进乡村振兴新征程中作出新的更大贡献！

历任扶贫干部

挂职扶贫干部

挂职时间	姓　名	挂职地	挂职职务
2012.3—2013.3	常　琦	云南省永胜县	副县长
2013.3—2014.3	左臣明	云南省永胜县	副县长
2014.3—2015.3	陈伟松	云南省永胜县	副县长
2015.3—2016.3	侯起秀	云南省永胜县	副县长
2016.4—2017.5	刘永禄	云南省永胜县	县委常委、副书记
2017.7—	王　鹏	云南省永胜县	县委常委、副县长
2018.1—	魏高明	云南省永胜县	县委常委、副书记
2012.9—2013.12	龚　锐	湖南省平江县	副县长
2014.1—2015.1	孙　尉	湖南省平江县	副县长
2015.4—2016.4	易　赟	湖南省平江县	副县长
2016.4—2017.5	张一翔	湖南省平江县	副县长
2017.7—	杨　宇	湖南省平江县	县委常委
2018.1—	邢朝虹	湖南省平江县	县委常委、副书记

驻村第一书记

驻村时间	姓　名	所驻村及职务
2018.1—	颜　铭	云南省永胜县崀峨村第一书记
2015.8—2017.8	高　杰	湖南省平江县横冲村第一书记
2017.7—	刘斌樑	湖南省平江县泊头村第一书记

人力资源社会保障部

1995 年至 2008 年，原人事部、劳动保障部分别帮扶山西省天镇县和安徽省金寨县、霍山县。2008 年人力资源社会保障部组建以后，继续帮扶以上 3 个县。2012 年霍山县从国家贫困县序列调出，新增安徽省砀山县为定点扶贫县。2015 年，砀山县扶贫工作交由国家食药监总局承担，人力资源社会保障部定点扶贫县为山西省天镇县和安徽省金寨县。2020 年，天镇县和金寨县先后脱贫摘帽。

党的十八大以来，人力资源社会保障部党组深入学习贯彻习近平总书记关于扶贫工作的重要论述，认真落实党中央、国务院《关于打赢脱贫攻坚战的决定》《关于打赢脱贫攻坚战三年行动的指导意见》等重大决策部署，把定点帮扶山西省天镇县、安徽省金寨县脱贫攻坚作为重大政治任务，按照"发挥人社特长、结合两县特点、帮出扶贫特色"原则，以超常力度和过硬举措，强化政治责任，主动担当作为，坚持精准施策，注重攥指成拳，打出就业扶贫增收入、技能扶贫强素质、社保扶贫保生活、人才人事扶贫促发展、定点扶贫有特色的人社扶贫"组合拳"，为两县打赢脱贫攻坚战作出了积极贡献。2020 年 2 月、4 月，山西省天镇县、安徽省金寨县分别宣布脱贫摘帽，"两不愁三保障"问题得到彻底解决，脱贫攻坚取得决定性胜利。

一、提高政治站位，加强组织领导

部党组把定点扶贫作为重大政治任务，增强责任感、使命感、紧迫感。部党组理论学习中心组把习近平总书记关于扶贫工作的重要论述作为重要学习内容，全面系统学、及时跟进学、联系实际学，强化思想认识，明确方向思路，坚定打赢人社扶贫攻坚战的信心决心。党组书记、部长任部扶贫工作领导小组组长，靠前研究人社扶贫重大决策，部署调度重要措施，督导落实重点任务。同时，建立专班统筹、横向联动、纵向贯通的工作体系，党组成员分别担任就业、技能、社保、人才人事、定点扶贫5个专项工作组组长，压实部各级党组织脱贫攻坚主体责任。领导小组聚焦决战决胜脱贫攻坚统筹谋划，研究制定帮扶定点扶贫县五年规划（2016—2020年），每年出台帮扶两县具体措施。每季度召开部领导分管单位工作调度会，传达学习党中央、国务院关于脱贫攻坚决策部署和部党组有关部署安排，听取定点扶贫专项组、驻县工作队汇报，对脱贫攻坚工作进行专题研究，有效推动工作落实。注重开展实地调研，掌握第一手资料，实现帮扶措施精准对接脱贫需求。部党组书记带头深入定点扶贫县督导调研，部党组成员每半年分别到定点扶贫县调研座谈一次，带领部属有关单位负责同志与天镇县、金寨县党委政府领导班子召开联席会议，针对脱贫攻坚短板、遇到的困难问题共谋脱贫之策。2019年，把人社扶贫攻坚行动列为"不

金寨县概况

安徽省金寨县地处鄂、豫、皖三省接合部，总面积3814平方千米，是第二大"将军县"，被誉为"红军的摇篮、将军的故乡"，也是集老区、库区、高寒山区于一体的国家级贫困县，辖12个镇、11个乡，总人口68.35万人。2020年4月，金寨县脱贫摘帽。

忘初心、牢记使命"主题教育七大专项行动之一，把定点扶贫措施纳入主题教育"办实事清单"，确保工作落实到位。坚持选优配强扶贫干部，针对定点扶贫县经济社会发展需求，精心选派业务职能对口、综合素质全面的业务司局骨干挂职扶贫，夯实扶贫攻坚的队伍基础。党的十八大以来，共选派 17 名优秀干部到两县扶贫挂职。

二、采取超常行动，应对大战大考

2020 年，面对决战脱贫攻坚、决胜全面建成小康社会，面对突如其来的新冠肺炎疫情严峻挑战，部党组认真贯彻落实习近平总书记关于统筹推进疫情防控和经济社会发展的重要指示精神，明确提出"决战决胜之年绝对不能掉链子、不能打折扣、不能出问题"要求，一手抓疫情防控，一手抓脱贫攻坚，以超常决心、超常措施、超常力度，决战脱贫攻坚，确保如期完成脱贫任务。实施重点企业用工调度保障行动、农民工返岗"点对点"服务行动、社保助企"免减缓"行动、失业保险援企稳岗行动、百日千万网招行动、百日免费线上技能培训行动、技能脱贫千校行动、人社扶贫攻坚行动等"人社战'疫'十项行动"。全体挂职扶贫干部第一时间返岗到位、履职尽责，始终奋战在抗疫一线，积极协调推动人社抗疫政策举措在两县落地落实。为两县疫情防控重点企业配备"人社服务专员"，对提前复工复产的重点防控物资生产企业工人发放一次性就业补贴，向重点企业返还失业保险费，为小微企业发放新增就业岗位补贴。主动与用工地和用工企业进行"点对点"沟通对接，协调交通运输、卫生健康等部门做好健康监测、疫情防控和交通保障，提供"一站式"返岗服务。加强疫情期间企业用工需求收集，搭建线上求职招聘平台，精准推送招聘信息，实现"不见面"求职应聘，引导无法外出务工劳动者就地就近就业，确保两县就业大局稳定。

三、抓党建促脱贫，激发内生动力

按照"定点扶贫突出精准、重在党建"的工作思路，组织全部 43 个司级单位党组织与两县 43 个贫困村结成"一对一"帮扶对子，开展"支部共建、党员共育、资源共享"党建帮扶活动，着力增强村党组织脱贫带动能力。每年举办村党支部书记培训班，培训贫困村党支部书记和致富带头人；统筹使用部机关清缴党费，帮扶两县建设贫困村党员活动场所；指导部属各单位党组织拓展帮扶渠道，开展参观见学、规范支部工作法等活动，帮助村支部抓班子、带队伍、理思路、建机制、强能力、促落实，打破传统思维，拓展发展思路，为两县打造一支留得住、能战斗、带不走的党建队伍，成为带领贫困群众脱贫奔小康的领路人、主心骨。坚持扶贫先扶志，加强思想引领、典型宣传，实施"等靠要"思想贫困户改造工程，建立"红黑榜"管理制度，开展"脱贫之星""致富带头人"评选表彰，援建 110 家爱心扶贫超市和 174 家"正威振风"超市，鼓励贫困群众通过参加公益活动积累积分，兑换生活用品，切实克服"等靠要"思想，杜绝"保姆式"扶贫，不搞政策"养懒汉"，有效激发贫困群众的内生动力。

四、发挥职能优势，凸显人社特色

注重发挥就业创业、技能培训、人才人事、社会保险、劳动保障等人社职能优势，精准发力，形成品牌。一是扎实推进就业创业工作。"一人就业，全家脱贫"，把增加就业作为最有效最直接的脱贫方式，解决贫困代际传递问题。加大就业补助资金支持力度，推动就业政策落实，大力开展就业帮扶专项行动，组织多层次、多样化的招聘会，为贫困劳动力、残疾人、零就业家庭成员、离校未就业高校毕业生等群体提供定制化就业岗位；通过"好工行动"平台引进实力雄厚的人力资源服务机构帮助金寨县企事业单位招工引才；以天镇县"万家乐"移民安置小区居民就业需求为重点建设产业园区，现已协调引入 14 家优质企业，就地就近提供就业岗位，确保搬迁群众"搬得出、

天镇县·概况

　　山西省天镇县地处晋、冀、蒙三省区交界处，总面积1718平方千米，位于山西省东北端，素有"鸡鸣一声闻三省"之称，辖5镇7乡，235个行政村，总人口23.06万人，是国家级贫困县，被列入燕山—太行山连片特困地区。2020年2月，天镇县脱贫摘帽。

稳得住、逐步能致富"；指导金寨县建设"金梧桐"创业园，并被评为安徽省返乡创业示范园，邀请定点扶贫县同志参加全国就业扶贫培训班、就业扶贫座谈会，指导建设人社扶贫车间，开发公益性岗位，吸纳贫困劳动力就业。二是实施职业技能提升行动。筹集资金1000万元，帮扶天镇县建设人社扶贫技能培训基地，指导开展缝纫工、电焊工、汽修、家政服务等技能培训，提高就业适岗率。2020年8月，全国扶贫职业技能大赛期间，支持在天镇县设立家政服务员项目分赛场。聚力打造"天镇保姆"劳务品牌，邀请专家现场辅导，提升师资队伍水平，在劳务人员输入地设立"天镇保姆"推介联络站和旗舰店，提升"天镇保姆"输出组织化程度，扩大品牌知名度和社会影响力。大力发展技工教育，通过加强师资建设、协调对口支援、推进项目建设等方

人力资源社会保障部聚力打造"天镇保姆"劳务品牌。图为2020年春节期间，人力资源社会保障部组织山西天镇保姆驰援首都家政市场。

| 人力资源社会保障部持续帮扶安徽金寨技师学院。图为学院学员们苦练技能，备战世界技能大赛。

式，持续加大对金寨技师学院的帮扶力度。支持设立世界技能大赛中国集训基地，邀请世界技能大赛选手、教练团队宣讲，推动校企合作，不断提高技工教育和培训质量，带动县域技能扶贫。三是发挥专业人才优势。以提升待遇和拓展发展空间为重点，实施倾斜性支持政策，促进人才招得来、留得住，推动贫困地区富余劳动力"走出去"，人才"引进来"。充分发挥人力资源服务机构作用，开展"好工行动"项目，加大招聘和转岗就业力度。每年组织专家服务团活动，根据定点扶贫县需求，邀请种植养殖、特色产业、医疗卫生等领域高层次专家，深入一线送技术送服务。开展农村产业发展带头人培育工作，实施创业致富带头人培训和能人回归工程，把人才引进来、把能人用起来，为脱贫致富提供了重要的人才支撑。四是实施社保兜底。把社保扶贫作为保障贫困人员基本生活的重要途径，着力扩大社会保险覆盖面，实现应保尽保。指导帮助定点扶贫县落实基本养老保险政策，为45262名建档立卡贫困老人发放城乡居民养老保险待遇，为158170名贫困人员代缴保费，两县均已实现建档立卡贫困人员"应发尽发、应保尽保"两个100%的目标。

五、注重精准帮扶，培育主导产业

按照"根本在特色、做大在规模、做强在品牌"的思路，深度结合两县地缘、资源、环境等特点，加大政策和资金支持力度，因地制宜开展"一县一品、多乡一业"建设，形成跨区域、大规模的主导产业发展态势。一是着力增强主导产业竞争力。协调昆山和金寨县开展"金昆合作"，开展"昆山百家企业进金寨"等活动，从产业融合、农产品销售、校企对接、就业扶贫、干部培养、旅游开发等六个方面开展合作，带动本地产业发展。支持金寨大力发挥茶叶种植优势资源，打造高标准扶贫示范茶园；发挥天镇作为国家级出口小杂粮质量安全示范区优势，扩大红芸豆等种植规模，打造优质小杂粮"金字招牌"；支持天镇扩大优质黄芪种植面积达 2.2 万亩，协调知名药企签订采购协议，进行深加工，延伸产业链，提高附加值。二是加大精准帮扶力度。坚持多措并举，增强特色产业发展的精准性实效性。在帮扶资金使用上坚持精准滴灌"一对一"，不搞大水漫灌"一刀切"，让资金跟着项目走，向爱心茶园、村牛羊养殖业、花菇种植大棚及黄金梨、小米、板栗等"农业认养"项目择优精准投放，确保资金使用效益。协调专家团队到两县调研考察，针对土壤结构、气候条件，制定经济附加值高的农作物种植方案，黄金梨、黄花、黄芪、红芸豆、香菇、仁用杏、唐杏等种植产业逐渐形成规模，"戍边羊""明德鸡""西门塔尔牛"等一批本土品牌打出了市场。三是继续加大消费扶贫力度。动员部属单位和工会组织积极购买两县农产品，协调中国农业银行、中国工商银行、国铁集团等机构设立网上"人社扶贫馆"，以补贴促销、联系展销会、设立销售专区等方式，为两县农产品销售搭建平台，协调阿里巴巴通过淘宝直播帮助金寨县销售农产品。

六、聚焦巡视问题，认真整改提高

2019 年、2020 年，中央第十巡视组分别对人力资源社会保障部开展脱贫攻坚专项巡视和专项巡视"回头看"，指出存在不足。部党组高度重视，坚持

创新帮扶模式

　　人力资源社会保障部依托天镇县邻近京津地区的区位优势和劳动力丰富的资源优势，打造"天镇保姆"品牌。创新组织部属司级单位党组织与两县贫困村党支部结成43个帮扶对子，推动人社扶贫政策"最先一公里"与"最后一公里"上下贯通。发挥人社职能优势，加强技能培训与促进就业紧密衔接，打造"技能培训＋就业指导"扶贫模式。"一人就业、全家脱贫"和"一技在手、脱贫不愁"的帮扶效果显著。

问题导向，以巡视反馈意见整改为契机，推动脱贫攻坚工作提质增效。一是着力压实整改责任，认真分析原因，制定整改台账，确保问题整改落实。坚持把巡视反馈意见整改作为聚焦问题、完善措施、提质增效的有力抓手，研究制定整改台账，明确整改措施、责任单位和完成时限，定期调度推进，确保逐个分析挖根、逐项细化措施、逐一挂单销号，推动定点扶贫工作认识再深化、问题再聚焦、责任再落实、质量再提高。二是着重破解人社扶贫难点问题，深挖政策优势，整合帮扶资源，形成了攥指成拳的整体合力。每年在广泛征求意见的基础上，研究制定定点帮扶两县具体措施，确保帮扶措施与帮扶需求精准对接。加大调研指导力度，排查困难问题，统筹协调解决，变各自为战、大水漫灌为协同作战、精准滴灌，实现了"集中力量办大事"的合力攻坚格局，推动人社扶贫政策措施在两县落地生根。三是着眼发挥引领示范作用，加大宣传推广，总结梳理一批可复制可推广的经验做法。加强与驻两县扶贫工作队的沟通联系，建立数据直报、信息互通和多方协调机制，及时总结挂职扶贫干部、"一对一"结帮扶对子的好做法、好经验。协调中央电视台、央广网、新华网、人民网等媒体深入两县，对"天镇保姆""人社扶贫技能培训基地""人社扶贫车间"等一系列"技能培训 + 就业扶持"特色做法进行深度报道，收到良好社会效果。俞贺楠等一批优秀挂职扶贫干部受到表彰。

历任扶贫干部

挂职扶贫干部

挂职时间	姓　名	挂职地	挂任职务
2012.4—2014.4	王剑辉	山西省天镇县	县委常委、副县长
2012.4—2014.4	黄静波	山西省天镇县	副县长
2014.4—2016.4	王剑辉	山西省天镇县	县委常委、副县长
2016.8—2018.9	周永波	山西省天镇县	县委常委、副县长
2018.9—2021.6	李克亮	山西省天镇县	县委副书记
2021.6—	韩智力	山西省天镇县	县委副书记
2012.4—2014.4	袁泽春	安徽省金寨县	县委常委、副县长
2014.4—2016.4	王　丽	安徽省金寨县	县委常委、副县长
2016.8—2018.9	薛万里	安徽省金寨县	县委常委、副县长
2018.9—2021.6	闫福震	安徽省金寨县	县委副书记、副县长
2018.9—2021.4	张　达	安徽省金寨县	副县长
2021.6—	杨晓燕	安徽省金寨县	县委副书记
2013.4—2014.4	刘　军	安徽省砀山县	县委常委、副县长
2014.8—2016.8	刘征争	安徽省砀山县	县委常委、副县长
2012.4—2013.4	刘　军	安徽省霍山县	县委常委、副县长

驻村第一书记

驻村时间	姓　名	所驻村及职务
2015.11—2017.11	姚晓亮	山西省天镇县新平堡村第一书记
2017.9—2019.9	李继军	山西省天镇县鲍家屯村、将军庙村第一书记
2019.9—	王永生	山西省天镇县瓦窑口村第一书记
2021.6—	王志勇	山西省天镇县李二口村第一书记

自然资源部

1987 年 3 月开始,原地质矿产部在江西省赣州市开展定点扶贫。1998 年组建国土资源部后,定点扶贫江西省赣州市 8 县和湖南省沅陵县(2002 年调整为湖南省新田县),2015 年以后调整为江西省赣州市 4 县。2018 年,自然资源部组建以来,定点扶贫黑龙江省海伦市,江西省赣州市赣县区、兴国县、于都县、宁都县,海南省琼中黎族苗族自治县 6 县(市、区),并延续至今。2019 年,江西省赣县区、兴国县、于都县、宁都县,海南省琼中县脱贫摘帽;2020 年,黑龙江省海伦市脱贫摘帽。

党的十八大以来,自然资源部党组认真贯彻落实习近平总书记关于扶贫工作的重要指示精神,强化政治意识,高度重视定点扶贫工作,凝心聚力,持续加大帮扶投入。定点扶贫黑龙江省海伦市,江西省赣州市赣县区、兴国县、于都县、宁都县和海南省琼中黎族苗族自治县 6 个县(市、区)。聚焦责任目标,紧抓落实,圆满完成中央和国家机关定点扶贫工作任务。

一、坚决贯彻党中央、国务院关于脱贫攻坚的决策部署

1. 以高度政治责任感开展定点扶贫。自然资源部党组认真学习党的十八大、十九大精神,以习近平新时代中国特色社会主义思想为指导,坚决贯彻党

宁都县概况

江西省宁都县是著名宁都起义所在地，位于江西省东南部。县域以山区为主，水源丰富，交通便利。矿产资源有钨、煤、铁、石灰石、硫、萤石矿、钴土、铀、锡等22种。被誉为"赣南粮仓"，已形成优质稻、脐橙、黄鸡、加工型红薯四大农业主导产业和蘑菇、席草、蚕桑、茶叶、白莲五个区域特色产业。1986年确定为国家重点扶持贫困县，1987年开始定点扶贫，2019年脱贫摘帽。

中央、国务院关于脱贫攻坚的决策部署，加强组织领导，强化责任担当，将定点扶贫纳入部年度重点工作、督办检查等履行重要职能，同部署、同落实、同考核。聚焦脱贫攻坚"两不愁三保障"目标标准，坚持政策扶贫和定点扶贫两条主线，倾囊相助，实施"订单式"差别化支持政策，举全系统之力，决战决胜脱贫攻坚。

2. 健全定点扶贫组织机构。自然资源部设立扶贫开发领导小组，部长任组长，副部长任副组长，部机关主要司局和相关部直属单位为领导小组成员。领导小组下设办公室，有扶贫专职工作人员，有专项扶贫工作经费，专人专办落实定点扶贫任务。还在江西省赣州市设立自然资源部赣南老区扶贫开发中心，专事赣州4个县定点扶贫具体工作。

3. 精心部署安排、严格督导检查。党的十八大以来，自然资源部共召开40余次部党组会议、办公会、扶贫开发工作领导小组会议研究落实扶贫工作。部办公厅每年印发扶贫工作要点、制订定点扶贫工作计划、出台支持政策措施，印发自然资源部门扶贫领域作风问题专项治理的通知。部长连续8年深入定点扶贫县，分管部领导36人次分赴定点扶贫县调研指导定点扶贫工作，督促检查落实情况，督导地方政府落实脱贫攻坚主体责任。驻部纪检组每年到定点扶

赣县区概况

江西省赣州市赣县区以山区为主，水源丰富，交通便利。山上盛产脐橙、柑橘、油茶及木、竹等。田园主产水稻、葡萄、烟草和蔬菜等。矿产资源有钨、铜、煤、稀土、石灰石、金、萤石等。形成稀土、钨等矿产品开发加工和腐竹、板鸭等特色产业。名特优产品主要有脐橙、板鸭、蜜饯、腐竹、白砂糖等。1986年被确定为国家重点扶持贫困县，1987年开始定点扶贫，2019年脱贫摘帽。

贫县开展督促检查，指导扶贫领域作风建设。还组织纪检和财务人员每年2次到定点扶贫县，开展扶贫项目、扶贫工作经费使用专项检查和落实情况。

4. 尽锐出战，精心选派优秀干部挂职。为加强定点扶贫工作力量，8年来从部机关司局精心选派20名优秀干部到6个定点扶贫县挂职，任定点扶贫县（区）委副书记或县委常委、副县长，分管或协助分管扶贫工作。向江西省赣州市赣县区夏潭村、黑龙江省海伦市长发村、海南省琼中黎族苗族自治县太平村和番响村派出10名第一书记。

5. 创新定点扶贫工作机制。建立部、省、市、县自然资源主管部门"四级联动"工作机制，合力推进脱贫攻坚，有效提高了政策支持的精准度。对定点扶贫县紧扣需求，精准对接，量体裁衣，制定特惠"订单式"自然资源管理工作支持定点扶贫县脱贫攻坚政策、措施。

二、聚焦"两不愁三保障"脱贫基本目标集中发力

自然资源部立足职责，发挥部门优势精确施策开展定点扶贫工作。不断创新和完善土地、保障产业发展、基础设施建设、易地扶贫搬迁等政策；部署找

兴国县概况

　　江西省兴国县是著名"将军县"，位于江西省中南部，县域以山区为主，水源丰富，交通便利。兴国县山川秀丽、资源丰富，境内富含萤石、钨、煤、金、稀土、石灰石等20多种矿产资源，特产主要有兴国灰鹅、兴国红鲤鱼、兴国茶油、兴国生姜等。主要产业有长征文化IP产业、旅游、油茶、灰鹅等特色产业。1986年被确定为国家重点扶持贫困县，1987年开始定点扶贫，2019年脱贫摘帽。

水打井、农业地质调查等项目，着力破解贫困群众"两不愁三保障"突出问题，对建立产业基地发展现代农业，发展特色产业帮助农民增产增收，实现稳定脱贫有直接促进作用。

　　1. 发挥系统所长集中发力，重点突破饮水安全难题。自然资源部决定超常规调动系统优势技术和人才资源，成倍增加安全饮水项目投入，精准对接6县需求，分县包干，重点突破。开展水文地质调查，实施探采结合井334口，建设安全饮水示范工程11处，圈定应急水源地30余处，净化水源地2处，保障16.2万人饮水安全，解决1.7万亩农田灌溉。为贫困户安装净水器、增压泵，饮用水质明显改善。

　　2. 确保易地扶贫搬迁用地需要。优先保障易地扶贫搬迁集中安置点用地3495.4亩，保障27729名贫困群众及时入住搬迁房。积极开展拆旧复垦，对山水林田湖草沙综合整治，支持搬迁户休闲农业、健康养生等特色新产业用地。

　　3. 查明富硒土壤支持现代农业产业发展。开展土地质量调查圈定富硒土地1483.8万亩，其中无公害富硒土地933.37万亩，支持建成一批现代化富硒蔬菜、富硒大米、富硒玉米、富硒大豆等基地，支撑建成8处富硒特色产业示范园。提出绿色无公害富硒、富硒富锌农业基地及绿色食品产地建议区232处。

中国地质调查局开展土壤质量调查，查明富硒土壤，支撑黑龙江省海伦市发展富硒产业，获"全国十大天然富硒基地"称号。图为黑龙江海伦市天然富硒产业基地。

种植脐橙等 25 种农产品为富硒产品，促进农民增收 10 余亿元，40 余万贫困群众直接受益。于都县富硒蔬菜已成功"登上"中欧班列，签约粤港澳大湾区"菜篮子"平台。

于都县概况

　　江西省于都县是长征出发地和千年人文之乡，地处赣州东部，县域以山地丘陵为主，水资源丰富，交通便利。赋存金、银、钨、锌、铅、萤石、石灰石等 40 种矿产资源。形成服装纺织、蔬菜等主导产业。主要特产有富硒蔬菜、富硒大米、富硒茶叶、富硒脐橙等。1986 年被确定为国家重点扶持贫困县，1987 年开始定点扶贫，2019 年脱贫摘帽。

4.土地综合整治改善产业发展基础条件。支持定点扶贫县实施农地整理项目，总建设规模面积69万亩，改善耕地质量和增加数量，提升资源禀赋，为实现规模化、产业化、集约化和标准化经营创造良好条件。

5.城乡建设用地增减挂钩节余指标跨区域调剂解决产业发展资金瓶颈问题。6个定点扶贫县城乡建设用地增减挂钩节余指标省内和跨省交易共12293.4亩，收益34.81亿元，帮助地方政府解决最为迫切的资金瓶颈问题。这一政策是将集体建设用地节余指标参与市场流通实现土地资本化，实现土地增值收益，支持农业产业发展。

6.重大工程项目支持产业发展。支持定点扶贫县地质环境治理重大工程项目建设用地4.7万亩，投资1.35亿元，为解决发展产业耕地不足问题探索新途径，贫困群众实现增收，极大改善了贫困地区的生产生活条件和发展环境。

7.开展精准扶贫发展产业示范建设。投入专项经费3738.5万元，以土地整治、产业扶贫、庭院经济、建立农机合作社为主要手段开展产业扶贫精准化示范建设。在黑龙江省海伦市长华村、江西省赣州市赣县区五云镇夏潭村、海南省琼中黎族苗族自治县番响村以实施土地整治改善农业生产条件为基础，以组建合作社为发展产业的平台，建成甜叶菊、蔬菜等产业基地。

8.精准施策，增强定点扶贫县脱贫整体经济实力。支持土地利用总体规划修编，为脱贫攻坚、民生及基础设施建设项目及时落地提供规划用地，也为乡村振兴拓展了用地空间。足额保障扶贫用地专项指标，共安排新增建设用地计划5.47万亩，确保脱贫攻坚各项用地需求。地质矿产勘查项目扶贫，投入2.21亿元，开展地质调查，圈定找矿靶区。查明地质遗迹点，成功申报国家级、省级地质公园5处。发现优质矿泉水点179处，地热资源7个靶区，潜在经济价值1.5亿元。

三、抓党建促扶贫，强化政治责任担当

深入开展贫困村党支部结对共建活动，部机关及直属单位12个党支部与

琼中黎族苗族自治县概况

海南省琼中黎族苗族自治县地处海南省中部生态保育区，水资源充足。橡胶、槟榔等大宗农产品单产效益提升，正逐步形成绿橙、桑蚕、养蜂、养鹅、养鸡、高山云雾茶等优势特色产业带。利用百花岭、什寒村等旅游资源，开展"奔格内"乡村休闲旅游初具规模。2002年被确定为国家扶贫开发工作重点县，2006年开始定点扶贫，2019年脱贫摘帽。

12个贫困村党支部签订结对共建协议。把抓党建促扶贫作为党委或党支部"三会一课"组织生活内容，帮助村"两委"班子提高带领群众脱贫致富能力，引导贫困群众转变观念，激发脱贫致富内生动力。党员干部捐款160.96万元，捐赠图书2.57万册。培训贫困村基层干部1858人、培训技术人员5478人。开展教育扶贫励学励志，举办夏令营、新建幼儿园、建设"国土书屋"；投入资金120万元向6县中学捐建6所海洋图书馆和6万册图书；投入130万元奖学金，资助1400余名优秀贫困学生；资助海南省琼中县女足发展。协调尤迈健康对接定点扶贫县医院，为561例贫困患者提供远程医疗保障。通过"三下乡"活动，捐款100万元用于支持学校、贫困村党支部建设、资助贫困老党员和贫困学生家庭。抓党建促扶贫不仅为贫困村党支部带去党的温暖，解决实际困难，也促进机关干部深入基层，了解民意，增进感情，强化了干部的政治责任，克服官僚主义、形式主义，促进了工作作风的转变，将组织活力转化为攻坚动力。

四、全力推进定点扶贫工作

1.部领导带头抓，汇聚攻坚合力。部党组高度重视点扶贫工作，部长带

海伦市概况

黑龙江省海伦市位于黑龙江省中部，是哈黑黄金经济带上的重要节点城市，465万亩耕地普遍天然含硒，荣获"中国黑土硒都"称号。海伦大豆以高油脂、高蛋白、非转基因等品质，享有"金豆"美誉，被评为"中国好粮油大豆示范县"，位列2019年中国区域农业品牌粮油类第十位。2011年被确定为国家扶贫开发工作重点县，2013年开始定点扶贫，2020年实现脱贫摘帽。

头抓扶贫，明确各位部领导的责任分工，体现部党组履职尽责、不辱使命的政治担当。《中央单位定点扶贫责任书（2020年度）》中的每项都由一名部领导牵头落实。部领导以实际行动带动各部门和单位积极开展扶贫，引导各级干部坚决扛起政治责任，决战决胜定点扶贫县脱贫攻坚。强化组织保障，建立完善部扶贫开发领导小组、扶贫办、赣南老区扶贫开发中心和扶贫挂职干部工作机制，同时发力，用心用力用情做好脱贫攻坚工作，是帮扶见效的保证。

2.立足职责，强化政策落实。立足定点扶贫县自然资源条件，不断创新和完善土地政策，实施差别化支持措施，采取超常规举措，充分激活和释放贫困地区土地资源、资产和资本价值，形成"四个特殊"（特殊的用地保障政策、特殊的增减挂钩政策、特殊的耕地保护政策、特殊的项目支持政策）的综合政策效应。一是保障产业发展、基础设施建设、易地扶贫搬迁、民生发展等用地。二是加快用地审批过程，建设用地涉及农用地转用和土地征收的，依法加快审批。三是优化土地利用空间，新增建设用地计划、城乡建设用地增减挂钩计划向定点扶贫县倾斜，增减挂钩节余指标允许在省域内或跨省域调剂。四是建立新增耕地指标跨省域调剂机制，所得收益用于支持脱贫攻坚。

| 自然资源部开展精准扶贫示范建设，推进山水林田湖草沙综合整治。图为江西省赣州市赣县区五云镇建成多彩夏潭村。

3.发挥地质调查技术优势，促进产业发展。重点部署找水打井、农业地质调查等项目。一是开展土地质量地球化学调查，摸清特色优质耕地资源分布，圈定绿色富硒土地资源，支撑发展富硒特色产业，探索绿色产业脱贫致富之路。对建立产业基地发展现代农业，发展特色产业帮助农民增产增收，实现稳定脱贫有直接促进作用。二是开展水文地质调查，实施安全饮水工程，布局找水打井，净化水质项目，助力解决缺水和地表水质量不达标问题。确保农业用水和贫困群众安全饮水，有效解决贫困群众饮水难题。着力破解贫困群众"两不愁三保障"突出问题，提高定点扶贫县的造血功能。三是开展地质遗迹调查，建设地质公园，开辟新的经济增长点，开展地质灾害防治，确保贫困群众生命安全。地质调查技术的实施和成果的应用，提高定点扶贫

建立部省市县自然资源部门"四级联动"定点扶贫新机制，合力推进脱贫攻坚。实施"订单式"扶贫政策，不断增加项目投入，重点解决安全饮水难题。推进特色农业产业发展，以城乡建设用地增减挂钩节余指标省内和跨省交易大幅度增加土地收益政策，发挥土地政策保障作用。

县的造血功能。

4. 强化"四级联动"工作机制，合力推进脱贫攻坚。紧扣需求，精准对接，对定点扶贫县支持量体裁衣，制定特惠"订单式"扶贫政策。由定点扶贫县提出脱贫攻坚对自然资源的需求，部省市县自然资源部门"四级联动"，各司其职做好审核、申报、审批等项工作，开辟绿色通道，加快审批速度，出台自然资源支持定点扶贫县脱贫攻坚政策、措施和项目文件，有效提高了政策支持的精准度。在"订单式"政策扶贫实施中，采取分类指导、因地制宜、"一村一品"、"一村一策"加以推进落实。实施"四级联动"机制是完成定点扶贫任务的有效途径。

自然资源部举全系统之力落实定点扶贫责任目标，全面完成定点扶贫目标任务。8年来，共投入帮扶资金 7.23 亿元，引进帮扶资金 65.33 亿元，培训基层干部 1858 人，技术人才 5478 人，购买农产品 1249.78 万元，帮助销售农产品 1986.41 万元。全面完成中央单位定点扶贫责任书的各项承诺。6 个定点扶贫县建档立卡之初（2014 年）有贫困村 1072 个，贫困人口 3.8 万户 55.1 万人。至 2019 年 5 个县脱贫摘帽，其余 1 个县于 2020 年脱贫摘帽，贫困村、贫困人口全部脱贫，圆满完成了党中央国务院赋予自然资源部的定点扶贫任务。

历任扶贫干部

挂职扶贫干部

挂职时间	姓　名	挂职地	挂职职务
2013.7—2015.7	蒋志浩	黑龙江省海伦市	副市长
2015.4—2017.6	蒲鹏先	黑龙江省海伦市	副市长
2017.6—2019.7	陈卓宁	黑龙江省海伦市	副市长
2019.7—	王兆丰	黑龙江省海伦市	县委常委、副市长
2011.12—2013.12	邱烈飞	湖南省新田县	县委副书记
2014.6—2016.6	荀志坚	湖南省新田县	县委副书记
2016.3—2018.3	杨永刚	江西省赣州市赣县区	区委常委、副区长
2018.4—2020.6	薛永森	江西省赣州市赣县区	区委副书记、副区长
2020.6—	孙　超	江西省赣州市赣县区	区委副书记、副区长
2016.3—2018.3	黄先栋	江西省宁都县	县委常委、副县长
2018.5—2020.12	张巨华	江西省宁都县	县委常委、副县长
2021.3—	王　磊	江西省宁都县	副县长
2016.3—2018.3	冯靖哲	江西省于都县	县委常委、副县长
2018.5—2020.12	周保铜	江西省于都县	县委常委、副县长
2021.3—	郑宝华	江西省于都县	县委常委、副县长
2016.3—2018.3	王正颐	江西省兴国县	县委常委、副县长
2018.5—2020.12	刘大刚	江西省兴国县	县委常委、副县长
2021.3—	潘薪如	江西省兴国县	县委副书记、副县长
2016.12—2019.3	李祝理	海南省琼中黎族苗族自治县	副县长
2019.6—	王安涛	海南省琼中黎族苗族自治县	县委常委、副县长

驻村第一书记

驻村时间	姓　名	所驻村及职务
2015.5—2016.8	杜　明	黑龙江省海伦市长发村第一书记
2016.8—2018.8	杜文广	黑龙江省海伦市长发村第一书记
2018.7—2021.4	李　文	黑龙江省海伦市长发村第一书记
2021.5—	王　麟	黑龙江省海伦市长发村第一书记
2015.7—2016.7	邱少俊	江西省赣州市赣县区夏潭村第一书记
2016.7—2018.7	李兆宜	江西省赣州市赣县区夏潭村第一书记
2018.8—2018.12	蒋丽欣	江西省赣州市赣县区夏潭村第一书记
2018.12—2021.4	徐　浩	江西省赣州市赣县区夏潭村第一书记
2021.6—	吴　楠	江西省赣州市赣县区夏潭村第一书记
2015.7—2016.8	宁志超	海南省琼中黎族苗族自治县太平村第一书记
2016.10—2018.10	罗志清	海南省琼中黎族苗族自治县番响村第一书记
2018.7—2021.4	徐　岩	海南省琼中黎族苗族自治县番响村第一书记
2021.5—	王梓行	海南省琼中黎族苗族自治县番响村第一书记

生态环境部

历 程

生态环境部自 1992 年定点帮扶河北省围场满族蒙古族自治县、2002 年定点帮扶河北省隆化县以来，不断加强组织领导，2016 年成立环境保护部脱贫攻坚领导小组并组建 13 个扶贫工作小组，2018 年成立生态环境部脱贫攻坚领导小组，由部党组书记、部长担任组长，其他部领导班子成员为副组长，2019 年组建定点扶贫前方工作组，2020 年实行部党组书记、部长担任组长的双组长制。围场满族蒙古族自治县、隆化县于 2020 年 2 月顺利实现脱贫摘帽，贫困人口实现全部脱贫。

党的十八大以来，生态环境部深入学习贯彻习近平生态文明思想和习近平总书记关于扶贫工作的重要论述，坚决落实党中央、国务院关于脱贫攻坚的决策部署，切实扛起脱贫攻坚重大政治责任，积极践行"绿水青山就是金山银山"理念，充分发挥生态环境部门行业优势，聚焦定点扶贫县河北省承德市围场满族蒙古族自治县、隆化县脱贫摘帽任务和民生福祉，集中力量攻克深度贫困堡垒，协同打赢打好精准脱贫和污染防治攻坚战。

一、不断加强组织领导，凝聚定点扶贫工作合力

建立并顶格配置生态环境部脱贫攻坚领导小组，由部党组书记、部长担任

组长，其他部领导班子成员为副组长，分管扶贫副部长兼任脱贫攻坚领导小组办公室主任，成员包括部机关所有业务司局和在京全部直属单位主要负责同志，并在此基础上组建13个扶贫工作小组。2016年以来，累计召开15次部党组会、部长专题会研究部署定点扶贫工作，部领导22人次赴两县开展慰问调研、座谈研讨和督促指导，现场推动落实各项目标任务。先后选派10名优秀干部赴承德市两县挂职及担任驻村第一书记，组建部定点扶贫前方工作组。部系统2000余人次深入一线开展定点帮扶，推动发展扶贫产业，壮大村集体经济，完善农村基础设施，改善生产生活条件，帮助解决实际问题，形成了部领导高位推动、部系统上下齐心协力决战决胜脱贫攻坚的良好工作格局。

二、加大政策资金倾斜力度，全面压实定点扶贫工作责任

制定实施《环境保护部"十三五"定点扶贫方案》《生态环境部定点扶贫三年行动方案（2018—2020年)》和各年度工作要点。在与原国务院扶贫开发领导小组签订《中央单位定点扶贫责任书》的基础上，生态环境部脱贫攻坚领导小组与13个扶贫工作小组逐一签订《扶贫工作小组定点扶贫责任书》，进一步量化和分解压实帮扶责任。2016年以来，累计投入帮扶资金3.02亿元，引进帮扶资金4.86亿元，培训基层干部和技术人员10000余人次，聚力攻克深

围场满族蒙古族自治县概况

围场满族蒙古族自治县位于河北省承德市北部，为华北地区通往内蒙古和东北地区的交通要道之一，境内交通便捷。地形以山地为主，生物资源丰富，珍稀物种荟萃。围场满族蒙古族自治县是"中国马铃薯之乡"、国家级无公害蔬菜生产基地。1988年被确定为国家重点扶持贫困县，1992年开始定点帮扶，2020年2月脱贫摘帽。

隆化县概况

隆化县位于河北省承德市中部，地处环首都、环渤海、京津冀国家发展战略经济圈交会地带。地形以低山丘陵为主，河流分布较广，生物资源丰富，珍稀物种繁多，温泉分布广泛，"隆化大米""隆化肉牛"等获国家地理标志和有机产品认证。1987年被确定为国家重点扶持贫困县，2002年开始定点帮扶，2020年2月脱贫摘帽。

度贫困堡垒，协调安排中央生态环境资金2.54亿元、重点生态功能区转移支付资金15.7亿元推动加强生态环境保护，促进协同打赢打好精准脱贫和污染防治攻坚战。在生态环境部的帮扶指导下，围场满族蒙古族自治县成功打造"一企连三产、一林生四财、一地生四金、一业配多策"的生态扶贫模式，发展绿化苗木、中药材、沙棘、金莲花等种植基地，累计带动3.7万余名贫困户脱贫增收，"生态产业化、产业生态化"扶贫模式入选《全国产业扶贫优秀案例选编》。隆化县依托良好生态资源优势，着力打造生态采摘休闲观光区，推进生态农业品牌建设，"隆化大米""隆化肉牛"等获国家地理标志和有机产品认证，带动约18万劳动力就业。围场满族蒙古族自治县、隆化县地表水Ⅲ类或优于Ⅲ类达标率分别从2017年的50%、66.7%提升到2019年的71.4%、83.3%，空气优良天数比例分别从2017年的81.1%、76.7%提高到2019年的84.1%、84.3%。2020年，围场满族蒙古族自治县、隆化县生态环境质量动态变化评价结果为"基本稳定"和"一般变好"等级，分别获得中央财政国家重点生态功能区转移支付资金2.36亿元、1.07亿元。

三、持续深化支部共建，不断提升基层党建引领促扶贫成效

组织部系统45家单位与两县87个贫困村开展"一对一"党支部共建，深

入一线开展蹲点调研，制订并动态更新"一村一策"脱贫方案，建立完善支部共建信息表，明确共建事项清单，组织开展述职评议，推动落实党支部书记第一责任人工作机制，压实落细支部共建各项责任。通过党课学习、调研慰问、对接需求、落实项目、技能知识培训等"请进来、走出去"方式，帮助贫困村党支部开展能力建设，推动解决实际困难。坚持"志智"双扶，统筹整合 13个扶贫工作小组教育帮扶资源，在两县设立生态环保励志奖学金，累计奖励两县贫困家庭初高中学生 1390 人，增强"我要脱贫"内生动力。探索开展乡风文明激励，通过制定环境卫生约法三章、爱心积分兑换、美丽庭院评比等管理办法，促进提高"保护环境，我要脱贫"的主人翁意识，提升绿色自治和全村共治的积极性。围绕发挥基层党组织战斗堡垒作用，建立了"一对一"支部共建、"点对点"任务落实、"面对面"考核评议的精准帮扶工作体系，健全了沟通协调和基层党组织建设长效机制，提高了村"两委"班子思想认识和干事创业能力，促进将基层党建活力转化为脱贫攻坚动力。

四、大力推进消费扶贫，不断健全农产品产销对接长效机制

以购买和帮助销售贫困地区农产品带动贫困人口脱贫和贫困村产业发展为目标，探索开发了生态环保扶贫电商平台，打造集"种养殖—产品加工—物流配送—市场营销—售前售后服务"为一体的农产品产供销体系，上线销售两县 300余个品种农产品。推动建立扶贫采购、扶贫雇佣、土地资金入股分红等指标收集验证机制，定期收集带贫减贫成效数据，并开展信息验证，确保扶贫信息真实透明、可追溯可核查可验证。加强平台推广应用，联合"扶贫 832"平台、阿里巴巴消费扶贫专区和中国农业银行"掌银宝"扶贫商城，深化拓展农产品产销对接渠道。2016 年以来，通过食堂集中采购、干部职工自愿购买、工会法定节假日福利定向购买、实地调研慰问现场购买等方式，累计购买和帮助销售贫困地区农产品 3000 余万元，覆盖了两县 120 多个贫困村，带动了 1600 多户贫困户脱贫。新冠肺炎疫情期间，积极组织开展"生态扶贫，助农战'疫'"系列消费扶贫活

动，依托生态环保扶贫电商平台和贫困地区农副产品网络销售平台（扶贫832平台），累计购买和帮助销售两县农产品729万元、湖北省及全国其他贫困地区农产品805万元，帮助解决农产品滞销、卖难问题，促进贫困地区群众就业增收。

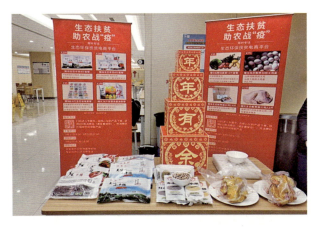

| 生态环境部大力开展消费扶贫，探索开发生态环保扶贫电商平台。图为组织开展"生态扶贫，助农战'疫'"等系列消费扶贫活动。

五、创新生态环保扶贫绿色实践，探索打通了"四绿四金"促脱贫绿色路径

坚持生态环境保护与扶贫减贫并重，依托生态环境部行业资源优势，围绕加强污染治理和农村环境综合整治、巩固生态资源优势和推动绿色发展等方面建立健全带贫减贫机制，积极探索绿水青山向金山银山转化的路径模式，努力将生态环保特色帮扶转化为脱贫攻坚绿色实效。一是"点绿成金"促脱贫。指导两县以发展"生态+"产业和打造生态品牌为抓手，开展生物多样性保护与减贫试点，发展生态旅游，推动产业绿色化、生态化，实现生态资源优势向经济社会发展优势转变。围场满族蒙古族自治县八顷村依托当地资源特色，通过精准引种、科学比选、多元联动等方式，配套发展金莲花、富硒马铃薯、玫瑰瓜等种植，实现生物多样性整体价值的挖掘提升，2019年共带动了100余户贫困户增收90余万元。隆化县团瓢村通过发展绿色有机农业，引进龙头企业，栽植有机山楂、草莓等，带动120名贫困户平均每年务工增收1万元/人，带动150户贫困户每年分红3000元/户。二是"添绿增金"促脱贫。指导两县通过开展生态整地、村庄绿化、清洁型煤取暖等一系列生态增绿、补绿措施，

生态环境部积极践行"绿水青山就是金山银山"理念，坚持生态环境保护与扶贫减贫并重，加强基层党建引领，推动志智双扶，大力开展消费扶贫。在定点扶贫县探索打通了点绿成金、添绿增金、守绿换金、借绿生金的"四绿四金"绿色路径模式，构建形成了基层党建引领促扶贫工作体系，培育拓展了消费扶贫网络，建立完善了扶志扶智工作机制。

不断改善生态环境质量，引导发展特色种养殖、林下经济等生态扶贫产业，实现贫困群众脱贫增收。隆化县海岱沟村积极推进绿化、美化等生态工程，种植小苹果、山楂、梨等80余亩果园，推广使用环保节能清洁取暖炉具及洁净型煤，全村冬季取暖用煤量节省了20%，燃煤烟尘、二氧化硫等污染物排放量大幅下降，每年减少贫困户近1000元冬季取暖燃煤开支，促成了山东兖矿集团投资建厂，带动当地贫困群众增收和经济社会发展。三是"守绿换金"促脱贫。指导两县依托生态建设和环境保护工程，设置保洁员、卫生员等公益性岗位，引导贫困群众参与生态治理和生态资源管护，促进实现生态惠民富民。围场满族蒙古族自治县海字村依托生活垃圾、污水、畜禽粪污等资源化利用工程建设，2019年以来，共带动47户贫困户就业增收12.9万元。隆化县小庙子村开展实施垃圾分类减量化和畜禽粪污资源化利用，全村垃圾清运量减少了20%，并引导48户贫困户参与环境治理志愿服务，直接带动6名贫困户人均每年增收8400元。四是"借绿生金"促脱贫。指导两县通过搭建生态产品及其价值交易的市场平台，开展碳排放权、水权等市场化运作交易，实现市场交易活动与环境保护、生态平衡和经济社会共赢发展。围场满族蒙古族自治县依托塞罕坝机械林场在水源涵养、固碳释氧等方面的生态资源优势，开发森林管理碳汇项目，2018 年达成碳汇交易 3.6 万吨，实现收入 90 万元，成为周边贫困群众脱贫致富的"绿色银行"。

六、巩固拓展脱贫攻坚成果，衔接推进乡村振兴战略实施

严格落实"摘帽不摘责任、摘帽不摘政策、摘帽不摘帮扶、摘帽不摘监管"要求，进一步加强产业就业帮扶，持续巩固"两不愁三保障"和饮水安全有保障成果。督促指导两县建立健全防返贫监测预警和帮扶机制，及时将脱贫不稳定户和边缘易致贫户纳入动态监测，制定落实针对性帮扶措施。联合农业农村部、国务院扶贫办印发实施《关于以生态振兴巩固脱贫攻坚成果进一步推进乡村振兴的指导意见（2020—2022 年）》，统筹推动生态环保扶贫工作有序转型，以美丽乡村建设为导向提升生态宜居水平，以产业生态化和生态产业化为重点促进产业兴旺，以生态文化培育为基础增进乡风文明，以生态环境共建共治共享为目标推动取得治理实效，努力让良好生态环境成为乡村振兴的重要支点。

生态环境部指导河北省围场满族蒙古族自治县发展"生态＋"产业，开展生物多样性保护与减贫试点。图为金莲花和玫珑瓜种植园。

习近平总书记指出，脱贫摘帽不是终点，而是新生活、新奋斗的起点。生态环境部将坚持以习近平新时代中国特色社会主义思想为指导，深入贯

彻落实党的十九大和十九届二中、三中、四中、五中全会精神，坚定不移贯彻新发展理念，坚持以人民为中心的发展思想，始终站在践行初心使命、增强"四个意识"、坚定"四个自信"、做到"两个维护"的政治高度，将巩固拓展脱贫攻坚成果放在突出位置，积极践行"绿水青山就是金山银山"理念，接续定点帮扶河北省围场满族蒙古族自治县、隆化县巩固拓展脱贫攻坚成果和全面推进乡村振兴，为全面建设社会主义现代化国家开好局、起好步奠定坚实基础。

历任扶贫干部

挂职扶贫干部

挂职时间	姓名	挂职地	挂职职务
2010.12—2012.12	李东林	河北省围场满族蒙古族自治县	副县长
2013.8—2014.8	宋云横	河北省围场满族蒙古族自治县	副县长
2016.1—2018.1	彭俊	河北省围场满族蒙古族自治县	副县长
2018.4—2021.2	张卫华	河北省围场满族蒙古族自治县	县委常委、副县长
2021.5—	章亮	河北省围场满族蒙古族自治县	县委常委、副县长
2010.12—2012.12	傅尧	河北省隆化县	副县长
2013.8—2014.8	石悦	河北省隆化县	副县长
2016.1—2018.1	田晟	河北省隆化县	县委常委、副县长
2018.4—2021.5	聂忆黄	河北省隆化县	县委常委、副县长
2021.5—	高锋亮	河北省隆化县	县委常委、副县长

驻村第一书记

驻村时间	姓　名	所驻村及职务
2015.8—2016.8	王　刚	河北省围场满族蒙古族自治县龙头乡克字村第一书记
2019.2—2021.5	马　飞	河北省围场满族蒙古族自治县元宝洼村第一书记
2021.5—	王　超	河北省围场满族蒙古族自治县元宝洼村第一书记
2017.6—2019.7	刘　一	河北省隆化县海岱沟村第一书记
2019.9—	张　健	河北省隆化县海岱沟村第一书记

住房城乡建设部

历 程

住房城乡建设部于 1994 年开始参与定点扶贫，1994—2001 年，负责定点扶贫青海省同仁县、泽库县、达日县和班玛县。2002 年，定点扶贫县调整为青海省泽库县和尖扎县。2012 年 11 月，根据中央定点扶贫结对安排，定点扶贫县调整为湖北省红安县、麻城市和青海省大通县、湟中县（2020 年改为湟中区）。红安县于 2018 年 8 月脱贫摘帽，麻城市于 2020 年 4 月脱贫摘帽，大通县和湟中县于 2019 年 5 月脱贫摘帽。

党的十八大以来，住房城乡建设部党组深入学习贯彻习近平总书记关于扶贫工作的重要论述，认真落实党中央、国务院决策部署，将定点扶贫工作作为一项重大的政治任务抓紧抓实，创新帮扶机制，凝聚行业力量，加大帮扶力度，用心用情用力帮助湖北省麻城市、红安县和青海省湟中县、大通县 4 个定点扶贫县战疫战贫，四县全面完成脱贫攻坚任务，得到各方面充分肯定。

一、提升政治站位，压紧压实帮扶责任

一是加强组织领导。成立由部主要负责同志担任组长，4 位副部长担任副组长，全部 33 个司局、直属单位和社团党委主要负责同志担任成员的部扶贫攻坚领导小组。研究制定了《关于进一步加强定点扶贫工作的意见》《定点扶

贫三年行动计划》以及年度帮扶计划等系列文件，明确帮扶举措，落实帮扶责任。部主要负责同志多次主持召开部党组会议、部扶贫攻坚领导小组会议、专题会议等，认真研究部署定点扶贫任务，把定点扶贫作为增强"四个意识"、坚定"四个自信"、做到"两个维护"的具体实践。

二是坚持尽锐出战。创新建立组团帮扶机制，由部扶贫办公室牵头，成立4个由业务司局、直属单位和部管社团组成的定点扶贫帮扶工作组，对四县开展"一对一"组团帮扶。各帮扶工作组、部扶贫攻坚领导小组成员单位整合资源，协调社会参与力量，形成强大帮扶合力，对四县打赢脱贫攻坚战发挥了重要作用。2019年住房城乡建设部被青海省委、省政府评为唯一一个中央定点扶贫先进集体。累计选派13名政治素质高、工作能力强的干部到四县挂职，挂职干部全身心投入脱贫攻坚一线工作，与当地群众苦在一起、干在一起，得到当地干部群众认可。挂职干部王虹航同志荣获"全国脱贫攻坚先进个人"称号。

三是强化督促指导。部主要负责同志11次到四县调研指导脱贫攻坚工作，推动4县责任落实、政策落实、工作落实。部分管负责同志每年到四县召开部县联席会议，协调解决脱贫攻坚中遇到的实际困难，推动一批涉及脱贫攻坚、民生保障的重点项目落地见效。其他部领导结合分管工作，研究推动帮扶举措。驻部纪检监察组开展脱贫攻坚专项监督检查，主要负责同志多次赴四县调研督导。部扶贫办、4个帮扶工作组每年开展实地督促指导，通过进村入户访谈基层干部和农村群众，实地查看有关扶贫项目等，帮助四县总结经验，查缺补漏，确保如期完成脱贫攻坚任务。

二、聚焦目标任务，着力夯实脱贫基础

第一，坚决完成定点扶贫承诺任务。一是落实帮扶资金。党的十八大以来，累计向四县捐赠帮扶资金7454万元，支持四县物流仓储、生态种植、药材加工、光伏扶贫等项目，帮助贫困户稳定脱贫。累计帮助四县引进帮扶资金

16.73 亿元，支持四县采煤沉陷区综合治理、农牧民居住条件改善、贫困村基础设施改善和产业扶贫等帮扶项目，助力巩固脱贫攻坚成果。二是加强人才培训。举办定点扶贫县贫困村党支部书记培训班、中药材产业致富带头人和实用技术人才培训班、基层干部培训班、职业技能培训班、扶贫大讲堂等，累计帮助培训基层干部 2352 人次，培训技术人员 1326 人次，四县基层干部、技术人员和贫困村"三支队伍"引领发展、带领群众脱贫致富的能力水平不断提升。三是推进消费扶贫。通过组织部扶贫攻坚领导小组各成员单位集中购买四县农产品、组织扶贫产品进机关活动、协调多个扶贫平台帮助推广销售、发动干部职工自发采购等方式，大力推进消费扶贫，有效解决地方农产品"卖难"问题，累计直接购买和帮助四县销售农产品 3000 余万元。

第二，确保实现"三保障"脱贫目标。一是保障贫困人口住房安全。安排中央农村危房改造补助资金 4.2 亿元，组织四县对所有建档立卡贫困户住房安

| 扎实推进住房安全保障工作，支持四县 3.5 万户建档立卡贫困户等重点对象改造危房。图为青海省湟中县黑城村危房改造参与者笑脸墙。

全情况进行逐户核验，四县贫困人口全面实现"危房不住人，住人无危房"的目标任务。二是积极推动教育扶贫。组织干部职工"献爱心"和"一助一"帮扶，部有关司局、直属单位和学协会开展捐资助学、捐书助学、捐赠文体用品等教育帮扶活动，协调北京爱尔公益基金会、有关爱心企业等社会力量参与教育帮扶，累计向四县捐赠271.5万元，资助800名建档立卡贫困家庭在读学生，帮助减轻贫困家庭负担。三是组织开展健康扶贫。联合农工党中央组织北京、上海等地医疗专家赴四县开展"送医上门"活动，义诊近千人次，教学查房数百人次，搭建了贫困地区医疗机构和知名专家合作的桥梁，极大提高了四县的医疗服务水平，麻城市人民医院升为三甲医院。协调国务院机关事务管理局、中国市长协会、有关爱心企业等向四县乡镇捐赠了多种医疗器械和器材。

麻城市概况

湖北省麻城市位于湖北省东北部、大别山中段南麓、鄂豫皖三省交界处，是红色古城。麻城是著名的杜鹃花城、交通新城、特产名城，又是"中国菊花之乡""油茶之乡""板栗之乡""花岗石之乡"。1994年麻城被定为国家重点扶持贫困县，2012年11月由住房城乡建设部定点扶贫，2020年4月脱贫摘帽。

第三，努力克服疫情影响。新冠肺炎疫情发生以来，住房城乡建设部密切关注四县特别是麻城市和红安县疫情态势，深入了解疫情监测、医疗救治、物资保障、社会稳定等方面情况，第一时间竭尽所能给予帮扶。一是筹措帮扶资金和防疫物资。协调社会力量向定点扶贫县捐赠抗疫资金和物资1300余万元，其中捐赠资金1000万元，捐赠食品、蔬菜等价值200余万元，捐赠医用外科口罩2万余个、防护服1000余套以及额温枪、护目镜、酒精等防护用品，支持定点扶贫县用于一线防控保障。二是做好贫困劳动力稳岗就业。根据麻城

红安县概况

湖北省红安县，原名黄安县，位于湖北省东北部、大别山南麓、鄂豫皖三省交界处，是全国著名的老区县、"将军县"。1994年红安被定为国家重点扶持贫困县，2012年11月开始定点扶贫，通过打造特色产业，确立了"两红两茶一菜一药"（红苕、红皮花生，青茶、油茶，蔬菜，中药材）的农业产业化发展路径。2018年8月脱贫摘帽。

市实际困难和迫切需求，积极协调中国国家铁路集团有限公司，从2020年3月20日起连续开通12趟麻城至长三角和珠三角的复工专列，"点对点、一站式"输送1.2万名农民工安全返岗。联合建筑业、物业管理、市政环卫燃气等九大行业协会印发倡议书，鼓励用工量大的行业企业优先吸纳贫困劳动力务工就业，努力做好贫困劳动力稳岗就业工作。三是帮助销售滞销农产品。针对四县特别是湖北麻城市和红安县农产品积压滞销情况，迅速组织动员部扶贫攻坚领导小组各成员单位加大集中采购力度，主动协调中国银行、中国农业银行、"扶贫832平台"等单位和扶贫平台，帮助推广销售四县农产品，协调有关企业对滞销农产品进行网络直播，挂职扶贫干部主动参与直播带货，支持四县销售农产品3000余万元。

三、发挥行业优势，确保实现稳定脱贫

一是强化政策资金支持。累计安排中央补助资金9.53亿元，支持四县改造棚户区2.6万套，改造城镇老旧小区0.95万户。支持四县30个中国传统村落保护发展。帮助四县编制一批专项规划，在城乡垃圾污水治理、历史文化名村保护等方面加强帮扶，推动四县住房和城乡建设事业发展。

二是突出产业就业帮扶。支持四县发展建筑业扶贫产业。协调大型建筑业企业和四县相关企业对接合作，对四县多家建筑业企业资质升级给予政策指导，帮助四县引进 12 家建筑业企业。协调将麻城市作为大别山（麻城）建筑产业工人培育示范基地，帮助麻城市编制绿色建材及装配式产业化示范基地可行性研究报告并推动基地建设。协调中国房地产业协会将麻城市作为石材优采基地，组织 19 家房地产企业和 4 家轨道交通建设企业签订战略合作协议，助推麻城市石材产业发展。支持麻城市培育菊花扶贫产业。协调中国风景园林学会菊花分会组织高校专家团队持续帮扶福白菊原产地保护、品种提纯复壮、菊苗脱毒等项目，2019 年，麻城市获得"中国菊花创新发展之城"称号。目前，麻城菊花种植面积已超过 10 万亩，菊农亩均收益增加 1000 元以上。支持红安县山茶油产业发展。特别是疫情期间，积极协调解决山茶油滞销难题，挽救了

| 助力麻城市菊花扶贫产业发展，带动菊农增收。图为麻城市菊花采摘大赛福白菊比赛现场。

湟中区概况

　　青海省西宁市湟中区位于青海省东部，是古代"丝绸之路"南道、"唐蕃古道"的必经之地，区境西、南、北三面环围西宁市。区域内有西宁规划城市副中心多巴新区、国家 5A 级旅游景区塔尔寺、西宁市国家级经济开发区重工业、轻工业子园区。经济以农业为主，主产青稞、小麦、豌豆、蚕豆、油菜籽、马铃薯。2001 年被确定为国家扶贫开发工作重点县，2012 年 11 月开始定点扶贫，2019 年 5 月脱贫摘帽。

濒临破产的企业，促进了当地特色山茶油产业发展。支持湟中区和大通县培育中药材扶贫产业。采取"请进来""走出去"等方式，对两县中药材产业致富带头人和实用技术人才进行"定制"培训，组织市场主体大宗采购，精准对接市场需求。支持四县贫困群众就业。联合中国建筑业协会、中国房地产协会等九大行业协会发出倡议书，积极推进贫困劳动力就业和稳岗稳薪，指导麻城市成立乡镇建筑劳务队伍，对接大型建筑业企业引导贫困劳动力稳岗就业，促进贫困群众就业增收。积极协调有关企业帮扶支持四县打造"产业扶贫＋就业扶贫"的造血模式，探索建立建筑业企业、物业服务企业等与贫困地区劳务输出的精准对接机制。

　　三是广泛凝聚帮扶合力。协调有关部门持续支持大通县重点采煤沉陷区综合治理、麻城市大别山火电厂项目并网发电、麻城市通用航空机场项目建设等，促进 4 县经济社会发展。协调文化和旅游部恭王府博物馆开展"西宁非物质文化遗产精品展示月"活动，促进河湟文化保护传承。协调人民日报社、中国红十字会总会等联合开展健康扶贫、消费扶贫等帮扶项目。协调中国土木工程学会、中国城市规划学会等数十个行业社团在就业扶贫、消费扶贫、技术帮扶等方面支持 4 县脱贫攻坚工作。协调有关建筑业、房地产、市政等行业企业

大通回族土族自治县概况

青海省大通回族土族自治县地处青海省东部河湟谷地，祁连山南麓，少数民族人口占全县总人口的52.44%。大通县生态资源丰富，矿藏矿产多、储量大，森林覆盖率达38%，是青海省重要的水源涵养基地。大通县2002年被确定为国家扶贫开发工作重点县，2012年11月开始定点扶贫，2019年5月脱贫摘帽。

围绕4县产业提升、教育扶智、技能培训、村级基础设施建设等方面开展帮扶，改善了农村人居环境，促进了乡村特色产业发展。积极推动"燃气下乡"，协调大型燃气企业在青海省大通县建成国内首个液化石油气微管网供气系统，帮助大通县土关村、寺沟村数百户村民用上了清洁、便利、经济的管道气，并为向全国推广积累了经验。

四是打造一支不走的扶贫队伍。坚持抓党建促脱贫，组织部有关司局、

创新帮扶模式

建立部领导和县主要负责同志共同研究定点扶贫县脱贫攻坚工作的机制，成立"一对一"帮扶工作组，部领导带领部扶贫办和帮扶工作组以及省、市住房城乡建设部门负责同志，逐县召开部县联席会议，每年确定一批重点协调事项并建立台账，持续跟踪协调解决。在四县选择4个村深入开展"美好环境与幸福生活共同缔造"试点示范，选派4家高水平技术团队驻村帮扶，四县"共同缔造"已经形成可复制可推广的经验，在全国范围内推广。

单位与四县 15 个村开展支部共建，通过共同学习、深入调研、交流研讨、捐款捐物等方式，帮助加强基层党的建设、党员活动场所建设，不断增强基层党组织政治功能和组织力，为稳定脱贫打造坚实基础。在四县选择 4 个村深入开展"美好环境与幸福生活共同缔造"试点示范，选派 4 家高水平技术团队驻村帮扶，充分发挥党建引领作用，激发贫困群众脱贫攻坚和建设美好家园的内生动力，推动形成共建共治共享的社会治理格局。

历任扶贫干部

挂职扶贫干部

挂职时间	姓　名	挂职地	挂职职务
2016.12—2018.12	朱　波	湖北省麻城市	副市长
2018.12—2021.4	王大港	湖北省麻城市	市委常委、副市长
2021.4—	田　涛	湖北省麻城市	副市长
2016.12—2018.12	石　炼	湖北省红安县	副县长
2018.12—2021.4	戴冠华	湖北省红安县	副县长
2021.4—	丁洪建	湖北省红安县	副县长
2016.12—2018.12	王锋堂	青海省西宁市湟中区	副县长
2018.12—2021.4	王　磊	青海省西宁市湟中区	副区长
2021.4—	杨　波	青海省西宁市湟中区	副区长
2016.12—2021.4	王虹航	青海省大通县	副县长
2021.4—	刘　伟	青海省大通县	副县长

驻村第一书记

驻村时间	姓　名	所驻村及职务
2015.8—2017.3	胡建坤	湖北省红安县喻畈村第一书记
2017.6—2018.6	程建伟	湖北省麻城市浮桥河村、晏店村第一书记
2018.7—2019.4	普传玺	湖北省麻城市古城村第一书记
2019.4—2021.4	杨　飞	湖北省麻城市古城村第一书记
2021.4—	徐凌功	湖北省麻城市古城村第一书记

交通运输部

交通运输部是第一批承担中央单位定点扶贫任务的部门之一，1986年负责定点扶贫河南省栾川县，1990年增加帮扶云南省怒江州，1994年增加为定点扶贫河南省栾川、伊川、洛宁、嵩县、汝阳、新安、宜阳和云南省泸水、福贡、兰坪、贡山11县。2002年继续定点帮扶河南省栾川、洛宁、嵩县、汝阳、宜阳5县。2009年开始定点扶贫四川省黑水、小金、壤塘3县，2015年增加帮扶四川省色达县。

交通运输部坚持以习近平新时代中国特色社会主义思想为指导，坚决落实党中央、国务院脱贫攻坚决策部署，尽职履责，用心用情用力帮助四川省小金县、黑水县、壤塘县和色达县（以下简称四县）摘帽，扎实巩固脱贫攻坚成果并做好与乡村振兴有效衔接。

一、坚持党的领导，完善工作机制，全面压实帮扶责任

交通运输部党组将定点扶贫作为重要政治任务，严格执行"一把手"负责制，全国政协副主席、部党组书记杨传堂，部长李小鹏，担任脱贫攻坚领导小组组长并作为定点扶贫第一责任人，全面落实"部党组领导、领导小组主抓、司局落实"的组织领导机制。由部综合规划司牵头定点扶贫工作，成立扶贫处，抽调专职人员负责具体工作。部主要领导每年赴定点扶贫县督导调研，2012—

2020年部领导累计到县22人次，督促压实责任，协调解决困难问题。

二、坚持规划引领，完善政策体系，系统推进定点扶贫工作落地落实落细

2009年编制《四川省阿坝藏族羌族自治州交通扶贫规划纲要》，明确"十二五"时期重点任务，以规划为指引推进交通项目建设，完善定点扶贫县路网，为脱贫攻坚、产业振兴和长远发展提供基础保障。2016年制定《交通运输部定点扶贫工作规划（2016—2020年）》，重点实施九大任务，构建交通运输与四县脱贫攻坚有机融合工作格局。2018年制定《交通运输脱贫攻坚三年行动计划（2018—2020年）》，倾斜支持四县加快推进重大项目和"四好农村路"建设。坚持每年制订定点扶贫年度工作计划，对照《中央单位定点扶贫责任书》量化指标，建立工作清单，逐项抓好落实。

三、坚持选优派强，建立驻地联络组，融入基层开展精准帮扶

遴选优秀管理干部、技术干部赴四县挂职，2012—2020年累计选派24名

黑水县概况

四川省黑水县地处阿坝州中部，平均海拔3544米，高原气候明显，面积4356平方千米，总人口6.08万人，藏族人口占比88.65%，产业基础薄弱，自然灾害频发，经济发展滞后。境内自然资源丰富，有"生态蔬菜、藏香猪，道地药材、黑水蜂，早实核桃、凤尾鸡"六大特色物产，藏式民居独特，名胜古迹较多。1994年被认定为国家重点扶持贫困县，2009年交通运输部定点帮扶，2020年2月脱贫摘帽。

小金县概况

———————————————————

　　四川省小金县位于阿坝州南部，平均海拔 3000 米，面积 5571 平方千米，总人口 7.9 万人，藏族人口占比 52%，经济结构单一，无特色支柱产业。县域矿产、生物资源丰富，有松茸、贝母、猪肉等特色物产，有以世界自然遗产四姑娘山为代表的丰富旅游资源。1994 年被认定为国家级贫困县，2009 年交通运输部定点帮扶，2019 年 4 月脱贫摘帽。

干部，其中 6 人挂任州委、州政府领导，4 人挂任州交通运输局副职，9 人挂任四县县委、县政府副职，3 人挂任驻村第一书记，2 人挂任驻乡驻村干部，形成了州、县、乡、村全覆盖的定点扶贫干部队伍，共同组成定点扶贫驻地联络组。挂职干部均直接分管或协管脱贫攻坚工作，全力为四县引资引援、办实事；扶危济困出实招，在抗击新冠肺炎疫情、推动复工复产、稳岗就业、消费扶贫等方面主动担当、积极作为。挂职干部中 1 人获"全国脱贫攻坚先进个人"荣誉称号，6 人次获得"四川省脱贫攻坚先进个人""优秀驻村第一书记""优秀驻村工作队员"等省部级表彰，14 人次获得州县级表彰，定点扶贫联络组先后获得"全国扶贫开发先进集体""中央国家机关脱贫攻坚先进集体""四川省脱贫攻坚先进"等荣誉称号。

四、坚持交通先行，深化"交通＋"帮扶，贫困群众告别"出行难"、走上"致富路"

　　对四县优先安排项目、优先保障资金、优先对接工作、优先落实措施，2012—2020 年，投入车购税资金 91.7 亿元支持四县交通项目建设，支持建设普通国省道 756 千米、农村公路 5000 余千米，结束了四县不通二级以上公路的

持续深化"交通+"帮扶工作，推动交通建设项目更多向进村入户倾斜，解决群众"出行难"问题。图为四川省小金县美兴镇大坝村通上了硬化路。

历史，实现"村村通硬化路、通客车"。实施精品旅游公路及综合服务设施建设，以"交通+文化+旅游"模式加快四县脱贫奔小康步伐，推动"交通+特色农业+电商"深度融合，依托农村产业道路的提档升级，积极发展壮大特色种养殖产业，实现了"公路通、产业兴、乡村美、人心齐"。探索"交通+就业+公益岗位"扶贫，依托道路养护员等公益性岗位以及交通工程建设吸纳贫困劳动力就业，有效帮助建档立卡贫困户就业脱贫，小金、壤塘、色达三县成功创建四川省"四好农村路"省级示范县。

五、坚持尽锐出战，多方动员、和衷共济，凝聚帮扶强大合力

组织动员交通运输全行业干部职工积极参与定点扶贫工作，将9个机关司局和7个部属单位组成4个结对帮扶工作组，一对一精准帮扶四县。各单位对接四县脱贫实际，因地制宜广泛开展捐资助学、教育培训、医疗扶贫等帮扶，2016—2020年引进无偿帮扶资金2480万元。制定消费扶贫实施方案和管理办

法，利用各种渠道推动贫困地区扶贫产品进机关、进食堂，动员全行业采购四县农产品。2018年签订《中央单位定点扶贫责任书》以来，累计采购贫困地区农副产品2251.1万元，帮助销售贫困地区农产品640万元。协调帮助四县优质农产品进驻四川高速公路服务区"扶贫专柜""农业银行扶贫商城""扶贫832"平台等销售，协调供销部门将四县农产品和"净土阿坝"品牌纳入"四川扶贫"商标，多措并举解决农产品销售难问题。

六、坚持"志""智"双扶，抓好党建扶贫，开展教育培训，不断激发四县脱贫内生动力

深化细化党建扶贫工作措施，与四县贫困村党支部开展支部共建，选派干部驻村挂职第一书记，广泛宣传党中央、国务院脱贫攻坚方针政策，推动发挥基层党支部战斗堡垒作用和党员先锋模范作用。突出抓好贫困村党支部书记、创业致富带头人、实用科技人才三支队伍，打造"不走的扶贫工作队"。组织

| 建立稳定脱贫长效机制，积极组织消费扶贫。图为色达县特色农产品进驻高速公路服务区"交通扶贫专柜"。

壤塘县概况

四川省壤塘县地处川甘青接合部深藏区,海拔3285米,面积6863平方千米,总人口4.6万人,藏族人口占比87.5%,教育文化发展落后,经济发展滞后,地方病多发。县域森林覆盖率58%,矿种资源较多,风能、光伏能资源丰富;藏族文化底蕴厚重,自然和人文景观旅游开发潜力较大。1994年被认定为国家重点扶持贫困县,2009年交通运输部定点帮扶,2020年2月脱贫摘帽。

行业专家赴四县开展技术指导并免费开展交通技术咨询、现场培训等工作,有效提升四县交通项目建设质量和公路管理养护水平。针对四县基层干部、技术人员,以交通扶贫、"四好农村路"、基层党建、乡村振兴为主题,通过学院进修、送教上门等形式开展专题培训。组织四县干部、教师、学生等赴北京、广州、河南等地开展学习交流,拓展眼界,增强本领。动员行业教育资源,针对建档立卡贫困户开展技能培训,优先招录贫困家庭子女接受高等教育,增强群众脱贫致富内生动力。

七、坚持从严要求,打好监督检查"组合拳",确保脱贫成色足、经得起检验

统筹部领导带队调研督导、专业司局专项检查、结对帮扶工作组对口协调、定点扶贫联络组和挂职干部日常跟踪等方式,强化督促检查,压实州、县脱贫攻坚主体责任和部、省帮扶责任。组织开展交通扶贫项目工程质量安全、交通扶贫资金使用管理情况专项审计调查。抓好中央脱贫攻坚专项巡视及"回头看"和定点扶贫考核反馈问题整改。制定《交通扶贫领域腐败和作风问题专项治理实施方案》,持续开展扶贫领域腐败和作风问题专项治理,推进廉洁扶

色达县概况

四川省色达县地处川青两省三州五县接合部，海拔多在4000米以上，面积9338平方千米，总人口4.6万人，多以藏族为主民族聚居，高原气候明显，长期低压缺氧，自然条件恶劣，经济发展滞后。县域草原面积广阔，生态环境优美，矿产资源丰富，人文景观较多，文化底蕴厚重，藏族民族风情独特。1994年被认定为国家重点扶持贫困县，2015年交通运输部定点帮扶，2020年2月脱贫摘帽。

贫、阳光扶贫。抓好建章立制，协助四县党委、政府完善精准扶贫政策措施，建立健全交通扶贫项目资金管理办法并落实到位。

八、坚持广泛宣传，总结推广典型经验，营造攻坚良好氛围

部领导、结对帮扶工作组以及广大挂职干部在调研督导、结对帮扶和日常工作中，始终牢记宣传习近平总书记关于脱贫攻坚的重要论述，宣传党中央脱贫攻坚方针政策，推动各项扶贫政策措施落地落实。从2016年起，交通运输部每年组织开展"小康路·交通情"主题采访，以"我的扶贫故事"为载体，以扶贫挂职干部亲身经历为题材，讲述农村贫困地区因路而兴、因路而富、因路而美的故事，宣传贫困地区干部群众艰苦奋斗脱贫致富的感人事迹。积极协调人民日报社、新华社、中央广播电视总台等中央媒体对四县脱贫攻坚活动进行专题宣传报道，全方位展现定点扶贫工作成果。会同中央宣传部、中央网信办共同推出"沿着高速看中国""我家门口那条路"等大型主题宣传活动，有力反映了扶贫工作对当地经济发展、群众生活带来的积极影响和变化。精心策划"走近四好农村路"直播节目，把一条条"旅游路""资源路""产

深入开展"交通+"扶贫。推动"交通+文化+旅游"融合发展，完善"快进""慢游"交通网络，促进全域旅游发展，2016—2020年，四县累计接待游客约1945万人次，实现旅游收入约163亿元。开展"交通+就业+公益岗位"扶贫，以"四好农村路"建设为抓手，积极吸纳群众就业，截至2020年底，四县共设置农村公路就业岗位1122个，吸纳建档立卡贫困户760人。创新"交通+展销"模式，将四县特色农产品引入高速公路服务区"交通扶贫专柜"，拓宽销售渠道。

业路""生态路"推向全网、推向全国，成为"交通+特色产业""交通+文化+旅游"的新热点新典范。

在各方共同努力下，2019年小金县摘帽退出，2020年黑水、壤塘、色达县摘帽退出，脱贫户"两不愁三保障"全面实现，安全饮水、生活用电、广播电视100%达标，退出贫困村有集体经济、有硬化路、有卫生室、有文化室、有通信网络。2019年四县农村人均可支配收入分别达到14038元、14160元、12791元和11886元，全部高于全国贫困地区平均水平（11567元）。截至2020年底，四川省小金、黑水、壤塘、色达四县公路总里程达到6140千米，其中国省干线公路1209公里，四县全部实现二级路连通，实现了具备条件的乡镇和建制村全部通硬化路、通客车目标，农牧民群众"出门水泥路，抬脚上客车"的梦想得以实现。

历任扶贫干部

挂职扶贫干部

挂职时间	姓　名	挂职地	挂职职务
2015.7—2017.7	朱高儒	四川省壤塘县	县委常委、副书记
2017.9—2019.9	李连升	四川省壤塘县	县委常委、副书记
2019.10—2021.10	胡明久	四川省壤塘县	县委常委、副书记
2016.11—2018.12	刘金香	四川省小金县	县委常委、副县长
2019.1—2021.4	郑　宇	四川省小金县	县委常委、副书记
2021.4—	李　剑	四川省小金县	县委常委、副书记
2016.11—2018.12	周春发	四川省黑水县	县委常委、副县长
2019.1—2021.4	赵立栋	四川省黑水县	县委常委、副书记
2021.4—	孟阳光	四川省黑水县	县委常委、副书记
2016.11—2018.12	丁　凯	四川省色达县	县委常委、副书记
2018.12—2021.4	桂志敬	四川省色达县	县委常委、副书记
2021.4—	蒋海峰	四川省色达县	县委常委、副书记

驻村第一书记

驻村时间	姓　名	所驻村及职务
2015.7—2017.7	吴守恒	四川省小金县营盘村第一书记
2017.9—2019.9	吕怡达	四川省黑水县热拉村第一书记
2019.10—	朱文刚	四川省黑水县热拉村第一书记

水利部

历　程

水利部是第一批承担中央单位定点扶贫任务的部门之一。自1986年定点扶贫三峡库区部分地区以来，至今已有35年。2011年起，负责定点扶贫重庆城口、巫溪、开县、云阳、丰都、武隆，湖北房县，广西田林、凌云，贵州册亨、望谟，云南广南、富宁13个国家扶贫开发工作重点县。2016年起，负责定点扶贫重庆丰都、武隆、城口、巫溪4县。2018年党和国家机构改革后，重庆市万州区和湖北十堰市郧阳区的定点扶贫任务交由水利部负责，定点扶贫县区增加至6个。

党的十八大以来，水利部认真贯彻落实习近平总书记关于扶贫工作的重要论述和党中央、国务院关于打赢脱贫攻坚战的决策部署，始终把定点扶贫工作作为一项重要政治任务，摆在水利工作的突出位置，坚持精准扶贫精准脱贫方略，充分发挥行业优势，通过"组团帮扶"和"八大工程"定点扶贫创新举措，加快解决"两不愁三保障"和饮水安全突出问题，加大产业扶贫、就业扶贫和消费扶贫工作力度，全面解决定点扶贫县区贫困人口饮水安全问题，多渠道有效增加贫困群众收入，脱贫攻坚任务全面完成，定点扶贫工作取得了显著成效，为打赢脱贫攻坚战提供坚实的水利支撑和保障。

郧阳区概况

湖北省十堰市郧阳区（原郧县），地处鄂西北、秦巴山区，共 63 万人，东连武当山，南依"二汽"汽车城，是南水北调中线核心水源区，是恐龙的故乡和古人类的发祥地。1986 年被确定为国家重点扶持贫困县，贫困村 85 个，建档立卡贫困人口 48061 户 162779 人，2012 年 11 月原南水北调办（现水利部）开始定点扶贫，脱贫攻坚期间发展形成了香菇、袜业等特色产业，成为"香菇之城"和"中部袜都"，2020 年 4 月脱贫摘帽。

一、领导高度重视，为定点扶贫提供有力的组织保障

一是部领导靠前抓。多年来，水利部党组高度重视定点扶贫工作，部主要领导倾注了大量心血，悉心指导定点扶贫工作，每年都主持召开专题会议研究部署，深入定点扶贫县区调研指导解决具体问题，部有关领导累计 55 次赴定

万州区概况

重庆市万州区地处重庆东北部、三峡库区腹心，历来为渝东、川东、鄂西、黔北、陕南、湘西的综合交通枢纽和物资集散中心，交通便利，长江黄金水道穿境而过。有脆李、柠檬、柑橘、玫瑰香橙、猕猴桃、黄花菜、榨菜、茶叶、大米、土鸡、牛肉、中药材等主要特产。2014 年确定有建档立卡贫困村 140 个，贫困户 34972 户，贫困人口 106949 人。2017 年 7 月脱贫摘帽。

水利部选派政治素质高、工作能力强的干部赴定点扶贫县区挂职扶贫。图为驻村第一书记与村民召开院坝会，座谈产业发展。

点扶贫县区考察调研。二是不断强化组织领导。设立由部主要领导担任组长、其他部领导担任副组长、各司局主要负责人作为小组成员的扶贫工作领导小组，加强对水利扶贫和定点扶贫工作的组织领导。组织部机关司局和直属单位组成帮扶组，实行组团式帮扶，明确组长和成员单位及其职责，形成了部党组统筹决策、帮扶组牵头落实、地方合力攻坚的格局。三是建立健全工作机制。为有效推动工作，水利部建立健全定点扶贫工作联系、定期会商、信息报送和监督检查等工作机制，确保定点扶贫各项工作落到实处。四是加强挂职干部选派。水利部及时选派政治素质高、工作能力强的干部赴定点扶贫县区挂职扶贫，形成"驻市、驻县、驻局、驻村"立体化帮扶格局。

二、注重顶层设计，为水利定点扶贫提供有力支撑

一是编制《全国水利定点扶贫专项规划》，明确"十二五"水利定点扶贫工作的总体思路、目标任务、总体布局、建设重点和主要帮扶措施，为做好定点扶贫工作打牢了基础。二是编制水利定点扶贫工作方案。2016年，水利部

丰都县概况

重庆市丰都县位于重庆地理中心、三峡库区腹心地带，面积2901平方千米，辖30个乡镇（街道），户籍人口85万人。丰都素以"鬼城"名扬天下，"丰都庙会"成为国家级非物质文化遗产。已建成4个4A级景区和南天湖国家级旅游度假区。恒都牛肉、麻辣鸡块、红心柚、榨菜等农特产品畅销海内外。2002年被确定为国家扶贫开发工作重点县，2017年顺利脱贫摘帽。

按照党中央、国务院关于打赢脱贫攻坚战的决策部署，编制印发了水利部定点扶贫五年工作方案，明确"十三五"水利定点扶贫工作的目标任务和主要举措。2018年，根据《中共中央 国务院关于打赢脱贫攻坚战三年行动的指导意见》，编制印发《水利部定点扶贫三年工作方案（2018—2020）》，调整完善定点扶贫工作安排，助力六县区打赢脱贫攻坚战。三是不断完善水利定点扶贫政策措施，先后印发《水利部办公厅关于进一步做好定点扶贫工作的意见》《水利部扶贫办关于印发督促定点扶贫县区党委政府落实脱贫攻坚主体责任工作方案的

武隆区概况

武隆区地处重庆市东南部乌江下游，拥有独特的喀斯特地貌。当地特产有仙女脆桃、武隆山蔬菜、武隆猪腰枣、文复甜柿、天尺茗茶、白马蜂蜜、武隆苕粉、武隆碗碗羊肉等。武隆区2002年被列为国家扶贫开发工作重点县；2017年11月，武隆区脱贫摘帽。

通知》《水利部办公厅关于深入开展消费扶贫助力打赢脱贫攻坚战的通知》等文件，就贯彻落实中央有关定点扶贫工作政策措施作出安排部署，确保有关决策部署落到实处。

三、充分发挥行业优势，加大水利建设项目和技术人才的帮扶力度

一是加大水利建设项目帮扶。为加快补齐补强水利基础设施短板，全面解决农村饮水安全问题，对定点扶贫县区的项目采取倾斜支持，对符合条件的项目优先编报项目、优先安排计划、优先落实资金。党的十八大以来，共完成水利建设投资 265.67 亿元，其中中央投资 142.79 亿元。二是加强水利建设技术帮扶。针对定点扶贫县区水利技术力量薄弱等问题，组织水利科研和规划设计单位 1200 余人次开展定点扶贫县区水利规划编制、项目前期工作、工程建设管理等技术帮扶工作，协调组织基层水利干部参与水利水电工程运行管理调研考察等工作，着力提升基层水利相关技术服务水平。三是加强专业技术人才培训。专门针对定点扶贫县区举办培训班，在相关水利行业培训中对定点扶贫县

城口县概况

城口县地处重庆市最北端，面积 3292.4 平方千米，人口 25.3 万，辖 2 个街道 23 个乡镇 204 个村，是国家扶贫开发工作重点县和秦巴山连片特困地区。先后获得"中国生态气候明珠""全国森林旅游示范县""中国老年人宜居宜游县"等称号。城口县于 1986 年被确定为国家重点扶持贫困县，2020 年 2 月实现脱贫摘帽，全县 11596 户 44719 名贫困人口脱贫，90 个贫困村出列，贫困发生率由 2014 年底的 15.6% 降至零。

区给予倾斜，通过农村饮水安全、农田水利、水利建设管理、河湖长制等方面的培训班，累计培训 6310 人次，加大对基层水利干部、业务骨干等基层水利技术人员的培训力度，加强水利人才队伍建设。

四、坚持扶志扶智结合，注重激发脱贫致富内生动力

一是大力实施贫困村党建促脱贫。通过开展部机关司局和单位与贫困村党支部共建、贫困村党组织活动场所修缮和党员教育设施更新、贫困村党支书和致富带头人培训等工作，不断增强贫困村党组织创造力凝聚力战斗力，为打赢脱贫攻坚战提供了强有力的组织保障。水利部累计参与结对共建党支部 27 个，

｜ 坚持把项目扶持作为水利定点扶贫主渠道，切实加强水利基础设施建设。图为丰都县湛普水厂，设计日供水能力 2000Td，于 2019 年 4 月开工建设，2020 年 6 月完工投入运行，解决了 260 户 833 名贫困人口的饮水安全问题。

贫困村 38 个。二是注重发挥党建引领的作用。各定点帮扶工作组加强与定点扶贫县区有关部门和贫困乡村的沟通和对接，加强贫困村党支部建设，打造服务脱贫攻坚、产业发展的本土核心团队，提升政策水平和服务能力，培育带头人，充分发挥党支部的战斗堡垒作用和党员的先锋模范作用。三是抓好本地人才队伍建设。强化人才智力帮扶，抓好培训，大力推广"订单式"和"菜单式"培训模式，开展远程教育培训，开展贫困户生产技术、职业技能培训，帮助贫困户劳动力不断转变观念，提高生产技术、就业技能。

五、内引外联，注重多渠道凝聚和发挥社会帮扶力量

一是充分发挥水利部沟通协调优势。积极协调国家有关部委和单位，加强交通、通信、电力、农业、环保等基础设施建设。二是利用各类平台招商引资。充分利用三峡库区对口支援、南水北调对口协作、金融扶贫等平台，为定点扶贫县区引进资金和项目；协调组织相关电商平台建设培训、调研交流，积极协助搭建产销通道，推介定点扶贫县区特产，推动产业扶贫。三是大力开展消费扶贫。向水利部机关、流域机构、直属单位和部属企业发出倡议，号召广大水利职工积极参与"选购农产品，支持定点扶贫"活动，积极购买和推销定点扶贫县区农产品，促进脱贫攻坚。

巫溪县概况

重庆市巫溪县地处渝陕鄂交界，素有"十里崎岖半里平，九山微水一分田"之称，面积 4030 平方千米，辖 32 个乡镇、289 个行政村、41 个社区，总人口 54 万，2012 年 2 月被确定为国家扶贫开发工作重点县，2019 年 12 月脱贫摘帽。

水利部创新开展定点扶贫"组团帮扶"和"八大工程"。建立健全"组团帮扶"工作机制，部属84家单位分别组成6个定点帮扶工作组，形成"机关司局＋直属单位＋经济实体"的组合方式，成为水利定点帮扶工作强有力的补充和手段。持续实施水利行业倾斜、产业帮扶、技能培训、勤工俭学、技术帮扶、人才培养、党建引领、内引外联等为重点的定点扶贫"八大工程"，助推6个定点帮扶县区打赢脱贫攻坚战。

六、加强监督检查，推动定点扶贫各项任务落到实处

一是加强项目资金管理。加强对定点扶贫县区扶贫资金使用和项目管理情况开展监督检查，以精准监督推进精准扶贫。二是开展经常性进度检查。部扶贫办和各定点帮扶工作组不定期赴定点扶贫县区开展调查研究和督导指导，有力推动定点扶贫年度工作计划中各项任务落实。三是开展第三方评估。委托第三方机构通过建立样本、跟踪评估等方式，对定点扶贫县区水利定点扶贫任务、水利定点扶贫"八大工程"实施情况开展跟踪监测评估，了解工作进展，发现存在问题，提出对策建议。四是实行台账管理。定期统计水利定点扶贫任务、水利定点扶贫"八大工程"实施进度，及时掌握进展情况，在水利扶贫简报（月报）刊登，切实加强督促指导。

历任扶贫干部

挂职扶贫干部

挂职时间	姓 名	挂职地	挂职职务
2011.10—2013.2	李 烽	重庆市万州区	区委常委、副区长
2014.3—2015.4	万志勇	重庆市万州区	区委常委、副区长
2016.7—2017.7	唐 亮	重庆市万州区	区委常委、副区长
2018.1—2019.6	张爱辉	重庆市万州区	区委常委、副区长
2018.4—2020.6	刘远新	重庆市万州区	区委常委、副区长
2019.6—2021.2	张 程	重庆市万州区	区委常委、副区长
2021.6—	张 范	重庆市万州区	区委常委、副区长
2014.1—2015.1	肖 军	湖北省十堰市郧阳区	区委常委、副区长
2015.7—2016.7	韩黎明	湖北省十堰市郧阳区	区委常委、副区长
2016.12—2018.12	陈伟畅	湖北省十堰市郧阳区	区委常委
2019.3—2021.3	朱东恺	湖北省十堰市郧阳区	区委常委
2021.6—	尚 达	湖北省十堰市郧阳区	副区长
2015.5—2017.5	牟俊仪	湖北省房县	副县长
2017.7—2019.7	郑玉民	湖北省房县	副县长
2019.7—	颜国红	湖北省房县	副县长
2015.5—2017.5	陈 峰	贵州省望谟县	副县长
2017.7—2019.7	孙启成	贵州省望谟县	副县长
2016.4—2018.4	董雁飞	重庆市巫溪县	副县长
2018.1—2021.3	许三松	重庆市巫溪县	副县长
2021.6—	娄立军	重庆市巫溪县	副县长

挂职时间	姓　名	挂职地	挂职职务
2016.4—2018.4	成　银	重庆市城口县	副县长
2018.1—2020.1	李广清	重庆市城口县	副县长
2018.4—2021.3	李兴学	重庆市城口县	县委副书记、副县长
2021.6—	李建国	重庆市城口县	副县长
2016.7—2018.10	陈鹏霄	重庆市丰都县	副县长
2018.10—2021.3	郑　静	重庆市丰都县	副县长
2021.6—	崔志刚	重庆市丰都县	副县长
2016.10—2018.10	雷落军	重庆市武隆县	县委常委、副县长
2018.10—2021.3	邓勋发	重庆市武隆区	副区长
2021.6—	赵龙华	重庆市武隆区	副区长

驻村第一书记

驻村时间	姓　名	所驻村及职务
2015.8—2017.8	沈东亮	重庆市万州区铺垭村第一书记
2017.8—2019.8	王治华	重庆市万州区玉竹村第一书记
2019.8—	李广磊	重庆市万州区万顺村第一书记
2015.6—2018.6	曹纪文	湖北省十堰市郧阳区周家河村第一书记
2018.9—2021.6	韩小虎	湖北省十堰市郧阳区周家河村第一书记
2021.6—	郭　威	湖北省十堰市郧阳区玉皇山村第一书记
2018.9—2021.6	宋　康	重庆市城口县前进村第一书记
2021.6—	林　鹏	重庆市城口县松柏村第一书记
2016.4—2018.4	邵明磊	重庆市丰都县飞仙洞村第一书记
2015.9—2018.8	罗　松	重庆市武隆县贾角村第一书记

农业农村部

历 程

农业农村部是第一批开展中央单位定点扶贫工作的部门之一。从1986年开始，定点扶贫武陵山区湖北恩施、湖南湘西、贵州铜仁、重庆黔江四地（州）21个县。2001年，根据中央新一轮定点扶贫工作要求，定点扶贫县调整为湖北咸丰、来凤、鹤峰、宣恩4县和湖南龙山、永顺、保靖、古丈4县。2015年，调整为湖北咸丰、来凤2县和湖南龙山、永顺2县。2018年党和国家机构改革后，增加了贵州省剑河县为定点扶贫县。

党的十八大以来，农业农村部党组坚决贯彻党中央、国务院决策部署，始终把定点扶贫工作作为重大政治任务，切实履行"不脱贫不脱钩，脱了贫也帮扶"的庄严承诺，充分发挥"三农"工作者与广大农民特别是贫困群众天然"一家亲"的行业优势，积极调动全系统力量，倾力支持定点扶贫县脱贫攻坚。累计选派350多名干部到定点扶贫地区挂职帮扶，安排资金50多亿元，支持当地发展特色产业、培育经营主体、开展产销对接和科技人才服务。目前，湖北省咸丰县、来凤县和湖南省永顺县、龙山县以及贵州省剑河县5个定点扶贫县（以下简称五县）全部提前实现脱贫摘帽，脱贫攻坚和特色产业发展成效显著。连续四年中央单位定点扶贫工作成效评价等次为"好"。中央电视总台八集大型政论片《摆脱贫困》将农业农村部定点扶贫工作作为突出典型进行了专门报道。

咸丰县概况

湖北省咸丰县地处鄂渝湘黔四省市边区接合部，具有丰富的硒资源，目前已形成"三茶果药猪"（茶叶、藤茶、油茶、林果、中药材、恩施黑猪）特色产业发展格局，特色产业面积达到 110 万亩。咸丰茶叶产业扶贫入选全国第二批产业扶贫典型示范案例。1986 年 4 月被列入国家重点扶持贫困县，同年被确定为定点扶贫县，2020 年脱贫摘帽。

一、探索形成了一套规范化制度化帮扶机制

农业农村部党组每年年初召开定点扶贫专题会议，研究制订年度工作计划，明确帮扶措施。为确保各项帮扶措施落地生效，建立部领导对口联系机制。明确部长为第一责任人、5 位部领导分别联系 1 个县的工作机制，部领导每年到定点扶贫县调研指导，分县召开对接会，精准对接帮扶需求，推动各项帮扶措施落实落地。创新提出"五个一"帮扶路径，即编制一个好规划、选准一个好产业、打造一个好龙头、创新一个好机制、形成一个好体系，"五个一"的工作路径成为农业农村部推进定点扶贫工作的总抓手，也被广泛运用到全国产业扶贫工作中，成为各地推进产业扶贫的重要借鉴。不断完善"五位一体"督导机制，探索形成部领导调研督导、挂职干部日常督导、部扶贫办专题督导、脱贫进展定期调度、重大事项随时报告的督导机制，为扎实有效推进定点扶贫工作提供了有力保障。

二、扶持发展了一批特色鲜明的扶贫主导产业

立足定点扶贫县资源禀赋，充分发挥行业优势，围绕茶叶、黑猪、中蜂、柑橘、猕猴桃、食用菌、百合等特色优势产业发展，帮助编制完善了一大批产

来凤县概况

湖北省来凤县位于湖北省西南部，平均海拔680米，地势平坦，全年气候温暖湿润，雨热同季，气候宜人。森林覆盖率达到56.5%，常年空气质量优良天数达到315天以上，拥有大头菜、凤头姜、桐油等特色物产，发展以"两茶一果一菇一蜂"（藤茶、油茶、小水果、香菇、中华蜜蜂）为主的农业特色产业。1986年被确定为定点扶贫县，2019年脱贫摘帽。

业发展规划，明确了产业发展布局和重点任务。累计安排各类项目资金20多亿元，支持定点扶贫县建设国家现代农业产业园、农业产业强镇、高标准农田等，有效改善了农业基础设施条件、提高了产业发展水平。脱贫攻坚战以来，五县累计建成种植业、养殖业、加工业等各类产业扶贫基地2400多个，建

坚持在"精准"上下功夫，因势利导、因地施策，积极选择合适的扶贫产业和项目。图为农业农村部帮助剑河县引进龙头企业投资6.3亿元建设的食用菌基地。

永顺县概况

湖南省永顺县位于湖南省西北部，目前，永顺县已建成油茶、优质稻、柑橘等农业特色产业扶贫基地 132 万亩，打造 8 个万亩精品园、82 个千亩标准园、380 个百亩示范园。发展农民合作社 847 个、家庭农场 452 家。松柏大米、溪洲莓茶等成为全国知名品牌。1986 年被确定为定点扶贫县，2020 年脱贫摘帽。

龙山县概况

湖南省龙山县位于湖南西北部，是土家文化发祥地和秦简文化、湘鄂川黔革命根据地核心区，县内矿产储量巨大，林木绿化率达 70.74%，以烤烟、百合为主的农业特色产业达 65.5 万亩以上，龙山百合、土家织锦、比耳脐橙等特色产品深受好评。1986 年被列入国家重点扶持贫困县，同年被确定为定点扶贫县，2020 年脱贫摘帽。

成"一村一品"示范村镇 580 个，五县农业生产总值累计达到 157.5 亿元，比 2015 年增加 36.5%，每县都形成了数村一品、多乡一业、一县一业或多业的山区特色产业布局。咸丰茶叶、永顺猕猴桃已成为全国产业扶贫典型，来凤藤茶、龙山百合、剑河食用菌等特色农产品在全国打响了品牌。

三、帮助打造了一支落地生效的科技人才队伍

紧紧围绕产业发展需求，为五县分别组建 3 个科技服务团，成立 33 个产

剑河县概况

贵州省剑河县位于贵州东南部，森林覆盖达 72.44%，是国家重点集体林区和贵州省重点林业县。剑河食用菌、小香鸡等特色产品全国闻名。1986 年被确定为国家重点扶持贫困县，2018 年以前，定点帮扶工作由中央财办、中央农办承担，2018 年 8 月起转为农业农村部负责，2020 年脱贫摘帽。

业扶贫技术专家组，组织 97 位专家提供全产业链技术帮扶，率先在定点扶贫县探索建立产业技术顾问制度，深入开展"点对点"精准科技帮扶。累计选聘产业发展指导员 3122 人，基本实现贫困村、贫困户产业指导全覆盖。累计举办各类培训班 210 多期，培训各类人才近 3 万人次，为定点扶贫县特色产业发展提供了有力支撑。

四、培育壮大了一批联贫带贫新型主体

在项目安排、资金扶持、示范评定、金融信贷等方面加大对定点扶贫县新型经营主体扶持力度，多次组织定点扶贫县龙头企业到发达地区学习交流，组织农业产业化专家到定点扶贫县开展公益行活动，多次帮助定点扶贫县培训农民合作社带头人，支持认定 15 家国家农民合作社示范社。截至 2020 年底，五县累计培育各级农业产业化龙头企业近 300 家，发展农民合作社 3510 家，发展社会化服务组织 2887 个，发展家庭农场 1436 家，各类带贫主体累计带动贫困人口 48 万多人。

五、系统构建了行之有效的农产品帮销体系

从建设绿色原料基地、打造产品品牌、拓展销售渠道、强化宣传推介、开展应急促销等各环节同步发力,大力推进定点扶贫县特色农产品顺畅销售。为定点扶贫县建立农产品认证"绿色通道",免除认证费用和标志使用费共86.3万元,累计支持五县发展绿色食品、有机农产品、地理标志农产品126个,注册农产品商标1700多个。组织定点扶贫县免费参加历届中国国际农产品交易会、中国国际茶叶博览会、中国农产品加工业投资贸易洽谈会等展销活动,累计开展各类营销推介活动60多场次,动员部系统各单位和干部职工踊跃消费定点县特色农产品,通过线上线下各种帮销措施,累计帮助五县销售农产品近20亿元。

脱贫攻坚以来,农业农村部累计为五县投入帮扶资金20.4亿元,协调引进帮扶资金18.3亿元。在定点扶贫工作的有力支撑下,五县全部提前实现脱贫摘帽,贫困发生率由30.53%下降到0.74%。五县农村居民人均可支配收入

| 支持定点扶贫县创建茶叶、百合、猕猴桃等全国绿色食品原料标准化生产基地共27.8万亩。图为咸丰县茶叶原料标准化生产基地。

创新帮扶模式

建立部领导联系定点扶贫县工作机制。明确部长为农业农村部定点扶贫工作第一责任人，牵头研究部署定点扶贫工作，5位部领导每人具体联系1个定点扶贫县，分别负责推动联系县定点扶贫工作落实。创新建立"部长总牵头、部领导分别联系、部扶贫办统筹推进、全系统齐抓共管"的工作推进机制，有效调动了全部系统的积极性和主动性，进一步压实了帮扶责任，提高了定点扶贫效果。

分别达到11476元、11206元、8823元、10334元、9682元，比2015年分别增加46.08%、43.78%、58.15%、50.44%、48.41%。五县特色产业发展和农业农村各项工作均走在了全国前列。咸丰茶叶成为全国产业扶贫典型范例之一，永顺猕猴桃成功创建国家现代农业产业园。咸丰县小村乡、永顺县松柏镇、剑河县清江村等13个村镇已经被认定为全国"一村一品"示范村镇，来凤县石桥村、永顺县科皮村、剑河县川洞村成为全国乡村治理示范村。

历任扶贫干部

挂职扶贫干部

挂职时间	姓 名	挂职地	挂职职务
2014.1—2015.12	黄 海	湖北省咸丰县	县委常委、副县长
2016.2—2018.2	祁 睿	湖北省咸丰县	县委常委、副县长
2018.5—2020.12	连 庆	湖北省咸丰县	副县长

挂职时间	姓　名	挂职地	挂职职务
2021.5—	陈世雄	湖北省咸丰县	县委常委、副县长
2016.2—2018.2	万　晨	湖北省来凤县	县委常委、副县长
2018.5—2020.12	杜建斌	湖北省来凤县	副县长
2021.5—	杨　锚	湖北省来凤县	县委常委、副县长
2014.1—2015.12	唐治韶	湖南省永顺县	副县长
2016.2—2018.2	宋丹丹	湖南省永顺县	副县长
2018.5—2020.12	李家健	湖南省永顺县	县委常委、副县长
2021.5—	丁瑞强	湖南省永顺县	县委常委、副县长
2016.2—2017.2	李凯航	湖南省龙山县	县委常委、副县长
2017.2—2018.2	刘志国	湖南省龙山县	县委常委、副县长
2018.5—2020.12	涂洪涛	湖南省龙山县	县委常委、副县长
2021.5—	张高振	湖南省龙山县	县委常委、副县长
2018.8—2020.12	谭弘恩	贵州省剑河县	县委常委、副县长
2021.5—	陈家勇	贵州省剑河县	县委常委、副县长

驻村第一书记

驻村时间	姓　名	所驻村及职务
2015.8—2016.8	梁希震	湖南省永顺县马鞍村第一书记
2016.8—2018.8	李景平	湖南省永顺县马鞍村第一书记
2018.10—2020.12	郭　峰	湖南省永顺县九官坪村第一书记
2021.5—	李　浔	湖南省永顺县九官坪村第一书记
2018.8—2020.12	潘　昊	贵州省剑河县川洞村第一书记
2021.5—	金晓敏	贵州省剑河县川洞村第一书记

商务部

商务部（原对外经济贸易部）于 1987 年开始承担四川省广安市广安区、南充市仪陇县定点扶贫任务，并成立部扶贫工作领导小组，由分管部领导担任组长，统筹资源推进扶贫工作。2013 年开始承担湖南省邵阳市城步苗族自治县定点扶贫任务。2017 年 5 月，商务部调整完善扶贫开发工作领导机制，党组书记、部长担任部扶贫开发工作领导小组组长，部党组副书记、副部长和分管部领导担任副组长。2017 年 10 月、2018 年 8 月和 2020 年 2 月广安、仪陇、城步分别脱贫摘帽。

党的十八大以来，商务部党组深入学习贯彻习近平总书记关于扶贫工作的重要论述，坚决履行定点扶贫政治责任，立足脱贫攻坚大局，发挥商务特色和优势，认真做好对四川省广安市广安区、仪陇县和湖南省城步苗族自治县的定点帮扶工作。

一、切实强化责任担当

商务部党组坚持以习近平总书记关于扶贫工作的重要论述为定点扶贫工作的根本遵循和行动指引，党的十八大以来 42 次召开部党组会议、部扶贫开发工作领导小组会等会议专题部署推动工作。强化一把手负总责的领导责任制，

广安区概况

四川省广安市广安区地处川东渝北,拥有伟人故里、川东门户、滨江之城、红色旅游胜地"四张名片",面积 1030 平方千米,辖 25 个乡镇(街道),总人口 89 万。1986 年广安区被确定为国家重点扶持贫困县,1987 年商务部开始帮扶广安区。2017 年 10 月,广安区脱贫摘帽。

主要负责同志认真履行定点扶贫第一责任人职责,带头深入三县,将商务扶贫(含定点扶贫,下同)作为新时代商务改革发展八大行动计划之一,纳入商务部"6+1"重点工作,举全部之力推动。

二、不断完善工作机制

强化领导体制,部党组书记、部长担任部扶贫开发工作领导小组组长,部党组副书记、分管部领导担任副组长,各单位一把手任成员。强化统筹部署,先后印发 2017—2020 年商务脱贫攻坚工作总体方案、商务部落实《中共中央国务院关于打赢脱贫攻坚战三年行动的指导意见》实施方案、关于统筹做好新冠肺炎疫情防控和商务扶贫工作的通知,每年制订定点扶贫工作计划。强化督促落实。党的十八大以来,部领导先后 18 次赴定点扶贫县,督促指导脱贫攻坚工作。主动开展商务扶贫专项巡视,建立重点工作台账并定期督办,推动各项任务落实。

三、持续加大工作力度

一是加大资金投入。党的十八大以来,直接投入帮扶资金 1.09 亿元,实施项目 81 个,支持定点扶贫县基础设施建设、扶贫产业发展、基层组织建设

仪陇县概况

四川省仪陇县位于川北低山与川中丘陵过渡地带，是朱德元帅和张思德同志的故乡，面积1791平方千米，辖37个乡镇（街道），总人口113万。1986年仪陇县被确定为对中国革命作出特殊贡献的革命老根据地贫困县，1987年商务部开始帮扶仪陇县。2018年8月脱贫摘帽。

等。二是强化项目支持。协调安排中央财政服务业专项资金1.2亿元，支持三县分别实施两轮电子商务进农村综合示范。率先将三县纳入"百城万村"家政扶贫试点，累计带动4551人就业；对外劳务扶贫累计派出三县劳务人员431人；广交会累计为三县企业提供免费展位59个，减免展位费77.9万元。6次组织流通企业赴三县开展产销对接活动，带动成交416.4万元。三是引进帮扶资源。帮助引进帮扶资金4672.03万元（2018年以来）。其中，引进联合国开发计划署2236万元，引进三星、花王等外资企业捐助款物1300万元，协调阿里巴巴选派扶贫特派员赴城步工作。四是开展消费扶贫。制订消费扶贫工作方案，积极鼓励各级工会、食堂在同等条件下优先采购定点扶贫县产品，利用扶贫日在部机关开展定点扶贫农特产品展销活动，直接采购三县农特产品381.53万元（2018年以来）；通过举办"双品网购节"、电商直播带货和产销对接等措施，帮助销售三县农特产品3132.15万元（2019年以来）。五是加强基层培训。安排资金开展基层干部和扶贫技能培训，与联合国开发计划署合作实施扶贫与可持续发展项目，举办国家级贫困县商务扶贫政策培训班，共培训三县基层干部4897人次、技术人员6482人次。六是做好人才帮扶。先后选派28名机关干部到定点扶贫县挂职工作，累计接收7名定点扶贫县干部到部机关挂职工作。选派的第一书记金达苇获评全国脱贫攻坚先进个人称号，两任第一书记刘艳、金达苇先后获评"中央和国家机关脱贫攻坚优

强化育品牌、引龙头、配设施、联产销，全环节发力培育扶贫产业。图为商务部支持发展的仪陇县福临乡柑橘产业园。

秀个人"，挂职扶贫干部 8 人次获省级荣誉。

四、持续强化示范引领

一是精心组织扶贫日系列活动。举办扶贫工作成果展、研讨会、定点扶贫县扶贫产品展销活动，宣介扶贫成果，动员广大干部参与扶贫。二是坚持抓党

城步县概况

湖南省城步县位于湘西南边陲，是连接湘西南与桂北的重要通道，生态良好，自然资源丰富，面积 2647 平方千米，辖 13 个乡镇（管理区），总人口约 30 万人。1986 年被确定为首批国家重点扶持贫困县。自 2013 年起，商务部开始定点帮扶城步县。2020 年 2 月脱贫摘帽。

加快补齐定点扶贫县基础设施和公共服务短板。图为商务部定点帮扶项目——城步县五团镇恒洲村扶贫公路。

建促脱贫。举办以脱贫攻坚为主题的"我与部长面对面"、爱心扶贫义卖等青年活动，3 次赴定点扶贫县开展"根在基层"青年调研活动，22 次深入定点扶贫县贫困村开展结对共建活动，发挥中央和国家机关党建优势，指导加强基层党组织建设。三是多渠道、多维度宣传推广。选取提炼 20 个典型案例，组织编写两辑《初心与使命——商务扶贫故事汇》；中央和国家机关工委、国家乡村振兴局有关简报 15 次刊发商务部扶贫经验做法；商务部"两微一端"推出定点扶贫专题报道 73 篇，《国际商报》报道近百篇。央视《新闻联播》报道仪陇电商进农村情况，《人民日报》、央视、新华社（新华网）等主流媒体 35 次报道商务部定点帮扶广安、城步情况及挂职干部事迹。

　　商务部充分发挥商务特色和优势，紧密结合定点扶贫县实际，倾情帮扶，

定点扶贫项目全流程管理。部扶贫办会同部属有关单位、三县政府三方共管定点扶贫项目,"二上二下"科学决策,强化统筹落实资金,三方共管合力监督,确保项目合规合理。扶贫挂职干部"团队式作战"。在三县分别组建"1名挂职副县长+1名职能部门挂职干部+多名驻村干部"的帮扶团队,强化选派要求,健全工作机制,加强关心关爱。全环节发力培育扶贫产业。以精品品牌引领、龙头企业带动、配套设施支撑、产销对接促进,全环节全方位支持产业发展。多点发力创新电商扶贫。以电商进农村、结对帮扶、直播带货为抓手,提升电商发展环境和服务,拓展电商发展渠道和资源,培育农村电商热品爆款。

实施一系列改善民生的基础设施项目、支持产业发展的长效举措,选派挂职干部,培训大量基层干部和技术人员,对三县如期脱贫和巩固成果发挥了积极作用。2014年精准识别时,广安、仪陇、城步分别认定贫困村136个、285个、87个,贫困户1.68万户5.45万人、3.15万户10.04万人、1.22万户4.73万人,贫困发生率8.3%、10.6%、25.7%,目前三县均实现贫困村、贫困户"清零"。三县"两不愁三保障"全面实现,基础设施和公共服务大幅改善,农民人均纯收入分别由2014年的8729元、7442元、4687元增至2020年的17396元、14479元、10080元,年均增长率分别为12.2%、11.7%、13.6%,广安已超过全省平均水平。三县均获评省级脱贫攻坚先进县(区)。商务部连续三年在中央单位定点扶贫工作成效评价中获评"好"。

历任扶贫干部

挂职扶贫干部

挂职时间	姓　名	挂职地	挂职职务
2011.8—2013.8	张胜斌	四川省广安市广安区	区委常委、副区长
2016.10—2018.10	韩　宁	四川省广安市广安区	区委常委、副区长
2019.1—2021.4	梁慧德	四川省广安市广安区	副区长
2021.4—	倪昊寅	四川省广安市广安区	副区长
2016.11—2018.11	翟丰玉	四川省仪陇县	县委常委、副县长
2019.1—2021.4	周新建	四川省仪陇县	副县长
2021.4—	王辉立	四川省仪陇县	副县长
2016.10—2018.10	方　凯	湖南省城步县	县委常委、副县长
2019.1—2021.4	刘书军	湖南省城步县	县委常委、副县长
2021.4—	李建辉	湖南省城步县	县委常委、副县长

驻村第一书记

驻村时间	姓　名	所驻村及职务
2016.3—2018.4	刘　艳	四川省广安市广安区群策村第一书记
2018.3—2021.4	金达苶	四川省广安市广安区革新村第一书记
2021.4—	靳卓文	四川省广安市广安区革新村第一书记

文化和旅游部

按照中央统一部署，原文化部定点帮扶山西省静乐县、娄烦县，原国家旅游局定点帮扶内蒙古阿尔山市和广西巴马瑶族自治县。2018年11月，为适应机构调整需要，进一步加强对文化和旅游系统脱贫攻坚工作的组织领导，成立了"文化和旅游部扶贫和对口支援工作领导小组"，由部主要负责同志任组长，领导小组办公室设在财务司。2019年、2020年4县顺利实现脱贫摘帽。

文化和旅游部党组高度重视定点扶贫工作，以习近平新时代中国特色社会主义思想为指导，认真贯彻落实党中央、国务院关于脱贫攻坚的决策部署，立足文化和旅游部门资源优势，聚焦定点扶贫县实际需求，制定出台了一系列帮扶政策，策划实施了一大批帮扶项目，有力地推动了定点扶贫县脱贫攻坚工作，取得了显著成效。

为深入贯彻落实党中央、国务院关于定点扶贫工作的部署，帮助定点扶贫县早日完成脱贫攻坚任务，巩固脱贫攻坚成果，文化和旅游部坚持"地方需要、政策允许，立足实际、积极帮扶"原则，做好扶贫与"扶志""扶智"有机结合、中央重视和地方主动有效结合、政府力量和社会力量系统整合，不断加大对定点扶贫县脱贫攻坚工作的督促指导，从制度机制建设、经费保障、项目安排、人才培训和人员选派等方面，精心组织、认真谋划一批帮扶项目，稳步推进定点扶贫工作，取得了积极的成效。

阿尔山市概况

内蒙古自治区兴安盟阿尔山市，行政区面积 7408 平方千米，总人口 6.8 万人。作为老国有林区，阿尔山市生态环境优越，自然资源丰富。近年来，阿尔山市委、市政府"立足生态谋发展，围绕旅游抓产业"，紧紧扭住旅游产业这一关键，探索形成"全域旅游＋五小经济"模式，推动地区发展和脱贫攻坚。2011 年 7 月，纳入大兴安岭南麓山区集中连片特殊困难地区，同年 10 月被纳入国家扶贫开发工作重点县。2019 年 4 月脱贫摘帽。

一、不断加强对定点扶贫县的督促指导力度

文化和旅游部定期召开党组会议和部长办公会议，专题研究部署定点扶贫工作。2019 年，召开党组会议和部长办公会议 13 次。2020 年，克服新冠肺炎疫情因素影响，先后召开党组会议和部长办公会 6 次。部主要负责同志和党组成员每年赴定点扶贫县督促指导工作，实现 4 个定点扶贫县调研指导工作的全覆盖。部系统司局、直属单位、社会组织以党建联学、业务指导等多种形式对定点扶贫县开展调研指导。

二、不断健全定点扶贫工作制度体系

2016 年，原文化部和原国家旅游局分别制定了《文化部定点扶贫工作实施方案》《国家旅游局定点帮扶巴马县、阿尔山市脱贫攻坚工作方案》，明确了定点扶贫总体目标、工作原则和具体帮扶举措。为进一步加强扶贫作风建设，2018 年初，原文化部和原国家旅游局分别制定了《文化扶贫领域作风问题专

项治理方案》和《关于开展旅游扶贫领域作风问题专项治理实施方案》，将作风建设贯穿扶贫工作始终。2018 年 9 月，文化和旅游部制定印发《文化和旅游部关于打赢脱贫攻坚战三年行动实施方案》。11 月，制定印发《文化和旅游部关于打赢脱贫攻坚战三年行动实施方案的分工方案》，对扶贫任务细化分工、落实责任，其中行业扶贫工作任务 32 条，定点扶贫工作任务 14 条。建立健全了分工协作、监测交流、督促检查和总结评估等 4 项工作制度，年初制订年度扶贫工作计划，明确责任分工与完成时间；按季度督促检查各项工作落实完成情况；年末对全年的定点扶贫工作进行总结评估，形成了"年初有计划，年中有监督，年底有总结"的工作体系。

静乐县概况

山西省静乐县，面积 2058 平方千米，辖 6 镇 6 乡，223 个行政村，总人口 16.2 万人，是晋绥革命根据地的腹地。1986 年，静乐县被确定为国家重点扶持贫困县，属吕梁山集中连片特困区，是山西省 10 个深度贫困县之一，贫困村 192 个，建档立卡初期贫困人口 15208 户 47449 人，贫困发生率为 35.2%。2020 年脱贫摘帽。

三、不断加大对定点扶贫县的资金投入

2018—2020 年，文化和旅游部与 4 个定点扶贫县分别签订了《中央单位定点扶贫责任书》，从加强领导、选派干部、资金支持、引进企业、消费扶贫等方面不断加大帮扶力度。部系统各司局和单位围绕公共文化服务、艺术创作、文化遗产保护、乡村旅游和消费扶贫等方面，积极策划项目、安排资金。据统计，2016—2020 年，直接投入四县帮扶资金 12152.43 万元，引进资金

8872.5 万元。2018—2020 年，共购买贫困地区农产品 700.07 万元，帮助销售贫困地区农产品 339.54 万元。

四、不断丰富定点帮扶手段

文化和旅游部不断创新帮扶手段，充分调动部系统单位、社会组织和企业力量，采取多种形式共同开展定点扶贫，达到经济效益和社会效益双丰收。立足实际，量身定制《文化和旅游部关于指导定点帮扶的娄烦县、静乐县、阿尔山市、巴马瑶族自治县打造贫困地区公共文化服务和旅游发展示范县（市）的工作方案》。先后帮助定点帮扶县建设了"爱乐小学"等 3 所希望小学。指导定点扶贫县实施"三带村四带户一下乡"，即开展旅行社带贫困村，景区、自驾车营地带贫困村，宾馆带贫困村，农家乐带贫困户，公司带贫困户，合作社带贫困户等方式促进乡村旅游扶贫。

| 发挥自身优势，创新帮扶手段，着力打造贫困地区公共文化服务和旅游发展示范县。图为内蒙古阿尔山市白狼镇鹿村居民开展乡村旅游。

娄烦县概况

　　山西省娄烦县 1994 年被确定为国家重点扶持贫困县。该县境内自然资源、旅游资源较为丰富，有米峪镇战斗遗址等红色旅游基地，有全省最大的水库汾河水库、太原最高的山峰云顶山。全县绿化率 57.2%，森林覆盖率 23%。光伏发电装机总规模 120 兆瓦，马铃薯有机旱作地 5 万亩，规模养殖场 32 个，农产品"三品一标"认证 44 个。2019 年 4 月脱贫摘帽。

巴马瑶族自治县概况

　　巴马瑶族自治县 2014 年被确定为国家扶贫开发工作重点县、滇桂黔石漠化片区县，位于广西西北部，地处桂西北通往桂东南沿海地区和大西南地区的咽喉要地，作为世界著名长寿之乡，旅游资源丰富。脱贫攻坚以来，巴马依托自然地理优势，形成了以油茶、香猪、杂粮杂豆等"5+2"特色产业。2020 年 5 月脱贫摘帽。

五、选派优秀扶贫干部挂职工作

　　文化和旅游部坚持把思想好、作风正、能力强的干部选派到定点扶贫县挂职和担任驻村第一书记。通过配强扶贫干部，加强对定点扶贫县实际工作指导。2016 年以来，共选派 22 人次到定点扶贫县挂职。这些扶贫干部深入一线，真抓实干，全身心投入扶贫工作，督促各项扶贫政策措施有效落地。2019 年 5 月，文化和旅游部财务司规划统计处被内蒙古自治区扶贫开发领导小组授予

"全区脱贫攻坚中央定点帮扶优秀单位"称号。2020年10月，选派的山西娄烦县官庄村驻村第一书记孙占伟获得"中央和国家机关脱贫攻坚优秀个人"称号。2021年2月，非物质文化遗产司被评选为"全国脱贫攻坚先进集体"，李克同志被评选为"全国脱贫攻坚先进个人"。2021年，文化和旅游部定点扶贫工作成效评价被评定为"好"。2021年4月选派的广西巴马兴仁村第一书记李翔被评为"广西壮族自治区脱贫攻坚先进个人"。

六、动员社会力量积极参与定点扶贫

文化和旅游部印发《关于进一步引导动员业务主管社会组织参与脱贫攻坚的通知》，积极号召业务主管社会组织参与脱贫攻坚工作。多次召开业务主管社会组织工作会议，安排部署业务主管社会组织参与脱贫攻坚工作。利用多种方式、在多种场合，广泛宣传社会组织参与脱贫攻坚的典型案例，发挥引导示

| 文化和旅游部高度重视文化教育扶贫。图为山西省静乐县爱乐希望小学部分师生赴北京参加"不忘初心　文化扶贫　传递爱心　梦圆北京"活动。

创新帮扶模式

创建"非遗+扶贫"模式，支持当地开展非遗项目保护，把传统文化资源转换为现代生产力。依托非遗扶贫就业工坊，带动当地贫困人群就业增收；支持巴马县"祝著节"申报国家级非遗代表性项目并指导当地建设非遗项目库；支持阿尔山市开展阿尔山圣水节、泉浴疗法等。

范带动作用。动员社会组织通过捐款捐物、消费扶贫、捐资助学、文化和旅游扶贫等形式，支持定点扶贫县经济社会、文化教育、旅游发展等工作。2018年以来，各社会组织扶贫投入资金总计超过 1700 万元，其中对 4 个定点扶贫县扶贫投入近 1000 万元，有力支持了定点扶贫县经济社会、文化教育、旅游发展等工作。

历任扶贫干部

挂职扶贫干部

挂职时间	姓　名	挂职地	挂职职务
2013.11—2014.11	程惠哲	山西省娄烦县	副县长
2015.12—2017.3	郭　毅	山西省娄烦县	副县长
2017.3—2019.3	贾荣波	山西省娄烦县	副县长
2019.3—2021.7	卢文斌	山西省娄烦县	副县长

挂职时间	姓　名	挂职地	挂职职务
2021.7—	黄庆山	山西省娄烦县	副县长
2013.11—2014.11	王　川	山西省静乐县	副县长
2015.12—2016.12	郭　毅	山西省静乐县	副县长
2019.3—2021.7	孟宪璋	山西省静乐县	县委常委、副县长
2021.7—	卢胜辉	山西省静乐县	副县长
2016.10—2019.3	吴志杰	广西壮族自治区巴马瑶族自治县	县委常委、副县长
2019.3—2021.7	蔡山帝	广西壮族自治区巴马瑶族自治县	县委常委、副县长
2021.7—	常　珊	广西壮族自治区巴马瑶族自治县	县委常委、副县长
2016.11—2020.1	张　浩	内蒙古自治区阿尔山市	副市长
2020.1—	岳　青	内蒙古自治区阿尔山市	副市长

驻村第一书记

驻村时间	姓　名	所驻村及职务
2015.11—2016.11	郝　红	山西省娄烦县官庄村第一书记
2016.11—2018.11	阎　斌	山西省娄烦县官庄村第一书记
2018.11—2021.7	孙占伟	山西省娄烦县官庄村第一书记
2021.7—	索江波	山西省娄烦县官庄村第一书记
2016.10—2018.10	吴志杰	广西壮族自治区巴马瑶族自治县兴仁村第一书记
2018.10—2021.6	李　翔	广西壮族自治区巴马瑶族自治县兴仁村第一书记
2021.7—	刘　扬	广西壮族自治区巴马瑶族自治县新民社区第一书记
2017.7—2019.7	李绘新	内蒙古自治区阿尔山市西口村第一书记
2019.9—2021.9	郑海勇	内蒙古自治区阿尔山市西口村第一书记

国家卫生健康委

历 程

2012 年，原国家卫生部作为吕梁山片区脱贫攻坚与区域发展部际联系牵头单位，承担山西省大宁县、永和县，陕西省清涧县、子洲县等 4 个片区县的定点扶贫工作。2013 年，合并成立后的原国家卫生计生委承担大宁、永和、清涧、子洲以及安徽省阜南县等 5 个县的定点扶贫工作。2015 年，经新一轮定点扶贫关系调整，阜南县转由国家粮食和物资储备局承担定点扶贫任务，国家卫生健康委继续承担其余 4 县定点扶贫任务，一直延续至今。

党的十八大以来，国家卫生健康委党组深入学习贯彻习近平总书记关于扶贫工作重要论述和党中央、国务院脱贫攻坚决策部署，将定点帮扶山西省大宁县、永和县和陕西省清涧县、子洲县作为重要政治任务，采取超常规措施，统筹全委合力攻坚，帮扶 4 个定点扶贫县高质量完成脱贫攻坚任务，定点扶贫工作取得扎实成效。

一、发挥优势、尽锐出战，举全委之力完成定点帮扶任务

（一）以党建促攻坚，推动全委持续攻坚克难

高度重视、始终发挥党建对脱贫攻坚的引领和推动作用，指定每个司局党支部联系定点扶贫县的一个贫困村党支部，开展联学联建，发挥主观能动性，

真情实意、真金白银支持深度贫困村脱贫，形成每个司局都有任务、每位同志都有责任的全委合力攻坚局面。将定点扶贫任务的完成情况作为委党组巡视和党建工作综合督查重点内容，及时通报问题，督促整改落实，确保每项定点扶贫任务落到实处。

（二）以输血促造血，推动落实主体责任

注重将解决定点扶贫县脱贫攻坚存在的困难和问题、培育定点扶贫县脱贫攻坚内生动力作为工作的出发点和落脚点，聚焦定点县脱贫攻坚的痛点难点堵点，采取精准、务实、有效的措施，在解决扶贫产业基础薄弱、市场化程度不深、扶贫产品售卖难和医院设施条件差、能力水平低等问题上持续发力，推动农特等扶贫产业和卫生健康事业步入良性发展轨道，增强定点县经济社会发展造血功能，推动定点扶贫县党委和政府将脱贫攻坚工作做得更加扎实、更有质量。

2019 年国家卫生健康委在清涧县援建了村集体经济种猪繁育养殖场，带动 81 户 219 人，户均年增收 3000 元以上。图为老舍古乡寨山石坪村养殖场。

大宁县概况

大宁县位于山西省临汾市西北部、吕梁山南麓、黄河东岸。地处山西西出陕西通道口，具有无霜期长、昼夜温差大的独特气候，特产有小米、西瓜、苹果等，历史上有"小金殿"之美誉。境内有"天然氧吧"二郎山、盘龙山、双锁山环绕县境，风景瑰丽。煤炭、煤层气探明储量丰富，具有转型发展的硬实力。大宁县1991年被确定为国家重点扶持贫困县，2013年被确定为原国家卫生计生委定点扶贫县，2020年2月脱贫摘帽。

（三）以行业促产业，推动经济社会可持续发展

始终注重将卫生健康行业优势与当地实际紧密结合，整合政策、项目、专家等资源，为定点县搭建中药材产业发展平台，做实做深黄芪等特色传统道地中药材产业，协调引进大型国企和知名互联网企业在定点扶贫县投资设立扶贫龙头企业，不断延伸产业链、提升产品附加值。发挥医疗机构优势，大力推进消费扶贫，推动定点扶贫县农特产品进机关、进医院、进家庭常态化，以消费带动产业，促进种植养殖业可持续发展和贫困户稳定增收，夯实经济社会发展基础。

（四）以作风促落实，推动激发干部群众干事创业热情

始终注重在定点扶贫县树立中央和国家机关部委形象，以更高的政治站位、更实的攻坚举措、更好的工作作风，扎扎实实做好各项帮扶工作，以实际行动落实中央脱贫攻坚决策部署，影响和带动定点扶贫县广大干部群众以更加昂扬的精神和斗志决战决胜脱贫攻坚。制定定点扶贫工作规则和党建扶贫工作细则，在加大帮扶力度的同时，帮忙不添乱，力戒形式主义和官僚主义，做到帮扶措施统筹、赴定点扶贫县工作安排统筹，做到现场帮扶活动的交通食宿问题自己解决、原则上不让地方政府和行业部门派人陪同，做到真扶贫、扶真贫、真脱贫，持续推动为基层减负。

二、勇担责任、精准施策，推动定点扶贫工作取得明显成效

（一）定点扶贫工作机制和帮扶政策体系全面建立

委党组每年制订工作方案，召开会议部署，实行月报告制度督促推进。建立起委扶贫办全方位统筹协调，与定点县党委、政府定期沟通，各司局各单位分工协作，挂职干部一线抓落实的前后方联动工作机制。落实精准扶贫精准脱贫方略，在产业扶贫、就业扶贫、健康扶贫、党建扶贫、消费扶贫、驻村扶贫等方面采取一系列务实有效的措施，形成适应脱贫攻坚任务需要的定点扶贫帮扶政策体系。同时，坚持"一县一策"，因地制宜，确定帮扶重点和具体帮扶措施，打造出定点扶贫4个不同的成功实践，受到定点县所在省市各级党委、政府和广大人民群众的好评。

（二）定点扶贫县脱贫攻坚目标任务全面完成

将产业作为定点扶贫工作的关键抓手，按照"一县一产业"的思路，采取资金投入、资源引进、投资拉动、消费带动等全方位帮扶措施，持续做大做强定点县农特产业。红枣、苹果、大棚蔬菜、黑毛土猪、湖羊等特色种植养殖产业以及黄芪、远志、柴胡等道地中药材产业规模不断扩大，产业链不断深化，市场机制

永和县概况

山西省永和县有"千年古县"之称，黄河流经永和68千米，形成了7个优美的"S"形大湾，旅游资源独具魅力；沿黄旅游公路、霍永高速、乾坤湾互通，使永和区位优势更加凸显；"永和梯田"是我国北方规模最大、最为壮观的梯田景观；地下天然气资源丰富，是重点打造的"样板气田基地"，县域天然气勘探开发、管道输送、转化利用全产业链初步形成。永和县1991年被确定为国家重点扶持贫困县，2020年2月脱贫摘帽。

清涧县概况

　　清涧县位于陕西省榆林市最南端，属吕梁山集中连片特困区，是革命老区县。境内山大沟深、峁梁纵横，土地贫瘠、降水稀少，黄河、无定河在境内交汇，神延铁路、榆蓝高速、242 国道穿境而过，"南通关洛、北连榆塞"，自古有"全秦要户"之称。当地特产清涧红枣、清涧粉条、黑毛土猪等享有盛誉，重点发展特色农业、优质枣果、生态养殖、文化旅游、传统加工、新型能源等"六大产业"。1994 年被确定为国家重点扶持贫困县，2015 年原国家卫生计生委开始定点帮扶，2020 年 2 月脱贫摘帽。

不断健全，持续增收态势不断巩固。将解决"两不愁三保障"突出问题作为定点扶贫工作的重点任务，安排专项资金支持，督促落实主体责任，实现了问题动态清零。助力 4 个定点扶贫县全部摘帽，水电路气网等基础设施条件全面改善，教育、卫生健康等公共服务水平全面提升，5.27 万户贫困户、16.68 万贫困人口全部脱贫，贫困人口人均纯收入超过 1 万元，较 2016 年翻了一番。

　　（三）定点扶贫县经济社会发展显著加快

　　国家卫生健康委指导 4 个定点县以脱贫攻坚统揽经济社会发展全局，立足行业优势扶持推动定点县以中医药为特色的一二三产业融合发展，不断提升县域经济质量和效益，4 县生产总值年均增长超过 10 个百分点。协调《人民日报》、央视等主流媒体、健康报、中国人口报社等行业媒体和有关新媒体加大定点县宣传推广力度，助力一张张县域经济社会发展名片飞出大山，走入北京、上海等中心城市和全国卫生健康系统，大宁红、情暖永和、塬上清涧、子洲黄芪等地域品牌形象逐步深入人心，为县域经济社会发展添加不竭动力。

　　（四）定点扶贫县卫生健康事业实现跨越式发展

　　国家卫生健康委将 4 个定点扶贫县作为健康扶贫和深化医改"试验田"，实

子洲县概况

　　子洲县位于陕北黄土高原丘陵沟壑区腹地，榆林市南缘。县域面积 2042 平方千米，辖 11 镇、1 乡、1 个街道办事处，279 个行政村（社区），总人口 30.25 万人。子洲县历史悠久、人文深厚。1928 年 4 月，中共陕北第一次代表大会在子洲县召开，成立了陕北特委，为陕北革命根据地奠定了坚实基础。子洲唢呐、子洲秧歌、子洲馃馅、子洲石雕独具特色，闻名遐迩。子洲黄芪品质优良，享誉国际，是国家地理标志保护产品。2011 年被确定为国家扶贫开发工作重点县，2020 年 2 月脱贫摘帽。

行委省共建，政策优先支持、项目优先安排、试点优先开展、资源优先倾斜。组织 10 家三级医院"多帮一"对口帮扶 4 县县医院，县医院条件、能力和水平以前所未有的速度提升，迅速超过全国贫困县县医院平均水平。目前，4 县县

| 2019 年 7 月 1 日，中日友好医院与山西省永和县坡头乡孙家庄村进行了第一次远程健康宣教。图为该院国家远程医疗的互联网医学中心通过远程和基层村民进行面对面互动交流。

成立健康暖心扶贫专项基金，动员社会力量广泛募集资金，支持定点县解决"两不愁三保障"重点问题和特色产业发展。倾斜政策资金，优先项目试点，强化技术支撑，将定点扶贫"责任田"打造成健康扶贫委省共建"试验田"，推动定点县卫生健康事业实现跨越式发展，群众健康服务条件显著改善。发挥行业优势，开展全链条技术帮扶，深挖定点县传统中药材产业附加值，开发中药材大健康系列产品，助力定点县产业发展。

级医院均已获评二级甲等医院，常见病、多发病和常见急危重症处置能力显著提升。推进县域紧密型医共体建设，实现优质医疗资源在县域内流动，快速补齐4个定点县医疗卫生短板，乡镇卫生院和村卫生室全部实现标准化建设并配备合格医生，远程医疗全面覆盖县医院并向乡村延伸，县域服务能力大幅提升，群众常见病、慢性病基本能够就近得到诊治，不少大病已经可以在县域内有效救治。

（五）定点扶贫县乡村振兴基础得到初步夯实

几年来，通过选派驻村第一书记在基层党支部发挥示范融入作用，全面巩固提升贫困村基层党组织的治理能力和执政基础。通过支持党建广场、党员学习室等建设，极大改善了贫困村的村容村貌。通过开设村级道德银行为贫困群众扶贫扶志扶智，显著改善贫困群众精神面貌。通过以"走进去、请出来"的形式培训基层党政干部，显著提升了基层党员干部的能力和水平。在国家卫生健康委第一书记和党建扶贫团队的大力帮扶下，大宁县道教村被评为全国文明村，茹古村被评为山西省党建标杆村；永和县索驼村被评为山西省改善农村人居环境省级示范村、临汾市推进乡村振兴战略示范村等。

历任扶贫干部

挂职扶贫干部

挂职时间	姓　名	挂职地	挂职职务
2014.9—2015.9	李天舒	山西省大宁县	副县长
2016.3—2017.8	解东方	山西省大宁县	副县长
2017.9—2019.9	薛晓东	山西省大宁县	县委常委、副县长
2019.9—	李　波	山西省大宁县	县委副书记
2014.11—2016.11	程万军	山西省永和县	县委常委、副县长
2017.3—2019.3	胡小濛	山西省永和县	县委副书记
2019.4—2021.5	马爱丽	山西省永和县	县委副书记
2021.5—	刘　勇	山西省永和县	副县长
2014.9—2015.9	姜　鸿	陕西省清涧县	副县长
2016.3—2017.3	孙　翀	陕西省清涧县	副县长
2017.4—2019.4	诸宏明	陕西省清涧县	县委副书记
2017.8—2020.12	刘世政	陕西省清涧县	副县长
2019.4—2021.5	柳清海	陕西省清涧县	县委副书记、副县长
2021.5—	成　义	陕西省清涧县	县委常委、副县长
2014.7—2015.7	张睿明	陕西省子洲县	副县长
2016.3—2017.9	张西凡	陕西省子洲县	副县长
2017.9—2019.9	宋学武	陕西省子洲县	县委常委、副县长
2019.10—	宫国强	陕西省子洲县	县委常委、副县长
2014.9—2015.9	张文宝	安徽省阜南县	副县长

驻村第一书记

驻村时间	姓　名	所驻村及职务
2015.7—2017.7	冯赟	山西省大宁县道教村第一书记
2017.8—2019.8	李孟涛	山西省大宁县道教村第一书记
2019.9—	郑克非	山西省大宁县茹古村第一书记
2019.4—2021.5	徐　宏	山西省永和县索驼村第一书记
2021.5—	刘志勇	山西省永和县索驼村第一书记

应急管理部

应急管理部（含原国家安监总局）从2003年起定点帮扶山西省阳高、广灵两县至今，早期以教育助学帮扶为主后逐步扩展到教育、基础设施建设等方面。组建应急管理部后，部党委在资金、项目、政策等各方面全面加大帮扶力度，在党建扶贫、专项资金扶贫、教育医疗扶贫、消费扶贫、招商引资扶贫、干部选派扶贫等方面取得较好帮扶成效。

党的十八大以来，应急管理部党委深入学习贯彻以习近平总书记关于扶贫工作重要论述，认真落实党中央关于扶贫工作重大决策部署，把帮扶山西阳高、广灵两县脱贫攻坚摆在重要位置，紧密结合两县经济社会发展规划，在党建扶贫、专项资金扶贫、教育医疗扶贫、消费扶贫、招商引资扶贫、干部选派扶贫等6个方面"应扶尽扶""应帮尽帮"，累计投入帮扶资金共4050万元，引入帮扶资金3.25亿元，对1590名基层干部和3807名技术人员开展培训，直接购买特色农产品726.8万元，帮助销售特色农产品1.19亿元。阳高县和广灵县分别于2018年和2019年实现脱贫摘帽。截至2020年底，阳高县累计脱贫18724户40923人，118个贫困村全部退出；广灵县累计脱贫18356户44353人，77个贫困村全部退出。

2018年，组建应急管理部后，部党委成立部定点扶贫工作领导小组，部党委书记、部长黄明担任组长，定期组织研究定点扶贫工作，赴定点扶贫

阳高县概况

阳高县地处山西省东北部、晋冀蒙三省交界处，全县面积1598.3平方千米，辖7镇4乡197个行政村。2001年阳高县被确定为国家扶贫开发工作重点县，2011年被国家列为燕山—太行山连片特困地区重点扶贫开发县。应急管理部从2003年起定点帮扶阳高县，2018年脱贫摘帽。

县实地调研，推动扶贫计划早部署、早落地、早见效。2018年以来共召开了10次部党委会、6次部长专题会和10余次扶贫专题会研究推动定点扶贫工作。部领导同志和有关司局单位负责人先后30余次赴定点扶贫县查看帮扶项目和工作进展。选派3名处级、3名科级优秀干部挂任副县长或驻村第一书记，多人获得中央和国家机关"脱贫攻坚优秀个人"、山西省人民政府"扶贫先进个人""模范第一书记"及大同市五一劳动奖章、"脱贫攻坚优秀帮扶干部"、"脱贫攻坚贡献奖"等多项荣誉称号，赢得了地方干部群众认可。

一、注重党建引领，抓基层党组织建设

"给钱给物，不如给一个好支部"，脱贫攻坚的各项政策最终要靠农村基层党组织来落实。部党委始终坚持把党建工作摆在脱贫攻坚最前沿，充分发挥农村基层党组织领导作用，狠抓农村基层党建和脱贫攻坚"双推进"。坚持抓基层、强基础、固基本的工作导向，推动各类资源向基层下沉，把基层党组织建设成为带领群众脱贫致富的坚强战斗堡垒。结对共建68个党支部和45个贫困村委会，对32个贫困村党建活动室实施改造，搭建"新时代中国"等党员学习教育平台，惠及建档立卡贫困人口2560户6713人，积极支持选拔一批

党员群众拥护、"双带"能力强的村"两委"班子带头人，把村级班子建成扶贫开发的"主心骨"，不断提升基层党组织领导和服务发展的能力，为产业发展、脱贫攻坚提供坚强组织保证。夯实基层党组织建设，注重加强和引导村级班子开展政治学习，提升政治素养，让党中央的各项决策部署在农村基层落地生根、不折不扣得到落实。开展"党建引领——村支书研学班"活动，组织驻村第一书记、村支部书记、致富带头人等33人赴外省考察学习，帮助干部开阔思路、拓宽视野、提振信心。基层党组织在抓党建促脱贫中得到锻造，凝聚力、战斗力不断增强，基层治理能力明显提升。

二、培育造血功能，抓龙头产业示范带动

紧紧围绕两县旅游开发、现代农业、食品加工等优势领域，积极引进碧桂园集团、惠发集团、公羊会、海南佳伟、北京优佳、凡谷归真等20家

| 应急管理部围绕两县食品加工、现代农业等优势领域，积极帮助贫困县发展养殖产业。图为扶贫干部向贫困户了解养殖产业中遇到的困难和收益情况。

广灵县概况

广灵县地处山西省东北边陲，距离首都北京 290 千米，山清水秀，素有"塞北小江南"之称，全县面积 1283 平方千米，辖 5 镇 3 乡 132 个行政村，"广灵小米"被认定为国家地理标志保护产品。1991 年广灵县被确定为国家重点扶持贫困县，应急管理部从 2003 年起定点帮扶广灵县，2019 年脱贫摘帽。

大中型企业和社团，累计投资 11.7 亿元，先后实施多个带贫增收产业项目。支持上海农圣等企业在阳高县扩种 2106 亩"阳高红"高端水果西红柿，每亩纯收益达 3.4 万元，带动 2000 余名贫困户增收。在广灵县实施建设加工脱水黄花 1028 吨生产车间，完成项目生产车间、包装车间、晾晒场等建设及设备安装投产运营，陆续带动 1500 名贫困户人均年增收 2 万元；科学管理经营反季节蔬菜大棚精准扶贫项目，实现 210 名贫困户稳定增收。会同惠发集团，投资 365 万元建设肉食加工项目，对 17 个扶贫车间进行改造，增加就业岗位 4000 多个，同时将黄花、杂粮等特色产品纳入惠发集团销售渠道，带动 120 名贫困户年增收 1.8 万元。产业发展项目先后带动 8440 名贫困户通过土地流转、用工收入、收益分红等方式实现脱贫增收。开展"百企帮百村"行动，通过"企业＋合作社＋基地＋农户"的模式，集中打造"大同好粮"杂粮系列、"阳高红"高端精品西红柿等一批特色品牌。通过央视扶贫精选、中石化"易捷"加油站、中国农业银行扶贫商城、京东特产馆等线上线下双渠道，不断提升 180 多款农产品知名度，大大延伸各类产品产业链和价值链。

三、强化应急管理，抓防灾减灾能力建设

指导两县应急管理部门不断深化体制机制改革，大同市委市政府大幅增加两县应急管理部门人员编制和消防救援队伍待遇，走在全省前列；部消防救援局、森林消防局大力支持两县消防场站建设、车辆采购和装备配备，支持2440万元用于阳高、广灵两县消防救援场站建设及指挥调度系统建设，配备价值775万元的消防车6辆，向两县调拨11个品种8770件（套）总价值183万元的装备物资；将两县纳入国务院第一次全国自然灾害综合风险普查试点，将阳高县列为首批全国13个综合减灾示范县创建单位之一，加强专业技术人员定向培训，深入开展综合减灾工作，有效提升区域灾害防治能力；加大防灾减灾科普教育。围绕"提升基层应急能力，筑牢防灾减灾救灾的人民防线"和"提高灾害风险治理能力"等主题开展技能培训、隐患排查、群众性应急演练等宣传工作，提升广大群众的安全防范意识和基层干部的应急管理水平；注重应急基础体系建设，免费帮助两县编制完成县应急指挥中心建设方案，免费提

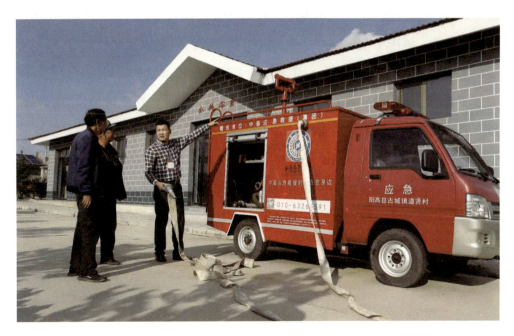

应急管理部狠抓防灾减灾能力建设，积极帮助贫困村建设微型消防站。图为驻村第一书记指导村"两委"消防救援车的使用方法。

供 GIS 底图与基础空间信息等数据信息，指导应急指挥平台建设。加强基层干部应急能力培训，组织华北科技学院等部属院校采取现场与直播相结合的方式，对广灵、阳高两县 663 名基层干部开展应急管理专题培训。

四、落实惠民举措，抓教育医疗帮扶

连年组织应急总医院各科室专家组成健康扶贫医疗队开展讲座、交流和现场义诊等活动，讲解治疗方法和用药知识，普及饮食调理注意事项，累计捐赠各类药品和器械价值 58.86 万元，发放健康宣传材料 12000 余份，培训基层医务人员 300 多人，义诊贫困群众 3700 多人次；选派医生到两县人民医院挂职出诊，为高难度病症患者提供转诊"绿色通道"。积极协调捐赠农业种植、科普教育等各类图书价值 60 多万元，对 1590 名基层干部和 600 余名致富带头人开展专项培训。开展"献爱心·助学"活动，部领导同志带头，部机关及中国地震局、国家矿山安监局、消防救援局、森林消防局及部所属事业单位共 7588 名干部自愿参与，累计捐款 157 万余元，及时帮扶两县 207 名 2020 级贫困大学新生解决上学难问题。积极改善教育硬件设施，捐赠价值 20 万元图书和 164 套学校桌椅，组织爱心企业为两县学校捐赠价值 25 万元的智慧黑板。助力加强疫情防控，广灵县应急产业园 15 家入驻企业，在疫情最紧急的关键时刻，通过海外渠道购买捐赠价值 129 万余元的口罩、酒精、消毒液、防护服等紧缺防疫物资，大大缓解了防疫物资短缺难题，为疫情防控提供了强有力支持；组织爱心企业开展"校园健康守护公益行动"，向阳高县教育系统捐赠价值 7 万元的额温枪、医用防护服、一次性医用口罩等防疫物资，帮助师生筑起健康屏障，有效保障教学秩序。

五、加强线上线下联动，拓宽消费扶贫渠道

积极对接原国务院扶贫办及京东、阿里巴巴等电商，广泛参与农货进首

都、新粮嘉年华等展销活动，协调中海油食品物流公司、北京首航超市等，搭建"阳高红"西红柿和脱水黄花等农产品直销渠道。做强"阳高红"高端水果西红柿特色产业品牌，成功打通长江三角洲、珠江三角洲等高端市场，开设浙江嘉兴水果市场、上海江桥农贸市场专用柜台，阳高县成功挂牌上海市政府蔬菜延伸基地。新冠肺炎疫情发生以来，想方设法拓宽销路，在京东商城开展"同心战'疫'，天下大同"广灵农特产品促销活动，在苏宁易购开展"暖心行动，战'疫'惠民"网络推广活动，农产品网络销售金额达到 500 余万元；碧桂园集团集中采购 10 吨广灵小米支援湖北地区抗疫，解决了广灵县 140 户贫困户的小米销售难题；采购 30 万元有机蔬菜供应广灵县 14 所学校，让学生吃上"安全菜、健康菜"。持续加大应急管理系统定点采购扶贫产品力度，部机关食堂、科研院所、消防救援机关等通过食堂采购，各级工会通过为干部职工采买福利等方式直接采购定点扶贫地区的扶贫产品。

六、健全就业服务体系，提高稳固脱贫能力

加强就业教育指导，帮助贫困户提升技能，拓宽就业渠道，强化就业帮扶，确保"一人就业、全家脱贫"。在两县建立清华大学乡村振兴远程教学站，推选本地创业青年参加"返乡扎根创业青年清华研修班"，开展电商、民宿、乡村振兴等方面的业务培训；免费选派 20 名阳高县教育系统骨干参加"清华大学碧桂园乡村教师信息素养与在线教学能力提升专题研修班"。加强贫困群众职业技能培训，协调碧桂园职业技术学院投入 80 万元，开展编织家纺、电商人才等"新学堂新技能"培训，培训技术人员 303 人，其中 119 人在本县企业成功就业，月收入 3000 元。组织就业扶贫专场招聘会，20 余家扶贫龙头企业累计提供 2600 余个岗位。确保把企业的用工需求与贫困群众的就业需求对接起来，把就业岗位送到贫困群众家门口，提高贫困群众参加招聘和就业的积极性，通过就业实现脱贫增收。

创新帮扶模式

应急管理部充分发挥机构改革后整合的 11 个部门 13 项职能优势，全力助推脱贫攻坚。一是在防灾减灾上，联合民政部、国务院扶贫办出台防灾减灾救灾助力脱贫攻坚的政策意见并狠抓落实，在防汛抗旱、冬春救助等方面加大专项帮扶，防止因灾致贫、因灾返贫；二是在安全生产上，派出专家组帮助地方排查隐患，提高基层监管执法效能；三是在救援能力上，帮助地方建设消防场站，配优配齐各类消防救援车、风力灭火机等装备，不断夯实应急救援基础。

七、加大脱贫典型宣传，营造攻坚良好氛围

坚持加大宣传报道，讲好脱贫攻坚故事，凝聚脱贫攻坚精神力量，推出扶贫专题报道，在中央电视台、人民网等策划推出脱贫攻坚专题节目《山西阳高：打造西红柿产业带动群众脱贫致富》《十年扶贫路　一心系百姓》《不负韶华不负村　好物合作社上新了——山西广灵新村富路》等，讲述应急管理部扶贫干部感人故事，取得了良好的社会效果。加大防灾减灾助力脱贫宣传，先后在中央电视台《新闻直播间》、新华社等播出《应急管理部：提升防灾减灾救灾能力助力脱贫攻坚》《九层之台，起于累土——各地多措并举提高基层防灾减灾救灾能力》等；在《人民日报》、《应急管理报》等刊发长篇报道《预警能力持续增强、防灾水平不断提升、科普教育深入人心——防灾减灾，我们一起行动》《担起历史重任　助力脱贫攻坚——全国应急管理系统加强防灾减灾救灾助力脱贫攻坚记事》等，集中报道贫困地区采取一系列防灾减灾措施，减少因灾致贫、因灾返贫，确保受灾地区群众同步迈入全面小康社会。组织离退休干部局有关人员赴定点扶贫县开展"我看脱贫攻坚新成就"调研活动，老同志们真切

感受到脱贫攻坚所取得的新成效、新变化，群策群力、进言献策，主动帮助两县谋发展、助脱贫。

历任扶贫干部

挂职扶贫干部

挂职时间	姓 名	挂职地	挂职职务
2011.7—2021.5	谢留强	山西省阳高县	县委常委、副县长
2021.5—	杨 凯	山西省阳高县	副县长
2012.1—2014.3	张安琦	山西省广灵县	副县长
2014.3—2017.1	耿建举	山西省广灵县	县委常委、副县长
2017.1—2021.5	常家宁	山西省广灵县	副县长
2021.5—	陈宏刚	山西省广灵县	副委副书记

驻村第一书记

驻村时间	姓 名	所驻村及职务
2015.11—2016.6	宋朝阳	山西省阳高县神泉寺村第一书记
2016.6—2017.1	宋朝阳	山西省阳高县后营村第一书记
2017.1—2019.6	孙英浩	山西省阳高县后营村第一书记
2019.6—2021.5	胡 杰	山西省阳高县道贤村第一书记
2021.5—	汤中倩	山西省阳高县道贤村第一书记
2018.5—2021.5	刘 健	山西省广灵县曹窑村第一书记
2021.5—	罗春晖	山西省广灵县平城村第一书记

中国人民银行

历 程

中国人民银行1994年开始定点帮扶陕西省延安市宝塔区、志丹县，并成立中国人民银行扶贫开发工作领导小组，延安市宝塔区、志丹县退出贫困县序列后，2002年调整为定点帮扶铜川市印台区、宜君县。2019年、2020年宜君县、印台区先后脱贫摘帽。

脱贫攻坚号角吹响以来，中国人民银行党委以习近平总书记关于扶贫工作的重要论述为指导，深入贯彻党中央、国务院脱贫攻坚系列部署，把定点扶贫作为重大政治任务，充分发挥金融精准扶贫和金融单位定点扶贫"双牵头"作用，持续深化"围绕扶贫抓党建、抓好党建促扶贫"工作理念，按照信守"一个承诺"、种好"两块田地"、建设"三个工程"的总体思路，突出金融特色、强化责任担当、凝聚多方力量、加大资源投入，助推帮扶地区高质量完成脱贫任务，坚决筑牢防返贫底线，提升可持续发展能力，取得了显著的帮扶成效。定点帮扶的宜君县、印台区先后于2019年、2020年摘帽，牵头中央金融单位帮扶的65个贫困县全部如期脱贫。中国人民银行连续4年在中央单位定点扶贫工作成效评价中被评定为"好"，中国人民银行扶贫办荣获"中央和国家机关脱贫攻坚先进集体"称号，金融市场司信贷政策管理处荣获"全国脱贫攻坚先进集体"称号，1名扶贫干部荣获"中央和国家机关脱贫攻坚优秀个人"称号，2名扶贫干部荣获"全国脱贫攻坚先进个人"称号。

一、坚持政治引领，持续构建大扶贫工作格局

中国人民银行坚持把定点扶贫作为"不忘初心、牢记使命"主题教育重要实践平台，把准政治方向、强化责任担当、坚守为民初心，充分发挥垂直领导、机构健全的组织优势，成立扶贫开发工作领导小组，下设 13 个专项工作小组，成立驻铜工作组、临时党支部等多个扶贫工作机构，持续完善行党委统一领导、机关党委统筹协调，总行机关、直属企事业单位及相关分支机构等各级党组织共同参与的党建统领扶贫工作机制，在打造担当型、服务型、实干型、标准型的政治机关中，为定点扶贫聚资源、汇人气、凝合力，为定点扶贫提供坚强政治保障。行党委靠前指挥，行长易纲、党委书记郭树清等班子成员先后赴帮扶地区调研指导 11 人次，现场研究推动定点扶贫工作，多次召开定点扶贫工作推进会、研讨会、决战决胜脱贫攻坚会，指导机关各支部从扶贫角度思考业务问题，在业务工作中助力脱贫攻坚，形成自上而下共谋思路、共享经验、共同发力的定点扶贫生动局面。

二、信守帮扶承诺，持续加大投入力度

每年印发《定点扶贫工作要点》，细化帮扶举措，压实干部责任，明确完成时限，建立"周报告、月调度"常态化工作推进机制，按周汇总定点扶贫进展情况，按月召开定点扶贫调度会议，及时发现研究重点难点问题并加以解决，确保扶贫工作高效、有序推进。党的十八大以来，中国人民银行先后选派 21 名干部在市县村三级挂职任职，直接投入帮扶资金 7649.1 万元，协调引进帮扶资金 3440.11 万元，培训基层干部 4445 人次，培训技术人员 18849 人次，购买贫困地区农产品 3627.44 万元，帮助销售贫困地区农产品 4011.77 万元，连年超额完成目标任务，助推宜君县、印台区如期摘帽，贫困村全部出列，贫困人口全部脱贫。

宜君县概况

　　宜君县位于关中平原与陕北黄土高原的接合部，总面积1531平方千米，具备以能源为基础、农业为支撑、新能源产业为接续的工业体系，以玉米、苹果、核桃为主导，生猪、肉兔、食用菌、中药材为特色，高寒水稻、花椒等为补充的"3+4+N"农业产业体系，以花溪谷、福地湖等为主的"全域旅游"发展格局。宜君县2001年被确定为国家扶贫开发工作重点县，2002年被确定为中国人民银行定点扶贫县，2019年5月脱贫摘帽。

三、创新丰富帮扶内容，努力提高帮扶实效

（一）强化党建统领扶贫，持续提升"政治工程"成效

　　一是制定《定点扶贫"十三五"规划》《扶贫任务分解方案》《扶贫资金管理办法》等文件，把扶贫实绩纳入机关党建量化考核，引导各支部"同台竞技""各显其能"，把定点扶贫与业务工作同部署、同落实，通过支部联建、结对帮扶、捐款捐物等多种方式，零距离倾听基层期盼，手把手纾解实际困难，出思路、出政策、出资源，不断强化与帮扶地区基层党组织的政治联系、业务联系、情感联系，在脱贫攻坚中走在前、作表率，在扶贫实践中守初心、担使命。二是加强基层党组织活动场所建设，支持33个贫困村的党组织活动场所修缮，完善党员群众参与党务村务活动基础平台，提升基层党组织组织群众、服务群众、凝聚人心的阵地作用。三是讲好央行扶贫故事，营造金融攻坚浓厚氛围，组织中央媒体对帮扶地区宣传报道，开展"与扶贫同行"等系列活动，出版扶贫融媒体图书，开展扶贫视频大赛、文艺作品征集，组织拍摄扶贫纪实宣传片，通过国务院办公厅信息、《旗帜》、"学习强国"学习平台等展示扶贫成果。

（二）筑牢脱贫攻坚基础，持续丰富"民生工程"内涵

一是聚焦特色产业，助推可持续脱贫。支持建设兔肉养殖、生猪养殖、菌菇种植、中药材种植、社区工厂、菜鸟物流等产业项目，开展线上线下立体化产销对接，组织购买帮销扶贫产品，推动新型农业经营主体不断强化品牌打造、提升产品质量、优化服务能力，强化与贫困户利益联结。二是聚焦"两不愁三保障"，补齐民生短板。支持建设道路、饮水、灌溉、旱厕、医疗设施等项目，实施"村医村官村教"工程，开展免费体检、医疗物资捐赠等活动，不断改善群众生产生活卫生条件。三是聚焦"扶志扶智"，增强发展内生动力。协调农技、金融、教育等专家赴帮扶地区开展培训，组织扶贫干部、致富带头人、骨干教师前往苏州、北京等地参加培训；开展送文化下乡、金融知识宣传等多种活动，定期开展走访慰问，引导贫困群众愿脱贫、能脱贫、会脱贫。四是聚焦教育扶贫，阻断贫困代际传递。引导机关党支部、党员干部加大对贫困学生结对帮扶力度；建立央行教育扶贫基金并持续扩大基金规模，实现帮扶地区贫困学生资助全覆盖，解决贫困学生生活学习上的实际困难；支持修建宿舍、操场、艺术教室、国学教室等设施，引入优课计划、追风计划等优质教学资源，提升教学管理水平，开阔学生视野。

印台区概况

印台区位于陕北黄土高原与关中平原过渡地带，区内咸铜铁路，西铜、铜黄、合凤高速公路等穿境而过，是陕西的"交通咽喉"。区内煤炭、石灰石、耐火黏土等自然资源丰富，曾是省属铜川矿务局煤炭主产区，地处世界苹果最佳适生区，苹果是全区最大的富民产业，素有"果乡瓷都"之美誉。印台区2001年被确定为国家扶贫开发工作重点县，2002年被确定为中国人民银行定点扶贫县，2020年2月脱贫摘帽。

│ 精准填补产业、教育、健康等民生领域薄弱环节，巩固提升"两不愁三保障"质量。图为宜君县
宜阳街道办善家河村肉兔繁育县级示范基地工人下料之余，手捧新出窝的肉兔喜笑颜开。

（三）深化金融定点扶贫，持续增添"发展工程"价值

一是统筹金融精准扶贫和定点扶贫，抓好货币政策工具运用，夯实政银企融资对接平台，推动帮扶地区建立 4000 万元的产业扶贫融资担保基金，引导金融机构优化金融服务、创新金融产品、转变经营方式，加大对特色产业融资支持力度，在做好金融扶贫的同时持续提升自身核心竞争力。二是发展农村普惠金融，把宜君县确立为全国普惠金融综合示范区试点，深入实施"金融服务创新工程""金融基础设施提升工程""金融知识宣教工程"，持续完善农村信用体系、支付体系、融资担保体系，实现金融惠农服务站点乡村全覆盖，助力金融服务触角向农村延伸，打通金融服务乡村"最后一公里"，形成的"宜君模式"被评为"陕西省优秀改革案例""全国民生示范工程案例"，目前正在铜川全市推广。三是筑牢金融风险"防火墙"，构建金融风险防控"三级联动"机制，通过完善风险缓释措施、开展不良贷款清收、加强金融消费者权益保护等工作，提高风险监测、识别和处置能力，提高金融机构稳健经营、涉农业务

可持续发展水平；引导金融机构推出"期货＋保险"、指数保险等创新型产品，为贫困群众购买扶贫险，提高风险抵御能力，防止因灾因病致贫返贫。

（四）深入开展调查研究，持续强化定点扶贫理论指导

深入田间地头农户家中，走访政府企业问需问计，分析致贫根源，开拓帮扶思路，汇集金融智慧，探索金融扶贫规律，为优化金融扶贫制度和帮扶政策提供第一手素材，为金融助力贫困地区可持续发展、建立解决相对贫困长效机制提供理论支持。研究课题《党领导下的金融精准扶贫理论研究与实践探索》荣获全国党建研究会一等奖、中央国家机关党建研究会一等奖，《深度贫困地区基层社会治理视角下金融精准扶贫研究》荣获中国人民银行课题三等奖，《金融视角下贫困协同治理研究》《金融扶贫政策执行评价研究》《对人民银行定点扶贫区县开展教育扶贫的调研思考》《农村集体经济在脱贫攻坚中作用的调研报告》《农村合作社在推动农村产业扶贫发展中作用的调研报告》等成为指导工作实践的向导。

努力把定点扶贫的"责任田"，打造成"金融政策落地、金融普惠实现、信用价值彰显、风险防控有效"的金融精准扶贫"示范田"。图为设立产业扶贫融资担保基金，帮助解决抵押担保贷款难题，助力帮扶地区合作社苹果种植稳产增收。

四、扎实履行牵头职责，推动金融定点扶贫不断迈上新台阶

深入贯彻习近平总书记关于"做好金融扶贫这篇文章"的重要指示精神，扎实履行"双牵头"职责，持续探索并破解了三个难题：一是如何通过顶层设计，建立一套系统化制度体系，让逻辑上依赖市场配置的金融资源，主动流向最需要资金的脱贫攻坚领域；二是如何通过实践创新，探索出一套可复制、可推广、具有金融特色的扶贫模式，为全社会提供可借鉴的"运用金融手段干好扶贫事业"行动方案；三是如何通过示范引领，以总行帮扶探索形成的"宜君模式"为亮点，带动中国人民银行全系统在脱贫攻坚中作表率。

（一）多措并举，引导金融单位持续加大帮扶力度

不断优化牵头联系工作机制，切实完善金融定点扶贫组织协调平台、合作共享平台、信息交流平台、督促考核平台，引导金融单位夯实帮扶责任、创新帮扶理念、加大资源投入，把思想和行动统一到决战脱贫攻坚关键环节，攻克突出问题，加快补齐短板，助推帮扶地区高质量完成目标任务，持续提高金融定点扶贫工作的组织化、规范化、系统化水平。2016年以来，22家金融单位累计投入帮扶资金29.11亿元，引进帮扶资金35.59亿元，培训基层干部26.28万人，培训技术人员44.46万人，购买贫困地区农产品23.38亿元，帮助销售贫困地区农产品149.94亿元，助推定点帮扶的65个贫困县全部脱贫摘帽。

（二）开拓创新，引入金融活水助力脱贫攻坚

把金融精准扶贫作为重中之重，充分发挥货币政策引导作用，引导金融机构持续加大贫困地区融资支持力度，构建起金融活水流向贫困地区灌溉网络。一是建立多层次金融扶贫组织体系，积极推动政策性金融、开发性金融、市场化金融机构合力参与脱贫攻坚，让金融扶贫开发"有人干"。二是构建系统化金融扶贫政策体系，相继出台全面做好扶贫开发金融服务、金融助推脱贫攻坚、金融支持深度贫困地区等30余项政策文件，加大货币政策工具支持力度，让金融扶贫开发"都会干"。三是完善立体化金融扶贫保障

创新帮扶模式

坚持用"金融手段干好扶贫的事",形成了"一二三"金融定点扶贫模式,即：信守一个"承诺",构建定点扶贫大格局,高质量完成目标任务；种好两块"田地",努力把定点扶贫"责任田"打造成"金融政策落地、金融普惠实现、信用价值彰显、风险防控有效"的金融精准扶贫"示范田"；建设"三个工程",努力把定点扶贫建设成破解"三农"问题的"民生工程"、培育金融机构核心竞争力的"发展工程"、优化基层社会治理的"政治工程"。

体系,开发完善金融扶贫信息系统,建立扶贫贷款专项统计制度,开展金融扶贫政策效果评估,推动政策落地见效,让金融扶贫开发"干得好"。党的十八大以来,扶贫再贷款累计发放 6688 亿元,扶贫小额信贷累计发放 7100 多亿元,金融精准扶贫贷款发放 9.2 万亿元,为打赢脱贫攻坚战提供了有力资金保障。

（三）加强示范,引领人民银行系统坚定做好定点扶贫工作

持续加大对系统内定点扶贫工作的指导力度,逐步完善人民银行系统定点扶贫统筹协调机制,强化对各级分支机构定点扶贫的组织动员、培训宣传、调研督促等工作。积极推动系统内东西部协作,举办资源对接、联学共建、互访交流等活动,激励广大干部职工主动担当、积极作为,引导全系统合力支持脱贫攻坚。党的十八大以来,人民银行全系统累计选派扶贫干部和第一书记 5871 人,累计直接投入帮扶资金 52291.49 万元,助推 2062 个贫困村摘帽,64.32 万名贫困人口脱贫。

历任扶贫干部

挂职扶贫干部

挂职时间	姓　名	挂职地	挂职职务
2016.5—2017.8	毛奇正	陕西省印台区	副区长
2017.7—2019.8	周　源	陕西省印台区	副区长
2019.8—	张建平	陕西省印台区	副区长
2016.5—2017.8	崔海洋	陕西省宜君县	副县长
2017.7—2019.8	谷　啸	陕西省宜君县	县委常委、副书记
2019.8—	胡　志	陕西省宜君县	副县长

驻村第一书记

驻村时间	姓　名	所驻村及职务
2015.9—2016.9	栾春许	陕西省宜君县武家塬村第一书记
2016.9—2018.8	谷　啸	陕西省宜君县武家塬村第一书记
2018.8—2019.11	张　煜	陕西省宜君县武家塬村第一书记
2019.11—2020.10	关　伟	陕西省宜君县武家塬村第一书记
2020.10—	何国锋	陕西省宜君县武家塬村第一书记

审计署

历 程

审计署 1988 年起帮扶河北省顺平县，2015 年开始定点帮扶贵州省丹寨县。2004 年成立审计署定点扶贫工作办公室，2015 年更名为审计署对口支援和扶贫工作领导小组，署党组书记、审计长任组长。先后派出 20 名干部挂职副县长、担任第一书记，通过直接投入资金、引进帮扶资金等方式，助力河北省顺平县、贵州丹寨县于 2019 年脱贫摘帽。

党的十八大以来，审计署党组坚决扛起脱贫攻坚政治责任，扎实有力推进脱贫攻坚各项政策举措落实落地，所帮扶的河北顺平、贵州丹寨两县于 2019 年脱贫摘帽，两县脱贫摘帽后审计署坚持力度不减、靶心不散，取得良好成效。2016 年至 2020 年，顺平县地区生产总值、财政收入和农民人均可支配收入分别增长了 38.35%、55.88% 和 72.45%，建档立卡贫困人口 33398 户 9.27 万人已全部实现高质量脱贫出列。丹寨县地区生产总值由 2016 年的 28.83 亿元增长到 2020 年的 41.69 亿元，城镇和农村居民人均可支配收入增速连续 5 年排名贵州省前列；全县累计减少贫困人口 5.84 万人，贫困发生率从 2014 年的 37.65% 下降至 0，历史性地撕下千百年来的绝对贫困标签。

一、署党组高度重视，把政治责任扛在肩上

党的十八大以来，审计署党组认真贯彻落实中央扶贫开发工作会议和习近平总书记关于脱贫攻坚系列重要论述精神，进一步加大定点扶贫工作力度，将扶贫工作放在更加重要、更加突出的位置，制定了《审计署加大脱贫攻坚力度帮扶定点扶贫和对口支援县工作方案》和《审计署抓党建促定点扶贫和对口支援县脱贫攻坚工作措施》等制度文件，为扎实开展定点扶贫工作提供了制度保障。《中共中央　国务院关于打赢脱贫攻坚战的决定》和《中共中央　国务院关于打赢脱贫攻坚战三年行动的指导意见》下发后，署党组组织召开全国审计机关"聚焦脱贫攻坚三年行动，进一步深化扶贫审计"视频会议，署党组书记、审计长动员部署全国扶贫审计工作。2020 年党中央召开决战决胜脱贫攻坚座谈会后，审计署立即组织召开专门会议，要求进一步提升帮扶层次，聚焦稳步对接乡村振兴战略，加大产业帮扶和消费扶贫力度，引领帮扶县走"强身健身"之路。党的十八大以来，审计署领导先后 34 次深入定点扶贫县开展调研，实地开展脱贫攻坚工作，协调解决实际问题并进行现场督导，努力推动国家扶贫开发和脱贫攻坚各项政策措施落到实处。

二、选派优秀挂职干部，用心用情用力全面攻坚

党的十八大以来，审计署先后选派 14 名懂党建、政治强、业务精、作风实的优秀干部到定点扶贫县挂职或任驻村第一书记。挂职扶贫干部到岗后，真正扑下身子，积极招商引资，开展爱心助学，走访慰问贫困群众，同群众一起同心协力做好脱贫攻坚工作，做成了很多促发展、惠民生的好事、实事。派驻担任顺平县西南蒲村第一书记的郭春伟同志获得全国脱贫攻坚先进个人称号。共 14 人次获得省部级以上荣誉称号，3 人次获得市级以上荣誉称号，3 人次获得县级以上荣誉称号，1 人被当地群众两次联名请愿延长挂职时间，相关事迹被中央电视台专题报道。

顺平县概况

河北省顺平县位于保定市，总面积712平方千米，辖5镇5乡，1个省级经济开发区，237个行政村，总人口32万人，耕地面积29.7万亩，果树面积35.4万亩，是国家命名的"中国桃乡""中国苹果之乡"，也是"中国肠衣之乡"。审计署1988年开始对其开展帮扶，1997年向其派驻扶贫挂职干部，2019年脱贫摘帽。

三、抓党建促脱贫攻坚，打造农村基层党建堡垒

一是构建完善统一的组织领导体系。充分发挥挂职县委领导和驻村第一书记作用，参与选优配强党支部书记、鼓励村"五大员"按照职责分工积极开展工作、推动致富能手入党或加入村"两委"工作，不断健全和完善基层党建组织体系，层层压实基层党建工作责任。二是开展"党建+"模式。发挥基层党组织政治优势和组织优势，坚持支部引路、党员带路、产业铺路，推行"支部＋基地＋合作社＋贫困户"模式和"党建＋集体经济"模式。创造性开展"三个一、五个好"党建组织模式，即在党建重点上突出一个班子、一套制度、一块阵地；在党建效果上体现党员队伍要好、活动开展要好、工作业绩要好、作用发挥要好、群众反映要好。三是指导推动农村基层党建工作。建立"三会一课"登记制度，挂职扶贫干部定期深入帮扶村讲党课，拨付专项党费修缮村级党组织活动场所、更新党员教育设施，指导农村基层党支部召开组织生活会，认真落实民主评议党员工作，加强流动党员管理，帮助打造党建云平台。

第一书记以村为家，真心付出、真情帮扶，使帮扶村在基础设施建设、村容村貌、产业发展等方面都发生了很大变化，也与当地群众结下了深厚友谊。图为贵州省丹寨县甲石村村民两次联名请愿延长驻村第一书记挂职时间的请愿书。

四、加大资金投入力度，促进产业发展、基础设施建设

党的十八大以来，审计署直接投入资金 1206.43 万元，充分利用当地资源优势，加大产业帮扶力度，重点支持贫困村、贫困户因地制宜发展特色种植养殖业、林草业、特色手工业和乡村旅游等；发挥知名企业龙头作用，促进帮扶县增强自身"造血"功能；为帮扶县优秀贫困学生发放审计长奖学金，鼓励他们学好本领、建设家乡。引入各类帮扶资金 25.35 亿元，协调相关企业到帮扶县投资设厂；推动完善医疗卫生、村组交通、水利灌溉和安全饮水、电力通信等基础设施建设；大力发展现代农业，有效衔接乡村振兴。加大消费扶贫力度，采取署机关工会集中采购、机关食堂推荐品尝、扶贫日农副产品展销、在署机关无人超市为贫困县设立销售专柜等方式，充分调动审计署干部职工消费扶贫积极性，2019 年至 2020 年直接购买农产品价值 173.81 万元，其中顺平 110.46 万元、丹寨 63.35 万元；2018 年至 2020 年帮助销售农产品 344.73 万元，其中顺平 218.25 万元、丹寨 126.48 万元。

五、调动资源引智育才，扶贫与扶志扶智相结合

2016 年以来，帮助培训基层干部 2705 人，在南京审计干部教育学院举办对口支援和定点扶贫地区审计机关审计业务培训班 5 期和财会人员培训班 2 期；扶贫挂职干部不定期为第一书记、支部书记、驻村干部培训讲课；培训技术人员 1046 人，开展优良红薯、桃树、钩藤、食用菌种植培训等；开展顺平县农村电商经营培训；协调中国地质调查局在顺平县和丹寨县开展水资源利用、地质灾害评价和土壤化学元素分析等调查，为农产品种植开发、旅游资源开发利用等提供科学依据。另外，争取中央项目资金改善普通高中办学条件，协调社会公益组织为当地学校建设施、为学生提供赴京培训机会，"六一"期间组织干部职工家庭捐资捐物，惠及少年儿童近千名。

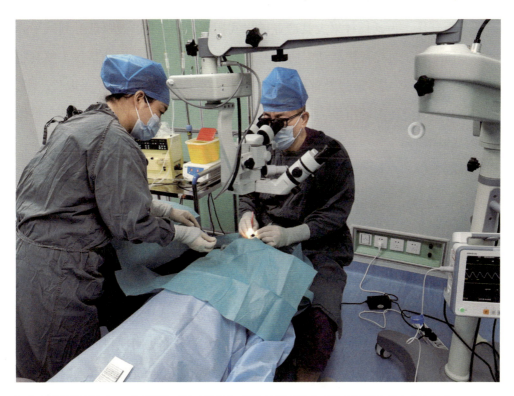

| 为河北顺平引入何氏眼科医院"健康扶贫"。图为该院医生免费为贫困群众做白内障手术。

丹寨县概况

　　丹寨县位于贵州省黔东南州，土地面积940平方千米，辖4镇2乡1个街道1个省级经济开发区和1个省级农业园区，161个村（并村后114个村），总人口17.8万人，少数民族人口占87.81%，茶叶、蓝莓、中药材为主要产业。2015年被列为审计署定点扶贫县，2016年向其派驻扶贫挂职干部，2019年脱贫摘帽。

六、积极动员社会力量，推动形成大扶贫格局

　　引进广电总局所属中广物业公司、上市公司宏辉果蔬等单位与顺平开展农产品产销合作，为延长林果大县产业链出实招放大招；引进湘财证券到顺平开展"一司一县"对接帮扶活动。协调万达集团在丹寨开启"企业帮扶·整县脱贫"社会扶贫新模式，通过教育扶贫、产业扶贫、产业基金扶贫，采取长、中、短相结合的方式，引领市场、社会协同发展，现已成为全国"企业包县、整体脱贫"的样板。

七、持续加强督促指导，促进出台相关政策措施

　　强化扶贫审计监督，加大对帮扶县督导力度，督促指导顺平县和丹寨县认真贯彻落实党中央、国务院和各部门出台的一系列财政、金融、基础设施、公共服务等方面的扶贫政策措施。顺平县出台了《顺平县易地扶贫搬迁贫困人口精准识别工作方案》《行业部门启动涉农资金统筹整合使用项目库建设的实施方案（试行）》《关于易地扶贫搬迁贫困人口后续扶持的工作方案》《财政扶贫资金收益扶贫工作的实施意见》《推进健康扶贫工程的实施意见》等政策措施；

创新帮扶模式

审计署积极发挥自身优势，努力推动整合扶贫资金和资源，推动定点帮扶的贵州省丹寨县成为全国首个财政专项资金统筹整合改革试点县，解决了贫困县缺少项目安排和资金使用自主权、项目资金使用碎片化制约精准扶贫措施落地的问题，既帮助贫困县早日实现整体脱贫，更探索了一种可推广、可复制的扶贫开发新模式。

丹寨县出台了《关于全面推广"十户一体"抱团发展模式的实施意见》《关于深入实施"四增到户"精准推进脱贫攻坚工作的意见》《丹寨县农村贫困人口大病专项救治工作实施方案》等政策措施，有效推进了脱贫攻坚进程。

八、广泛宣传推广典型，积极营造脱贫攻坚良好氛围

先后通过署管媒体对全国脱贫攻坚奖"组织创新奖"、全国脱贫攻坚先进集体获得者农业农村审计司三处，全国脱贫攻坚先进个人、中央和国家机关脱贫攻坚优秀个人郭春伟同志等集体和个人进行宣传，组织署内外媒体对挂职丹寨县甲石村第一书记姜海泉同志进行系列宣传报道，组织开展"'三区三州'脱贫攻坚·审计人在行动"系列宣传，组织全国审计机关优秀驻村干部代表宣讲团赴各地开展事迹宣讲，还多次组织党员干部参观中央和国家机关定点扶贫工作成果展。2020年，以扶贫案例故事、扶贫任务故事、经验交流材料和认识感悟体会形式向全国审计机关征集稿件近300份，在署管媒体登载，以《书写脱贫攻坚的审计答卷》为题，在《中国扶贫》《中国审计》上刊登系列报道。通过一系列多层次、全方位、立体式的宣传报道，充分展示了审计署开展定点扶贫工作以来的扶贫历史、工作做法、典型人物风采，全面系统总结了30多

年来，特别是党的十八大以来审计署定点扶贫和扶贫审计中的亮点工作和突出成效，营造了凝心聚力打赢脱贫攻坚战的浓厚氛围。

历任扶贫干部

挂职扶贫干部

挂职时间	姓　名	挂职地	挂职职务
2011.9—2014.3	刘士华	河北省顺平县	副县长
2014.8—2016.8	刘　伟	河北省顺平县	县委常委、副县长
2016.9—2018.9	崔云凯	河北省顺平县	县委常委、副县长
2018.12—2021.4	仇　凯	河北省顺平县	县委常委、副县长
2021.4—	王　东	河北省顺平县	县委常委、副县长
2016.4—2018.4	张天维	贵州省丹寨县	县委副书记、副县长
2018.4—2021.4	周　俊	贵州省丹寨县	县委副书记、副县长
2021.4—	吴兆义	贵州省丹寨县	县委常委、副县长

驻村第一书记

驻村时间	姓　名	所驻村及职务
2015.7—2016.7	沈国清	河北省顺平县西南蒲村第一书记
2016.9—2018.9	郭春伟	河北省顺平县西南蒲村第一书记
2018.12—2021.4	胡光武	河北省顺平县西南蒲村第一书记
2021.4—	皮绍斌	河北省顺平县西南蒲村第一书记
2016.2—2019.11	姜海泉	贵州省丹寨县甲石村第一书记
2019.10—	王晓义	贵州省丹寨县甲石村第一书记

国务院国资委

国务院国资委2012年以前主要承担对口支援任务，2012年、2015年分别与河北省平乡县、魏县结成定点帮扶关系，持续推进产业扶贫、党建促脱贫、教育扶贫、消费扶贫、就业扶贫等，2018年两县脱贫摘帽，2020年两县82610名贫困人口全部脱贫。

国务院国资委党委高度重视定点扶贫工作，认真学习贯彻习近平总书记关于扶贫工作的重要论述，坚决落实党中央、国务院决策部署，党委书记、主任郝鹏担任委扶贫开发工作领导小组组长，从讲政治的高度全力抓好委机关和中央企业定点扶贫工作。党的十八大以来，国资委持续加大定点扶贫工作力度，在定点帮扶的河北省平乡县、魏县开展扶贫项目180余个，直接投入帮扶资金4090万元，引进帮扶资金4.9亿元，培训人员7500余人次，购买和帮助销售农产品6700余万元，引进产业项目24个，涉及资金60余亿元。两县面貌发生根本性变化，农村居民人均可支配收入年均增长10%，贫困发生率降至0，82610名贫困人口全部脱贫，均在2018年脱贫摘帽。国资委派驻平乡县艾村工作队、科创局社会责任处和2名同志受到全国脱贫攻坚总结表彰，委机关扶贫办被评为中央和国家机关脱贫攻坚先进集体，定点帮扶平乡县工作组被评为河北省脱贫攻坚先进集体，1名同志入选全国脱贫攻坚奉献奖候选人名单，5名同志获评中央和国家机关脱贫攻坚先进个人、河北省

脱贫攻坚先进个人、河北省优秀驻村第一书记。国资委连续三年在中央单位定点扶贫工作成效评价中荣获"好"等次。

一、认真学习贯彻习近平总书记关于扶贫工作的重要论述精神，把助力脱贫攻坚当作重大政治任务抓实抓好

党的十八大以来，委党委认真学习贯彻习近平总书记关于脱贫扶贫工作重要论述、指示批示精神，研究部署贯彻落实举措。成立扶贫开发工作领导小组，主要负责同志担任组长，分设机关扶贫办和央企扶贫办，统筹抓好委机关和中央企业定点扶贫工作，成立 13 个机关扶贫工作协作组，切实抓好机关定点扶贫工作任务落实。郝鹏同志和班子其他成员每年听取两县脱贫扶贫工作情况汇报，先后 20 多次到贫困地区调研，指导推动扶贫工作。每年召开专题会议，总结、部署委机关和中央企业定点扶贫工作。每年两次组成督查组，赴两县实地调研，督促指导两县落实脱贫攻坚主体责任，并积极组织机关扶贫办各成员单位、扶

| 不断聚合中央企业力量，牵头联系 93 家中央企业在 246 个贫困县开展定点扶贫工作，大力推进援藏、援疆、援青工作，为打赢脱贫攻坚战贡献国资央企力量。图为国资委协调中央企业与平乡县、魏县开展产业扶贫合作项目签约仪式。

> **平乡县概况**
>
> 平乡县地处河北省邢台市中东部，面积 406 平方千米，人口 32 万人，环渤海经济圈腹地，交通发达便利，盛产小麦、玉米、油葵、蔬菜、中药材等特色物产，拥有自行车童车及零部件生产，标准件、电器零件和纸制品制造等产业。2012 年被确定为国家扶贫开发工作重点县，同年国务院国资委开始定点帮扶，2018 年 9 月脱贫摘帽。

贫工作协作组持续深入开展扶贫活动，不断推动各项任务落实落地。

二、坚持尽锐出战，精心选派机关优秀干部到贫困地区工作

国资委十分重视挂职干部在脱贫攻坚中的骨干和联系纽带作用，先后选派 3 名挂职副市长、5 名挂职副县长、4 名驻村第一书记、29 名青年干部到两县及所在地市任职锻炼。由机关青年干部组成的国资委派驻平乡县艾村工作队、定点帮扶平乡县工作组分别被评为"全国脱贫攻坚先进集体"、"河北省脱贫攻坚先进集体"，1 名挂职副县长被评为"全国脱贫攻坚先进个人"，2 名挂职副县长被评为"河北省脱贫攻坚先进个人"，2 名驻村第一书记被评为"河北省优秀驻村第一书记"，多名同志受到两县及所在地级市表彰。

三、注重因地制宜，在两县大力开展产业扶贫

国资委协调中央企业贫困地区产业投资基金支持两县有关产业、技术改造升级，协调国家电网加大对两县经济开发区电网建设支持力度、实施易地扶贫搬迁社区煤改电升级改造，协调推动中国建材凯盛君恒药玻项目、中国中车集

团防松螺母基地项目、中广核光伏项目、中煤集团塑料改性实验室项目等一大批产业投资项目落地两县，涉及协议投资 60 余亿元，已完成实际投资近 10 亿元，为两县经济社会发展及贫困群众就业增收作出了积极贡献。

四、强化精准举措，深入开展各类帮扶活动

一是强化党建引领，"百村行动"支持贫困村增强造血能力。针对两县基层党组织活动场所年久失修、因灾受损以及贫困村集体经济薄弱、缺失等问题，专门拨付党费 2000 万元，支持两县 70 余个村的党支部活动场所修缮、设施更新和 50 余个村的集体经济发展，通过加强阵地建设、壮大集体经济，不断增强贫困村脱贫致富的能力。二是整合机关资源，"结对帮扶"改善贫困群众民生条件。创新性设立 13 个机关扶贫工作协作组，结对帮扶两县重点贫困村。几年来，各协作组深入贫困村，广泛开展各类帮扶活动，投入资金 1400

充分发挥离退休老同志的经验优势和所属协会的行业优势，为两县脱贫攻坚事业提供智力支持。图为国资委离退休老同志为平乡县贫困学生发放学习用品。

余万元，实施扶贫项目 90 余个，慰问困难群众 1100 余人次，解决民生疾苦，切实做到了机关扶贫工作"点对点"帮扶。三是创新扶贫方式，建设"扶贫微工厂"解决贫困户就业问题。积极探索推广"扶贫微工厂"帮扶模式，2014年在平乡县大刘庄村开展"扶贫微工厂——贫困家庭妇女创业中心"项目，受到中央农村工作领导小组办公室调研时充分肯定，之后在魏县积极推广这一做法，受到原国务院扶贫办有关负责同志表扬。目前，两县已发展"扶贫微工厂"200 余个，带动就业 6000 余人，其中国资委建设的"扶贫微工厂"20 余个，有力促进了两县贫困群众就业增收。四是发挥行业优势，动员老同志及协会、社会组织扶志扶智扶贫。组织离退休老同志赴两县深入开展调研、助学活动，为贫困村小学生捐赠学习用品、宣讲革命传统，一些离退休老同志撰写的《国资委机关精准帮扶平乡县、魏县调研报告》受到了地方党委、政府的高度重视。协调中国扶贫基金会、幸福工程组委会等社会组织在两县连续多年开展"新长城高中生自强班""爱心书包"等项目。所属中国物流联合会针对魏县交通便利的优势，精心制定魏县物流发展规划。所属中国自行车行业协会支持平乡县自行车产业做强做优做大，连续 7 年协助该县举办中国北方（平乡）国际自行车童车玩具博览会，总交易额达 400 亿元。五是注重"授之以渔"，有针

魏县概况

魏县地处河北省邯郸市，冀鲁豫三省交界处，面积 864 平方千米，人口 106 万人，有"梨乡水城"之称，拥有先进装备制造、再生资源回收利用、木材优化深加工、新型材料四大产业，高端农机、特种车辆、精密紧固件、精密钢材四大特色制造初具规模。2010 年被确定为国家扶贫开发工作重点县，2015 年国资委开始定点帮扶，2018 年 9 月脱贫摘帽。

国资委不断创新帮扶模式，在工作实践中形成了党建"百村行动"支持贫困村加强阵地建设、壮大集体经济，央企"产业扶贫"促进贫困县经济社会发展，协作组"点对点"结对帮扶解决贫困家庭困难，老同志及行业组织"扶志扶智扶贫"，选派青年干部担任驻村"第一副书记"以及建设"扶贫微工厂"帮助贫困群众就业增收等创新做法，为两县脱贫攻坚事业作出了贡献。

对性地开展人才培训。举办助力乡村振兴农村党组织书记培训、脱贫攻坚技术能手培训、农村干部和致富带头人培训、小微企业主培训、乡镇负责人培训等40 余场培训活动，培训基层干部 5200 余人次、技术人员 2300 余人次，深受两县干部群众欢迎。六是积极搭建平台，广泛开展消费扶贫活动。建立国资委消费扶贫农产品目录，积极协调央企消费扶贫电商平台、"扶贫 832 平台"、中粮我买网以及中国银行、中国建设银行、中国农业银行电商平台为两县特色农产品建立稳定销售渠道，组织干部职工购买、帮助销售两县及其他贫困地区农产品 3700 余万元。国资委新闻中心与快手、腾讯等企业合作，通过直播卖货方式销售贫困地区农产品 3000 余万元。

五、广泛宣传发动，最大限度凝聚脱贫攻坚力量

国资委积极动员组织广大干部职工关心关注脱贫攻坚事业，踊跃投身定点扶贫工作。自 2014 年 10 月 17 日第一个国家扶贫日起，每年开展扶贫日活动，通过举办扶贫论坛、张贴宣传画、开展扶贫知识问答、组织干部职工捐款等，不断激发干部职工参与扶贫、助力脱贫攻坚的积极性。在国资委门户网站设立

"扶贫专栏"，专题宣传脱贫扶贫工作。支持和鼓励干部职工深入学习党中央、国务院关于脱贫攻坚决策部署，有关同志作为优秀论文作者，应邀参加了中宣部、原国务院扶贫办举办的习近平总书记关于扶贫工作重要论述研讨会。两县脱贫摘帽后，认真组织学习宣传《乡村振兴战略规划（2018—2022年）》等文件精神，深入开展乡村振兴专题培训，不断凝聚和提升广大干部职工彻底打赢脱贫攻坚战、全面推进乡村振兴的思想共识。

历任扶贫干部

挂职扶贫干部

挂职时间	姓　名	挂职地	挂职职务
2013.12—2015.12	于田磊	河北省平乡县	县委常委、副县长
2015.12—2019.5	田宝新	河北省平乡县	县委常委、副县长
2019.5—	冯　玮	河北省平乡县	副县长
2015.12—2019.5	丁　喆	河北省魏县	县委常委、副县长
2019.5—	冯伟林	河北省魏县	副县长

驻村第一书记

驻村时间	姓　名	所驻村及职务
2015.9—2017.8	王　磊	河北省平乡县艾村第一书记
2017.8—2018.4	王　鹏	河北省平乡县艾村第一书记
2018.4—2021.5	石永煊	河北省平乡县艾村第一书记
2021.5—	常跃亭	河北省平乡县艾村第一书记

海关总署

海关总署 1995 年开始定点帮扶河南省鲁山县，1997 年帮扶河南省卢氏县，2013 年帮扶内蒙古正镶白旗（2015 年结束），2014 年对口支援江西龙南市，2018 年定点帮扶河南民权县。25 年共派出 35 任副县长、7 任第一书记、34 名选调生、74 名支教老师。25 年来，受帮扶地区的基础条件明显改善，经济发展明显加快，基层治理能力明显提升，群众生活水平明显提高。

党的十八大以来，海关总署党委深入学习贯彻习近平总书记关于扶贫工作的重要论述和重要指示批示精神，增强"四个意识"、坚定"四个自信"、做到"两个维护"，坚决将扶贫工作政治责任扛在肩上，积极发挥海关职能优势、凝聚全国海关之力，增派扶贫干部、加大资金投入、深化扶志扶智、强化精准扶贫，持续用力帮助促进定点扶贫县村经济社会生产明显提升，截至 2020 年 11 月，总署机关和各直属海关定点帮扶对象全部脱贫摘帽。2017 年至 2020 年海关总署定点扶贫工作连续四年在中央单位定点扶贫工作成效评价中被评为"好"。

一、强化政治担当，坚决落实脱贫攻坚政治责任

海关总署党委将抓好定点扶贫工作作为重大政治任务，通过党委会、党委理论学习中心组学习，专题学习领会习近平总书记关于扶贫工作重要论述和重

要指示批示精神，每年对脱贫攻坚进行部署、提出要求，研究制定《海关总署关于贯彻落实习近平总书记重要指示精神进一步加大脱贫攻坚工作力度十六条措施》等制度文件。党委书记、署长倪岳峰靠前指挥，在总署形势分析及工作督查例会上，多次专门听取定点扶贫工作汇报，对扶贫工作研究部署、督促落实，要求将推进脱贫攻坚作为海关政治建关重要任务，全面兑现总署定点扶贫各项承诺，为决战决胜脱贫攻坚、全面建成小康社会作出海关贡献，坚持每年赴定点扶贫县调研，深入乡村看望贫困家庭，慰问扶贫干部，进行指导推动，现场解决实际问题。分管扶贫工作的副署长胡伟每年主持召开扶贫工作领导小组办公会，研究落实原国务院扶贫办、中央和国家机关工委部署的具体措施和年度计划，抓好工作具体落实。总署党委各位同志多次到定点扶贫县检查指导扶贫工作，协调解决脱贫攻坚具体困难，党的十八大以来，总署党委委员先后赴定点扶贫县考察调研 14 次。总署成立定点扶贫工作领导小组办公室，指导扶贫干部做好定点扶贫工作，以机构改革为契机，进一步充实总署扶贫工作领导小组成员单位，形成推动海关扶贫工作的整体合力。总署机关各司局把扶贫工作所需与自身所能结合起来，积极发挥产业支持、资金调配、政策把关、技术指导等方面的职能优势，司局级干部 115 人次到扶贫县帮助推动工作。

二、坚持全力以赴，持续加大脱贫攻坚投入力度

党的十八大以来，海关总署党委逐年加大帮扶力度，在资金、政策、技术、干部等方面优先保障扶贫工作，每年均超额完成《中央单位定点扶贫责任书》承诺项目，亮出了优异的成绩单。累计投入帮扶资金 6811.3 万元，引进帮扶资金 30569.9 万元；培训基层干部 2645 名、技术人员 6330 名；购买贫困地区农产品 2357.67 万元，帮助销售农产品 95450 万元。特别是在 2020 年决战决胜脱贫攻坚关键之年，8 月就已提前超额完成年度各项任务，其中应帮助销售农产品 2 亿元，实际完成 6.27 亿元，超出计划 213%。总署坚持选好扶贫干部，动员和选拔有发展潜力的年轻干部赴定点扶贫县工作，共选派挂职扶贫

鲁山县概况

河南省鲁山县地处河南省中西部、伏牛山东麓，生态优良，历史厚重，山川秀美，交通便利，物产丰富。大年沟血桃、张良姜、葡萄、蓝莓等一批农产品产业布局已基本形成，蝎子、驴肉、桑蚕等养殖产业规模进一步扩大。1989 年被确定为国家重点扶持贫困县，海关总署于 1995 年开始定点帮扶，2020 年 2 月脱贫摘帽。

干部 9 名，驻村第一书记 7 名，驻村选调生 34 名，坚持每年对基层扶贫干部进行慰问，激励和鼓舞他们扎根基层、干事创业、攻坚克难，对其中表现优异的优先提拔或重用。每年组织定点扶贫干部培训，邀请原国务院扶贫办、中央和国家机关工委的领导和专家做政策解读，组织开展扶贫工作经验交流，有效提升扶贫干部能力。把定点扶贫干部培训列入总署年度培训计划，利用海关培训基地良好条件，先后举办 12 期基层干部培训班，为鲁山、卢氏、民权 3 县重点培训 1600 余人，受到广泛好评。

三、发挥职能优势，不断提升脱贫攻坚质量

党的十八大以来，海关总署持续加大政策扶贫力度，结合海关职能，帮助协调引进技术、资源助力脱贫攻坚。倪岳峰同志在调研鲁山县扶贫工作时，明确要求总署相关部门和郑州海关大力支持平顶山市筹建中国尼龙产品检测中心，帮助做大做强地方特色产业。总署先后支持建设综保区 2 个，大力推动民权保税物流中心（B 型）建设，顺利通过四部委联合评估验收。协调生态环境部召开研讨会，推动用进口俄罗斯木屑替代本地木料，解决鲁山县、卢氏县发展食用菌生产原料缺乏问题，促成东北木耳、菌草种植先进技术落

支持扶贫县保税物流中心开展中小微企业跨境电商公共中心仓试点，为中小微跨境电商企业合规阳光申报和减轻仓储物流成本创造条件。图为民权县跨境电商孵化中心为入驻园区创业者提供的跨境电商政策辅导。

户卢氏县。组织召开电商扶贫试点工作推进会，与支付宝、财付通和银联等支付机构对接，引进阿里巴巴集团首个县域客服项目。在鲁山县所在的平顶山市设立海关办事处，为平高、平煤、舞钢等重点企业量身定制服务措施，

卢氏县概况

河南省卢氏县地处豫西两省八县接合部，交通便利；生态优美，为全国重点生态功能保护区；矿藏众多，物种丰富，有"中华天然药库"之称；产有连翘、食用菌、走地鸡、核桃、沙梨、绿壳蛋等各类特色农副产品。1986 年被确定为国家重点扶持贫困县，海关总署于 1997 年开始定点帮扶，2020 年 2 月脱贫摘帽。

指导企业用好减免税、保证金等海关政策。指导郑州海关与平顶山、三门峡两市签署合作备忘录，建立促进区域开放型经济发展的长效机制。帮助民权县建成"国家级出口食品农产品质量安全示范区""国家级冷冻冷藏设备质量监督检验中心"等3个服务平台，为民权县核心工业经济发展和转型升级提供了重要支持。协调相关直属海关组织香菇出口龙头企业召开洽谈合作会，促成香菇销售协议。

四、坚持精准扶贫，持续拓展产业扶贫深度

海关总署始终把发展产业作为脱贫致富的最重要途径，精准选定产业项目，切实提高"造血"功能。发挥垂直管理优势，向全国海关征集扶贫好项目好案例，支持每个扶贫村重点发展拳头产业，打造名优特色产品品牌，不断提升发展活力，党的十八大以来，累计引进企业38个，企业累计投资59880.6万元。推动鲁山县上竹园寺村统筹利用海关资金、地方财力和社会资本，成立竹园农产品销售公司、蒲公英茶生产销售企业，建成村级150kW集中式光伏发电站，建设扶贫车间，引入箱包企业，有序发展产业项目。在民权县刘炳庄村协助运营100个种植有机蔬菜的扶贫大棚，每棚收益4000—5000元，推

民权县概况

河南省民权县区位优越，多条国道、高速、铁路、高铁穿境而过，通用航空机场正在建设；有豫东最大水面鲲鹏湖、秋水湖、龙泽湖和"河南塞罕坝"申甘林带；民权葡萄酒闻名遐迩；民权高新区跻身全国五大制冷产业基地。2002年被确定为国家扶贫开发工作重点县，由原质检总局定点帮扶，2018年改由海关总署定点帮扶，2019年5月脱贫摘帽。

广种植 120 亩有机黄花菜，每亩收益 8000—10000 元，每年解决就业 60 多人。帮助卢氏县发展连翘种植，拓展食用菌种植产业，投入专项帮扶资金 104.45 万元，用于食用菌种植基地基础设施的配套建设。向吴家沟村投入专项帮扶资金 30 万元，改良大樱桃品质、实施标准化种植，将销售利润用于产业滚动发展和带贫基金。在 2020 年产量受冻害影响降低 40% 的情况下，农户收益反而提升了 30%，帮扶成效被《人民日报》《中国日报》《河南日报》等十余家媒体报道。

五、加大消费扶贫，帮助贫困户持续提高收入水平

海关总署认真落实国家消费扶贫政策，采取多种方式支持扶贫县特色产品销售。推动鲁山县在河南省扶贫办、河南广播电视台等部门举办的农民丰收节扶贫产品推介会上，向省市各级领导和社会各界人士推介鲁山的特色产品。帮助民权县积极开拓线上线下两种销售渠道，线上通过"公益海关"、阿里、京东等平台销售，销售额超 1.1 亿元，线下牵线企业到人民日报社、大兴国际机场、北京理工大学等会场进行展销，长岭花生、黄河鲫鱼、铁棍山药、红葡萄酒等深受欢迎。面向全国海关干部职工下发倡议书，通过使用"公益海关"APP，工会发放节日福利、服务中心采购食材、员工个人消费等方式，积极购买全国 585 个扶贫县产品。多次组织物资捐赠，技术设备、检测设备捐赠，协调 5 家大型企业向扶贫县捐赠价值 460 余万元的婴幼儿用品及相关服务。牵线搭桥引进世界 500 强企业益海嘉里集团捐资 700 余万元，兴建益海民权助学中心，设立孤儿床位 130 多张。

六、突出扶志扶智，有效激发脱贫内生动力

海关总署下大力气推进扶志扶智，为扶贫县培养大批扶贫干部、技术人才和山区学生，教育扶贫成为总署定点扶贫的一大亮点。将抓党建促脱贫摆在更

丨 从全国海关招募志愿关员定期到山区小学支教，先后选派扶贫支教老师 10 批 74 名。图为海关总署选派的支教老师为学生上课。

加突出位置，充分发挥基层党组织、党员干部在脱贫攻坚中的战斗堡垒和先锋模范作用，依托定点扶贫县所在直属海关、隶属海关开展共建联建，为村党支部建设和"走出去"提供了有利条件。党的十八大以来，总署机关共有 16 个党支部参与结对共建，结对共建贫困村 12 个。海关总署着力抓好基层干部培训，以"基层党建""县域经济高质量发展"和"乡村振兴"等为主题，在上海海关学院、中国海关管理干部学院和广州海关培训基地举办培训班，组织学员赴"绿水青山就是金山银山"理念发源地浙江省安吉县学习美丽乡村建设经验，赴全国文明城市河北省迁安市考察生态建设，交流体会、开阔视野、增强信心。开展企业培训与技能培训，召开全国进出口企业 AEO 认证政策宣讲会，组织跨境电商人才培训，帮助解决就业岗位 400 个，开展"送法下乡"普法课堂活动，宣讲普及法律知识，为村民提供现场咨询。坚持打造扶贫支教品牌，积极协调在民权县落实阿里扶贫项目，投入教育医疗脱贫资金 500 余万元，争取乡村校长计划、教师计划和师范生计划项目落地民权，为扶贫县教育发展作出贡献。在鲁山县投资 75 万元为 3 所学校修建青少年足球场，为让河二中建

创新 帮扶模式

　　海关总署在扶贫工作中坚持上下联动、垂直贯通，积极探索全国海关"一盘棋"、机关系统"一起抓"的脱贫攻坚模式，总署党委加强整体推进，总署职能部门主动参与、各尽其能，直属海关单位积极助力、支持协调，通过资源共享、项目共建、结对帮扶等形式，集中全国海关力量抓好扶贫工作，推动海关脱贫攻坚整体质量持续提升。

立餐棚，一期投入 48 万元，二期追加 15 万元，彻底解决 1500 余名师生露天就餐问题。

　　党的十八大以来，海关扶贫工作取得显著成效，鲁山县所有贫困村全部出列，贫困发生率降为 0，实现高质量摘帽；卢氏县贫困发生率降至 2020 年底的0.98%，贫困群众户均年纯收入由 1.1 万元增至 4.6 万元；民权县经济社会发展迈出坚定步伐，全县生产总值增长 1.5 倍。2017 年 7 月，海关总署在中央国家机关驻村第一书记座谈会上作交流发言。驻村第一书记王凯获得"2017 年全国脱贫攻坚奖·贡献奖"，原总署机关党委调研员、现挂职副县长房季被评为"全国脱贫攻坚先进个人"。驻村第一书记王镝荣获 2019 年"河南省先进工作者"荣誉称号，驻村第一书记王晓骞荣获 2021 年"河南省脱贫攻坚先进个人"。支教老师黄倩敏荣获"河南省三八红旗手"荣誉称号。总署扶贫经验被《人民日报》等媒体报道。

历任扶贫干部

挂职扶贫干部

挂职时间	姓　名	挂职地	挂职职务
2013.7—2015.8	钟耀辉	河南省鲁山县	副县长
2015.8—2017.8	王　岚	河南省鲁山县	副县长
2017.8—2019.9	杨路平	河南省鲁山县	副县长
2019.9—	王金刚	河南省鲁山县	副县长
2013.7—2015.8	岳利平	河南省卢氏县	副县长
2015.8—2017.8	李　芊	河南省卢氏县	副县长
2017.8—2019.9	王建强	河南省卢氏县	副县长
2019.9—	薛爱玲	河南省卢氏县	县委常委、副县长
2019.1—	房　季	河南省民权县	县委常委、副县长

驻村第一书记

驻村时间	姓　名	所驻村及职务
2015.8—2017.8	王　凯	河南省鲁山县土桥村第一书记
2017.8—2019.9	王　镝	河南省鲁山县上竹园寺村第一书记
2019.9—	孔维韬	河南省鲁山县范店村第一书记
2015.8—2017.8	王　辉	河南省卢氏县南石桥村第一书记
2017.8—2019.9	方　宇	河南省卢氏县代家村第一书记
2019.9—	王晓骞	河南省卢氏县吴家沟村第一书记
2019.1—	吴文彬	河南省民权县刘炳庄村第一书记

税务总局

税务总局分别于 1997 年和 2002 年开始定点帮扶青海省海东市民和县及平安区。总局高度重视此项工作，先后有 8 位局领导担任税务总局扶贫工作领导小组组长，有 10 余位局领导亲赴青海省进行实地调研、慰问和指导，先后选派 12 批 28 名干部赴两地接续挂职帮扶，在基础教育、医疗卫生、特色产业、人才培训、异地搬迁等方面投入 100 余个项目，为两地如期脱贫摘帽作出了积极贡献。

党的十八大以来，税务总局深入学习贯彻习近平总书记关于扶贫工作的重要论述，认真贯彻落实党中央、国务院关于打赢脱贫攻坚战的决策部署，自觉把定点扶贫作为重大政治任务，扛牢政治责任，创新帮扶措施，加大帮扶力度，累计为定点扶贫地区投入帮扶资金 4359 万元，引进帮扶资金 3648 万元，培训基层干部和技术人员 3185 名，购买和帮助销售贫困地区农产品超过 2.3 亿元，为助力青海省海东市民和县及平安区如期实现脱贫摘帽作出了应有的贡献。2013 年税务总局扶贫办被评为"中央国家机关定点扶贫先进集体"；2015 年税务总局被评为"青海省社会扶贫先进集体"，2017 年被评为"青海省脱贫攻坚工作先进集体"；2021 年税务总局扶贫办被评为"全国脱贫攻坚先进集体"。2 名挂职扶贫干部被评为"中央和国家机关脱贫攻坚优秀个人"；3 名挂职扶贫干部被评为"青海省脱贫攻坚先进个人"。

一、提高政治站位，坚决扛牢"硬碰硬"的政治责任

（一）主要领导靠前指挥，职能部门协同落实

税务总局党委高度重视定点扶贫工作，党委书记、局长王军担任定点扶贫和对口支援工作领导小组组长，多次主持召开党委会议、领导小组会议听取扶贫工作专项汇报，研究部署税务部门贯彻落实措施，提出贯彻落实要求。2018—2020 年，王军同志连续 3 年赴定点扶贫县实地调研指导工作，召开座谈会，察看扶贫项目，慰问困难群众，解决实际困难。税务总局其他领导也先后前往青海调研定点扶贫工作。为进一步形成工作合力，先后两次对领导小组成员单位进行补充调整，税务总局扶贫办每年年初制订扶贫工作计划，列出重点任务，实施挂图作战、对表推进。各成员单位各负其责，分工协作，认真抓好全国税务系统定点扶贫工作任务和扶贫领域税收优惠政策的落实，确保取得实实在在的成效。

（二）选派干部尽锐出战，严管厚爱激发热情

税务总局始终将挂职扶贫作为培养锻炼干部的重要平台，按照"尽锐出战"要求，8 年来，总局共遴选了 5 批 13 名优秀干部派往扶贫一线。注重严格日

民和回族土族自治县概况

青海省民和回族土族自治县位于青海省最东部，地处甘青两省交界，素有"青海东部门户"之称。县域总面积 1890.82 平方千米，辖 22 个乡镇 312 个村，总人口 43.61 万人，耕地面积 62.23 万亩，农作物播种面积 68.23 万亩，特色产业面积比重达 87%，粮食生产位居青海省前列。1986 年被确定为国家重点扶持贫困县，1997 年确定为税务总局定点扶贫县。2020 年 4 月脱贫摘帽。

常管理，建立工作月报制度，定期听取工作汇报，经常性开展谈心谈话，督促工作落实。注重加强关心关爱，及时落实相关津贴补贴、健康体检等保障政策，确保应享尽享。注重树立鲜明导向，每届扶贫干部挂职期满后，都派出考核组进行考察审计，有9名干部因扶贫工作成绩突出受到提拔。注重加强宣传推荐，利用多种渠道对优秀扶贫干部先进事迹加强内外宣传，引导机关干部向身边先进典型学习。积极推荐优秀扶贫干部参加国家级、省级单位评选，5人获得荣誉表彰。

（三）建章立制规范管理，创新机制增添力量

为进一步加强对总局机关扶贫干部的日常管理和定点扶贫资金的使用管理，总局先后印发了《国家税务总局机关扶贫干部管理暂行办法》和《国家税务总局机关定点扶贫资金管理办法》，分别明确对挂职扶贫干部的选派使用、日常管理、年度考核、纪律要求和扶贫资金的拨付程序、使用要求、检查审计等方面的内容，有力推动了定点扶贫工作的制度化、规范化开展。同时，为加大定点扶贫工作力度，2018年起，确定北京、上海、江苏等8个经济发达地区省（市）税务局作为总局定点扶贫的协作帮扶单位，建立税务总局主导，有关省(市)局联动配合的协作帮扶机制，为定点扶贫县在资金投入、招商引资、干部交流、消费扶贫等方面提供了有力支持和帮助。

海东市平安区概况

青海省海东市平安区位于青海省东北部湟水中游南侧，距西宁机场7千米，是青海最大的天然富硒区，有着"中国十大富硒之乡"的美誉，富硒农产品丰富。县域总面积769平方千米，辖8个乡镇，111个村，总人口12.88万。2002年被确定为国家贫困开发工作重点县，2002年确定为税务总局定点扶贫县。2018年9月脱贫摘帽。

二、聚焦精准帮扶，持续推进"实打实"的扶贫举措

（一）抓整顿、强班子、育党员，不断提升支部"战斗力"

习近平总书记强调："帮钱帮物，不如帮助建个好支部"。8 年来，税务总局在建强基层党组织和党员队伍方面持续用力，为打赢脱贫攻坚战提供了坚强的组织保证。开展软弱涣散后进村党组织的摸底排查和整顿工作，帮助开展农村党组织带头人整体优化提升行动，选优配强村"两委"班子，确保战斗堡垒作用的有效发挥。税务总局机关和青海省局机关多个党支部与两地贫困村党支部开展结对共建活动，帮助村党支部理清发展思路、找准致富路径。驻村第一书记认真履行第一责任人职责，持续加强基层组织建设，刚性落实组织生活制度，教育引导基层党员在脱贫攻坚战中发挥先锋模范作用。

（二）建学校、修医院、装路灯，不断增强群众"幸福感"

税务总局严格落实"六个精准"要求，加强对资金使用的审核把关，确保

帮助新建易地搬迁安居设施和综合市场，修建乡村公路以及人畜饮水工程等，持续改善当地群众生产生活条件，提高"幸福指数"。图为 2017 年税务总局在平安区三合镇援建的易地搬迁配套综合市场。

每一分钱都花在"刀刃"上，每一个项目都让贫困群众受益。援建学校 5 所，修建教学楼 8 栋，援建 10 余家乡镇卫生院，帮助配备医疗器械，为困难群众购置脱谷机、太阳灶等生产生活设施。实施乡村"亮化工程"，在部分寄宿学校、乡镇卫生院、村民活动广场购置安装 4000 余套太阳能路灯，有力改善当地基础教育硬件设施。

（三）发展种植业、推广养殖业、扶持旅游业，不断鼓起农民"钱袋子"

大力发展种植业，积极协调有关部委和企业扶持当地富硒农产品种植项目。建立 741 亩线椒种植生产示范基地、100 亩大果樱桃示范基地。推广中药材、核桃种植，进行茄子、辣椒、西红柿等太空蔬菜试种。建设 97 个珍稀食用菌拱棚，实现羊肚菌、熊掌菌等珍稀菌类的反季节种植。大力发展养殖业，建设生猪养殖基地、孵鸡场，实施小尾寒羊发展项目，扶持獭兔养殖，推广冷水鱼养殖，切实增强贫困群众自我发展内生动力。大力扶持旅游业，对两地的旅游资源进行整合、扩建，融入历史元素和民族特色，同步开发"农家乐"、休闲农庄等旅游附属产业，并利用税务系统资源进行宣传推介，进一步促进旅游产业的发展。

（四）配设备、强培训、拉公益，不断提升学习教育"软实力"

税务总局加大对定点扶贫地区教育环境的扶持改造力度，让贫困家庭学生通过教育和知识改变命运。加强硬件改造，帮助 50 余所学校建设多媒体教室、操场、围墙、门卫室等配套设施，为两地捐赠了 100 余万元教学物资，持续改善教育条件。加大师资培训，安排江苏、山东、河北等地特级教师到民和县开展示范教学，传授讲课经验，培训英语、数学、语文教师合计 1100 余名，实现了民和县小学教师队伍全覆盖。加大公益资助，主动对接团中央组织开展的"童心港湾·农村留守儿童暑期班"扶贫项目，每年都组织开展暑期大学生支教活动。联系阿里集团实施"新未来高中生成长计划项目" 3 年行动计划，资助优秀贫困高中生 50 名。协调"松果公益"项目在民和县签约落地。组织税务"公益助学"活动走进民和县大库土村，捐赠学习用品等。

结合当地自然资源优势和区域特点，税务总局帮助规划、培育和壮大特色产业。图为 2020 年税务总局在平安区投建 97 个"珍稀食用菌"拱棚，带动周边 7 个村 157 户建档立卡户实现年均增收 3 万元以上。

（五）开眼界、拓思路、强素质，不断增强基层干部"内动力"

根据两地干部队伍和技术人员培训需求，税务总局积极协调培训资源，搭建培训平台，先后举办 60 余期脱贫攻坚专题培训班，组织基层干部赴上海、江苏、广东等经济发达地区参观学习调研；组织技术人员赴产业发展先进地区、大型企业实地学习培训，累计培训各类人员 3100 余人，有力促进了参训人员政治素养和专业能力"双提升"。同时，邀请农牧专家开展集中授课，安排农科部门和供销社技术人员上门指导，组织致富带头人、能人大户、养殖大户进行经验介绍，为贫困户提供养殖、种植和农产品销售等方面的培训，多渠道、多样式激发贫困群众通过双手实现脱贫致富的内生动力。

（六）深发动、广宣传、建平台，不断打通产品销售"致富路"

把消费扶贫作为提升帮扶质效的重要举措，充分发挥创新手段，促进线上线下齐发力。充分发挥税务系统力量，总局机关带头购买定点扶贫县农产品 200 余万元。多次深度动员，全国税务系统和广大干部职工采取集中采购、以购代捐等形式积极购买定点扶贫县农产品。将定点扶贫地区绿色蔬菜基地纳入青海省税务系统机关食堂长期采购点，2020年消费扶贫额度达到5000余万元。利用税务系统资源，加强对两地扶贫产品的宣传推广，在多期《中国税务》杂志上为民和县、平安区进行招商引资和农产品宣传。联系京东集团，在京东总部召开"高原硒都·平安"区域公共品牌发布会暨富硒产品推介会。协调"扶贫832平台"设立税务系统扶贫专区，在京东设立"穗来邦"旗舰店，联系中国农业银行在掌上商城设置税务总局扶贫专区，充分发挥政府集中采购、邀请头部主播带货等形式作用，有力扩大了扶贫产品的销售渠道。同时，协调两地龙头企业参加各类全国性展销会，签订采购订单超过4000万元。

三、发挥部门优势，推动形成"聚合力"的帮扶格局

（一）出政策、促落实，发挥税收支持脱贫攻坚职能作用

充分发挥税收职能作用，先后制定出台涉及支持贫困地区基础设施建设、激发贫困地区创业就业活力、鼓励社会力量加大扶贫捐赠等6个方面110项税收优惠政策。前后3次更新《支持脱贫攻坚税收优惠政策指引》，逐一明确享受主体、优惠内容、享受条件，确保纳税人应享尽享。指导各级税务部门通过税务网站、微信微博、印发宣传资料等形式加大宣传。定期对832个国家扶贫开发工作重点县、集中连片特困地区的减免税数据进行统计分析，全面评估脱贫攻坚税收优惠政策落实成效，研究提出优化完善建议。据统计，目标脱贫地区享受扶贫领域税收优惠政策实现减税金额从2015年的263亿元提升到2020年的1022亿元，年均增长超过30%。2019年以来，平安区和民和县也实现减税降费超过4亿元，有效发挥了税收服务定点扶贫县经济社会发展大局的积极作用。

（二）东助西、富带贫，发挥垂直管理部门优势

为加大定点扶贫工作力度，税务总局发挥垂管单位优势，将北京、上海、江苏等8个经济发达地区省级税务局作为税务总局定点帮扶协作单位，在资金

税务总局充分发挥垂直管理优势，将北京、上海、江苏、浙江、福建、广东、厦门、深圳等8个经济发达地区省级税务局确定为税务总局定点扶贫协作帮扶单位，建立"税务总局主导，有关省局联动配合"的协作帮扶模式，为定点扶贫县在资金投入、招商引资、干部交流、消费扶贫等方面提供了有力支持，为定点扶贫县脱贫摘帽贡献了力量。

投入、招商引资、干部交流、消费扶贫等方面为定点扶贫地区提供了有力支持。协作机制建立以来，8个单位为两地累计投入无偿帮扶资金1100余万元，用于加强和改善基础设施建设和教育医疗条件。推荐多家企业供两地招商引资对接，积极购买两地特色农产品400余万元，协调安排定点扶贫县80余名基层干部赴沿海发达地区挂职锻炼、考察培训，为助力两地脱贫摘帽发挥了积极作用。

（三）找项目、补短板，凝聚各方力量形成帮扶合力

围绕定点扶贫地区实际需要，税务总局多方筹措资源，加大帮扶力度。近年来，先后协调争取500万元用于平安区道路损毁修复工程，协调解决贫困林场补助资金和小城镇建设资金160万元，协调引进50万元渔业项目，协调争取资金50万元，引进"平安县中药材种子种苗示范基地建设"项目，协调34万元的远程教育捐赠项目，协调北京依莲轩房地产开发公司投资60万元，为洪水泉乡沙义岭村援建北京依莲轩希望小学等。

历任扶贫干部

挂职扶贫干部

挂职时间	姓　名	挂职地	挂职职务
2011.12—2013.12	姜　兵	青海省民和县	副县长
2013.12—2018.3	沈剑锋	青海省民和县	副县长
2018.3—2021.4	王明科	青海省民和县	副县长
2021.4—	魏治国	青海省民和县	副县长
2011.12—2013.12	陈俊松	青海省平安县	副县长
2013.12—2015.12	李明贵	青海省平安县（区）	副县（区）长
2015.12—2018.3	杨省庭	青海省平安区	副区长
2018.3—2021.4	崔恩彬	青海省平安区	副区长
2021.4—	刘　晓	青海省平安区	副区长

驻村第一书记

驻村时间	姓　名	所驻村及职务
2015.4—2016.3	施晶智	青海省民和县大库土村第一书记
2016.3—2018.3	曹琦欢	青海省民和县大库土村第一书记
2018.3—2021.4	弓　弢	青海省民和县大库土村第一书记
2021.4—	李　伟	青海省民和县大库土村第一书记

市场监管总局

历 程

从 1994 年开始，原国家质量技术监督局（后调整为国家质检总局）先后定点帮扶甘肃省礼县、河南省民权县。1995 年，原国家工商行政管理局（后调整为国家工商总局）开始定点帮扶黑龙江省抚远市、同江市。1995 年，原国家医药管理局开始定点帮扶安徽省临泉县；2015 年，原国家食品药品监督管理总局新增安徽省砀山县为定点扶贫县。2018 年新组建的市场监管总局划入原工商总局、质检总局、食药总局三个正部级机构和原认监委、标准委两个副部级机构以及国家发展改革委、商务部反垄断等相关职责。经与海关总署、国家药监局协商一致，同江市、抚远市和礼县定点扶贫工作由市场监管总局负责，民权县由海关总署负责，临泉县、砀山县由国家药监局负责。

2018 年 3 月市场监管总局组建以来，总局党组坚持以习近平新时代中国特色社会主义思想为指导，深入学习领会习近平总书记关于扶贫工作的重要论述，全面贯彻落实《中共中央　国务院关于打赢脱贫攻坚战的决定》和《中共中央　国务院关于打赢脱贫攻坚战三年行动的指导意见》，始终站在增强"四个意识"、坚定"四个自信"、做到"两个维护"的政治高度，坚持把定点扶贫作为一项重大政治职责扛在肩上，切实强化政治担当、使命担当和责任担当，有力推动总局定点扶贫工作取得显著成效。2018 年至 2020 年，总局累计向定点帮扶的黑龙江省抚远市、同江市和甘肃省礼县直接投入帮扶资金 4459 万元，引进社会帮扶

抚远市概况

黑龙江省抚远市，地处黑龙江省东北部、黑龙江与乌苏里江交汇的三角地带，东、北两面与俄罗斯隔乌苏里江、黑龙江相望，是"中国淡水鱼都"，自然生长的淡水鱼种类居全国之首，是鲟鱼、鳇鱼、大马哈鱼主要产地，有"中国鲟鳇鱼之乡""中国大马哈鱼之乡"之称。1994年被列为国家重点扶持贫困县，1995年开始定点扶贫，2018年脱贫摘帽。

资金26807万元，帮助培训基层干部2346名、专业技术人员3541名，直接购买贫困地区农产品997万元，帮助销售贫困地区农产品10356万元。

一、深入学习贯彻习近平总书记关于扶贫工作的重要论述和党中央、国务院脱贫攻坚决策部署

总局党组提高政治站位，坚持把学习贯彻习近平总书记关于扶贫工作的重要论述和党中央、国务院脱贫攻坚决策部署作为一项重要政治任务和重大政治责任，切实抓紧抓好。3年来，总局通过召开党组会议、定点扶贫工作领导小组会议、定点扶贫工作座谈会等各种形式，累计传达学习习近平总书记关于扶贫工作的重要论述和党中央、国务院脱贫攻坚决策部署26次。通过深入学习，总局党组深刻认识到打赢脱贫攻坚战是全面建成小康社会的底线任务，是党和政府兑现庄严承诺的必然要求，是满足人民群众美好生活需要的根本要求，必须始终站在党和国家发展大局的高度，持续强化脱贫攻坚的政治意识、使命意识和担当意识，切实增强了推进定点扶贫、助力脱贫攻坚的思想自觉、政治自觉和行动自觉。

二、强化对总局定点扶贫工作的组织领导

总局专门成立定点扶贫工作领导小组，由主要负责同志任组长，分管负责同志任副组长，各司局、各直属单位主要负责人为成员，统筹推进定点扶贫工作。3 年来，累计召开定点扶贫专题会议 21 次。总局领导率先垂范，带头推进定点扶贫工作。2018 年 11 月，时任党组书记、局长张茅深入礼县调研考察；2019 年 6 月，时任党组书记、局长肖亚庆深入礼县调研考察；2020 年 10 月，现任党组书记、局长张工深入礼县调研考察；分管负责领导唐军先后 8 次到定点扶贫县市开展帮扶调研，有力指导和推动了总局定点扶贫和当地脱贫攻坚工作。

礼县概况

甘肃省礼县，地处甘肃省东南部、长江流域嘉陵江水系西汉水上游，气候湿润、历史悠久、物产丰饶，被誉为"秦皇故里、三国胜地"，盛产苹果、大黄、淫羊藿等农产品，经济林果、畜牧、中药材产业开发优势明显，是全国苹果生产重点县、优质水果生产基地县。1986 年被列为国家重点扶持贫困县，1994 年开始定点扶贫，2020 年脱贫摘帽。

三、狠抓定点扶贫责任落实

紧紧围绕《中央单位定点扶贫责任书》签订的各项任务指标，结合定点县市脱贫攻坚实际和帮扶需求，注重发挥市场监管职能优势，认真研究制定总局年度定点扶贫工作计划和任务分工方案，细化落实责任书任务指标的措施，明确责任单位和完成时限，传导压实责任，着力激发总局各司局、各直属单位参

| 市场监管总局支持在抚远建设的蔓越莓种植基地迎来收获。图为收摘时的场景。

与脱贫攻坚的责任感和使命感，有力推动总局每个年度均超额完成承担的定点扶贫任务指标。

四、完善定点扶贫工作机制

2019年，总局党组印发《开展党建扶贫结对帮扶工作的实施方案》，部署在总局机关全面开展"党建＋扶贫"行动，推动各司局、各直属单位党组织与3个定点县市的49个乡镇实现结对帮扶全覆盖，有力营造了"人人重视扶贫、人人参与扶贫"的良好氛围。为进一步调动总局各司局、各直属单位参与定点扶贫的自觉性、积极性和主动性，2020年，总局定点扶贫工作领导小组与各司局、各直属单位一一签订《总局定点扶贫责任书》，着力构建了总局机关全员参与定点扶贫工作的新格局。

同江市概况

黑龙江省同江市，地处黑龙江省东北部、松花江与黑龙江交汇处南岸，北隔黑龙江与俄罗斯相望，具有口岸优势，盛产水稻、玉米和大豆，矿物资源、森林资源、湿地资源丰富。同江是我国少数民族——赫哲族传统文化保留、积淀和传承最完整的地区，是新兴边境旅游城市。1994 年被列为国家重点扶持贫困县，1995 年开始定点扶贫，2019 年脱贫摘帽。

五、多措并举倾情帮扶定点扶贫县市

一是坚持资金帮扶。针对贫困地区缺财力少资金的实际，按照中央"定点扶贫工作既需要真情实意，也要有真金白银"的要求，通过协调直属单位安排扶贫专项资金、动员企业和社会组织捐赠资金、号召党员干部献爱心等多种方式，为定点扶贫县市投入资金。二是坚持产业帮扶。变"输血"式扶贫为"造血"式扶贫，更加注重发挥当地要素禀赋和资源优势，帮助引进重大产业项目，增强贫困地区内生发展动力，提高贫困人口的自主脱贫能力，有力推动定点扶贫县市实现稳定脱贫、防止返贫。3 年来，总局先后帮助定点县市引进产业扶贫项目 8 个，项目总投资额约 9.6 亿元。其中，推动中药控股公司在礼县投资建设中药材产业园，项目占地面积 236 亩、总投资 3 亿元；促成总投资 6 亿元的华为云计算大数据中心项目成功落地抚远市。三是坚持消费帮扶。针对贫困地区农产品销售难的实际，采取总局机关直接购买农产品、号召爱心企业和社会机构采购农产品、协调电商平台帮助销售农产品等多种方式，深入开展消费扶贫，助力定点扶贫县市拓宽农产品销售渠道，促进当地贫困群众增收脱贫。其中，积极协调电商平台持续开展电商扶贫，把淘宝天猫、京东商城、每日一淘等电商平台引入定点扶贫县市，有力推动当地农产品销售，礼县被阿里巴巴列为全国十个电商脱贫样板县之一。四是坚持智力帮扶。一方面，坚决贯彻落实习近平总书记关于脱贫攻坚要"尽锐出战"的重要指示精神，先后选派总局办公厅综合处处长、机关团委书记等关键岗位上的 8 名优秀年轻干部赴定点县市挂任扶贫副县（市）长和驻村第一书记，对接帮扶需求，推动落实帮扶方案，加强对扶贫资金使用、扶贫项目落地等日常督促指导工作，有力推动总局定点扶贫与地方脱贫攻坚协同推进。另一方面，围绕种植养殖技术、乡村旅游、农村电商等方面，通过举办总局定点扶贫县市乡村干部网络培训班、在总局业务培训班免费安排培训名额、引导社会力量实地举办培训班等方式，进一步帮助定点县市基层干部和专业技术人员拓宽视野、增长知识、更新观念，增强带领困难群众脱贫致富的能力和本领。五是坚持精准帮扶。充分发挥总局在品牌质量、标准计量、认证认可、检验检测、网络交易监管、食品安全监管等

市场监管总局加大对礼县苹果、礼县大黄等优势特色产业发展支持力度，指导和帮助礼县成功注册"礼县苹果""礼县大黄"地理标志证明商标。图为总局支持礼县种植的大黄长势喜人。

以"党建＋扶贫"为载体，着力构建全员参与扶贫新格局。在总局机关全面开展"党建＋扶贫"行动，推动各司局、各直属单位党组织与3个定点县市的49个乡镇实现结对帮扶全覆盖。开展结对帮扶活动以来，总局各司局、各直属单位累计深入3个定点县市开展结对帮扶活动114次，机关干部直接参与帮扶活动432人次，形成调研报告72篇，为定点县市捐赠党建活动资金96.32万元，帮助定点县市引进社会无偿帮扶资金超过1亿元。

方面的职能优势，持续开展精准帮扶。比如，组织专家赴同江市开展水稻标准化种植技术指导和有机食品认证辅导，促进当地特色农产品质量和效益"双提升"；推动在抚远市乌苏镇建设东极国际 GNSS（全球导航卫星系统）连续跟踪站，为精准农业、智慧城市、森林防火等方面提供数据支持；帮助建设礼县苹果、礼县大黄全产业链标准化体系，建成"礼县农业标准服务平台"；帮助礼县成功创建国家大黄良种繁育标准化示范区、国家苹果园全程机械化生产标准化示范区，列入第十批国家农业标准化示范区项目。

历任扶贫干部

挂职扶贫干部

挂职时间	姓　名	挂职地	挂职职务
2016.12—2019.3	程志明	黑龙江省抚远市	副市长
2019.3—2021.3	徐　然	黑龙江省抚远市	副市长
2021.4—	王敬俭	黑龙江省抚远市	副市长
2018.9—2020.12	吴少华	黑龙江省同江市	副市长
2021.4—	葛嘉文	黑龙江省同江市	副市长
2017.8—2019.3	张晓龙	甘肃省礼县	副县长
2019.3—2021.3	刘建勇	甘肃省礼县	副县长
2021.4—	谢　澄	甘肃省礼县	副县长

驻村第一书记

驻村时间	姓　名	所驻村及职务
2017.8—2019.8	肖聂尊	黑龙江省抚远市通江乡东发村第一书记
2019.8—	刘岩华	黑龙江省抚远市通江乡东发村第一书记
2019.3—2021.3	彭健乔	甘肃省礼县塄上村第一书记
2021.4—	陈玉峰	甘肃省礼县塄上村第一书记

广电总局

2002 年，确定山西省平顺县为广电总局定点扶贫县，2012 年确定四川省德格县为广电总局定点扶贫县，2020 年 2 月平顺县和德格县脱贫摘帽。

党的十八大以来，国家广播电视总局党组深入贯彻落实习近平总书记关于扶贫工作的重要论述，始终把高质量做好定点扶贫工作作为重大政治任务，立足广播电视和网络视听行业优势，着眼帮扶地区实际，多措并举、凝心聚力，持之以恒、久久为功，不断推动广电总局定点扶贫工作取得新成绩，探索形成了"智慧广电＋扶贫"的行业特色扶贫模式，2019 年中央单位定点扶贫工作成效评价等次为"较好"，2020 年评价等次为"好"，2021 年 2 月公共服务司绩效管理处、挂职干部鲍金虎分别被评为全国脱贫攻坚先进集体和先进个人。

一、组织领导坚强有力

一是坚持高位推动。广电总局成立以党组书记、局长为第一责任人的定点扶贫工作领导小组，设置扶贫工作领导小组办公室，总局主要负责人每年多次召开党组会、局长办公会、定点扶贫工作推进会和直属单位定点扶贫座谈会研究部署定点扶贫工作，并带队到定点扶贫县调研指导扶贫工作，系统谋划和统筹推进定点扶贫工作。二是加强顶层设计。与原国务院扶贫办联合印发《关于进一步做好广播电视和网络视听精准扶贫工作的通知》，制定《关于开展智慧广电专项扶贫行动的通知》，印发《精准扶贫工作方案》《扶贫日活动实施方案》《关于进一步做好定点扶贫工作的通知》等政策文件，加强对定点扶贫工作的指导。三是发挥扶贫干部的示范带动作用。坚持"尽锐出战"原则，选派和协调优秀干部分别到山西平顺、四川德格两县挂（任）职扶贫，直接或协助分管扶贫工作。专门出台《关于进一步做好援派挂职干部管理保障的若干意见》，在工作、生活多方面关心关爱挂职干部，激发扶贫干部的工作积极性。

二、扶志扶智注入不竭动力

广电总局指导开展形式多样的帮扶活动，切实增强了贫困群众脱贫致富信心，有效激发了定点扶贫县内生动力。一是加强宣传报道。协调中央广播电视总台、东方卫视、河南卫视、柬埔寨《魅力中国》摄制组等国内、国外媒体到定点扶贫县拍摄了《画说平顺》《连翘茶背后的密码》《我们在行动》《脱贫大决战》《追光者：脱贫攻坚人物志》《中国·德格》《贡嘎》等10余部纪录片、宣传片，并录制电视节目，将平顺、德格的美景好物搬上荧屏、走出大山，大力宣传"太行精神"和"纪兰精神"。同时选用德格手工艺品作为总局外事礼品，推动德格特色产品走出去。二是捐赠优质电视节目。协调捐赠《伟大的转折》《大江大河》等优质电视剧、节目和短视频，丰富群众精神文化生活，促进当地融媒体中心发展。三是推动教育扶贫。组织总局直属单位为德格全县38所小学捐赠直播卫星"空中课堂"接收设备。协调为平顺县引入钉钉智慧教育平台，覆盖全县65所乡村学校，实现疫情防控期间"停课不停教、不停学"，针对教师开展信息化能力培训，协调学为贵教育机构、洋葱学院等提供公益教学和在线课程。四是开展人才培训。结合德格、平顺不同的发展需求，分别举办"脱贫攻坚、非遗传承带头人培训班"和"网络视听助力脱贫攻坚公益培训班"，培训非遗传承人、电商从业者、村播达人，助推"哆啦吃播小夫妻""小虎牙李继新"等一大批本土村播快速成长，切实增长了脱贫攻坚之智。

三、消费扶贫力求实效

广电总局充分发挥广播电视和网络视听产销助农、品牌强农优势，大力推广"公益广告、节目＋消费帮扶""短视频、直播＋消费帮扶"等模式，提升扶贫地区产品品牌知名度影响力，推动产品变产业、产值变价值、流量变销量。一是打造特色农副产品。利用行业资源优势，助力平顺打造了"潞党参""黑小米""大红袍"等一批本地特色品牌；组织拍摄扶贫公益广告"德格虎掌菌"并在中央广播电视总台 15 个频道滚动播放，推广德格虎掌菌品牌。二是采购帮销农产品。充分调动广电总局系统力量，通过设置扶贫专柜、举办扶贫产品进大院、开展第一书记消费扶贫等系列活动，广泛动员广电总局机关、直属单位干部职工宣传购买特色农副产品；协调阿里巴巴、花椒直播、快手等推出"爱心助农、平顺专场"电商兴农助农系列活动，以直播带货的形式销售农产品，推动平顺农产品走向全国，提振群众脱贫信心。2020 年，在广电总局的帮助下，平顺特色农产品网络零售额突破亿元大关，其中平顺"90后"小伙任舒文依靠网店直播并带动 160 多户贫困户实现脱贫致富的典型案例传播到了法国、加拿大、非洲等海外国家和地区。三是积极拓宽销售渠道。与中国农业银行签订《消费扶贫合作备忘录》，推动平顺和德格特色农产品入驻

平顺县概况

山西省平顺县是全国劳动模范、"共和国勋章"获得者申纪兰的家乡，这里环境优美，古迹众多，中药材种类丰富，也是理想的新能源产业落脚地，现已逐步形成旅游服务、生物制药等多种产业齐头并进的发展格局。1986 年被确定为国家重点扶持贫困县，2002 年被确定为广电总局定点扶贫县，2020 年 2 月脱贫摘帽。

农业银行网上商城，组织参加各种扶贫产品产销对接会，利用"人民优选"、贵州"家有购物"等电视购物渠道和"吉讯国铁商城"等 20 余家电商平台，进一步拓宽销售渠道。

四、产业扶贫推动行稳致远

广电总局通过产业扶贫来促进贫困人口实现较快增收，并巩固提升脱贫成果。一是推动平顺发展中药材、特色农产品和旅游产业发展。广电总局直接投入资金并多方引进资金，指导平顺采用"村级合作社＋公司＋农户"的方式建立了花椒筛选包装厂和党参包装厂，实现中药材和特色农产品的增值增收；协调拍摄组赴平顺拍摄节目，印制《太行风光》宣传画册，指导"诗画平顺"系列节目，支持举办"通天峡杯"穿越南太行国际山地马拉松赛，推动字节跳动、快手等通过"山里 DOU 是好风光""幸福乡村"等项目宣传平顺优质旅游资源，大力促进平顺旅游产业发展；协调阿里巴巴投入 940.5 万元帮助平顺种植 2 万亩沙棘林，促进平顺生态绿色产业发展，同时提供 1100 余个就业岗位，使贫困户实现了本地就业，增加了劳务收入。二是推动德格文旅产业发展。针对德格实际情况，举办德格高原影视拍摄推介会，宣传"最美康巴文化

德格县概况

四川省德格县位于青藏高原东南缘，属"三区三州"深度贫困区，国道 317 线横贯全境，是西进西藏、北入青海的"交通咽喉"，是安康稳藏的"前沿重镇"，素有"康巴藏文化中心""格萨尔王的故里""南派藏医之源""民族手工艺之乡"的称号。2012 年被确定为广电总局定点扶贫县，2020 年 2 月脱贫摘帽。

| 广电总局积极开展消费扶贫行动。图为组织平顺特色农产品进大院活动。

中心博览园"影视拍摄基地，推介"康巴文化中心、南派藏医之源"，协调《魅力中国》摄制组实地采访，拍摄《中国·德格》宣传片并在央视6套播出，推动德格实施文旅兴县战略。

五、电子商务实现跨越发展

广电总局深入贯彻落实习近平总书记"电商在农副产品销售方面大有可为"的重要指示精神，积极推进电子商务发展与精准扶贫有机结合，促进手机成为"新农具"、直播成为"新农活"、数据成为"新农资"，为脱贫攻坚和乡村振兴注入新活力。在广电总局协调下，阿里巴巴与平顺签订帮扶合作协议，并选派专员到平顺负责电子商务发展。目前，平顺12个乡镇262个村已建立"三位一体"的物流配送网络，开办网店400余家，设立服务站点150家，直接带动2237户贫困户增收，13.4万农村人口、5.1万贫困人口从电商发展中受益。2020年，平顺县在电子商务进农村综合示范绩效评价中以94分的高分荣获全省第一，成为全国电子商务进农村综合示范县。德格也于2018年成为电子商务进农村综合示范县。

六、公共服务实现惠民便民

广电总局坚持以人民为中心的发展思想，聚焦定点扶贫地区公共文化服务短板，依托总局重点惠民工程，促进广播电视公共服务提质增效。一是推动实施系列重点惠民工程。持续实施中央广播电视节目无线数字化覆盖工程、贫困地区县级广播电视播出机构制播能力建设、深度贫困县应急广播体系建设和村综合服务中心覆盖工程建设等，发放直播卫星"户户通"电视接收设备，安装"村村响"广播接收设备，推动广播电视公共服务向基层延伸、向农村覆盖，协调 460 万元补助资金支持德格建成全州首个应急广播平台系统、大喇叭系统及覆盖网络，为基层群众提供灾害预警应急服务、文化生活等多种服务。二是推动文化医疗等公共事业发展。广电总局每年组织"送健康送文化下基层""爱

广电总局为德格全县 38 所小学捐赠直播卫星"空中课堂"接收设备，使德格县 1.2 万余名小学生能够和首都北京的孩子"同上一堂课"。图为得到捐赠的德格县马尼干戈片区寄宿制学校的孩子们露出笑容。

创新帮扶模式

　　广电总局结合定点扶贫县实际，充分发挥广播电视和网络视听扶志扶智作用，宣介当地文旅资源、提供优质视听节目、实施应急广播体系建设等重点惠民工程、开展党建结对帮扶、支持建设融媒体中心、引入社会资源、发展文旅等产业、组织直播带货活动、打造电子商务进农村综合示范县，尤其是推动电商本土化成为一大亮点。

心传递，梦想认领""恒爱行动""捐资助学"等系列活动，支持德格扩建新华书店，协调阿里巴巴设立"木兰计划"关注平顺女性健康，帮助建设帮扶村医务室，解决部分贫困村民医疗费用难题，联系捐赠图书和自行车。同时，为解决疫情期间医疗物资需求，协调社会力量向平顺和德格捐赠价值130万元的医用口罩和医疗器械。

历任扶贫干部

挂职扶贫干部

挂职时间	姓　名	挂职地	挂职职务
2014.5—2016.6	宋保华	山西省平顺县	副县长
2016.6—2019.6	曹　勇	山西省平顺县	副县长
2019.6—2021.6	高永胜	山西省平顺县	副县长

挂职时间	姓 名	挂职地	挂职职务
2021.6—	童 珉	山西省平顺县	副县长
2017.6—2019.6	黄建宏	四川省德格县	县委常委、副县长
2019.7—2021.6	鲍金虎	四川省德格县	县委常委、副县长
2021.6—	朱晓鹏	四川省德格县	副县长

驻村第一书记

驻村时间	姓 名	所驻村及职务
2015.9—2016.9	王晓健	山西省平顺县三里湾村第一书记
2017.7—2019.3	王常宇	山西省平顺县三里湾村、北社乡高岸村第一书记
2019.3—2021.6	沈 炜	山西省平顺县高岸村第一书记
2021.6—	张尧然	山西省平顺县张井村第一书记

体育总局

　　体育总局于 1994 年与山西省繁峙县、2002 年与代县开展帮扶工作；党的十八大以来，制定了《国家体育总局定点扶贫开发工作规划（2012—2020 年）》，推进实施体育扶贫工程，探索"体育＋"扶贫新模式，凝聚全系统全行业力量资源，发挥体育特有优势，助力繁峙县、代县打赢脱贫攻坚战。

　　党的十八大以来，体育总局党组深入学习贯彻习近平总书记关于扶贫工作的重要论述，坚决贯彻落实党中央、国务院关于精准扶贫和脱贫攻坚的战略部署，高度重视在山西繁峙县、代县的定点扶贫工作，提出了"立志、立教、立业"和"突出体育扶贫，扶出体育特色"的思路举措，制定了《国家体育总局定点扶贫开发工作规划（2012—2020 年）》《国家体育总局"十三五"时期定点扶贫工作方案》。充分发挥体育行业资源优势，实施"体育扶贫工程"，打造了"体育＋"扶贫新模式，推动体育工作和扶贫工作深度融合。2020 年体育总局在中央单位定点扶贫工作成效评价中评定等次为"好"。

一、加强党建引领，强化责任担当，汇聚体育行业扶贫强大合力

　　体育总局党组始终把落实党中央关于脱贫攻坚工作决策部署作为重要政治任务，作为践行"两个维护"的实际行动，认真谋划统筹推进，自觉扛起党建

引领扶贫主体责任，坚持把定点扶贫工作作为党建工作的重要内容和目标任务，以党建引领脱贫攻坚任务的落实，加强对定点扶贫工作的组织领导、科学规划和精准设计。主要领导亲自谋划，亲自部署，亲自推动，党组成员靠前指挥，分工落实，并多次前往繁峙县、代县开展调研工作，了解县情民情，帮助解决扶贫难题。为压实扶贫工作责任，体育总局创新工作举措，与各单位签订年度扶贫工作责任书，并将责任书落实情况纳入政治巡视、党建调研检查和党建工作目标责任考核。在总局党组的示范引领下，各部门各单位以及有关企业和协会积极行动，发挥自身优势，主动开展帮扶，构建了全系统参与的扶贫工作机制，汇聚体育行业扶贫强大合力。

二、突出体育特色，发挥体育资源优势，构建"体育+"扶贫模式

体育总局充分发挥体育领域的资源优势，摸索出了一套"体育+"的创新扶贫模式，从"体育+旅游""体育+教育""体育+文化""体育+产业"等不同角度出发，变"输血"为"造血"，以"体育+"理念助力扶贫，成为加快贫困落后地区经济社会发展、推动全面小康的重要抓手。先后举办了代县雁门关国际骑游大会、"寻找美丽中华"定向越野赛、中国繁峙毽球公开赛、"奥跑中国"大众路跑全国系列赛山西繁峙站比赛等大型赛事活动40余项。这些赛事不仅在当地家喻户晓，而且在全国也有一定知名度。体育总局跟紧国家政策，通过"体育+"的精准扶贫模式，主动对接繁峙县、代县的实际需求，尝试不断打出组合拳，力求做到既多方合力、又精准发力，营造精准扶贫、体育助力的良好局面，促进体育工作与扶贫工作深度融合。通过建立运动休闲小镇、建立体育实践教学基地、创办体育特色学校等方式支持贫困地区体育和教育的发展。

｜ 体育总局按照"打造精品赛事、助力脱贫攻坚"的工作思路，集中优势赛事资源投放帮扶县，先后举办多场大型赛事活动。图为体育总局在山西代县举办雁门关国际骑游大会。

三、聚焦改善民生，系统实施帮扶，推动健全脱贫攻坚工作长效机制

体育总局积极转变思路，跳出体育干扶贫，聚焦解决民生问题，大力推动产业扶贫，按照"惠民、急需、环保、可持续"四项标准精选帮扶项目，积极开展了医疗、饮水、出行等领域扶贫项目。特别是 2018 年以来累计资助繁峙县、代县扶贫项目 24 个，其中，投入 240 万元资助代县改造提升胡玉乡分枣线水毁公路，解决了周边 12 个自然村 1200 余户村民出行难问题，当地龙头产业黄芪种植加工业因路而兴。投入 60 万元资助代县医疗集团购买巡回医疗专用电动汽车 9 辆、电动自行车 31 辆，解决当地医务人员开展巡回诊疗服务交通难问题，项目辐射代县 6 个边远山区乡镇、30 多个自然村，让 1 万余户村民在家门口就能看上病，缓解了当地贫困村民看病难问题。该项目被代县评为扶贫工作创新范例。投入 70 余万元资助繁峙县三祝村打井项目和用电改造项

代县概况

代县位于山西省东北部，是中国历史文化名城，县域内有中华第一关——雁门关，是"中国民间绘画之乡""文化艺术之乡"、国际精品文化旅游县、中国特色文化产业示范县，以采矿为主要产业，主要农作物有玉米、高粱、辣椒、水稻、小杂粮等。1986年被列为国家重点扶持贫困县，2002年被确定为体育总局定点扶贫县，2020年2月脱贫摘帽。

目，解决了全村123户327人饮水、用电安全问题，有力改善了当地群众生产、生活条件。投入663万元支持代县勾三杂粮加工项目、繁峙藜麦加工项目、繁峙县三祝村生态畜牧扶贫项目、金山铺小杂粮加工厂等项目，直接扶持龙头企业和合作社15个，带动建档立卡贫困人口8393人，实现义务教育帮助贫困人口1625人、基本医疗帮助贫困人口19108人、饮水安全帮助贫困人口1456人，切实增强了两县脱贫"造血"功能，体现了真扶贫、扶真贫。

繁峙县概况

繁峙县是山西省忻州的东部门户，南依四大佛教名山之首的五台山，县域内有万里长城著名关口平型关。繁峙县矿产资源品种多，以铜矿为主，主要作物有优质水稻、小绿豆、莜麦、山药、小米、黄米、荞麦等。1991年被列为国家重点扶持贫困县，1994年被确定为体育总局定点扶贫县，2019年4月脱贫摘帽。

四、坚持扶志扶智，开展兴学助教，激发脱贫攻坚内生动力

体育总局始终保持既扶志又扶智的扶贫策略，聚焦全面小康使命要求，不断激发贫困群众脱贫的内在动力。面向繁峙县、代县两县全民健身骨干、中小学体育教师、政府部门工作人员开展培训，帮助更新知识、拓宽视野，累计举办培训班30余班次，培训党员干部2007人、社会体育指导员和体育教师1500余人。先后派出207名年轻干部和专业教师到繁峙、代县两县开展体育支教，有力缓解了当地的体育教学压力，促进了体育教学水平的提高。协调推动北京农业职业学院对繁峙、代县两县农业技术人员进行专业培训，累计培训技术人员5167人。协调各项目中心、单项协会和高等学校在两县7所中小学校建立足球、乒乓球、篮球、健美操、花式跳绳等项目共11支运动队伍开展了业余训练，培训业务骨干4350名。2020年，坚持抗疫扶贫两手抓，积极应对新冠肺炎疫情影响，加大定点帮扶县医疗卫生骨干培训，组织北京高水平医疗专家开展线上培训，为两县培训医务人员523人，有力提高了当地医务人员业务能力。

| 实施体育扶贫工程有力带动了定点扶贫县体育事业迅速发展。图为国家体育总局在山西代县援建的体育场地设施。

五、主动担当作为，推动实施体育扶贫工程，建立体育大扶贫格局

体育总局定点帮扶山西两个县长达 27 年，同时布局全国贫困地区、欠发达地区的体育事业，出台了一系列政策措施，投入了大量资金，不仅帮助山西繁峙县、代县脱贫摘帽，也帮扶全国贫困地区的体育事业迅速发展。2018 年 7 月，体育总局与原国务院扶贫办联合印发了《关于体育扶贫工程的实施意见》，在全国层面上推动体育扶贫工程实施，从赛事扶贫、体育综合体扶贫、体育设施扶贫、体育企业扶贫、体育明星扶贫、体育彩票扶贫六个方面开展对贫困地区的体育扶贫工作，得到各地体育部门的积极响应。各省体育部门也按照本省的部署安排，既帮扶贫困地区打赢脱贫攻坚战，又通过开展体育扶贫工程，为体育事业发展拓宽路径、补齐短板，促进了体育大扶贫格局的形成，拉近了体育同人民群众的距离。实施意见的出台推动了体育扶贫的蓬勃发展，形成了脱贫攻坚、体育助力的良好局面，也为打赢脱贫攻坚战增添了体育力量。

六、坚持尽锐出战，选派优秀干部，在脱贫攻坚中经受实践锻炼和考验

党的十八大以来，体育总局共选派了 8 批 15 名干部到山西两县挂职。这些扶贫干部主动担当，积极作为，紧密结合挂职地区的特点，积极协调体育总局系统各单位的支持，充分发挥了体育行业在扶贫工作上的特殊作用，认真完成挂职地区扶贫任务，在扶贫一线中接受实践锻炼，他们讲政治、顾大局，守初心、担使命，发扬攻坚克难、啃硬骨头的精神和作风，深入基层与当地干部群众打成一片，努力拓宽扶贫路径和帮扶渠道，踏踏实实、兢兢业业，发挥了示范带动作用，也通过辛勤的付出营造了"近民、助民、亲民、便民、励民"的良好氛围，帮助定点扶贫县实现了脱贫攻坚任务，赢得了老百姓的广泛赞誉。2021 年，聂伟同志被党中央、国务院授予"全国脱贫攻坚先进个人"荣

体育总局创新"体育+"扶贫模式，通过"体育＋旅游"推动体育旅游协同发展，通过"体育＋教育"推动了体教融合，通过"体育＋医疗"推动了体医结合，通过"体育＋产业"发挥了体育资源优势。"体育＋"扶贫模式已成为贫困地区转型发展的新引擎，有力带动当地经济社会发展，成为助力脱贫攻坚的有力增长极和体育扶贫工作的新亮点。

誉称号，并获评"全国体育事业突出贡献奖"；石刚同志被中央和国家机关工委授予"中央和国家机关脱贫攻坚优秀个人"荣誉称号。

党的十八大以来，体育总局坚决贯彻落实习近平总书记关于扶贫工作的重要论述和党中央、国务院各项决策部署，坚持聚焦"两不愁三保障"，发挥体育特色优势，通过赛事扶贫、消费扶贫、产业扶贫、教育医疗扶贫和基础设施援建行动，增强两县脱贫"造血"功能，帮助繁峙县、代县打赢脱贫攻坚战。繁峙县于 2019 年 4 月脱贫摘帽，累计 23119 户 61310 人全部脱贫；代县于 2020 年 2 月宣布脱贫摘帽，累计 20273 户 47590 人全部脱贫。两县的体育基础设施得到显著改善、体育公共服务水平明显提升，各类体育赛事和全民健身活动蓬勃开展，教育、医疗、旅游、文化产业快速发展，当地群众收入水平显著提升，为下一阶段两县乡村振兴建设打下了坚实的基础。

历任扶贫干部

挂职扶贫干部

挂职时间	姓　名	挂职地	挂职职务
2013.2—2014.2	袁　华	山西省代县	副县长
2015.2—2016.2	孙浩然	山西省代县	副县长
2016.2—2017.1	李德利	山西省代县	副县长
2017.1—2019.1	王　刚	山西省代县	副县长
2019.1—2021.5	聂　伟	山西省代县	县委常委、副县长
2021.5—	王中杰	山西省代县	副县长
2014.2—2015.2	张　册	山西省繁峙县	副县长
2015.2—2016.2	董大宁	山西省繁峙县	副县长
2016.2—2017.1	李立东	山西省繁峙县	县委副书记
2017.1—2019.1	武洪涛	山西省繁峙县	副县长
2019.1—2021.5	魏灵敏	山西省繁峙县	县委常委、副县长
2021.5—	刘　威	山西省繁峙县	县委常委、副县长

驻村第一书记

驻村时间	姓　名	所驻村及职务
2015.8—2016.8	张家伟	山西省繁峙县上西庄村第一书记
2016.9—2018.9	樊一什	山西省繁峙县上西庄村第一书记
2019.1—2021.4	石　刚	山西省繁峙县三祝村第一书记
2021.5—	孙家宽	山西省繁峙县三祝村第一书记

国家统计局

历 程

1994 年，山西省万荣县被确定为国家统计局定点扶贫县。2002 年，定点扶贫县调整为内蒙古自治区敖汉旗。2013 年，山西省岢岚县确定为新一轮定点扶贫县。2015 年，新增内蒙古自治区正镶白旗为定点扶贫县。2018 年，山西省岢岚县脱贫摘帽。2019 年，内蒙古自治区正镶白旗脱贫摘帽。

党的十八大以来，国家统计局党组深入学习贯彻习近平总书记关于扶贫工作的重要论述，全面贯彻落实党中央、国务院关于脱贫攻坚决策部署，在原国务院扶贫办、中央和国家机关工委精心指导下，压实工作责任、认真研究部署、务实有力推进，定点扶贫工作取得积极成效，为定点扶贫县（旗）山西省岢岚县和内蒙古自治区正镶白旗打赢脱贫攻坚战和如期全面建成小康社会贡献了力量。

一、提高政治站位，加强组织领导

始终将定点扶贫工作作为一项重大政治任务摆在重要位置，以高度的责任感和使命感，扎实有序推进各项工作。国家发展改革委副主任兼国家统计局局长、党组书记、局机关定点扶贫工作领导小组组长宁吉喆先后 8 次赴岢岚县、正镶白旗调研指导，帮助协调推进重点帮扶项目。其他分管扶贫工作的局领导多次赴定点扶贫县（旗）开展扶贫工作调研。局机关定点扶贫工作领导小组办公室在局党组和局机关定点扶贫工作领导小组领导下，先后6次召开推进会，对接定点扶贫县（旗）脱贫攻坚工作进度，加强统筹协调、强化督导调度、夯实帮扶责任，确保定点扶贫举措落到实处。

二、选派优秀干部，提供人才支持

先后选派优秀干部45人次赴定点扶贫县（旗）协助开展脱贫攻坚工作，其中，担任县（旗）委常委、副县（旗）长9人次，在县政府办、扶贫办、统计局等部门挂职28人次，担任驻村第一书记8人次。挂职干部严格按照扶贫工作要求，充分发挥自身知识和专业优势，承担统计扶贫协调工作，全力参与地方脱贫攻坚。不断加强挂职干部管理服务和教育监督，定期听取工作情况汇报，及时掌握工作生活动态，重视待遇保障，帮助解决实际困难，解除后顾之忧，以实际举措鼓励挂职干部扎实工作、担当作为。做好挂职期满干部工作衔接，优先保障扶贫挂职干部接替人选，确保定点扶贫工作平稳开展。

三、加大资金投入，夯实发展基础

直接投入帮扶资金1920万元，其中，岢岚县1110万元，正镶白旗810万元，用于补齐定点扶贫县（旗）基础设施和民生保障工程短板，改善贫困村基础设施和人居环境，着力解决"两不愁三保障"问题，提升群众满意度和幸福感。在岢岚县建设贫困村种植园；帮助孟家坡村建设菠菜园地配套水利设施、修建供水管道及污水处理水渠，有效解决灌溉及饮水问题；修建土豆保鲜地窖等产业基础设施；致力改善岢岚县生态环境，打造"万亩统计林"，栽种苗木110余万株。在正镶白旗建设集体储草棚3208平方米；扩种水浇地580亩，铺设滴灌设备和相关配电设施；建设230kW光伏发电扶贫项目及毛驴繁育基地；

| 国家统计局坚持扶贫同扶志、扶智相结合，扎实深入开展基层干部培训，切实提升基层干部综合素质和帮扶水平。图为 2020 年 9 月，国家统计局在杭州举办定点扶贫县干部培训班，培训基层干部 120 余人。

局属出版单位中国统计出版社有限公司 2020 年向正镶白旗第一小学和岢岚县第二中学各捐赠 15 万元，并向两地各捐赠 8 台计算机设备。

四、协调重点项目，增强发展后劲

　　积极协调相关部门，帮助推动山西和光同井溢 30 兆瓦集中式光伏扶贫电站项目、大唐岢岚 40 万千瓦一期风电项目、岢岚县晋岚绒山羊育繁推一体化项目、正镶白旗明安图镇引水工程项目、正镶白旗骏马湖湿地公园项目等多个重点帮扶项目。其中，山西和光同井溢 30 兆瓦集中式光伏扶贫电站项目每年带动 1200 户贫困户户均增收约 3000 元；大唐岢岚 40 万千瓦一期风电项目有力带动周边原材料加工、旅游等行业发展；岢岚县晋岚绒山羊育繁推一体化项目每年可为周边县区提供 200 多只优质种羊；正镶白旗明安图镇引水工程项目有效解决了 2.2 万余名居民饮水难问题；正镶白旗骏马湖湿地公园项目列入国家湿地公园（试点）名录，为当地带来积极社会效益和生态效益。

五、开展智力扶贫，提升脱贫技能

坚持"引进来"和"走出去"相结合，在北京市、杭州市、河南省息县、岢岚县、正镶白旗等地举办定点扶贫县干部培训班 10 余期，培训基层干部近 2100 人次，进一步提升扶贫干部政策水平和综合素质。同时，主动转换思路、转变方式，着重引进致富理念、传导脱贫致富技术知识，加大对贫困村党支部书记、致富带头人、技术人才等"三支队伍"培训力度，组织专业技术培训班 10 余期，累计培训 1300 余人次。组织开展信息化技术咨询及帮扶活动，动员局属社团中国统计学会、中国生产力学会、中国市场信息调查业协会等赴定点扶贫县（旗）开展课题研究，积极为精准扶贫建言献策。组织干部职工开展定点扶贫图书捐赠活动，捐赠图书 7300 余册。

六、践行消费扶贫，助力脱贫致富

协调对接定点扶贫县（旗）企业和电商服务机构，组织引导当地扶贫企业

积极协调出资实施定点扶贫项目。图为国家统计局帮助岢岚县引进的扶贫车间，试运营 2 个月已解决 100 多名贫困人口就业问题。

入驻网上销售平台，借助平台优势推广销售特色农产品。与职工福利有机结合，组织机关食堂、机关工会等相关部门采购扶贫产品。在局机关举办定点扶贫县（旗）农产品展销会3次，号召局属单位和局机关干部职工购买扶贫产品。积极协调局属社团、相关企业对接定点扶贫县（旗）消费扶贫项目，动员调查队系统加大贫困地区农副产品采购力度。自2018年开展消费扶贫以来，直接购买农产品350万元，帮助销售780余万元，有力带动定点扶贫县（旗）农产品销售和贫困群众增收。

七、夯实基层党建，发挥表率作用

积极对接定点扶贫县（旗）基层党组织，通过与重点贫困村结对子，开展"抓党建引领、促脱贫攻坚"党建扶贫活动，打造联系群众、服务群众的桥梁和纽带，推动贫困村基层党组织建设，切实发挥基层党组织战斗堡垒作用，引导党员干部在脱贫攻坚中作表率、显身手，为精准扶贫、全面脱贫带好头、指好路。投入专项党费40多万元，帮助岢岚县、正镶白旗建设多个党建活动室并配备相关资料。广泛动员干部职工参与脱贫攻坚，连续三年在局机关组织捐

岢岚县概况

岢岚县位于山西省西北部，属吕梁山集中连片特困区，面积1984平方千米，人口6.9万人。岢岚县是传统农牧大县，境内牧坡广阔，水草资源丰富，主要有红芸豆、晋岚绒山羊、马铃薯、沙棘等特产。交通便利，3条高速公路和1条铁路横跨全境。1986年被确定为国家重点扶持贫困县，2013年国家统计局在岢岚县开展定点扶贫，2018年脱贫摘帽。

款活动，累计捐助款项 30 余万元。

八、加强作风建设，巩固脱贫成果

研究制定《国家统计局开展扶贫领域作风问题专项治理实施方案》，印发《国家统计局关于开展扶贫领域腐败和作风问题专项治理工作的通知》，对扶贫挂职干部选派、改进调查研究和考评方法、发挥统计专业优势、加大突出问题查处力度、加强扶贫资金使用监管等作出规定。设置"统计违法举报专栏"，深入整治扶贫领域形式主义、官僚主义问题，及时处置和优先办理扶贫领域腐败和作风问题线索。加强对脱贫工作绩效、脱贫政策连续性、稳定性以及脱贫摘帽后"四个不摘"情况的监督检查。

九、发挥行业优势，强化数据支撑

加强贫困统计数据分析和服务，每季度向中央办公厅、国务院办公厅报送贫困地区农村居民收入和消费情况，按年报送全国和贫困地区贫困人口规

正镶白旗概况

正镶白旗位于内蒙古自治区中部、锡林郭勒盟西南部。境内煤炭、石油、铁等资源丰富，优质良种肉牛、察哈尔羊及特色种植等产业发展迅速。集通铁路、省道 105 线、国道 510 线横穿东西，省道 222 线纵贯南北。2011 年被列为国家扶贫开发工作重点县，2015年国家统计局开始定点扶贫，2017 年被列为内蒙古自治区深度贫困旗，2019 年脱贫摘帽。

坚持扶贫与扶志扶智扶技相结合，充分发挥局机关、帮扶地区及培训机构优势，构建上下联动、分工协作的培训工作机制，突出需求导向、区分层次类别，注重理论学习与工作实际相结合，共性问题和地方特色相结合，综合运用讲授教学、案例教学、交流研讨、现场教学等方式，深入推进帮扶地区基层干部及"三支队伍"培训。

模和减贫情况；每年出版《中国农村贫困监测报告》，为精准扶贫、精准脱贫提供准确可靠数据。在定点扶贫县（旗）开展脱贫攻坚普查试点，推动当地圆满完成普查任务，用真实准确数据反映脱贫攻坚成效。健全完善贫困监测体系，扎实细致开展贫困统计监测调查，加强各环节质量控制，定期轮换调查样本，认真开展质量抽查，为定点扶贫县（旗）党委、政府扶贫规划提供有力统计保障。中国统计出版社有限公司免费帮助正镶白旗出版《正镶白旗统计年鉴（2014—2016)》，为当地脱贫攻坚科学决策提供资料支撑。

十、强化扶贫宣传，营造浓厚氛围

充分利用《中国信息报》《中国统计》等传统媒体及官方微信、微博、抖音（简称"两微一抖"）等新媒体平台，全方位、多视角加大脱贫攻坚工作宣传力度。在《中国信息报》开设"脱贫攻坚"专版，出版扶贫专版40余块，刊发扶贫相关文章、图片280余篇（幅），刊发整版彩色扶贫公益广告8个。在《中国统计》开展脱贫攻坚普查和定点扶贫宣传报道，设置专栏刊载脱贫攻坚先进事迹和典型人物稿件。2014年至今，"两微一抖"政务新媒体平台扶贫宣传总浏览量达 200 多万次，其中，各类政策、数据发布解读等浏览量 175 万次；"第一书记"栏目推送统计扶贫干部事迹 28 篇次，浏览量 32 万次；推送扶贫带货作品 14 篇次，浏览量 17 万次。

历任扶贫干部

挂职扶贫干部

挂职时间	姓　名	挂职地	挂职职务
2013.1—2014.9	陈培成	山西省岢岚县	县委常委、副县长
2014.10—2016.12	房　涛	山西省岢岚县	县委常委、副县长
2016.12—2017.3	崔建华	山西省岢岚县	县委常委、副县长
2017.3—2019.3	潘晋英	山西省岢岚县	县委常委、副县长
2019.3—2021.6	刘玉麒	山西省岢岚县	县委常委、副县长
2021.6—	严　华	山西省岢岚县	县委常委、副县长
2016.1—2018.1	孙燕伟	内蒙古自治区正镶白旗	旗委常委、副旗长
2018.1—2020.3	许福建	内蒙古自治区正镶白旗	旗委常委、副旗长
2020.3—	牛书仁	内蒙古自治区正镶白旗	旗委常委、副旗长

驻村第一书记

驻村时间	姓　名	所驻村及职务
2015.7—2016.12	房　涛	山西省岢岚县孟家坡村第一书记
2016.10—2017.10	陈　希	山西省岢岚县孟家坡村第一书记
2017.7—2019.7	习朝瑞	山西省岢岚县孟家坡村第一书记

驻村时间	姓　名	所驻村及职务
2019.8—	王登魁	山西省岢岚县孟家坡村第一书记
2016.1—2017.1	申孟宜	内蒙古自治区正镶白旗查干宝恩本村第一书记
2017.1—2018.1	张双喜	内蒙古自治区正镶白旗查干宝恩本村第一书记
2018.1—2020.3	班昌平	内蒙古自治区正镶白旗查干宝恩本村第一书记
2020.3—	黄天河	内蒙古自治区正镶白旗查干宝恩本村第一书记

国家医保局

历 程

2019 年 6 月，国家医保局开始定点帮扶甘肃省积石山县，成立定点扶贫工作领导小组，局主要负责同志任组长，局内各单位主要负责同志为小组成员，尽锐出战，先后选派 4 名干部到积石山县开展定点扶贫工作。2019 年积石山县实现脱贫摘帽。

自 2018 年组建以来，国家医保局党组深入贯彻习近平总书记关于扶贫工作的重要论述，坚决落实党中央、国务院决策部署，将定点扶贫工作作为党中央赋予国家医保局的一项重大政治任务，从切实增强"四个意识"、坚定"四个自信"、做到"两个维护"的政治高度，聚焦"两不愁三保障"，聚焦"四不摘"，聚焦巩固脱贫质量，举全局之力，集全员智慧，创新帮扶机制，加大帮扶力度，压实帮扶责任，全力抓好脱贫攻坚工作。

一、提高政治站位，定点扶贫成效显著

（一）加强组织领导

2019 年 6 月，国家医保局定点帮扶甘肃省临夏州积石山县。局党组不等不靠，全力以赴，迅速成立定点扶贫工作领导小组，局党组书记、局长胡静林任组长，其他党组成员任副组长，局内各单位主要负责同志为小组成员。

积石山保安族东乡族撒拉族自治县概况

积石山保安族东乡族撒拉族自治县位于甘肃省西南部，是甘肃省唯一的多民族自治县，是国家扶贫开发工作重点县，也是全省23个深度贫困县之一。积石山县地处青藏高原和黄土高原交会处，九曲黄河穿流而过，是大禹治水的源头。2019年6月开始定点扶贫，2019年脱贫摘帽。

2019年9月，为高标准完成好党中央赋予的定点扶贫政治任务，提前谋划部署2020年工作，胡静林同志专门赴甘肃省积石山县开展脱贫攻坚调研，摸清贫困底数，查找薄弱环节，研提对策建议，全面精准帮扶。

（二）扛起政治责任

2020年，签订《定点扶贫责任书》后，局党组先后4次召开党组会和定点扶贫工作领导小组会，研究部署定点扶贫工作，明确目标要求，加强力量统筹，推动责任落实，督促项目推进，确保帮扶成效。7月，胡静林同志再次到积石山县开展实地调研指导，主持召开定点扶贫工作座谈会，督导指导脱贫攻坚工作，研究脱贫攻坚与乡村振兴有效衔接，帮助解决存在的困难问题。其他局党组成员也带领分管司局进行专题调研指导，推进帮扶措施落地落实，有力促进了积石山县脱贫攻坚工作和医疗保障事业发展。

（三）明确任务部署

局党组认真贯彻落实党中央、国务院关于打赢脱贫攻坚战的决策部署，坚持发挥医疗保障优势与积石山县实际需求相结合，以解决"两不愁三保障"突出问题为重点，集智聚力、精准扶贫、压实责任，研究制定《2020年定点扶贫工作要点》，从6个方面明确了19项帮扶重点任务。局党组成员敢于负责、勇于担当，结合工作实际，带领分管部门负责同志共同谋划思路措施，主动联

| 国家医保局积极协调阿里巴巴等企业为贫困县开展电商培训、免费开通村播账号，并安排专业人员驻地培训一批直播达人。图为在积石山县开展电商扶贫专题培训班。

系中医药企业与积石山县委县政府对接洽谈合作，推动定点扶贫任务指标落地落实。同时，为确保定点扶贫实效，国家医保局还与甘肃省临夏州积石山县党委政府和医疗保障部门建立了四级联动机制，突出政策支持、产业发展、就业促进等工作重点，全力打赢脱贫攻坚战。

（四）选优配强干部

局党组坚持把政治强、素质高、业务精、作风实的党员干部选派到积石山县挂职和担任驻村第一书记，提前研究确定人选，全面开展工作对接。在北京疫情防控出现明显向好的第一时间，选派 1 名干部挂职担任积石山县委常委、副县长，协助分管扶贫工作；1 名干部担任驻村第一书记。甘肃省委省政府对此给予充分肯定，指出这是疫情期间第一批进驻（返岗）的挂职干部和驻村第一书记。为加强定点扶贫工作力量，局党组要求，2021 年新招录的 2 名选调生，均安排到积石山县担任村党支部书记（村委会主任）助理。挂职干部和驻村干部在定点扶贫工作中均充分发挥了"前哨"和"纽带"作用，在扶贫一线聚焦精准、深入研究、加强协调，有力推进了定点扶贫各项工作。制定《国家医疗保障局干部挂职管理暂行办法》，加强挂职干部日常管理，主动了解关注干部的学习、工作、思想和生活情况，落实生活补贴等待遇，帮助解决后顾之忧。

（五）从严督促指导

局领导在积石山县调研期间，听取党委和政府主要负责同志落实脱贫攻坚主体责任情况介绍，通过进村入户、走访调研、实地查看等方式，对"两不愁三保障"、医疗保障扶贫、消费扶贫、就业扶贫等进行督促指导。中央纪委国家监委驻国家卫生健康委纪检监察组组长马奔专门带队到积石山县进行调研督导，指出存在问题，提出明确要求，督促整改落实。局定点扶贫工作领导小组办公室按照领导小组要求，督导挂职干部深入了解基本情况，摸清贫困底数，形成专题报告，为局党组决策提供重要参考。

（六）加大资金投入

由于国家医保局刚刚组建，局机关和直属事业单位受财政预算管理、审计等因素制约，无法直接投入帮扶资金。2020年，协调中国医疗保险研究会下属的《中国医疗保险》杂志社直接投入帮扶资金20万元，用于"留守儿童之家"、村级基层组织阵地设施建设等。局党组、局内各单位多方对接、积极协调，共

国家医保局协调爱心企业为贫困县捐赠眼底影像机、AI觅影系统和常用药品。图为腾讯、中国平安等企业向积石山县捐赠价值107.3万元的药品。

引进帮扶资金 2053.8 万元，完成数是承诺任务的 6.85 倍。特别是针对积石山县农业农村人口多、高标准农田建设比较滞后的实际，专门协调农业农村部向积石山县增加下达高标准农田建设项目 1 万亩（约 1500 万元），有效提升耕地质量和产能。

（七）强化能力培训

2020 年 4 月 7 日至 9 日，协调阿里巴巴在积石山电商中心举办了电商培训班，共培训 102 人，现场教授直播技巧，还免费开通了村播账号，让学员们学有所获、学有所用。5 月 29 日至 6 月 23 日，组织县乡村干部、致富带头人分三批共 150 人参加国家医保局在山东济南举办的定点扶贫县基层干部培训班。6 月 8 日，协调甘肃省和临夏州医疗保障局在积石山县举办县乡村医疗机构"一站式"结算暨医保经办人员能力再提升培训班，共培训医院院长、村医、乡镇医保专干等 300 人，进一步提高了医保经办能力。

（八）开展消费扶贫

为克服新冠肺炎疫情影响，积极帮助积石山县销售农产品，协调财政部、国务院扶贫办等单位及时将积石山县农副产品，纳入政府采购农副产品销售平台（"扶贫 832 平台"），扩大农副产品销售范围；在《中国医疗保险》杂志刊登公益广告，扩大农副产品影响力和销售范围；安排局机关工会在传统节日发放慰问品时优先采购定点扶贫县产品，截至 2021 年已购买 24.23 万元；协调爱心企业购买积石山县农副产品，参加"消费扶贫助力决战决胜脱贫攻坚公益直播活动""村播计划之产地守护人县长直播助农活动"等线上直播活动，先后帮助销售农产品 138.58 万元。

二、积极主动作为，工作有特色有亮点

（一）发挥融合优势，推进党建扶贫

坚持党建与扶贫深度融合、互促共进，通过"1+2"党建扶贫模式，有效促进了脱贫攻坚和帮扶任务完成。"1"是支部共建。针对国家医保局部门小、

人员少的特点，组织所属 9 个党支部全部与第一书记所在村进行共建，形成党建合力和集成优势。通过共建，帮助村"两委"建立了周例会、青年议事等制度，督导严格落实资金分配"四议两公开"，有效增强了党组织的凝聚力、战斗力和公信力。"2"是建强阵地、承诺践诺。建强阵地，即充分考虑村委会狭小破旧、党员群众没有活动场所等实际困难，协调社会力量捐赠 120 万元修建党组织阵地及村民文化广场，加强基层党建工作，丰富群众精神文化生活。承诺践诺，即充分发挥党员先锋模范作用，组织全村 29 名党员开展"亮身份、践承诺、作表率"活动，悬挂"共产党员户"标识牌，公开承诺书，引导党员在脱贫攻坚中走在前、作表率。

（二）发挥医保优势，推进健康扶贫

围绕解决"基本医疗有保障"突出问题，充分发挥行业优势，通过"三抓"，实现积石山县医疗保障能力全面提升。抓严疫情防控。将督导积石山县统筹做好疫情防控和经济社会发展工作作为首要任务，发挥医疗保障部门优势，指导积石山县相关部门通过网络、编印小册子等多种方式，向群众宣传疫情防控期间医保参保、住院报销等医疗保障政策，严格落实"两个确保"要求。同时，积极动员协调爱心企业捐赠一次性外科医用手套 3000 副，捐赠价值 54.5 万元的新冠肺炎核酸检测试剂，有效缓解了疫情防护物资紧缺的困难。抓实医疗保障。采取逐步渐进方式，着力将积石山县打造成为深化医疗保障制度改革的"试验田"。2020 年，安排积石山县医院作为临夏州医保电子凭证试点医院，加强政策指导、设备配置和人才培养，提升医院服务能力和现代化水平。同时，注重加强医疗基础能力建设，协调爱心企业捐赠眼底影像机和 AI 觅影系统，以及价值 107.3 万元的常用药品，协调兰州大学第二医院专家进村入户送医送药，把健康送到百姓家门口。抓好重点帮扶。针对发现的积石山县贫困女性看病贵、易返贫问题，充分发挥主观能动性，积极协调爱心企业为全县建档立卡女性提供了价值 179.4 万元的医疗保险，首诊发现重大疾病理赔 2 万元，防止贫困女性家庭因病致贫、因病返贫，被当地亲切地称为"暖心工程"。

围绕解决"基本医疗有保障"突出问题，充分发挥医保优势，通过"三抓"，推进健康扶贫，全面提升积石山县医疗保障能力。抓严疫情防控，严格落实医疗保障"两个确保"要求；抓实医疗保障，打造深化医保制度改革"试验田"，提升医院服务能力和现代化水平；抓好重点帮扶，积极协调提供医疗保险，防止贫困女性家庭因病致贫、因病返贫。

（三）发挥社会优势，推进精准扶贫

坚持把精准扶贫作为巩固脱贫攻坚成果的基本方略，针对存在的短板弱项，聚焦"三个重点"，补短强弱、提质增效，全面提升脱贫攻坚质量。聚焦产业扶贫。针对积石山县产业规模小、链条短，群众增收渠道单一，稳定增收基础不牢固的客观实际，在充分调研、沟通了解的基础上，把发展电商产业作为稳定贫困群众增收的突破口，协调甘肃省将积石山县确立为首批"村播试点县"，协调阿里巴巴举办电商培训班、免费开通村播账号等，并安排专业人员驻地培训了一批直播达人，取得了良好的经济效益和社会效益。聚焦就业扶贫。针对积石山县贫困群众特别是女性贫困群众职业技能水平偏低，且不愿外出打工的客观实际，积极协调爱心企业落地"AI 豆计划"就业扶贫项目，安排组织开展专业技能培训，培训合格后即时上岗，方便群众家门口就业。据测算，项目建成后能够安排 100 人左右就业。聚焦教育扶贫。针对积石山县是多民族自治县，群众受教育程度普遍不高的客观实际，组织全局干部职工捐赠图书 1300 余册；协调爱心企业为全县建档立卡女学生提供助学保险，给在读高中、高职的女学生每学期发放 500 元助学金；协调爱心企业为全县中小学捐赠 60 万元，用于购置文体器材和办公用品；协调爱心企业在曹姚小学建立"悦读

之家"，捐赠"公益书柜"和 10 余台电脑，助力教学水平、教学质量的提升。

　　同时，注重做好定点扶贫经验典型总结宣传工作，依托 2020 年全国扶贫日主题论坛宣传活动，在医疗保障脱贫攻坚分论坛上，安排甘肃省临夏州和国家医保局定点扶贫挂职干部作交流发言，全面展示定点扶贫成效脱贫攻坚成效。

历任扶贫干部

挂职扶贫干部

挂职时间	姓　名	挂职地	挂职职务
2020.2—	李大鹏	甘肃省积石山县	县委常委、副县长

驻村第一书记

驻村时间	姓　名	所驻村及职务
2020.2—	张元智	甘肃省积石山县曹姚村第一书记

国务院参事室

历 程

2015 年，国务院参事室定点帮扶吉林省龙井市，成立了定点扶贫工作领导小组。选派挂职扶贫干部任市委常委、副市长，担任驻村第一书记。2019年 4 月龙井市脱贫摘帽。

党的十八大以来，国务院参事室深入学习贯彻习近平总书记关于扶贫工作的重要论述，不折不扣贯彻落实党中央、国务院关于打赢打好脱贫攻坚战决策部署，结合龙井市实际，发挥国务院参事室智力资源优势和渠道特色，做好定点帮扶工作，助力龙井市如期脱贫摘帽，推进巩固拓展脱贫攻坚成果同全面乡村振兴有效衔接。

一、加强组织领导，健全完善工作机制

国务院参事室党组将定点扶贫工作摆上重要议事日程，建立完善工作机制，明确责任机构。成立以时任党组书记、主任王仲伟为组长，党组成员、副主任为副组长，机关各司室、所属事业单位主要负责同志为成员的定点扶贫工作领导小组，由党组成员、副主任、机关党委书记赵冰兼任领导小组办公室主任，机关党委承担定点扶贫日常工作。王仲伟同志切实履行第一责任人职责，部署推进定点扶贫工作，举办脱贫攻坚专题集中工作日活动，深入学习贯彻

习近平总书记关于扶贫工作的重要论述，围绕党中央、国务院决策部署，聚焦重点组织好建言献策工作；多次召开党组会议、定点扶贫工作领导小组会议、专题会议，研究定点扶贫年度工作要点、帮扶资金、项目和选派挂职扶贫干部等重点工作，党组集体研究并签署《中央单位定点扶贫责任书》。党的十九大以来，王仲伟同志先后 7 次与吉林省、延边州和龙井市党政负责同志会商龙井市脱贫攻坚和乡村振兴工作，会见定点帮扶村龙海村党员干部代表；3 次赴龙井市实地调研，走访慰问贫困户，指导督促龙井市落实"两不愁三保障"要求，培育长效脱贫机制，抓好脱贫攻坚成果巩固提升、促进乡村全面振兴工作。党组其他同志累计 5 批次 6 人次带队赴龙井市调研，深入乡镇、贫困村、企业、学校、文化点和贫困户家中走访调研，全面了解龙井市经济社会发展和扶贫开发工作情况，研提助力发展的建议和帮扶措施，督促指导脱贫攻坚工作。加强扶贫工作规划和制度建设，研究制定国务院参事室"十三五"期间定点扶贫工作规划；每年制定印发国务院参事室年度定点扶贫工作要点，明确做好龙井市调研联系点工作、消费扶贫、加强"三支队伍"建设等年度重点工作，将任务分解到机关各司室、所属事业单位，全员动员、全员参与，形成定点扶贫工作合力。机关党委抓好督促落实和统筹调度工作，连年超额完成扶贫考核指标任务。

二、发挥智力资源优势，为脱贫攻坚建言献策

坚持以人民为中心的发展思想，紧密结合参事室职能任务，把龙井市作为参事馆员建言献策的调研基地，加强脱贫攻坚中长期战略研究和扶贫政策研究。国务院参事室领导、参事、馆员、特约研究员和机关党员干部赴龙井市考察调研共计 17 批次 118 人次，向国务院领导同志报送多篇涉及脱贫攻坚和乡村振兴的有关意见建议得到领导同志重视。坚持把定点扶贫一线作为国务院参事室青年干部锻炼成长的重要平台，分批次组织开展"五天四夜"党性教育暨蹲点扶贫实践活动。机关干部与驻村工作队队员、村民同吃同住同劳

动，对"边缘户""等靠要户"等重点户入户走访，探索脱贫工作因户施策的方法，根据蹲点调研中发现的普遍性、倾向性问题，同龙井市有关部门会商研究破解方法，认真撰写调研报告，得到领导同志重要批示。

三、发挥党建引领作用，为脱贫攻坚强根建基

凝心聚力抓党建，以党建促脱贫。驻村第一书记加强党建引领，探索实行"党员荣誉星"评定工作，开展抓党建促脱贫"六项工程"（规范工程、领航工程、旗帜工程、阳光工程、富民工程、美丽工程）和由一名村干部或党员包保帮扶若干名群众的"1+N"工作法，发挥党支部在脱贫攻坚中的主体作用和党员的帮扶带头作用。为村干部和在村党员设岗定责，建立流动党员"三家"管理服务机制，打造服务党员的"主阵地"、群众致富的"加油站"，不断夯实农村基层党组织建设，强化基层组织的服务保障能力。组织村干部、致富带头人和帮扶干部到北京考察调研培训，激发脱贫攻坚的内生动力。积极推动机关党支部与龙井市龙山村、龙海村党支部结对共建，开展联学联建活动，龙海村全体党员先后两次赴京开展党建活动，进一步增强了边疆民族地区党员干部群众的向心力和凝聚力，提高了基层党建工作水平，坚定了打赢脱贫攻坚战的信心。结合龙井市地理区位特点，协助龙井市委组织部打造"边境党建示范带"，抓好边境地区 10 个村的村级党组织建设，整合沿线旅游点位，形成完整的旅游路线。同时，进一步优化投资环境，拉动人才引进，着力推动特色农业、边境贸易和旅游业发展，为助力打赢脱贫攻坚战、全面乡村振兴打好基础。

四、发挥教育扶贫作用，阻断贫困代际传递

把教育扶贫当作治本之策。召开定点扶贫龙井教育合作协调会议，协调龙井市与北京第二实验小学签订教育扶贫合作协议，将龙井市实验小学纳入北京第二实验小学教育集团成员校，使龙井实验小学可以远程观摩北京市第二实验

国务院参事室组织开展"走基层察实情"活动，撰写"三亲"文章，开展课题研究。图为青年干部赴定点帮扶县吉林省龙井市龙海村开展"五天四夜"蹲点扶贫实践暨党性锻炼活动，与所驻村两委、驻村工作队"同吃、同住、同劳动"。

小学的报告会、教学活动及学校行政会，邀请北京市第二实验小学优秀教师赴龙井讲授示范课并互动交流。依托"互联网＋教育"模式开展教师培训，组织国务院参事向龙井市引接"乡村青年教师社会支持公益计划"，龙井市二中、一中、德新联校三所学校成为北京四中网校的扶持学校；协调"爱学堂"平台等教育机构，免费向龙井师生开放多学科优质付费课程，组织中小学教师培训，有效提升教学水平和学生成绩。协调国家发展改革委、吉林省发展改革委大力支持解决龙井小学和龙井四中教学楼灾后受损重建问题，提升公共教育服务保障能力。机关基层党支部发起"春笋计划"，组织机关党员干部累计捐款6000余元资助龙井市贫困学生。协调业务主管社会组织、社会资源为龙井市捐赠各类图书近 1.2 万册，捐赠传统文化教育软件 40 套，价值近 200 万元。

五、发挥产业扶贫作用，建立扶贫长效机制

扶贫干部认真落实习近平总书记视察吉林时作出的"念好山海经、唱好林

草戏、打好豆米牌"的重要指示精神，针对龙井市的苹果梨、大米等优质农特产品附加值低的问题，撰写龙井大米、苹果梨系列推介文章，在《人民日报》(海外版)、《农民日报》等重要报刊发表，被"学习强国"学习平台等众多媒体广泛转发，擦亮了龙井特色农产品的品牌名片。帮助引进苹果梨深加工产业项目，成功研发系列产品，获批国家专利并试产。通过提高最低收购价、兜底收购等措施，直接惠及千余家苹果梨农场，间接惠及万余名果农，不仅帮助贫困户脱贫，也为日后可持续发展奠定了坚实基础。协助龙海村成立大米加工厂，注册"参兴龙"商标，龙海村因此获评吉林省委组织部 2020 年度"村党支部领办合作社省级示范村"。推进旅游文化产业扶贫，打造龙井市"中国农民丰收节"系列活动暨龙井"中国朝鲜族农夫节"等特色朝鲜族民俗文化旅游活动，推动发展生态绿色游、民俗体育游、特色节庆游等活动载体，增强对高质量脱贫的有效支撑，仅 2019 年就实现旅游收入 8.85 亿元。坚持线上与线下相结合，积极开展电商扶贫和消费扶贫。协调中国名优食品推广中心帮助龙井市企业在北京开展特色食品展销活动，扩大品牌影响力和销售规模。牵线成立京东龙井特产馆，建设"海兰江畔农产品电商平台"，由第一书记代言销售农特产品，拓宽延边特色农产品销路。挂职扶贫干部积极参加"市长助农直播活

龙井市概况

　　吉林省龙井市是全国朝鲜族居住最集中、朝鲜族民俗文化保存最完整的地区，地处吉林省东部，全市总人口 17.6 万人，总面积 2208 平方千米，山地地形，盛产大米、松茸、苹果梨等农特产品，是长吉图开发开放先导区的前沿、图们江区域国际合作和延龙图一体化的重要组成部分。2002 年被确定为国家扶贫开发工作重点县。2015 年国务院参事室开始定点扶贫，2019 年 4 月龙井市脱贫摘帽。

| 积极开展健康扶贫。图为组织医务人员在龙井市开展义诊和健康宣讲活动。

动""战'疫'助农县长来了"等网络直播活动，帮助销售因疫情滞销的农产品，单次直播带货6.6万单，交易额217.3万元，吸引粉丝量累计达317万人次，活动得到央视新闻直播间、新华网等主流媒体重点推送，既解决了农产品滞销问题，又推介了龙井市。

六、发挥健康扶贫作用，为脱贫攻坚助力增效

积极推进"赋能、保障、助力、暖心"四大工程，提升市乡村三级医疗机构服务群众能力。联系公益基金会为全市村级卫生室配备雾化机、理疗灯等设备和村医便携式出诊器材，完成全市村卫生室标准化建设。组织村医参加全科医生培训，推动解决"基本医疗有保障"突出问题，防止群众因病返贫。组织医务人员开展义诊和健康宣讲，宣传健康常识，倡导健康生活方式。积极参与新冠肺炎疫情防控工作，撰写文章宣传疫情防控工作，创作《永远做你的擎天柱》等歌曲，提振战贫战"疫"精气神、汇聚攻坚正能量。

创新帮扶模式

智力帮扶模式——结合国务院参事室建言献策职能，组织参事、馆员、特约研究员围绕脱贫攻坚中长期战略研究、边疆地区发展、产业扶贫等主题深入龙井市调研，向领导同志报送多篇建议，为龙井市中长期发展提供智力支持。指导龙井市编制电子商务、旅游发展等规划纲要，对龙井市发展特色农业、打造节庆活动品牌等提供智力支持。

龙井市是全国朝鲜族居住最集中、朝鲜族民俗文化保存最完整的地区，也是典型的"老少边穷"地区，2015 年底，统计建档立卡贫困村共有 36 个，贫困户 7986 户 13403 人，贫困发生率为 20.76%。开展脱贫攻坚行动以来，龙井市累计整合财政涉农资金 13.8 亿元，实施项目 322 个，共产生效益金 6400 余万元，贫困人口人均收入由 4914 元提高至 13471 元；教育、住房、医疗政策得到有力落实，全市义务教育阶段无因贫失学辍学学生；贫困户住房安全比例达到 100%；贫困人口县域内住院报销比例提高到 90%、慢性病门诊报销比例提高到 80%；饮水、道路等指标全部达到退出标准，农村基础设施和公共服务能力进一步提升，全面解决了贫困群众最关切的"两不愁三保障"突出问题。目前，全市贫困发生率已降至动态管理下的 0。

历任扶贫干部

挂职扶贫干部

挂职时间	姓　名	挂职地	挂职职务
2016.10—2018.11	彭　涛	吉林省龙井市	市委常委、副市长
2018.11—2021.3	杨文军	吉林省龙井市	市委常委、副市长
2021.3—	刘　晶	吉林省龙井市	市委常委、副市长

驻村第一书记

驻村时间	姓　名	所驻村及职务
2015.10—2017.10	刘学勇	吉林省龙井市龙山村第一书记
2017.8—2019.9	王　优	吉林省龙井市龙山村、龙海村第一书记
2019.9—	吕海洋	吉林省龙井市龙海村第一书记

国管局

历　程

国管局自 1993 年起定点帮扶河北省阜平县。28 年来，坚持党组亲自抓、全局共参与。党组同志牵头成立局扶贫工作领导小组，在局党组领导下统筹做好工作安排、项目落地、资金使用、人力调配、推进实施等工作，先后选派 22 批 57 名扶贫干部深扎一线、挂职帮扶。

党的十八大后不久，2012 年 12 月 29 日至 30 日，习近平总书记冒着零下十几摄氏度的严寒，顶风踏雪前往河北省阜平县看望慰问困难群众，考察扶贫开发工作。在考察期间，习近平总书记以阜平为样本，站在党和国家工作全局的战略高度，深刻阐述了为什么扶贫、怎么扶贫、谁来扶贫等重大问题，强调"没有农村的小康，特别是没有贫困地区的小康，就没有全面建成小康社会"；鲜明提出"因地制宜、科学规划、分类指导、因势利导"的扶贫开发思路，强调要坚定信心、找对路子；明确要求加强组织领导，对各级党委和政府、农村基层党组织、各级干部等抓好扶贫开发工作提出一系列极具指导性、针对性的要求。在阜平，习近平总书记向全党全国发出了新时代脱贫攻坚的动员令。

国管局自 1993 年起定点帮扶河北省阜平县。28 年来，国管局坚决贯彻落实党中央、国务院决策部署，切实履行中央单位定点扶贫责任，全力支持配合阜平县委、县政府推进扶贫开发，先后选派 22 批 57 名干部到市、县、乡、村挂职帮扶，累计直接投入资金物资 5700 余万元，协调引进资金物资 12 亿元。

阜平县概况

阜平县位于河北省保定市西部，是党的十八大后习近平总书记视察扶贫工作的第一站，地处太行深山区，素有"九山半水半分田"之说，盛产核桃、大枣等。近年来发展形成食用菌、有机杂粮、硒鸽、黑山羊等特色产业。阜平县是革命老区、抗战时期晋察冀边区政府首府，也是深度贫困区，1986年被确定为国家重点扶持贫困县。1993年起国管局开始定点帮扶，2020年2月脱贫摘帽。

特别是党的十八大以来，先后选派6批22名干部，直接投入资金物资3300余万元，协调引进资金物资9.7亿元，聚焦职业教育、电子商务、整村推进、产业扶持、医疗健康、扶危济困等领域，坚持一张蓝图绘到底，推动形成"一校一院一村一网"帮扶格局，全力助推阜平脱贫攻坚。2020年2月29日，阜平县正式脱贫摘帽。目前，县内建档立卡户全部脱贫，农村居民可支配收入由2012年的3262元增长到2020年的10829元。居民存款由2012年底的44亿元增长到目前的121亿元。国管局扶贫工作领导小组办公室、国管局挂职扶贫干部、阜平县龙泉关镇平石头村第一书记赵振兴分别被评为全国脱贫攻坚先进集体和先进个人。第20、21批扶贫工作组先后被评为"中央和国家机关脱贫攻坚先进集体"。2018—2020年，国管局在中央单位定点扶贫工作成效评价中均得到"好"的等次。

一、强化政治担当，切实履行定点扶贫责任

党的十八大以来，国管局坚持把帮扶阜平作为重大政治任务，提高政治站位，强化政治担当，切实助推阜平打赢脱贫攻坚战。一是突出政治引领，坚持

以习近平新时代中国特色社会主义思想为指导，认真学习领会、深入贯彻落实习近平总书记关于扶贫工作的重要论述，特别是在阜平考察时的重要讲话精神，始终以更高的政治标准、政治要求全力助推阜平脱贫攻坚。二是加强组织领导，局党组定期召开会议研究部署总体工作，局扶贫工作领导小组统筹做好工作安排、项目落地、资金使用、人力调配、推进实施，局扶贫办会同有关方面抓好贯彻执行，形成同参与、共落实的帮扶工作格局。三是汇聚帮扶合力，动员局属单位有钱出钱、有人出人、有智出智、有力出力，调动一切可以调动的资源，争取社会各界支持，集中力量攻关，齐心协力克难，推动形成全面参与帮扶的良好氛围。四是强化指导监督，局党组成员先后 35 次到阜平调研，及时与原国务院扶贫办、中央和国家机关工委及河北省、市、县、乡各级党委、政府沟通交流，确保脱贫攻坚工作务实、过程扎实、结果真实。

二、大力发展职业教育，阻断贫困代际传递链条

牢记习近平总书记"要把发展教育扶贫作为治本之计"的重要指示，针对贫困家庭学生打工没技术、创业没思路、务农没出路的现状，确定发展职业教育、传授一技之长、带动就业脱贫的帮扶思路。2013 年，联合一汽、上汽、长安、比亚迪等 4 家车企，创办梦翔汽车培训基地；2019 年，协调包括上述 4 家车企在内的 8 家车企捐赠近 6000 万元的车辆设备，支持基地发展。截至目前，累计招生 4000 余人，人均年收入 3 万—5 万元，探索出"培养一人、就业一个、脱贫一家"的职教扶贫模式。2015 年底，国管局因职教扶贫工作成效明显，被推荐在中央单位定点扶贫工作会议上作典型发言。2016 年，联合北京物业管理行业协会等单位创办楼宇智能化培训基地。先后建立以阜平为龙头、覆盖冀晋 11 个贫困县的"9+2"职教协作区，覆盖冀晋蒙 35 个县的北京—燕太片区职教扶贫协作区，拓宽服务半径。推动设立保定职业技术学院阜平校区（高职），开展中高职"3+2"分段培养，提升办学层次。整合国管局直接投入以及协调中国建设银行等 7 家银行捐赠资金共 4200 余万元，推动设立专

国管局联合车企创建梦翔汽车培训基地，并协调车企捐赠车辆和设备支持培训基地发展壮大。图为梦翔汽车培训基地学生在上实训课。

项奖励救助金，提供长效支持保障。

三、从零起步发展电商，培育"造血"功能

阜平农产品种类丰富，盛产核桃、大枣等，产量足、分布广、质地优，但长久以来名气小、销路窄、价格低。为了破解阜平农产品销售难题，更好帮助群众增收致富，2013 年底，李宝荣同志到阜平调研提出发展农村电商促扶贫的思路，为农村赋予活力、为农民赋予能力、为农产品赋予价值。协助建成设施齐全、功能完备的电商创业园和完整运营体系，物流和网店覆盖所有乡镇和行政村。创办全国首家县级"O2O"农村电商体验店，在淘宝网开设全国首个贫困县"特色中国馆"，推动京东、苏宁云商阜平馆上线运营。帮助申请"电子商务进农村综合示范县"，争取扶持资金 2000 万元。推出"阜礼"区域公用品牌，主动接轨电商购物节、直播带货、社区团购等新模式，协调京东集团与

阜平签订林果产业市场化运营和产品销售等战略协议。针对不同群体创业致富需求，广泛组织微商营销、物流配送、农资下乡等培训。2017 年、2018 年全网电商销售额均达到 1 亿元，2019 年达 2 亿元，2020 年突破 3 亿元。

四、深入抓好整村推进，打造美丽乡村建设样板

2013 年初，国管局整村帮扶平石头村，后续按照中央组织部要求先后向黑崖沟村、平石头村选派第一书记。筹集整合资金改善基础设施和教育、医疗条件，发展绿色蔬菜、家庭手工、乡村旅游等产业。在平石头村，开展"脱贫攻坚党旗红"，完善村规民约，推进乡村治理体系建设；制定整村发展规划，通过无息贷款、合作社等形式发展苹果、杂粮种植，创办扶贫车间，协调京东、洽洽等企业帮销农副产品，动员局属单位开展消费扶贫；在央视《乡村

| 国管局为阜平县引进全国最大的硒鸽养殖产业项目。图为阜平县硒鸽健康产业园俯瞰图。

党的十八大以来，国管局深入学习贯彻习近平总书记关于扶贫工作的重要论述，配合阜平县委县政府，既抓当前重点，又图长远目标，以"一校一院一村一网"为抓手，坚持发展职业教育，大力引进医疗资源，聚焦实施整村推进，从零起步开拓电商，争取引进立县项目，用心用情扶危济困，助力阜平顺利脱贫摘帽，历史性告别绝对贫困。

大世界》宣传阜平大枣和民俗文化。在黑崖沟村，推行"党建＋养老、产业、教育"的"1+3"帮扶思路，设立原党支部书记陈万昌纪念室；建成50亩蔬菜瓜果大棚，创办家庭手工点；众筹230万元建设光伏养老工程并扩容升级，帮助村内老人更好实现老有所养、老有所依，在全县发挥了示范带动作用。两村顺利实现高质量脱贫出列。

五、积极争取立县产业项目，激发发展潜能

国管局积极帮助阜平规划引进农业、工业和文旅项目，筑牢发展根基。协调中国农科院与阜平县合作，规划建设现代农林科技示范园；帮助引进全国最大的硒鸽产业项目，惠及12816户建档立卡户；引进总投资9亿元的新希望生猪养殖项目并顺利投产。协调中南大学全面勘查县域矿产种类和储量；完成民爆科技园一期20吨炸药库工程；瞄准雄安新区建设需求，促成阜平县与有关方面签署联合共建协议，推进装配式建筑产业园建设，2019年8月开工奠基，企业投资计划达32亿元。协调中国国家铁路集团有限公司推动雄忻高铁在阜平过境设站。结合阜平红色文化底蕴深厚、革命遗址众多的实际，协调国家文

物局投入资金维修史家寨窑洞群；促成中粮集团、华江文化等大型企业与阜平县签订合作协议。

六、持续开展健康扶贫，坚持扶危济困

为了解决基层群众看病难看病贵、防止因病致贫因病返贫等问题，国管局协调中建集团推进阜平中医院新址建设，改善医疗服务条件，完成新址搬迁和复诊。协调国家中医药局、中国中医科学院等单位通过选派专家团队驻点帮扶，组织阜平医护人员来京进修，开展远程会诊等方式，提升诊疗技术水平。协调北京善医行村医帮扶培训中心到阜平举办村医全科医生培训班；协调中南大学湘雅医院为阜平医务人员免费开展业务技能培训；多次组织协调中央和国家机关"三下乡"、中国中医科学院所属医院举办义诊送药等活动。此外，按照"小康路上，一个都不能掉队"的要求，国管局深入开展扶危济困。近2年来组织局属企事业单位和全局干部职工捐款1700余万元；采取"自公益"方式为聋哑儿童援建律动音乐教室，多次开展物资捐赠活动。协调九阳、英利等企业帮助不老树小学、阜平二中等改造校舍、更新教具图书和设备；为骆驼湾、顾家台等村庄安装路灯，建设卫生室和书屋。

历任扶贫干部

挂职扶贫干部

挂职时间	姓　名	挂职地	挂职职务
2012.11—2013.11	陈　亮	河北省阜平县	副县长
2013.11—2015.1	褚庆捷	河北省阜平县	县委常委、副县长

挂职时间	姓　名	挂职地	挂职职务
2015.1—2016.9	柳承茂	河北省阜平县	县委常委、副县长
2016.9—2018.8	马　佳	河北省阜平县	县委常委、副县长
2018.8—2021.1	雷伯勇	河北省阜平县	县委常委、副县长
2020.12—	王　倬	河北省阜平县	县委常委、副县长（2021.3 任职）

驻村第一书记

驻村时间	姓　名	所驻村及职务
2015.7—2017.7	刘　伟	河北省阜平县黑崖沟村第一书记
2017.7—2021.4	赵振兴	河北省阜平县平石头村第一书记
2020.12—	秦龙飞	河北省阜平县平石头村第一书记（2021.5 任职）

国务院港澳办

历　程

国务院港澳办从 1997 年起定点帮扶河北省赞皇县。国务院港澳办成立了扶贫工作领导小组，着力在教育医疗、产业发展、扶志扶智、消费带动方面下功夫，助力赞皇县脱贫攻坚取得突出成效。2019 年 5 月，赞皇县脱贫摘帽，脱贫攻坚取得全面胜利。

国务院港澳办从 1997 年起定点帮扶河北省赞皇县。多年来特别是党的十八大以来，国务院港澳办深入学习贯彻习近平总书记关于扶贫工作的重要论述，坚持将定点扶贫作为重要政治责任扛在肩上，创新帮扶举措，突出精准实用，强化扶志扶智，累计协调投入帮扶资金超过 1 亿元，全力以赴帮助赞皇县打赢精准脱贫攻坚战，定点扶贫工作取得突出成效。

一、提高政治站位，以帮扶实际行动践行"两个维护"

国务院港澳办党组对定点扶贫工作高度重视，注重顶层设计，坚持高位推动，以钉钉子精神落实各项帮扶任务。党的十八大以来，国务院港澳办党组先后 18 次召开定点扶贫会议，第一时间传达学习习近平总书记关于扶贫工作的重要指示批示精神，听取扶贫工作汇报，研究解决重大问题，制定具体帮扶举措。2020 年 9 月，全国政协副主席，国务院港澳办党组书记、主任夏宝龙专门作出批示，肯定赞皇县脱贫攻坚的思路清、举措实、做法新、效果好，要求县委、县政府再接再厉，在统筹推进脱贫攻坚和乡村振兴上创出新业绩，表示国务院港澳办将继续给予大力支持。国务院港澳办领导先后15次带队赴赞皇县开展检查督导，摸清脱贫发展实际需求，检查重点帮扶项目进展，看望慰问困难群众和扶贫挂职干部，督促县委、县政府坚决扛起脱贫攻坚主体责任，推动各项帮扶政策落地生根。制定出台《国务院港澳办定点扶贫资金管理办法》，确保帮扶资金在阳光下运行，组织全办司局级及以下干部180余人次赴赞皇开展调研、支教和帮扶活动，切实将党中央和习近平总书记的关怀传递给困难群众，将党和国家的扶贫政策宣传到基层一线。

二、积极选派扶贫干部，加强做好脱贫攻坚工作力量

党的十八大以来，国务院港澳办坚决落实习近平总书记"尽锐出战"的指示要求，努力克服自身工作任务重、人员紧张等困难，积极选派6名优秀年轻干部赴赞皇县挂职锻炼。6名同志扎根基层，心无旁骛，带着责任和感情奋斗在扶贫攻坚第一线，与当地干部群众吃住工作在一处、摸爬滚打在一起，谋发展、办实事、解难题，努力用爱心和初心浇灌脱贫致富的种子，充分发挥攻坚克难骨干和桥梁纽带作用，赢得赞皇县当地干部群众的高度评价，王振强同志荣获2018年河北省脱贫攻坚贡献奖，陈喆同志建强基层党组织的经验入选《中央和国家机关驻村第一书记扶贫典型案例集》。

在做好选派工作的同时，国务院港澳办注重加强对挂职干部的管理考核。办领导坚持同每位挂职干部进行任前谈话，多次与挂职干部进行座谈，指导挂职干部因地制宜找准帮扶项目，合理使用帮扶资金，及时帮助他们解决工作和生活中遇到的实际问题。通过加强思想引导、工作指导和关心关爱，确保挂职干部"选得准、下得去、融得进、干得好"。

三、大力开展教育扶贫，阻断贫困代际传递

扶贫先扶智，治贫先治愚。国务院港澳办把开展教育扶贫作为阻断贫困代际传递的有力举措，通过多方筹措资金，帮助赞皇县加强教育基础设施建设，夯实脱贫发展基础。在国务院港澳办协调推动下，香港董氏慈善基金会等爱心企业和个人捐资 3000 余万元，帮助赞皇中学新建教学综合楼、宿舍楼和餐饮楼，目前均已投入使用，有效改善了 2300 余名学生学习、就餐和住宿环境。香港敏华控股有限公司等捐资 659 万元，为白璧小学等 4 所小学新建教学综合楼和教室，受益学生达到 3000 余人，漂亮的校舍成为当地农村最美的一道风景。为加大对弱势群体帮扶力度，减少因学因病等致贫返贫现象发生，赞皇县于 2020 年 6 月成立了社会救助基金会，对城乡特殊困难群众给予针对性补助。经国务院港澳办积极协调，太古集团向该基金会捐资 110 万元，进一步提升基金会的资金实力和救助能力。在积极帮扶赞皇县的同时，国务院港澳办还协调帮

| 国务院港澳办机关团委组织青年干部赴赞皇县开展调研支教活动。图为青年干部为尹家庄村小学学生讲解港澳有关知识。

扶资金 300 万元，帮助广西都安瑶族自治县菁盛乡中小学新建教学综合楼，为民族地区脱贫发展贡献力量。

四、大力开展健康扶贫，补齐卫生设施短板

健康扶贫是实现稳定脱贫的有力保障。为帮助赞皇县进一步改善医疗条件，国务院港澳办协调澳门基金会连续三年共捐资 1500 万元，香港黄廷方慈善基金会捐资 800 万元，为赞皇县医院购置了螺旋 CT、X 光机、高端彩超和核磁共振成像系统等设备；香港旭日集团无偿捐赠 2000 万元，帮助赞皇县医院新建门诊大楼，总建筑面积近 6000 平方米；香港世茂集团捐资 850 余万元，支持嶂石岩医养结合医院和镇卫生院建设，建成后的嶂石岩医养结合医院能够满足周边常住居民及数万游客的基本医疗和疗养康复需求；香港敏华控股有限公司捐资 41 万元，为尹家庄村等 4 个村新建卫生室，推动赞皇县医疗基础设施

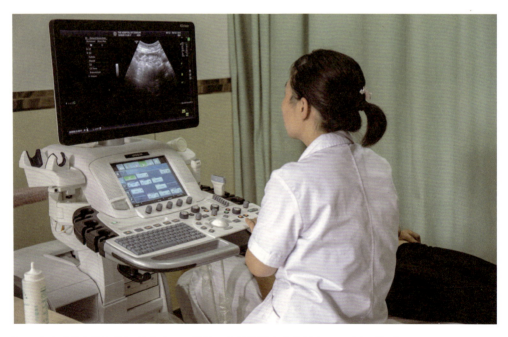

| 国务院港澳办协调澳门基金会和香港黄廷方慈善基金会为赞皇县医院捐赠螺旋 CT、X 光机、高端彩超和核磁共振成像系统等设备。图为赞皇县医院医生使用捐赠设备。

建设实现跨越式发展。2020 年，根据新冠肺炎疫情防控需要，国务院港澳办帮助赞皇县成功申请财政经费 2000 万元，用于建设县医院传染病综合楼，进一步提升当地公共卫生防控救治能力。在疫情防控最吃劲、防疫物资供应最紧张的时候，协调香港中电集团，向赞皇县无偿捐赠 2 台呼吸机，有效提升危重病人救治能力。

五、大力开展产业扶贫，搭建共赢共享平台

国务院港澳办注重把产业扶贫作为定点帮扶的主攻方向，通过发展精准帮扶群众的产业项目，提高贫困群众自我"造血"能力。2018 年，国务院港澳办协调香港四洲集团按保护价定向收购赞皇县板栗 33 吨，又优先优价收购建档立卡贫困户板栗 20 余吨，实现企业、村集体、栗农和贫困户共赢。针对贫困村集体经济基础薄弱、农民收入来源单一的现状，国务院港澳办协调香港轩辕教育基金会捐资 20 万元港币，为尹家庄村新建 2 个温室大棚，同时直接投入资金 100 余万元，建设 6 座蘑菇种植大棚。农民通过土地出租、入股分红、入园打工，成为"享租金、挣薪金、分股金"的"三金"农民。国务院港澳办还直接投入帮扶资金建设了 7 座农产品初加工微工厂，把企业用工需求和贫困群众就业需要有效对接，帮助贫困人口在家门口实现就业。

六、加大干部群众培训力度，提升脱贫能力水平

打赢脱贫攻坚战关键在人，在人的观念、能力和干劲。在帮助赞皇县夯实脱贫发展硬条件的同时，国务院港澳办注重通过"请进来、走出去"的方式，帮助赞皇干部群众解放思想、拓宽视野、增长本领。党的十八大以来，国务院港澳办组织港澳爱心人士 130 余人次赴赞皇县进行考察调研，围绕赞皇城镇规划建设、特色产业发展、旅游资源开发等"问诊把脉"，把先进技术和管理经验"请进来"。国务院港澳办坚持把扶贫与扶志扶智相结合，直接投入经费帮

赞皇县概况

　　河北省赞皇县 1994 年被列为国家重点扶持贫困县，1997 年国务院港澳办与赞皇县建立定点帮扶关系，2019 年脱贫摘帽。赞皇县历史悠久，是革命老区、千年古县、山区县、生态县，生态资源丰富，有嶂石岩、棋盘山等风景区。全县林果种植面积达 100 多万亩，林果业及相关加工产业是赞皇农民脱贫致富的主要渠道。同时，县域内还有以建筑陶瓷、水泥等制造业为主的绿色建材产业集群。

助赞皇县培训县乡村三级基层干部 4000 余人，依托劳动技工学校等培训技术人员近 1800 人，国务院港澳办还依托港澳区情研讨班等平台，组织 11 名赞皇干部赴港澳开展培训，帮助他们开阔眼界。2020 年 10 月，香港大公文汇传媒集团派出 4 人采访组赴赞皇采访报道，深入挖掘港澳爱心人士积极推动赞皇县各项事业发展的感人事迹，广泛宣传赞皇县脱贫攻坚的历程和成果。

七、大力开展消费扶贫，助力产业扶贫提质增效

　　消费扶贫对产业发展和群众增收具有明显促进作用。国务院港澳办一方面与赞皇县尹家庄村签署农产品长期供应协议，直接从当地购买农产品 56 万余元；另一方面充分发挥"扶贫 832 电商平台"作用，推动赞皇县 9 家商铺 120 余种特色农产品上线销售。同时，与中国农业银行进行合作，在农业银行掌上银行 APP 中帮助赞皇开设农产品销售专区，进一步拓展了线上销售渠道。赞皇当地企业利用特产大枣开发的枣能饮料营养丰富、品质过硬，但因其知名度不高，销售市场主要局限在县周边。针对这一情况，国务院港澳办扶贫挂职干部积极帮助企业出谋划策，推动相关产品成功进入山东、河南消费市场，实现

销售额 300 余万元。经国务院港澳办牵头联系，洽洽食品有限公司与赞皇县签订销售合作协议，直接采购核桃等 100 余万元。2020 年，国务院港澳办派驻赞皇县挂职副县长的吴云惊同志通过"学习强国"、抖音、河北广播电视台等平台进行 6 次直播带货，宣传推介赞皇县特色农副产品和自然风光，在实现线上销售近 60 万元的同时，吸引大量网友到赞皇县开展采摘游、观光游和养生游。2020 年 4 月，国务院港澳办还积极响应中央和国家机关工委号召，动员全办干部职工积极采购湖北滞销农产品，累计购买茶叶、小龙虾、蘑菇酱等 1.3 万元，助力湖北疫后经济恢复。

八、抓党建促扶贫，凝聚脱贫攻坚合力

党建旨在为民，扶贫旨在惠民。国务院港澳办结合机关自身建设，创新开展党建活动，推进党建与扶贫工作有效融合。秘书行政司等党支部与赞皇县尹家庄村开展结对帮扶，定期组织赴赞皇县开展主题党日活动，通过讲党课、座谈交流等方式提升农村基层党支部建设水平，并为村党支部更新配备电脑、打印机等信息化设备。2018—2020 年，国务院港澳办机关团委连续三年将"根在基层"调研和主题团日地点设在赞皇县，把学用新思想、传播正能量的课堂搬到脱贫攻坚一线，把青年干部学习教育活动与国家治理实践紧密结合，并在主题团日制度化、规范化和各部委联学联做方面进行了积极探索，《中国扶贫》杂志以"太行深处港澳情"为题对港澳办帮扶赞皇和主题团日情况进行了报道。组织开展了爱心捐赠活动，全办干部职工积极向赞皇捐款捐物 7.8 万元。2017 年 7 月，邀请赞皇县委书记冯立业为全办干部职工讲党课，介绍脱贫攻坚经验体会，推动形成"人人关注扶贫、人人参与扶贫"的良好氛围。组织中国记协香港大学生、内地高校优秀澳门学生等到赞皇参观见学，赞皇县已经成为面向国务院港澳办干部和港澳青少年开展红色教育和国情教育的基地。

在国务院港澳办积极帮扶下，赞皇县委、县政府坚决贯彻落实中央和省市

善用港澳资源，助力脱贫攻坚。国务院港澳办领导利用日常会见访问和赴港澳开展公务活动等机会，加强与港澳人士接触交流，积极向港澳人士宣传推介赞皇，讲好赞皇故事，动员引导港澳人士参与赞皇县扶贫开发。通过多种形式的双向交流，把赞皇县特色产品资源推向港澳地区，同时吸引港澳人士在赞皇县投资兴业，推动港澳地区更好地融入国家发展大局。

有关决策部署，始终把脱贫攻坚作为首要政治任务，牢固树立以人民为中心的发展理念，举全县之力赢得"脱贫攻坚"大考。2018 年，全县脱贫 2868 户 5513 人，综合贫困发生率降至 0.56%，以全市第一、全省第六的良好成绩通过退出验收。2019 年 5 月，赞皇县脱贫摘帽。截至目前，赞皇县建档立卡贫困户全部脱贫，脱贫攻坚取得全面胜利。

历任扶贫干部

挂职扶贫干部

挂职时间	姓 名	挂职地	挂职职务
2016.10—2020.3	王振强	河北省赞皇县	县委常委、副县长
2020.1—	吴云惊	河北省赞皇县	副县长

驻村第一书记

驻村时间	姓　名	所驻村及职务
2015.8—2017.8	程　远	河北省赞皇县西龙门村第一书记
2017.8—2019.8	陈　喆	河北省赞皇县尹家庄村第一书记
2019.8—2020.8	任　敏	河北省赞皇县尹家庄村第一书记
2020.9—	黄　奢	河北省赞皇县尹家庄村第一书记

国务院研究室

历 程

1994 年，明确定点帮扶河南省淅川县后，国务院研究室及时开展政策指导、实地调研、走访慰问等工作。党的十八大以来，坚持把定点扶贫作为重大政治责任，及时成立领导机构，2018—2020 年，连续三年由国务院研究室党组主要负责同志带队开展集中调研督导。从 2016 年起，选派优秀年轻干部开展挂职帮扶。

党的十八大以来，国务院研究室坚持以习近平新时代中国特色社会主义思想为指导，深入学习贯彻习近平总书记关于扶贫工作重要论述和党中央脱贫攻坚决策部署，始终以带头做到"两个维护"的高度政治自觉，统筹抓好脱贫攻坚文稿起草、调查研究、决策咨询和定点扶贫工作，综合运用扶贫政策研究、集中调研督导、积极协调资源、选派帮扶干部等有效方式，推动定点扶贫县——河南省淅川县成为唯一一个连续 4 年脱贫攻坚综合评估位居全省前 5 名的县，2019 年底，全县 159 个（深度贫困村 98 个）建档立卡贫困村全部出列、贫困发生率由 2014 年底的 13.89% 降至 0.9%，高质量实现脱贫摘帽。国务院研究室 2019 年、2020 年连续两年在中央单位定点扶贫工作成效评价中被评为"好"等次。

一、坚持党组统抓、部门联动、全员行动的帮扶工作格局

室党组始终把定点扶贫作为重大政治责任抓紧抓实，集全室之智、举全室之力，加强政策引导、业务指导、工作督导，把强有力的组织领导、组织推动贯穿定点扶贫工作全过程。室党组书记认真履行第一责任人责任，及时主持召开党组会议、扶贫开发领导小组会议、专题工作会议等，传达学习贯彻习近平总书记关于扶贫工作的重要论述、重要指示批示精神和党中央决策部署，研究加强和改进定点扶贫工作；每年多次与淅川主要负责同志座谈交流、督导重点工作落实，协调推动解决了丹江湿地保护区完成调规并获国务院审批、淅川地方电力国有产权划转至国家电网公司、丹江湖环湖公路建设立项等事关脱贫攻坚和长远发展的重大问题。党组其他同志主动把定点帮扶责任扛在肩上，先后多次到淅川开展调研督导，帮助争取项目和资金，积极协调解决重点难点问题。组织各业务司利用对本领域政策制度熟、情况掌握深的优势，加强业务指导和政策落实把关，帮助优化脱贫攻坚政策举措，及时撰写调研报告反映淅川县特色经验做法。全室同志心里装着淅川、事事想着淅川，尽心尽力为淅川协调项目、引进资金，为淅川打赢脱贫攻坚战提供有力支持。

淅川县概况

河南省淅川县位于豫、鄂、陕三省交界，是南水北调中线工程核心水源区和渠首所在地，经历过两次大移民，是全国第一移民大县。1986年被确定为国家重点扶持贫困县，1994年明确为国务院研究室定点扶贫县，2020年2月脱贫摘帽。淅川县发展软籽石榴等生态林果产业，推动农旅融合，确保一库清水永续北送。

二、坚持主要负责同志带队开展集中调研督导

　　连续三年利用暑休时间，由主要负责同志带队赴淅川县，坚持"从全国看淅川、从淅川看全国"开展集中调研督导。把国务院研究室党组关于在文稿起草、决策咨询、调查研究中做到充分体现习近平新时代中国特色社会主义思想，充分体现党的十九大和党的十九届二中、三中、四中、五中全会精神，充分体现习近平总书记重要指示批示精神和党中央决策部署这"三个充分体现"的基本要求贯穿调研督导全过程。通过广泛听取市场主体、基层干部、贫困群众对党中央重大决策部署落实情况的反映，掌握大量第一手资料，在全面深入了解淅川县脱贫攻坚进展和面临困难挑战的基础上，重点从面上对其他地区脱贫攻坚的经验做法和存在的苗头性问题进行总结分析，形成系列调研报告近40篇，并得到中央有关领导同志重要批示，对脱贫攻坚具体政策优化发挥了积极作用。在集中调研督导过程中，把淅川县脱贫攻坚工作与党中央要求对

　　国务院研究室积极帮助引进先进技术、动员社会力量参与，指导淅川县建成电商产业园和乡村两级电商服务点。图为淅川县电子商务产业园。

标对表，系统梳理存在的矛盾问题和薄弱环节，与淅川县干部群众共谋发展思路、共商脱贫良策，逐一提出解决办法，帮助固强补弱，加快脱贫致富步伐。同时，充分利用政策情况熟的优势，通过集中交流、对口调研等方式，以会代训、以调研代训，向基层干部和群众当面宣传习近平总书记关于扶贫工作重要论述和党中央决策部署及政策举措，介绍全国其他地区好经验好做法，推动掌握政策、更新观念、拓宽思路、提升自我发展能力。坚持把淅川作为重点问题调研、扶贫政策研究基地，国务院研究室机关 2/3 以上的干部、85% 以上的司级领导干部先后到淅川进行过实地调研。同时，还把淅川作为重要的党员干部实践教育锻炼基地，把实地调研督导作为严肃的政治历练课、生动的国情农情课和深刻的作风教育课，在直接参与脱贫攻坚具体实践中砥砺政治品格、树牢群众观点、锤炼工作作风，增强党员干部在新时代用"笔杆子"报效党和人民的使命感责任感。

三、坚持突出"两不愁三保障"，推动脱贫质量巩固提升

在缺少资金资源调配手段的情况下，每年均超额落实定点扶贫责任书明确的指标任务。累计投入帮扶资金 91.8 万元、购买农产品 36.5 万元、帮助销售农产品 2817.5 万元、动员社会力量投入帮扶资金 14400 万元、培训基层干部 1469 人次和技术人员 1257 人次。认真履行工作督导职责，把握目标标准，突出兜底保障，促进民生改善与经济发展同步推进，重点督促抓好易地扶贫搬迁、健康扶贫、教育扶贫、消费扶贫等重点工作，淅川县贫困人口义务教育、基本医疗、住房安全得到较为充分保障，淅川高考成绩连续四年刷新历史，圆满完成 19813 人易地扶贫搬迁任务，成为全国易地扶贫搬迁工作现场会主要观摩点。尤其是面对突如其来的新冠肺炎疫情，帮助淅川县线上线下同步发力，深入开展消费扶贫行动，协调 20 余家线上平台销售和 200 多个机关、企事业单位集中采购淅川扶贫产品，指导做好中国农民丰收节河南省扶贫产品推介暨现场签约活动承办工作，较好解决了农特产品滞销问题。同时以淅川县线

上线下消费平台为依托，跨区域联动开展消费扶贫，带动销售其他贫困地区农产品。

四、坚持因地制宜、长短结合，助力培育特色优势产业

针对淅川县贫困程度深、发展基础薄弱，在脱贫攻坚过程中又面临保护生态环境、守好首都"大水缸"等情况，指导淅川县以发展高效生态脱贫产业为重点，形成"短中长"三线并重的产业发展格局。"短中长"产业发展模式被评为"大国攻坚、聚力扶贫"全国十佳优秀扶贫案例，写入焦裕禄干部学院教材。积极帮助引进先进技术、动员社会力量参与，指导建成电商产业园和乡村两级电商服务网点，完善冷链物流基础设施，与各大电商平台形成长期合作，打造丹江湖生态旅游圈，推动乡村旅游扶贫试点村建设和合作社培育，建成环保扶贫产业园，成功走出了一条绿色脱贫致富、可持续发展之路。帮助挖掘当地历史文化资源，打造"淅有山川"区域公用品牌、"芈月山"农特产品牌，并通过协调媒体报道、指导举办系列展销活动等多渠道予以宣传推广，有效提高了淅川及其产品知名度。

五、选派优秀年轻干部一线挂职帮扶

在人手紧、任务重的情况下，选派4名同志到淅川挂职和担任驻村第一书记。对挂职帮扶干部给予政策方面的引导、沟通协调方面的支持、家庭生活方面的关怀，让他们心无旁骛、创造性开展一线帮扶工作。在同等条件下优先提拔使用，其中一名同志挂职一年后由调研员提任处长，一名同志任副处长刚满两年即提拔为处长。挂职县委常委、副县长的方松海、徐紫光同志，充分发挥专业优势，在优化全县脱贫攻坚措施和开展电商扶贫、旅游扶贫、消费扶贫等方面发挥了重要作用。担任驻村第一书记的王涛同志，以村集体参股创办6家绿色扶贫企业，牵头组织流转区域9个村4000亩土地，引导山区群众发展艾

草、玫瑰和林果产业，按照生态旅游村标准改善群众居住条件，村集体经济收入连续三年突破 300 万元，取得较好生态效益和经济效益。王涛同志被评为"全国脱贫攻坚先进个人""中央和国家机关脱贫攻坚优秀个人""河南省脱贫攻坚奖贡献奖""河南青年五四奖章"。方松海同志被评为"中央和国家机关脱贫攻坚优秀个人"。

六、坚持高质量党建引领脱贫攻坚

指导淅川县深入开展"不忘初心、牢记使命"主题教育，着力破解脱贫攻坚难题和群众反映突出问题。建立国务院研究室机关党支部与淅川县有关贫困村党支部联系帮扶机制，推动贫困村党的建设与产业发展融合，探索运用党干群联席会议、邻家支部、村院党建等党建工作形式，实现党组织在产业链和扶贫项目上全覆盖，着力增强基层党组织政治功能和组织功能；引导大学生、复

国务院研究室探索运用党干群联席会议、邻家支部、村院党建等党建工作形式，实现党组织在产业链和扶贫项目上全覆盖。图为指导贫困村开展邻家支部活动现场。

创新帮扶模式

　　坚持党组书记带队，组织精干力量，连续三年赴定点扶贫县开展集中调研督导，以点带面和以面促点相结合，发挥政策研究、决策咨询和调查研究职责优势，既对标对表党中央要求，对比对照全国先进经验，深入开展政策落实督导和具体工作指导，推动固强补弱提高，又深度解剖定点扶贫县这只"麻雀"，研究提出优化全国面上脱贫攻坚工作的政策建议。

员退伍军人、外出务工人员下乡返乡创业，优化贫困村领导班子学历和年龄结构，壮大党员队伍。指导在脱贫攻坚一线加强干部作风锤炼，坚决防止扶贫中的形式主义、官僚主义和腐败问题滋生。强化扶志扶智和活血造血，督促用好用足驻村第一书记和帮扶工作队这个"外脑"，注重在发展村集体经济过程中加快培养村"两委"带头人、企业经营管理骨干，开展电商技能、乡村旅游运营、环保技术培训，发动全室干部职工为贫困村捐赠书籍、捐建书屋，加大对群众市场观念和专业技能培育力度，促进加快掌握现代化的生产方式和经营方式，提高脱贫致富能力。

历任扶贫干部

挂职扶贫干部

挂职时间	姓　名	挂职地	挂职职务
2016.10—2019.12	方松海	河南省淅川县	县委常委、副县长
2019.12—	徐紫光	河南省淅川县	县委常委、副县长

驻村第一书记

驻村时间	姓　名	所驻村及职务
2017.8—2021.5	王　涛	河南省淅川县银杏树沟村第一书记
2021.5—	王建龙	河南省淅川县蒿坪村第一书记

新华社

历 程

新华社于 1994 年底正式开始定点扶贫工作，1995 年成立扶贫工作领导小组。1994—2002 年定点帮扶贵州省息烽县。2002 年，定点帮扶县由息烽县调整为思南县。2015 年，定点帮扶县由思南县调整为石阡县，并新增河北省新河县为定点帮扶县。26 年来，新华社先后派驻 18 批扶贫工作队 51 名挂职干部，在当地干部群众的不懈努力和新华社的倾情帮扶下，2019 年，石阡县、新河县先后脱贫摘帽。

党的十八大以来，新华社坚决贯彻落实党中央的决策部署，在中央和国家机关工委、原国务院扶贫办的有力指导下，凝聚全社力量，发挥特色优势，结合定点扶贫县实际，用心用情用力做好宣传扶贫、信息扶贫、推广扶贫、人才扶贫、产业扶贫、搭桥扶贫、消费扶贫等工作，推动贵州石阡、河北新河两个定点扶贫县分别于 2019 年 4 月、5 月成功脱贫摘帽，得到上级机关的肯定和当地干部群众好评。在近年来中央单位定点扶贫工作成效评价中，新华社连续三年被评为最高等次"好"。新华社国内新闻编辑部记者侯雪静和参考新闻编辑部清样编辑室分别荣获全国脱贫攻坚先进个人和先进集体。

一、加强组织领导，形成合力定点帮扶

新华社党组高度重视定点扶贫工作，认真学习贯彻习近平总书记关于扶贫工作的重要论述，始终把做好定点扶贫工作作为重大政治责任扛在肩上、抓在手中。主要负责同志认真履行"第一责任人"责任，做到带头抓、直接抓、全面抓，多次对做好定点扶贫工作作出批示、提出要求，每年赴定点扶贫县调研至少1次，现场指导帮扶工作，推动解决实际问题。党组其他同志结合各自分管领域，对定点扶贫工作给予关心支持，专程或择机赴定点扶贫县开展实地调研，推动扶贫工作。社扶贫工作领导小组每年多次召开专题会议，及时传达学习党中央有关决策部署和习近平总书记最新重要讲话重要指示批示精神，研究定点扶贫工作重大问题，审议通过年度定点扶贫重点工作安排。2016年以来，共有主要负责同志6人次、党组其他同志5人次、局级及以下干部260人次到定点扶贫县调研，有力促进了定点扶贫工作。

为进一步加强定点扶贫工作，2017年，新华社对扶贫工作领导小组成员进行了调整充实，由分管社领导任组长，相关职能部门和贵州、河北分社主要负责人任副组长。2021年，由新华社社长担任定点帮扶工作领导小组组长，在办公厅下设领导小组办公室，安排专人具体负责日常行政管理，履行统筹协调、督促检查职责。牵头单位协同相关责任单位发挥自身优势资源，无缝衔接帮扶需求。驻点扶贫工作队深入调研、摸清实情、精准施策。在脱贫攻坚期间，新华社坚持真扶贫、扶真贫、用实招、求实效，积极开展对口帮扶工作，向两个定点扶贫县直接投入帮扶资金约13900万元，引进帮扶资金约8000万元。

二、聚焦宣传扶贫，大力营造良好舆论氛围

紧紧围绕学习贯彻习近平总书记关于扶贫工作的重要论述，统筹全社资源，精心组织策划，深入采访调研，充分发挥党的新闻舆论工作主力军主渠道

作用，为打赢脱贫攻坚战提供有力舆论支持。2016 年以来，新华社共播发涉及脱贫攻坚的各类稿件近 6 万篇，推出的《习近平的扶贫故事》《点燃奋斗的精神火种——来自中国脱贫攻坚战场的报告》《中国反贫困斗争的伟大决战》等一批精品力作，在海内外引发热烈反响。

充分发挥"耳目""智库"优势，为中央决策提供重要参考。连续四年对 22 个省区市扶贫成效开展省际交叉实地暗访调研，形成的相关调研报告得到中央领导同志批示和国务院扶贫办肯定。发挥参考报道作用，紧扣党中央和习近平总书记关注的重点，就返贫、移民搬迁、脱贫内生动力等重点问题采写了一批参考报道，部分稿件受到中央领导同志重视。其中有关梵净山保护问题的参考报道得到中央领导同志批示，推动贵州省铜仁市采取切实可行措施，妥善解决了梵净山多头管理、景区利益调整和原住民生态补偿等问题。

石阡县概况

石阡县位于贵州省铜仁市，总面积 2173 平方千米，辖 19 个乡镇（街道）311 个行政村（社区），总人口 46.63 万人，仡佬族、侗族、苗族、土家族等少数民族占总人口的 74%。1986 年被确定为国家重点扶持贫困县，2015 年底被确定为新华社定点扶贫县。2019 年 4 月脱贫摘帽，同年全县所有贫困村和全部建档立卡贫困人口均实现脱贫出列。

注重发挥媒体融合发展优势，派出精锐专业团队多次赴两个定点扶贫县调研，协助当地整合广播、电视、报纸、微信、网站等媒体资源，拿出自有资金援建县级融媒体中心，加强业务培训和队伍建设，推动打造成为基层主流舆论阵地、综合服务平台和区域信息枢纽，进一步提升了定点扶贫县媒体融合发展能力。

三、助力人才扶贫，抓实抓好"扶志""扶智"帮扶

近年来，新华社采取"请进来、走出去"的培训方式，积极实施各类培训帮扶项目，举办基层宣传干部研修班、县级融媒体报道培训班、考核评估制度培训班、教育系统校长教师培训班、幼儿教师培训班、农村党支部书记综合素质能力提升培训班、新型职业农民致富带头人培训班、专家现场茶叶种植技术培训会、种植苗木种植技术专场培训会及疫情期间的一线连四地"新华社扶贫云讲堂"培训讲座等培训，培训基层干部 3100 人次、技术培训 1700 人次，受到参加培训的干部群众一致好评。

积极引入教育扶贫项目，防范因学致贫返贫。近年来，新华社领导干部带头并发动全社职工捐款 210 万元，资助贫困家庭孩子就学；引进中国扶贫基金会、中华思源工程扶贫基金会、阿里巴巴、唯品会、新华炫闻、贵州智善公司等进行助学项目捐款 230 万元，资助石阡贫困学生 3000 多名；联络中华思

新华社连续四年派出 403 名记者开展脱贫攻坚成效省际交叉暗访调研。图为新华社记者王丰（左一）、侯捷（左二）在青海省治多县牧民家采访。

源工程扶贫基金会、中国社会福利基金会等向石阡捐赠价值 296 万元的图书
89000 多册，引入腾讯智慧校园项目落地新河、石阡两个扶贫县捐赠价值 1000
万元的智慧信息系统供两县中小学校使用；引进九牧公司、深圳壹基金公益基
金会等捐款 800 多万元，用于两县中小学等设施设备配备。

新河县概况

新河县地处冀南平原黑龙港流域，全县总面积 366 平方千米，
辖 2 镇 4 乡和 1 个省级经济开发区，169 个行政村，总人口 17.6 万人。
2012 年被确定为国家扶贫开发工作重点县，2015 年底被确定为新华
社定点扶贫县。2019 年脱贫摘帽，同年全县所有贫困村和全部建档
立卡贫困人口均实现脱贫出列。

四、推进产业扶贫，积极探索脱贫长效机制

注重发挥在经济信息领域长期积累的资源优势，为定点扶贫县免费开通
"新华财经""新华丝路""新华信用"三大国家级信息产品平台专用账号，无
偿提供《经济分析报告·乡村振兴》等信息报告。连续四年免费编发《中国·梵
净山生态养生指数报告》，助推梵净山成功入选世界自然遗产名录。连续 4 年
编发《中国·铜仁精准扶贫指数年度报告》，为铜仁市扶贫成效评价提供有力
参考。组织经济分析师为定点扶贫县量身定制产业发展智库报告，邀请专家
团队就优质资源产业化开发等关键问题把脉献策，为地方政府谋划发展提供
智力支持。

坚持既倾注真情实意，又投入真金白银。近年来，新华社直接投入和引入
产业扶贫资金 800 多万元。在石阡深度贫困村援建两个茶叶加工厂、一个生猪
代养场、一个酥脆枣产业园，引入爱心企业捐资升级改造茶叶加工厂、建设石

| 新华社注重抓党建打基础，助力脱贫攻坚。图为援建的石阡县大坪村党群活动中心。

阡大沙坝乡黄家坪产业园水池，引入龙头茶企承租运营坪山乡大坪村茶叶加工厂。发挥新华网牵头单位作用，为新河贫困村援建香菇大棚、鱼菜共生大棚、黄韭盆景等产业项目。

坚持把开展消费扶贫作为促进贫困农户增加收入、推动贫困地区产业发展的重要举措来抓。近年来，新华社通过工会系统动员组织全社职工直接购买定点扶贫县农特产品近 2000 万元，特别是连续两年倡议干部职工采购石阡滞销黄桃。汇聚顶流明星、网红主播、行业专家、专业团队，利用新华网客户端组织直播带货，并与淘宝、聚划算、快手等平台深度合作，推荐定点扶贫县农特产品。拓展销售渠道，联络贵州航空食品有限公司、中国平安保险等企业助销定点扶贫县农特产品，推动定点扶贫县农特产品顺利进驻中国建设银行、中国农业银行网上商城，与中国农业银行联合举办"农业银行电商消费扶贫走进新华社"活动，完成新华社各预算单位机关食堂在"扶贫 832 平台"上采购贫困地区农副产品任务。

发挥多渠道传播优势，做好广告宣介工作。近年来，整合旗下各报刊、各

创新
帮扶模式

新华社发挥信息资源丰富优势，为定点扶贫县免费开通"新华财经""新华丝路""新华信用"三大国家级信息产品平台专用账号，无偿提供《经济分析报告·乡村振兴》等信息报告。连续四年免费编发《中国·梵净山生态养生指数报告》，助推梵净山成功入选世界遗产名录。连续4年编发《中国·铜仁精准扶贫指数年度报告》，为铜仁市扶贫成效评价提供有力参考。

网站、各新媒体终端和户外大屏、电视频道等媒体资源，围绕定点扶贫县优质资源和特色产业，集中发力、形成声势，每年免费为石阡县、新河县提供3000万元广告宣介服务，有效宣传定点扶贫县地方特色资源，促进当地特色产品销售和优势资源利用，提升了当地知名度和影响力。

五、选派优秀干部，打造过硬扶贫工作队伍

26年来，新华社坚持把定点扶贫作为锻炼培养干部的重要途径，在全社范围内选拔出51名优秀年轻干部，分18批组成扶贫工作队常驻定点扶贫县，对口帮扶不间断。驻点扶贫工作队队长挂任县委副书记，队员挂任县委办副主任，近年来根据中央组织部要求还向定点扶贫县的贫困村选派驻村第一书记。

驻点扶贫工作队不辱使命，在与贫困作斗争的"前沿阵地"上发挥定点扶贫"先锋队"作用，并在帮扶需求和帮扶资源上建起了有效沟通衔接的"桥梁"。扶贫挂职干部吃苦耐劳、求真务实、不负众望，树立了新华人良好形象，赢得了当地干部群众广泛好评，帮扶工作得到中央、省、市、县各级党委和政府充分

肯定，有 2 人荣获"中央和国家机关脱贫攻坚优秀个人"称号，7 人荣获省级脱贫攻坚个人奖，3 人荣获市级脱贫攻坚个人奖。

历任扶贫干部

挂职扶贫干部

挂职时间	姓　名	挂职地	挂职职务
2012.2—2013.2	邢英夫	贵州省思南县	县委常委、副书记
2013.3—2014.3	薛　凯	贵州省思南县	县委常委、副书记
2013.3—2014.3	黄泽峰	贵州省思南县	副县长
2014.7—2015.7	朱剑敏	贵州省思南县	县委常委、副书记
2014.7—2015.7	王　波	贵州省思南县	副县长
2016.1—2017.4	沈乾坤	贵州省石阡县	县委常委、副书记
2016.1—2017.4	王一盛	贵州省石阡县	副县长
2017.4—2018.6	田朝晖	贵州省石阡县	县委常委、副书记
2018.6—2019.7	杨　琨	贵州省石阡县	副县长
2018.6—2021.4	邓诗微	贵州省石阡县	县委常委、副书记
2021.4—	胡　星	贵州省石阡县	县委常委、副书记
2015.12—2017.4	张晓伟	河北省新河县	县委常委、副书记
2017.4—2019.7	汪　鹏	河北省新河县	县委常委、副书记
2017.4—2018.10	朱　峰	河北省新河县	副县长
2018.6—2019.7	刘奕湛	河北省新河县	副县长
2019.7—2021.7	董智永	河北省新河县	县委常委、副书记

驻村第一书记

驻村时间	姓 名	所驻村及职务
2015.8—2016.8	王 骁	贵州省思南县青杠坝驻村第一书记
2016.8—2017.8	王 骁	贵州省石阡县泥山村驻村第一书记
2017.8—2019.8	宾绍政	贵州省石阡县大坪村驻村第一书记
2019.8—2021.8	李本源	贵州省石阡县大坪村驻村第一书记

中国科学院

　　中国科学院实施科技扶贫工作始于 20 世纪 80 年代。1987 年，原国务院
贫困地区经济开发领导小组确定中国科学院为辽宁努鲁儿虎山区扶贫工作重点
联系单位。20 世纪 90 年代，作为"国家八七扶贫攻坚计划"的发起者和倡导
者，中国科学院配合世界银行贷款项目，向云南、广西和贵州的 35 个贫困县
和世界银行项目办派出了 75 名科技副职，定点挂钩帮扶了 47 个国家级贫困县，
是当时承担国家扶贫任务最多、派出人员规模最大的单位。2015 年之前，中
国科学院先后承担内蒙古翁牛特旗、库伦旗，广西环江毛南族自治县，河北深
平县，贵州水城县、普定县，云南澜沧县、东川县、勐腊县等定点帮扶任务。
2015 年 8 月，根据原国务院扶贫办的统一部署，中国科学院定点帮扶贫困县
调整为广西环江毛南族自治县、贵州水城县、内蒙古库伦旗。

　　中国科学院作为国家战略科技力量，是我国科技扶贫的先行者、主力军。
多年来，中国科学院充分利用全院科技、人才和智力优势，坚持扶贫与扶智、
"输血"与"造血"相结合，坚持典型带动与整体推进相结合，坚持增产增收
与生态建设相结合，坚持科技发展与生产需要相结合，在贫困地区开展了大量
的探索和实践。几十年间，涌现出一大批心系民生、无私奉献的科技扶贫人
才，形成了一系列因地制宜的有效模式和成功范式，有力支撑了帮扶地区产业
发展和脱贫增收。

近年来，中国科学院承担了 4 个国家级贫困县的定点扶贫任务，包括内蒙古库伦旗、广西环江县、贵州水城县和六枝特区，其中六枝特区由中国科学技术大学定点帮扶并接受原国务院扶贫开发领导小组的直接考核。同时，根据各级地方党委和政府扶贫工作的统一安排，中国科学院各相关分院和研究所还承担或参与承担了地方 50 多个点的扶贫任务，扶贫责任重大。

党的十八大以来，中国科学院共派出科技副职、驻村第一书记、驻村工作队等扶贫干部 300 余名。此外，全院数百名科研人员也冲在脱贫攻坚的最前沿，以各种方式参与扶贫工作。科研人员和挂职干部多次获得"全国脱贫攻坚奖""全国巾帼建功标兵""全国创新争先奖"等荣誉称号，以实际行动把科研论文写在脱贫攻坚战场上。2018—2020 年，中科院连续三年在中央单位定点扶贫工作成效评价中被评为"好"的等次。

一、强化党建引领，凝集全院力量打赢脱贫攻坚战

提高站位，坚决扛起脱贫攻坚政治责任。中国科学院党组认真学习习近平总书记关于扶贫工作的重要论述，引领全院各级党组织增强深入参与脱贫攻坚的责任感、使命感，为如期完成脱贫攻坚任务奠定思想基础。中国科学院党组多次专题学习习近平总书记关于扶贫工作的重要论述，听取科技扶贫工作情况的专题报告，结合实际深入研究科技支撑脱贫攻坚的有效举措，不断探索更多科技支撑脱贫攻坚的新模式、新方法、新路径；要求全院各级党组织和广大党员、干部深刻认识打赢脱贫攻坚战的重大意义，牢固树立脱贫攻坚是中国科学院作为国家战略科技力量义不容辞的历史责任。

压实责任，为定点扶贫提供组织保障。为切实做好定点扶贫工作，中国科学院成立了以院长为组长、主管副院长为副组长的科技扶贫领导小组，组织领导全院科技扶贫各项核心工作。领导小组办公室统筹全院定点扶贫工作，为每个贫困县确定一个研究所为具体责任单位、一个分院为区域协调单位，组成扶贫工作队并成立功能型党支部，从全院 100 多个科研院所

遴选和引进适合各贫困县资源、产业现状的成果与项目，并为当地针对性培训基层干部、培训技术人员。中国科学院编制了《中国科学院科技扶贫发展规划（2016—2020 年）》，出台了《中国科学院关于进一步加强科技支撑精准扶贫精准脱贫工作的指导意见》《中国科学院科技扶贫经费管理办法》等，加强对扶贫工作的规划和管理。多位院党组成员每年到定点扶贫县进行实地调研督导，并结合地区特色和优势，从地方需求出发，对充分发挥科技优势、以科技优势带动产业扶贫、建立脱贫成果的长效机制等方面提要求、作指导。

规划先行，找准产业帮扶路子。中国科学院在前期实施产业科技扶贫的基础上，组织全院相关科技力量，根据地方产业发展和脱贫攻坚实际需求，派出包括院士、专家在内的 103 名科研骨干，共 2700 余人次。对 3 个定点县 45 个

中国科学院在库伦旗利用菌剂加工优质甜高粱和玉米青贮饲料，提升饲料适口性和营养价值，显著提升牛羊生产性能，实现降本增效。图为当地牧民在中科院专家的指导下，利用中国科学院研制的菌剂加工青贮饲料。

乡镇进行了为期 3 个多月的深入调研，完成每个乡镇及全县发展建议报告，提出脱贫实施方案建议报告，为每个乡镇找准一个符合实际的科技扶贫产业化发展项目及实施路径，为贫困户和贫困人口量身打造脱贫方案。

二、注重科技"造血"，助力贫困地区产业提质与升级

猕猴桃产业升级带动近 20 万农民脱贫致富。在贵州水城，中科院扶贫人员针对该区域的气候特点，帮助发展猕猴桃产业。该方案既不与粮争地，还能解决当地喀斯特地貌水土流失的问题。中国科学院帮助当地建成猕猴桃标准化生产体系。六盘水市猕猴桃种植面积由 2012 年的不到 2 万亩发展到 2020 年底的 20.8 万多亩，其中水城县占 11 万多亩。在全国范围内，中国科学院猕猴桃专利品种累计推广面积 40 余万亩，技术辐射面积近 200 万亩，先后带动了近 20 万农民脱贫致富。同时，中国科学院积极推动"猕猴桃品牌建设"弘光专项，成立由中国科学院控股的中科佳弥公司，以企业化运行打造专利品牌"中科金果"。目前，"中科金果"已经在全国水果批发市场及主流生鲜渠道销售，包括盒马鲜生、每日优鲜、叮咚买菜、永辉超市、果多美等等。被广大种植户亲切地称为"农民科学家"的武汉植物园研究员钟彩虹，获得 2021 年"全国脱贫攻坚先进个人"等荣誉称号。

青贮饲料菌剂促进草牧产业升级。在内蒙古库伦旗，畜牧养殖是当地支柱产业，但一直受到草畜矛盾的制约。中国科学院研发出针对性强、成本低的高效青贮菌剂产品。使用菌剂加工的优质玉米青贮饲料可使肉羊增重提高 12%；青贮苜蓿替代进口干草，可使每头奶牛每天降本增效 10 元以上。2015 年以来，已在库伦旗示范青贮加工饲草 5.5 万吨，惠及农牧户 1000 余户，每户年增收 1200 元以上。目前，中国科学院在全国范围内合作建立了 10 余个生产基地，年产苜蓿等优质青贮饲料超过 30 万吨，产品服务于 100 余家牧场，为农牧区贫困户脱贫致富提供了技术支撑和保障。研究团队的领军科学家钟瑾研究员获得 2021 年"全国巾帼建功标兵"荣誉称号。

环江毛南族自治县概况

广西壮族自治区环江毛南族自治县是全国唯一的毛南族自治县，是世界自然遗产地，更有"飘香之乡"美名，有香牛、香猪、香米、香鸭、香菇等"五香"特产名扬区内外，也是国家级生态示范区、全国绿化模范县、"中国兰花之乡"。1986 年被列为国家重点扶持贫困县，1994 年开始由中国科学院定点帮扶，2020 年宣布脱贫摘帽。

优质杂交品种培育支撑"构树扶贫工程"。中国科学院植物所用野生构树结合现代生物技术培育出首个木本高蛋白、多用途杂交构树新品种"科构 101"，对草食畜牧业贡献显著，被列入我国十大精准扶贫工程之一。杂交构树易种植、门槛低，贫困农户种植杂交构树当年就可以获得收益，平均每亩收入 3000 多元。截至 2020 年底，杂交构树已在全国 28 个省份 200 多个县累计种植 100 余万亩，参与的杂交构树企业或合作社达 600 多家，带动 20 万人以上贫困人口增收脱贫。

马铃薯绿色丰产技术提升农户收益。马铃薯是我国贫困地区的主栽作物，一直受化肥农药"高施低效"、土传病害高发难防等因素影响，收益较差。中国科学院微生物研究所相关团队针对这些问题，利用肥料增效剂、农药控失剂、疮痂病抑制菌剂等技术，使马铃薯氮素利用率提高 30%、减少农药用量 30%，为马铃薯肥药"减施增效"提供了系统性解决方案。团队与地方政府、企业合作，在贵州水城县和六枝特区、宁夏南部山区、内蒙古商都县等贫困地区，累计推广面积 2000 余万亩，使马铃薯平均增产 12.9%，帮助种植户（企业）增收 29.6 亿元，促进化肥与农药企业新创利润 4119 万元，从而为我国马铃薯绿色发展和产业扶贫提供了有效的科技支撑。

三、坚持绿色发展，统筹推进生态恢复与产业融合

生态环境退化与经济贫困通常是互为因果、相伴相生。要拔掉生态退化区的"穷根"，需要将精准扶贫、精准脱贫与生态治理相结合，坚持走生产、生活、生态"三生融合"发展之路。

打造喀斯特农牧复合生态系统扶贫样板。自 1996 年起，中国科学院科研人员在环江县城北肯福屯设立"易地扶贫"试验示范区。以 4600 亩土山为依托，发展了适应当地特点的水果、畜禽、蔬菜等生态产业。示范区内人均年纯收入从 1996 年的不足 300 元提高到目前的 21080 元，超过了全县和周边地区的平均水平。这一生态扶贫新理念被联合国教科文组织专家誉为"肯福模式"，为西南生态脆弱区的精准扶贫提供了技术支撑，树立了样板。

实践"以鱼养水、以渔脱贫"新理念。在水城，中国科学院依托优质淡水鱼成果优势，利用水库、三塘等资源，开展生态渔业技术应用推广与示范，不仅开拓了新致富之路，还有效消减水体中的氮、磷等营养物含量，防止藻类水华的大规模发生。目前，水城县已有 7 座水库发展生态渔业，见效后预计每年鱼产值可达 60 万元以上。

四、聚焦资源禀赋，发展贫困地区可持续特色产业

除了在全国范围内有大规模推广趋势的产业帮扶外，中国科学院还针对各地的资源禀赋，因地制宜开展一系列"小而精"的特色产业，从而为当地培育更为健康的产业生态。

在环江县，中国科学院利用退化植被近自然改造、人工植被复合利用等技术，培育了种草养牛、经济林果、中药材种植加工等科技扶贫体系，帮助农民年人均增收 1600 元以上，并将"菜牛产业"打造成环江一张含金名片。与当地政府联合打造的"肯福易地扶贫示范区"，人均收入从 1996 年的不足 300 元提高到现在的 21080 元。

中国科学院在环江打造喀斯特农牧复合生态系统。环江毛南族自治县，土壤不适宜种植玉米等主粮作物，但适宜种植牧草。中国科学院的科研人员提出了"种草养牛"的保护性发展模式，一亩地牧草能养活1—2头牛，卖牛能增加农民收入，牛粪可用作有机肥和生产沼气，一举多得，"菜牛产业"已成为环江的一张含金量很高的名片。图为当地养牛户在喀斯特山区近自然改造区域种植牧草饲养菜牛。

水城县（区）概况

水城县（区）位于贵州西部，地处川滇黔桂四省区接合部，素有"四省立交桥"之称。境内气候独特、交通便利、文化底蕴浓厚、旅游资源丰富。农业主导和特色产业是猕猴桃、刺梨、茶叶等，工业以煤炭为主。2020年12月30日"撤县设区"。水城县（区）于1986年被确定为国家重点扶持贫困县，2013年开始由中国科学院定点帮扶，2020年脱贫摘帽。

在水城县，中国科学院组织 10 余个科研单位开展了 10 余项科技示范项目。除了已经发展壮大的猕猴桃产业、玄武岩纤维产业等，新发展的刺梨深加工、食用菌、生态渔业等产业从无到有，由弱变强，也逐渐成为县域经济主导产业：刺梨种植面积达 40 万亩，加工刺梨鲜果超过 4500 吨，农民直接收益 2700 万元，年产值突破 7000 万元；培育云贵区域最大食用菌全产业链，建设年产能达 3 亿棒的菌种场，建成出菇基地 3000 余亩，产值规模达 3.5 亿元。

在库伦旗，通过优质饲草种植、高效青贮加工、精准饲喂体系构建等技术体系，建立多种牛羊养殖模式。多年来，先进模式惠及农牧户 1000 余户，每户年增收 1200 元以上，有效促进当地畜牧业的产业升级。

五、注重"志智双扶"，激发群众脱贫致富的内生动力

扶贫只能救一时之急，让贫困人口树立致富光荣的志向，才是化解贫困的长远之策和根本之道。中国科学院着眼未来，部署教育扶贫和心理扶贫工作。在教育扶贫方面，中国科学院行政管理局在库伦旗和水城县分别共建幼儿园和小学，投入资金改善教育环境，培训各级教师，提升当地师生科学素养，并资助数百名优秀师生赴相关院所开展"走进中科院、走近科学家"活动。

在心理扶贫方面，中国科学院心理研究所团队在库伦旗等地开展心理扶贫工作，精准把握贫困人口的心理、认知和行为特点，有针对性地开展心理帮扶。从娃娃抓起阻断贫困代际传递：在 5 所试点幼儿园开展儿童成长测评，进行家庭教育示范及师资培训，帮助幼儿园和家长掌握幼儿身心发展状况，提高幼儿教育质量；在中学开展心理健康教育示范及师资培训，开展职业生涯规划指导；针对贫困家庭、贫困母亲开展系列心理讲座，覆盖 1500 个家庭。

六、构建评估体系，出色完成第三方评估重大任务

党的十八大以来，我国实施精准扶贫、精准脱贫方略，实行"最严格的考

核评估"制度。国家精准扶贫工作成效评估与科学决策，成为决战脱贫攻坚的"质检仪"和"指挥棒"。2016 年以来，根据《中共中央　国务院关于打赢脱贫攻坚战的决定》，由原国务院扶贫开发领导小组组织开展扶贫开发工作成效第三方评估。经过公开竞标，中国科学院成为第三方评估机构，并依托中国科学院地理科学与资源研究所和中国科学院精准扶贫评估研究中心具体负责评估工作。中国科学院地理科学与资源研究所刘彦随研究员担任评估专家组组长，带领专家团队精诚合作、联合攻关，针对新时期乡村发展不充分、乡村地域贫困化等突出问题，创新发展了乡村地域系统理论和人地系统科学，研究制定了国家精准扶贫工作成效第三方评估"两率一度"指标体系、"两不愁三保障"评判标准、"两制度三系统"调查规程，系统创建了分层抽样技术和"六个一"工作方法，自主研发了国家扶贫工作成效第三方评估大数据平台系统。2015—2020 年，连续 6 年高质量完成国家精准扶贫工作成效第三方评估的重大任务。参加评估调查的专家学者来自全国 40 多家高校及科研院所，累计有 1 万人次。共完成我国中西部 603 个县 5380 个村的实地调查，获得 15.5 万份农户调查问卷和 5062 份村调查问卷，提交了评估报告 138 本 1400 余万字，党和国家领导人多次听取脱贫攻坚第三方评估专题汇报和座谈，支撑了国家精准扶贫成

库伦旗概况

库伦旗位于内蒙古通辽市南部、与辽宁省接壤，全旗总土地面积 4716 平方千米，是一个以蒙古族为主体的多民族聚居旗。地形地貌由南向北分为石质浅山区、黄土丘陵沟壑区和沙沼坨甸区。库伦是"中国荞麦之乡""中国安代艺术之乡""中国蒙医药文化之乡"。库伦旗 1986 年被列为国家重点扶持贫困县，2002 年被确定为国家扶贫开发工作重点县，2013 年开始由中国科学院定点帮扶，2020 年脱贫摘帽。

创新帮扶模式

环境移民—易地扶贫模式（"肯福模式"）。在广西环江县，中国科学院创建了环境移民—易地扶贫模式，被联合国教科文组织专家誉为"肯福模式"；构建了喀斯特区域高值农业的循环经济模式，被国家发展改革委作为典型案例在西南喀斯特区域广泛推广应用。

科技扶贫与农村"三变"改革融合模式。在贵州水城区，中国科学院创建了科技扶贫与农村"三变"改革相结合，率先探索了农村"资源变资产、资金变股金、农民变股东"的"三变"改革，激活了城乡存量资产、自然资源、人力资本，促进了农业生产增效、农民生活增收、农村生态增值，成为许多地区争相学习借鉴的典范，并于 2017 年、2018 年连续两次被写入中央"一号文件"。

效的评估与决策，为我国如期实现决战脱贫攻坚的伟大事业、提前 10 年完成全球可持续减贫目标作出了重大贡献，受到了党中央、国务院及相关部委的充分肯定和嘉奖。"国家精准扶贫成效评估决策关键技术及其应用团队"获 2018 年"中国科学院科技促进发展奖"，刘彦随研究员获 2018 年"全国脱贫攻坚奖创新奖"，国家精准扶贫工作成效第三方评估中国科学院地理科学与资源研究所团队获得 2021 年"全国脱贫攻坚先进集体"荣誉称号。

历任扶贫干部

挂职扶贫干部

挂职时间	姓 名	挂职地	挂职职务
2015.11—2017.11	程安云	贵州水城县	副县长
2018.4—	唐从国	贵州水城县	副县长
1998.12—	曾馥平	广西壮族自治区环江毛南族自治县	县委常委、副县长
2013.09—	张铜会	内蒙古自治区库伦旗	副旗长

驻村第一书记

驻村时间	姓 名	所驻村及职务
2014.9—2016.9	李章伟	贵州省水城县院坝村第一书记
2016.9—2018.9	韩 力	贵州省水城县院坝村第一书记
2018.9—	田 通	贵州省水城县院坝村第一书记
2018.4—	赵贵山	贵州省水城县二道岩村第一书记

中国社科院

历　程

　　中国社会科学院分别于 1993 年和 2015 年定点帮扶陕西省丹凤县和江西省上犹县。党的十八大以来，中国社会科学院党组认真学习领会习近平总书记关于扶贫工作的重要论述，深入贯彻落实党中央脱贫攻坚决策部署，坚决扛起政治责任，加强组织领导，健全工作机制，精心选派干部，充分发挥思想库、智囊团作用，举全院之力，攻坚克难，善作善成，助力两县如期脱贫摘帽，圆满完成了定点扶贫的光荣使命。

　　党的十八大以来，党中央把脱贫攻坚摆在治国理政的突出位置，作为全面建成小康社会的底线任务，组织开展了声势浩大的脱贫攻坚人民战争。中国社科院党组高度重视脱贫攻坚工作，坚决把定点扶贫工作作为党中央交给的一项重大政治任务切实抓紧抓好。中国社科院党组书记、院长谢伏瞻多次强调，要认真学习贯彻习近平总书记关于扶贫工作的重要论述，坚定不移贯彻落实党中央脱贫攻坚决策部署，充分发挥中国社科院特点和优势，举全院之力，坚决如期完成定点扶贫这项重大政治任务。谢伏瞻同志亲自谋划、亲自推动，多次主持召开专题会议研究讨论扶贫工作，多次深入定点扶贫县调研指导扶贫工作。其他院领导也多次赴定点扶贫县深入调研，帮助解决实际困难。在院党组的坚强领导下，在全院干部职工的共同努力下，充分发挥自身特点和优势，攻坚克难，善作善成，圆满完成了定点扶贫的光荣使命。

2021 年 2 月 25 日，在全国脱贫攻坚总结表彰大会上，中国社科院夏森同志被授予"全国脱贫攻坚楷模"荣誉称号，农村发展研究所被授予"全国脱贫攻坚先进集体"荣誉称号。这是党中央、国务院对于中国社科院脱贫攻坚工作的高度肯定。陕西省丹凤县曾是国家扶贫开发工作重点县、秦巴山区集中连片特困县，1993 年被确定为中国社科院重点扶贫对象。上犹县曾是国家扶贫开发工作重点县、罗霄山区集中连片特困地区扶贫攻坚县，2015 年被确定为中国社科院定点帮扶县。2019 年 4 月、2020 年 2 月，上犹县和丹凤县先后正式退出贫困县，如期实现脱贫摘帽。2012 年以来，中国社科院投入帮扶资金 3285.61 万元，实施扶贫项目 118 项，选派挂职干部和驻村第一书记 14 人，累计帮扶脱贫 25992 户 89589 人，取得了定点帮扶工作的重大胜利。

一、院党组高度重视，夯实责任全力督导

（一）打造四级组织保障体系，扛起定点扶贫政治责任

中国社科院党组多次组织理论学习中心组集体学习习近平总书记关于扶贫工作的重要论述，多次召开院务会专题研究定点扶贫工作。为加强对扶贫工作的组织领导，成立扶贫工作领导小组，主要负责同志靠前指挥，亲自部署，其他党组成员狠抓督导、促落实，亲力亲为拓展扶贫项目。建立起党组领导抓总、扶贫工作领导小组协调组织、院属单位共同发力、挂职干部和驻村第一书记作为帮扶项目落地第一责任人的四级保障工作格局，全面实现帮扶举措落地生根、项目落实有效监管、与当地需求紧密对接，坚决扛起定点扶贫的责任。

（二）院领导亲自调研，深入检查督导

为进一步摸清丹凤和上犹两县贫困人口和现状，找准脱贫攻坚的实践路径，院党组成员先后 10 次带队奔赴上犹和丹凤，对两县脱贫攻坚主体责任落实、政策落实、工作落实和作风建设等进行调研、督促，对政策落实不到位的提出整改要求。调研期间从不安排"会议式汇报"，而是直接进村庄、访农家、入企业、下基地、看项目，详细了解扶贫成效、项目建设管理以及乡村振兴战

丹凤县概况

丹凤县位于陕西省东南部、秦岭东段南麓，商丹盆地东部，因县城襟带丹江水、枕依凤冠山而得名，是"北通秦晋、南连吴楚、水趋襄汉、陆入关辅"的门户之地。全县总面积2438平方千米，总耕地面积23万亩，是一个"九山半水半分田"的土石山区县。丹凤县是国家扶贫开发工作重点县、陕西省11个深度贫困县之一。2020年，丹凤县脱贫摘帽。

略实施等情况。

（三）选派优秀挂职干部和第一书记，助力扶贫项目落地

党的十八大以来，中国社科院先后选派1名局级干部和5名优秀处级干部挂职担任两县副县长，参与全县脱贫攻坚工作，有效推动中央部署和中国社科院的各项扶贫项目落地。选派8名青年干部到贫困村担任驻村第一书记，深入基层、深入群众，对贫困村、困难群众进行全面帮扶。1996年到2018年，院工会原常务副主席、扶贫办副主任钟代胜在丹凤县挂职副县长22年。"丹凤不脱贫，本人不回京"是他的心声。此外，2018年选派挂职的4名干部，都超过两年挂职期限，但他们时刻铭记院党组的嘱托，克服工作、生活、家庭等各方面困难，用心用情扎根一线，切实做好帮扶工作，为两县脱贫摘帽作出重要贡献，得到两县领导和干部群众的充分肯定和高度评价。

二、加大项目帮扶力度，打造扶贫特色产业

发展产业是实现贫困人口稳定脱贫的主要途径和长久之策。中国社科院不断强化两县特色产业发展指导推进力度，制定产业扶贫规划，多方筹措资金，

组织产业技术培训，促进两县发展产业带动就业增收取得明显成效。

（一）落实扶贫资金，保质保量完成扶贫项目

党的十八大以来，中国社科院在两县实施扶贫项目 118 项，促进两县工业、林果、蔬菜、畜禽、加工等特色产业快速发展。2012 年，为丹凤县华茂牧业科技发展有限责任公司争取到了 250 万元的资金支持。近年来，上犹元源新材料有限公司等企业因无天然气用气指标，玻纤复合材料生产线无法如期投产，发展陷入困境。在院领导协调下，相关中央企业自 2018 年起为该县企业每年提供 806 万立方米平价天然气，为元源新材料有限公司年均节省成本 1000 余万元，使该公司逐步成为县龙头企业。

（二）大力开展消费扶贫，实现产销对接

产品销售是产业帮扶的重点。消费扶贫则是推动农民脱贫致富的重要途径。为了让两县的农副产品走出大山、农民致富，2019 年以来，中国社科院与中国银行"公益中国"电商平台合作搭建了"公益社科院"消费扶贫专区，通过"消费者＋农户＋电商平台"模式，推进产销一体化发展，推动两县农产品销售。中国社科院还与中国农业银行签订扶贫业务全面战略合作协议，双方通过电子扶贫商城销售定点扶贫县农产品，扩大了两县农产品的影响力。中国社科院驻村第一书记带领丹凤县东炉村村民合作社申请注册"勤庄"商标，并大力发展电商扶贫。2018 年至今，中国社科院购买和协助销售两县农产品 1020.35 余万元，消费扶贫带贫益贫取得良好效果。

（三）抓好基础设施建设，筑牢脱贫攻坚根基

道路建设相对滞后是造成两县经济发展落后的一个重要原因，加强基础设施建设是扶贫工作的一项重要任务。2012 年，中国社会科学院投入 9 万元为丹凤县修建月日镇江湾村甘江沟桥，为江湾村民和安置点 120 户移民以及镇政府、信用社、卫生院、学校等人员的出行，提供了方便。2016 年，为了实施通路扶贫项目，中国社科院投入 34 万元，地方配置 15 万元，为上犹县五指峰乡晓水村建成村组公路。不但解决了村民"行路难"问题，同时得以将 1165 亩竹木运出深山销售和深加工，使贫困户和本村其他农户增收。

上犹县概况

上犹县位于江西省西南部，东临南康区，南连崇义县，西接湖南省桂东县，北界吉安市遂川县，素有"旅游之乡""水电之乡""茶叶之乡""中国观赏石之乡""中国天然氧吧"的美誉。是国家扶贫开发工作重点县、罗霄山区集中连片特困地区扶贫攻坚县，也是"中国玻纤新型复合材料产业集群发展示范基地""全国休闲农业与乡村旅游示范县""全国美丽乡村创建先进县"。2019年，上犹县脱贫摘帽。

三、治贫先治愚，大力推进教育事业发展

让贫困地区的孩子们接受良好教育，是扶贫开发的重要任务，也是阻断贫困代际传递的重要途径。中国社科院一直非常重视贫困地区孩子的成长成才，坚持把教育扶贫作为脱贫攻坚的优先任务。

（一）设立"夏森助学金"和"社科育才助学金"，成就学子报国理想

中国社科院离休干部夏森捐款设立了"夏森助学金"。多年来，夏森同志持续资助两县贫困家庭学龄子女和两县教育，累计投入203.2万元资助两县学校建设和182名贫困家庭学生上学。此外，中国社科院还先后投入50万元，在两县设立"社科育才助学金"。党的十八大以来，全院各单位和职工通过成立"优秀教师奖励基金"、资助"社科公益图书馆"等多种方式，累计向两县教育事业捐助共计95万元。深沉之爱温暖着受助学生和家庭，增强了学生发奋学习的动力。

（二）建立公益图书馆和"梦想教室"，启迪莘莘学子

2016年以来，中国社科院向两县图书馆、教育局和部分乡镇、学校图书

室、村图书站捐赠图书4万余册，为当地群众学习中央精神、科学文化知识、致富技能提供了丰富读物，助力培养当地群众的阅读习惯和爱国情怀，增强脱贫致富的信心和能力。驻丹凤县竹林关镇东炉村第一书记王寅凝聚各方力量，在当地小学和中学建立了两个梦想教室、两间公益图书馆，极大程度上改善了当地的教学条件，获得当地群众一致好评。

中国社科院捐资在丹凤县竹林关镇建起了"社科公益图书馆"，全院职工踊跃捐书。图为丹凤县受助学生收到中国社科院捐赠的图书。

（三）出资出力，改善学校环境

2016年，夏森同志出资6.3万元为上犹县社溪中学安装、配置了教学广播设备。2008年9月，她又捐资20万元，为丹凤县龙驹寨镇赵沟小学建起了新的教学楼，让孩子们能够在宽敞明亮的教室里学习。为促进智力、肢体残障学生成长，中国社科院2018年、2019年先后向上犹县特殊教育学校投入31万元、17.2万元，进行设施修建、新建180米风雨连廊项目、更换铝合金电动门、硬化校园地面，为全校残疾学生人身安全提供保障。2020年，资助丹凤县社科希望小学200万元，新建餐厅综合楼。

四、增强"造血"机能，激发致富内生动力

中国社科院是党中央和国务院的"思想库"和"智囊团"。为助力两县打赢脱贫攻坚战、促进经济社会健康发展，中国社科院发挥哲学社会科学门类齐全、专家云集、智库作用凸显等特点，组织著名专家学者为两县县镇村干部作专题报告、派专家赴两县进行专题调研，着力增强脱贫致富内生动力。

（一）深入开展调查研究，为精准扶贫精准脱贫建言献策

近几年，中国社科院共组织 20 余次上百名科研人员赴两县开展调研活动，为做好定点扶贫、推动两县打赢脱贫攻坚战"问诊把脉"。2017 年，中国社科院相关研究所 4 次赴上犹县围绕"扶贫项目资金监管""基层腐败治理""发展红色旅游"等主题进行调研，深入田间地头考察扶贫项目实施，较为全面地考察了精准扶贫政策在上犹县的实施情况并撰写了调研报告。2019 年，农村发展研究所党委书记杜志雄研究员带队前往丹凤县就脱贫攻坚和农村集体产权制度改革情况开展实地调研，完成《丹凤县脱贫攻坚与农村集体产权制度改革调研报告》，为该县扎实推进农村集体产权制度提供了有力帮助。为解决脱贫攻坚与乡村振兴衔接问题，"三农"问题专家、中国社科院学部委员、农村发展研究所张晓山研究员多次赴两县，深入乡村调研，对脱贫后稳步实施乡村振兴战略提出建议。

（二）积极做好扶贫理论研究工作，深化脱贫攻坚成果

2017 年，上犹县营前镇蛛岭村入选中国社科院重大国情调研项目"精准扶贫精准脱贫百村调研"对象，中国社科院派出学者开展专题调研。2018 年，为落实中央宣传部《关于组织开展庆祝改革开放 40 周年"百城百县百企"调研活动工作方案》，中国社科院积极承担百县调研，组成调研小组以精准扶贫精准脱贫和坚决打赢打好脱贫攻坚战为主题开展调研，并撰写《上犹篇——革命老区贫困县脱贫建设的调研报告》《丹凤篇——走出千年贫困》。2020 年，中国社科院当代中国研究所研究员武力带队赴两县调研，出版《中国脱贫攻坚精神》一书。2016 年至今，中国社科院报送脱贫攻坚对策研究报告 175 篇，

出版脱贫攻坚学术专著34部，发表相关学术论文415篇。

（三）发挥智库优势，举办高端报告会

中国社科院针对两县经济社会发展迫切需求和干部群众期待，组织著名专家学者举办几十场专题报告会。2019年，围绕"不忘初心、牢记使命"主题教育、"新中国的发展历程与逻辑"、"察盛衰之理，审权势之宜——谈中国历史廉政文化"、"实施乡村振兴战略，巩固脱贫攻坚战果"、"文明城市创建"主题举办5场报告会。5个报告围绕党中央决策部署，紧扣打赢脱贫攻坚战主题，听众超过2500人，报告获得干部群众一致好评。

（四）扶志与扶智相结合，组织基层干部培训

2012年以来，中国社科院累计培训两县基层干部和技术人员99222人。2019年5月，组织两县乡村干部赴江苏省华西干部学院接受为期3天的培训，聆听加强基层党支部建设经验报告、参观社会主义新农村示范展览，开阔了学员视野，增强了使命担当，明确了工作方向，提高了履职能力。此外，每年还向两县"四套班子"成员、其他县级干部、县职能部门、各乡镇和有关学校赠

扶贫和扶志扶智相结合，激发脱贫内生动力。作为国家高端智库，中国社会科学院党组充分发挥学术资源丰富、人才聚集、学科体系完备的优势，组织精干力量，开拓"贫困与福祉研究"重点学科，实施"精准扶贫百村调研"特大项目，在多学科多领域开展农村贫困状况、贫困标准、扶贫政策制定和评估、总结宣传脱贫攻坚精神等研究。2016年至今，中国社科院报送脱贫攻坚对策研究报告175篇，出版脱贫攻坚学术专著34部，发表相关学术论文415篇，积极为党和国家建言献策，着力增强脱贫致富内生动力。

阅《中国社会科学报》。

五、积极开展健康扶贫，提升贫困地区医疗卫生水平

健康扶贫是打赢脱贫攻坚战、实现农村贫困人口脱贫的重要举措。中国社科院一直非常重视贫困地区的人口健康，尤其是新冠肺炎疫情暴发以来，持续做好贫困人口基本医疗卫生服务，普及公共卫生知识，持续加强健康扶贫工作就显得尤为重要。

（一）驰援 60 万元，解了两县疫情防控燃眉之急

新冠肺炎疫情暴发，两县防控物资和经费告急，面临疫情扩散和一线防控人员被感染危险，疫情防控形势十分严峻。中国社科院党组急两县干部群众之所急，在他们最为困难之时，及时把 60 万元捐助款无偿拨付两县用于疫情防控，有效解了疫情防控燃眉之急。

｜ 中国社科院为定点扶贫县群众送健康送温暖。图为上犹县群众接受首都医疗专家义诊。

（二）组织首都医疗专家义诊，送医送药送健康

2012 年以来，中国社科院 4 次邀请北京医院、同仁医院、东直门医院等单位的首都医疗专家 40 余人赴两县开展医疗帮扶活动，累计为当地 4000 多名群众义诊，并免费发放药品。医疗专家还到当地医院进行现场会诊和授课，与相关科室医生围绕具体案例进行指导交流，对医院建设提出建议，培训当地医务工作者 800 余人。

历任扶贫干部

挂职扶贫干部

挂职时间	姓　名	挂职地	挂职职务
1996.10—2018.8	钟代胜	陕西省丹凤县	副县长
2018.8—2021.6	王博伦	陕西省丹凤县	副县长
2021.6—	武庆联	陕西省丹凤县	县委常委、副县长
2016.12—2018.1	杨　进	江西省上犹县	副县长
2018.3—2021.6	刘红雨	江西省上犹县	县委常委、副县长
2021.6—	李　锋	江西省上犹县	县委副书记、副县长

驻村第一书记

驻村时间	姓　名	所驻村及职务
2015.12—2016.11	杨　斌	陕西省丹凤县王塬村第一书记
2016.12—2018.12	孙大伟	陕西省丹凤县王塬村第一书记
2018.8—2021.6	王　寅	陕西省丹凤县东炉村第一书记

驻村时间	姓　名	所驻村及职务
2021.6—	陈　晨	陕西省丹凤县东炉村第一书记
2016.1—2016.12	王　强	江西省上犹县蛛岭村第一书记
2017.1—2018.7	孙　宇	江西省上犹县红星村第一书记
2018.8—2021.6	解　放	江西省上犹县元鱼村第一书记
2021.6—	云　帆	江西省上犹县元鱼村第一书记

中央和国家机关定点扶贫成就巡礼集

下

中央和国家机关工委 编

人民出版社

庆祝中国共产党成立100周年
The 100th Anniversary of the Founding of
The Communist Party of China

下卷目录

中央和国家机关定点扶贫工作

先进典型风采录

中国工程院

中国工程院 2012 年起定点帮扶云南省会泽县，2015 年新增云南省澜沧县。2020 年 11 月，会泽、澜沧两县脱贫摘帽。

党的十八大以来，中国工程院党组认真贯彻党中央、国务院关于打赢脱贫攻坚战的决策部署，增强"四个意识"、坚定"四个自信"、做到"两个维护"，充分发挥科技对扶贫工作的支撑作用，将打赢脱贫攻坚战作为重大政治任务抓紧抓实。中国工程院依托院士队伍丰富的人才智力资源和科技创新优势，多方式、多领域实施精准科技扶贫，逐步探索出一条培育科技产业、培养科技人才、打造信息化平台、构建协同推进机制的长效扶贫模式，有力助推了扶贫县经济社会发展，圆满完成了定点扶贫任务。

一、建立健全扶贫工作保障机制，坚决扛起定点扶贫责任

一是强化组织领导保障。院党组充分认识做好扶贫工作的战略意义和现实意义，切实提高政治站位，坚决服从党中央部署，增强"四个意识"、坚定"四个自信"、做到"两个维护"，以高度的政治责任感，把扶贫作为重大政治任务摆上重要位置来抓，定期召开会议进行研究部署，专门成立了由院长为组长、院分管领导为副组长、各厅（局）长为成员的扶贫工作领导小组，领导小组下

设办公室，层层压实各方工作责任，加强工作统筹协调，强化扶贫工作体制机制保障。

二是广泛统一思想认识。通过召开院党组会、院常务会、院长办公会、扶贫工作专题会和机关办公会等，专题传达和深入学习习近平总书记关于扶贫工作的重要论述，进一步统一机关干部队伍思想和认识。

三是科学制定工作方案。在充分调研的基础上，中国工程院按照"精准扶贫"要求，制定了《中国工程院扶贫开发工作规划（2013—2015年）》《中国工程院科技扶贫工作规划（2017—2020年）》等，明确脱贫攻坚指导思想、主要目标、工作原则、主要任务、保障措施等，为精准扶贫、精准脱贫提供了科学工作依据，确保工作有序进行。同时，在认真总结上一年度工作完成情况的基础上，科学制订年度工作计划，强化工作督促检查，全力推进各项工作落实到位。

四是选派挂职干部深入扶贫一线。为有力推进扶贫工作，中国工程院把开展定点扶贫工作与培养锻炼干部有机结合，选派德才兼备、具有发展潜力和培养前途的优秀中青年干部去挂职、到贫困村任第一书记，先后选派9名同志赴会泽县、澜沧县挂职锻炼，充实工作力量。各位挂职干部牢记组织嘱托，满怀对贫困地区群众的深情厚谊，全心全意扑在扶贫工作上，以抓铁有痕、踏石留印的精神，积极开展工作，为推进脱贫攻坚工作发挥了重要作用。

会泽县概况

会泽县地处滇东北乌蒙山主峰地段，境内山高、坡陡、谷深，大多为高寒冷凉和干热河谷地区。2001年12月，会泽被确定为国家扶贫开发工作重点县，2017年9月，被确定为全省深度贫困县。中国工程院自2012年12月开始定点帮扶会泽县。2020年脱贫摘帽。

二、坚持"科技 + 产业"理念，大力培育和发展特色优势新产业

一是科学谋划选准科技扶贫着力点。中国工程院发挥院士在专业上多学科、多领域的优势，与云南省政府签订战略协议，在云南会泽县、澜沧县设立"院士工作站"，组织院士专家深入当地开展调研和企业对接。广大院士专家坚持创新、协调、绿色、开放、共享发展理念，既立足脱贫攻坚和全面建成小康任务，又着眼乡村振兴和农业现代化发展需求；既坚持守好绿水青山，又注重打造金山银山，积极为当地发展特色、优势、高效产业和产业升级"问诊把脉"、出谋划策，科学找准脱贫攻坚的突破口和着力点。

二是大力推动科技创新成果转化培育新产品。针对贫困地区资源丰富但产业单一、基础薄弱，群众因贫困无力发展，"等靠要"思想严重的情况，中国工程院加大了最新科技成果转化力度，大力发展新产业。如在澜沧县，朱有勇院士团队结合当地大量冬闲田和思茅松林，以及光照、水、气候等自然条件好的情况，推动冬季马铃薯关键技术研究成果和林下有机三七种植方法的转化和推广，建立发展新兴产业，增加群众收入。在会泽县，由李玉院士提供技术，开展林下食用菌示范项目推广面积达 1000 余亩，总产值 1000 余万元，为当地

澜沧县概况

澜沧拉祜族自治县地处云南省西南部，山区半山区面积占98.8%，具有"老少边贫，广富香乐美"的鲜明特点。澜沧县于1994年列入"国家八七扶贫攻坚计划"重点扶持贫困县，2001年被确定为国家扶贫开发工作重点县，2017年被确定为云南省27个深度贫困县之一。中国工程院自2015年开始定点帮扶澜沧县。2020年脱贫摘帽。

10万林农脱贫致富打下坚实的基础。同时，中国工程院坚持规范推动，由院士专家团队提供了科技扶贫产业发展的技术和标准，协调行政部门加大规范、监管的力度，通过明确标准、规范流程、严格执行，避免产业资本一拥而入，引导产业有序发展。

三是加大本土适用科技人才培育力度。针对发展新产业项目面临的农业产业技能型人才极度匮乏的实际，中国工程院紧紧结合科技扶贫特色产业发展需求，充分发挥院士专家工作站的优势，通过开办院士指导技能培训班、报告会等形式，组织相关院士免费为当地群众进行培训，把工作站建成"科技小院"，把田间地头变成课堂，面对面、手把手把农业生产技能传授给广大贫困群众，培训了一大批懂技术、会经营的新型农民，补齐当地的素质性贫困短板。

四是推动科技扶贫新产业健康发展。中国工程院按照一位院士、一个团队、一家企业的"三个一"模式，引进产业相关深加工龙头企业，延长产业链，提高附加值，努力构建"公司＋农户＋产业＋市场"的产业发展模式，由院

丨 中国工程院朱有勇院士团队推动林下三七种植技术的转化和推广。图为朱有勇院士及其团队开展林下三七栽培技术现场指导。

士出技术，企业出资金，群众出劳力，推动当地农业特色化、特色农业规模化、规模农业品牌化，确保产业健康发展，保障群众收入稳定。

三、坚持科技推动当地传统产业升级，增强地方经济"造血"功能

一是运用科技推动品质升级。针对贫困地区种植业产品产量不高、品质不好的情况，积极倡导院士提供技术，推动当地产业升级。如在会泽县，针对当地农民种植苹果历史悠久但品种老化的问题，组织束怀瑞院士团队对当地苹果品种进行改良，建设"国家苹果工程技术研究中心"会泽试验基地，提高当地苹果品质和产量。当地燕麦产业，通过唐华俊院士的技术指导，新品种平均亩产达350公斤，是本地燕麦产量的5倍，亩产值达到1500元以上。在澜沧县，协调陈宗懋院士对茶农进行技术指导，推进创新技术在普洱茶提质增效上发挥作用，提高普洱茶品质，增加农民收入，支撑普洱茶产业持续健康发展。

二是搭建现代科技管理模式。中国工程院坚持现代科技管理理念，推进产业健康发展。如对林下三七产业，在管理上制定云南省《林下中药材——三七生产技术规程》地方标准，建立"林下三七"公共地域品牌，申请全国三七行业中的著名地理标识，提升品牌效应。积极顺应信息化时代潮流，应用物联网及区块链技术，使林下有机经济作物种植全程可视化、产品信息可追溯、产品质量可保证，确保用户能消费到来自原产地的高质量产品。同时，搭建"第一书记电商平台"，引进拼多多等新电商平台，邀请院士专家走进网络直播间直播带货，切实整合院士专家扶贫工作站、产业园区、田间直播、电商模式、区块链质量追溯、产业孵化器等资源，推动大产业、新平台和新主体联手把科技扶贫深度融入社会经济发展。

中国工程院组织相关院士免费为当地群众进行培训。图为邹学校院士在进行辣椒移栽培训。

四、夯实科技扶贫长效机制，推动当地经济社会可持续高质量发展

一是科学谋划当地产业发展战略。中国工程院充分发挥国家高端智库优势，积极为贫困地区产业发展做好战略咨询，以科学咨询支撑科学决策，科学决策引领科学发展。如为推动会泽、澜沧两县扶贫产业健康发展，中国工程院联系中国农业科学研究院编制了《云南省澜沧拉祜族自治县农业绿色发展规划（2018—2025年）》，提出了科学的发展路径规划，新设立了《乌蒙山区特色燕麦产业发展研究》《边疆地区林下中药材产业发展战略研究》《会泽美丽县城规划布局》等课题，努力为2025年燕麦、林下三七、冬早马铃薯、早熟柠檬和古城保护、旅游等产业发展做好战略咨询，谋划战略目标和战略措施，推动实现可持续发展。

二是推进科技扶贫产业可持续发展。坚持脱贫攻坚和产业振兴无缝衔接，积极谋划推动产业持久发展。如在澜沧县，帮助申请1000万元专项资金，推动建设"万亩现代农业科技示范园"，配套建设两个中心、三个良种繁育基地，即科技培训中心、农特产品展示交易中心和中药材良种繁育基地、三七种苗繁

育基地、热带水果良种繁育基地，分别推动澜沧、会泽两县解决亚热带水果种苗基地和燕麦种源问题，通过科技抢占产业发展制高点。同时，协调院士资源，推进柠檬、三七、燕麦、林下食用菌、辣椒、苹果等高产新品种引种试验示范，培育新的特色产业。

三是推进科技人才培养工作。针对贫困地区人才资源短板，中国工程院积极推动当地发展职业教育和高等教育，推动扶贫与扶志、扶智相结合，增强贫困群众内生动力。在澜沧县，中国工程院协调教育部及云南省委、省政府投入 4.396 亿元建设资金，协调 8 所高等院校支持师资力量，努力将澜沧县职业高级中学打造成一所职业学院，切实解决当地教育落后的状况，阻断代际贫困。

四是培养新的经济增长点。针对当地资源，科学延伸产业链，提升产品附加值。如在澜沧县，帮助引进世界第三、亚洲第一大酵母企业、上市公司安琪酵母投资 7.47 亿元建厂，建设年产 2.5 万吨酵母生产线，为当地经济发展注入新动力。项目建成达产后，将延长地方制糖产业链，实现甘蔗—糖蜜—酵母资源化利用，有利于环境保护和发展循环经济。当地 30 万亩甘蔗产业将焕发新生，预计聘用当地员工 400 人，实现年销售收入 4 亿元，年上缴税金近 4000 万元，年社会贡献近 1 亿元，增加地方工业产值和税费收入。同时，积极推进地方基础设施建设，特别是在会泽县，结合当地旅游资源，中国工程院协调铁路总公司、中国中铁二院等单位，协助科学规划渝昆高铁会泽段线路、站点、路桥建设方案，助推旅游业发展，推动地方经济新发展。

五、发动广大院士和机关干部力量，力所能及做好帮扶工作

一是千方百计解决贫困群众生活问题。针对贫困群众生活环境差、收入低、条件差、子女入学难等问题，广大院士纷纷自发慷慨解囊，筹措资金，解决群众急迫的民生问题。

二是发动机关干部推进定点帮扶工作。立足中国工程院实际，机关党委、

创新帮扶模式

中国工程院依托院士队伍丰富的人才智力资源和科技创新优势，整合调度各方资源，引导推动院士专家们紧密结合当地实际情况，多方式、多领域实施精准科技扶贫，助力当地高质量脱贫，逐步探索出一条依托院士团队、培育科技产业、提升教育素质、促进脱贫攻坚的扶贫新模式，有力地推动了脱贫工作。

机关工会和全院干部职工，直接采购会泽、澜沧两县农产品，让消费扶贫人人可为，人人能为。2020 年，中国工程院还向会泽捐赠了收割机、打捆机、菌包灭菌器等农业机械设备。特别是新冠肺炎疫情暴发后，中国工程院机关在防护物资非常紧张的情况下，及时向会泽县、澜沧两县捐赠了价值 5.96 万元的医用橡胶手套、防护服和药品，向澜沧县捐赠 4 万只防护口罩，用于两县的疫情防控。

六、助推贫困地区发展，圆满完成定点扶贫任务

中国工程院持之以恒的精准帮扶，有力地推动了会泽、澜沧两地的经济社会发展。自脱贫攻坚战以来，会泽县累计实现 8.9 万户 34.3 万贫困人口脱贫，355 个贫困村出列，贫困发生率从 2013 年底的 47.99% 降至 0。澜沧县生产总值从 2013 年的 47.85 亿元增长到 2019 年的 109.97 亿元，年均增长 14.9%；农村居民人均可支配收入突破万元大关，实现了从深度贫困的"民族直过区"到"云南省科技扶贫示范县"的跨越。

2020 年 11 月 13 日，云南省人民政府下发《关于批准镇雄等 9 个县市退出贫困县的通知》，批准会泽县、澜沧县脱贫摘帽。

历任扶贫干部

挂职扶贫干部

挂职时间	姓 名	挂职地	挂职职务
2017.7—2020.7	王 波	云南省会泽县	县委常委、副县长
2020.7—	张 健	云南省会泽县	县委常委、副县长
2016.10—2018.10	张文韬	云南省澜沧县	县委常委、副县长
2018.10—2021.5	刘元昕	云南省澜沧县	县委常委、副县长
2021.5—	黄 永	云南省澜沧县	县委常委、副县长

驻村第一书记

驻村时间	姓 名	所驻村及职务
2015.8—2017.7	常军乾	云南省会泽县宝云街道赵家村社区第一书记
2017.7—2019.8	马守磊	云南省会泽县金钟街道竹园村第一书记
2019.8—	何朝辉	云南省澜沧县竹塘乡云山村第一书记

国务院发展研究中心

历 程

国务院发展研究中心自 2013 年起定点帮扶河北省大名县，并成立扶贫工作领导小组，指定部门和人员负责相关工作。2016 年调整和加强了中心扶贫工作领导小组，由中心主任担任组长。2018 年再次调整和加强了扶贫工作领导小组，采取"双组长"制，由中心主任和党组书记共同担任组长。2019 年，大名县脱贫摘帽。

党的十八大以来，国务院发展研究中心（以下简称国研中心）认真学习贯彻习近平新时代中国特色社会主义思想，坚决贯彻习近平总书记关于扶贫工作的重要论述和指示批示精神，认真落实党中央、国务院有关决策部署，在中央和国家机关工委、原国务院扶贫办的指导下，在国研中心党组的领导下，坚定不移地落实各项帮扶措施，帮助河北省大名县实现脱贫摘帽，并在巩固脱贫攻坚成果、接续推进乡村振兴上取得新成效。

国研中心始终以高度的政治责任感认真学习领会习近平总书记关于脱贫攻坚的重要指示精神，充分发挥自身优势，调动各方资源，在智力扶贫、教育扶贫、健康扶贫等方面不断加大支持力度。党的十八大以来，国研中心共投入帮扶资金 3214.41 万元，引进帮扶资金 882.08 万元，累计培训基层干部和技术人员 5466 名。在国研中心倾力帮扶下，河北省大名县着力解决"两不愁三保障"突出问题，8 年累计实现 39297 户 124066 人稳定脱贫，贫困发生率由 2012 年底的 25.66% 降至 0，于 2019 年被河北省政府批准退出贫困县序列。

一、以上率下、高位推动

国研中心党组始终高度重视定点扶贫工作，2013 年以来，赴大名县考察调研 169 人次，其中主要负责同志赴大名调研指导 10 人次，其他党组成员赴大名调研指导 10 人次，司局级干部赴大名调研 82 人次，其他工作人员赴大名调研 67 人次。国研中心主要领导多次主持召开党组会议、扶贫工作领导小组会议、各类专题协调会议，研究部署推动定点扶贫工作。国研中心党组成员自 2016 年以来，每人每年捐赠 1 万元，结对资助大名县建档立卡贫困户子女接受教育，已累计捐赠 35 万元，资助 14 位学生高中毕业考上大学。国研中心党员积极响应号召，多次捐助大名县双台村小学学生文具、书包、校服、图书等物品。国研中心党组书记马建堂自 2018 年到中心工作以来，以高度的政治责任感，及时部署并带头推动落实各项定点扶贫举措，先后 6 次赴大名调研脱贫攻坚工作，慰问贫困群众，看望挂职干部，推动落实中心帮扶措施，督促大名县委、县政府履行主体责任。马建堂同志亲自协调物美科技集团捐赠帮扶资金 100 万元，协调北京泰康溢彩公益基金会捐赠帮扶资金 200 万元，协调引进中

大名县概况

大名县位于河北省东南端、冀鲁豫三省交界处，面积 1053 平方千米，辖 10 乡 10 镇，651 个行政村，94 万人。耕地 120.6 万亩，主要种植小麦、玉米、花生、大蒜、山药等农作物。1994 年被确定为国家重点扶持贫困县，2013 年被确定为国务院发展研究中心定点扶贫县，2019 年脱贫摘帽。

国西部人才开发基金会"伊利方舟"等项目，协调推动北京三快在线科技有限公司、天地融科技股份有限公司等赴大名县开展合作。

二、围绕"人"下功夫

国研中心以"人"为核心，积极选派挂职干部高质高效推进定点扶贫工作，并打造了教育扶贫亮点工程。一是精心选派年富力强、经验丰富、作风过硬、具有开拓精神的干部到大名县挂职和担任驻村第一书记，帮助发展扶贫产业、改善基础设施、加强基层组织建设、提升群众脱贫内生动力。国研中心先后选派倪琳、段炳德、吴平同志挂任大名县委常委、副县长，选派李鹏、杨玉洋、李昱霖同志任驻双台村第一书记，接力推进大名县和双台村定点扶贫。2021年吴平同志荣获"全国脱贫攻坚先进个人"；2019年和2020年，杨玉洋和吴平同志先后被授予"中央和国家机关脱贫攻坚优秀个人"称号；2018年双台村工作队（杨玉洋同志任队长）荣获"河北省脱贫攻坚先进集体"。国研中心大力

| 2020年，国务院发展研究中心协调中国儿童少年基金会为双台村学生捐赠学习用品，帮助改善乡村学校办学条件。图为双台学校师生收到书包等爱心用品。

支持挂职扶贫干部的工作，关怀他们的生活，尽力解决挂职干部的生活困难问题，给予一定的生活补助，解除后顾之忧，每次赴大名县开展扶贫调研时，都要看望慰问挂职扶贫干部。二是以人力资本培育为核心，打造教育扶贫亮点工程。国研中心的各类教育扶贫项目惠及大名县从出生到大学前全部年龄段的孩子。在国研中心安排部署下，自2016年起实施"国研励志奖学金"项目，五年来累计投入147.5万元，帮扶规模和人均资助额度逐年递增，已惠及近千名优秀贫困家庭学生。实施"山村幼儿园质量提升计划"，累计投入1536.54万元，大幅度提高了大名县农村地区幼儿园教育质量。2016年启动的"村儿童主任"项目为留守儿童提供课下学业和心理辅导、养育帮助，累计投入200.26万元。实施"高中教师能力三年提升计划"，累计投入100万元，提升了教师执教能力。国研中心协调国家开发银行在大名县实施"生源地助学贷款业务"三年累计贷款7167.53万元、惠及学生9175人。2020年，国研中心所属中国发展研究基金会投入42.33万元开展"慧育中国——入户早教计划"，培训育婴辅导员109人、乡镇督导员12名，项目惠及6—24个月的适龄儿童1017名。在技能培训方面，"千人就业培训计划"项目累计投入260万元，累计培训基层干部和技术人员5466名，帮助困难家庭劳动力提升就业技能，实现转移就业增收。"中等职业教育赢未来计划"累计投入125.09万元，帮助提升大名县职业教育水平，取得良好成效。

三、围绕"智"出主意

国研中心充分发挥国家高端智库优势，对脱贫攻坚重大政策问题开展调研，撰写包括河北省大名县脱贫攻坚工作在内的各类研究报告58篇，为大名县脱贫攻坚出谋划策。中心领导亲自挂帅，组织内外部专家先后义务开展《大名县县域经济发展与扶贫开发》《邯郸市产业升级路径研究》《大名县"十四五"乡村振兴总体思路研究》等课题研究，为大名县和所在的邯郸市脱贫攻坚、产业发展、乡村振兴等出思路想办法。国研中心专家多次赴大名县调研产业扶

｜ 国务院发展研究中心着力解决困难群众"两不愁三保障"突出问题，把健康扶贫作为重要帮扶内容。图为 2020 年协调大名县大街镇卫生院为双台村 175 位 65 岁以上老人进行健康体检。

贫、电商扶贫、教育扶贫、脱贫攻坚与乡村振兴衔接等问题，为大名县脱贫攻坚工作提供智力支持。国研中心农村经济研究部和大名县委签署《乡村振兴固定调研点合作协议》，将大名县列为固定调研点，开展长期跟踪调研，为大名县实施乡村振兴战略提供支持。国研中心还利用自有宣传渠道，积极总结宣传大名县脱贫攻坚经验。经国研中心扶贫办推荐，大名县参加了"清华三农论坛"，介绍脱贫攻坚经验；中国经济时报社在其主办的中国经济前瞻论坛上，邀请中心挂职干部介绍大名县金融扶贫经验。中国经济时报社刊发一系列宣传报道，介绍国研中心帮扶大名县推进教育扶贫、产业扶贫等多项举措和成效，宣传推广大名脱贫攻坚做法和经验，这些报道得到人民网、新华网、新浪网、和讯网、中国经济新闻网等知名媒体转载，产生了较大的社会影响。国研中心所属《中国发展观察》杂志开设"驻村扶贫日记"专栏，驻双台村第一书记李昱霖累计撰写 10 篇文章，持续总结大名县、双台村脱贫攻坚的做法和经验，以及驻村工作体会与思考。

四、围绕"网"找路子

国研中心上下广泛发动,积极利用各种社会资源,协调引进产业扶贫、金融扶贫、健康扶贫项目,补齐大名县脱贫攻坚短板弱项。党的十八大以来,国研中心累计投入、协调引进各类帮扶资金4096.49万元,累计帮助引进企业实际投资33650万元,累计帮助销售农产品2789万元。2014年,国研中心扶贫办与国务院扶贫办、国土资源部、民政部、水利部等部委进行多次沟通,协调有关项目落地大名县。2014年促成了北京合力清源科技有限公司与大名县存良农业科技有限公司的合作,推动了《邯郸大名县绿色循环农业园1万只羊沼气工程提纯方案》出台,帮助解决大名企业在提纯沼气、制作生物天然气中遇到的困难和技术问题。2014年促成大名县与迷你狗电动车公司签署合作意向书,并安装了2条生产线。2016年协调帮助大名县引进了中石化新星公司地热利用项目,实现供暖面积537万平方米,明显改善大名县大气和水土污染状况;引进北京中医药大学中药种植项目,引进海草编织加工项目并开办草编加工工艺品厂,带动200多名贫困群众增收。国研中心协调有关部委,支持大名

国研中心围绕"智"出主意,发挥国家高端智库优势,对脱贫攻坚重大政策问题开展调研,并将大名县列为固定调研点,开展长期跟踪调研,撰写包括河北省大名县脱贫攻坚工作在内的各类研究报告58篇。组织专家开展相关课题研究,为大名县打赢脱贫攻坚战、实施乡村振兴战略出谋划策。其中以大名县所在的邯郸市精准防贫经验为蓝本的调研报告,为推动全国建立精准防贫机制发挥了直接促进作用。

县成功申报国家级电子商务进农村综合示范县、结合新型城镇化开展支持农民工等人员返乡创业试点县等试点项目。2016年为大名县联系并引进了中国邮政的邮乐购平台项目，支持大名县建设电子商务平台，发展"互联网＋产业"。2017年协调国家开发银行加大对大名县的金融扶贫力度，国研中心扶贫办与国家开发银行扶贫金融事业部区域开发局拟定了共同推进定点扶贫的工作方案，签订《开发性金融支持定点扶贫合作协议》，并联合成立"大名县开发性金融（脱贫攻坚）合作领导小组"。2018年协调北京市卫计委安排优质医疗资源帮扶大名，协调推动国家重点研发计划"数字诊疗装备研发"试点专项"基于创新国产诊疗装备的贫困地区医疗健康一体化服务规模化应用示范"项目在大名落地。

历任扶贫干部

挂职扶贫干部

挂职时间	姓 名	挂职地	挂职职务
2013.12—2015.3	倪 琳	河北省大名县	副县长
2015.12—2018.5	段炳德	河北省大名县	县委常委、副县长
2018.5—	吴 平	河北省大名县	县委常委、副县长

驻村第一书记

驻村时间	姓 名	所驻村及职务
2015.12—2017.9	李 鹏	河北省大名县双台村第一书记
2017.9—2020.1	杨玉洋	河北省大名县双台村第一书记
2020.1—	李昱霖	河北省大名县双台村第一书记

中央广电总台

历 程

中央广电总台从 2020 年开始负责定点帮扶四川省喜德县。接到任务后，总台迅速成立定点扶贫工作领导小组及办公室，由机关党委统筹协调推进总台定点扶贫工作，制定印发了《中央广播电视总台 2020 年定点帮扶四川喜德县工作方案》《中央广播电视总台 2020 年定点帮扶四川喜德县重点任务责任分解方案》，充分发挥融媒体宣传优势，用心用情助力喜德脱贫攻坚。2020 年 11 月，喜德县脱贫摘帽。

中央广电总台从 2020 年开始负责定点帮扶四川省凉山彝族自治州喜德县。开展定点帮扶工作以来，总台党组深入贯彻习近平总书记关于扶贫工作的重要论述，增强"四个意识"、坚定"四个自信"、做到"两个维护"，充分发挥自身优势，认真履行帮扶责任，以有效的措施和务实过硬的作风，助力喜德县打赢脱贫攻坚战。截至 2020 年三季度末，总台帮扶喜德县 6 项任务指标全部超额完成。累计投入帮扶资金 1.3 亿元，引入帮扶资金 1750 万元，购买贫困地区农产品 668 万元，帮助销售贫困地区农产品 4724 万元，培训喜德县基层干部和技术人员共 908 名。2020 年 11 月，经四川省政府批准，喜德县脱贫摘帽。2021 年 2 月，全国脱贫攻坚表彰大会上总台一个集体、一名个人获表彰。

喜德县概况

　　喜德县位于四川省凉山彝族自治州中北部、大凉山腹地。全县土地面积2206平方千米，山地面积占90%，辖14个乡镇102个行政村（社区），总人口22.3万人，其中彝族人口占90.5%、农业人口占91.1%。喜德县是一个以农业为主、彝族聚居的山区县，曾经是国家扶贫开发工作重点县。喜德县属低纬度高海拔中亚热带季风气候，无霜期255天，年均降雨量1006毫米，年均日照2053小时，年均气温14.1℃，十分适宜农作物生长，是发展农业的极佳环境。现已形成以乌金猪、阉鸡、大红袍花椒、燕麦、苦荞、葡萄、甜瓜、山泉水、白酒、马铃薯等为主要农产品的特色。

一、强化组织领导，压紧压实定点扶贫主体责任

　　中央广电总台党组坚决贯彻落实党中央、国务院关于打赢脱贫攻坚战的决策部署，把定点扶贫作为重大政治任务扛在肩上，视责任书为"军令状"。夯实脱贫攻坚政治责任、领导责任、工作责任，争分夺秒，力求高标准完成年度脱贫攻坚各项任务。中宣部副部长、中央广电总台党组书记、台长兼总编辑慎海雄担任总台定点扶贫工作领导小组组长，亲自部署检查督导定点扶贫工作，专题研究并制定印发《中央广播电视总台2020年定点帮扶四川喜德县工作方案》《中央广播电视总台2020年定点帮扶四川喜德县重点任务责任分解方案》，明确总台各部门帮扶责任和具体任务。按照年富力强、能力突出原则，经严格考察，总台选派农业农村节目中心杨路同志任喜德县人民政府党组成员、县脱贫攻坚领导小组副组长。2021年5月，任县委常委、副县长。新闻中心刘超同志担任喜德县鲁基乡中坝村第一书记。机关党委作为牵头部门，认真贯彻总

台党组以及总台扶贫工作领导小组决策部署，研究工作方案，听取工作汇报，不断加强与喜德县相关部门的工作对接，围绕帮扶工作重点任务和关键环节，深入研究存在的难点问题，统筹指导各任务部门开展工作，全力以赴推动帮扶工作落实。

坚决落实"一把手"负责制，总台党组主要负责人和扶贫工作领导小组成员靠前指挥，深入一线调研督导工作，不断推进重点任务落实落地。总台领导带队赴喜德调研定点扶贫工作，并代表总台向喜德县捐赠融媒体设备和文化用品。调研组一行前往喜德县最大的移民搬迁社区——彝欣社区，调研贫困户集中安置和产业发展情况，集中考察了喜德县融媒体中心、党群活动中心、彝绣制作工坊、电商示范基地等，并赴邛达现代农业产业园，实地了解农业产业扶贫等情况。

二、发挥行业优势，为决战决胜提供舆论支持

中央广电总台充分发挥党的意识形态重镇和宣传舆论工作主力军、主阵地的作用以及媒体融合优势，大力宣传党的脱贫攻坚方针政策，为打赢打好脱贫攻坚战提供强有力的舆论支持。定点帮扶喜德县以来，加大对包括凉山州和喜德县在内的全国贫困地区脱贫攻坚成果的宣传力度。电视和广播板块多屏、多频共振，内宣外宣共同发力，通过广播电视、门户网站、新媒体移动客户端等，累计报道喜德县相关情况300余条，多个频道制作播出有关喜德县的专题节目，内容涉及产业扶贫、教育扶贫、生态环境、转移安置、医疗卫生保障、群众增收等各个方面，用心讲述喜德脱贫攻坚好故事、脱贫攻坚新变化，立体展示喜德新形象新风貌。此外，总台还通过英语、阿拉伯语、越南语、波斯语、柬埔寨语、朝鲜语、孟加拉语等多语种外宣平台和新媒体平台，向国际社会广泛传播中国脱贫攻坚成果，分享中国脱贫经验，讲述中国脱贫攻坚故事。

为支持喜德县融媒体中心建设，总台投入280万元帮助其完善采编发流程，提升生产能力、聚合能力、传播能力，并捐赠摄像机、编辑设备、灯具等配套设备。

三、聚焦产业帮扶，助力喜德社会经济持续发展

习近平总书记指出，产业扶贫是最直接、最有效的办法，也是增强贫困地区造血功能、帮助群众就地就业的长远之计。喜德县被誉为"彝族漆器之乡"和"彝族母语之乡"。为此，总台统筹考虑短期脱贫和长期致富目标，充分发挥"广告精准扶贫"项目优势，聚焦产业帮扶主线，激发贫困群众脱贫奔小康内生动力。2020年，为喜德县投入节目经费和广告扶贫资源，制作播出《凉山喜德　彝族老家》《凉山喜德　椒香万里》《凉山喜德　甜蜜生活》三部精准扶贫公益广告宣传片。宣传片播出后，喜德县广大党员干部群众反响热烈，深受鼓舞，有效提升了喜德县的知名度和美誉度，对于喜德打造"彝族老家"品牌以及下一步发展文化旅游和生态农业产业将起到积极的推动作用。据负责喜德县招商引资的同志介绍，有了总台的支持，喜德县的招商引资工作有了极大优势，很多企业甚至主动提出要与喜德合作，这对喜德来说是第一次。

四、注重志智双扶，激发脱贫攻坚内生动力

2020年，中央广电总台在对喜德县帮扶的过程中，深入学习贯彻习近平总书记"扶贫先扶志，扶贫必扶智"的重要论述，注重从源头扶贫，从教育着手，大力开展助学助教系列活动。为弥补喜德县学校基础设施不足，丰富素质教育课程安排，总台向喜德县中小学校捐赠价值51万元的学习用品和2065套"中小学语文示范诵读库"教材。总经理室引进中国扶贫基金会价值156万元、惠及喜德1.5万多名小学生的"爱心包裹"项目和"一起教育科技"旗下的"一起学网校"，并为喜德县捐赠了美术包、图书和在线教育资源及智慧教育硬件设施。机关党委与共青团中央合作开展"书海工程"，向喜德县20个贫困村捐赠爱心图书室，共100万码洋约6万册图书。"六一"前夕，总台团委、文明办还组织了"小爱也温暖"为喜德儿童捐玩具活动，共筹集玩具8188个。同时，体育青少节目中心、文艺节目中心等部门还探索建立长效助学帮扶机制，组织

总台播音员、主持人，邀请著名运动员和知名教师为喜德县中小学师生开展培训、授课，与他们互动交流，邀请喜德师生开展圆梦北京、录制歌曲等活动。通过系列助学活动，向全国人民展示了新时代喜德少年儿童的蓬勃朝气和昂扬向上的精神风貌。

2020年5月28日，中央广电总台总经理室协助引入中国扶贫基金会爱心包裹项目落地喜德。图为喜德县学生收到"爱心包裹"。

2020年8月12日，总台"心连心"艺术团走进喜德县，开展慰问演出和主题党日活动，送文化送温暖。"心连心"慰问演出艺术地展示党中央脱贫攻坚政策，向奋战在一线的基层扶贫干部和志愿者致敬。艺术团还组织"文艺轻骑兵"慰问小分队分别到3个村庄送文化送温暖，歌颂党的十八大以来脱贫攻坚取得的伟大成就，鼓舞当地人民群众决战决胜脱贫攻坚的信心和决心。喜德县委书记曲木伍牛表示，平时耳熟能详的演员出现在喜德普通群众身边，出现在喜德县田间地头时，带给喜德全县的震动和鼓舞是无可比拟的。脱贫攻坚关键时期，这样一台演出，必将长久地留在喜德人民的记忆中。

│ 中央广电总台"心连心"艺术团走进喜德县开展慰问演出，鼓舞喜德人民脱贫攻坚的信心和决心。
图为歌舞《中华民族一家亲》。

五、汇聚各方力量，用心用情用力为民生

为帮助喜德县落实好"两不愁三保障"，让困难群众温暖过冬，总经理室携手波司登集团向喜德县 1 万名建档立卡贫困群众、1.7 万名中学师生捐赠了 2.7 万件羽绒服，价值 1465 万元。社教节目中心《决不掉队》栏目组联系北京新契约基金会，对喜德县民族小学的 100 名建档立卡贫困家庭的学生开展爱心结对子帮扶活动，每年资助每位学生 2000 元，首笔 20 万元助学款已汇入贫困学生账户。农业农村节目中心《攻坚日记》栏目组携手《小学生报》开展了免费赠报纸公益活动，帮助喜德县中坝村的小学生们学习成长、开阔眼界。结合新冠疫情防控需要，英语环球节目中心联系新浪"扬帆公益基金"向喜德县中小学校捐赠了 2.6 万只防疫口罩，价值 8.75 万元。体育青少节目中心联手"母亲微笑行动"公益组织，为喜德县 6 名唇腭裂儿童免费做整形手术，并与喜德县人民医院签订长期定点帮扶计划。2021 年 3 月，总台携手雅迪科技集团公司向喜德县捐赠了 200 台电动自行车，捐赠主要面向喜德县乡村社区干部、医生和警察等基层工作人员。

六、拓宽销售渠道，让扶贫产品购销两旺

2020 年是脱贫攻坚决胜收官之年，又遭遇新冠肺炎疫情影响，各项工作任务更重、要求更高。为确保如期完成脱贫攻坚任务，总台充分利用"互联网+"拓宽销售渠道，大力开展消费扶贫专项行动。选派知名主持人，与快手达人、演艺明星一起，携手开展公益直播带货活动，帮助销售各地扶贫产品。4月，总台"搭把手、拉一把""谢谢你为湖北拼单"等系列直播带货活动，累计推动网上销售价值约 4 亿元的湖北产品，其中有 2707 万元为农副产品。8 月，总台推出凉山助农专场直播，带货凉山州特产大凉山核桃、石榴、农家腊肉以及喜德县黑苦荞胚芽茶、袁野大红袍花椒、袁野农家腊肉等 10 款产品，一个多小时直播总销售额突破 1935 万元，当晚总销量超过 72 万单。总台还利用工会福利采购以及发动职工自愿购买等方式开展消费扶贫，积极探索"以购代捐""以买代帮"等多种消费方式，让 668 万元特色农产品走进总台食堂、超市和职工家中。

七、打造人才方阵，实现党建与扶贫"双促进"

自开展定点扶贫工作以来，总台加大人才培训帮扶力度，着眼提升脱贫攻坚一线干部队伍能力素质，全力为喜德县引进更多培训资源，帮助喜德打造一支政策清、法规熟、业务精的干部队伍。结合疫情防控要求，专门为喜德县基层干部和技术人员开通了线上学习账号，学员可远程登录"总台网络课堂"，与总台干部职工同期学习培训课程。根据喜德县在教育培训方面的帮扶需求，组织了党政干部培训班、《民法典》讲座和专业技术系列培训。总台团委从全台青年理论学习小组中抽选优秀代表组成调研团，赴喜德县开展"走基层送培训"活动，面向当地融媒体中心工作人员进行媒体报道策划及技术能力专项培训，有效提升了当地媒体从业人员的媒介专业素养。此外，联合爱心企业为喜德县瓦尔学校援建了心理健康教育中心，捐赠了"心智高"系统的软硬件设施，可为 2000 名师生提供在线学习。

创新帮扶模式

中央广电总台把"广告精准扶贫"作为助力喜德社会经济发展的一项重要举措,选派专业团队赴喜德进行拍摄。制作播出了3部广告宣传片,在总台15个电视频道、4个广播频率以及新媒体网站播出。2020年8月12日,总台"心连心"艺术团走进喜德县,艺术地展示脱贫攻坚成果,向奋战在一线的脱贫攻坚干部和群众致敬,并推出凉山助农专场直播带货,销售额突破1935万元。此外,总台还发挥节目部门优势,先后开展了世界体育冠军进校园、英语教师和普通话培训等"双扶"助学活动。

历任扶贫干部

挂职扶贫干部

挂职时间	姓 名	挂职地	挂职职务
2020.3—	杨 路	四川省喜德县	县委常委、副县长

驻村第一书记

驻村时间	姓 名	所驻村及职务
2020.3—	刘 超	四川省喜德县中坝村第一书记

中国气象局

历 程

1992 年至 2000 年，中国气象局定点帮扶辽宁省朝阳市建平县。2002 年至 2012 年，中国气象局定点帮扶内蒙古自治区杭锦旗。2013 年，中国气象局开始定点帮扶内蒙古自治区突泉县。2020 年 3 月，突泉县脱贫摘帽。

突泉县属大兴安岭南麓集中连片特困地区，是内蒙古重点扶持的革命老区。经过多年来的努力，突泉县 146 个贫困村全部出列，贫困人口全部脱贫，并于 2020 年 3 月脱贫摘帽，荣获 2020 年"全国脱贫攻坚奖组织创新奖"。中国气象局自 2013 年与突泉县"结对子"以来，认真贯彻落实习近平总书记关于扶贫工作的重要论述和党中央、国务院关于坚决打赢脱贫攻坚战的战略部署，在原国务院扶贫办、中央和国家机关工委、中央纪委国家监委驻农业农村部纪检监察组的指导下，把定点扶贫作为一项重要的政治任务来抓，坚持高位推动、发挥气象趋利避害作用，围绕突泉经济社会发展，开展产业园区共建、志智双扶、气象防灾减灾能力提升等系列帮扶行动，探索形成的"突泉气象扶贫模式"已成为全国气象助力脱贫攻坚的典范。

一、凝心聚力、真抓实干，圆满完成定点帮扶任务

强化组织领导，高位推动落实。成立了党组书记、局长任组长的扶贫领导

突泉县概况

突泉县位于内蒙古兴安盟中南部，全县总面积 4889.5 平方千米，总人口 32 万人。2011 年被确定为国家扶贫开发重点县，2013 年开始定点帮扶，2020 年底脱贫摘帽。该县自然资源丰富。探明蛇纹岩储量 14 亿吨、煤炭 5400 万吨、铜矿石 290 万吨、高岭土 560 万吨、铅锌矿石 301 万吨，可利用水资源 0.97 亿立方米，森林覆盖率 28.67%。

小组，召开 8 次领导小组会议和全国气象助力精准脱贫现场会，部署推进定点扶贫工作。局领导 16 人次、业务人员 430 多人次前往突泉调研，对定点扶贫工作进行督导检查，帮助解决实际困难问题。中央纪委国家监委驻农业农村部纪检监察组专程到突泉督导检查。

强化机制建设，科学组织实施。组织制定了帮扶总体方案和气象为农服务助力精准脱贫专项方案，每年制订年度工作计划，压实工作责任。成立由 10 位专家组成的工作组，加强技术指导。制定印发《定点扶贫督促检查工作办法》和《中国气象局定点扶贫督查工作方案》，促进定点帮扶工作有效开展。

强化产业支持，推动消费扶贫。提供专项帮扶资金、引进帮扶资金等累计 5030.9 万元，组织干部职工捐款捐物 907.2 万元。投入 2010 万元资金支持产业发展，2000 多名贫困人口受益，投入 2633 万元，全面提升突泉防灾减灾能力。充分挖掘部门资源，通过"聚农 e 购"气象扶贫特产馆、中国农业银行网上扶贫商城等渠道，购买突泉农产品 345.8 万元，帮助推销农产品 1708.1 万元。五三村庭院经济受到中央、自治区、盟、县各级 40 多家新闻媒体采访。

选优配强干部，用心用情扶贫。先后派驻 5 批 8 名优秀干部接续奋战在突泉脱贫一线，1 人被评为 2020 年"中央和国家机关脱贫攻坚优秀个人"，1 人被评为"全国脱贫攻坚先进个人"，3 人被评为"全国气象部门扶贫先进个人"，

2 人被评为"兴安盟脱贫攻坚先进个人"，1 人 3 次获突泉县表彰并收到 5 封村民感谢信。

发挥行业优势，强化科技扶贫。设立突泉县防灾减灾应急指挥中心。设立自动气象站维护公岗 60 人次，使每个贫困户年增收 1000 元。开展标准化气象灾害防御示范村屯建设，防灾减灾能力显著提升。制定玉米精细化气候区划，开展设施农业果蔬气象服务，开展"中国天然氧吧"创建和"气候好产品"评价服务，改造或购置人影作业装备 26 件，提供太阳能光伏电站服务。

强化党建引领，坚持志智双扶。与太平乡五三村开展支部共建，使四星级软弱涣散村整改提升为九星级文明村。培训干部和技术人员 3100 余人次，开展科普 10 余场次，惠及 6 万农民。为 105 名贫困学生捐助 105.6 万元，捐赠科普图书 2 万余册。两名外籍教师为期一周的英语授课使全县近 700 名学生受益，40 余名贫困学生和优秀教师赴北京参加夏令营活动。八部委联合开展"2019 年气象科技下乡暨科学伴我行——走进内蒙古突泉"活动。在中央电视台、中国气象频道等媒体，推出宣传推介突泉报道近 60 篇。

2019 年 5 月 31 日—6 月 2 日，八部委联合开展气象科技下乡活动。图为有关部委向突泉县捐赠扶贫物资和款项。

二、突出重点、精准施策，助力脱贫攻坚成效显著

稳定投入助力产业发展见成效。投入 450 万元助力绿丰泉公司收益 1855 万元，气象扶贫获益 90 万元，用于村集体经济。投入 500 万元助力景方特色种植产业园收益 100 万元，气象扶贫获益 40 万元，用于扶贫公益岗。筹集 120 万元入企分红，带动 208 名贫困人口增收。投入 201 万元建设种植基地、养殖场和果园，帮助发展集体经济，带动 235 户 425 名贫困人口增收。

气象科技助力减灾增收效益显著。充分发挥气象趋利避害作用，近 8 年防灾减损近 6 亿元，增产增收近 2 亿元。如玉米品种精细化气候区划在大兴安岭南麓连片贫困区推广，平均每亩增收 80 元；绿豆"气候好产品"提高了品牌价值，每千克增收近 4 元。

定点帮扶工作得到肯定。2020 年 7 月，原国务院扶贫办有关负责同志在内蒙古调研时，肯定突泉县脱贫攻坚工作，在太平乡五三村走访脱贫户时，对驻村气象干部帮扶工作成效予以高度评价。2018 年 5 月，全国气象助力精准脱贫现场会在突泉县召开，与会代表高度评价突泉县定点帮扶工作。

三、统筹谋划、尽锐出战，合力打造气象扶贫模式

中国气象局注重统筹谋划和顶层设计，研究确定了"坚持一个结合、发挥两个作用、助力三大工程"的帮扶思路，即坚持定点帮扶与突泉经济社会发展中心工作相结合，充分发挥气象在脱贫攻坚中趋利和避害两个重要作用，助力突泉"扶贫扶产业·牧业再造突泉""扶贫扶志·新时代新型农民素质提升""扶贫扶心·党群心连心"精准脱贫三大工程。

中国气象局按照这一思路，集中力量、整合资源，开展系列帮扶行动，发挥气象科技资源优势的趋利和避害作用，合力打造形成"防灾减灾护产业、气象资源助脱贫、扶贫扶智谋长远、扶贫扶心念党恩"的"突泉气象扶贫模式"，已成为全国气象助力脱贫攻坚的典范。

防灾减灾护产业 气象资源助脱贫
扶贫扶智谋长远 扶贫扶心念党恩

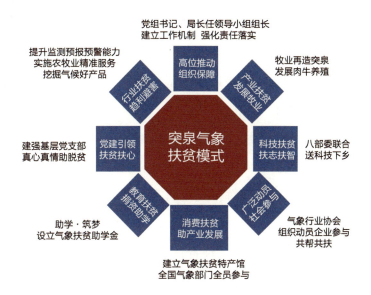

四、发挥优势、集中力量，探索形成气象扶贫典型经验

充分发挥气象垂直管理的体制优势，全国气象部门上下"一盘棋"、左右一条心，集中力量、整合资源，凝聚形成定点帮扶工作的强大合力。中国气象局充分发挥气象部门垂直业务管理的独特优势，加强上对下的帮扶工作指导，加强横向之间的合作与交流，相互借鉴、相互启发，合力打造了"突泉气象扶贫模式"，并在全国气象部门推广应用。中国气象局成立了扶贫开发工作领导小组，负责组织落实党中央关于脱贫攻坚的决策部署。领导小组成员单位凝心聚力，强化组织协调，在人力、财力、机制等方面加强组织管理，持续投入，支持突泉县特色种植产业园建设和生产，促进村集体经济发展，带动贫困户稳定增收。各直属单位通力配合，强化技术和资源支撑，在平台建设、科研能力、消费扶贫等方面予以大力支持，帮助提升突泉气象防灾减灾能力，帮助拓宽农产品销售渠道。内蒙古气象局和兴安盟气象局增派帮扶干部，支持开展气

候品质论证，帮助提升突泉气象服务水平。全国各级气象部门积极支持突泉消费扶贫相关工作，形成了部门上下共同帮扶突泉的强大合力。

充分发挥气象趋利避害的独特优势，突出重点、精准施策，大力提升防灾减灾能力，挖掘利用可再生气候资源，初步探索了巩固脱贫攻坚成果同乡村振兴有效衔接的工作举措。中国气象局深入挖掘气象科技在趋利和避害两个方面的独特作用，在气象灾害监测预报预警、气象灾害风险防范、气候资源开发利用、精细化农业气象服务等方面，初步探索了巩固提升脱贫攻坚已有成果的长效机制和防止因灾返贫、因灾致贫的有效方法。持续投入 2000 多万元，帮助突泉县全面提升突泉防灾减灾和应急指挥能力，有效推动气象与地方工作深度融合，充分发挥了气象防灾减灾第一道防线作用，每年减少气象灾害造成损失近亿元。2020 年 4 月 19—22 日，雨雪寒潮天气过程影响突泉，园区大棚种植户根据预报预警信息，提前采取防范措施，避免损失近千万元。充分挖掘开发突泉气候资源，创建"中国天然氧吧"，开展农产品精细化区划和农产品气候品质评估，推动当地生态健康旅游与农产品品牌化。对聚美恒果四季采摘园开展毛桃专项气象服务，纯利润增加 16 万元，

│ 中国气象局设立突泉县防灾减灾应急指挥中心。图为指挥中心大厅。

创新帮扶模式

合力打造突泉气象扶贫模式。中国气象局坚持定点帮扶与突泉经济社会发展中心工作相结合，充分发挥气象在脱贫攻坚中趋利避害重要作用，助力突泉"扶贫扶产业·牧业再造突泉""扶贫扶志·新时代新型农民素质提升""扶贫扶心·党群心连心"精准脱贫三大工程，打造形成"防灾减灾护产业、气象资源助脱贫、扶贫扶智谋长远、扶贫扶心念党恩"的"突泉气象扶贫模式"。

带动144户324人稳定增加收入。气象帮扶突泉的做法在全国气象部门得到推广，目前全国实现贫困县乡镇自动气象站全覆盖，设置1249个气象观测和人影作业扶贫公益岗位，光伏扶贫成为许多贫困村的脱贫法宝，这些做法得到了国务院领导的肯定。

历任扶贫干部

挂职扶贫干部

挂职时间	姓　名	挂职地	挂职职务
2013.11—2014.12	杨瑞林	内蒙古自治区突泉县	县委副书记
2014.12—2015.12	高广京	内蒙古自治区突泉县	县委副书记
2016.2—2018.2	薛建军	内蒙古自治区突泉县	县委副书记
2018.3—2021.4	马清云	内蒙古自治区突泉县	县委副书记

挂职时间	姓　名	挂职地	挂职职务
2021.4—	臧海佳	内蒙古自治区突泉县	县委常委、副县长

驻村第一书记

驻村时间	姓　名	所驻村及职务
2015.8—2016.8	彭勇刚	内蒙古自治区突泉县合发村第一书记
2016.8—2018.8	程　飞	内蒙古自治区突泉县五三村第一书记
2018.8—2021.4	侯　俊	内蒙古自治区突泉县五三村第一书记
2021.4—	张小培	内蒙古自治区突泉县五三村第一书记

全国社保基金会

历 程

2002 年至 2010 年，全国社保基金会定点帮扶内蒙古自治区准格尔旗，会领导多次带队调研，开展了金融扶贫、教育扶贫、党建扶贫等工作，选派挂职干部。2011 年至 2014 年，经与原国务院扶贫办沟通，全国社保基金会将河北省涞水县求成中学确定为扶贫捐助对象，开展爱心捐赠，邀请学校师生代表来京开展夏令营。2015 年至今，定点帮扶内蒙古自治区兴和县。

全国社保基金会自定点帮扶内蒙古自治区乌兰察布市兴和县以来，深入学习贯彻习近平总书记关于扶贫工作的重要论述，坚持把定点扶贫工作作为重要政治任务，紧密结合自身特点和兴和县实际，推动定点扶贫工作取得扎实成效。截至 2020 年底，累计投入、引进资金 4158 万余元，培训各类人员 5000 余人次，协调企业购买兴和石墨产品 3.47 亿元，帮扶兴和县于 2020 年如期实现脱贫摘帽。

一、坚持以习近平总书记关于扶贫工作的重要论述为指导，不断提高政治站位、加深理解认识、拓宽工作思路

全国社保基金会党组高度重视定点扶贫工作，认真学习贯彻习近平总书记关于扶贫工作的重要论述，坚持把扶贫工作作为政治任务摆在重要位置，紧密

兴和县概况

内蒙古自治区兴和县区域总面积 3518 平方千米，全县辖 5 镇 4 乡，总人口 33.2 万人，乡村人口 25.3 万人，是国家扶贫开发工作重点县、国家"燕山—太行山"集中连片特困扶贫县。2020 年开通直达北京高铁，纳入北京 2 小时经济圈。石墨矿藏为全国三大石墨基地之一，地质储量 3733 万吨。粮食主要作物为马铃薯，年产量达 9 亿斤。2020 年脱贫摘帽。

结合自身实际，调动力量，协调资源，以扎实的帮扶成效做到"两个维护"、当好"三个表率"。东西部扶贫协作经验交流会、中央单位定点扶贫工作推进会、解决"两不愁三保障"突出问题座谈会、决战决胜脱贫攻坚座谈会、全国脱贫攻坚总结表彰大会等重要会议召开后，会党组均带头组织学习，及时优化完善工作思路，结合实际研究具体措施，坚决贯彻落实党中央决策部署。在"不忘初心、牢记使命"主题教育中，将定点扶贫工作作为专题调研之一，会领导带队赴兴和县深入调研脱贫攻坚情况，激励兴和县保持决战决胜的"冲刺"状态，啃下最后的"硬骨头"。在党史学习教育中，将帮助兴和县实现巩固脱贫攻坚成果与乡村振兴有效衔接作为"我为群众办实事"的重要内容，落实"四个不摘"总体要求，列出实事清单，多方发力助力兴和县推进乡村振兴。

二、坚持推动责任落实，不断完善"党组领导、机关党委牵头、群策群力、全员参与"的工作格局

全国社保基金会党组始终强化"定点扶贫是政治任务、本职工作"的观念，坚持以推动定点扶贫工作责任有效落实为主线，建立了权责清晰、各司其职的定点扶贫工作领导机制，凝聚起脱贫攻坚合力。一是加强组织领导。会党组发

挥把方向、管大局、促落实的领导作用，将定点扶贫工作纳入重要议事日程。5 年来，党组会共 23 次听取专题汇报，研究部署定点扶贫工作，既分析形势、拓宽思路，也确定举措、选准项目、推动工作。成立以会主要领导为组长、相关部门主要负责同志为小组成员的定点扶贫工作领导小组，及时优化完善领导小组工作制度、议事规则，定期召开领导小组会议，对工作推进情况进行分析研判，确保定点扶贫工作落地见效。二是压紧压实责任。在会党组的领导下，机关党委强化责任担当，发挥牵头协调作用，做好工作统筹，加强党建对定点扶贫工作的引领，将定点扶贫工作作为党建述职评议考核、党支部书记述职的重要内容，树立鲜明工作导向。积极宣传定点扶贫工作成果、报道先进事迹、展示干部风采，邀请挂职扶贫干部分享心得体会，营造浓厚的定点扶贫工作氛围，有关经验被中央电视台、旗帜网、扶贫信息专刊等宣传报道 7 次。各党支部不断增强责任感、使命感和紧迫感，坚持主动作为，牵线搭桥、出谋划策，用心、用情、用力做好定点扶贫工作，形成了助力脱贫攻坚的合力。三是广泛动员力量。努力克服实际困难，拓宽帮扶思路，积极主动向合作机构讲解党和国家扶贫开发大局，严谨规范动员外部力量共同做好帮扶工作。5 年来，参与到帮扶兴和县工作中的相关部委和业务往来单位从 6 个增加到 30 余个，探索形成了具有全国社保基金会特色的内外携手、合力助推扶贫攻坚的有效模式。

三、坚持精准对接、精准施策，不断提升定点扶贫工作的广度、深度、精准度

认真贯彻落实习近平总书记"扶贫开发贵在精准，重在精准，成败之举在于精准"的重要要求，聚焦"两不愁三保障"目标，持续在精准挖掘自身资源和精准对接兴和县需求的"双精准"上下功夫。5 年来，会领导共 8 次前往调研，干部职工、外部参与单位等前往开展调研论证、推动项目共 179 人次，通过深入调研、现场推动，为精准施策提供良好的决策基础，不断提升定点扶贫工作的广度、深度、精准度。一是民生保障方面。贯彻落实习近平总书记关于

| 全国社保基金会帮助兴和县实现马铃薯产业化种植取得关键性突破。图为兴和县农民种植马铃薯。

解决饮水安全问题的重要指示，针对兴和县的突出问题和迫切需求，深入开展调研，协调及投入资金 500 万元，采取"分户净化"的方式为兴和县 98 个村 3285 户解决饮水安全问题，显著提升了当地群众的幸福感、满意度。协助建立防止返贫机制，协调出资 200 万元，支持兴和县为边缘户、脱贫户、贫困户、一般户 4 类防贫对象购买防返贫保险。帮助实施农村道路硬化、亮化工程，加强农村硬件设施建设。捐赠价值 120 万余元的信息设备，加强相关乡镇电子政务中心信息化建设，为部分村搭建村民电子阅览室。二是产业扶贫方面。落实农业产业化理念，依托"一司一县""万企帮村"等项目，推动"母羊银行"、肉制品加工、藜麦加工、燕麦深加工等 20 余个重点项目落地，增强"造血"功能。实施"种养产销"一体化，协调麦当劳中国公司在兴和县推开"加工薯"种植，为当地马铃薯产业化种植取得关键突破。搭建"公益社保基金会"精准扶贫电商平台，帮助加强电子商务、信息系统建设，推动与外部消费平台、合作单位、流转渠道的联合协同，不断为兴和县特色农产品打开销路。坚持产业项目直接惠及建档立卡贫困户，推动贫困户以股权分红、土地流转等多种方式融入产业链条，强化产业发展与贫困户的利益联结机制。三是健康教育扶贫方面。大力支持兴和县医疗卫生体系建设，协调投入 520 万元配备彩超

机等医疗设备,实施"光明行"免费白内障治疗、基层医护人员培训、中小学生视力筛查矫正等一系列健康扶贫项目,持续加大健康帮扶力度。2020年,积极协助兴和县做好新冠肺炎疫情防控,协调捐赠价值约62万元的防疫物资,挂职干部坚守防疫一线发挥积极作用,落实联防联控机制,共同为兴和县疫情"零发生"作出了贡献。高度关注当地教育情况,资助1200余名贫困学生完成学业,协调资金建设16间多媒体教室和"真爱梦想"教室,帮助8所小学引入优质网课资源,提升教育质量,7200余名学生从中受益。四是党建扶贫方面。坚持扶贫与扶志扶智相结合,深入推进抓党建促脱贫,为兴和县12个村党支部配备了"党建直通车"设备,有关经验被国务院扶贫办《扶贫信息》登载。采取"请进来+走出去"相结合方式,协助兴和县培训基层干部、专业技术人员、致富带头人等5000人次,切实建强基层组织堡垒,提高贫困群众生产技能,增强自我发展能力,强化改变贫困面貌的决心和信心。五是挂职扶贫方面。发挥挂职扶贫干部的桥梁纽带作用,先后选派3名挂职副县长、1名挂职副镇长、3名驻村第一书记,他们融入基层群众,谋发展干实事,推动各项扶贫政策措施落地,帮助当地改善生产生活条件,得到了当地干部群众的充

2020年,全国社保基金会捐赠抗疫物资支持兴和县做好新冠肺炎疫情防控。图为兴和县抗疫物资捐赠现场。

分肯定，1 名挂职副县长被评为"全国脱贫攻坚先进个人"，1 名驻村第一书记被内蒙古自治区评为"青年创新创业创优标兵"，1 名驻村第一书记被内蒙古自治区党委、区政府评为"内蒙古自治区脱贫攻坚先进个人"。会党组把对挂职干部的关心、帮助和培养落在实处，树立了鲜明的用人导向。

四、坚持全面压实责任，不断深化作风建设、增强定点扶贫工作实效

深入贯彻落实习近平总书记关于"要加强扶贫领域作风建设"的重要指示精神，不断深化作风建设，强化真抓实干的责任担当。一是加强督促指导。按照《脱贫攻坚责任制实施办法》的要求，将督促指导兴和县落实脱贫攻坚主体责任、开展精准扶贫工作作为重要工作内容。加强与自治区驻县脱贫攻坚总队的沟通联系，定期了解兴和县建档立卡贫困户脱贫情况和"两不愁三保障"标准落实情况，掌握兴和县脱贫攻坚总体进展。兴和县脱贫摘帽后，坚持督促县委、县政府抓好脱贫攻坚专项巡视"回头看"问题整改、解决剩余贫困人口脱贫、巩固脱贫攻坚成果进展等情况。二是严格项目管理。对于会党组研究确定的帮扶项目，探索建立项目制管理制度，各党支部明确项目责任，指定专人负

创新帮扶模式

全国社保基金会党组立足实际、转变观念、拓宽思路，充分调动各部门、全体党员干部积极为定点扶贫工作牵线搭桥、出谋划策，通过广泛动员、协调资源，不断强化"上下联动、内外携手、合力助推"的工作模式，参与定点帮扶兴和县脱贫攻坚的机构达到 30 余家，为推动定点扶贫工作取得实际成效发挥了重要作用。

责，细化进度安排，定期反馈项目进展情况，层层压实责任，确保帮扶项目高质量落实落地。发挥挂职干部身处一线、熟悉情况的优势，他们既协助推动中央扶贫政策落实，也及时反映兴和县的实际需求，为项目落地创造了良好条件。三是务实工作作风。认真贯彻落实《中共中央办公厅关于解决形式主义突出问题为基层减负的通知》要求，坚持以中央单位定点扶贫责任书和国务院扶贫办定点扶贫工作成效评价为导向不断改进工作方式，务实工作作风，着力在"准""实"上下功夫。不断强化正向效能，树立正确导向，整合、压缩定点扶贫工作相关的会议材料，坚持将主要精力放在推动项目落实上，力戒形式主义，精准发力，真抓实干，取得了实实在在的帮扶成果。自签订责任书以来，全国社保基金会均超额完成了责任指标。

历任扶贫干部

挂职扶贫干部

挂职时间	姓　名	挂职地	挂职职务
2016.11—2018.12	李柏梅	内蒙古自治区兴和县	副县长
2018.11—2021.4	邓怿帅	内蒙古自治区兴和县	副县长
2021.4—	李新恺	内蒙古自治区兴和县	副县长

驻村第一书记

驻村时间	姓　名	所驻村及职务
2015.8—2016.8	涂　志	内蒙古自治区兴和县南官村第一书记
2017.5—2019.7	刁怀杰	内蒙古自治区兴和县兴胜庄村第一书记
2019.6—	余有德	内蒙古自治区兴和县兴胜庄村第一书记

国家信访局

历 程

2010 年 8 月，国家信访局开始对河北省海兴县进行定点扶贫。国家信访局先后选派 8 名扶贫干部，直接投入帮扶资金 324 万元，为县里引进项目资金 1.4 亿多元，帮助销售农副产品 861 万元。2016 年，海兴县脱贫摘帽。

党的十八大以来，国家信访局坚持以习近平新时代中国特色社会主义思想为指导，认真贯彻落实党中央关于脱贫攻坚和中央单位定点扶贫的决策部署，在局党组的正确领导下，始终把定点扶贫工作作为增强"四个意识"、坚定"四个自信"、做到"两个维护"的实际行动。局主要负责同志以身作则，每年签订定点扶贫责任书；班子成员发挥表率作用，多次到局定点扶贫县调研指导；局定点扶贫工作领导小组坚持统筹推进，紧盯定点扶贫目标任务，协调督促各单位不折不扣完成扶贫任务，扎实推进各项工作落地落实。

多年来，国家信访局与海兴县干部群众一道，把定点扶贫工作作为重大政治任务和第一民生工程，强化"军令状""交考卷"意识，坚持问题导向和目标导向，强化责任担当，狠抓工作落实，三任局领导班子接续帮扶，先后召开 24 次党组会研究定点扶贫工作。局定点扶贫工作领导小组坚持每季度调度，共召开定点扶贫调度会 28 次。先后选派 8 名政治素质好、工作能力强的优秀驻县驻村干部，直接参与脱贫攻坚一线实践，坚持力度不减、标准不降，积极推进产业帮扶、就业帮扶、教育帮扶、党建帮扶，直接投入帮扶资金 324 万

<blockquote>

海兴县概况

　　海兴县位于河北省最东南部，东临渤海，距北京 240 公里，主要产业为体育器材、鱼粉饲料、渔网加工等传统产业和盐化工、装备制造、临港物流、新能源等新兴产业。农业主要种植小麦、玉米，名特农产品主要是冬枣、海兴碱梨等。1994 年被确定为国家重点扶持贫困县，2002 年被确定为国家扶贫开发工作重点县，2016 年脱贫摘帽。

</blockquote>

元，为县里引进项目资金 1.4 亿多元，帮助县里销售农副产品 861 万元，局机关党员干部累计为海兴县捐款捐物 106 万余元。培训各类专业技术能手和致富带头人 1852 人次，培训干部 1663 人次。多措并举助力脱贫攻坚取得决定性成果。海兴县成为全国首批脱贫摘帽县，3021 户 6793 人建档立卡贫困户全部清零，县域内消除了绝对贫困。

一、坚持产业扶贫先行，提供增收不竭动力

　　把发展产业扶贫作为海兴县脱贫攻坚的治本之策，不断帮助引进产业项目，建档立卡贫困人口产业收入在总收入中的占比实现逐年增加。一是帮助引进特色种植产业。2020 年帮助海兴县发展金银花种植项目，全县种植 800 亩，带动村集体和贫困户实现一年种植、长期收益。投入帮扶资金 100 万元，引进 100 亩秋雪蜜桃种植项目，累计实现营收 52 万多元。依托县农场"海兴碱梨"种植项目，动员百余户建档立卡贫困户参与生产经营，实现增收。二是发展特色养殖产业。协调对接山东熙乐经典农业科技公司，从 2019 年起每年免费资助海兴县所有贫困户每户 30 只鸡苗，连续赠送 3 年，通过企业代养和贫困户

| 国家信访局为海兴县引进 100 亩秋雪蜜桃种植项目。图为硕果累累的秋雪蜜桃。

自养两种方式，发展扶贫芦花鸡养殖产业，实现全县贫困户养殖全覆盖，贫困户每年每户平均增收 1000 元。三是因地制宜引进特色加工业。2019 年为县贫困村引进渔网加工项目，投资 190 万元建起渔网加工厂，每年给村集体带来 12 万元收入。四是参与引进光伏发电项目，建设村级光伏电站 24 个，年所得收益达 1300 余万元，作为建档立卡贫困户、公益岗位、无劳动能力者兜底保障经费。

二、创新就业扶贫机制，增强自身"造血"功能

把增强贫困群众自身"造血"功能作为脱贫减贫的重要抓手，与海兴县共同谋划构建"五个一批"就业扶贫脱贫工作机制，每年安置建档立卡贫困人口就业人数达 2500 人以上，普通劳动力、弱劳动力和半劳动力通过劳务输出、本地企业安置、自主创业、公益岗位、家庭手工业等多种途径实现就业，取得了"一人就业，全家脱贫"的成效。2018 年 11 月 1 日，《国家信访局帮助河北海兴构建就业扶贫脱贫机制》的经验被原国务院扶贫办《扶贫简报》2018 年第 56 期转发。同时，国家信访局还将海兴县作为用工基地，招聘保安、门卫、

服务员、拆信员时优先雇用海兴县建档立卡贫困户人员，5 年来，共计聘用海兴贫困人口 42 人次。每年国家信访局通过直接培训、外聘专家、委托第三方、委托县直部门等多种方式，对海兴县干部群众进行职业技能和党建方面培训，不断提高贫困人口就业本领，提高基层党组织建设水平，带动群众稳定增收、脱贫致富。

三、加大教育扶贫投入，聚力阻断贫困代际传递

高度重视教育扶贫工作，确保贫困家庭孩子享受到平等的教育，激励他们树立远大志向，通过学习改变自己的命运。一是引进帮扶资金倾向教育领域。从 2016 年至今，分别为海兴职业教育学校引进社会捐款 3 次，捐款总额 103 万元；为海兴县农场学校引进社会捐赠 43 万元。协调光华科技基金会、北京友好基金会给全县中小学捐赠图书价值 40 万元。二是注重教师素质提升。2017 年协调云校（北京）有限公司赞助"三通两平台"建设，为全县 149 所高中、初中、小学、幼儿园安装云校智慧教育系统，使优质的教育资源校校通、班班

| 国家信访局参与引进光伏发电项目，建设村级光伏电站 24 个。图为张常丰村集体光伏电站。

通、人人通。按照教育部教育信息化 2.0 行动计划要求，2020 年协调教育行业知名企业希沃公司给全县 333 名教师培训，使全县教师进一步掌握利用现代化手段开展教学的方法。三是激发贫困学生内生动力。坚持每年组织贫困家庭优秀学生励志游，利用周末或暑假，组织海兴县贫困家庭优秀中小学生到北京大学、清华大学、科技馆、博物馆、天安门广场等进行参观见学。5 年共计组织了 100 多名优秀学生代表参加活动，开阔了孩子们的视野，激发了学习热情。四是大力发展职业教育。高度重视海兴县职业教育发展和技术技能人才培养，深入推进职业教育助推精准脱贫。协调爱心企业 3 次给县职业教育学校捐款 103 万元，帮助该校建设了电脑教室、声乐教室、舞蹈教室、篮球场。2019 年，协调国家发展改革委、河北省发展改革委给县里引进了公共实训基地项目，中央下达配套资金 2000 万元，河北省发展改革委下达配套资金 400 万元，建成后将成为区域职业技能培训中心，不仅能为县域内、周边企业提供技术人才，同时能通过职业教育增加海兴县收入。

四、积极争取医疗扶贫资源，织密健康防护网

提升医疗保障水平和医疗服务能力，让贫困人口能够看得上病、防得住病。2018 年，联系农工党东西部扶贫办公室为海兴县条件相对落后的 7 个贫困村捐赠行走的医院——乡村医生助诊包，让老百姓足不出户就能完成在乡镇医院才能完成的检测项目，还可以享受到三级甲等医院的远程专家服务，有力提升村医的诊疗手段，让村医成为老百姓身边的"守护神"。3 年来为 7 个村贫困人员免费体检、健康筛查 467 人次。2019 年，协调河北纬林医疗科技有限公司、沧州市中心医院捐赠价值 145.4 万元的动态心电监护仪、远程实时监控系统和心电图机、药品，改善和提升县医院基本医疗保障水平。2020 年，联系北京莲心基金会给县医院捐赠了价值 510 万元的大型医疗设备，使海兴县医院医疗保障水平跃升了一个大台阶。

5 年来，国家信访局按照"四个不摘"工作要求，与海兴县一起扎实推进

创新帮扶模式

　　与海兴县共同谋划构建"小微产业从业一批、公益岗位安置一批、就地务工吸纳一批、个人创业发展一批、劳务输出转移一批"的"五个一批"就业扶贫脱贫工作机制，帮助贫困群众增强自身"造血"功能，取得"一人就业，全家脱贫"的成效。2018 年 11 月 1 日，《国家信访局帮助河北海兴构建就业扶贫脱贫机制》的经验被原国务院扶贫办《扶贫简报》2018 年第 56 期转发。

　　减贫防贫工作，持续巩固提升脱贫攻坚成果，形成一系列好的经验做法并且加以推广，定点扶贫工作屡获殊荣。脱贫摘帽经验做法在 2017 年井冈山全国贫困退出工作会议上作了书面交流和典型发言，新华社、中央电视台《焦点访谈》、中央人民广播电台、河北日报等媒体予以报道。保险＋救助"3+2"健康扶贫模式入选第二届中国优秀扶贫案例；国家信访局与海兴县共同谋划的"五个一批"就业扶贫机制，被原国务院扶贫办刊发，并在河北省总结推广；消费扶贫工作经验做法在省扶贫办扶贫专报上刊发，得到省委领导同志肯定。2018 年，海兴县委、县政府荣获"河北省脱贫攻坚先进集体奖"。驻村第一书记将其所在的张常丰村倾力打造成了沧州市的明星村，《沧州市海兴县张常丰村消费扶贫案例》入选国家发展改革委向社会公开推介的 2020 年全国消费扶贫 50 个典型案例，《张常丰村第一书记扶贫日志》获得全国"我所经历的脱贫攻坚故事"特等奖，中央电视台"'天下财经'走村直播看脱贫"节目组在张常丰村面向全国讲述村内鲜活的扶贫故事，在"走村直播看脱贫"点赞活动中，获 186 万个点赞，排全国百村第 9 名，获"最佳人气奖"。

历任扶贫干部

挂职扶贫干部

挂职时间	姓　名	挂职地	挂职职务
2010.8—2014.2	姜良纲	河北省海兴县	副县长
2014.2—2016.3	王宏群	河北省海兴县	副县长
2016.3—2018.4	张丁根	河北省海兴县	县委常委、副县长
2018.4—2021.4	贾永强	河北省海兴县	县委常委、副县长
2021.4—	胡颂文	河北省海兴县	县委常委、副县长

驻村第一书记

驻村时间	姓　名	所驻村及职务
2015.7—2017.7	邓　勇	河北省海兴县张常丰村第一书记
2017.7—2018.4	贾永强	河北省海兴县张常丰村第一书记
2018.5—2021.4	张巍婷	河北省海兴县张常丰村第一书记
2021.4—	常　虹	河北省海兴县张王文村第一书记

全国供销合作总社

历 程

1996年起，全国供销合作总社成为原国务院扶贫开发领导小组成员单位，开始承担定点扶贫任务并参与领导小组有关工作。根据原国务院扶贫开发领导小组的安排和《关于进一步完善定点扶贫工作的通知》（国开办发〔2015〕27号），全国供销合作总社从2002年起定点帮扶安徽省潜山县（2018年8月撤县设县级市），2015年起增加定点帮扶江西省寻乌县。

党的十八大以来，以习近平同志为核心的党中央把脱贫攻坚摆在治国理政的突出位置，把脱贫攻坚作为全面建成小康社会的底线任务，带领全党全国人民夺取了脱贫攻坚战的全面胜利，完成了消除绝对贫困的艰巨任务，创造了又一个彪炳史册的人间奇迹。作为原国务院扶贫开发领导小组的成员单位，全国供销合作总社坚决响应党中央号令，深入学习贯彻习近平总书记关于扶贫工作的重要论述，认真落实党中央、国务院关于定点扶贫工作的一系列决策部署，始终将定点帮扶安徽省潜山市、江西省寻乌县作为重大政治任务，加强组织领导，强化责任担当，创新帮扶举措，加大帮扶力度，协助两县如期完成脱贫攻坚任务。

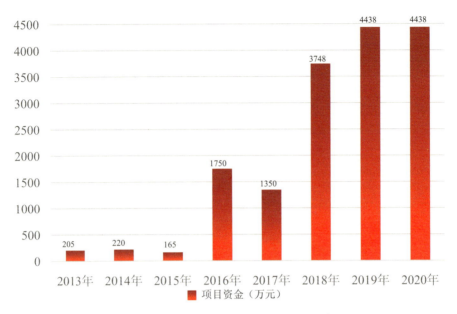

| 2013—2020 年全国供销合作总社定点帮扶潜山、寻乌项目资金投入情况

一、加强组织领导，建立健全定点扶贫工作机制

全国供销合作总社高度重视脱贫攻坚特别是定点扶贫工作，始终把定点扶贫作为"一把手"工程，主要负责同志作为第一责任人，亲力亲为抓好各项任务的落实。持续强化组织领导，完善扶贫工作机制，建立了由主要负责同志担任组长、2 名分管领导担任副组长，各个部门一把手全部参加的领导机构。先后制定印发了《发挥供销合作社优势打赢脱贫攻坚战的意见》《总社"十三五"定点扶贫和对口支援工作规划》《总社行业扶贫三年行动方案》《总社关于全力投入决战决胜脱贫攻坚的通知》等多个文件，提出"扶在要处、帮在难处、干在实处"的定点扶贫工作思路，凝聚系统各方力量，切实做到资金上提供支持、人才上提供支撑、工作上提供指导。通过召开党组会、主任办公会、扶贫工作领导小组会、扶贫座谈会、扶贫工作电视电话会等方式，学习贯彻中央的有关决策部署，研究制定具体的落实措施，全面部署定点扶贫工作。建立扶贫蹲点调研、扶贫信息月报工作机制，及时掌握扶贫县脱贫攻坚进展和扶贫项目建设、运营情况。总社主要负责同志及其他领导同志多次赴扶贫县开展调查研

潜山市概况

　　安徽省潜山市地处大别山东南山麓，富硒、富锌、富负氧离子是潜山美丽生态名片，茶叶、瓜蒌、油茶、蚕桑等是贫困户增收的重要产业，医药健康、机电装备和刷业制造是工业主导产业。2020年，全市地区生产总值216.7亿元，并成功创建国家全域旅游示范区，1986年被确定为国家重点扶持贫困县，全国供销合作总社2002年开始定点帮扶，2018年撤县设市，2019年脱贫摘帽。

究，指导扶贫县做好脱贫攻坚工作。

　　在总社的大力支持下，安徽省潜山市、江西省寻乌县坚持把脱贫攻坚作为首要政治任务，以脱贫攻坚统领经济社会发展全局，扎实推进脱贫攻坚工作，取得显著成效，两县（市）均于2019年由所在省政府公布退出贫困县序列。其中，潜山市实现60个贫困村出列、2.8万户8.87万贫困人口脱贫。脱贫人口人均纯收入从2014年的2300多元提高到2020年的1.32万元，6年间增长了4.7倍。寻乌县"十三五"时期确定的69个贫困村全部脱贫退出。

二、发挥行业优势，全力支持扶贫县打赢脱贫攻坚战

　　一是选优派强扶贫干部，增强一线帮扶力量。党的十八大以来，总社尽锐选派挂职干部，先后从机关、直属事业单位等向2个扶贫县派出13位责任心强、有开拓奉献精神的同志开展挂职帮扶。挂职干部扎根基层，在脱贫攻坚一线接续战斗，为扶贫县的脱贫攻坚工作作出了积极贡献，得到了扶贫县党委、政府和干部群众的充分肯定。其中，有2名驻村第一书记均荣获"中央和国家机关脱贫攻坚优秀个人""全国脱贫攻坚先进个人"。

　　二是通过项目资金扶持，促进扶贫县产业发展。总社坚持把产业扶贫作为

主攻方向，通过农业综合开发、"新网工程"等项目资金，2013 年以来，累计为 2 个扶贫县安排扶持资金 1.63 亿元，扶持扶贫县发展瓜蒌籽、食用菌、脐橙、蔬菜和中药材等特色产业，推动打造特色农业产业和惠农综合服务体系，带动贫困户脱贫增收。支持潜山市发展瓜蒌籽种植 6.1 万亩，年产值 2 亿元，成为当地六大支柱农业产业之一；在寻乌县投资建设中国供销寻乌现代农业示范园，扶持寻乌县重点发展脐橙、蔬菜和中药材等产业，探索"企业＋合作社＋农民＋互联网＋综合服务"的产业发展模式，建立与贫困户的利益联结。支持寻乌县发展优质农产品，申报"富硒百香果"认证和"寻乌百香果"地理保护标志，注册"高布村"农产品商标，积极打造农产品品牌。

三是利用多种方式，拓宽扶贫县农产品销售渠道。利用电子商务惠农工程项目资金，支持 2 个扶贫县发展县、乡、村电商服务体系。支持潜山供销电子商务有限公司建成乡镇运营中心 10 个，村级服务站 120 个，积极整合当地优质特色农产品，打造"古皖田园"品牌，提升产品附加值，年销售近 1000 万元，带动了农业增效、农民增收；支持寻乌建设县级配送中心，在全县 15 个乡镇设立了"供销 e 家"综合服务站，154 个村设立村级电商服务站，

全国供销合作总社推动打造惠农综合服务体系。图为总社 2019 年援建的安徽省安庆市潜山市农事综合服务中心。

全国供销合作总社推动打造特色农业产业。图为总社 2016 年援建的江西省赣州市寻乌县现代农业示范园。

发展"互联网＋第四方物流"高效配送，构建起县乡村三级物流配送网络体系，解决农产品上行"最先一公里"问题。积极组织系统内大型商贸流通企业与 2 个县开展农副产品产销对接，直接采购和帮助销售农产品，利用总社主办的各类展示展销会、"国家扶贫日"活动等，宣传、推介、帮助销售扶贫县优质特色农产品。自 2020 年 1 月 1 日上线以来，截至 3 月底，通过"扶贫832平台"（贫困地区农副产品网络销售平台），潜山市、寻乌县分别上架商品 241 个、228 个，产品涵盖茶叶、瓜蒌籽、脐橙、茶叶、食用菌、粮油等多个品种，分别销售农产品 1158 万元、682 万元，有力地带动了当地特色农产品销售和农户增收。

四是调动科研院所、培训机构和协会力量，对扶贫县开展"志智双扶"。组织和动员科研院所、职业院校、行业协会等各方力量，积极开展送教上门等活动，围绕农业社会化服务、农村电商、集体经济发展、农业实用技术等开展培训，提高农民的致富技能，努力形成扶贫合力。济南果品研究所发布 100 项果蔬采后工程技术科技扶贫成果，启动"扶贫 832 农产品科技赋能计划"，并针对寻乌县脐橙、猕猴桃、百香果等果品采摘后的损耗问题，开展采后保鲜、储运技术研究，有效降低了采后损失，延长了销售期，增加了产品附加值。南京野生植物综合利用研究所在潜山市建立瓜蒌育苗组培车间，帮助当地瓜蒌产业实现从育苗、种植到加工的全产业链发展。总社与江西省人民政府共建的江西旅游商贸职业学院针对寻乌县的贫困家庭学生开辟绿色招生渠道，落实相关助学优惠政策，减免建档立卡贫困户新生学费。总社主管的中国果品流通协会、中国食用菌协会等通过展会展销、品牌推介等方式，帮助扶贫县拓展农产品销售渠道、培育农产品品牌。

五是创新帮扶方式，建立直属企业结对帮扶机制。自 2017 年以来，根据扶贫县的产业特点和实际需要，总社安排中国供销集团成员企业对 2 个扶贫县开展有针对性的结对帮扶，帮扶企业由第一年的每 2 家企业帮扶 1 个县，增至每 4 家企业帮扶 1 个县，形成"4+1"的结对帮扶机制。每家企业每年出资从最初的 25 万元增长到 50 万元，累计投入结对帮扶资金 1300 多万元，支持美丽乡村建设和产业发展。结对帮扶企业还围绕扶贫县产业发展的需求，帮助扶贫县建设现代农业示范园区，完善乡村物流配送体系，提升农业社会化服务水平。总社机关、直属企业还积极开展"送智送技"、党支部联建，安排专项经费支持贫困村建设党员活动中心，有力地促进了产业发展、农民脱贫致富和基层党建。

寻乌县概况

寻乌县隶属江西省赣州市，属于罗霄山脉连片特困地区，地方产业以农业特色产业和稀土资源为主，果业名扬天下，享有"中国蜜橘之乡""中国脐橙之乡"之称。柑橘、蔬菜、百香果、猕猴桃、甜柿等是贫困户增收的重要产业。全国供销合作总社 2015 年开始定点帮扶，2019 年 4 月脱贫摘帽。

创新帮扶模式

2017 年以来，总社根据扶贫县的产业特点和发展需要，安排中国供销集团成员企业对 2 个扶贫县开展有针对性的结对帮扶，帮扶企业由第一年的每 2 家增至每 4 家企业帮扶 1 个县，形成"4+1"的结对帮扶机制。2020 年，克服新冠肺炎疫情影响，提供防疫物资，加大帮扶力度，助力决战决胜脱贫攻坚。累计投入结对帮扶资金 1300 多万元，用于总社"第一书记"挂点村和联系点乡的整村推进。帮扶企业还积极开展"送智送技"和党支部联建，有力地促进了产业发展、农民脱贫致富和基层党建。

六是指导扶贫县供销合作社深化综合改革，支持基层组织发展。加强对贫困县供销合作社的业务指导，大力推进农产品流通、基层组织网络建设和农业社会化服务体系，发展农民专业合作社等新型经营主体，促进一二三产业融合发展。安排基层组织发展专项资金 600 万元，支持 2 个县恢复重建和升级改造 12 个基层社，不断健全和完善 2 个县供销合作社的基层组织，增强供销合作社服务脱贫攻坚的能力，为助力 2 个县打赢脱贫攻坚战奠定了坚实的组织基础。

历任扶贫干部

挂职扶贫干部

挂职时间	姓 名	挂职地	挂职职务
2013.3—2014.3	杨 荣	安徽省潜山县	县委常委、副县长
2014.3—2015.3	钟 琳	安徽省潜山县	县委常委、副县长
2015.3—2017.4	孙立军	安徽省潜山县	副县长
2017.4—2019.4	薛建忠	安徽省潜山县	副县长
2019.4—2021.4	王 军	安徽省潜山市	市委常委、副市长
2021.4—	孔俊豪	安徽省潜山市	副市长
2016.1—2017.3	温 琦	江西省寻乌县	县委常委、副县长
2017.3—2018.4	赵 岩	江西省寻乌县	县委常委、副县长
2018.4—2021.4	米雅娜	江西省寻乌县	县委常委、副县长
2021.4—	彭 晨	江西省寻乌县	县委常委、副县长

驻村第一书记

驻村时间	姓 名	所驻村及职务
2015.7—2016.7	安 定	安徽省潜山县莲花村第一书记
2016.8—2018.8	杨凤彬	安徽省潜山县坛畈村第一书记
2018.8—2021.4	陆 刚	安徽省潜山市坛畈村第一书记
2021.4—	刘 祎	安徽省潜山市程湾村第一书记
2016.1—2021.4	吉志雄	江西省寻乌县高布村第一书记
2021.4—	刘建庆	江西省寻乌县金星村第一书记

光明日报社

光明日报社自 1996 年开始，在青海省囊谦县开展定点扶贫工作。2012 年成立扶贫办公室，担负着与囊谦县沟通对接帮扶项目、派出挂职干部、提出扶贫工作计划、督促扶贫工作落实等工作。逐步形成了编委会高度重视、报社全员扶贫，宣传报道助力扶贫，扶志扶智长远扶贫，做好"小"事精准扶贫等工作机制。

按照党中央、国务院的安排部署，从 1996 年开始，光明日报社定点扶贫青海省玉树藏族自治州囊谦县。25 年来，光明日报社始终扛牢政治责任，用心用情做好定点帮扶工作，在雪域高原谱写了一曲"光明之歌"。

特别是党的十八大以来，光明日报社认真学习习近平新时代中国特色社会主义思想，深入贯彻落实习近平总书记关于扶贫工作的重要论述，明确工作思路，压实帮扶举措，逐步形成编委会领导高度重视、报社全员扶贫，宣传报道助力扶贫，扶志扶智长远扶贫，做好"小"事精准扶贫等工作机制，举报社之力做好囊谦县的定点扶贫工作。

截至目前，光明日报社累计对囊谦县开展各类扶贫项目 100 余项，资金投入 3240.6 万元，引进帮扶资金 455.07 万元，培训基层干部 4150 人，培训技术人员 740 人，购买贫困地区农产品 323.55 万元，帮助销售贫困地区农产品 159.8 万元，选派挂职干部 5 人，为助力囊谦脱贫攻坚作出了不可磨灭的贡献。

囊谦县概况

囊谦县下辖 1 镇、9 乡、69 个行政村，总人口 11.8 万人。1996 年，光明日报社对囊谦县展开定点帮扶，2019 年末，实现建档立卡贫困人口 6654 户 32301 人如期"清零"，2020 年 4 月脱贫摘帽。县域内有国家 AAA 级尕尔寺大峡谷等风景区。主要特色产物以农畜产品及传统手工艺品为主，其中囊谦藏黑陶被列为国家级非物质文化遗产。

一、深入调研，督促落实

光明日报社将定点扶贫工作作为"一把手工程"，主要领导亲自抓、亲自问。报社专门成立扶贫工作领导小组，总编辑担任组长。时任总编辑张政连续 4 年奔赴海拔 4000 米的囊谦县调研，实地考察囊谦经济社会发展现状及扶贫措施落实情况，对扶贫工作进行系统统筹、具体指导并形成调研报告，以进一步对症下药、采取切实有效的帮扶措施。报社其他编委均为扶贫工作领导小组副组长，分别率队奔赴囊谦，现场调研、指导定点扶贫工作；有关副总编辑分别与囊谦赴京培训人员、囊谦县委班子进行座谈，多次进行交流对接，对扶贫计划进行再完善、再细化。在主要领导的带动下，光明日报社形成了人人关心扶贫、人人参与扶贫的良好局面。

二、发挥优势，做好宣传

光明日报社立足思想文化大报优势，主动策划选题，分批次对囊谦进行蹲点调研式采访，报、网、端、微齐发力，全方位多视角宣传囊谦，党的十八大以来共刊发稿件近 200 篇。2019 年 6 月在报纸上开设《走笔囊谦》专栏，对囊谦县脱贫攻坚情况进行常态化报道，累计刊发稿件 60 余篇。在光明网，将宣传报道范围扩展至玉树全州，刊发稿件 1600 余篇。先后拿出 72 个整版刊登囊谦公益广告，宣传推介囊谦旅游文化资源，取得了良好的社会反响。出版《人文囊谦》，填补囊谦县缺少中文县史书籍的空白；出版《走笔囊谦》，全面反映囊谦县脱贫攻坚的情况。实施融媒体终端项目，帮助囊谦县提升融媒体中心建设水平。联合囊谦县委宣传部连续两年举办"网上文化旅游节"，2019 年旅游节期间开设的网络直播，吸引 152 万人在线观看，并在直播过程中吸纳囊谦本地的全媒体人才参与，留下一支"带不走的宣传队"。派出专业技术团队，拍摄以"秘境囊谦"为主题的囊谦脱贫攻坚成果宣传片以及短视频，立体展示囊谦县脱贫成果。光明网搭建"秘境囊谦"文化旅游推介主页，展示当地秀美风光、旅游线路和非物质文化遗产。

新冠肺炎疫情期间，光明日报社利用报、网、端对囊谦战"疫"情况进行全方位、立体化报道，助力网络宣传队普及疫情防控常识。先后刊发《小手拉大手，同心共战"疫"》《这份情谊很"青海"！千万元物资昼夜兼程驰援湖北》《玉树家喻户晓的"土君说防疫"背后的故事》等报道。玉树州委书记向全州干部推介阅读《支援武汉，囊谦也出把力》一文，并称"光明日报有情义，扬我玉树之名，鼓我干群之力，宣传舆论在这次抗疫中，力量和重要性无可比拟"。同时，报社还助力县网络宣传队通过短视频、网络直播等方式在抖音、快手等网络平台普及疫情防控常识。

三、扶志扶智，激发动力

扶贫先扶志，扶贫必扶智。大力实施"走出去"战略，先后组织 300 余名党员干部赴浙江红船干部学院、四川邓小平城乡发展学院培训；先后组织青年教师、青年学生、青年网红、新闻从业人员等 200 余人到北京师范大学、国家广电总局培训中心进行培训，让一大批中坚力量开阔了视野、增长了见识、激发了动力。同时，着力实施"请进来"战略，邀请青海省委党校教授、当地优秀干部展开培训，先后培训基层党员干部 620 余人，让党的方针政策打通了"最后一公里"，为打赢脱贫攻坚战提供可靠保障。报社每年向囊谦县九乡一镇党员干部及学校赠阅《光明日报》300 份，中央和国家机关工委向囊谦赠阅《机关党建研究》杂志，帮助当地干部群众及时了解党中央的声音，助力囊谦县脱贫攻坚。

设立"光明助学金"，解决贫困学生上学难问题，连续 6 年对贫困学生进行一对一帮扶，资金来源于报社职工及社会爱心人士的捐款，累计帮扶学生 1200 余人，资助金额 180 万元。捐建"光明图书室"，截至目前已在囊谦建立 32 个图书室并配备党政类、人文社科类、实用技术类等书籍 10 万余册。联系启明公益基金会，引进 170 万元帮扶资金，在囊谦县着晓乡寄宿制小学捐建玻璃阳光房及配套设施，现已投入使用。积极引进互联网教育，解决当地师资不足的问题，报社通过与"互联网 +"计划对接，为囊谦县引入了一条大规模、低成本、可持续、可复制的教育扶贫新模式。

| 光明日报社联系启明公益基金会为囊谦县着晓乡寄宿制小学捐建玻璃阳光房及配套设施。图为玻璃阳光房全貌。

四、完善设施，健康扶贫

在定点帮扶的香达镇多昌村，报社持续加大投入，捐建遮阳棚、整修道路、安装太阳能路灯、修缮党员活动室，投入 33.4 万元维修改造自来水管网，解决了多昌村 100 多户家庭吃水难的问题。在通往牧场的必经之路修建便民桥，便利村民出行和物资运送。为解决脱贫工作软硬件不足问题，为囊谦县扶贫局捐建脱贫攻坚"四大战区"作战沙盘、贫困户资料档案室、脱贫攻坚倒计时牌、脱贫攻坚宣传栏等设施，捐建光明网络培训中心、融媒体中心等，并为九乡一镇购买打字、复印、传真一体机，改善各乡镇的办公条件，提高办公效率。在健康扶贫方面，积极动员社会力量，联系北京中美医疗集团为囊谦县九乡一镇的卫生院捐赠价值 100 万元的多功能诊疗一体机，解决农牧区群众体检难问题。在新冠肺炎疫情肆虐、口罩等防疫物资异常紧缺的情况下，联系京东集团帮助囊谦县解决口罩等防护用品紧缺问题，将防疫物资无偿捐赠囊谦县，解了囊谦的燃眉之急。

五、优选干部，挂职帮扶

报社抽调政治过硬、责任心强、业务精湛的干部负责定点扶贫工作，先后派出 5 名同志到囊谦县挂职扶贫。首任挂职干部蒋新军在囊谦县香达镇中心寄校开设"光明新闻班"，培训学生 330 多人次，并组织"光明新闻班"的代表一行 18 人来京参观学习。胡清强同志和主管扶贫的副县长一起做好资产收益、宾馆承包、易地扶贫搬迁、扶贫产业园建设等工作，被评为"青海省 2018 年度脱贫攻坚先进个人"。苏争鸣同志扑下身子扎根多昌村，积极改善村子基础设施，谋划村庄规划、集体产业，被评为玉树州委、州政府 2018—2019 年度"脱贫攻坚先进个人"。尚杰同志积极发挥专业所长，开设专栏《走笔囊谦——来自脱贫攻坚一线的报道》，仅用半年时间走遍囊谦县 69 个行政村，他的事迹被中国记协作为践行"四力"典型进行宣传报道，被评为"青海省 2019 年度

| 光明日报社积极动员社会力量开展健康扶贫。图为光明日报社协调北京中美医疗集团为囊谦县九乡一镇捐赠全科诊疗箱。

脱贫攻坚先进个人"。李乐同志从 2021 年 4 月份到囊谦县挂职以来，已全面开工，以十足的干劲积极展开工作。报社扶贫办常务副主任张君华同志，十年如一日，31 次深入囊谦抓扶贫，除了做好扶贫项目外，还用心用情做好温暖囊谦县群众及扶贫干部的"小事"，被当地干部群众亲切称呼为"君华姐"。2020年，张君华同志被评为"中央和国家机关脱贫攻坚优秀个人"，在 2021 年全国脱贫攻坚表彰大会上，被评为"全国脱贫攻坚先进个人"，相关事迹被《文艺报》、"学习强国"平台等多家媒体广泛宣传。

六、党建共建，优势互补

抓好党建促脱贫，是贫困地区脱贫致富的重要经验。为贯彻落实好中央关于抓好党建促扶贫相关精神，把囊谦扶贫开发工作同基层组织建设有机结合起来，充分发挥基层支部在脱贫攻坚工作中的引领作用，报社与囊谦县 11 个党支部开展了支部共建活动，以加强囊谦县党支部标准化、规范化建设，不断提

创新帮扶模式

　　光明日报社在 25 年的定点扶贫工作中，逐步形成"人人关心扶贫、人人参与扶贫"的全员扶贫格局，报、网、端、微博、微信多层次、立体化宣传报道助力扶贫，对党员干部、技术人员、青年学子扶贫扶志激发内生动力的长远扶贫，踏踏实实做好"小事"的精准扶贫模式，为助力囊谦县脱贫攻坚贡献了"光明力量"。

高新时代党支部建设质量，充分发挥党支部在囊谦县脱贫攻坚工作中的战斗堡垒作用。通过阵地联建、班子联促、队伍联抓、工作联动等措施，逐步把基层党组织建设成带领群众脱贫致富的坚强领导核心，推动双方在脱贫攻坚工作中优势互补、工作互动。

历任扶贫干部

挂职扶贫干部

挂职时间	姓　名	挂职地	挂职职务
2018.5—2020.1	胡清强	青海省囊谦县	县委常委、副县长
2020.1—2021.4	苏争鸣	青海省囊谦县	县委常委、副县长
2021.4—	李　乐	青海省囊谦县	县委常委、副县长

驻村第一书记

驻村时间	姓　名	所驻村及职务
2015.7—2016.8	蒋新军	青海省囊谦县多昌村第一书记
2016.8—2017.12	胡清强	青海省囊谦县多昌村第一书记
2017.12—2020.1	苏争鸣	青海省囊谦县多昌村第一书记
2020.1—	尚　杰	青海省囊谦县多昌村第一书记

中国日报社

历 程

2015年9月，中国日报社定点帮扶江西省会昌县。报社成立了扶贫工作领导小组，由报社扶贫办具体负责组织、协调、实施、督办定点扶贫各项工作，统筹协调报社各相关部门按照部署要求通力协作，积极落实定点扶贫任务。2019年会昌县脱贫摘帽。

党的十八大以来，中国日报社认真贯彻落实习近平总书记关于扶贫工作的重要论述，坚决落实党中央、国务院脱贫攻坚决策部署，按照原国务院扶贫办、中央和国家机关工委工作要求，完善长效工作机制，立足定点帮扶的江西省会昌县的实际情况，扎实开展定点扶贫工作，持续唱响会昌"风景这边独好"。

自2015年定点帮扶会昌县以来，中国日报社立足会昌实际，结合自身优势，举全社之力，从组织领导、选派干部、督促指导、产业对接、消费拉动、技能培训、教育支持、宣传推广等方面精准发力，扎实开展定点扶贫工作。经过共同努力，2019年，会昌县顺利通过国家验收，退出贫困县序列，完成脱贫摘帽。2020年11月17日，会昌县被江西省委、省政府评为高质量发展先进县。

会昌县概况

会昌县地处江西省东南部，东临福建、南靠广东，为赣粤闽"三省通衢"。全县人口53万人，国土面积2722平方千米。会昌县是中国第二批生态农业建设示范县、江西省商品粮基地县，矿藏有锡、岩盐、萤石、石灰石、稀土等，特产有会昌米粉、会昌酱干等。会昌县是革命老区，毛主席曾经10余次来到会昌调研指导革命实践，挥笔写下了著名词篇《清平乐·会昌》，盛赞会昌"风景这边独好"。会昌是国家扶贫开发工作重点县、罗霄山区集中连片特困地区县，2019年脱贫摘帽。

一、加强组织领导，完善工作机制

报社成立扶贫工作领导小组，由报社主要负责同志担任组长，每年年初召开专题会议研究部署定点扶贫工作，在总结前一年扶贫工作的基础上制定年度定点扶贫工作方案，在落实过程中根据实际情况及时研究调整。报社每年与原国务院扶贫办签署《中央单位定点扶贫责任书》，细化分解具体任务，各部门通力配合落实，每年均超额完成各项承诺指标和任务。

二、选派优秀干部，前后密切配合

2015年以来，先后选派报社骨干4人到会昌县挂职并担任驻村第一书记和县委常委、副县长。报社在后方统筹调动各类资源与前方的挂职干部密切联动配合，积极争取各方政策及资金支持，共同帮助引进各类资金4564.6万元。派驻第一书记的珠兰乡大西坝村、高排乡南田村已成为会昌脱贫攻坚的样

| 2015 年以来，中国日报社先后选派报社骨干 4 人到会昌县挂职。图为会昌县高排乡南田村驻村第一书记王震同志（左二）在帮助贫困户收割水稻。

板。驻村第一书记冯宗伟、王震分别被评为"中央和国家机关脱贫攻坚优秀个人"。挂职任县委常委、副县长的张彬同志被评为"全国脱贫攻坚先进个人"。

三、及时督促指导，抓好党建工作

2015 年以来，报社深入贯彻落实中央关于加强对定点扶贫县脱贫攻坚工作督导的要求，总编辑每年率队赴会昌开展工作调研，报社先后派出 87 人次赴会昌及时督促检查，精准查找问题，提出整改意见建议，确保扶贫工作责任落实落细。同时，指导当地做好党建工作，以党建为抓手，有力推进脱贫工作。

四、注重产业对接，加大引资投入

为会昌县引进扶贫企业，注重培育创业致富带头人，吸纳贫困人口就业增收。成立中国日报社驻会昌县扶贫工作队定向帮扶合作社，帮助会昌脐橙产业和以贝贝小南瓜为代表的蔬菜产业发展，在南田村率先建立了 60 亩大棚贝贝小南瓜种植基地，到 2020 年逐步扩大规模并推广到全乡乃至县里其他乡镇。报社先后为其引进资金达 800 万元，将贝贝小南瓜作为继脐橙之后新的主打产业，已达到 10000 余亩的种植规模。

五、扩大消费拉动，拓展产品销路

采取"以购代捐""以买代帮"等方式采购农特产品。动员广大员工以购买会昌农特产品等形式积极参与，报社工会组织及员工购买会昌农特产品总计 231.6 万元。落实电商扶贫项目，在会昌双创中心举办电商培训，对接会昌文武坝镇磊石村竹荪生产基地，从品牌营销、资源对接、渠道打通等方面进行策

中国日报社成立驻会昌县扶贫工作队定向帮扶合作社，帮助会昌脐橙产业和以贝贝小南瓜为代表的蔬菜产业发展。图为挂职干部张彬同志在会昌县扶贫基地蔬菜大棚指导贝贝小南瓜产业发展。

划并实施。通过媒体渠道开展宣传推介、农超对接等，帮助销售贫困地区农产品达 4151.31 万元。

六、加大培训力度，提升技能水平

与会昌县中等专业学校合作实施"中国日报社定点帮扶培训技术人员项目"和"中国日报社定点帮扶培训基层干部项目"，建立职业技能培训基地，注重基层干部、教师队伍、技术人员和学生群体的技能培训。分批次安排会昌县委宣传部干部到报社培训，为会昌县教师进修学校建设中型多功能培训教室。促成江西电力职业技术学院深入会昌县开展招生及就业培训工作，召开"教育扶贫治本长效"教育研讨会、职业教育培训会，在会昌县定向选招高三学生开展就业技能、实用技术培训，毕业后统筹安排到岗工作，累计培训达 4432 人次。

七、强化教育支持，开展文化扶贫

加强师资培训工作，连续 5 年邀请教育部专家、名校教师组成培训团为会昌县 2313 名中小学教师开展集中培训，联络北京知名中小学与会昌结成帮扶对子，完成 9 期共 156 名教师的赴京跟岗教学培训。选派会昌 5 名中小学校长参加"中国山区优秀校长国际领导力奖学金"项目，帮助他们开阔视野，提高管理能力与水平。报社向会昌县捐赠奖教奖学基金等资金 100 余万元，协调特困高中生自强帮扶项目 30 万元，向建档立卡户家庭 50 名高中生提供生活费资助。开展"双师课堂"英语远程教育扶贫项目，为当地 20 名小学教师提供在线口语培训，依托当地 15 位小初高各学段名师带头组建名师工作坊，联络全国各地知名英语教师名师工作站提供在线顾问服务。为会昌县高中、初中、小学学生赠送 21 世纪英语教育传媒旗下出版的系列英语学习报纸。帮助高排初中建立多媒体留守儿童之家和书香社团，组织更多爱心人士关心关爱留守儿童身心健康。报社还邀请著名画家赴会昌开展"文化扶贫"活动，举办"风景独

以"基础教育扶持＋专业技能培训"推进扶志扶智，为会昌开展"双师课堂"英语远程教育扶贫项目，联络北京知名中小学校与会昌结成帮扶对子。实施"中国日报社定点帮扶培训技术人员项目"和"中国日报社定点帮扶培训基层干部项目"，对基层干部和教师队伍、技术人员和学生等群体开展专业技能培训，将"引进来"提供培训和"走出去"学习培训结合起来，有效提升不同群体的专业技术水平和就业能力。

好看会昌"国际漫画作品展，生动展示会昌脱贫攻坚成果。

八、全面宣传推广，讲好脱贫故事

发挥报社媒体资源优势，采编部门和会昌县委宣传部形成联动，做好新时代新会昌宣传工作。安排多批次记者深入会昌开展调研、蹲点采访，通过全媒体平台深入宣传报道会昌县经济社会发展情况，充分展现会昌丰富的旅游资源、农副产业发展成果；设立中国日报网会昌旅游专题网页，围绕会昌特色亮点和工作重点，报道会昌一线扶贫干部的先进事迹，宣传会昌特色产业产品，推介特色旅游景点，让海内外受众了解"风景这边独好"的会昌，传播效果显著；为会昌县制作推广宣传片，助力会昌对外宣传和招商引资工作。协助建大建强会昌县融媒体中心，在设备投入、采编业务、人员培训等方面给予帮助。

历任扶贫干部

挂职扶贫干部

挂职时间	姓　名	挂职地	挂职职务
2016.10—2018.10	姜　涛	江西省会昌县	县委常委、副县长
2018.10—2021.7	张　彬	江西省会昌县	县委常委、副县长
2021.7—	唐　莹	江西省会昌县	县委常委、副县长

驻村第一书记

驻村时间	姓　名	所驻村及职务
2015.11—2017.11	冯宗伟	江西省会昌县大西坝村第一书记
2017.8—2021.5	王　震	江西省会昌县南田村第一书记
2021.5—	赵怀志	江西省会昌县梓坑村第一书记

中国外文局

1999 年 1 月，确定黑龙江省桦南县为中国外文局定点扶贫县。2002 年 4 月，外文局定点扶贫县由黑龙江省桦南县改为山西省左权县。

党的十八大以来，中国外文局认真学习贯彻习近平总书记关于扶贫工作的重要论述，深入贯彻落实《中共中央　国务院关于打赢脱贫攻坚战的决定》《中共中央办公厅　国务院办公厅关于进一步加强中央单位定点扶贫工作的指导意见》《关于进一步完善定点扶贫工作的通知》等文件要求，结合 20 年来定点扶贫山西省左权县的实际，认真总结经验，扎实推进精准扶贫方略落实，努力创新扶贫举措，坚持推进并不断完善以党建扶贫、挂职扶贫、智力扶贫、宣传文化扶贫、产业扶贫、协调社会资源扶贫相结合的特色扶贫模式，取得明显成效。

一、真情真意真帮扶，与定点帮扶贫困县同频共振

定点扶贫是一项严肃的政治任务，外文局历任局领导都高度重视定点扶贫工作，局长担任局定点扶贫工作领导小组组长，成立扶贫工作办公室，统筹协调全局定点扶贫工作。局领导经常到左权县调研，加强双方的日常联络沟通和协调配合。外文局全力帮扶左权县脱贫摘帽，左权县为外文局挂职干部成长提

左权县概况

左权县属国家扶贫开发工作重点县，2002 年起中国外文局定点扶贫左权县。左权县地处晋、冀、豫三省交界处，辖 8 个乡镇、1 个省级开发区。全县矿产资源种类达 30 余种，煤、铁储量分别为 48 亿吨和 8400 万吨；主要发展核桃、杂粮、中药材、设施蔬菜等特色产业。2014 年全县共识别建档立卡贫困村 129 个，贫困发生率 38.2%。2019 年脱贫摘帽。

供锻炼平台，同时为外文局国际传播事业提供了鲜活的脱贫攻坚故事。

二、发挥党建引领，激发脱贫内生动力

中国外文局高度重视党组织在脱贫攻坚中的引领作用，通过党建工作激发贫困群众的内生动力。近几年，外文局连续向左权县捐赠建强基层党组织专项资金，助力左权县建强贫困村党组织，加强对贫困村党员、干部和致富带头人的培养培训，发挥党员的带动作用，着力从思想根源上帮助贫困群众克服"等、靠、要"思想，强化内生动力。局属相关基层党组织与左权县贫困村党组织建立结对帮扶机制，通过开展党组织活动等，既帮助当地贫困村解放思想、开阔视野，又助力当地找到发展致富的路子，努力把党组织的政治、组织优势转变为推动产业、企业与农户的发展优势。

三、压实扶贫工作责任，调动全局工作合力

2018 年起，外文局扶贫办组织局属各单位签订《定点扶贫工作责任书》，

| 中国外文局消费扶贫力度连年递增。图为组织左权县农特产品在局主办公区进行展销。

引导各单位切实提高政治站位，增强各单位做好定点扶贫工作的政治自觉、思想自觉和行动自觉，充分利用自身资源和优势，履行帮扶责任。通过层层传导压力，层层压实责任，形成定点扶贫工作的整体合力，促进帮扶工作落地见效。

四、强化干部人才培养，打造脱贫攻坚骨干力量

2005 年起，外文局连续 16 年在京举办左权县中青年干部培训班，为左权县培养骨干干部和专业人才。截至目前，已举办培训班 16 期，培训当地科级及中青年骨干 780 余人，参加过培训班的干部中，已有 500 多人得到提拔重用，18 人已成长为县处级干部。这一培训班被左权县委、县政府和当地干部誉为左权的"黄埔军校"。事实证明，参加过培训的干部能力普遍得到了提高，在脱贫攻坚一线发挥各自优势和作用，成为左权县打赢脱贫攻坚战的骨干力量，在左权县经济社会发展中发挥着重要作用。

五、坚持深化文化教育扶贫，着力斩断"穷根儿"

中国外文局充分发挥宣传文化优势，一方面讲好左权县改革发展的故事，每年组织局属媒体对左权县脱贫攻坚情况进行宣传报道，邀请中央主流媒体深入左权县采访脱贫攻坚好故事，在各级各类媒体平台进行宣传，不断提升左权县的知名度，吸引社会各界关注左权、支持左权；另一方面，聚焦中小学教育领域，连续多年捐建左权县中小学"复兴书屋"，引导当地学生爱书、读书，激发学习的内在动力，通过读书引导学生增强学习的兴趣，提高自身的文化素养，努力拔掉"穷根儿"，坚决阻止贫困代际传递。

同时，还协调教育部及社会企业，为左权县学校引进教育信息化项目、科普馆项目和智慧校园项目等，累计惠及7000余名师生；坚持每年对左权县中小学英语教师进行培训，助力提高当地英语师资水平。2016年起，外文局坚持开展教育助学活动，每年对左权县建档立卡贫困学生中考上大学的给予资助，直至大学毕业。

| 中国外文局连续多年捐建左权县中小学"复兴书屋"。图为当地学生在"复兴书屋"阅读学习。

六、坚持做实消费扶贫，开展农特产品进京展销

消费扶贫是定点扶贫的新方式，更是巩固和扩大脱贫攻坚成果的重要方式之一。2016 年起，外文局每年组织左权县农特产品及手工艺品进京展销活动，在局内及其他机构进行展销，作为消费扶贫的重要载体，有效带动左权县农特产品和工艺品的销售，促进当地相关产业发展，受到双方群众的普遍赞誉。同时，外文局明确规定，各单位工会组织等每年要将职工福利经费中不低于三分之一的部分，用于开展消费扶贫，为增强消费扶贫效果提供制度保障。

外文局在近二十年的定点扶贫工作中，不断创新模式，自脱贫攻坚以来，外文局积极创新扶志（扶智）模式，帮扶资助左权县建档立卡贫困大学生。全局各单位以单位、党支部、个人等形式联系帮扶，按每年每人不低于 2000 元标准，每年资助 30—50 名二本 B 类以上建档立卡贫困大学生完成大学学业。截至 2020 年，已资助 193 人。

党的十八大以来，外文局定点扶贫工作取得显著成效。包括 10 名局领导在内的共 82 人次赴左权县调研督导定点扶贫工作，局机关和局属各单位 300 余人先后赴左权县开展扶贫工作。共向左权县选派挂职扶贫干部 18 人，其中村第一书记 4 人；累计投入帮扶资金近 1000 万元，共帮助左权县培训中青年干部 474 人、专业技术人员 400 人，资助 193 名建档立卡贫困大学生完成大学学业；采购贫困地区农产品 300 万元，帮助贫困地区销售农特产品近 30 万元；捐建"复兴书屋" 7 个，配赠书刊 3 万册。

2019 年底，左权县贫困发生率由 2014 年的 38.2% 下降至 0.12%，129 个

建档立卡贫困村全部脱贫摘帽，涉及贫困户 19973 户、贫困人口 51483 人。其中，外文局帮扶建档立卡贫困人口脱贫 1300 人，其他贫困人口 7200 余人。2017 年至 2019 年，左权县连续 3 年脱贫攻坚成效考核在山西省、晋中市为"好"。2020 年 7 月，左权县接受国务院脱贫攻坚普查，贫困县退出 14 项指标全部达标，脱贫攻坚取得决定性胜利。

历任扶贫干部

挂职扶贫干部

挂职时间	姓 名	挂职地	挂职职务
2012.5—2014.5	黄守业	山西省左权县	副县长
2014.5—2015.5	苏 鄂	山西省左权县	副县长
2016.5—2018.5	王 洋	山西省左权县	副县长
2018.5—2021.5	温慧贤	山西省左权县	副县长
2021.5—	刘元瑞	山西省左权县	副县长

驻村第一书记

驻村时间	姓 名	所驻村及职务
2015.5—2016.5	朱忠树	山西省左权县里长村第一书记
2016.5—2018.5	张 健	山西省左权县里长村第一书记
2018.5—2021.3	王 鹏	山西省左权县里长村第一书记
2021.3—	蓝 博	山西省左权县里长村第一书记

经济日报社

历 程

1995年，经济日报社积极响应国家号召，向河北省张家口地区的张北县选派扶贫干部，驻县开展扶贫工作。2010年，重点帮扶张家口市赤城县。经济日报社先后向赤城县选派7名挂职干部。2020年，赤城县脱贫摘帽。

党的十八大以来，经济日报社认真贯彻落实党中央、国务院脱贫攻坚决策部署，坚持把定点扶贫工作作为重大的政治任务来抓，切实根据定点扶贫县河北省赤城县的实际情况，有针对性地召开扶贫专题会议，强化组织领导，自2013年1月以来，局以下领导145人次，先后深入赤城县调查研究扶贫工作。一方面充分发挥中央主流媒体帮扶优势，另一方面当好桥梁作用，积极推介企业进县，不断创新扶贫模式。

一、认真履行职责，全面超额完成责任书任务

截至2020年12月，经济日报社直接投入帮扶资金2120.278万元，引进帮扶资金5113.38万元，培训基层干部555人次，培训技术人员339人次，直接购买农产品186.126万元，帮助销售农产品715.707万元。

二、领导高度重视扶贫工作

2013 年以来，每年报社主要领导都要到赤城调研。调研组进农户，到工厂，召开不同形式的座谈会，广泛听取基层老百姓关于扶贫方面的意见和建议。

三、充分发挥中央主流媒体的宣传优势

加大对赤城县的宣传力度，扩大赤城县在国内外的知名度和美誉度。据不完全统计，《经济日报》主报及子报子刊和新媒体给赤城县刊发大小稿件 800 多篇，特别是 2019 年 11 月 19 日在《经济日报》一版刊发的头条《河北赤城：找准脱贫关键点确保高质量摘帽》，在全国上下产生了巨大反响。紧接着 2019 年 11 月 20 日关于北京市科学技术委员会赤城扶贫专版及《赤城县实现生态资源利用与精准脱贫协同发展——专家发言摘要》专版，把《经济日报》对赤城脱贫攻坚的宣传推向了又一个高潮。为了把赤城扶贫新闻报道抓得扎实有效，经济日报社编委还决定报社与赤城宣传部互派人员参与对方的实际工作，也收到了很好的效果。

赤城县概况

赤城县位于河北省西北部，紧邻北京，地处首都水源涵养功能区和生态环境支撑区，是革命老区。全县总面积 5287 平方千米，辖 9 乡 9 镇，440 个行政村，1318 个自然村；总人口 29.9 万人，其中农业人口 23.6 万人。2012 年被列为国家扶贫开发工作重点县。2020 年 2 月脱贫摘帽。

四、动员报社各方力量积极参与扶贫工作

《经济日报》机关党委组织社办党支部、总编室党支部、新媒体党支部、《中国企业家》杂志社党支部、《中国建材报》党支部和《证券日报》党支部等 6 个党支部对接帮扶赤城县 6 个贫困村，以党支部名义已经捐款近 23.4 万元。为帮助解决赤城县"两不愁三保障"问题，机关党委结合赤城县开展的"孝善基金会"，号召全体党员自愿捐款。社办扶贫办向 308 名学生共捐赠 308 套服装，价值 14 万元。2019 年 8 月 1 日，驻村第一书记组织全村 109 名村民前往北京市回民医院进行第二次全面健康体检，并建立与医院共享的村民健康档案。报社为赤城县融媒体中心一次性投入 149.28 万元，《中国企业家》杂志社为赤城县免费 173.9 万元做宣传，中国经济网也克服种种困难，加大对赤城县的免

经济日报社充分发挥媒体专业优势，积极为贫困群众创业增收想办法、铺路子。图为经济日报社扶贫干部协助赤城县孟家窑村被媒体誉为"手机励志哥"的残疾青年孟正东（右）直播销售扶农惠农特产。

| 经济日报社持续推动扶贫与扶志扶智相结合，通过教育扶贫助力脱贫攻坚。图为 2015 年教师节，经济日报社为赤城县大海陀中心小学捐赠图书 1200 多册，文具包 60 多个。

费宣传力度，共免费 346.27 万元。报社除了积极组织工会集中采购赤城县各类农副产品外，还号召广大职工在电商平台上采购赤城的农副产品，不少职工已经养成了定期采购赤城农副产品的习惯。

五、认真选派好挂职干部和驻村第一书记，加强对党员干部和技术人员的培训工作

经济日报社继续与赤城县委、县政府开展乡村振兴大讲堂活动，对近 555 名党员干部、300 多名科技人员和 500 多名贫困村的党支部书记和村主任进行了培训。

六、不断创新扶贫工作方法，在"精"和"准"上下功夫

经济日报社领导强调，赤城县在脱贫攻坚战中最需要什么，经济日报社就

创新
帮
扶
模
式

　　经济日报社编委会积极贯彻落实党中央关于媒体大融合的指示精神，凭借多年定点帮扶河北赤城的工作实践，积极迅速决策，因势利导，提出媒体扶贫新思路，集中人力物力在定点扶贫县河北省赤城县建立县级融媒体试点，于2019年9月正式挂牌运行，创建了起点高、投资少、周期短、易运行的县级融媒体中心的示范样板，不仅打通了媒体与群众的"最后一公里"，为赤城县今后发展搭建了更高更大的平台，也建起了央媒与县媒联手共建融媒体示范平台。

　　要想办法去尽快解决。县级融媒体中心建设是党中央大力提倡的工作，是帮助基层开展脱贫攻坚的重要宣传阵地。经济日报社主要领导亲自挂帅抓这项工作，并于2019年9月22日正式揭牌，投入运行，成为河北省质量最好、档次最高、效率最优的县级融媒体中心。赤城县组织部缺少一个党员干部日常培训基地，经济日报社请来碧桂园集团公司。碧桂园集团雷厉风行，在短短的一个多月内投入32.6万元，建成了可以同期容纳150多人参加学习和培训的党员干部培训中心。同时，协调碧桂园集团投入120万元，把全县农户散养的黄牛全部集中起来，建设了15个养牛场。

挂职扶贫干部

挂职时间	姓　名	挂职地	挂职职务
2013.2—2017.4	李晓光	河北省赤城县	副县长
2017.4—2018.6	李　杰	河北省赤城县	副县长
2018.8—2021.6	尚红伟	河北省赤城县	副县长
2021.6—	丁宗珍	河北省赤城县	副县长

驻村第一书记

驻村时间	姓　名	所驻村及职务
2015.8—2017.9	吴　浩	河北省赤城县申沟村第一书记
2017.9—2019.8	魏冠军	河北省赤城县申沟村第一书记
2019.9—	张　征	河北省赤城县申沟村第一书记

中国法学会

历 程

党的十八大以来，中国法学会始终深入贯彻习近平总书记关于扶贫工作的重要论述，认真落实党中央、国务院关于脱贫攻坚的决策部署，2016 年起定点帮扶重庆市开州区。2018 年，开州区脱贫摘帽。

党的十八大以来，中国法学会认真学习贯彻习近平总书记关于扶贫工作的重要论述，紧扣全面建成小康社会目标任务，以钉钉子精神扎实推动各项帮扶任务落实，助力重庆市开州区巩固脱贫攻坚成果。学会机关各部室、直属事业单位、所属研究会倾力支持，前方挂职干部埋头苦干实干，高质量完成历年中央单位定点扶贫责任书承诺任务，形成了以党建扶贫为引领、法治扶贫为品牌、项目扶贫为抓手的特色扶贫模式。

一、以强有力的组织领导推动定点扶贫政治责任落实

中国法学会始终把定点扶贫工作作为一项重大政治任务抓紧抓实。中央政治局委员、全国人大常委会副委员长、中国法学会会长王晨就定点扶贫工作专门作出批示，会党组高度重视定点扶贫工作，坚持以上率下，紧紧围绕定点扶贫工作目标，统筹谋划、精心组织，精准施策、扎实工作，始终用心用情抓实抓细各项帮扶措施，积极探索具有中国法学会特色的扶贫模式，取

> ### 重庆市开州区概况
>
> 重庆市开州区（原开县），1984 年启动扶贫工作，2002 年被确定为全国扶贫开发工作重点县，2016 年撤县设区，并由中国法学会开展定点帮扶，2018 年完成脱贫摘帽。开州区位于重庆市东北部，天然气储量 2650 亿立方米，属国家大型气田，是国家农业绿色发展先行区、国家畜牧业绿色发展示范区，中药材产销量、生猪出栏量、大鲵养殖量、柑橘产量名列重庆市前茅。

得了积极成效。在党组主要负责同志充分履行第一责任人职责的基础上，分管领导承担主要领导责任，定点扶贫工作领导小组和挂职扶贫干部承担直接责任，整合各方资源、动员各方力量，形成了上下联动、各方配合、齐抓共管的定点扶贫工作格局。一是学会领导深入开州区进行定点扶贫工作调研，实地考察基层单位，并走访慰问困难群众。二是定期召开定点扶贫专题工作会议，学习传达相关文件，研究责任书落实情况，强调在保证帮扶效果的前提下，确保直接投入和引进帮扶资金落实到位。三是按时向中央和国家机关工委报送《中国法学会定点扶贫工作情况报告》《中国法学会定点扶贫工作整改报告》等材料，并抄报原国务院扶贫办。

二、不断强化党建引领，深入推进抓党建促脱贫攻坚

五年来，中国法学会持续为驻村第一书记所在村下拨党建经费，用于修缮贫困村党组织活动场所、更新党员教育培训设施、慰问贫困村生活困难党员群众等；发动机关和事业单位各党支部与贫困村党支部结对子，强化贫困村基层组织建设；督促驻村第一书记严格落实"三会一课"制度，深入推进"不忘初心、

牢记使命"主题教育，扎实推进"两学一做"学习教育活动制度化常态化，找准党建工作与脱贫攻坚的切入点和结合点，在建组织、带队伍、强责任、严纪律四个方面持续发力，全面强化基层党组织领导地位，切实提升贫困村党组织的组织力，促进党建与脱贫攻坚"双推进""双落实"。

三、高质量全面超额完成责任书承诺任务

按照原国务院扶贫开发领导小组对中央单位定点扶贫工作的总体要求，在资金帮扶方面，中国法学会共向开州区直接投入帮扶资金约 165 万元，引进帮扶资金约 1328 万元，主要用于基础设施建设、项目开发等；2018 年以来，购买开州区农副产品 31.56 万元，帮助销售农产品 32.3 万元。在项目帮扶方面，积极协调跳蹬水库建设、渝西高铁、高等职业院校创建等重大项目，助推开州区重大交通枢纽、重点水利设施建设；帮助协调引进北京顺利办信息服务股份有限公司等多家企业落户开州，助推开州区产业发展；协助引进重庆乡野耕夫农业科技开发有限公司、海南树鸿房地产开发有限公司等多家企业参与产业帮扶工作；利用中关村创业大街平台，全力发展农村电商扶贫驿站，打通开州区农产品销售渠道；建立电商平台，注册紫水印象品牌，累计销售 1100 万元，打造"开州名小吃"风味名片，组建电商团队，入驻淘宝、拼多多、美团等电商平台，帮助销售贫困户农产品，取得了良好效果。在人才帮扶方面，高标准选派挂职扶贫干部。2016 年以来，共选派 5 名干部挂职扶贫，直接参与开州区脱贫攻坚战；积极做好人才培训，组织举办魔芋种植、黄豆种植、农村电商人才等技术培训，累计培训技术人员 1542 名；法学会领导作"基层社会治理和枫桥经验"学术报告，联合开展"枫桥经验"推广暨基层社会综合治理培训会等，累计培训基层干部 1838 名。

| 中国法学会积极做好定点帮扶地区的人才培训。图为 2019 年开州区农村电商人才接受培训。

四、培育法治扶贫品牌，大力开展法治研究和法治宣传教育

　　设立开州区法学会奖励专项基金，用于全区法治宣传、法治建设、法治研究以及法律人才培养等；开发建设"中国法学会定点扶贫专网"，广泛宣传习近平总书记关于扶贫工作的重要论述、中央定点扶贫决策部署、定点扶贫工作进展以及扶贫挂职干部的典型事迹等。依托中国法学会人才优势，运用培训专项资金 5 万元，以《民法典》颁布实施为契机，围绕乡村振兴和基层社会治理，开展"法律明白人"培训活动，通过 8 场巡回授课，对全区 40 个乡镇（街道）、535 个村（社区）的 813 名村（社区）干部进行培训；组织人员前往紫水乡中（小）学开展主题为"在民法典的呵护下健康成长"的普法讲座，满足了当地青少年对法律知识的需求，为全区提供法治培训支持；通过广泛搭建法治服务平台，利用"百名法学家百场报告会"等活动，结合常态化新冠肺炎疫情防控，到开州区开展法治宣传教育、法律咨询服务等活动，进一步增强贫困地区干部群众的法治观念和法治意识；开展脱贫攻坚法治研究，设立"脱贫攻坚下'依法治村'的理论与实践""脱贫攻坚法治保障"等两个部级研究课题，

安排挂职干部具体负责，加强脱贫攻坚法治理论和实践研究；成功举办"中国三峡库区生态保护法治论坛"，为三峡库区环境治理的法治建设搭建经验交流平台，不断强化法治扶贫工作的针对性和实效性；充分发挥中国法学会所属媒体刊物在脱贫攻坚和法治宣传、舆论引导等工作中的主阵地作用，从机关服务中心服务收益结余经费中支付 100 万元，向定点扶贫地区赠阅《民主与法制》杂志和时报 1100 套。

五、动员社会力量，大力推动扶贫项目落地见效

中国法学会先后协调一舍物生（北京）文化发展有限公司、北京品构广告传媒有限责任公司、北京企飞力网络科技有限公司、北京康杰志远票务代理有限公司、北京德和衡律师事务所、北京市北海幼儿园等单位投资兴业、捐资助贫。同时，加大调研力度，协调帮助开州区在区职业教育中心的基础上创建高等职业院校，为开州区和周边区域经济社会转型升级培养技术技能型人才。

此外，经多方协调，跳蹬水库建设项目于 2016 年顺利列入国家"十三五"重大水利设施建设项目，2017 年，完成项目可行性研究和初步设计阶段的勘察设计招标，2018 年 9 月底完成初设审批，总库容 1.03 亿立方米，项目总投资 41 亿元左右。2020 年 1 月，跳蹬水库正式开工建设，水库建成后将有力推动开州区水利事业跨越式发展，助力脱贫攻坚、乡村振兴，推动开州区走好生态优先、绿色发展之路。此外，2016 年中国法学会积极呼吁推进渝西高铁过境开州，并多次与原中国铁路总公司等单位沟通协调，2019 年渝西高铁项目确定过境开州。该项目彻底改变开州区没有铁路交通的历史，有效解决开州区经济社会发展支撑能力不足的难题，为接续推进开州区巩固脱贫攻坚成果同乡村振兴有效衔接创造有利条件。

六、选优配强挂职干部

一是选派挂职干部和驻村第一书记。先后选派王增勇、张再魁、吕兴焕同志赴开州区挂职区政府党组成员、副区长，协助分管开州区扶贫工作；选派韩圣迎同志任重庆市开州区岳溪镇插腊村、温泉镇白玉村第一书记，李鑫鑫同志挂职重庆市开州区竹溪镇石碗村、雄鹰村第一书记。新冠肺炎疫情期间，吕兴焕、李鑫鑫两位同志及时返岗到位，认真履职，通过多种渠道为定点扶贫地区筹措了紧缺防疫物资，折合人民币约 2.81 万元，在疫情防控和脱贫攻坚中起到了积极作用。二是严管厚爱，激励挂职干部担当作为。党组同志多次听取挂职干部思想和工作汇报，严格落实扶贫干部相关待遇和生活补助政策，确保挂职干部在开州区能更好的生活和工作，全身心投入到脱贫攻坚工作中，并对在扶贫挂职工作中表现优秀的干部大胆使用。

中国法学会大力推动扶贫项目落地见效。图为定点扶贫村白玉村硬化后的公路。

中国法学会党组高度重视、大胆探索，积极打造法治扶贫工作品牌。大力宣传贯彻习近平法治思想，以《民法典》颁布实施为契机，依托法学会人才优势，持续深入强化法治扶贫，设立专项基金和研究课题，举办法治论坛，开展脱贫攻坚法治研究，充分发挥法学会所属媒体刊物主阵地作用，不断强化法治扶贫工作的针对性和实效性。

七、全方位开展督促指导

中国法学会机关纪委多次陪同中央纪委国家监委驻司法部纪检监察组调研组赴开州区，就资金帮扶、项目帮扶、人才帮扶、法治帮扶、党建帮扶、挂职干部等进行了全方位的调研检查，对中国法学会定点扶贫工作予以充分肯定、积极评价。同时严抓制度建设，开展经费检查督促指导。督促开州区制定和落实《重庆市开州区法学会奖励专项资金管理办法》，督促开州区紫水乡雄鹰村制定"两不愁三保障"资金使用管理细则，确保资金使用合规合法。

五年来，中国法学会定点扶贫工作扎实到位，强化责任落实，着力改善贫困地区发展条件，加大产业扶贫力度，不断强化精准扶贫举措，逐步形成了以党建扶贫为引领、法治扶贫为品牌、项目扶贫为抓手的特色扶贫模式，各项帮扶举措取得了实质性成效。2016—2017 年，由中国法学会选派驻村第一书记的开州区岳溪镇插腊村、温泉镇白玉村实现整村脱贫，贫困发生率从 12.3% 下降到 1%；2018—2020 年由中国法学会选派驻村第一书记的竹溪镇石碗村、紫水乡雄鹰村，建档立卡贫困户实现全部脱贫。目前，新的挂职干部已到岗开展乡村振兴工作。

历任扶贫干部

挂职扶贫干部

挂职时间	姓 名	挂职地	挂职职务
2016.3—2018.4	王增勇	重庆市开州区	区委常委、副区长
2018.6—2020.6	张再魁	重庆市开州区	副区长
2020.3—2021.6	吕兴焕	重庆市开州区	区委常委、副区长
2021.7—	高付超	重庆市开州区	区委常委、副区长

驻村第一书记

驻村时间	姓 名	所驻村及职务
2016.1—2018.3	韩圣迎	重庆市开州区插腊村、白玉村第一书记
2018.4—2021.6	李鑫鑫	重庆市开州区石碗村、雄鹰村第一书记
2021.7—	左 锦	重庆市开州区茶竹村第一书记

全国对外友协

历　程

全国对外友协自 2015 年 8 月起定点帮扶山西省兴县。12 月，成立了由党组书记、会长担任组长，秘书长担任副组长，各部门主要负责人担任成员的协会定点扶贫工作领导小组，领导小组办公室设在办公厅综合处，负责定点扶贫工作具体协调落实。2019 年 1 月，成立"全国对外友协扶贫办"，专人专项负责协会扶贫工作。

为贯彻落实党中央脱贫攻坚决策部署，根据国务院扶贫开发工作领导小组定点扶贫工作安排，自 2015 年 8 月起，山西省吕梁市兴县被确定为全国对外友协定点帮扶县。5 年来，全国对外友协始终以习近平总书记关于扶贫工作的重要论述和重要指示批示精神为指引，按照党中央脱贫攻坚总体部署要求，严格对照"两不愁三保障"标准精准施策，充分运用民间外交优势资源，积极开展形式多样、效果显著的扶贫项目，为兴县贫困群众脱贫提供支持帮助。2019 年底，兴县脱贫摘帽。

一、组织领导情况

全国对外友协党组始终把定点扶贫工作作为一项重要的政治任务和政治责任，会长多次对扶贫工作作出指示，要求全面贯彻落实习近平总书记关于扶贫

兴县概况

兴县位于山西省西北部、吕梁市北端，2001年被确定为国家扶贫开发工作重点县，2015年8月被确定为全国对外友协定点扶贫县，2019年脱贫摘帽。兴县是革命老区，曾是晋绥边区首府所在地，抗日战争年代屏障陕甘、拱卫延安；交通区位突出，处于晋陕蒙交界处，是物流集散地中心地，现已建成四个集运站；作为资源富区，煤炭、铝土、煤层气资源丰富，目前正在打造全国最具竞争力的铝镁新材料产业园区。

工作的重要论述和重要指示批示精神，提高政治站位，压紧压实责任，建立常态化、长效化帮扶机制，为历年扶贫工作有力有序有效开展奠定了坚实基础。协会领导班子成员先后赴兴县调研11人次，会长每年至少深入扶贫县1次，实地考察扶贫工作进展，督促指导当地落实扶贫主体责任，帮助兴县解决实际困难与问题。年初定期组织召开年度定点扶贫工作会议，研究制定当年定点扶贫工作计划，明确全年扶贫工作的指导思想、工作目标、具体措施。

二、选派干部情况

2015年12月以来，全国对外友协先后选派操小卫、李鑫、孟庆克同志担任帮扶村沙壕村第一书记；2016年开始先后选派刘继锋、徐赐明、张子辉同志赴兴县挂职，分别担任副县长、县委副书记，分管或协助分管扶贫工作。

6名同志讲政治、顾大局，认真贯彻中央定点扶贫指示精神和协会党组的部署要求，以扎实的工作作风、严谨的工作态度和良好的工作成效，得到兴县各方面的充分肯定和高度评价。操小卫同志多次作为优秀驻村第一书记代表，在山西省各级扶贫工作会议上作交流发言，在2017年原中央国家机关工委召开的第一书记座谈会上，操小卫同志的先进事迹作为交流材料印发给各参会单位。在 2019 年兴县县委、县政府举办的纪念建党 98 周年大会和"不忘初心跟党走，牢记使命勇担当"脱贫攻坚颁奖会上，李鑫同志分别被评为优秀共产党员、优秀第一书记。徐赐明同志在 2020 年 7 月被山西省扶贫办推荐为 2020 年全国脱贫攻坚奖候选人，同年 10 月荣获"山西省脱贫攻坚贡献奖"，2021 年 2 月荣获"全国脱贫攻坚先进个人"称号。孟庆克同志 2021 年 5 月荣获"山西省脱贫攻坚先进个人"称号。

三、扶贫项目实施情况

截至 2020 年底，全国对外友协共投入扶贫资金 793.13 万元，引进帮扶资金 3122.57 万元，协调社会各界向兴县捐赠各类物资总价值约 2000 万元；累计培训基层干部 1376 名、技术人员 6926 名；促进兴县当地农产品销售 200 余万元。

（一）聚焦"两不愁三保障"方面突出问题

实施兴县沙壕村人畜安全饮水工程；引进顺丰"莲花助学基金"每年向兴县每名贫困家庭学生发放 3200 元助学金；联系协调中图集团、"全球说"公司、韩国希杰集团、美国联合技术公司、VISA 公司、高通公司，英国阿斯利康公司等企业向兴县学校捐赠电脑、图书、学习卡、科技设备等教学物资，打造音乐、航空、科技专属体验教室，提供理念先进的教学指导；组织法国依视路基金会为兴县 23371 名中小学生提供免费视力检查，捐赠近视眼镜，为全县贫困老人捐赠 12000 余副老花镜；组织加拿大国际文化基金会赴兴县开展义诊活动，就诊人数 7000 余人；联系英国利洁时集团旗下滴露品牌商，为兴县医疗机构捐赠抗疫物资；联合中国扶贫基金会、中国服装协会、宁波雅戈尔服饰有限公司向兴县中学生捐赠雅戈尔服装 7400 件；协调杭州蓬勃服饰有限公司向兴县捐赠过冬棉衣 4455 件。

（二）聚焦扶志扶智能力建设

林松添会长 2020 年 6 月赴兴县调研期间，为全县 1100 名干部作了题为《从当前国际形势看中国特色社会主义制度优越性》的报告；协调美国欧喜集团赴兴县开展现代农业技术培训，定期举办养殖产业专题讲座；邀请专家学者为兴县基层干部授课；组织县乡村干部赴日本及国内江苏、江西、福建等省考察学习脱贫攻坚先进经验做法；联合石家庄外国语学校培训兴县学校英语师资力量；组织兴县学校师生参展 2018 年天津"STEM 教育世博会"，赴辽宁本溪参加第五届亚洲儿童画展，先后赴日本参加中日韩青少年书画展、国际青少年机器人交流活动；组织兴县儿童赴法国参加"世界儿童是一家"夏令营；组织受资助贫困家庭学生开展"传递爱心，帮助他人"公益活动；联合中国残联志愿者启动"为爱守护"留守儿童心理健康服务。

（三）聚焦产业帮扶

投入资金实施兴县沙壕村党支部阵地升级改造、村级道路两侧绿化工程、山地机耕路修整等基础设施建设；在兴县蔡家崖乡沙壕村、张家岔、木兰岗、杨家坡和张家圪垎村投资开展三期"暖芯计划"项目，安装 397 盏太阳能路灯；出资帮助沙壕村 79 户村民采购 3200 棵果树苗，开展全村果树苗栽种活动；在蔡家崖乡沙壕村投资 200 万元兴建生猪养殖场；协调美国卡特彼勒基金会、中华环保基金会对圪垯上乡杨家畔村 500 亩红枣林地开展"红枣林提质增效项目"。

| 全国对外友协聚焦产业帮扶，在蔡家崖乡沙壕村投资 200 万元兴建生猪养殖场。图为建成的沙壕村生猪养殖场。

创新帮扶模式

着力打造"走增造"帮扶模式，即着眼于"走出去"，通过搭建国际性交流平台助力兴县对接外部优质资源，提升兴县对外开放水平，拓展对外合作渠道；着眼于"增收"，联合多家知名电商平台、物流企业，筛选兴县优质土特产，拓展兴县农副产品对外销售渠道；着眼于自身"造血"，加强对当地干部群众的培训，推进能力建设，助力兴县提升发展内生动力。

（四）聚焦消费扶贫

与顺丰集团合作，筛选兴县优质土特产，设计推出"爱心助农礼包"项目，并上架顺丰"小当家"和中国农业银行网上商城网络销售平台；联合力拓集团及全国对外友协理事、著名书法家唐思领设计包装"沙壕村"小杂粮品牌，成立"晋绥特品"销售平台，通过微店、惠农网等渠道对外销售；协调机关工会、食堂，将兴县农副产品指定为工会节日慰问品并列入机关食堂日常采购目录；不定期组织兴县农产品企业负责人在京参加采购商订货会，与批发市场、商超采购商接洽协商；主办中国（兴县）国际扶贫研讨会，邀请兴县参加第一届"一乡一品"国际商品博览会，在第三届中国国际进口博览会期间推动举办兴县扶贫攻坚成果图片展，助力兴县通过国际性交流平台对接外部优质资源，提升兴县对外开放水平，拓展兴县农副产品对外销售渠道。

四、取得的成效

（一）强化基层党建工作，夯实贫困村发展的政治基础

按照协会党组的部署要求，驻村第一书记将党建工作与扶贫工作同推进同

落实，规范党组织建设，开展形式多样、内容丰富的党建活动，深入推进"两学一做"学习教育、"不忘初心、牢记使命"主题教育，让贫困村党组织焕发出勃勃生机，沙壕村基层党组织战斗堡垒作用和共产党员先锋模范作用在脱贫攻坚中得到了充分发挥。此外，通过开展支部帮扶共建活动，向沙壕村党支部捐赠特殊党费，用于村支部建设；选派部分党员代表赴沙壕村与贫困户同吃同住同劳动，加深党群感情；动员共建党支部党员群众为沙壕村贫困户捐款近20000元，为贫困户代表购买电视、冰箱、洗衣机等日用品；每年为贫困户购置发放米面油等节日慰问品，赢得当地贫困群众的充分认可。

（二）发挥自身优势，打造国际公益扶贫交流平台

全国对外友协充分发挥对外交流合作资源多、渠道广的优势，积极引入法国人民援助会、美国卡特彼勒基金会、法国依视路基金会、香港乐施会、贝因美集团、美国欧喜集团、韩国希杰集团、中国农业银行、中国民族贸易促进会、顺丰集团等理念先进、技术领先的国际化帮扶资源支持兴县脱贫攻坚，在产业、教育、医疗等领域实施了一系列形式多样的帮扶项目，架设起兴县与发达国家、地区相互沟通与了解的桥梁，推动兴县及兴县的产品"走出去"，在实实在在受益的同时开阔了视野，激发了兴县干部群众建设家乡、干事创业的内生动力。

（三）多渠道"下单"，助力消费扶贫提质增效

全国对外友协积极探索兴县扶贫消费产品销售新渠道。线上，电子商务平台、电视购物平台、新闻

全国对外友协2017年全额投建沙壕村生猪养殖场，解决了村集体零收入的难题。图为2018年11月，沙壕村党支部书记、村委主任、村监委主任共同见证村集体经济"破零"瞬间。

媒体"多管齐下",通过在顺丰"小当家"和中国农业银行网上商城开设兴县农副产品专卖区,扩大宣传、增加卖点;全国对外友协利用第三届中国国际进口博览会的国际化平台,安排兴县县委书记现场带货;联系电视购物频道,录制兴县农副产品推销活动,在固定时段循环播放。线下,在第一届"一乡一品"国际商品博览会举办期间,全国政协有关领导亲临全国对外友协扶贫专区,详细了解兴县产品情况,100多家媒体对活动进行了滚动式报道,有效扩大了兴县企业及产品的社会影响力。此外,全国对外友协还主动联系相关合作单位,推动兴县农副产品产销有效对接,取得了较好的消费扶贫成果。

历任扶贫干部

挂职扶贫干部

挂职时间	姓　名	挂职地	挂职职务
2016.6—2018.6	刘继锋	山西省兴县	副县长
2018.6—2021.5	徐赐明	山西省兴县	县委副书记
2021.5—	张子辉	山西省兴县	县委副书记

驻村第一书记

驻村时间	姓　名	所驻村及职务
2015.12—2017.8	操小卫	山西省兴县沙壕村第一书记
2017.8—2019.8	李　鑫	山西省兴县沙壕村第一书记
2019.8—	孟庆克	山西省兴县沙壕村第一书记

中国记协

| 历 | 程 |

1998年，中国记协开始定点帮扶甘肃省文县。1999年至2003年，中国记协先后选派2名机关干部挂职。2015年7月，中国记协成立定点扶贫工作领导小组，先后选派7名优秀干部到文县挂职县委、县政府副职和驻村第一书记，开展定点帮扶工作。2020年，经甘肃省人民政府正式批准，文县退出贫困县序列。

党的十八大以来，为切实履行中央单位定点帮扶政治责任，中国记协认真学习习近平总书记关于扶贫工作的重要论述，选派精干力量，投入真金白银，充分发挥自身优势，加大对甘肃省文县的帮扶力度，帮助文县在新闻扶贫、消费扶贫、产业扶贫等方面做了大量工作。

一、开展扶贫调研，提供正确决策

根据定点扶贫工作要求，中国记协党组、书记处领导先后13人次（其中，主要领导同志4人次）前往定点扶贫县调研督导扶贫工作，撰写调研报告4篇，涉及农特产品宣传推广、特色产业发展、旅游资源开发等，为记协各项帮扶政策的出台提供参考依据。中国记协党组高度重视定点扶贫工作，2020年，党组书记刘正荣到任伊始就赴文县开展调研，指导巩固拓展脱贫攻坚成果有关工作。

文县概况

　　文县位于甘肃省最南端，地处秦巴山地，与四川、陕西交界，是甘肃的南大门。素有"陇上江南""千年药乡"、甘肃的"西双版纳"美誉，也是"大熊猫的故乡"。名优特产有花椒、松茸、羊肚菌、纹党参、木耳、茶叶等。1986 年被确定为国家重点扶持贫困县。中国记协于 1998 年定点扶贫文县。2020 年 2 月脱贫摘帽。

二、挑选精干力量，参与定点扶贫

　　事业成败，关键在人，关键在干部。2013 年以来，中国记协先后从机关挑选 7 名优秀干部挂职开展扶贫工作，其中副局级干部 2 名，正处级干部 1 名，副处级干部 3 名，科级干部 1 名，分别挂任文县县委、县政府的副职领导职务和驻村第一书记。这些干部的辛苦付出和忘我工作，为定点扶贫工作的顺利开展提供了重要保障。

三、发挥行业优势，宣传推介文县

　　在定点扶贫过程中，中国记协充分发挥新闻行业部门的宣传优势，先后 6 次组织中央主要新闻单位和行业类媒体、新媒体开展大型主题采访活动，宣传推广文县农特产品、特色产业、旅游资源等，文县的纹党参、花椒、茶叶等主要农产品通过记协的几次大的宣传活动，彻底摆脱了"处在深山无人知"的局面，走出文县。2019 年 7 月，中国记协组织中国记协新媒体专委会 5 家委员单位赴文县开展农特产品宣传推介工作，6 场直播促成 4000 余万元农特产品购销意向。2019 年 10 月，邀请中央广电总台、新华网、东南网、北京时间、

| 中国记协积极开展大型主题采访活动，宣传推介文县农特产品、特色产业、旅游资源等。图为2019 年中国记协组织新媒体在桥头镇直播推介"大红袍"花椒。

东方网、中国江苏网、新蓝网、南方新闻网等多家新闻媒体，深入文县海拔1800 多米的纹党参种植基地和多家农特产品加工企业进行了为期 3 天扶贫采访活动，制作纹党参宣传的公益广告——"纹党参文县生"，在中央广播电视总台和地方电视台连续播放 16 天，加大扶贫宣传和产品促销力度。

四、提供资金支持，解决实际困难

一是自筹资金实帮扶。中国记协在办公经费紧张情况下，创新工作思路，从会费结余中挤出资金，直接投入 184.13 万元。协调减免 3000 多万元的宣传资金，帮助文县在中央电视台、中央广播电台插播特色农产品纹党参公益广告。二是雪中送炭真帮扶。文县山大沟深，自然灾害频繁。2018 年、2020 年，文县先后两次遭遇较大规模暴洪泥石流灾害，中国记协尽自身微薄之力，第一时间协调资金共计 30 万元，帮助文县百姓灾后重建。2020 年初，新冠肺炎疫情席卷全国，中国记协在做好自身防疫工作的同时，从机关筹措资金 10 万元帮助文县购买防疫物资，缓解了文县的"战时"物资短缺问题。三是借花献佛巧帮扶。2019 年，中国记协通过文县红十字会从中国红十字会总会申请博爱家园（农村）项目资金 40 万元，帮助何家湾村新建 1100 平方米的应急避难广场一处。驻村第一书记还积极联系人民出版社，为该村农家书屋捐献书籍 120 种 180 多册，价值约 1 万元。2020 年 11 月 8 日，中国记协在文县举办了"全民守护健康你我"公益捐赠活动启动仪式，邀请爱心企业捐赠了各类物资 185 万余元（包括价值 120 万元的医疗器械、价值 50 万元的校园"厕所革命"卫浴产品、价值 12 万元的文具和口罩、价值 3 万元的苏打水）。

五、开展消费扶贫，助力农民增收

2019 年 1 月，国务院办公厅印发了《关于深入开展消费扶贫助力打赢脱贫攻坚战的指导意见》。几年来，中国记协把消费扶贫作为定点帮扶甘肃文县脱贫攻坚的重要举措之一，累计直接帮助文县销售农特产品 237 万余元。一是干部职工福利优先从文县采购。2019 年元旦、春节两个重要节日的职工福利从文县事丰农业开发有限公司和文县琪军油橄榄开发有限责任公司采购了木耳、香菇、核桃、竹荪、油橄榄等一批农特产品，初次采购额度为 3.5 万元。机关食堂日常消耗的食材适当从文县采购，目前已采购试用装木耳 30 斤，折合 0.22 万元。2020 年各主要节假日，中国记协共从文县购买农特产品 13.32 万元。二是发动职工销售文县农副产品。专门召开职工大会，号召全体职工参与到定点扶贫工作中来，充分发挥各自能量，引资、捐款、购销农副产品等，把对文县人民的"亲戚"感情实实在在地体现到出真招、办实事中去。截至 2020 年底，挂职干部积极联系广东、四川等地企业，帮助文县销售木耳、花椒、纹党参等农特产品 88.8 万余元。机关干部联系销售文县木耳、香菇、蜂蜜达到 4 万余元。三是深入发挥电商平台的推广作用。鼓励引导更多的年轻人

| 中国记协积极扶持何家湾村茶产业发展。图为中国记协为何家湾村购买茶苗发放仪式现场。

在淘宝、京东、微信上开设门店，帮助推广销售文县农特产品。利用新媒体网络平台，通过"农特产品网上展销会""网络直播带货""网红主播接力"等形式，积极搭建农产品供需对接平台，帮助销售文县纹党参、花椒、橄榄油、木耳、绿茶、蜂蜜、核桃、土鸡蛋等农特产品。2020年，协调中央广播电视总台，将文县纹党参和橄榄油纳入总台"品牌强国工程"，入选优秀企业相关项目。协调人民网"人民优选"等电商平台，帮助销售文县农特产品45万元。

六、实施"授渔"计划，培训各类人才

定点帮扶以来，先后培训各类人才600余人次，有力地推动了当地的脱贫攻坚人才队伍建设。2019年3月，驻何家湾村第一书记带领该村养蜂合作社理事长前往四川成都，考察当地蜜蜂养殖市场，实地学习养殖技术。2019年5月22日，协调邀请甘肃省农科院专家到何家湾村，实地讲解高优嫁接核桃养护技术，培训技术人员29人次。2019年10月31日，组织何家湾村及周边乡镇村农户参加"中国记协助力文县电商扶贫培训会"，学习电商入门知识和技

创新帮扶模式

　　中国记协定点帮扶文县有 20 多年的历史。这期间，逐步形成了具有新闻行业特色的定点帮扶模式——新闻扶贫。先后邀请中央主要新闻单位和行业类媒体、新媒体组织大型主题新闻采访 6 次，帮助文县直接销售农特产品 237 万余元，达成采购意向的农产品 4000 多万元。通过新闻宣传，文县的纹党参、花椒、茶叶等主要农产品，已走出陇南、走遍周边、走向全国。

能。2019 年 4 月、8 月和 10 月，中国记协与文县代元有限公司举办了三期文县新型职业农民培育工程（专业技能型）培训班，共有 160 名学员参加了培训。2020 年在文县举办 5 期新型职业农民培训班培训 204 人，1 期有关中蜂养殖的农业实用技术培训班培训 35 人，1 期基层干部党建能力提升班培训 56 人。还组织 90 多人到北京或者在当地参加马克思主义新闻观培训班、全国宣传思想工作会议精神培训班和新媒体培训班。协调文县融媒体中心，组织采编播骨干 55 人次收听收看中国记协、人民日报社举办的《增强"四力"融媒精品创作线上直播》系列培训，提高了当地新闻人才队伍的整体素质。

历任扶贫干部

挂职扶贫干部

挂职时间	姓　名	挂职地	挂职职务
2013.8—2014.7	唐　锐	甘肃省文县	副县长

挂职时间	姓　名	挂职地	挂职职务
2016.10—2018.9	阎成谦	甘肃省文县	县委副书记
2018.9—2021.3	戎昌海	甘肃省文县	县委常委、副县长
2021.3—	张业亮	甘肃省文县	副县长

驻村第一书记

驻村时间	姓　名	所驻村及职务
2015.8—2018.9	杨　克	甘肃省文县何家湾村第一书记
2018.9—2021.5	宋晓明	甘肃省文县何家湾村第一书记
2021.5—	支一乔	甘肃省文县何家湾村第一书记

全国台联

1998 年，全国台联开始定点帮扶甘肃省榆中县。全国台联党组始终高度重视定点扶贫，主要负责同志多次强调该项工作的重要意义和目标要求，并担任定点扶贫工作领导小组组长，调动资源全面落实扶贫工作。2019 年，榆中县脱贫摘帽。

全国台联认真学习贯彻落实党中央精准扶贫决策部署，按照习近平总书记关于扶贫工作的重要论述及中央单位定点扶贫工作安排，结合自身实际，以促进甘肃省榆中县经济社会发展、助力脱贫攻坚为目标，以教育扶贫为主要抓手，持续推进对榆中县的定点扶贫工作。

全国台联以考核指标为导向，对标年度《中央单位定点扶贫责任书》有关承诺，更加有的放矢、精准施力，强化落实定点扶贫责任。并及时按照考核反馈意见，查摆定点扶贫工作存在的问题和不足，找准问题症结，逐项扎实推进落实，保障了全国台联连续三年均超额完成定点扶贫责任书各项承诺。

全国台联党组高度重视扶贫工作，工作机制健全有力。全国台联定点扶贫工作领导小组由党组书记、会长黄志贤任组长，各党组成员任副组长，各部门负责同志为小组成员，领导小组办公室设在办公室人事处，定期召开工作会议研究部署定点扶贫工作。结合《全国台联定点帮扶甘肃省榆中县规划

榆中县概况

甘肃省榆中县紧邻兰州市东南,是兰州城市副中心承接地,有高铁站 1 座,连霍高速公路贯穿县境,拥有西北地区领先的物流、工业和科技产业园,是优质高原夏菜和中药材的主产区,并盛产胡麻油、百合、牛羊肉、陈醋等,现正稳步发展物流、新能源汽车、大数据产业,建设生态创新城。1982 年,榆中县被确定为国家重点扶持贫困县,2019 年脱贫摘帽。

(2017—2020)》,每年年初制定本年度定点扶贫工作计划,将扶贫工作任务分解明确到会属各部门,并纳入年度绩效考核,有效促进对标对表完成扶贫任务。

党的十八大以来,发挥优势,调动力量,协调资源,多措并举推进定点扶贫,为脱贫攻坚贡献自身力量,展现中央和国家机关应有担当。全国台联主要负责同志每年赴榆中县考察调研 1—2 次,8 年来全会赴榆中县考察调研约 100 人次。其中主要负责同志 11 次,其他领导班子成员 10 人次。全国台联领导历次赴榆中开展扶贫工作,均看望慰问贫困户及驻村第一书记,与当地干部进行扶贫座谈交流,开展颁发奖学金等多种帮扶活动。先后共有 5 名优秀干部在榆中县挂职和到村任职,其中有 2 名处级挂职干部、3 名驻村第一书记。对榆中县投入帮扶资金 407.07 万元,为榆中县引进帮扶资金 1254.31 万元;培训基层干部 109 名,培训技术人员 175 名;购买贫困地区农产品 9.98 万元,帮助销售贫困地区农产品 120.3 万元,帮助引入龙头企业 2 个。

一、教育帮扶

8 年来，精心举办第 12—18 届全国台联榆中优秀师生夏令营，此定点帮扶品牌活动直接参与师生 244 人，辐射带动贫困人口近万人；先后向榆中县561 名贫困学生发放蔡培辉奖学金、爱心助学金共计 37.8 万元；联系捐赠"温暖包"、云教育平台资源、教学设备等助学物资共计 676.5 万元，受益师生 2万余人。退休干部焦万曼个人捐资 30 万元设立榆中县恩玲中学"海峡·新长城自强班"，资助 50 名贫困学生完成 3 年高中学业。

二、农村基建、产业帮扶

陆续筹措社会资金 187 万元支援农村路灯亮化、村"两委"阵地、农田水利、垃圾处理、环境绿化等基础设施建设；引进香港仁善基金会产业滚动扶贫资金 100 万元，先后扶持榆中县康源蔬菜产销专业合作社、甘肃百草中药材种植有限公司 2 家企业发展壮大，带动贫困村农户增产增收；面向榆中县举办教

│ 筹措资金加强基础设施建设。图为帮助榆中县小康营乡修复翻新受损水渠，解决耕地灌溉问题，有效降低村民"放水"成本和劳动力投入。

师培训及电子商务、文化创意、乡村振兴、农业现代化等业务技能培训 13 批次，参训人员 284 名。

三、消费帮扶

运用电子商务、全国特色粮油产品展销会等线上线下渠道，积极宣传推广榆中县农特产品，帮助销售高原夏菜、牛羊肉、中药材、特色小吃等农产品 120.3 万元。开展带货直播活动，2 小时直播全网曝光量达 1750 万人次，总观看用户达 56.52 万人，有力扩展了榆中县农特产品的市场知名度。近两年全国台联机关工会响应号召加大消费扶贫力度，购买榆中县农特产羊肉、鸡肉、干面等产品 3 批次近 10 万元。

四、干部帮扶

根据中央选派优秀干部到定点帮扶贫困县挂职、到村任职的精神，全国台联严格贯彻落实工作要求，2015 年起先后选派 2 名优秀处级干部担任榆中县副县长，负责定点帮扶工作；选派 3 名优秀青年干部接力到榆中县建档立卡贫困村任第一书记。5 位同志挂职期间，以高度的责任心和使命感奋战在脱贫攻坚一线，敢担当、善作为，克服自身困难，扎根基层，勤恳工作，深入乡村开展调查研究，主动熟悉基层情况，积极落实精准扶贫各项工作，积极争取和落实扶贫项目，开展基层党建，恪守纪律，廉洁奉公，树立了挂任职干部的良好形象，得到了组织和群众的普遍认可。

成龙奎同志在挂职期满后主动请缨继续挂职扶贫，周宁同志主动调配至条件更加艰苦的贫困村任职，他们用行动展现了担当。选派干部积极进取，不辱使命，1 名同志获得"全国脱贫攻坚先进个人"荣誉，2 名同志获评"甘肃省脱贫攻坚帮扶先进个人"。

根据《全国台联干部挂职锻炼管理办法（试行）》，全国台联对选派干部进

| 帮助销售榆中县农特产品。图为 2020 年 8 月 15 日，举办"山海'榆'共 有'扶'同享"大型直播带货活动，挂职干部成龙奎（展台右二）出镜带货。

行严格管理与考核，与干部保持密切沟通联系，相关部门在工作和生活上对干部给予关心支持、落实相关待遇。

精准扶贫、精准脱贫令榆中县发生了翻天覆地的变化，民生福祉得到保障，生活水平全面改善。教育事业取得长足发展，适龄儿童入学率达到100%，九年义务教育巩固率达 99.6%，高中阶段毛入学率达 98.2%；基础建设蒸蒸日上，农村人居环境改善显著；高原夏菜、中药材等特色产业不断壮大，发展基础逐步夯实。据统计，榆中全县累计减贫 22255 户 83821 人，实现贫困人口全部脱贫，114 个贫困村全部摘帽，2018 年整县通过脱贫验收，2019 年正式脱贫摘帽、退出贫困县序列，巩固拓展脱贫成果喜人。2019 年，全县农村居民人均纯收入达到 11505 元，年增长率超过 15.7%，在脱贫攻坚"大考"中交出让人民满意的答卷。

回顾全国台联定点扶贫工作，典型经验和创新做法有以下四个方面：

1.建立扶贫工作任务分解机制，调动所属各部门力量，凝心聚力众志成城完成脱贫攻坚目标任务。为开展好定点扶贫工作，结合年度工作规划，建立扶贫工作任务分解机制，将扶贫工作总体任务分解明确到各部门，并纳入年度绩效考核，有效激发了各部门参与定点扶贫工作的积极性和紧迫感，促使其对标对表完成扶贫任务。如此，一改过去缺乏有效分工及监督的工作局面，各部门能明确任务要求并有的放矢，定点扶贫工作牵头部门也监督有据。近几年的工作实践再次证明，扶贫工作任务分解机制有力地保障和促进了定点扶贫工作的顺利开展。

2.常抓教育扶贫、智力扶贫，持续关注榆中教育事业与少年儿童工作。延续20年传统举办第12—18届全国台联榆中优秀师生夏令营，每年暑假精心组织40名左右的榆中希望小学师生赴北京参访交流。切实做到久久为功、善作善成，不断创新优化，富有成效地推进该项教育扶贫品牌活动。通过一整套前期系统筹划、中期程式组织、后期深化效果的机制化规范化工作方法，有力保证活动扶智主题突出、促学效果显著、后续影响深远，以点串线带面地促进贫困地区师生走出去增见闻活思想长志气。坚守传承不忘初心牢记使命的精神，用心用情开展活动，800余名贫困村师生直接参与受益，并辐射作用贫困村学生约26500人次，使他们感受首都的人文熏陶和发展成就，体验互动式励志教育，激发内生动力，坚定脱贫信念，树立远大理想。

积极组织爱心单位向榆中县优秀贫困学生捐款捐物，设立并定期颁发奖学金、助学金，促成爱心人士与贫困学生结对资助帮扶，以此支持帮助贫困学生的学习成长，激励他们树立并增强奋斗自强、摆脱贫困的意志。

3.发掘对台联谊交流工作资源优势，以业务带扶贫、促扶贫，巧思妙想丰富帮扶渠道与措施。利用和创造一切机会积极主动介绍扶贫工作开展情况、推介宣传榆中，最广泛地吸收包括台湾同胞在内的社会力量，汇聚起点点滴滴的爱心善举，投入到定点帮扶工作之中。持续吸收台商捐款用于帮扶榆中，定期组织台商赴榆中走访考察，并成功组织榆中农业考察团赴台访问交流。2020年在榆中设立全国台联两岸同胞精准扶贫基地，依托该平台更有效地统筹资源开展定点帮扶工作。多次根据榆中实际需求组织当地干部群众参与台胞创业就业技能实训营和培训活动，在开展常规业务工作的同时，为当地干部和技术人员的培训提升创造机会、搭建平台，促进当地干部和致富能手、青少年走出去交流学习与提高。

创新帮扶模式

全国台联以教育扶贫、智力扶贫为主要抓手开展定点帮扶榆中工作。利用举办台胞青年夏令营的资源经验，连续举办7届榆中优秀师生北京夏令营，通过报告分享机制，持续辐射影响7所希望小学师生。助推台胞出资设立"蔡培辉奖学金"，定期奖励资助榆中贫困学生。结合台胞创就业培训等常规业务工作，对榆中县开展人员培训。

4. 运用线上线下成熟销售渠道，借助市场舆论东风，抓住机遇顺势而为，取得消费扶贫的喜人成绩。在脱贫攻坚关键年，社会各界纷纷加大消费扶贫支持力度，形成强大的消费扶贫导向氛围，线上线下农产品销售渠道异常活跃丰富。组织榆中县有关方面积极参与第二届全国贫困地区优质特色粮油产品展销会暨中央和国家机关定点扶贫县农副产品产销对接活动，特色农产品销售额实现70.5万元，达成采购意向额4.8亿元。与专业资深媒体合作举办"山海'榆'共 有'扶'同享"大型助农带货直播活动，实现总销售额超41万元，2小时直播全网曝光量达1750万人次，总观看用户达56.52万人。

历任扶贫干部

挂职扶贫干部

挂职时间	姓　名	挂职地	挂职职务
2016.11—2018.11	陈　湛	甘肃省榆中县	副县长
2018.4—	成龙奎	甘肃省榆中县	县委常委、副县长

驻村第一书记

驻村时间	姓　名	所驻村及职务
2015.9—2017.9	廖云霞	甘肃省榆中县羊下村第一书记
2017.7—2019.9	朱肖宏	甘肃省榆中县浪街村、窑坡村第一书记
2019.9—	周　宁	甘肃省榆中县窑坡村、寨子村第一书记

中国贸促会

自 2015 年底定点帮扶贵州省从江县和黑龙江省林甸县以来，中国贸促会深入贯彻习近平总书记关于扶贫工作的重要论述，按照党中央、国务院有关工作部署，持续强化精准扶贫精准脱贫目标认识、持续增强扶贫工作力量、持续加大自有资金投入、持续加强外部资源引入、持续激发群众内生动力，助力定点扶贫县如期高质量完成脱贫攻坚任务。

自 2015 年底承担对贵州省从江县和黑龙江省林甸县定点扶贫任务以来，中国贸促会认真学习贯彻习近平总书记关于扶贫工作的重要论述，全面贯彻落实党中央、国务院有关部署，增强"四个意识"、坚定"四个自信"、做到"两个维护"，在原国务院扶贫办、中央和国家机关工委的指导下，结合地方实际情况，充分发挥自身优势，积极调动各方资源，扎实开展帮扶工作，取得了明显成效。

一、切实加强组织领导

中国贸促会党组切实提高脱贫攻坚政治站位，坚持把定点扶贫作为一项重大政治任务，充分认识助力定点扶贫县打赢脱贫攻坚战的政治性和战略性，增强使命担当，强化改革创新，狠抓任务落实，为做好定点扶贫各项工作提供人

从江县概况

从江县位于黔桂两省（区）交界处，原生态民族文化资源特色突出，盛产椪柑、香猪、天麻、香菇、杜仲、木耳等名特优产品。从江县是国家扶贫开发工作重点县和贵州省 14 个深度贫困县之一，中国贸促会自 2015 年底开始定点帮扶，2020 年从江县脱贫摘帽。

员保障、组织保障、制度保障和资金保障。2016 年 3 月，中国贸促会党组会议研究决定成立扶贫工作领导小组，领导小组下设办公室。时任党组书记、会长姜增伟任组长，党组成员、副会长张伟和卢鹏起任副组长，张伟兼任扶贫办主任，各部门各单位主要负责人为扶贫工作领导小组成员。2018 年 9 月，中国贸促会对扶贫工作领导小组作了人员调整，党组书记、会长高燕任组长，党组成员、副会长卢鹏起和张慎峰任副组长，张慎峰同志兼任扶贫办主任，各部门各单位主要负责人为扶贫工作领导小组成员。

定点扶贫工作以来，中国贸促会召开了 13 次党组会议、34 次扶贫工作领导小组会议和会长专题办公会议，研究部署定点扶贫工作。主要领导赴定点扶贫县调研指导脱贫攻坚工作 13 次、领导班子成员到定点扶贫县督导推进扶贫工作 31 次，深入一线、靠前指挥，与基层干部共同研究推动帮扶工作落到实处、取得实效。中国贸促会在产业发展、展会宣传、劳务就业、教育培训、公益捐助、住房保障及基础设施完善等方面累计投入 6242.34 万元、引入 8281.99 万元。助力从江县累计 131756 贫困人口实现脱贫，2020 年 11 月，贵州省人民政府按程序批准从江县脱贫出列；助力林甸县累计 8674 贫困人口实现脱贫摘帽，2020 年 2 月黑龙江省人民政府按程序批准林甸县脱贫摘帽。

二、精心选派挂职干部

中国贸促会先后选派 20 名优秀中青年干部到贫困地区扶贫挂职和担任贫困村驻村第一书记。选派刘烁、陈宇、崔乐、周惠林、李澍、孟育建、张军分别赴从江县和林甸县挂职担任县委常委、副县长，选派季书波、张志华、刘彦辰、李鹏、刘伟男、陈三炼、关智中、范文彬、李庆飞、马磊、李泽明、吕向明、盈智祥分别赴从江县岜沙村、高武村、摆党村和林甸县宏伟村、新民村担任第一书记。挂职干部在艰苦地区锤炼党性、砥砺品质、增长才干。

在日常工作中，中国贸促会切实做好对扶贫挂职干部和驻村第一书记的监督、管理、培训、服务和关爱，落实生活补助等相关待遇。自 2018 年起，每年为定点扶贫县挂职干部和驻村第一书记每人提供 10 万元专项工作经费，为驻村第一书记每人安排 2 万元党建工作经费。

中国贸促会选派的挂职干部扎根基层、履职尽责、无私奉献，得到了当地干部群众的广泛好评，1 人次获国家级表彰、5 人次获省级表彰、12 人次获市(州)级表彰。对脱贫攻坚一线涌现出来的先进典型，制作宣传展板在《中国贸易报》《贸促之窗》刊登有关事迹，通过新华社、共产党员网、旗帜网、《中国组织人事报》和"中国贸促"微信公众号等新闻媒体渠道广泛宣传报道。

林甸县概况

林甸县地处黑龙江省中西部，拥有丰富的地热、耕地、湿地和草原资源，盛产玉米、大豆、水稻等农产品。林甸县 1990 年被确定为省级贫困县，1994 年被定为国家重点扶持贫困县，2011 年被确定为大兴安岭南麓片区脱贫攻坚重点县。按照党中央统一部署，中国贸促会自 2015 年底开始定点帮扶，2020 年脱贫摘帽。

三、扎实开展精准帮扶

（一）产业扶贫

直接投入资金 1000 万元，引进帮扶资金 4082 万元。建立经营主体与贫困户联动发展的利益联结机制，因地制宜发展对贫困户增收带动作用明显的种植养殖业、农产品加工业、特色手工业和乡村旅游业。支持从江县百香果种植，香猪、乌骨鸡和肉鸡养殖，林甸县红小豆和樱桃种植，狮白鹅和黑毛驴养殖。助力从江县的钩藤、淫羊藿、何首乌和林甸县的防风、柴胡、菟丝子等中药材种植与加工；多渠道帮助定点扶贫县拓宽农产品营销渠道，推动批发市场、电商企业、大型超市等市场主体与从江、林甸两县建立长期稳定的产销关系；充分利用中国贸促会展会平台，组织定点扶贫县的企业和产品参加知名展会，并为参展企业提供免费展位、承担参展费用、帮助宣传推介、组织参观采购，努力提高定点扶贫县特色产品和优势资源知名度，提升参展效果和扶贫实效；发挥中国贸促会密切联系国内外工商界的优势，积极协助定点扶贫县开展招商引资。

精准对接就业变"零散式"务工为"组团式"集中输出务工。图为中国贸促会组织从江县贫困户集体外出务工。

（二）就业扶贫

直接投入资金 601 万元，引进帮扶资金 2924 万元。实施就业扶贫行动计划，通过集体座谈、上门走访、实地调研等方式，深入了解贫困劳动力的年龄结构、技能本领和务工意愿。广泛联系劳动力意愿有关企业，精准对接就业，将以前"零散式"外出务工的模式转变为"组团式"集中输出务工。同时，成立劳务输出公司，统一提供交通和用餐保障，为贫困群众购买意外保险，发放返程交通补贴，安排联络员跟踪务工动态，协调解决务工过程中遇到的困难和问题，提高劳务对接的组织化程度和保障化水平。2018 年，组织从江县加榜乡摆党村全村 158 名贫困户赴广东湛江参与砍甘蔗务工，开创当地整村输出就业之先河，实现劳务收入 235 万元，平均每名贫困户增收 1.5 万元。2019 年，外出务工人员扩展到摆党村周围的 5 个贫困村，人数增加到 552 人，实现劳务收入 692 万元，人均增收 1.25 万元。2020 年，继续投入 100 万元在从江县开展就业扶贫，面向全县 19 个乡镇外出务工人员提供补贴和保障，项目惠及贫困人口 2300 多人，实现劳务收入约 3450 万元，人均增收 1.5 万元。通过岗位补贴、场租补贴、贷款支持等方式，扶持企业在贫困村发展一批扶贫车间，吸纳贫困家庭就近就业。在林甸县宏伟村和新民村建设扶贫车间，安排公益扶贫岗位，吸纳贫困家庭劳动力参与保洁、保安、护路、管水等工作，实现就近就业和稳定增收。通过以工代赈、以奖代补、劳务补助等方式，动员从江县贫困群众参与在当地实施的小型基础设施、农村人居环境整治等项目建设。助力从江县推动易地扶贫搬迁工作，按照以岗定搬、以业定迁原则，支持做好后续产业发展和转移就业工作，为 158 名易地扶贫搬迁贫困户提供公益岗位，确保贫困搬迁家庭至少 1 个劳动力实现稳定就业。

支持定点扶贫县实施技能脱贫专项行动，加强技术和人才培训，组织专家赴定点扶贫县开展果蔬种植、畜牧养殖、防病虫害、动物防疫、农民专业合作社经营管理、生态农业和美丽乡村建设、智慧农业等专题培训。

推进生态保护扶贫行动。2018 年以来，协调推动从江县新增生态护林员指标 1572 名，累计争取中央财政专项资金 2909 万元，选聘有劳动能力的贫困群众承担生态护林员工作，加大生态保护修复力度，实现生态改善和增收脱贫双赢。

（三）教育扶贫

直接投入资金 1660 万元，引进帮扶资金 914 万元。帮助定点扶贫县推进义务教育薄弱学校改造工作，重点加强乡镇寄宿制学校和乡村小规模学校建设，引导社会力量参与教育扶贫。在林甸县东兴乡捐建贸促会希望小学，在从江县加榜乡捐建党扭小学综合教学楼，改善从江县银潭小学和林甸县新民小学等 10 多所小学基本办学条件；推动戴尔集团等向从江县和林甸县 10 多所小学捐建计算机室等，资助贫困家庭学生和成绩优秀学生；协调澳门陈明金基金会出资 120 万元援建从江县摆党村幼儿园；协调江苏电子信息职业学院定向招收从江县贫困家庭学生 46 名，免去学费 45.75 万元，并发放 19 万元国家助学金及其他困难补助，同时提供勤工助学岗位。

强化对定点扶贫县中小学教师培训。邀请首都师范大学、贵州师范大学分别在林甸县和从江县每年举办中小学教师培训班；选派贸促会机关部门和直属单位 67 名青年干部到定点扶贫县 20 个贫困村的小学支教。

支持定点扶贫县健全教育资助政策体系。在从江、林甸两县设立贸促会教育发展基金；开展"精准扶贫爱心捐款"活动，组织贸促会机关干部捐款资助两县部分贫困家庭学生完成学业；组织从江县 40 名贫困家庭学生暑期到北京开展见习活动。

（四）透风漏雨房屋修缮及农村人居环境改善

直接投入资金 2342 万元，引进帮扶资金 356 万元。支持定点扶贫县开展农村危房改造。助力从江县开展贫困家庭住房透风漏雨专项整治，帮助林甸县实施危房改造项目。开展贫困地区农村人居环境整治行动。帮助从江县实施"改厨、改厕、改圈"工作，做到厨卧分离、厕圈分离、人畜分离，惠及贫困户 2000 多名；帮助从江县摆党村等 10 多个贫困村修建村组道路、便民桥、串户路、排水沟，安装路灯和安全护栏；帮助从江县摆党村等 8 个贫困村修建小型安全饮用水工程和消防管网建设；帮助林甸县新民村、宏伟村等修建柴草垛围栏、榆树墙栅栏，惠及 800 多名贫困户。

支持定点扶贫县加强对慢性病、常见病的防治。协调首都医科大学组织 75 名各科室医生分批赴从江县开展"医者情系从江县、健康扶贫青春行"医药下乡暑期社会实践义诊活动，向贫困群众捐赠药品和图书，并对当地医护人员开展培训和心理辅导。协调北京大鸾翔宇慈善基金会捐建从江县高武村卫生室，向贫困户捐赠医药用品。协调人口幸福基金会、中国建设银行等向从江县捐赠医疗设备和救护车。

（五）消费扶贫

直接投入资金 583 万元，帮助销售农产品 2327 万元。帮助定点扶贫县拓宽农产品销售渠道，提升农产品供应水平和质量，打通制约消费扶贫的痛点、

| 支持定点扶贫县开展人居环境改善工作。图为从江县高武村透风漏雨修缮及人居环境整治后面貌（高武村获评 2020 年全国文明村）。

难点和堵点，推动定点扶贫县特色农产品融入更广阔的外部市场。鼓励贸促会机关各部门和各直属企事业单位工会、食堂在同等条件下优先采购定点扶贫县产品。开展"心系帮扶地区、捐出一份情"活动倡议，引导干部职工通过"以购代捐""以买代帮"等方式采购贫困地区产品和服务，帮助贫困人口增收脱贫；与《人民日报》、中国银行、中国农业银行、中国国家铁路集团有限公司等合作，共享精准扶贫网络平台，帮助定点扶贫县农特产品拓宽线上销售渠道，并动员全社会力量踊跃购买；开展农超对接，推动从江、林甸两县农产品进入永辉、大润发、家乐福等超市；协调中国国际商会副会长单位中粮集团帮助从江县向澳门市场供应大米。

帮助定点扶贫县发展电商助推农产品销售。2016年，协助从江县、林甸县申请和推进国家级电子商务进农村综合示范县建设，引导邮政、银行、电商等各类企业服务网点向贫困村延伸。推动林甸县建设林甸电商产业园，园区内设电商公共服务中心、培训中心、物流中心、农产品线下体验中心、跨境电商体验中心、传统企业孵化中心、手工艺微工厂等。

（六）党建扶贫

直接投入资金432万元，引进帮扶资金6万元。支持定点扶贫县加强贫困村基层党支部建设，发挥农村基层党组织的战斗堡垒作用和党员先锋模范作用，实现扶贫开发和基层党建"双推进"。中国贸促会6个部门和单位分别与定点扶贫县6个党支部结对共建，引导基层党组织在宣传扶贫政策、制定扶贫规划等方面发挥组织引领作用。帮助从江县高武村等10多个贫困村修缮党群活动中心，推动基层党建活动常态化开展，帮助解决贫困村基层党组织软弱涣散，缺乏活动场所，组织协调能力不强等问题。

开展文化扶贫，组织动员离退休干部及书法爱好者向从江县捐赠书法绘画作品、电子相框等，支持从江县党扭小学、高武村和摆党村党群活动中心以及摆党村幼儿园建设等项目，营造浓厚的脱贫攻坚和基层党建氛围。阶段性总结定点扶贫工作成果，参加中央和国家机关定点扶贫工作成果展。在贸促会的《贸促之窗》《中国贸易报》办公楼等宣传扶贫工作，传播正能量，引导更多

创新 帮扶模式

一是在就业扶贫方面，通过集体座谈、上门走访、实地调研等方式了解劳动力的年龄结构、技能本领和务工意愿，精准对接企业，变"零散式"外出务工为"组团式"集中输出务工。通过以工代赈、以奖代补、劳务补助等方式鼓励劳动力就近就业。二是在教育扶贫方面设立教育发展基金。三是在党建扶贫方面开展党支部结对共建。

人关心、支持和参与脱贫攻坚。

（七）推动澳门帮扶

2018 年，经原国务院扶贫办同意，中国贸促会携手澳门中联办和澳门特区政府共同帮扶从江县，推动澳门社会各界投入帮扶资金 1.1 亿元，在产业、教育、医疗、旅游、文化、就业、农村人居环境改善等方面实施帮扶。推动澳门中华总商会、澳门会展产业联合商会等 60 多个社会团体和爱心人士，为从江县改善教育、医疗、住房等捐物捐款。

历任扶贫干部

挂职扶贫干部

挂职时间	姓　名	挂职地	挂职职务
2016.4—2018.4	刘　烁	贵州省从江县	县委常委、副县长
2018.4—2018.8	陈　宇	贵州省从江县	县委常委、副县长

挂职时间	姓 名	挂职地	挂职职务
2018.8—2021.6	崔 乐	贵州省从江县	县委常委、副县长
2021.6—	周惠林	贵州省从江县	县委常委、副县长
2016.3—2018.4	李 澍	黑龙江省林甸县	县委常委、副县长
2018.4—2021.8	孟育建	黑龙江省林甸县	县委常委、副县长
2021.8—	张 军	黑龙江省林甸县	县委常委、副县长

驻村第一书记

驻村时间	姓 名	所驻村及职务
2015.9—2016.11	李庆飞	黑龙江省林甸县宏伟村第一书记
2017.12—2020.6	李泽明	黑龙江省林甸县宏伟村第一书记
2020.1—	吕向明	黑龙江省林甸县宏伟村第一书记
2017.12—2020.6	马 磊	黑龙江省林甸县新民村第一书记
2020.1—	盈智祥	黑龙江省林甸县新民村第一书记
2016.4—2018.4	季书波	贵州省从江县岜沙村第一书记
2018.4—2018.6	刘彦辰	贵州省从江县摆党村第一书记
2018.6—2019.5	李 鹏	贵州省从江县摆党村第一书记
2019.2—2021.6	关智中	贵州省从江县摆党村第一书记
2021.6—	范文彬	贵州省从江县摆党村第一书记
2016.4—2018.4	张志华	贵州省从江县高武村第一书记
2018.4—2021.6	刘伟男	贵州省从江县高武村第一书记
2021.6—	陈三炼	贵州省从江县高武村第一书记

中国残联

历　程

2002 年，确定了中国残联定点帮扶河北省南皮县脱贫工作，19 年来，中国残联始终把定点扶贫作为党组、理事会重点工作内容，坚持不懈地支持南皮县社会经济发展和扶贫开发。2016 年，成立领导小组，统筹做好定点扶贫工作；2017 年，16 个直属单位开展结对帮扶；2019 年，推动实施特殊困难群众照护服务工作，巩固南皮县脱贫攻坚成果。2020 年，南皮县贫困人口全部如期实现脱贫。

党的十八大以来，中国残联党组、理事会深入学习贯彻习近平总书记关于扶贫工作的重要论述，把定点扶贫工作作为一项重要政治任务，细化责任措施，推动各项帮扶措施落实落地，加快助推南皮县脱贫摘帽步伐。

一、加强组织领导，落实主要负责同志工作责任

为更好地履行定点扶贫工作责任，2016 年 3 月，中国残联成立了脱贫攻坚领导小组，2018 年 9 月，中国残联第七次全国代表大会后的新一届领导班子第一时间对领导小组成员进行调整。2019 年 3 月，又将全会没有纳入领导小组的部门和单位的主要负责同志增补为领导小组成员，不断加强工作的组织领导和推动力度。定期召开全体会议共计 10 次，每季度召开办公室会议共计

南皮县概况

河北省南皮县隶属于沧州市，地处河北省东南，东临渤海，北依京津。1994年，南皮县被确定为国家重点扶持贫困县，2002年，中国残联开始定点扶贫，2017年脱贫摘帽。南皮县辖7镇2乡312个行政村，面积800平方千米，人口40万。县内五金机电产业基础雄厚，拥有企业4000余家，产品广泛应用于航空航天、汽车机械、电子通信、光伏电力等领域。

20次，研究部署定点扶贫南皮县的相关工作。几年来，中国残联主要负责同志坚持每年到南皮县开展调研。中国残联原党组书记、理事长鲁勇3次赴南皮县开展定点扶贫工作调研。2018年10月9日，中国残联党组书记、理事长周长奎上任后第一次出差，就选择赴南皮县开展定点扶贫工作调研，实地察看南皮县农村养殖扶贫项目、光伏电站扶贫项目和残疾人就业、辅具研发企业，考察残疾人康复中心、托养中心等机构，深入贫困家庭，仔细询问贫困家庭基本生活、扶贫政策落实和结对帮扶情况；2019年9月13日、2020年5月17日，又先后赴南皮县开展工作调研，深入了解南皮县相关扶贫产业，考察残疾人种植综合服务基地、扶贫幸福院建设等情况，对巩固南皮县脱贫攻坚成果提出明确要求。2020年9月9日，中央纪委国家监委驻民政部纪检监察组组长专程赴南皮县调研脱贫攻坚工作，听取南皮县脱贫攻坚进展和中国残联定点扶贫工作情况汇报，并给予了工作上的指导。分管扶贫工作的党组成员、副理事长程凯共13次赴南皮县开展调研、指导工作，有力推动了定点扶贫工作的落实落地。

二、选派优秀干部挂职

为确保中国残联各项定点扶贫措施落实落地，进一步锻炼干部队伍，中国残联先后选派 6 位优秀干部到南皮县挂职副县长、驻村第一书记。几年来，选派的干部得到了实践锻炼，表现优异，获中央和国家机关"脱贫攻坚优秀个人"、河北省"优秀驻村第一书记"、河北省"脱贫攻坚奖贡献奖"、沧州市"狮城好青年"、河北省"向上向善"好青年等荣誉称号。

三、持续加大对南皮县的帮扶投入

持续向南皮县投入帮扶资金 2287 万元，帮助南皮县在医疗、教育、产业、公益岗位设立、残疾人康复托养、残疾人家庭无障碍改造等方面不断提升工作能力和水平；协调帮扶资金 1708 万元，帮助南皮县整治村容村貌，改善环境设施，发展特色产业；帮助南皮县培训基层干部 952 人，培训专业技术干部 1670 人，提升了南皮县干部队伍的能力素质；开展消费扶贫，购买 405.4 万元

在南皮县开展创业致富带头人技能培训。图为中国残疾人艺术团开展的培训项目。

南皮县农副产品，帮助销售 18.6 万元南皮县农副产品，促进了南皮县特色农业和电商产业发展。

四、充分发挥残联系统自身优势开展结对帮扶

中国残联创新工作模式，按照 16 个直属单位实际情况，分别与南皮县 9 个乡镇开展结对帮扶，确保了残联系统的自身优势得到充分发挥。开展结对帮扶以来，中国残联各直属单位积极开展调研和相关活动，针对各乡镇提出的需要解决的突出问题和困难，制定具体帮扶方案和相应的帮扶措施。发挥全国残疾人辅助器具资源中心技术优势，以彪悍运动器械有限公司为载体建设智能辅具研发基地，推动传统行业转型升级。扶持建设南皮县残疾人文化创业基地，发挥手工编织居家工作特点和互联网优势，以南皮县宏霞服饰有限公司为枢纽，推动贫困户和残疾人就业创业。投入资金在南皮县王寺镇西郭村建设残疾人种植综合服务基地，安排贫困人口和残疾人在基地就业。开展走访慰问活动，党员干部捐款捐物，加深了中国残联干部职工与基层干部群众感情交流。开展党支部共建、结对帮扶、定期义诊等活动，帮助南皮县困难群众解决实际困难。所属医疗单位与南皮县的构建医联体合作，实施精准扶贫，为南皮县人民医院在康复学科建设、康复人才培养、康复技术指导、康复学术交流、质量控制、技术培训及科研协作等方面提供支持。所属文化单位帮助南皮县筹建图书馆，为南皮县中小学捐赠图书，到南皮县开展慰问演出，丰富南皮县精神文化生活。所属宣传单位通过媒体、报刊不断加大对南皮县脱贫攻坚的宣传报道。在所属单位的共同努力下，南皮县医疗、康复、就业、宣传、文化、体育等方面服务群众的能力得到有力提升，极大助推了南皮县脱贫攻坚的整体进程。

五、多措并举助推脱贫攻坚

抓党建、促脱贫。充分发挥南皮县驻村干部和村"两委"作用，持续带动

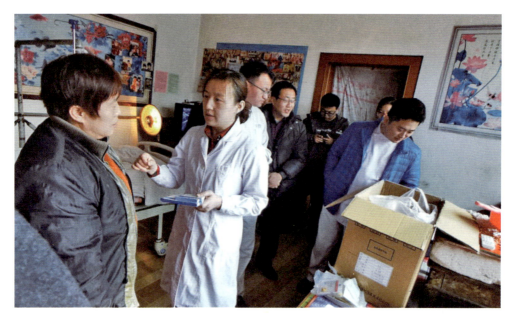

| 中国残联定期组织医疗队赴南皮县开展义诊活动。图为医疗队在贫困户家中进行健康诊疗。

贫困户脱贫增收；中国残联机关部门、直属单位到南皮县开展党日活动，直属单位基层党组织与所结对帮扶乡镇基层党组织建立共建联系，深入了解情况，走访慰问贫困家庭，加大对南皮县尚未脱贫的贫困人口的帮扶力度。壮产业，夯基础。积极协调，通过引进工商资本，创新现代种植养殖模式，发展农业特色产业，大力发展光伏扶贫，立足增产增收，拓宽贫困人口增收渠道。抓培训，强能力。在南皮县举办脱贫攻坚工作培训班、专业技术人员培训班等，通过集中培训、专题培训、现场培训等形式，不断提高县、乡、村干部特别是驻村第一书记和村党支部书记的领富、带富能力，提高专业技术人员、贫困人口等实用技术能力和生产生活技能。设岗位，增收入。投入帮扶资金，设立乡村公益岗位，让有劳动能力和意愿的贫困人口从事生产劳动，进一步增加家庭收入。扶电商，助脱贫。扶持南皮县电商平台和电商扶贫微农场等项目发展，在中国残联机关和各直属单位食堂设立了"电商扶贫窗口"，将南皮特色农产品从田间直供到中国残联系统单位的食堂餐桌上，让中国残联机关广大干部职工体验品尝，推动消费扶贫。

六、以解决贫困群众特殊困难需求为重点，巩固南皮县脱贫攻坚成果

健全完善防贫监测和帮扶机制，将老、病、残等特殊困难群体作为重点，核实摸排有返贫风险建档立卡贫困人口和贫困边缘人口，并缴纳防贫保险，及时加大救助和帮扶力度。推动实施特殊困难群众照护服务工作，7 个试点建成的村级扶贫幸福院全部投入使用，入住幸福院困难群众的幸福感、获得感明显提高。这一兜底保障机制，有效缓解了特殊困难群体"脱贫不解困"的突出问题，解放了贫困群众的家庭压力，释放了家庭劳动力，促进了家庭成员劳动增收，有效巩固了脱贫攻坚成果。

在中国残联的全力支持和推动下，南皮县脱贫攻坚成效显著，贫困村、贫困人口全部出列。贫困人口"两不愁三保障"问题得到有效解决，饮水安全实现全覆盖。全县义务教育巩固率达 100％，贫困家庭子女义务教育巩固率100％。建档立卡贫困人口全部纳入医疗保障，312 个自然村已经全部建成标准化卫生室，并配备合格乡村医生，实行先诊疗后付费制度，采取"一站式"结算服务，贫困家庭全部落实家庭医生签约服务。完成农村危房改造 1455 户，

创新
帮扶模式

16 个直属单位与南皮县 9 个乡镇结对帮扶，各自发挥自身优势，提升南皮县在医疗、康复、就业、宣传、文化、体育等方面服务群众的能力。推动实施特殊困难群众照护服务工作，推动南皮县村级扶贫幸福院建设，有效缓解了特殊困难群体"脱贫不解困"的突出问题，释放了家庭劳动力，促进了家庭成员劳动增收，巩固脱贫攻坚成果。

发放补助资金1752.3万元，同步实施贫困重度残疾人家庭无障碍改造339户，全县2307户建档立卡贫困户，全部实现住房安全有保障。锁定因病、因残、因学致贫人群，开展特殊困难群众摸排，对符合低保、特困、孤儿及事实无人抚养儿童条件的，纳入保障范围，对脱贫不稳定户和边缘易致贫户逐户逐人进行核查，明确精准防贫对象，建立了防贫信息台账，实行动态监测，全面落实兜底保障政策措施。在中国残联积极推动下，在南皮县委、县政府的积极努力下，南皮县脱贫成效显著，2016年通过了河北省脱贫攻坚考核，成为第一批脱贫摘帽的26个国家级贫困县之一。中国残联扶贫办也荣获"全国脱贫攻坚先进集体"。

历任扶贫干部

挂职扶贫干部

挂职时间	姓　名	挂职地	挂职职务
2016.10—2018.12	郑红云	河北省南皮县	副县长
2018.12—2021.2	张宏坤	河北省南皮县	县委常委、副县长
2021.7—	陈　爽	河北省南皮县	县委常委、副县长

驻村第一书记

驻村时间	姓　名	所驻村及职务
2015.7—2017.7	陈森斌	河北省南皮县王三家村第一书记
2017.7—2019.7	赵博飞	河北省南皮县车官屯村第一书记
2019.7—	赵振川	河北省南皮县尹官屯村第一书记

中国红十字会

历 程

中国红十字会 2015 年下半年开始承担湖北省英山县定点扶贫任务。2015 年向英山县派出第一位挂职干部，2017 年派出第一位驻村第一书记，2018—2021 年又接连派出两名挂职干部和两名驻村第一书记。2019 年，英山县脱贫摘帽。

按照原国务院扶贫开发领导小组安排，中国红十字会 2015 年下半年开始承担湖北省英山县定点扶贫任务。5 年多来，中国红十字会深入学习贯彻习近平总书记关于扶贫工作的重要论述和党中央脱贫攻坚决策部署，在原国务院扶贫办、中央和国家机关工委有力领导、悉心指导和大力支持下，在全国人大常委会副委员长、中国红十字会会长陈竺，时任中国红十字会党组书记、常务副会长梁惠玲等总会领导同志的高度重视下，累计整合项目款物超过 1.1 亿元帮扶英山脱贫攻坚，受益群众超过 30 万人次，覆盖所有建档立卡贫困户，连年高标准完成中央单位定点扶贫责任书各项目标任务，助力英山县在脱贫路上实现了从深度贫困县到脱贫摘帽再到脱贫攻坚成果得到巩固提升的"三级跳"。

一、强化领导、压实责任，多措并举大力扶贫

（一）强化组织领导

党组高度重视定点扶贫工作，将定点扶贫工作作为重中之重的政治任务来

英山县概况

英山县地处湖北省东北部、大别山南麓，面积 1449 平方千米，辖 3 乡 8 镇，总人口 40.6 万人。2015 年，中国红十字会定点扶贫英山县，助力英山攻克深度贫困，2019 年 4 月脱贫摘帽。英山荣获中国天然氧吧、中国茶叶之乡、中国药材之乡、中国温泉之乡、中国漂流之乡、中国最美休闲乡村、全国全域旅游示范县等称号。

抓。成立了定点扶贫工作领导小组，由党组书记、常务副会长亲自担任组长，其他党组成员为领导小组成员。组建了定点扶贫工作领导小组办公室，每年认真研究制定扶贫工作计划，协调解决定点扶贫工作中的日常问题，督促有关部门落实领导小组制定的定点扶贫工作措施等，为高质量完成中央单位定点扶贫责任书计划目标提供坚强的组织保障。

（二）督导压实责任

红十字会带着感情和责任推动定点扶贫各项任务落实。陈竺同志连续两年赴鄂调研定点扶贫工作。党组书记和相关党组成员每年深入英山县脱贫攻坚一线，通过召开座谈会、进村入户走访、项目实地考察、查阅档案资料等方式，督促指导英山县委、县政府压实脱贫攻坚主体责任、落实扶贫政策、推动工作进展，研究解决定点扶贫工作相关问题。五年来，总会到英山县开展各类督促检查、项目考察、调研指导等 446 人次。其中，会领导 21 人次，司局级干部 83 人次，与县委、县政府主要领导召开扶贫工作座谈会 9 次，调研走访范围覆盖了英山县所有乡镇。

（三）精心选派优秀干部

总会把选派优秀干部参与定点扶贫工作作为贯彻落实中央单位定点扶贫责任书目标任务的重要推手，选派三名同志到英山县人民政府挂任副职，选派三名同志到英山县方家咀乡四棵枫村任第一书记,在脱贫攻坚一线传达中央精神,摸清贫困底数,推动帮扶项目落地。总会领导经常以听取汇报、慰问谈心等方式强化对扶贫干部的严管和厚爱,总会直属机关纪委分别与黄冈市、英山县两级纪委监委建立了扶贫干部监督联动机制。扶贫干部克服困难、履职尽责、真抓实干、扎根基层,帮助英山县党委、政府调动贫困群众脱贫增收的积极性,团结带领贫困群众感党恩、听党话、跟党走,展现了中国红十字会青年干部的风采。

(四)加大项目款物援助

总会发动全国红十字会系统力量支持英山,连续多年加大项目款物援助力度。五年来,直接投入帮扶资金7817万元,引进帮扶资金3719万元;帮扶项目共计161个,其中包括红十字城乡博爱家园96个,博爱卫生站20个,生计项目13个,博爱校医室10个,博爱学校7所,党建扶贫项目4个,养老项目3个,红十字景区救护站2个,生命安全体验基地2个,社会关爱大病救助项目2个,未来教室1个,器官捐献管理服务项目1个。红十字项目款物惠及英山县全部11个乡镇。

| 发挥自身优势,加大项目款物援助。图为中国红十字会在英山县援建的红十字博爱卫生站。

| 加强人才培养。图为中国红十字会在英山县举办博爱家园项目培训班。

（五）加强干部人才培养

开展以党建促脱贫工作，2018 年开始，总会实施党支部对口英山县贫困村帮扶共建工程，共对接共建村 42 个。总会还注重把扶贫与扶志、扶智相结合，充分发挥红十字会资源优势，组织专家为英山县开展能力与技术培训，共为英山县培训基层干部 415 名，技术人员 2529 名。其中，培训考核红十字应急救护师资 106 名，师资数量居全省县级红十字会首位，培训教师 1141 名、红十字应急救护员 616 名、养老护理志愿者 300 名、校医 100 名。

（六）助力农产品消费扶贫

2018 年以来，总会购买贫困地区农产品 93.8 万元，帮助销售贫困地区农产品超过 3.6 亿元。总会积极协助英山县成功创建"中国天然氧吧"，助力全域旅游产业发展，还通过中央电视台、人民网"人民优选"、工商银行"融 e 购商城"、公益厨房、凤凰卫视、京东等网销平台和媒体，积极推广英山主打产品"英山云雾茶"等，拉动消费扶贫。

（七）助力疫情防控

疫情防控期间，总会对英山县高度关心、大力支援、"逆行"指导，助力英山县在黄冈市率先实现确诊病例、疑似病例、住院患者、接受医学观察人员

"四类人员"清零，在黄冈市疫情防控工作考核中综合排名第一。总会及时调拨口罩、防护服、负压救护车、呼吸机、除颤仪、心电图仪等急缺物资援助英山，切实缓解了抗疫一线燃眉之急。据统计，总会捐赠抗疫物资价值达2388万余元，提升了全县医疗机构的疫情应对能力。同时，总会还指导英山县严格依法接收、登记和管理受捐款物，按照"精准、及时、零库存"原则发放到疫情防控一线，所接收捐赠款物全部清零，为英山县奋战在一线的防控人员和人民群众的生命安全和身体健康提供了坚实的物资保障。

二、发挥优势、强化服务，助推社会公益事业发展

（一）发挥业务优势，大力实施博爱家园项目

博爱家园是红十字会在城乡社区开展的以"参与社区治理、促进社区发展、服务社区群众"为目标，以"防灾减灾、健康促进、生计发展、人道传播"为主要内容的人道公益项目，是红十字会参与精准扶贫战略的重要抓手。总会在英山县援助建设农村博爱家园项目95个，覆盖全县三分之一的村。通过博爱家园，总会在英山县建设了一批逃生路、逃生桥、避险广场等防灾减灾设施，降低了因灾致贫风险；发展了一批生计产业，带动贫困户因地制宜发展产业，实现可持续增收脱贫；培育了一批红十字基层组织和志愿者，促进了乡村精神文明实践，博爱家园成为总会脱贫攻坚的精品项目。

（二）强化志愿服务，助力英山精神文明建设

总会以项目为依托，组建红十字志愿服务队68支，其中英山县红十字志愿服务队志愿者1400余名，红十字曜阳养老志愿服务队志愿者72名，红十字救护转运队志愿者59名，红十字救护队志愿者20名，每年开展红十字特色志愿服务活动300余次。尤其是在疫情防控期间，当地动员900余名红十字志愿者下沉一线，为战胜疫情贡献了积极力量。百丈河村红十字志愿服务队事迹在中央电视台播出，多个村红十字志愿服务队事迹在省市电视台播出。雷家店镇五一村和石头咀镇水口村红十字志愿服务队被表彰为"优秀志愿服务组织"，

创新帮扶模式

　　博爱家园是中国红十字会总会定点扶贫工作的重要抓手，以参与社区治理、促进社区发展、服务社区群众为目标，以防灾减灾、健康促进、生计发展、人道理念传播为内容，建设的防灾减灾设施降低了因灾致贫风险，发展的生计产业助推了脱贫增收，培育的红十字基层组织和志愿者促进了乡风文明，为推动当地经济社会发展发挥了积极作用。

　　红十字志愿者马建军受到市县精神文明建设指导委员会表彰。

　　（三）夯实基层基础，保障脱贫攻坚任务落实

　　总会为英山县制定了"全国一流县级红十字会"的发展目标，以目标为导向，督促指导英山县红十字会推进全面深化改革。2020年9月，英山县委、县政府印发《英山县红十字会改革实施方案》，从改革治理结构、理顺管理体制等四个方面提出14条改革主要任务，深入推进治理结构、管理制度、运行机制、工作方式等方面改革创新，为基层红十字会落实脱贫攻坚任务、发挥人道助手作用提供了根本保证。

三、落实责任、助力增收，扶贫取得成效

　　中国红十字会总会定点扶贫工作受到英山干部群众广泛好评和大别山片区脱贫攻坚工作牵头单位的充分肯定。2019年，英山县以"漏评率0、错退率0、综合贫困发生率0.15%、群众认可度98.22%"的优异成绩，经湖北省人民政府批准退出贫困县序列。在定点扶贫工作中，还涌现出一批好典型。县红十字会会长、常务副会长及总会派驻第一书记的方家咀乡四棵枫村红十

字志愿服务队队长等受到习近平总书记亲切会见；四棵枫村被中央宣传部、中央文明办等单位评为 2018 年学雷锋志愿服务先进典型 100 个"最美志愿服务社区"之一，四棵枫村"博爱家园"项目被评为全国红十字系统博爱家园助力脱贫攻坚精品项目；总会驻英山县四棵枫村的第一书记被评为第九届全国"人民满意的公务员"；2019 年，英山县红十字会被人力资源社会保障部与中国红十字会总会表彰为"全国红十字系统先进集体"；2020 年，英山县红十字会荣获"黄冈市脱贫攻坚先进集体""英山县抗击新冠肺炎疫情先进集体""全县先进基层党组织"称号，总会 1 名挂职干部被评为"全国脱贫攻坚先进个人"。

历任扶贫干部

挂职扶贫干部

挂职时间	姓 名	挂职地	挂职职务
2015.12—2018.1	姜武艺	湖北省英山县	副县长
2017.12—2020.1	张 灏	湖北省英山县	县委常委、副县长
2020.1—	蔡文男	湖北省英山县	县委常委、副县长

驻村第一书记

驻村时间	姓 名	所驻村及职务
2017.3—2019.4	曹 橙	湖北省英山县四棵枫村第一书记
2019.4—2021.4	白世雄	湖北省英山县四棵枫村第一书记
2021.4—	苗慧波	湖北省英山县四棵枫村第一书记

中国宋庆龄基金会

历 程

自 2001 年 11 月确定中国宋庆龄基金会定点帮扶宁夏回族自治区彭阳县以来，基金会发挥自身优势，多渠道、多角度、多层次开展帮扶工作，选派 7 名干部到彭阳挂职，投入扶持资金 7000 万元。2019 年 4 月，彭阳县脱贫摘帽。

党的十八大以来，中国宋庆龄基金会深入学习贯彻习近平总书记关于扶贫工作的重要论述和党中央、国务院决策部署，充分发挥自身优势，"尽基金会所能，急彭阳所急，帮彭阳所需"，多渠道、多角度、多层次开展定点帮扶工作，不断巩固帮扶成果，助力推动乡村振兴，取得显著工作成效，2019 年 4 月彭阳县脱贫摘帽。

一、提高政治站位，认真落实定点扶贫主体责任

基金会党组将定点帮扶彭阳县作为重大政治责任，成立以党组书记任组长，党组成员任副组长，机关各部门和相关直属事业单位主要负责同志为成员的定点扶贫工作领导小组，统筹推进定点扶贫工作。先后召开党组会议、党组理论学习中心组学习会议和专题会议近百次，深入学习贯彻习近平总书记关于扶贫工作的重要论述、讲话和指示精神，认真学习党中央、国务院关于脱贫攻坚工作的重要决策部署，认真学习中央和国家机关工委、原国务院扶贫办

彭阳县概况

彭阳县位于宁夏南部、六盘山区，现有户籍总人口 25 万人。依赖农业，主种小秋杂粮，发展药材、草畜产业、林下经济和旅游业，能源有煤炭和石油。彭阳梯田被誉为"中国最美旱作梯田"。2001 年 11 月由中国宋庆龄基金会定点帮扶，2019 年 4 月脱贫摘帽。

关于定点扶贫工作部署要求，及时研究推进定点扶贫工作。2017 年 7 月，基金会主席王家瑞带队赴宁夏调研脱贫攻坚工作，实地考察指导彭阳县扶贫项目实施。党组书记杭元祥认真履行第一责任人职责，每年至少与彭阳县委、县政府和相关部门负责同志召开一次工作会商会，听取意见建议，研究重要问题；2018 年至 2020 年每年率队赴彭阳县调研指导，慰问贫困群众，看望扶贫干部，督促推动产业扶贫项目落实。注重完善定点扶贫工作长效机制，把定点扶贫融入党建工作，每年研究制定《定点扶贫工作要点》，细化帮扶任务；将定点扶贫纳入全面从严治党工作要点，结合召开全面从严治党工作会议作出部署安排，压实各级责任。结合开展"不忘初心、牢记使命"主题教育和中央巡视整改工作，认真检视定点扶贫工作差距不足，研究制定加强和改进工作的具体措施，确保做到责任落实、政策落实、工作落实。

二、发挥自身优势，积极扶持科教文卫事业

认真学习贯彻习近平总书记关于"坚持在发展中保障和改善民生"重要指示要求，发挥基金会在青少年教育和公益医疗方面的职能优势，助力彭阳县教育扶贫和医疗扶贫。先后援建彭阳县第三中学、城阳乡中心学校教学楼、孟塬乡中心学校五人制足球场，援建价值 300 余万元的探客教室和"智慧教

室"，捐赠价值 300 万元学习文具和 8000 余册各类书籍；向彭阳县幼儿园捐赠价值 260 万元的智享 AR 主题互动设备及大数据体能体测设备和 40 台电钢琴，有效改善了教育教学条件。针对彭阳县医疗卫生公共设施落后的情况，向县医院、乡镇卫生院捐赠救护车 25 辆；投资 500 万元，援建彭阳县古城镇卫生院。围绕"互联网＋健康医疗"，投入 3012.68 万元为彭阳县建立县乡村一体化医疗卫生信息系统、县乡村一体化家庭医生服务平台、彭阳县远程专家门诊系统和彭阳县基层医务人员培训平台及慢病管理系统，大幅提升当地医疗卫生水平，受到国家卫生健康委、国务院扶贫办通报表扬，《人民日报》作了报道。开展"青少年视力关爱"公益项目，对 12247 名青少年进行视力筛查，为白内障患者和斜视患者免费诊疗，受到当地人民群众称赞。持续实施"贫困大学生助学金"项目，投入 365 万元资助 847 名贫困大学生完成学业。开展"宋庆龄精神进彭阳"活动，组织 50 余批次彭阳县和外地师生交流互访活动。创新开展"体育精神进农村进社区"活动，组织体育冠军走进彭阳，与当地干部群众互动交流，激发脱贫攻坚、乡村振兴内生动力。

| 坚持扶贫与扶志、扶智相结合，加强教育扶贫。图为中国宋庆龄基金会设立扶贫奖学金。

三、广泛整合资源，助推当地特色产业发展

坚持把产业扶贫作为巩固脱贫攻坚成果、实现乡村振兴的关键，立足彭阳县域资源禀赋特点，引资引智精准扶持特色产业发展。2019年10月，杭元祥同志率彭阳县政府有关同志赴国家中医药管理局，与局领导和有关司局同志共同研究支持彭阳县发展中药材产业；结合赴彭阳县调研，深入当地林草产业示范基地、中药材加工企业实地考察，围绕选准致富产业、优化产业布局、促进农民持续增收，与当地干部群众共商振兴乡村产业之路。先后捐赠120万元在彭阳县城阳乡实施"矮砧密植苹果种植"项目，取得初步成效。筹措260万元作为扶持基金，采取"有偿使用、滚动发展"的办法，专门用于贫困群众发展生产、扶持种养产业和农民技能培训，全县12个乡镇、77个贫困村、907户贫困户因此受益，有效提升了群众增收致富能力。投资280余万元，为10个行政村903户农户新建水窖1000眼，帮助当地群众解决饮水困难并发展农牧产业。组织50名彭阳县扶贫干部、创业致富带头人赴台湾观摩学习休闲农业和乡村旅游产业，开阔了眼界思路，学到了致富技能，推动了产业发展。筹集15.57万元为沟圈村购买农机具，助力开展农机具租赁服务，发展壮大村集体经济。加强消费扶贫，疫情期间向广大干部职工发布倡议书，引导和发动全会干部职工购买价值20余万元蜂蜜、果脯等特色农产品，通过中央统战部"同心康城"、中国农业银行"扶贫商城"等平台，在中国宋庆龄青少年科技文化交流中心开设彭阳县特色农产品宣传展示场地和售卖柜台、在宋庆龄故居设置彭阳县特色农产品展示专柜等方式，销售彭阳县特色农产品50余万元，有力促进彭阳县农副产业发展。

四、加强能力建设，为乡村振兴提供人才支持

着眼提高彭阳县农村基层队伍能力建设，党的十八大以来，围绕党建引领、政策阐释、农技推广、电商平台应用等，组织开展各类能力建设培训班

20 余个，培训乡镇干部、部门（单位）负责人、业务骨干、村党支部书记、创业致富能人、教师、医生等 1500 余人次。从 2018 年起，基金会启动彭阳县村支部书记来京培训计划，连续两年在京举办三期培训班，对全县 156 个行政村党支部书记进行集中培训，实现了全覆盖。从 2020 年起，接续启动对彭阳县 4 镇 8 乡科级干部培训计划，并在银川市举办第一期培训班，增强了乡村级干部带领群众打赢脱贫攻坚战、实现乡村振兴的政治自觉和实际能力。着眼防止贫困代际传递，发挥自身优势，办好幼儿教师培训班，实现了对全县幼儿教师培训全覆盖，全面提升幼儿教师教学技能，推动基础教育均衡发展。

五、选派优秀干部，用心用情做好帮扶

党的十八大以来，基金会先后向彭阳县选派 4 名挂职副县长、3 名驻村第一书记。基金会选派的挂职干部始终牢记肩负政治责任，扑下身子真抓实干，为彭阳县脱贫摘帽、乡村振兴作出了积极贡献。2020 年初，面对突如其来的新冠肺炎疫情，基金会挂职副县长荆瑞芳和驻彭阳县城阳乡沟圈村第一书记李

在增强县级医院水平和服务能力方面深化帮扶。图为中国宋庆龄基金会向县医院捐赠医疗设备。

洪安，春节后第一时间返回彭阳县工作岗位，与当地干部群众同甘共苦、共同抗疫，并协调采购口罩等防疫用品，为彭阳县疫情防控、复工复产和巩固脱贫攻坚成果作出积极贡献。坚决贯彻落实习近平总书记"要关心爱护基层一线扶贫干部"重要指示要求，会领导每次赴彭阳县调研，都要专门看望挂职扶贫干部和驻村第一书记。2020年上半年新冠肺炎疫情期间，杭元祥同志主持召开挂职扶贫干部视频连线会议，代表会党组慰问疫情期间坚守脱贫攻坚一线的荆瑞芳同志和李洪安同志，听取挂职扶贫干部工作汇报，研究解决实际问题。机关党委定期与挂职扶贫干部沟通联系，落实扶贫干部补助待遇，及时解决在帮扶工作中遇到的问题。

六、注重激发脱贫攻坚内生动力

充分发挥文化宣传、公益慈善、少儿教育等方面优势，开展"宋庆龄精神进彭阳"系列活动，弘扬宋庆龄伟大精神，落实立德树人根本任务。在彭阳建立时代小先生示范校，通过讲述伟人故事，潜移默化引导孩子从小树立心中榜样，将伟人精神力量转化为学习实践的动力，激发报效祖国、建设家乡的远大志向。在彭阳县博物馆设立"宋庆龄生平展"，展示宋庆龄及其好友、中华文化名人李大钊、鲁迅、郭沫若、茅盾、老舍、徐悲鸿、梅兰芳等人的故事，让孩子们在参观学习中得到精神滋养，树立社会主义核心价值观，"扣好人生第一粒扣子"。在强化学习教育引领的基础上，在彭阳县开展"体育精神进农村进社区"活动，组织羽毛球冠军唐九红、篮球冠军郑海霞、乒乓球冠军乔红、游泳冠军钱红、残奥会田径冠军孙长亭、武术冠军柴云龙等，走进彭阳县各村委会和县体育中心与干部群众互动，分享自己的成长经历和冠军心路，鼓励当地群众心怀梦想，认准目标，拼搏奋进，进一步激发彭阳干部群众打赢脱贫攻坚战、实现乡村振兴的内生动力，激励引导他们靠自己的努力改变命运。

坚持扶贫和扶志、扶智相结合。一是开展"宋庆龄精神进彭阳"系列活动，教育引导孩子们树立远大理想，矢志报效祖国、建设家乡。二是开展"体育精神进彭阳"活动，组织冠军运动员走进彭阳分享冠军历程，激发当地群众脱贫攻坚内生动力。三是加强基层干部能力建设，坚持每年举办培训班，增强带领群众发展致富能力。

七、深入讲好扶贫故事

组织人民日报社、新华社、中央广电总台、农民日报社、科技日报社等十多家中央新闻媒体赴彭阳，深入挖掘红色旅游文化资源、生态资源和区位等方面特色优势，做好宣传推介彭阳县工作。结合开展对外和台港澳交流，通过举办中非青年大联欢、两岸公益论坛、粤港澳大湾区青少年公益年会等，用对方听得懂、能理解的语言，积极宣传习近平新时代中国特色社会主义思想，深入讲好中国抗疫故事、扶贫故事，引导各界人士感受中国共产党为中国人民谋幸福、为中华民族谋复兴的初心使命。

历任扶贫干部

挂职扶贫干部

挂职时间	姓　名	挂职地	挂职职务
2012.11—2013.11	王　鹏	宁夏回族自治区彭阳县	县长助理
2012.11—2013.11	王　禹	宁夏回族自治区彭阳县	副县长
2016.12—2018.12	史金龙	宁夏回族自治区彭阳县	县委常委、副县长
2019.1—	荆瑞芳	宁夏回族自治区彭阳县	县委常委、副县长

驻村第一书记

驻村时间	姓　名	所驻村及职务
2015.7—2016.7	刘于兴	宁夏回族自治区彭阳县韩堡村第一书记
2017.8—2019.8	陈志安	宁夏回族自治区彭阳县沟圈村第一书记
2019.8—	李洪安	宁夏回族自治区彭阳县沟圈村第一书记

中国国家铁路集团有限公司

> **历 程**
>
> 河南省栾川县，2012年11月由国铁集团（原铁道部）承担定点扶贫任务，2019年5月脱贫摘帽；陕西省勉县，2012年11月由国铁集团（原铁道部）承担定点扶贫任务，2020年2月脱贫摘帽；宁夏回族自治区固原市原州区，2002年由国铁集团（原铁道部）承担定点扶贫任务，2020年3月脱贫摘帽；新疆维吾尔自治区和田地区和田县，1994年10月由国铁集团（原铁道部）承担定点扶贫任务，2020年1月脱贫摘帽。

党的十八大以来，中国国家铁路集团有限公司（简称国铁集团）认真学习贯彻习近平总书记关于扶贫工作的重要论述和党中央脱贫攻坚决策部署，积极践行"人民铁路为人民"的国铁企业责任担当，充分发挥行业优势，加大组织力度，凝聚攻坚合力，创新帮扶方式，助力贫困地区打赢脱贫攻坚战。截至2020年3月，定点帮扶的河南栾川县、陕西勉县、宁夏固原市原州区、新疆和田县全部脱贫摘帽。

一、创新完善铁路扶贫工作体系，形成决战决胜攻坚合力

（一）强化组织领导

构建覆盖公司16个业务指导部门、18个铁路局等属地帮扶单位和14个

> ## 栾川县概况
>
> 栾川县地处豫西伏牛山腹地，旅游资源丰富，4A 级以上旅游景区 8 个、乡村旅游点 45 个。创建区域农产品品牌"栾川印象"，推行"品牌＋企业＋基地＋贫困群众"的产业扶贫模式，目前涵盖了高山杂粮、食用菌、特色林果、中药材、果酒饮料、非遗传统类等 6 大系列 110 款优质农产品。1986 年被列为国家重点扶持贫困县，2012 年开始定点扶贫，2019 年脱贫摘帽。

协同帮扶单位的工作架构，将领导小组调整为双组长制，负责同志由 5 人增至 6 人；把扶贫工作纳入党组巡视、专项审计内容，为每个单位分配"责任田"、签署"军令状"，落实分类督导、半年通报、全年考核制度，并将考核结果纳入单位经营业绩考核。

（二）持续加大帮扶投入

党的十八大以来，向定点扶贫 4 县区投入 3.76 亿元、派驻干部 180 人，持续为贫困地区注入"源头活水"。其中在 2020 年铁路建设、经营较大压力下，实际投入 1.67 亿元（含物资捐赠费用等），超计划 108%，为上年完成的 1.7 倍；实际引入无偿资金 9815 万元，超计划 1536%，为上年完成的 2.1 倍，为历年最高。持续向深度贫困地区和田县倾斜，年计划、实际投入为 4 个帮扶县区之首。

（三）精准施策

研究制定贯彻落实打赢脱贫攻坚战三年行动方案、聚焦解决"两不愁三保障"问题、铁路决战决胜脱贫攻坚等 3 个总体方案，以及铁路建设、运输行业帮扶指导意见，细化实化扶贫资金项目管理、消费扶贫、就业扶贫、抓党建促脱贫、考核评价、疫情期间定点扶贫等制度措施，系统形成 3 个总体方案、4 个行业意见、22 个专项机制的扶贫工作制度体系。

（四）尽锐出战

党组领导每年带头深入 4 县区调研督导实现全覆盖。脱贫攻坚战以来，局级以上干部调研 380 人次、督导报告 246 个、发现和解决问题 725 个。帮助建强贫困村党支部 60 个，组织 261 名干部与 926 户贫困户"结对认亲"，其中在和田县每年组织扶贫干部与贫困户结对认亲 330 余人次。铁路扶贫干部始终带头冲在一线、盯在现场、用心用情，他们中有遇到车祸伤未痊愈就赶回村里盯项目、防疫情的工作队长，有带动 200 多名少数民族贫困群众脱贫致富并光荣入党的驻村第一书记等。扶贫干部筑牢攻坚堡垒，在脱贫攻坚战中付出艰苦努力、作出较大贡献，得到当地政府和群众充分认可，共有 147 人次考核评价为优秀、453 人次获得各类表彰（其间 2 人去世、40 余人伤病住院），被当地群众称为扶贫"铁书记""铁干部"。其中 4 个集体、2 名个人荣获全国脱贫攻坚先进集体和个人，3 人荣获中央单位脱贫攻坚先进个人。

铁路建设与沿线地区发展规划深度融合，修建便民道路等永临结合设施，助力贫困地区打赢脱贫攻坚战。图为西成高铁开通带动贫困地区融入高铁经济圈。

二、创新产业帮扶长效机制，着力打造特色产业品牌

把产业扶贫作为促进贫困人口稳定脱贫的长久之策，运用行业企业先进管理理念帮助贫困地区打造特色产业、提升品牌价值、推动集约化发展，确保产品适销对路、产业持续发展、群众稳定增收。相关做法获得全国企业管理现代化创新成果一等奖。一是突出培育龙头企业、延伸产业链条、发展特色产业、壮大集体经济等重点，党的十八大以来在4县区精准实施152个能够让贫困人口持续受益的产业项目，打造抗风险韧性强、适合带动贫困人口稳定增收的村集体合作社和龙头企业。其中支持原州区好水川等26家扶贫企业，培育90余种品牌产品投入全国市场，年销售额2亿元，带动长期和临时性用工贫困人口4000余人、年均增收15000元以上；投入1000万元帮扶勉县建设县域辣椒产业园，带动5000贫困户年人均增收3140元，增加就业120人；在栾川县打造"栾川印象"农产品加工销售龙头企业，带动5250名贫困人口稳定增收。二是推进"铁路帮扶+龙头企业+合作社+贫困户"等带贫模式，强化"资金跟着贫困户走，贫困户跟着能人走，能人跟着项目走，项目跟着市场走"的"四跟四走"利益联结机制，深化"资产变资源、资金变股金、农民变股民"的"三变"改革，吸纳贫困户参与产业扶贫。三是创新实施特色产业提升工程。推动铁路企业优势与贫困县域特点有机整合，提升扶贫产业品牌价值。在栾川县新南村、王坪村，集中改造"铁路人家"主题民宿、配套集体餐厅等，捐赠价值近230万元的机车、车厢等物资，"铁路小镇"项目成为当地乡村旅游"网红打卡地"和旅游新地标，年均带动村集体增收13万元、贫困户户均增收2万元；向勉县捐赠20英尺报废集装箱50个，支持发展民宿旅游项目，增强扶贫产业品牌影响力。四是构建产供销对接的产业链条。推动扶贫产业链上下游企业的纵向合作，创建农业产业化联合体和消费协作机制，打通生产、流通、消费等环节，释放扶贫产业集聚效应。如投入1200万元帮助原州区姚磨村建设净菜分拣包装加工车间、高标准智能温室，成立铁路消费扶贫运营中心合作社，畅通下游销售渠道，形成万亩冷凉蔬菜基地多元化产业链条，成为当地循环经济

示范产业，每年增加贫困人口收入 710 万元、带动就业 540 人。五是聚焦补强"两不愁三保障"短板弱项。制定"两不愁三保障"整体补强提升计划，投入 4000 万元助力 4 县区"三保障"和饮水安全查漏补缺工作，惠及贫困人口 10 余万人，其中结合疫情防控投入 912.7 万元加强乡村基本医疗保障。

> **勉县概况**
>
> 　　勉县位于陕西省汉中市西部，北依秦岭，南垣巴山，居川陕甘要冲。现辖 17 个镇、1 个街道、198 个村（社区），总面积 2406 平方千米，总人口 43 万人。境内有武侯墓、武侯祠等文物资源 330 处，金、锌等矿产资源 25 种，天麻、猪苓等珍稀中药材 17 种，陕钢集团、汉中锌业等规模以上工业企业 80 户。2011 年被认定为国家扶贫开发工作重点县和秦巴山区扶贫攻坚片区县。2020 年 2 月脱贫摘帽。

三、创新消费扶贫模式，打通农产品到铁路市场"最后一公里"

充分用好 200 万铁路职工"菜篮子"、每年运送 30 多亿人次旅客、60 多万建设施工人员、12306 网络 5 亿多注册用户等蕴含的巨大消费市场，举全行业之力创新实施"五项消费扶贫行动 + 四项长效帮扶机制"。2018—2020 年消费扶贫约 8.4 亿元（连续三年翻番增长），其中 2020 年 6.04 亿元，为上年的 3.5 倍。相关经验在国新办消费扶贫新闻发布会上介绍，"创新实施 5+4 消费扶贫模式""打造栾川印象品牌"等 2 项案例入选 2020 年全国消费扶贫优秀典型 50 案例。一是开展定向采购行动。建立定向采购消费扶贫机制，开展铁路单位"菜篮子"和职工福利、配餐中心等定向采购行动，鼓励职工优先采购扶贫产品，2018—2020 年采购贫困地区农产品 3 亿元。二是开展"进站上车"行动。推动铁路站车商业场景与扶贫产品供应链深度融合，组织扶贫产品"进站上车",已在全国 431 个车站、2237 列客车（1871 列高铁动车组）上设置 2880 个扶贫直销店或专区,直采直销国家级贫困县扶贫产品。三是构建"三网一柜"铁路消费扶贫平台。先后开发面向广大网络订票用户的"12306"、面向动车 Wi-Fi 网络用户的"掌上高铁"、面向企业集采用户的"中铁快运商城"3 个电商扶贫平台。在 56 个省会级和客流较大车站投放"铁路消费扶贫智能售货柜"400 余台,构建"三网一柜"铁路消费扶贫平台,覆盖了铁路旅客网络购票、进站候车、乘车旅行等全过程消费场景,扩大扶贫产品消费,也丰富提升了旅客出行和消费体验。截至 2020 年底,"三网一柜"平台累计入驻扶贫产品 4000 余种,帮销 5000 余万元。四是开展建设消费扶贫行动。引导施工单位优先采购沿线贫困县农副产品,2018—2020 年采购金额达 1.8 亿元。五是开展疫情防控消费扶贫专项行动。集中引进挂牌督战县、湖北、新疆等地区 71 家企业 800 余种扶贫产品入驻"三网一柜"平台,作为线上线下推销重点,动员路内外单位和群众购买帮销 1.75 亿元。与中国扶贫志愿服务促进会等携手组织勉县、原州区等价值 130 万元农产品驰援湖北。利用旅客列车行李车、高铁动车组,运送湖北小龙虾 2 万余件、茶叶 1854 件,货值 4000 余万元。

同时,强化消费扶贫服务保障措施。一是强化带贫益贫机制保障,加强对扶贫企业的产品质量、带贫情况等监督监管,引导企业诚信经营,最大限度利益反哺。二是利用大数据技术动态分析、反馈市场体验,及时优化丰富品类,精准适配客户差异化需求。三是利用铁路媒体、站车广告资源加大营销宣传力度,2020 年减免广告营销、场地使用等费用 2 亿多元,帮助提升品牌形象、增强持续发展能力。四是充分发挥铁路运输网络优势,实施精准服务和重点保障,组织开行农副产品"点对点"运输专列、集装箱特色快运专列,依托高铁快运产品和顺丰、京东等物流企业合作形成高效物流网络,最大限度降低物流成本,为消费扶贫提供有力保障。

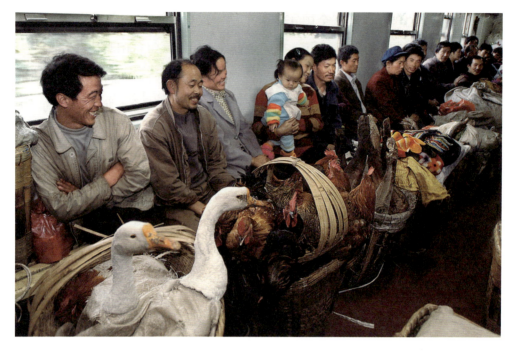

｜ 国铁集团持续开好 81 对"慢火车",打造流动的"乡村集贸市场"。图为铁路沿线贫困地区群众携带自产土特产乘坐公益性"慢火车"赶集售卖。

四、创新就业扶贫方式,"五个一批"助力稳岗拓岗

积极落实中央稳就业、保民生决策部署,推动实施"五个一批"就业扶贫模式,在发挥优势助力贫困人口返岗就业的同时,直接帮扶国家级贫困县 15 万人就业,其中定点扶贫地区 1 万余人。一是铁路运输助力帮扶地区贫困劳动力稳岗返岗,开行"点对点、一站式"返岗复工直达专列、运送 4 县区 9000 余人。二是拓展铁路建设用工,优先培训使用定点扶贫地区沿线劳动力 1000 余人。三是充分利用铁路企业用工资源,组织铁路单位定期召开招聘会,先后招录 4 县区毕业生、优秀劳务工等 300 余人。四是用好扶贫产业和公益岗位,采取"长期＋短期"用工模式,帮助 4 县区贫困人口就近就业 2000 余人。五是引导返乡创业,会同当地政府加强对返乡创业人员业务培训和政策帮扶,培育一批致富带头人;引导 4 县区顺利转岗从事当地旅游产业、辣椒、花椒和番茄秋收采摘等 6000 余人。

固原市原州区概况

　　宁夏回族自治区固原市原州区，于2002年7月撤地设市后由固原县改名而建，位于宁夏回族自治区南部，六盘山东麓，以"苦瘠甲天下"闻名全国，是国家扶贫开发工作重点县。2002年与国铁集团（原铁道部）建立定点扶贫关系，经过19年的定点帮扶，2020年3月脱贫摘帽。

五、创新行业帮扶模式，助力帮扶地区打通"大动脉"、畅通"微循环"

（一）持续扩大铁路建设对帮扶地区脱贫攻坚的带动效应

　　一是优化完善帮扶地区路网。组织制定了《铁路建设扶贫三年行动方案》等，持续加大帮扶地区铁路规划建设和投资倾斜力度。党的十八大以来，完成4县区所在省区的铁路建设投资5022.5亿元，占铁路建设总投资的11%；在4县区所在地市陆续建成西成高铁、阳安复线、库格铁路等重大工程，投产新线达6729公里、其中高铁2946公里，大幅改善了帮扶地区交通和发展环境。二是积极带动帮扶地区旅游产业经济发展。陆续建成的西成高铁、阳安复线、银西高铁、银川—中卫高铁、库格铁路等，为方便帮扶地区群众出行、加速经济发展注入活力，带动沿线旅游、商贸、餐饮等产业发展，吸引一批特色产业项目落地生根，进一步促进当地经济发展和群众就业增收。如覆盖帮扶地区陕西汉中勉县的西成高铁，2017年12月开通运营两年来，每年春季乘坐高铁游汉中、赏油菜花的人越来越多，汉中地区年发送旅客较开通前增长近6倍。同时，在河南栾川县等不通铁路的定点扶贫地区，统筹推动建设具备购取票候车、公交接驳、农产品推介等服务功能的铁路无轨站3个，打通群众出行与物流运输的"最先和最后一公里"，推动帮扶地区快速融入"高铁经济圈"。三是统筹实施便民服务设施。在铁路建设施工中，紧密结合帮扶地区发展规划，统筹实施永临结合工程，优先选用当地物料、使用当地贫困劳动力等，并无偿移交地方使用。如在陕西勉县保留便桥 2 座，无偿移交施工道路 8.7 公里、临建设施 5 处，采购当地生活物资等，发放工资、租赁设备 994 万元；在宁夏帮扶地区为沿线修建道路 100 余公里、水井 26 处等；在新疆和田地区建设道路 6.7 公里、水井 13 处等，极大改善帮扶地区生产生活环境和条件。

和田县概况

和田县位于新疆西南部、昆仑山北麓、塔克拉玛干沙漠南缘，全县面积 4.03 万平方千米，其中山区占 95%、沙漠占 3.7%、绿洲占 1.3%，管辖 10 乡 2 镇 1 个园艺场，209 个行政村 35.69 万人，维吾尔族占 99%，是典型人多地少的传统农业大县和边境少数民族贫困大县。2020 年 1 月脱贫摘帽。

（二）开好公益性"慢火车"和农产品专列，提升帮扶地区铁路运输服务保障能力

客运方面。一是创新运用大数据分析，优化包括 4 县区在内的贫困地区旅客列车开行方案，精准开行惠农助学列车，最大限度满足群众出行需要。二是制定实施《巩固脱贫攻坚成果、持续提升公益性"慢火车"开行质量措施》，在定点扶贫 4 县区持续开好 4 对公益性"慢火车"，有效覆盖 6 个少数民族地区，积极打造流动的"惠民助农列车集市"和服务品牌，每年运送沿线赶集务工求学的贫困群众约 160 万人，车票 26 年不涨价，成为边远地区群众外出务工、求医就学、赶集购物的主要交通工具，被沿线群众亲切地誉为便民车、致富车、连心车。如投资 1500 余万元对和田县"慢火车"沿线 12 个客运站增加降温、照明设施等；将勉县的"慢火车"行李车改造为"惠民助农列车集市"车厢，

党的十八大以来，创新实施"铁路网＋无轨站＋永临结合"的建设扶贫模式；创新"精准运输＋公益性'慢火车'＋旅游扶贫＋农产品专列"的运输扶贫模式，畅通微循环开好致富车；创新进站上车等五项消费扶贫模式，消费扶贫8.4亿元；创新"铁路帮扶＋龙头企业＋合作社＋贫困户"，精准实施152个能够让贫困人口持续受益的产业项目；创新就业扶贫，帮助上万余贫困人口稳岗就业；创新工作体系，投入3.76亿元、引进3.4亿元、派驻180人，助力定点扶贫县区如期脱贫。

各类鲜活农产品可在列车上交易，日最高销售额2200元；在原州区"慢火车"上设立"百宝箱"，配备针线、胶带、钳子等用品，方便群众自用。持续打造的4县区"富民号""幸福乡村号""民族团结一家亲号"等"慢火车、优生活"品牌深受百姓青睐。三是充分挖掘定点扶贫4县区旅游资源。2017年以来组织开行旅游扶贫专列77列、运送3.7万人，有效带动沿线旅游、商贸、餐饮等产业发展和消费升级。铁路"利用专列优势实现精准扶贫""栾川农家特色旅游扶贫""中国铁旅——与新疆旅游互通的桥梁"等3项入选2020年世界旅游联盟旅游减贫案例。

货运方面。落实国家支农惠农政策，精准开行农产品"点对点"运输专列、集装箱快运班列和高铁快运等，对定点扶贫地区农副产品外运和生产生活物资优先保障。党的十八大以来，定点扶贫地区发送货物1.5亿吨，减免物流等费用2亿元。特别是2020年新冠肺炎疫情防控期间，全力保障各行各业复工复产、重点物资、春耕备耕等物资供应。

历任扶贫干部

挂职扶贫干部

挂职时间	姓 名	挂职地	挂职职务
2013.5—2017.12	许 全	河南省栾川县	副县长
2017.12—	周胜展	河南省栾川县	副县长
2013.10—2018.5	鹿继明	陕西省勉县	副县长
2018.5—2021.5	黎文生	陕西省勉县	副县长
2018.9—2021.2	雷 强	陕西省勉县	副县长
2021.5—	李小勇	陕西省勉县	副县长
2016.3—	王国军	宁夏回族自治区固原市原州区	副区长
2016.11—2021.3	艾尼瓦尔·艾买提	新疆维吾尔自治区和田县	副县长
2021.3—	崔江波	新疆维吾尔自治区和田县	副县长

驻村第一书记

驻村时间	姓 名	所驻村及职务
2015.10—2017.10	陈蓉国	河南省栾川县大王庙村第一书记
2017.10—2019.10	王 勤	河南省栾川县大王庙村第一书记
2019.10—	史俊兰	河南省栾川县大王庙村第一书记

中国投资有限责任公司

自 2011 年起，中国投资有限责任公司先后承担起贵州省施秉县、青海省循化县、甘肃省会宁县和静宁县的定点扶贫任务。公司党委认真贯彻落实党中央、国务院关于脱贫攻坚的决策部署，切实发挥中央单位的表率作用和督导作用，累计投入无偿帮扶资金近 8 亿元，创新开展"防返贫保险""期货＋保险""保活付酬"生态扶贫，牛羊养殖产业扶贫，职业中学教育扶贫等帮扶举措，深入推进定点扶贫工作。2018 年，循化县脱贫摘帽；2019 年，施秉县脱贫摘帽；2020 年，静宁县和会宁县脱贫摘帽。

自 2011 年起，中国投资有限责任公司（简称中投公司）先后承担起贵州省施秉县、青海省循化县、甘肃省会宁县和静宁县的定点帮扶任务。公司党委深入学习贯彻习近平总书记关于扶贫工作的重要论述，认真落实党中央、国务院关于脱贫攻坚的决策部署，切实增强"四个意识"，坚定"四个自信"，坚决做到"两个维护"，定点扶贫工作取得显著成效，在 2020 年度中央单位定点扶贫工作成效评价中，公司取得了评价等次为"好"的优异成绩。党的十八大以来，公司系统集中投入资金和帮扶力量，聚焦建档立卡贫困户，精准帮扶，精准脱贫，精准防返贫，累计投入无偿帮扶资金 7.34 亿元，派出挂职扶贫干部 22 人，派出专项驻县帮扶团队 15 人次，培训基层干部 9844 人，培训技术人员 21061 人，购买贫困地区农产品 8152 万元，帮助销售农产品

循化撒拉族自治县概况

循化撒拉族自治县地处青藏高原东南部，隶属青海省海东市，自然条件和产业基础薄弱，拉面产业为居民家庭主要收入来源。2011年被列为六盘山集中连片特困地区，是国家扶贫开发工作重点县。中国投资有限责任公司通过保险扶贫和拉面产业发展两个"1"双轮驱动，并配合其他精准扶贫举措，打造"1+1+N"扶贫新模式，累计投入无偿帮扶资金 1.37 亿元。2018 年 9 月，循化县脱贫摘帽。

4706 万元。定点帮扶四县已全部摘帽，贫困人口全部清零。其中，循化县于 2018 年 9 月脱贫摘帽，施秉县于 2019 年 4 月脱贫摘帽，会宁县和静宁县于 2020 年 2 月脱贫摘帽。中投公司定点扶贫工作先后得到了中央政治局委员杨晓渡、时任甘肃省省长唐仁健等领导同志的肯定。中投公司及下属企业连续多年获"甘肃省脱贫攻坚先进集体""青海省中央定点帮扶先进集体"等称号。2021 年 2 月，挂职干部杜晓光同志荣获"全国脱贫攻坚先进个人"称号。中央和国家机关工委授予循化县大庄村第一书记的张维刚同志"2020 年中央和国家机关脱贫攻坚优秀个人"称号。在国务院扶贫办指导的"我所经历的脱贫攻坚故事"征集展示展播活动中，公司作品获二等奖，所属申万宏源证券有限公司作品获三等奖。在定点扶贫工作中，公司认真总结经验，形成了"十二项举措"。

一、加强组织领导，压实各级一把手责任

公司明确各直管企业一把手是本单位定点扶贫工作的第一责任人，要求一把手亲自抓部署、亲自赴一线、亲自抓落实，每年至少一次到贫困县调研。公

司分管负责人要承担组织领导责任，每年到贫困县调研督导不少于 2 次，要找问题、查原因、补短板，在第一时间组织研究提出解决问题和补短板的措施，并抓好督导和落实。

二、发挥主权财富基金作用，持续加大帮扶资金投入

作为国家唯一的主权财富基金，公司充分发挥资金和财务优势。自 2011 年承担定点扶贫任务以来，累计捐赠无偿帮扶资金近 8 亿元；自 2016 年脱贫攻坚战以来，累计向定点贫困县投入无偿帮扶资金超 7 亿多元。2018 年至 2020 年，无偿帮扶资金投入分别达 1.9 亿元、2.5 亿元和 2.1 亿元。公司将资金投入作为考核扶贫工作的第一重点，要求保持定点扶贫资金稳定，明确每年年初尽早落实资金安排，一旦落实资金要抓紧拨付，宁可资金等项目，不能项目等资金，确保资金及时到位并发挥效益。

| 中国投资有限责任公司强化领导，压实责任，紧盯帮扶项目落地。图为中国投资有限公司建设的会宁扶贫馆。

施秉县概况

施秉县地处贵州省东部，隶属贵州黔东南州。产业链不完整，处于价值链低端，不强不优，对脱贫辐射范围小，带动能力较弱。2011 年，施秉县被确定为国家扶贫开发工作重点县。中国投资有限责任公司通过开展"十个一"工程、民生帮扶、教育扶贫、旅游扶贫、产业扶贫、党建扶贫等多举措并行，累计投入帮扶资金 1.74 亿元。2019 年 4 月，施秉县脱贫摘帽。

三、聚焦精准脱贫目标，突出解决"两不愁三保障"问题

按照习近平总书记关于解决"两不愁三保障"突出问题的重要讲话精神，公司集中人力和资金，着力帮助四个定点扶贫县解决义务教育、基本医疗、住房安全等方面的问题，在施秉县开展"十个一"工程、在会宁县修建蓄水池等项目，取得了明显成效，惠及贫困人口 14 万多人，四县的"两不愁三保障"问题基本得到解决。

四、加大产业扶贫力度，创新内生产业发展帮扶方式

近年来，公司将自身优势与四县的产业特色相结合，重点投向立足当地资源禀赋、能带动大量贫困户直接增收的特色产业，推动四县增强"造血"功能和内生发展动能。在循化，出资担保金引入银行"拉面贷"，助推拉面产业提档升级；在施秉，开展"百美民宿"项目，帮助发展旅游产业和推广林下经济；在会宁，开展合作社建设，扶持贫困户发展肉牛、肉羊、蔬菜等产业，增加贫困人群收入；在静宁，重点扶持果、牛、鸡、薯、菌等特色产业，帮助扩大规

模和实施技术改造。

五、发挥公司系统独特优势，创新实施金融扶贫

公司积极发挥直管企业覆盖银行、证券、保险、投资等全品类金融业务的独特优势，综合运用多种金融工具创新定点扶贫工作。创新"防返贫保险"，按照"一地一策"的原则设计"防返贫险"方案，精准运用保险工具实施防返贫工作。创新"保险＋期货"扶贫，为会宁的玉米产业、静宁苹果产业稳定发展和脱贫攻坚提供坚实的风险保障。创新"投行服务"，积极发挥投行优势帮助当地企业提升管理和融资能力，辅导其到沪深主板和新三板上市，创新投行业务扶贫新模式。

六、开展教育帮扶，防止贫困隔代传递

帮扶建设职业学校，加快发展面向农村的职业教育，加大支教帮扶、教师

中国投资有限责任公司加大教育扶贫力度。图为开展金色阳光公益研学计划。

静宁县概况

　　静宁县位于甘肃省平凉市，长期存在群众稳定增收压力较大、经营主体带动能力弱等突出问题。中国投资有限责任公司通过"苹果＋牛羊"、产业扶贫、"保险＋期货"、金融扶贫、民生扶贫、教育扶贫等举措，累计投入帮扶资金 2.15 亿元。2020 年 3 月脱贫摘帽。

培训、人才输出、助教助学等师资软件方面的帮扶力度，依托知名专业化机构和成熟项目开展教育帮扶和师资培训的"成体系、打品牌"方式。开展美丽中国、"石榴籽"计划等教育帮扶项目，形成特色教育帮扶品牌效应，防止贫困的隔代传递。

七、扶志和扶智相结合，加强挂职干部队伍建设

　　公司大力增派驻县扶贫干部，并将其组织起来成立驻县扶贫工作队，有效发挥了排头兵作用。一方面，加强对挂职干部的关心与关爱，修订出台激励约束保障机制指导意见，进一步提高挂职干部待遇。另一方面，加强对挂职干部的管理，要求挂职干部认真调查研究，按季度向派出单位汇报，将述职工作机制化，使其工作置于派出单位的全程监督之下。

八、创新电商平台，建立"授人以渔"帮扶机制

　　公司提出不走"给钱开店"的旧模式，探索走出"四县统一组织、对接一流标准、聘用专业团队管理、改造当地电商环境、培训当地电商人才"的系统化推进新路子，推动四县特色产品上"中投生态圈—京东网"销售，对内吸引

系统干部职工个人消费和工会资金购买土特产品，对外向全社会推销四县特色产品。自 2018 年 11 月 30 日上线以来，公司已通过电商平台累计销售四县特色产品 7655 万元，帮助销售 2058 万元。

九、量化责任落实，开展硬性考核

公司将定点扶贫工作作为直管企业领导班子考核的一项重要指标，实行目标导向管理，强化责任落实，将考核内容分解为十三项指标，开展量化评分和硬性客观考核，减少了评判人评分自由度，使得被考核单位工作有章可循，对结果有明确预期，极大地调动了各单位创新务实工作的积极性。根据考核结果，公司对直管企业明确提出整改要求，并将之应用到直管企业绩效、问责和领导班子调整等方面，使考核指挥棒"变硬""变精准"，提升指挥效能。

十、加大督导调研工作力度，坚决落实中央单位肩负的督导责任

公司加大对定点扶贫县的调研督导力度，指出了会宁县公示公告制度走过场，施秉县"组组通"农村道路建设等明显高于全国标准，循化县打造引进龙

会宁县概况

会宁县位于甘肃省白银市，存在产业链不完整、缺乏支柱性龙头工业企业、基础设施建设相对滞后等问题。中国投资有限责任公司通过发展"肉牛＋蔬菜"产业，援建思源中学和贫困村基层党组织建设，开展玉米"期货＋保险"帮扶，累计投入帮扶资金 2.64 亿元。2020 年 3 月脱贫摘帽。

中国投资有限责任公司综合运用多种金融工具，全面精准创新助力四县打赢脱贫攻坚战，具体创新措施如下：一是创新"防返贫保险"兜底；二是创新"保险＋期货"降风险；三是创新"投行服务"帮融资；四是创新"授人以渔"电商模式帮助发展特色产业；五是创新"保活付酬＋综合增收"生态扶贫模式；六是创新治理缺水"贫根"的"六盘山"模式。

头企业力度不够等 21 条问题。公司高度重视发挥驻县工作队作用，依靠其在一线强化督导意见的落实落地。

十一、全员参与和引入社会力量扶贫，营造"群策群力、上下联动"公益扶贫氛围

公司印发《关于全员参与并引入社会力量开展公益扶贫工作方案》，提出了 5 大类 16 项措施。目前，已开展了贫困县学生公益研学、设立公益角、特色产品展示区、组织青年干部到贫困县调研、发动员工捐款捐物等活动。

十二、主动适应脱贫后新形势需要，提前研究制定解决相对贫困问题长效机制

按照党的十九届五中全会精神，全面总结扶贫成果，找准工作难点痛点，2021 年 4 月，中投公司党委审议通过了《中投公司 2021—2025 年定点帮扶乡村振兴工作规划》，有针对性地探索在脱贫后解决相对贫困问题的长效机制，

推进巩固拓展脱贫攻坚与乡村振兴战略有效衔接，确保完成好党中央、国务院交给中投公司的政治任务。

历任扶贫干部

挂职扶贫干部

挂职时间	姓 名	挂职地	挂职职务
2002.6—2003.11	贾文明	青海省循化县	副县长
2016.10—2021.6	王 磊	青海省循化县	县委常委、副县长
2021.6—	马旭凤	青海省循化县	县委常委、副县长
2016.12—2018.11	闫伟岗	贵州省施秉县	县委常委、副县长
2018.12—2021.6	夏兴家	贵州省施秉县	县委常委、副县长
2021.6—	朱先节	贵州省施秉县	县委常委、副县长
2016.10—2018.12	董海峰	甘肃省会宁县	副县长
2018.12—2021.6	吴敏辉	甘肃省会宁县	县委常委、副县长
2021.6—	胡海龙	甘肃省会宁县	县委常委、副县长
2016.11—2021.6	杜晓光	甘肃省静宁县	副县长
2021.6—	王晓林	甘肃省静宁县	县委常委、副县长

驻村第一书记

驻村时间	姓 名	所驻村及职务
2016.10—2018.12	王 磊	青海省循化县大庄村第一书记
2018.12—2021.6	张维刚	青海省循化县大庄村第一书记

驻村时间	姓　名	所驻村及职务
2021.6—	马丽娅	青海省循化县大庄村第一书记
2015.7—2017.7	王本东	贵州省施秉县高碑村第一书记
2017.7—2019.7	张　良	贵州省施秉县高碑村第一书记
2019.8—	贺存刚	贵州省施秉县地坝村第一书记
2018.12—2021.6	董新征	甘肃省静宁县杨咀村第一书记
2021.6—	乔中林	甘肃省静宁县杨咀村第一书记
2018.12—2021.5	金长庆	甘肃省会宁县梁庄村第一书记
2021.5—	唐刚毅	甘肃省会宁县梁庄村第一书记

中国中信集团有限公司

历 程

1992 年起中国中信集团有限公司定点扶贫云南省元阳县、屏边县、红河县和绿春县，自 1997 年以后调整为定点扶贫元阳县、屏边县，2015 年新增重庆市黔江区。公司 1997 年成立扶贫领导小组，2018 年成立定点扶贫工作领导小组，2021 年调整为定点帮扶工作领导小组，设立公益处负责专项工作。

中国中信集团有限公司历任党委高度重视定点扶贫工作，深入贯彻落实党中央、国务院决策部署，以强烈的政治责任感和历史使命感，全力做好脱贫攻坚工作。党的十八大以来，集团坚决贯彻落实习近平总书记关于扶贫工作的重要论述，坚持扶贫与扶志扶智相结合，围绕"四坚持"，突出"四聚焦"，周密谋划，精准施策，不断加大扶贫力度，助力定点扶贫区县全力打赢脱贫攻坚战。29 年间，全系统累计投入扶贫资金 13.6 亿元，选派挂职干部 228 人。集团本级投入 7.8 亿元，实施易地搬迁、危房改造、基础设施建设等 500 多个项目，助力深度贫困县元阳县、挂牌督战县屏边县、重庆黔江区如期打赢脱贫攻坚战。

一、围绕"四坚持"，持续深入做实做好脱贫攻坚工作

（一）坚持党的领导，强化组织保证

集团历任党委高度重视脱贫攻坚工作，不断提高政治站位，坚决扛起政治

元阳县概况

云南省元阳县 1986 年被列入国家重点扶持贫困县，1992 年与中国中信集团有限公司建立定点扶贫关系，2020 年 5 月实现脱贫摘帽。元阳县是世界文化遗产——红河哈尼梯田遗产区所在地，是"两山"理论创新实践基地。元阳县的民用机场、铁路、高速公路正在快速推进，区位优势逐步彰显。推广"稻鱼鸭"绿色食品，打造哈尼梯田文旅融合，推动经济社会发展。

责任，一茬接着一茬干，全心助力集团定点扶贫区县打赢打好脱贫攻坚战。集团层面成立定点扶贫工作领导小组，集团主要领导担任组长，主持召开党委会、专题会议研究部署定点扶贫工作。集团党委书记、董事长朱鹤新，党委副书记、副董事长、总经理奚国华，党委副书记、监事长任生俊，以及历任集团主要领导均到定点扶贫区县走访慰问贫困群众，看望挂职干部，召开座谈会，指导推进脱贫攻坚工作。党的十八大以来，集团在 3 个定点扶贫区县累计选派 18 名挂职扶贫干部（12 名任区县领导，6 名驻村第一书记），形成了区、县、村全覆盖的扶贫队伍，其中 3 名驻村第一书记都连续驻村 5 年以上，驻村第一书记肖鸣荣获"全国脱贫攻坚先进个人"称号。

（二）坚持系统投入，脱贫攻坚成效显著

党的十八大以来，集团及下属子公司累计投入扶贫资金 7.68 亿元，引进扶贫资金 1.4 亿元，引进 45 家企业实现投资 8.7 亿元。集团在定点扶贫的元阳县、屏边县和黔江区共投入扶贫资金 2.38 亿元，开展了 201 个项目，对国家深度贫困县元阳、挂牌督战县屏边县、脱贫摘帽区县黔江区持续加大资金支持力度，全力打赢打好脱贫攻坚战。

集团发挥业务多元化优势，整合资源形成中信扶贫合力。中信银行重庆分行、中信信托累计向黔江区发放贷款 36.4 亿元；中信建投证券在黔江区设立营业部，2019 年交易量达 81.8 亿元；中信出版集团向 3 个定点贫困区县的 52 所中小学累计捐赠图书 1.5 万余册，连续 3 年每季度给定点扶贫区县干部邮递图书；中信信托、中信银行、中信建投等公司捐赠资金 340 万元在集团定点扶贫区县开展教育扶贫、医疗扶贫等。

黔江区 2017 年脱贫摘帽，贫困发生率从 2013 年的 10% 降至 2020 年的 0；元阳县 2020 年脱贫摘帽，贫困发生率从 2013 年的 39.64% 降至 2020 年的 0；屏边县 2020 年脱贫摘帽，贫困发生率从 2013 年的 58.97% 降至 2020 年的 0。集团 3 个定点扶贫区县"两不愁三保障"和安全饮水全面实现，民生基础设施和生活条件全面改善，人居环境全面提升，村容村貌焕然一新，脱贫攻坚成效显著。黔江区被原国务院扶贫办评选为全国首批"贫困县摘帽案例研究"样本区县。除此之外，集团自 2002 年对口支援西藏申扎县，党的十八大以来累计投入资金 2.38 亿元，助力申扎县 2019 年脱贫摘帽，经济社会全面健康发展。

（三）坚持精准理念，攻克薄弱环节

集团根据定点扶贫区县脱贫攻坚实际和"两不愁三保障"薄弱环节，精准资金使用、项目安排、扶持对象和脱贫成效，因县因村施策，精准滴灌、靶向

屏边县概况

云南省屏边苗族自治县 1986 年被列入国家重点扶持贫困县，1992 年与中国中信集团有限公司建立定点扶贫关系，2020 年 11 月脱贫摘帽。屏边县位于滇南，面积 1906 平方千米，均为山地，人口 16 万人，是全国五个苗族自治县之一，也是云南唯一苗族自治县，拥有大围山、滇越铁路人字桥等景观，荔枝、猕猴桃、枇杷和林下中药材等产业，种植水果面积 39.4 万亩、中药材 29.7 万亩。

治疗。党的十八大以来，集团在 3 个定点扶贫区县围绕"两不愁三保障"薄弱环节，累计投入 7290 万元实施危房改造、易地搬迁、教育扶贫、医疗扶贫、饮水安全共 63 个项目，惠及贫困群众 35.6 万人。其中，在住房安全方面累计投入 3925 万元，帮助改善贫困群众住房条件；在教育扶贫方面累计投入 3100 万元，帮助改善教育基础设施条件，通过教育扶贫阻断贫困的代际传递。

（四）坚持"四个不摘"，持续加大力度

黔江区 2017 年脱贫摘帽后，集团认真贯彻落实"四个不摘"政策，持续加大支持力度，充分发挥扶贫干部专长和资源优势，帮助引进项目、资金和优质企业，助力黔江区巩固脱贫成果，助推经济社会持续发展。引进江西省赣东植物园"1000 万株红豆杉进黔江"项目，该项目总投资约 4 亿元，第一批红豆杉 45 万株已全部种植完毕；引进新浪集团投资沣和小贷公司，沣和小贷及其母公司宏广广告公司增资 6.4 亿元资金全部到位；引进上海优通国际物流公司到黔江区成立物流企业，到位资金 5000 万元；推动乡村基（重庆）投资公司与黔江区签订合作协议，并增资 2500 万美元。

| 中国中信集团有限公司加强民生基础设施建设。图为参与建设的云南省屏边县石头寨村易地搬迁项目。

> **黔江区概况**
>
> 　　重庆市黔江区 1986 年被列入国家重点扶持贫困县，2015 年与中国中信集团有限公司建立定点扶贫关系，2017 年 11 月脱贫摘帽。黔江区地处武陵山区腹地和渝东南中心，集革命老区、民族地区、边远山区和国家扶贫开发工作重点县于一体。特色农产品有鸡杂、珍珠兰茶叶、羊肚菌、地牯牛、绿豆粉等。黔江区是中国蚕桑之乡、中国猕猴桃之乡、中国脆红李之乡。

二、突出"四聚焦"，精准发力打赢脱贫攻坚战

（一）聚焦特色产业，强化示范带动

发展产业是实现脱贫的根本之策，产业兴旺是乡村振兴的物质基础。集团注重因地制宜发展当地特色产业，增强定点扶贫区县自我发展能力，确保贫困群众有稳定的收入来源，推动"输血式"扶贫向"造血式"扶贫转变。党的十八大以来，集团立足定点扶贫区县资源禀赋，在 3 个定点扶贫区县投入 4077 万元，实施生猪养殖、红米种植、红桃种植、猕猴桃种植基地、稻鱼鸭综合种养、肉牛养殖、民族刺绣、植保无人机、光伏发电站等 64 个产业扶贫项目，帮助建立长效机制。通过"龙头企业＋农户""合作社＋农户"等方式，帮助建立带贫益贫机制，扶持 20 个龙头企业和合作社发展，为贫困村集体经济提供收入，带动 3.3 万建档立卡贫困群众脱贫致富。

（二）聚焦乡村基建，强化民生基础

从集团脱贫攻坚实践来看，补齐贫困村基础设施发展短板，是推动脱贫攻坚工作的关键。党的十八大以来，集团累计投入 6800 余万元，实施基础设施建设和重点贫困村综合建设项目，帮助定点扶贫区县解决制约产业发展的行路

难、运输难、浇灌难等问题，改善提升农村人居环境，加快贫困村脱贫出列步伐。其中，在元阳县投入 860 万元实施 26 公里嘎娘乡大伍寨生产路硬化项目，直接带动 5000 余亩热区土地开发利用和土地价值的提升。在屏边县和平村投入 550 万元建设 10 公里产业路，改善 3140 亩林地交通条件。

2019 年至 2020 年，集团在元阳县、屏边县 16 个贫困村累计投入 4335 万元实施重点贫困村综合建设项目，使 1.5 万名贫困群众受益。通过开展道路硬化、污水处理、新建公厕、垃圾池、安装太阳能路灯等工作，一个个常年被"困"在深山中的村寨逐步变成了"生态美化、宜居宜业"的美丽乡村，为提高群众生活质量、实现脱贫致富夯实了基础。

（三）聚焦"志""智"双扶，强化内生动力

切实贯彻"扶贫同扶志扶智相结合"理念，注重提高定点扶贫区县基层扶贫干部脱贫攻坚能力，贫困群众脱贫致富能力，激发干部群众内生动力。党的十八大以来，累计投入 630 万元培训基层干部 1.1 万余人、技术人员 1.4 万余人。集团发挥金融行业优势，由中信建投证券选派专家为黔江区 63 家企业代表、发展改革委和国资委等相关部门干部开展企业规范治理和股权投融资培训。

| 中国中信集团有限公司加强贫困人口技能培训。图为在元阳县开展刺绣培训项目。

创新"三聚三帮"模式。一是聚"点"帮弱，聚焦木良村，多措并举帮助脱贫出列、建设美丽乡村；二是聚"线"帮贫，通过加大资金、项目、人才、资源支持，助力打赢打好脱贫攻坚战；三是聚"面"帮难，通过发挥行业优势，全方位助推黔江经济社会高质量发展。

（四）聚焦消费扶贫，强化市场导向

深入贯彻习近平总书记关于消费扶贫的重要指示精神，集团创新方式方法多措并举帮助定点扶贫区县解决农产品滞销卖难问题。集团多次下发通知、召开专题会议等方式要求子公司积极参与消费扶贫，号召子公司职工、工会、食堂等采购定点扶贫区县农产品，并通过易电商平台、"职工之家"云平台、直播带货等方式积极为贫困区县农产品搭建平台、拓展销路。目前有35家子公司签订了扶贫产品采购合同，建立了长期稳定的供销关系。集团机关工会将定点扶贫区县农产品纳入员工福利采购产品，中信银行将定点扶贫区县农产品纳入客户权益消费产品。自2018年开展消费扶贫以来，购买贫困县农产品5000余万元，帮助销售贫困县农产品800万元。

历任扶贫干部

挂职扶贫干部

挂职时间	姓　名	挂职地	挂职职务
2013.1—2015.4	郑庆全	云南省元阳县	副县长
2015.4—2016.10	曾　锋	云南省元阳县	副县长
2016.12—2019.6	张　园	云南省元阳县	副县长
2019.6—2021.6	王　孟	云南省元阳县	副县长
2021.6—	田军营	云南省元阳县	副县长
2013.1—2015.5	吴　滨	云南省屏边县	副县长
2015.5—2019.6	李洪新	云南省屏边县	副县长
2019.6—2021.6	王　立	云南省屏边县	副县长
2021.6—	高　明	云南省屏边县	副县长
2016.4—2018.4	黎　勇	重庆市黔江区	区长助理
2018.4—2021.5	王仁全	重庆市黔江区	区政府党组成员
2021.5—	万　宽	重庆市黔江区	区政府党组成员

驻村第一书记

驻村时间	姓　名	所驻村及职务
2016.3—2021.5	肖　鸣	重庆市黔江区木良村第一书记
2021.5—	牛江涛	重庆市黔江区木良村第一书记
2015.7—2021.6	韩智慧	云南省元阳县水卜龙村、主鲁村第一书记
2021.6—	刘　煜	云南省元阳县主鲁村第一书记
2015.7—2021.6	李有明	云南省屏边县马塘村、王家村第一书记
2021.6—	杜进仕	云南省屏边县王家村第一书记

中国光大集团股份公司

回望扶贫路，殷殷光大情。1995 年，中国光大集团股份公司开始承担定点扶贫任务，帮扶湖北省竹山县和丹江口市。2002 年开始定点帮扶湖南省新化县，2015 年底增加帮扶湖南省新田县和古丈县。2020 年新化县、新田县、古丈县脱贫摘帽。

党的十八大以来，中国光大集团股份公司深入学习习近平总书记关于扶贫工作的重要论述，坚决贯彻党中央脱贫攻坚决策部署，认真履行央企政治责任和社会责任，不断加大领导力度、投入力度、精准力度，成立专门扶贫机构，配备、派出得力干部，加大资金投入，对湖南省新化、新田、古丈三个定点扶贫县在资金上提供支持、人才上提供支撑、项目上进行对接，打出光大扶贫组合拳，帮扶效果显著。2013 年以来，光大集团在三个定点扶贫县累计投入资金 3 亿余元，引入各类帮扶资金和企业投资 8.5 亿元，培训基层干部 11940 名，培训技术人员 14383 名。仅 2017 年以来，集团就购买和帮助销售贫困地区农产品 1.42 亿元。8 年来，集团累计在三个贫困县实施帮扶项目 325 个，其中新化 130 个、新田县 90 个、古丈县 105 个，有力促进了三个贫困县脱贫攻坚。三个县合计退出贫困村 390 个，实现脱贫人口 33 万人。在集团的帮扶下，2020 年 2 月，新化、新田、古丈三县正式脱贫"摘帽"。

2013 年以来，集团累计选派 11 名挂职扶贫干部，目前在任 4 位。其中，

新化县概况

新化县地处湘中偏西，资水中游，总面积 3636 平方千米，辖 31 个乡镇，687 个行政村，总人口 152 万人。1993 年 12 月被确定为国家重点扶持贫困县，1993 年由财政部定点帮扶，2002 年由光大集团接替帮扶，2020 年 2 月脱贫摘帽。新化县于宋熙宁五年（公元 1072 年）建县，梅山文化、蚩尤文化源远流长。新化山川秀丽，有梅山龙宫、紫鹊界梯田等 4 个 4A 级景区。当地文印、新能源新材料等新兴产业蓬勃发展，新化红茶、黄精等享誉全国。

光大银行的张岳林、陈进先后任新化县政府副县长，汤道财先后任新化县驻双星村、东方红村第一书记；光大证券的周国平、李东山先后任新田县委常委；光大保险的李言志、秦纲先后任古丈县委常委、副县长。一线挂职干部深入贫困地区基层，不辞辛苦，不辱使命，为脱贫攻坚作出了特殊贡献。张岳林同志 2016 年被娄底市委组织部记三等功。汤道财同志的驻村案例入选 2019 年中央和国家机关驻村第一书记扶贫典型案例集，并于 2020 年 5 月荣获全国金融"五一劳动奖章"。李言志同志荣获湖南省 2017 年"最美扶贫人物"，并于 2018 年获评"中央和国家机关脱贫攻坚优秀个人"。陈进同志获评"娄底市 2018 年度脱贫攻坚先进个人"，并记二等功。李东山同志荣获湖南省 2020 年"最美扶贫人物"，是当年中央单位派驻湖南挂职干部中的唯一获奖者。秦纲同志荣获 2020 年度湘西州"中央单位定点扶贫工作先进个人"。集团驻新化县帮扶工作队由湖南省推荐获"全国脱贫攻坚先进集体"荣誉称号。

8 年来，集团定点扶贫工作成绩优异。2014 年获"中央国家机关等单位定点扶贫先进单位"荣誉称号。从 2017 年中央单位定点扶贫工作成效考核以来，集团连续 4 年（2017、2018、2019、2020 年）被评为"好"等次。党中央、

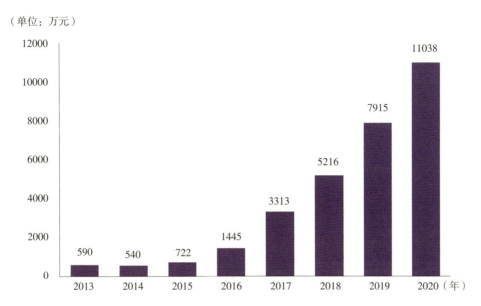

（单位：万元）

| 光大集团历年定点扶贫投入情况表

国务院领导同志先后作出批示，对集团扶贫工作给予肯定。集团扶贫工作办公室被党中央、国务院授予"全国脱贫攻坚先进集体"荣誉称号。《人民日报》、新华社、中央广电总台、《金融时报》、《中国扶贫》等媒体对光大集团定点扶贫进行了专题报道。集团定点扶贫工作经验做法从2012年开始连续入选《中国扶贫开发年鉴》。

一、党委高度重视，以上率下，营造关心贫困地区、人人参与扶贫的良好氛围

集团党委认真学习习近平总书记关于扶贫工作的重要论述，将扶贫工作作为全集团参与的"三大攻坚战"之一，纳入重要议事日程。2018年3月，李晓鹏董事长履新光大后首次离京调研，即到湖南省建档立卡贫困人口最多的新化县，还在长沙召开集团扶贫工作座谈会，提出加大领导力度、投入力度、精准力度"三个力度"，提升金融扶贫、产业扶贫、民生扶贫"三个贡献"的扶贫工作思路。2018年底集团党委印发《中国光大集团助力定点扶贫县打赢脱

贫攻坚战三年行动方案》，进一步明确目标与任务。8 年来，集团领导班子成员赴定点扶贫县调研 24 人次，推动定点扶贫工作，带头为扶贫产品做"代言人""宣传员"，使集团上下形成了关心贫困地区、人人参与扶贫的良好氛围。

二、突出综合施策，瞄准"痛点"，打好扶贫系列"组合拳"

（一）实施产业扶贫行动，帮助贫困县因地制宜培育和发展产业

党的十八大以来，在三个定点贫困县实施特色产业提升工程，优选并支持 135 个产业扶贫项目，合计投入 7600 多万元。重点扶持新田县的含硒农作物，新化县的茶叶、中药材、油茶、豆制品，古丈县的茶叶、林下养殖等特色养殖业、种植业。其中，支持古丈县实施 50 多个茶产业项目，帮助打造和完善茶产业链，使古丈茶叶产值从 4 亿元增加到 10.3 亿元。利用集团业务优势，在新化县召开"中青旅联盟"大会，开设连锁酒店，发掘、宣传当地古色、红色、绿色、民族特色文化旅游资源。在产业扶贫中，注重产业项目与贫困户利益的有效联结，探索持续帮扶机制和带动脱贫的模式。在新化县、古丈县，依照"资产所有权归政府、使用权归企业、收益权归贫困村集体"的原则，项目实施方每年按光大帮扶资金 6% 的比例给村集体经济保底分红，用于贫困人口公益性岗位开发和公益性劳务支出。在新田县，扶持以能人牵头的新型合作社，重点改善产业扶贫项目所在地的基础设施，进而带动产业发展，创造工作岗位，增加当地贫困户的务工收入。

（二）实施消费扶贫行动，解决产业扶贫"最后一公里"难题

集团领导以上率下，带头推动消费扶贫，为贫困县产品搭平台、找销路、建品牌，不断增强贫困地区脱贫内生动力。2018 年 4 月，光大集团党委书记、董事长李晓鹏通过微信公众号为古丈茶叶代言，进行推广，一个月的时间带动销售 16165 件，销售额 200 多万元。"董事长代言古丈茶"案例荣获 2019 年"中国金融年度品牌大奖"和"社会责任年度案例奖"。集团领导还向中粮、华润、商务部推荐贫困县优质产品，上线电商联盟平台。集团扶贫办积极协调、推进贫困县农产品进员工食堂、进超市、进所属宾馆等经营性场所，通过工会"爱心购买"、光大"购精彩"电商平台销售、客户回馈、直播带货等形式为消费扶贫多做贡献，推动解决产业扶贫"最后一公里"难题。在 2019 年、2020 年国家"扶贫日"期间，连续两年举办光大扶贫展暨扶贫产品展销会，组织三县特色农产品在北京、上海展销，营造人人关心消费扶贫、人人参与消费扶贫的良好氛围。仅 2017 年以来，光大集团上下就购买、帮助销售贫困地区农产品1.42 亿元。光大集团消费扶贫工作案例被国家发展改革委评选为"全国消费扶贫优秀典型案例"。

（三）实施健康扶贫行动，帮助贫困县做好"三保障"重点工作

因病致贫、因病返贫是贫困地区脱贫攻坚的"痛点"。党的十八大以来，累计投入资金 1800 余万元，援建乡镇卫生院近 30 所。特别是 2018 年以来，采用试点先行、逐步推广的策略，在三个定点扶贫县医疗资源匮乏的乡村，逐步建设了 136 个乡村远程诊疗点，帮助搭建县、乡、村三级远程医疗体系，在缓解偏远山区群众看病难题的同时，也为慢性病、大病手术后复查复检提供了便利，被当地百姓称为一呼就通的"县医院"。截至 2021 年 3 月底，136 个乡村远程诊疗点累计开展远程会诊和远程心电 32967 人次，中西医辅助治疗 5.6

新田县概况

新田县 1994 年被列为国家重点扶持贫困县，2002 年开始由原国土资源部定点扶贫，2015 年底由光大集团接替帮扶，2020 年 2 月脱贫摘帽。新田境内土壤富硒，地下水富锶，被誉为"硒锶之乡"。新田位于湘南湘西承接产业转移的中心区域，是永州市对接粤港澳大湾区的重要门户，当地林工、硒锶、机械制造、新能源新材料四大主导产业占规模工业比重达 80% 左右。

万人次。在 2020 年的新冠肺炎疫情防控中，光大集团援建的远程医疗系统开展视频培训和咨询 1300 余人次，在农村封路隔离期间发挥了独特的作用。"小诊室解决大难题"乡村远程诊疗项目被国家卫健委评选为 2020 年"互联网＋医疗健康"十佳典型案例。

（四）实施教育和就业扶贫行动，通过扶贫扶智激发内生动力

中国光大集团股份公司大力实施教育扶贫。图为光大集团援建的新田县三井学校教学楼落成。

党的十八大以来，累计投入资金 4500 万元，在三县开展教育扶贫项目 76 个，支持当地学校改建、扩建和添置教学设备，建设了一批"光大希望学校"。2016 年起，连续 5 年在集团干部员工中组织开展"明德"一对一扶贫助学活动，合计捐资 627 万元，帮助建档立卡贫困学生 6700 名。在就业培训方面，依托新田职业中专建设，共建光大家政学院（中心），通过光大置业、光大养老等下属企业为当地培训家庭服务员（保姆），推荐到大城市工作。同时，集团系统内各企业挖掘用工潜能，优先招收和录用贫困县农民工，帮助贫困县剩余贫困劳动力转移就业。

（五）实施金融扶贫行动，为贫困地区提供融资支持和金融服务

在三个贫困县所在地区重点布局金融资源。光大银行永州分行和新田支

古丈县概况

古丈县位于湖南省西部，总面积 1297 平方千米，辖 7 镇 103 个村，总人口 14.4 万人，以土家族、苗族为主的少数民族人口占总人口的 88%。古丈县 2012 年 3 月被列为国家扶贫开发工作重点县，2015 年底光大集团开始定点帮扶，2020 年 2 月脱贫摘帽。古丈是中国有机茶之乡，全县生态茶园面积达 19 万亩，旅游资源丰富，生态环境优良，林木绿化率高达 80.9%。

行、娄底分行和新化支行于 2018 年开业，湘西分行于 2019 年开业。同时，在新化县温塘镇、新田县门楼下瑶族乡布设乡村助农取款服务点，解决当地村民取款难题。持续发挥金融扶贫先锋作用，截至 2020 年 12 月末，光大银行精准扶贫贷款余额 248.14 亿元。光大银行分支机构与新化、新田两县政府合作成立"产业发展风险补偿基金"，为当地小微企业提供 1.75 亿元的资金支持。此外，光大证券、光大信托、光大永明保险分别利用自身业务特点，通过"证券＋期货"、慈善信托、保险帮扶等方式，支持定点扶贫县发展。

（六）实施党建扶贫行动，帮助巩固贫困县农村基层党组织建设

持续推进与贫困县基层党支部的结对共建工作。目前，集团基层党支部与三个贫困县中的 5 个贫困村党支部、1 个学校党支部结成对子，通过多种形式的共建活动，增强基层支部的凝聚力和战斗力。累计支持党建费用 3000 余万元，在三个贫困县援建了 165 个村级综合服务平台，帮助巩固基层党组织阵地建设。深入做好驻村帮扶工作，新化县洋溪镇双星村脱贫出列后，集团又向油溪乡东方红村派驻驻村第一书记，捐资打通了连通东方红村的公路，解决了出行难题，被村民亲切地称为"光大连心路"。

（七）实施生态、旅游扶贫行动，以光大优势企业特色业务助力
乡村振兴

　　光大集团旗下光大国际是国际一流的垃圾焚烧发电企业。光大国际在湖南
已投资益阳、永州、湘乡、汨罗、湘阴等 5 个垃圾发电项目，总投资达 18.7
亿元。其中，在永州宁远市建设的垃圾焚烧发电厂，处理能力覆盖新田及周
边地区。在新化县援建的垃圾焚烧发电厂总投资 5.77 亿元，2019 年底动工，
2021 年将正式并网发电。集团旗下的中青旅控股投资 1600 万元，将山水酒店
落户新化县，2020 年 9 月开始运营后，对带动当地旅游产业发展发挥了重要
作用。光大实业集团在古丈县苗寨建设污水处理与生态厕所项目，在新化、新
田农村分别试点建设生态厕所。光大银行引进"母亲水窖"项目资金 300 万元，
支持三县"饮水安全"工程建设。

　　中国光大集团股份公司多措并举帮助湖南新化县发展产业，不断增强脱贫内生动力。图为光大集
团投资 5.77 亿元在新化县援建的垃圾焚烧发电厂，预计 2021 年 7 月投产。

创新
帮扶模式

中国光大集团股份公司党委高度重视定点扶贫工作，充分发挥集团综合金融、产融结合特色和定点扶贫县资源禀赋两个优势，举光大之力，不断加大领导力度、投入力度、精准力度，对定点扶贫县在资金上提供支持、人才上提供支撑、项目上进行对接，打出了一套富有光大特色的"金融＋产业＋健康＋教育＋党建＋生态"等扶贫组合拳，在帮助定点扶贫县实施脱贫攻坚中发挥了光大力量。

三、讲好扶贫故事，树立榜样，汇聚集团扶贫力量、展现央企良好形象

在定点扶贫工作中，善于总结和挖掘扶贫创新做法，大力宣传脱贫攻坚先进典型，"董事长代言古丈茶"、新田"米大姐"、古丈"茶疯子"、新化"豆王爷"等光大扶贫故事不胫而走，成为佳谈。集团扶贫工作的经验与特色引起社会广泛关注，新华社、《人民日报》等中央媒体先后报道光大扶贫成效和案例数百篇（次）。2020年5月20日，《金融时报》头版头条刊发《攻坚战场上的"光大力量"》，对集团扶贫工作作了重点报道。2020年10月1日，李晓鹏董事长在《中国金融》发表署名文章，全面论述集团定点扶贫工作，展现了决战脱贫攻坚的"光大力量"。

历任扶贫干部

挂职扶贫干部

挂职时间	姓　名	挂职地	挂职职务
2013.1—2017.11	张岳林	湖南省新化县	副县长
2017.11—2021.6	陈　进	湖南省新化县	副县长
2021.6—	谌永刚	湖南省新化县	副县长
2015.12—2018.9	周国平	湖南省新田县	县委常委
2018.9—2021.6	李东山	湖南省新田县	县委常委
2021.6—	袁启能	湖南省新田县	县委常委、副县长
2015.12—2019.11	李言志	湖南省古丈县	县委常委、副县长
2019.11—	秦　纲	湖南省古丈县	县委常委、副县长

驻村第一书记

驻村时间	姓　名	所驻村及职务
2015.7—2021.6	汤道财	湖南省新化县双星村、东方红村第一书记
2021.6—	蔺　彬	湖南省新化县栗山岅村第一书记

中国邮政集团有限公司

|历|程|

自 1999 年起，原国家邮政局定点帮扶陕西省商洛市商州区，2002 年增加商洛市洛南县。邮政体制改革到位后，2009 年起中国邮政集团有限公司接续承担原定点扶贫任务。脱贫攻坚以来，中国邮政持续加大工作力度，充分发挥行业优势，开展电商、金融、产业、教育等特色扶贫项目，变"输血"为"造血"，助力一区一县 2019 年顺利脱贫摘帽。

党的十八大以来，以习近平同志为核心的党中央团结带领全国各族人民，把脱贫攻坚摆在治国理政突出位置，组织实施了人类历史上规模最大、力度最强的脱贫攻坚战。经过几年持续奋斗，如期完成了脱贫攻坚目标任务，近 1 亿农村贫困人口实现脱贫，取得了令全世界刮目相看的重大胜利。

中国邮政集团有限公司深入贯彻落实习近平总书记关于扶贫工作的重要论述、重要指示批示精神，认真贯彻落实中央决策部署，践行央企责任担当，积极发挥邮政优势，按照尽锐出战的要求，聚焦扶贫重点，实施精准攻坚，全力抓好全系统扶贫工作，为脱贫攻坚的重大胜利贡献了邮政力量。

一、强化政治担当，加强组织领导

做好邮政扶贫工作，发挥好"国家队"作用，是中国邮政义不容辞的政治

商州区概况

地处秦巴山片区，土地稀少，工业基础弱，素有"八山一水一分田"之称。总人口 55 万人，盛产中药材、食用菌和核桃，森林覆盖率达 68.6%，空气质量优良。有"天然药库""天然氧吧"之美誉，是秦岭康养胜地。1993 年确定为国家重点扶持贫困县，1999 年开始定点扶贫，2019 年脱贫摘帽。

责任。邮政集团对脱贫攻坚工作高度重视，始终把其作为一项重大政治任务抓实抓好。

邮政集团党组严格落实"三个第一时间"学习机制，认真组织学习宣传，切实抓好贯彻落实。逐级成立由主要领导挂帅的领导小组，建立了组织健全、齐抓共管、责任明确的邮政扶贫工作领导体系，统一研究部署、逐一分解任务、层层压紧责任、全程督导落实，以强大的贯彻执行力保障了脱贫攻坚目标的实现；构建了定点扶贫、金融扶贫、电商扶贫、公益扶贫等互为补充的扶贫格局，各单位、部门、板块协同发力，形成全系统广泛参与脱贫攻坚的强大合力。集团公司负责长期规划和年度工作计划的制定下达、扶贫资金的投入、项目管理办法的修订完善、扶贫项目审计和监督检查；陕西邮政负责与当地扶贫主管部门、集团挂职干部协作配合，因地制宜制定年度扶贫项目实施方案，协调推进项目落实；市县分公司落实电商、金融等行业特色项目。各级邮政每年定期召开扶贫工作领导小组会议，研究部署和推进落实扶贫工作。通过建立健全上下协调一致、板块资源联动、政企沟通顺畅的长效工作机制，为定点扶贫工作提供坚强有力的组织保障。

各级主要领导亲自抓，分管领导具体抓，层层抓落实。党组书记（董事长）、党组副书记等集团公司领导和扶贫主管部门领导，每年都要赴定点扶贫县实地调研，指导扶贫一线抓住打赢脱贫攻坚战的关节点和"牛鼻子"，帮助他们理清了思路、树牢了信心、找出了对策、破解了困难。集团总部派驻4名扶贫干部（其中2名区县政府挂职、2位驻村第一书记）分管或协助分管扶贫工作，一岗双责沟通协调。陕西邮政4名扶贫干部常年驻守定点扶贫县配合抓落实，确保当年扶贫项目全部落实到位。值得一提的是，集团总部挂职干部耿奎同志全身心投入扶贫工作，2018年10月获得"中央和国家机关脱贫攻坚优秀个人"荣誉称号；陕西邮政扶贫办主任梁军参与脱贫攻坚5年多，常年奔波在扶贫一线，2021年2月荣获"全国脱贫攻坚先进个人"荣誉称号。邮政扶贫干部扎实、忘我的良好形象，受到地方政府和基层群众的广泛赞誉。

二、强化制度建设，加强顶层设计

集团公司先后出台《中国邮政集团公司"十三五"定点扶贫项目实施管理办法（试行）》《中国邮政集团公司定点扶贫三年规划（2018—2020)》，设计了产业扶贫、电商扶贫、教育扶贫、金融扶贫、保险扶贫、党建扶贫和乡村振兴类扶贫项目。同时，陕西省分公司配套出台一系列扶贫工作管理制度，包括邮政扶贫项目管理、扶贫资金管理、扶贫工作效果评估管理、电商扶贫网点运营

洛南县概况

地处秦巴山片区，素有"八山一水一分田"之称。总人口46万人，矿产资源丰富，盛产中药材、核桃、烤烟和食用菌；森林覆盖率68.9%，先后荣获"中国梦·避暑之都""中国宜居生态示范县"等称号，是秦岭养生休闲度假胜地。1993年确定为国家重点扶持贫困县，2002年开始定点扶贫，2019年脱贫摘帽。

管理办法和扶贫资金审计、扶贫工作监督指导意见等。以上工作制度的建立，为定点扶贫工作规范有序、脱贫成效扎实显著提供了有力保障。

三、发挥邮政优势，开展特色扶贫

（一）前期阶段（2013—2015 年）

3 年间累计投入专项扶贫资金 540 万元，实施 7 大类 95 个小项目，主要涉及教育资助、科技培训、爱心包裹捐赠和路桥、人畜饮水、河堤加固等基础设施建设方面，覆盖商州区、洛南县所有乡镇，受益群众 20 余万人。

（二）脱贫攻坚阶段（2016—2020 年）

持续加大定点扶贫工作力度，5 年间累计投入专项扶贫资金 4320 万元，聚焦"两不愁三保障"，执行精准扶贫精准脱贫基本方略，整合行业优势资源，加强政企协作不断实践和完善，形成了"以党建扶贫引领脱贫攻坚，以产业扶贫筑牢发展之路，以教育扶贫精准扶贫到根，以电商扶贫助力农品销售，以金融扶贫助推产业发展，以保险扶贫巩固脱贫成果"为主要内容的特色扶贫项目体系，带动 5 万余贫困人口脱贫，受益群众达 40 多万人，助力一区一县 2019 年提前一年顺利实现脱贫摘帽目标，受到当地政府和人民群众的普遍赞誉。

1."党建领航 + 技术引领"，打造"不走的工作队"。中国邮政 5 年累计捐资 80 万元，根据当地脱贫攻坚工作需要，一是先后举办党的十九大精准扶贫精神解读大讲堂、新任村支部书记能力提升培训、贫困村致富带头人产业培育培训和电商运营技术培训，进一步提升基层党支部带领群众脱贫致富的能力，增强党员干部打赢脱贫攻坚战的决心和信心；二是依托农业订单公司、当地农技服务机构和邮政电商、金融等专业部门，深入镇村和田间地头开展脱贫产业技术培训，并捐赠党建类和科技致富类图书。5 年来累计培训基层干部、技术人员 7000 余人次。

2."资助教育 + 解决就业"，阻断贫困代际传递。为缓解贫困家庭子女上

| 中国邮政集团开展"教育＋就业"特色扶贫模式，招收建档立卡贫困家庭学生到邮政院校学习，每人给予专项助学金 2 万元，毕业后进入地方邮政系统工作。图为中国邮政与商州区扶贫开发局为 2018 年度受助贫困生举行欢送仪式。

学难、就业难问题，中国邮政创新采用"教育＋就业"教育扶贫模式，定点招录建档立卡贫困生入读石家庄邮电职业技术学院，学习期间每人资助 2 万元，毕业后安排在邮政企业就业。一是 5 年累计投入资金 562 万元，共定点招录 185 名贫困生入读石家庄邮电职业技术学院，同时开展中小学生教育资助和爱心捐赠活动。二是已妥善安置 44 名毕业生入职陕西邮政企业，另有 49 名毕业生正在实习即将走上工作岗位。为了把好事办好，陕西邮政每年深入所有高中学校宣讲邮政教育扶贫政策，确保政策面前"一个也不能少"；为贫困生提供招生政策咨询和志愿填报辅导服务，开展家访、新生座谈和欢送资助活动，学习期间提供实习岗位；参考个人意愿妥善安置就业，实现一人就业带动全家脱贫，彻底阻断了贫困现象代际传递，该项目在社会上引起强烈反响。案例 1：家住洛南县保安镇小文峪村的贫困生刘玉青（化名），就是中国邮政"教育＋就业"扶贫项目的受益者。她父亲因病去世，欠下 20 万元债务，爷爷奶奶年老多病，她和弟妹三人都在上中学，家中全靠母亲一

人咬牙苦撑。邮政教育扶贫项目把她从失学的边缘拉了回来，帮她圆了大学梦。刘玉青如今成了陕西邮政的一名正式员工，变得开朗自信，在基层营业柜台尽情展现热情，挥洒青春。在她的带动下，妹妹发奋学习，隔年也成功考取中国邮政"教育＋就业"扶贫项目。案例2：家住洛南县四皓镇闫村的闫亮（化名）同学，家徒四壁，姐姐初中毕业即外出打工，哥哥考上大学只能弃读，闫亮得益于邮政教育扶贫项目资助上学和安排就业的好政策，即将毕业走上工作岗位，成为家里新的希望。

3."产业＋金融＋电商"联动，政企合作筑牢致富道路。产业发展是脱贫攻坚的必由之路。5年来，中国邮政持续加大产业扶贫力度，累计捐赠产业扶贫专项资金2257万元。一是引领洛南县发展辣椒种植产业，从2017年全县2000亩发展到2021年种植3万亩，亩均增收3000元，年增加2000多个劳务就业岗位，通过政企携手，已将其培育成当地脱贫主导产业。二是扶持商州区发展辣椒、菊芋等脱贫主导产业8000亩，户均增收4000余元；捐助北宽坪镇韩子坪村建成"邮老哥"香菇酱加工厂，带动213户贫困户入股分红，解决

中国邮政集团公司采取"产业＋金融＋电商"联动模式。图为举行电商扶贫产品签约仪式，树立"邮助农"电商扶贫品牌。

14个贫困群众就地稳定就业，延伸了产业链，夯实了当地食用菌种植产业根基。三是在条件艰苦的偏远村镇，因地制宜扶持发展灵芝、红仁核桃、菊芋、板蓝根和连翘等种植产业，进一步扩大脱贫成果，发展壮大村集体经济。累计带动5万余名贫困群众脱贫和巩固增收。

邮政金融扶贫"输血"，夯实脱贫产业发展根基。近5年累计在商州区、洛南县发放各类贷款超37亿元。一是精准对接金融扶贫贷款需求，为贫困户家庭产业发展提供小额信贷资金；二是依托洛南县扶贫产业贷平台，向核桃收购加工、药材和食用菌种植等产业合作社提供信贷资金，带动贫困户就业和入股分红；三是增强产业项目带贫能力，破解龙头企业和合作社融资难题，连续3年累计向洛南县辣椒种植订单公司提供信贷资金1260万元，为韩子坪香菇酱厂提供信贷资金120万元。

邮政电商"活血化瘀"，破解扶贫农品销售难题。累计投入资金749万元，一是建设县级电商运营中心2处、乡镇"邮乐购"店15处、村级邮政电商服务站32处；二是利用"邮鲜购"平台策划农产品专题营销活动，利用新媒体开展"直播带货"促销，打造商州区、洛南邮乐农品"明星扶贫馆"；三是利用专业团队加强品控，提升包装，努力打造洛南县核桃、豆腐干、土蜂蜜和杂粮锅巴等"洛小鲜"系列农品电商品牌，商州区香菇酱、蜂蜜核桃等"邮老哥"系列扶贫农产品电商品牌。近5年累计助销商州区、洛南县农产品1400多万元。

此外，中国邮政投入140万元，为7万名建档立卡贫困群众提供人身意外伤害及意外医疗保险，创建"中邮保险村"，开展义诊、捐赠等公益活动，巩固来之不易的脱贫成果。还开展了科技扶贫和基础设施建设等扶贫项目。

中国邮政定点扶贫工作得到社会各界广泛认可。中央和国家机关工委多次编发信息专题推介，10余家中央媒体和省市县新闻机构都有宣传报道。2020年，中国邮政定点扶贫工作成效评价为"好"。2016年以来，中国邮政集团公司先后7次被商洛市和商州区、洛南县表彰为"脱贫攻坚先进集体"，多人次被评

创新
帮扶
模式

中国邮政按照党中央扶贫工作部署，结合当地禀赋资源、政府规划和群众需要，发挥邮政"商流、物流、资金流"三流合一行业优势，加强政企合作，创新实践"党建领航＋技术引领""产业＋金融＋电商""资助教育＋解决就业"等特色扶贫模式，变"输血"为"造血"，帮助贫困群众既"富口袋"，更"富脑袋"。

为"脱贫攻坚先进个人"，其中 2 人获得国家级表彰。

时任商洛市委常委、副市长张礼进评价邮政扶贫工作做到了"四个感人"：一是邮政集团有限公司帮扶力度感人，多年来持之以恒，一茬接着一茬干；二是扶贫干部作风感人，自掏腰包帮建幸福院，不辞劳苦奔波在扶贫第一线；三是扶贫效果感人，几个项目都走在全市前沿，尤其是引导朝天椒种植发展为洛南县支柱产业，香菇酱深加工填补商州区农业加工产业空白，延伸了产业链；四是社会影响力感人，采用立体思维方式，行业特色鲜明，"党建领航＋技术引领""资助教育＋解决就业""产业＋科技＋金融＋电商"等链条式帮扶模式，体现了良好的顶层设计和扶贫理念。

历任扶贫干部

挂职扶贫干部

挂职时间	姓　名	挂职地	挂职职务
2016.10—2018.10	耿　奎	陕西省商洛市商州区	副区长
2018.11—2021.5	刘继臣	陕西省商洛市商州区	副区长
2021.5—	蔡　磊	陕西省商洛市商州区	副区长
2016.10—2018.10	蔡　禹	陕西省洛南县	副县长
2018.11—2021.5	杨　明	陕西省洛南县	副县长
2021.5—	万　钧	陕西省洛南县	副县长

驻村第一书记

驻村时间	姓　名	所驻村及职务
2015.8—2016.7	李志翀	陕西省商洛市商州区竹园村第一书记
2016.8—2018.7	赵　武	陕西省商洛市商州区竹园村第一书记
2018.8—2021.5	王海珍	陕西省商洛市商州区上河村第一书记
2021.5—	王东升	陕西省商洛市商州区上河村第一书记
2016.8—2018.7	宋洛民	陕西省洛南县陶岭社区第一书记
2018.8—2021.5	郝　军	陕西省洛南县陶岭社区第一书记
2021.5—	马利华	陕西省洛南县陶岭社区第一书记

中国出版集团公司

2015 年，中国出版集团公司开始定点帮扶青海省泽库县。6 年来，集团公司党组始终将定点帮扶工作作为集团履行"两个维护"的政治检验。集团成立帮扶领导小组、形成"全集团一盘棋"帮扶机制，扶贫扶志扶智并行，投入大量资金人力，发挥文化企业特色优势，以《习近平扶贫故事》《扶贫家书》等图书向世界宣传"中国减贫奇迹"。2020 年 4 月，泽库县脱贫摘帽。

中国出版集团公司自 2015 年 10 月定点帮扶青海省泽库县以来，深入学习贯彻习近平总书记关于扶贫工作的重要论述和党中央脱贫攻坚决策部署，始终将定点帮扶作为一项重要的政治任务来抓。集团党组坚持靠前指挥，积极发动，带领各单位广泛参与，逐渐形成了"中央要求、泽库需要、中版所能"的中国出版集团帮扶整体思路。5 年来，集团定点帮扶工作得到了上级领导和有关部门的肯定。中央政治局委员、中宣部部长黄坤明在视察集团帮扶成果展时给予肯定。2020 年，集团所属研究出版社获评"全国脱贫攻坚先进集体"。在 2019、2020 年度中央单位定点扶贫成效评价中，获评为"较好"等次；在 2019 年度青海省委评选表彰中，获评"中央定点帮扶工作先进单位"。集团派驻的历任 5 位挂职干部全都具备不怕困难、甘于奉献的优秀品格，获得了优秀党员、优秀干部等多项荣誉称号；第一书记仝攀峰被评为"2019 年度青海省脱贫攻坚优秀个人"。

泽库县概况

泽库县地处青海省黄南藏族自治州中南部，辖4镇3乡，64个行政村，全县总人口7.8万人，总面积6550平方千米。县均海拔3700米，年均气温-2.4℃，大气含氧量仅为平原地区的60%，冬季漫长，自然条件恶劣，生态地位突出。地处"三江源"国家自然保护区，既是全国生态功能县，又是黄河三条一级支流的发源地。境内有麦秀国家森林公园、泽曲国家湿地公园、和日国家沙漠公园，野生动植物资源丰富。2012年3月列入国家扶贫开发工作重点县。2020年4月脱贫摘帽。

一、工作回顾

（一）集团主要负责人多次上高原，实地调研、高位推动

定点帮扶工作成为集团一把手工程。从2015年至今，集团先后两任党组书记、董事长谭跃、黄志坚担任扶贫工作领导小组组长，先后多次带队赴高原调研督导；集团党组其他同志担任副组长，多次带队前往泽库调研指导。在集团党组直接领导和示范带动下，集团帮扶工作管理不断走向制度化和规范化，建立起"四级联动"的帮扶工作领导体系。一是所属30家二级单位主要负责人纳入工作小组，保证集团党组对帮扶工作的统一领导。二是集团党组办与扶贫办合署办公，形成垂直管理、高效运转的扶贫工作网络体系。三是实行项目小组制，以项目为核心形成调研、实施、责任、工期等具体方案，保证项目的落实。四是成立前线工作组，整合挂职干部队伍，协调组织地方力量，既保证集团对项目实施的统一领导，又充分发挥地方同志的能动性。

（二）投入2300余万元帮扶资金，全面履行帮扶责任

集团坚持自我加压的工作力度，资金和人力投入逐年增长。5年来，集团

累计投入帮扶资金 2300 多万元，帮助带动 1000 多名建档立卡贫困群众稳步脱贫，帮助 100 多人实现转移就业。其中，帮扶投入的资金从 2016 年的 110 多万元提高到 2020 年的 1200 多万元，翻了 10 倍；培训人数从最初的 48 人次到 2020 年的 601 人次，翻了近 13 倍；图书捐赠从最初的 50 万元码洋到 2020 年的 369 万元码洋，翻了 7 倍多。此外，引进帮扶资金、购买和销售地方特色产品，累计约 700 万元；支部共建结对 6 对，投入 20 多万元开展支部活动。挂职干部方面，集团按上级要求派驻的挂职干部从 2 人主动增加到 3 人，尤其是选派经验丰富的管理人才、大社名社的专业人才、名校毕业的青年人才奔赴高原，以挂职团队的复合性智力优势助推泽库产业发展。

（三）突出扶贫主题出版，讲好中国扶贫故事

结合定点帮扶的扶贫实践，书写人类历史上伟大的减贫奇迹、讲好中国扶贫故事，是中国出版集团的特色优势。集团以此为专业使命，大力突出"扶贫主题"出版。2020 年，记录习近平总书记扶贫理念、扶贫实践的《习近平扶贫故事》一书出版，央视新闻联播给予报道，在海内外引起强烈反响。5 年来，集团旗下的研究出版社、商务印书馆、人民美术出版社等单位出版扶贫主题图书逾百种；尤其是研究出版社成为国内出版业以扶贫图书为核心的专业社；2020 年集团 5 种图书入选中宣部评定的扶贫主题重大项目。

（四）捐建"中版阅读基地"，打造扶志扶智新阵地

扶贫要扶志，扶志先扶智。集团定点帮扶，既着眼脱贫，更着眼未来。5 年来，集团在泽库民族中学等学校设立"中版阅读基地"，持续捐赠近 300 万元中版优秀图书，为藏区的师生们提供精神食粮。在北师大设立"中版夏令营"，为优秀中小学教师提供暑期研修。在省内和县内，每年组织多批次教师培训。在青海省开展"儿童百科图书捐赠及知识竞赛"等活动，全力支持地方教育事业。此外，集团着眼"大文化"，持续向泽库县的和日石刻景区投入 200 万元，带动该项目列入青海省重点文化旅游项目，成为青海省的重点投入项目。

| 中国出版集团有限公司开展泽库教育扶贫工作。图为集团向泽库县捐赠图书。

二、工作成效

（一）严格落实习近平总书记关于统筹推进疫情防控和脱贫攻坚的重要指示精神，全力决战脱贫攻坚

一是深入学习领会习近平总书记的系列重要讲话精神，集团党组主要负责人亲自部署落实。2020年1月春节之前，时任集团公司董事长、党组书记谭跃主持召开党组会，对照学习习近平总书记"四个不摘"重要指示要求，深入研究集团2020年扶贫工作，初步确定了新一年扶贫总目标和总任务。春节之后，面对突如其来的疫情，对照学习习近平总书记2月3日在中央政治局常委会会议上针对贫困地区疫情防控作出的重要指示、2月23日在统筹疫情防控和经济社会发展工作部署会议上的重要讲话、3月6日在决战决胜脱贫攻坚座谈会上的重要讲话，集团党组分别于2月7日、3月10日召开专题座谈会研究各项措施，3月13日召开党组会全面部署：集团各项扶贫责任指标在2019

年基础上增加 10%；2 月 4 日及时向青海泽库县拨付 100 万元专项防疫资金；3 月全面铺开扶贫工作；5 月将全部扶贫资金拨付到位。

2020 年 8 月，时任集团公司总经理、党组副书记黄志坚带队赴泽库现场调研督导，与青海省委宣传部深入交流，并出席集团和省委宣传部联合主办的《中国儿童百科全书》捐赠及"理文杯"百科知识竞赛启动仪式；与泽库县委县政府座谈，深入了解泽库整体脱贫攻坚和集团帮扶开展情况；特别是进村入户，深入了解贫困户和老党员的生活状况并给予慰问。

二是集团党组各位成员全面推进各项扶贫工作。集团公司各位领导结合分管工作，分别在挂职干部管理、扶贫主题出版、数字出版、扶贫宣传等方面同向发力，形成集团党组齐抓扶贫的强大合力。

三是将各项帮扶责任细化准确落地。对照原国务院扶贫办、中央和国家机关工委的具体要求，集团与泽库签订年度帮扶工作协议书，明确双方责任和时间进度要求。为年度帮扶项目列出清晰的月度计划，及时调整和跟进帮扶项目和帮扶任务的执行。集团派驻的 3 名挂职干部，克服高寒缺氧，排除疫情干扰，积极融入当地干部群众，在全年只有 5 个月施工期的艰苦条件下努力加快年度

｜ 中国出版集团公司加大民生建设投入。图为帮助青海省泽库县恰科日乡建设的连心桥。

项目的实施，确保帮扶措施在泽库的有效落地。

（二）克服疫情影响，提前超额完成全年帮扶计划

一是集团一次性投入泽库县 550 万元现金，加上举办相关活动的资金以及图书捐赠等，总投入逾 912 万元，比计划数 550 万元超额完成 66%。二是集团引进第三方企业向泽库县投入帮扶资金 80 万元，比计划数 60 万元超额完成 33%。三是集团对泽库县村"两委"班子培训 176 人次，比计划数 107 人次超额完成 64%。四是集团对教育、卫生、农技方面的技术人员培训 425 人次，比计划数 320 人次超额完成 32.8%。五是集团积极购买贫困地区农产品 174.57 万元，比计划数 150 万元超额完成 16.4%。六是集团帮助销售 108.84 万元，比计划数 80 万元超额完成 36%。七是集团通过设立就业帮扶资金和购买公益性岗位实现 80 名贫困人口转移就业，比计划数 20 个超额完成 300%。八是集团通过基础设施建设、景区改造和扶持龙头企业等方式，全年累计带动 668 名贫困人口增收，比计划数 300 名超额完成 223%。九是集团推动党建扶贫，投入 100 万元资金支持泽库县村级服务中心维修维护，改善基层党员活动室的硬件设施。结对共建 6 个基层党支部，投入 20 多万元开展党支部活动。十是集团加强对第一书记派驻村的帮扶，支持乡村集体经济发展，全年投入 80 余万元购买商铺；投入近 5 万元对困难群众、边缘户和老党员持续开展慰问走访等送温暖活动。

（三）《习近平扶贫故事》等主题图书出版发行，奏响新时代扶贫出版最强音

一是重点主题图书《习近平扶贫故事》正式在海内外发行。该书生动记录了习近平总书记先后在陕西梁家河、河北正定、福建、浙江、上海，直到担任总书记，都始终把人民放在心中最高位置，关心困难群众生产生活、带领困难群众脱贫攻坚的感人故事，生动记录了习近平同志高度重视扶贫开发、驰而不息推进脱贫攻坚的精彩瞬间，展现了习近平同志"我将无我，不负人民"的赤子情怀。集团党组高度重视该书的编辑出版，多次召集专题会议研究部署。该书的出版得到了中央政治局委员、中宣部部长黄坤明的充分肯定。《人民日

突出扶贫主题出版，讲好中国扶贫故事。结合定点帮扶的扶贫实践，书写人类历史上伟大的减贫奇迹、讲好中国扶贫故事，是中国出版集团的特色优势。捐建"中版阅读基地"，打造扶志扶智新阵地。集团在泽库民族中学设立"中版阅读基地"，在北师大设立"中版夏令营"，在青海省开展"儿童百科图书捐赠及知识竞赛"等活动。

报》、新华社、央视《新闻联播》等媒体纷纷予以重点报道。二是集团推出系列扶贫主题出版物。2020年集团5种图书入选中宣部评定的扶贫主题重大项目。商务印书馆的《扶贫笔记》、中国民主法制出版社的《决战2020：拒绝贫困》、研究出版社的《人类减贫史上的中国奇迹》《扶贫家书》等引起行业关注。

（四）《中国儿童百科全书》捐赠及知识竞赛活动成为新亮点

集团在持续捐建"中版阅读基地"的基础上，2020年创新实施阅读活动以带动教育普及。集团捐赠《中国儿童百科全书》1.2万套309.6万元的同时，在黄南州举办"理文杯"中小学生百科知识竞赛活动，极大带动藏区孩子学习汉语、增加知识的热情，提升爱国爱党的思想素质。

三、典型经验

定点帮扶取得成效得益于集团党组高度重视，推动形成上下帮扶"一盘棋"。集团党组要求集团上下将帮扶作为共同的政治任务来抓。2020年集团各单位各部门帮扶工作参与度高、参与面广，从干部派驻到资金、实物捐赠、主题出版、版权输出、党建等全面开展；扶贫实践和集团企业优势融合度高。集团把实实在在的帮扶和中国扶贫经验的理论化宣传、图书出版很好地结合在了一起，集团作为政治组织、文化组织、企业组织的定位，在帮扶工作中天然融合，很好地履行了自身的职责使命。帮扶项目抓的精准、抓出实效。每项工作都与中央对帮扶工作的要求紧密契合，各项投入都与当地脱贫增收的当前和长远需求相结合，把钱用在了刀刃上，花出了效果，产生了带动作用。整体布局注重长远有效。所投项目注重长期化、稳定化，不贪多、不求全，一个个项目迭代改进做好后手安排。集团投入的金额不大，但引导性、示范性效应明显突出。

历任扶贫干部

挂职扶贫干部

挂职时间	姓名	挂职地	挂职职务
2016.10—2019.4	孔学东	青海省泽库县	县委副书记
2019.4—	张振才	青海省泽库县	县委副书记

驻村第一书记

驻村时间	姓名	所驻村及职务
2015.10—2018.8	陆建新	青海省泽库县而尖村第一书记
2018.9—2021.7	仝攀峰	青海省泽库县而尖村第一书记
2021.7—	唐冉	青海省泽库县而尖村第一书记

国家档案局

2015 年 8 月，国家档案局开始重点帮扶四川省凉山彝族自治州喜德县，建立定点帮扶工作机制。2015 年 11 月，分别选派挂职干部和驻村第一书记开展帮扶工作。

按照原国务院扶贫办等九部委《关于进一步完善定点扶贫工作的通知》要求，2015 年 8 月，国家档案局在四川省凉山彝族自治州喜德县开展定点扶贫工作。喜德县地处大凉山腹地，属于"三区三州"深度贫困地区，全县贫困村 136 个、贫困户 16553 户 71486 人。国家档案局自承担定点帮扶任务以来，始终以习近平新时代中国特色社会主义思想为指导，坚决贯彻落实党中央、国务院脱贫攻坚决策部署，在原国务院扶贫办、中央和国家机关工委、中央办公厅扶贫领导小组指导下，深化思想认识，不断强化帮扶责任，努力发挥自身优势，持续加大帮扶力度，真抓实干，精准施策，帮助喜德县于 2020 年 11 月 17 日全面脱贫。

一、扛起政治责任，牢记使命，坚决贯彻落实决策部署决战决胜脱贫攻坚战

（一）强化组织领导、高位推动为实施脱贫攻坚任务提供根本保障

一是成立定点扶贫工作领导小组负责定点扶贫工作的组织领导、决策部

署、检查指导、重大事项的组织协调和落实。局长为扶贫工作第一责任人,担任扶贫领导小组组长,副组长由副局长、机关党委书记兼任,具体负责定点扶贫工作。领导小组将定点扶贫作为重要政治任务,科学谋划,狠抓落实,制定《国家档案局定点扶贫工作实施方案》。每年专题研究审定年度定点扶贫工作计划,明确目标任务、工作思路和实施方案;每季度召开定点扶贫专题会议,对各帮扶事项及时总结、分析研判。定期听取扶贫工作汇报,研究解决重点难点问题,进一步推进扶贫工作。

二是细化责任分工。局扶贫工作领导小组下设办公室,由办公室、行政财务司、机关党委牵头负责定点扶贫各项任务的组织实施及相关具体工作。通过明确分工,落实责任,各成员单位协助配合,确保定点扶贫工作整体有力推进。

三是建立协调有效机制。5 年来深入调查研究,明确工作方向。中央办公厅分管厅领导、驻中央办公厅纪检监察组领导和局班子成员先后 12 次到喜德县调研督导。深入基层了解定点扶贫情况,考察住房建设、特色种养产业、电商扶贫等项目,慰问扶贫一线工作人员,看望贫困户,多次召开县镇两级座谈会,听取当地干部群众的意见。指导脱贫攻坚工作。加强与喜德县委、县政府

喜德县概况

喜德县隶属于四川省凉山彝族自治州,位于四川省西南部,凉山彝族自治州中北部,全县 2200.4 平方千米,人口 22.3 万人,90%以上为彝族人口,是现代彝语标准音所在地,被誉为彝族"母语之乡""漆器之乡"。1993 年列为国家级贫困县,2001 年确定为国家扶贫开发工作重点县,2010 年确定为乌蒙山片区扶贫攻坚县,2016 年9 月被批准为国家重点生态功能区县。2020 年退出贫困县序列。

的双向沟通交流，就脱贫攻坚有关问题与地方同志交换意见，切实解决实际困难。先后派人到喜德调研 54 人次。

（二）强化资金保障、为实施脱贫攻坚任务提供重要基础

国家档案局立足喜德县所需、单位所能，认真落实扶贫责任，采取组织下属事业单位共筹，动员倡议机关职工捐款等方法多方筹措资金，5 年来直接投入帮扶资金 587 万元。坚持优先扶贫资金保障和规范资金使用效益并重的原则整合资金，重点扶持民生领域的基础设施建设，帮扶产业发展、文化教育等短板、弱项和急需项目。为使扶贫项目精准落地，结合需求制定扶贫资金管理办法，确保扶贫资金的高效安全使用。

（三）强化队伍保证、选派优秀人员落实脱贫攻坚任务

选派一批政治强、作风好、肯吃苦、想干事的挂职干部和驻村第一书记到喜德县挂职锻炼。截至 2021 年，先后选派 8 名干部赴喜德挂职扶贫干部和驻村第一书记。挂职干部能够快速转变角色，积极融入当地，发挥主观能动性，带动基层干部群众共同完成脱贫攻坚任务。在培育特色产业、壮大村集体经济、多层面教育帮扶和突出党建引领脱贫攻坚等方面，取得明显成效。

挂职干部队伍政治坚定、纪律严明、作风务实，出色的工作分别获得各级表彰。2016 年，驻村第一书记张启波受到四川省委主要领导的表扬。2019 年、2020 年，驻村第一书记安程亮、张兵分别荣获"喜德县优秀工作队队员"称号。2021 年 4 月，安程亮还被授予"四川省脱贫攻坚先进个人"荣誉称号。2021 年 2 月，县委常委周玉文被授予"全国脱贫攻坚先进个人"荣誉称号。

二、坚持精准方略，积极探索脱贫帮扶特色实践

国家档案局立足喜德县资源禀赋与发展需求，精准对焦，聚力创新，引进帮扶资金 130.9 万元，购买农产品 102 万余元，帮助销售农产品 63 万余元。专项培训基层干部 731 人次，技术人员 840 人次，积极帮助喜德县成功走出一条特色脱贫之路。

（一）立足地方资源禀赋培育富民产业

一是因地制宜，结合当地实际打造特色产业，促进种植养殖业发展，形成多种产业并举的生产模式，帮助贫困户实现可持续增收。支持扩大优质品种的花椒、辣椒、核桃等多种经济作物的规模种植，扩大销路。二是探索创新多方合作模式，大力发展现代农业。与四川省什邡市扶贫办合作以智慧农业现代化标准 3.0 版本共同建设总规划面积 320 亩的京邡达农业产业示范公园，形成带动效应，推动喜德县农业经营模式转型升级。三是为在短期内实现快速增效，扶持发展禽类、彝香猪和中蜂等养殖项目，实现短平快项目和特色产业培育有机结合。四是增强"造血"功能，提升经济活力，积极发展多种新型经营主体。通过宣传及奖补机制引导致富带头人领办农民专业合作社，成立 3 个农民专业合作社，入社村民超过 80 户，通过以奖代补的激励机制，村民发展经济的内生动力得到了进一步释放，为巩固脱贫成果奠定了坚实的基础。

（二）倾情倾力组合帮扶教育

针对喜德县教育短板弱项，助力教育事业在脱贫攻坚时期得到快速发展。一是实施"兰台助学系列活动"计划，发放 51.9 万元资助斯果觉村 173 名"寒门学子"顺利完成中专、高中、大学学业；落实控辍保学任务，为 240 名生活困难的失依儿童发放 14 万元助学金；设立 60 万元的奖励金组织开展优秀教师评选，60 名乡村幼教老师被评为"兰台助学优秀辅导员"，150 名教师获得"兰台助学优秀教师"称号；投入专项资金改善乡镇小学办学条件、改善幼教点基础设施、建设高标准村级幼教点。二是联合中国社会福利基金会实施"授渔计划——精准扶贫一帮一助学行动"，依托四川档案学校资助喜德籍学生完成中专或大专学历教育，将 287 名喜德籍学生纳入"授渔计划"资助范围，帮助其完成职业教育。通过召开家长会、家访等形式，走访贫困学生家庭，倾听他们的声音，尽力帮助解决实际困难。安排组织 10 名优秀喜德籍四川省档案学校学生到中央档案馆实习。其间，组织"与喜德青年'面对面'系列交流活动"在中央办公厅机关 2018 年优秀团日活动奖中排名第一，中央办公厅有关领导

国家档案局在喜德县持续开展"兰台助学系列活动"。图为喜德县乡村幼教老师被评为"兰台助学优秀辅导员"。

亲切看望了实习学生。据了解，该 10 名学生均考上了理想的大学。

（三）突出党建引领赋能志智双扶

坚持人才兴业，持续开展培训项目。根据脱贫攻坚能力储备需要，结合喜德县干部情况，采用示范培训和乡镇集中培训的形式，持续开展培训项目，共为 1757 名乡村干部及后备力量、驻村第一书记、驻村工作队队员开展全覆盖培训。开阔眼界，更新观念，全面提升支委成员的履职能力，激发了基层干部带领村民脱贫奔小康的工作能力与热情。

夯实堡垒作用，强化基层党支部建设。利用每次党支部活动和党建例会的机会，组织形式多样的学习培训，树立村干部脱贫攻坚的担当意识和攻坚克难的信心。健全落实脱贫攻坚帮扶一系列工作制度，把脱贫攻坚任务具体落实到人。为充分发挥村活动室传播党的扶贫惠农政策、培训农牧知识技能、宣传全民健康禁毒防艾的重要功能，加大宣传平台的投入。规范村规民约，制作公示展板增设党务村务公开宣传栏，使党支部和村委的规范运行有了保障。借助喜德县农民夜校平台，在春耕、嫁接、收割等时节，邀请四川省农科院农牧专家，实地讲解花椒栽种、剪枝技术，马铃薯切块、种植技术，种草种植、合理放牧等方法。

（四）多措并举培育新风，激发群众内生动力

围绕脱贫攻坚"住上好房子，过上好日子，养成好习惯，形成好风气"的"四好"创建目标，找准着力点，组织开展多种活动，宣扬先进，摒弃陈规陋习，转变思想观念，倡导健康文明新风，充分激发群众脱贫奔小康的内生动力。

一是开展"国家档案局走基层暖冬行动"，慰问贫困户、五保户、残疾人等，传递党和国家的温暖和关爱，鼓舞大家致富奔小康的信心。二是创建民族团结示范样板，开设宣传栏宣传党的民族政策、扶贫政策，宣讲改变不良习俗、爱护公共卫生、维护公共秩序等知识，引导群众养成良好生活习惯，自觉形成现代文明新风尚，建设良好村风。三是充分发挥妇女作用，带动家庭形成好风尚。开展"展风采、树新风、话致富"妇女主题活动，鼓励当地妇女群众自立自强，不等不靠，发展产业，增加家庭收入，力争早日脱贫致富。四是以组织开展彝族群众喜闻乐见的移风易俗活动为载体，深化"感党恩、听党话、跟党走"教育。组织文明家庭、致富能手等评比活动，树立先进，激发群众创造美好生活的动力。

三、发挥职能优势，汇聚合力推动持续发展

（一）牵线搭桥，穿针引线，争取更多力量，形成合力

联系水利部、国家发展改革委等部门支持米市水库枢纽及灌区工程建设并取得了前所未有的进展。联系农业农村部、四川省农业厅到喜德实地调研，指导县农业部门发展种植养殖产业、建立田头市场等。联系中国教育电视台，宣传报道喜德义务教育成果，促进提高喜德县的办学水平。利用《中国档案报》对喜德县脱贫攻坚成效进行宣传报道。联系协调爱心组织和社会企业引进帮扶资金 130.9 万元，用于发展生产及开展捐赠扶贫活动。

（二）积极拓展农产品外销

帮助喜德县参加深度贫困地区农产品展销对接会，开拓销售渠道。协调喜德特色农业产品进驻农业银行电商平台扶贫商城，推介和展销喜德县农特产品。将喜德扶贫商品在中小微企业档案公共技术服务平台上销售，延伸和拓宽产品销路。组织以"携手同心路，助力致富路"为主题的国家档案局以购代捐系列活动，积极采购喜德产品。通过线上线下综合施策帮助解决扶贫产品销售问题，保障村民稳定增收，2018—2020年实现销售额164.83万元。

（三）调动全员力量，组织捐赠活动

组织"情系大凉山，爱心献喜德"爱心捐赠活动，组织动员干部职工及家属利用业余时间编织爱心毛衣，捐助文具、书籍等学习用品用具，价值共计33.4万元。

（四）加强档案帮扶，提升档案工作水平

加强对喜德县档案工作的业务指导与帮助，解决档案工作中存在的各种困

国家档案局通过文化搭台，加强党员群众血肉联系，进一步激发村民移风易俗的自觉性和创造美好生活的动力。图为2020年7月，国家档案局定点帮扶的斯果觉村"两委"隆重举行"庆祝七一暨火把节群众活动大会"。

创新帮扶模式

　　国家档案局在定点帮扶四川省喜德县脱贫攻坚工作中，突出教育帮扶和档案行业帮扶工作。多方筹措资金定向资助学生完成中专、高中和大学学业，开展优秀教师和辅导员专项奖励，通过"授渔计划"促进职业教育，阻断贫困代际传递。利用行业优势，定向帮助喜德县建设档案馆新馆、进行档案数字化、建设喜德县爱国主义教育基地和举办档案展览，档案工作水平有了极大提升。

难，提升档案工作人员的专业素质。帮助协调专项资金建设档案馆新馆，组织全县档案工作人员 86 人参加《什邡—喜德县脱贫攻坚档案工作规范管理提升培训》。筹措专项资金，推动喜德县档案馆爱国主义教育基地专题展览。组织喜德县档案馆干部职工到佛山、米易档案馆参观学习，联系引入苏州智汇邦劳务派遣有限公司帮助完成喜德县脱贫攻坚档案数字化整理工作，使喜德县档案工作水平有了很大提升。

历任扶贫干部

挂职扶贫干部

挂职时间	姓　名	挂职地	挂职职务
2015.11—2016.11	冯朝晖	四川省喜德县	县委常委
2016.12—2018.11	范理权	四川省喜德县	县委常委

挂职时间	姓　名	挂职地	挂职职务
2018.12—2021.5	周玉文	四川省喜德县	县委常委
2021.6—	金晓冬	四川省喜德县	副县长

驻村第一书记

驻村时间	姓　名	所驻村及职务
2015.11—2016.11	张启波	四川省喜德县斯果觉村第一书记
2016.12—2018.11	朱　玥	四川省喜德县斯果觉村第一书记
2018.12—2019.10	安程亮	四川省喜德县斯果觉村第一书记
2019.11—	张　兵	四川省喜德县斯果觉村第一书记

国家保密局

历 程

2015 年，国家保密局成立定点扶贫工作领导小组及办公室，统筹谋划推进湖北省房县定点帮扶工作。每年召开定点扶贫工作领导小组会议，部署年度帮扶任务。主要负责同志每年深入房县脱贫攻坚一线督导调研，看望困难群众。各部门、各所属单位充分发挥自身优势，落实帮扶责任。先后选派 8 名优秀年轻干部挂职或驻村帮扶。

2015 年以来，国家保密局（以下简称保密局）坚持以习近平新时代中国特色社会主义思想为指导，深入学习贯彻习近平总书记关于扶贫工作的重要论述和党中央脱贫攻坚决策部署，严格落实党中央、国务院定点扶贫工作部署要求，认真履行定点帮扶责任，选派优秀干部挂职扶贫，积极探索多渠道精准脱贫帮扶路径，主动协调各方力量、整合多方资源，扎实推动政策扶贫、产业扶贫、消费扶贫、教育扶贫等各项帮扶工作，取得显著成效。2019 年房县提前实现脱贫摘帽，累计脱贫 55896 户 153824 人，建档立卡贫困户全部脱贫，69 个贫困村全部出列，先后通过国家和湖北省两级扶贫成效考核第三方评估、贫困县退出专项评估、脱贫攻坚普查，实现高质量脱贫。

房县概况

　　房县位于鄂西北，面积5110平方千米，辖20个乡镇、281个村，总人口48.9万人，有"诗经故里"和"中国诗经文化之乡"美誉，森林覆盖率78.3%，拥有国家级自然保护区、森林公园和湿地公园各1个，黑木耳、香菇、黄酒驰名中外。2012年3月，被确定为国家扶贫开发工作重点县。2015年保密局开始定点扶贫，2020年脱贫摘帽。

一、加强组织领导，深入调研督导

　　保密局高度重视定点扶贫工作，把定点帮扶当作大事要事提上议事日程，成立定点扶贫工作领导小组及办公室，主要负责同志任领导小组组长，机关党委书记任常务副组长，局机关部门及所属单位两级领导参与，配备专门工作力量，定期组织召开扶贫工作会议，邀请原国务院扶贫办有关领导和房县有关负责同志共同研究制定扶贫计划、安排部署具体工作。主要负责同志每年就扶贫工作批示均超50件次，每年深入房县脱贫攻坚一线调研考察，传达学习中央扶贫政策和习近平总书记有关重要指示批示精神，走访慰问贫困群众，督导检查中央决策部署任务落实情况。局班子其他成员、各部门单位负责同志80余人次赴房县督导调研，推进相关工作任务，助力房县脱贫攻坚。

二、多方招商引资，助力产业发展

　　发挥保密系统优势，组织军工集团和相关企业与房县召开定向扶贫对接座谈会，以带队走访、组织考察等形式，为房县和国家部委、中央企业、科研院所、保密协会会员单位等搭建沟通交流平台，积极推动产业项目、投资项目落地见效。协调农业农村部所属中国农业科学院蜜蜂研究所，指导房县发展中蜂养殖产业；推动中国科学院植物研究所和房县合作，发展构树种植生态扶贫项目；协调商务部电子商务司，帮助房县发展农村电商物流产业；推动军工企业、金融投资企业在房县设立发展基金；帮助引进忠和酒业等 3 家企业，投资 3.3 亿余元。实施特色产业提升工程，协调新华社、中央电视台、《秘书工作》杂志社等媒体宣传报道房县特色农产品，帮助房县出版《房县中药志》系列丛书，进一步提升房县优质特色农产品的知名度和美誉度。

三、多方协调联络，引进帮扶资金

认真学习、及时掌握中央有关政策，帮助房县协调落实帮扶资金。协调财政部等部门安排专项转移支付资金超 2 亿元；协调国家发展改革委加大对整乡推进扶贫开发支持力度，安排以工代赈资金 2000 万元；帮助房县争取彩票公

| 国家保密局积极发动所属单位直接投入资金共计 430 余万元，帮助房县发展多项扶贫产业。图为援建的光伏发电站，可为村集体年增收 5 万元。

益金项目资金 2000 万元；协调商务部帮助房县成功申报电商示范县，获得项目建设资金 2000 万元。积极发动所属单位直接投入资金共计 430 余万元，帮助房县发展油牡丹种植、中药材种植、生猪养殖、光伏发电等扶贫产业，做好扶贫车间建设。

四、治理生态环境，发展文旅产业

协调国家发展改革委和水利部，争取土地整理和小流域治理项目。协调国家林草局争取生态扶贫方面的政策支持，帮助争取石漠化治理资金 1100 万元，古南河湿地保护项目 1000 万元，积极修复保护生态环境。利用房县地理环境和历史文化优势，因地制宜推动生态、文化、旅游融合发展，指导推动房县大力发展文化旅游产业，打造"诗经故里""黄酒之乡"，举办房县诗经（黄酒）文化旅游节，推出"西关印象"文化品牌，形成生态、文化、旅游"三位一体"的融合发展模式，有力推动了经济发展，促进了贫困人口就地就业，带动了群众增产增收，取得了良好的经济效益和社会效益。

五、拓展销售渠道，推进消费扶贫

组织开展"助力脱贫·爱心义买"活动，动员全体党员干部职工积极参与购买房县特产。机关工会将节日慰问会员专项经费转为消费扶贫资金，购买房县特色农副产品 150 余万元。动员所属单位拿出全年伙食费预算 5% 的额度，用于采购房县农副产品。协调中航工业"爱心·航空"消费扶贫平台、中石化"易捷在线"电商销售平台、农业银行扶贫商城等，将房县 8 家企业 32 款产品录入其网络销售平台。推动房县与京东等知名电商企业合作，在门户网站设立房县特产馆。协调"家有购物频道"与房县签订 2 亿元黄酒销售协议。2016 年以来共帮助房县销售特色农产品 930 余万元。向中央部委、中央企业和保密系统发出倡议，同等条件下优先采购房县扶贫车间的产品，帮助销售产品 100 余万元。

| 国家保密局指导推动房县举办诗经（黄酒）文化旅游节。图为文化旅游节启动仪式。

六、开展教育扶贫，阻断贫困传递

2016 年以来，保密局已连续 4 年开展"结对子"教育帮扶工作，主要负责同志带头，机关及所属单位 60 个党支部（党总支、党小组）采取"一对一""多对一"等形式，与房县建档立卡贫困学生开展"结对子"，踊跃捐助教育帮扶资金，累计捐助 140 余万元，惠及房县贫困中小学生 500 余人次。组织房县品学兼优的贫困学生代表赴京开展夏令营活动，帮助他们开阔视野，培育爱国主义精神，树立远大志向。协调保密协会会员单位捐赠价值 1000 余万元的帮扶资金和设备，设立教育帮扶基金，帮助贫困家庭学生完成义务教育学业，并提供实习、就业机会等。开展"送文化、送知识"活动，向机关全体干部职工发出图书捐赠倡议，并积极发动所属金城出版社以及保密协会会员单位等，向房县图书馆捐赠图书近 7000 种共 2 万余册，涉及政治、经济、军事、哲学、科学等 12 个类别，码洋近 100 万元。

七、开展专题培训，提升发展技能

根据房县特点和发展生产的实际需求，组织有关方面的专家开展培训。协调中国科学院信息工程研究所等为房县开展信息化业务培训，410 余名党政干部参加。协调中国农业科学院蜜蜂研究所、国家生猪种业工程技术研究中心等单位为房县开展蜜蜂养殖、生猪养殖等技术培训，620 余名畜牧技术人员、致富带头人、养殖户等参加学习，有针对性地指导解决扶贫产业发展的实际问题。

八、开展精准帮扶，关爱困难群体

协调中国红十字会拨付 40 万元专项资金为房县回龙乡村建设"博爱家园"社区服务站。协调房县中医院为回龙乡 102 名贫困群众进行免费体检、送医送药，开展健康讲座。实施就业帮扶行动，提供工勤和服务岗位，定向招录 28 名房县贫困家庭人员。协调国家林草局，帮助房县增设生态护林员 545 人，全部落实到建档立卡贫困户。每次赴房县调研期间，都深入贫困家庭，走访慰问贫困群众或留守儿童。

九、捐助紧缺物资，助力疫情防控

新冠肺炎疫情发生后，坚决贯彻落实习近平总书记"坚定信心、同舟共济、科学防治、精准施策"的重要指示精神，保密局主要负责同志多次与房县县委、县政府主要负责同志电话联系，了解疫情状况，沟通防控需求，专题研究具体帮扶措施，机关党委书记与有关生产防疫物资省份紧急联系，积极协调资源，并组织扶贫办同志广泛发动社会力量，动员所属单位、保密协会会员企业为房县捐助急缺的口罩、防护服等战"疫"物资共计 12.8 万余个（套），价值近 800 万元，捐助疫情防控专项资金 110 万元，帮助解决燃眉之急，助力房

创新帮扶模式

国家保密局利用当地独特的地理环境和历史文化优势，因地制宜帮助房县培育、推广庐陵王酒业、神武山珍、九方魔芋等一批特色农产品品牌，并进一步整合形成"房县贡礼"区域公共品牌，在中央电视台进行宣传报道，在京东等知名电商平台设立房县特产馆进行产品推广，协助举办诗经（黄酒）文化旅游节，推动形成农业、文化、旅游"三位一体"的融合发展模式。

县打好疫情防控的人民战争、总体战、阻击战。

十、选派优秀干部，奋战基层一线

先后选派 7 名同志到房县挂任县委常委、副县长或驻村第一书记等职务，充分发挥桥梁纽带作用，扎根基层认真履职，积极主动服务贫困户，与村"两委"和贫困群众一起奋战在脱贫攻坚一线。其中，1 人次荣立二等功、1 人次荣立三等功，1 人次荣获"优秀共产党员"荣誉、1 人次荣获"优秀党支部第一书记"荣誉、1 人次荣获"湖北省脱贫攻坚先进个人"。疫情期间，熊燨、敖军、王域广 3 名在房县挂职扶贫同志一方面积极筹措防疫物资，共筹集近 2 万元的防疫款物，发动社会力量捐助 20 万元，帮助解决物资紧缺难题；另一方面指导督促相关部门做好疫情防控和宣传工作、春季农业生产、劳务输出、农副产品销售等相关工作。

历任扶贫干部

挂职扶贫干部

挂职时间	姓　名	挂职地	挂职职务
2015.12—2016.12	毛坚权	湖北省房县	县委常委、副县长
2016.12—2018.12	俞　飞	湖北省房县	副县长
2018.12—2021.3	熊　犠	湖北省房县	副县长
2021.3—	冯金超	湖北省房县	副县长

驻村第一书记

驻村时间	姓　名	所驻村及职务
2015.9—2017.8	金　运	湖北省房县黑獐沟村第一书记
2017.7—2019.8	李亚巍	湖北省房县黑獐沟村第一书记
2019.9—	敖　军	湖北省房县黑獐沟村第一书记

国家粮食和储备局

历 程

1999 年，国家粮食和储备局（原国家粮食局）开始定点扶贫四川省金阳县，2015 年 8 月，调整为定点扶贫安徽省阜南县。2018 年 3 月，根据十三届全国人大一次会议表决通过的《关于国务院机构改革方案的决定》，组建国家粮食和物资储备局，继续负责定点扶贫阜南县。

1999 年至 2014 年，国家粮食和储备局负责定点帮扶四川省金阳县，2015 年 8 月调整为安徽省阜南县。党的十八大特别是打响脱贫攻坚战以来，国家粮食和储备局坚持以习近平新时代中国特色社会主义思想为指导，认真学习贯彻习近平总书记关于扶贫工作重要论述，坚决落实党中央、国务院决策部署，在中央和国家机关工委、原国务院扶贫办的指导下，聚焦定点扶贫的安徽省阜南县实际需求，实施产业、消费、项目、党建、就业全方位扶贫，帮助阜南县于 2020 年 4 月如期脱贫摘帽，45233 户 130123 人实现脱贫。同时，培育出可复制可推广的粮食产业高质量发展带动稳定脱贫、促进乡村振兴的"阜南样板"和全国粮油消费扶贫平台。2019 年、2020 年连续两年在中央单位定点扶贫工作成效评价中被评为"好"，局扶贫办被党中央、国务院授予"全国脱贫攻坚先进集体"。

一、聚焦政治责任，强化担当狠抓落实

（一）局党组高度重视率先垂范

局党组始终将定点扶贫工作作为重要政治任务扛在肩上，成立由主要负责同志任组长、党组成员任副组长的扶贫工作领导小组。局党组主要负责同志、分管领导每年赴阜南县调研督导，局领导累计 11 人次到阜南县实地指导和推动工作。每年制定定点扶贫工作计划，明确任务分工，以钉钉子精神狠抓落实。

（二）司局单位齐心协力推动落地

2018 年机构改革后，在规划建设司（扶贫办）综合处加挂"扶贫支援处"牌子，建立扶贫办协调推进、各司局单位分工落实、垂管系统和粮食行业协同发力的工作机制。党的十八大以来累计投入帮扶资金 1542.57 万元，引进帮扶资金 7580 万元，培训各类人才近 5800 名；购买贫困地区农产品 1151 万元、帮助销售农产品 18 亿元，其中购买阜南县农产品 218 万元、帮助销售农产品2400 余万元。

（三）挂职干部尽锐出战组团扶贫

先后选派 12 名优秀干部到阜南县挂职，2018 年以来一直保持 5 名挂职干

阜南县概况

安徽省阜阳市阜南县地处皖西北，襟带颍淮，承接豫皖，国土面积 1801 平方千米，人口 173 万人。阜南县区位独特，文化厚重，资源丰富，境内出土了"龙虎尊"等珍贵文物，会龙辣椒、黄岗柳编、郜台板鸭、晚秋黄梨、田集萝卜和食用菌等质优量大，独具特色。1993 年被确定为国家重点扶持贫困县，2015 年由国家粮食和储备局进行定点扶贫，2020 年脱贫摘帽。

部，分别在县委县政府、粮食局、扶贫办、镇、村挂职，实现各层级全覆盖，开展组团式扶贫。驻村第一书记杨乔伟 2018 年被评为"中央和国家机关脱贫攻坚优秀个人"。

二、聚焦优质粮食，精心培育粮食产业扶贫"阜南样板"

阜南县是全国产粮大县，小麦播种面积 120 万亩。同时也是粮食产业弱县，小麦品种杂乱、种植粗放、规模化程度低，全县没有一个上规模的粮食加工企业，是典型的种原粮、储原粮、卖原粮的粮食"高产穷县"。局党组深入贯彻落实习近平总书记关于"发展产业是实现脱贫的根本之策"的重要指示精神，以实施优质粮食工程为抓手，累计引进资金 3715 万元，突出强化龙头企业带动作用，以规模化、标准化、品牌化为方向，通过"示范种植—规模化种植—就地加工转化"扶贫三步走，推动产业链、价值链、供应链"三链协同"，促进优粮优产、优购、优储、优加、优销"五优联动"，培育出粮食产业高质量发展带动稳定脱贫、助力乡村振兴的"阜南样板"。

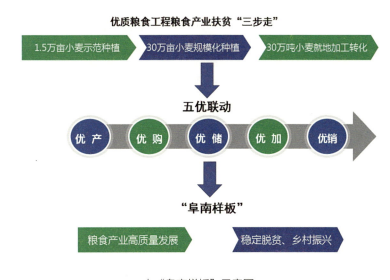

| "阜南样板"示意图

（一）充分发挥流通激励作用，推广优质小麦订单

2018年，引进中粮贸易公司在阜南县试点种植1.5万亩优质小麦，从全县100多个小麦品种中优选6个良种，实施"一村一品"整村式推进，手把手指导农民用最好的技术种出最好的粮食，实现了"种出好品质、卖出好价钱"，破解了"谁来种地、怎么种好"的现实难题，也突破了"谷贱伤农"的发展瓶颈，优粮优产取得良好开局，成功迈出良种示范种植"第一步"，粮食产业由粗放型向集约化转变。

（二）积极引进龙头骨干企业，优化粮食供需结构

2019年，支持中化农业公司、中粮贸易公司建立"企业+合作社+基地+农户"利益联结机制，根据市场需求种植优质小麦订单30万亩喜获丰收，亩产增加100多斤，种植成本每亩降低60元，两家公司以高于市场价5%加价收购，每亩助农增收约200元，贫困户42208人直接受益。同时，建设10万吨高大平房仓、盘活闲置粮仓开展分品种储存，实现优粮优购、优粮优储，顺利完成规模化种植"第二步"，扶贫方式由"输血式"扶贫向"造血式"扶贫转变。

（三）探索粮食产业集群发展，质量兴粮产业强县

2020年，支持中化农业公司建成1个现代农业技术服务中心和15个服务站，可为120万亩耕地提供"一站式"农事服务，已带动87家合作社和近20万农户走上共同富裕路。引进中裕食品公司投资6.3亿元，建设30万吨面粉生产和食品加工厂，可带动60万至80万亩优质小麦订单种植，逐步培育壮大粮食产业集群，实现优粮优加、优粮优销，扎实走稳就地加工转化"第三步"，合作社和中小企业发展由分散经营向抱团发展转变。2020年冬季，阜南优质小麦订单种植扩大到35万亩，将带动近5万名贫困群众增收，让种粮成为有奔头的产业。

（四）以"阜南样板"为"小切口"，探索解决高产穷县"大问题"

832个原国家级贫困县中，产粮大县达258个，占比31%，普遍存在粮食产业薄弱、种植方式粗放、种粮积极性不高等共性问题。2020年，指导龙头企业在64个产粮贫困县推广"阜南样板"，开展优质粮食订单200多万亩，联农带农80多万户，实现优质粮食增产1.4亿斤，年助农增收超4亿元，着力

把"阜南样板"打造为在更高层次上保障国家粮食安全的有益探索，巩固拓展脱贫攻坚成果同乡村振兴有效衔接的重要抓手，以及在新发展格局中提高粮食产业链供应链水平的有效举措。

中央电视台"焦点访谈"、国家乡村振兴局《乡村振兴简报》和《人民日报》等主流媒体多次对"阜南样板"进行宣传报道，《经济日报》以《粮食"高产穷县"困局如何解》为题整版作了报道。

三、聚焦消费扶贫，搭建贫困地区产品销售新平台

国家粮食和储备局深入学习贯彻习近平总书记"在扶持贫困地区农产品产销对接上拿出管用措施"的重要指示精神，出台"一二三四"举措全面推进消费扶贫，相关工作被国家发展改革委评为 2020 年全国消费扶贫先进典型。

（一）打造一个全国粮油消费扶贫平台

2019 年起，在举办中国粮食交易大会期间，连续两年参办全国贫困地区

｜ 2020 年 10 月，第二届全国贫困地区优质特色粮油产品展销会在福建省福州市举办，开展中央和国家机关定点扶贫县农副产品产销对接活动。图为展销会会场。

优质特色粮油产品展销会，免费搭建展区，提供"免费参展、拎包卖货"一站式服务，逐步打造成全国性消费扶贫大平台。2019 年首届展销会在河南省郑州市举办，展销面积约 3000 平方米，帮助 169 个贫困县销售农产品 2.4 亿元。2020 年在国家发展改革委指导下，在福建省福州市举办第二届展销会，开展中央和国家机关定点扶贫县农副产品产销对接活动成效更为显著。展区面积达 11000 平方米，336 个国家级贫困县的 700 多家合作社和企业参展，现场销售 187 万元，采购签约近 16 亿元。其中，71 家中央和国家机关单位 113 个定点扶贫县现场销售 40 万元，采购签约 5.3 亿元。

（二）精心培育两个"村社合一"合作社

帮助两个贫困村党支部带领贫困户创办"村社合一"合作社，实现增强基层支部号召力、壮大村集体经济、促进贫困户增收、解决农产品滞销"四方共赢"。坚持支部引领，建立"党建＋产业＋合作社＋贫困户"利益共同体，形成支部引领创办、村集体资产入股、党员干部和贫困户自愿进社、村民积极参与的新型经营主体。坚持精准帮扶，合作社优先吸纳贫困户加入合作社，优先聘用贫困户务工，优先高于市场价订单采购贫困户农产品，收入除日常运转和发展外，全部用于贫困村公益事业。坚持市场导向，两家合作社注册"洪河味""谷河湾"商标，带领贫困户开展粮有袋、菜有篮、油有瓶、蛋有盒、果有箱、蜜有罐"六个有"农产品初加工，坚持高质量备货、高标准验货、高效率发货。同时，创建农产品全程质量溯源体系免费供合作社扶贫产品使用，通过扫描溯源码即可获知扶贫产品上市日期和帮扶贫困户基本信息，让客户明明白白扶贫、贫困群众实实在在获利。两家合作社从 2020 年 8 月成立不到半年，便实现销售 105 万元，村集体盈利近 15 万元。盛郢村合作社还为全村农户购买水稻、小麦种植保险 4.9 万元，实现全员分红受益，在阜南县属于首例。

（三）搭建三个线上线下销售渠道

一是打造不落幕的展销会。依托中国好粮油电子交易平台 3.6 万家企业会员的优势资源，设立消费扶贫云上展厅，免费为全国贫困县合作社和企业搭建全产业链对接平台，长期展销优质特色农副产品，小麦、稻谷、玉米等原粮也可以上线销售。二是协调上线"832平台"。主动对接原国务院扶贫办和中国供销电子商务公司寻求指导支持，安排挂职干部手把手教企业办理各项手续，不定期到企业对产品品质和价格进行调研检查。三是建设好粮油直营店。支持中化农业创建阜南好粮油直营店，严格筛选进店农副产品，建立不合格退出机制，注重质量把控和产品包装，把当地优质的好粮油产品供货给全国各地。

（四）扎实开展消费扶贫四大行动

陆续开展粮食和物资储备垂管系统消费扶贫行动、湖北农产品采购专项行动、中央和国家机关部分单位定点扶贫县好粮油进北京活动和国家发展改革委、国家粮食和储备局、国家能源局"统筹三方资源、协同推进消费扶贫"行动。2020年采购贫困地区农产品数额858万元，是2019年的3倍多，采购湖北受新冠肺炎疫情影响滞销农产品283万元。

四、聚焦扶志扶智，激发脱贫致富内生动力

国家粮食和储备局深入学习贯彻习近平总书记"脱贫攻坚既要扶智也要扶志"的重要指示精神，加强党员干部培养、强化技能培训、帮助实现就业，持续激发贫困群众内生动力。

（一）强化支部党建引领，培养脱贫攻坚带头人

组织23个司局单位党组织与阜南县9个贫困村支部和15户贫困户开展"支部帮村、党员帮户"共建活动，组织村干部到北京参加学习贯彻党的十九届四中全会精神专题培训班，累计捐款62.9万元，帮助村支部和贫困户解决实际困难。在阜南县举办党建培训班，共培训贫困村"两委"班子成员等基层干部1172人次，实现贫困村全覆盖。建立干部培养机制，接收阜南县两名年轻干部在扶贫支援处跟班学习，帮助培养上接天线、下接地气的人才。

（二）建好用好扶贫车间，家门口就业促脱贫

阜南县有173万人口，约75万在外打工。为吸引外出务工人员返乡和帮

助贫困群众就地就业，同时增加村集体收入，国家粮食和储备局累计投入 966 万元，援建 8 个扶贫车间、2 座光伏电站和 1 个保鲜库，每年为村集体增加收入 104 万元。2019 年援建的 5 个扶贫车间在新冠肺炎疫情防控期间及时复工复产，招聘近 170 人，帮助 59 名贫困群众就地就业。2020 年援建的 3 个扶贫车间和 1 个保鲜冷库，2021 年上半年陆续投入使用，吸纳包括 120 多户脱贫户在内的 300 多人就业。

| 国家粮食和储备局积极援建扶贫车间，帮助贫困群众就地就业。图为 2019 年捐资 100 万元建设的苗集镇罗庄村扶贫车间，吸纳就业 58 人，其中贫困户 28 人。

（三）加强就业技能教育，增强脱贫致富能力

注重发挥粮食行业优势，邀请粮食科研院校专家走进田间地头，协调中化农业公司、中粮贸易公司等龙头企业开展农业技术培训，累计培训农民 2 万余人次，培育了一批爱农业、懂技术、善经营的新型职业农民。连续 3 年举办光伏技术培训班，帮助 1725 名贫困群众走上光伏协管员岗位，实现一人就业、全家脱贫。2017 年起，连续 4 年每年投入 45 万元设立"励志助学金"，帮助 1800 名贫困儿童解决上学难题。

创新帮扶模式

　　国家粮食和储备局以优质粮食工程为载体，短短 2 年内在阜南县完成示范种植—规模化种植—就地加工转化三步走，建成 35 万亩优质小麦基地，引进 6.3 亿元加工项目，支持新建 10 万吨粮仓，蹚出粮食全产业链扶贫路子，培育出稳定脱贫同乡村振兴有效衔接的"阜南样板"，在 13 个省 64 个贫困县推广。举办两届消费扶贫展销会，帮助销售农产品 18.3 亿元。

历任扶贫干部

挂职扶贫干部

挂职时间	姓 名	挂职地	挂职职务
2016.8—2018.8	于 涛	安徽省阜南县	副县长
2018.8—2021.2	杨卫辰	安徽省阜南县	县委常委、副县长
2021.2—	张 涛	安徽省阜南县	副县长

驻村第一书记

驻村时间	姓 名	所驻村及职务
2015.10—2017.10	杨乔伟	安徽省阜南县盛郢村第一书记
2017.9—2019.9	喻 珩	安徽省阜南县盛郢村第一书记
2019.9—	谢志刚	安徽省阜南县盛郢村第一书记

国家能源局

2009 年 11 月，原国家电力监管委员会开始定点扶贫甘肃省通渭县。2012 年 11 月，原国家能源局开始定点扶贫甘肃省清水县。2013 年机构改革后，原国家能源局与原国家电力监管委员会重组为新一届国家能源局，负责定点扶贫通渭、清水两县，2020 年两县脱贫摘帽。

党的十八大以来，国家能源局坚定遵循习近平总书记关于扶贫工作的重要论述，全面贯彻落实党中央、国务院决策部署，坚决扛起定点扶贫政治责任，充分发挥行业优势，举全局之力，动员全行业和社会有关方面力量，倾心倾力帮助甘肃省通渭县和清水县，与两县广大干部群众一道发扬钉钉子精神，咬定目标，精准发力，加大投入，拓展渠道，助力两县按期实现了整县脱贫摘帽、农村贫困人口全部脱贫，经济社会发展取得长足进步。

一、扎实开展定点扶贫工作

国家能源局党组始终高度重视定点扶贫工作，持续强化扶贫组织领导，创新帮扶举措，务求抓细抓实抓出成效。

（一）加强组织领导

强化组织机构。承担定点扶贫任务后，国家能源局立即成立扶贫工作领导

通渭县概况

甘肃省通渭县位于甘肃中部，地处黄土高原丘陵沟壑区，干旱少雨。2009年开始由原国家电力监管委员会进行定点扶贫，2011年被列入六盘山区集中连片特困地区，2017年被列为省定深度贫困县，2020年底脱贫摘帽。特色优势产业包括草畜、玉米、马铃薯、中药材、小杂粮、果蔬等。通渭县风力资源丰富，光照充足，是全省第三个、陇中地区唯一百万千瓦级风电基地。

小组，并不断强化组织机制，局主要负责同志任组长，分管局领导任副组长，全局40个单位一把手为小组成员，并指定专责扶贫联络员。为加强日常扶贫工作，又成立了扶贫开发处、扶贫工作专班等机构，充实定点扶贫工作力量。

部署压实责任。局党组每年召开党组脱贫攻坚专题会和扶贫工作领导小组会议，及时传达学习贯彻习近平总书记关于扶贫工作的重要指示批示精神，研究推进定点扶贫工作事项。2016年印发国家能源局定点扶贫的五年规划，2018年印发国家能源局定点扶贫三年实施方案，每年初印发定点扶贫工作要点，明确帮扶任务事项，并将任务指标分解到局内各单位，建立扶贫工作台账，每季度更新进展情况，在党组会上通报，督促责任单位落实。

重视督导调研。与两县建立完善定期会商、挂牌督战、台账督办、调研督导等工作机制，有力推动两县党委、政府履行脱贫攻坚主体责任。2013年以来，局领导和局下属单位每年多次赴两县调研，实地考察脱贫攻坚进展情况，慰问扶贫干部和贫困户。2018年起，局党组书记、局长年初首次调研安排在定点扶贫县成为惯例。

加强作风建设。按照中央部署要求，国家能源局认真开展扶贫领域作风问题治理工作，印发专项治理工作方案和问题清单，从增强"四个意识"、提高工作精准度、扎实度、责任落实力度等方面，采取相应措施，对号入座整改，以作风建设促进提高定点帮扶成效。

（二）能源帮扶工程

国家能源局发挥行业优势，广泛动员行业力量，指导帮助两县能源建设，特别是大力发展新能源产业。

风电建设。帮助通渭县规划 120 万千瓦风电基地，总投资 88 亿元，到 2020 年底已建成 50 万千瓦，累计发电 31 亿千瓦时，增加税收 1500 万元。帮助清水县建设 6 万千瓦风电，于 2020 年全部投产，项目带贫 330 户，每年为县财政带来 850 万元税收。

| 国家能源局帮助指导通渭县、清水县 2015 年在全国率先启动建设光伏扶贫工程。图为通渭县 50 兆瓦集中式光伏扶贫电站。

光伏扶贫。帮助指导通渭县、清水县 2015 年在全国率先启动建设光伏扶贫工程，到 2020 年底，分别建成 16.24 万千瓦、10.2 万千瓦，是甘肃省光伏扶贫建设规模最大的两个县，共惠及 319 个贫困村、2.96 万户贫困户，每个村集体年收入可增加 10 万—40 万元。

农网改造。2013 年以来，累计投入两县农网改造升级资金 5.82 亿元，其中中央投资 9600 万元。通渭、清水两县是甘肃省贫困县中率先达到农网改造标准的两个县，并率先实现动力电全覆盖，到 2020 年底，两县农村用电指标均高于全省平均水平。

清洁供暖。2018 年，支持通渭县建设了甘肃省首个利用弃风电量供热的蓄热式电锅炉示范项目，并指导开展二期项目建设；组织专家指导清水县启动清洁供暖技术路线研究，为规模化推广乡村清洁供暖奠定基础。

（三）助力发展特色产业

特色种植养殖业。结合光伏项目建设，积极探索"光伏+"产业，推动发展"板下经济"，充分发挥农村合作组织、龙头企业的带动作用，在光伏基地内建设牛、羊、鸡等养殖场，种植金银花等药材，并协调资金帮助两县发展花牛苹果、蔬菜、汗血宝马、黑驴、种猪等一批特色产业，带动大批贫困户通过劳动脱贫致富。

特色手工业。为解决留守老人、妇女等弱劳动力就业增收问题，在通渭县协调引进外贸企业，多次组织草编工艺品、假睫毛等手工业培训，采用来料加工、订单收购模式，在县里建设扶贫车间，让弱劳动力在家就可以打工，有效增加了贫困户收入。

（四）大力开展消费扶贫

打造电商品牌。着眼消费扶贫长效机制，帮助两县打造"陇上孟河""初祖农耕"两个电商品牌，积极开展线上销售、集中采购、直播代言等活动，在能源媒体上免费刊登公益广告。2020 年，衔接社会各界购买两县农产品超过 1300 万元。

拓宽消费扶贫渠道。2018 年以来，在局内通过发倡议书、组织团购等方式，动员全局党员干部购买两县和湖北等地区农产品，累计达到 134 万元。协调在阿里巴巴、本来生活、中国农业银行、三峡集团网上商城等电商平台，开设网店或专区销售两县产品，并衔接能源企业购买两县产品，累计超过 2000 万元。

消费扶贫合作行动。2020 年，国家能源局联合 16 家能源企业共同开展消费扶贫活动，打造网上消费扶贫平台，共采购贫困地区农产品 1255 万元。2020 年 9 月，在兰州市与甘肃省政府联合举办"能源行业助力甘肃消费扶贫活动"，动员能源企业和电商企业签订采购意向 1.74 亿元。

开设消费扶贫专栏。在国家能源局内、外网均设立定点扶贫专栏，将通渭、清水两县政府和特色农产品链接放在显著位置介绍推广。

（五）积极推动就业扶贫

协调两县能源项目用工。结合在两县建设的风电、光伏等能源项目，国家能源局通过发函、座谈等方式，动员项目单位和施工企业加大在当地招聘力度，组织开展就业培训，共录用 6400 余人，其中贫困家庭劳动力 4200 余人。

协调能源央企提供岗位。国家能源局与部分核电、油气企业衔接，按照贫困家庭优先的原则，专门向两县提供正式工和劳务派遣工的优先招聘名额 234 个，已录用 19 人。

帮助大学毕业生就业。2020 年，与中核、华能、国家电投、中广核等核电企业共同开展"山海相连、与核有缘"就业扶贫行动，协调沿海核电基地定向招聘录用 15 名通渭籍大学毕业生。

开展"核苗计划"。2020 年，协调中核集团四川核工业技师学院，定向招收两县 49 名贫困家庭学生，免收 3 年学费，并给予每人每年 3000 元补助，毕业后在中核集团内优先提供就业岗位。

（六）扎实开展党建扶贫

开展支部结对共建。组织全局 17 个基层党支部与两县 8 个贫困村党支部开展结对共建，通过定期到贫困村深入调研、共同学习，帮助贫困村加强党建、完善机制，理清发展思路，与贫困村干部群众建立起深厚感情。

清水县概况

甘肃省清水县位于甘肃东南，历史悠久，区位重要，素有"轩辕故里""陇上要冲""关中屏障"之称。2012年原国家能源局开始定点扶贫清水县，2020年2月脱贫摘帽。清水县已形成干鲜果、畜牧、蔬菜、中药材、小杂粮五大优势产业，盛产薄皮核桃、花牛苹果、清水半夏、野生沙棘、食用菌、花卉等农产品，具有丰富的风、光资源。

精准帮扶贫困村。各支部积极发挥自身优势，联系社会帮扶资源，协调引进帮扶资金共2000多万元，用于贫困村发展养殖、修路、供暖、安装路灯、提供远程医疗服务、捐资助学等12个帮扶项目，切实提高贫困群众的获得感、幸福感。

（七）人才帮扶与教育培训

选派挂职干部。2011年以来，国家能源局先后向两县派出9名挂职干部、7名驻村第一书记，充分发挥政策和专业优势，结合县情乡情创新思路，起到了"联络员""指挥员""战斗员"的作用。其中，1人获"全国脱贫攻坚先进个人"表彰，2人获"中央和国家机关脱贫攻坚优秀个人"称号。

组织专项培训。在东部地区组织多次两县基层干部培训班，让两县扶贫干部学习体验发展思路和样板案例；邀请专家学者赴两县讲学40余次，主题包括经济、法律、能源、安全、种植养殖技术、手工编织等。2013年以来，累计培训两县基层干部、技术人员、致富带头人7000余人次。

开展教育帮扶。积极开展爱心助学，局领导带头，发动全局党员干部及社会力量向两县教育系统捐款（含物资）达400万元。2013年起，连续7年组织两县小学生来京游学，并组织局内青年干部和名校大学生到两县支教，参与

国家能源局注重人才帮扶和教育帮扶。图为协调援建的清水县秦亭镇百家中心小学。

活动的中小学生累计超过 3000 人。

在线教育服务。协调中国扶贫基金会、腾讯集团等机构向两县提供免费远程教育资源，将通渭县纳入"希望在线"智慧教育公益平台，让两县中小学生获得更好的教育服务。

（八）动员社会力量

引进帮扶资金。2013 年以来，协调包括三峡集团、国家电投、腾讯集团、中国扶贫基金会、现代汽车、法国电力等企业和社会组织，以及各类财政补助资金，累计向两县投入无偿帮扶资金超过 2.2 亿元，在基础设施建设、产业、民生、就业、教育等多方面发挥重要作用。

动员捐赠物资。衔接动员局内单位、其他部委、电力企业、互联网平台公司等社会各界力量，向两县捐赠了防疫物资、电脑、办公学习用品、书籍、御寒衣物、光伏设备、变压器、电视节目版权等，从多方面改善贫困村、贫困户生产生活条件。

谋划长远发展。2020 年，协调电规总院、水规总院无偿帮助两县编制"十四五"能源发展规划，提前谋划乡村振兴阶段的能源发展。衔接华东勘测

创新帮扶模式

在通渭、清水两县大力推动实施能源扶贫。一是强化规划引领，指导两县编制县级"十四五"能源发展规划；二是加强农网建设，较早实现村村通动力电，为两县发展脱贫产业提供能源保障；三是指导两县建设风电、光伏扶贫、清洁供暖等能源项目，形成支柱产业，有力拉动县域经济发展；四是指导"光伏+"产业发展，利用光伏板下的闲置土地建设种植养殖项目，为贫困户增收提供新渠道。

设计研究院，无偿为通渭县孟河村编制了乡村振兴发展规划；委托中国电力技术市场协会，为两县编制了综合智慧能源方案设计项目建议书。

二、定点扶贫取得明显成效

国家能源局定点帮扶两县以来，着力在帮助两县筑牢脱贫根基、提升发展动能上下功夫，为两县如期脱贫摘帽发挥了重要作用，主要表现在四个方面。

（一）发展后劲明显增强

经过几年持续帮扶，两县政府进一步坚定信心，带领全县群众一张蓝图绘到底，大力发展致富产业，彻底甩掉了贫困的帽子，发展后劲进一步增强。2020 年，通渭县生产总值达到 54.73 亿元，人均生产总值 1.33 万元。清水县生产总值达到 36.86 亿元，人均生产总值 1.33 万元。通渭县、清水县城镇居民人均可支配收入分别达到 2.67 万元、2.98 万元，农民人均纯收入分别达到8039 元、8528 元，均为 2015 年的 1.5 倍。通渭县贫困户平均年收入从 2015年的 3500 元左右提高到 2020 年的 9431 元。

（单位：元） （单位：亿元）

	2016	2017	2018	2019	2020	2016	2017	2018	2019	2020
农村居民人均收入	5696	6197	6755	7410	8039	5926	6438	7004	7683	8528
贫困户人均收入	3936	4489	5281	6764	9431	3950	4450	5028	5812	—
GDP	38.47	40.72	42.1	52.65	54.73	27.48	30.65	30.73	34.59	36.86

│ 2016—2020 年两县经济数据变化情况

（二）用电条件显著改善带动农村产业快速发展

到 2019 年底，两县平均停电时间 14 小时左右，比 2015 年降低约 20 小时；年均综合电压合格率 99.78%，比 2015 年提高 0.5 个百分点；户均配变容量 2.04 千伏安，比 2015 年提高 1.1 千伏安；2019 年，通渭、清水两县全社会用电量分别达到 2.55 亿千瓦时、1.79 亿千瓦时，约是 2013 年的 1.7 倍和 2 倍。用电条件的改善，显著提升了农村群众生活电气化水平，电冰箱、洗衣机普及率大幅上升，电磁炉、电饭锅广泛应用。实现村村通动力电后，拉动农村产业蓬勃发展，比如，通渭县新增产业项目 212 个，农业机械电动机装机达到近 2 万千瓦，是 2013 年的 3 倍。

（三）新能源成为助力脱贫的支柱产业

结合两县风、光资源相对丰富的状况，在两县大力发展新能源，累计规划建设风电项目 126 万千瓦，发电年收入超过 11 亿元。建成光伏扶贫电站 26 万千瓦，资产确权给村集体，发电收入壮大了村集体经济，每个村每年收益 10 万—40 万元，村委会有了稳定可支配收入，有条件为贫困户设置公益性岗位、救助福利，为村民提供公共服务，完善村基础设施等，村委会的威信提高了，村"两委"带领村民增收致富的向心力和凝聚力显著增强。

（四）特色种植养殖产业蓬勃发展

结合两县土壤条件，种植金银花 1000 多亩，发展苹果种植业 50 余万亩，衔接企业投入帮扶资金 2000 多万元，帮助贫困村发展蔬菜大棚、金银花加工、林木和猪、羊、马、鸡等种植养殖项目 21 个。贫困户的收入稳定增加，带动集体经济发展壮大，极大增强了贫困户脱贫致富的"造血"功能和内生动力。

历任扶贫干部

挂职扶贫干部

挂职时间	姓　名	挂职地	挂职职务
2018.9—2019.9	孙元辛	甘肃省通渭县	副县长
2019.9—	吕　忠	甘肃省通渭县	副县长
2018.8—2021.4	张建伟	甘肃省清水县	副县长
2021.4—	郭冠亚	甘肃省清水县	副县长

驻村第一书记

驻村时间	姓　名	所驻村及职务
2016.9—2018.7	孙元辛	通渭县小庄村、孟河村第一书记
2018.7—2021.4	谷双魁	通渭县孟河村第一书记
2021.4—	尚　悦	通渭县孟河村第一书记
2019.5—	徐　霆	清水县时家村第一书记

国家国防科工局

2008 年国家国防科工局成立，继续负责原国防科工委承担的陕西省宁强、略阳两县定点扶贫工作。2009 年，专门成立国防科工局扶贫开发领导小组，确定了由人事司牵头，局机关相关部门和局属事业单位积极配合，汉中地区有关军工企事业单位积极参与的定点扶贫工作机制。此后，按照"突出重点、一县一村，扶引结合、务求实效"的定点扶贫思路，积极动员各方力量，重点支持两县开展基础设施建设、医疗义诊、医务人员培训、重点人群慰问和捐赠等活动。

自从实施脱贫攻坚战以来，国家国防科工局党组坚持以习近平新时代中国特色社会主义思想为指导，深入贯彻落实党中央、国务院关于打赢脱贫攻坚战的决策部署，坚持需求导向与问题导向相结合，发挥国防科技工业特色与优势，探索军民融合助力扶贫扶智新模式，组织协调涉军企业、科研机构和社会组织等多方支援，围绕"两不愁三保障"核心目标，与宁强县、略阳县紧密合作，找准工作契合点和发力点，在产业、医疗、教育、文化等扶贫领域多向发力，投资带动、消费拉动、科技驱动、政策推动等多措并举，帮助两县提前完成整县脱贫摘帽任务，取得重要阶段性成果，为接续推进乡村振兴战略奠定了坚实基础。

宁强县概况

宁强原名"宁羌"，1942 年改为今名，意为"安宁强固"。宁强县位于陕西省西南隅，北依秦岭，南枕巴山，总面积 3246.8 平方千米，总人口 34 万人。其矿产资源丰富，已探明矿产 34 种，储量 3 亿余吨；水能资源富集，是汉江的发源地和京津水源涵养地；生物资源多样，盛产茶叶、天麻、香菇等 243 种林特产品；旅游资源独特，青木川古镇、汉水源森林公园分别为国家 4A、3A 级景区。宁强原有建档立卡贫困村 130 个、贫困户 25928 户 88574 人，贫困发生率达 30%。2020 年 2 月脱贫摘帽。

一、坚决贯彻中央部署，不断健全扶贫工作体系

国防科工局党组及时传达学习习近平总书记关于扶贫工作的重要论述、重要指示精神，坚决贯彻党中央、国务院关于脱贫攻坚各项决策部署，研究制定落实具体举措。根据新形势、新任务、新要求，及时调整局扶贫开发工作领导小组，局党组书记、局长亲自挂帅担任组长，分管局领导担任副组长，局机关部门、局属单位主要负责同志参加，形成齐抓共管工作格局。根据决战决胜脱贫攻坚战形势任务，设立宁强、略阳两县工作组，攻坚克难、尽锐出战、对接需求、督促落实。广泛动员国家有关部委、科研机构、军工单位、高校、社会组织和个人等参与扶贫，不断充实工作力量，提升质量效能。

二、坚持精准扶贫方略，因地制宜开展精准帮扶

国防科工局按照精准扶贫方略，坚持实事求是、因地制宜原则，深入实地开展调研梳理县域资源禀赋、产业结构、优势条件和发展瓶颈，加强顶层

谋划，研究提出局定点扶贫工作思路，制定印发《国防科工局定点扶贫工作方案》，明确"科技扶贫、产业扶持、教育助困、就业帮扶、医疗关爱、农产品销售、爱心捐助"等七大计划和保障措施，打出精准扶贫组合拳。在总体方案指导下，明确责任分工，压茬推进落实。每年根据两县脱贫攻坚实际，不断调整优化年度扶贫工作计划，确定年度责任书指标内容，帮助两县在科技、产业、医疗、教育、农产品消费、抓党建促脱贫等方面精准发力，不断激发内生动力，巩固脱贫攻坚成效，加大督促指导力度，发挥两县主体作用，帮助两县做好脱贫攻坚各项工作，为全面推进乡村振兴奠定坚实基础。

三、深挖两县优势资源，积极谋划产业发展

国防科工局始终把推动两县特色产业发展作为定点扶贫的重中之重。

在中药材产业方面：一是选定产品制定规划。联系中国中医科学研究院等知名机构赴两县开展调研指导，为两县选定主导产品，指导制定发展规划。二是引进团队提供服务。协调引进黄璐琦院士、孙志蓉教授专业团队，为两县开展技术指导服务。三是争取政策资金开展建设。争取中央和省、市政策支持，设立中药材育种保护区；提供资金支持两县建设天麻、淫羊藿等中药材研究所，开展种植基地建设。四是科技驱动以智取胜。指导略阳县完成"略麻1号"新品种认证，指导宁强县开展天麻保种育种。为略阳县设立科研专项、提供资金支持开展中药材辐照育种试验，不断改良中药材种苗质量、提升品质。在两县开展中药材生态化种植试验、启动有机和生态认证工作。五是培育龙头企业开展市场对接。注重帮助两县培育龙头企业，关联扶贫带贫机制。帮助宁强举办中国中药生态农业交流会、天麻贸易洽谈会等。截至2020年底，宁强县全县天麻种植面积达2.2万亩，淫羊藿8500亩，带动9518户户均增收0.9万元；略阳县建成规模化中药材示范基地37个，其中含杜仲种植面积58.6万亩，柴胡5.5万亩，黄精2万亩，天麻5000亩，年产各类中药材1.4万吨。国防科工局还积极协调盛实百草、陕西汉王等药企开展对接洽谈，推广产品。

略阳县概况

略阳县位于秦岭南麓、嘉陵江上游，全县总面积 2831 平方千米，总人口 20.1 万人。该县旅游资源丰富，有国家 4A 级景区五龙洞、国家文保单位灵岩寺、羌文化遗迹江神庙、紫云宫等文化遗存。略阳县是国家重点生态功能区和南水北调汉江北源水源涵养保护区，是全国"杜仲之乡""红豆杉之乡"，森林覆盖率达 69.54%，略阳乌鸡、杜仲、天麻等获得国家地理标志保护产品认证。略阳原有建档立卡识别贫困村 95 个、贫困户 16238 户 55900 人，贫困发生率达 41.11%。2020 年 2 月脱贫摘帽。

在食用菌产业方面：两县一直将食用菌作为群众增收的扶贫主导产业来抓。针对宁强县食用菌扶贫产业普遍存在生产设备落后、高温灭菌不彻底、手工作业效率低等问题，提出以龙头企业带动基地建设、以扶贫基地保障贫困户增收的发展模式。协调军工单位提供资金、设备和技术，先后为宁强县二道河食用菌产业基地投入专项资金 150 余万元，进行高温灭菌技术改造、设计建造标准化自动生产流水线，协调陕飞、成飞等军工企业捐赠价值 80 余万元菌袋转运车、转运平台、叉车等配套设备，进行产品深加工等，实现菌袋灭菌率从 86% 提升至 99%，菌袋每袋生产成本降低 0.7 元，大大降低了生产成本、提高生产效率，提升食用菌基地带贫效益，起到了良好示范作用。该基地一家合作社就年生产菌袋 300 万袋，企业及合作社收益 200 多万元，带动 480 余户贫困户增收 380 万元。同时，国防科工局通过各种渠道组织动员各方资源，宣传推广、采购宁强食用菌产品，推动食用菌产业实现跨越式发展。复制推广这一成功经验，国防科工局将略阳县食用菌基地作为示范基地积极开展帮扶建设，投入 100 余万元建成瓦房坝 10 万筒食用菌种植基地，助力略阳脱贫产业发展。

在略阳乌鸡产业方面：国防科工局经过探索实践，走出了一条"规划引领、网销带动、品牌推广、企业合作"的发展路子。一是以规划引领，科学系统布局略阳乌鸡产业发展。该局多次组织相关企业和行业专家、市场投资方、运营商、媒体等召开略阳乌鸡扶贫对接会，研究谋划产业发展，指导帮助略阳县政府制定了《略阳乌鸡产业发展规划》。二是网销推动，运用多种手段大力宣传推广略阳乌鸡品牌。积极策划推动略阳乌鸡众筹计划，在"淘宝众筹"平台上宣传推广，积极树立打造略阳乌鸡品牌。借助"99公益日活动"平台，积极对接陕西省扶贫办额外增加略阳乌鸡扶贫项目，获得众筹资金285万元，惠及贫困人口110户，在陕西省参加的236个公益项目中排名第二，大大激发了当地贫困户养殖乌鸡的积极性。三是品牌推广，协调央视将略阳乌鸡列入"国家品牌计划——广告精准扶贫"项目宣传。四是企业合作，组织联系中关村创新联盟、北京合众集团、华夏通凭有限公司赴略阳县考察对接。以优质的资源吸引社会资本，以优良的品质吸引企业落户。同时，协调20万元在黄家沟村建成1.8万只乌鸡养殖基地，带动贫困人口181人就业，带动贫困家庭稳定增收。

在羌绣产业方面：调研发现宁强当地羌绣工艺精湛，但是缺乏现代设计理念，导致产品很难适应市场多元化需求。为此，国防科工局积极联系文化和旅游部、中央民族大学等部门单位，开展专门指导帮扶工作。帮助宁强县挂牌成立宁强羌绣研究基地、羌绣专家工作站，邀请有关专家开展图案设计、技术培训和产品推广。协调资金设立奖补基金，激励学校师生、绣娘开展图案和产品设计创新。在专家团队的指导下，宁强绣娘们通过一针一线绣出了"绣娘眼中的中国军工"优秀作品，绣出了对祖国的热爱和对美好生活的向往。截至2021年4月，已经建立专业合作社、传习基地14个，培训绣娘230余人次、干部55人次，带动1000余名贫困妇女人均增收3000元以上，同时发掘培养了一批绣娘，她们成为活跃在非遗传承和产业扶贫一线的亮丽风景。利用国家航天局、国家原子能机构等国际交流平台，推介羌绣产品、宣传羌绣文化、讲述中国减贫故事，不断提高产品知名度。

四、坚持创新驱动发展，以科技助力扶贫扶志

一是充分发挥高分重大专项作用。联合财政部批复"高分专项精准扶贫技术研究及应用示范项目"立项，积极支持原国务院扶贫办开展全国脱贫攻坚数据分析及应用，利用高分辨率卫星大数据，开展全国脱贫攻坚态势分析工作，开辟了高科技重大工程扶贫新领域、发挥新作用。二是积极创建"互联网＋医联体"帮扶模式。协调航天721医院与宁强天津医院达成合作协议，实施"引才、育才、援建重点科室和互联网＋"工程，全方位开展医疗帮扶。通过引才工程，帮助宁强引进北京医院管理和技术专家，提高宁强天津医院管理和技术水平。通过育才工程，让北京医疗专家定期到宁强开展培训，免费接收县医院人员到北京跟班培训。通过重点科室建设，支持宁强天津医院急诊科和肝胆外科建设。通过"互联网＋"工程，协调北京721医院和宁强成立远程医疗服务中心，实现两家医院音视频和数据同步，让当地群众就近享受优质医疗资

| 开展"互联网＋医联体"医疗帮扶。图为联系北京大医院与宁强县有关医院达成合作协议。

│ 积极开展教育科普帮扶，图为"走进军工 筑梦未来"扶贫夏令营。

源。截至 2021 年 4 月，航天 721 医院选派专家团队 30 余人次赴宁强开展现场查房 52 次，手术示教 26 次，业务培训 30 场 2500 人次，免费接收宁强天津医院 5 名医护人员进京跟班培训，使医院管理水平和服务水平得到显著提升；通过"互联网＋医联体"开展了远程会诊 40 余次，远程培训 61 场次 4500 余人，开展义诊巡诊 2800 人次。三是积极开展教育科普帮扶活动。面向两县中小学生，连续举办探月工程科普扶贫展览、少年科学家探秘核电之旅科普活动，捐建略阳县"钱学森书屋"，组织"走进军工 筑梦未来"夏令营活动，组织观摩嫦娥五号发射任务，播撒崇尚科学、科技强国的种子，丰富扶志扶智成果。四是充分发挥行业优势开展科技帮扶。拓展核技术应用，开展核辐照诱变育种试验，助推杜仲、火麻等名贵中药材育种和规模化种植。运用"互联网＋"技术，搭建农产品电商销售平台，拓展农产品销路等。

五、积极拓宽消费渠道，构建可持续的消费帮扶方式

积极拓宽市场，在挖掘局机关、局属事业单位、局管社会组织消费潜力同

时，广泛动员军工企事业单位、民营企业、高校采购两县农产品。捐建略阳土特产品电商销售中心，协调国家粮食和物资储备局、中国农业银行等单位为两县提供展销平台，利用国防科技工业后勤服务创新联盟云平台发布产品信息，两县农产品销售渠道不断拓展延伸。此外，将羌绣、茶叶等特色产品纳入外事礼品采购范围，赠送外国人士，在国际舞台上推介宣传。通过这些措施，国防科工局直接购买和帮销的农产品金额逐年大幅提升，从最初的每年采购额 30 多万元到 2020 年的 800 多万元，消费帮扶机制更加完善。同时，国防科工局要求有关企业、合作社、网络销售平台要树立品牌意识、质量意识和服务意识，要以质量取胜、质量制胜，获得市场的认可、群众的口碑，真正通过消费扶贫培育出稳定的扶贫产业，带动群众勤劳致富。

六、关心关爱保障民生，协助补短板强弱项

针对两县"看病贵、看病难"的民生难题，协调国家中医药管理局提供资金支持两县中医院基础设施建设，协调北京航天中心医院与宁强天津医院建立长效合作机制，将北京优质医疗资源网络向县医院、乡镇村卫生院拓展，开展全方位帮扶；组织北京航天中心医院、航空 3201 医院在两县开展巡诊义诊、医务人员培训等；使用专项党费等为两县贫困儿童进行大病救治。组织干部职工为两县 100 余名贫困学生开展"一对一""多对一"爱心结对帮扶活动，累计捐款 120 余万元，帮助他们克服困难，树立积极向上的信心，依靠科学知识摆脱贫困。

七、注重加强基层党建，夯实脱贫组织保障

国防科工局发挥政治机关优势，组织所属基层党组织与两县 10 个贫困村党支部结对共建，有针对性地开展党建联建活动，着力打造党建引领促脱贫示范平台。充分发挥驻村第一书记作用，帮助选优配强村基层党组织，协调资金

支持开展村党员活动室改造、乌鸡产业扶贫、电商扶贫、村容村貌改善工程、中药材种植、电商营销、羌绣等专业技能培训，加大对村"两委"班子、党员致富带头人培训力度，提升带领贫困群众脱贫致富的本领。

八、挂职干部担当作为，倾心倾力扶贫攻坚

国防科工局共选派 7 名优秀干部赴两县挂职扶贫，他们与当地干部群众打成一片，出色发挥桥梁纽带作用，有力地推动定点扶贫工作。现任略阳县黄家沟村第一书记王晓荣先后获"略阳县优秀第一书记""中央和国家机关脱贫攻坚优秀个人""全国脱贫攻坚先进个人"称号。两县副县长潘祝华、张涛、陈芳雷、杜顶等 4 名同志，略阳县黄家沟村第一任驻村第一书记王淘，获汉中市脱贫攻坚相关表彰。

党的十八大以来，国防科工局累计向两县投资 1400 万元，引进资金 1571 万元，购买帮销农产品 2202 万元，培训基层干部 3994 人次、技术人员 6231 人次。帮助两县累计完成 202 个贫困村、40397 户 135454 名建档立卡贫困户脱贫摘帽(其中，宁强县 107 个贫困村、24845 户 80775 名建档立卡贫困户脱贫，贫困发生率由 30%降至 1.01%；略阳县 95 个贫困村、15552 户 54679 名建档立卡贫困户脱贫，贫困发生率由 41.1%降至 0.9%)，完成脱贫摘帽任务。

历任扶贫干部

挂职扶贫干部

挂职时间	姓　名	挂职地	挂职职务
2016.10—2019.02	潘祝华	陕西省略阳县	县委常委、副县长
2019.3—2021.4	张　涛	陕西省略阳县	县委常委、副县长

挂职时间	姓　名	挂职地	挂职职务
2021.4—	刘立坤	陕西省略阳县	县委常委、副县长
2016.10—2017.12	陈芳雷	陕西省宁强县	县委常委、副县长
2018.1—2021.4	杜　顶	陕西省宁强县	县委常委、副县长
2021.4—	黄文刚	陕西省宁强县	县委常委、副县长

驻村第一书记

驻村时间	姓　名	所驻村及职务
2015.8—2016.9	王　淘	陕西省略阳县黄家沟村第一书记
2016.10—2018.9	刘家序	陕西省略阳县黄家沟村第一书记
2018.10—	王晓荣	陕西省略阳县黄家沟村第一书记

国家烟草局

历 程

1992—2002 年定点帮扶湖北省郧县，1992—2013 年定点帮扶郧西县，2002 年至今定点帮扶竹溪县，2013 年至今定点帮扶竹山县，2016 年至今定点帮扶宁夏回族自治区吴忠市红寺堡区。

一、发挥烟草行业体制优势，助力贫困地区脱贫攻坚

国家烟草局坚决贯彻习近平总书记关于扶贫工作的重要论述，认真贯彻落实党中央国务院决策部署，以高度的政治责任感和历史使命感，自觉融入大局，主动担当作为，以党的建设为引领，依托烟草产业发展，发挥体制机制优势，紧紧聚焦精准扶贫、精准脱贫，与各级地方党委和政府一道，共同推进脱贫攻坚事业。通过调整资源配置、实施政策倾斜，自助力脱贫攻坚以来，烟草行业累计投入扶贫资金 133.94 亿元，帮助全国 2104 个县（市、区）、4018 个乡镇的 32.65 万贫困户、112.95 万贫困人口实现脱贫；目前，我国 70% 的烟叶种植计划和部分新增卷烟生产计划已调整到老少边穷地区，为当地经济发展、脱贫攻坚提供了重要支撑。截至 2020 年 10 月，烟草行业 1000 多家法人单位均有专门负责扶贫工作的部门或工作人员，全行业共派驻扶贫干部 27195 人，其中第一书记 851 人，驻村工作队 2132 人，结对帮扶干部 24212 人，共帮扶 30 个贫困县、2225 个贫困村、15.08 万户贫困户、49.26 万贫困人口脱贫致富。

竹溪县概况

湖北省竹溪县。竹溪县地处湖北省西北部，鄂渝陕交界的秦巴腹地，素有"朝秦暮楚地、自然中心"之称。县域总面积3310平方千米，辖15个乡镇，总人口38万人，建档立卡贫困对象34965户110273人。竹溪县于1994年被确定为国家重点扶持贫困县，国家烟草局2002年定点帮扶，共选派扶贫干部14名，2020年4月脱贫摘帽。

二、聚焦精准扶贫基本方略，保质保量完成定点扶贫各项任务

国家烟草局自2002年定点帮扶竹溪县、2013年定点帮扶竹山县、2016年定点帮扶红寺堡区以来，坚决贯彻精准扶贫精准脱贫基本方略，聚焦"两不愁三保障"、产业扶贫、消费扶贫、教育扶贫等核心环节和短板弱项，累计投入无偿帮扶资金5.84亿元左右，派驻挂职扶贫干部24名。自2017年开展扶贫培训工作以来，累计培训扶贫干部1888名（含行业扶贫干部881名）、技术人员9184名；自2018年开展消费扶贫工作以来，累计采购和帮助销售农产品1.84亿元。在行业烟叶种植面积持续调减的情况下，力保竹溪县和竹山县烟叶种植面积稳定。近5年来，两县种烟面积稳定在4.5万亩左右，累计收购烟叶43.68万担，累计种烟收入6.45亿元，上缴税款1.3亿元，用真金白银的投入筑牢了贫困烟农脱贫致富的基础。在国家烟草局的持续帮扶下，竹溪县累计脱贫约3.5万户11万人，竹山县累计脱贫4.8万户14.9万人，红寺堡区累计脱贫1.3万户5.1万人。到2020年4月，竹溪县、竹山县和红寺堡区已顺利脱贫摘帽。

三、压实主体责任，深入开展督促检查工作

2017 年以来，制定并印发《国家烟草专卖局关于印发定点扶贫县脱贫攻坚督促检查工作实施办法的通知》，围绕责任落实、政策落实、工作落实等方面，深入开展督促检查工作，累计走访 242 户贫困户，召开县区、乡镇、村 3 级干部座谈会 63 次，就发现的问题及时向定点扶贫地区党委、政府进行现场反馈，并在汇总分析相关情况后印发正式反馈函，要求三县区对督促检查中发现的短板弱项问题敢于动真碰硬，善始善终，善作善为，压实地方党委、政府脱贫攻坚主体责任。

四、汇聚行业力量，以销带产推动消费扶贫

先后举办两期定点扶贫地区农产品产销衔接会展，邀请行业单位赴实地了解、采购贫困地区农产品，推动行业需求与贫困地区农产品供给有效衔接，三年来累计采购贫困地区农产品 19468.88 万元。2020 年，面对新冠肺炎疫情的严

竹山县概况

湖北省竹山县。竹山地处鄂西北边陲、秦巴山腹地，是全省 28 个国家级贫困县和 9 个深度贫困县之一。2013 年底有建档立卡贫困人口 4.8 万户 14.9 万人，贫困发生率 36%，高于全省 21.3 个百分点。通过推进茶叶、食用菌、香菇、小蜜蜂、光伏等扶贫产业建设，全力补齐基础设施短板。竹山县 1994 年被列为国家重点扶持贫困县，2002 年被列为国家扶贫开发工作重点县，国家烟草局 2014 年定点帮扶竹山县，选派扶贫干部 8 名，2020 年 4 月脱贫摘帽。

峻挑战，国家烟草局提前谋划、统筹部署，要求行业单位加大采购力度，多措并举解决农产品滞销问题，全年完成农产品采购金额 10417.11 万元。先后举办两次贫困地区农产品展销暨美食周活动，邀请定点扶贫地区农产品进机关、进食堂，广大干部职工反响热烈、积极选购，在机关食堂、党校设置定点扶贫地区农产品消费扶贫专柜，为贫困地区农产品进机关、进食堂探索了一条新路径。

五、突出精准施策，产业扶贫成效显著

近 3 年来，国家烟草局及下属单位累计投入 1.3 亿元，打造竹溪县"国烟综合示范区"，在产业发展、环境改善、就业增收等方面持续发力，有效带动 4 个村 1456 户 4950 人脱贫致富，辐射 10 个村 8502 户群众增收致富。向竹山

国家烟草局投入 2700 万元支持竹溪国烟产业园建设，拓宽农业产业链条，探索推进乡村振兴。图为 2020 年 11 月竹溪国烟产业园整体概况。

红寺堡区概况

　　宁夏回族自治区吴忠市红寺堡区。红寺堡区承接宁夏东西南北的地理中心，地势南高北低，平均海拔 1240—1450 米，是"扶贫扬黄灌溉工程"的主战场，1998 年开发建设，2009 年设立市辖区，搬迁安置宁夏南部山区移民 23 万余人，成为全国最大的单体异地生态移民扶贫集中安置区。城市东南 26 公里处的罗山是国家级自然保护区，群峰叠翠，风光秀丽，素有"荒漠翡翠""瀚海明珠"之美誉。近年来，红寺堡区大力发展葡萄、枸杞、黄花菜三大主导产业，瓜果、蔬菜等特色产业。2020 年 3 月脱贫摘帽。

县投入 3550 万元支持卫浴产业园基础设施完善和厂房建设。目前，卫浴产业园已经形成产值 2 亿元，解决 800 余人就业，带动 196 名贫困户脱贫致富，并为巩固脱贫攻坚质量，推动乡村振兴发挥重要作用。向红寺堡区投入 3500 多万元建设"飞地"肉牛养殖园项目，有效带动 15 家合作社和 7 个村集体，带动 435 户贫困户脱贫致富，实现户均增收 2 万元以上。累计投入 1400 多万元，推动建设黄花菜烘干生产线、速冻蔬菜加工生产线、黄花菜产业交易大数据中心等黄花菜产业配套设施，打造黄花菜深加工产业链，推动一二三产业协调发展，让农民更多享受二三产业增值收益。投资 3.7 亿元建立弘德包装材料有限公司，主要生产烟用包装（烟标），自 2014 年投产以来，累计实现工业总产值 12.76 亿元、营业收入 10.4 亿元、上缴税金 0.55 亿元，解决就业 300 余人。

六、利用信息技术，推进教育创新断穷根

　　为切实解决贫困乡村教师数量不足、英美音课程老师结构性短缺的突出

| 国家烟草局投入 450 万元支持竹溪县"双师教育"项目，重点建设双师教学教室和配套设备。图为 2019 年 7 月思源实验学校美术老师甘玉婷在网上授课。

问题，国家烟草局先后投入 450 万元用于"双师教育"发展，创造性地为偏远乡镇小规模学校和教学点引入"双师教育"。优秀主讲老师通过网络直播形式打破空间限制，同时给多个班级授课，本地老师做好课堂陪伴与辅导，充分利用大城市优质教育资源推动学生学业进步，教师专业成长。目前已建成智控指挥中心 1 个、直播教室 1 个、智慧云教室 200 个、教学点网校 19 个，全县所有乡镇的小规模学校和教学点已于 2020 年底实现"双师教育"全覆盖。目前，"双师教育"已成为竹溪县扶贫扶智、推进教育资源均等化的一项重要创新。

七、建设帮扶工作系统，强化扶贫工作效能

为充分发挥互联网在定点扶贫工作中的重要作用，国家烟草局建成并正式运行烟草行业帮扶工作管理系统。实现对烟草行业整体扶贫贡献情况的掌握，为行业扶贫政策制定提供有力支撑，同时，系统的运行规范了定点扶贫地区帮

自 1992 年开展定点扶贫工作以来，充分发挥烟草行业体制优势、资金优势和产业优势，大力推动定点帮扶地区产业发展。"十三五"期间，帮扶资金投入的 60% 以上用于发展地方特色产业。在竹溪县投资 1.3 亿元打造"国烟综合示范区"，在竹山县投资 3550 万元推进卫浴产业园建设，在红寺堡区分别投资 3.7 亿元和 3500 万元建设弘德包装材料有限公司和"飞地"肉牛养殖园区，真金白银带动地方产业发展，经济繁荣，群众致富。运用信息化手段推动扶贫管理效能提升，建成烟草行业扶贫工作管理信息系统，充分发挥互联网在定点扶贫工作中的重要作用，首次实现对烟草行业整体扶贫贡献情况全面掌握，为行业扶贫政策制定提供有力支撑。

扶项目的申报、审核和资金拨付，进一步提高了项目安排精准性和资金使用合规性，成为国家烟草局扶贫管理工作的有力抓手。

历任扶贫干部

挂职扶贫干部

挂职时间	姓 名	挂职地	挂职职务
2011.4—2013.4	童冠华	湖北省竹溪县	副县长
2013.4—2015.6	陈 勇	湖北省竹溪县	副县长

挂职时间	姓　名	挂职地	挂职职务
2015.6—2018.2	孙胜群	湖北省竹溪县	副县长
2018.2—2021.5	轩松岭	湖北省竹溪县	副县长
2021.5—	王　皓	湖北省竹溪县	副县长
2013.4—2015.6	陈　阳	湖北省竹山县	副县长
2015.6—2018.2	张　为	湖北省竹山县	副县长
2018.2—2021.5	王　玲	湖北省竹山县	副县长
2021.5—	高　斌	湖北省竹山县	副县长
2016.12—2019.8	芮秋华	宁夏回族自治区吴忠市红寺堡区	副区长
2019.8—	王　亮	宁夏回族自治区吴忠市红寺堡区	副区长

驻村第一书记

驻村时间	姓　名	所驻村及职务
2015.7—2016.9	肖建新	湖北省竹山县金岭村第一书记
2016.9—2018.7	石昌盛	湖北省竹山县金岭村第一书记
2018.7—2021.5	宋启航	湖北省竹山县新堰村第一书记
2021.5—	丛蔡佳	湖北省竹山县烟墩梓村第一书记
2018.7—2021.5	张　铮	湖北省竹溪县洛家河村第一书记
2021.5—	李　欣	湖北省竹溪县肖家边村第一书记

国家林草局

历 程

1986年以来，国家林草局坚决扛起助推贵州、广西"九万大山"19个县脱贫攻坚的政治责任，30多年来通过加强林业重点生态工程建设，建希望小学、修路、连续派出挂职干部、培训当地干部群众，2省区19个县的生态环境不断得到改善，地方经济持续发展，百姓收入稳步增长。2015年，按照国务院部署，承担滇桂黔石漠化片区的贵州独山、荔波和广西龙胜、罗城4个县的定点帮扶任务。国家林草局始终把生态扶贫作为首要政治任务，切实抓实抓好，形成了具有林草特色定点扶贫的工作体系。截至2020年底，4个定点扶贫县全部脱贫摘帽，5.98万户22.09万建档立卡贫困人口已全部脱贫。

国家林草局始终坚持认真学习贯彻习近平总书记关于扶贫工作的重要论述，高度重视定点扶贫工作，调整成立了以局长任组长、主管副局长任副组长，局办公室等45个司局、直属单位一把手担任小组成员的林业草原扶贫开发领导小组，下设办公室（扶贫办，设在规划财务司）、专门机构（定点扶贫处，设在规划财务司）及协调推进组（规划财务司相关职能处室抽派专人负责定点扶贫具体业务协调联系），负责日常具体工作。局党组多次召开专题会议，研究定点扶贫工作，加强工作部署，细化任务分工，明确工作要求，落实工作责任。局主要负责人及领导班子成员分别带队遍访定点扶贫县，深入乡村扶贫一线指导脱贫攻坚工作，对"两不愁三保障"方面存在的突出问题和薄弱环节

龙胜各族自治县概况

　　龙胜各族自治县位于广西东北部，是湘西南、黔东南与四川进入广东广西的重要通道，属南岭山地森林及生物多样性国家生态功能区。自1986年定为国家重点扶持贫困县后，国家林草局派出16届18名干部挂职定点扶贫。全县坚持"生态旅游扶贫"，发展杉木、油茶、中药材等县级"5+2"特色产业，并形成以矿产、农林、电力、旅游为支柱产业。2019年4月脱贫摘帽。

进行督导，帮助定点扶贫县制定针对性的脱贫措施。45个成员单位在局扶贫办的统一组织和协调下，按照各自职责分工和所承担工作任务，研究制定定点帮扶工作实施方案，对接落实任务分工，帮扶思路不换，一任接着一任干，帮扶力度不减，一年上一个台阶。国家林草局定点扶贫和行业扶贫工作连续三年获得成效考核"好"的评价等次。

一、切实凝聚定点扶贫县帮扶攻坚力量

　　充分发挥党建引领扶贫作用，印发《关于开展党建共建联动促脱贫工作的通知》，组织局办公室、规划财务司、林科院、规划院、林草防治总站等13个党委、支部与定点扶贫县重点贫困村支部开展党建共建活动，建立支部联学共建机制，开展捐资助学、捐款捐物、探望慰问、结对帮扶等活动，累计捐赠资金215.1万元，创新方式方法，加大帮扶力度，切实提升贫困党员和基层党支部战斗力，把党建优势转化为扶贫优势。树立结对帮扶典型示范，组织林科院、规划院等7大院与各县建立产业扶贫示范项目对接联系，解决项目实施过程中技术支持和产能形成后的产销对接问题，推动项目实现带贫脱贫预期效

益。加大对定点扶贫县人力支持，建立省地县村 4 级干部挂派机制，连续 5 年选派 24 名优秀青年干部，分批到定点扶贫县政府、林业主管部门、扶贫机构挂职。其中，3 名青年干部连续挂任贵州独山县紫林山村第一书记，在 2020 年中央挂牌督战的广西罗城县又增派 1 名年轻干部，挂任纳翁乡民族村第一书记。2018 年，挂任驻村第一书记的一名副处级干部荣获"中央和国家机关脱贫攻坚优秀个人"。

二、持续加大定点扶贫县资金投入力度

5 年来，协调贵州、广西两省区林业主管部门，向 4 个定点扶贫县投入中央林业草原资金 12.8 亿元，投入省级林业草原资金 2.5 亿元，实施中央财政造林、新一轮退耕还林、石漠化治理等重点生态建设工程。向 4 个定点扶贫县倾斜安排生态护林员选聘指标 14297 人，带动近 5.2 万贫困人口直接脱贫。国家林草局发起有经营创收和自有资金的直属单位捐赠设立的"林业草原生态扶贫专项基金"，连续 3 年无偿投入定点扶贫县帮扶资金 3190 万元，支持定点扶贫县建扶贫车间、发展油茶产业、海花草、食用菌种植加工、生态旅游等生态扶贫产业。

罗城仫佬族自治县概况

罗城仫佬族自治县地处滇桂黔石漠化片区，"一代廉吏"于成龙初仕之地，是全国唯一的仫佬族自治县，也是国家扶贫开发重点县和全国重点生态功能区县。在国家林草局三十余载不留余力的深情帮扶下，罗城始终坚持"生态优先绿色发展"战略，通过抓特色、强示范推动"十大百万"扶贫产业蓬勃发展，建成了油茶、金玉柚、毛葡萄、林下中药材、生态旅游、电商扶贫等一批生态产业示范区，带动 8.32 万贫困人口脱贫增收，2020 年脱贫摘帽。

独山县概况

独山县地处贵州最南端，与广西南丹县接壤，交通十分便利，素有"贵州南大门"之称。所辖8镇1街道，总面积2442平方千米，总人口36万人。独山县拥有便利的交通、森林资源、花灯文化、抗战文化、影山文化等优势，全县有无患子、茶叶、刺梨、铁皮石斛、油桐、海花草等绿色富民产业，充分挖掘生态资源潜力形成森林旅游、森林康养等新业态，创建"悠悠独山醉爽天堂"品牌。2011年列入国家扶贫开发工作重点县，在国家林草局三十余载的深情帮扶下，2020年摘掉贫困县的帽子。

| 不断增强定点扶贫县产业发展能力。图为国家林草局科技服务团到木耳种植基地现场培训群众。

三、不断增强定点扶贫县产业发展能力

明确将定点扶贫县作为"林草科技扶贫联系点",落实油茶、刺梨、草珊瑚种植等 50 多个科技扶贫项目,投入资金超过 2500 万元。开展项目对接、产业衔接、技术培训、咨询指导等科技服务活动。引进林草龙头企业和社会力量,发挥林草科技、林业规划、林产设计、产业协会等擅长领域和技术优势,加强技术支持和产销帮扶,扩大带贫能力,实现长期效益。加强对定点县基层干部和技术人员培训,2018 年以来,专门为定点扶贫县举办多期基层林业干部管理和应用技术培训班,培训林业基层管理干部 1234 人次,培训林业技术人员、乡村致富带头人 2835 人次。

四、积极提升定点扶贫县消费扶贫水平

组织定点扶贫县编制扶贫农产品目录,通过社会扶贫网、中国农业银行、中国建设银行等网上扶贫商城推介销售,在机关食堂举办"美食周""贫困县特色农产品专卖"等活动,2018 年以来,国家林草局机关和直属单位累计采

荔波县概况

荔波县地处贵州最南端,是中共一大代表邓恩铭烈士的故乡,国家 5A 级旅游景区,被誉为"地球绿宝石"和"全球最美喀斯特",森林覆盖率达 71.97%。2012 年荔波县被确定为国家扶贫开发工作重点县,在国家林草局连续 33 年的帮扶下,荔波以"1+5+N"农业产业发展体系大力发展桑蚕主导产业,发展蔬菜、精品水果、青梅、特色养殖、中药材五大优势产业,发展瑶麓小花生、向日葵、沃柑、茶叶等特色产业,于 2020 年 3 月脱贫摘帽。

以林草融合发展，精准助力定点县脱贫攻坚。图为选聘建档立卡贫困人口担任生态护林员，生态保护成效明显。

购定点县和其他贫困地区农产品 2100 余万元，帮助定点扶贫县和其他贫困地区销售农产品 1.36 亿元。

　　党的十八大以来，以林草融合发展精准助力定点县脱贫攻坚，取得了生态扶贫新成效。生态补偿扶贫在定点县选聘建档立卡贫困人口担任生态护林员，既实现了对资源的有效管护，又使贫困人口取得了劳务收入，实现了生态保护和贫困人口脱贫增收"双赢"；国土绿化扶贫将造林绿化、退耕还林、石漠化治理等重点生态建设工程向定点扶贫县倾斜，推广以贫困人口为主体的造林扶贫专业合作社模式，吸纳贫困人口参与造林、营林、抚育管护等工作，实现了贫困人口脱贫增收；生态产业扶贫支持定点扶贫县发展油茶等木本油料、森林湿地等生态旅游、林下经济和特色种植业等生态产业，推广"企业＋合作社＋基地＋贫困户"模式，将贫困人口嵌入利益联结机制，带动贫困人口脱贫增收，实现贫困人口稳定脱贫不返贫。截至目前，定点扶贫县山变青、水更绿，山区基础设施建设有了明显改观，老百姓生活得到极大改善，4 个县全部摘帽出列，脱贫攻坚取得了决定性成就。

国家林草局充分发挥林草生态扶贫优势，创新探索林草"生态+"扶贫机制和模式，"生态＋产业"扶贫转变资源优势成为经济优势，让定点扶贫县县域经济"活"了起来；"生态＋工程"扶贫转变土地低效利用生产方式，让定点扶贫县增色添彩"美"了起来；"生态＋科技"扶贫转变粗放经济增长方式，让贫困群众增产增收"富"了起来；"生态＋消费"扶贫转变了山区资源走不出深山的现状，让贫困家庭生活改善"好"了起来；"生态＋就业"扶贫转变了人们对贫困旧的观念，让贫困人口挺直腰板"站"了起来。

历任扶贫干部

挂职扶贫干部

挂职时间	姓 名	挂职地	挂职职务
2015.5—2017.5	高中海	广西壮族自治区龙胜县	县委常委、副县长
2017.7—2019.10	敖孔华	广西壮族自治区龙胜县	县委常委、副县长
2019.10—	陈国府	广西壮族自治区龙胜县	县委常委、副县长
2015.5—2017.5	柳 斌	广西壮族自治区罗城县	县委常委、副县长
2017.7—2019.10	谭宏利	广西壮族自治区罗城县	县委常委、副县长
2019.10—	李平先	广西壮族自治区罗城县	县委常委、副县长
2015.5—2017.5	高 庸	贵州省荔波县	县委常委、副县长

挂职时间	姓　名	挂职地	挂职职务
2017.5—2019.10	张　平	贵州省荔波县	县委常委、副县长
2019.10—	唐　伟	贵州省荔波县	县委常委、副县长
2016.1—2019.10	付天恒	贵州省独山县	县委常委、副县长
2019.10—	洪加晴	贵州省独山县	县委常委、副县长

驻村第一书记

驻村时间	姓　名	所驻村及职务
2015.7—2017.8	张明吉	贵州省独山县紫林山村第一书记
2017.8—2019.10	曲　佳	贵州省独山县紫林山村第一书记
2019.10—	刘正祥	贵州省独山县紫林山村第一书记
2020.10—	张英帅	广西壮族自治区罗城仫佬族自治县民族村第一书记

国家铁路局

2016 年，国家铁路局承担定点帮扶贵州省榕江县任务，印发实施《国家铁路局定点扶贫贵州省榕江县工作实施方案》。2017 年，国家铁路局印发实施《国家铁路局贯彻实施"十三五"脱贫攻坚规划工作方案》《国家铁路局定点扶贫榕江县工作规划（2017—2020 年）》。2018—2019 年，国家铁路局进一步加大定点扶贫力度，从设施扶贫、资金扶贫、产业扶贫、教育扶贫、就业扶贫等方面入手，聚焦"两不愁三保障"，充分践行精准扶贫方略，全力以赴助推榕江县脱贫攻坚。2020 年，榕江县脱贫摘帽。

党的十八大以来，国家铁路局党组始终把扶贫工作作为重大政治任务和第一民生工程来抓，坚持以习近平总书记关于扶贫工作的重要论述为指引，认真落实《中共中央 国务院关于打赢脱贫攻坚战的决定》《中共中央 国务院关于打赢脱贫攻坚战三年行动的指导意见》，紧密结合铁路行业特点，以定点扶贫工作为抓手，多措并举，精准发力，全力以赴为榕江县经济社会发展提供助力，为打赢脱贫攻坚战贡献力量。

一、提高政治站位，坚决扛起脱贫攻坚政治责任

党的十八大以来，局党组始终把脱贫攻坚工作作为重大政治任务摆在重要

位置，带头学习贯彻落实习近平总书记关于扶贫工作的重要论述和重要指示批示精神，把扶贫工作与铁路工作统筹起来，放在铁路局工作大局中去思考谋划。通过理论中心组学习、组织生活日（党日）等多种形式，持续增强党员干部参与脱贫攻坚的思想自觉、政治自觉、行动自觉，在党员干部中凝聚起做好扶贫工作的强大合力。党的十九大以来，局党组先后组织与扶贫工作相关的专题学习 11 次，开展扶贫主题的集中研讨 2 次，在反复的学习研讨中夯实思想基础，坚定意志决心，切实把打赢脱贫攻坚战作为坚决维护习近平总书记党中央的核心、全党的核心地位，坚决维护党中央权威和集中统一领导的具体体现和实际行动，不断增强打赢脱贫攻坚战的责任感、使命感、紧迫感。

二、加强组织领导，全力推动扶贫工作落地见效

一是统筹谋划，协调推进。成立扶贫工作领导小组，由党组书记亲自任组长，分管局党组成员任常务副组长，其他党组成员任副组长，局机关各部门任组员，形成"党组统筹、领导小组主抓、司局落实"的工作机制，加强对扶贫工作的谋划领导。党的十九大以来，先后召开 17 次扶贫工作领导小组会议和扶贫工作专题会议，研究部署脱贫攻坚相关工作。二是明确目标，强化责任。每年签订定点扶贫责任书，逐年制定扶贫工作推进方案，明确分工，压实帮扶责任，同时把扶贫工作情况作为领导班子和领导干部年度考核评价的主要内容，层层传导压力，强化责任担当。三是深入调研，加强交流。局党组书记和党组成员带头，定期派员到贫困地区进行调研，深入了解当地生产生活情况，走访慰问贫困户，并围绕精准扶贫精准脱贫与榕江县政府进行深入交流，共同研究推进扶贫工作，确定脱贫思路。四是选派干部，人力支撑。始终坚持选优配强扶贫干部作为抓好扶贫工作的有力抓手，先后选派 4 名年富力强、表现优秀的青年干部到榕江县挂职，在脱贫攻坚一线发挥作用。五是挂牌督战，加强指导。认真落实《国务院扶贫开发领导小组印发关于开展挂牌督战工作的指导意见的通知》要求，督促榕江县切实落实好脱贫攻坚主体责任，依托国家机关

资源优势，主动为榕江县委、县政府履行好脱贫攻坚主体责任出谋划策。

三、积极开拓思路，多措并举助力贫困地区脱贫攻坚

（一）聚焦扶志扶智，着力切断贫困代际传递

扶贫先扶志，扶贫必扶智。充分发挥铁路行业吸纳就业优势，按照"升学一人，就业一个，脱贫一家"的思路，积极协调铁路职业院校与榕江县中等职业学校对接，解决贫困地区中学毕业生的求学就业问题。一是采用定向培养的模式，安排学生毕业后立即签约进入铁路企业工作，一步到位解决贫困家庭学生升学就业问题。二是协调铁路院校在学生学费、生活等方面给予补贴，减轻贫困学生就学的经济压力。三是通过联合办学，使贫困地区学生能够享受更好的教学资源，有力推进地方教育基础建设，为贫困县脱贫提供人才保障。

（二）加强干部管理，充分发挥好挂职干部桥梁和纽带作用

打赢脱贫攻坚战，广大扶贫干部是中坚力量、决定因素。始终将扶贫干部

| 国家铁路局坚持扶贫先扶志、扶贫必扶智，通过教育扶贫切断贫困代际传递。图为国家铁路局在榕江县小学组织开展"平安高铁"科普普法教育。

榕江县概况

　　榕江县位于贵州省东南部，总面积3316平方千米，辖22个乡镇（街道、社区服务中心）、264个行政村（社区），总人口37.9万人；榕江县是国家重点生态功能区，生态环境优良，森林覆盖率达74.18%。物产资源丰富，锡利贡米、榕江小香鸡、榕江葛根、塔石香羊被列为国家地理标志保护产品。文化独特，有1项世界非物质文化遗产、9项国家级非物质文化遗产、29个中国传统村落；红色文化浓厚，红军和解放军6次经过榕江，红七军军部旧址列为全国爱国主义教育基地。1986年，被列为国家重点扶持贫困县；2017年8月被列入贵州省深度贫困县。2020年底脱贫摘帽。

的监督管理作为重要抓手，建立"周报告、月总结"制度，要求挂职干部每周将相关地区脱贫攻坚情况、重点会议、重点文件报送扶贫办，实时掌握贫困地区脱贫攻坚工作推进情况和相关诉求，跟踪督导各项扶贫工作任务的落实，及时掌握脱贫攻坚第一线的新情况新需求新问题，为顺利完成脱贫攻坚工作打好基础。同时，坚持把作风建设作为脱贫攻坚的重点，印发《国家铁路局深入开展扶贫领域腐败和作风问题专项治理工作方案》，认真开展扶贫领域腐败和作风问题专项治理活动，确保扶贫资金使用依法合规，严防扶贫领域腐败、作风问题发生。

　　（三）开拓消费渠道，强化贫困地区产业"造血"功能

　　扶贫工作"既要'输血'更要'造血'"。坚持以帮助贫困地区龙头企业开拓销路作为突破口，将精准扶贫与推进贫困地区产业发展方式深度融合，由被动"输血"变主动"造血"。一是协调将榕江县产品通过在火车站设立榕江特产专卖点、在铁路客车上销售、开设"脱贫攻坚团"生活馆等多种方式推广销售，既开拓销售渠道，也帮助榕江县加强农特产品的推广宣传。二是通过人民

优选、"贫困地区农副产品网络销售平台"、未来生活网、高铁商务平台和农业银行扶贫商城等网络销售系统等网络渠道帮助贫困地区销售农特产品。三是协调本单位工会以及部分铁路企业工会采购贫困地区农特产品用于职工福利发放。四是积极协调《物流时代周刊·物流与生活》《高铁伴侣》等铁路杂志大力宣传榕江县旅游产业，推荐榕江县相关特色产品。

（四）加强沟通协调，努力为贫困地区争取政策支持

在充分发掘铁路局自身扶贫能力的同时，还积极联系其他部委，积极为贫困县争取政策支持，协调国家林草局为榕江县争取生态护林员名额指标；协调商务部帮助榕江县评选为国家级电子商务示范县。这些政策的落实，不仅为榕江县解决就业岗位，而且通过政策支持和附带资金支持，为榕江县实现精准扶贫精准脱贫提供了有力保障。

（五）加大投入力度，深入贯彻落实习近平总书记在解决"两不愁三保障"突出问题座谈会上的重要讲话精神

积极与榕江县进行沟通联系，聚焦榕江县住房保障问题，先后协调、捐赠1065万元扶贫资金用于榕江县住房安全保障项目。统筹采用"以奖代补"、统一安排施工等方式，对贫困村居民住房中存在的危房、老旧住房透风漏雨、人畜混居等问题进行专项治理，帮助榕江县优化人居环境，硬化活动场地，修建生活配套设施，着力解决贫困地区住房保障突出问题。

（六）勇于迎接挑战，携手贫困地区共同应对风险困难

2020年，受新冠肺炎疫情和洪水灾情的双重影响，给决战决胜脱贫攻坚增加了难度。针对这些特殊情况，铁路局及时与榕江县进行了对接，就榕江县在疫情防控、复产复工、春耕春播以及洪水损失和修复等方面存在的困难问题进行沟通，立足铁路行业优势，积极帮助榕江县排忧解难。同时加强对挂职干部和第一书记的管理，督促指导挂职干部严格按照县委、县政府要求按时返岗，认真履职，在抗击疫情和洪水灾害中发挥应有的作用。在获悉榕江县复工复产面临"口罩荒"难题后，及时向榕江县捐赠医用口罩2万只，用于支援榕江县疫情防控工作，为榕江县防疫一线和复工复产人员作业时健康安全提供保

障。针对榕江县在 7 月上旬水灾受损较大的情况，协调铁路企业施工修复忠诚镇水毁道路。

（七）大力引进资金，大力支持榕江县完善基础设施建设

一是协调铁路企业投资 450 万元，帮助榕江县建设中心大道人行天桥。二是协调铁路企业以优惠 148 万元的价格将榕江站场地出租给榕江县政府，榕江县在该处建设农产品展示中心，加强对农特产品的宣传推广，为产业发展提供助力。三是协调交通运输部投入 1000 万元帮助建设乡村公路项目，进一步改进榕江县综合交通体系，完善县、乡、村路网结构。四是协调铁路企业出资 851 万元帮助榕江县建设野人谷步道、公厕、产业路等 4 个工程项目，为贫困村开发旅游产业奠定基础。五是协调铁路企业、贵州省公路局出资 146 万元帮助榕江县忠诚镇修复洪水损毁道路。

截至 2020 年底，局党组书记、局党组成员带头，先后派员到榕江县调研

国家铁路局工作人员于儿童节前夕到榕江县贫困村高扒村小学慰问小学生。图为慰问人员正在向全校学生赠送书包文具。

充分发挥驻村第一书记作用，创建"四诊"帮扶模式，打通服务群众"最后一公里"。由驻村第一书记牵头，组织村干部采取上午"门诊"接待群众，下午"出诊"掌握民情，夜晚"会诊"联合破题，月底"复诊"巩固成果的"四诊"帮扶模式，切实掌握贫困群众实际诉求，精准解决贫困群众遇到的困难，形成了一套为民服务、精准帮扶的农村基层工作思路，被贵州省推广运用。

注重教育扶贫，创建"升学＋就业＋脱贫"的三合一帮扶模式。本着用教育扶贫解决贫困代际传递问题、彻底斩断"穷根"的工作思路，协调铁路职业学校和铁路企业，采取铁路职业学校定向招生、毕业后直接到对口铁路企业就业的方式，打造一条贫困学生升学、就业"绿色通道"，达到了"升学一人、就业一个、脱贫一家"的工作目标。

督导 84 人次，引进工程基建、媒体宣传各类帮扶资金 3514.75 万元，直接捐赠扶贫资金 432 万元，捐赠电脑、打印机、口罩等物资设备 31.3 万元，协调联系新增护林员指标 1580 名，帮助联系榕江县职业学校与贵州铁路技师学校开展共建，接收应届生升学 174 名，帮助榕江县贫困村兴建了小香鸡养殖场、稻花鱼养殖项目、农家乐旅游项目、罗汉果种植园以及农特产品加工厂等 5 个扶贫产业项目，先后选派 4 名挂职干部，帮助榕江县培训基层干部 17 名、技术人员 113 名，直接购买农特产品 92.54 万元、帮助销售 350.06 万元。紧盯扶贫日、儿童节等重要时间节点及时跟进做好扶贫工作，动员党员干部捐款 6590 元、捐赠图书 1573 册、捐赠书包文具价值 2.5 万元。

截至 2020 年底，榕江县累计实现 16 个贫困乡镇脱贫摘帽，160 个贫困村出列，贫困发生率从 2014 年的 35.54% 下降至 0，于 2020 年 11 月脱贫摘帽。

历任扶贫干部

挂职扶贫干部

挂职时间	姓 名	挂职地	挂职职务
2016.11—2017.9	魏恩会	贵州省榕江县	副县长
2017.9—2019.10	文 海	贵州省榕江县	副县长
2019.10—	李振强	贵州省榕江县	副县长

驻村第一书记

驻村时间	姓 名	所驻村及职务
2015.9—2017.9	魏恩会	贵州省榕江县乐乡村第一书记
2017.9—2018.6	文 海	贵州省榕江县乐乡村第一书记
2018.6—2021.5	徐 帅	贵州省榕江县高扒村第一书记
2021.5—	李 铭	贵州省榕江县高扒村第一书记

中国民航局

1998年10月，民航总局开始定点帮扶新疆维吾尔自治区于田、策勒两县，20多年来，民航局以高度的政治自觉积极推动定点扶贫，特别是党的十八大以来，更是以"发挥行业优势、集中行业资源，持续推动'六大工程'"为总体工作思路，不断加强组织领导，深化构建民航大扶贫格局，多措并举，确保帮扶质量，为助力两县如期打赢脱贫攻坚战提供了坚强的行业支持与保障。

中国民航局始终把定点扶贫作为一项重要的政治任务和政治责任，认真贯彻落实习近平总书记关于脱贫攻坚的系列重要讲话精神，坚决贯彻党中央关于打赢脱贫攻坚战的决策部署，结合两县实际，以"发挥行业优势、集中行业资源，持续推动'六大工程'"为总体工作思路，不断深化构建民航大扶贫格局，以高度的政治自觉积极推动定点扶贫，确保帮扶质量，为助力两县如期完成脱贫攻坚任务提供了坚强的行业支持与保障。

一、不断加强组织领导，落实帮扶责任

1998年接受定点扶贫任务后，立即成立扶贫工作领导小组开展一系列帮扶工作。党的十八大以来，民航局先后两次加强和调整脱贫攻坚领导小组，由党组书记、局长冯正霖任组长，全体党组成员、副局长任副组长，大幅扩充领

于田县概况

新疆维吾尔自治区和田地区下辖县，面积4.032万平方千米，2020年总人口29万人，其中维吾尔族占比98.3%。于田县矿产资源和野生动植物资源丰富，盛产玫瑰花、葡萄等特色农副产品，沙漠、古城遗址、原始村寨等形成了独特的于田风光和旅游资源。1994年确定为国家重点扶持贫困县，1998年民航局开始定点帮扶该县。2020年11月脱贫摘帽。

导小组成员单位。为切实提高帮扶举措的计划性、实效性，民航局先后制定出台《2016—2020年定点扶贫工作方案》《定点扶贫三年行动方案》，特别是党的十九大以来，每年年初签订定点扶贫责任书，制定年度定点扶贫工作计划和任务分解表，明确责任单位、责任人和完成时限。

不断完善定点扶贫工作推进和督导调研机制。每年召开定点扶贫工作动员部署会、年中推进会和年底总结会，及时总结定点扶贫工作成绩、归纳经验，落实定点帮扶任务。领导小组办公室切实加大协调力度，对定点扶贫工作实行月报告、季总结，及时跟踪各项扶贫项目进展，推动项目落实。全面强化对两县落实脱贫攻坚主体责任的督促指导，冯正霖同志和分管扶贫工作的副局长坚持每年赴两县调研督导，实地了解两县需求，研究帮扶举措，先后到两县调研累计达20人次。领导小组办公室采取季度视频调研、月度电话调度方式，及时了解两县脱贫攻坚进展情况，协调解决存在的问题。

二、着力构建行业大扶贫格局，加大帮扶力度

民航局在二十余年的帮扶过程中，始终注意发挥行业优势，凝聚行业力

量，切实发挥直属单位主力军、行业单位生力军作用。在 1998 年帮扶之初，
即发动行业力量，设立资金总额 3000 余万元的民航专项扶贫基金，为两县购
置大型农用机械，修建民航渠引水工程，建设民航新村。党的十八大以来，进
一步扩大并深化构建民航大扶贫格局，多次面向全行业发出倡议书，举办国家
扶贫日主题活动，动员系统单位和各航空公司、机场集团等单位积极参与，充
分发挥各自职能和资源优势，全力投入定点扶贫。在发挥行业力量的基础上，
民航局还依托民用机场协会、航空运输协会等行业团体，在民航局定点扶贫
工作中积极引入社会和市场力量，利用市场机制、市场规律，切实提升定点
帮扶的长效性和可持续性。在局党组的号召下，对两县的帮扶投入和帮扶力
度持续加大。经统计，党的十八大以来至 2020 年底，民航系统对两县共计投
入帮扶资金 8042.6 万元，引进帮扶资金 7.61 亿元，培训基层干部 1154 名，
培训技术人员 4444 名，购买贫困地区农产品 3878.7 万元，帮助销售贫困地
区农产品 967.9 万元，每年均大幅超额完成定点扶贫责任书任务目标。

　　民航局始终注意加强对两县的人才和智力扶持，长期成规模向两县选派挂
职干部。按照中组部统一要求，定期分批向两县选派县委、县政府副职挂职干

　　修建于田机场是民航局帮扶两县的头号"民心工程"。图为 2020 年 12 月 26 日，于田万方机场正
式通航，迎来首架民航运输客机，为当地百姓、产品成功搭起高山大漠深处通向四海的天路。

策勒县概况

　　策勒县是新疆维吾尔自治区和田地区下辖县，面积 3.16 万平方千米，2020 年总人口 16.8 万人，其中维吾尔族占比 98%。20 世纪 80 年代中期确定为国家重点扶持贫困县。策勒县自然资源丰富，光热资源充足，昼夜温差大，盛产大枣、核桃等农副产品，主要产业有牛羊兔鸽养殖等。独具特色的沙漠风情、山区草场、民族风情，旅游开发潜力巨大。1998 年民航局开始定点帮扶该县。2020 年 11 月脱贫摘帽。

部和驻村第一书记。同时集系统之力，从系统范围内选派干部支持民航新疆管理局参与新疆维吾尔自治区"访民情惠民生聚民心"活动，派出挂职干部下沉到基层一线与贫困户面对面开展帮扶工作。多年来，民航系统累计向两县派出 50 名扶贫挂职干部、驻村第一书记以及"访惠聚"工作队队员。在当地党委、政府的领导下，一批批扶贫挂职干部和驻村干部勤勉尽职、主动作为，充分发挥两县与民航局之间的联系纽带作用，帮助两县开拓脱贫思路、引进帮扶资源，建强基层组织、筑牢基层堡垒，圆满完成各项工作任务，赢得了当地政府及民族群众的一致肯定和高度评价。

三、扎实开展定点扶贫"六大工程"，提升帮扶质量

（一）加快推进于田机场建设

　　修建于田机场是民航局帮扶两县的头号"民心工程"。在民航局的大力协调下，总投资 7.71 亿元的于田机场于 2019 年 10 月 25 日开工，2020 年 12 月 26 日建成投运，机场建设全部免除和田地区财政配套资金。建设期间，面对冬休期和新疆三轮疫情影响，在实际工期仅有 11 个月的情况下，民航局全面加大指导协调力度，引入北京大兴国际机场进度综合管控方法，倒排时间表、

细化路线图，想方设法抢工期、攻坚克难保投运，高质量完成机场建设任务，创造了中国民航支线机场建设的"于田速度"，为当地百姓、产品成功搭起高山大漠深处通向四海的天路。

（二）积极推进产业扶贫

本着"缺什么补什么、群众直接受益"原则，通过直接投入产业、引入社会力量、就业技能培训等方式，多点发力，以点带面，帮助两县打通并完善产业链条。党的十八大以来，针对两县农林牧现代化、集约化经营程度低，缺少深加工企业的情形，切实加大产业帮扶力度，累计投资产业项目24个，直接投入资金2640余万元帮助两县发展畜牧养殖、饲料加工、温室大棚、庭院经济等项目。通过多种方式提升当地企业自我发展能力，组织当地企业经营管理人员赴内地先进企业参观，学习产品研发、品牌营销、生产管理等方面的经验，同时组织优秀包装设计公司、营销公司、食品生产专家等赴两县实地考察指导，帮助两县企业切实提升专业生产能力。民航局还注意引入企业力量，将两县列为红枣深加工厂的原料长期供应基地，动员航食企业采购两县优质农副产品，让两县"优势资源"变成"优势产品"。

（三）大力开展消费扶贫

于田、策勒两县拥有极富特色的农副产品，却迟迟打不开销路。民航局积极动员行业单位利用和整合自有渠道，打造"民航蓝天消费扶贫大平台"，让当地特产"进机场""上飞机"，先后在首都机场集团、西部机场集团等十余个大型机场集团设立扶贫产品专店、专柜。积极拓展线上销售渠道，在"公益中国"搭建"公益民航"精准扶贫专馆，广泛动员国航、东航、南航、海航等单位开放自有商业平台，上线两县扶贫产品。面对新冠疫情给两县造成的农副产品滞销危机，民航局专门开展了"消费扶贫专项行动"，得到行业单位的积极响应。民航局消费扶贫举措得到了相关部门的高度认可，入选"2020年全国消费扶贫优秀典型案例"。

（四）持续开展医疗扶贫

长期组织民航总医院开展义诊活动，通过开展远程医疗会诊，向两县捐赠医疗用品，为基层医护人员开展培训及实习等方式，帮助改善两县医疗条件和水平。党的十八大以来，民航总医院共计义诊贫困村民 6200 余人次，培训当地医护人员 850 余人次。特别是新冠肺炎疫情发生以来，两县暴露出在医疗资源、防控物资方面捉襟见肘的现实困难。民航局先后筹集捐款 400 万元用于两县购买防疫物资、助力复工复产，力争将疫情对脱贫攻坚的影响降到最低。在民航局号召下，行业单位纷纷捐款捐物，先后分多批向两县运送救护车、口罩、消毒液、防护服等防疫物资。

（五）着力推进教育扶贫和扶志扶智

切实加大对两县教育领域投入，安排资金对两县教育基础设施进行完善；协调直属单位开展爱心助学、支教等活动，持续开展"新长城"和"民航蓝天助学行动"，加强对贫困学生的资助帮扶；深入开展扶志扶智，从机关党费中先后拨付 400 万元，帮助两县新建和修缮贫困村党组织活动中心；专门投入资金在两县举办"脱贫攻坚带头人培训班""就业技能培训班"，先后培训 5200 余人次，组织一线扶贫干部赴东部沿海地区考察培训，提升贫困地区自身发展

| 民航局积极创新各种渠道帮助两县开展消费扶贫。图为 2019 年 10 月 17 日，民航局在北京大兴国际机场正式开航后不久即组织"国家扶贫日"主题活动暨展销活动，帮助两县销售特色农副产品。

一是强化组织领导，动员行业力量，以上率下打造大扶贫格局。充分发挥党总揽全局、协调各方的核心作用，坚持党建带扶贫，不断探索并逐步形成民航局、行业各单位全方位参与，党群工团多组织联动的扶贫模式。二是发挥职能优势，以机场建设为切入点，以点带面带动当地基础设施改善和产业发展。全过程跟踪、全方位帮扶、全力协调建成于田支线机场，支持建设策勒通用机场，支持发展临空产业和通用航空产业，充分发挥民航业在两县经济社会发展中的基础性、先导性作用。

能力，激发贫困人口脱贫致富的内生动力。

在民航系统及行业的大力帮扶下，于田、策勒两县切实履行脱贫攻坚主体责任，脱贫攻坚成果显著，均于 2020 年底退出贫困县序列。2020 年于田、策勒两县 GDP 分别为 40.63 亿元、26.84 亿元，同比分别增长 5.2%、5.1%，两县农牧民人均纯收入分别达到 11425 元、10891 元，超出 2020 年贫困线标准一倍多。

历任扶贫干部

挂职扶贫干部

挂职时间	姓 名	挂职地	挂职职务
2016.11—2019.3	杨立新	新疆维吾尔自治区于田县	县委常委

挂职时间	姓　名	挂职地	挂职职务
2019.3—2021.6	戴雪松	新疆维吾尔自治区于田县	副县长
2021.6—	刘　波	新疆维吾尔自治区于田县	县委常委
2016.11—2019.3	刘风学	新疆维吾尔自治区策勒县	县委常委
2019.3—2021.6	郭成宏	新疆维吾尔自治区策勒县	县委常委
2021.6—	侯　特	新疆维吾尔自治区策勒县	县委常委

驻村第一书记

驻村时间	姓　名	所驻村及职务
2015.9—2017.3	刘　杰	新疆维吾尔自治区策勒县古勒铁日干村第一书记
2017.3—2019.3	刘培强	新疆维吾尔自治区策勒县古勒铁日干村第一书记
2019.4—2021.6	代旭升	新疆维吾尔自治区策勒县古勒铁日干村第一书记
2021.6—	杨亚辉	新疆维吾尔自治区策勒县古勒铁日干村第一书记
2018.2—2021.1	汪森平	新疆维吾尔自治区策勒县硝尔哈纳村第一书记
2021.1—	祁勇攀	新疆维吾尔自治区策勒县硝尔哈纳村第一书记
2018.2—2021.3	王　飞	新疆维吾尔自治区策勒县托格拉吾斯塘村第一书记
2021.3—	李建伟	新疆维吾尔自治区策勒县托格拉吾斯塘村第一书记
2017.2—2020.4	李正乐	新疆维吾尔自治区策勒县玛力喀勒干村第一书记
2020.5—	潘光绪	新疆维吾尔自治区策勒县玛力喀勒干村第一书记
2018.2—2021.3	杜电力	新疆维吾尔自治区策勒县给地什艾日克村第一书记
2021.3—	张旭峰	新疆维吾尔自治区策勒县给地什艾日克村第一书记
2018.2—2020.6	海书铭	新疆维吾尔自治区策勒县普纳克奥尔曼村第一书记
2020.6—	孙　磊	新疆维吾尔自治区策勒县普纳克奥尔曼村第一书记
2021.6—	曹　岗	新疆维吾尔自治区于田县巴什喀群村第一书记

国家邮政局

自 2010 年起，国家邮政局定点帮扶河北省承德市所辖的平泉市。2010 年
2 月，成立由局领导任组长、机关各部门主要负责同志为成员的扶贫工作领导
小组，安排机关党委承担扶贫办职责，指定专人负责日常工作，严格按照"六
个精准"要求，举全行业之力加大帮扶力度。2017 年，平泉市脱贫摘帽。

党的十八大以来，国家邮政局党组深入学习贯彻习近平总书记关于扶贫工
作的重要论述，始终把脱贫攻坚作为增强"四个意识"、坚定"四个自信"、做
到"两个维护"的实际行动，发挥行业优势、凝聚各方力量，帮助河北省平泉
市于 2017 年提前 3 年脱贫摘帽，并且乘势而上，不断巩固脱贫成效、始终做
到"四个不摘"，先后选派 5 名干部挂职副市长或担任驻村第一书记，累计投
入帮扶资金 690 余万元、引进帮扶资金 9945 万元、培训基层干部 1031 名、培
训技术人员 1288 名、购买农产品 87 万元、帮助销售农产品 6517 万元，助力
平泉市走上了高质量脱贫奔小康之路，较好地完成了党中央、国务院交给的定
点扶贫政治任务。

一、坚持抓责任、强担当，不断扣紧脱贫攻坚责任链条

完善指挥体系，成立扶贫工作领导小组，由党组书记、局长马军胜任组

平泉市概况

河北省平泉市（原平泉县）市域总面积 3296 平方千米，辖 15 镇 4 乡、1 个街道办事处、238 个行政村，有"中国食用菌之乡""中国山杏之乡""中国活性炭之乡"的美誉，是京津冀水源涵养功能区、国家级生态示范区、中国绿色名县。1994 年被认定为国家重点扶持贫困县，国家邮政局于 2010 年开始对平泉进行定点帮扶，于 2017 年通过脱贫攻坚国家验收，2018 年脱贫摘帽。

长，局机关和直属单位作为成员参加，定期研究脱贫攻坚重点工作；设立扶贫办，负责脱贫攻坚工作的日常组织协调，层层压实政治责任。完善作战体系，建立定期会议、督导调研、工作周报等制度，实现"年初部署、周周报告、每月调度、季度总结"的日常作战模式；选派优秀干部到定点扶贫一线挂职帮扶，落实扶贫干部待遇，加强日常管理，确保工作严实推进。完善督战体系，局党组成员结合日常工作调研，协同抓好扶贫督导；将扶贫工作成效纳入系统年度"大督查"重点内容，开展综合督查。2016 年以来，共计召开 10 次领导小组会议研究扶贫工作，局党组同志 11 次深入定点扶贫县考察调研督导（其中马军胜同志多达 6 次）。2020 年，脱贫攻坚最后决战关头，党组成员戴应军、刘君、杨春光、赵民同志分别牵头成立 4 个督战工作组，对全系统定点帮扶的深度贫困地区 6 个村开展督战，投入帮扶资金 100 万元、实施精准帮扶项目 7 个，确保全系统定点帮扶无一掉队、150 个村如期打赢脱贫攻坚收官之战。

二、坚持抓产业、强增收，持续增强群众脱贫致富的能力

创新产业发展模式。推进"寄递＋农村电商＋农特产品＋农户"的产业

扶贫模式在平泉落地生根，协调京东集团等电商平台与平泉签订"电商扶贫战略协议"，通过"邮乐购"、顺丰优选、中通商业等行业企业自建电商，构建起农产品上行通道。建设产业发展园区。投入资金50万元、带动社会资金550万元打造"食用菌标准化扶贫示范园区"，累计产值1600万元，带动贫困户实现"零距离、零风险、零投入"就业。投入60万元建设食用菌烘干及小包装扶贫车间，带动300余户贫困户从事生产经营，实现稳定脱贫。培养产业发展人才队伍。支持承德市建设"河北省邮政行业人才培训基地"，邀请专家学者以及邮政、阿里、京东等企业举办电商、快递业务和直播带货等培训，累计培训基层干部和技术人员2318名，带动78人开通淘宝达人或村淘主播账号，建档立卡贫困人口250余人到快递行业就业、月均收入4000元以上，实现了"一人就业、全家脱贫"。

| 国家邮政局通过大力发展直播带货等新兴业态，助力平泉市电商发展、促进农特产品销售。图为挂职副市长为平泉市农特产品开展直播带货。

三、坚持抓保障、强支撑，不断提升脱贫攻坚的质量和效益

补齐"三保障"短板。先后投入 200 余万元，扎实有序推进"控辍保学""危房改造""饮水安全"三项工程，资助 300 名中小学建档立卡贫困学生和 50 名高中优秀毕业生顺利就学，为 34 户贫困群众修建新屋，解决 5 个村 300 余户 1000 余名贫困群众的饮水安全。吸引行业龙头企业捐助 900 万元，在平泉市兴建学校、扩建医院，直接惠及贫困群众 13.7 万人。加强物流体系建设。协调中国邮政集团公司先后投入 600 余万元进行支局所改造、电商产业园建设，实现平泉市 238 个建制村"邮乐购"站点全覆盖。大力推进平泉市"快递下乡"，实现 100% 乡镇全覆盖。助力平泉华北物流园区建设，引导 7 家快递企业入驻运营。夯实高质量脱贫基础。注重交通先行，帮助平泉市协调项目资金 9513.6 万元，推进乡村公路改造提升，改善贫困

国家邮政局在平泉市连续三年实施"饮水安全工程"，解决贫困群众吃水难问题。图为投入 90 余万元，在哈叭气村实施饮水安全工程，解决了 8 个自然村 400 余户常住居民饮水安全问题。

人口出行条件，聚集了人气，增添了财气。

四、坚持抓平台、强合力，不断深化拓展大扶贫格局

一是搭建协作平台。协调中国快递协会发出倡议、行业 6 家企业自愿参与，筹集到扶贫资金 1460 万元，构筑起定点扶贫"资金池"，打造了"部门搭

平台、协会作引导、企业献爱心"的定点扶贫新机制。二是汇聚爱心力量。组织机关干部职工"扶贫济困"爱心捐款 5.5 万元，驻村第一书记联系家乡企业捐助 89 万元开展"暖心帮扶"，直属单位克服疫情影响采购农特产品累计约 90 万元，行业企业通过消费扶贫购买农特产品达 1119 余万元。三是讲好扶贫故事。安排发行《扶贫日》纪念邮票和《精准扶贫》专题邮票，将湖南十八洞村、宁夏闽宁镇等典型印上邮票，向全国进行推介，扩大扶贫影响。《中国邮政快递报》开办"邮政业精准扶贫在路上"专栏，《快递》杂志利用"封面故事"等栏目，共组稿、编发相关新闻信息 700 余篇，多角度报道邮政业精准扶贫的举措与效果，形成了全行业全系统广泛参与、同心攻坚的浓厚氛围。

五、坚持抓党建、强基础，牢牢掌握脱贫攻坚的主动权、制胜权

一是开展党建共建。组织局发展研究中心、北京邮电疗养院 2 个党总支先后与平泉市哈叭气村党支部"结对子"，定期开展党建交流，邀请专家学者进村宣讲中央精神，捐助图书 3000 余册，不断建强支部班子。二是强化资金支

创新帮扶模式

国家邮政局充分运用部门职能和行业资源做好定点扶贫工作，协调中国快递协会发出倡议、邮政快递企业自愿参与，形成了"部门搭平台、协会作引导、企业献爱心"的定点扶贫工作模式，先后筹集到扶贫资金 1350 万元，快递企业总部直接采购平泉市农产品 1119 余万元，7 家快递企业入驻平泉华北物流园区，为平泉脱贫摘帽和乡村振兴注入了重要动力。

持。从局机关党费中划拨 12.45 万元支持驻村第一书记开展党建工作，从扶贫专项资金中安排 10 万元加强村委会建设，通过建强党建阵地、组织表彰奖励、开展慰问活动，使得哈叭气村党员干部精神面貌焕然一新。三是发挥引领作用。开展"脱贫攻坚党旗红"等系列活动，党支部利用定点帮扶的 280 余万元，先后实施了饮水安全工程、道路亮化工程、产业帮扶工程以及环境"美化"工程，村集体从以前零收入增长到每年 25 万元，从之前的落后村一跃成为平泉市数一数二的先进村。

历任扶贫干部

挂职扶贫干部

挂职时间	姓 名	挂职地	挂职职务
2016.8—2019.1	赵铁政	河北省平泉市	副市长
2019.1—	张惠荣	河北省平泉市	副市长

驻村第一书记

驻村时间	姓 名	所驻村及职务
2015.8—2017.8	王鸿蒙	河北省平泉市哈叭气村第一书记
2017.7—2019.9	陈拔群	河北省平泉市哈叭气村第一书记
2019.10—	范世峰	河北省平泉市哈叭气村第一书记

国家乡村振兴局

|历 程|

　　国家乡村振兴局（原国务院扶贫办）自 2015 年开始承担甘肃省渭源县、贵州省雷山县定点扶贫工作任务。2017 年，国家乡村振兴局完善定点帮扶工作领导小组和办公室成员机制，进一步压实工作责任，明确两县帮扶工作牵头部门。确定由开发指导司、社会帮扶司分别牵头负责渭源县、雷山县定点扶贫工作，组织定点扶贫领导小组成员单位开展集团式帮扶。2018、2019 年，雷山县、渭源县先后脱贫摘帽。

　　国家乡村振兴局（原国务院扶贫办）坚持以习近平总书记关于扶贫工作的重要论述为指导，认真落实党中央、国务院关于定点扶贫工作的决策部署，强化责任担当，细化工作举措，动员各方资源共抓定点扶贫，帮扶的甘肃省渭源县、贵州省雷山县脱贫攻坚工作成效显著，群众生产生活得到历史性改善。

一、始终牢记嘱托，切实提高政治站位

　　国家乡村振兴局以习近平总书记关于扶贫工作的重要论述为指导，深入学习贯彻习近平总书记关于定点扶贫工作的重要指示精神，从做到"两个维护"、当好扶贫标兵的政治高度坚持高标准严要求，全面落实定点扶贫政治责任，强化组织领导努力做好示范，贯彻精准方略全面提高帮扶质量，以人民为中心不

渭源县概况

渭源县隶属于甘肃省定西市，位于甘肃省中西部，距离省会兰州市147公里，渭源县有马铃薯、中药材、草牧业等特色优势产业，文化旅游、光伏、食用菌、花卉林木等新兴产业发展迅速。2012年被确定为国家扶贫开发工作重点县，2015年被确定为国家乡村振兴局定点扶贫县，2019年脱贫摘帽，2020年渭源县贫困村及建档立卡贫困人口全部出列脱贫。

断增强群众获得感，长短结合标本兼治，确保定点扶贫县脱贫质量经得起历史和实践检验，按时向党中央和人民群众交上合格答卷。

二、加强组织领导，高位推进压实责任

一是将定点扶贫纳入党组重点工作统筹推进，逐年制定帮扶计划，7次召开党组会等会议研究部署。二是成立定点扶贫领导小组，主要负责同志任组长，其余4名分管负责同志任副组长，18家所属单位形成"集团式"帮扶机制。局领导42人次、帮扶单位537人次赴定点扶贫县调研指导，督促两县县委、县政府以脱贫攻坚统揽经济社会发展全局，帮助解决困难问题。三是组建前线工作组常态化开展"解剖麻雀"式调研督导，及时发现问题，全面督促整改，以问题倒逼主体责任落实。四是建立工作报告制度，要求派驻挂职干部每季度报告工作进度，年底全面汇报，及时反映定点扶贫县工作进展情况，并将局里要求向县委、县政府反馈，靠前督导落实。在督促指导下，两县县委、县政府主体责任有效落实。雷山县制定《巩固提升脱贫成果实施方案》《巩固提升脱贫成果产业发展三年行动计划》，县委、县政府主要负责同志带头，梳理问题清单、任务清单、责任清单，逐级逐人逐项认真落实。渭源县以脱贫攻坚统揽

工作全局，成立县党政领导为组长的 15 个脱贫攻坚专项组，县四大班子领导为指挥长的乡镇脱贫攻坚前线指挥部，切实压紧压实脱贫攻坚工作责任。五是组织 11 个帮扶单位党支部与两县贫困村党支部结对共建，持续开展"抓党建、比贡献、促攻坚"活动，社会帮扶司党支部结对共建的雷山县脚猛村党支部扶贫成绩突出，获得"2019 年贵州省脱贫攻坚先进党组织"称号。

三、持续加大投入，全力提供人财物支持

一是坚持尽锐出战，选派基层经验丰富、年富力强的干部挂职帮扶两县，针对渭源县脱贫任务较重的实际，2018 年加派一名处长挂任县委副书记强化帮扶指导，累计选派挂职干部 11 人次，其中，挂任县领导 7 人次，驻村第一书记 6 人次。挂职干部真挂实驻，进村入户"解剖麻雀"、靠前帮扶，始终与当地干部群众吃住在一起、工作在一起，充分发挥了定点扶贫前线工作组作用。二是加强帮扶投入，动员行业社团和社会力量持续加大资金支持，2016 年至 2020 年，对两县投入资金从 11 万元增长到 2633 万元，共计 7893 万元，引进资金从 228 万元增长到 9562 万元，共计 26424 万元，引进企业完成投资 24037 万元，带贫 2.63 万人。

四、坚持精准指导，确保脱贫质量成色

一是深入调研指导，及时扭转干部思想认识，实现从"没底气、不想干"到"等不起、慢不得"的思想转变，聚焦主攻方向，共同研究确定雷山县"三强化三提高"（即强化攻坚态势、提高工作主动，强化旅游优势、提高产业水平，强化查缺补漏、提高脱贫质量）、渭源县"四抓三防"（即抓好产业、培训、基层组织建设、经验总结和防松懈、防返贫、防风险）总体工作思路。二是聚焦解决"两不愁三保障"突出问题，指导两县开展大排查行动，协调行业部门和社会力量给予支持保障，累计解决 3.3 万户住房安全问题，23.5 万人饮

水安全问题，义务教育和基本医疗保障实现全覆盖，组织完成 0.65 万户、2.79 万名贫困人口易地扶贫搬迁。三是聚焦产业扶贫，确定雷山县"茶、竹、药、游"、渭源县"薯、养、菌、药、花"特色主导产业，协调专家规划产业布局，大量引进优质苗种实现规模化发展。雷山县人均拥有 1.5 亩茶、0.5 亩药，建成高标准竹笋产业基地 2 万亩，成功入选第二批国家全域旅游示范区。指导渭源县规范建立产业合作社 1000 余家，带动种植马铃薯、中药材 80 万亩、食用菌 516 万棒、鲜切花 700 亩、养殖 520 万头（只）。协调引进 40 家行业龙头企业和创新性企业实施产业链提升工程，两县特色主导产业实现从无到有、从小到大、从低到高的跨越式发展。

五、积极探索创新，发挥示范带动作用

紧密结合中央脱贫攻坚专项巡视发现问题整改，结合两县探索带贫益贫机制，坚持"改""建"并举，开展试点示范，取得显著成果。一是指导渭源县

国家乡村振兴局充分发挥部门优势，帮助渭源县引进资金项目，培育壮大富民产业，拓展贫困群众增收渠道。图为世行养殖项目带动贫困户分红。

雷山县概况

　　雷山县隶属于贵州省黔东南苗族自治州，位于黔东南州西南部，距省会贵阳180公里。雷山县历史悠久，旅游资源丰富，有茶叶、竹笋、中药材等特色产业。2002年被确定为国家扶贫开发工作重点县，2015年被确定为国家乡村振兴局定点扶贫县，2018年脱贫摘帽，2019年雷山县贫困村及建档立卡贫困人口全部脱贫出列。

探索推广产业合作社模式和统一规划、统一培训、统一供种、统一农资、统一销售、购买农业保险"五统一保"带贫机制，实现产业水平、带贫效益、干群动力同步提升，全国各地前往参观学习130余次。支持渭源县率先建成村级光伏扶贫电站81个，试点成功并全县推广村集体经济收益管理模式，为1.02万户贫困户提供稳定收益渠道，带动全县135个贫困村集体收入从村均不足1000元跃升到42万元。二是发挥雷山"西江苗寨"旅游品牌和周边资源优势，指导全县培育发展乡村旅游扶贫产业，帮助规划建设乡村旅游扶贫项目，引进并组织龙头企业与当地合作社、贫困户建立"三位一体"利益联结机制，引导农户发展观光农业、特色养殖、特色手工艺、农家乐、精品民宿等"乡村旅游+"扶贫产业，有效解决旅游扶贫到村到户问题，带动1万户3万余人脱贫增收，该模式连续两年在贵州省旅发大会作经验推广。

六、科学培训引导，增强自主发展能力

　　一是狠抓队伍培训，集中开展基础性培训，分批组织基层干部、技术人才和致富带头人赴北京、贵州、深圳等地开展提升性训练。每年举办各类培训班12期以上，累计培训基层干部4004名、技术人员10205名，基层队伍扶贫

国家乡村振兴局坚持扶贫与扶志、扶智紧密结合，不断加强基层干部和专业技术人才培训力度，帮助雷山县打造人才队伍，增强自主发展能力。图为 2020 年雷山县把竹笋扶贫产业培训课程安排到田间地头，邀请专家手把手现场示范教学。

能力显著提升。二是把培训提升基层队伍能力作为强基工程，积极改进培训方式，将农村实用技术、职业技能培训安排到田间地头和产业车间，邀请国内专家、技术工匠、致富能人等进行专业辅导。三是根据培训人员创业就业条件，指导做好政策扶持和岗位推荐工作，支持开办合作社及工商个体经营。因势利导积极引导贫困户通过培训就业和发展产业不断增收，及时选树先进典型，宣传脱贫致富经历，宣讲扶贫政策，宣扬自立自强传统，充分激发贫困群众内生动力。

七、广泛动员协调，大力实施消费扶贫

一是积极协调相关单位和企业帮助构建市场化产销衔接链条。将两个定点

创新推广贫困村与贫困户协同发展新模式。指导渭源县制定印发《村集体经济资产收益使用监管办法》并全县推广。重点依托光伏电站稳定收益引导贫困村培育壮大集体经济，将部分收益用于扶贫工作。在资金使用上落实"村党支部会提议、村'两委'会商议、党员大会审议、村民大会或村民代表大会决议，决议内容公开、实施结果公开"的"四议两公开"决策机制，有效提高了基层组织治理能力，为贫困群众提供了就业增收渠道，避免了一发了之、一股了之的政策"养懒汉"问题。

扶贫县特色农产品和工艺品等纳入社会扶贫网、中国联通京东扶贫、农行掌上银行扶贫商城、电信天虎云商、京东网、苏宁易购、天猫、陇原巾帼扶贫展馆等主要平台拓展销路。二是组织局内单位、发动社会力量优先选择向渭源县、雷山县购买农产品。大力实施消费扶贫，坚持拓宽销售渠道与扩大消费规模并举，直接购买扶贫产品 248 万元，帮助销售 18970 万元。

八、完善防贫机制，持续巩固脱贫成果

防止返贫致贫是守住脱贫攻坚胜利成果的重要关口。国家乡村振兴局充分发挥自身优势，指导两县率先建立防贫机制，及时出台《建立防止返贫致贫监测和帮扶机制的工作方案》，针对渭源县脱贫基数大，脱贫不稳定人口和边缘易致贫人口数量相对较多的实际，指导其完善制定《渭源县脱贫攻坚防贫监测评估工作方案》。根据监测预警情况，督促及时跟进帮扶，协调太平洋保险给予"防贫保"政策支持，协调企业捐赠资金并支持巩固脱贫成果，有效防止返

贫和新致贫问题。

九、指导做好总结，转化用好经验成果

局领导亲自部署指导，明确两名司局级领导"一对一"帮助两县做好脱贫攻坚总结工作，召开培训会对县乡干部统一进行专题辅导。指导雷山县全面总结了八大战略举措、八个方面显著成就、七个方面经验启示，生动体现了脱贫攻坚的雷山之行、雷山之变、雷山之策。指导渭源县以2013年2月3日习近平总书记亲临渭源考察为起源，结合脱贫攻坚实际总结提炼出"创新产业带贫机制，群众动了；创新收益分配机制，百姓笑了；创新基层治理机制，支部强了"的成功经验，为接续推进巩固拓展脱贫攻坚成果同乡村振兴有效衔接提供了有益借鉴，助力该县2020年获评"全国脱贫攻坚奖组织创新奖"。

历任扶贫干部

挂职扶贫干部

挂职时间	姓　名	挂职地	挂职职务
2016.2—2018.3	李　慧	甘肃省渭源县	县委常委、副县长
2018.3—2021.6	张显峰	甘肃省渭源县	县委常委、副县长
2018.12—2021.5	刘胜安	甘肃省渭源县	县委副书记
2021.6—	刘丽川	甘肃省渭源县	县委常委、副县长
2016.3—2018.3	卢立群	贵州省雷山县	县委常委、副县长
2021.6—	范存会	贵州省雷山县	县委常委、副县长
2018.3—2021.7	范军武	贵州省雷山县	县委常委、副县长

驻村第一书记

驻村时间	姓　名	所驻村及职务
2015.9—2017.7	张婉婷	甘肃省渭源县元古堆村第一书记
2017.7—2019.9	李茂林	甘肃省渭源县香卜路村第一书记
2019.9—	门　冰	甘肃省渭源县香卜路村第一书记
2015.8—2017.8	刘　为	贵州省雷山县南猛村第一书记
2017.8—2019.8	余　晖	贵州省雷山县南猛村第一书记
2019.8—	伍小华	贵州省雷山县南猛村第一书记

国家文物局

历 程

国家文物局于 2012 年底与河南省淮阳县结成定点帮扶关系。九年来，局党组始终将定点帮扶工作作为重点工作内容，整合局系统资源力量，压实机关各司室、各直属单位扶贫责任，保障定点扶贫地区民生和教育。2013 年 5 月，向淮阳县派出挂职干部。2015 年 7 月，先后将淮阳县城关镇北关行政村、白楼镇大李行政村定为定点帮扶村，并派驻第一书记。2017 年，成立国家文物局扶贫工作领导小组，统筹做好定点扶贫工作。2018 年，7 个机关司室、8 个直属单位开展结对帮扶。2019 年 5 月，淮阳县脱贫摘帽。

党的十八大以来，国家文物局党组认真贯彻落实习近平总书记关于扶贫工作的重要论述，按照《中共中央 国务院关于打赢脱贫攻坚战的决定》《中共中央 国务院关于打赢脱贫攻坚战三年行动的指导意见》要求，坚决贯彻落实党中央关于脱贫攻坚的决策部署，自觉提高政治站位，坚持把定点扶贫作为重大政治任务，强化组织领导、健全工作机制、压实帮扶责任、创新帮扶方式，举全局之力并动员社会力量参与，强力推进国家文物局对河南省淮阳区（2019年撤县设区）定点扶贫工作，取得显著成效。

淮阳区概况

淮阳区位于河南省东南部，隶属于周口市，辖 18 个乡镇、2 个场、1 个产业集聚区，467 个行政村。农村户籍人口 135.56 万人，县域面积 1320 平方千米，耕地 140.9 万亩。淮阳四周有京九、京广、漯阜、陇海四条铁路环绕，大广、宁洛、商南、盐洛四条高速过境，交通区位优势明显；有"一陵一湖一古城"，文化遗址 326 处，全国重点文物单位 5 处，文化和旅游资源丰富。2002 年，淮阳县列入国家扶贫开发工作重点县，2011 年列入大别山连片特困地区重点县。

一、强化组织领导，层层压实帮扶责任

局党组高度重视扶贫工作，坚持把扶贫工作作为一项重要政治任务，将扶贫工作纳入机关各司室、各直属单位领导班子党建述职考核内容，党组会多次研究部署，明确年度扶贫任务，提出具体方案举措，压紧压实扶贫责任，局党组书记、局长认真履行扶贫第一责任人的责任，局党组全体成员履行扶贫分管工作的领导责任，多次赴淮阳实地走访座谈，解决瓶颈性问题。局党组选派工作能力突出、领导经验丰富的精兵强将到定点扶贫县挂职锻炼，注重加强对挂职干部的工作考核。挂职干部自觉强化扶贫政治责任，认真履职尽责，带头攻坚克难，经常深入贫困村、贫困户、文保单位，加强调查研究，开展精准帮扶，帮助引进资源、资金、优质项目和企业，确保各项帮扶措施落实落地，得到了当地县委、县政府及干部群众的高度评价和一致认可。局党组创新帮扶方式，明确帮扶责任，充分发挥直属单位的扶贫积极性和创造性，组织安排 8 家直属单位与淮阳县贫困村进行结对帮扶。各直属单位主动承担脱贫攻坚责任和任务，结合自身业务职能和资源优势，在入村调查走访的基础上，研究提出帮扶举措，从解决具体问题入手，有效开展帮扶工作，提高精准帮扶质量。2021

年，局驻村第一书记贺鹏荣获"全国脱贫攻坚先进个人"、曹明成荣获"河南省脱贫攻坚先进个人"。

二、发挥行业优势，强力推进文物扶贫

支持刘崇墓申报成为第七批全国重点文物保护单位，淮阳县双冢遗址、弦歌台申报成为第八批全国重点文物保护单位。扎实开展国保单位的"四有"（有保护范围、有标志说明、有科学记录档案、有专门机构或专人管理）落实工作，以5处国保单位为重心，统筹6个省保单位、12个市保单位、100多处文物点的文物保护工作，每年优先保障淮阳的文物保护专项补助资金，用于文物本体加固维修、展示工程及环境整治项目。党的十八大以来，累计拨付文物保护专项补助资金1474万元，用于文物本体加固维修、展示工程及环境整治项目。通过文物保护工程项目的实施，带动了周边村庄道路修建和供电线路改造等基础设施的改善，为周边贫困村民基本生产生活提供了便利。同时，文物保护工程和环境整治项目实施中，优先招收当地贫困村居民，促进贫困人口再就业和增加收入。深挖淮阳县文化文物资源价值，优先给予资金和项目支持，积极推进文旅融合，努力推动文物保护利用服务当地民生、拉动经济发展。支持指导淮阳县加快全域旅游发展和考古遗址公园建设，协调中国文化遗产研究院等单位无偿为其编制《淮阳区全域旅游规划》《从庄村乡村旅游发展规划》，节省规划编制费用350万元。指导全国重点文物保护单位太昊陵开展5A景区创建和景观质量提升工作。支持指导淮阳县加快平粮台遗址公园建设，协调中国文化遗产研究院无偿为其编制《平粮台古城考古遗址公园总体规划》《平粮台古城遗址环境整治（二期）工程设计方案》《平粮台古城南城门遗址保护展示工程设计方案》，节省资金209.64万元。协调北京大学在平粮台开展考古工作并组织考古人员培训班，为平粮台遗址公园建设提供科学依据。在平粮台遗址考古发掘、时庄遗址考古发掘过程中，平均每天用工近200人，共计支出村民工资约120万元，为村民提供工作岗位、增加收入。

三、积极拓展产业扶贫

帮助引导企业到定点扶贫县投资兴业、发展产业、带动就业，促进社会经济发展。在淮阳县成功开创"百企帮百村"模式，促成 36 家企业与 22 个行政村有效对接，带动 92 户贫困户实现就业。文物局投入大量帮扶资金，用于支持开拓特色产业项目，建设园林苗圃基地 50 亩，种植金叶复叶槭和白玉兰，组织 16 名建档立卡贫困人口参与种植，每日补助 80 元，每人增收约 500 元。引进北京帝测科技股份有限公司在淮阳注册成立分公司，服务当地资源勘查、地质灾害评估、地理信息测绘等社会经济建设工作。

国家文物局大力支持开拓特色产业项目，帮助建档立卡贫困人口增产增收。图为 2019 年 4 月，国家文物局投入 50 万元支持淮阳县大李村建成的 50 亩园林苗圃基地。

四、坚持"扶志和扶智"相结合，增强脱贫内生动力

发挥行业优势，文博系统组织的"全国博物馆新入职员工培训班""全省博物馆馆长培训班""全国陈列展览培训班""全国博物馆展览策划""全国博

物馆文化创意与版权运营培训班""全国文物保护与旅游融合发展培训班"优先给予淮阳培训名额,提升淮阳文博干部的业务能力。文物局投入帮扶资金支持举办淮阳县科级干部脱贫攻坚培训班和淮阳县村"两委"干部培训班、农村劳动力技能提升培训班、焊工技术培训班、贫困家庭劳动力技能培训班、建档立卡贫困户电商实操专题培训、扶贫车间负责人专题培训、农村致富带头人专题培训,累计培训村民 1342 名,培训贫困人口 375 人,帮助 345 名贫困人口实现转移就业,帮助 100 名建档立卡贫困人口实现电商创业。

五、帮助购买销售农产品

充分发挥文物资源带动旅游产业的作用,依托淮阳县的全国重点文物保护单位太昊陵开展"中原古韵——中国(淮阳)非物质文化遗产展演"暨羲皇故都朝祖会活动,利用庙会持续时间长、客流量大和旅游商品需求旺盛的契机,每年为淮阳县 6 个国家级重点旅游扶贫村的贫困户免费提供"旅游扶贫摊位",

2016 年以来,国家文物局每年依托淮阳羲皇故都朝祖会活动为贫困户设立"旅游扶贫摊位",每年为贫困户经营者人均增收 6000 多元。图为 2019 年贫困户摊位营业现场。

创新 帮扶模式

　　以结对帮扶方式提高精准帮扶质量。组织安排机关司室和 8 家直属单位，结合自身业务职能和资源优势，在入村调查走访的基础上，与淮阳县贫困村进行结对帮扶。三个业务司室通过建设平粮台考古遗址公园和开展乡村博物馆建设试点，推动了淮阳区农村人居环境整治改善、提升了基础设施条件和公共文化服务水平。直属单位通过编制旅游发展规划，积极推进文旅融合，努力推动了文物保护利用服务当地民生、拉动经济发展。

其中 2019 年活动吸引游客 242 万人次，扶贫摊位营业额约 148 万元，其中帮助销售农副产品约 112 万元，扶贫摊位贫困户经营者人均收入达到 6000 余元。2020 年，局挂职干部参加全国百名县长"文旅助农"直播大会"老家河南"专场活动，变身"带货主播"，从"线下"走向"云端"，推动淮阳区农产品的网络销售 500 余万元，有力推动了农产品、旅游商品在网络上的销售。

历任扶贫干部

挂职扶贫干部

挂职时间	姓　名	挂职地	挂职职务
2013.5—2014.12	支小勇	河南省淮阳县	副县长
2015.1—2017.1	郑绍亮	河南省淮阳县	县委常委、副县长

挂职时间	姓　名	挂职地	挂职职务
2017.2—2019.1	张　洁	河南省淮阳县	副县长
2019.2—2021.5	刘大明	河南省淮阳县	县委常委、副县长
2021.6—	王　彬	河南省周口市淮阳区	区委常委、副区长

驻村第一书记

驻村时间	姓　名	所驻村及职务
2015.7—2016.7	张后武	河南省淮阳县北关村第一书记
2016.8—2018.7	贺　鹏	河南省淮阳县北关村、大李村第一书记
2018.8—2021.5	曹明成	河南省淮阳县大李村第一书记
2021.6—	杨晓瑞	河南省周口市淮阳区时庄村第一书记

国家中医药局

　　国家中医药管理局自 1994 年起定点帮扶山西省五寨县。27 年来，中医药局始终把定点扶贫作为党组重点工作内容，坚持不懈地支持五寨县经济社会发展和扶贫开发。党的十八大以来，中医药局认真学习领会习近平总书记关于扶贫工作的重要论述，贯彻落实党中央、国务院关于打赢脱贫攻坚战的决策部署，成立领导小组，健全工作机制，选派挂职干部，充分发挥中医药特色开展定点扶贫工作。2019 年，五寨县脱贫摘帽。

　　山西省忻州市五寨县地处晋西北黄土高原丘陵地带，贫困发生率高、致贫原因复杂、贫困程度深，是国家扶贫开发工作重点县。1994 年 8 月，国家中医药管理局与五寨县确定了帮扶关系。27 年来，一批批中医药人到晋西北安营扎寨，放下"笔杆子"，扛起"锄把子"，立足五寨县的资源禀赋，发挥中医药"五种资源"优势，坚持健康扶贫和产业扶贫双驱动，"精准滴灌"施策。"十三五"期间，中医药局累计直接投入、帮助引进资金 10807 万元支持五寨县医疗卫生事业、中药材产业等方面的发展，实现了脱贫攻坚与乡村振兴战略的有效衔接。2019 年 4 月，经山西省人民政府批准，五寨县正式脱贫摘帽。

一、坚持健康为本，发挥中医药卫生资源优势，实现硬件设施和服务能力双提升

没有全民健康，就没有全面小康。为有效解决因病致贫、因病返贫问题，针对五寨县基层机构薄弱等状况，中医药局开展"组团式"精准帮扶，着力提升县级医院服务能力，实现基层医疗卫生机构硬件设施和基层服务能力双提升。

构建中医药服务体系，提升基层服务能力。为缩小城乡健康鸿沟，实现基层基本医疗有保障，中医药局下足绣花功夫精准发力，优化资源配置，完善服务体系。累计投入 6500 多万元支持县乡村基础设施建设、信息化建设，实现了"小病不出村、大病不出县"。

建好县中医院，发挥"龙头"作用。针对五寨县中医院存在的设备陈旧、人才缺乏、门诊量连年锐减、医护流失严重的现状。自 2017 年以来，中医药局以帮助五寨县申报二甲医院为阶段性攻坚目标，加大帮扶力度，从"硬件设施"和"内涵建设"两方面精准发力，实现医院硬件设施、医疗护理质量、中医技术、科室建设、人才培养、科研能力全面提升。直接投入资金支持县中医院修建了 1 栋急诊专科楼，建设了肛肠科等 3 个中医特色专科，配置了彩超、心电

五寨县概况

山西省忻州市五寨县，地处晋西北黄土高原丘陵区，是山西省 36 个国家扶贫开发工作重点县之一。县总面积 1391.3 平方千米，县辖 3 镇 9 乡 250 个行政村，总人口 11.6 万人。药用野生植物资源丰富，有党参、黄芩、黄芪、麻黄、猪苓等 70 余种。经过建档立卡精准识别"回头看"及动态调整，"十三五"期间，全县贫困村 153 个，建档立卡贫困人口 9417 户、20931 人。2019 年 4 月脱贫摘帽。

| 国家中医药局在山西省五寨县投资建成晋西北中药健康产业孵化园，帮助当地贫困户解决就业难问题。图为五寨县产业工人在孵化园内加工中药饮片。

图机等一大批基本医疗设备，更新了医院信息管理系统，建立了远程会诊平台，实现了无纸化办公和远程会诊。县中医院业务指标稳步增长，中医特色日益突出。2019 年底，院门诊量达到 24649 人次，比 2018 年增长 57%。

开展政策试点，打造"中医药特色县"。中医药局与国家卫生健康委、山西省人民政府共同签订《定点扶贫县深化医改和健康扶贫"实验田"共建协议（2019—2020 年）》，聚焦"农村贫困患病人口救治保障政策、县级医院能力、'县乡一体、乡村一体'机制、乡村医疗卫生机构标准化和公共卫生能力"等5 方面任务，探索建立脱贫长效机制，形成可复制、可推广的经验。

加强基层人才培养，留下带不走的"医疗队"。中医药局根据五寨县医疗卫生实际情况，编制了《五寨县医疗卫生优秀人才培养实施方案》，指导五寨县人民政府制定了《五寨县医疗卫生人才发展规划》。通过驻点帮扶、派驻巡回医疗队、一对一带教、在职在岗学历教育等方式，近四年累计培训技术人员4680 人次、培训干部 876 人次。

实施驻点帮扶，北京的"大医生"扎根五寨。中国中医科学院西苑医院、广安门医院、望京医院、眼科医院与五寨县中医院、人民医院签订结对帮扶协议，选派医院骨干力量长期驻点帮扶五寨县医疗机构。坚持"派下来"与"走出去"相结合，通过下乡巡诊、健康宣教、现场带教等方式，不断提升五寨县基层医护人员能力和服务水平。中国中医科学院已派驻五寨县医疗队 3 批、医疗队员 15 名，每批医疗队连续驻点半年以上，从医院管理、护理管理和心内科、肛肠科、骨伤科等开展全面帮扶，医院服务水平有效提升。目前，五寨县已成为忻州西部地区 8 个县的中医药服务中心，吸引了大量周边县域患者就诊。

完善服务体系，筑牢卫生健康网底。坚持以五寨县中医院、人民医院中医科室为龙头、12 个乡镇卫生院为枢纽、村卫生室为网底，着力提升县乡村三级医疗服务水平和服务能力。截至 2020 年底，五寨县中医院已能够开展中医适宜技术 41 项，门诊量同比增长 57%，各类手术量同比增长 2.4 倍，平均住院日从去年的 10.7 天下降到 9 天，住院次均费用同比下降 8%。患病群众省下的不仅是医疗费，还有就医成本。同时，驻点医疗队每年对 12 个乡镇卫生院开展专科巡回，举办 8—10 次健康扶贫活动。加强村卫生室建设，开展健康教育。支持驻村第一书记所在的中所村建立新的卫生室，实现了"四室分离"，诊断室、治疗室、药房和公共卫生室一应俱全。

二、坚持产业强基，发挥中医药经济资源优势，产业扶贫驱动发展内生动力

五寨县地处吕梁山区，在中药材种植上有得天独厚的地理优势，县内芦芽山拥有 3000 余种野生中药材资源，是一座天然药用资源宝库。中医药局坚持把发展中药材种植作为帮扶重点，支持五寨发展中医药产业，帮助农民增收致富。

发展道地药材，夯实产业扶贫根基。在中医药局的指导下，五寨县依托芦芽山具有药用价值的菌类、植物类、动物类、矿物类等资源优势，规划建设了

中药材种子种苗繁育基地、芦芽山野生中药材驯化种植示范基地、黄芪标准化
种植示范基地。推广集中连片种植，扶持中药材龙头企业和合作社做大做强。
目前，五寨县有中药材种植生产企业 3 个，种植专业合作社 7 个，规模种植大
户 68 个。中药材种植面积每年均保持在 5 万亩左右，全县有 6000 多人从事中
药材生产，其中覆盖贫困户 766 户，贫困人口 2221 人。

聚集生产要素，打造完整产业链。产业链越长附加值越高，农民收入就越
高。以五寨县黄芪为例，鲜黄芪 3 元/斤，5 斤黄芪鲜货价格为 15 元，晾晒成
干货之后可卖到 23 元，产地初加工之后可卖到 28 元，加工成饮片之后可卖到
33 元。针对五寨县缺少专业的晾晒场地，收获的黄芪因露天堆放导致发霉变
质的问题，中医药局直接投入资金 900 万元，支持五寨县建设晋西北中药健康
产业孵化园。目前，孵化园具备每年加工、存储中药材 2000 吨，生产中药饮
片 1000 吨的能力，为 3 家企业、7 个合作社提供了晾晒场、产地初加工、仓储、
饮片生产、销售、品牌培育等服务。黄芪采购客户辐射北京、河北、安徽、广
州、香港等地，孵化园的带动作用初步显现。同时，五寨县已与 4 家中药企业
签订了战略合作协议，与 66 家大型中医医院建设定制药园。

三、坚持科技扶贫，发挥中医药科技资源优势，把科研成果写在五寨大地上

中药材不是普通的农产品，在种植、采收等方面有着独特的技术要求和规
律。从种子种苗的选择，到规范化种植，再到采收、加工、存储，以及品牌建
设、道地药材规格等级等，需要进行全方位、全过程指导培训。中医药局发挥
中医药科技资源优势，积极组织中国中医科学院中药所、中药资源中心、中国
医学科学院药用植物研究所等中药专家前往五寨开展调查研究，为种植户进行
技术培训和指导，面向中药材种植户进行选育栽培、田间管理、病虫害防治等
技术培训，规范采收、加工、存储等环节。

强化科技创新，打造道地药材品牌，提高中药材附加值。引导当地中药企

国家中医药局每年组织开展中医药文化进校园活动，增进青少年对中华优秀传统文化的了解与认同。图为驻点帮扶专家在山西省五寨县第三中学教同学们动手调剂五味代茶饮。

业参与国家级项目，逐步打造集种植、加工、物流电子商务、技术创新、大健康产品、中药养生旅游于一体的五寨中药材产业集群。支持中国医学科学院药用植物研究所、国药种业有限公司在当地建设良种繁育基地，推进优良品种选育，从源头保障中药质量，实现从"种得了"向"种得好""产量高"向"质量高"的转变。引进中国中药在当地投资建厂，占地 36.53 亩的山西华邈饮片产业园已经开工建设，预计 2021 年 10 月开始投产，投产后具备 1000 吨饮片加工能力。

四、坚持预防为主，积极传播中医药文化，普及健康生活方式

五寨县气候寒冷、海拔较高。由于不合理的饮食生活习惯，基本医疗知识和养生保健常识的缺乏，当地不少老百姓存在着关节、腰腿疼，胃肠和心血管疾病普遍多发。

中医讲究顺应天时、规律生活的理念。中医药局加强中医药健康养生知识宣传，组织专家为五寨群众编制《农村医疗保健手册》《五寨县防病治病100问》，举办健康讲座，用五寨群众听得懂、听得进的渠道和喜闻乐见的方式普及健康知识和养生技能，逐步养成良好的生活习惯。发挥中医药在预防常见病、多发病和慢性病中的作用，不断提供更多的中医药健康管理，推进中医药"一老一少"公共卫生服务（65岁以上老人和0—36个月儿童中医药服务项目，开展老年人中医体质辨识和儿童中医调养服务）。组织中医师参加家庭医生团队，开展具有中医药特色的家庭医生和健康扶贫"双签约"，建立国家14项基本公共卫生服务和村民健康档案动态管理、定期体检、跟踪随访制度。

五、坚持生态协调，延长中药材产业链，发展健康旅游新业态

"绿水青山就是金山银山。"2020年3月，山西省提出"药茶"战略，使用药食同源植物的叶、花、根、果等为原料，发掘植物赋予茶的醇香韵味和中药的养生功效，深挖中药材价值，开发出具有当地特色的药茶、药酒、保健品等诸多产品。中医药局立足行业优势，支持五寨企业将本地特有的野生毛建草、沙棘、蒲公英、连翘进行深度加工，制作成为保健药茶。鼓励采取"公司＋基地＋农户"的模式，建立野生采摘区、仿野生种植基地、茶旅养生胜地、茶文化博物馆、生产加工园。药茶产业成为当地脱贫致富的带动龙头，保障了就业创收，带动了上下游产业，实现了可持续发展。目前，药材产业为农户提供500余个就业岗位，人均增收6000余元。甚喜茶成为"晋字号"特色农业品牌新生力量。

生态宜居是乡村振兴的重要目标。中医药局会同文旅部研究中医药健康养生、休闲旅游融合发展，支持五寨纳入山西旅游路线和京郊自驾游路线。围绕五寨县内的荷叶坪近4万亩亚高山草甸和管涔山3000种常用中药材，加强顶层规划设计，最大限度地保护五寨原生态自然地貌，坚持把中药材种植与观光

充分发挥中医药一头联系看病就医、一头联系田间地头的特色优势，探索建立了"中医药＋扶贫"模式。一是开展中医药健康扶贫，全面提升县中医院服务能力，实现县域内中医馆全覆盖，减轻群众看病就医负担。二是发展中药材种植产业，投资建厂、引进企业，延伸壮大黄芪、党参等中药材产业链，实现中药材种植规范化、产业化，帮助群众增收致富。

有机结合，中医药养生与旅游结合，制定中医药健康旅游发展规划，建立以中医药文化、健康理念及养生、康复、医疗技术方法体验为核心的健康旅游新业态。目前，健康旅游已经纳入五寨经济发展重点，五寨县正在规划建设集观光、旅游、中医药养生为一体的五寨沟风景区，打造晋西北健康旅游目的地。同时，中医药局通过开展中医药健康旅游座谈会，引荐北京时珍堂等药企赴五寨开展专题调研，引导药企在五寨建设黄芪种植基地，培育道地药材种植、观赏、直销产业链，带动农业转型升级。

2019—2020年，时任山西省委书记楼阳生、省长林武先后赴五寨县调研脱贫攻坚和乡村振兴工作，对中医药促进五寨县经济社会发展、助力群众脱贫致富给予高度评价。

历任扶贫干部

挂职扶贫干部

挂职时间	姓　名	挂职地	挂职职务
2013.4—2015.3	张岠宇	山西省五寨县	副县长
2016.5—2018.6	陈丽娜	山西省五寨县	县委常委、副县长
2018.6—2021.4	董云龙	山西省五寨县	副县长
2021.4—	高新军	山西省五寨县	县委副书记

驻村第一书记

驻村时间	姓　名	所驻村及职务
2015.9—2016.12	徐　治	山西省五寨县中所村第一书记
2016.12—2018.11	肖国栋	山西省五寨县中所村第一书记
2018.8—2021.4	黄　莹	山西省五寨县中所村第一书记
2021.4—	马思远	山西省五寨县中所村第一书记

国家药监局

1995 年，原国家医药管理局定点帮扶安徽省临泉县，2015 年，原食品药品监管总局新增定点扶贫县安徽省砀山县。国家药监局成立定点扶贫和对口支援工作领导小组，加强组织领导。

国家药监局高度重视定点扶贫工作，以习近平新时代中国特色社会主义思想为指导，认真贯彻落实党中央、国务院关于脱贫攻坚的决策部署，坚决履行定点扶贫责任，举全局之力，多方协调动员，倾力帮扶安徽省临泉县、砀山县，推动临泉县从全国人口最多的贫困大县，发展成为集中药材种植、加工及药品生产为一体的医药产业大县，砀山县从一个普通农业县发展成为农产品电商销售大县。

一、建立一套机制，提供强有力组织保障

通过成立领导小组、制定工作方案、明确责任分工、选优配强挂职干部等一系列机制，将好的经验做法固定下来，形成连续性。一是成立由一把手任组长的定点扶贫和对口支援工作领导小组。坚持一把手挂帅、局领导直接上手抓，每年召开党组会、领导小组会、专题会高位高效推动定点扶贫工作。局领导督导调研，重点帮助研究解决突出问题和困难，党的十八大以来，累计赴贫困

临泉县概况

临泉县地处安徽省西北边界，与皖豫两省9个县市区接壤，是全国重要的粮食生产基地和畜牧养殖大县，农牧产品量大质优，虎头姜、领头羊、芥菜、谭笔、贡文王闻名遐迩。支柱产业有化工、酿酒、机械电子、服装加工等产业发展迅猛。2001年被确定为国家级扶贫开发工作重点县，2020年4月脱贫摘帽。

县20次。二是每年年初印发上年度总结和本年度工作安排及责任分工，形成年初部署、年终总结、全年抓落实的工作机制。党的十八大以来，司局、直属单位累计调研440人次，带着项目、资金、企业、专家、技术方案、政策支持，形成脱贫攻坚强大凝聚力和战斗力。广泛动员社会力量，每年组织召开座谈会，搭建政企合作平台，参与行业协会和龙头企业累计超过100家次，成为医药行业扶贫的一张亮丽名片。三是选优配强挂职干部，为落实定点扶贫任务提供有力抓手。2015年以来，每年在两县至少各有2名同志挂职，分别任副县长和驻村第一书记，挂职干部立足当地实际，积极搭建沟通桥梁、协调技术资金、帮助引进急需项目、抓党建促扶贫。在第一书记的带动下，砀山县林屯村集体年收入突破80万元，临泉县张老庄村集体年收入突破100万元。

二、发挥行业优势，两县产业发展实现重大突破

一是培育壮大临泉县中药材种植。从派专家帮助制定规划，协调板蓝根百亩种植示范基地建设开始，中药材种植已遍及20个乡镇，种植面积达10多万亩，40余个品种，每亩年增收300元以上，2个中药材产业园区正在施工建设。土地流转不仅让农民有收入，还带动在家门口就业2000多人。支持临泉中药材种植和产地加工规范化发展，推进临泉中药材产业提升，既提高经济效益，

又扩大就业，在巩固脱贫成果、衔接乡村振兴方面发挥重要作用。亳州沪谯药业计划投资 2.5 亿元开展中药饮片产地加工。二是通过提高产能、扩大销路、开展一致性评价提高质量、引入合作企业等，全方位帮扶临泉永生堂药业从濒临破产发展到全县十大纳税大户。协调医药领域领先企业正大天晴药业集团与临泉县会面协商，促成双方达成合作意向，推动永生堂药业实现跨越式发展，促进临泉县医药产业发展。三是强力推动砀山医疗器械产业园建设。邀请国药安徽、国药器械、威高、华大等 13 家企业赴砀山调研，共商产业合作。协调行业龙头深圳迈瑞集团投资 4 亿元落户砀山医疗器械产业园，预计其成为当地经济发展重要引擎，有效带动上下游企业和周边产业发展，进而促进整个区域经济和行业发展，为乡村振兴注入强大动力。四是支持砀山做强水果产业。邀请专家出谋划策，开展课题研究，发展数字果园提高规范化种植。促成与肯德基合作，研发"芭梨恋语乌龙茶"，有效延长农产品产业链，增加产品附加值。目前，砀山年产酥梨、黄桃、苹果等各类水果 30 亿斤，产值约 46 亿元。

| 国家药监局邀请专家出谋划策，帮助砀山酥梨提高品质、扩大销量。图为邀请果木专家指导病虫害防治。

三、促进电商产业高质量发展，铺起扶贫"快跑道"

通过 3 任挂职干部分管电商工作的连续接力，实现砀山电商大发展。全县电商企业 2022 家，培育了 2 家省级电子商务示范企业和 15 家电子商务线上企业，网点和微商近 6 万家，2020 年网上农产品销售额突破 60 亿元。一是坚持典型示范。帮助砀山成立电商扶贫合作社，采取培训贫困群众、安置就业、帮助销售农产品等方式实现精准帮扶；成立残疾人电商协会，培训 362 名残疾人，带动 113 人走上了电商创业之路。涌现出的杰出代表——"全国脱贫攻坚奖奋进奖""全国自强模范"李娟，受到党和国家领导同志亲切接见。二是吸引社会力量。协调促成阿里巴巴、京东、苏宁与砀山合作，推广销售砀山特产。2018 年阿里巴巴农村淘宝兴农扶贫（砀山）正式授牌，2019 年"逆贫困之流，寻发展之源"技术脱贫大会上，阿里巴巴负责人现场为砀山梨膏点赞。借助京东扶贫频道，仅京东生鲜特产扶贫超级单品日一天就销售砀山皇冠梨 147 吨，全国排名第一。三是鼓励龙头带动。在全县开展"一个电商一个村，精准帮扶助脱贫"活动，结对帮扶带动 76 户贫困群众就业，帮助贫困户直接增收 9.9 万余元。每个电商协会理事单位结对贫困户不少于 10 户，以高于市场价 10% 的价格收购其农产品。目前，198 家电商企业结对帮扶贫困户 6000 多户，新冠肺炎疫情期间收购贫困户水果 1342 万斤。四是强化党建引领。目前，全县 10 个贫困村党支部开办了电商企业，每年为村集体经济增收 50 余万元，带动 190 名贫困群众脱贫。五是精心搭建载体。全县共建成 109 个村级电商网点，每个网点每年帮助贫困人口开设网店 2—3 家，带动脱贫 180 余人。六是借助直播带货。新冠肺炎疫情期间，协调拼多多、淘宝等直播平台帮助销售农产品约 200 万元。2020 年砀山网络梨花节吸引 167 万游客"云"游梨花海，3 天内销售砀山酥梨 305 万斤、550 万元。2020 年"天猫 618"活动，砀山梨膏销售额居全国贫困县第一名。

四、深化健康扶贫品牌，撑起群众健康"保护伞"

2017 年协调北京大学第一医院对口帮扶临泉县人民医院，2019 年协调北京友谊医院合作支持砀山县人民医院，实现两县医疗水平大幅提升，极大缓解群众看病难、看病贵困难，啃下脱贫攻坚"硬骨头"。派驻专家团队参与科室管理、学科建设、医务培训，开通双向转诊绿色通道、来京培训绿色通道等，两县医院均晋升为三级综合医院。合作以来，北大第一医院选派 223 名优秀专家对口支援临泉县人民医院，共诊治门诊患者 11691 例，急诊患者 307 例，现场指导业务查房 11007 例次，疑难病例讨论 1604 例次，普通会诊 981 例，指导并开展手术 1480 例，开展讲座 394 场，培训 7115 人次。在北大医院指导下，临泉县人民医院积极开展高危孕产妇联合救治、多学科会诊，能够精准识别高危风险，确保高危孕产妇安全，2019 年全县高危孕产妇救治死亡率从高于全国标准降到零。北京友谊医院先后三次派专家赴砀山，通过授课讲学、教学查房、疑难病例讨论等途径，手把手教，在砀山县人民医院设立友谊医院胃肠肝胆外科工作室。先后为砀山县 24 名医务人员来京开展进修培训，学成后开展院内培训 4 次 800 余人。通过合作，有效提升了当地医院的医疗技术水平、管理能力和服务水平，本地就医报销比例高，还免去了外地就医的交通住宿等高

砀山县概况

砀山县位于安徽最北部，皖苏鲁豫四省交界，陇海铁路、310 国道贯穿，郑徐高铁、德上高速建成通车。砀山县是电商大县，拥有近百万亩果园，是吉尼斯认证的世界最大连片果园，年产酥梨、黄桃、苹果等各类水果 30 亿斤，产值约 46 亿元，2020 年网上农产品销售额突破 60 亿元。2012 年被列为国家扶贫工作开发重点县，2015 年起国家药监局定点帮扶，2019 年 4 月脱贫摘帽。

| 国家药监局开展就业扶贫，组织适龄妇女到北京免费培训、专业实践并推荐就业。图为协调有关专业资源在临泉开展爱心月嫂招生培训会。

额成本，减轻了经济负担，有效防止因病返贫致贫，老百姓得到了实惠，凝聚了人心。当地县委、县政府主要负责同志表示，这项举措大大缓解了看病难的问题，功在当代，利在千秋，意义远超上亿元的产业项目。

五、推动教育扶贫，点亮脱贫"新希望"

一是援建学校，不让一个孩子掉队。1996 年，全局 1300 多名职工捐资 20 万元，原国家教委资助 10 万元，原县教委资助 20 万元，共同创建临泉医药希望学校。25 年来持续倾注精力，局领导多次前往希望学校调研，挂职干部积极协调援建教学楼、捐赠图书设施等，倾心帮扶学校建设发展。2020 年，援建砀山县林屯村三官庙小学，引进帮扶资金 20 万元，援建操场教室、购置饮水机、打印机等设备，改善教学条件。广泛动员企业，援建"三星智能教室"，捐赠"爱心厨房""青苗营养厨房"设备，实施两县学校"净水计划"，捐赠牛奶等营养餐、图书、网络课程等，不断改善教学和生活条件。二是设立奖学金，点亮贫困学子梦想。坚持扶贫与扶志扶智相结合，设立临泉县入读高等院校制药类专业贫困学生助学金，已累计解决 220 名贫困学生入学问题。协调企业累计捐资 200 多万元，设立建档立卡贫困户教育助学基金、"捐步助学"教育基金等项目，激发学生向学向上，从小立志成才。

六、党建扶贫取得新成效，筑牢坚强堡垒

一是加强组织领导。制定工作方案，要求各直属党组织把党建扶贫纳入本单位扶贫整体工作。二是开展思想帮扶。依托局党校网络培训平台，为两县每个乡镇党委设立培训账号 50 个，遴选 100 门课程，供当地党员干部学习。捐赠《习近平谈治国理政》《党务工作者实用手册》等书籍 4801 册，提供党建培训优秀师资 9 人。三是开展党建交流。组织开展各类主题党日活动 12 次，通过联学共建、党建制度共享等，共同推进基层党组织党建、纪检工作制度标准化规范化建设。四是开展慰问活动。2020 年走访慰问困难党员、群众和贫困学生 172 户，与贫困户"一对一"结亲 28 户，发放慰问金 14 万元，结成帮扶对子 10 个，资助贫困儿童 3 名。

七、拓展扶贫方式，汇聚脱贫"新合力"

一是创造就业岗位。除产业和电商带动大量就业外，协调菲仕兰公司实施"爱心月嫂"公益项目，组织 100 余名适龄妇女到北京免费培训、专业实践并推荐就业，她们月收入上万元，其中临泉县 2 名学员返乡创业培训更多妇女，带动就业。还从两县招聘 4 名贫困户成员来京从事机关后勤服务等工作。

二是大力开展消费扶贫。采取自己买、协调企业买、网上卖、到大企业卖等方式，购买和帮助销售贫困县特色农产品，向全系统印发通知，号召药监系统开展消费扶贫，协调阿里巴巴、京东为两县开设特产馆，制作二维码印发全系统职工推荐购买。在《医药经济报》、《21 世纪药店》和医药经济报微信公

创新帮扶模式

　　构建"一二三"帮扶模式。建立一套机制。成立领导小组、制定方案、明确分工、配强干部，形成连续性。抓住两个关键。以医疗、教育为切入点，引进北京大学第一医院、北京友谊医院，帮助两县人民医院提升服务水平；深化教育扶贫，阻断贫困代际传播。聚焦三大举措。在产业、就业、消费三大领域，多措并举，变"输血"为"造血"。

　　众号刊登广告，推广贫困县医药企业、农副产品，帮助招商引资。

　　三是加强宣传报道。在《中国医药报》开设"精准发力决胜脱贫攻坚""扶贫手记""扶贫贺卡""挂职干部风采录"专栏，号召广大干部参与脱贫攻坚。制作以扶贫干部为宣传对象的移动终端作品，在中国药闻、中国医药报微信公众号发布，展示工作成就。

　　四是助力打赢疫情防控"阻击战"。协调阿斯利康、先声药业、天境生物、威高集团向两县捐助医用手套5000副、口罩1.2万个、隔离服900套、手术衣200套。疫情初期，协调两县对接企业购买医用防护服5200套、一次性医用外科口罩30万个、N95医用口罩100个、一次性医用手套2万副、医用防护屏4000个、红外测温仪4800个。借助腾讯"新冠肺炎实时救助平台"，帮助两县开展医疗宣传和群防群控等服务支撑工作，提供在线义诊，用"互联网+"打通医疗救助和疫情防控"最后一公里"。

历任扶贫干部

挂职扶贫干部

挂职时间	姓 名	挂职地	挂职职务
2011.12—2013.2	黄育宏	安徽省临泉县	县委常委、副县长
2013.2—2014.6	王翔宇	安徽省临泉县	副县长
2014.10—2016.5	张沛洁	安徽省临泉县	县委常委、副县长
2016.5—2017.5	刘 春	安徽省临泉县	副县长
2017.5—2019.7	陈 健	安徽省临泉县	县委常委、副县长
2019.7—	张艳琴	安徽省临泉县	县委常委、副县长
2016.5—2017.10	王 超	安徽省砀山县	县委常委、副县长
2017.10—2019.10	朱明春	安徽省砀山县	县委常委、副县长
2019.10—	张 颖	安徽省砀山县	副县长

驻村第一书记

驻村时间	姓 名	所驻村及职务
2015.8—2017.5	许晓明	安徽省临泉县张老庄村第一书记
2017.5—2019.7	蔡 毅	安徽省临泉县张老庄村第一书记
2019.7—	席世浩	安徽省临泉县张老庄村第一书记
2016.4—2017.5	牛颖泽	安徽省砀山县林屯村第一书记
2017.5—2019.7	聂大可	安徽省砀山县林屯村第一书记
2019.7—	张年亮	安徽省砀山县林屯村第一书记

国家知识产权局

1994 年和 2007 年，国家知识产权局先后开始定点扶贫湖南省桑植县和河北省张家口市崇礼区，成立了由一名副局长任组长的局扶贫领导小组，扶贫办公室设置在机关服务中心，截至 2020 年底，历经 27 个年头，先后选派 118 名挂职扶贫干部，举全局全系统及全体干部职工之力，助力桑植和崇礼如期顺利实现脱贫摘帽。

党的十八大以来，国家知识产权局认真贯彻落实习近平总书记关于扶贫工作的重要论述，精准扶贫、精准脱贫，真扶贫、扶真贫，围绕"两不愁三保障"，充分发挥知识产权人才、技术和信息等优势，在构建民生工程、农业产业开发、基础设施建设、干部人才培训等方面，精准帮扶、因地施策，对促进桑植和崇礼经济社会发展、改善群众生产生活，助力打赢脱贫攻坚战、全面建成小康社会发挥了积极作用。

一、坚持以习近平总书记关于扶贫工作的重要论述为指导，发挥党组领导核心作用，统筹推进工作落实

坚持政治站位，国家知识产权局党组着眼打赢脱贫攻坚战、全面建成小康社会任务，认真学习贯彻习近平总书记关于扶贫工作的重要论述，站在增

强"四个意识"、坚定"四个自信"、做到"两个维护"的高度，统一思想和行动，强化初心和使命。领导强力推进，坚持落实一把手第一责任人要求，局长申长雨按照中央要求每年到 2 个定点扶贫县区调研指导，推进落实扶贫工作，协调解决实际问题，与定点扶贫县区共同扛起扶贫和脱贫政治责任。加强组织领导，按照党中央、国务院决策部署，根据定点县区桑植、崇礼的扶贫和脱贫实际，局党组专题研究贯彻落实工作，局扶贫领导小组协调组织实施，汇聚全局全系统力量，动员组织干部职工积极参与，始终如一的加大对扶贫工作的支持。认真谋划工作，每年年初，局扶贫领导小组召开视频会议，研究部署定点扶贫工作，审定并印发《局年度定点扶贫工作计划》和《局年度定点扶贫工作责任分工表》，聚焦工作重点，突出工作难点，发挥工作优势，补齐工作短板，确保工作落实。加强工作对接，局扶贫办坚持落实年度议事制度，党的十八大以来，在 8 次专门召开工作对接座谈会的基础上，16 次利用实地调研、开展扶贫项目等时机，加强与 2 个定点扶贫县区领导及扶贫部门的工作联系，协力推进各项帮扶工作的落实。动员多方力量，在汇聚全局目前近 2 万人力量、群策群力做好扶贫工作的基础上，坚持调动以知识产权系统、企业等行业为主的多方社会力量，引进 13 家、协调 20 家企业积极参与局定点扶贫工作和项目建设，为贫困群众奉献爱心和力量。

二、发挥"第一方阵"带头引领作用，加强工作指导，督促主体责任和工作目标落实

国家知识产权局始终坚持发挥主体责任、激发内生动力、催生"造血"功能、汇聚扶贫脱贫力量为做好定点扶贫工作的前提和重点，以问题为导向，以目标为牵引，以政策为标准，紧紧围绕党中央、国务院决策部署，按照年度既定目标任务和责任分工，压茬推进、层层落实，以严密的组织体制和工作机制确保圆满完成扶贫脱贫各项任务。一是督导主体责任。申长雨同志利用到桑植、崇礼 2 个县区实地调研和召开座谈会之机，听取党政主要负责人

桑植县概况

湖南省桑植县是贺龙元帅的故乡，桑植民歌唱响维也纳，旅游资源丰富独特，现有张家界大鲵、桑植魔芋、桑植蜂蜜、桑植白茶等 7 个国家地理标志产品，桑植白茶已经快速成为该县的特色主导产业。1986 年被确定为国家重点扶持贫困县，1994 年开始定点扶贫，2019 年底脱贫摘帽。

脱贫攻坚工作汇报，督促党委、政府全面落实主体责任。局其他领导利用工作调研、工作对接会、查看扶贫项目等，指导驻 2 个定点扶贫县区和职能部门落实主体责任。局扶贫领导小组指导驻 2 个定点扶贫县区扶贫工作组，特别是每届 2 名挂职县区领导的 12 名处级干部，认真协助当地主（分）管扶贫的领导利用各种工作方式和时机，一线督促政府部门和乡镇村主体责任的落实。二是督导政策落实。围绕"三农"工作、"两不愁三保障"等重点问题，局领导按照中央政策和部署，依据 2 个定点扶贫县区党委和政府的年度工作安排，突出产业扶贫、教育扶贫、健康扶贫、危房改造等领域工作，对 2 个定点扶贫县区进行指导和督促检查，指导落实各项政策。党的十八大以来，6 届共 46 名定点扶贫挂职干部通过包联乡村、部门工作、下村入户、驻村帮扶等，促进了各项政策的落地落实。三是督导工作落实。局领导、局扶贫领导小组以及扶贫办有关负责人等，通过查看贫困人口数量增减、贫困户建档立卡资料、检查驻村工作队任务落实等，督促落实工作制度和考核机制，压实扶贫脱贫工作责任。发挥驻 2 个定点扶贫县区扶贫工作组"战斗队"作用，强化扶贫干部的党员意识、战斗意识、先锋意识，当好"国家队"，在一线参与扶贫脱贫工作中加强督促指导。

国家知识产权局直属单位与定点扶贫县区基层党组织开展党建联学活动，以党建促脱贫。图为党建联学启动仪式现场。

三、发挥知识产权核心职能作用，积极推进工作创新，提高定点帮扶水平

党的十八大以来，根据阶段任务、定点县区实际、机构改革、核心职能等情况，国家知识产权局始终坚持"输血式"扶贫与"造血式"扶贫并举、"造血式"扶贫为主"输血式"扶贫为辅的帮扶原则，贯彻落实中央"扶贫开发"政策制度和决策部署。国家知识产权局帮扶工作的重点和特点是，通过专利技术强农、商标品牌富农、地理标志兴农，帮助贫困地区"打造一个品牌，做强一个产业，造福一方百姓"，在桑植和崇礼形成了知识产权助推产业高标准建设、高水平管理、高质量发展、高效益带贫的"知识产权助力精准扶贫样板"。一是大力支持推进品牌建设。发挥好国家知识产权局独特职能作用，建立绿色通道机制，加快专利、商标、地理标志等审批进度；发挥好驻2个定点扶贫县区扶贫工作组一线指导作用，持续协助推进地理标志挖掘、保护和运用促进工作；发挥好当地职能部门、企事业单位、农民专业合作社、致富带头人等内生

动力作用，在帮扶商标注册、培养品牌意识、市场化经营等方面，加强指导和协调，对接外部资源，提升创新创造能力。党的十八大以来，重点打造以桑植白茶、桑植蜂蜜、张家界大鲵和崇礼蚕豆、崇礼彩椒等为代表的特色产业品牌，利用知识产权制度优势，多措并举持续加强宣传、保护和运用，不断扩大影响力。二是大力助推特色产业发展。发挥知识产权职能作用，指导支持特色产业的发展，在研发阶段，分层分类突破技术瓶颈。立足已有专利基础，按照巩固优势、跟踪赶超、重点提升、前瞻布局四个方面，分别明确技术细分攻关方向。在生产阶段，做好地理标志的管理和运用。建立质量等级制度，做好地理标志产品质量管控，强化过程管理，实现有序生产。在营销阶段，实现多类型知识产权协同共振。运用外观设计，提升产品包装特色。运用联合商标、全类注册、商标商号一体化等商标策略，全方位打造产品品牌。党的十八大以来，重点支持桑植围绕桑植白茶以及桑植蜂蜜、张家界大鲵等，崇礼围绕崇礼蚕豆以及崇礼彩椒、崇礼藜麦等发展地理标志特色产业，巩固拓展 2 个定点扶

国家知识产权局在每年全国"4·26"世界知识产权日宣传周期间，开展知识产权进机关、进校园、进企业等活动。图为 2019 年全国知识产权开放日群众在社区宣传现场参观。

崇礼区概况

崇礼区位于河北省西北部，地处内蒙古高原与华北平原过渡地带，境内80%为山地，海拔从814米延伸到2174米，气候独特，夏季凉爽、秋色多彩、冬雪覆盖，借助承办2022年冬奥会带来的历史机遇，大力发展以冬季滑雪和夏季户外为主导的体育休闲产业，打造"雪国崇礼、户外天堂"。2001年确定为国家扶贫开发工作重点县，2019年底脱贫摘帽。

贫县区"一县一品、一主多特"等农业产业发展思路，持续指导支持2个定点扶贫县区加强标准化种植和规范化生产，促进产业做大做强。三是加大资金投入支持产业。党的十八大以来，在给予2个定点扶贫县区政策和制度支持基地上，还直接投入和引进资金2000多万元，支持以职业中等专业学校为平台，建成职业技能培训基地，进行以当地产业及职业技能为主的在校学生和社会人才培训，提升从业人员的职业技能水平，提高贫困群众就地就业率。支持以生产基地、加工工厂、延长产业链等产业项目为主，紧紧围绕2个定点扶贫县区的特色产业，夯实产业基础，提高产业水平，提升品牌声誉，拉动消费扶贫，培育壮大产业。支持引进企业发展产业，党的十八大以来引进了13家企业投入8424万元，在2个定点扶贫县区搞种养、办工厂、建民宿等多样产业，促进了当地的经济发展。近年来，桑植白茶、桑植粽叶和崇礼蚕豆等地理标志产业得以快速发展，发挥了核心产业作用，带贫益贫成效非常明显。

四、发挥扶贫干部一线"战斗队"作用，落实待遇，提供保障，激发动力，高标准完成中央定点扶贫任务

自1994年开始，截至2020年底，共选派118名干部到2个定点扶贫县区

创新帮扶模式

国家知识产权局发挥核心职能作用，通过专利技术强农、商标品牌富农、地理标志兴农，帮助贫困地区"打造一个品牌，做强一个产业，造福一方百姓"，在桑植和崇礼形成了知识产权助推产业高标准建设、高水平管理、高质量发展、高效益带贫的"知识产权助力精准扶贫样板"。

挂职扶贫，其中，向桑植选派扶贫工作组 24 届，挂职干部 49 人；向崇礼选派扶贫支教工作组 12 届，挂职干部 69 人，历经 27 年他们在扶贫一线团结协作、接续奋斗、攻坚克难、无私奉献，在历年扶贫和脱贫攻坚战中发挥了"战斗队""国家队"作用，圆满完成组织上交付的各项工作任务。一是确保待遇落实，按中央政策要求和干部挂职规定，严格落实扶贫干部每人每月补助 3000 元生活费，上医疗和意外伤害保险，及时报销返京休假费用等，及时保障到位，不降标准，不打折扣。二是提供工作经费。在十分有限的公用经费中，每年编制 2 个扶贫工作组的经费预算，用于工作用车、公务出差、下乡调研等费用支出，保障扶贫工作组积极地开创性地开展好日常工作和活动。随着工作和任务的不断增加，目前，桑植工作组经费增加到 23 万元，崇礼工作组经费增加到 22 万元。三是聘用辅助人员。自承担中央定点扶贫任务以来，就为 2 个扶贫工作组在当地分别聘用了 1 名熟悉情况的辅助工，协助工作组工作。脱贫攻坚最后的关键 2 年，又为 2 个工作组分别聘任了熟悉扶贫脱贫工作、有工作经历经验的大学生人才，协助整理资料、联系地方等，他们为协助工作组完成定点帮扶工作发挥了很好的作用。同时，自公务用车改革以来，在 2 个定点扶贫县区还分别租赁了 1 台车辆，方便工作组下乡入户调研等。四是加强日常管理。根据局人事和干部管理相关制度规定，制定印发了《扶贫干部工作守则》

《扶贫干部廉洁自律守则》，用制度和规定加强扶贫干部的管理，确保了扶贫任务的完成和挂职干部的廉洁勤政及人身安全。

历任扶贫干部

挂职扶贫干部

挂职时间	姓　名	挂职地	挂职职务
2013.2—2014.1	谢　岗	湖南省桑植县	县委常委
2014.2—2015.1	杜少南	湖南省桑植县	县委常委
2015.2—2016.1	王名松	湖南省桑植县	县委常委
2016.2—2017.1	张江波	湖南省桑植县	县委常委
2017.2—2019.1	李　明	湖南省桑植县	县委常委
2019.2—2021.1	谷　威	湖南省桑植县	副县长
2021.2—	王　浩	湖南省桑植县	副县长
2013.2—2014.1	梁　爽	河北省崇礼县	副县长
2014.2—2015.1	刘　洋	河北省崇礼县	副县长
2015.2—2016.1	陈　勇	河北省崇礼县	副县长
2016.2—2017.1	代庆伟	河北省张家口市崇礼区	副区长
2017.2—2019.1	邹俊利	河北省张家口市崇礼区	副区长
2019.2—2021.1	田　明	河北省张家口市崇礼区	副区长
2021.2—	吴兴强	河北省张家口市崇礼区	副区长

驻村第一书记

驻村时间	姓 名	所驻村及职务
2015.2—2016.1	张海全	湖南省桑植县二户田村第一书记
2016.2—2017.1	曹小伟	湖南省桑植县二户田村第一书记
2017.2—2021.1	时 鹏	湖南省桑植县二户田村、仓关峪村第一书记
2021.2—	袁克卿	湖南省桑植县陈家坪村第一书记
2017.8—2019.8	肖聂尊	黑龙江省抚远市东发村第一书记

中国地震局

历　程

中国地震局自 1992 年起定点帮扶甘肃省永靖县，2016 年成立中国地震局定点扶贫工作领导小组，印发"十三五"定点扶贫工作规划，加强对定点扶贫工作的组织领导和顶层设计。2015 年 7 月，先后选派五位干部挂职永靖县副县长或永靖县三联村第一书记，深扎基层，整合各方资源，从单一"输血"到注重"造血"。2020 年 2 月，永靖县脱贫摘帽。

党的十八大以来，中国地震局高度重视定点扶贫工作，以习近平新时代中国特色社会主义思想为指导，认真贯彻落实党中央、国务院关于脱贫攻坚的决策部署，始终坚持高位谋划推动，聚焦群众致富增收的大目标，充分发挥行业帮扶和中央单位帮扶优势，突出科技示范引领，强化资源宣传推广，逐步形成了以产业扶贫、科技扶贫、减灾扶贫为主体，兼顾生态扶贫、教育扶贫、旅游扶贫、基础设施扶贫、消费扶贫等多种扶贫方式的"3+N"定点扶贫工作体系。

一、坚持高位谋划推动，坚决扛起脱贫攻坚政治责任

中国地震局始终高度重视定点扶贫工作，将其纳入重要议事日程，持续加强定点帮扶工作组织领导，通过听取汇报、座谈交流、入户走访、实地考察等方式，全面深入了解永靖县脱贫攻坚工作情况，与永靖县共商打赢脱贫

攻坚战的新思路新举措。特别是应急管理部党委委员、中国地震局党组书记、局长闵宜仁，中国地震局原党组书记、局长郑国光及历任主要领导同志通过各种方式关注指导定点扶贫工作、关心支持定点扶贫干部、着力解决关乎永靖县发展全局的重难点问题，中国地震局副局长阴朝民、王昆及多位历任局领导也先后到永靖县调研推动扶贫工作，为打赢脱贫攻坚战提供了强有力的组织保障。

二、突出科技示范引领，全力推进与农业科研院所的合作

立足解决永靖农业产业发展面临的瓶颈问题，依托永靖独特的农业产业资源，与中国农科院花卉研究所、甘肃省农科院等 6 个国家级或省级农业科研院所建立合作关系，开展示范试验种植养殖，以点带面，带动群众致富增收。签订科技扶贫协议 3 份、技术服务协议 3 份、专利许可合同 2 份，建设草莓专家工作站 1 个、百合实验基地 1 个以及涵盖花椒、苹果、牛羊养殖等 9 大产业的示范基地 12 个，示范种植优质无刺花椒、百合、草莓、苹果、桃树、葡萄、火龙果、文冠果等优质果蔬新品种 148 亩，改良提升老果园 1000 余亩，开展病虫害防治、牛羊高效养殖等技术培训 2000 余人次。

> **永靖县概况**
>
> 永靖县全县辖 17 个乡（镇）、134 个村（居），总人口 20.87 万人，全县总面积 1863.6 平方千米，耕地面积 35 万亩。区位优势突出，交通条件便利，水电能源充沛，旅游资源富集，生态优势突出，人文底蕴深厚，文化遗产众多。永靖县有百合、花椒、党参、黄芪、金银花、苹果、马铃薯、食用菌、蔬菜、牛羊等特色产业。中国地震局从 1992 年开始定点扶贫，2020 年 2 月脱贫摘帽。

三、聚焦群众致富增收，大力支持农业产业优化升级

支持永靖县获得国家有机产品认证示范县创建资格，援建 300 亩以上的有机百合生产示范基地 20 个，帮助永靖县发展有机农业。实施永靖县徐顶乡、陈井镇 17 个村 593 户精准到户项目，帮助贫困户发展种植养殖业。援建黄芪饮片加工厂 2 个，年产值约 2000 万元，吸纳 200 多名群众稳定就业。新建香菇种植大棚 8 座，配备香菇菌棒生产线、烘干机、灭菌柜等生产设备。协调农业专家现场开展技术指导，支持永靖县炳灵湖畔果业、富景种植、发林创鑫林业、维全种植、徐顶乡联合社等农民专业合作社发展，不断提高农业产业化的质量效益，带动农民致富增收。

四、发挥行业帮扶优势，全面提升综合减灾能力水平

全力帮助永靖县创建全国综合减灾示范县，做好自然灾害综合风险普查试点工作，推进"3+4"县域应急救援体系建设，协调落实甘肃省水域救援基地

| 2020 年，中国地震局援建黄芪饮片加工厂 2 个，年产值约 2000 万元，吸纳 200 多名群众稳定就业。图为援建的黄芪饮片加工厂。

建设资金 6775 万元、冬春救助资金 3247 万元、自然灾害救灾资金 1200 万元。大力推进综合性消防队伍和甘肃省水域救援基地建设，协调 50 人建制的甘肃省水域救援大队落户永靖，组织消防指战员赴国家地震紧急救援训练基地参加培训，协调行业资金组建各类应急队伍 14 支、片区应急救援中队 4 个，新建应急物资储备站 143 个，新建、改造升级微型消防站 149 个，建设永靖县防震减灾科普馆，实施永靖县地震小区规划项目。

五、强化资源宣传推广，切实助推城市品牌形象提升

多渠道宣传推广永靖优质农业、旅游资源，助推城市品牌形象提升。联系中国气象频道，无偿播放永靖县旅游宣传片，编排制作网络直播 6 场。联系国家体育总局开展赛事扶贫，在永靖县连续成功举办全国滑翔伞锦标赛，带动地方体育事业发展。联系北京烹饪协会开发百合菜品 30 余道，面向 50 余家北京市餐饮企业、机关食堂成功举办推介品鉴会，国务院第一招待所等 5 家单位签约成为"刘家峡百合定点使用单位"。联系高校专家开展文创产品帮扶，设计具有地方独特文化标志的旅游创意方案 42 个、农产品创意方案 28 个、网络虚拟表情包 3 套，部分已打样量产投入使用。

六、坚守一心为民情怀，着力帮助群众解决身边难题

只要是永靖需要的、永靖人民期盼的，中国地震局就坚决去做。实施生态扶贫，针对刘家峡库区周边生态环境脆弱的现状，自 2000 年起 20 年不间断持续实施龙汇山"减灾林"项目，植树造林 4000 余亩。实施教育扶贫，投入 460 余万元改善中小学教学条件，每年培训干部群众 1000 余人次，组织 75 名优秀贫困学生赴北京等地开展夏令营活动。实施基础设施扶贫，投入 510 余万元改善村级活动场所、硬化乡村道路巷道。实施爱心捐赠扶贫，为贫困群众捐赠家具家电 720 余件，各项捐赠价值 90 余万元。实施就业扶贫，帮助贫困群

众实现就业 143 人次，增加劳务收入 106.5 万元。实施消费扶贫，2019 年来消费扶贫 451.37 万元。

七、持续帮扶成效明显，推动群众致富，农业升级，防止返贫

助力群众致富增收成效显著。通过全力推进与中国农科院等国家级农业科研院所专业团队的合作，通过共同建设示范实验基地，以点带面带动群众引进新品种新技术，优化种植养殖方式，实现致富增收，部分项目已初见成效。草莓示范基地每个大棚效益由 10 万元提升到 12 万元，增收 2 万元；花椒老果园

2019 年暑期，组织甘肃省临夏回族自治州永靖县 32 名小学生开展为期 9 天的游学夏令营活动。图为小学生参观中国地震局台网中心时的合影。

通过近 30 年的持续帮扶，中国地震局立足充分发挥行业帮扶和中央单位帮扶优势，逐步形成了以产业扶贫、科技扶贫、减灾扶贫为主体，兼顾生态扶贫、教育扶贫、旅游扶贫、基础设施扶贫、消费扶贫等多种扶贫方式的"3+N"定点扶贫工作模式，做到统筹发展和安全，帮助甘肃永靖县实现脱贫的同时，有效防止因灾返贫致贫。

改造示范基地每亩由不到 100 斤提升到 205 斤，增幅超过一倍；苹果老果园改造示范基地亩产由 5000 斤提升到 6000 斤，每亩增收 1000—2000 元不等；牛、羊养殖示范基地每头牛日多增重 4 两、羊日多增重 3 两，腹泻病例治愈率由 75% 提升到 100%，肺炎综合防治成本由 90 元下降到 5 元、治愈率由 85% 提升到 97%，羊泰勒虫病的死亡率由原来的 30% 下降到 3.33%。

助力农业产业转型升级加快步伐。永靖县农业产业结构性问题十分突出，有产品无规模，有特色无品牌，主要以玉米、洋芋等收益不高的大田作物种植为主，中国地震局围绕永靖近年来大力发展的百合、黄芪等农业特色经济作物，充分发挥扶贫资金的撬动作用、"造血"作用，助力永靖农业产业发展。实施百合产业精准到户项目，惠及贫困户 1748 户，带动群众增收 180 万元；援建黄芪饮片加工厂 2 个，带动 42 个贫困村种植黄芪，带动群众增收 530 万元；投入资金支持合作社发展，破解合作社产业发展融资和贫困群众发展资金短缺难题，惠及农户 1000 余户；帮助开拓农产品市场品牌，联系高校专家设计具有永靖特色的农产品包装创意方案，协调永靖县特色农产品入驻人民网等 5 家电商平台。

助力防范因灾致贫返贫。永靖县自然灾害易发多发，防止因灾致贫返贫是脱贫攻坚的一项重要内容，在中国地震局的帮助下，永靖县应急管理工作走在了甘肃省乃至全国前列，构建了具有永靖特色的"3+4"县城应急救援体系（县、乡、村三级管理机构，县、片区、乡、村四级应急救援队伍）。目前，永靖县的应急救援人员装备已经延伸到永靖县的每一个乡村、高层小区和重点单位，在每一个村社都配备了第一响应人和灾害信息员队伍，实现了应急救援力量的全覆盖。综合性消防救援队伍在中国国际救援队和甘肃省消防救援总队的支持下，初步形成以火灾救援、地震地质灾害救援、水域救援、极端情况下救援为主，涵盖全灾种的应急救援能力。建立自然灾害综合保险制度，推动永靖县用财政资金为全县居民购买自然灾害救助保险，提升了自然灾害保险抵御能力。

历任扶贫干部

挂职扶贫干部

挂职时间	姓 名	挂职地	挂职职务
2016.11—2018.11	陈 涛	甘肃省永靖县	副县长
2018.10—2021.4	徐 鑫	甘肃省永靖县	副县长
2021.4—	万事成	甘肃省永靖县	副县长

驻村第一书记

驻村时间	姓 名	所驻村及职务
2015.7—2016.9	杨 鹏	甘肃省永靖县三联村第一书记
2016.8—2018.7	孙成功	甘肃省永靖县三联村第一书记
2018.8—2021.4	陈家乐	甘肃省永靖县三联村第一书记
2021.4—	史力钧	甘肃省永靖县三联村第一书记

国家自然科学基金委

历 程

2003 年，国家自然科学基金委开始定点帮扶内蒙古自治区奈曼旗，初期扶贫工作以投入扶贫资金为主，主要用于农业开发、畜种改良、基础设施建设等。2013—2020 年，创新扶贫工作思路，累计投入项目扶贫资金 1370 万元，推动如期实现全旗脱贫摘帽。

党的十八大以来，国家自然科学基金委坚持以党建为统领，充分发挥自然科学基金委的项目、人才、基地等优势，围绕内蒙古奈曼旗社会经济发展需求，以科技扶贫为重点，以扶贫项目为载体，以引智扶智为手段，在项目扶贫、人才扶贫、引智扶贫和消费扶贫等方面对奈曼旗进行了全方位的帮扶工作，取得了明显成效。截至目前，奈曼旗建档立卡贫困人口全部清零。

一、强化使命担当，不断加强扶贫工作的组织领导

国家自然科学基金委党组始终把脱贫攻坚作为重大的政治任务，切实增强"四个意识"，不断坚定"四个自信"，坚决做到"两个维护"，认真履行《中央单位定点扶贫责任书》，坚持做到将扶贫任务与科学基金资助工作同安排、同部署，科学谋划、精心组织、狠抓落实，全力做好扶贫工作。

一是加强专题学习，提高政治站位。党的十八大以来，委党组和扶贫工作

奈曼旗概况

　　奈曼旗位于内蒙古自治区通辽市西南部，科尔沁沙地南缘，全旗总土地面积8137.6平方千米。特色农产品有沙地无籽西瓜、红干椒和芥菜，初步培育形成了金属矿采选加工产业、建材产业、精细化工产业、轻工食品加工业、装备制造业、能源产业六个主导产业。2020年脱贫摘帽。

领导小组相关人员专题学习习近平总书记关于扶贫工作的重要论述20余次，深刻认识打赢脱贫攻坚战伟大意义，切实增强扶贫工作的紧迫感和责任感，持续强化使命担当，坚决把思想统一到党中央关于扶贫工作的各项决策部署上来。二是健全专门机构，强化组织领导。为了进一步加强扶贫工作的组织领导，李静海同志担任委扶贫工作领导小组组长，韩宇同志担任扶贫工作领导小组常务副组长，设立扶贫办公室，成员单位由相关局室和生命、医学、地球、管理等科学部共同组成。2014年国家自然科学基金委扶贫办荣获"中央国家机关等单位定点扶贫先进集体"称号。三是统一安排部署，做好监督检查。近年来，党组每年都要定期专项研究《年度定点扶贫工作计划》，听取扶贫工作进展，重点研究扶贫工作中存在的突出问题，针对选派扶贫干部工作作风监督检查、组织机构建设、扶贫项目安排等重要工作，提出明确要求，统筹部署协调推进各项工作。

二、深入基层调研，不断提高帮扶决策水平

　　为了使定点帮扶工作取得较好的社会效益和经济效益，委领导同志深入奈曼旗开展实地调研、考察，到扶贫项目承担单位进行走访、调研共14次，入

｜ 国家自然科学基金委在大沁他拉镇哈沙图村建设设施蔬菜大棚，带动了 93 户贫困户实现稳定脱贫。图为村民在蔬菜大棚内采摘新品种杭椒。

村入户，了解需求，从而不断修正、完善扶贫工作。2018—2020 年，李静海同志每年到奈曼旗开展调研督导。韩宇同志每年至少 2 次带队去奈曼旗实地开展定点扶贫工作调研，了解扶贫工作成效、分析存在的问题，研究和部署扶贫工作。2018 年 7 月底，党组成员、副主任王承文与中央纪委国家监委驻科技部纪检监察组一同赴奈曼旗进行基金扶贫项目专项调研和督查。

三、实施科技扶贫项目，解决制约产业发展的瓶颈问题

从 2013 年至 2020 年，国家自然科学基金委共资助科学基金扶贫项目 29 项，投入经费 1370 万元。委扶贫办充分发挥基金项目的科技创新引领作用，着力解决制约产业发展的堵点和痛点，积极组织专家协同攻关，以"四两拨千斤"的路径助推当地产业发展，带动建档立卡贫困户走向自立的致富之路。

一是推进产业结构调整。长期以来，奈曼旗以种植玉米为主，但由于玉米

耗水强度大，而当地气候又偏干旱少雨，常年种植玉米导致地下水持续下降。为此，当地政府提出以种植中草药为切入点，推进产业结构调整。2015—2017年间，国家自然科学基金委持续投入资金 200 万元，资助了"中药材的种植研究与技术推广""苦参中药材种植研究与技术推广""苦参种苗繁育与示范推广项目"等用于支持沙日浩来镇国安农业有限公司蒙中药材种植基地建设，带动贫困群众脱贫致富，取得良好成效。项目实施以来，当地蒙中药种植面积从2015 年的 1.5 万亩增加到 2020 年的 28 万亩；注册国家地理标志证明商标 4 个；国家生态保护原产地保护品种 8 个；已经完成自治区级 4 个、通辽市级 4 个种植标准制定，正在培育国家级种植标准 5 个；院士工作站、博士服务站、动态监测站等平稳运行，科技品牌和科技支撑已经形成；对奈曼蒙中医药特色小镇进行初步培育，小镇建设规模逐步形成；占布拉道尔吉文化传承工作取得丰硕成果——占布拉道尔吉蒙医药博物馆和纪念馆开馆。

二是推进特色产业发展。奈曼旗大沁他拉镇哈沙图村，相传从 1863 年就是专门给奈曼旗王府种菜送菜，有种菜历史文化传承。从 2014 年开始，科学基金扶贫项目持续支持"日光温室建设和示范推广""蔬菜智能温室新技术应用""设施蔬菜产业技术研究及应用"等项目。2015—2017 年，科学基金持续投入资金 170 万元，用于发展该村农业设施，建设智能蔬菜大棚，使原本一年只能生产一季蔬菜，发展为一年至少生产 2—3 季。使古老的王爷菜园子不仅把绿色美味送到更多的百姓餐桌上，而且也成了当地农民致富的摇钱树。

三是推进传统产业深加工。芥菜不仅是当地主打菜，而且生咸芥菜还是当地五大特色小吃之一。2018 年，科学基金资助了蔬菜产业深加工技术研究与应用，重点解决芥菜净加工问题，提升加工品质，促进农民产业链，延伸提高芥菜附加值。项目采取"公司＋基地＋农户"的发展模式，引导农户发展优质芥菜种植，项目实施后，年增加芥菜种植面积 2.5 万亩，带动种植户 450 户，其中贫困户 10 户，增产芥菜 9 万吨，户均增加收益 1.5 万元。

四、坚持定向引智，加强新型专业农民培训

一是组织评审专家开展实地调研。国家自然科学基金委充分发挥联系科学家的优势，吸引有专业特长和实践经验的科学家到奈曼旗实地调研指导，共组织评审专家组 5 次深入奈曼旗当地，对科学基金扶贫项目进行问诊、把脉，对实际生产中的具体科学问题开展扶贫指导。二是成立科技小分队进行培训指导。国家自然科学基金委相关科学部邀请并组成 6 支科技专家小分队，采用多种方式，对当地技术人员和致富带头人开展培训和实地考察指导，提高技术人员的种植技术和专业化水平，加强质量标准化管理，促进奈曼旗产业发展。三是举办蒙医药特色产业发展战略研讨会。从 2017 年开始，国家自然科学基金委连续 4 年协助奈曼旗组织召开"蒙医药特色产业和奈曼旗可持续发展战略研讨会"，韩宇同志每年到会出席指导。研讨会充分发挥了学术指导、政策引导、产业启导的协同作用，共吸引社会资金 1.2 亿元用于蒙中药材城建设。四是采取多种形式，提升技术人才水平。党的十八大以来，国家自然科学基金委

2020 年底，国家自然科学基金委投入 80 万资金用于大沁他拉镇哈沙图村设施蔬菜线虫病综合防控策略研究。图为项目人员为农户讲解黄瓜线虫病特性及科学防治办法。

利用蒙中医药论坛、科技专家小分队、院士和博士工作站等多种形式进行培训指导，特别是 2020 年受新冠肺炎疫情影响，采用网络视频会议等方式，培训技术人员、致富带头人达 4000 余人次。五是成功举办乡村振兴国际研讨会。2020 年 9 月 27 日，由国家自然科学基金委管理科学部、奈曼旗人民政府、内蒙古民族大学和内蒙古农业大学共同举办了"奈曼旗乡村振兴战略发展规划高层研讨会"。会上，来自联合国粮农组织（FAO）、国际食物政策研究所（IF-PRI）、中国、美国、英国、俄罗斯、日本、澳大利亚、新西兰、韩国、土耳其、蒙古国等国的专家学者围绕"乡村振兴"主题，从"从城乡统筹到城乡融合""保护农业生态系统、助力包容性农村转型""农业产业发展策略""县级乡村振兴战略规划要点分析"等方面展开深入的交流研讨，共同交流、探讨农业农村发展大计。

五、选派挂职干部，形成市、旗、村三级贯通抓扶贫的工作格局

国家自然科学基金委按照"定期轮换、压茬交接"的原则，先后选派 6 名干部赴通辽市奈曼旗挂职或担任驻村第一书记，2020 年 1 名干部受中组部委派赴通辽市挂职。选派挂职干部充分发挥自身的专业优势，积极组织科学基金扶贫项目，组织科技小分队，积极搭建基金委与奈曼旗之间、奈曼旗与科学家之间的桥梁。第一书记始终坚持深入基层，严格落实扶贫政策，分类制定帮扶措施，加强班子建设，增强班子的战斗力和凝聚力。挂职干部通过努力工作，取得了一定的成绩和荣誉：2018 年，挂职干部沈林福获得"第八届首都民族团结进步先进个人"称号；第一书记张明清获得 2018 年度"通辽市脱贫攻坚优秀驻村干部"称号；第一书记杨亮获得"全国脱贫攻坚先进个人"称号。

六、拓宽销售渠道，积极开展消费扶贫工作

一是加大机关食堂定点采购扶贫产品力度。自 2017 年以来，机关服务中心定点向奈曼旗购买农产品 17 万余元，通过贫困地区农产品销售平台购买扶贫产品 10.15 万元，共计 27.15 万余元。二是机关工会持续支持消费扶贫。机关工会积极助力消费扶贫工作，优先采购扶贫产品。截至 2020 年底，基金委购买奈曼旗农产品金额达 44.475 万元。三是积极通过电商进行扶贫产品推广。2020 年 5 月帮助定点扶贫县特色农产品入驻中国农业银行扶贫商城，积极推进电商扶贫。截至 2020 年 12 月 31 日，在国家自然科学基金委定点扶贫专区销售的农特产品金额达 190.32 万元。

七、开展支部共建，充分发挥党建引领作用

一是开展支部共建。2019 年 7 月，人事局党支部与哈沙图村党支部共同开展了支部共建活动。办公室、机关党委党支部部分党员多次赴奈曼旗开展支部共建活动，以共建促党建，以党建促脱贫，发挥党建引领作用，助力打赢脱贫攻坚战，实现乡村振兴奔小康。二是提供党费支持。基金委机关党委从党费中划拨 15 万元，支持哈沙图村开展党建工作。三是捐赠办公设备。2015 年和 2020 年，先后两次向哈沙图村党支部捐赠笔记本电脑、打印机等共计 60 余套。李静海主任还专门联系兖矿集团向哈沙图村委会捐赠由他研发的"蓝天解耦环保炉具"和 10 吨冬季用型煤，在当地探索推广节能环保新技术，逐步告别柴火取暖。

八、提前布局，设立专项课题，推进乡村振兴无缝衔接

结合奈曼旗实际情况，加强乡村振兴的战略研究。2019 年底，由管理科学部设立专项课题，资助经费 150 万元，研究制定奈曼旗乡村振兴发展规划。

创新帮扶模式

　　多年来，国家自然科学基金委坚持"以点带面，点面结合"的工作模式，聚焦奈曼旗社会经济发展需求，创新科技项目帮扶模式，按照"以项目推产业、以产业促发展"的帮扶思路，创新评审方式，深度融合当地科研单位，遴选出当地认为既解决制约奈曼旗产业发展瓶颈又助力奈曼旗长远发展的科技项目。以扶贫项目为载体，通过项目迭代、辐射带动、引智扶智、举办论坛等方式，积极推动当地产业结构调整和特色产业发展，取得显著成效。

　　在课题研究过程中，既注重乡村振兴研究的理论成果，又发挥研究成果对当地发展的实际指导作用。2020 年，课题组起草了 6 期《奈曼决策参考》，其中提出的"关于在奈曼旗干部群众中开展乡村振兴与可持续发展培训"建议被旗委、旗政府采纳。此外，邀请专家学者在实地考察奈曼旗经济社会全面发展的基础上，帮助奈曼旗谋划乡村振兴发展思路，共享国际农业农村发展经验，为奈曼旗实施乡村振兴提供科学依据。

历任扶贫干部

挂职扶贫干部

挂职时间	姓　名	挂职地	挂职职务
2016.11—2018.11	沈林福	内蒙古自治区奈曼旗	副旗长
2018.11—2021.4	刘　宁	内蒙古自治区奈曼旗	旗委常委、副旗长

挂职时间	姓　名	挂职地	挂职职务
2021.4—	杨志鹏	内蒙古自治区奈曼旗	副旗长

驻村第一书记

驻村时间	姓　名	所驻村及职务
2015.7—2016.12	张　清	内蒙古自治区奈曼旗哈沙图村第一书记
2017.7—2019.12	张明清	内蒙古自治区奈曼旗哈沙图村第一书记
2019.12—	杨　亮	内蒙古自治区奈曼旗哈沙图村第一书记

中国浦东干部学院

中国浦东干部学院自2016年起定点帮扶贵州省江口县，成立工作领导小组，与江口县签订《对口帮扶合作框架协议书》，先后选派3批共6名干部赴江口县开展定点帮扶工作。5年多来，学院始终以高度的政治责任感和使命感，集全院之力帮助江口县脱贫攻坚，取得明显成效。2020年，江口县顺利通过验收，在收官之年交出决胜答卷。

多年来，学院坚持以习近平新时代中国特色社会主义思想为指导，认真贯彻落实党中央、国务院决策部署，始终以高度的政治责任感和使命感，集全院之力帮助江口县脱贫攻坚，取得明显成效。

一、坚持把定点扶贫工作摆在突出位置来抓

开展定点扶贫工作，是党中央的重大决策部署。学院上下高度重视，始终把定点扶贫工作作为一项重要政治任务来抓。中央政治局委员、中央组织部部长、中国浦东干部学院院长陈希特别重视学院扶贫工作，多次关心指导，要求中央组织部干部教育局（学院工作办公室）要和学院共同商量、共同推进完成脱贫攻坚任务。2020年5月，受陈希同志委托，时任中央组织部副部长张建春在学院调研时，将定点扶贫作为调研重点之一，指出学院定点帮扶江口县的

工作走在前列，要在脱贫摘帽的基础上，进一步提高脱贫质量，发挥好学院优势和特色，进一步建立防止返贫的长效监测和帮扶机制，真正让老百姓得到长效的实惠。学院专门成立定点扶贫工作领导小组，组长由分管日常工作的副院长兼任。领导小组定期召开会议，研究定点扶贫工作，加强工作指导。作为学院最高决策机构的院务委员会把定点扶贫工作摆上重要议事日程，每年审议工作计划，研究解决重大事项，并选派优秀干部赴江口县工作。学院领导曹文泽、郑金洲、熊云、刘靖北、张生新、宋今、肖炳南以及时任院领导周仲飞、王金定等均赴江口开展调研考察和工作督查，有关部门负责人每年定期到江口调研送教，总计 77 人次。领导班子带头谋划、班子成员全力推动、教职员工全面参与、扶贫干部一线奋战，正是这种高度重视、众志成城的态度和努力，确保定点扶贫工作取得明显成效。

二、坚持把中央要求和定点扶贫县需求作为努力方向

开展工作不仅要有积极的态度，而且要把握正确的方向。这些年，学院坚持以习近平新时代中国特色社会主义思想为指导，认真贯彻落实党中央和国务院扶贫工作决策部署。每年制定定点扶贫工作计划前，都要认真学习领会习近平总书记关于扶贫工作的重要论述和党中央、国务院有关决策部署，将其

江口县概况

江口县位于贵州省铜仁市，地处武陵山集中连片贫困地区，辖6镇2乡2街道，总面积1869平方千米，总人口24.8万人，生态环境好，旅游资源丰富。2001年被确定为国家扶贫开发工作重点县，2018年以贵州省第一名的成绩实现整县脱贫摘帽，2019年实现贫困人口全部脱贫。

中国浦东干部学院为江口县举办乡科级干部专题培训班。图为 2019 年 9 月，学院为江口县举办"全域旅游专题培训班"，江口县 38 名科级干部在学院和昆山分院圆满完成为期 6 天的学习培训。

贯彻落实到工作计划之中，并在推进计划实施过程中根据中央最新部署及时进行调整，确保工作不偏向，不折不扣地贯彻落实中央的部署要求。与此同时，学院还十分注重了解定点扶贫县的需求，有针对性地开展帮扶。2015 年底，学院在接受定点扶贫任务不久，院领导就带队赴江口县开展需求调研，明确了定点扶贫工作思路和主要举措，并及时派出扶贫工作队，全力开展帮扶。在此基础上，与江口县共同制定并签订《对口帮扶合作框架协议书》。此后，每年学院都主动对接，在了解江口县实际帮扶需求基础上，签署《定点扶贫责任书》，有针对性地制定帮扶计划，努力做到帮忙不添乱、要帮就帮到对方心坎上。

三、坚持发挥学院资源优势

学院积极发挥干部教育培训这个资源优势，帮助定点扶贫县开展干部教育培训。通过在院内开设委托培训、线上开办网络培训、邀请知名专家上门送教，全方位轮训江口县各级各类干部，有效提高基层干部脱贫攻坚的能力和水平。5 年多来，累计培训江口县干部和技术人员达 15319 人次，参训学员普遍认为收获很大。此外，根据中组部和原国务院扶贫办的工作部署，学院自 2018 年 5 月至 2019 年 5 月，连续承办了 12 期贫困县党政正职专题研讨班，共培训干部 1302 名。2020 年 5 月，根据国家相关部委统一部署，先后在网络学院开设全国"决战决胜脱贫攻坚""扶贫团干部脱贫攻坚"网上专题班，累计培训学员 8.7 万余人。

学院还积极开展抓党建促扶贫工作。先后划拨 61 万元党费支持江口县贫困村党支部阵地建设，从扶贫经费中列支 56.72 万元用于贫困村帮扶工作及疫情防控。2020 年，在第五届全国基层党建创新典型案例评选中，《贵州省江口县："民心党建 + 组委会"治理模式助推乡村善治的探索与实践》被评为最佳案例。实践表明，人少资源少的单位，只要注重发掘和用好自身独特资源优势，定点扶贫工作一样可以有所作为。

四、坚持把创新作为帮扶抓手

这些年，学院在开展定点扶贫工作中，坚持把中央要求与江口实际、学院实际紧密结合起来，不断探索工作的新思路新举措，在教育扶贫、党建扶贫、消费扶贫等方面都取得较好成效。特别是江口县在 2018 年以贵州省第一名的成绩率先实现整县脱贫摘帽后，学院在如何帮助其巩固脱贫成果、防止返贫上下足功夫，认真贯彻落实习近平总书记关于"防止返贫和继续攻坚同样重要"的重要指示要求，与江口县一起探索建立了防贫监测预警保障机制，为确保高质量打赢脱贫攻坚战，有效巩固拓展脱贫成果夯实了基础。防贫监测预警保障机制先后得到李克强、汪洋、胡春华等中央领导同志的肯定。2019 年和 2020 年，江口县先后三次受邀参加原国务院扶贫办脱贫攻坚座谈会，专题汇报建立防贫监测预警保障机制。该机制被贵州省委、省政府写入了《关于确保按时高

| 中国浦东干部学院持续开展产业扶贫带动群众致富增收。图为江口县坝盘镇挂扣村 500 亩坝区高
效蔬菜产业基地正忙着采收蔬菜。

质量打赢脱贫攻坚战的指导意见》，并被评为 2019 年度贵州省全面深化改革优
秀案例。2020 年，学习强国平台、原国务院扶贫办公众号平台和《光明日报》、
人民网等媒体对江口县探索建立防贫监测预警保障机制、巩固脱贫成果的做法
进行了宣传报道，得到广泛赞誉。

五、坚持选派得力帮扶干部

任务明确后，关键在干部。学院认真落实中央和有关部门要求，坚持选派
优秀干部到脱贫攻坚一线工作。先后选派 3 批共 6 名干部到江口县挂职，分别
担任县委、县政府干部和驻村第一书记。扶贫挂职干部始终奋战在脱贫攻坚最
前线，把挂职当任职，克服困难，勇挑重担，倾情倾力开展帮扶，在产业发
展、集体经济、疫情防控、基层组织建设等许多方面都发挥了模范带头作用，
把各项扶贫措施精准落实到村到户到人，受到干部群众广泛好评。扶贫挂职干

创新帮扶模式

　　中国浦东干部学院坚持发挥干部教育培训资源优势，大力开展智力帮扶。按照党政领导干部、扶贫系统干部、帮扶干部、贫困村干部分类分级，开设针对性强、内容聚焦的专题培训班，围绕抓党建促脱贫、产业扶贫、就业扶贫等，帮助贫困县干部及时掌握政策要求、提升能力水平，为坚决夺取脱贫攻坚战全面胜利提供培训支撑。帮扶江口县期间，通过在院内开设委托培训、线上开办网络培训、邀请知名专家上门送教等方式，全方位轮训江口县各级干部达15319人次。

部居继涛荣获"中央和国家机关脱贫攻坚优秀个人"、高泽生同志先后荣获"中央和国家机关脱贫攻坚优秀个人""全国脱贫攻坚先进个人"，另有 3 名扶贫挂职干部也获得省市的表彰。

历任扶贫干部

挂职扶贫干部

挂职时间	姓　名	挂职地	挂职职务
2016.4—2018.9	姜建耀	贵州省江口县	县委常委、副县长
2018.11—2021.3	刘运喜	贵州省江口县	县委常委、副县长
2021.3—	张　弛	贵州省江口县	县委常委、副县长

驻村第一书记

驻村时间	姓　名	所驻村及职务
2016.4—2018.9	居继涛	贵州省江口县坝梅村第一书记
2018.7—2021.4	高泽生	贵州省江口县岑忙村第一书记
2021.3—	季大伟	贵州省江口县挂扣村第一书记

中国延安干部学院

历 程

2015 年 8 月，开始定点帮扶四川省越西县。2016 年 4 月，成立定点扶贫工作领导小组，分管日常工作的副院长李国喜任组长，先后 6 次赴越西督导调研。2020 年 9 月，成立工作专班，院务委员、扶贫办主任贾波带队常驻越西。2020 年 11 月，越西县脱贫摘帽。

5 年来，中国延安干部学院深入学习贯彻习近平总书记关于扶贫工作的重要论述，认真落实党中央、国务院决策部署，在中央组织部坚强领导下，坚持开阔思路、狠抓落实，定点扶贫取得突破性进展。2020 年 11 月，越西县脱贫摘帽。

一、立志决战决胜，履行扶贫政治责任

把定点扶贫作为检验"两个维护"的重要标尺，坚持高标准、严要求、强督导、重落实，确保有结果出成果求效果。一是加强组织领导。坚持一把手负总责，班子其他成员作为领导小组成员，领导小组办公室下设综合组、产业扶贫组、培训扶贫组、消费扶贫组，并专门成立考核监督组。二是注重统筹谋划。5 年里，学院按时定期召开扶贫工作领导小组会议，对照计划逐一检查落实情况，明确工作措施。2020 年暑假实施定点扶贫"暑期行动计划"，重点落

越西县概况

越西县拥有 2000 多年建县历史，农林产业突出，建成粤港澳大湾区"菜篮子"生产基地，有苹果、贡椒等 10 多项国家地理标志产品。国家重点生态功能区，有大熊猫自然保护区、文昌故里国家旅游景区。1994 年被定为国家重点扶持贫困县，2001 年列入国家扶贫开发工作重点县，2020 年 11 月脱贫摘帽。

实 32 项具体措施。三是深化督导调研。认真落实中央和国家机关定点扶贫工作要求，及时向越西传达，与越西脱贫实际紧密结合，指导制定整改落实方案。5 年里，李国喜同志 6 次带队赴越西实地督导，有效推动了各项工作改进提高。

二、推动产业发展，强化精准扶贫之策

以产业为重点，统筹精准扶贫和乡村振兴，在强特色、上规模、促效益上下功夫。一是推动项目建设。投入 200 万元建成河西·呷多新村生态牛养殖基地，与养猪场项目共同打造学院"生态养殖产业园"。打造越西县设施果蔬现代农业产业园、越西县现代农业产业园、越西县有机农业生态循环经济产业链 300 万羽蛋鸡养殖项目等 3 个"定点帮扶产业示范园"。针对越西"6·26"洪涝灾害，划拨 150 万元用于华阳村灾后重建、救灾减贫。二是深化院企合作。协调中国电信投入 600 万元加强越西通信建设，全县 4G 覆盖率由 76% 提升至 84%；依托"慧眼工程"，投入 32 万元打造"平安乡村标杆示范村"，建设政务 ITV 平台。协调国家电投集团投入 320 万元，用于基层党建、技术培训、学前学会普通话等扶贫领域。协调陕西果业集团，投资 300 万元在华阳村建设 200 亩苗木繁育基地。引进华侨城集团，投入 75 万元制定旅游发展规划，

中国延安干部学院累计投入资金 300 余万元，联合中国电力建设集团实施整村易地搬迁项目，将贫困户从海拔 3000 米的申果庄山区搬迁至平坝安置区域，建成河西·呷多移民新村（现为瓦曲觉村）。出资 90 万元，解决新村小学用地问题，投入 200 万元建设移民新村生态养殖场，增强持续增收能力。图为学院援建的河西·呷多新村（现为瓦曲觉村）。

并开展从业人员培训。三是拓展产销渠道。与四川省商务厅、供销社共同推进"越西产品进商超"，组织华润万家等企业与越西签订优质农副产品采购协议，协调蛋鸡产品走入澳门市场和大型连锁超市。投入 10 万元建设"河西·呷多新村彝绣文化广场"，为彝绣产品签约订购搭建了平台。四是促进富民增收。通过华阳苹果产业示范园、苹果苗木基地、300 万羽蛋鸡项目等，吸收 7222 人次贫困群众就业，增收 47.13 万元。举办 90 期贫困劳动力全覆盖技能培训班，培训 4153 人次，带动 1600 余名学员就业，并发放 29.45 万元创业资金。

三、统筹扶志扶智，激发按期摘帽动力

发挥自身优势，多渠道、多形式组织开展培训。一是基层干部培训。每年通过举办培训班、送教上门等方式培训基层干部。通过"主会场＋视频"的模式，举办凉山州脱贫攻坚一线干部培训班，培训 6.2 万人次。邀请专家赴越西对 1427 名一线干部进行业务能力培训。二是技术人员培训。举办"决胜脱贫攻坚，助力乡村振兴"培训班，对越西教育、医务工作者等进行全覆盖轮训，培训 5880 人次。邀请苹果、花椒等领域专家开展实训，培训群众 1065 人次。依托"新时代文明实践站"，开展苹果管理、银饰技艺等 50 余期培训，参训人员 5115 人次。与中国电信联合举办电子商务培训，培训 23 名电商企业从业人员。三是教育人员培训。在中组部支持下，举办 2 期越西县骨干教师培训班。推进学前学会普通话，将越城镇第三幼儿园共建为"学院共建越西成长幼儿园"，将华阳村等 4 个幼教点打造为"学院学前学会普通话示范幼教点"。拨

| 中国延安干部学院协调三好公司、凉山州学普办建立示范幼教点标准、辅导员奖励机制，并将越西县越城镇第三幼儿园共建为"学院共建越西成长幼儿园"，将华阳村等 4 个幼教点打造为"学院学前学会普通话示范幼教点"。图为学院与越西县共建的越西成长幼儿园。

付 62.3 万元贫困大学生助学资金，奖励 289 名考入大学等的越西贫困高中生。

四、深化消费扶贫，拓宽群众增收渠道

把消费扶贫作为直接推动力，积极巩固脱贫成果。一是坚持应购尽购。2020 年起，学院所有消费开支原则上从国定 832 个贫困县采购，全年直接购买贫困地区农产品 633.92 万元，其中在越西采购 299.56 万元，在陕西省直接采购 312.04 万元。二是全力帮助销售。在中组部协调下，部机关及各局主动购买近 50 万元越西农副产品。制作"消费扶贫行动倡议书"，在 5 个企业扶贫商城设立"学院定点扶贫推荐专区"，全年帮助销售贫困地区农产品 8356.7 万元，其中帮助销售越西县农产品 818.43 万元。在院内超市设立扶贫专柜，在院内新建"陕果特产消费扶贫超市"，销售 101.37 万元。在学院网站、手机 APP 开设"定点扶贫专栏"，在院内安装消费扶贫终端一体机。举办"弘扬延安精神，助力消费扶贫"专场推介会，现场签约近 100 万元。三是开展专项活动。在越西举行"消费扶贫月"启动暨签约仪式，签订 200 万元直接购买合同，与 12 家企业签订《消费扶贫合作备忘录》，并引进中国电信四川分公司、凉山州妇联签订 360 万元《彝绣采购协议》。

五、开展党建帮扶，发挥党建引领作用

深入落实陈希同志在抓党建促决战决胜脱贫攻坚电视电话会议上的讲话精神，推进贫困村基层党组织建设。一是推动实践站建设。持续支持 11 个新时代文明实践站以及部分村党支部和公共服务设施建设，并捐赠 6000 册图书，价值 20.7 万元。通过政策宣讲、感恩教育、技术培训等，把实践站建设成为学好用好讲好习近平新时代中国特色社会主义思想的重要阵地。二是抓好支部结对帮扶。5 名班子成员和 6 个党支部分别与 17 个贫困村进行结对帮扶，每年每村投入 2 万元用于贫困村党支部建设。积极开展慰问贫困党员、退

发挥政治优势，建设"新时代文明实践站"，开办"农民夜校"，开展政策宣讲感恩教育，树起党建促脱贫的"主心骨"。注重多措并举，举办中小学骨干教师培训班，开展送教下基层，打好培训促脱贫的"组合拳"。坚持整体作战，领导小组深入研究、实地督导，工作专班常驻一线、决战决胜，统筹调动企业、学员等力量，画出合力促脱贫的"同心圆"。

伍军人、贫困户活动，发放慰问金 13.75 万元。三是加强党建工作支持。在河西·呷多新村等 3 个村建设村史馆，引导贫困群众和青年学生知党恩、感党恩、跟党走。打造"学院党建促脱贫实践基地"，全面推动村"两委"班子提升、基层干部培训等。组织教师开展专项调研，将党建促脱贫案例纳入学院教学培训内容。

六、关注疫情防控，做好防疫稳产工作

把助力越西打好疫情防控阻击战、落实常态化防控要求作为重要任务，构筑安全、稳定的坚固防线。一是及时主动谋划。疫情发生后，学院认真落实中央有关要求，召开 3 次院务委员会会议研究常态化防控条件下定点扶贫工作，定期了解工作进展情况，确保疫情防控和脱贫攻坚两手抓、两不误。二是赠送防疫物资。2020 年 3 月，学院向越西县捐赠 10 台总价值 5.6 万元的即时体温筛查仪，有效缓解了越西防疫物资紧缺的状况。三是奋战防控一线。克服疫情影响，始终奋战在一线，深入乡镇安排督导疫情防控工作，做好防护物资配发，确保疫情防控扎实开展、生产生活平稳有序。

历任扶贫干部

挂职扶贫干部

挂职时间	姓　名	挂职地	挂职职务
2016.7—2018.12	魏　强	四川省越西县	县委常委、副县长
2018.8—2021.5	王金阳	四川省越西县	副县长
2021.5—	史　蕊	四川省越西县	县委副书记

驻村第一书记

驻村时间	姓　名	所驻村及职务
2015.10—2017.10	程时旭	四川省越西县华阳村第一书记
2017.8—2019.9	强　欣	四川省越西县华阳村第一书记
2019.9—	张　旭	四川省越西县华阳村第一书记

中国井冈山干部学院

历 程

2015 年 7 月，中国井冈山干部学院定点帮扶江西省鄱阳县。学院认真学习贯彻习近平总书记关于脱贫攻坚的重要论述精神，坚决打赢脱贫攻坚战。加强组织领导，精心选派干部，充分发挥学院特色，全力配合鄱阳县委、县政府聚焦脱贫攻坚，取得明显成效。2020 年 4 月，鄱阳县脱贫摘帽。

党的十八大以来，中国井冈山干部学院坚持以习近平新时代中国特色社会主义思想为指导，认真贯彻落实党中央、国务院关于扶贫工作部署，认真做好江西省鄱阳县定点扶贫工作。学院领导高度重视，成立精准扶贫工作领导小组，统筹协调定点扶贫工作；精心选派定点扶贫工作干部，落实定点扶贫工作；聚焦脱贫攻坚质量成效，全力推进定点扶贫工作，圆满完成了脱贫攻坚各项工作任务。

一、提高政治站位，坚持高位推动扶贫工作

学院坚决贯彻落实习近平总书记关于扶贫工作的重要论述和考察江西时的重要讲话精神，认真落实党中央脱贫攻坚决策部署，始终把脱贫攻坚作为重大政治任务和头号民生工程，坚持问题导向、目标导向、效果导向，强化责任落实、政策落实和工作落实。

鄱阳县概况

　　鄱阳县为江西省试点直管县，由上饶市代管，地处中国最大的淡水湖——鄱阳湖东岸，是江西省人口第一大县。鄱阳县工业基础薄弱，农田和水域面积广阔，全县产业以种养殖业为主。1986 年被列为国家重点扶持贫困县，中国井冈山干部学院自 2015 年开始定点帮扶，助力鄱阳县于 2020 年 4 月脱贫摘帽。

　　学院分管日常工作的副院长梅黎明高度重视定点扶贫工作，学院院务委员会每年都会多次研究定点扶贫工作，2016 年至今已专门研究扶贫工作 24 次；每年年初，学院都要根据上级扶贫工作精神制定并下发本年度扶贫工作计划；梅黎明同志每年到鄱阳县调研指导定点扶贫工作，累计到鄱阳调研指导 7 次；学院领导班子成员目前已累计到鄱阳调研指导 25 人次，要求鄱阳县主要领导完成贫困村的遍访工作，对全县 162 个"十三五"贫困村，做到了村村调研、村村督战、村村现场办公，不折不扣落实中央"真脱贫、脱真贫"部署要求。

二、精心选派干部，发挥优势真心真意帮扶

　　2016 年以来，学院共派出扶贫干部 3 批 6 人，主要是优秀年轻干部，其中 4 人为处级干部，分别在县、村两级挂职做好定点扶贫工作，有 1 人在扶贫后直接获得提拔重用，1 人交流到江西省寻乌县担任县委副书记。2016 年，学院选派驻村第一书记范国盛被江西省扶贫和移民办作为江西省 4 名候选人之一，推荐评选"全国脱贫攻坚先进个人"；2021 年 2 月，范国盛同志荣获"全国脱贫攻坚先进个人"称号。

定点扶贫期间，学院累计投入直接帮扶资金 497.35 万元，分别用于基层党建、乡村建设、产业扶贫、教育扶贫和健康扶贫等方面，全面改变提升了定点帮扶村的村容村貌、党建和集体经济等。同时，协调各级各类单位无偿帮扶资金近 2467 万元，主要用于学校建设、扶贫产业、抗击疫情和防汛等方面。2019 年，在学院专门举办鄱阳县各界商会会长培训班，有效宣传推广了学院的定点扶贫工作成效，取得商会会长们的认可；在 2020 年抗疫抗洪期间，鄱阳各界商会踊跃捐款捐物达 340.8 万元。

学院在定点扶贫工作期间，还利用自身干部培训职能优势，持续做好贫困地区干部培训工作，在学院专门为贫困地区干部先后举办培训班 5 期，培训基层干部 282 人；在鄱阳县累计培训各类技术人员、创业致富带头人 3293 人。

中国井冈山干部学院利用自身干部培训职能优势，持续做好扶贫干部和贫困地区干部培训工作。图为举办的鄱阳县扶贫干部能力素质提升培训班。

三、压实扶贫责任，持续推动扶贫政策落实

一是建立责任机制。推动鄱阳县委、县政府落实"县负总责、乡镇主抓、

村级落实"工作机制,明确县级领导对各自包干乡镇、村的脱贫攻坚工作"总负责",乡镇(街道)党(工)委书记对本地脱贫攻坚工作"负总责",层层立下军令状、签订责任书。完善"述职述扶贫、评比评扶贫、考核考扶贫"的考评机制,将脱贫攻坚工作重点纳入乡镇(街道)党(工)委书记年度述职内容,重点纳入乡镇(街道)及领导班子年度考核的重点内容。进入脱贫摘帽关键阶段,实行调度制、督导制、汇报制、排位制、通报制五项推进机制,不断压紧压实乡镇推进脱贫攻坚的主体责任。

二是强化考核机制。学院领导在调研基础上,推动鄱阳县委、县政府不断强化脱贫攻坚"五个优先""四个70%以上"和"三个一切"工作措施。"五个优先"即优先调配考核权重,优先充实扶贫力量,优先考虑提拔重用,优先安排评先晋级,优先落实帮扶经费;"四个70%以上"即县、乡、村三级70%以上的人力、财力、物力用在推动脱贫攻坚上,乡镇科学发展年终考核中脱贫攻坚占70%以上权重,提拔重用干部70%以上从扶贫一线干部中产生,全县各级干部70%以上时间精力用于脱贫攻坚工作;"三个一切"即一切围绕脱贫

2015年以来,中国井冈山干部学院每年投入大量资金帮助鄱阳县游城乡花桥村完善基础设施,提升村容村貌,改善人居环境。图为学院定点帮扶村脱贫后新貌。

摘帽，一切服务脱贫摘帽，一切保障脱贫攻坚。这些措施，有力地保障了脱贫攻坚工作高效推动、扎实推进。

三是做好结对帮扶。以单位包村、干部包户、产业包扶、社会包助、政府包底"五包脱贫法"为抓手，全面推行县、乡、村三级干部"86432"结对帮扶机制，形成了县、乡、村"三级书记"亲自抓、部门行业合力扶、扶贫单位全力帮、帮扶干部结对包、社会力量齐参与的脱贫攻坚大格局，实现了挂点县领导包乡、单位包村、工作队驻村、干部包户、社会力量联村带户"结对帮扶五个全覆盖"。

四是推动扶贫政策落实。推动落实教育扶贫政策，树立"扶贫先扶智，彻底斩断贫困链条"的工作理念。落实健康扶贫政策，继续完善贫困人口就医"四道保障线"。落实安居扶贫政策，针对不同情况做到户有所居。落实饮水安全保障政策、社会保障扶贫政策、产业扶贫政策、消费扶贫政策、就业扶贫政策、易地扶贫搬迁后续扶持政策、村庄整治扶贫政策、基础设施扶贫政策、生态保护扶贫政策等。

四、聚焦质量成效，创新脱贫攻坚帮扶模式

一是提出"五包"脱贫工作方法。发挥学院智库优势，帮助鄱阳创造性地提出"五包"脱贫工作法，即单位包村、干部包户、产业包扶、政府包底、社会包助。在首届中国扶贫论坛上，鄱阳县"五包脱贫法"荣获"中国扶贫·政府创新奖"。

单位包村。组织172个县直单位和上级下派的68个帮扶单位，与全县162个"十三五"贫困村全面结对，派驻了驻村第一书记和工作队，实现了单位包村全覆盖。干部包户。按照"86432"分配原则（即县处级干部结对8户，乡科级干部结对6户，一般干部结对4户，村支书、主任结对3户，其他村干部结对2户），组织各级帮扶干部1.2万余名与贫困户结对，实现干部与建档立卡贫困户结对帮扶全覆盖。产业包扶。县财政整合安排专项帮扶资金，用于

带动贫困户脱贫。对贫困户自主发展产业的，奖补生产资料或补助一定启动资金，并给予"免抵押、免担保"产业扶贫小额贷款支持。对"三无户"等无劳动力或弱劳动力贫困户采取政府投资、农户分红的模式，实施光伏（旅游）资产收益式扶贫，实行差异化分配，每年户均受益 3000 元。政府包底。不断健全保障机制，对"无力脱贫，无业可扶"的失能弱能对象，做到政府财政兜底，确保如期脱贫。社会包助。大力开展"10·17"扶贫日、"消费扶贫""百企帮百村"等社会扶贫活动。目前，联系 191 家企业与 162 个贫困村进行结对帮扶，实施产业帮扶项目 187 个、各类农村创业项目 37 个，企业投入资金 2788.524 万元。发动 421 家社会组织主动投身脱贫攻坚主战场，覆盖所有贫困村，累计投入资金 360 万元，帮扶贫困群众 1.1 万人次。

二是探索总结"五金"产业扶贫模式。扶贫工作的重点和难点在产业扶贫上，经过多年帮扶总结和创新，2018 年，逐步探索出了"五金"产业扶贫发展模式，即土地出租得租金、入社出工挣薪金、小额贷款筹本金、入股分红赚股金、产业发展获奖金。

土地出租得租金。优先考虑利用贫困户荒芜地或闲置土地，通过流转贫困户的土地发展扶贫产业，让贫困户获得每亩每年不低于 200 元的租金。入社出工挣薪金。对有就业意愿的贫困户，产业基地采取长期聘请和临时用工相结合的方式，让贫困户在家门口就业，日均工资达 100 元以上，且每月政府再给予务工补贴 200 元，拓宽了贫困户的增收致富渠道。小额贷款筹本金。符合贷款

条件且有在鄱阳县内或抱团发展产业意愿的贫困户可根据产业发展规模申请5万元以内的免抵押、免担保、贴息的产业扶贫贷款，作为产业发展的启动资金。入股分红赚股金。在贫困户直接参与的前提下，通过自筹资金或自有资源资产入股合作社，取得入股分红。如古县渡镇南滨村60余户贫困户通过荒山地入股种植油茶，每亩年分红100元以上，分红加务工收入总计达300万元以上。产业发展获奖金。贫困户发展产业，经乡镇核实据其规模可申报产业扶持奖补资金，目前封顶标准提高到每户1.5万元，全县有7000余户获得产业奖补资金共4500余万元。

三是丰富"五扶"精神扶贫工作内容。指导鄱阳县制定下发《关于开展"扶志、扶德、扶智、扶能、扶勤"为主题的"精神扶贫行动"实施意见》《开展农户"红黑榜"发布活动促进精准扶贫工作方案》等系列文件，广泛开展结成一批精神帮扶对子、形成一套文化法制科技培训机制、举办一系列文化主题活动、开展一次移风易俗树新风行动、树立一批身边乡贤典型、用好一张"红黑展示榜"等"六个一"活动，引领贫困群众在精神上站起来，努力实现物质和精神"双脱贫"。

四是建立"五个优先"激励机制。提高脱贫攻坚成效，关键是要找准路子、

构建好的长效机制，为此，探索建立了"五个优先"激励机制。

优先调配考核权重，让脱贫攻坚工作"热起来"。县直部门、乡镇（街道）年度考核中，脱贫攻坚占到了年度考核分值的70%。优先充实扶贫力量，让脱贫攻坚队伍"强起来"。在全面推行县、乡、村三级干部结对帮扶全覆盖的基础上，每村配备1名以上扶贫专干，每个乡镇（街道）配备不少于5名的专职扶贫干部，县扶贫办采取调入、挂职、借调等方式增加20余名干部，进一步充实工作力量。优先考虑提拔重用，让脱贫攻坚岗位"火起来"。2016年以来，共有287名表现优秀的扶贫一线干部得到提拔或进一步使用，其中提拔或进一步使用驻村第一书记84名，较好地树立了重脱贫攻坚实绩的选任导向。优先安排评先晋级，让脱贫攻坚干部"动起来"。对脱贫攻坚一线表现突出的党员干部，特别是工作积极、业绩突出的驻村第一书记、驻村工作队员和帮扶干部，凡在结对帮扶目标管理考核被评为"优秀"等次的，享有评优晋级优先权。优先落实帮扶经费，让脱贫攻坚底气"足起来"。优先为结对帮扶单位统筹安排扶贫经费，选派单位为驻村第一书记办理人身意外伤害保险，每年至少安排一次体检；为驻村第一书记（工作队）每年安排不少于1万元的工作经费，按标准给予基本补助和交通补贴。

创新 帮扶模式

创建"五包"脱贫工作方法，构建"五位一体"扶贫大格局，在首届中国扶贫论坛上，荣获"中国扶贫·政府创新奖"；推广"五金"产业扶贫模式，把产业扶贫作为稳定脱贫的根本之策和主要途径；开展"五扶"精神扶贫，激发贫困户内生动力，"志智"双扶，斩断贫困户代际传递的"穷"根；建立"五个优先"激励机制，从体制机制上保障打赢脱贫攻坚战。

历任扶贫干部

挂职扶贫干部

挂职时间	姓 名	挂职地	挂职职务
2016.10—2019.4	刘诗河	江西省鄱阳县	县委副书记、副县长
2019.5—2021.5	夏美春	江西省鄱阳县	县委副书记、副县长
2021.6—	王 东	江西省鄱阳县	县委常委、副县长

驻村第一书记

驻村时间	姓 名	所驻村及职务
2015.7—2017.7	范国盛	江西省鄱阳县花桥村第一书记
2017.8—2019.7	苏子劲	江西省鄱阳县花桥村第一书记
2019.8—	熊燕军	江西省鄱阳县花桥村第一书记

中国工程物理研究院

历 程

中国工程物理研究院 2015 年起定点帮扶陕西省富平县，并成立中物院定点扶贫领导小组，院长刘仓理任组长。5 年多来，中物院始终坚持精准扶贫，充分发扬"两弹"精神，倾力倾情帮助贫困群众有效脱贫、老区群众过上"富庶太平"的好日子，为全面打赢脱贫攻坚战作出了应有贡献。经过院地共同努力，富平县于 2018 年脱贫摘帽。

2015 年以来，中国工程物理研究院（简称中物院）认真学习贯彻习近平总书记关于扶贫工作的重要论述，坚决贯彻落实党中央脱贫攻坚决策部署，自觉将以"两弹"精神为核心的中物院精神文化和富平县革命老区的红色基因有效结合，努力在脱贫攻坚伟大战役中锤炼思想、加强锻炼，始终精准帮扶、倾力帮扶，以"两不愁三保障"为工作主线，以贫困群众有效脱贫为目标，累计安排定点帮扶资金 1.22 亿元，实施党建、产业、教育、医疗、帮扶项目 80 多个，经过院地携手拼搏、合力攻坚，富平县贫困人口全部脱贫，贫困村全部出列，成功摘掉贫困县的"穷帽子"。回顾定点扶贫历程，全院干部职工牢固树立大局意识、全局意识，积极投身扶贫帮扶，不断深化对中国特色核武器科技事业的认识，筑牢"铸国防基石，做民族脊梁"的核心价值观和责任担当，用实际行动丰富了"两弹"精神时代内涵，为推动院事业勇攀高峰、永续发展注入了新的动力。

一、高度重视，全面部署，健全完善帮扶工作机制

扶贫工作事关全局，全院上下思想统一，深刻认识到定点帮扶陕西省富平县是党和国家赋予中物院光荣的政治任务。院党委从讲政治、顾大局的高度，坚持将脱贫攻坚工作纳入院整体工作统筹考虑，与科研生产任务同研究、同部署，第一时间成立了扶贫工作领导小组，院长刘仓理担任组长，院党委书记杭义洪、院长刘仓理多次听取定点扶贫工作汇报，组织召开院党委常委会、扶贫领导小组会、其他各类专题会议30余次，专题研究扶贫工作，及时分析解决扶贫工作中遇到的问题和困难、协调各方资源和帮扶行动，指导推动定点扶贫督导、年度考核反馈意见整改等事项落实见效，为做好定点扶贫工作指明了方向、注入了动力。重视扶贫制度建设，制定出台并认真落实《定点扶贫资金管理办法》等规章制度和《中国工程物理研究院定点扶贫实施方案（2016—2018年)》等文件10余份，为定点扶贫工作规范开展、高效实施提供了完备的制度保障。全院上下同心协力，院职工捐款400多万元、院属单位捐资3000多万元，以实际行动助力脱贫攻坚。

富平县概况

富平县位于关中平原北部，处于西安、咸阳、渭南和铜川4个大中城市的交会位置，是陕甘边革命老区县，总面积1242平方千米，辖16个镇（街道）268个行政村，总人口82万人。物产丰富，是全国有名的柿子之乡、奶山羊之乡和国家现代农业示范区。2011年底，被列入国家扶贫开发工作重点县。2015年中物院与富平县结对定点帮扶。经过6年来的艰苦奋斗，脱贫攻坚取得决定性胜利，于2018年脱贫摘帽。

二、严格要求，阳光廉洁，加强扶贫纪律要求和作风建设

高度重视定点扶贫作风建设，通过集中学习习近平总书记关于扶贫工作的重要论述、宣传弘扬"两弹"精神等，增强扶贫工作思想和行动自觉，树立实打实干的工作作风，高标准推进扶贫工作。一是加强理论学习和廉洁教育，提高扶贫认识，明确责任，严明扶贫纪律和廉政要求，把牢思想总开关。二是认真落实"两个责任"，对中物院派驻当地挂职扶贫干部任前进行廉政谈话；将党风廉政建设工作与中物院定点扶贫工作同部署、同安排、同落实。三是强化内部监督和纪律刚性，建立了领导小组统一领导决策、扶贫办具体组织实施、财审部等相关部门全程监管的内部管理运行机制，确保了严格按规定和程序使用各项经费，确保做到阳光扶贫、廉洁扶贫。中央纪委国家监委驻工业和信息化部纪检监察组多次在院听取专题汇报，深入富平县实地视察指导，帮助中物院不断拓宽思路举措，提高帮扶实效。

中物院扎实开展党建扶贫，通过建设党员活动场所、基层党建结对帮扶等活动，不断增强基层党组织在脱贫攻坚中的凝聚力和战斗力。图为中物院援建的富平县张北村党员活动村室。

三、深入调研，科学谋划，找准精准脱贫高效路径

为精准找到当地"穷根"，科学谋划好扶贫工作，杭义洪书记、刘仓理院长及其他院领导先后12次深入贫困地区一线进行实地调研，以上率下推动定点扶贫工作扎实开展。为帮助富平县产业升级换代、高质量发展，邀请十余位院士专家赴富平县，分别围绕帮助当地发展特色种植业、装备加工制造业、利用秸秆生物制气、建设高效低毒农药生产基地踏勘现场，实地把脉问诊，初步摸清掌握当地自然条件、资源禀赋和要素支撑情况，为后续深入论证项目可行性、加快推进相关科技扶贫项目落地奠定了基础。在扎实调研、多次迭代并与富平县反复沟通的基础上，院编制了《定点扶贫2016—2018实施方案》《定点扶贫2019—2020实施方案》等规划及各年度计划，确立了在产业、教育、医疗、消费、党建、基础设施等领域的帮扶措施，并根据形势发展和脱贫工作实际及时调整完善，从源头上保障各类帮扶措施是对症的，脱贫路径是正确的，确保了帮扶措施有效落地，生根见效。

四、因地制宜，精准施策，内外结合提升扶贫帮扶实效

针对富平县实际困难和短板弱项，坚持扶到关键处，帮到点子上，着力在产业发展、基础教育、卫生健康、基础设施、基层党建等方面持续发力，累计实施扶贫项目80余个，投入资金近亿元，让当地贫困群众看到了变化、获得了实惠，增强了实实在在的获得感和幸福感。

持续强化产业扶贫，夯实稳定脱贫根基。重视扶贫调研，组织200多人次深入贫困地区调研，邀请10余位院士专家赴富平县现场指导，力争摸清底数，精准谋划产业扶贫路径。完善农村基础设施，帮助建成乡村道路4条、11.6公里，硬化通村通组路9公里，完成梅家坪镇车家村U形渠建设项目，夯实了产业发展基础。聚焦发展优势产业，建成梅家坪镇车家村春蕾果品交易市场及气调库、春蕾生态猪养殖场、茵陈加工厂，以及美原镇联友村奶山羊养殖中

心、富平县动物疫病预防控制中心，为庄里镇三河村柿饼加工基地添置配套设施，在赵老峪北村引进发展丹参种植项目，实现"苹果＋丹参"套种500亩，支持富平县羊奶产品加工园、曹村镇唐丰陵生态文化旅游景区建设，久远集团积极融资木兰摇粗布家纺公司，全面壮大贫困地区特色产业。

充分发挥教育医疗资源优势，切实解决因病因学致贫问题。改善办学条件，先后在富平支持建设了9所中小学校、幼儿园及职业学校；加强业务培训，组织开展4期骨干教师能力提升培训、3次扶贫"送教"活动；帮助减轻贫困家庭学生入学负担，发放助学金150万元；突出"志智双扶"，组织150名品学兼优建档立卡家庭贫困学生，分五批来院参加青少年"科技冬（夏）令营"，教育帮扶成效明显。持续开展健康扶贫，院属两家职工医院组建专家团队9次深入富平县贫困乡镇开展健康义诊、送药下乡等医疗服务，共诊疗病患8000余人次。加强医疗技术支持，完成17个贫困村卫生室标准化建设，驻点帮扶薛镇卫生院疼痛专科建设，专项指导县医院胸外科、妇女儿童医院妇产科等科室建设，促进了各医院专科能力提升。组织开展各类医疗卫生培训70余场，受训人数达3600余人次。开展公益扶贫，实施残疾人康复器材采购项目，发

│ 2016年以来，中物院累计投入帮扶资金820余万元支持驻村包联村车家村水果产业发展。图为中物院援建的车家村春蕾果品交易市场配套设施管理用房。

放贫困残疾人生活补助、自主创业补助，建成 5 个农村互助幸福院，关爱特殊人群落到实处。

大力开展消费扶贫行动。在富平农村建成 100 个乡村销售网点，无偿提供场地建成富平县农特产品（科学城）直销店、平武农特产品（科学城）直营店，开展平武县"点对点"结对帮扶，累计购买富平县、平武县及湖北、陕西略阳县等地扶贫产品价值 2900 余万元，充实了贫困群众的"钱袋子"，持续脱贫更有保障。

强化脱贫攻坚政治保障，夯实基层党支部的脱贫攻坚战斗堡垒作用。加强脱贫攻坚人才支撑，先后选派 5 名优秀干部到富平挂职扶贫，搭建起了院地沟通的桥梁和纽带。深入开展党建交流，院地 8 对基层党支部党建结对共建，建成 5 个基层党组织活动场所。实施农村党员创业带富工程，组织党员和致富能人到北川县等地参观学习，有效提升基层干部带领贫困群众脱贫攻坚能力。

五、精准选派，真情帮扶，提升一线脱贫攻坚成效

中物院先后派出政治素质好、工作能力强、敢于担当的 5 名优秀干部驻县帮扶富平，分别担任富平县政府副县长、驻梅家坪镇车家村第一书记、赵老峪北村帮扶工作队员兼县扶贫办副主任。挂职干部舍小家顾大家，扎根当地，真情帮扶。挂职期间，广泛宣传党的扶贫政策，激励贫困户奋发向上努力脱贫；深入贫困群众家庭嘘寒问暖，了解生产生活困难帮助解决实际问题，通过近距离接触，摸清基层扶贫的难点、痛点、堵点，提出并实施因乡因村因户制宜的扶贫路子；综合采取蹲点调研、资源对接、项目引进等方式，推动了科技扶贫、产业扶贫等精准帮扶措施的落地，为助推富平县脱贫攻坚贡献了智慧和力量。通过持续帮扶，中物院驻村包联的车家村面貌焕然一新，村集体收入稳步增加，2019 年村集体经济收入总量位居全县第一；深度贫困村赵老峪北村群众生活条件大幅提升，顺利脱贫出列。惟其艰难，方显勇毅，惟其笃行，弥足珍

创新帮扶模式

中物院坚持从实际出发，因地制宜，精准帮扶，在全面实施党建、产业、消费、人才等领域扶贫帮扶的同时，不断挖掘院内资源，深入实践"一二三"扶贫构想，即始终坚持一种精神，用"两弹"精神凝聚全院力量，攻坚克难，形成持续推进精准扶贫、精准脱贫的强大思想动力；做好医疗和教育两个帮扶重点，充分发挥院子弟校基础教育优势和职工医院医疗优势，不断提升"两不愁三保障"水平；做大做强柿子、奶山羊、丹参三大特色优势产业，通过龙头产业、龙头企业的示范引领，带动当地县域经济全面发展。

贵。参与脱贫攻坚、与富平干部群众携手奋斗，最终成功打赢脱贫攻坚战，是中物院历史上浓墨重彩的一笔，扶贫路上的每一步都承载着中物院人厚重的家国情怀和责任担当。脱贫摘帽不是终点，乡村振兴任重道远。面对定点帮扶新阶段新要求，中物院将再接再厉、勇于担当，接续奋斗、不辱使命，为实施乡村振兴战略继续作出新的贡献。

历任扶贫干部

挂职扶贫干部

挂职时间	姓　名	挂职地	挂职职务
2016.10—2020.1	何大鹏	陕西省富平县	副县长
2020.1—	何国德	陕西省富平县	副县长

驻村第一书记

驻村时间	姓　名	所驻村及职务
2015.11—2019.9	王　磊	陕西省富平县车家村第一书记
2019.9—	梁　勇	陕西省富平县车家村第一书记

北京航空航天大学

历 程

2015 年，北京航空航天大学定点帮扶山西省中阳县，当年 12 月，学校成立扶贫工作领导小组，认真贯彻落实党中央、国务院决策部署，勇担政治任务、健全组织机制、创新帮扶举措、选优配强干部，先后选派 7 人到中阳县政府挂职或担任驻村第一书记。深化"大北航大扶贫"格局，从产业、科技、教育等几个方面重点着手，以优异成绩交出定点帮扶"北航答卷"。2018 年 8 月，中阳县作为山西首批三个示范县之一脱贫摘帽，37 个贫困村全部退出，2 万余名建档立卡贫困户实现脱贫。

北京航空航天大学（简称北航）党委始终坚持以习近平新时代中国特色社会主义思想为指导，深入学习贯彻习近平总书记关于扶贫工作的重要论述，全面落实党中央、国务院决策部署，在原国务院扶贫办、中央和国家机关工委、工信部党组的领导和支持下，坚决扛起政治责任，加强组织领导，完善工作格局，创新帮扶举措，充分发挥学校人才和科技优势，坚决打赢脱贫攻坚战。

一、加强组织领导，建立强有力的工作体系

习近平总书记指出，打赢脱贫攻坚战，组织领导是保证。学校党委深入学习习近平总书记关于扶贫工作的重要论述，及时跟进学习中央和上级要求，

中阳县概况

山西省吕梁市中阳县，位于吕梁山脉中段西麓，黄河支流三川河上游的南川河流域。东与汾阳、孝义两市交界，西与柳林、石楼两县接壤，南与交口县相连，北与离石区毗邻。有煤、铁、铝矾土、石英等矿产资源，农业产业以木耳、核桃、菌类为主。2002年被确定为国家扶贫开发工作重点县，2015年12月起北京航空航天大学开展定点帮扶工作，2018年8月脱贫摘帽。

把定点扶贫工作纳入议事日程，平均每年专题研究定点扶贫工作3—4次。建立了校党委"总揽全局、协调各方"的组织机制、"一把手抓第一民生"的领导机制、推进帮扶任务检查督查机制和每年投入60万元专项经费保障机制。2015年12月成立扶贫工作领导小组，党政办公室（机关党委）作为领导小组办公室，17个部处为成员单位，重要工作集中协调、扶贫任务统筹推进、工作进展定期汇报的运行机制。选优配强扶贫干部，共派出3名挂职副县长和4名驻村第一书记。

构建了党委统一领导、各方统筹协调、师生全员参与的扶贫工作局面。党委书记曹淑敏、校长徐惠彬带头，校领导先后16次、累计23人次赴吕梁调研指导。17个成员单位负责人每年至少一次到中阳对接扶贫任务。每一名分党委（党总支）书记均带队到中阳开展调研帮扶工作。每一个机关支部均结合支部活动到中阳调研走访。各师生党支部结合专业特色开展志愿服务。每年超过500名师生校友调研考察、开展帮扶，足迹遍布中阳县7个乡镇，实现对全县工业、农业和服务业情况的全方位调研了解。5年来，北航处处都有中阳元素，中阳处处都有北航足迹。

二、聚焦产业扶贫，筑牢稳定脱贫这一根基

习近平总书记强调，产业增收是脱贫攻坚的主要途径和长久之策。学校紧紧抓住产业扶贫这个根本之策，在战略性新兴产业、现代化农业、农产品电商、技能型就业培养等方面发力，产学研结合牵引中阳县乃至吕梁市产业多元化发展。

（一）培育战略性新兴产业

积极助力"数谷吕梁"建设，曹淑敏同志连续 3 年带队出席吕梁市大数据产业发展论坛，并担任吕梁转型发展顾问；赵沁平院士担任"吕梁大数据发展首席科学家"，王浚等 5 名院士担任吕梁转型发展顾问。校友企业硕为思公司的汽车大数据智能实验室落户中阳县，并吸引新兴产业公司不断入驻，助力中阳在"数谷吕梁"中发挥核心引领作用。

| 北京航空航天大学在校园设立北航服务站，支持吕梁山护工赴京就业脱贫。图为在北航服务站门前广场召开吕梁山护工现场座谈会。

（二）服务农业现代化建设

北航校友企业耕耘金谷公司与中阳县暖泉镇合作，实施垃圾粪便处理、有机肥料加工、优质泰椒种植"三位一体"循环农业项目，年处理固体垃圾4万吨、废液2万吨的有机肥场投入使用，带动贫困户种植辣椒400亩，每亩增收4000元，构建了现代化生态农业循环经济体系。

（三）创新农特产品销售模式

线上线下并举，探索"消费＋电商"扶贫新业态，畅通以核桃、木耳、小杂粮等为代表的中阳农特产品销售渠道。在校内超市开辟中阳特产专柜，定期采购农产品进食堂。构建县乡村一体化的物流配送体系，建成73个农村运营服务网点。帮助中阳县40多种农特产品入驻各类扶贫公益电商平台，成立阳坡村股份经济合作社，打造"企业＋农户＋电商"消费扶贫链条，带动1000余人就业，其中贫困户241人。

（四）强化技能型就业服务

助力打造"吕梁山护理护工"劳务品牌，设立"北航—中阳定点扶贫服务站""吕梁山护工北航服务站"，输送500余名吕梁农村妇女在北航及其周边从事保姆、家政、护工服务，其中中阳籍贫困户110余人，人均月收入4000元以上，涌现出了山西省特级劳模、全国劳模许连红等优秀典型。传承国家非物质文化遗产——中阳剪纸，强化剪纸、刺绣、布贴等专业技术人才培训，在北京高校积极推广剪纸刺绣作品，助力中阳县"华夏剪纸第一村"建设，每年带动500余人就业。

三、聚焦科技扶贫，打造精准扶贫新引擎

习近平总书记强调，创新是乡村全面振兴的重要支撑。学校充分发挥科技创新优势，把科技第一生产力、创新第一动力与脱贫攻坚第一民生工程深度融合，努力做到转化一批科研成果、落地一批实用技术、带动一批重点企业、解决一批劳务就业。

| 科技孵化器带动 500 人就业。图为村民在位于科技孵化器的北航校友企业"吕梁航电新能源有限公司"车间内加工线圈。

（一）开创"双创"示范基地建设新局面

创建吕梁市北航中汇科技孵化器，先后有 50 余家企业入驻，成功孵化了一批土生土长的科技企业，为周边的易地移民搬迁小区提供了 1000 余个工作岗位，并被评为"山西省省级众创空间""山西省省级科技企业孵化器"。中阳县依托科技孵化器被评为"吕梁市中小微企业创新创业示范基地县""山西省省级双创示范县"。

（二）带动传统企业技术转型升级

建立北航—中钢转型升级技术研发中心，帮助中钢公司建成了材料检测中心，为材料检测人员提供全面培训，并组织材料、能源、机械、信息、管理等学科专家与企业技术人才深度对接，申报 5 项专利，在钢渣熔铸技术开发、高炉喷煤枪高寿技术开发等 7 个领域全力合作攻关，着力解决企业转型提质的核心技术瓶颈。

（三）以科技助力农业提质增效

针对核桃脱壳环节效率较低问题，投入 20 万元，由北航机械学院机器人所研发出两代"核桃碎皮机"，取得了核桃产品技术攻关新成果。用"核桃碎皮机"脱壳的核桃，外壳碎裂，内仁完整，可使核桃仁整仁率达到 99%。

四、聚焦教育扶贫，促进扶贫与扶志扶智相融合

习近平总书记强调，扶贫必扶智，治贫先治愚。北航充分发挥人才和教育资源优势，坚持物质扶贫与精神扶贫一体化推进，强化各类人员各层次的组织协同，在干部轮训、教师集训、支教实训等层面形成了一体化的教育精准帮扶体系。

（一）创新党政干部轮训方式

举办"中阳大讲堂"送教下乡，实现中阳县 800 余名科级干部、第一书记、驻村工作队队长等培训全覆盖。在北航开展中阳县党政干部及技术人员培训班，配备全教授师资团队，根据不同类别学员需求，制定有针对性的教学课程，累计开班 19 期，共培训副科级以上干部以及教育、卫生、政法、住建、电子商务等各类从业人员近 2000 人次。

（二）全方位开展教师能力集训

举办暑期中阳教师能力提升班，由北航实验学校、北航幼儿园分别对全县600 名初高中教师、400 名幼儿教师进行全员业务培训。组织"手拉手共建校"活动，北航实验学校与中阳一中、三中和北街小学建立校—校合作机制，持续开展中小学师生互访和教科研互动。开设 100 余门在线课程，直接服务 2000余名中阳县中小学师生。

（三）大力开展支教实训

组建研究生支教团，先后选派 15 名研究生赴中阳县进行为期一年的支教活动。组建大学生社会实践中阳团，先后选派 40 多支大学生社会实践队，围绕"脱贫攻坚""乡村振兴""全面小康"等主题，开展线上交流、短期支教和社会实践活动。

五、发展富民经济，打造有温度的宜居乡村

学校紧紧围绕"产业兴旺、生态宜居、乡风文明、治理有效、生活富裕"的 20 字总要求，对定点帮扶村——中阳县下枣林乡阳坡村持续开展有特色、有亮点、有成效的驻村帮扶。

（一）抓党建促脱贫

先后选派四任驻村第一书记，发挥"两委"主干、致富能手、党员骨干三支队伍的带头作用，组织中阳特产北航义卖，设立北航超市中阳特产专柜，加工"北航坨坨"电子产品、成立阳坡村集中养老看护中心，成立阳坡村"爱心超市"等，使一度被评为"软弱涣散"的党支部，成为带领群众脱贫攻坚的战斗堡垒。驻村第一书记在 2020 年被评为"中国好人"和"北京高校优秀共产党员"。

（二）促进产业发展

驻村第一书记牵头建立了核桃丰产园、柏籽羊养殖、有机肥生产、黄粉虫养殖、电子产品加工、林下养鸡、小杂粮加工、蚯蚓养殖等 8 类富民经济。资产公司累计出资 100 万元，支持阳坡村电子产品加工车间和富民产业发展。后勤集团捐赠 20 万元生活物资，支持村集体"爱心超市"稳定运行。在村委大院建设的老年人日间照料中心，全天候照料 20 余名 70 岁以上老人。北航、平安银行股份有限公司、中国扶贫基金会三方以"产业扶贫"合作社能力扶持项目为载体，对阳坡村村级集体经济组织进行系统性扶持。人均收入由 2014 年的 2300 元，增长为 2020 年的 13194 元，增幅约 5 倍。

（三）实现生态宜居

以拆违治乱、垃圾整治、污水处理、厕所改造、绿化美化、基础设施建设和公用服务设施配套为主攻方向，努力打造宜居、宜业、宜游的生态环境，提升农民生活品质，使地处山庄窝铺的阳坡村蜕变成为"吕梁市美丽宜居示范村"。

2016 年以来，北航累计投入帮扶资金 1252 万元，引进帮扶资金 11438.12 万元，培训基层干部 4076 人次，培训技术人员 4772 人次，购买农产品 217.66

创新 帮扶模式

学校坚持"产业＋科技＋教育＋人才扶贫"总路径，聚焦产业扶贫，筑牢稳定脱贫这一根基，聚焦科技扶贫，打造精准扶贫新引擎，聚焦教育扶贫，促进扶贫与扶志扶智相融合，发展富民经济，打造有温度的宜居乡村，持续推动护工进京、特产进校、产业进城、车间进村、加工进户，形成了高校特点和扶贫规律相一致、高校优势和扶贫实际相结合的定点扶贫"北航模式"。

万元，帮助销售农产品 6369.23 万元。2018 年 8 月，经山西省人民政府批准，中阳县退出贫困县，成为全省首批脱贫摘帽的 3 个国家扶贫开发工作重点县之一。2020 年，中阳县 37 个贫困村全部退出，所有建档立卡贫困户实现脱贫，农村居民人均可支配收入由 5791 元提高到 8053 元。2020 年 8 月，中阳县脱贫摘帽。

历任扶贫干部

挂职扶贫干部

挂职时间	姓　名	挂职地	挂职职务
2016.4—2017.6	李建伟	山西省中阳县	副县长
2017.6—2019.10	苏　睿	山西省中阳县	副县长
2019.10—	田　原	山西省中阳县	副县长

驻村第一书记

驻村时间	姓　名	所驻村及职务
2015.12—2017.2	梁帮龙	山西省中阳县阳坡村第一书记
2017.2—2019.4	冯维成	山西省中阳县阳坡村第一书记
2019.4—2021.4	韩　庚	山西省中阳县阳坡村第一书记
2021.4—	张健睿	山西省中阳县阳坡村第一书记

北京理工大学

北京理工大学自 2015 年 11 月起定点帮扶山西省方山县。学校党委高度重视定点扶贫工作，成立了由党委书记、校长担任组长的扶贫工作领导小组，由党政办公室牵头协调全校各单位共同推进定点扶贫工作，助力方山县打赢脱贫攻坚战。

北京理工大学（简称北理工）高度重视定点扶贫工作，以习近平新时代中国特色社会主义思想为指导，认真贯彻落实党中央、国务院关于脱贫攻坚的决策部署，结合"延安根、军工魂"红色基因和吕梁革命老区精神，确定了"红色基因同根同源"的精准扶贫总基调，按照"全员全方位扶贫"工作理念，坚持目标导向和问题导向，构建了以教育扶贫、科技扶贫、产业扶贫、公益扶贫为主体，以党建扶贫贯穿始终的"4+1"北理工精准扶贫体系，保障定点扶贫工作有序开展，助力方山县脱贫攻坚与乡村振兴有效衔接。

一、聚焦"智志双扶"，着力做好教育扶贫

学校充分发挥"双一流"大学教育和人才优势，打造多领域立体化专项培训体系，有效激发和增强方山县贫困群众内生动力，为阻断贫困代际传递贡献北理工力量。

方山县概况

山西省吕梁市方山县位于吕梁山西麓腹地，面积 1434.1 平方千米，全县辖 5 镇 2 乡，169 个行政村，总人口 14.87 万人。全县森林覆盖率达到 41%，水资源总量达到 1.09 亿立方，矿产资源品种多、储量小，有煤、铁、陶瓷土等 30 多种，野生中药材有柴胡、党参、黄芪等 200 余种。旅游资源有国家 4A 级景区北武当山、"天下廉吏第一"于成龙故居等。2015 年 11 月开始开展定点扶贫工作，2019 年 4 月，方山县脱贫摘帽。

一是打造吕梁地区"带不走的素质教育高地"。学校着力打造"方山北理工暑期学校"品牌项目，连续 5 年为方山县中小学生开展高质量素质教育培训，累计派出支教志愿者 1000 余人次，培训当地中小学生 4000 余人次，吸引了周边岚县、临县、中阳等国定贫困县青少年积极参与，已成为方山县重要的中小学素质教育平台，获得社会各界的广泛好评。同时，累计选拔暑期学校优秀学员 200 余人，来京参加"方山北理工暑校之星"夏令营活动，利用北理工的优质教育资源，全面提升方山县中小学生综合素质。2020 年，在常态化疫情防控条件下，学校积极调整工作方案，由北理工师生设计课程教案，培训当地师资力量作为支教人员，将集中培训改为常态化分批培训，积极推进"方山北理工暑期学校"本地化、常态化、品牌化。

二是助力方山县基础教育水平提升。针对方山县基础教育存在的突出问题，针对性打造"红烛点亮助力计划"教师培训品牌项目，综合运用专题授课、入校观摩、实践指导、研讨交流、素质拓展等形式制定一系列教育指导培训课程，培育引领基础教育发展的骨干力量，推动方山县教育内涵式发展。自 2018 年起，累计组织方山县中小学校长、骨干教师等 670 人次赴北京理工附中、理工附小、一零一中学等知名中小学开展跟班实习；组织全国、北京市教学名师，教学能手等累计13个团队、60余人次赴方山县开展教学督导超过3000学时，有效促进全县师资教学能力提升。2020年，学校积极推进常态化教师培训工作，购买北京市教研院8000学时优质培训课程，通过"云培训"形式提升方山县教师队伍水平，切实做到在岗教师全覆盖、教学阶段全覆盖、教学科目全覆盖。

三是夯实"理工领航"教育帮扶公益体系。学校不断加强顶层设计，构建起奖励与资助并行、保障与育人结合的全方位"理工领航"教育帮扶公益体系，包含筑梦育人——精准扶贫支教团补助金、逐梦引领——精准扶贫"理工梦想"奖学金、圆梦资助——精准扶贫"理工梦想"助学金，以及其他各类独具特色的奖助学金和捐助项目。4年来，累计为考取重点大学的优秀学生、品学兼优的贫困学生、热衷奉献的支教成员等捐赠奖助金及物品超过200万元，共资助近400名贫困学生，不断激励学生奋发图强，树立远大志向。

四是分类开展深层次、多领域专项培训。学校充分发挥学科、人才优势，围绕方山县脱贫攻坚急需，组织开展了深层次、多领域的专项培训，全面提升领导干部、技术人员、医护及法律等专业人员整体素质，有效助力方山县巩固脱贫成效。实施"公仆领航助力计划"，对全县33名县级党政领导干部、400余名乡镇党政领导及委办局负责人开展全覆盖轮训；实施"星火致富助力计划"，对县域内企业管理人员和技术人员开展培训，累计超过5000人次；依托继续教育学院、管理与经济学院开展致富带头人培训，累计超过1000人次。

二、强化智力输出，积极开展科技扶贫

学校立足"双一流"高校人才、科技优势，紧密围绕方山县脱贫攻坚与乡村振兴有效衔接的实际需求，构建科技扶贫长效机制，助力县域产业、经济转型发展。

一是打造科技扶贫前沿平台。学校扎根包联企业建立"北京理工大学方山科技人才工作站"，派出专家100余人次先后驻站工作，帮助企业解决实际问

北京理工大学扎根包联企业庞泉重机建立"北京理工大学方山科技人才工作站",累计派出专家
100余人次先后驻站工作,帮助企业解决实际问题、实现技术突破。图为北京理工大学方山科技人
才工作站。

题、实现技术突破。投入资金 110 万元支持开展科研攻关,累计资助 11 项创新项目,相关专家团队与方山县重点企业深入合作,签署"生物产品中试基地合作""液压支架电液控制系统开发""金属防腐蚀材料加工"3 项高新技术项目,科技成果实实在在落地方山、服务方山,为方山县企业转型升级提供智力支撑。工作站被山西省工信厅评为"工业和信息化领域产学研创新平台",被吕梁市委、市政府授予"优秀科技创新平台""吕梁矿山机械创新研发矩阵领军单位",获得奖补资金 100 余万元。

此外,学校在方山县打造"北理工双创扶贫产业园",开发"互联网 + 科技 + 创业"模式,引领方山县特色农业全链条发展,积极引进、孵化科技项目,现已成功孵化 8 家农特企业,2 项学校专有技术就地转化,为方山县培育"专精特新"企业和县域经济转型提供有力支撑。

二是科技助推企业转型升级。在学校科技扶贫的大力支持下,方山县科技创新活力得到显著提升。学校支持方山县龙头企业庞泉重机开展科研攻关,有效实现该企业产品液压支架油缸焊层中目视孔隙的消除，焊层中的微孔隙率下降到 1% 以下，耐腐蚀寿命提高了 70%。科研成果《一种液压支架表面局部损伤修复的方法》和《基于环焊熔覆工艺对活塞杆二缸表面进行修补的方法》成功申报国家发明专利，实现方山县科技领域专利"零突破"。学校利用信息数学表征与分析、优化试验设计、工业大数据分析等科学分析手段，对企业工序状态等进行智能监控。同时，针对产品质量一致性问题，基于多工序耦合关系模型，建立优化的工艺参数设计，保障工序状态的波动对产品质量的影响达到最小。

三是打造科技惠农品牌项目。针对方山县农业生产实际需求，充分发挥科研优势，打造一系列可复制可推广的"科技惠民"样板。针对方山地区山地丘陵广布、农业病虫害防治与精准管理、传统人工喷洒农药形式效率低下、有风天气药剂易洒到农民身上等问题，学校自主研制"定点自主起降与导航路径规划系统"，并无偿捐赠植保无人机，实现了 1 小时内对 180 亩农田的农药喷洒，极大地提高了喷洒效率。针对吕梁地区枣类产品采摘具有人工劳动投入大、成本高、效率低等问题，研制了振动式大枣采摘器，使农户能够安全、高效、舒适地进行采摘。此外，学校在方山县建成了惠农检测站，为农产品上行提供免费标准化检测服务，有效支持贫困群众增收。

三、发挥学科优势，全面推进产业扶贫

学校坚持以科教为龙头、以产业为载体，通过助力方山县产业转型升级，有效支持建档立卡贫困户增收，确保帮扶工作有特色有成效。

一是打造"电子商务"品牌项目。组织包括 10 余位院士在内的专家团队为吕梁市大数据产业发展把脉问诊，助推电子商务产业整体升级。学校支持方山县建成 113 个村级电商服务站点，引进企业投资 600 余万元建成占地 6 亩的电商物流配送中心，电子商务进农村国家示范县项目以山西省第四、吕梁地区第一的优异成绩通过绩效考核。围绕方山县当地农特产品，设计开发了一系列

新颖时尚的品牌与包装，有效提升农特产品的转化率与网货化，近年来农产品年均交易额超过 2000 万元，带动方山县 8000 余名建档立卡贫困人口增收脱贫。在电商产业发展的带动下，方山县率先实现物流快递村村通，物流价格由 2016 年的每千克 10 元下降到 3.5 元，全县日处理物流快递 1.4 万件，快递从业人员近百人，月平均收入超 3000 元。电商产业带动沙棘、辣椒等产业快速发展，已完成 2 万亩沙棘国家有机认证，400 亩线椒种植，联结建档立卡贫困户 50 户，亩产值 7000 元，筹备"北理工电商牵引循环经济特色产业园"项目并申报省市资金奖补贴。

二是支持方山县龙头产业转型发展。2016 年方山县将特色肉牛养殖项目作为龙头产业率先发展，累计投入 2 亿元建成存栏 2 万头的肉牛育肥基地和年加工 3 万头的屠宰加工车间。学校积极协调校友企业"恒都牧业"指导方山县肉牛产业健康发展，同时积极发挥科技优势，成功研发"智慧养牛"系统，为每头牛建立"牛档案"，通过信息技术实现领域内专家与方山肉牛育肥基地远程对接，在高效育肥、繁殖及防疫等方面给予有针对性的指导，形成高校扶

北京理工大学协调校友企业"恒都牧业"指导方山县肉牛产业健康发展，打造方山县支柱产业。图为新修建的肉牛产业基地。

持＋地方主导＋企业收购的产业循环机制，实现了"一个源头进牛、一个基地育肥、一个渠道收购"的模式，促进方山县肉牛产业短期内做大做强。2020年恒都集团与方山县人民政府达成全面合作协议，将合作开展年产值 20 亿元的现代化牧业项目，有效打造方山县支柱产业。

三是开展"北理工党员先锋林"扶贫项目。学校充分发挥党建优势，将经典的支部结对帮扶模式与吕梁地区"购买式造林"充分结合，开创了独具特色的"北理工党员先锋林"扶贫项目。学校通过支部结对帮扶的形式，积极动员全校 29 个基层党委和 600 余个党支部，累计投入 60 余万元，造林 600 余亩，采用"一户包一亩"的方式联结建档立卡贫困户 613 户，带动每户每年至少增收 1000 元，村集体每亩增收 3000 元。"北理工党员先锋林"是高校积极参与脱贫攻坚战和生态保卫战的典型有效做法，受到了吕梁市委、市政府的高度认可。

四是支持"5G＋美丽乡村"建设。充分把握方山县设立省级生态文旅示范区和美丽乡村建设的历史机遇，协调山西省通信管理局，为方山县拓展示范区范围内电信普遍服务升级，3 年内累计投资 9300 万元，2020 年落实资金 2950 万元用于在 210 平方公里林区布设 5G 基站。依托学校虚拟现实技术实验室，与地方企业合作建成"5G＋廉政"于成龙故居沉浸式体验文旅项目，有效提升方山县文化旅游内涵。

四、拓展社会资源，合力开展公益扶贫

学校依托北理工教育基金会和校友会两个重要纽带，深度挖掘和调动社会资源，广泛引聚社会和校友力量融入"大扶贫"格局之中，全面提升帮扶成效。

一是打造"带不走"的医疗队。健康扶贫是解决"两不愁三保障"突出问题的关键环节，开展健康扶贫，确保当地困难群众就近就地享受高水平医疗服务，是防止因病致贫、因病返贫的有效手段。依托行业内领先的校友企业，捐赠高端医疗设备、开展专业技能培训，支持方山县建成吕梁地区第一个县级疼

　　北京理工大学结合"延安根、军工魂"红色基因和吕梁革命老区精神，确定了"红色基因同根同源"的精准扶贫总基调，按照"全员全方位帮扶"工作理念，凝聚各方资源，动员全校师生及校友共同发力，有效形成了党委统一领导、党政齐抓共管、党政办公室统筹协调、全校各单位全员行动、校友及社会力量广泛参与的"大扶贫"格局，构建了以教育扶贫、科技扶贫、产业扶贫、公益扶贫为主体，以党建扶贫贯穿始终的"4+1"北理工精准扶贫体系，保障定点扶贫工作有序开展。

痛科室，累计接待患者 892 名，有效解决了方山县高海拔农村地区群众的就诊需求。整合在京高水平医疗资源，在方山县人民医院建立"远程医疗会诊中心"，已累计会诊疑难杂症病例 65 例。此外，在方山县海拔最高、最偏远的马坊镇和人口最密集的圪洞镇投入经费 10 余万元建设"健康小屋"，免费为当地群众开展健康检查、辅助医疗、健康管理等，通过大数据进行针对性的健康指导与医疗辅助，取得了良好效果。

　　二是多种形式带动就业脱贫。在方山县易地移民搬迁关键时期，学校累计投入 45 万元在移民安置点建成服装加工扶贫车间 3 处，工位 150 个，通过校友企业订单牵引和培训支持，有效带动 300 余名建档立卡贫困户就地就近就业。全面升级吕梁山护工工作站，结合校友企业用工需求和学校离退休教职工群体需求，带动更多劳动妇女走出大山、进京就业，累计帮助吕梁山护工 600 余人次就业，实现年人均稳定增收 3 万元。2020 年，曾在北理工服务的吕梁山护工马金莲获得"全国脱贫攻坚奖奋进奖"，受到党和国家领导同志的亲切接见。

三是开展公益项目，提升百姓获得感。积极争取社会资源为方山县两所小学、胡堡村累计捐赠价值 160 余万元的服装 3735 套。为方山县图书馆捐赠图书 4 万余册，已占馆藏图书的 80％，方山县图书馆在关停近 2 年后成功达标运行，月均接待读者达 4000 余人。在桥沟村、胡堡村开展"饮水安全样板工程"，引入校友企业提供技术支持，实现两村 1000 余户 2000 余人在家使用上直饮水，有效解决"两不愁三保障"突出问题。累计投入 20 余万元扶持"日间照料中心"，义务供养 70 岁以上老人、65 岁以上孤寡以及残疾人，让老人集中"上灶""养老"。

历任扶贫干部

挂职扶贫干部

挂职时间	姓　名	挂职地	挂职职务
2016.2—2018.1	刘博联	山西省方山县	副县长
2018.1—2021.3	赵　汐	山西省方山县	副县长
2021.4—	周明宇	山西省方山县	副县长

驻村第一书记

驻村时间	姓　名	所驻村及职务
2016.2—2017.1	刘　渊	山西省方山县桥沟村第一书记
2017.2—2019.6	刘伟光	山西省方山县桥沟村第一书记
2019.6—2021.6	吴克友	山西省方山县胡堡村第一书记
2021.6—	鲍　锐	山西省方山县胡堡村第一书记

西北工业大学

2015 年，西北工业大学定点帮扶广西壮族自治区融水苗族自治县，从选派驻县驻村干部、党建、教育帮扶、医疗援助、引进帮扶企业及资金、干部和技术人员培训、直接购买及帮助销售农特产品等方面助力脱贫攻坚。2020 年11 月，融水县脱贫摘帽。

西北工业大学（简称西工大）党委深入学习贯彻习近平总书记关于扶贫工作的重要论述，提高政治站位、强化责任担当，深入实施"六大开发式扶贫项目"（党建、教育、医疗、产业、科技、消费）、精心凝练"四个典型"（全面提升基础教育水平、"造血式"产业扶贫、构建全校扶贫大格局、帮扶典型村示范引领），与定点帮扶的广西融水县干部群众心连心打好脱贫攻坚战。

一、党委高度重视，健全工作机制，压实工作责任

学校成立了由党委书记张炜任组长，两位副书记任副组长的扶贫工作领导小组，设立扶贫办，配强工作力量。形成了"校县定期会商、调研检查督导、纪委专责监督、'周报月商季推'"四项工作机制。5 年来，党委常委会、扶贫领导小组等 45 次召开会议研究部署扶贫工作，参会校领导 27 人次（其中党委书记、校长 11 人次）。制定了《西工大定点帮扶广西融水县工作实施方案》，

融水苗族自治县概况

融水苗族自治县位于广西北部，是全国最早成立、广西唯一的苗族自治县。全县总面积 4638 平方千米，辖 20 个乡镇、208 个行政村（社区），居住着苗、瑶、侗、壮、汉等 13 个民族，总人口 52 万人，少数民族人口占 75%。融水地域面积广阔，"九山半水半分田"，有林业面积 530 万亩，森林覆盖率达 78.8%，素有"毛竹之乡""杉木王国"之称；融水旅游资源丰富，是中国"百节文化之乡""芦笙斗马之乡"，并于 2020 年获得"全国全域旅游示范区"荣誉称号。2020 年 11 月脱贫摘帽。

探索出党建领航、教育提升、科技筑梦、产业增收、消费扶贫、健康医疗"六位一体"扶贫工作模式。党委每年印发《定点帮扶融水工作要点》，召开全校扶贫工作会议，安排部署帮扶工作，编发《扶贫工作周报》86 期。西北工业大学围绕"两不愁三保障"，重点在基础教育质量提升、乡村医疗条件改善、贫困人口增收、建强基层党组织、发展特色产业等方面持续开展帮扶工作。5 年来，直接投入帮扶资金 1107.04 万元，培训基层干部 4199 人次，培训技术人员 4297 人次，直接购买农产品 1322.08 万元，帮助销售农产品 3009.09 万元，帮助引进企业 9 个，引进帮扶资金 4985.5 万元，捐赠图书 15000 余册，开展活动受益学生 3 万余人次。

二、选优配强干部，夯实工作基础，讲好扶贫故事

学校党委遴选政治强、业务好、作风实的干部到县、村任职。5 年来，共选派阮长江、马西平、赵洪章、蒲传新等 4 位同志挂职县领导，协助分管全县

扶贫工作；选派秋卫平、史建强、方原等3位同志担任融水县江竹村第一书记。专门增派王涛同志挂职县长助理，主抓产业扶贫。学校对挂职干部明确职责，严格管理，定期督查，注重关爱，对表现突出的挂职干部都及时安排重用。学校帮扶工作不仅要干得好，还要总结好、宣传好，让更多的人了解扶贫，关注扶贫，投身扶贫。西工大《苗山脱贫影像志——支教学子将别苗乡》《苗寨来了西工大研究生支教团》《提供科研支持引进帮扶资金培训技术人才——高校成为脱贫攻坚生力军（深聚焦）》等扶贫经验做法，被新华社、《人民日报》、人民网、新华网、工信部网站、陕西电视台等多家媒体专题报道，产生良好反响。

创编扶贫主题音乐剧，歌颂脱贫攻坚伟大壮举。聘请著名作曲家、编剧、导演、专业演职人员与我校教工艺术团共同排演音乐剧《融水谣》。我校创编的这部音乐剧，以我校派驻江竹村三任第一书记为原型，讴歌一线驻村扶贫干部感人事迹和无私奉献精神，宣传党带领人民群众脱贫奔小康的伟大壮举，彰显我国社会主义制度优势。

三、多措并举帮扶，力求工作实效

（一）抓"党建引领"，激发脱贫内生动力

一是组织校内39个基层党组织与融水县36个村级党组织结对抓党建促脱贫，经常性送党课、讲科技、赠设备，帮助重点困难人口脱贫。二是把选派第一书记的江竹村打造成脱贫样板村，获得广西自治区首批"五星级"党组织。开展了"党支部＋党员致富带头人＋贫困户"品牌创建活动，发展"三种三养"（种黑木耳、灵芝、有机茶，养小香猪、黑山羊、荷花鲤）形成特色产业，大幅度增收脱贫，工作经验得到推广，带动一大批村党组织创先争优。三是打造"苗山讲堂""苗山课堂"，全面提升县、乡、村三级干部能力，开阔视野。先后邀请中央党校青连斌教授、海军装备部赵登平将军等20余位专家赴融水县作辅导报告；举办培训班20期，培训干部3000人次。

学校把中央定点帮扶作为学校开展"我为群众办实事"、联系基层、了解社会、改进作风的重要平台。图为学校邀请融水县致富带头人石秋香走进大学思政课堂，讲述脱贫攻坚故事。

（二）抓"教育帮扶"，全面提升教育质量

一是组织融水县骨干教师到西工大附属中小幼学校开展为期两周的"一对一"跟岗培训，选派教学名师赴融水县调研、举办讲座、示范授课，共建名师工作室，全面提升融水县教师的教育教学理念和教学能力水平。共举办"教师跟岗培训班""乡村教师在岗培训班"等40余期，培训1500余人次。二是开展"科普筑梦"系列活动，组织西工大——融水县"科技周"暨归国留学人员校园行活动，建立了"国防科普教育基地"，在柳州市建成首个县级"青少年创客中心"，选派16名优秀研究生赴融水县开展为期1年的支教工作。举办科普活动30余场，受益学生10000余人次。三是每年邀请融水县中学生来校参加"三航科技筑梦夏令营""中国航天日"活动，帮助孩子们感受科学之美，共筑青春之梦。四是设立了"工大翱翔奖学金奖教金"，激发师生优教爱学，共发放奖助金112.5万元，受益师生1000余人次。五是依托西工大基础教育优质资源，为融水县建立了教育论坛和教学资源共享两大平台，建立现代远程教育校外学习中心，形成西工大教育帮扶融水县的常态机制。

5 年来，教育优先发展地位在融水县更加巩固，干部群众发展教育的信心大大增强，教育促进脱贫作用进一步被融水人民认知、重视；将"义务教务有保障"落到实处，实现基础教育水平大幅度提升，融水县高考一本上线人数由 2016 年的 55 人增至 2020 年的 163 人，被国家"双一流"高校录取学生从个位数增至 22 人，黄李毅同学 2020 年考取北京大学，实现融水中学清华北大零的突破。多名教师在柳州市、广西赛教、评优活动中屡创佳绩。

学校在融水县设立"工大翱翔奖学金奖教金"，开展"三航科技筑梦"等系列科普、讲座、夏令营、研究生支教等活动，为孩子们打开知识的大门，激发走出大山的梦想。图为西工大组织贫困家庭孩子到西安开展"三航科技筑梦夏令营"。

（三）抓"产业发展"，拓宽增收致富渠道

一是帮助引进陕西悦创农业有限公司落地融水县，建设"桂北中药材仓储物流中心""中草药萃取及保健饮料生产"等产业项目，打造林下中草药种植、加工、销售、仓储、物流等全产业链和特色产业集群，被认定为广西第三批扶贫龙头企业。5 年来，共引进帮扶投入资金 4985.5 万元。二是认真调研融水县地方产业状况，通过技术支持、技能培训等方式帮助当地 11 家龙头企业发展，共建优质甘薯种植基地、灵芝种植基地、"彩云苗艺"扶贫车间等

创新帮扶模式

经过五年的实践探索和深入对接，西北工业大学充分发挥高校教育、人才、科技等优势，在广西融水县形成并完善了"党建领航、教育提升、产业兴旺、科技兴业、销售开拓、医疗帮扶"的"六位一体"帮扶工作模式，落实帮扶责任，彰显高校担当，为融水县顺利脱贫摘帽作出了贡献。

产业项目，带动脱贫人口5000余人实现就地就业稳增收。三是通过与柳州市在汽车、钢铁、电子信息等领域开展产学研合作，辐射带动融水县产业经济发展，推动传统产业升级。四是成立电商和产品包装设计帮扶小组，为融水县电商平台提供技术和人才支持，提升电商销售服务能力，将融水县特色农产品加入中央和国家机关定点扶贫县特色农产品名录，与中国农业银行联建"定点扶贫推荐专区"农产品销售平台，大力推进融水特色农产品进校园、进超市、进食堂，组织动员校友采购等，扩大融水特色农产品销售渠道。5年来，学校直接购买农产品1322.08万元，帮助销售农产品3009.09万元，帮助农户增收致富，实现脱贫。

（四）抓"健康医疗"，提升乡村医疗水平

一是按照"基本医疗有保障"的要求，举办6期"村医医疗技术培训班"，培训村医398人次，实现村医培训全覆盖，让老百姓在家门口享受基本医疗保障和服务。二是投入资金改善医疗条件。学校为贫困村医务室捐赠打印复印一体机、病床、担架等医用设备，提供价值15万元的平板电脑用于医疗保障。为建档立卡户发放爱心小药箱1000余个，赠送价值30万余元医疗用品和药品，目前，融水县所有行政村都有标准化村卫生室，家庭医生签约服务率100%。

　　融水县贫困发生率由 2015 年的 28.3% 至 2020 年清零。5 年来，西工大师生及校友参与融水扶贫工作 2000 余人次。我校派驻江竹村的史建强、方原两位同志，获得柳州市"最美第一书记"称号。方原荣获"广西壮族自治区优秀脱贫攻坚工作队员"称号，荣获"全国脱贫攻坚先进个人"。《提供科研支持引进帮扶资金培训技术人才——高校成为脱贫攻坚生力军》《西工大扎实推进精准扶贫向纵深发展》《扶在"点"上帮在"根"上——西北工业大学打好扶贫"组合拳"》等做法和经验被《人民日报》、新华社、人民网、新华网、《中国教育报》、《广西日报》、陕西电视台等媒体和网络专题报道，陕西卫视《脱贫路上》节目录制《江竹水陕桂情》专题宣传片引起了社会广泛关注。

历任扶贫干部

挂职扶贫干部

挂职时间	姓 名	挂职地	挂职职务
2015.12—2017.1	阮长江	广西壮族自治区融水苗族自治县	县委常委、副县长
2017.1—2018.1	马西平	广西壮族自治区融水苗族自治县	县长助理
2018.1—2020.1	赵洪章	广西壮族自治区融水苗族自治县	县委常委、副县长
2018.10—2120.1	王 涛	广西壮族自治区融水苗族自治区	县长助理
2019.12—	蒲传新	广西壮族自治区融水苗族自治县	县委常委、副县长

驻村第一书记

驻村时间	姓 名	所驻村及职务
2015.12—2017.1	秋卫平	广西壮族自治区融水苗族自治县江竹村第一书记
2017.1—2019.1	史建强	广西壮族自治区融水苗族自治县江竹村第一书记
2018.8—2021.4	方 原	广西壮族自治区融水苗族自治县江竹村第一书记
2021.4—	张青林	广西壮族自治区融水苗族自治县江竹村第一书记

哈尔滨工业大学

历　程

　　哈尔滨工业大学自 2015 年定点帮扶广西壮族自治区金秀瑶族自治县以来，成立了由党委书记和校长担任组长的定点扶贫工作领导小组，下设定点扶贫办公室，先后选派 6 名挂职干部长期在当地工作。学校聚焦"两不愁三保障"，大力实施人才帮扶、科技帮扶、教育帮扶、支教帮扶、爱心帮扶"五大帮扶工程"，助力金秀县打赢脱贫攻坚战。

　　哈尔滨工业大学（简称哈工大）党委坚持以习近平新时代中国特色社会主义思想为指导，认真贯彻落实习近平总书记关于扶贫工作的重要论述，增强"四个意识"，坚定"四个自信"，做到"两个维护"，切实把定点帮扶广西壮族自治区来宾市金秀瑶族自治县工作作为重要政治任务，坚持真扶贫、扶真贫、真脱贫，充分发挥学校教育、科技、人才优势，高标准谋划、高效率推进、高质量实施，全面助力金秀人民打赢打好脱贫攻坚战。

　　"十三五"期间，学校党委始终扛牢政治责任，高位推进帮扶工作，成立了由党委书记和校长担任组长的定点扶贫工作领导小组，下设定点扶贫办公室，出台专项工作方案，制订年度工作计划，将帮扶工作纳入学校整体工作部署。学校立足金秀实际科学谋划，既注重短期攻坚，又面向长远长效，统筹实施"五大帮扶工程"，形成多措并举、系统推进、纵深发力的定点帮扶工作格局。

金秀瑶族自治县概况

金秀瑶族自治县地处广西中部偏东的大瑶山区，总人口约 15.6 万人，瑶族占 39% 左右，是全国瑶族文化保存最为完整的县份。全县森林覆盖率高达 87% 以上，是国家重点生态功能区、中国"天然氧吧"。金秀是国家扶贫开发工作重点县，有建档立卡贫困人口 8782 户 32402 人，贫困发生率 23.97%，2019 年 4 月脱贫摘帽。

自 2016 年以来，学校先后召开 24 次党委常委会和领导小组会议研究部署推进定点帮扶工作。学校领导（司局级以上）先后 26 人次（其中学校主要领导 8 次）赴金秀县开展帮扶工作调研对接，带动全校师生 900 余人次赴金秀实地开展工作，先后选派 6 名挂职干部、45 名研究生支教队员长期在金秀开展帮扶工作，学校累计直接投入帮扶资金 1726 万元，引进帮扶资金 1627 万元，培训党政干部、技术人员、致富带头人等 7000 余人次，直接购买农产品 289.34 万元，帮助销售农产品 655.5 万元。

在教育帮扶方面，学校累计选派四批 45 名研究生支教队员在金秀县开展为期一年的支教工作，设立"圆梦计划"累计接收 28 名金秀学生到哈工大附中学习，免除全部学费和生活费近 200 万元，在金秀民族高中设立"哈工大班"，培养拔尖学生，系统培训当地师资等，促进金秀教育教学水平稳步提升，自 2017 年以来金秀民族高中高考本科上线率逐年提升，2019 年县民族高中的陶行良同学考入哈尔滨工业大学（威海），是金秀民族高中 5 年来首个考入"985"高校的学生。

在人才帮扶方面，在哈尔滨、深圳连续举办 5 期专题干部培训班，免除培训费 90 余万元，组织专家学者到金秀开展"金秀·哈工大瑶山讲堂"15 期，累计培训金秀干部近 5000 人次，帮助金秀干部开阔视野、提高理论和实践水平。

在科技帮扶方面，因地施策，接续乡村振兴，组织建筑学科专家开展乡村旅游设计改造，助力打造了滴水村田园综合体，2020 年滴水瑶寨获得全区休闲农业与乡村旅游示范点称号；结合民族特色为和平、古池、龙庆 3 个村免费进行乡村规划设计；设立金秀县发展研究专项经费，组织食品学科专家对金秀甜茶、绞股蓝等特色农产品深加工进行专项研究，为当地发展特色产业提供科技支持。

在产业帮扶方面，根据金秀县发展实际，确定了"县级层面拓展资源重点支持发展瑶医药、旅游康养产业，带动全县产业经济发展；村级层面着眼单个特色种养殖项目，实现贫困户和村集体经济双增收"的产业帮扶思路，先后投资建设了中草药林下种植、茶叶加工、肉鸭养殖、生态肉牛养殖等 11 个村级产业项目（其中 2020 年建设或支持建设了 5 个村集体产业项目），实现带动特色产业发展、村集体经济壮大、贫困户增收的多赢成效；在北京、上海、深圳面向校友举办多次金秀产业招商推介会，组织北京校友会、深圳海王集团、中

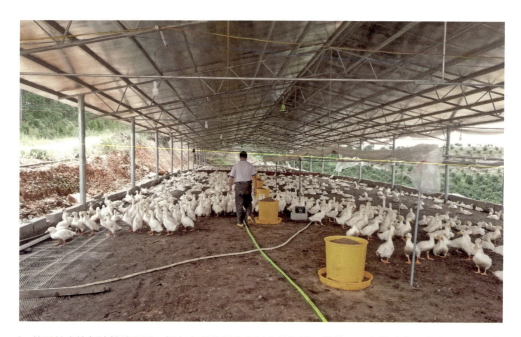

着眼单个特色种养殖项目，努力实现贫困户和村集体经济双增收。图为扶贫专项资金投建的三友村养鸭场。

| 哈工大发挥自身优势，着眼人才培养，着力教育帮扶。图为学生创业公司在金秀县捐建价值 60 万元的机器人人工智能教室。

建八局南方公司等校友企业到金秀县实地考察调研，积极推进金秀县旅游康养、民族瑶医药等产业发展。

在爱心帮扶方面，组织教职工累计捐款 40 余万元"一对一"结对帮扶贫困家庭学生；捐赠 60 万元设备建立机器人人工智能教室，指导金秀县高中学生多次在国家、自治区各级创新与实践竞赛中获奖；大力开展消费扶贫，采购金秀特色农产品，并通过学校超市、校友企业等多种渠道帮助销售农产品；依托工信部系统支持，争取通信基础设施建设专项经费 800 余万元为金秀建设通信基站，改善群众生产生活条件和旅游产业发展基础。

在抓党建促脱贫方面，选定学校 12 个优秀党支部与贫困村党支部结对共建，通过联合党日活动、共享学习资料等多种方式，把党建优势转化为扶贫优势、组织活力转化为攻坚动力。在干部选派方面，坚持高标准派驻帮扶干部，先后共选派了 6 名处级干部前往金秀县挂职，其中 1 人荣获"全国脱贫攻坚先进个人""中央和国家机关脱贫攻坚优秀个人"等称号，1 人荣获来宾市"优秀共产党员"；学校坚持对帮扶干部"高看一眼、厚爱三分"，做好工作和生活保障，任期结束后予以提拔重用。

创新
帮扶模式

学校通过"定点支教、拔尖培养、培训师资"的方式，形成立体教育帮扶格局，助力提升金秀县教育教学质量。累计选派四批 45 名研究生支教队员在金秀县开展为期一年的支教工作，设立"圆梦计划"接收金秀县学生到哈工大附中学习，在金秀民族高中设立"哈工大班"，培养拔尖学生，系统培训当地师资等。

"十三五"期间，金秀县共有建档立卡贫困村 40 个，占行政村总数的 51.95%；建档立卡贫困人口 10845 户 41165 人，贫困发生率 30.56%。经过五年攻坚，2019 年 4 月经自治区批复金秀县实现了整县脱贫摘帽，2020 年底全县整村脱贫，可以说金秀县绝对贫困问题历史性地得到了解决。学校定点帮扶工作得到金秀县党委、政府和人民群众高度评价，《人民日报》、新华社等媒体先后多次报道学校帮扶工作相关情况。2021 年，学校扶贫办获得"广西壮族自治区脱贫攻坚先进集体"称号。下一步，学校将进一步深入贯彻落实习近平新时代中国特色社会主义思想和习近平总书记关于扶贫工作重要论述精神，坚持"四个不摘"，巩固脱贫成果，着力深化脱贫攻坚与乡村振兴的有机衔接。一是提高政治站位，确保帮扶力量不减，投入力度不减，按照乡村振兴和"三农"工作进一步要求做好工作。二是坚持"智志双扶"，总结经验、提档升级，提高教师教育教学水平，持续做好教育帮扶工作。三是继续做好人才帮扶，提升基层干部引领发展能力，打造一支带不走、留得下的人才队伍。四是发挥学科优势，做好乡村规划和旅游规划，推动美丽乡村建设。五是继续拓展资源，深化产业帮扶工作，进一步推动产业项目落地见效。

挂职扶贫干部

挂职时间	姓　名	挂职地	挂职职务
2016.1—2018.1	李　东	广西壮族自治区金秀瑶族自治县	副县长
2018.1—2020.1	李敬伟	广西壮族自治区金秀瑶族自治县	县委常委、副县长
2020.1—	马　峰	广西壮族自治区金秀瑶族自治县	县委常委、副县长

驻村第一书记

驻村时间	姓　名	所驻村及职务
2016.1—2018.1	李　峰	广西壮族自治区金秀瑶族自治县三友村第一书记
2018.1—2020.1	张继峰	广西壮族自治区金秀瑶族自治县三友村第一书记
2020.1—	徐传真	广西壮族自治区金秀瑶族自治县三友村第一书记

中国科学技术大学

历 程

2015 年，中国科学技术大学开始定点帮扶贵州省六盘水市六枝特区，并立即组织相关部门赴六枝了解当地经济社会发展情况，2016 年 1 月校领导带队赴六枝商讨帮扶方案，3 月成立扶贫开发领导小组，并向六枝派驻了第一位第一书记。6 年来，中国科大坚持实事求是、因地制宜，充分发挥自身特色优势，助力六枝特区打赢脱贫攻坚战。2019 年，六枝特区脱贫摘帽。

自 2015 年定点帮扶六盘水市六枝特区以来，中国科学技术大学（简称中国科大）党委高度重视定点扶贫工作，将其作为学校积极履行大学使命、服务国家战略和区域经济社会发展的重要任务来抓，成立了以校党委书记任组长、两位校领导任副组长、相关部门和院系主要负责人为成员的扶贫开发领导小组，下设办公室专门协调扶贫工作，先后选派 5 位优秀干部到六枝特区挂职，直接投入专项经费和结余党费 1223.04 万元。学校主要领导每年赴贵州省调研扶贫工作，拜会省市领导，听取对学校扶贫工作的意见与建议，对六枝特区党委、政府落实脱贫攻坚主体责任情况进行督促检查。在具体帮扶实践中，坚持实事求是、因地制宜，将自身特色优势与六枝特区的实际需求相结合，逐步形成了以教育扶贫、科技扶贫为载体，党建引领、志智双扶、产业示范、帮销促产相结合的综合帮扶工作模式，尤其在教育扶贫、人员培训、电商扶贫等方面，成效明显，作出了"科大贡献"，打造了"科大品牌"。

六盘水市六枝特区概况

六盘水市六枝特区位于贵州西部，是"中国凉都"六盘水市的东大门，因开发煤炭资源、修建铁路和支援"三线建设"而设立，是目前全国唯一一个以"特区"命名的县级行政区，2012年被列为国家扶贫开发工作重点县和滇桂黔石漠化片区扶贫重点县。2019年4月脱贫摘帽。

一、夯实基层党建，强化政治引领

中国科大将定点扶贫与基层党建有机结合，围绕扶贫抓党建，抓好党建促扶贫，要求驻村第一书记积极履职尽责，做好基层党建与脱贫攻坚"双推进"。在第一书记的积极推动下，学校专门拨付结余党费和第一书记工作经费，支持其所在的六枝特区新窑镇联合村加强基层党组织建设，帮助联合村建成党群活动室、党建宣传墙，安装党建宣传牌，为联合村开展党建活动提供了条件。推动联合村支部委员会与学校化学与材料科学学院院办党支部、六枝特区政府办公室第三支部与学校党委学生工作部党支部结对共建，组织村党员干部到校参加基层党建、精准脱贫和乡村振兴学习培训班。邀请安徽省委党校教授（中国科大马克思主义学院双聘教授）"送学上门"，为六枝特区基层干部开展"不忘初心、牢记使命"主题教育专题讲座，组织开展党务工作者培训班。在学校的大力支持下，联合村的基层党建有了非常大的起色，党建工作不断规范化、标准化，并通过了六枝特区农村党支部标准化建设验收，村支部也在为民办实事的过程中凝聚了人心，增强了党员干部带领广大群众脱贫致富、同步小康的能力和信心。

二、发挥特色优势，开展教育扶贫

"脱贫先立志，扶贫先扶智"，培养一支敢于担当、眼界开阔、专业能力和创新服务意识强的干部和人才队伍，是打赢脱贫攻坚战的基础。2016 年开始，中国科大根据六枝特区的需求，持续推进"人才培训＋干部培养"队伍建设双轨机制。通过学校公共事务学院、附属第一医院（安徽省立医院）、先进技术研究院以及邀请安徽省委党校、中科院有关专家教授，采取请进来与送出去相结合的方式，面向六枝特区有针对性地开展各类培训 55 次，培训党员干部、教师、医护、产业带头人和技术人员 9000 多人次。与此同时，组织六枝特区重点发展的科室医生和骨干教师到附属医院和附属中学进行长期跟岗进修，并拨付专项资金，支持六枝特区教育局、卫健局、电商办积极利用社会教育资源组织各类教育培训活动。教育培训已成为学校定点扶贫的品牌项目，产生了较大影响，得到了当地党委、政府的高度认可。

中国科大特别注重对六枝特区教育帮扶，通过提升当地教育水平斩断贫困的代际传递。6 年来，学校持续为六枝特区培训师资，校图书馆、软件学院等

中国科学技术大学重调研、摸实情，2017 年 5 月，扶贫调研工作小组赴六枝特区 17 个乡镇街道、115 个贫困村调研。图为调研现场。

单位多次向六枝特区中小学捐赠累计 4510 册图书，化学与材料科学学院团委发起"春蕾"计划，募集资金资助百余名贫困女童，引进科大讯飞公司部署智慧教育示范点，为西南山区的孩子带来最先进的创新教育理念和信息化教育方式。学校发挥自身科教优势，帮助六枝特区提升青少年科创教育水平，每年邀请六枝特区中小学生到校参加科技活动周活动和高校营活动，组织 4 批 260 人次六枝科技辅导员到中国科大及上海培训，开拓科技辅导员视野，2019 年开始开展"崇尚科学·感受科技魅力"系列科普讲座，定期邀请校内教授赴六枝作科普讲座，学校还援建六枝特区"少年硅谷"创客中心和四角田小学科技馆。在学校的持续帮扶下，六枝特区在全国、贵州省、六盘水市各级中小学科技创新赛事中进步显著，尤其是 2018 年在第 33 届全国青少年科技创新大赛中荣获全国一等奖，实现了在此项赛事上"零的突破"。在提升六枝特区中小学教育的同时，中国科大进一步支持贵州省高等教育发展，根据贵州省的需求，学校与六盘水市师范学院签署对口支援协议，在人才培养、学科建设、科学研究、脱贫攻坚与乡村振兴等方面开展深入合作。

三、示范引领，推动产业发展

扶贫要从"输血"转向"造血"，产业扶贫是关键。通过产业扶贫来带动贫困群众脱贫致富，是当前脱贫攻坚战略的一个重要组成部分。中国科大在中国科学院的指导与支持下，积极寻求与相关研究院所的合作，通过建设猕猴桃、食用菌、绿色丰产新技术推广、电商果蔬示范种植等 4 个示范基地，结合基地开展农业技术培训、新品种新技术试验推广、机械化生产机具开发等工作，为六枝特区农业转型升级、提质增效作出了积极贡献。

建设低中高海拔猕猴桃示范基地。为帮扶六枝特区发展猕猴桃产业，中国科大与中国科学院武汉植物园开展合作，帮助制定六枝特区猕猴桃产业"十三五"规划；同时，引进适应当地生态环境的猕猴桃品种，分别在海拔 700 米左右的中寨乡平基村、海拔 1300 米左右的新窑镇联合村、海拔 1700 米左右的牛场乡平寨村建立了 63 亩低、中、高海拔优良品种示范基地。结合示范基地建设，邀请中国科学院武汉植物园专家团队开展了猕猴桃全产业链上的技术培训，包括猕猴桃基础知识、园地选择、建园标准、架式选择、树形培养、田间管理等，从理论到实践，提高了全区整体种植技术水平，为当地培养了一支稳定的技术推广人才队伍。

为进一步贯彻科技扶贫理念，示范基地同时进行病虫害综合防治、土壤改良施肥、机械化操作方面的攻关研究，使基地变成猕猴桃产业的技术培训中心和成果输出中心。为支持猕猴桃采摘后分选包装、贮存保鲜、冷链物流技术研究，2019 年中国科大还帮助六枝特区农业农村局、电商仓储中心建设了猕猴桃检测实验室和猕猴桃冷库。2020 年在猕猴桃基地新建蓄水池和供电系统等基础设施，为基地规范化管理创造更好条件，并出资 35 万元与农业农村部南京农业机械化研究所合作，开展基地灌溉系统和机械化生产机具开发，积极探索山地猕猴桃机械化建园模式。目前，六枝特区已种植猕猴桃 2.4 万亩，并计划在未来三年内新增 6 万亩，学校驻村第一书记所在的新窑镇联合村 2020 年开工种植 1000 余亩。

建设云茸种植示范基地。为了助推六枝特区食用菌产业的发展，中国科大与中国科学院昆明植物研究所合作，引入云茸、黑皮鸡枞菌等品种，在六枝特区新窑镇联合村、木岗镇斗篷村、梭戛乡乐群村建立云茸种植示范基地。新品种口感鲜美，适合在山地和林下种植，具有产量高、栽培简易、市场价格好等优点，市场需求潜力巨大。在建设示范基地的过程中，通过土地流转、劳务输出等方式，有效地带动建档立卡贫困户增收。

建设绿色丰产新技术示范推广基地。中国科大与中国科学院微生物研究所合作，在六枝特区实施马铃薯绿色丰产技术示范推广项目。该技术通过增强农药在植物叶面上的附着力，减少农药流失，提高农药的利用率；同时，将肥料固定在作物根部，使肥料缓慢释放，减少养分流失，提高肥料利用率，达到减少肥料用量，提高作物产量的目的。初期，在六枝特区九龙街道五龙村、关寨镇西克村、牛场乡云盘村等地设立马铃薯种植实验点。从试验对比情况来看，运用该项技术后亩产提升 35% 以上，实验效果较好。

建设电商果蔬试验种植示范基地。为助力六枝特区壮大村集体经济，推动农村电子商务发展，学校与电商企业、村合作社合作建设电商果蔬试验种植示范基地 120 亩，其中大棚 34 个，试验种植小糖丸西瓜、贝贝南瓜、火参果、草莓和羊肚菌等品种，以电商为销售渠道，有效推广了适合电商销售的精品果蔬品种。

四、以销促产，加快推进电商兴农

"种出来"，还要"卖得掉""卖得好""卖得久"。农产品卖不出去、卖不了好价钱，农户就赚不到钱甚至亏本，企业和合作社也无法进一步发展壮大，产业扶贫成效就要大打折扣。由于没有稳定的销售渠道，六枝特区一些地区在农产品种植方面缺少明确的顶层设计和有效组织，造成"好的不多、多的不好，样样都有一些，样样不成气候"的问题。

中国科大积极开展消费扶贫，以销促产，鼓励六枝特区发展特色种植，促进相关产业发展。校工会倡议各分工会优先从六枝特区购买岩脚面、苦荞沙琪玛、红米等农副产品作为教职工集体福利发放，校扶贫办还组织六枝特区相关

创新帮扶模式

中国科大高度重视定点帮扶工作，充分发挥学校特色优势，积极发动全校师生、各机关部门及院系参与，在科学、教育、技术和资源方面直接给予帮助，或通过对接中科院相关研究院所提供技术指导，发挥牵线搭桥的作用，形成了以教育扶贫、科技扶贫为载体，党建引领、志智双扶、产业示范、帮销促产相结合的综合帮扶工作模式。

| 积极开展消费扶贫,以销促产。图为 2020 年 10 月 12 日,六盘水市六枝特区农特产品在中国科学技术大学展销。

农企到学校举办农产品展销会,2017 年以来直接采购六枝特区农副产品 295.4 万元。与此同时,中国科大积极推动中科院系统、中国银行等单位采购六枝特区农副产品,支持相关企业在"扶贫 832"、中科院"工福云"、中国银行"公益中国"等平台销售,帮助对接京东、淘宝、每日优鲜等电商平台,支持六枝特区优质产品走出贵州、进入全国市场,2017 年以来多渠道帮销六枝特区农副产品 7500 万元。

在开展消费扶贫的基础上,中国科大与六枝特区签署了关于支持六枝特区电子商务发展合作框架协议,积极推动六枝特区农产品加工企业开展技术创新,援建电商仓储中心,拓展销售渠道,推动形成生产、加工、销售一体化发展链条,着力提高农业产业化发展能力。六枝特区通过"电商+实体+贫困户"的模式,积极培育农村经济实体,有效地带动了贫困户脱贫增收。2018 年 12 月,木岗镇大量种植小黄姜的农户苦于找不到销路,中国科大扶贫干部引进的电商企业积极对接,促成六枝特区特色小黄姜上线电商贝店的"一县一品,加贝助农"活动,5 小时便售出 19.8 万斤。该活动共销售小黄姜 41 万斤,销售收入 81.67 万元,惠及木岗镇把仕、抵簸等 10 个村 292 户农户,其中建档立卡贫困户 94 户 375 人。

历任扶贫干部

挂职扶贫干部

挂职时间	姓　名	挂职地	挂职职务
2016.5—2017.5	夏文彧	贵州省六盘水市六枝特区	区委常委、副区长
2017.6—2019.10	陈　超	贵州省六盘水市六枝特区	区委常委、副区长
2019.10—	林高华	贵州省六盘水市六枝特区	政府党组成员

驻村第一书记

驻村时间	姓　名	所驻村及职务
2016.3—2017.5	夏文彧	贵州省六盘水市六枝特区联合村第一书记
2017.6—2019.10	杨志伟	贵州省六盘水市六枝特区联合村第一书记
2019.10—	徐晶芝	贵州省六盘水市六枝特区联合村第一书记

先进典型风采录

全国脱贫攻坚楷模

夏 森

中国社科院原外事局研究员

　　夏森同志生于 1923 年 9 月，1937 年底奔赴延安，投身革命，次年 4 月加入中国共产党，是党的老一辈革命者，离休后又将自己的晚年生活投身到脱贫攻坚的光荣事业中。

　　夏森和爱人汝信同志长期在中国社科院的两个定点扶贫县——陕西省商洛市丹凤县和江西省赣州市上犹县捐资助学。2006 年，夏森同志到陕西省丹凤县考察时，亲眼看到该县龙驹寨镇西街小学的艰苦环境，于当年捐资 2 万元，为该小学添置课桌椅。2008 年 4 月，又为该校捐资 2 万元，奖励优秀少先队员和"三好学生"各 165 名。同年，再次出资 20 万元，捐建了龙驹寨镇赵沟小学教学楼。2013 年，夏森同志又拿出多年积攒的 100 万元设立了"夏森助学金"，用于丹凤县、上犹县的教育扶贫事业，之后她多次追加捐款。2016 年，她还安排 6.3 万元为上犹县社溪中学安装、配置了教学广播设备。2006 年 4 月至今，夏森同志已先后捐出自己的生活费、离休金共 200 余万元，累计资助了

182 名家庭贫困大学生、60 名建档立卡贫困户家庭高三学生完成学业,并多次为贫困地区学校建设、优秀师生奖励等慷慨解囊。夏森同志常说:"资助的学生不光要看他考入的是几类、几本大学,主要看他的思想道德表现;资助的学生必须热爱祖国!"

在长期捐资助学的同时,夏森同志还积极响应党组织号召,通过缴纳特殊党费等形式奉献爱心。2009 年,夏森同志向汶川地震灾区捐款 2 万元。2020 年,夏森又捐款 10 万元支持新冠肺炎疫情防控。

夏森同志的大爱善举受到了受助学生的衷心感谢,得到了单位组织、全社会的充分肯定和广泛赞誉。2011 年、2014 年,夏森同志分别荣获中国社科院优秀共产党员和离退休干部先进个人等荣誉称号;2018 年,荣获全国脱贫攻坚奖奉献奖荣誉称号;2021 年 2 月,被授予"全国脱贫攻坚楷模"荣誉称号。

全国脱贫攻坚先进集体

中央脱贫攻坚专项巡视组

　　根据党中央统一部署，在中央巡视工作领导小组的领导下，15 个中央脱贫攻坚专项巡视组于 2018 年 10 月对 13 个省区市和 13 家中央单位开展了脱贫攻坚专项巡视，并于 2019 年 12 月进行了"回头看"，为如期打赢脱贫攻坚战、提升脱贫攻坚成色发挥了重要助推作用。一是压实政治责任，发挥政治监督作用。专项巡视组紧盯被巡视党组织落实脱贫攻坚政治责任开展监督检查，累计个别谈话 7533 人次，召开座谈会 640 次，发现面上问题 703 个，扶贫领域问题线索 12012 个，提出巡视整改意见建议 284 条，有力推动被巡视党组织落实主体责任、改进工作作风、解决突出问题。二是坚持人民立场，切实维护群众利益。中央脱贫攻坚专项巡视组坚持群众路线，走村入户倾听群众呼声诉求，共受理群众信访 10.65 万余件，采取"四不两直"等方式下沉调研 1071 次，推动被巡视党组织对 180 余个群众反映强烈的问题进行立行立改，发现和推动解决了一批贪污侵占、虚报冒领、截留挪用、优亲厚友，以及搞形式主义、官僚主义和数字脱贫、虚假脱贫等损害群众利益的突出问题。三是强化成果运用，推动完善体制机制。向国家发展改革委等 8 个相关职能部门移交 11 条工作建议，为优化脱贫攻坚政策供给提供了重要参考。

中央纪委国家监委机关扶贫工作办公室

　　脱贫攻坚以来，在中央纪委常委会的坚强领导下，中央纪委国家监委机关扶贫工作办公室以强烈的政治责任感和历史使命感协调推进四川省马边、雷波两县定点扶贫工作，取得了扎实成效。一是走最远的路到最远的户，以路为尺指导对标补短。机关扶贫办 5 年间共赴两县调研督导 81 次，有时蹲点调研长达 10 余天，必带主题、必到实处、必访农户，足迹遍布 200 个行政村、532 个村民小组，形成了 22 份调研报告，重点督促整改 62 个短板问题，选取 5 个基础最薄弱的村派驻第一书记并实现高质量脱贫，做到了扶真贫、真扶贫。二是尽最大努力解决最难问题，千方百计协调支持两县长远发展。共协调投入机关自身资金 4442 万元，并对接 44 家部门和中央单位、29 所学校、200 余家企业和 1000 余名爱心人士，为两县引进涉及重大基础设施、重大民生工程、基础教育发展和产业转型升级的项目 66 个（国家级重点项目 7 个），引进帮扶资金近 12 亿元，两县对接乡村振兴、实现可持续发展的基础进一步夯实。三是用最强优势做最亮名片，督促锻造过硬作风确保脱贫成色。组织委机关各单位捐款捐物 450 余万元，消费扶贫 1000 余万元。与 21 名机关挂职扶贫干部配合联动，通过定点帮扶村以点带面示范抓党建、夯基础、兴产业。督促深入整治扶贫领域腐败和作风问题，指导开展的"清卡行动""明目行动"分别在全国全省推广；强化党员领导干部"九不准"等移风易俗新规，指导开展"作风提振百日行动"，有效防止脱贫后松劲懈怠。坚持开展"送教下基层"、委托培训、定向培养、赴发达地区定岗挂职锻炼等干部人才培训工作，帮助培训干部2800 余人次，专技人员 1.3 万余人次。

中国人民解放军第三〇五医院

中国人民解放军第三〇五医院始终把健康扶贫作为重要政治任务摆在突出位置，全力以赴做好对陕西宁陕县、河南光山县和新疆特克斯县的健康扶贫工作。一是精准开展技术帮扶。累计派出 48 批 244 人次的专家医疗团队，先后开设 10 余个专科门诊、深入偏远山区送医问诊，共接诊患者 3 万余人次，举办健康科普讲座 100 余场；帮助三地医院引进和开展多项新业务，指导完成各类手术、抢救 200 余例，组织疑难病例讨论 160 余人次。二是大力实施硬件帮建。累计为三地医院及患者赠送价值 3000 余万元的常用设备和急需药品，安排专门队伍赴特克斯县医院指导院区搬迁和信息化设备布设，极大地提高了三地医院的硬件水平。三是长效推行管理帮带。帮助宁陕县和特克斯县医院顺利通过了二甲医院评审；帮助三地医院加快信息化建设，建立医院信息系统，搭建数字化图书馆，安装启用远程会诊系统，提供远程专家会诊服务，进行病例讨论和救治指导，使帮扶工作形成常态。四是突出抓好人才帮教。定期组织医务人员交流学习，先后协调安排 15 人来京进修，组织教学帮带查房 800 余次，带教 300 余名医护人员，其中多名同志成为科室主任和医护骨干，打造了一支"永远不走"的医疗队，显著增强了当地医院诊疗水平，取得了良好的社会效益。

中央办公厅督促检查室

　　中办督查室认真贯彻落实习近平总书记关于打赢脱贫攻坚战重要指示批示精神和党中央决策部署，按照中办有关要求，持续推动脱贫攻坚政策措施的贯彻落实。会同原国务院扶贫办等相关职能部门，赴山西、甘肃、青海等 6 省区的高寒山区、民族地区和祖国边陲，开展深度贫困地区困难群众生活保障情况督查，为党中央打好精准脱贫攻坚战提供了决策参考。近几年，以中央办公厅名义多次组织开展重大专项督查，把脱贫攻坚情况作为重要内容纳入其中，先后赴十多个省份以及多个集中连片特困地区开展督查调研。多次选派精兵强将参加国务院脱贫攻坚专项督查巡查工作。2020 年，组织开展习近平总书记四川、云南考察回访调研、复工复产调研，聚焦攻克脱贫攻坚最后堡垒、应对疫情造成的冲击影响、推动脱贫攻坚与乡村振兴有机衔接等重大问题，深入凉山州、怒江州等"三区三州"进行深入调研、提出对策建议。起草并以中办名义印发《关于持续解决困扰基层的形式主义问题为决胜全面建成小康社会提供坚强作风保证的通知》，以"钉钉子"精神抓好落实，大力整治脱贫攻坚中层层填表报数、督查检查考核过多过频、过度留痕、不作为慢作为等问题。

中央组织部驻台江舟曲扶贫工作组

中央组织部驻台江舟曲扶贫工作组始终坚持以习近平新时代中国特色社会主义思想为指导，认真学习习近平总书记关于扶贫工作的重要论述和党中央决策部署，全力投入贵州台江、甘肃舟曲扶贫一线，助推两县夺取脱贫攻坚决定性胜利。

扶贫工作组立足组织部门职能，扎实推进抓党建促脱贫。帮助选优配强党组织带头人，总结推广"党建扶贫十攻略""四抓两整治"等做法，提升基层党组织政治功能和组织力；帮助加强党员干部和人才队伍建设，累计培训干部3.4万余人次，覆盖群众6万余人次，全面提升干部工作水平和群众致富能力。

依托东西部对口协作机制，协调有关方面选派优秀学校校长、医院院长及管理团队开展组团式帮扶，全方位提升教育医疗水平。台江民族中学高考本科上线率从2016年的22.8%提升至2020年的79.2%，舟曲一中生源情况明显改善；两县职业学校硬件设施全面升级，专业培训能力明显增强；台江县人民医院成长为省内有影响力的县级示范医院。

经过艰苦奋战，扶贫工作组助推两县经济社会取得历史性进步，扶贫产业稳步壮大，贫困群众稳定就业渠道拓宽，"两不愁三保障"稳定实现，城乡路、水、电、信等基础设施全面升级，人民群众的获得感、幸福感、安全感显著提高。

中央组织部组织二局一处

中央组织部组织二局一处坚决贯彻以习近平同志为核心的党中央关于打赢脱贫攻坚战的决策部署，深入推动抓党建促脱贫攻坚。

一是在坚决贯彻党中央决策部署中当参谋、抓落实。先后参与起草打赢脱贫攻坚战决定、每年中央"一号文件"等多个重要政策文件，研究提出抓党建促脱贫攻坚的具体政策措施建议；分别在宁夏、广西百色、北京筹备召开抓党建促脱贫攻坚工作会议，列出督查要点，持续推进落实。

二是在推动建强基层战斗堡垒中下力气、出实招。持续整顿提升贫困村软弱涣散党组织，及时调整撤换不胜任贫困村党组织书记，集中轮训贫困村村干部，支持党员致富带富，健全党组织领导的乡村治理机制，大力发展壮大村级集体经济，建立以财政投入为主的稳定的村级组织运转经费保障制度，全面提升贫困地区基层党组织政治功能和组织力，充分发挥战斗堡垒作用。

三是在派强用好第一书记中拿举措、把好关。全国累计选派第一书记51.8万名，实现建档立卡贫困村和党组织软弱涣散村全覆盖，加强人选把关、管理考核和激励保障，推动广大第一书记在脱贫攻坚一线发挥重要作用、得到锻炼成长。

四是在深入贫困一线中摸实情、寻良策。组织二局一处同志跑遍14个集中连片贫困地区，共到219个市州、230个贫困县、634个乡镇、964个贫困村调研，了解实际情况，推动工作落实。

中央宣传部政策法规研究室

中央宣传部政策法规研究室认真学习习近平总书记关于扶贫工作的重要论述，贯彻党中央决策部署，树牢为民宗旨，精准对接基层，扎实做好定点帮扶工作。

唯实求真调研，确定帮扶思路。黄坤明同志带领该室调研组多次前往江西寻乌县和内蒙古科右中旗蹲点调研，形成《寻乌扶贫调研报告》《科右中旗脱贫攻坚和乡村振兴调研报告》，分别获得习近平总书记等中央领导同志重要批示。通过调研，为寻乌确立做大现代养殖种植、做强电商物流的发展方向，为科右中旗确立"吃生态饭、做牛文章、念文旅经"的帮扶思路。

着眼长远发展，推动乡村振兴。在寻乌，协调落户德青源金鸡项目，一期总投资 6.06 亿元，将建成亚洲最大单体蛋鸡养殖基地；帮助引进资金 4.7 亿元，推动建设恒大幸福小镇，并协调阿里巴巴在此落户首个县级客服中心。在科右中旗，引进总投资 4269 万元沙地治理项目，造林 7.15 万亩，成活率达 92.5%，居内蒙古同类项目第一；引进山东鸿安、亿利源等知名肉牛企业投资 3.3 亿元，带动全旗肉牛养殖 2 年内增加 10 万余头；协调农行 3 年内投放 20 亿元肉牛全产业链贷款；协调华侨城集团帮助推进当地文旅项目；协调资金 5500 万元建设影视外景基地，帮助联系拍摄的电影《奔腾岁月》、电视剧《枫叶红了》，分别在全国各大院线和央视综合频道黄金时段播出。

坚持扶志扶智，激发内生动力。配合科右中旗实施"一学一带两转三改"新时代农牧民素质提升工程。推动"学习强国"学习平台在寻乌建立客服中心。协调"心连心"艺术团、文化进万家活动等走进科右中旗和寻乌。在深入调研、精准帮扶基础上，研究提炼伟大脱贫攻坚精神，为中央开展脱贫攻坚总结提供参考。

中央宣传部新闻局应急新闻处

　　党的十八大以来，中央宣传部新闻局应急新闻处统筹全国新闻战线做好扶贫脱贫宣传，组织中央及各省区市主流新闻媒体播发相关报道 980 万篇（条），积极营造全力以赴打赢脱贫攻坚战的浓厚舆论氛围。

　　一是创新领袖宣传，深情讲述习近平总书记扶贫故事。组织媒体加强习近平总书记关于扶贫工作的重要论述权威报道，推出"总书记来过我们家"等系列报道，全景记录习近平总书记调研指导过的贫困村的脱贫故事。二是聚焦深度贫困地区，吹响打赢脱贫攻坚战冲锋号角。组织媒体开展"决战决胜脱贫攻坚·督战未摘帽贫困县""新春走基层·脱贫攻坚一线见闻"等主题调研采访，全面展现深度贫困地区发生的喜人变化。三是加强成就报道和典型报道，为决战决胜凝聚精神力量。集中报道脱贫攻坚领域 34 个"时代楷模"及脱贫攻坚一线先进典型人物，组织中央广电总台制作《决战脱贫在今朝》《遍地英雄下夕烟》《摆脱贫困》等，形成决战决胜脱贫攻坚强大声势。四是有机融合抗疫救灾报道，大力提振决战决胜信心。组织媒体聚焦各地克服疫情灾情影响推进脱贫攻坚的举措成效，开展公益活动、消费扶贫主题报道等。五是创新对外宣传，向世界讲好中国脱贫故事。通过外宣媒体报道、组织制作纪录片、组织记者实地调研采访、加强网络外宣等多种方式，全面开展脱贫攻坚对外宣传，生动展现党的十八大以来扶贫减贫成就和中国减贫的世界意义。

中央统战部光彩事业指导中心

　　中央统战部光彩事业指导中心密切配合实施精准扶贫战略，通过举办"光彩行"活动、参与中央统战部定点扶贫、开展产业帮扶、实施公益项目等积极发挥作用。

　　一是聚焦"三区三州"，实现全覆盖。在凉山、怒江、南疆、临夏先后举办"中国光彩事业行"活动，签约386个产业项目，投资金额2725亿元。组织民营企业向"三区三州"捐赠款物2.65亿元，开展11个公益项目，促进民生改善。二是深度参与定点扶贫，注重落地见效。组织1500万元公益资金建立中央统战部定点帮扶专项基金，已实施7个公益项目，支持定点县发展教育事业、改善群众生活状况。组织19家民营企业与黔西南晴隆、望谟县20个贫困村建立村企结对帮扶关系，实施10余个产业发展项目。举办"光彩事业黔西南行"，签约产业项目56个，总投资额301.99亿元。在毕节赫章县组织河仁慈善基金会，自2016年起连续3年每年捐赠1000万元，在20个建档立卡贫困村实施产业帮扶项目。组织万科专项基金自2018年起连续3年在5县开展教育帮扶，每年每县资助500万元。三是突出重点，精准到村到户到人。组织8378万余元公益资金实施"3+N"贫困家庭生活设施配备项目，为凉山、怒江26410个易地扶贫搬迁贫困家庭配备生活必备设施。开展"光彩·民生银行先心病救治"项目，共资助53批次861名"三区三州"先心病患儿成功接受救治。四是坚持扶贫先扶志，"产业＋公益"双轮驱动。一方面实施开发式扶贫，组织民营企业到贫困地区投资兴业。面向怒江州中小微企业经营管理者共举办3期培训班，帮助提升产业发展能力；另一方面聚焦"两不愁三保障"，建立总金额近15亿元的蜂巢式专项基金，在贫困地区实施27个公益项目。合力开展"万企帮万村"精准扶贫行动，目前已有10.95万家民营企业精准帮扶12.71万个贫困村，共带动和惠及1564.52万建档立卡贫困人口。

中央政法委扶贫领导小组办公室

中央政法委扶贫领导小组办公室设在机关党委（干部局），党中央部署脱贫攻坚任务以来，在委领导的高度重视、有力领导下，始终把定点帮扶内蒙古扎赉特旗作为"两个维护"的具体检验，坚持真情实意担当、真金白银投入、真抓实干求效，引进帮扶资金 16 亿余元，培训基层干部和技术人员 2 万多名，帮助销售农产品 5 亿余元，引入京浙鄂等地企业近 20 家，助推扎旗 2019 年顺利脱贫摘帽，146 个贫困村全部出列，贫困发生率从最高的 42.4% 下降到 0，赢得了当地干部群众高度认可，探索出资源少单位定点扶贫大作为、大成效之路。创新组织领导，推动把定点扶贫列入中央政法委年度"十大重点工作"，与政法工作同谋划、同部署、同考核；认真落实秘书长会议定期研究、委领导班子成员定期调研扶贫工作制度。创新思路举措，创新市场化社会化扶贫思路，聚焦扎旗现实需要和发展需求，打好党建、产业、电商、消费、教育、健康、生态、交通、政法"九大扶贫"组合拳。创新党建引领，把定点扶贫纳入党建考核，建立机关党支部与贫困村结对共建机制；分批选派年轻干部赴扎旗蹲点调研。创新督促落实，抓扶贫项目台账管理，逐项明分工、明时限、明要求，周跟踪、旬研究、月督办，滚动推进。

中央政研室农村研究局（室办扶贫办）

中央政研室、中央改革办扶贫办设在农村研究局。在履行脱贫攻坚政策研究职能方面，农村研究局根据室办领导指示，参与习近平总书记在中央扶贫开发工作会议、中央农村工作会议以及到各地调研期间相关重要讲话起草工作，参与党的十九大、十九届五中全会、党中央关于打赢脱贫攻坚战的决定、关于实现巩固拓展脱贫攻坚成果同实施乡村振兴战略有效衔接及历年中央"一号文件"等与脱贫攻坚有关的重要文稿起草，参与脱贫攻坚责任制、贫困退出机制等专项督查。

在履行定点扶贫职能方面，农村研究局根据室办领导安排，经常赴安图县指导帮助工作，有力地帮助安图县解决实际困难。近年来，帮助安图县成功创建全国第二批国家全域旅游示范区；推动将安图县天泉矿泉小镇纳入第一轮全国特色小镇典型经验名录，目前该小镇已累计纳税额超 2 亿元；推动安图县长兴水利枢纽工程通过国家立项，中央财政投入 2 亿元；主动对接国家开发银行和中国农业银行开展定点扶贫合作，目前两家银行在安图县贷款余额近 14 亿元；积极总结安图县脱贫攻坚经验，获得中央领导同志批示；组织室办干部职工购买农产品、捐资助学，联系国有大型银行帮助销售安图县农产品。

中央网信办信息化发展局（网络扶贫行动部际协调工作组办公室）

2016 年以来，中央网信办深入贯彻落实习近平总书记关于扶贫工作的重要论述，创新开展网络扶贫行动。习近平总书记在全国网络安全和信息化工作会议上指出，网络扶贫扎实推进，社会治理和基本公共服务水平持续提升，人民群众有了更多获得感、幸福感、安全感。汪洋同志批示，网络扶贫既利当前，亦利长远，已有作为，大有作为。信息化发展局承担网络扶贫行动部际协调工作职责，制定《网络扶贫行动计划》，实施网络覆盖、农村电商、网络扶智、信息服务、网络公益五大工程，统筹协调 21 个部门参与扶贫工作，协调出台约 40 项相关政策文件，连续 4 年制定年度工作要点，组织召开全国工作视频会、现场推进会，相关工作取得显著成效：贫困村通光纤比例由实施电信普遍服务前不到 70% 提高到 98%；电子商务进农村对 832 个贫困县全覆盖，全国农村网络零售额由 2014 年 1800 亿元增长到 2019 年 1.7 万亿元，规模扩大 8.4 倍；全国中小学（含教学点）互联网接入率从 2016 年底的 79.2% 上升到 99.7%；网络扶贫信息服务体系基本建立，建设运营益农信息社 42.4 万个，远程医疗国家级贫困县县级医院全覆盖，行政村基础金融服务覆盖率达 99.2%；开展数字抗疫、电商助农等活动，对冲疫情影响。网络扶贫行动历史性解决了贫困地区不通网问题，数字鸿沟明显缩小。

中央台办经济局

　　中央台办经济局以习近平总书记关于扶贫工作的重要论述为指导，全面贯彻落实党中央脱贫攻坚决策部署，将扶贫工作与对台经济工作有机结合起来，积极引导台商台企台协共同参与定点扶贫甘肃广河县工作。一是提高政治站位，推动两岸同胞齐心共谋脱贫攻坚。把定点扶贫贯穿对台经济工作全过程，以对台经济工作服务定点扶贫。二是加强政治设计，增进台商台胞认同。台商台胞通过参与定点扶贫充分认识了我们党以人民为中心的发展思想和社会主义集中力量办大事的制度优势，激励了把个人梦想与中国梦紧密联系在一起的历史使命感和责任感，增进了民族和文化认同。三是发挥台商台企产业优势，增加经济"造血"功能。结合广河资源禀赋和产业基础，积极指导当地探索出一条以"特色产业为依托、政策扶持为牵引、企业带动为支撑、车间培训为抓手、群众增收为目标"为特点的产业扶贫之路。四是聚焦教育医疗帮扶，积极践行两岸一家亲。引导台商台企通过设立贫困大学生奖学金、建设幼儿园、修缮校舍、捐助教育物质等多种形式，助力当地教育事业发展。在经济局推动下，全国台企联、各地台协及台商台企积极参与其中，在产业、就业、教育、医疗卫生等方面实施了 160 多个扶贫项目，投入及捐赠超 6000 万元人民币。有 42 所中小学及幼儿园基础设施或修缮或修建，改善提升了当地教学条件；有 10 多家企业与广河县签订长期用工协议，组织输出劳动力 8000 余人，创收近 1.5 亿元，既解决了当地就业问题，也缓解了台资企业用工难，为广河如期实现脱贫摘帽贡献了力量。

中央和国家机关工委扶贫工作领导小组办公室

在中央和国家机关工委坚强领导下，工委扶贫工作领导小组办公室深入学习贯彻习近平总书记关于扶贫工作的重要论述，认真落实工委扶贫工作领导小组部署要求，以"钉钉子"精神推动定点扶贫工作取得扎实成效。一是认真承担起中央和国家机关 119 个部门（单位）定点扶贫牵头联系工作。不断完善体制机制，打牢工作基础，探索形成"一档四库一平台"牵头联系管理结构；围绕工作重点抓落实，组织签订定点扶贫责任书，紧盯指标任务，及时进行工作调度，约谈工作滞后单位；以分级分类培训为抓手，举办中央和国家机关定点扶贫工作专题培训班、挂职扶贫干部和驻村第一书记培训班，加强扶贫干部队伍建设；以"不忘初心、牢记使命"主题教育为契机，举办中央和国家机关定点扶贫成果展，开展优秀驻村第一书记先进事迹巡讲，汇编出版《中央和国家机关驻村第一书记扶贫典型案例集》，积极营造浓厚氛围；以表彰和考核、约谈为杠杆，组织开展两次表彰活动，连续 4 年开展定点扶贫工作成效评价，一对一反馈评价等次意见，抓好整改落实，通过压实责任、典型引路，推动定点扶贫工作深入开展。二是全力做好河北省平山县、临城县、阳原县和山西省宁武县定点扶贫工作。广泛动员工委各部门各单位积极参与扶贫工作，推动选派挂职扶贫干部和驻村第一书记 32 人；积极争取有关部门为 4 县提供精准政策和项目援助 100 余个，协调项目资金总额超过 10 亿元；帮助发展红色旅游、核桃等产业，推动产销对接，开展消费扶贫，购买和帮助销售农产品约 2700 万元；自筹和协调资金约 3600 万元用于教育扶贫；坚持"抓党建促脱贫"，开展专题调研，积极培训党员干部、致富带头人等 8000 余人，划拨专项经费、协调资金 380 余万元支持农村基层党组织建设等。

中央和国家机关工委驻宁武县帮扶工作队

　　紧紧围绕"强基础、兴产业、助脱贫"的脱贫攻坚总体思路，全面推进脱贫攻坚各项工作。基层党建同脱贫攻坚结合，抓好党建促脱贫。创新开展农村"微党课"、理论学习小组等，依托中央和国家机关党校平台，培训党政干部、专业技术人员1827人次，实现全县行政村在线学习全覆盖。邀请中国扶贫研究院专家、农村致富带头人、先进村党支部书记等到县宣讲8次，组织外出学习11批次，努力打造一支"不走的扶贫工作队"。产业发展同民生工程结合，抓好产业助脱贫。投入40万元，引进项目资金1248万元，带动投资300余万元，推动建成蛋鸡养殖项目、蔬菜暖冬大棚、萝卜种植加工厂、药茶种植实验园等项目，带动消费扶贫资金217万元。引进资金400余万元用于贫困村基础设施建设。修建文化广场、图书馆、日间照料中心食堂。新冠肺炎疫情暴发初期，紧急自筹口罩400余个，消毒液100瓶，保障定点帮扶村疫情防控有序开展。发挥桥梁作用同推动宁武县发展结合，助力全县脱贫攻坚。2018年以来引进各类帮扶资金共5288.6万元。协调华润低热值煤发电项目列入国家有关计划，争取护林员专项资金1529万元，争取省扶贫资金300万元建立食用菌大棚30个，协调商务部引进资金2000万元建立电商服务平台，协调国家烟草局帮扶资金1000万元，支持农村人畜饮水安全巩固提升，对接电商平台帮助销售农产品322.9万元。同时，聚焦精神扶贫，邀请智库专家提供智力支持，联系多所大学师生开展帮扶，成立"爱心超市"并在全县示范推广，协调全国妇联资助创建巾帼示范基地，成立工委定点帮扶河西村文艺宣传队，营造文明乡风。

中央党校（国家行政学院）扶贫工作领导小组办公室

中央党校（国家行政学院）扶贫工作领导小组办公室认真贯彻落实党中央和国务院脱贫攻坚决策部署，充分发挥综合协调职能，坚持问题导向、授之以渔、集中精锐、鼎力而为的原则，主动作为，精准施策，发挥优势，创新帮扶，取得了显著成效。5 年间，协调校（院）投入帮扶资金 3345.18 万元，引进帮扶资金 2676.70 万元，培训基层干部 1.09 万人次，培训技术人员 1780 人次，购买和帮助销售扶贫县特色农产品 9971.52 万元，协调扶贫贷款 33.57 亿元。2020 年定点帮扶的武邑县获"全国脱贫攻坚组织创新奖"。

当好"规划员"，整合校（院）资源"统起来"。结合定点扶贫县需求，精准制订扶贫计划，通过组建扶贫咨询和讲课专家团队、举办扶贫培训班、利用学员资源等方法办实事办好事。连年举办农特产品展销会。利用学员资源，协调国家开发银行、中国农业银行等单位贷款。

当好"吹号员"，调动各方力量"动起来"。创建定点扶贫工作联席会议机制，通过邀请专家讲政策、总结交流促工作、现场协调解难题，有效推进扶贫工作精准落实。创办《扶贫工作专报》，鼓励调动各方扶贫力量。推动校（院）委会成员全部到扶贫县调研指导，解决问题，提振士气。

当好"推销员"，找准帮扶接点"连起来"。深入调研，研究制定"扶贫菜单"，精准对接校（院）单位办实事。对接各方资源，投入资金 1000 多万元，建成"暖心棚""同心站""连心桥""民生路"等一批重点项目。

当好"督导员"，聚焦责任清单"抓起来"。把落实《校（院）年度扶贫责任书》《校（院）扶贫工作要点》《各直属单位为扶贫县办实事清单》作为重要抓手，加强督促落实，推动各直属单位累计为扶贫县办实事上千件。

人民日报社经济社会部

人民日报社经济社会部作为负责扶贫宣传的专业部门，始终坚持以宣传习近平总书记关于扶贫工作的重要论述为主线，把脱贫攻坚报道作为全部门的重点工作，记者扎根贫困山区，深入脱贫一线，讲好脱贫故事，努力发挥新闻宣传主力军作用，采写出一批有深度、有温度的高质量报道，见证和记录了新时代脱贫攻坚的伟大实践，为全面打赢脱贫攻坚战营造了良好舆论氛围。

重要节点推出重头报道。党的十八大以来，连续 6 年在国家扶贫日之际推出专版，阐释习近平总书记关于扶贫工作的重要论述。深入解读习近平总书记主持召开的 7 次脱贫攻坚座谈会、中央扶贫开发工作会议等重要会议精神。第一时间报道习近平总书记关于扶贫工作的重要讲话反响，回访习近平总书记考察过的 14 个集中连片特困地区、24 个贫困村，全面展示中国的脱贫成绩、脱贫经验。

深入一线"抓活鱼"。组织记者深入贫困山区一线蹲点调研，推出"脱贫攻坚乡村行""脱贫一线新观察""提高脱贫质量"等系列深度报道，在《人民日报·新农村周刊》长期开设"脱贫第一线""贫困山区行"等专栏，许多稿件被新媒体转载后点击量上了"100 万 +"，在社会上引起热烈反响。2017 年刊发的报道《驻村三记》被习近平总书记在深度贫困地区脱贫攻坚座谈会上引用。

全国总工会驻山西扶贫工作队

　　1999 年至今，全国总工会驻山西扶贫工作队的 14 批 56 名队员先后到山西省挂职扶贫，帮助榆社县 2001 年实现脱贫、和顺县和壶关县分别于 2019 年、2020 年如期摘帽。近 5 年，组织实施 300 多个帮扶项目，惠及 5 万多建档立卡贫困人口。在产业扶贫方面，帮助定点扶贫县发展种植、养殖及农产品加工项目 200 余个，在和顺县重点开展易地扶贫搬迁后续帮扶，在壶关县叫响做实"全总连翘""全总香菇"产业扶贫品牌，带动两万多名贫困人口增收。干部人才培训方面，举办 10 余期基层干部培训班，累计培训 1748 人次；对农村贫困人口开展农业产业技能培训，累计培训 17635 人次。在消费扶贫方面，协调相关企业购买定点扶贫县农产品 1373 万元，组织机关及直属单位工会、干部职工直接购买定点扶贫县农产品 157 万元。在教育扶贫方面，组织清华大学等校师生，上海市、浙江省优秀教师举办支教活动 10 多场，受益师生 3000 多人次；协调相关社会组织和企业捐赠 300 多万元资金物资，资助 1000 多名贫困学生。在健康扶贫方面，组织北京各大医院 40 多位知名专家到定点扶贫县开展义诊活动，让当地 2000 多名贫困群众看上了"专家号"。在党建扶贫方面，协调机关 13 家单位党组织与 13 个贫困村党组织结对共建，通过共同组织党日活动帮助结对村建强组织，筹措 300 多万元资金物资帮助结对共建村建设基层党建设施、发展产业项目。

中国青少年发展基金会

2013 年以来，中国青少年发展基金会认真落实习近平总书记关于坚决打赢脱贫攻坚战的重要指示精神，广泛动员团员青年，大力实施"希望工程助力脱贫攻坚行动"，累计筹款 39.11 亿元，资助贫困家庭学生 37 万余名。一是聚焦"三区三州"等深度贫困地区，援建 871 所希望小学。二是集中打造"10 万 + 建档立卡贫困家庭学生资助项目"，2018 年以来筹资 4.65 亿元，资助建档立卡贫困家庭学生 19.44 万名。三是坚持扶贫扶志、扶贫扶智相结合，帮助贫困学生圆梦大学。其中，2012 年以来，联合茅台集团每年捐资 1 亿元，累计帮助 18.28 万名贫困学子圆梦大学，从源头上切实阻断了贫困的代际传递。四是秉持助人为要、育人为本，将思想引领、本领练就、创新创造、品格锤炼等融入育人全过程，实现他们从"有学上"到"上好学"的新期待。其中，联合姚明等爱心人士，在 500 余所农村学校开展了"姚基金希望小学篮球季"活动，帮助 92 万名青少年参与体育运动；在贫困地区建设 1757 所"希望厨房"，帮助 87 万名农村学生改善营养健康状况。五是围绕疫情防控大局，策划实施"同舟共济，青春偕进"公益行动，发起"抗击疫情，希望同行——希望工程特别行动"，面向社会筹集资金 5.81 亿元、物资 282 万余件，及时支援了湖北等疫情严重地区。

2019 年 11 月 19 日，习近平总书记深情寄语"希望工程"，强调指出："希望工程在助力脱贫攻坚、促进教育发展、服务青少年成长、引领社会风尚等方面发挥了重要作用。"

全国妇联妇女发展部

全国妇联妇女发展部负责妇女脱贫和定点扶贫工作，党的十八大以来，妇女发展部认真贯彻落实习近平总书记关于扶贫工作的重要论述，深入实施"巾帼脱贫行动"，引领广大妇女为决战决胜脱贫攻坚贡献力量。全国妇联连续四年在中央单位定点扶贫工作成效评价中被评为"好"的等次。

一是强化脱贫攻坚政治担当。广泛宣传习近平总书记重要讲话精神和党的好政策，引领广大妇女听党话、跟党走。二是举全系统之力助推妇女脱贫。组织 1021 万名贫困妇女和妇女骨干参加各类培训，助推 500 多万名贫困妇女发展产业增收，2020 年线上线下帮助销售湖北省和 52 个未摘帽贫困县农产品超过 1.32 亿元。三是坚持为贫困妇女办实事办好事。农村妇女"两癌"免费检查惠及 1.3 亿多贫困妇女，救助 19.22 万名贫困"两癌"患病妇女；"两癌"防治知识到村庄到社区活动，覆盖全国 2844 个县、近 3 万个乡镇。四是用心用情用力做好定点扶贫工作。2016 年以来，累计向甘肃漳县、西和县协调投入资金物资 7797.14 万元，引进帮扶资金 3944.83 万元，助力漳县 2019 年实现整县脱贫、西和县 2020 年如期脱贫摘帽。

中国科协农村专业技术服务中心扶贫工作处

中国科协于2009年抽调业务骨干成立扶贫工作处，主要职能包括吕梁定点扶贫、科技精准助力扶贫等工作，形成一系列科技助力精准扶贫成功经验做法。

打造靠得住的扶贫产业。因地制宜组织实施科技帮扶项目，为吕梁引入马铃薯脱毒种薯、枣木香菇、高产红枣品种、蔬菜温室大棚、沙棘等新技术新品种。其中，临县实现枣木香菇产业"从无到有，从弱到强"的跨越发展，2019年全县种植规模达1500万棒、总产值1.5亿元；临县红枣种植面积达82万余亩，年产1.8亿公斤、产值6亿元、受益枣农37万人；岚县马铃薯平均增产60%，促使马铃薯成为岚县支柱产业。培养留得住的脱贫人才。积极组织开展健康医疗、护工技能、科普业务、实用技术等订单式培训，仅2013—2020年间就帮助吕梁培训基层干部和技术人员4.7万余人，有效提升了老区干部群众科学素质和技能水平，一大批贫困户成长为技术能手，成为脱贫致富的带头人。众帮众扶助力脱贫攻坚。充分发挥科协组织优势，动员各级科技组织和广大科技工作者投身脱贫攻坚。2016年以来，组织实施全国科技助力精准扶贫工程，5年来组织动员全国19万名科技专家参与脱贫攻坚，助力390万人脱贫。

中国科协定点扶贫县岚县和临县分别于2019年、2020年顺利实现脱贫摘帽，在原国务院扶贫开发领导小组组织的定点扶贫年度工作考核中，中国科协自2017年连续多年被评为"好"。

中国侨联权益保障部

中国侨联权益保障部作为中国侨联扶贫工作领导小组办事机构，在侨联党组的领导下，以小力量撬动大扶贫，发挥统筹协调作用，协调会内各部门、侨企侨商、涉侨基金会投身脱贫攻坚事业。

定点扶贫中，聚焦政治责任，采取"党建＋脱贫攻坚"形式，聚焦广信区产业、基础设施、教育、健康扶贫等方面。共组织协调开展定点扶贫考察调研百余人次；协调直接投入和引进帮扶资金 2100 余万元；协调培训基层干部 900 余人次，培训技术人员 350 余人次；协调直接购买或帮助销售农产品 180 余万元。经不懈努力，广信区于 2018 年脱贫摘帽，2019 年撤县设区。截至 2019 年底，全区贫困发生率由 2014 年的 10.3% 降至 2019 年的 0.4%。

系统扶贫中，立足初心助力归侨、侨眷脱贫。通过集中侨界医疗力量、开展技能培训、精准扶贫签约、设立扶贫项目、引导涉侨基金会及侨界爱心人士参与等方式，帮助老少边穷、"三区三州"、华侨农场困难归侨、侨眷脱贫攻坚。

公益扶贫中，凝聚侨力，协调统筹中国华侨公益基金会联动各级侨联组织和海内外侨胞共募集资金 20 多亿元人民币，创建了"侨爱心·光明行""树人班"等多个品牌活动。捐建了侨爱心小学 1 万余所，开办和协办"树人班""珍珠班"资助贫困学生 66 万余人；向全国各欠发达地区 200 多家医院捐赠了医疗设备；推动各级侨联开展各类公益项目 6000 多个。

全国人大机关扶贫工作领导小组办公室

全国人大机关扶贫办牵头定点帮扶内蒙古自治区太仆寺旗、察右前旗各项工作。2020年3月4日，两旗正式脱贫摘帽，贫困发生率分别由2015年的5.23%和11.82%降为0。

一是积极协调领导同志赴定点扶贫县调研。2017年，时任全国人大常委会副委员长兼秘书长王晨赴太仆寺旗调研定点扶贫工作；2019年，全国人大常委会副委员长沈跃跃、十届全国人大常委会副委员长顾秀莲先后带队赴两旗调研并捐赠物资；全国人大常委会秘书长杨振武、副秘书长信春鹰连续3年带队赴两旗实地调研、捐款、协调项目。

二是动员各方力量以多种方式投入定点扶贫。2016年以来，累计为两旗直接投入帮扶资金和物资2000余万元，协调引进3.05亿元，直接购买和帮助销售产品6463万元。连续5年向两旗各捐赠50万元帮扶资金；投入720万元建设2所小学室外运动场；使用党费130余万元援建6处贫困村党员活动阵地；协调中国农业银行开展金融扶贫，两旗精准扶贫贷款余额较2020年初增加4451万元。

三是深化志智双扶，提升两旗自身脱贫能力。2016年以来，累计培训两旗基层干部、技术人员7000余人次。连续3年"送课上门"，形成选派两旗干部参加全国人大机关有关培训班机制；在常态化疫情防控背景下积极创新，联合清华大学开展远程教育；组织两旗40名学子赴北京游学。

四是推进重点项目，使两旗百姓持久受益。协调有关部门将察右前旗纳入国家马铃薯制种大县，成功创办国家现代农业产业园，做好"小土豆，大文章"；积极推进太仆寺旗设立铁路站点事宜。

全国政协办公厅机关事务管理局办公室

机关事务管理局办公室承担全国政协机关扶贫工作领导小组办公室职责。多次服务和组织全国政协领导同志、机关领导深入扶贫点视察调研。推动健全由相关专门委员会办公室、行政室局、直属单位等18家成员单位共同发力的工作机制，完善督查、干部双向交流机制，汇聚扶贫合力。

组织召开全国政协委员支持颍东、舒城扶贫发展座谈会，帮助规划发展思路、谋划发展路径、协调解决堵点难点、引进重大项目。引进京东电商产业园、香江集团新型环保建材等投资项目。协调有关部门帮助两区县优化有关铁路工程设计方案，推动铁路立交桥项目建设，共节省、减免资金6800余万元。

利用全国政协"网络议政和远程协商"平台，对两区县教师、医生等技术人员开展远程培训。积极推动消费扶贫，利用"全国政协在京委员活动日"平台组织扶贫产品进机关活动，创立"公益政协APP"平台遴选两区县87种农副产品上线销售，协调两区县企业参加第二届全国贫困地区优质特色粮油产品展销会，累计实现销售收入1467.79万元。

聚焦精准扶贫，推动30兆瓦光伏扶贫电站建设指标落户，带动50个贫困村集体、5782个贫困户增收。争取公益资金，联系捐资捐物，联系中国制笔协会捐赠价值980多万元学习用品。联系共青团中央开展社会实践和文艺演出活动。

机关扶贫办2014年被原国务院扶贫开发领导小组授予"定点扶贫先进集体"荣誉称号，2018年被授予"中央和国家机关脱贫攻坚先进集体"荣誉称号。

最高人民法院定点扶贫工作领导小组办公室

　　脱贫攻坚战以来，最高人民法院扶贫办在院党组的领导下，将帮扶措施与定点地区实际结合起来，探索了具有法院特色的"司法＋扶贫"模式。一是"司法＋产业"，帮助当地农业龙头企业产品与上海蔬菜集团对接，取得河南省唯一的授牌"上海市市外蔬菜主供应基地"，每年可带来近亿元农产品增收收入，惠及 2000 余名贫困户稳定脱贫。二是"司法＋教育"，每年组织扶贫县师生在北京开展"爱国·法治"主题夏令营，走进最高人民法院感受"模拟审判"。三是"司法＋扶智"，开展"脱贫攻坚——千名农村党支部书记进课堂"活动，驻村干部成立法律工作室，将矛盾纠纷化解在源头。四是"司法＋宣传"，推进乡村法治文明建设。推动睢县梁庄村建成普法示范街；拍摄《驻村第一书记》《按下葫芦起来梨》两部电影，在脱贫攻坚和改革发展中注入法治文明要素。五是"司法＋建设"，指导宁陵县法院挂牌成立河南首个家事法庭，专门审理家事案件。六是"司法＋指导"，专业法官指导企业改制，搭建政府学习平台。七是"司法＋互联网"，利用行业信息化资源优势，对接阿里巴巴、京东、拼多多等电商平台，为扶贫县的农产品打开销路，帮助销售农产品达 10 亿元以上。

最高人民检察院扶贫工作领导小组办公室

　　最高人民检察院扶贫工作领导小组办公室在院党组的坚强领导下，深入贯彻落实党中央、国务院脱贫攻坚决策部署，以高度的"政治自觉、法治自觉、检察自觉"切实扛起定点扶贫政治责任，动真情、真扶贫、扶真贫，全力抓好定点帮扶云南省西畴县、富宁县各项工作。一是加强组织领导聚合力。构建主要领导亲自抓、党组负总责、扶贫办具体负责、各厅级单位全力配合、干部职工积极参与的定点扶贫工作格局。二是优化顶层设计强引领。结合最高人民检察院和定点扶贫县工作实际，从规划、措施、管理三个方面出台系列制度办法，持续完善工作运行机制。三是抓实扶贫举措解民困。在全面聚焦两县"两不愁三保障"的前提下，推动定点扶贫工作"八大举措"落实落地，持续增强贫困地区群众内生动力，切实做到既重实效又求长效。四是加大协调力度促发展。主动到中央和国家部委协调事关两县乃至文山州经济社会发展的重大事项，成功促成多个重大项目落地或取得实质性进展，助推两县和文山州经济社会高质量发展。五是加强干部管理练精兵。坚持严管与厚爱并存、激励与约束并重，做到服务好、培养好、管理好扶贫挂职干部。

　　党的十八大以来，最高人民检察院扶贫工作领导小组办公室扶贫办在最高人民检察院党组的领导下向定点扶贫两县直接投入资金 2411 万元，协调争取引进各类资金 67.75 亿元，举办培训 30 余次，共培训两县党政干部和技术人员 8000 余人。

国务院办公厅定点扶贫工作领导小组办公室

国务院办公厅定点扶贫工作领导小组办公室深入贯彻落实党中央、国务院脱贫攻坚决策部署和国务院机关党组工作要求，始终将定点帮扶河北省怀安县和张北县作为一项重要政治任务，认真履职尽责，贯彻精准方略，健全工作机制，调动多方力量，确保两县全面打赢脱贫攻坚战。突出产业帮扶，夯实稳定增收的"硬核支撑"。推动特色种养提质升级，重点抓规模化生产、品牌化发展、多元化销售、精准化联结，传统产业打出更多"增收粮"；推动光伏产业扩模增效，打造贫困群众旱涝保收的"铁杆庄稼"；协助两县编制推介旅游发展规划，推动草原天路、碹窑民宿等资源综合开发，贫困群众吃上"文旅饭"。补齐民生短板，不断提升获得感幸福感安全感。开展"大手拉小手"助学活动，推动北京三甲医院对口帮扶，确保贫困群众上得起学、看得起病、住上安居房、喝上放心水；加强对易地搬迁贫困户就业扶持，联系引进蔬菜净加工、箱包加工等项目，确保搬得出、稳得住、能脱贫。健全防贫机制，确保全面小康路上不落一人。围绕巩固脱贫成果等深入开展调研，指导两县将防止返贫致贫摆在突出位置，建立健全防返贫致贫机制，实行台账管理、动态跟踪、及时预警、综合帮扶，从制度上牢牢守住底线。坚持党建引领，打造"永不撤走的工作队"。选派第一书记开展驻村帮扶，举办党组织书记专题培训班，创建"亲历扶贫"党建扶贫教育基地，探索"互联网+"模式提升基层党组织治理能力，培养了一大批优秀干部、脱贫标兵和致富能人，为两县接续推进乡村振兴提供坚实人才支撑。

国务院办公厅秘书二局四处

国务院办公厅秘书二局四处负责联系扶贫工作，是服务国务院有关领导同志、站在脱贫攻坚战前列的处室。党的十八大以来，四处坚决贯彻习近平总书记关于扶贫工作的重要论述，认真落实党中央、国务院决策部署，按照国务院机关党组有关安排，高质量高标准做好出谋划策、沟通协调、服务保障、督促落实等工作，争当脱贫攻坚"最先一公里"的"特种兵"，为如期打赢脱贫攻坚战发挥了独特作用、作出了重要贡献。全程谋划顶层设计，当好"第一参谋助手"。在脱贫攻坚工作中，坚持深入一线开展调研，及时反映基层声音，提出有价值的政策建议。深度参与和推动脱贫攻坚相关政策文件出台实施，协调制定精准扶贫、打赢脱贫攻坚战决定等重要纲领性文件，组织起草和审核报批成效考核、贫困退出、东西部扶贫协作、定点扶贫等 20 余个文件，指导和督促出台产业、易地搬迁等行业扶贫政策，构建起中国特色脱贫攻坚制度体系。扎实做好服务保障，当好"大服务员"。承办全国扶贫开发工作会议以及国务院扶贫开发领导小组全体会议、专题会议 200 余次，准确无误起草好每一份会议纪要，并督促有关方面及时落实；精心做好领导同志赴所有集中连片特困地区、中西部省份和"三区三州"70 余次调研考察的服务工作；以"钉钉子"精神，抓好扶贫政策督促落实，确保落地见效。深入开展定点扶贫，当好"一线实践者"。连续选派 2 名处级干部，分别担任国办定点帮扶的河北省怀安县和张北县扶贫工作组组长，帮助引进项目资金上亿元，推动两县扶贫水平大幅提升、实现如期脱贫摘帽。将两县作为长期观察点，围绕光伏扶贫、金融扶贫等 10 多个方面开展调研，提出意见建议并得到领导同志重要批示，将基层实践探索转化为政策制定的参考依据。

外交部扶贫工作领导小组办公室

1992 年，外交部踏上定点帮扶云南省金平、麻栗坡两个国家级贫困县的征程。28 年来，"动真情、真扶贫、扶真贫"，共投入帮扶资金 4.67 亿元，实施了教育、卫生、饮水、培训、美丽乡村和产业等 1600 多个项目，帮助解决上学难、饮水难、看病难、吃饭难等困难，40 多万名群众直接受益。

依托外交工作优势，在"外"字上下功夫，所募集帮扶资金里有一半以上来自海外。两县随处可见"外"字的教学楼、卫生院、人畜饮水设施等扶贫项目。积极拓展"中国扶贫"的国际意义，组织协调外交一线人员讲好扶贫开发故事，宣介中国为国际减贫事业所作贡献。

不断创新帮扶方式，在"实"字上作文章，引进有实力的企业成立合资公司，建设示范基地，为农产品标准化设计和认定；引荐有实力的药业集团建立中药饮片加工厂。设立"产业扶贫基金"，以"基金 + 合作社 + 贫困户"模式，扶持了 29 家合作社，直接带动 5905 户贫困家庭增收脱贫。多渠道推动就业扶贫，帮助贫困人口实现移转就业 2112 人，其中 6 人赴日本就业。举办两县农产品展销、拓宽网上销售平台，销售近千万元。特别是自 2009 年起，每年举办由外长夫人发起的"大爱无国界"国际义卖活动，所募善款先后用于定点帮扶两县和中西部的公益扶贫事业。同时，推动麻天高速公路和口岸的建设，为两县兴边富民、稳边固边发挥了重要作用。

国家发展改革委地区振兴司

　　国家发展改革委地区振兴司扎实推进易地扶贫搬迁这一"头号工程",得到党中央、国务院肯定和广大搬迁群众一致认可。一是勇于攻坚克难,实现全国近千万贫困人口易地搬迁脱贫。制定出台《全国"十三五"易地扶贫搬迁规划》等政策文件,做好安置住房规划和建设,统筹后续帮扶,同步做好安置区基础设施、基本公共服务、产业就业、社区治理等工作。5年来,全国建成集中安置区约3.5万个,安置住房266万余套,960多万名贫困人口实现搬迁脱贫。汪洋同志批示"卓有成效",胡春华副总理指出"这是具有里程碑意义的巨大成就"。二是主动担当作为,多措并举助力全面打赢脱贫攻坚战。大力发挥以工代赈中"赈"的作用,支持"三区三州"等深度贫困地区解决区域性整体贫困。持续释放消费扶贫红利,组织动员直接采购或帮助销售湖北等受疫情影响较重地区和贫困地区特色农产品超过6000亿元。深入开展定点扶贫,从规划政策、项目资金、人才智力、宣传推介等方面倾力帮扶,田东、灵寿、汪清县先后实现摘帽。国家发展改革委2018年、2019年、2020年连续三年定点扶贫工作考核为"好"。推动建立生态保护补偿长效机制,逐步增加对重点生态功能区的转移支付,推动落实森林生态效益补偿和草原生态保护补助奖励政策,拓宽农牧民增收渠道。统筹推进革命老区、边境地区脱贫攻坚和振兴发展,夯实长远发展基础。

国家发展改革委评估督导司评估督导三处

国家发展改革委评估督导司评估督导三处将易地扶贫搬迁监管工作作为一项重要政治任务和头等大事来抓，相关工作得到汪洋同志充分肯定。一是全面开展监管巡查排查。组织评督司全体同志先后开展多轮监管巡查排查，覆盖22个省份169个县市区，形成82篇核查、调研、督导报告，梳理形成13大类问题74项具体表现，下发102份整改通知通报，有力推动了易地扶贫搬迁工作。二是深入研究，破解难点堵点。瞄准"三区三州"等深度贫困地区集中开展5轮"解剖麻雀"式的蹲点调研，足迹覆盖12个省区21个旗县。针对贫困地区实际，研究提出有针对性和操作性建议，相关意见建议被有关部门充分吸纳。三是着力推动解决安置住房安全隐患问题。先后2轮对搬迁规模大、地质灾害高发、历次检查发现工程质量问题较突出的10余个省份开展实地督导，推动各有关地方及时排除安置住房质量安全隐患，确保在红线底线上不出问题。四是聚焦搬迁群众身边事开展大数据舆情监测处置。围绕易地扶贫搬迁工程先后开展5轮大数据舆情监测，核查后查实问题线索150余条，及时组织地方对有关问题进行整改。通过打通舆情监测问题反馈、核查、督导、整改全流程，查漏补缺工作成效明显。此外，定期开展易地扶贫搬迁工程项目监测，推动重点项目及时落地见效。

科技部科技扶贫办公室（农村科技司）

在科技部党组的坚强领导下，科技部科技扶贫办公室（农村科技司）深入贯彻习近平总书记关于扶贫工作的重要论述，对科技扶贫工作进行系统谋划、业务指导、督导检查和服务保障。

综合施策，系统推进。实施科技扶贫"百千万"工程，创新部际协同、东西部协作、部省市县科技管理部门四级联动三项机制，"点片面"推进定点扶贫、秦巴山片区扶贫和科技扶贫工作，打造"科技扶贫"和"科技特派员"两张特色品牌，构建"横向到边、纵向到底"的科技扶贫大格局。应对疫情，支持定点扶贫县开展消费扶贫和就业帮扶。

拓展资源，协调推动。拓展各类扶贫资源，与贫困地区精准对接。在贫困地区实施重点研发计划项目，在深度贫困地区实施"三区"科技人才计划等。在定点扶贫县布局农业科技园区、星创天地等平台基地，对接高校院所、企业等，促进科技要素向贫困地区集聚，推动扶贫产业发展。

成效显著，获得肯定。党的十八大以来，推动全国科技系统在贫困地区建成 1290 个创新创业平台，建立 7.7 万个科技帮扶结对，选派 28.98 万名科技特派员，推广应用 5 万余项先进实用技术新品种。习近平总书记指出"科技扶贫扎实推进"，对科技特派员制度推行 20 周年作出重要指示，赴科技部定点扶贫县井冈山市和柞水县考察指导脱贫攻坚工作，点赞柞水县"小木耳、大产业"。科技部 5 个定点扶贫县全部高质量脱贫摘帽，井冈山市在全国率先脱贫摘帽。2021 年科技部科技扶贫办公室（农村科技司）荣获"全国脱贫攻坚先进集体"称号。

工业和信息化部信息通信发展司网络发展处

党的十八大以来，党中央、国务院作出系列部署，明确要求到 2020 年实现宽带网络覆盖 90% 以上的贫困村。该项任务由工业和信息化部牵头负责，信息通信发展司网络发展处牵头承担具体落实工作。针对偏远贫困地区建设成本高、市场机制失灵等困难，联合财政部创建了"中央资金引导、地方协调支持、企业主体推进"的电信普遍服务新机制，先后组织实施六批电信普遍服务试点。制定从组织申报到竣工验收的全环节工作流程规范。指导建设电信普遍服务大数据管理支撑平台，实现对每个贫困村试点任务集中管理、实时监测、精准监管。

通过电信普遍服务试点，先后支持 4.3 万个贫困村光纤网络建设和超过 1.5 万个贫困村 4G 基站建设，推动我国贫困村光纤宽带网络通达比例由 2015 年的 62% 提升至 98% 以上，"三区三州"深度贫困地区由 26% 提升至 98%，已通光纤试点贫困村平均下载速率超过 100Mb/s，基本实现与城市同网同速，为全面打赢脱贫攻坚战提供了坚实网络支撑。联合原国务院扶贫办支持电信企业面向建档立卡贫困户精准降费，惠及贫困群众超过 1200 万户，其中 700 万户享受 5 折及以下优惠。聚焦"两不愁三保障"加强重点网络应用：联合教育部开展学校联网攻坚行动，实现全国中小学校（含教学点）100% 宽带通达，新冠肺炎疫情期间有力保障 2 亿名学生"停课不停学"；联合卫生健康委推进"互联网＋健康扶贫"，远程医疗覆盖所有贫困县。

国家民委经济发展司扶贫开发处

　　国家民委经济发展司扶贫开发处深入贯彻落实习近平总书记关于扶贫工作的重要论述。制定《国家民委系统学习贯彻〈习近平扶贫论述摘编〉工作方案》《国家民委关于进一步加强深度贫困民族地区脱贫攻坚工作的通知》等文件，凝聚力量推动民族地区脱贫攻坚。推动出台差别化扶持政策。参与制定《"十三五"促进民族地区和人口较少民族发展规划》等差别化扶持政策。推动人口较少民族全部整族脱贫。扎实推进《"十三五"促进民族地区和人口较少民族发展规划》确定的工作任务，协调有关部门不断加大对人口较少民族地区政策资金支持力度。截至2020年底，我国28个人口较少民族全部实现整族脱贫。推动武陵山片区脱贫攻坚。先后组织召开7次片区领导小组全体会议。以国家民委名义与武陵山片区4省市和有关部门分别签订了开发性金融支持片区发展、旅游减贫致富与协同发展合作协议，印发并推动各成员单位落实好《支持武陵山片区打赢脱贫攻坚战未来三年办实事清单》。截至2020年11月，武陵山片区71个县全部脱贫摘帽。扛起定点扶贫政治责任。成立国家民委定点扶贫工作领导小组，制定"十三五"定点扶贫工作方案，多次召开定点扶贫工作领导小组会议。巴林右旗于2019年宣布脱贫摘帽，德保县于2020年宣布脱贫摘帽。

公安部扶贫开发领导小组办公室

公安部扶贫开发领导小组办公室始终把帮助贵州省兴仁市、普安县和广西壮族自治区三江县脱贫攻坚作为重大政治任务来完成，筹集投入帮扶资金4.28亿元，引进帮扶资金2.89亿元，实施帮扶项目近千个，助力三地全部退出贫困县序列，210个贫困村、30万余名贫困人口全部脱贫。

投入资金为三地改建中小学基础设施、乡镇卫生院和村卫生室，为贫困家庭改造危房等。协调北京首农食品集团与兴仁市合作，实行薏仁米保价收购，投入资金在普安县建设万亩茶园，推动旅游企业开辟三江侗族特色旅游线路。发动全警采购抗疫期间湖北滞销农产品，在全国边检口岸、高铁沿线设立扶贫产品专柜，大力推进扶贫产品进机关、进食堂、进学校、进警营。援建特色种植养殖项目70余个，引进警用被装生产企业，援建扶贫车间，提供就业岗位2000余个；发动部属优秀基层党组织与三地77个贫困村党支部结对共建，并选派13名干部赴三地挂职，7人担任驻村第一书记。帮助三地公安机关更新警用装备、改造办公用房、开展民警培训，有效提升了保平安促脱贫的能力水平。

国家安全部定点扶贫工作领导小组办公室

　　党的十八大以来，国家安全部定点扶贫工作领导小组办公室认真学习贯彻习近平总书记关于扶贫工作的重要论述，按照部党委"扶贫工作本质上也是国家安全工作"的工作要求，凝心聚力战、发挥优势帮，把这项重大政治任务抓牢盯紧。聚焦精准要义，保住民生底线。向内蒙古自治区敖汉旗、河北省盐山县投入帮扶资金6722.7万元，落实精准扶贫项目94个，帮助贫困群众年均增收1000元以上，建档立卡贫困户全部达到"两不愁三保障"标准，助力盐山县、敖汉旗先后脱贫摘帽，迈入发展新阶段。着眼长远发展，打破发展桎梏。协调落地盐山县205国道建设、敖汉旗辽西北调水工程等重大民生工程13个，引进帮扶资金总额28.78亿元，补齐基础设施建设短板。围绕供给侧结构性改革发展，先后推动盐山县管件阀门、敖汉旗肉羊奶羊品种改良等一系列大型产业项目落地投产，增强"造血"功能。坚持党建引领，筑牢执政基础。组织18个局级单位机关党委结对帮扶18个贫困村党支部，累计捐款捐物价值近500万元，精准解决了贫困群众生产生活难题。选派15名优秀青年干部投身脱贫攻坚一线战场，用自己的辛苦指数换来群众的幸福指数，基层党组织建设得到了全面加强、全面进步。推动志智双扶，增强致富本领。培训两旗县基层干部和技术人员15162人次，传授新技能，扶持新产业，鼓励致富带头人发挥"传帮带"作用，带动广大群众共同勤劳致富。近年来，盐山县、敖汉旗农村居民人均可支配收入年增长率都在7%以上，村村都有一张规划图，家家都有一本致富经，人人都能算一笔增收账。

民政部社会救助司最低生活保障处

　　民政部社会救助司最低生活保障处深入学习贯彻习近平总书记关于扶贫工作的重要论述，认真贯彻落实中央决策部署，在民政部党组统一领导下，聚焦脱贫攻坚，强化政策供给，连续5年出台低保等社会救助兜底保障政策措施，督促全国所有县（市、区、旗）的农村低保标准全部达到或超过国家扶贫标准，将1936万名建档立卡贫困人口纳入低保或特困供养覆盖范围，圆满完成"兜底一批"任务。聚焦特殊群体，积极协调相关部门调整完善低保政策，将未脱贫建档立卡贫困户内的重度残疾人、重病患者单独纳入低保，实现兜底保障"不漏一户、不落一人"。聚焦群众关切，探索施行"就业成本扣减""低保渐退"等政策，激发贫困人口内生动力。创新破解难题，建立完善监测预警机制，加强与相关部门的数据比对和信息共享，指导31个省（区、市）全部建立社会救助家庭银行存款信息核对机制，健全完善农村低保家庭经济状况评估核算机制，精准认定兜底保障对象。服务民政领域脱贫攻坚，承担民政部扶贫工作领导小组、民政部脱贫攻坚专项巡视及"回头看"整改工作领导小组日常工作，保障民政领域脱贫攻坚和巡视整改任务如期完成。

财政部农业农村司

农业农村司是财政部扶贫工作的牵头司局，同时承担着财政部脱贫攻坚领导小组办公室日常工作。党的十八大以来，坚决贯彻落实习近平总书记关于扶贫工作的重要论述，坚持改革创新、攻坚克难，为打赢脱贫攻坚战作出积极贡献。

一是全程参与脱贫攻坚顶层设计，创新推进多项重大改革。全程参与脱贫攻坚"四梁八柱"文件起草。研究提出和推动实施贫困县涉农资金整合等重大政策创新。落实投入、完善政策，积极推进资产收益扶贫、易地扶贫搬迁、保障农村饮水安全、解决"苦咸水"问题等重点工作。深度参与关于巩固拓展脱贫攻坚成果同乡村振兴有效衔接的顶层设计，研究完善财政支持政策。

二是健全投入保障机制，财政扶贫投入力度前所未有。"十三五"时期，中央财政专项扶贫资金每年增加安排 200 亿元，5 年累计达 5305 亿元。2020年还一次性安排综合财力补助 300 亿元，支持补齐脱贫攻坚短板弱项。支持832 个贫困县整合资金超过 1.5 万亿元；安排深度贫困地区增量资金超过 2800亿元；多渠道筹集易地扶贫搬迁资金近 6000 亿元。同时，立足"大扶贫"格局，运用地方政府债券、税费优惠、农业信贷担保、小额信贷贴息等多项财税政策工具，引导更多金融和社会资本投向脱贫攻坚。

三是多举措加强扶贫资金监管，确保资金精准安全使用。推行扶贫项目资金全过程绩效管理，做到"花钱必问效，无效必问责"。探索建立财政扶贫资金动态监控平台，强化日常监管，线上线下联动，推行公告公示制，让数万亿扶贫资金在阳光下运行。

四是始终坚持党建引领，打造财政扶贫铁军。在脱贫攻坚主战场锤炼干部，全司同志夙夜在公、尽职尽责、担当作为。建立"三区三州"基层联系点制度，司领导带头深入基层调研，走遍"11+3"连片特困地区。

人力资源社会保障部就业促进司统筹就业处

人力资源社会保障部就业促进司统筹就业处坚决贯彻中央决策部署，始终把就业扶贫作为重要政治责任，坚决助力打赢脱贫攻坚战。

一是构建政策体系。围绕有组织劳务输出、发展扶贫车间、产业项目吸纳、创业带动就业四条渠道，累计出台 40 余个政策文件。

二是开展劳务协作。依托东西部扶贫协作机制、对口支援机制，强化省际省内劳务协作，面对面合作，线对线配合，点对点对接。实施支援湖北"6+1"劳务协作行动，在易地扶贫搬迁安置区和 52 个未摘帽县实施数字平台经济促就业助脱贫行动等。

三是促进就近就业。累计建设扶贫车间 3.3 万个，吸纳贫困人口 43.7 万人；培育创业致富带头人 41 万人，带动 406 万名贫困人口增收；开发公益性岗位兜底安置 500 余万名贫困人口。

四是强化组织推动。建立就业扶贫工作机制，每年召开全国就业扶贫现场会、电视电话会，开展调研督导，举办展示交流活动、就业扶贫论坛，编印就业扶贫书籍，推动中央决策部署落地见效，营造良好氛围。

五是加强作风建设。把作风建设贯穿就业扶贫全过程，坚持以人民为中心，强化责任担当，攻坚克难、真抓实干、务求实效。力戒形式主义、官僚主义，着力减轻基层负担。

2016 年以来，贫困劳动力务工规模从 1527 万人逐年增加至 3243 万人。全国 9000 多万名建档立卡贫困人口中，90% 以上得到了产业扶贫和就业扶贫支持。

自然资源部中国地质调查局总工程师室

按照自然资源部党组统一安排，在中国地质调查局党组领导下，中国地质调查局总工程师室始终将地质调查支撑服务脱贫攻坚作为一项重大政治任务和重中之重工作，统筹部署、一体推进。组织编制《地质调查支撑服务脱贫攻坚总体方案》和多项分贫困区实施方案，做到"规划进本子、项目进笼子、资金进盘子"，累计部署、安排项目经费125亿元，安排"订单式"地质调查项目，充分发挥地质科技和地质资源优势，在严重缺水地区成功找水打井1600余眼，满足200万名贫困群众生产生活用水需求；调查圈定绿色富硒土地2366万亩，支撑建设300余处富硒农业产业示范园，形成一批畅销绿色富硒农产品品牌，近150万名贫困群众受益；组织查清全国集中连片贫困区地质灾害隐患点10万余个，有效减轻人民生命财产损失。在贫困区调查发现各类地质遗迹景观资源2200多处，支撑各地成功申报世界自然遗产和各级地质公园44处，推动建设地质文化村10余处；在中西部贫困地区调查发现矿产地420多处，攻克一批资源节约集约与综合利用关键技术，有力支撑矿业绿色与高质量发展，带动贫困群众就近就业、稳岗、增收。走出了一条以找水打井、特色农业、防灾减灾、地质旅游和绿色矿业为主的"地质调查＋"特色扶贫之路。

生态环境部科技与财务司综合处

生态环境部科技与财务司综合处作为生态环境部脱贫攻坚领导小组办公室的日常办事机构，统筹整合生态环境领域资源优势，坚持定点与行业扶贫两手抓、齐发力，协同打赢打好精准脱贫与污染防治攻坚战。全力支持河北省围场满族蒙古族自治县、隆化县脱贫攻坚，2016 年以来，累计投入和引进帮扶资金 7.88 亿元，培训基层干部和技术人员 1 万余人次，购买和帮助销售贫困地区农产品 3000 余万元，推动实现脱贫摘帽并持续巩固脱贫成果，全面高质量完成定点扶贫各项目标任务。引导中央生态环境资金项目向贫困地区倾斜，统筹推进全国 1 万余个"千吨万人"饮用水水源保护区划定工作，协调安排 258 亿元完成 13.6 万个村环境综合整治，覆盖 284 个国家级贫困县的 2.46 万个村。推动 80 余个贫困县（乡、村）获国家生态文明建设示范市县和"绿水青山就是金山银山"实践创新基地称号。推动将 500 个国家扶贫开发工作重点县纳入生态转移支付范围，引导贫困地区发展绿色产业，总结形成"守绿换金、添绿增金、点绿成金、借绿生金"的生态环保扶贫"四绿四金"路径模式。提前谋划绿色脱贫与乡村振兴衔接，联合农业农村部、原国务院扶贫办发布《关于以生态振兴巩固脱贫攻坚成果进一步推进乡村振兴的指导意见（2020—2022年）》。

住房城乡建设部村镇建设司

　　村镇建设司认真落实住房和城乡建设部党组工作部署，深入学习习近平总书记关于扶贫工作的重要论述和"让贫困人口不住危房"的重要指示精神，认真践行以人民为中心的发展思想，集中全系统力量，在精准确定对象，创新政策举措，强化技术帮扶，倾斜支持深度贫困地区，统筹推进疫情防控和脱贫攻坚住房安全扫尾工程任务等方面持续发力，帮助建档立卡贫困户通过实施加固改造、原址翻建，租赁闲置农房、建设农村集体公租房、幸福大院等方式解决住房安全问题。2020 年，在如期完成脱贫攻坚农村危房改造扫尾工程任务的基础上，指导各地紧紧依靠地方各级党委、政府，发挥村"两委"和驻村扶贫干部的力量，对所有建档立卡贫困户住房情况进行逐户核验，确保贫困群众住房安全有保障，不漏一户、不落一人，建立动态监测机制，巩固脱贫成果。通过实施农村危房改造，帮助 760 万户 2493 万名居住在 C、D 危房中的建档立卡贫困人口改造了危房，采取农村集体公租房、幸福大院、租赁闲置农房等方式兜底解决 30 万户 75 万名特困群众住房安全问题，实现了建档立卡贫困人口的安居梦。同步支持了 1075 万户 3500 多万名农村低保户、分散供养特困人员、贫困残疾人家庭等边缘贫困群体改造了危房，住上了安全舒适的新居，有效缓解了区域性整体贫困问题。倾斜支持和指导贫困地区传统村落保护，将贫困地区 2680 个村落列入中国传统村落保护名录，安排中央财政补助资金 60.3 亿元给予倾斜支持，传统村落人居环境得到明显改善，历史传统建筑风貌和农耕文明得到保护传承，扶贫印记得以留存。一批传统村落通过实施保护改造，带动了文化旅游产业发展，促进了贫困村和贫困人口脱贫。指导贫困地区深入开展农村生活垃圾污水治理，改善了贫困地区人居环境，提高了脱贫质量，为巩固拓展脱贫成果，接续推进乡村振兴奠定了基础。

交通运输部公路局

交通运输部公路局认真贯彻落实习近平总书记关于扶贫工作的重要论述和关于"四好农村路"的重要指示精神,积极推动贫困地区"外通内联"公路网建设,打通了多条"断头路"和"瓶颈路",县城基本实现了二级及以上公路覆盖。连续7年将"四好农村路"纳入"交通运输更贴近民生实事",命名200个"四好农村路"全国示范县,通过典型带动、示范引领,进一步推动"四好农村路"高质量发展。党的十八大以来,新改建农村公路216万公里,共解决了911个乡镇、8.7万个建制村通硬化路难题,实现了具备条件的乡镇和建制村100%通硬化路、通客车。积极推进深化农村公路管理养护体制改革,全面推行"路长制",大力开发农村公路相关就业岗位,推动落实地方主体责任,农村公路管护工作不断加强,交通扶贫成果得到进一步巩固。牵头定点帮扶高原藏区贫困县四川省甘孜州色达县,明确了六大帮扶重点,选派2名行业专家常年驻色达帮扶,组织六批20余名技术专家赴色达县提供技术服务,通过建设资源路、产业路、旅游路有效盘活了农村地区资源,因地制宜创新"交通+特色农业+电商""交通+文化+旅游"等发展模式,帮扶色达县实现了脱贫摘帽。

水利部水库移民司（扶贫办）扶贫工作处

水库移民司（扶贫办）扶扶贫工作处作为水利部扶贫领导小组的日常办事机构，组织完成了规划编制、政策制定、制度建设等顶层设计，加强动员部署，落实脱贫责任，统筹资金、项目、人才、技术倾斜支持，推动水利行业扶贫、定点扶贫、滇桂黔石漠化片区联系等工作，取得显著成效。

水利精准扶贫为打赢脱贫攻坚战提供了重要支撑保障。累计巩固提升 2.59 亿农村人口供水保障水平，解决了 1710 万名贫困人口饮水安全问题，现行标准下贫困人口饮水安全问题全面解决。贫困地区新增和改善农田有效灌溉面积 8029 万亩，新增供水能力 181 亿立方米，治理水土流失面积 6.35 万平方公里，改造坡耕地 493 万亩，治理河长 1.7 万公里。近 10 万贫困户从农村水电扶贫工程中受益，108 万贫困家庭劳动力在水利工程建设和管护岗位就业增收。

水利部定点扶贫县全部摘帽。通过实施水利行业倾斜支持、贫困户产业帮扶、贫困户技能培训等"八大工程"，组织 84 家部机关直属单位组团对口帮扶、精准帮扶，重庆市万州、丰都、武隆、城口、巫溪和湖北省十堰市郧阳 6 个定点扶贫县（区）如期脱贫摘帽。2017—2020 年连续 4 年在中央单位定点扶贫工作成效考核中被评为"好"的等次。

滇桂黔石漠化片区脱贫攻坚任务全面完成。认真履行调查研究、沟通联系、监督指导牵头联系职责，与林草局一起建立 30 个部门参加的部际联席会议，联合召开 9 次推进会，选派 4 批 60 名挂职干部，开展 18 次监督检查，加大水利支持力度。片区 80 个贫困县如期全面脱贫摘帽、685 万名贫困人口全部脱贫。部省共建的贵州安顺创新推动石漠化片区水利精准扶贫示范区入选"中国改革 2020 年度案例征集"50 个典型案例。

水利部农村水利水电司综合与信息处

聚焦重点工作奋力攻坚。将解决贫困人口饮水安全问题作为水利扶贫的头号工程，推动成立水利部农村饮水安全脱贫攻坚专班和农村水利水电司农村饮水安全脱贫攻坚青年突击队，助力更多贫困人口实现脱贫。

挂牌督战重点项目。协调各处室和相关流域管理机构开展大规模农村饮水安全暗访，参加对四川凉山州和新疆伽师县等 8 个县农村饮水安全挂牌督战，20 多次深入农村水电扶贫工程现场督查指导，推动在现行标准下全面解决了1710 万名贫困人口饮水安全问题，如期完成"十三五"农村水电扶贫工程建设任务，累计按协议上缴扶贫收益 2.52 亿元，精准帮扶 9.8 万名贫困人口。

精准帮扶重庆市巫溪县。组织 15 家单位组成对口帮扶重庆市巫溪县工作组，建成农村饮水安全巩固提升工程 475 处，受益人口 45 万人，巫溪县"饮水难"问题得到全面解决；累计投入帮扶资金 260 多万元，引进帮扶资金 4100多万元，有效解决稳定脱贫问题。2019 年底，巫溪县顺利退出国家扶贫开发工作重点县序列。

紧盯 12314 举报解决实际问题。建立专人盯办、重点督办、"回头看"和跟踪问效机制，将贫困地区作为监督重点，对重大问题开展现场核查，推动解决了 1000 多个村、10 多万农村人口饮水安全和 20 多万亩农田灌溉等问题，为巩固脱贫攻坚成果提供了重要支撑。

农业农村部马铃薯产业技术扶贫团队

农业农村部马铃薯产业技术扶贫团队由曾在延安光华农场工作过的三八式老革命朱明凯和援藏18年的程天庆两位老专家创建，至今薪火相承，始终坚守初心、扎根土地，坚持科技扶贫和把论文写在大地上。

1997年，团队在首席专家金黎平带领下，协助贵州省发展脱毒马铃薯，开始了产业科技扶贫的壮阔历程。20多年来，团队成员足迹遍布集中连片特困区和"三区三州"深度贫困区马铃薯主产县，制订产业规划、提供技术建议、培养人才和培训人员，在乌蒙山区、六盘山区、燕山太行山区、甘南藏区和武陵山区的深度贫困县建立十多个试验基地共4200多亩，育成了中薯系列优良新品种31个，研发出脱毒快繁和绿色种植等新技术，在马铃薯主产区推广9000多万亩。向全国贫困区域提供了10多万份新材料、示范新品种新技术2000多份次，召开30多次现场观摩，培训技术人员和种植户5万人次以上，帮助多地将"土豆豆"变成"金蛋蛋"。一年里无论春夏秋冬，团队成员大部分时间都工作在田野乡间，脸"黑"已成为他们的鲜明标志。2020年，金黎平获得"全国三八红旗手"称号、全国创新争先奖章，2019年，金黎平获得"全国脱贫攻坚创新奖"。

此外，团队还长期在贫困地区开展捐赠助学助农，2017年金黎平捐款50万元与毕节市政府共同成立百万助学基金。70周年国庆游行，金黎平光荣登上了乡村振兴方阵彩车。2020年5月29日，她又作为25位科技工作者代表之一，收到了习近平总书记的回信。

农业农村部第十二批扶贫联络组

2018年以来，农业农村部派出第十二批扶贫联络组赴湖北省恩施州咸丰县、来凤县，湖南省湘西州龙山县、永顺县，贵州省黔东南州剑河县开展定点扶贫工作。

3年来，扶贫联络组全体成员加强理论学习，强化制度建设，制定并严格遵守《关于加强自身建设的办法》，在工作中砥砺作风、在实践中增长才干。

3年来，扶贫联络组全体成员积极谋划农业产业发展，争取并协助落实财政资金投入13.7亿元，多渠道引进帮扶资金6.3亿元，招商引资30亿元，促进藤茶、茶叶、生猪、水果等传统产业转型升级，加快培育中蜂、中药材、食用菌等新的主导产业，推动特色产业走上发展快车道。

3年来，扶贫联络组全体成员坚持高质量发展理念，推进产业规模化、生产组织化、工艺标准化、产品品牌化；强化科技人才支持，建成武陵山区职业农民培训基地，培训基层干部近2400人次、农技人员1万多人次；对接市场通道，参加线上线下推介活动80余场，直播带货销售农产品3000多万元。

3年来，扶贫联络组全体成员放弃节假日与休息时间，放弃与家人团聚的时光，全身心投入脱贫攻坚主战场，蹲在基层干、围着产业转，千方百计为挂职地区脱贫攻坚想办法、找出路，充分彰显了中央单位定点扶贫的使命与担当，得到了地方党委、政府和基层干部群众的高度认可，助力农业农村部连续获得中央单位定点扶贫工作成效评价"好"的等次。

商务部流通业发展司农村市场处

　　商务部流通业发展司农村市场处承担"实施电商扶贫"和"多渠道拓宽农产品营销渠道"两项脱贫攻坚重点任务。一是强化责任担当，做好顶层设计。推动印发《关于促进农村电子商务加快发展的指导意见》等文件，会同教育部、交通运输部等9部门印发《多渠道拓宽贫困地区农产品营销渠道实施方案》，建立部际联系机制，做好统筹推进。二是突出扶贫实效，狠抓工作落实。会同财政部、原国务院扶贫办深入推进电子商务进农村，政策向贫困地区倾斜，在实现贫困县全覆盖基础上，对102个贫困县给予第二轮提升性支持。电商扶贫累计带动618.8万名贫困农民增收，人均年增收金额204.8元。2020年，贫困县农产品网络零售额达406.6亿元，接近2016年的3.3倍。贫困县农村网商超过305万家，带动农村就地创业就业700多万人。组织带动各地商务主管部门开展1260场产销对接活动，设立1855个面向贫困地区的销售专档、专柜、专区。全国各地农产品产销对接活动采购贫困地区农产品167.28亿元，覆盖120.59万户建档立卡贫困户。三是做大扶贫格局，建设长效机制。发动21家电商平台开通电商扶贫频道，为646个贫困县提供费用减免、流量支持等优惠。组织20个农村电商激励县与26个未摘帽县"结对子"，帮助贫困县发展产业、培养人才。与邮政局、邮政集团、农业银行战略合作，打通农村物流"最后一公里"，共用共享服务站点。四是深入调查研究，彰显过硬作风。全处同志经常赴"三区三州"深度贫困地区调研，新冠肺炎疫情暴发后，连续奋战40多天，一肩扛防疫保供，一肩挑脱贫攻坚，为打赢疫情防控阻击战和脱贫攻坚战作出了贡献。

文化和旅游部非物质文化遗产司

文化和旅游部非物质文化遗产司贯彻落实习近平总书记关于扶贫工作和非物质文化遗产保护的重要指示精神，牵头制定印发《中国传统工艺振兴计划》《关于大力振兴贫困地区传统工艺助力精准扶贫的通知》《关于支持设立非遗扶贫就业工坊的通知》《关于推进非遗扶贫就业工坊建设的通知》等，充分发挥传统工艺类非遗联系千家万户、遍布城镇村庄，具有带动贫困地区群众居家就业、脱贫增收的独特优势，指导各地组织大规模非遗技能培训，积极建设传统工艺工作站和非遗扶贫就业工坊，组织开展非遗博览会、非遗购物节等展示展销活动，全面开展非遗助力脱贫攻坚工作。目前，全国共设立非遗工坊超过2000 所，其中国家级贫困县设立的扶贫工坊近 1000 家，助力超过 10 万户贫困户就业增收。

同时，文化和旅游部非物质文化遗产司积极帮助贫困地区搭建线上线下销售渠道，在中国非遗博览会、中国义乌文化和旅游产品交易博览会等重要展会上设立非遗扶贫专区，在文化和自然遗产日支持各大电商举办"非遗购物节"，帮助非遗扶贫带头人、相关企业拓展销售渠道，让贫困地区人民群众切实从非遗扶贫中真正获益。通过支持非遗扶贫品牌活动和优秀带头人宣传、举办"非遗助力精准扶贫和乡村振兴"论坛等活动，不断提升非遗助力精准扶贫的社会可见度和影响力，形成了合力推动非遗助力精准扶贫的工作格局。

国家卫生健康委扶贫开发与对口支援工作领导小组办公室

深入学习贯彻习近平总书记关于扶贫工作的重要论述和党中央、国务院脱贫攻坚决策部署，强化顶层设计，健全统筹协调机制，形成了完善的工作、政策体系。每年召开工作会议，全面部署，推动健康扶贫任务落到实处。实行月报告、季督促、半年小结、年总结和委领导分区包片推进健康扶贫工作机制，将健康扶贫融入卫生健康工作各个领域和环节。动员全国 80 多万名基层卫生人员，逐户、逐人、逐病核实，全面摸清农村贫困人口患病情况，建立全国健康扶贫动态管理系统，成为第一个将原国务院扶贫办建档立卡数据运用到行业扶贫的部门。深入开展调查研究，将县医院能力建设、"县乡一体、乡村一体"机制建设、乡村医疗卫生机构标准化建设作为主攻方向，全面解决贫困人口基本医疗有保障突出问题，努力保障贫困人口享有基本医疗卫生服务。

通过持续努力，832 个贫困县县级医院服务能力实现跨越式提升，实现了贫困地区乡镇和行政村都有卫生院和卫生室并配备合格医生，乡村医疗卫生机构和人员"空白点"保持动态清零，累计分类救治 2000 多万名贫困患者，近 1000 万因病致贫返贫贫困户成功摆脱贫困，包虫病、艾滋病、结核病等重大疾病防控取得重要历史性成效。同时，统筹推进定点扶贫工作，累计投入帮扶资金 5.66 亿元，引进各类投资近 7 亿元；累计直接购买农产品 2933.6 万元，帮助销售 6767 万元，助力 4 个定点县高质量打赢脱贫攻坚战。

国家卫生健康委医政医管局医疗管理处

国家卫生健康委医政医管局医疗管理处以习近平总书记关于扶贫工作的重要论述为指引，深入贯彻落实党中央、国务院决策部署，创造性开展系列工作，为提高农村贫困人口医疗服务可及性、可负担性作出了突出贡献。

2016年以来，医疗管理处针对农村贫困大病患者医疗服务供给和医疗保障水平不足的突出问题，按照"定定点医院、定临床路径，加强质量管理、加强责任落实"的模式，对罹患重大疾病的农村贫困人口实施专项救治。2016年至今，救治病种由9种逐步扩大到目前的30种，服务对象从20余万人增加到270余万人。2020年，首批9种大病年人均治疗费用较专项救治前下降约13%。

2019年，按照中央"不忘初心、牢记使命"主题教育部署要求，医疗管理处总结借鉴农村贫困人口大病专项救治工作经验，推广应用于儿童血液病、恶性肿瘤等大病救治，已对15.8万名血液病恶性肿瘤患儿进行了定点救治和规范管理。

同时，医疗管理处连续7年组织开展服务百姓健康行动——全国大型义诊活动。每年参加义诊的医疗机构达到2万余家，医务人员达数十万人，服务群众约2000万人次，减免医疗费用逾亿元。

多年来，医疗管理处在承担多项医疗管理日常工作的同时，将健康扶贫作为重要政治任务、民生工程，放在突出位置，明确专人负责，坚持不懈抓好抓实。2020年，医疗管理处在指导全国新冠病毒核酸检测能力建设、多名同志长期派出支援武汉等地的同时，坚持统筹做好健康扶贫相关工作，确保如期完成相关工作任务。

中国人民银行金融市场司信贷政策管理处

中国人民银行金融市场司信贷政策管理处作为全国金融扶贫的先锋，深入贯彻党中央、国务院决策部署，在银行党委领导下，发挥金融扶贫牵头抓总作用，处内同志舍小家顾大家，夙夜在公，长期加班加点，轻伤不下"火线"，深耕普惠金融，探索中国特色的金融扶贫模式，多次得到中央领导同志肯定。

一是发挥牵头作用，组织银行、证券、保险等金融机构合力攻坚，形成金融大扶贫格局，累计发放金融精准扶贫贷款超 9 万亿元，贫困地区金融服务可获得性和便利度大幅提升。二是构建政策体系，出台金融助推脱贫攻坚、金融支持深度贫困地区等 19 个政策文件，牵头召开金融扶贫工作会议、开展实地调研上百次，引导金融机构累计发放贫困人口贷款近 3 万亿元。三是创设并完善扶贫再贷款，累计发放扶贫再贷款 6688 亿元，降低贫困地区融资成本。四是创新两项直达实体的货币政策工具，支持扶贫产业克服疫情影响复工复产。五是创设易地扶贫搬迁金融债，筹集近 2000 亿元资金，助力搬迁群众搬得出、稳得住、能致富。六是统筹做好金融扶贫信息共享、专项统计、政策效果评估，实现扶贫、金融信息精准对接，精准滴灌贫困人口。七是聚焦深度贫困地区，推动实现"三区三州"等深度贫困地区贷款增速高于所在省平均增速。八是加大创业担保贷款、助学贷款、扶贫小额信贷等实施力度，创设扶贫票据，推出"产业扶贫信贷通"等产品，累计发放产业精准扶贫贷款达 4 万亿元，增强贫困地区发展动力。九是加强风险防范，促进金融扶贫可持续。十是优化贫困地区金融生态环境，实现支付、征信等基础金融服务行政村基本全覆盖。

审计署农业农村审计司三处

党的十八大以来，审计署农业农村审计司三处组织完成了对 832 个贫困县的扶贫审计全覆盖，不断推动扶贫资金规范管理，审计查出问题金额占抽查资金比例由 2013 年的 36.3% 下降到 2020 年的 1.5%。

围绕不同时期党中央对脱贫攻坚作出的决策部署，先后起草了 6 份关于扶贫审计的规范性、指导性文件；先后到 30 多个贫困县开展审计或调研，入户走访 300 多户贫困家庭，将调研成果及时转化为解决问题的工作措施，起草并下发审计工作方案、要点等 50 多篇次，累计推动各地脱贫攻坚政策措施精准落地 7600 余项。不断加大对扶贫领域腐败和作风问题以及资金项目绩效的审计力度，组织各级审计机关向纪检监察机关等移送问题线索 3000 余件，累计推动盘活闲置扶贫资金 617.78 亿元，追回或挽回损失 105.14 亿元。对各级审计机关提交的 2000 多份报告共 3 万余个问题的证据材料进行逐一审核，确保审计结论审慎适当。

通过组织对整改情况开展专项审计、编制风险提示清单等，累计推动问题整改 7 万多个，全国扶贫审计查出问题整改率超过 95%。起草各类专题报告、专题材料 40 多篇报送党中央、国务院，促进问题长效解决。向国家发展改革委、原国务院扶贫办等主管部门移交扶贫审计查出问题 2000 多个，合力推动问题整改。

国务院国资委科技创新和社会责任局社会责任处

　　国资委科技创新和社会责任局社会责任处是中央企业脱贫攻坚工作牵头负责处室。党的十八大以来，社会责任处坚决贯彻落实习近平总书记关于扶贫工作的重要论述和党中央、国务院脱贫攻坚决策部署，指导督促中央企业全力以赴助力贫困县实现脱贫攻坚目标任务，支持贫困地区经济社会发展，为如期打赢脱贫攻坚战作出了应有贡献。一是组织中央企业承担帮扶重任。中央企业定点扶贫 246 个县、对口支援 37 个县，在全国各地结对帮扶 1.2 万多个县、乡、村。二是不断加大扶贫资源投入。通过强化动员督导，中央企业逐年大幅增加扶贫投入，党的十八大以来累计投入和引进无偿帮扶资金超过 550 亿元。三是设立扶贫基金探索新途径。设立中央企业贫困地区产业投资基金，动员央企实缴出资 314.05 亿元，投资带动贫困地区产业发展。四是开展扶贫专项活动惠及民生。开展"百县万村""同舟工程"活动，惠及群众超过百万人。五是扶贫抗疫工作成效明显。开展中央企业消费扶贫及贫困农民工专项招聘行动，组织设立央企消费扶贫电商平台，有效帮助贫困群众克服疫情影响。党的十八大以来，党中央、国务院领导同志先后 16 次对国资委和中央企业扶贫工作作出批示，给予肯定和表扬。

国务院国资委驻平乡县田付村乡艾村工作队

　　河北省邢台市平乡县艾村为国资委定点帮扶的贫困村。国资委先后派出3任第一书记赴艾村开展精准扶贫和基层党建工作，现任第一书记石永煊自2018年4月任艾村第一书记、工作队队长。多年来，艾村驻村工作队扎实开展工作，成功带领艾村从"国贫村"变为远近闻名的"中国淘宝村"。一是积极用好扶贫政策，切实解决贫困村建档立卡户困难。艾村驻村工作队深入研究扶贫政策，个性化制定扶贫措施，切实做好建档立卡户精准扶贫脱贫工作，2020年实现全部建档立卡户高标准脱贫，稳步做好防返贫工作。2020年初新冠肺炎疫情严峻，艾村驻村工作队全力投入疫情防控工作。二是积极寻求支持，做好硬件基础建设。艾村驻村工作队大力寻求支持打造硬件基础，村"两委"办公楼重建项目、电商大院集体经济项目、光伏发电扶贫项目、智慧路灯惠民项目、村级FM无线广播系统、公益用车民生项目等落地实施，现在艾村步步有"景"，迎来"翻天覆地"的变化。三是创新思路做党建，党建引领增收入。艾村驻村工作队创新性成立了"农机劳作经营集体经济"项目，利用国资委特殊党费购置农机，村党支部组织，村党员驾驶，收益归公反哺于民；努力提升党支部管理能力和决策水平，巩固提升了村支部战斗堡垒作用。"党建铁牛"的党建扶贫故事被多家主流媒体报道，并被"学习强国"APP收录转载。

税务总局定点扶贫和对口支援工作领导小组办公室

　　税务总局定点扶贫和对口支援工作领导小组办公室按照中央和国家机关工委、原国务院扶贫办和税务总局党委部署要求，统筹抓好总局机关定点扶贫、税务系统助力脱贫攻坚和税收优惠政策支持脱贫攻坚等工作。在抓好税务总局定点扶贫工作方面，持续帮扶青海省海东市民和县 24 年、平安区 19 年，直接投入资金 7000 余万元，引进资金 4000 余万元，先后派出 12 批 28 名干部接力奋战帮扶一线，聚焦党建扶贫、产业扶贫、教育扶贫、民生扶贫等方面投入 100 多个项目，培训基层干部和技术人员超过 1 万名，实现消费扶贫超过 2.5 亿元，助力两地如期实现"脱贫摘帽"。在抓好税务系统扶贫工作方面，先后 5 次发文作出部署、提出要求，2013 年至 2020 年，全系统先后为贫困地区投入帮扶资金 42 亿元，引进资金 72 亿元；派出专职扶贫干部 3.42 万名；引进企业 2332 家，企业投资 41 亿元；结对共建党支部 1.3 万个，党员捐款 2.5 亿元；培训基层干部 16.8 万人次，培训种养殖人员 16.4 万人次；购买农产品超过 5 亿元，帮助销售农产品 9.5 亿元，有力确保全系统帮扶的 8782 个贫困村、72 万多个建档立卡户全部顺利脱贫。在发挥税收优惠政策支持方面，制定出台 6 大方面 110 项扶贫领域税收优惠政策，并发布《支持脱贫攻坚税收优惠政策指引》，加大落实力度。目标脱贫地区落实优惠政策，实现减税金额从 2015 年的 263 亿元提升到 2020 年的 1022 亿元，年均增长超过 30%，为打赢全国脱贫攻坚战贡献了税务力量。

市场监管总局定点扶贫（对口支援）工作领导小组办公室

市场监管总局定点扶贫（对口支援）工作领导小组办公室切实强化政治担当、使命担当和责任担当，充分调动机关、系统和社会三方合力，综合运用资金帮扶、产业帮扶、消费帮扶、智力帮扶、就业帮扶等帮扶举措，助力甘肃省礼县和黑龙江省同江市、抚远市坚决打赢脱贫攻坚战，与全国人民一同步入小康社会。

2018年至2020年，市场监管总局定点扶贫（对口支援）工作领导小组办公室组织协调总局各司局、各直属单位累计向3个定点县市直接投入帮扶资金4459万元，引进社会帮扶资金26807万元，帮助培训基层干部2346名、专业技术人员3541名，直接购买贫困地区农产品997万元，帮助销售贫困地区农产品10356万元。

市场监管总局定点扶贫（对口支援）工作领导小组办公室着力变"输血"式扶贫为"造血"式扶贫，注重帮助贫困地区引进重大产业项目，增强内生发展动力，有力推动定点县市实现稳定脱贫、防止返贫。3年来，组织协调总局各司局、各直属单位先后帮助定点县市引进产业扶贫项目8个，项目总投资额约9.6亿元。

广电总局公共服务司绩效管理处

国家广播电视总局扶贫工作领导小组办公室设在公共服务司，由绩效管理处具体负责组织协调和落实总局各项扶贫工作任务。

协助总局与原国务院扶贫办联合印发《关于进一步做好广播电视和网络视听精准扶贫工作的通知》，出台《关于开展智慧广电专项扶贫行动的通知》《精准扶贫工作方案》《扶贫日活动实施方案》等文件，加强行业扶贫顶层设计。

统筹全行业推进智慧广电消费扶贫，组织广播电视播出机构、网络视听机构开展直播带货，如湖南卫视《出手吧，兄弟!》节目直播，快手"百城县长直播助农"活动，淘宝"村播计划"等。组织实施并总结报送的智慧广电消费扶贫案例被评为 2020 年全国消费扶贫优秀典型案例。

推进实施贫困地区县级广播电视播出机构制播能力建设、深度贫困县应急广播体系建设等重点惠民工程，协调向 52 个挂牌督战县、总局定点扶贫县及其他 20 多个县（市、区）捐赠优秀电视节目，丰富贫困地区群众精神文化生活。

组织总局各部门、各单位党组织与定点扶贫县贫困村党支部建立结对帮扶关系。协调统筹总局系统和社会力量，连年全面超额完成定点扶贫任务，其中 2020 年组织帮销农产品 12207 万元。

国家统计局住户调查办公室贫困监测处

国家统计局住户调查办公室贫困监测处深入学习贯彻习近平总书记关于扶贫工作的重要论述，在贫困监测、脱贫攻坚普查和扶贫一线连续奋战，用真实准确的数据为打赢脱贫攻坚战提供扎实统计支撑。

连续监测反映脱贫攻坚历程。健全农村贫困监测体系，生产发布的农村减贫规模、贫困地区农村居民收入等数据是客观评价中国减贫成效的重要数据。每年组织对国家贫困县开展调查，按季采集处理6万多农户家庭数据并上报统计分析，聚焦留守儿童教育等专题调研形成多篇报告，及时反映脱贫攻坚新情况。撰写报告述说砥砺奋进的5年、改革开放40年、新中国成立70年脱贫攻坚成就。2015—2020年连续出版6本中国农村贫困监测报告。

攻坚克难干好脱贫攻坚普查。作为脱贫攻坚普查主要参与者，以5省专项试点和17省综合试点经验为基础，围绕"两不愁三保障"政策规定，提出普查总体思路，参与设计普查方案，起草指导性文件，组织跨县异地登记，按时保质完成任务，为党中央宣布打赢脱贫攻坚战提供数据支撑。

深入一线助力脱贫攻坚。处内2名青年干部先后赴定点扶贫县山西省岢岚县和对口支援县江西省寻乌县挂职扶贫，发挥专长帮助当地提升贫困统计水平，为完善建档立卡等工作建言献策；走村入户了解贫困户需求，参与组织社会机构、企业捐款，推动扶贫项目进展。

国家医保局待遇保障司医疗救助处

国家医保局待遇保障司医疗救助处（扶贫办）主要承担医疗救助及医疗保障脱贫攻坚政策设计和推动实施工作。2018年以来，在局党组的领导下，全处同志深入学习贯彻习近平新时代中国特色社会主义思想，自觉将医保脱贫攻坚行动统一到党中央、国务院决策部署上，聚焦贫困人口"基本医疗有保障"的任务目标，推动医疗保障脱贫攻坚工作取得积极成效。习近平总书记高度肯定医保扶贫工作，指出脱贫攻坚取得决定性成就，贫困人口"基本医疗有保障"突出问题彻底消除，构建了世界上覆盖范围最广的基本医疗保障网。

持续完善医保扶贫政策供给。3年来先后制订十余项医保扶贫专项政策文件，初步形成参保缴费有资助、基本保障有标准、大病保障有倾斜、医疗救助能托底、管理服务更高效、就医结算更便利的医保扶贫工作机制。

全力确保贫困人口应保尽保。2018年以来，累计资助2.3亿人次参加基本医疗保险，支出资金约403亿元，贫困人口参保率稳定在99.9%以上。

强化三重保障制度综合减负。2018年以来，医保扶贫政策累计惠及贫困人口就医近5亿人次，帮助减轻贫困人口医疗费用负担近3500亿元，助力近1000万户因病致贫户精准脱贫，切实增强贫困人口获得感。

国管局扶贫工作领导小组办公室

　　国管局扶贫工作领导小组办公室深入学习贯彻习近平总书记关于扶贫工作的重要论述，特别是在阜平考察时重要指示精神，切实履行定点帮扶河北省阜平县责任，推动构建"党组亲自抓、全局同参与"帮扶格局。党的十八大以来，先后选派6批22名干部挂职帮扶，直接投入3300余万元，协调引进9.7亿元。聚焦职教、电商、产业、乡村、医疗等领域，协调一汽等8家车企投入资金设备共建梦翔汽车培训基地，帮助贫困家庭学生掌握一技之长、实现稳定就业，累计招生4000余人，人均年收入3万—5万元，达到"培养一人、就业一个、脱贫一家"目标。从零起步发展电商，构建完整电商运营和物流体系，推出"阜礼"品牌，拓宽销售渠道，帮助阜平县成功申请商务部"电子商务进农村综合示范县"项目，争取扶持资金2000万元，2020年全网销售额达3亿元。在平石头村、黑崖沟村发展特色种植产业，扶持创办扶贫车间，联合爱心企业开展消费扶贫，众筹资金建设光伏养老工程。引进硒鸽、生猪等养殖项目；协调促成雄忻高铁在阜平县过境设站；瞄准雄安新区建设发展需求，引进投资建设装配式建筑产业园。抓好阜平中医院建设，协同中医药管理局等选派专家驻点帮扶。2020年以来，组织全局干部职工以买代帮、以购代捐，缓解疫情期间企业困境；线上培训党政干部、技术人员4000人次，为复工复产蓄能助力。2018年至2020年，国管局在中央单位定点扶贫工作成效评价等次均为"好"；扶贫办和第20、第21批扶贫工作组先后获得原国务院扶贫开发领导小组、中央和国家机关工委表彰奖励。2020年2月底，阜平县正式脱贫摘帽。

国务院港澳办秘书行政司行政处

国务院港澳办秘书行政司行政处承担港澳办定点扶贫工作领导小组办公室职责，坚决贯彻落实党中央、国务院决策部署，以"钉钉子"精神推动办定点扶贫工作取得重大进展。2019 年 5 月，港澳办定点帮扶的河北省赞皇县顺利脱贫摘帽。

提高政治站位，以帮扶实际行动践行"两个维护"。协助办党组定期召开定点扶贫专题会议，第一时间传达学习习近平总书记关于扶贫工作的重要指示批示精神，听取扶贫工作汇报，制定具体帮扶措施。认真做好办领导赴定点扶贫县调研检查工作，2015 年以来，港澳办领导先后 15 人次带队赴赞皇县开展检查督导。制定出台扶贫资金管理办法，确保帮扶资金在阳光下运行，组织全办司局级及以下干部共 138 人次赴赞皇开展调研、支教和帮扶活动。

统筹社会力量，汇聚脱贫攻坚强大合力。5 年来，协调香港旭日集团、香港世茂集团、香港董氏慈善基金会、澳门基金会、滴滴公司等 23 家港澳和内地爱心企业、社团组织及个人，协调帮扶资金超过 1.25 亿元，同时直接投入帮扶资金 100 余万元，推动赞皇县教育、医疗卫生、文化等基础设施建设实现跨越式发展。

坚持内引外联，提振脱贫攻坚"精气神"。5 年来，组织港澳等爱心人士 110 余人次赴赞皇县进行考察调研。直接投入经费帮助赞皇县培训基层干部 3500 余人次、技术人员近 1600 人次。依托港澳区情研讨班等平台，组织 11 名赞皇干部赴港澳进行培训。

国务院研究室农村经济研究司

　　国务院研究室农村经济研究司始终牢记政治机关初心使命，坚持按照跑好贯彻落实习近平总书记关于扶贫工作的重要论述和党中央关于脱贫攻坚决策部署"第一棒"要求，认真履行"以文辅政"职责，努力发挥脱贫攻坚领域智囊和参谋助手作用，受到党中央、国务院有关领导同志多次表扬。一是聚焦脱贫攻坚重大问题深入开展调查研究，在落实东西部扶贫协作责任、完善贫困退出机制等方面提出了一系列建议。共撰写脱贫攻坚相关调研报告 50 余篇，获得中央领导同志重要批示 20 余次，推动有关部门调整优化政策举措。二是积极参与起草党中央、国务院重要文件，包括打赢脱贫攻坚战的决定、打赢脱贫攻坚战三年行动意见以及历年"中央一号"文件、政府工作报告的脱贫攻坚部分，助力构建脱贫攻坚"四梁八柱"。三是牵头组织起草国务院领导同志在脱贫攻坚相关重要会议上的讲话稿 200 余篇，有效推动帮扶政策举措落地，确保贯彻落实习近平总书记重要指示批示精神和党中央决策部署"第一棒"不跑偏、不走样。四是全力以赴支持做好定点帮扶，选派年富力强干部赴定点扶贫县担任县委常委、副县长，积极主动为定点县脱贫攻坚出主意、办实事，助力推进农村电商、乡村旅游、易地搬迁等试点示范创建，推动定点扶贫县连续 5 年在全省考核评估中排名前列、如期实现高质量脱贫摘帽。选派的帮扶干部方松海被评为"中央和国家机关脱贫攻坚优秀个人"。

新华社参考新闻编辑部清样编辑室

党的十八大以来，在新华社党组和参考新闻编辑部党委带领下，清样室以习近平新时代中国特色社会主义思想为指导，把脱贫攻坚作为调研报道重要主题，连续4年牵头组织脱贫攻坚成效省际交叉暗访考核调研，相关调研报告得到中央领导同志充分肯定，为脱贫攻坚战取得伟大胜利起到推动作用。

一是2017年以来，根据中央领导同志要求，受原国务院扶贫办委托，连续4年牵头组织403名新华社记者，深入中西部22省区市400多个县市区走村入户，开展脱贫成效省际交叉暗访考核调研，每年撰写报送的总报告和分报告得到中央领导同志高度认可。

二是脱贫攻坚战5年来，调动新华社国内31个分社的采集力量，在参考类期刊上编发了1700多篇沾泥、带露、冒热气的稿件，为中央决策提供重要参考。

三是近年刊发的相关稿件，如第一书记黄文秀诠释初心使命等稿件，在社会上产生良好反响。

四是2017年起国务院扶贫办派专人定期汇总分析清样室编发的稿件，认为有关脱贫攻坚报道数量较大、质量较高，内容丰富、角度多样，成为扶贫办了解情况、发现问题、完善政策、促进工作的重要渠道。

国家精准扶贫工作成效第三方评估中国科学院地理科学与资源研究所团队

　　党的十八大以来，我国实施精准扶贫方略，实行"最严格的考核评估"制度。受原国务院扶贫开发领导小组委托，中科院成为第三方评估机构，并依托中科院地理资源所成立了"国家精准扶贫工作成效第三方评估中国科学院地理科学与资源研究所团队"。该团队以国家需求为己任，牢记使命、联合攻关，系统创新了精准扶贫成效评估理论与技术体系，揭示了新时期农村贫困化特征与分异规律，形成了贫困化"孤岛效应"、扶贫供给侧结构与工程扶贫等理论认知，研制了支撑国家精准扶贫成效第三方评估系列关键技术、指标体系和"两制度三系统"调查规程，创建了空间分层抽样技术和"六个一"工作方法，开发了国家精准扶贫成效评估大数据系统，解决了精准扶贫成效如何精准化、定量化等关键问题。通过理论研究、技术创新和实践应用，使调查评估工作效率提高 30%、成本降低 40%。2016 年以来，该团队坚持独立、客观、公正、科学的原则，连续 6 年调查了我国中西部 22 个省份的 603 个县、5380 个村，获得农户问卷 15.5 万份，高质量完成了国家精准扶贫工作成效第三方评估重大任务，提交系列评估报告和重要咨询建议被国家有关部门采纳，发挥了"质检仪"、"指挥棒"和"以评促改"的重要作用，支撑了全国脱贫攻坚考核与决策，为如期决战脱贫攻坚的伟大事业作出了重大贡献。

中国社科院农村发展研究所

中国社会科学院农村发展研究所长期开展反贫困理论研究，在院党组领导下，在服务中央决策、评估宣传脱贫攻坚成效、学科建设等方面，充分发挥智力扶贫作用。

服务中央决策。报送脱贫攻坚要报约 30 篇，获得习近平等中央领导重要批示。承担多项中央交办任务，建议被相关部门采纳。参与组织中宣部主办的"人类减贫经验国际论坛"，组织撰写并发布《中国减贫经验、成就与国际经验》报告（中英文）。

参与脱贫评估咨询。连续参加贫困县退出评估检查及省级政府扶贫开发工作成效评估，参与深度分析扶贫建档立卡数据，派员参加原国务院扶贫开发领导小组专家咨询委员会及历届脱贫攻坚奖评选。

推进贫困学科建设。建设"贫困与福祉研究"重点学科，实施"精准扶贫百村调研"特大项目，出版《中国减贫与发展 1978—2018》，相关创新工程项目报告多次被评为优秀成果。

宣传脱贫攻坚成效。发布《扶贫蓝皮书》，接受权威媒体采访，提供脱贫攻坚权威数据和观点。

讲好中国脱贫故事。在非洲、东南亚、美国等地参加国际学术交流，为对外减贫合作培训班授课，出版发表英文减贫研究专著、论文。

协助定点扶贫工作。协助中国社会科学院扶贫办公室，在定点扶贫县开展国情调研和政策咨询，组织捐款捐物。

中央广电总台定点扶贫工作领导小组办公室

中央广电总台统筹协调电视、广播、新媒体等优势资源，持续加大脱贫攻坚宣传报道力度，在《新闻联播》等重点栏目，推出一系列专栏和系列报道，2020年报道喜德县相关情况300余条（篇）。总台扶贫办积极发挥统筹协调作用，先后组织调研考察3次，召开工作会议13次，协调14个栏目组，350余名记者、编辑、主持人、播音员赴喜德县，开展调研报道、教育帮扶、文艺下乡等。2020年8月，总台"心连心"艺术团走进喜德县，艺术展示脱贫攻坚成果，向奋战在一线的脱贫攻坚干部和群众致敬。推出凉山助农专场直播带货，销售额突破1935万元。投入280万元支持喜德县融媒体中心建设。

"广告精准扶贫"项目从2016年实施以来，累计为全国216种农副产品免费播出广告片716.6万秒，投入广告资源总价值达74.9亿元，惠及387万贫困户、1478万贫困人口。总台扶贫办把"广告精准扶贫"作为助力喜德社会经济发展的重要举措，拍摄制作3部广告宣传片，在总台15个电视频道、4个广播频率以及新媒体网站播出。

总台扶贫办依托总台品牌优势，积极帮助喜德县落实好"两不愁三保障"，携手名企捐赠了覆盖县所有中小学生贫困户价值1465万元的羽绒服、156万元的"爱心包裹"和2.6万只防疫口罩等。发挥节目部门优势，先后开展了体育冠军进校园、英语教师和普通话培训等"双扶"助学活动。投入党费及职工捐款购买51万元教学用品、20万元"中小学语文示范诵读库"、100万码洋6万册图书。

2020年，总台累计投入帮扶资金1.3亿元，引入帮扶资金1750万元，购买贫困地区农产品668万元，帮助销售贫困地区农产品4724万元，培训基层干部和技术人员共908名。

全国供销合作总社经济发展与改革部

　　经济发展与改革部作为全国供销合作总社扶贫工作具体职责部门，深入学习领会习近平总书记关于扶贫工作的重要论述，认真贯彻落实党中央、国务院决策部署，按照总社扶贫工作领导小组工作部署，全力投入打赢脱贫攻坚战。近3年来，先后研究制定行业扶贫、消费扶贫、定点扶贫等指导性文件5份，组织召开系统扶贫工作推进会、视频会和座谈会5次，组织协调主要负责同志赴定点扶贫县调研7次，推动全系统脱贫攻坚工作取得优异成绩。一是推动形成系统合力，大力推进产业扶贫、消费扶贫、科教扶贫等，指导搭建运营"扶贫832平台"，实现832个国家级贫困县全覆盖，2020年交易额突破82亿元。全系统累计从国家级贫困县购进农产品1.35万亿元，建设产业扶贫项目1.3万个，带动贫困人口490万人。全系统74所职业院校累计招收建档立卡贫困学生3.8万人。二是用心用情做好定点扶贫，统筹协调资源，累计向3个帮扶县投入资金2.2亿元，连续3年超额完成定点扶贫责任书目标，3个县如期全面实现脱贫摘帽。三是全力打好收官战。全力克服疫情影响，组织召开扶贫工作电视电话会议，印发通知和倡议书，坚持以脱贫攻坚统领综合改革工作，推动圆满完成脱贫攻坚收官阶段各项工作，组织全系统集中采购湖北各类农产品超过104亿元。

原国务院扶贫办政策法规司

　　党的十八大以来，原国务院扶贫办政策法规司积极履行扶贫政策研究参谋助手、行业扶贫协调配合和推动驻村帮扶、扶贫宣传等职能，全面完成任务。组织开展重大扶贫政策研究。先后承担多个扶贫纲领性文件起草的综合联络、政策协调、工作保障和文稿写作等任务，承担"十三五"时期实现全面建成小康社会目标"短板"问题研究。协调推进公共服务领域扶贫。协调推进教育扶贫、健康扶贫，协调推进兜底保障扶贫，协调推进残疾人、少数民族等重点群体帮扶工作，创造性开展教育、健康有关众筹扶贫项目。强化驻村帮扶。督促指导各地向贫困村选派第一书记和驻村工作队，累计派驻 300 多万名干部；起草加强驻村工作队选派管理的指导意见，以"两办"名义印发，规范驻村工作管理；每年组织开展脱贫攻坚干部轮训。开展扶贫扶志。牵头制定扶贫扶志行动意见，第一次将扶贫扶志要求具体化。总结推广红黑榜、爱心公益超市等做法，强化政策激励引导，开展不良行为治理。加强宣传引导。协调推动将 10月 17 日确定为扶贫日，每年组织形式多样的扶贫日活动。协调推出脱贫攻坚系列深度报道和主题宣传，宣传脱贫攻坚先进典型和感人事迹，组织制作一批扶贫文学文艺作品。积极应对涉贫舆情，及时回应社会关切。

原国务院扶贫办开发指导司

原国务院扶贫办开发指导司坚决贯彻落实党中央、国务院关于脱贫攻坚的决策部署,积极推进开发式扶贫工作并取得显著成效。开发指导司荣获全国脱贫攻坚先进集体,光伏扶贫、扶贫小额信贷工作荣获"2020年全国脱贫攻坚奖组织创新奖",产业处获全国科普工作先进集体,人力资源处荣获全国农民工工作先进集体,多名党员干部荣获省部级荣誉。

产业扶贫成效显著。推动全国92%的贫困人口参与产业扶贫,72%的脱贫人口得到产业扶贫支持,超过2/3贫困户得到新型经营主体带动,贫困劳动力内生动力显著增强。全国建成村级光伏电站8.3万座,光伏扶贫容量达到1865万千瓦,预计年收益180亿元,破解了集体经济空壳村难题。

就业扶贫硕果累累。推出劳务协作、扶贫车间、公益岗位、贫困村创业致富带头人等系列务实管用的举措,有效克服疫情影响,推动贫困人口增收脱贫。全国2/3的建档立卡贫困人口通过务工增收,这些家庭2/3的收入来自务工。2020年,全国贫困劳动力外出务工人数超过3200万,培育贫困村创业致富带头人57.9万名,建有扶贫车间3.3万个,吸纳43.94万贫困人口就业。

金融扶贫创新推进。推动形成银行业、证券业、保险业"三驾马车"共同发力的工作格局,为贫困人口量身定制了扶贫小额信贷产品,用中国特色方法破解了世界性难题。截至2020年底,全国扶贫小额信贷累计发放7200亿元,累计支持建档立卡贫困户1800万户(次)。

中国扶贫志愿服务促进会

中国扶贫志愿服务促进会自成立以来，坚决贯彻落实党中央脱贫攻坚决策部署，不断增强"四个意识"、坚定"四个自信"、做到"两个维护"。努力凝聚社会力量及资源，弘扬扶贫志愿服务精神，为打赢脱贫攻坚战作出积极贡献。

创办中国社会扶贫网，"互联网＋"社会扶贫已成为脱贫攻坚重要平台。截至 2020 年 11 月底，累计注册用户 6507.29 万人，成功发布贫困需求 730 多万个。已建设成为全国消费扶贫第四方平台，为中西部地区发布 17 万款扶贫产品，为 5.38 万个生产单位提供了价值 1.32 万亿商品的销售动态监测服务。2018 年获得"全国脱贫攻坚奖组织创新奖"。

"两病一学"项目成效明显。"光明扶贫工程·白内障复明"项目目前已在 22 个省（区）1580 家定点医院共免费救治建档立卡贫困患者达 303692 人。"强直性脊柱炎健康扶贫工程"项目自启动以来，已义诊筛查患者 7998 人并实施救治。"学前学会普通话"项目累计筹集资金 2.67 亿元，惠及学龄前儿童 43.4 万人，2019 年获得"全国脱贫攻坚奖组织创新奖"。

开展贫困村创业致富带头人培训工作取得实效。截至 2020 年 11 月 30 日，全国 7 个培训基地已累计举办培训班 233 期，培养了 17810 名创业致富带头人。

圆满完成"挂牌督战"任务。与望谟县共同在坡头村创建示范村，有关做法已在黔西南州推广。

《中国扶贫》杂志社

党的十八大以来，《中国扶贫》杂志社认真贯彻落实党中央、国务院脱贫攻坚决策部署，紧紧围绕脱贫攻坚中心工作和重点任务，凝心聚力做好扶贫宣传，全力以赴服务脱贫攻坚。

一是扎实做好宣传工作。每期杂志开篇刊发习近平总书记对脱贫攻坚的重要指示和要求，及时传达党中央脱贫攻坚决策部署。2015年以来，杂志累计刊发省部级领导同志文章93篇，相继总结了井冈山精神、兰考精神等在脱贫攻坚中的新实践，刊发北京、宁夏等100多地系列专题，以及黄文秀、李保国、黄诗燕等一批脱贫攻坚模范人物事迹，引发社会广泛关注。同时，第一时间将国家脱贫攻坚政策、各地好经验好做法、脱贫致富的好点子和好信息传达到贫困村、贫困户和驻村工作队。二是深入开展调研工作。从2017年开始连续4年承担对中西部22个省份的脱贫攻坚暗访调研工作，累计走访农户6759户，形成调研报告276份，总结典型经验349个，发现主要问题950条，提出意见建议702条，为领导决策和开展督战约谈提供了参考。三是积极开展消费扶贫，积极帮助贫困地区推介扶贫产品。如持续帮助重庆奉节县重点扶贫产业脐橙品牌价值达到182.82亿元，协调19家央企2020年协议采购贵州省扶贫产品1.35亿元。四是参与扶贫信息简报的编辑工作，累计编发《扶贫信息》834期、《扶贫简报》412期，其中40余篇信息简报得到中央领导同志重要批示，为中央决策提供了有力参考。

中国残联扶贫工作办公室

中国残联扶贫工作办公室着力在建立贫困残疾人脱贫攻坚政策扶持体系、着力解决贫困残疾人"脱贫不解困"的突出问题、培育推广贫困残疾人脱贫攻坚典型经验、不断激发贫困残疾人自主脱贫内生动力等方面创新工作。

起草并协调相关部门将贫困残疾人脱贫政策纳入中央出台的三个脱贫攻坚文件，制定《贫困残疾人脱贫攻坚行动计划（2016—2020 年)》等一系列专项行动方案。探索出贫困重度残疾人托养照护服务工作模式。针对扶持贫困残疾人脱贫的特殊性和多样性，推动形成了残疾人扶贫基地产业带动增收、基层党组织助残脱贫、残疾人就业保障金转股分红、电商助残扶贫、残疾人扶贫车间、家庭无障碍改造、企业助残脱贫、残疾青壮年文盲扫盲、助盲就业脱贫、自强脱贫与助残脱贫典型经验等一系列帮扶措施。

先后 5 次参加脱贫攻坚督查、2 次省际交叉考核工作。深入中西部 22 个省（区、市）贫困地区开展贫困残疾人脱贫工作调研。连续 5 年组织开展全国扶贫日残疾人扶贫分论坛，每年筹办残疾人脱贫攻坚会议。多次举办基层残联贫困残疾人脱贫攻坚培训班，对深度贫困地区贫困县基层残联培训实现全覆盖。挖掘残疾人自强脱贫和助残扶贫先进典型，编印案例书籍，加大对外宣传，选树突出典型在国务院新闻办与中外媒体见面，在国际减贫论坛上宣讲残疾人脱贫攻坚政策和经验，组织开展自强脱贫和助残扶贫先进事迹巡回报告会。

在具体负责中国残联定点扶贫河北省南皮县工作中，统筹协调中国残联机关结对帮扶南皮县全部 9 个乡镇，有力推动南皮县在产业、医疗、健康服务、文化事业、贫困人口就业、乡村残疾人服务等方面取得显著成效。南皮县成为全国首批"摘帽"的 26 个国家级贫困县之一。

中国国家铁路集团有限公司扶贫开发领导小组办公室

　　国铁集团扶贫开发领导小组办公室积极践行"人民铁路为人民"的责任担当，助力 4 个定点扶贫县区等贫困地区打赢脱贫攻坚战。一是创新扶贫工作体系，构建覆盖公司机关"16 个业务部门 +18 个铁路局 +14 个协同扶贫单位"的工作架构和制度体系，形成合力攻坚态势。二是推动创新"铁路网 + 无轨站 + 永临结合"的建设扶贫模式，持续加大连接贫困地区铁路建设，新投产铁路覆盖 274 个国家级贫困县；同时对不通铁路贫困地区建设 155 个无轨站，目前"铁路网 + 无轨站"覆盖约 600 多个贫困县，打通"大动脉"畅通"微循环"。推动创新"精准运输 + 公益性'慢火车'+ 旅游扶贫 + 农产品专列"的运输扶贫模式，运用大数据优化贫困地区客货运输产品；以贴心的服务将 81 对"慢火车"打造为沿线贫困群众"致富车""连心车"，覆盖 21 个省区 35 个少数民族 104 个国家级贫困县；为贫困地区减免物流等费用 60.5 亿元。三是加大定点扶贫力量投入。党的十八大以来重点投入 3.76 亿元，引入无偿帮扶和社会投资 3.4 亿元，派驻干部 180 人。四是创新产销帮扶机制，精准实施"铁路小镇"等 352 个项目。用好铁路职工和建设单位"菜篮子"、每年 30 多亿人次的旅客、"12306"网络用户 5 亿人等消费市场，开展"进站上车"等五项消费扶贫行动，构建"三网一柜"线上线下融合平台，覆盖铁路旅客从购票、候车、乘车等全过程消费场景，2018 年以来消费扶贫 8.4 亿元，连续 3 年翻番增长。五是创新企业用工、建设用工等"五个一批"就业扶贫模式，直接帮扶 832 个国家级贫困县 15 万余人稳岗就业，"点对点"运送贫困人口 45.4 万人返岗务工。六是深化抓党建促脱贫攻坚。建强贫困村党支部 60 个。帮扶和田县贫困村先后有 236 人光荣入党，49 名少数民族青年成长为合格"村官"。

中国铁路西安局集团有限公司派驻汉中市勉县扶贫工作组

中国铁路西安局集团有限公司派驻汉中市勉县扶贫工作组发挥铁路行业优势，助力勉县如期脱贫摘帽。一是先后选派39名党员干部在勉县挂职副县长、担任驻村第一书记和扶贫工作队员，先后有112人次受到各级各类表彰，其中1人获"中央和国家机关脱贫攻坚优秀个人"，3人获"铁路火车头奖章"。二是投资3500余万元，扶持特色产业项目36个，形成红辣椒、绿茶叶、白木耳、金丝皇菊和黑色香菇的"五色"种植业，以及百头牛、千张蚕和万只鸡的"百千万"养殖业，实现产业扶贫从"输血"到"造血"。三是组织贫困地区劳动力参与铁路建设，发动贫困群众乘火车赴新疆采棉务工、到临近地区采收花椒务工，带动劳务增收2000余万元。四是定期举办"消费扶贫直通车"农产品直销活动，协调对勉县开放"中铁快运""12306"网上商城和铁路超市、站车货柜等，带动群众增收2800余万元。五是投入资金1160万元解决"两不愁三保障"问题，先后实施人畜饮水、住房安保、卫生院迁建工程，捐赠全数字化DR机、彩超机等先进医疗设备，并为10所山区小学安装采暖系统，改善山区医疗、饮水、住房、教学等基础条件，惠及贫困户4万余人。扶贫典型做法先后被学习强国平台、《中国扶贫》杂志、《中央和国家机关驻村第一书记扶贫典型案例集》和《全国产业扶贫优秀案例选编》收录，并被《人民日报》和央视新闻联播、焦点访谈多次报道。

中国铁路兰州局集团有限公司原州区工作队

中国铁路兰州局集团有限公司原州区工作队充分发挥铁路行业优势，用情用心用力开展驻村帮扶工作，助力原州区如期脱贫摘帽。一是精准实施产业帮扶。累计投入帮扶资金1.58亿元，实施了肉牛养殖、香菇种植、面粉加工、光伏发电等一大批特色产业扶贫项目，带动贫困群众生产创效益、务工增收入、入股有分红，补齐"两不愁三保障"短板，极大地改善了生产生活条件，户均增收7000余元。特别是2020年投入1800万元建成的姚磨村高标准、高质量冷凉蔬菜产业链项目，被宁夏回族自治区列为农村集体经济产业帮扶示范性工程。二是打开产销致富渠道。着力构建产运销一体化消费扶贫体系，采取购买帮销并举、线上线下互动的方式，推动帮扶县区农产品进站上车、网上销售、走进铁路职工食堂，累计完成消费扶贫5700万元，为帮扶企业可持续健康发展和贫困群众增收致富起到了极大推动作用。三是积极开展扶志扶智。探索"四联"党建扶贫机制，组织铁路单位与7个帮扶村党支部开展结对帮扶，增强村两委班子战斗力和贫困群众内生动力；组织上万名基层干部、致富带头人和贫困群众开展专业技能和岗前就业培训。工作队"真情实意、真帮实扶、真金白银"赢得广泛赞誉，12名工作队员全部被地方党委考核评定为"优秀"等次，5人荣获省部级荣誉，工作队被宁夏回族自治区评为"2017—2018年度驻村帮扶先进集体"，并经宁夏回族自治区推荐荣获"2020年全国脱贫攻坚奖组织创新奖"。

中国光大集团股份公司扶贫工作办公室

中国光大集团定点帮扶湖南省新化、新田、古丈三个贫困县。光大集团扶贫办作为最"接地气"的精干团队，勇挑重担，攻坚克难，深入僻壤荒村、田间地头，对接项目，解决难题，推动光大集团扶贫工作领导小组决策事项的落实，把金融集团优势与扶贫县资源禀赋结合起来，打出"光大扶贫组合拳"，圆满完成了脱贫攻坚的艰巨任务。

2015年底以来，光大集团累计投入帮扶资金2.89亿元，引入各类帮扶资金和企业投资8.5亿元，培训基层干部11740名、技术人员11793名，购买和帮助销售贫困县农产品1.4亿元，培育了"米大姐"等一批致富带头人；累计在三个贫困县实施帮扶项目299个，帮助建设了光大环境垃圾焚烧发电厂、光大中青旅山水酒店等一批"大件儿"，推动光大银行在贫困县建设分支网点，实现光大金融服务全覆盖，助力贫困地区小微企业发展，有力促进了三个贫困县脱贫攻坚。从2017年中央单位定点扶贫工作成效考核以来，光大集团连续四年（2017年、2018年、2019年、2020年）被评为"好"等次，在同类参评单位中是唯一一家。"打通产业扶贫'最后一公里'"被国家发展改革委评选为"2020年全国消费扶贫50优秀典型案例"。"小诊室解决大难题"乡村远程诊疗项目被国家卫健委评选为2020年"互联网＋医疗健康"十佳典型案例。

中国光大集团驻湖南省新化县帮扶工作队

中国光大集团驻湖南省新化县帮扶工作队进驻新化19年来，累计争取帮扶资金1.8亿元，引进金融信贷资金6.97亿元，引进项目投资近5.93亿元，实施扶贫项目350多个，扶贫成效显著，帮助新化县于2019年脱贫摘帽。

健康扶贫方面，构建覆盖县乡村三级的远程医疗体系，累计提供远程医疗服务1万余人次，其中贫困户占85%，被国家卫健委评为"互联网＋医疗健康"十佳典型案例；支持建设的11所乡镇卫生院累计接诊超过110万人次，其中贫困人口超过42万人次。教育扶贫方面，支持建设的46所学校培养各类学生近10万名，其中贫困家庭学生2万多名；通过"明德"一对一助学行动募集捐款223.39万元，资助贫困学生2939名。金融扶贫方面，引进光大银行新化支行，累计投放贷款6.97亿元；支持成立总授信规模1.08亿元的"产业发展风险补偿基金"，支持小微企业发展。产业扶贫方面，引进光大环境新化县垃圾焚烧发电厂和中青旅新化山水酒店；帮扶王爷山食品、天鹏生态园、伟星竹木等企业成为扶贫龙头企业。开展资产收益扶贫，精准构建企业与贫困户之间利益联结机制。党建扶贫方面，支持建设的140多个村级党群服务中心为基层脱贫攻坚提供了坚强组织保障。驻村帮扶方面，帮助洋溪镇双星村、油溪乡东方红村、大熊山林场大礼工区等6个贫困村脱贫出列。

研究出版社

实施文化创新，书写中国扶贫理论和道路学术总结。在脱贫攻坚伟大实践中，涌现出许多生动鲜活的故事和典型案例，为图书出版行业积累了丰厚素材。中国出版集团所属研究出版社自觉践行出版"国家队"文化担当，发挥扶志扶智主题出版特色，推出《中央和国家机关驻村第一书记扶贫典型案例集》《扶贫家书》《脱贫攻坚前沿问题研究》《中国减贫奇迹怎样炼成》等近百种富有新时代特色的优秀图书，在扶贫主题出版领域赢得一席之地。

聚焦脱贫攻坚，实施精品战略，全景记录脱贫攻坚伟大实践。多部图书入选国家或省部级重点出版物，在全国出版社中名列前茅。《中国脱贫攻坚故事丛书》等 3 种图书入选中宣部主题出版重点出版物，《新时代中国县域脱贫攻坚案例研究》丛书入选国家出版基金项目，《人类减贫史上的中国奇迹》入选经典中国国际出版工程项目，《为了消除老年贫困：城乡居民基本养老保险扶贫工作纪实》入选向全国老年人推荐优秀出版物。

始终保持献身扶贫事业的高昂激情，助力脱贫攻坚伟大工程。承担甘肃省社科联"农村精神扶贫科普教材出版工程"中标项目；为集团扶贫定点帮扶县引进帮扶资金 10 万元；助力扶贫公益，向"学习强国"新华书店网上书城、陕西丹凤县、中共洛商工委旧址等捐赠扶贫图书近 20 万码洋。

国家粮食和储备局扶贫工作领导小组办公室

国家粮食和储备局扶贫办聚焦优质粮食，助力定点扶贫的安徽省阜南县脱贫攻坚，蹚出粮食产业精准扶贫、促进乡村振兴的新路子。

突出粮食产业扶贫，培育助推脱贫攻坚"阜南样板"。围绕阜南县产粮大县与产业弱县实际，引进龙头企业实施优质粮食工程，两年内完成示范种植—规模化种植—就地加工转化三步走。当地优质小麦从 1.5 万亩扩大到 35 万亩、160 多个品种优化到 4 个，每亩增收超 200 元，20 万农户（含 4 万贫困户）受益，6.3 亿元面粉加工项目落户粮食产业园，配套建设 10 万吨粮仓，实现产购储加销"五优联动"和全产业链经营，加快粮食产业集聚、转型升级。

聚焦粮食以点带面，放大行业扶贫成效。扶持 1000 多个产粮大县实施优质粮食工程，在 64 个产粮贫困县推广"阜南样板"，订单种植优质粮食 200 多万亩，年助农增收超 4 亿元，放大粮食产业助力脱贫攻坚和乡村振兴成效，在推进小农户适度规模经营，保障优质粮食供给上迈出坚实一步。

创新推动消费扶贫，搭建贫困地区产销对接平台。连续两年举办全国贫困地区优质特色粮油产品展销会，签约 18.3 亿元，被评为全国消费扶贫优秀典型案例。2020 年，336 个贫困县 700 多家合作社、企业参展，帮助 71 家中央和国家机关 113 个定点扶贫县销售签约 5.3 亿元，同时搭建线上扶贫馆，打造不落幕的展销会。

国家能源局新能源和可再生能源司

党的十八大以来，国家能源局新能源和可再生能源司坚决贯彻落实党中央、国务院关于脱贫攻坚的决策部署，多方面推动能源扶贫工作，为打赢脱贫攻坚战作出重要贡献。

一是规划建设光伏扶贫工程。2015 年启动光伏扶贫工程，先后下达五批光伏扶贫专项建设规模和计划。到 2020 年全面完成光伏扶贫建设任务，累计建成光伏扶贫电站 2636 万千瓦，惠及约 10 万个村、415 万贫困户，其中建档立卡贫困村 5.98 万个，每年可稳定产生发电收益约 180 亿元，成为我国产业扶贫的精品工程和十大精准扶贫工程之一。

二是着力改善贫困地区用电条件。党的十八大以来，持续加大对贫困地区农网建设的支持力度，累计安排农网改造升级投资计划 4248 亿元，其中中央投资 1116 亿元。2015 年完成无电地区电力建设，全面解决 4000 万无电人口用电问题。开展贫困村通动力电工程，为 3.3 万个自然村通动力电，惠及农村居民 800 万人，实现大电网覆盖范围内贫困村通动力电。2020 年上半年提前完成"三区三州"、抵边村寨农网改造升级攻坚三年行动计划，有效改善深度贫困地区 210 多个国家级贫困县、1900 多万名群众用电条件。

三是建立水电开发利益共享机制。出台水电开发利益共享工作指导意见，积极推进西南少数民族贫困地区水电开发资产收益扶贫改革试点工作，有效推动了贫困地区水电建设，带动四川、云南、青海等地经济发展，促进库区移民脱贫致富。

国家烟草局扶贫工作领导小组办公室

一是强化组织保障。专门成立扶贫工作领导小组，下设办公室，由主要负责同志任组长，先后多次召开领导小组会议专题研究帮扶政策，先后出台定点扶贫工作制度十几份，坚持做好帮扶工作的顶层设计。烟草局领导同志每年至少赴定点扶贫县调研一次。二是加大扶贫资金投入。自 2016 年以来，协调国家局和行业单位向西藏、赣南原中央苏区、国家局定点扶贫地区、山西省和云南较少民族地区捐赠达 50 亿元。三是创新消费扶贫工作方式。牵头先后举办两期定点扶贫地区农产品产销衔接会展，推动行业需求与定点扶贫地区农产品供给有效衔接，在局机关和行业各单位举办美食周和农产品展销活动，引导和鼓励采购扶贫地区农产品近 2 亿元。四是加大干部培训力度。在贫困地区培训行业和定点扶贫地区扶贫干部和技术人员 1.1 万人次。五是建成烟草行业扶贫工作管理信息系统。用信息化手段优化扶贫管理工作，完善行业扶贫项目分类标准，形成扶贫资金和项目的闭环管理。六是做好督促检查工作。提高扶贫项目精准性和扶贫资金效益。加强扶贫项目管理，确保每一分扶贫款都用到刀刃上。七是发展特色产业。拓宽群众致富之路。"十三五"期间累计投入近 6 亿元，助力红寺堡区养牛基地和贫困户养牛补贴项目、竹溪县国烟产业园项目和竹山县卫浴城项目，投入 3 亿元用于兴国县教育项目等，巩固"两不愁三保障"基础，提高贫困地区"造血"能力。八是落实对扶贫干部关心关爱。印发《国家烟草专卖局定点扶贫地区挂职扶贫干部管理办法》，既做到对扶贫干部的严管理，又做到对扶贫干部的真关爱。

国家林草局规划财务司

规划财务司作为国家林草局扶贫工作的牵头部门，带领林草行业实施"生态补偿脱贫一批"，到2020年底，林草生态扶贫共惠及2000万以上建档立卡贫困人口，以实际行动践行"绿水青山就是金山银山"的理念，实现脱贫攻坚与生态保护"双赢"。林草局在原国务院扶贫开发领导小组2次组织的重要政策措施分工任务落实情况第三方评估中，都被评为"好"；连续3年获得中央单位定点扶贫工作成效评价"好"的等次。

提高政治站位。按照局党组要求，把扶贫工作作为首要政治任务来抓，压实责任，一把手亲自任扶贫办主任，配置两名司局级专职副主任，同时设立2个扶贫处室，成立8人定点扶贫工作推进组，2个人对口1个县。

创新扶贫机制。提出"四精准三巩固"的工作思路。大力实施生态补偿扶贫、国土绿化扶贫、生态产业扶贫三大举措，2016年以来，协调财政部累计安排资金201亿元，在中西部22个省份选聘贫困人口生态护林员110.2万名，精准带动300多万名贫困人口脱贫增收。创新设立林草生态扶贫专项基金，累计募捐4186万元，投入定点扶贫县3190万元，支持发展生态扶贫产业，建经济林基地、打造扶贫车间。

打造典型样板。推广山西脱贫攻坚造林合作社经验，在贫困地区组建合作社2.3万个，吸纳贫困人口160万人。履行滇桂黔石漠化片区牵头责任，累计安排片区中央林草资金近200亿元，为片区完成脱贫攻坚任务奠定坚实基础。扎实做好贵州独山和荔波、广西龙胜和罗城4个县定点扶贫工作，共安排中央林草资金12.8亿元，通过党建、科技、产业、消费、智力帮扶助推定点扶贫县如期脱贫。与原国务院扶贫办联合印发《云南省怒江傈僳族自治州林业生态脱贫攻坚区行动方案（2018—2020年）》，助力普米族、独龙族整族脱贫。

国家药监局定点扶贫和对口支援工作领导小组办公室

国家药监局定点扶贫和对口支援工作领导小组办公室在局党组坚强领导下，积极组织，多方协调，助力安徽省临泉县、砀山县脱贫攻坚工作取得显著成效。

一是强产业根基。立足职能，引导临泉发展中药种植面积逾 10 万亩，优化完善中药材产地加工产品管理措施，吸引投资 2.5 亿元建立中药材产地加工企业，有力推进临泉中药材产业提升，并将更多的就业岗位和增值收益留给农民。引入正大天晴等行业领先企业全方位帮扶临泉永生堂药业公司从濒临破产发展成县十大纳税大户，有望实现产值大幅增长。大力助推电商经济使砀山成为全国农产品电商销售大县，全年电商交易额突破 60 亿元。协调医疗器械龙头企业深圳迈瑞集团落户砀山，投资 4 亿元帮助建设医疗器械产业园，成为产业发展新引擎。

二是解医疗难题。协调北京大学第一医院、北京友谊医院对接帮扶，通过派驻专家团队参与科室管理、学科建设、医务培训，开通双向转诊绿色通道、来京培训绿色通道等，提升当地医疗水平，两县人民医院均晋升为三级综合医院。

三是固教育之本。协调有关企业捐资捐物，帮助改善临泉县医药希望学校教学设备。筹集临泉县入读高等院校制药类专业贫困学生助学金 200 多万元，已解决 220 名贫困学生入学问题。协调设立建档立卡贫困户教育助学基金 60 万元，资助 100 名中小学贫困生就学。

中国工程物理研究院定点扶贫领导小组办公室富平县工作组

中国工程物理研究院扶贫办富平帮扶工作组，由院驻县扶贫干部、院机关、公管部等部门人员组成，负责对口帮扶富平县工作。5年多来，工作组践行"两弹"精神，聚合各方力量，倾力倾情帮扶，为富平县高质量打赢脱贫攻坚战、帮助老区人民群众过上"富庶太平"的好日子、完成定点扶贫政治任务作出了积极贡献。一是主动作为，当好扶贫参谋助手。先后组织200余人次赴富平县调研，结合调研情况，积极建言献策，研究制定中物院定点扶贫工作规划等文件，有针对性提出并推动落实了车家村水果产业发展等系列扶贫措施建议，争取资金1.22亿元支持定点扶贫工作。二是沟通协调，发挥扶贫桥梁纽带作用。畅通对内对外信息渠道，加强工作沟通协调，积极协调院属单位消费扶贫、党建扶贫等对接工作，协助院子弟校、职工医院开展教育医疗帮扶活动，与富平县实现扶贫动态及时沟通协调，有力促进了各项工作高效推进。三是精准帮扶，全力推进扶贫工作落地见效。协调推进完成定点扶贫项目80多个，涵盖党建、产业、教育、医疗以及消费扶贫等领域。四是全面履职，抓实脱贫攻坚督导检查，推动当地脱贫攻坚持续向纵深发展。5年多来，工作组吃苦耐劳，作风务实，工作严谨，成效显著，和当地干部群众建立了深厚的情谊，赢得了富平县上下一致好评，连续荣获渭南市"扶贫帮扶先进工作队"等荣誉称号，《东西部扶贫协作与定点扶贫专刊》以及省市媒体多次刊发工作组帮扶事迹材料。

北京航空航天大学扶贫工作办公室

北京航空航天大学扶贫工作办公室深入学习习近平总书记关于扶贫工作的重要论述，协调统筹学校扶贫工作。

加强组织领导，建立强有力的工作体系。建立了校党委"总揽全局、协调各方"的组织机制、"一把手抓第一民生"的领导机制、推进帮扶任务检查督查机制和每年投入60万元专项经费保障机制。选优配强扶贫干部，共派出3名挂职副县长和4名驻村第一书记。党委书记曹淑敏、校长徐惠彬带头，全体校领导先后16次、累计23人次赴吕梁调研指导。

聚焦产业扶贫，筑牢稳定脱贫这一根基。积极助力"数谷吕梁"建设，构建现代化生态农业循环经济体系，畅通以核桃、木耳、小杂粮等为代表的中阳农特产品销售渠道，设立"北航—中阳定点扶贫服务站""吕梁山护工北航服务站"，助力打造"吕梁山护理护工"劳务品牌。

聚焦科技扶贫，打造精准扶贫新引擎。创建吕梁市北航中汇科技孵化器，建立北航—中钢转型升级技术研发中心，北航机械学院自主研发两代"核桃碎皮机"，并取得专利。

聚焦教育扶贫，促进扶贫与扶志扶智融合。举办"中阳大讲堂"送教下乡，举办暑期中阳教师能力提升班，组建研究生支教团，在干部轮训、教师集训、支教实训等层面形成了一体化的教育精准帮扶体系。

发展富民经济，打造有温度的宜居乡村。围绕"产业兴旺、生态宜居、乡风文明、治理有效、生活富裕"的20字总要求，推动建立了核桃丰产园、柏籽羊养殖、有机肥生产等8类富民经济，支持阳坡村电子产品加工车间和"爱心超市"稳定运行，在村委大院建立老年人日间照料中心。

中国科学技术大学扶贫开发领导小组办公室

2014 年以来，中国科学技术大学按照原国务院扶贫办、安徽省委和省政府部署，承担定点帮扶贵州省六枝特区的国定扶贫任务和对口帮扶安徽省金寨县燕子河镇龙马村的区域扶贫任务。为全力推进扶贫工作，学校成立扶贫开发领导小组，下设办公室，先后选派 10 名优秀干部到两地挂职。校扶贫办深入学习贯彻习近平总书记关于扶贫工作的重要论述，始终坚持精准扶贫精准脱贫基本方略，主动对接两地发展需求，研究部署和协调推进扶贫项目，加强扶贫工作督促检查和扶贫经费监管使用。自 2015 年以来，申报立项中国科学院、中国科大专项扶贫经费 1300 多万元，培训两地党员干部、教师、医护、产业带头人和技术人员 1 万多人次，积极推进消费扶贫，直接采购贫困地区农副产品 1023 万元，支持六枝特区争取到国家级电商示范县称号并获得 1500 万元专项经费，通过电商平台销售农副产品 7500 万元，在六枝特区先后建设猕猴桃、食用菌、减施增效、电商果蔬种植等 4 个示范基地，在金寨县龙马村引进建设反季节蔬菜、薇菜种植 2 个产业基地，援建基础设施和中小学，长期开展科普活动和义务支教，提升贫困地区教育水平。2018 年、2019 年，金寨县龙马村和六枝特区先后实现"出列""摘帽"目标。

全国脱贫攻坚先进个人

陈劲松

四川省乐山市马边彝族自治县委副书记、副县长（挂职），中央纪委国家监委驻科技部纪检监察组办公室主任

陈劲松同志自挂职扶贫以来，坚持围绕人的全面发展，以敢啃硬骨头的较真劲开展帮扶工作，有效助力马边彝族自治县脱贫摘帽，连续两年获评四川省脱贫攻坚先进个人。一是抓党建强基础，筑牢密切联系群众的"连心路"。把协助地方党委政府抓实党建工作作为重要职责，坚持重心下沉，探索建立帮扶单位与贫困村党建结对模式、县乡村三级干部联学制度；较真碰硬抓督查，压缩督查事项75%以上，有力推动基层干部作风转变，群众满意度显著提升。二是抓教育补短板，筑牢彝乡学子走出大山的"智慧路"。在深入调研论证基础上，针对彝区"大龄低年级学生"辍学厌学现象，推动创办"桐华培优班"，拓展留守儿童关爱、优秀学生外出研学等项目，较好破解彝区控辍保学难题，经验被国务院扶贫办肯定推广，有关主题微电影《琪桐花开》荣获"我所经历的脱贫攻坚故事"展示展播活动视频类唯一特等奖；积极对接"学前学普"、"春蕾计划"、"美好学校"、网络共享课堂、研究生支教点等资源，

对接社会捐赠资金 1 亿多元，助推马边教育基础提升。三是抓产业促消费，筑牢彝区群众稳定增收的"富裕路"。主动争取科技部重点研发项目落地，实现茶叶绿色高效栽培技术示范基地在全县推广面积超过 5000 亩、带动贫困人口人均直接增收 630 多元。协助推进中旅集团美丽乡村旅游扶贫项目建设，对接知名电商、物流等企业助力做大彝绣产业，拓展消费扶贫渠道，促进妇女居家灵活就业。

胡 达

陕西省安康市宁陕县筒车湾镇海棠园村原
第一书记，中央办公厅四级调研员

　　胡达同志2015年2月到中办定点扶贫县陕西省宁陕县挂职扶贫局副局长，同年6月转任海棠园村党支部第一书记。一是加强农村基层党建，发挥党组织在脱贫攻坚中的战斗堡垒作用。坚持抓党建、促扶贫，把强班子、带队伍贯穿帮扶工作全过程，增强村党组织的凝聚力和号召力。通过"支部破难题，党员立精神，能人建平台"，充分发挥支部引领、党员带动、能人示范作用，村5家农民专业合作社均由党员或入党积极分子组织。通过村支部与部分机关、农村、非公企业三类基层党组织建立支部联建机制，实现"组织联建、活动联谊、发展联姻、实事联办"，有效发挥了基层党组织撬动社会扶贫、凝聚帮扶合力的积极作用。二是创新推进产业发展，解决山区群众增收难题。通过扶持村合作社发展生态水稻、林下养鸡、养蜂并建立电商销售渠道，带动贫困户增收。整合帮扶资金成立全县第一家村集体企业，以产业发展为龙头全面提升脱贫攻坚成效。三是努力改善基础设施，关心群众生产生活。积极申报建设项目，发动群众不等不靠义务出工修路、修饮水工程等。培养致富带头人，引导青年能人返乡创业，衔接从乡村脱贫到乡村振兴。关心群众生活，想方设法解决群众困难。

王小权

生前为贵州省黔东南苗族侗族自治州台江县老屯乡党委副书记、长滩村第一书记，中央组织部干部三局二处副处长、一级调研员

王小权同志生前系中央组织部干部三局二处副处长、一级调研员。2019年3月，主动申请参加定点扶贫工作，赴贵州台江挂职担任老屯乡党委副书记、长滩村第一书记。甫一到任，就全身心投入一线战场，1个月内走遍全乡20个村寨。认真学习习近平总书记关于扶贫工作重要论述，全力推动抓党建促脱贫，着力建强基层战斗堡垒，开展"百户千人集体脱贫奔小康承诺"等活动，提升村党支部组织力和群众内生动力。

注重抓好产业就业扶贫。帮助长滩村走"文旅融合发展"路子，争取全国青少年公益示范夏令营等项目落地。2019年，长滩村吸引游客10余万人次，实现收入150余万元。多次到湖南等地为食用菌产业对接市场，帮助200余位村民解决外出务工路费，为群众脱贫致富付出大量心血。

始终将民生改善挂念在心。筹措240多万元资金为皆蒿村建起便民桥，被村民称为"连心桥"。帮助改造饮水和灌溉管网，带领群众开展"厕所革命"，群众称他"比当地干部还能吃苦"。

2019年12月26日，王小权同志外出培训返回途中遭遇交通事故，事发前4分钟还在手机上修改扶贫项目计划，沟通联系工作。经多方救治无效，于2020年5月不幸殉职，将年轻而宝贵的生命献给了脱贫攻坚事业。

吕　凯

中央宣传部机关扶贫办主任、机关工会主席

吕凯同志自 1996 年参与中宣部机关扶贫办工作以来，25 年如一日，工作执着专注、追求卓越，为推动部机关定点扶贫的陕西省耀州区、内蒙古科右中旗和对口支援的江西省寻乌县脱贫摘帽作出积极贡献。

提高政治站位，全力投入扶贫。25 年来特别是党的十八大以来，吕凯同志认真学习习近平总书记关于扶贫工作的重要论述，贯彻部务会工作部署，把扶贫事业放在心上、责任扛在肩上，克服部门人手少的困难，加班加点，全身心投入扶贫工作。

加强调查研究，提出对策建议。先后 15 次到 3 个帮扶地调研扶贫工作、考察扶贫干部、督查扶贫项目，提出大量可行性建议。每年在听取多方意见的基础上，制定扶贫计划、确定《责任书》指标，增强工作针对性和实效性。

主动协调沟通，狠抓工作落实。结合扶志扶智、产业扶贫、典型宣传等重点工作，多次带队到相关部门、企业商洽资金项目，联系捐赠资金累计 1000 余万元、图书 10 余万册。连续 16 年共组织三地 398 名乡村教师暑期到发达地区参观学习，推动三地乡村学校少年宫全覆盖。

强化服务保障，真情奉献扶贫。协助做好部机关先后帮助引进的 20 多亿元项目资金督查、选派的 70 名扶贫干部管理服务工作，确保无一例违规、无一人违纪。关心扶贫干部，建立密切联系，主动帮助协调住房、子女入园入学，每年春节坚持给驻村第一书记送温暖。

张 奔

中央统战部办公厅社会服务处处长

　　张奔同志自 2012 年 8 月担任社会服务处处长以来，深入学习贯彻习近平总书记关于扶贫工作的重要论述，将统一战线优势资源与贫困地区脱贫需求密切结合，深入实地调查研究，积极统筹力量资源，探索创新帮扶模式，建立健全扶贫机制，为帮扶统一战线定点扶贫县顺利脱贫摘帽作出突出贡献。一是全面落实精准要求。先后到定点帮扶县的 160 多个贫困村（寨）、1300 余户贫困户家中开展调查研究，组织实施产业、教育、医疗、培训等 7 大类帮扶项目，每年具体组织筹备统一战线参与脱贫攻坚联席会议，组织帮扶对接。二是全力推动任务落实。协调落实部定点扶贫项目 396 个，涉及资金 4.33 亿元，组织开展扶贫培训 4.27 万人次，各类帮扶活动直接受惠贫困群众 140.3 万人次，超额完成责任书承诺事项。探索形成"村企结对"，捐赠资金、教育培训、基层组织帮扶、电商带动等定点扶贫模式，具体协调各民主党派中央、全国工商联定点扶贫牵头组织工作。三是建立健全工作机制。具体负责建立健全统一战线社会服务工作领导小组、参与脱贫攻坚联席会议等 6 项扶贫工作制度机制。制定管理统一战线扶贫工作台账，组织协助挂职扶贫干部开展蹲点调研 110 多次。四是积极发挥带头作用。主笔起草各类文稿 230 多篇，归纳梳理统一战线扶贫工作经验先后 10 余次被原国务院扶贫办《扶贫简报》等进行刊发，累计传帮带青年干部 20 多名，社会服务处先后被中央和国家机关工委、贵州省、甘肃省扶贫开发领导小组授予"脱贫攻坚先进集体"荣誉称号。

杨万强

河北省石家庄市行唐县委常委、副县长（挂职），中央对外联络部办公厅秘书二处一级调研员

　　杨万强同志自 2018 年 6 月至今，在河北省行唐县挂任县委常委、副县长。坚决贯彻落实习近平总书记扶贫工作的重要论述，坚守岗位、履职尽责，跑遍行唐 108 个贫困村，推动扶贫项目落地生效。先后包联 10 多家企业，积极引进教育、医疗和农产品销售平台，全力打造扶贫产品销售渠道，助力行唐产业发展和升级。积极探索金丰公社土地托管模式，初步解决了"种谁地，谁种地"等乡村发展核心问题，推动金丰公社发展壮大。作为行唐形象代言人，多次主持省市电视台、抖音、淘宝等直播带货活动，多次率队参加国家和省级农产品博览会，积极打造行唐的知名度和销售渠道；加强同新华社、中央电视台、河北文广集团、石家庄广电集团等各层级媒体沟通，努力为行唐发展积蓄正能量、营造优环境、发送好声音。2018 年 11 月至 2019 年 5 月，代理常务副县长工作，主管发改、财政等近 20 个部门的工作，其间正是县里新区规划建设的关键期，作为新区建设指挥部副总指挥，积极会同国土、规划、审批等部门，确保相关重大项目和规划顺利推进，确保政务工作的正常有序。新冠肺炎疫情暴发以来，杨万强同志连续奋战在抗疫工作一线，检查防控措施落实情况，及时解决群众在生产生活中遇到的问题和困难，做好中联部协调国外政党向行唐捐赠医用口罩和手套的接收和发放工作。2020 年被评为"全国脱贫攻坚先进个人"。

王平堂

吉林省延边朝鲜族自治州安图县明月镇龙泉
村原第一书记，中央政研室机关服务中心主任

在各级领导的关心帮助下，王平堂同志仅用 2 年多的时间，就将一个"软弱涣散"党支部打造成先进党支部，将一个远近闻名的上访村、贫困村打造成先进村、富裕村。

带出一个好班子。建章立制，培养大家的规矩意识；为村干部撑腰打气，让他们有尊严地开展工作；明确职责公开承诺，不断增强其责任感；吸收年轻大学生到班子中来，让班子充满活力；对村干部实行量化管理，奖勤罚懒。

培育一种好风气。树立勤劳致富典型，并通过开展"感恩励志"教育和"培育好家风，传承好家训"等活动，让"哭穷攀比"者没市场，把大家心思吸引到干事创业上。

闯出一条致富路。依据地方特点和资源优势，利用多方筹集的 760 多万元资金，新建 670 平方米的煎饼厂、80 亩生态大米农场和 25 个钢架蔬菜大棚，年纯利润可达 120 多万元，解决了 40 多人就业，为村里留下了带不走的致富动力。

建起一套服务体。新建 300 平方米的村部、80 平方米的卫生室、85 平方米的尊养院等，安装智慧农业、医疗远程问诊设备及太阳能路灯等。协调阳光保险集团连续 3 年为全县 203 名驻村干部、297 名贫困人员免费投保意外险，保额达 9000 万元。

形成一套工作法。王平堂同志创建的工作经验可复制、可推广，被省州扶贫部门总结为"平常工作法"，经验做法在吉林全省推广。

李 冬

陕西省汉中市佛坪县西岔河镇银厂沟村原
第一书记,中央网信办国际合作局综合处三级
主任科员

　　李冬同志在担任银厂沟村第一书记的2年里,牢记使命重托,坚决贯彻落实党中央关于打赢脱贫攻坚战的决策部署,以强烈的政治责任感和使命感,扎实推动贫困户精准识别和帮扶、产业发展、基础设施建设、环境美化等各项扶贫政策落地落实,带领全村高质量脱贫摘帽,成为全省首批脱贫村之一。他政治坚定,严于律己,大力加强村党支部规范化制度化建设,增强党支部凝聚力战斗力,更新党员教育培训设施,建造党群活动广场,开展丰富多彩的文化娱乐和教育培训活动,使之成为联系群众、凝聚群众、服务群众的主阵地。他着眼长远,力推产业,协调网信企业出资300万元设计建造高品质民宿,为乡村旅游产业打下了坚实基础;支持村山棕床垫小作坊引入机械化生产、开通京东旗舰店,短短2年成长为远近闻名的明星企业,年销售额达200万元,通过致富带头人示范引导群众艰苦奋斗。他不忘初心务实为民,扎根基层,推动扶贫政策落细落实,走村入户为群众宣讲政策,认真倾听群众诉求,做了大量实事好事,受到群众高度信任。经过2年艰苦奋斗,银厂沟村村民生活水平大幅提高,村容村貌焕然一新,实现高质量脱贫摘帽,其事迹得到中央和省市多家媒体报道,曾荣获"中央和国家机关脱贫攻坚优秀个人"称号。

高 波

陕西省汉中市佛坪县委常委、副县长（挂职），中央网信办财务局审计处处长

高波同志自 2019 年 3 月挂职陕西省佛坪县委常委、副县长以来，坚持以习近平新时代中国特色社会主义思想为指导，依托网信资源优势，结合佛坪脱贫实际，突出"精准"要求，创新工作举措，利用"互联网＋"手段为佛坪县脱贫振兴插上信息化的翅膀，在解决"两不愁三保障"和产业扶贫、消费扶贫、扶志扶智、社会扶贫等方面做了大量工作，受到佛坪当地干部群众高度好评。一是有效利用"互联网＋"手段，补齐公共卫生、基础教育、医疗保障等民生和基本公共服务短板。二是借助信息化为产业发展和乡村振兴赋能，积极探索乡村数字经济发展新路径。三是深入推进网络消费扶贫，拓展农产品线上线下销售渠道。四是抓住扶志扶智这个治本之策，加大培训和文化扶贫力度。五是充分发挥网络宣传优势，持续宣传佛坪脱贫攻坚和经济社会发展成绩。六是全力支持佛坪疫情防控，推动佛坪经济社会健康发展。挂职扶贫两年来，高波同志积极协调各方面向佛坪捐赠帮扶资金和物资 3800 多万元，其中现金捐赠 1700 多万元。直接帮助销售农产品近 2000 万元，培训基层干部和专业技术人员 2200 多人次，引进企业 2 家投资 1500 万元。扶持合作社和带贫企业7 家、年销售收入 4000 多万元，培育创业致富带头人 4 人，带动贫困户 537户 1504 人。

赵 亚

重庆市彭水苗族土家族自治县副县长（挂职），中央外办秘书行政局参赞兼处长

赵亚同志认真学习贯彻习近平总书记关于扶贫工作的重要论述，先后协调各方面帮扶资金 5000 余万元，帮助销售扶贫产品 200 余万元，培训基层干部和贫困户 1000 余人，被评为 2020 年重庆市脱贫攻坚工作先进个人、"全国脱贫攻坚先进个人"。

一是以文旅融合为引领，抓产业扶贫。多方协调对彭水景区问诊把脉，提档升级，成功推动彭水阿依河景区创建国家 5A 级景区；助力鞍子镇罗家坨村和善感乡周家寨村创建国家 3A 级景区。

二是发挥中央外办政治优势，抓党建扶贫。协调驻中央外办纪检监察组、外管局、海权局党支部与彭水基层党支部结对共建，就党建引领脱贫攻坚和乡村振兴等开展交流合作。

三是巧用互联网思维，抓创新扶贫。与中国扶贫基金会共同举办"社会力量助力彭水脱贫攻坚线上协作交流会"，40 余家知名企业参加并认捐价值 1500 余万元的扶贫项目。推动腾讯公司全面定点帮扶彭水，腾讯连续 3 年每年提供价值数亿元线上、线下的流量和资源支持彭水文旅发展。

四是以精准为导向，抓教育扶贫和就业扶贫。协调新加坡驻华使馆、荷兰菲仕兰集团等提供教育帮扶资金 800 余万元。联系相关部门和企业，为彭水籍农民工、应届贫困大学生提供工作岗位。

王 华

内蒙古自治区乌兰察布市化德县白音特拉
乡白音特拉村第一书记兼驻村工作队队长，中
央编办机关服务中心综合处处长

2017 年 3 月，中央编办选派王华同志到内蒙古化德县白音特拉村任第一书记，2019 年 4 月他主动申请延期，2020 年再次延期至 2021 年 3 月。4 年来，他认真贯彻党的扶贫政策，积极为贫困群众办实事、办好事，与基层群众建立了深厚感情。

一是抓党建促脱贫。他将建强村党支部作为工作"先手棋"，协助选好配强村"两委"班子，与军地 6 家单位结成支部帮扶。组织村干部赴新乡市唐庄乡镇干部学院等进行培训，新建 262 平方米新时代讲习所、活动室，组织捐赠 35.2 万元的办公家具、电子设备。二是发展集体经济。他倡导并筹集资金建立档案盒、包装盒生产线，吸纳 50 多人稳定就业，人均月增收 2200 元。积极招商引资，帮助村里盘活闲置土地和房屋，2020 年集体经济收入达到 106.4 万元。三是组织成立文化宣传队。他组织成立文艺宣传队、秧歌队、广场舞队，平均每两个月就有一场主题演出，他本人也经常披挂上阵，与乡亲们一起歌颂党的扶贫政策带来的幸福生活。四是创办村民健康大讲堂。他邀请北京专家定期到村开展讲座和义诊，为村民送健康送知识。五是为民办实事。他积极协调安装路灯近 300 盏，多方筹措资金 23 万元，为村民安装煤气中毒报警器，还捐资助学、捐赠衣物、免费为村民拍摄全家福、安装生态环保厕所和浴室。

王羽霄

河北省张家口市阳原县委副书记（挂职），
中央和国家机关党校行政管理处处长

王羽霄同志自 2016 年 5 月挂职以来，坚守扶贫一线，在近 5 年的时间里，累计为阳原县引进帮扶项目 34 个，协调各类帮扶资金 13.1 亿元，培训基层干部和技术人员 1822 人次，帮助销售农产品 600 万元，惠及贫困户 6200 余户，帮助阳原县突破发展瓶颈，在教育、金融、生态扶贫等多个领域办了不少大事、实事。先后协调易地扶贫搬迁、农村基础设施建设、棚户区改造贷款 11.2 亿元；完成桑干河国家湿地公园项目审批规划实施，争取资金 1100 万元，破解流域治理难题；争取护林员专项资金 4660 万元，2600 人稳定脱贫；联系国家开发银行率先开办生源地助学贷款，累计贷款 9540 万元，12380 名贫困生获资助；帮助申报全国首批运动休闲特色小镇试点，带动 3225 人脱贫；协调引进"顶梁柱"健康扶贫公益保险项目，为全县 16—60 岁贫困人口全部投保"第五重医疗保险"；协调中日友好医院长期帮扶阳原，捐赠价值 69 万元医疗器械；帮助加强基层党建，协调 280 万元资金打造 10 所党员活动示范基地；联系共青团中央为 300 多名留守儿童免费提供各类兴趣培训；联系开展爱心助学活动，捐赠价值 50 万元学生用具等。足迹遍布 14 个乡镇、183 个贫困村，对所有贫困村情况烂熟于胸，主动学方言，与群众"吃一锅饭坐一条凳"，帮助解决现实困难。承担全县多项重点工作，从春耕到秋收，从部委到党支部，从考场到农场，从项目到信访，处处都有他的身影，用行动诠释对党和人民的忠诚。

赵广周

云南省普洱市墨江哈尼族自治县雅邑镇坝利村第一书记兼驻村工作队队长，中央党校（国家行政学院）进修一部一级巡视员

2015 年 7 月，赵广周同志自愿申请扶贫挂职，先后在云南省大关县甘顶村、墨江县坝利村担任第一书记。55 岁的他购买了人生第一辆摩托车，自学并考取驾照，上山下组全靠摩托，摩托成了赵广周的专属坐骑，也成为驻村标配，带出一支"全摩托化"驻村工作队。

他带着对人民群众的深厚感情和对脱贫攻坚的崇高使命感，扑下身子扎根扶贫一线，矢志奉献脱贫攻坚，重点做了几件事：一是发挥理论优势，抓党建促脱贫攻坚，创办普洱市第一家"驻村扶贫工作队新时代讲习所"和"新时代农民讲习所"。二是争取民族传统文化抢救项目，打造哈尼族三大传统节日碑刻园"乡愁台"，使哈尼山寨成为"望得见山，看得见水，记得住乡愁"的美好家园。三是率先制定具有哈尼族特色的《寨规民约》，并推出了普通话和当地方言版本，明确寨规 6 条、民约 12 条、罚则 20 条，现已作为乡镇统一模板推广。四是筹建中央党校（国家行政学院）热作水果种植示范基地，栽种优质晚熟芒果、释迦果、冰糖橙总计约 10000 棵，300 余亩，帮助农民致富。

他从不把个人名利、安危、得失放在心上，对自己严格要求，忘我工作，得到挂职地干部群众的高度评价。每次有媒体想要采访他时，他不说一句话、不写一个字、不照一张相，他认为所有为脱贫攻坚事业的付出，都是应该做的，并立志墨江不脱贫不离开。

刘宏宇

河北省保定市唐县原副县长（挂职），中央
党史和文献研究院离退休干部局服务一处二级
调研员

刘宏宇同志自 2006 年开始从事单位与国家级对口扶贫县河北唐县的脱贫工作，并于 2016 年 10 月至 2018 年 12 月，挂职唐县副县长，直接战斗在脱贫攻坚一线，挂职期间，他全身心投入到脱贫攻坚工作中，因缺少休息，积劳成疾，突发脑出血，病倒在脱贫攻坚一线，经转至北京医院抢救才转危为安。

刘宏宇同志作为唐县"政银企户保"金融扶贫领导小组副组长，通过建立健全县乡村三级金融服务网络、政府搭台增信和保险兜底保障等措施，着力解决扶贫贷款费用高、风险高，银行不敢贷的问题。他非常重视社会扶贫，着力推动实施"百企帮百村"活动，实现 151 个贫困村全覆盖。协调北京及唐县多家企业捐助价值 6 万元扶贫物资及 22 万元扶贫款，并与企业协商沟通，解决 33 名贫困人口就业；加强对口帮扶对接，积极与朝阳区、新发地市场、全国妇联进行接洽；联系朝阳京客隆超市与唐县北店头乡鲜桃采购项目、联系新发地蔬菜瓜果供销项目、为唐县盛鹏林果种植服务农民专业合作社申报全国巾帼脱贫示范基地等。

刘宏宇同志作为一名共产党员，用朴实无华的行动践行着习近平总书记作出的"真正沉下去，扑下身子到村里干"的重要指示，将共产党人的神圣使命谱写在脱贫攻坚的全过程和细微中。

时圣宇

河南省商丘市虞城县利民镇西关村第一书记，人民日报社政治文化部党建新闻室编辑、记者

　　时圣宇同志是中央和国家机关选派的首批驻村第一书记，自 2015 年 8 月至今，已在驻村扶贫 5 年半，先后任韦店集村、柴王村、西关村第一书记，工作中坚决贯彻精准扶贫精准脱贫方略，精准帮扶 711 名贫困群众脱贫，贫困村人均年收入由 2800 元提升至 6000 元以上，3 个贫困村实现高质量脱贫。

　　当好贴心人。5 年多时间，通过落实政策、发展产业、技能培训等方式累计帮助 1000 余户家庭脱贫致富。

　　当好实干家。协调资源累计为 3 个村修路 19.8 公里，修桥 5 座，修建 10000 余平方米的党群综合服务中心、文化活动中心、文化广场等，建设 5000 平方米扶贫车间，推动 1220 户完成厕所升级改造等，以扎实的基础设施建设筑牢村庄发展根基。

　　当好开拓者。积极发展产业促脱贫，先后为 3 个村发展 3000 万元级规模五金工量具产业，投入 2000 万元建设"十里画廊"乡村生态旅游项目，打造 2000 亩种植加工一体化艾草产业和荠菜产业，引进服装、食品、电子加工等 100 万元以上项目 10 个，合计引进资金 6000 余万元，带动就业 3000 余人。

　　当好领头羊。注重加强农村基层党建，选优配强村班子，为村里留下一支"带不走的工作队"。韦店集村党支部被评为河南省先进村党支部，3 个村集体经济年收入合计超过 200 万元。探索以综治方式构建农村信用体系模式，用 4 年时间助力虞城县农村信用贷款规模突破 45 亿元，累计帮助 2.5 万户家庭实现脱贫致富。

夏成方

山西省晋中市和顺县原县委常委、副县长
（挂职）、长治市壶关县五龙山乡水池村原第一
书记，全国总工会北戴河疗养院院长

　　2015 年以来，夏成方同志两进山西，在全国总工会大力支持下，长期奋战在脱贫攻坚一线，取得了突出成绩，被中央和国家机关工委选树为优秀典型，《人民日报》、新华社、《旗帜》杂志等媒体多次报道其先进事迹。挂职山西省和顺县委常委、副县长期间，大力培育肉牛养殖、食用菌栽培等产业，增加贫困群众收入，助力全县脱贫。担任壶关县水池村党支部第一书记以来，苦干实干，把全县最乱的"贫困村"变为市县闻名的"红旗村"，探索出"四建八提升"脱贫模式在当地推广。支部强了，把村"两委"干部培养成一支不走的工作队；群众富了，建起特色农业产业园，带动贫困群众人均年收入过万元，村集体收入破零并达到年收入 40 万元；村庄靓了，他争取各方投入 800 多万元，新建党群综合楼、文体广场，户户通路、通水、通下水道，设立老年小食堂、便民小澡堂等，贫困村旧貌换新颜；民心爽了，他组织合唱团、舞蹈队，开展"孝亲敬老"、评选"六好示范户"等文明实践"四季"活动，引导群众发自内心感谢共产党。他无私奉献，一年驻村 324 天，全家与贫困户一起过年，妻子每个假期都到村里教孩子们画画。他以忠诚之心、干净之风、担当之为赢得了各界干部群众的赞誉，树立了中央和国家机关干部的良好形象。

连李生

山西省吕梁市石楼县罗村镇泊河村第一书记，共青团中央宣传部新闻处处长

　　连李生同志在驻村工作中累计协调引入项目资金 2500 余万元，贫困户人均年收入从 2017 年的 2260 元升至 2020 年的 10200 元，村集体收入从 2017 年度的 3.5 万元升至 2020 年度的 103 万元。一是旗帜鲜明建设基层组织的坚强堡垒。坚持党建引领，建设习近平新时代中国特色社会主义思想宣传矩阵，让习近平总书记的"名言金句"处处可见；以创建"五好"党支部为抓手，探索实施"党建＋"引领模式。二是坚定坚决完成脱贫攻坚的政治任务。全面贯彻落实"两不愁三保障"各项政策，通过"产业提升"项目建设大棚 1.3 万平方米，年产值超过 120 万元；"五小工程"扶持到户小产业 98 个，带动群众直接增收 110 万元；"三变改革"项目一期招商引资 600 万元，发展乡村旅游产业，提供就业岗位 25 个，每年带动村民直接增收超过 100 万元；"土地提升"项目改造高标准耕地 2000 亩，埋管水浇地 110 亩；"村级电商"项目注册"泊河情"公共商标，直播带货实现农产品的便捷销售；"暖心工程"项目对全村 60 岁以上老年人群进行整体性兜底关怀等。三是全力以赴打造乡村振兴的旗帜标杆。积极探索黄土高原深度贫困农村转型发展之路，委托专业团队高标准制定村域发展规划，实现垃圾、污水的有效治理，实施通村"四好"公路和村内道路硬化、行洪河道改造、文化活动广场建设和生产桥梁路网建设，建设"便民服务中心"提供在村存取款、收寄快递和老年人送货上门等服务，建成市、县两级美丽乡村建设示范村和全省乡村旅游 3A 级示范村。四是因地制宜启动宣传扶贫的强力引擎。开展"扶贫攻坚进行时"定点扶贫直播活动，面向县域内外，直接观看人数超 4800 万人次。

郭冬生

甘肃省定西市漳县原县委常委、副县长（挂
职），中华女子学院（全国妇联干部培训学院）
儿童发展与教育学院副院长

　　2018 年 4 月至 2021 年 2 月，郭冬生同志在甘肃省定西市漳县挂职任副县
长（2020 年 8 月起任县委常委）。他始终坚持以习近平新时代中国特色社会主
义思想为指导，全心投入工作，真抓实干，敢于创新，出色完成了帮扶任务。

　　3 年来，他组织实施全国妇联定点帮扶项目 122 个，协调落实帮扶资金折
合 3550 多万元，培训干部技术人员 2800 多人次（含漳县 142 名村支书、105
名乡镇干部进京培训），联系购买推销农特产品 500 万余元。他深入基层，察
民情、问民意、解民困，受到广大群众称赞。他坚持“研究型扶贫”，把定点
帮扶与贯彻妇女儿童纲要结合起来，与实施乡村振兴战略衔接起来，不断做实
产业扶贫，做活智力扶贫，拓展教育扶贫，巩固健康扶贫，增强妇女儿童获得
感，激发贫困群众内动力，提升干部群众素质能力。挂职期间，郭冬生发挥学
科专业优势，开展一系列“智力助漳振兴行动”。

　　他认真贯彻落实习近平总书记关于家庭工作的重要论述，在包抓的大草滩
镇实施“家庭成长计划”、开设“家庭建设讲堂”、建起五所家长学校、举办家
庭教育座谈会，传播科学的家庭教育理念，改善困境儿童成长环境，促进家
庭、学校、社会协同育人，推进社会主义核心价值观在家庭落地、在乡村生
根，受到广大干部群众热烈欢迎。

曹 俊

甘肃省陇南市武都区鱼龙镇上尹家村第一书记，中国文联国际联络部美大国际组织处处长

2015 年以来，曹俊同志先后两次到甘肃省陇南市武都区鱼龙镇上尹家村担任第一书记，以党建为引领，扎实开展工作，截至 2020 年底，全村 82 个建档立卡贫困户 324 人全部脱贫，全村人均年收入 6500 元以上。

一是进行产业帮扶。落实中国文联帮扶资金 116 万余元，带领村民发展草莓及育苗产业，建设日光温室 6 个，购置安装 220 千瓦供电专用变压器 1 个，兴建高效农业试验基地约 20 亩，通过土地流转入股和劳动入股等方式，带动 10 户 33 人增收（其中建档立卡贫困户 4 户 15 人），还为全村约 60 人（大部分来自建档立卡贫困户）提供就近务工的机会，人均增收约 1500 元。二是开展文化帮扶。落实中国文联帮扶资金 28.5 万元，带领村民完成所驻村国家级非遗"武都高山戏"传习所文化广场 1000 余平方米的地面硬化及排水渠改造，为村民观看高山戏演出和排练提供了场所。众筹资金 4.5 万余元，救助所驻村因父母双亡面临失学的兄妹两人继续学业。多方筹集资金 2.6 万元，为所驻村在校大学生提供助学金（每人每年 1000 元）。其中，2019 年资助 14 人，2020 年资助 12 人。三是加强基础设施建设。落实中国文联帮扶资金 12 万余元，购置并协调有关企业捐赠，为所驻村安装太阳能路灯 90 盏。四是投身疫情防控和抗洪救灾工作。个人捐款 4000 元为所驻村购置防疫物品等，发动村民为湖北武汉捐款 26550 元。2020 年 8 月当地遭遇暴雨泥石流灾害时，组织党员突击队，并落实资金 2 万余元租用工程机械 2 台，清淤排险，抢通道路，救助 10 余户受灾村民。

陈 涛

甘肃省甘南藏族自治州临潭县冶力关镇池沟村原第一书记，中国作协中国作家网总编辑

陈涛同志任职第一书记期间，扎根基层，甘于奉献，带领所驻村村民开展脱贫攻坚工作。

一是以党建工作为抓手，将池沟村打造为全省基层党建模范示范点。讲党课，组织党员学习，完善村委会办公设施，切实解决党员干部懒散现象，增强了村"两委"班子的凝聚力。注重听取党员的建议，并与老党员沟通交流，充分发挥老党员的模范带头作用。他与镇村干部一起，通过调整产业结构，将育苗和药材种植打造成全村主导脱贫产业，并且借助旅游优势，推进农家乐的开办，成效显著，群众收入明显提高。二是积极开展文化帮扶，在易地搬迁过程中，根据规划设计与村民需要，建成三个文化广场，投入资金 40 余万元，配置健身器材与太阳能路灯，并建立农家书屋，图书达千余册。向全国的作家、艺术家发起助力乡村教育活动的倡议，收到来自全国各地的捐赠物资 50 余万元，先后为全镇 7 所村小学创建图书室、配置百余幅书画作品以及大量文具、玩具，改善教学条件。先后组织百余人次作家、艺术家到冶力关镇采访采风，撰写推介文章，编辑《爱与希望同行》等反映临潭脱贫攻坚的图书等。三是借助创作，助力脱贫。围绕脱贫攻坚与任职生活，在《人民日报》等国家级报刊撰写各类文章几十篇，有关事迹被收入《中央和国家机关驻村第一书记扶贫典型案例集》。出版反映第一书记生活的《山中岁月》一书。组织广大作家深入脱贫攻坚一线，持续推出反映脱贫攻坚战的专题报道。带领拍摄团队制作反映脱贫攻坚的纪录片《扶贫路上的文学力量》等，在全国各地电视台播放。

杨 波

内蒙古自治区锡林郭勒盟太仆寺旗骆驼山
镇骆驼山村、帐房山村原第一书记，全国人大
常委会办公厅机关事务管理局办公室副主任

2017年9月起，杨波同志先后赴太仆寺旗骆驼山村、帐房山村挂职任第一书记，开展脱贫攻坚工作。

集思广益，带领村民编制脱贫致富具体规划。深入群众调研，自购设备、自学技术测绘规划图，带领村"两委"和乡亲们编制《帐房山村"智美乡村"建设规划纲要》，推动"一村一策"稳步实施。

心系群众冷暖，扎实推进多项民生工程建设。筹集近35万元资金，新建党员活动阵地1处、太阳能路灯30盏、50米深水井1口、广场健身休闲设施1处；协调15万元经费为幼儿园建设"阳光暖棚"2座，为学校、贫困村捐赠电脑、电视、办公家具、文具等物资50余万元。

壮大集体经济，打造合作社品牌探索多元发展。带领村"两委"成立种植专业合作社，打造了"骆山物语""帐房优品"品牌，推广种植水果玉米、金冠南瓜新品，推动发展可视庭院经济，探索乡村体验式旅游。同时协助地方申办"太仆寺旗藜麦"地理标志，提高知名度和品牌含金量。

注重信息引领，搭建党务村务平台提升治理水平。搭建智慧党建云平台和"为村"管理平台，加强基层党建，开展村务服务。

着力培养人才，打造一支乡村振兴的团队。培育优秀年轻党员成为党建储备干部、合作社管理人才，凝聚社会帮扶力量和合作社骨干，留下了一支带不走的工作队。

赵立军

安徽省六安市舒城县杭埠镇朱流圩村原第一书记，全国政协经济委员会办公室副处长

赵立军同志于 2015 年 7 月至 2017 年 7 月，先后担任安徽省舒城县经济开发区北隅村、杭埠镇朱流圩村第一书记。赵立军同志扎根基层、坚守一线，紧抓产业扶贫这个关键，带领驻村工作队精准施策，"一对一"帮扶建档立卡贫困户，顺利实现所在村第一批 35 户 79 名贫困人口如期脱贫。为夯实产业扶贫基础，他对接引进投资近 260 亿元的杭埠产业新城项目落地舒城，为全县持续有效脱贫奠定了坚实基础；截至 2020 年 12 月底，已签约落户 26 个项目，有效投资 65.8 亿元。此外，还引建 126.72 千瓦光伏扶贫电站一座，设计使用寿命 25 年，可实现年均收入 13 万元，有效壮大村集体经济。同时，积极争取国家农村电网改造资金，助推该县农村电网升级改造，进一步保障扶贫产业项目和民生工程用电安全。

赵立军同志还积极参与该县其他工作。一是身先士卒、全程参与 2016 年该县抗洪抢险工作。二是对接中央人民广播电台中国乡村之声，举办"广播惠农、爱在乡村"大型系列公益活动，对舒城旅游、茶叶等特色优势产业进行宣介。三是接续参与推进并完成该县万佛湖风景区创"5A"工作。四是募集 110659 元善款救助白血病儿童李鹏鹏；资助杨澳雯等 3 位同学每人 2000 元学费等。赵立军同志还始终不忘基层党建工作，两年时间共发展 5 名年轻党员。

葛承刚

国务院办公厅秘书二局四处副处长

　　葛承刚同志自 2012 年起开始办理扶贫方面文电、会务和督查调研等业务，是脱贫攻坚"最先一公里"的"一线战士"。他认真学习贯彻习近平总书记关于扶贫工作的重要论述，积极发挥参谋助手作用，全过程深度参与脱贫攻坚"四梁八柱"顶层设计，组织起草和审核报批了关于打赢脱贫攻坚战的决定、"十三五"脱贫攻坚规划等一大批重大政策文件。打响脱贫攻坚战以来，葛承刚同志将全部身心都投入到脱贫攻坚中，常年加班至深夜，牺牲了家庭生活，充分展现了奉献担当的精神。在筹划易地扶贫搬迁工程、优化东西部扶贫协作关系时，反复协调分歧、统筹各方意见；在完善考核评估制度、制定消费扶贫政策时，逐条研判政策、保障有效可行；在制定贫困退出标准、设计防止返贫机制时，深入调查研究、勇提政策建议。8 年里，他组织脱贫攻坚各类会议活动 170 多场、调研活动 50 余次，通过精心策划方案、严格把关材料，推动党中央、国务院决策部署加快落实落地。多年的伏案压弯了脊背，惯常的熬夜染白了双鬓，由于工作繁重、长时间睡眠不足，他患上了甲状腺功能亢进症，短短一个月消瘦了 30 多斤，即使这样也依然带病坚持工作。葛承刚同志是随着新时代脱贫攻坚深入推进而成长起来的青年干部，不仅在纷繁复杂的"三办"业务中提升了能力素质，也在艰苦奋斗的扶贫历程中锤炼了党性意志，已经成长为局处的业务骨干，是同事们认可的"扶贫专家"，也是扶贫系统的"坚强一兵"。

韩惟灏

河北省张家口市怀安县西沙城乡北庄堡村
驻村工作队队长兼第一书记，国务院办公厅行
政司三级主任科员

　　韩惟灏同志扎根基层，为老百姓办实事解难题，带领全村办实业谋发展。从"三门"到"三农"干部的实践中，他带领北庄堡村村民摆脱贫困，迈向致富奔小康之路。抓实党建促脱贫。他坚持抓班子带队伍，带头讲党课，组织村干部、年轻党员到正定等地开展主题教育，学习民宿旅游、蔬菜种植等经验，完善村庄发展规划，提振干部群众致富信心。创办全县首家爱心超市，组织最美家庭评选，营造崇尚劳动、孝老爱亲氛围。修缮村史馆、谱写村歌，组织文体活动，丰富村民文化生活。推广"互联网+"治理，打造村庄服务网、村友圈，鼓励村民参与村内事务。

　　帮办实事解难题。他每天入户了解群众诉求，帮助贫困户报销医疗费、办理慢病证，联系推荐就业岗位等，为群众排忧解难。争取资金对全村土碹窑民居进行修缮加固，协调医院为村民开展义诊。争取社会捐赠设立奖学金，帮助县里推进"互联网+教育"发展。

　　凝心聚力办实业。他带领村民因地制宜做强蔬菜产业，争取资金建设温室大棚和恒温库，协调与农产品流通企业等合作，联系电商企业指导包装设计，推动产品进入"832平台"。挖掘碹窑文化资源，推动发展特色旅游。联系机关单位、超市等开展消费扶贫活动，帮助销售怀安小米、冷鲜肉等农特产品逾百万元。

薛 炜

云南省文山壮族苗族自治州麻栗坡县委常委、副县长（挂职），外交部一级调研员

薛炜同志作为外交部第 18 任驻麻栗坡县扶贫代表，扎根边陲，积极开拓，多措并举，不断创新，开展新时期外交扶贫工作，通过播洒自己的青春和汗水，用实际行动凸显了外交扶贫人的初心和使命。

"项目实施是加快发展的重要载体，是落实工作的有效抓手。"为真实反映麻栗坡县的贫困状况和外援项目的实施效果，让捐资者满意、引资者放心，薛炜同志带领外援办的同志紧紧围绕全县工作重点和群众需求，深入基层调查研究，充分论证项目的可行性和必要性。2019 年以来，积极向外交部上报温饱、教育、卫生、培训等项目 52 个，申请外援资金 2704.4 万元。

通过外援项目的实施，为麻栗坡县打赢新时代脱贫攻坚"老山战役"精准助力，为贫困群众实现脱贫致富打牢基础，为全县医疗、教育，农、林、畜、牧等支柱产业以及提高基层党组织管理水平等提供了人才保障和技术支撑，增强了人民群众脱贫致富的本领。在麻栗坡这片英雄的红土地上谱写着壮丽诗篇。

郑慧涛

河北省石家庄市灵寿县马家庄村第一书记，
国家发展改革委农村经济司综合处一级主任科员

　　自担任驻村第一书记以来，郑慧涛同志始终沉在村里，全身心投入扶贫事业，用实实在在的行动赢得了群众的支持和认可。他从解决村党组织软弱涣散入手，建立例会制度，强化党员管理，开展支部共建，凝聚起坚强有力的村"两委"班子。新冠肺炎疫情发生后，第一时间返岗带领干部群众开展防控，有序组织春耕备耕和复工复产。两年来，他积极发展特色产业，围绕葡萄种植、深加工和观光，形成一二三产业融合发展模式，年产值超过 1000 万元。提升基础设施水平，实现户户通硬化路和天然气，村庄照明全覆盖，打通 3 公里出村断头路，疏通河渠 1000 米。壮大村集体经济，完成集体产权制度改革，村集体收入实现"零的突破"，2021 年预计可达 50 万元。创新帮扶方式，建立公益劳动基金，调动贫困户主动参与公益劳动。推动消费扶贫，线上推广与线下展销结合，每年帮助销售村内农产品超 20 万元。加强扶志扶智，完善村小学基础设施，争取多所"985"高校师生入村开展社会实践，丰富乡村教育形式和内容。关注群众生活，走访慰问困难群众，引导村民组建广场舞队，组织开展"写春联，送祝福"等新春活动，丰富群众文化生活。在他的带领下，2019 年马家庄村实现脱贫摘帽，2020 年全村建档立卡贫困户人均纯收入超过1.2 万元。

吴延磊

教育部发展规划司扶贫处处长

　　吴延磊同志是扶贫战线的一位老兵，自 2012 年从事扶贫工作以来，完成了很多急难险重任务，推动实施了许多具有开创性的工作，赢得教育战线的广泛好评。作为主要起草者，参与制定 10 余份政策性文件，推动构建了较为完善的教育脱贫攻坚制度体系。作为主要落实者，每年筹备召开系列教育脱贫攻坚工作会议，配合中央脱贫攻坚专项巡视及"回头看"并做好问题整改，参加国务院扶贫办组织的督查、考核、普查、第三方评估等工作。作为主要参与者，较好完成了教育脱贫攻坚牵头协调工作，对上落实国务院扶贫开发领导小组、部党组的交办任务，对外协调 26 个部委的沟通任务，平行做好部内司局、直属单位的统筹任务，对下强化各地教育部门、直属高校的指导任务。作为主要策划者，探索开展高校非遗扶贫、高校师生扶贫微视频、扶贫育人等示范活动，连续开展五届直属高校、三届省属高校精准扶贫典型项目推选活动。

李雪明

青海省玉树藏族自治州治多县原县委常委、副县长，州教育局原副局长（援青），教育部巡视工作办公室巡视工作一处处长

　　李雪明同志 10 年间经历多个工作岗位，始终捧真心献真情用真诚做好教育脱贫攻坚工作。

　　一是奔赴一线开展脱贫攻坚。玉树"4·14"地震后主动报名，作为中组部选派的第一批援青干部，到平均海拔 4500 米的青海省治多县工作 3 年，担任县委常委、副县长。走访全州 6 个县，治多全县 20 个村和牧委会，徒步攀越 5345 米的山峰，总行程 9 万多公里。科学规划并统筹抓好施工进度，确保 7 万平方米的灾后新建、重建和维修加固校舍如期投入使用。个人争取援青资金项目近 1900 万元，建设风雨操场、教师周转房，购置学生校车、皮卡车。在县域内公开选拔优秀人才补充加强教师队伍，提高边远乡村教师工资待遇，推动设立奖教奖学金，狠抓义务教育控辍保学和学生营养餐改善，顺利通过"两基攻坚"等国检验收。二是遴选精锐推进脱贫攻坚。援青结束后先后从事干部选任、援派挂职、干部教育培训等工作，具体负责组织选派 300 余名优秀干部人才承担援藏援疆援青、"西老革"挂职、滇西扶贫、定点扶贫等任务。持续举办脱贫工作专业培训，制定关心保障政策。三是监督指导保障脱贫攻坚。从事巡视工作以来，将脱贫攻坚工作情况作为巡视监督检查重点，督促被巡视单位党组织落实教育脱贫攻坚主体责任。重点梳理 52 个未摘帽贫困县生源的高校应届毕业生名单，提供给被巡视单位，要求切实抓好就业的指导帮扶工作。对口联系云南省会泽县，帮助提供符合实际需求的政策工具包和教育信息化资源，帮助实现义务教育辍学生"清零"、消除大班额。

胡熳华

中国农村技术开发中心科技扶贫与创业服务处处长

胡熳华同志政治立场坚定，爱国守法，严于律己，作风扎实。自1999年以来，21年坚持在扶贫岗位上履职尽责。坚决贯彻落实习近平总书记关于扶贫工作的重要论述和党中央关于脱贫攻坚的决策部署，倾心用力地实施科技扶贫，取得突出成绩，支撑5个定点县顺利脱贫摘帽，得到基层干部和群众的好评。

胡熳华同志参与贫困地区依靠科技创新推进脱贫攻坚的顶层设计，包括《科技部关于科技扶贫精准脱贫的实施意见》《科技扶贫"百千万"工程实施方案》等文件的制定；组织实施"边远贫困地区、边疆民族地区和革命老区人才支持计划科技人员专项计划"，2014—2020年向贫困地区选派12万余名科技人员，培养科技带头人2万多人，为脱贫攻坚提供人才保障；开展15届"科技列车行"活动，组织1600多名科技人员到16个省份的集中连片特困地区和"三区三州"开展科普宣传和技术服务；为贫困地区1万多养殖户组织了100多场科技专项培训，推进科技成果向农村转移转化；为科技部16届科技扶贫团160多名挂职扶贫人员提供工作保障，确保定点帮扶尽锐出战，成为扶贫干部的坚强后盾；千方百计为定点扶贫县招才引智，近3年组织10多场产业科技发展研讨会，支撑扶贫产业发展，帮助销售农产品500多万元；集聚社会力量资助留守儿童500多人次，组织科技志愿服务贫困地区发展。

陆瑞阳

四川省南充市嘉陵区世阳镇党委副书记、谢家庙村第一书记，工业和信息化部机关党委巡视工作处二级调研员

2017 年 6 月起，陆瑞阳同志受工业和信息化部委派，担任四川省南充市嘉陵区世阳镇谢家庙村驻村第一书记。到任后带领村"两委"协调各类资金 1300 万元，补基础设施短板，改善民生，把贫困发生率超 25% 的高山村，变成人均年收入超 2 万元的脱贫示范村。

壮大村集体经济。成立混合所有制集体经济公司，整合土地 1000 亩，种植花椒、羊肚菌等特色农产品，同时开发金银花、红薯粉等生态食品；入股食品龙头企业，建原料基地和"飞地"模式农民创业园；推动订单农业，几十款农产品上电商、进小区、做公众号、快手和抖音直播带货，销售超 200 万元。每年带动就业 100 人次、务工收入超 100 万元。围绕四季节气建"川北民俗文化特色小镇"，带动农旅发展。加强政治建设。为聚人心、强党建，建设 500 平方米现代化党群活动中心，培养 3 名致富带头人，走访院坝宣讲政策，举办农民丰收节和表彰先进等弘扬传统文化，建村民微信群听取意见。聚焦民生关切。利用村集体产业收益解决"两不愁三保障"突出问题，注入村公益基金解决民生和福利。为全村安装 120 盏太阳能路灯，协调电网改造解决村里电压不稳问题，实施留守儿童成长计划，建成全区第一家远程医疗健康小屋等。新冠肺炎疫情期间，帮助采购紧缺体温枪 1000 多把，协调捐赠消毒走廊，运送 25 吨蔬菜驰援火神山医院。发展农户"手作"，销售"养生茶"。对贫困户种植养殖进行奖补。工作期满，陆瑞阳主动留任，累计驻村 3 年 10 个月。先后获评"全国脱贫攻坚先进个人"、四川省脱贫攻坚奖、南充市优秀第一书记。

刘媛媛

中央民族歌舞团女高音歌唱家，国家一级演员

刘媛媛，2016年被原国务院扶贫办聘为唯一一位"中国扶贫宣传形象大使"。

德艺双馨，大爱无疆，长期致力于扶贫及慈善事业。她长期活跃在中央电视台"心连心"以及全国各地的慰问演出舞台上，用歌声和爱心奉献社会，以实际行动践行文艺为人民服务的宗旨，为促进民族团结进步发挥了重要作用。自1999年以来，刘媛媛已资助230多名偏远地区的贫困和病残儿童。"刘媛媛公益音乐课"的足迹遍布基层，先后在新疆等地区的30多个县市举办。

积极作为，主动担当，以实际行动助力脱贫攻坚。创作并演唱了全国脱贫攻坚主题曲《相信幸福》《都说变了样》等，用歌声传递党中央对人民群众的关怀，宣传党和国家的扶贫政策，坚定当地群众摆脱贫困的信心和决心。积极参与《决不掉队》扶贫专题片的拍摄工作，参加了70余个县（旗）的扶贫慰问活动。

信念坚定，理想崇高，以赤诚之心促进文化交流。深入学习习近平新时代中国特色社会主义思想，增强"四个意识"、坚定"四个自信"、做到"两个维护"，在思想上政治上行动上同以习近平同志为核心的党中央保持高度一致。她的作品中充满了对党和祖国的深深眷恋，对人民的浓浓情谊，赢得了观众的广泛喜爱。

李金东

国家移民管理局驻广西壮族自治区柳州市
三江侗族自治县扶贫工作组组长，中华人民共
和国柳州出入境边防检查站党委书记、站长

李金东同志是中华人民共和国柳州出入境边防检查站党委书记、站长，国家移民管理局驻广西壮族自治区柳州市三江侗族自治县扶贫工作组组长。2019年3月以来，李金东带领6名队员，协调全系统投入帮扶资金11812.55万元、引进帮扶资金9251.87万元。

工作组入驻三江时正值汛期，李金东带着队员们在短短15天内行驶2000余公里，走访100余户贫困户，梳理了全县危房改造、务工就业等10项扶贫任务底数，并入村屯、问民声、搞论证，协调各方推出"培育产业＋务工就业＋消费扶贫＋教育帮扶"的组合"造血计划"，先后发展54个产业项目，帮助564名贫困群众实现就业，解决贫困家庭危房改造资金难题，投入1500余万元改善贫困村教学条件等。

就在扶贫工作最为繁忙的时刻，李金东的父亲病危。尽管他赶紧忙完手头工作赶回老家，也还是没有见到父亲最后一面。

刘喜堂

民政部扶贫办主任、低收入家庭认定指导
中心主任

　　刘喜堂同志认真学习贯彻落实党中央、国务院关于打赢脱贫攻坚战决策部署，在部党组领导下，带领单位同志坚持不懈、攻坚克难，圆满完成社会救助"兜底一批"重任。全国所有县（市、区、旗）农村低保标准全部达到或超过国家扶贫标准，1936万名建档立卡贫困人口纳入低保或特困供养范围，稳定实现吃穿"两不愁"。一是创新兜底保障制度。建立农村低保与扶贫开发有效衔接机制，将建档立卡贫困户中的重病重残人员单独纳入低保兜底，制定"救助渐退""就业成本扣减"等政策；放宽特困人员认定条件；拓展临时救助功能，防止返贫。二是推动兜底保障政策落地。深入"三区三州"调研督导，组织实施"社会救助兜底脱贫行动"，建立监测预警机制。三是协调中央财政加大支持力度，兜底保障补助资金从2016年的1374亿元增加到2020年的1665亿元。四是建立并推动完善社会救助家庭经济状况核对机制等，精准认定兜底保障对象。五是报请中央办公厅、国务院办公厅印发《关于改革完善社会救助制度的意见》，对分层分类的社会救助体系作出总体设计，为巩固拓展脱贫成果、衔接乡村振兴奠定基础。六是组织实施农村低保专项治理，为兜底脱贫"保驾护航"，相关工作在"不忘初心、牢记使命"主题教育总结大会上得到习近平总书记肯定。七是担任民政部扶贫办主任和部脱贫攻坚专项巡视整改办副主任，协助部党组高质量完成民政领域脱贫攻坚任务和专项巡视及"回头看"整改工作，获得"全国脱贫攻坚先进个人"称号。

柯晓山

民政部社会组织管理局（社会组织执法监
督局）社会组织管理四处处长

　　柯晓山同志始终以习近平新时代中国特色社会主义思想为指导，认真贯彻
落实习近平总书记关于扶贫工作的重要论述，把引导和动员社会组织广泛参与
脱贫攻坚作为重要政治责任，认真履职尽责，创造性地开展工作。一是积极作
为，加强沟通协调，推动各地社会组织登记管理机关开展脱贫攻坚。近年来，
根据民政部统一安排，通过组织会议、下发通知等方式，引导各地登记管理机
关动员社会组织参与脱贫攻坚，进一步摸清扶贫需求、制定工作方案和建立服
务跟踪机制，跟踪了解各社会组织方案落实及工作推进情况，开展东西部社会
组织参与脱贫攻坚对口支援活动。二是勇于创新，采取多种方式，积极引导和
动员社会组织参与脱贫攻坚。通过网络平台，向社会组织推送贫困地区扶贫需
求项目约 2000 个，对接资金 2.2 亿元；定期向 52 个挂牌督战县推荐社会组织
扶贫项目，对接项目 106 个，资金 2 亿元。三是协调联动，建立工作机制，督
促跟踪和指导社会组织脱贫攻坚。健全对口单位联络机制，及时掌握项目开展
情况和人员信息，切实保障社会组织扶贫项目顺利开展；组织督导组对社会组
织参与脱贫攻坚项目实施跟踪抽查，了解实施情况，加快项目进度。

李宗波

河北省衡水市阜城县建桥乡建阳村第一书
记，中央依法治国办秘书局协调处二级主任科员

挂职期间，李宗波同志协助河北省阜城县建阳村 33 户 71 人贫困户全体稳定脱贫，获评河北省优秀驻村第一书记；同步推进定点帮扶和法治建设，建阳村被推荐参评全国民主法治示范村。

精准扶贫，全面脱贫路上"一个不落"。李宗波同志帮助贫困群众申请符合条件的帮扶措施：协助入股当地企业、入股村级光伏发电站，协助继续签署土地流转协议，协助申请护林员岗位，协助符合条件的贫困户申请低保等，确保扶贫措施应落尽落。

腰包要鼓起来，生活也要丰富多彩一些。李宗波同志帮助建阳村组建秧歌队和健走队，为其采购表演服等表演道具，同时，利用部帮扶资金修建了法治文化广场、法治文化礼堂等，专门为秧歌队预留了排练表演区域，方便他们日常训练。

法治助力，让脱贫更加稳固。协助建阳村开展了一系列法治乡村创建措施。一是建设一个法治阵地，修建"法治长廊"、宪法公园、设立人民调解室等，将法治阵地铺到村民眼前。二是打造一个智慧型法治服务平台，实现了村民不出村就可以享受到优质法律服务。三是成立一支法治综合服务队伍，将法治服务送到村民眼前。四是培养一批"法律明白人"，组织开展了人民调解员培训、"懂法支书"等系列教育培训活动，很好地提升了农村干部的法治意识、法治能力。五是加强宣传报道，配合中央电视台、《人民日报》、《法制日报》等新闻媒体报道建阳村。

刘斌樑

湖南省岳阳市平江县加义镇泊头村第一书记，财政部行政政法司副处长

刘斌樑同志坚持物质精神双帮扶，争取项目资金 1300 万元，带领干群修道路、建水利、改电网、通饮水，帮助 500 多名群众脱贫。打造年产值 300 万元的酱干和苗木产业，撬动民间资本 300 万元开发竹筏漂流项目；发挥财政资金"四两拨千斤"作用，引导社会资本参与扶贫，与同仁堂合作种植中药材 180 亩，引入碧桂园投资 2.3 亿元建设田园综合体项目。强化意识形态建设，开办农民夜校、电影院、广播站，帮助农民丰富知识技能、增强致富本领。新建教学楼，改善农村教学环境；倡导并助力加义镇设立 1000 万元教育基金。

刘斌樑同志创新村级治理模式，将村民小组"单一组长"制改为"三人小组"制，由组长、党员、村民代表组成，打通乡村治理最末端，充分调动小组内村民参与公益事务的积极性和主动性，有效化解邻里纠纷和历史遗留问题，极大助力扶贫与乡村振兴。该机制在平江全县推广，自下而上地推动乡村治理模式的深刻变革。

刘斌樑同志几乎全部时间扎根村里，在汛情、旱情、疫情的一线防控中，靠前指挥、带头冲锋，从未有过周末，连续 3 年未回家过年。在刘斌樑引进家乡浙江的小香薯时，父母为保证运送中种苗"不发蔫"，凌晨出发，在货车内蜷缩一夜，全程 800 公里送到湖南平江，该事迹在当地广为传颂，成为干部党性教育的典型案例。

罗 义

财政部脱贫办工作组副处长

罗义同志从 2007 年参加工作到打赢脱贫攻坚战，十三年如一日，兢兢业业、默默无闻奋斗在财政扶贫一线，将青春奉献给了伟大的脱贫攻坚事业。

他是新时代脱贫攻坚的亲历者，更是积极贡献者。从实施新十年扶贫开发纲要到打赢脱贫攻坚战，他参与破解一个个扶贫难题。参与研究提出贫困县涉农资金整合试点思路，为 832 个贫困县集中资源攻坚提供了重要支撑。为帮助千万贫困人口通过易地扶贫搬迁挪穷窝、断穷根，反复测算提出多元筹资思路，为打响脱贫攻坚首战筹集"粮草军需"。为推动财政投入更好地惠及贫困群众，研究提炼出资产收益扶贫模式，推动产业扶贫从"输血"到"造血"。

他是脱贫战线的"螺丝钉"，在平凡岗位上发挥了"大能量"。5 年来，他勤勉尽责、务实高效工作，将一份份中央文件精神转化为具体政策，以钉钉子精神推动中央决策部署贯彻落实。对照中央决策部署，及时细化财政部门分工，研究提出落实建议，推动出台具体政策近百项。推动建立和落实定期调度、重大问题双月会商机制，推动解决补短板等一批难题。对标中央要求，较真碰硬开展资金监管、督查巡查等工作，确保各项政策落地生根。

他是十几年的"老扶贫"，初心不改、无私奉献。脱贫攻坚期间，他作为业务骨干，肩负扶贫开发处和部脱贫办工作组双重任务。5 年来，参与起草向中央提出政策建议数十份，承担 10 余个部门、20 多个部内单位间大量协调工作。为了访贫情、战贫苦，地震灾后冒着危险第一时间走访贫困灾区，克服高原反应考察羌塘高原，5 年深入调研了百余个贫困县。

魏高明

云南省丽江市永胜县委副书记（挂职），财
政部社会保障司办公室主任

2018 年 1 月，财政部党组选派魏高明到永胜县担任县委副书记、财政部
驻永胜县定点扶贫工作队队长，专门从事定点扶贫工作。

打造金沙江绿色经济带。3 年多来，魏高明协调实施的 30 个光伏提水项目、
2964 个小水窖、小坪水库等项目陆续建成，不断完善的水网让金沙江沿岸几
代百姓"告别靠天吃饭"的梦想变成现实。

打造产业扶贫新模式。"八个一"的产业发展模式为永胜推进农业现代化"保
驾护航"，推动实现"小群体""弱群体"与"大龙头""大市场"的有效联结，
推进"三个全覆盖"带贫益贫。

建立资金管理新机制。以"六抓六定"的思路加强扶贫资金管理，使永胜
县在全国率先进行了全口径扶贫项目资金绩效预算管理，"花钱必问效，无效
必问责"的长效机制基本建立。

守护贫困户"稳稳的幸福"。引入"扶贫车间"，协调推动总投资近 5000
万元、最多吸纳 500 人就业的服装厂落地永胜，群众实现了家门口端稳"饭
碗"，工作顾家两不误。此外，魏高明还提出实施"四员就业计划"和"三员
一工"输出计划，协调开发县内就业岗位近 7000 个、省外 1000 多个。

点亮莘莘学子的希望之灯。为解决永胜"直过民族"的教育问题，提出"集
中办学"的新思路，协调新建可容纳 3000 名学生的云南省永胜民族中学，让
孩子们走出封闭的大山，阻断傈僳族贫困的代际传递。

汪圣军

甘肃省临夏回族自治州人力资源和社会保障局副局长（挂职），人力资源社会保障部农村社会保险司二级巡视员

2015 年中央扶贫工作会议后，汪圣军同志承担人力资源社会保障部社会保险扶贫专项组协调任务，带领全处同志全力做好社会保险扶贫工作。2019年 9 月被派驻甘肃省临夏回族自治州执行挂职扶贫任务。

一是牵头抓实全国社保扶贫。聚焦贫困人口如何实现基本养老保险全覆盖、如何提高待遇水平等重难点问题带领全处同志深入基层调研。牵头起草《人力资源和社会保障部、财政部、国务院扶贫办关于切实做好社会保险扶贫工作的意见》。2017 年底，原国务院扶贫办组织第三方评估，城乡居民养老保险扶贫被评为"优"。截至 2020 年底，城乡居民养老保险使全国 6870 万名贫困人员直接受益。二是坚决执行扶贫挂职任务。克服家庭困难，主动请战到深度贫困地区临夏州扶贫挂职，安家到临夏。认真抓好贫困人员基本养老保险全覆盖，带领社保战线同志通过"谋定后定、行政调动、数据互动、线上推动、宣传发动"等做法，实现全覆盖。2019 年、2020 年全州城乡居民养老保险贫困人口全覆盖指标核查验收全部通过，全州建档立卡贫困人口等 5 类困难群体应代缴 50.8615 万人，按时间节点全部完成代缴，为 8 个贫困县摘帽脱贫贡献了人社力量。认真抓好党建引领，局系统以党建促脱贫的自觉行动进一步强化。三是非常战"疫"全力以赴战"贫"。自 2020 年 1 月 25 日甘肃省启动一级响应以来，坚守抗疫和扶贫一线，全程指导社保中心落实阶段性减免企业社保费和援企稳岗政策，在全国社保扶贫工作会议上介绍了经验做法。

俞贺楠

山西省大同市天镇县赵家沟乡薛牛坊村第
一书记，中国劳动和社会保障科学研究院社会
保障基金管理和经办服务研究室副研究员

2018年9月，俞贺楠同志主动请缨到国家级贫困县、山西深度贫困县天镇县薛牛坊村担任第一书记。他用心凝聚人心，用情破解难题，用智导引乡亲，带着父母驻村帮扶，使薛牛坊村贫困发生率由2018年的70.04%下降至0.47%，实现整村脱贫。先后被国务院扶贫开发领导小组授予"全国脱贫攻坚奖贡献奖"，被党中央、国务院授予"全国脱贫攻坚先进个人"。作为候选人参加"感动中国2020人物"评选活动。

俞贺楠同志在人力资源和社会保障部党组领导下，发挥人社部门特长、结合薛牛坊村特点、作出人社扶贫特色，围绕如何激发贫困群众内生动力，在党建引领、扶贫车间、消费扶贫、扶志超市、产业扶贫、文化建设及乡村振兴等方面创新实践，取得较好成效。2019年，考察红芸豆收成时摔倒，脚踝韧带撕裂仍坚持工作，全村脱贫后才做了左踝韧带修复手术。2020年，母亲被确诊为晚期肺癌脑转移，父亲患脑梗死14年，作为独生子的他把父母从老家沈阳接回天镇继续工作。母亲去世后带着父亲继续奋战在脱贫攻坚一线，带领村党支部谋划乡村振兴发展之路。

俞贺楠同志先进事迹和人社部帮扶薛牛坊村案例得到中央电视台、人民网以及《人民日报》《党建》《学习时报》《中国组织人事报》《中国扶贫》《山西日报》等采访宣传报道。

李兆宜

江西省赣州市赣县区五云镇夏潭村原第一书记，自然资源部自然资源所有者权益司评价考核处副处长

李兆宜同志担任江西省赣州市赣县区五云镇夏潭村第一书记期间，团结村"两委"班子带头抓党建，建强基层组织，发挥支部核心作用，建立"党员示范户＋贫困户＝合心组"模式，实现共同生产、共同致富；坚持惠民生，建成2口140米的深水井、2个蓄水池，铺设饮水管网2万余米，实现全村通水到户和安全饮水率100%，解决了困扰夏潭村几代人的用水难题；着力强产业，建成甜叶菊育苗、种植、加工全产业链，年产值达到150余万元，村民户均增收5000余元，积极推动生态旅游，成立了首家"五云特产"微店，提高农产品销量；解决村民实际困难，新修水沟6000余米、防洪堤2000余米、水陂7座、桥梁8座，全村通水泥路、入户便道硬化率、通网通电率、客运班车通达率、卫生厕所使用率等都达到了100%；实现扶贫工作"底数明"、帮扶措施"制定准"、扶贫成果"功效久"。2018年实现了整村脱贫，贫困发生率从建档立卡之初的12.45%下降至1.38%，夏潭村荣获全国乡村旅游扶贫重点村、赣州市文明村镇等称号，并被新华社、《人民日报》、《中国扶贫》、原《紫光阁》等媒体专题报道。

马 飞

河北省承德市围场满族蒙古族自治县克勒
沟镇元宝洼村第一书记，生态环境部核电安全
监管司核电三处四级调研员

2019 年 3 月以来，马飞同志认真履行驻村第一书记职责，紧密团结村"两委"班子和广大群众，充分发挥个人主观能动性，倾心尽责、苦干实干，扎实开展扶贫工作。一是抓党建促脱贫，建强基层组织。积极组织全村党员及"两委"干部加强理论学习，与生态环境部多个党支部开展联学共建，慰问生活困难党员和群众。二是推动稳定脱贫成果和促增收相结合。通过帮弱劳动力贫困户养殖扶贫鸡，帮有意向的贫困户申请小额贷款发展羊、牛养殖，引导有劳动能力贫困户就业、对无劳动能力的进行政策兜底等措施有力带动了贫困户就业、增收。三是坚持扶贫先扶智，组织开展支教帮扶。联系清华大学学生到村开展支教、结对子活动，帮助在校生申请奖学金。四是探索种植结构调整，发展冬暖蔬菜大棚。带领工作队和村"两委"同志多次到冬暖大棚成熟地区学习掌握冬暖大棚建设技术，自筹资金 200 余万元为村集体建设 9 个冬暖蔬菜大棚，每年增收 30 余万元，并带动 20 余户就业务工增收。五是大力改善基础设施、加强农村环境整治。积极争取各方资金，推进元宝洼村道路硬化、亮化和自来水工程，推动农村环境整治项目建设，大幅改善元宝洼村容村貌。六是疫情期间驻村坚守，想方设法做好疫情防控和疫情后期的复工复产。

董红梅

住房城乡建设部扶贫办副主任

董红梅同志深入学习贯彻习近平总书记关于扶贫工作的重要论述，积极投身脱贫攻坚主战场，把解决贫困群众住房安全问题作为践行"两个维护"的重要实践载体。她勇担重任，面对脱贫攻坚住房安全有保障、定点扶贫和牵头联系大别山片区三大攻坚任务，以年过半百、瘦弱之躯全身心投入。她为让贫困群众不住危房，在西藏，翻越多座5000米高山，深入边境乡村调研；在南疆，一天行程600公里，深入最远的村镇解决实际问题；在大凉山区、乌蒙山区……她走遍"三区三州"，查看住房安全情况，听取意见建议，组织搭建全国住房安全有保障信息平台，对所有建档立卡贫困户住房情况进行逐户核验，确保不漏一户、不落一人。部4个定点扶贫县始终是她心中的牵挂，近30次赴4县，帮助引进资金1.97亿元，推动帮扶项目落地。大别山片区县建筑业产业扶贫、4县菊花和中药材以及建筑石材等产业帮扶项目成效显著。新冠肺炎疫情暴发后，她冲锋在前，千方百计募集资金和药品、食品等1300余万元支持抗疫战贫，协调从麻城开出12趟专列输送1.2万名农民工返岗，帮助销售滞销农产品3100余万元。她坚持抓党建促脱贫，组织部直属机关单位15个党支部与贫困村结对共建，培训贫困村干部和致富带头人3500余人，打造了一支"不走的工作队"。她协调北京、上海医疗队赴4县"送医上门"，搭建了4县和国家级专家合作的平台。全国790万户建档立卡贫困户通过危房改造保障了住房安全，2341.6万户建档立卡贫困户住房安全有保障不漏一户，4个定点扶贫县以及大别山片区36个县成功摘帽。

王虹航

青海省西宁市大通回族土族自治县副县长
（挂职），中国建设报社理事会专职副理事长

　　青海省大通回族土族自治县是住房城乡建设部的定点扶贫县，全县海拔在
2280—4622 米。2016 年 12 月，王虹航同志主动请缨，赴大通县挂职副县长，
协助分管扶贫工作。2018 年 12 月挂职期满后，王虹航主动申请继续第二轮挂
职，誓言"我要与大通人民一道脱贫致富奔小康，不获全胜，决不回京"。

　　3 年多来，年逾五十的王虹航同志克服严重高原反应，夙兴夜寐，几乎跑
遍全县 20 个乡镇 116 个贫困村，了解贫困群众致贫原因，与基层干部研究脱
贫举措，2019 年 5 月，大通县实现脱贫摘帽。他聚焦剩余贫困人口脱贫和脱
贫成果巩固进行深入探索，成功在全国率先解决了偏远农村清洁能源供应的难
题。他因村施策，带领土关村、寺沟村等走出了生态宜居、电商致富的不同发
展路径。他成功实践"共同缔造"的乡村治理模式，激发了群众内生动力。他
不辞劳苦找资金、引项目，甘做脱贫攻坚路上的"桥梁"。2019 年 9 月，中央
政治局委员、中央组织部部长陈希到大通县土关村调研，对土关村脱贫攻坚工
作给予肯定。

关笑楠

陕西省咸阳市淳化县原县长助理（挂职），
交通运输部运输服务司道路客运管理处处长

　　关笑楠同志坚决贯彻落实习近平总书记关于脱贫攻坚的重要指示批示精神，按照交通运输部党组决策部署，在交通运输脱贫攻坚一线作出了突出贡献。一是扎实推进具备条件的乡镇和建制村通客车工作。连续开展民生实事，对具备条件的 3.1 万余个乡镇和 54.1 万余个建制村建立台账、对账销号，累计新通客车 1121 个乡镇和 41503 个建制村，于 2020 年 8 月底提前完成通客车任务，惠及 3500 万脱贫地区群众出行。组织开展通客车质量评估，夯实通客车成果。二是完善政策法规保障。制定系列政策文件，明确通客车条件，指导各地加强政策扶持、绩效考核，引导油补资金向贫困地区倾斜，灵活采用公交、班线、区域经营、预约响应等方式通客车。开展《农村公路条例》《道路运输条例》立法工作，推动构建农村客运长效发展机制。三是强化示范交流。指导 20 个贫困县开展城乡交通运输一体化示范创建，提升城乡交通运输均等化水平。组织出版《全国农村客运发展典型案例集》。四是推动六盘山片区脱贫攻坚。挂职期间，牵头组织实施淳化县 11 条 251 公里县乡公路建设，带动扶贫产业发展、群众脱贫致富。五是保障贫困地区农民工返岗就业。2020 年，组织 23.4 万趟次包车"点对点"运送农民工 556 万人，保障超 1 亿名农民工顺利返岗，稳定贫困人口就业。

汪 忠

交通运输部综合规划司投资计划处（扶贫处）三级调研员

　　汪忠同志自 2012 年起专职负责扶贫工作，牵头开展交通扶贫和交通运输部定点扶贫、对口支援、联系六盘山片区等工作，成绩突出，得到一致肯定。一是参加《中共中央　国务院关于打赢脱贫攻坚战的决定》《中共中央　国务院关于打赢脱贫攻坚战三年行动的指导意见》以及国家《"十三五"脱贫攻坚规划》等重大文件起草工作。二是牵头编制《集中连片特困地区交通建设扶贫规划纲要》、《"十三五"交通扶贫规划》、《支持深度贫困地区交通扶贫脱贫攻坚实施方案》、三年行动计划以及交通扶贫差异化补助政策等。三是牵头组织实施贫困地区"村村通硬化路"工程，帮助 832 个脱贫县全部实现了具备条件的建制村通硬化路，惠及群众约 4400 万人。四是服务基层，累计到贫困地区调研服务超过 120 次，涉及 14 个片区 22 个省 142 个贫困县（其中 53 个为"三区三州"深度贫困县）。深入"溜索村""悬崖村"等边远山区，牵头编制"溜索改桥"建设规划和云南"直过民族"地区沿边地区 20 户以上自然村通硬化路规划，帮助解决交通扶贫难题。五是牵头编制《交通运输部定点扶贫工作规划》，组织建立结对联系帮扶工作机制，推动将 15 个司局、18 个部属单位组成 9 个帮扶工作组"组团式"帮扶定点扶贫县、对口支援县和六盘山片区。当好交通运输部与有关部委、帮扶地区、挂职干部之间的桥梁。六是 2020 年牵头推动贫困地区克服疫情灾情影响，加快交通扶贫项目复工，组织做好农民工返岗运输和就地就业，如期完成脱贫任务并切实巩固脱贫成果。

赵煜民

四川省阿坝藏族羌族自治州壤塘县交通运输局原副局长、吾依乡党委原副书记、吾依村党支部原副书记（挂职），交通运输部综合规划司水运规划处干部

2018年9月，赵煜民同志主动申请到四川省阿坝州壤塘县挂职扶贫，任县交通运输局副局长、吾依乡党委副书记、吾依村党支部副书记。两年里，他克服高寒缺氧、语言不通等困难，尽心履职，成效显著，被干部群众称为"尕灯"（藏语意为好日子）书记。一是因村施策，攻克"贫中之贫"。赵煜民争取资金建立野生菌加工基地，发动群众种植有机土豆、大蒜等200余亩，2020年吾依村集体经济收入达40万元，较两年前增长5倍。他带头建设新村、修建通寨路、改善家居环境、带头控辍保学、协调送医送药上门、解决用水用电困难，吾依村顺利脱贫。二是冲锋一线，保障"生命线"。赵煜民冲锋一线，战洪水、战垮塌、战疲劳，两年来参与公路抢险保通20余次，曾连续奋战五天四夜。为治理公路灾毁，他争取了多个国省干线项目，还参与编制县交通运输"十四五"发展规划，谋划"一纵一横、一环多点"交通网络。三是主动担当，打通"最后一公里"。赵煜民曾参与交通扶贫三年行动计划等政策制定。在壤塘，他组织实施14个交通定点扶贫项目，建成机械化养护中心，实施路长制，实现了100%乡镇和100%建制村通硬化路、通客车，推动壤塘成功创建省"四好农村路"示范县，让扶贫政策"最先一公里"直达群众出行"最后一公里"。

胡 孟

水利部农村水利水电司农村供水处处长

　　胡孟同志深入贯彻习近平总书记"让农村人口喝上放心水"的重要指示精神，全面落实中央决策部署，作为农村供水处处长，在各级领导带领下，与地方合力攻坚。"十三五"期间，推动解决了1710万名贫困人口饮水安全和1095万名贫困人口饮水型氟超标及苦咸水问题。

　　他刻苦攻关，作为学者型干部，发挥专业所长，组织编制《农村饮水安全评价准则》等20多部标准，成为脱贫攻坚评价、农村供水工程规范化建设管理的技术依据。他主动担当，推动将饮水安全纳入脱贫攻坚"两不愁三保障"考核范围，指导832个贫困县建立到乡到村的饮水安全管理责任体系，确保工程发挥实效。他敢打硬仗，对新疆伽师县和四川省凉山州7个县挂牌督战，组织1000多人长驻现场，与当地联合会战，啃下了最难的"硬骨头"。他迎难而上，克服新冠肺炎疫情不利影响，组织靶向核查和电话问询8400多座水厂运行状况，协调解决问题，保障安全稳定和应急供水。他情系民生，组织对500多个县7000多个村和2.3万户进行大规模暗访，推动建立省、市、县农村饮水举报监督电话，解决百姓关切。他率先垂范，担任农村饮水安全脱贫攻坚青年突击队队长，发挥党员先锋模范作用，与地方共同提升2.7亿名农村人口供水保障水平，全面解决了贫困人口饮水安全问题，兑现了对党和人民的铮铮誓言。

严东权

农业农村部农业生态与资源保护总站站长、
发展规划司副司长

　　中央作出打赢脱贫攻坚战决策部署后，严东权同志临阵受命，担任农业农村部扶贫办专职副主任，牵头推进全国产业扶贫工作，一干就是 5 年。他坚决贯彻落实习近平总书记关于产业扶贫的重要指示批示精神，创新性地推进产业扶贫各项工作。牵头起草两个全国产业扶贫指导文件，组织召开三次全国产业扶贫工作会议，协调出台了一系列含金量大、精准度高的支持政策，完善了 9 部门、22 省、832 县的产业扶贫工作协调推进机制。系统设计出"编制一个好规划、选准一个好产业、打造一个好龙头、创新一个好机制、形成一个好体系"的工作路径，成为各地推进产业扶贫的普遍遵循。总结推广了洛川苹果、赣南脐橙、定西马铃薯等 2 批 35 个产业扶贫典型范例，组织举办 12 场产业扶贫现场观摩会，相关工作得到习近平总书记等中央领导同志的肯定。

　　他深入中西部 22 个省份、100 多个贫困县开展调研，对各地产业扶贫情况如数家珍，被大家称为扶贫产业的"活地图"。他对贫困地区产业发展手把手地教、实打实地帮，推动永顺猕猴桃、咸丰茶叶、叶城核桃等一批特色产业在全国打响了品牌。他工作任劳任怨，舍小家为大家，亲人去世不能送别，孩子考大学无暇顾及，几乎每天都加班加点到半夜十一二点，多次因过度劳累出现耳鸣仍坚持工作。在他的积极推动下，产业扶贫成为覆盖面最广、带动人口最多、可持续性最强的扶贫举措，产业扶贫政策覆盖全国 98% 的贫困户，72% 的贫困户与新型农业经营主体建立了紧密利益联结关系，为打赢脱贫攻坚战提供了有力支撑。

金达芾

四川省广安市广安区龙安乡革新村第一书记，商务部对外贸易司战略发展处四级调研员

　　金达芾同志系商务部对外贸易司战略发展处四级调研员，2018 年 3 月起挂职四川省广安市广安区龙安乡革新村第一书记。担任驻村第一书记以来，金达芾同志坚持抓党建、促脱贫，舍小家顾大家，带领乡亲们兴产业、办电商、练技能、促就业。尤其在新冠肺炎疫情期间，他主动放弃休假，连续 40 天奋战在防疫一线，白天防疫情，晚上谋脱贫，革新村集体经济实现疫情期间"逆势增收"。革新村人均年收入从精准识别之初的 1400 元提高到 9600 元，革新村党支部获评 2019 年四川省先进党组织，金达芾同志先后被授予四川省优秀第一书记、中央和国家机关脱贫攻坚优秀个人称号。一是强化党建引领，扶持村"两委"班子带领群众共同创业致富，做大做强集体经济，通过村集体办电商，两年来带动农产品销售超过 300 万元，增加集体经济收入近 100 万元。二是打造扶贫产业，着眼长效，把革新村连年亏损的龙安柚产业发展成一个年均创造价值超过 300 万元的"优势产业"。三是强化利益联结，贯彻"扶贫必先扶志扶智"的理念，帮助贫困户戒除等靠要思想，带领建档立卡贫困户利用扶持资金和自家产品、技术、劳动力入股合作社，鼓励农村剩余劳动力参与家政扶贫，学习技能进城就业。

李 克

文化和旅游部离退休人员服务中心一级演员（已退休）

　　2018 年 8 月，李克同志自愿成为文化和旅游部扶贫攻坚积极参与者，首先捐助了卡瓦依钢琴一台。2019 年元旦开始与女儿一起来到贫困县山西静乐县，从此开始了漫长的艺术扶贫。她亲力亲为授课排练，同时还发动自己的亲人朋友，邀请更多艺术名家亲临静乐县排练上课，指导学习。

　　她先后组建了静乐县教师合唱团、四个童声合唱团、老年男声合唱团。个人出资 6 万元，设立静乐文化基金，用于支持静乐童声合唱团和教师合唱团开展活动。坚持每个月两次来静乐县排练，并全部自费交通。疫情期间，坚持线上排练辅导。为了提高专业水准，2019 年她又为静乐添置了一架三角钢琴，她前后无私捐赠钱物近 20 万元，用于合唱团的培训及演出。抗击疫情期间，自愿捐款 10 万元。资助贫困大学生 2 万元。

　　2019 年 7 月 29 日，在"华夏根·黄土情"陕西（神木）第二届全国合唱艺术节上，李克母女带领的静乐县教师合唱团获得一等奖。2020 年 10 月，在第十五届中国国际合唱节上，山西静乐县教师合唱团荣获金奖，山西静乐县童声合唱团荣获银奖。

　　李克同志的无私奉献，得到静乐人民的赞许和诚挚的感谢。静乐县人民政府授予李克"静乐县文化大使"荣誉称号。

何锦国

国家卫生健康委财务司司长

何锦国同志深入学习贯彻习近平总书记关于扶贫工作的重要论述，认真贯彻落实党中央、国务院脱贫攻坚决策部署，带领委扶贫办全体成员单位和委扶贫办全体同志，齐心协力，攻坚克难，高质量完成健康扶贫和定点扶贫攻坚任务。

一是强化政治担当，主动攻坚克难。牵头研究制定了基本医疗有保障标准，明确了县医院能力建设、"县乡一体，乡村一体"机制建设、乡村医疗卫生机构标准化建设三个主攻方向；在决战决胜健康扶贫的同时，提出健康扶贫同乡村振兴有效衔接的思路、路径和政策调整完善意见。

二是落实精准方略，实行靶向治疗。聚焦基本医疗有保障目标，围绕让贫困人口有地方看病、有医生看病、有制度保障看病和少生病，坚持供需两侧同步发力，救治预防双管齐下，全面消除了乡村医疗卫生机构和人员"空白点"。组织动员基层卫生人员逐户逐人逐病，全面摸清因病致贫返贫情况，开展大病集中救治、慢病签约服务管理、重病兜底保障"三个一批"分类救治行动，积极协调相关部门加大投入支持与政策扶持，建立了健康扶贫动态监测信息系统。

三是统筹协调各方，亲自推动落实。建立全方位统筹协调、与定点县党委政府定期沟通、各司局各单位分工协作、挂职干部一线抓落实的前后方联动的定点扶贫工作机制，助力4个定点扶贫县脱贫攻坚任务全面完成。

谢留强

山西省大同市阳高县委常委、副县长（挂职），
应急管理部机关服务中心交通处正处级干部

2011 年 7 月以来，谢留强同志受应急管理部（原安监总局）扶贫领导小组选派到山西省大同市阳高县挂职开展定点扶贫工作。10 年来，他扎根阳高这块红色的土地，为全县贫困群众脱贫致富想办法、谋出路、办实事，用行动践行共产党员的忠诚和担当，用奉献兑现对党和人民的庄严承诺，与广大干部群众手拉手、同心干，该县 2019 年 4 月被山西省政府批准退出贫困县名单。10 年间，他用双脚丈量土地，走遍了全县 111 个贫困村，钻窝铺、访贫困，组织义诊 3000 多人次，把关爱、温暖送到群众中去；他用才智谋划脱贫，在精准上下真功，打造温室林果和养殖生态循环经济基地、2100 亩林药套种基地，让贫困户抱上"金碗碗"；他充分发挥自身人脉资源优势，牵头成立"阳高红"特色蔬菜驻京销售服务中心，将阳高特色农产品推向全国市场；他帮基层强班子、壮队伍，留下"不走的扶贫工作队"，探索出"党支部＋专业合作社＋贫困户＋产业扶贫基地"的经营组织模式；他帮县里筹建安全产业园区，积极对接同煤集团与县政府合作做大做强安全工业产业，并大量吸收当地贫困群众就业；他针对边远贫困乡村面临的"饮水难、灌溉难、防汛难、出行难"等实际问题，累计筹资 500 余万元实施基础扶贫，增强贫困地区脱贫和发展的内生动力，被当地干部群众誉为阳高县的扶贫"老黄牛"。

侯雅丽

中国人民银行机关工会主席

　　侯雅丽同志作为中国人民银行扶贫办主要工作人员之一，以担当奉献扶贫事业，以实干响应时代要求，高质量推进中国人民银行定点扶贫、金融单位定点扶贫等工作，扶贫实绩显著，获得广泛认可。在落实人民银行定点扶贫工作中，她"坚持用金融手段干好扶贫的事"，努力把定点扶贫"责任田"打造成"金融政策落地、金融普惠实现、信用价值彰显、风险防控有效"的金融扶贫"示范田"。在推进人民银行系统定点扶贫事业中，她坚持"抓党建促扶贫"，拓宽帮扶路径，强化示范引领，推动构建上下联动、协同发力、规范严谨的人民银行定点扶贫工作格局。在履行中央金融单位定点扶贫牵头职责中，她坚持"金融+"工作思路，积极建立组织协调平台、信息交流平台、合作共享平台、督促考核平台，引导 22 家中央金融单位互学互促、形成合力，助推帮扶的 65 个县全部脱贫。在全心投入金融助推脱贫攻坚战中，她坚持"没有调查就没有发言权"，深入开展课题攻关，形成一批高水平研究成果，为金融扶贫理论体系作了有益补充。人民银行连续 4 年在中央单位定点扶贫成效评价中被评为第一等次"好"，助推帮扶的 2 个县高质量脱贫，扶贫办被评为中央和国家机关脱贫攻坚先进集体，其本人多次被评为先进工作者、优秀公务员。

谷 啸

陕西省铜川市宜君县委原副书记（挂职）、彭镇武家塬村原第一书记，中国人民银行内审司综合处一级调研员

2016 年，谷啸同志主动申请到陕西省宜君县武家塬村任第一书记，2017 年 8 月又挂职任宜君县委副书记。2021 年被党中央、国务院授予"全国脱贫攻坚先进个人"，2020 年被中央和国家机关工委授予"中央和国家机关脱贫攻坚优秀个人"、获"中国人民银行定点扶贫先进个人"，2019 年被铜川市委、市政府授予"2018 年度铜川市脱贫攻坚先进个人"荣誉称号。

抓党建强基层组织，带领村"两委"完善民生设施，解决群众吃水、出行等难题，优化"两委"活动室、普惠金融服务站，新建标准化卫生室、老年幸福院、百姓文化广场、图书室、宜馨超市等村级服务场所，村党支部甩掉软弱涣散后进党组织的"帽子"，武家塬村从一个昔日的"贫困村"，变身为"示范村""标杆村"。抓金融助精准扶贫，推动普惠金融综合示范区建设，打造"资源整合带动、产业发展聚力、普惠金融筑基、信用重建固本"的金融扶贫"宜君模式"，主要做法被陕西省委评为 2018 年度陕西省优秀改革案例。抓产业筑脱贫基础，引进技术创建宜君现代肉兔科技扶贫示范项目，构建产业扶贫新模式，带动 40 个贫困村集体经济，每村每年分红 8 万余元，同时辐射全县 1100 户贫困户产业发展。抓创新盘内生动力，推动全国首单苹果"保险＋期货"项目在宜君落地，为期货、保险机构探索利用苹果期货服务果农脱贫和产业链企业树立标杆，形成我国农产品价格机制改革的一次有益探索，激发农民的生产动力。抓市场促产品销路，培育村民品牌意识，把优质的农产品变成老百姓口袋里的票子，线上携手电商平台，线下积极对接北京、广东等地品牌市场，让贫困村的农产品快速高效地走出深山，进入都市。

郭春伟

河北省保定市顺平县蒲上镇西南蒲村原第
一书记，审计署驻郑州特派员办事处外资审计
处副处长

郭春伟同志自参加工作以来，始终以一名优秀共产党员的标准严格要求自己、努力把坚定理想信念、对党忠诚体现在做好本职工作上，体现在落实好署党组的工作部署和郑州办分党组的工作安排上。

2016 年 9 月至 2018 年 9 月，郭春伟任河北省顺平县西南蒲村第一书记期间，在审计署、郑州办的全力支持下，在当地党委、政府的指导带领下，以党建工作为引领，组织全村党员重温入党誓词、学习宣讲党的十九大精神，带头执行"三会一课"制度，与村"两委"干部交心谈心，购置完善村内党建设施，增强党组织的凝聚力和战斗力。以改善民生为重点，群策群力帮扶困难群众，联系援建深水饮用井、为村学区小学捐赠教学用电脑、硬化全村道路、换装太阳能路灯。以特色产业为抓手，争取资金建设两座产权归村集体的高标准花卉种植大棚，探索增加村集体收入和带动贫困户增收的路子；协助村手工布鞋厂申请贴息扶贫贷款，扩大生产规模，吸收贫困户就近就业。在各方共同努力下，2017 年底，西南蒲村实现整村脱贫。郭春伟同志驻村工作表现得到了当地党委、政府和群众的一致好评，自身得到了锻炼成长，也展现了审计人员的良好形象。

包明凯

国务院国资委机关服务管理局改革指导处
处长

　　包明凯同志自 2012 年以来，一直负责国资委机关定点扶贫日常联络和组织协调工作，工作业绩突出，2021 年，被评为"全国脱贫攻坚先进个人"。国资委连续 3 年在定点扶贫成效考核中被评为"好"等次。克服父亲身患重症等困难，加班加点，一心扑在扶贫事业上。一是提高政治站位，提升攻坚本领，始终把扶贫当作重大政治责任扛在肩上。二是强化组织协调，广泛动员宣传，脱贫攻坚战打响以来，在委党委正确领导下，与同事一道，协调各方力量，在河北省平乡县、魏县组织开展扶贫项目 180 余个，直接投入帮扶资金 4000 多万元，引进帮扶资金 4 亿多元，培训人员 7500 余人次，引进产业扶贫项目 20多个，涉及资金数十亿元。三是坚持工作创新，大力推行党建"百村行动"、央企"产业扶贫"、协作组"结对帮扶"、老同志及行业组织"扶志扶智扶贫"以及建设"扶贫微工厂"等举措，受到了原国务院扶贫办、中央和国家机关工委的肯定。四是关心群众疾苦，每年在机关组织募捐活动，30 多次深入贫困村实地了解情况、开展慰问，与困难群众促膝交谈，及时落实精准帮扶措施，受到了帮扶县党委、政府及困难群众的好评。

丁 喆

河北省邯郸市魏县原县委常委、副县长（挂职），国务院国资委企业领导人员管理一局综合处处长

　　丁喆同志 2015 年 12 月至 2019 年 5 月挂职河北省魏县县委常委、副县长，协助分管脱贫攻坚工作。聚焦精准脱贫，深入魏县全境 143 个贫困村调研，形成了保民生、强产业、增税收，培育魏县自我发展能力和"造血"能力的帮扶思路。围绕贫困户增收，先后引进中粮我买网、中化集团 MAP 农业，推动魏县农产品标准化、品牌化和农业产业化，有效提升贫困户收入水平。围绕增强贫困群众获得感，引进血液透析项目，年均免费为患有尿毒症的建档立卡贫困户实施透析治疗 2000 多人次。扶志与扶智并举，举办中央企业驻冀单位和地方企业"精准帮扶、精准脱贫魏县大学毕业生专场招聘会"，带动贫困家庭实现稳定就业脱贫，为阻断贫困代际传递进行了有益尝试；充分利用国资委党费 1000 万元，集中用于 30 多个贫困村基层党组织建设和发展空壳村集体经济，提升了贫困村党组织的凝聚力、战斗力。强化产业帮扶，推动建立扶贫"微工厂"150 余家，带动贫困户稳定就业 2500 余人；引进资金帮助魏县实施老旧电网改造、农村基础设施改善等项目，推动中国建材君恒药用玻璃等项目落户魏县，不断增强贫困县"造血"功能，同时，在视野、信息、思路、思维方式等方面为魏县发展提供智力支撑。2018 年 9 月，经国家第三方评估，魏县成功脱贫摘帽。

房 季

河南省商丘市民权县委常委、副县长（挂
职），海关总署机关党委办公室一级调研员

房季同志系海关总署机关党委办公室一级调研员。2018年10月被评为"中央和国家机关脱贫攻坚优秀个人"，2019年1月挂职民权县委常委、副县长，开始驻县扶贫。

他用1个月时间找到了海关政策与民权结合点：建立保税物流中心。用4个月时间深入细致工作，使河南民权保税物流中心成功获批，并于2020年10月通过验收。阿里巴巴和字节跳动等一批知名公司入驻，为当地开放发展插上了翅膀。先后被县、市记三等功和二等功。

他大力推动发展跨境电商，民权县列入国务院第四批跨境电商零售试点城市。他协调支付宝、财付通等支付机构，推动中小微跨境电商改革试点，解决瓶颈问题。他协调组建民权跨境电商学院，召开全县跨境电商经验交流会，各乡镇和街道办事处待业人员积极参加。民权跨境电商"蛋糕"越做越大，日营业额达百万元，教会一批人、带富一批人。

他提出利用背河洼地重划养殖区一揽子方案，解决了黄河故道被确定为水源地可能导致原有500多户养殖户成为贫困户的困境，使近3万亩水面新养殖场鱼鲜虾肥。新冠肺炎疫情发生后，他坚守一线，协调捐赠30万元医疗物资，连续96天没回过家。县委书记评价他："在当地成了一面旗帜！"

鲍金虎

四川省甘孜藏族自治州德格县委常委、副
县长（挂职），广电总局政策法规司综合处处长

鲍金虎同志在挂职期间负责广电总局在德格的定点扶贫工作，并配合当地党委、政府决战决胜脱贫攻坚。

推动德格文旅资源"走出去"。协调央广新闻等媒体和主流视频网站、移动直播平台同步同频直播"最美德格人暨康巴文化优秀论文"颁奖晚会，据不完全统计，全球 680 多万名用户在线观看，点赞达 810 多万人次。协调央视财经频道、河南卫视《脱贫大决战》、东南卫视《中国正在说》、四川卫视、四川交通广播等机构赴德格拍摄脱贫攻坚故事、公益广告等。推动德格本土"麦宿"手工艺品作为广电总局外事礼品走出国门。

促进社会各界力量"走进来"。积极推进广播电视重点惠民工程落地，协调支持德格建成全州首个应急广播平台系统、大喇叭系统及覆盖网络。协调字节跳动等与德格签订 10 余份帮扶合作协议，推动协议落地落实。协调阿里巴巴等在疫情防控期间为德格捐赠 60 余万元的医疗物资。

教育扶贫促进本土人才成长。借助卫星直播搭建"空中课堂"覆盖全县 38 所小学 1.2 万余名学生。协调举办 2 期"脱贫攻坚非遗传承带头人培训班"，协助举办 3 期广播电视公共服务和脱贫攻坚工作研讨会，统筹安排德格广电业务骨干参加广播电视直播卫星户户通业务培训和其他技能培训等。

聂 伟

山西省忻州市代县县委常委、副县长（挂职），北京体育大学宣传部常务副部长

聂伟同志作为国家体育总局驻山西扶贫工作组组长，始终按照党中央、国务院关于打赢脱贫攻坚战的总体部署和工作要求，认真履职尽责，主动担当作为，全面贯彻国家体育总局"突出体育扶贫、扶出体育特色"和"立志、立教、立业"的扶贫工作要求。作为代县副县长，他以县为家，以民为亲，忠实兑现自己"忠诚与爱、人民情怀、诗和远方，一个都不能少"的诺言，坚持固守一线，担当作为，埋头苦干。结合定点扶贫县的实际，广泛调研、掌握实情，精准施策、靶向治疗、对症下药。在他的带领下，改变了2019年前代县的农副产品大多连当地超市都进不去的现实。脱贫攻坚3年来，他在代县累计研究实施扶贫资助项目13个，涉及体育设施、义务教育基础建设、医疗卫生、农产品加工、畜牧养殖产业、基础水利、通村公路建设、人才培训等方面。他推动实施的13个项目总计受益人口在5.02万人以上。他不计个人得失，忘我奋战在脱贫攻坚一线，带领扶贫组全力推进多个领域的扶贫项目顺利开展，脱贫攻坚工作取得了显著成效。代县于2020年11月被山西省特色产业扶贫领导小组评定为"山西省产业扶贫示范县"，扶贫组被评为"山西省产业扶贫先进单位"，成为全省学习的产业扶贫先进典型。

申孟宜

内蒙古自治区锡林郭勒盟正镶白旗星耀镇查干宝恩本村原第一书记，新疆生产建设兵团统计局工业和固定资产投资统计处副处长（援疆），国家统计局服务业调查中心副处长

申孟宜同志忠诚担当，勇往直前。创办两个公众号和一个扶贫信息平台，严格落实"三会一课"制度；亲自设计和讲授"查村大课堂"，系统培训村"两委"干部和致富带头人；"七一"期间，为帮助遭遇车祸的乡亲和组织支部活动骑车来回奔波，却翻倒在刚争取来、正修建的砂石路面上，但仍坚持自己走回村支部组织完活动后再简单治疗，以致小腿至今留有长达20厘米的大片疤痕。

立足实际，开拓进取。申请国家统计局经费修建1000平方米全封闭储草大棚、配备饲草料粉碎机、补贴购买良种西门塔尔牛；联系种植业专家到村考察，试种多种抗旱作物；建成村级电商连锁超市，设计线上微店，拓宽销售渠道；联系北京天文馆申报星空保护村，探索通过星空旅游业摆脱完全依靠农牧业的经济结构。

为民办事，殚精竭虑。争取指标资金修建1.9公里村水泥路、1000平方米村民活动广场；从国家残联争取近300件生活辅助器具；通过河北省统计局联系三甲医院，带贫困户外出就诊；多次组织捐款捐物。

教育先行，着眼长远。组织孩子免费参加科普活动；联系名校师生到村交流；组建高考辅导群，设立奖学金，当年有6名孩子考上大学，其中2名考上一本；积极为扶贫工作建言献策，部分文章被新华社采用。

杨文军

吉林省延边朝鲜族自治州龙井市委常委、
副市长（挂职），国务院参事室参事业务一司参
事业务三处处长

2018 年起，杨文军同志从国务院参事室到吉林省龙井市挂职扶贫。坚持以习近平新时代中国特色社会主义思想为指导，认真践行人民至上理念，以保障和改善民生为初心，以顺应人民群众对美好生活的向往为使命，用强烈的事业心力促各项事业兴。先后代管文教卫等 8 个方面工作，协管商务、工信、民政等 12 个方面工作，联系工青妇等 15 个单位，任市深化医药卫生体制改革领导小组组长等 12 个议事协调机构召集人，协助分管全市 500 万以上拟新开工和续建项目 11 个，包保龙山等 3 个村，各项帮扶工作精准扎实深入。注重党建引领，坚持稳中求进、循序渐进、齐头并进的工作方法，统筹调动各方面力量，为龙井脱贫致富奔小康和高质量发展注入持久动力。产业扶贫项目好，引进苹果梨深加工产业项目，研发系列产品，覆盖面广，带贫力强；消费扶贫形式新，用"短视频＋直播"等方式助销产品；教育扶贫成效显著，优化学校软硬件环境；健康扶贫拔穷根，推进赋能、助力、保障、暖心工程，提升市乡村三级卫生基础设施，捐赠药品器械，培训村医，积极参与疫情防控；文旅扶贫成果丰，宣传推介力度大，理论研究收获多；志智双扶强内力，帮助完善包保村基础设施建设，增强基层干部和技术人员培训实效，累计协调帮扶资金 2238.96 万元。

赵振兴

河北省保定市阜平县龙泉关镇平石头村第
一书记，国管局服务司服务三处三级调研员

赵振兴同志自 2017 年 7 月至 2021 年 4 月，任河北省阜平县平石头村第
一书记。3 年多来，他始终牢记习近平总书记在阜平考察时重要指示要求，坚
守驻村扶贫一线，埋头苦干。2020 年 4 月，赵振兴代表全国驻村扶贫干部出席
国务院联防联控机制新闻发布会介绍疫情防控和脱贫攻坚工作，产生良好社会
影响。一是作风过硬、敬业奉献。与村民同吃同住同劳动，累计驻村 1300 多个
日夜。二是发挥第一书记作用、脱贫攻坚成效明显。带领村党支部开展"脱贫
攻坚党旗红"行动、"党建三个能力提升工程"。积极发展高山林果、家庭手工
业、乡村旅游业等脱贫产业，林果农产品销售累计 100 余万元，带动 145 户贫
困户稳定增收；牵头办好扶贫车间，吸纳 20 名妇女实现"家门口就业"，人均
月增收约 2000 元；2020 年初，车间及时转产隔离防护服 46000 套，为抗击新冠
肺炎疫情作出积极贡献。协调捐赠几百万元旅游设施，并形成了"公司 + 合作
社 + 村集体 + 贫困户"的旅游扶贫新模式。带领村民完成 3 公里道路、河道治
理，拆除旱厕、连茅圈 20 处，引进帮扶资金 20 万元，村庄人居环境有大幅提
升。协调京东集团赞助 100 万元改善学校校舍，引入公益助学基金会捐建爱心
食堂、帮助困难学生。多次协调开展义诊及送医送药活动，亲自带重病困难户
到医院就医。在他的带领下，全村 367 名建档立卡村民实现脱贫，人均年收入
由 2014 年的 2000 多元增长到 2020 年的 1 万元。赵振兴同志荣获三等功两次，
被评为河北省扶贫脱贫优秀驻村第一书记、国管局优秀青年，所在的国管局第
21 批扶贫工作组被评为"中央和国家机关脱贫攻坚先进集体"。

王　涛

河南省南阳市淅川县毛堂乡银杏树沟村第
一书记，国务院研究室秘书司处长

担任驻村第一书记期间，王涛同志深入学习贯彻习近平总书记关于扶贫工作的重要论述和党中央脱贫攻坚决策部署，把握南水北调水源保护和脱贫致富的关系，始终以高度的政治责任感，扎实做好一线帮扶工作，把贫困发生率高达 41% 的深度贫困村发展成了百万收入村。一是着力改善群众生活条件。协调解决本村没水泥路、没自来水、没移动信号和区域 9 个村出行道路不畅等"老大难"问题。在村经济条件改观后，实施困难群体"定向分红"、成立村教育基金，按照生态旅游村标准，全面改造贫困群众和农户房屋。2019 年，获"国家森林乡村"称号，全年接待大量中外游客。二是坚持发展生态产业。积极引进社会资金和相关专业人才、技术成果，创办村集体参股的资源再生环保产业园和玫瑰深加工产业园，解决 200 多人就业，培训农民工 500 多人次，村集体经济收入从无到有、连续 3 年突破 300 万元。2018 年底，所在村实现整村脱贫。三是推动区域协同脱贫。担任区域 9 个村的党总支第一书记，帮助发展生态林果产业 6000 多亩，挖掘当地历史文化创建"芈月山"生态品牌，年均农特产品销售收入 150 万元，带动 8700 多名群众实现"短中长"三线产业叠加增收。2019 年底，9 个村 1284 名建档立卡贫困人口全部脱贫。同时，创新运用党干群联席会议、邻家支部、村院党建等党建工作载体，围绕产业发展优化党组织设置，有效提升了村党组织组织力。

侯雪静

新华社国内新闻编辑部中央新闻采访中心经济采访室记者

侯雪静同志作为新华社国内新闻编辑部中央新闻采访中心报道脱贫攻坚的记者，面对繁重的报道任务，克服困难、兢兢业业，以饱满的工作热情全身心投入到脱贫攻坚战宣传报道中。她平均每年深入贫困地区调研两个多月，所采写的数百篇公开和内参稿件，产生良好社会反响。

原国务院扶贫办领导多次对她提出表扬，并对她的专业素养和敬业精神给予充分肯定。国家乡村振兴局等单位多次给新华社发来感谢信，肯定她对脱贫攻坚宣传报道作出的积极贡献。

侯雪静同志以创新的表达方式，探索提升脱贫攻坚报道的影响力和传播力，展示新时代壮举、讲好扶贫故事，参与采写的《习近平的扶贫故事》《彪炳史册的伟大奇迹——中国脱贫攻坚全纪实》《改变中国命运的伟大决战——以习近平同志为核心的党中央引领亿万人民打赢脱贫攻坚战纪实》《扶贫干部身上的盐渍，美如画、艳如旗！》《我国所有贫困县全部脱贫》等稿件，忠实记录了脱贫攻坚战的伟大历程，为如期打赢脱贫攻坚战注入坚定信心，为决战决胜脱贫攻坚战营造良好舆论氛围。同时，侯雪静同志还以做一名专家型记者的标准严格要求自己，撰写的扶贫理论文章获得国家乡村振兴局优秀论文。

曾馥平

广西壮族自治区河池市环江毛南族自治县委常委、副县长（挂职），中国科学院亚热带农业生态研究所研究员、环江喀斯特生态试验站副站长

　　曾馥平同志现任广西壮族自治区河池市环江毛南族自治县委常委、副县长（挂职），中科院亚热带农业生态研究所研究员、环江喀斯特生态试验站副站长。曾馥平扎根环江从事科技扶贫26年，曾三次负伤、一次遇险。他针对西南喀斯特连片特困地区生态环境脆弱及产业缺乏问题，探索"绿色生态扶贫"和"特色产业扶贫"新理念，首创了肯福环境移民—易地扶贫示范区，经过产业设计、关键技术攻关、成熟技术集成和移民培训等，示范区农民人均年收入从1996年的不足300元提高至目前的21080元，被联合国教科文组织称为"肯福"模式，在全球减贫伙伴研讨会（2020年11月24日）上入选全球减贫最佳案例。在喀斯特脆弱区生态修复和产业发展兼顾的前提下，他提出了"林下种草—饲舍养牛"的草食畜牧业发展模式，被国家发展改革委作为喀斯特山区产业发展的典型案例和石漠化治理的典型示范样板。其创新生态移民特色产业培育长效机制，形成了喀斯特山区环境移民—易地扶贫、植被复合经营和特色生态衍生产业培育（林—草、林—药）等科技扶贫体系，为扶贫生态产业的培育、发展，精准扶贫、农民增收脱贫贡献了科技力量，为毛南族整族脱贫及环江县的脱贫摘帽提供了有力的科技支撑，习近平总书记对毛南族实现整族脱贫作出重要指示。曾馥平被当地百姓亲切地称为"真扶贫"。曾馥平同志作为中国科学院派出的定点帮扶干部，在全院科技扶贫过程中充分发挥了先锋模范作用。曾获全国争先创优优秀共产党员、全国十大科技扶贫标兵、全国扶贫开发先进个人、全国野外科技工作先进个人等荣誉称号。

钟彩虹

中国科学院武汉植物园猕猴桃资源与育种
学科组组长

　　钟彩虹同志率领的猕猴桃研发团队近 5 年主持国家或省级科研项目 17 个，选育了 30 个猕猴桃雌、雄专利品种（其中获得品种权 14 个），其中高抗果实软腐病且极耐贮藏的黄肉红心品种"东红"在全国推广超 15 万亩，解决了国内大多品种软腐病严重的问题。同时，积极投身科技扶贫，结合我国各地农业发展的实际情况，探索出了"专利品种＋授权开发＋科技培训"的政—企—研合作推广模式，在主产省份建立 20 余个高标准产业示范基地，促进品种的有序化和区域化推广。

　　钟彩虹团队针对猕猴桃种植一线缺少技术人才的现状，采取送科技下基层和组织各基地科技人员到科研单位参观学习等多种方式，形成"金字塔"式和"直通式"的人才培训模式。常年深入基层，定期举办培训班，采取线上、线下理论与实操相结合，培训当地的中层技术骨干和农民职业经理人；并深入田间地头，解决一线生产中的各种问题，培训效果更直接有效，培训产区基层技术员 1 万余人，一线果农 7 万人次。专利新品种"金艳""东红"等累计推广 40 余万亩，技术辐射到全国 200 余万亩，辐射区人均增收超 3000 元。她被广大种植户亲切地称为"农民科学家"，也赢得了企业和政府等多方面的赞誉。

朱有勇

中国工程院院士、云南省科协党组副书记、
主席，云南农业大学名誉校长

2015 年，中国工程院开始对云南省澜沧县定点帮扶，当时即将 60 岁的朱有勇院士自告奋勇，挑起扶贫重任。他深入贯彻落实习近平总书记关于扶贫工作的重要论述精神，以科技报国、服务人民为己任，践行"把论文写在祖国大地上"的新时代科学家精神，用科技的力量，为澜沧县脱贫攻坚把脉问诊、精准施策，将"输血式扶贫"转变为"造血式扶贫"。他采取"五个一批"（即推广一批科技创新技术、培养一批乡土人才、示范一批科技成果样板、培引一批扶贫科技企业、促进一批贫困村寨脱贫）的方法路径开展科技扶贫工作，持续将科技创新成果转化为生产力，助力当地经济实现跨越式发展。

目前，朱有勇团队已在澜沧县推广建立林下有机三七 11629 亩、冬季马铃薯 17000 亩、冬早蔬菜 10000 亩等多个科技扶贫示范产业基地，并在全国首创中国工程院院士专家技能扶贫实训班，培养了 2220 余位致富带头人。在他的带领下，澜沧的贫困发生率由 2015 年的 41.17% 下降到 2019 年底的 1.65%。2020 年 4 月底，澜沧县剩余贫困人口均达到"两不愁三保障"标准，2020 年 11 月澜沧县退出贫困县，拉祜族、佤族、布朗族实现整族脱贫，真正实现全国"直过民族"区域最大、人口最多县"一步千年"的历史性跨越。

2019 年 12 月，奋斗在脱贫攻坚主战场的"农民院士"朱有勇被中宣部授予"时代楷模"称号。

吴 平

河北省邯郸市大名县委常委、副县长（挂职），国务院发展研究中心资源与环境政策研究所气候政策研究室主任

自 2018 年挂职大名县委常委、副县长以来，吴平走遍了全县 600 多个村庄。创新"智库扶贫"模式，在《邯郸新闻》连续 3 天头条报道。撰写"大名县产业扶贫经验与启示"调研报告。接受《经济日报》等媒体采访，在中国国际发展知识中心向多家驻华使领馆、在华多双边机构代表讲大名扶贫故事。

2019 年"双十一"期间为山药代言，销售达 10 万斤。2020 年组织倡议"消费扶贫月"活动，在"扶贫 832"平台销售额名列河北第一。发展农光互补，在光伏基地种植中草药 800 余亩。发展特色产业，打造万亩黑芝麻基地，支持"大名小磨香油"申报国家级非遗。

推进教育扶贫，阻断贫困代际传递。推进"一村一园"项目，打造河北省学前教育示范县。引进河北首个"慧育中国——入户早教计划"，促成中国人口与发展研究中心"家庭政策研究基地"落户大名。

疫情期间，多次慰问防控一线人员，并联系中国发展研究基金会为大名县捐赠价值 72 万元的口罩等物资。

认真谋划脱贫攻坚与乡村振兴有效衔接。成立课题组，探索平原地区人口大县乡村振兴模式，并在万北村试点推进，成果被《河北日报》报道。促成国研中心资环所党支部和大名县万北村党支部共建。帮助万北村发展新型集体经济，走共同富裕道路，实现乡村全面振兴。

鞠 萍

中央广电总台体育青少节目中心统筹规划
部主持人组组长

鞠萍同志作为《大手牵小手》栏目制片人，自栏目开办以来，依托中央广电总台广播、电视和新媒体平台，充分发挥栏目优势，带领少儿频道主持人团队深入基层，开展系列扶贫扶志公益活动，受到贫困地区群众和当地政府、教育部门的称赞。

多年来，鞠萍带领节目团队走进西藏阿里、青海玉树、新疆生产建设兵团、贵州省黔西南、黑龙江牡丹江、四川泸州等地，为贫困地区学校、特殊教育学校的孩子送去学习生活用品、有声读物，与大家一起制作节目。她积极联系爱心企业为贫困听障儿童捐资安装人工耳蜗，为唇腭裂患儿做手术。她还带领频道主持人赴安徽阜阳，与贫困艾滋病患儿同食同宿 72 小时，制作了《大手牵小手——爱在阳光下》专题节目。鞠萍作为红丝带健康大使，曾 3 次去大凉山关爱帮助受艾滋病影响的儿童。

2020 年，鞠萍带领《大手牵小手》节目组，赴总台对口帮扶的凉山彝族自治州喜德县开展了系列公益活动。活动中，邀请了篮球名将郑海霞和王治郅、乒乓球世界冠军邓亚萍、羽毛球世界冠军张宁、全国幼教专家崔雪雁以及主持人白岩松、陈铎、张斌、贺炜等，开创了"文体＋教育扶贫"新模式。鞠萍还担任喜德县"学前学会普通话"行动的公益大使，为学校教师传授先进的教学理念和方法，并携手爱心企业为当地学校捐赠钢琴、热水器、图书室、体育器材、服装等物品，共计 97.75 万元。

近年来，鞠萍个人还为公益组织捐款和资助贫困学生共计 51 万元。

侯 俊

内蒙古自治区兴安盟突泉县太平乡五三村
第一书记，中国气象局办公室机关事务处七级
职员

　　侯俊同志自 2018 年赴突泉县五三村担任第一书记以来，建强党组织，大力发展产业，强化基础建设，帮助全村 218 户顺利实现了脱贫。个人荣获"全国脱贫攻坚先进个人"、兴安盟脱贫攻坚先进个人、"兴安好人"荣誉称号，收到村民感谢信 5 封、锦旗 2 面。坚持党建引领，通过配强办公硬件，带领村"两委"班子开展多种形式学习，提高了党员队伍为民办事能力，五三村党支部从软弱涣散的党支部变成 9 金 1 银的先进党支部。推进产业扶贫，帮助农户发展紫皮蒜特色庭院经济，紫皮蒜总收入达到 240 多万元；协调 184 万元帮助全村发展乡村旅游、种植养殖经济，集体经济收入超过 10 万元 / 年，变"输血"为"造血"。坚持民生为本，积极协调 216 万元资金，实施村道路硬化、山洪沟治理、打井、房屋维修等工程，帮助解决了村民实际生活困难。实施志智双扶，个人免费开办四点半课堂，给 30 多名留守儿童辅导功课；邀请外教现场教授英语课程；选拔 13 名优秀学生参加全国青少年气象夏令营；组织农民进夜校、活动进广场、文明进家庭系列活动，激发了群众内生动力。用真心真扶贫，放弃个人利益，始终把村民放在心中最高位置。新婚第二天，毅然返回突泉工作岗位；脚意外骨折，挂着拐杖坚持回村开展工作，驻村期间发生 2 次交通事故；口罩最紧缺时期，自费为困难群众购买 400 只医用口罩。

邓怿帅

内蒙古自治区乌兰察布市兴和县副县长（挂职），全国社保基金会养老金会计部会计处处长

邓怿帅同志积极响应党中央号召，主动到内蒙古自治区兴和县挂职扶贫，两年共引入帮扶资金2.26亿元，帮助兴和县成功脱贫摘帽。

不让"病根"变"穷根"。兴和县贫困户超过半数是因病致贫，是"最难啃的硬骨头"。他探索出"三三一"健康扶贫模式：组织实施"三个一批"行动计划对所有贫困患者因户因人因病精准救治，引入2100万元资金全面改善县乡村三级医疗卫生机构设施；引进北京优质医疗资源全面提升基层医务人员专业水平。建立"及时发现、精准救治、有效保障、跟踪预警"防止因病致贫返贫机制，使全县9623名因病致贫返贫贫困户成功摆脱贫困。

筑牢产业"造血"根基。引入帮扶资金1780万元建立牛肉干等5条特色农产品加工线，补齐关键短板，引入麦当劳示范种植强化马铃薯产业优势，帮助销售滞销农产品1230万元。创新"母羊银行"，户均年增收7000元。推动贫困户与带贫主体建立稳定利益联结关系，让720余名贫困户成功就业，带动全县2000余名贫困户成功脱贫。

答好疫情防控"加试题"。作为全县疫情防控政策具体制定者和协调人，坚持"战疫战贫"双线作战，两张试卷同步作答，统筹推进疫情防控、复工复产和脱贫攻坚工作，全力确保全县疫情"零发生"，全面帮助贫困人口尽早返岗就业，防止因疫返贫致贫。

贾永强

河北省沧州市海兴县委常委、副县长（挂职），国家信访局国家投诉受理办公室投诉三处五级职员

贾永强同志于 2017 年 7 月到张常丰村任第一书记，2018 年 4 月挂职扶贫副县长。连续 5 年考核优秀，2019 年荣立三等功。

坚持产业扶贫，为县里引进秋雪蜜桃、金银花种植项目，协调山东汶上农业公司每年给全县所有贫困户捐赠 10 万只扶贫鸡，帮助引进渔网加工等特色加工业，帮助做好海兴农产品销售工作，积极联系京津商超，为海兴农产品代言、直播带货，3 年为海兴销售农产品 820 多万元。

创新就业扶贫，与海兴县共同谋划构建"五个一批"就业扶贫脱贫工作机制的经验被国务院扶贫办转发。每年组织对海兴县贫困人口进行职业技能培训，3 年来从海兴聘用贫困人口 42 人次。

聚焦教育扶贫，多方努力为海兴教育系统引进帮扶资金 157 万元，对海兴全体教师进行教育信息化 2.0 培训，每年组织贫困学生北京励志游，对全县教师进行教育信息化培训，争取 2400 万元项目资金建设公共实训基地。

争取医疗扶贫资源。联系农工党东西部扶贫办公室为 7 个贫困村捐赠乡村医生助诊包，协调为沧州市中心医院捐赠价值 145.4 万元的心电监护仪、药品，给县医院捐赠多普勒彩超、DR 设备等价值 510 万元的大型医疗设备。

宣传海兴扶贫经验。2020 年国家信访局与海兴县探索的"五端同筑"消费扶贫经验做法被国家发展改革委确定为扶贫典型案例在全国推广；中央电视台《"天下财经"走村直播看脱贫》节目组面向全国讲述海兴鲜活的扶贫故事；调研起草的《海兴县防贫险实施办法》，被兄弟县市区学习借鉴。

吉志雄

江西省赣州市寻乌县晨光镇高布村第一书
记兼驻村扶贫工作队队长，全国供销合作总社
直属机关党委办公室二级调研员

　　2016 年 1 月，吉志雄同志挂任江西省寻乌县高布村第一书记。5 年多来，
3 次任职期满 3 次留下，把软弱涣散的村党支部带成连续 5 年先进的党支部；
协调成立驻村帮扶公司党支部，和村党支部一起"双轮驱动"党建＋扶贫，
两个支部一起被评为先进党支部；组织多个共建党支部"联学联育"脱贫攻坚
力量，培养发展优秀青年党员 10 余名；协调各方力量建成镇中心的供销大桥，
解决了"不忘初心、牢记使命"主题教育排查出呼声最高的困扰全镇一年多的
群众烦心事；提前结束春节假期逆行支援乡村抗疫，辗转 2000 多公里，将防
疫物资送达后，连续 8 个月坚守乡村一线防疫扶贫，没顾上与家人见面；个人
购买 2 万多元的口罩捐给全村村民和急救中心，为武汉防疫捐款 6600 元，被
高布村村民称为"焦裕禄式的书记"，被赣州市、江西省和中央文明办先后评
为"赣州好人""江西好人""中国好人"，被江西省委组织部、省委宣传部和
省扶贫办联合评为"江西省最美扶贫干部"，被江西省委组织部评为"江西省
新时代赣鄱先锋"，被江西省人民政府授予"江西省脱贫攻坚贡献奖"，被农业
农村部评为"全国产业扶贫双百典型"，被中央和国家机关工委授予"中央和
国家机关脱贫攻坚优秀个人"荣誉称号，被党中央、国务院授予"全国脱贫攻
坚先进个人"荣誉称号。2020 年 3 月，全国供销合作总社决定，在全国供销
合作社系统开展向吉志雄同志学习活动。

陆 刚

安徽省潜山市官庄镇坛畈村驻村第一书记、
扶贫工作队副队长，全国供销合作总社经济发
展与改革部现代流通处四级调研员

2018年8月，陆刚同志由全国供销合作总社选派到潜山市最边远的山区
深度贫困村——官庄镇坛畈村，接续担任第一书记，用青春和奉献诠释了一位
奋战在扶贫一线战士的责任与担当。坚持把加强基层党建抓在手里。利用扶贫
周例会组织学习习近平总书记关于扶贫工作的重要论述，坚持"三会一课"，
带头宣讲党和国家脱贫攻坚等强农惠农政策，带领党员参观红色教育基地，表
彰优秀党员、带富能手和脱贫之星，定期开展文明创建、清洁家园、扶老助残
等主题党日活动，发挥党员力量带动贫困群众建设茶园和就近务工。坚持把脱
贫攻坚责任扛在肩上。深入开展遍访贫困对象活动，举办扶贫夜校，协调供销
合作社企业与坛畈村签订长期销售协议，连通扶贫"832平台"，帮助贫困群
众年销售农产品超过10万元，带领建档立卡贫困户106户228人摆脱了贫困。
协调总社帮扶资金支持村集体发展茶叶、食用菌等特色产业，村集体收入增加
到35万元，实现贫困村整村出列目标。坚持把服务群众记在心头。帮助修建
茶园环形公路，安装更换节能路灯，整治当家塘，改善村庄人居环境。争取供
销合作社企业支持卫生防疫物资持续驰援坛畈村，联合镇村干部转移安置暴雨
洪涝受灾群众，协调落实总社救灾款组织生产自救。在他的带领下，坛畈村已
从贫困村蝶变为美丽乡村。

苏国霞

原国务院扶贫办综合司司长

苏国霞同志1991年投身扶贫事业，三十年如一日，以饱满的热情、昂扬的斗志、创新的精神奋斗在脱贫攻坚战场。先后到500多个贫困县开展实地调研，对贫困群众有深厚感情。长期从事理论政策研究，直接参与国家重大扶贫战略和政策的制定实施。

脱贫攻坚战以来，苏国霞同志积极参与推动精准扶贫精准脱贫战略实施。先后参与筹备2015年中央扶贫开发工作会议和习近平总书记七次脱贫攻坚专题座谈会，参与组织起草有关讲话和会议文件；参与起草《关于创新机制扎实推进农村扶贫开发工作的意见》、《中共中央 国务院关于打赢脱贫攻坚战的决定》、《中共中央 国务院关于打赢脱贫攻坚战三年行动的指导意见》等重要文件；多次参与脱贫攻坚有关重要调研，起草调研报告，提出政策建议，较好地发挥了参谋助手作用；参与研究贫困退出机制、支持深度贫困地区脱贫攻坚政策、解决"两不愁三保障"突出问题、建立防止返贫监测帮扶机制等，对国家脱贫攻坚制度体系不断完善作出积极贡献。

苏国霞同志长期从事国际减贫理论研究和国际交流，将成果运用于推动中国扶贫实践。作为原国务院扶贫办新闻发言人，她多次参与重要国际会议，向国际社会宣传中国减贫经验，逐渐成为扶贫工作和扶贫战线公认的"多面手"和专家型干部，受到领导和扶贫系统干部的认可。

杨　炼

原国务院扶贫办考核评估司司长

　　杨炼同志于 1995 年进入扶贫系统工作。自脱贫攻坚战以来，她先后任考核评估司副司长、司长。

　　杨炼同志对党忠诚、牢记使命。坚持以习近平总书记关于扶贫工作的重要论述为根本遵循，把实施最严格的考核评估作为政治责任，自觉增强"四个意识"、坚定"四个自信"、做到"两个维护"。锐意进取、勇于担当。杨炼同志参与起草了《省级党委和政府扶贫开发工作成效考核办法》，负责组织开展了2015 年脱贫攻坚试考核、2016—2020 年脱贫攻坚成效考核、832 个贫困县退出专项评估检查抽查、建档立卡数据质量评估等工作，探索形成了一套特色鲜明的脱贫攻坚考核评估体系，对确保脱贫攻坚质量和成色发挥了重要作用。习近平总书记连续 4 年主持召开中央政治局常委会会议、中央政治局会议，听取脱贫攻坚成效考核情况汇报，对考核评估工作给予高度肯定。以身作则、身先士卒。考核评估司只有 11 个人，人手少、任务重、工作量大。杨炼同志发挥模范带头作用，要求普通党员干部做到的自己首先做到；严守政治规矩、廉洁纪律、工作纪律，秉公用权、廉洁考核。公而忘私、无私奉献。"5+2""白加黑"是工作常态。杨炼同志已连续 5 年大年初三到岗上班，连续 5 年将集中休假让给司里其他同志，自己坚守岗位。

陆春生

原国务院扶贫办信息中心主任

自 2014 年以来，陆春生同志组织开展建档立卡和信息化工作，为党中央扶贫开发决策和精准扶贫工作提供了有力支撑。2021 年被党中央、国务院评为"全国脱贫攻坚先进个人"，2018 年被原国务院扶贫办机关党委评为优秀共产党员。

立场坚定、对党忠诚。坚决贯彻落实党的各项决策部署和习近平总书记关于扶贫工作的重要论述，不断增强"四个意识"、坚定"四个自信"、做到"两个维护"。

持之以恒、勇于创新。持续开展建档立卡和信息化工作。2014 年首次建档立卡，采集了全国 8962 万名贫困人口、2948 万贫困户、12.8 万个贫困村的信息，不仅盘清了贫困家底，还摸清了致贫原因和帮扶需求。2014 年，主持编制扶贫信息化建设规划，开发了信息系统。组织各级扶贫干部持续开展动态管理和信息采集工作，信息系统数据完整记录了扶贫对象识别、帮扶和退出的全过程。由扶贫信息化采取了一些创新举措，如采取"全国大集中"方式，解决了"信息孤岛"顽疾；向贫困户开放信息，提高数据的真实性；开展了 43 期全国培训班，提升了各级扶贫干部的能力。

作风过硬、廉洁自律。恪尽职守，常年加班加点。在血管堵塞程度达到 92% 的情况下依然坚守工作，两次支架植入手术的前一天和出院后的第二天均坚持在工作岗位上，以实际行动诠释了脱贫攻坚精神。

刘胜安

甘肃省渭源县委副书记（挂职），原国务院
扶贫办规划财务司专项处处长

在甘肃省渭源县挂职县委副书记期间，刘胜安同志狠抓脱贫攻坚责任和政策落实，创新扶贫措施和方式方法，组织开展试点示范，推动渭源县脱贫攻坚工作不断取得新成绩。在甘肃省省级脱贫攻坚成效考核中，渭源县连续两年位列"好"等次。

刘胜安同志深入调研，跑遍全县135个贫困村，及时发现问题，形成15份专题报告，有力推动原国务院扶贫办组织开展针对性帮扶。督促指导渭源县开展多次筛查摸底，全面摸清饮水安全、住房安全、义务教育和基本医疗情况的底数。指导渭源县有关部门对脱贫户住危房、非四类对象享受国家危房改造政策、因危房问题导致贫困识别漏评、建新不拆旧和贫困户存在的饮水安全隐患、健康扶贫拔高标准等问题进行整改。在产业扶贫方面，对光伏扶贫"一光了之"、电站存在负债建设、企业投资入股等问题进行整改，解决了"一股了之""一发了之"问题。通过培养"网红"创新性开展品牌宣传和农产品销售。利用市场力量建立补充医疗保险，进一步减轻贫困户医疗负担。组织开展"互联网＋健康"扶贫试点，建立"微医流动医院"巡诊车等，解决偏远乡村，群众看病远、看病难、看不好病等问题。推动建立旅游扶贫合作社开展民宿旅游，创新旅游扶贫带贫新机制。

张君华

光明日报社扶贫办常务副主任、机关党委
组织处处长

张君华同志 10 年 31 次赴海拔 3800 米的青海省玉树州囊谦县开展扶贫工作，推进扶贫项目近百个，资助学生 180 万元 1200 余人次，培训干部 5000 余人，联系企业投资、援建基础设施，仅 2020 年在光明网刊发玉树州稿件 983篇。2020 年 11 月被评为"中央和国家机关脱贫攻坚优秀个人"，被当地干部群众亲切地称为"君华姐"。相关事迹在《文艺报》、"学习强国"学习平台、《三江源报》等多家媒体广泛宣传。

想囊谦人民之所想，急囊谦人民之所急。张君华同志发动身边朋友资助贫困学生。组织学生来京学习。联系企业、基金会投资 170 万元捐建阳光房，为囊谦县捐赠 100 万元的诊疗一体机，联系医院为百姓义诊等。

宣传培训并举，激发囊谦脱贫动力。将宣传报道范围扩展至玉树全州。帮助出版《人文囊谦》《走笔囊谦》图书，举办两届"网上文化旅游节"。先后组织党员干部、教师、学生来京培训。

重视基础设施建设，助力囊谦脱贫攻坚。与扶贫干部一起为囊谦县联系援建脱贫攻坚"四大战区"作战沙盘、贫困户资料档案室、宣传栏等脱贫设施，捐建 32 所图书室、融媒体中心等。

囊谦县委书记张琨明说："君华姐用自己的无私大爱和为民情怀，感动了囊谦大地，囊谦各族人民将永远记住君华姐，感恩君华姐！"

尚红伟

河北省张家口市赤城县副县长（挂职），经
济日报社新闻发展中心广告处副处长

尚红伟同志2018年8月起挂职经济日报定点帮扶的张家口市赤城县，任赤城县人民政府副县长。把"挂职"当"任职"，走访调研，潜心学习，认真履行职责，扎实工作，无私奉献，春风化雨，为赤城县脱贫攻坚和经济发展作出突出贡献。

发挥"桥梁"作用，以资源优势助力脱贫攻坚。用心用力搭建双方携手脱贫攻坚的"桥梁"，经济日报社投资帮扶赤城建立河北省质量最高的县级融媒体中心，把党的声音第一时间传播到全县每一个地方。引进碧桂园集团公司援建党员干部培训基地，援建肉牛养殖场。联系在京台资企业旺旺集团、顶新集团、大成餐饮集团以及台塑等企业到赤城考察调研。组织北京餐饮企业和商超采购农产品。

发挥媒体作用，讲好赤城故事。两年来，挖掘赤城脱贫攻坚典型素材，向报社推荐和协助采访刊登稿件多篇，其中还刊发一篇头版头条，极大地提升了赤城的知名度、美誉度。组织协调消费扶贫、康养产业及招商引资广告，助力产业发展。

开拓创新，不断推动电商和消费扶贫高质量发展。建设电商公共服务中心和物流中心，强化电商培训，凝聚消费扶贫合力，建团队，创模式，拓渠道，树品牌，强营销，探索"千城万店"活动在全国布设销售网点，电商和消费扶贫发挥了助农增收的积极作用。

李鑫鑫

重庆市开州区紫水乡党委委员、雄鹰村第一书记，中国法学会研究部法学成果应用处二级调研员

　　李鑫鑫同志积极整合扶贫资源，带领当地群众走上了脱贫致富的新路径。一是将提高基层党组织凝聚力与战斗力作为重点，实现"三会一课"制度与脱贫攻坚的紧密结合，创新开展"三亮"活动，打造乡贤评理堂，通过支部结对让党员走出大山学习，充分调动了党员的积极性。二是积极推进基础设施建设。争取各方资金累计 1245 万元，硬化公路 7.3 公里，新建泥结石路 6 公里，扩路 3.8 公里，解决了贫困户在饮水、医疗、教育和住房等方面的困难，实现了全村贫困户"两不愁三保障"的目标。三是培育贫困户产业发展自主性。出台产业补贴方案，以扶贫车间为龙头，实施豆存折、豆种补贴、农用器械奖励等补贴激励举措，2020 年黄豆产量创 100 吨新高，黄豆制品累计销售额近 3000 万元，全乡 805 户贫困户直接受益。四是深入推进"电商＋消费扶贫"模式。搭建紫水印象电商平台，建立线下体验店和生鲜配送站，全年累计销售额 1100 万元，增强了扶贫产业、扶贫产品的带动作用。五是协调推进乡村旅游扶贫。打造宜居避暑胜地，创建国家 4A 级旅游景区，配套形成桔梗药花谷花海、民宿、林下茶园、车厘子园等产业，以"农家乐＋贫困户""村集体经济＋贫困户""旅游就业＋贫困户"等发展模式，保证贫困人口的稳定增收。

徐赐明

山西省吕梁市兴县原县委副书记（挂职）
兼蔡家崖乡党委第一书记，全国对外友协机关
党委（人事工作部）人事处处长

徐赐明同志扶贫挂职期间，深深扎根吕梁革命老区，紧紧依托本单位外事资源优势，推动一大批扶贫项目落地，有力助推了兴县实现脱贫摘帽和提升对外开放水平。

一是坚决贯彻落实习近平总书记关于扶贫工作的重要论述和党中央关于脱贫攻坚的决策部署，增强"四个意识"、坚定"四个自信"、做到"两个维护"，坚持精准扶贫精准脱贫方略，倾心用力扶真贫、真扶贫，苦干实干，无私奉献，充分发挥党员先锋模范作用和典型示范作用，为兴县脱贫攻坚事业作出积极贡献，得到省市驻村办和当地干部群众的一致认可。二是坚决服从脱贫攻坚大局，用好外事和外资资源，大力开展产业帮扶、消费扶贫和公益捐赠活动，助力兴县完成脱贫摘帽。三是大力开展扶志扶智工作，注重培育当地内生动力，创新开展干部培训、技术培训和教育扶贫项目，助力推进兴县"走出去"。四是积极搭建国际交流平台，组织访问洽谈，开展合作研讨，讲好红土地上的脱贫攻坚故事，助力兴县提升对外开放水平，推动兴县"走出去""说出去"，开放性地展示红色土地上的脱贫攻坚成果。

先进事迹被《山西日报》、山西卫视等多家新闻媒体报道，收录山西省《脱贫攻坚先进典型事迹汇编》。2020年7月，徐赐明同志被山西省扶贫办推荐为全国脱贫攻坚奖候选人，10月荣获山西省脱贫攻坚贡献奖。2021年2月荣获"全国脱贫攻坚先进个人"称号。

戎昌海

甘肃省陇南市文县县委常委、副县长（挂职），中国记协国际部主任

　　戎昌海同志自 2018 年 9 月挂职担任甘肃陇南文县县委常委、副县长以来，挂牌作战、疫情防控、抗洪救灾、拆危治乱、访贫济困等工作无不冲锋在前，在新闻扶贫、消费扶贫、扶贫队伍培养、各项分管工作、疫情防控、联乡工作、抗洪救灾中发挥了不可或缺的作用，取得了显著成绩。

　　联系组织多家新闻单位多批次主题采访文县；组织新媒体开展扶贫直播，现场带来千万元农特产品合同；通过各种渠道促成文县签订农产品销售合同总额 2000 多万元，已实际销售约 600 万元；参与制作、播出《纹党参·文县生》精准扶贫广告，对提升文县优质农特产品知名度作出了积极贡献；筹措各类帮扶资金、物资约 300 万元，帮扶残疾儿童 275 人、特困贫困户 100 余户；参与组织培训当地农村致富带头人 300 余人次，为当地留下了一支永不离开的脱贫攻坚队伍；在新冠肺炎疫情防控工作中，为文县筹措防疫资金 10 万元，为当地"战疫"一线报道记者争取专项人身意外险 478.8 万元；在文县 2020 年"8·17"特大洪灾中，积极投身抗洪抢险救灾，协调记协为救灾捐款 20 万元，个人捐款 1000 元。

　　积极为文县各部门和龙头企业搭建外出学习交流平台；认真履行玉垒乡帮扶工作总队长职责，狠抓"百日清零行动"、"百日巩固提升行动"和"百日决胜收官行动"，大力培育富民主导产业等。

　　文县已于 2020 年初脱贫摘帽，贫困发生率由 2014 年的 36.58% 下降至 0.22%。2020 年，剩余的贫困人口全部脱贫，全面完成脱贫攻坚各项任务。

周 宁

甘肃省兰州市榆中县新营镇寨子村第一书记兼驻村帮扶工作队队长，全国台联机关党委办公室一级主任科员

全国台联机关党办一级主任科员周宁，2019 年报名赴甘肃省榆中县任贫困村第一书记、驻村帮扶工作队队长。他坚持以习近平新时代中国特色社会主义思想为指导，深入学习习近平总书记关于扶贫工作的重要论述和党中央关于脱贫攻坚的决策部署、乡村振兴知识，教育引领农村党员群众脱贫致富。

初到小康营乡寨子村，他利用合作社发展肉羊养殖壮大集体经济，直接帮扶 19 户建档立卡户；摸排整治撂荒土地 500 余亩，动员村民退耕还林还草，应补尽补争取生态补贴，走出生态扶贫新路。

派驻一年期将满，他提出到更艰苦的新营镇寨子村工作。他因地制宜推进"艾草人家"扶贫项目，流转荒山 500 亩，建立艾草育苗基地和种植基地。通过艾草种植、加工和文创，形成以农户家庭为单位的全产业链特色扶贫新模式，把扶贫车间建到建档立卡贫困户家里，实现农户经济效益最大化。扶贫车间整体落地运行后，可实现亩产值近万元。

周宁同志舍小家、顾大家，忘我工作。2020 年脱贫攻坚任务繁重之时，父亲患癌病重，他仅利用周末回山东探病。父亲去世，葬礼结束不到一周，周宁便回到工作岗位，默默工作以告慰父亲。

周宁同志作为优秀驻村第一书记，在决战决胜脱贫攻坚中书写出自己的青春华章。

刘伟男

贵州省黔东南苗族侗族自治州从江县谷坪乡高武村第一书记，中国贸促会办公室督查室三级主任科员

刘伟男同志坚持以习近平新时代中国特色社会主义思想为指导，深入贯彻落实党中央脱贫攻坚的各项决策部署，主动申请前往从江县高武村任第一书记。荣获"全国脱贫攻坚先进个人"、2019年贵州省脱贫攻坚优秀村第一书记；高武村获评2020年第六届全国文明村。

一是党建引领，敢于担当抓队伍。发展青年党员3人，强化村支"两委"班子建设。从捡垃圾、清塌方等小事到村寨硬化、亮化和美化等大事，再到种植、养殖产业发展等难事，事事带头，发挥党支部战斗堡垒和先锋模范作用。

二是发展产业，攻坚克难出实招。走家串户，因地制宜发展林下板蓝根和油茶产业，让群众成为产业发展主力军。将技术服务和技能培训送到田间地头、项目现场，培育农民施工队。开通有组织劳务输出直通车，带动200人次通过劳务脱贫，累计增收近200万元。

三是项目拉动，真抓实干补短板。激发群众内生动力，自己动手改造自家房屋，建设幸福家园。把好钢用在刀刃上，切实提高465万元帮扶资金和600余万元项目资金的使用效益，把高武村打造成为从江县住房安全保障和人居环境整治示范村，村容寨貌和精神风貌焕然一新。

四是扶志扶智，人才支撑添动力。新建幼儿园、微机室、实验室等。连续三年开办村级夏令营、文艺汇演、暑期培训班，培养出了第一个重点本科生以及入伍新兵、教师，培育后备力量，打造一支带不走的工作队。

刘 诚

河北省沧州市南皮县原副县长（挂职），中国残联教育就业部就业扶贫处一级调研员

刘诚同志在残疾人扶贫一线工作17年，全过程参与打赢脱贫攻坚战。

执笔起草并协调25个部委共同印发《关于贫困残疾人脱贫攻坚行动计划（2016—2020年）》。执笔起草或参与编制了20多个涉及产业扶持、电商助残、助盲就业、兜底保障等专项扶持贫困残疾人的政策文件。工作足迹遍及22个中西部省（区、市）和几十个深度贫困县。积极推动贫困残疾人脱贫政策措施落实落地，走访贫困残疾人家庭230多户，全面掌握了解贫困残疾人家庭的贫困状况和困难需求，起草编辑的调研报告材料近60万字，形成了一系列残疾人脱贫攻坚的调研成果，为谋划制定残疾人扶持政策提供了重要依据。参与编制《残疾人脱贫攻坚系列典型案例》和《残疾人脱贫典型事迹案例汇编》等4本书，成为各地学习借鉴推动贫困残疾人脱贫攻坚的重要参考。创新组织开展全国残疾人自强脱贫和助残扶贫先进典型事迹巡回报告会6场，参与组织筹办各类全国性会议和残疾人扶贫论坛近20个。

与30多个部委建立密切联系，协调沟通中敢于为贫困残疾人反映诉求，曾在一周内协调25个部委完成有关文件会签工作。在参与3次国家脱贫攻坚督查、2次省际脱贫攻坚交叉考核和各类调研过程中，主动去最艰苦的乡村、走访最困难的贫困户和贫困残疾人家庭，助推解决残疾人脱贫攻坚工作短板弱项。

在2009年挂职南皮县副县长期间，协调争取中央财政资金50多万元帮助100多户残疾人危房户实施危房改造，协调争取多家出版社捐赠300多万码洋的少年儿童读物，帮助协调争取近千万元的环保项目。

张 灏

湖北省黄冈市英山县原县委常委、副县长
（挂职），中国红十字会总会办公室综合处处长

张灏同志挂职英山县委常委、副县长 2 年多，扎根大别山腹地深度贫困地区扶真贫、真扶贫，落实精准扶贫精准脱贫方略，苦干实干，协调落地产业扶贫、健康扶贫、教育扶贫、社会救助等定点扶贫项目款物 6400 余万元，受益群众 25 万人次，助力贫困村 2018 年全部脱贫出列，英山县 2019 年退出贫困县序列，英山县方家咀乡四棵枫村获评 2018 年全国学雷锋志愿服务"最美志愿服务社区"先进典型。推动茶叶、药材、特色种养、旅游、电商五大产业扶贫。推动英山县成功创建"中国天然氧吧"，毕昇家族墓入选第八批全国重点文物保护单位。

2020 年 2 月，张灏同志还"逆行"抗疫，助力英山克服疫情影响推进脱贫攻坚全面收官，英山县因捐赠款物公示及时、账目清晰而被广泛报道，获赞"抗疫满分县"。

挂职期间无私奉献，体重掉了 20 斤，3 次带头无偿献血共 1000 毫升，充分发挥先锋模范作用，无论腰椎间盘突出发作行走困难，还是鼓膜积水致右耳失聪 16 天，始终坚守扶贫岗位。他的突出贡献获得当地干部群众广泛认可，挂职期间连续 2 年获年度考核"优秀"等级；2020 年获"中国红十字会抗击新冠肺炎疫情先进个人"表彰。

李洪安

宁夏回族自治区固原市彭阳县城阳乡沟圈
村第一书记，宋庆龄故居管理中心办公室主任

　　以初心担当使命。先后于 2017 年、2018 年、2019 年连续 3 年主动请缨到苦瘠甲天下的宁夏西海固地区沟圈村担任第一书记。在临行查体查出男性乳腺增生，医生警告"患癌概率高、需每月检查一次"的情况下，瞒着单位和家人，坚守诺言来到沟圈村。以党建引领脱贫。发挥理论优势，在主题教育、农村党员冬训及学习宣传党的十九届四中、五中全会精神等系列教育中承担全部讲课任务，上党课、新时代农民讲习课 65 场次；将宋庆龄精神与扶贫扶志、扶智融为一体，主动为县、乡干部、学生讲述宋庆龄精神 23 场次；带领党员义务植树 3 万棵，建成党员林。以产业支撑扶贫。摸村情、理思路，制订出"调整种植业—发展饲草业—壮大养殖业"循环经济方案；2020 年申请中国宋庆龄基金会资助项目资金 120 万元、组织部门项目资金 100 万元建成沟圈村历史上第一个产业项目——优质苹果园项目；基金会筹集 16 万元资金成立农机合作社；推动销售扶贫，依托派出单位建立展销平台。以情怀融入扶贫。跑遍方圆 18 平方公里 9 个自然村 414 户人家，61 户建档户进户都在 10 次以上；常年与村民在田间地头同吃、同干；筹措 69 台液晶电视并送到家、安装上、随时修；从毛主席纪念堂、宋庆龄故居等处募捐价值 18 万元图书、钢琴等赠与村学校和幼儿园；邀请首都知名教授举办家庭教育主题讲座。以抗疫保障脱贫。为宁夏彭阳县和贵州三都县筹购 3 万只医用口罩，节支 20 余万元；组织国家机关扶贫干部为武昌医院捐助价值 27 万元生活物资；募集 200 万元资金助力新冠疫苗研制开发。

韩树青

中国国家铁路集团有限公司发展和改革部专员

　　韩树青同志认真学习贯彻党中央脱贫攻坚决策部署，落实公司党组要求，团结带领铁路系统扶贫干部，多措并举创新实施精准帮扶。一是协力推进铁路行业帮扶。组织研究制定《深化铁路建设扶贫工作方案》等帮扶措施，推动创新实施"铁路网＋无轨站＋永临结合"的建设扶贫模式、"精准运输＋公益性'慢火车'＋旅游扶贫＋农产品专列"的运输扶贫模式，协调加大连接贫困地区铁路建设投资倾斜和客货运输服务保障力度，助力贫困地区打通"大动脉"畅通"微循环"。二是全力抓好定点帮扶任务。在用好铁路帮扶资金基础上，积极协调引入无偿帮扶和社会投资3.4亿元，推动产业扶贫机制创新，因地制宜实施"铁路小镇"等152个示范性产业项目，惠及贫困人口9.3万人。连续3年高质量组织完成中央单位定点扶贫责任书各项任务。三是推动消费扶贫模式创新。组织开展"进站上车"等五项消费扶贫行动，推动构建"三网一柜"消费扶贫平台，覆盖从购票、候车、乘车等全过程的消费场景，自2018年以来组织完成消费扶贫8.4亿元，连续3年翻番增长。牵头组织的"创新实施5＋4消费扶贫模式""打造栾川印象品牌"2个案例入选全国优秀典型案例。四是推动探索"五个一批"就业扶贫模式。克服新冠肺炎疫情影响，2020年组织引导铁路帮扶单位帮助15余万人稳岗就业。五是推动完善扶贫工作体系。推动构建覆盖公司机关16个业务部门＋全国18个铁路局＋14个协同扶贫单位的工作架构和29个专项制度体系。

史 隆

中国铁路兰州局集团有限公司扶贫办主任

　　他始终以"老牛自知黄昏晚，不用扬鞭自奋蹄"的精神自勉，从事扶贫工作3年来，史隆同志先后担任陇西县东梁村第一书记、帮扶工作队队长，兰州局集团公司扶贫办主任，在脱贫攻坚的新长征路上，以实际行动展示新时代铁路扶贫干部的责任担当，用真心真情书写脱贫攻坚的奋斗篇章。先后获得国铁集团"全路火车头奖章"、"全路扶贫工作先进个人"、集团公司"优秀党务工作者"、陇西县"优秀第一书记"、"驻村帮扶工作队队长"等荣誉称号。

　　驻村工作期间，他坚持每月走访贫困户20户以上、驻村25天以上，白天进村入户摸村情民意、宣讲扶贫政策，晚上挑灯学习理论、思考致富出路，带领帮扶工作队制定实施了产业、健康、教育、搬迁扶贫等一系列针对性举措，确保了"一户一策"落实落地，实现了精准帮扶目标。特别是规模化肉牛养殖场产业项目，当年投产即实现盈利分红，极大地振奋了村民们致富奔小康的信心和决心。他带领的帮扶工作队被评为甘肃省"先进帮扶工作队"，村民满意度达95%以上。

　　自担任扶贫办主任以来，他迅速进入角色，快速转变思路，对内强基础、盯重点、抓规范，主持制定了扶贫项目资金管理、消费扶贫、扶贫干部"三支队伍"建设等管理办法，积极构建扶贫工作科学管理体系；对外搞调研、抓协调、盯对接，精心打造铁路帮扶示范性产业项目、"一村一品"村集体经济项目。470余天时间里行程3万多公里，团结带领27名扶贫干部发挥各自优势、忘我激情工作，在甘宁两省区打赢脱贫攻坚战中展示了"铁军"形象。

杜晓光

甘肃省平凉市静宁县副县长（挂职），中国银河证券股份有限公司兰州东岗西路证券营业部副总经理

杜晓光同志 2016 年 11 月开始挂职静宁县副县长，联系中央单位定点帮扶工作，依托中投公司的平台支持，四年如一日扎根脱贫攻坚一线，有效帮扶静宁县如期打赢脱贫攻坚战。

一是履职到位，精准帮扶见实效。先后 30 余次协调中投系统各级领导赴静宁调研、督导帮扶工作，积极推动苹果良种育苗基地建设等 10 余个帮扶项目，牵头成立中投系统静宁县挂职干部驻县工作组，先后召开 6 次小组会议，有效履行中投公司定点帮扶责任，以及对扶贫资金和项目的监管、督导、检查和评价等工作。

二是创新模式，开展金融特色扶贫。推动静宁县成功设立苹果期货"交割库"，2018—2020 年连续 3 年争取到郑商所苹果"保险＋期货"县域扶贫全覆盖项目，促成甘肃省政府与郑商所签署战略合作协议，协调实施大连商品交易所全国首批政策性生猪"保险＋期货"项目，推动平凉静宁苹果产业发展股份有限公司新三板成功挂牌。

三是辛勤付出，为公司赢得荣誉。"中投银河生态扶贫林项目"获 2018 中国证券期货业优秀生态扶贫奖。"苹果良种育苗基地建设项目"入选甘肃精准扶贫 100 例。静宁苹果"保险＋期货"项目入选国扶办扶贫专项案例 50 佳。2018—2019 年连续获得甘肃省、平凉市、静宁县三级帮扶先进集体荣誉。

肖 鸣

重庆市黔江区沙坝镇木良村第一书记兼驻
村工作队队长，中信银行股份有限公司重庆分
行党群工作部总经理助理

　　肖鸣同志自2016年3月起担任重庆市黔江区沙坝镇木良村驻村第一书记。近5年来，他认真贯彻党中央脱贫攻坚决策部署，发扬党员本色、军人作风和中信风格，带领全村艰苦奋斗，顺利完成"村摘帽、户脱贫"任务和"三清零"目标。其间荣获"全国脱贫攻坚先进个人"、"重庆市扶贫开发先进个人"、"全国金融五四青年奖章"和"全国金融五一劳动奖章"、"重庆市脱贫攻坚工作先进个人奉献奖"等称号。一是当好善谋发展的"领头雁"。肖鸣同志深入调研论证，牵头编制木良村脱贫攻坚方案和农田建设、土地整治等方案，为精准扶贫理清了思路。二是当好心系群众的"孺子牛"。针对木良村存在的教育、医疗、饮水难题，肖鸣同志设立教育帮扶基金，并促成中信银行重庆分行启动教育帮扶项目，惠及困难学生200余名；设立医疗帮扶基金，缓解130多名患病困难群众医疗负担，有效化解因病致贫、返贫风险；积极推动入户管道铺设到每户厨房解决安全饮水难题。三是当好排危除险的"急先锋"。肖鸣同志曾参加2013年雅安芦山、2017年四川九寨沟、2019年宜宾长宁等地震抢险救灾。当新冠肺炎疫情来袭时，他与蓝天救援伙伴无偿执行医院、车站、菜市场等病毒消杀任务，并带领木良村群众克服疫情影响有序开展生产、生活与外出务工，实现"战贫"与"战疫"两不误、两胜利。

梁 军

中国邮政集团有限公司陕西省分公司扶贫
办主任

　　自 2016 年担任陕西省分公司扶贫办主任开始，梁军同志深刻领会习近平
总书记关于扶贫工作的重要论述和党中央决策部署，认真落实集团公司和陕
西省分公司的工作部署，常年扎根在邮政扶贫一线，在广袤的商山洛水间留
下了忙碌而坚毅的身影。每周带领扶贫办同志学习脱贫攻坚有关精神，走村
入户调查研究，与当地扶贫开发局和集团挂职干部沟通和对接，狠抓项目落
实，帮扶效果日益显著。他把对党的忠诚、对人民群众的赤诚，全部体现在实
际行动中，积极配合集团公司定点扶贫工作落实、落地，通过"造血式""参
与式"产业扶贫及相关技术培训增强贫困群众自主发展能力，设计出"党建引
领，产业、教育发力，电商、金融、保险助推"的立体帮扶模式和项目体系，
使得邮政定点扶贫工作具有鲜明的行业特色，受到当地政府和广大群众的普遍
赞誉。他致力于协调陕西邮政各板块加强惠农合作，助力破解农业发展"融资
难""销售难""流通难"问题，引导洛南县 3 年累计种植辣椒 8 万余亩，亩均
增收 3000 元，新增 2800 个就业岗位，成为该县主导脱贫产业，助力陕西省商
洛市商州区、洛南县于 2019 年提前一年脱贫摘帽，省分公司 91 个帮扶村脱贫
出列，共带动 6 万名贫困群众脱贫，为党的脱贫攻坚事业作出了突出贡献，得
到当地政府和群众的高度认可。

周玉文

四川省凉山彝族自治州喜德县委常委（挂职），国家档案局档案资料保管部政法文教档案保管处处长

2018 年 12 月，在四川省凉山彝族自治州喜德县脱贫攻坚的关键时期，国家档案局周玉文同志挺身而出，挂任喜德县委常委。到任后，周玉文同志克服自然条件恶劣、生活艰苦、语言不通等困难，迅速转变角色、深入实践，走访调研，工作中直面挑战、苦干实干、担当作为、甘于奉献。

一是创新产业扶贫新引擎，合作创建 320 亩的京郎达农业产业示范公园，推动打造地区葡萄特色产业品牌。二是引种果树 70 亩，开展彝香猪养殖、中蜂养殖，优化产业项目培育富民产业，助力贫困户持续增收。三是精心实施"兰台助学系列活动"，打好帮扶"组合拳"。组织拨付 121 万元建设高标准村级幼教点，发放助学金解决 240 名失依儿童的生活困难，资助 126 名"寒门学子"完成求学之路。协调 105 名喜德籍学生纳入"授渔计划"资助范围，授予 210 名老师"兰台助学优秀辅导员"和"兰台助学优秀教师"称号。四是综合施策，助力电商扶贫推介，协助实施"助喜德脱贫，请您献爱心"消费扶贫活动，线上线下实现 164.83 万元销售额，惠及 4000 名贫困人口。五是采取专题培训、示范培训、集中培训等多种形式，对乡村干部及后备力量、第一书记、驻村工作队员全覆盖培训 1842 名人次。

在两年的扶贫工作中，周玉文包联下乡督导及帮扶入户走访 120 余天，工作作风、敬业态度得到喜德县干部群众的高度赞誉，为脱贫攻坚贡献了巾帼力量。2020 年 11 月，喜德县全面脱贫。

孙元辛

甘肃省定西市通渭县原副县长（挂职），国家能源局综合司督办处三级调研员

2016 年至 2019 年，孙元辛同志在甘肃省定西市通渭县挂职期间，认真学习贯彻习近平总书记关于扶贫工作的重要论述，全身心投入扶贫工作，为通渭县脱贫摘帽作出重要贡献。

一是克服困难坚守扶贫一线。他克服儿子年幼、女儿刚出生、父母相继罹患肺癌动手术的巨大困难，始终坚守一线；在回京争取项目时左脚意外骨折，打着石膏仅休息了一天，便继续开会、下乡、跑项目，成为大家眼中的"双拐"干部。

二是推动新能源成为主导产业。他积极推动新能源开发，加快农网改造升级，引进光伏、风机装备制造，探索秸秆、垃圾能源化利用，促进人才培养，使通渭成为甘肃中东部新能源发电装机规模最大的县，新能源产业成为通渭县三大主导产业之一，项目全部投产后，年缴税将超过 1.4 亿元，有效增强了通渭经济发展后劲。

三是积极推动扶贫产业项目建设。他积极协助引入投资企业，仅 2018 年协调引进项目的总投资就达 33 亿元，占当年通渭县固定资产投资的 50% 以上。积极探索"新能源＋精准扶贫"模式，协助通渭县形成到村到户的扶贫产业收益分配机制，全面解决贫困村集体经济空壳问题。积极推动农业产业、扶贫车间、电商扶贫建设，组织党建结对、教育扶贫、干部和技术人员培训，有力支持了通渭县产业发展。

王晓荣

陕西省汉中市略阳县金家河镇黄家沟村第
一书记，国家国防科工局核技术支持中心监督
二处副处长

　　王晓荣同志自2018年9月挂职担任陕西省汉中市略阳县金家河镇黄家沟
村第一书记以来，始终心系群众，满怀为民情结，坚持"实"的工作标准和"严"
的工作要求，扑下身子"摸实情"，扎下根来"找药方"，弯下腰去"挖穷根"。
依托国防科工局优势，在建强基层组织、推动产业发展、促进脱贫减贫等方面
作出了突出贡献，先后筹措资金近200万元，修建乌鸡养殖基地、食用菌基
地、中药材基地、太阳能路灯、巩家沟入组道路、建立电商销售中心等，推进
电商销售略阳土特产品，发展壮大集体经济，探索出了一条助农、兴农、富农
的扶贫之路。同时，王晓荣同志还察民情、解民忧，用心为民办实事，受到了
当地干部群众的高度好评，2018年被略阳县委评为"优秀第一书记"，2020年
被中央和国家机关工委评为"中央和国家机关脱贫攻坚优秀个人"，2021年被
评为"全国脱贫攻坚先进个人"。为扎实做好拓展脱贫攻坚成果和乡村振兴战
略接续工作，2021年他又主动申请延期驻村一年，继续做好后续有关工作。

郝学峰

国家林草局扶贫办副主任

　　郝学峰同志长期从事生态扶贫工作。1990 年至 1992 年曾参与原林业部黔桂九万大山 19 个县定点扶贫工作。2011 年至 2017 年，担任扶贫主管处处长，2017 年至今任局扶贫办专职副主任。统筹生态扶贫顶层设计。参与设计了林草"四精准三巩固"思路，推动开展生态补偿脱贫、国土绿化脱贫、生态产业扶贫等"三位一体"生态扶贫举措，组织制定了 33 个林草生态扶贫文件。连续 5 年筹备召开生态扶贫工作会议。创新生态扶贫品牌政策。组织了生态护林员扶贫项目，并协调财政部持续扩大选聘规模，到 2020 年在中西部 22 个省份共选聘生态护林员 110 多万名。赴 13 个省调研督导生态护林员管理，及时调整生态护林员管理办法，搭建生态护林员管理数据平台。在全国推广山西脱贫攻坚造林合作社经验。参与发起设立生态扶贫基金，3 年动员局内外募捐 4000 多万元。聚焦深度贫困地区扶贫。连续 3 次赴云南怒江傈僳族自治州调研，打造林业生态脱贫攻坚区，组织编制《云南省怒江傈僳族自治州林业生态脱贫攻坚区行动方案（2018—2020 年）》。带病坚持赴云南迪庆州、西藏拉萨市、甘肃临夏州、青海玉树州等高海拔和深度贫困地区督导调研。落实定点帮扶责任。组织局扶贫工作领导小组成员单位开展党建帮扶、科技帮扶、产业帮扶、消费帮扶等。每年深入定点扶贫县，帮助当地解决生态扶贫问题，协调其他部门解决"两不愁三保障"困难。关心关注关爱一线干部群众。访问每个挂职干部住处，帮助解决生活需求及工作中遇到的问题。调研深入贫困户家庭，了解扶贫政策落实情况、遇到的问题，对生态扶贫政策适时调整，对其他扶贫问题向有关部门反映。

徐 帅

贵州省黔东南苗族侗族自治州榕江县忠诚镇高扒村第一书记，国家铁路局综合司秘书处二级主任科员

徐帅同志于 2018 年 6 月至 2021 年 6 月，由国家铁路局选派担任贵州省榕江县忠诚镇高扒村第一书记。主要事迹如下：

一是落实定点帮扶项目。在国家铁路局支持下，他协调对接落实 2000 余万元的基础设施项目，完成乐乡至高扒通村公路项目、防洪堤步行道项目、高扒村人居环境整治示范项目、高扒小学配套项目等，组织实施高扒村老旧房屋透风漏雨整治、厨房偏厦整治、厕所整治等惠及 225 户。

二是帮助建强基层党组织。抓好村党支部规范化建设，2021 年所在村党支部被命名为"全省党支部标准化规范化建设示范点"。组织村党员干部践行"四诊工作法"，解决村道路硬化、拆迁补偿等重大问题 30 余件。2020 年面对疫情等"加试题"，组织村党员干部战贫困、防疫情、抗洪涝、抢秋收。

三是推动村集体经济发展。推动村级合作社、村集体公司建设，带领村民积极推进小香鸡养殖、肉产品加工、罗汉果等产业发展，累计销售农产品 100 余万元。

四是高质量打赢脱贫攻坚战。他推动全村实施危房改造 19 户、透风漏雨整治 113 户；协助 243 名贫困人口实现就业，安排公益岗位 52 人；推动贫困户全部缴纳医保，53 名慢性病患者实施家庭医生签约服务；落实各项教育补助政策等。2019 年底，高扒村脱贫出列，全村建档立卡贫困户 107 户 552 人已全部脱贫。

彭 诚

中国民航新疆管理局驻新疆维吾尔自治区
和田地区策勒县达玛沟乡"访惠聚"工作队总
领队、古勒铁日干村工作队队长，中国民航新
疆管理局党委常委、副局长

　　2010 年 8 月，担任民航新疆管理局人教处处长、扶贫工作领导小组办公
室主任后，彭诚同志勇担重任，承担大量民航局定点帮扶于田、策勒两县举措
的沟通协调和组织落实工作，每年数次前往一千多公里之外的扶贫点调研摸
底，深入了解扶贫现状。2018 年 2 月，他主动请缨，担任民航新疆管理局"访
民情、惠民生、聚民心"驻村工作队总领队、驻村队长，亲历一线，足迹遍布
所驻 6 个村的每一个角落，与农牧民群众"同吃同住同学习同劳动"，精准分
析致贫原因，梳理脱贫思路。积极协调民航系统援建产业项目，扩大农民增收
渠道，协调开展教育扶贫和爱心助学活动，组织基层干部和农牧民外出学习考
察，培养致富带头人等。

　　在民航局和民航新疆管理局的坚强领导下，彭诚同志带领全体驻村队员经
过不懈努力和辛勤付出，推动所驻村基础设施和红枣等特色产业得到极大改
善，农牧民收入水平得到极大提升，驻村工作队员与当地维吾尔族群众也结下
了深厚的友谊。2019 年，所驻 6 个村均实现了全面脱贫。

邓治国

国家邮政局机关党委（扶贫办）办公室三
级调研员

作为国家邮政局扶贫工作联络员、定点扶贫工作队成员，邓治国同志忠诚践行习近平总书记关于扶贫工作的重要论述，推进行业定点扶贫工作取得丰硕成果。一是工作务实创新十分突出。18 次深入定点扶贫一线，协助 3 批次 6 名挂职干部和驻村第一书记接续奋斗、攻坚克难，精心谋划和一体推进 120 余项重点任务落地见效。创新定点扶贫工作机制，注重运用部门职能和行业资源做好定点扶贫工作，构建起"部门搭平台、协会作引导、企业献爱心"扶贫工作大格局。二是关键时期作用十分突出。2020 年，面对疫情灾情双重影响，勇于育新机开新局，组织开展"酿蜜行动"，募集资金 100 余万元、实施项目 7 个，对"三区三州"深度贫困地区 6 个村开展"靶向扶持"，确保全系统定点帮扶的 211 个村如期打赢脱贫攻坚战。三是党建引领十分突出。协调组织开展"邮政管理系统扶贫领域腐败和作风问题专项治理"，深入"三区三州"扶贫工作一线开展督导，构筑起全系统脱贫攻坚的作风保证。四是讲好"扶贫故事"十分突出，回应贫困地区呼声，积极协调配合局相关部门安排发行《扶贫日》纪念邮票，以"国家名片"宣传国家战略，扩大了扶贫工作影响。五是扶贫成效十分突出。与工作团队一起合力攻坚，募集扶贫资金 1400 余万元、引进各类帮扶资金 1.09 余亿元、采购和帮助销售农产品 6500 余万元、培训帮扶地区干部群众 2300 余名，帮助河北省平泉市于 2017 年提前 3 年脱贫摘帽，走在了全国前列。2019 年，定点扶贫工作队获得国家邮政局系统"集体三等功"表彰。

贺 鹏

河南省周口市淮阳县城关镇北关村、白楼
镇大李村原第一书记，国家文物局党组巡视工
作领导小组办公室巡视工作处处长

贺鹏同志于 2016 年 8 月至 2018 年 8 月被派驻河南省淮阳县驻村工作，先后担任城关镇北关村和白楼镇大李村第一书记，确定了"加强支部建设固根基、解决民生问题赢民心、发展集体经济谋长远"的工作思路。

通过抓党性教育，重新树立基层党员责任感和荣誉感。抓制度建设，用建章立制规范基层组织工作。抓队伍建设，以能力建设为核心提升村委班子战斗力。着力选拔优秀青年，改善班子队伍结构。在 2018 年换届时，北关村委班子平均年龄降低 5.4 岁，具有大专学历的干部首次任职村"两委"班子。协调局机关帮扶资金 90 余万元建设党群服务中心。通过党建带村建，两村先后摘掉党建涣散村帽子，北关村党支部还被县委组织部评为全县优秀村级党组织。

以群众利益为出发点，以解决群众生活中遇到的民生问题为抓手，大力提升群众对扶贫工作获得感和满意度。2017 年协调资金 98 万元，为北关村修建水泥硬化道路 6000 余平方米，架设 360 盏太阳能路灯，为 23 户贫困户改造房屋院落、增添家具。倡议局系统干部职工为大李村困难群众捐赠过冬衣被 30 余箱（袋）。多方争取支持，为大李村学校捐赠 200 余套课桌椅，为大李村图书室捐赠 3.6 万元的各类图书，积极争取社会力量为大李村学校捐赠 1 间多媒体美术教室。

坚持发展集体经济，走产业帮扶的道路，发挥党员引领示范作用，带头参与大李村村集体经济建设，积极做好困难群众思想工作，鼓励通过居家就近劳动改善生活，为实现村集体收入"零的突破"、全村 193 户贫困户全部脱贫摘帽打下坚实基础。

董云龙

山西省忻州市五寨县副县长（挂职），国家
中医药局医政司（中西医结合与民族医药司）
基层服务管理处处长

董云龙同志挂职期间，充分发挥中医药"五种资源"优势助力五寨县脱贫攻坚。

立足中医药"独特的卫生资源"优势，坚持硬件支持与软件帮扶并重、"派下来"与"走出去"并重、医疗与预防保健并重、中西医并重、龙头与基层并重，着力提高五寨县医疗服务水平，五寨县中医院成功创建二甲中医医院，县域内就诊率由 2017 年的 79.1% 提升到 2020 年的 90.6%，建档立卡贫困人口自费比例控制在 10% 以内，因病致贫比例降至 14.39%，有效解决了因病致贫、因病返贫问题，人民群众的健康水平不断提高。

充分发挥中医药"潜力巨大的经济资源"优势，坚持注重规模化种植、注重标准化种植、注重道地种植、注重打造完整产业链、注重打造区域品牌，建设完成了晋西北中药健康产业孵化园，引进了中国中药在五寨建设大型中药饮片厂，大力发展五寨中药材产业，助力农民增收和脱贫攻坚。

还多方协调，推动党建扶贫、消费扶贫工作，结对帮扶的国家中医药管理局 17 个党组织定期来五寨各乡村，开展党建座谈、党费捐赠、义诊等党建扶贫工作，2018—2020 年国家中医药管理局各有关单位直接购买五寨县农产品 1148 万元，帮助销售五寨县农产品 1610 万元；着力发挥中医药文化资源、生态资源优势，探索开展文化扶贫、生态扶贫，为当地经济社会发展贡献了力量。

张年亮

安徽省宿州市砀山县砀城镇林屯村第一书记、扶贫工作队队长，国家药监局药品审评中心工作人员

　　脱贫攻坚以来，张年亮同志扎根基层、无私奉献，真心实意为百姓干实事、谋福祉，有效落实扶贫项目 22 个，使村民享受各项补贴资助达 137 万元。争取资金 20 万元帮助村里小学修缮了教学楼、篮球场、羽毛球场，募集捐款 16 万元设立教育保障基金，点亮贫困学子的读书梦想。筹集资金 50 万元设立民生关怀基金，用于帮扶残疾人、孤儿、孤寡老人，脱贫路上不让一个人掉队。目前，全村 892 名贫困户全部实现脱贫，贫困发生率由 20.3% 降至 0，村民人均纯收入达到 10500 元。还融资 200 万元推进"砀山酥梨深加工合作产业项目"，推出梨膏、罐头、真空脱水果蔬等农产品，带领百姓走出一条水果深加工特色产业发展之路。2020 年新冠肺炎疫情暴发后，主动放弃春节假期坚守抗疫一线，筹集医用外科口罩 14000 个，协调捐赠药品、酒精、消毒液等防疫物资总价值 8 万余元，彰显了一名共产党员的初心和使命。个人事迹被国务院扶贫专刊及人民网、新华网、"学习强国"平台、《中国扶贫》杂志宣传报道。曾获得"宿州市脱贫攻坚贡献奖""宿州市优秀共产党员"等荣誉表彰。

时　鹏

湖南省张家界市桑植县陈家河镇仓关峪村
第一书记，国家知识产权局专利局光电部计量
三处副处长

2017 年初，时鹏同志积极响应组织安排，赴湖南省桑植县担任驻村第一书记，帮扶的二户田和仓关峪两个贫困村先后成功出列，两村 313 户 1103 贫困人口全部脱贫。

他夯实基层党建，充分发挥党建引领作用；为村修建道路 20 公里；建成循环经济产业园 600 亩；64 户 196 名贫困群众危房得到改造；安全饮水全村覆盖；建设小学食堂和教职工宿舍；充分发挥行业优势，协助桑植县申请桑植白茶地理标志证明商标以及桑植康华粽叶中国驰名商标，协助建设"源来桑植"区域公共品牌；推动消费扶贫，号召局职工大力采购桑植农产品上千万元；疫情期间，协调防疫物资捐赠，防控和复工复产一起抓。

为了使他能够在扶贫工作中全身心投入，他妻子辞掉工作，带着三岁的孩子，跟他一起住到了扶贫点。年近 70 岁的岳母放心不下他们，同样跟了过来。说是全家人聚到了桑植县，但因时鹏驻村，一家人见面的机会反倒没有在京时候多，一个月也就有个三五天。尽管如此，原定两年时间的扶贫，时鹏先后两次主动延长挂职期限，干了整整四年，带领乡亲们战胜了贫困，使乡村旧貌变新颜。

徐 鑫

甘肃省临夏回族自治州永靖县副县长（挂
职），中国地震局办公室秘书处（党组办）处长

徐鑫同志自 2018 年 10 月挂任永靖县副县长以来，中国地震局直接投入帮扶资金 1265 万元，引进各类帮扶资金 14070.04 万元，每年培训干部群众 1000 余人次，完成消费扶贫 451.37 万余元。

开展科技扶贫。立足解决永靖农业发展的瓶颈问题，与中国农科院等 6 个科研院所建立合作关系，建设草莓专家工作站 1 个以及涵盖花椒、苹果等 10 大产业的实验示范基地 13 个，示范种植草莓等优质果蔬新品种 148 亩，改良提升老果园 1000 余亩，开展技术培训 2000 余人次。

推进减灾扶贫。面对永靖县自然灾害易发多发的现状，积极协调资金推动建设片区应急救援中队 4 个、各类应急救援队伍 14 支，新建应急救援站 143 个，新改建微型消防站 149 个，应急救援机构、装备、人员在永靖县每一个乡镇、村社、高层小区、重点单位实现全覆盖。

助力产业扶贫。紧紧围绕全县产业发展战略，支持建设 300 亩以上的有机百合生产示范基地 20 个，种植有机百合 10270 亩，惠及贫困户 1748 户，带动群众增收 180 万元。援建黄芪饮片加工厂 2 个，带动 42 个贫困村种植黄芪，年产值约 2000 万元，吸纳 200 多名群众稳定就业。

解决群众难题。切实解决群众身边发展难题，花椒老椒园亩均产量由以前不到 100 斤提升到 205 斤，增幅超过一倍。苹果老果园亩产由 5000 斤增加到 6000 斤，每亩增收 1000 多元。牛日多增重 4 两、羊日多增重 3 两，腹泻病治愈率由 75% 提升到 100%，肺炎防治成本由 90 元下降到 5 元。

杨 亮

内蒙古自治区通辽市奈曼旗委组织部副部
长、大沁他拉镇哈沙图村第一书记兼驻村工作
队队长，国家自然科学基金委机关党委纪委办
公室助理研究员

　　杨亮同志于 2019 年 12 月到内蒙古奈曼旗哈沙图村任第一书记，工作期间表现突出，主要事迹如下：一是自新冠肺炎疫情发生以来，杨亮带领驻村工作队及村"两委"直面疫情，严密组织全村群防群控，确保全村零感染。二是组织"岂曰无衣，与子同袍——为奈曼旗群众捐赠军训服装活动"等多次捐助活动，捐赠军训服装 4000 余套、冬季运动鞋 450 余双、棉衣 400 余件、单衣 2000 余件，有效缓解了全村贫困群众冬天劳作的不便。三是协调深圳信立泰药业股份有限公司，为全镇贫困群众捐赠价值 30 万元药品；组织医疗专家义诊及送药下乡活动 4 次，发放各类药品 20000 余元，切实为当地百姓解决实际困难。四是邀请内蒙古民族大学附属医院援鄂医疗队为旗直机关 330 余名党员干部举办援鄂事迹宣讲报告会，鼓励广大党员干部向英雄致敬、向榜样学习。五是组织新型职业农牧民培训班，就蔬菜病虫害防治、农牧民专业合作社经营管理等知识进行讲解。六是着力推进党的组织生活标准化、规范化，严格执行主题党日等制度；向派出单位争取党建经费 10 万元用于加强哈沙图村党建工作。七是亲自为奈曼旗农产品代言，开拓多种销售渠道，助力消费扶贫金额累计 70 万元。

高泽生

贵州省铜仁市江口县太平镇党委副书记、
岑忙村第一书记，中国浦东干部学院办公厅院
务办公室（联络接待办公室）二级主任科员

　　自 2018 年 7 月任江口县岑忙村第一书记以来，高泽生同志与村"两委"一起，带领广大群众始终奋战在脱贫攻坚最前线。岑忙村于 2018 年底退出贫困村序列，112 户 393 人建档立卡户于 2019 年底全部脱贫摘帽。

　　一方面，抓党建助推脱贫攻坚。率先在全县试点完成新时代村级治理体系改革，通过了"全市文明村"考核验收。探索出"民心党建＋网格化服务管理体系"，筹措 45 万元修缮村党群服务中心，党支部从软弱涣散蜕变为"全市脱贫攻坚先进党组织"。

　　另一方面，抓产业巩固脱贫成果。探索出"民心党建＋产业"模式，引进 100 余万元新建和发展生态养鱼集体经济，协调 210 余万元修建产业路、架设产业电。主动协调引进 1350 万元发展 2000 亩直供粤港澳大湾区蔬菜基地。村集体固定资产由 2018 年不到 10 万元增加至 2020 年的 650 余万元，集体经济收入由 2018 年的 5 万元增加至 2020 年的 65 万元，村民人均收入从 2018 年的 6897 元增加至 2020 年的 10660 元。

　　高泽生同志把挂职当任职，克服困难，勇挑重担，倾情倾力开展帮扶，平均每月吃住在村 25 天以上，深入全村 12 个村民组，遍访贫困户，受到干部群众广泛好评。曾获得"全国脱贫攻坚先进个人""中央和国家机关脱贫攻坚优秀个人""贵州省脱贫攻坚优秀村第一书记""铜仁市脱贫攻坚优秀共产党员"等多项荣誉。

王金阳

四川省凉山彝族自治州越西县副县长（挂职），中国延安干部学院办公厅安全保卫处副处长

王金阳同志自 2018 年 9 月挂职担任越西县副县长以来，紧密联系越西县实际，坚持扶贫与扶志扶智相结合，用心用情用力，把定点扶贫工作落地落实。

一是实施党建引领。协调 100 余万元建设 11 所"新时代文明实践站"，协调学院与 17 个贫困村党支部结对帮扶。打造党建促脱贫实践基地，建设村史馆，举办"感恩共产党·喜迎新生活"等活动。

二是深化教育培训。2020 年协调学院培训基层干部 12567 人次，培训技术人员 14642 人次。协调学院投入 80 万元设立人才培养资金，发放 62 万余元援助贫困大学生。协调打造共建成长幼儿园和 4 处学前学会普通话示范幼教点。

三是加强产业发展。协调学院直接投入和引进帮扶资金 2600 余万元，助力越西产业发展。投入 300 万元建设河西呷多新村，投入 700 余万元建成苹果产业示范园、苗木繁育基地以及大棚种植、水产养殖等项目，打造越西县设施果蔬现代农业产业园、越西县现代农业产业园、越西县有机农业生态循环经济产业链 300 万羽蛋鸡养殖项目等产业示范园，2020 年共吸纳贫困群众增收 38 余万元。

四是推动消费扶贫。协调学院组织"消费扶贫月"活动，签订 560 万元采购协议，举办越西县农副产品产销对接签约仪式，打通了越西县农副产品上架大型商超的销售渠道。2020 年推动学院直接购买越西县农副产品近 300 万元，帮助销售 810 余万元。

范国盛

江西省上饶市鄱阳县游城乡花桥村原第一
书记，中国井冈山干部学院教务部教学管理处
副处长

范国盛同志在担任江西省上饶市鄱阳县游城乡花桥村第一书记期间，传承红色基因，践行井冈山精神。

一是担当实干抓党建。坚持"党建+"，抓党建促脱贫攻坚，积极探索在基层农村建强党支部的路子，总结了一条"先锋化、本土化、群众化"的农村党建经验。打造"提包村委会"，帮助群众调解纠纷，代办医保、建房办证等各种民生事项，打通服务基层群众"最后一公里"。

二是深入群众问疾苦。多方筹措资金3000余万元，修通公路2.7公里，疏浚河道2公里，建立灌溉堤坝1座，建设美丽乡村。经常自掏腰包走访看望贫困户，关心关爱困难群众生活，与村干部、贫困户一起制定合适的帮扶措施。离任后仍然和贫困户张畴华结对帮扶，开展金秋助学。

三是聚焦产业谋发展。带领村"两委"班子先后发展大棚蔬菜、黑木耳种植、扶贫车间、光伏发电等扶贫产业，贫困户通过地租、劳动、分红等人年均增收8000余元。关心学校发展，帮助建设信息化村小，吸引众多学生回流，较好地阻断了贫困代际传递。

工作之余，笔耕不辍，先后在《江西日报》《当代江西》《老区建设》《中国井冈山干部学院学报》《中央和国家机关驻村第一书记扶贫典型案例集》《扶贫家书》等刊物上发表多篇有关扶贫的文章。

赵　汐

山西省吕梁市方山县副县长（挂职），北京
理工大学党委组织部副处级干部

赵汐同志深入贯彻落实习近平总书记关于扶贫工作的重要论述，聚焦"两不愁三保障"突出问题，打造方山县人民医院疼痛科、方山县物流配送仓储中心、2万亩有机认证沙棘采摘基地等5项优质扶贫项目；3年来累计引入扶贫项目资金6000余万元，引进知名企业2家，帮助销售农产品5000余万元。

一是全产业链开展电商扶贫。全程策划实施电商扶贫项目，3年来带动全县电商销售额破亿元，促进上下游产业发展；引进650万元建成物流中心，形成就业220余人、年产值3500万元的物流配送行业；牵引全县沙棘产业做大做强，打造2万亩有机沙棘采摘基地，带动800余采摘户月收入超6000元。

二是全力开展科技帮扶。建成北理工科技人才工作站，60余名专家不间断驻站工作超过3500小时，3年来科技帮扶相关企业非煤产值增加近5000万元，转移农村劳动力800余人稳定就业，实现方山县科技专利"零的突破"。

三是跨界开展健康帮扶。引进北京优势资源建成方山县人民医院高水平特色疼痛科、县远程医疗会诊中心、"互联网+"健康小屋，牵头义诊4000余人次，捐赠常用药品10万元，打造"带不走的医疗队"。

兼任桥沟村扶贫工作队队长，连续3年被评为吕梁市五星级党支部，引入社会资金盘活村集体经济，3年来集体经济收入20万元，贫困县退出第三方评估满意度100%，被评为山西省驻村帮扶先进个人。带队全国脱贫攻坚普查，普查17000余户，提交52.46万条数据，高质量完成任务。

方 原

广西壮族自治区柳州市融水苗族自治县安
太乡江竹村第一书记，西北工业大学学生处业
务主管

方原同志认真学习习近平总书记关于扶贫工作的重要论述，主动提升业务
能力。

"聚焦脱贫勇于担当"：精心做好扶贫日常工作，争取资金 1300 余万元建
设项目 20 余项，切实改善群众生活生产条件。2018 年整村脱贫摘帽；2020 年，
全村贫困发生率从 42.6% 降至 0，贫困人口年人均收入超过 6000 元。

"党建引领扶志扶智"：凝练"三结合、三建设"工作思路，夯实党员教育
阵地平台，打造"4+2"党员致富带头人队伍，树立"党总支部 + 致富带头人 +
贫困户"品牌；建设融水县首家扶贫爱心超市，激发贫困户内生动力，获得示
范推广。村党总支获得自治区五星级党组织、柳州市首批"红旗村"、柳州市
党支部规范化标准化建设示范党支部等荣誉。

"产业振兴就业增收"：因地制宜构建旅游产业 + "四种两养"种养殖产业 +
就业扶贫车间产业布局，拓展销售渠道，年农产品销售 200 万元，带动贫困
户增收 30 万元；申请建设自治区壮大村集体经济 50 万元项目，村集体经济较
2018 年翻番。

"提升治理尽职尽责"：做好精准扶贫、组织建设、队员管理的决策者，乡
村治理、为民办事服务的指导者和项目管理、作风建设的监督者。

"理论探索强化宣传"：发表脱贫攻坚研究文章 3 篇，工作先后受到《人民
日报》、人民网、广西卫视、陕西卫视等媒体关注和报道。

李 峰

广西壮族自治区来宾市金秀瑶族自治县桐木镇三友村原第一书记，哈尔滨工业大学校医院党委书记

　　李峰同志担任广西金秀县三友村第一书记期间，他建强基层组织。带领村"两委"深入田间地头，宣传党的十九大精神和扶贫政策，开展"基层组织建设年"活动，推行"党支部＋专业合作社＋农户"脱贫模式，实现专业合作社全覆盖。成立村民合作社和惠民农业服务有限公司，实现收入"破零"，村集体收入稳定在2万元以上。他推动产业扶贫。精准瞄准致贫根源，以水果产业建设为核心进行扶贫攻坚。通过采取"合作社＋贫困户"产业的发展模式，获得产业补贴总金额100余万元。全村种植水果达6500亩，人均种植水果1.6亩，实现种植水果贫困户全覆盖，人均增收1100元。促进乡村建设。积极引导贫困村用好政策，夯实基础设施。精准实施易地搬迁15户，新改造乡村广场6000平方米；争取项目资金550万元，使村屯巷道硬化全覆盖，产业路硬化5公里，基本产业道路全贯通；他重视扶贫与扶志扶智相结合。协调近400人次实地开展扶贫工作，建成拥有万余册书的"爱心书屋"。举办村级农业技术培训班，年均培训150人次，实施哈工大与三友村教育帮扶"结对子"41户，捐得5.2万元助学金。多次举行守儿童关爱活动，对232名学龄儿童实施"一帮一"全覆盖，确保不辍学。获得"全国脱贫攻坚先进个人"等荣誉称号，相关工作情况曾在《人民日报》报道。

全国脱贫攻坚奖

序号	奖项名称	获奖时间	获奖集体名称 / 个人姓名	所属部门(单位)
1	组织创新奖	2018 年	中央组织部组织二局一处	中央组织部
2	组织创新奖	2018 年	中国社会扶贫网	国务院扶贫办
3	组织创新奖	2019 年	中央组织部干部一局调配处（援派干部工作处）	中央组织部
4	组织创新奖	2019 年	国家卫生健康委扶贫开发与对口支援工作领导小组办公室	国家卫生健康委
5	组织创新奖	2020 年	中央纪委国家监委党风政风监督室四处	中央纪委国家监委机关
6	组织创新奖	2020 年	中央宣传部新闻局应急新闻处	中央宣传部
7	组织创新奖	2020 年	国家易地扶贫搬迁项目组	国家发展改革委
8	组织创新奖	2020 年	财政部农业农村司扶贫开发处	财政部
9	组织创新奖	2020 年	自然资源部国土空间用途管制司计划管理处	自然资源部
10	组织创新奖	2020 年	审计署农业农村审计司三处	审计署
11	组织创新奖	2020 年	国家扶贫小额信贷项目组（中国银保监会普惠金融部扶贫协调处、财政部金融司普惠金融处、中国人民银行金融市场司信贷政策管理处、国务院扶贫办开发指导司金融处）	财政部、中国人民银行、国务院扶贫办等
12	组织创新奖	2020 年	国家光伏扶贫项目组（国务院扶贫办开发指导司产业处、国家能源局新能源司新能源处、财政部经济建设司能源政策处、国家发展改革委价格司能源价格二处、国家电网扶贫办扶贫工作处、国网电商光伏云事业部、南方电网战略规划部农电处）	国务院扶贫办、国家能源局、财政部、国家发展改革委等

续表

序号	奖项名称	获奖时间	获奖集体名称/个人姓名	所属部门（单位）
13	组织创新奖	2020 年	中国国家铁路集团有限公司扶贫办	中国国家铁路集团有限公司
14	组织创新奖	2020 年	国家烟草局扶贫办	国家烟草局
15	贡献奖	2016 年	时圣宇	人民日报社
16	贡献奖	2017 年	沈东亮	水利部
17	贡献奖	2017 年	王 凯	海关总署
18	贡献奖	2018 年	王寿梗	中央纪委国家监委机关
19	贡献奖	2018 年	郭孔丰	中国侨联
20	贡献奖	2019 年	王平堂	中央政研室
21	贡献奖	2019 年	侯 兵	中央和国家机关工委
22	贡献奖	2020 年	王小权	中央组织部
23	贡献奖	2020 年	俞贺楠	人力资源社会保障部
24	贡献奖	2020 年	杨文军	国务院参事室
25	创新奖	2016 年	高中海	国家林草局
26	创新奖	2018 年	刘彦随	中国科学院
27	创新奖	2019 年	金黎平	农业农村部
28	创新奖	2020 年	张金霞	农业农村部
29	奉献奖	2018 年	夏 森	中国社科院

中央和国家机关脱贫攻坚先进集体

序号	获奖集体名称	所属部门（单位）	获奖时间
1	中央办公厅警卫局第三〇五医院	中央办公厅	2018 年
2	中央办公厅机要交通局交通处	中央办公厅	2020 年
3	中央组织部党建读物出版社	中央组织部	2018 年
4	中央统战部办公厅社会服务处	中央统战部	2020 年
5	中央政法委扶贫领导小组办公室	中央政法委	2020 年
6	中央政研室农村研究局	中央政研室	2018 年
7	中央政研室机关党委（人事局）	中央政研室	2020 年
8	中直机关青年干部支教扶贫队	中央和国家机关工委	2018 年
9	中央党校（国家行政学院）扶贫工作领导小组办公室	中央党校（国家行政学院）	2020 年
10	全国总工会驻山西扶贫工作队	全国总工会	2020 年
11	共青团中央第十六批驻灵丘县扶贫工作队	共青团中央	2018 年
12	全国妇联妇女发展部扶贫工作处	全国妇联	2018 年
13	全国人大常委会机关党委	全国人大常委会机关	2018 年
14	全国政协办公厅机关事务管理局办公室（扶贫工作领导小组办公室）	全国政协机关	2018 年
15	最高人民法院司法行政装备管理局	最高人民法院	2020 年
16	最高人民检察院扶贫工作领导小组办公室	最高人民检察院	2020 年
17	国务院办公厅驻怀安县扶贫工作组	国务院办公厅	2018 年
18	国务院办公厅驻怀安县张北县扶贫工作组	国务院办公厅	2020 年
19	外交部扶贫工作领导小组办公室	外交部	2018 年

续表

序号	获奖集体名称	所属部门（单位）	获奖时间
20	国家发展改革委地区经济司	国家发展改革委	2018 年
21	教育部职业教育与成人教育司（教育部定点扶贫牵头机构）	教育部	2020 年
22	科技部中国农村技术开发中心	科技部	2018 年
23	科技部农村科技司	科技部	2020 年
24	工业和信息化部扶贫办公室	工业和信息化部	2020 年
25	公安部扶贫办	公安部	2020 年
26	民政部社会组织管理局部管社会组织工作处	民政部	2020 年
27	财政部农业司	财政部	2018 年
28	人力资源社会保障部职业能力建设司	人力资源社会保障部	2018 年
29	住房城乡建设部村镇建设司	住房城乡建设部	2018 年
30	交通运输部综合规划司	交通运输部	2018 年
31	交通运输部公路局	交通运输部	2020 年
32	水利部农村水利司	水利部	2018 年
33	水利部农村水利水电司	水利部	2020 年
34	农业农村部科技教育司技术推广处	农业农村部	2020 年
35	国家卫生健康委财务司	国家卫生健康委	2018 年
36	中国人民银行扶贫开发领导小组办公室	中国人民银行	2018 年
37	国务院国资委扶贫开发领导小组机关扶贫工作办公室（国务院国资委机关服务管理局）	国务院国资委	2020 年
38	国管局第 20 批扶贫工作组	国管局	2018 年
39	国管局第 21 批扶贫工作组	国管局	2020 年
40	国务院扶贫办社会扶贫司	国务院扶贫办	2018 年

中央和国家机关脱贫攻坚优秀个人

序号	获奖个人	所属部门（单位）	获奖时间
1	帅志聪	中央纪委国家监委机关	2018 年
2	宋 刚	中央纪委国家监委机关	2020 年
3	赵凯明	中央组织部	2018 年
4	霍增龙	中央宣传部	2018 年
5	谭安东	中央宣传部	2020 年
6	李 光	中央统战部	2018 年
7	李双伍	中央对外联络部	2020 年
8	丁 杰	中央政法委	2018 年
9	李 冬	中央网信办	2020 年
10	常 超	中央台办	2020 年
11	胡国栋	中央财办	2018 年
12	蔡书巧	中央编办	2018 年
13	王 华	中央编办	2020 年
14	刘中文	中央党史和文献研究院	2020 年
15	吕晓勋	人民日报社	2020 年
16	夏成方	全国总工会	2018 年
17	严 石	共青团中央	2020 年
18	马守途	全国妇联	2020 年
19	蔡 钢	中国科协	2018 年
20	刘 洋	中国科协	2020 年
21	杨 波	全国人大常委会机关	2020 年

续表

序号	获奖个人	所属部门（单位）	获奖时间
22	顾宏伟	全国政协机关	2020 年
23	吴海江	最高人民法院	2018 年
24	秦西宁	最高人民检察院	2018 年
25	王尉育	外交部	2020 年
26	郑慧涛	国家发展改革委	2020 年
27	张 磊	教育部	2018 年
28	赵晨阳	工业和信息化部	2018 年
29	史 睿	国家民委	2018 年
30	邱 鹏	国家民委	2020 年
31	靖立帅	公安部	2018 年
32	赵 康	民政部	2018 年
33	刘建东	司法部	2020 年
34	杨 宇	财政部	2020 年
35	汪圣军	人力资源社会保障部	2020 年
36	李兆宜	自然资源部	2018 年
37	李 文	自然资源部	2020 年
38	刘 一	生态环境部	2018 年
39	王虹航	住房城乡建设部	2020 年
40	唐 泓	农业农村部	2018 年
41	刘 艳	商务部	2018 年
42	金达苻	商务部	2020 年
43	吴志杰	文化和旅游部	2018 年
44	孙占伟	文化和旅游部	2020 年
45	刘世政	国家卫生健康委	2020 年
46	谢留强	应急管理部	2018 年
47	谷 啸	中国人民银行	2020 年
48	姜海泉	审计署	2018 年

续表

序号	获奖个人	所属部门（单位）	获奖时间
49	郭春伟	审计署	2020 年
50	张晓松	国务院国资委	2018 年
51	房季	海关总署	2018 年
52	杨省庭	税务总局	2018 年
53	弓弢	税务总局	2020 年
54	李世杰	市场监管总局	2018 年
55	吴少华	市场监管总局	2020 年
56	鲍金虎	广电总局	2020 年
57	石刚	体育总局	2020 年
58	王涛	国务院研究室	2018 年
59	方松海	国务院研究室	2020 年
60	田朝晖	新华社	2018 年
61	邓诗微	新华社	2020 年
62	韩力	中国科学院	2018 年
63	田通	中国科学院	2020 年
64	王寅	中国社科院	2020 年
65	王波	中国工程院	2020 年
66	杨玉洋	国务院发展研究中心	2018 年
67	吴平	国务院发展研究中心	2020 年
68	王凤军	中央广电总台	2020 年
69	马清云	中国气象局	2020 年
70	吉志雄	全国供销合作总社	2018 年
71	陆刚	全国供销合作总社	2020 年
72	李茂林	国务院扶贫办	2020 年
73	张君华	光明日报社	2020 年
74	冯宗伟	中国日报社	2018 年
75	王震	中国日报社	2020 年

序号	获奖个人	所属部门（单位）	获奖时间
76	王 洋	中国外文局	2018 年
77	韩圣迎	中国法学会	2018 年
78	陈森斌	中国残联	2018 年
79	陈 罡	中国国家铁路集团有限公司	2018 年
80	亚库甫·阿沙木都	中国国家铁路集团有限公司	2020 年
81	张维刚	中国投资有限责任公司	2020 年
82	李言志	中国光大集团股份公司	2018 年
83	耿 奎	中国邮政集团有限公司	2018 年
84	杨乔伟	国家粮食和储备局	2018 年
85	孙元辛	国家能源局	2018 年
86	谷双魁	国家能源局	2020 年
87	王晓荣	国家国防科工局	2020 年
88	曲 佳	国家林草局	2018 年
89	魏恩会	国家铁路局	2018 年
90	肖国栋	国家中医药局	2018 年
91	黄 莹	国家中医药局	2020 年
92	朱明春	国家药监局	2018 年
93	时 鹏	国家知识产权局	2020 年
94	居继涛	中国浦东干部学院	2018 年
95	高泽生	中国浦东干部学院	2020 年
96	魏 强	中国延安干部学院	2018 年
97	刘博联	北京理工大学	2018 年
98	李 峰	哈尔滨工业大学	2018 年

其他全国性、省（部）级及行业系统表彰

获奖集体名称 / 个人姓名	奖项名称	获奖时间	颁奖单位
中央纪委国家监委机关			
中央纪委国家监委在川挂职干部临时党支部	四川省脱贫攻坚先进集体	2021 年	四川省委、省政府
王世峰	四川省脱贫攻坚先进个人	2021 年	四川省委、省政府
刘二伟	四川省脱贫攻坚先进个人	2021 年	四川省委、省政府
柴 杰	四川省脱贫攻坚先进个人	2021 年	四川省委、省政府
陈劲松	四川省脱贫攻坚先进个人	2019 年、 2020 年	四川省委、省政府
宋 刚	四川省脱贫攻坚先进个人	2019 年	四川省委、省政府
穆 伟	四川省脱贫攻坚奖贡献奖	2018 年	四川省脱贫攻坚领导小组
帅志聪	四川省脱贫攻坚先进个人	2017 年	四川省委、省政府
中央组织部			
中央组织部驻舟曲扶贫工作组	甘肃省脱贫攻坚先进集体	2021 年	甘肃省委、省政府
中央组织部驻台江扶贫工作组	贵州省脱贫攻坚先进集体	2021 年	贵州省委、省政府
中央组织部驻台江扶贫工作组	贵州省脱贫攻坚先进集体	2017 年	贵州省扶贫开发领导小组
张向涛	甘肃省脱贫攻坚先进个人	2021 年	甘肃省委、省政府

续表

获奖集体名称／个人姓名	奖项名称	获奖时间	颁奖单位
栾　勇	甘肃省优秀共产党员	2021 年	甘肃省委
任四平	贵州省优秀共产党员	2021 年	贵州省委
宋鲁滕	贵州省脱贫攻坚先进个人	2021 年	贵州省委、省政府
杜国贞	贵州省脱贫攻坚先进个人	2021 年	贵州省委、省政府
栾　勇	甘肃省脱贫攻坚帮扶先进个人	2020 年	甘肃省脱贫攻坚领导小组
常伟峰	甘肃省脱贫攻坚帮扶先进个人	2020 年	甘肃省脱贫攻坚领导小组
王小权	贵州省脱贫攻坚优秀共产党员	2020 年	贵州省委
李　昌	贵州省脱贫攻坚优秀共产党员	2020 年	贵州省委
常伟峰	甘肃省脱贫攻坚帮扶先进个人	2019 年	甘肃省脱贫攻坚领导小组
任四平	贵州省脱贫攻坚优秀共产党员	2019 年	贵州省委
黄蓬勃	甘肃省脱贫攻坚帮扶先进个人	2018 年	甘肃省脱贫攻坚领导小组
赵凯明	贵州省脱贫攻坚优秀共产党员	2018 年	贵州省委
赵　琦	甘肃省脱贫攻坚帮扶先进个人	2017 年	甘肃省脱贫攻坚领导小组
中央宣传部			
中央宣传部驻科右中旗扶贫工作组	内蒙古自治区脱贫攻坚先进集体	2021 年	内蒙古自治区党委、区政府
中央宣传部驻耀州区帮扶工作组	陕西省脱贫攻坚先进集体	2021 年	陕西省委、省政府
中央宣传部驻科右中旗扶贫工作组	内蒙古自治区脱贫攻坚先进集体	2019 年	内蒙古自治区扶贫开发领导小组
秦　洁	陕西省脱贫攻坚奖贡献奖	2020 年	陕西省脱贫攻坚领导小组

续表

获奖集体名称／个人姓名	奖项名称	获奖时间	颁奖单位
中央统战部			
中央统战部办公厅社会服务处	甘肃省脱贫攻坚先进集体	2021 年	甘肃省委、省政府
中央统战部	甘肃省脱贫攻坚帮扶先进集体	2019 年	甘肃省脱贫攻坚领导小组
中央统战部办公厅社会服务处	贵州省脱贫攻坚先进集体	2019 年	贵州省扶贫开发领导小组
中央统战部十二局综合处	贵州省脱贫攻坚先进集体	2019 年	贵州省扶贫开发领导小组
国务院侨办	甘肃省脱贫攻坚帮扶工作先进帮扶单位	2018 年	甘肃省脱贫攻坚帮扶工作协调领导小组
李　光	贵州省脱贫攻坚先进个人	2021 年	贵州省委、省政府
冯循春	贵州省脱贫攻坚先进个人	2021 年	贵州省委、省政府
刘海峰	贵州省脱贫攻坚先进个人	2021 年	贵州省委、省政府
张冬冬	贵州省脱贫攻坚优秀村第一书记	2020 年	贵州省委
马玉飞	贵州省脱贫攻坚优秀村第一书记	2019 年	贵州省委
王　华	贵州省脱贫攻坚优秀共产党员	2019 年	贵州省委
吴　娟	贵州省脱贫攻坚先进个人	2019 年	贵州省扶贫开发领导小组
邹传彪	甘肃省脱贫攻坚帮扶先进个人	2019 年	甘肃省脱贫攻坚领导小组
李　光	贵州省脱贫攻坚优秀村第一书记	2018 年	贵州省委
李永清	甘肃省脱贫攻坚帮扶工作先进帮扶干部	2018 年	甘肃省脱贫攻坚帮扶工作协调领导小组
孙绍华	贵州省优秀村第一书记	2016 年	贵州省委党的建设工作领导小组
石海强	甘肃省脱贫攻坚十大人物	2016 年	甘肃省脱贫攻坚年度人物评选组委会

续表

获奖集体名称 / 个人姓名	奖项名称	获奖时间	颁奖单位
中央对外联络部			
中联部驻行唐县工作组	河北省脱贫攻坚先进集体	2021 年	河北省委、省政府
中国国际交流协会亚非和大洋洲处	中央国家机关等单位定点扶贫先进集体	2014 年	国务院扶贫开发领导小组
苏祖辉	河北省脱贫攻坚先进个人	2021 年	河北省委、省政府
苏祖辉	河北省优秀驻村第一书记	2020 年	河北省委组织部、省扶贫办
李双伍	河北省脱贫攻坚贡献奖	2019 年	河北省扶贫开发和脱贫工作领导小组
李双伍	河北省优秀驻村第一书记	2018 年	河北省委组织部、省扶贫办
高玉琪	河北省优秀驻村第一书记	2017 年	河北省委组织部、省扶贫办
高玉琪	河北省优秀共产党员	2016 年	河北省委
中央政法委			
中央政法委扶贫领导小组办公室	全区脱贫攻坚中央定点帮扶优秀单位	2019 年	内蒙古自治区扶贫开发领导小组
中央政研室、中央改革办			
钟世强	吉林省脱贫攻坚特别贡献奖	2020 年	吉林省委、省政府
曹利群	吉林省脱贫攻坚特别贡献奖	2019 年	吉林省委、省政府
中央网信办			
尚立群	全国巾帼建功标兵	2021 年	全国妇联
高　波	陕西省脱贫攻坚奖贡献奖	2020 年	陕西省脱贫攻坚领导小组
徐　硕	陕西省 2016 年度"全省优秀第一书记"	2017 年	陕西省委组织部、省委宣传部、省财政厅、省人力资源和社会保障厅、省扶贫开发办公室、省公务员局

获奖集体名称/ 个人姓名	奖项名称	获奖时间	颁奖单位
中央台办			
中央台办机关党委办公室	甘肃省脱贫攻坚帮扶先进集体	2021 年	甘肃省委、省政府
中央台办	甘肃省脱贫攻坚帮扶先进集体	2019 年	甘肃省脱贫攻坚领导小组
卢 健	甘肃省脱贫攻坚帮扶先进个人	2021 年	甘肃省委、省政府
常 超	甘肃省脱贫攻坚帮扶先进个人	2020 年	甘肃省脱贫攻坚领导小组
李 杨	全国民族团结进步模范个人	2019 年	国务院
李 杨	甘肃省脱贫攻坚帮扶先进个人	2019 年	甘肃省脱贫攻坚领导小组
中央外办			
赵 亚	重庆市脱贫攻坚工作先进个人	2020 年	重庆市脱贫攻坚领导小组
中央编办			
中共中央机构编制委员会办公室驻化德县扶贫工作党小组	内蒙古自治区脱贫攻坚先进集体	2021 年	内蒙古自治区党委、区政府
中央和国家机关工委			
中央和国家机关工委驻平山县扶贫工作组	河北省脱贫攻坚先进集体	2021 年	河北省委、省政府
中央和国家机关工委驻临城县扶贫工作组	河北省脱贫攻坚先进集体	2021 年	河北省委、省政府
中央和国家机关工委驻阳原县扶贫工作组	河北省脱贫攻坚先进集体	2021 年	河北省委、省政府

续表

获奖集体名称/个人姓名	奖项名称	获奖时间	颁奖单位
中央和国家机关工委定点帮扶临城县工作组	河北省脱贫攻坚先进集体	2018 年	河北省扶贫开发和脱贫工作领导小组
中央国家机关工委办公室秘书二处	中央国家机关等单位定点扶贫先进集体	2014 年	国务院扶贫开发领导小组
范麾京	河北省脱贫攻坚先进个人	2021 年	河北省委、省政府
佘明军	河北省脱贫攻坚先进个人	2021 年	河北省委、省政府
燕泽群	河北省脱贫攻坚先进个人	2021 年	河北省委、省政府
李晨宇	山西省脱贫攻坚先进个人	2021 年	山西省委、省政府
李晨宇	山西省优秀党务工作者	2021 年	山西省委
李晨宇	山西省农村模范第一书记	2020 年	山西省人力资源和社会保障厅、省扶贫开发办公室
魏皓阳	河北省脱贫攻坚优秀驻村第一书记	2017 年	河北省委组织部
丁龙广	山西省优秀第一书记	2017 年	山西省人力资源和社会保障厅、省扶贫开发办公室
张　力	河北省精准脱贫优秀驻村第一书记	2016 年	河北省委组织部
罗云光	中央国家机关等单位定点扶贫先进个人	2014 年	国务院扶贫开发领导小组
中央党校（国家行政学院）			
中央党校（国家行政学院）驻墨江县工作组	云南省脱贫攻坚先进集体	2021 年	云南省委、省政府
中共党校驻武邑县扶贫工作组	河北省脱贫攻坚先进集体	2021 年	河北省委、省政府
中央党校、衡水市文联驻贾寺院村工作队	河北省精准脱贫优秀工作队	2019 年	河北省委组织部、省扶贫办

获奖集体名称/ 个人姓名	奖项名称	获奖时间	颁奖单位
中央党校、衡水市文联驻贾寺院村工作队	河北省精准脱贫优秀工作队	2018 年	河北省委组织部、省扶贫办
中央党校驻武邑县扶贫工作组	河北省脱贫攻坚先进集体	2018 年	河北省委组织部
秦真英	云南省脱贫攻坚先进个人	2021 年	云南省委、省政府
孙　林	云南省脱贫攻坚先进个人	2021 年	云南省委、省政府
郝建华	河北省脱贫攻坚先进个人	2021 年	河北省委、省政府
杨卿一	江西省最美扶贫干部	2020 年	江西省委组织部、省委宣传部、省扶贫办
杨卿一	江西省"新时代赣鄱先锋群众身边好党员"	2020 年	江西省委组织部
冯　丰	河北省精准脱贫优秀驻村第一书记	2017 年	河北省委组织部、省扶贫办
冯　丰	河北省精准脱贫优秀驻村第一书记	2016 年	河北省委组织部、省扶贫办
中央党史和文献研究院			
中央党史和文献研究院驻唐县扶贫工作组	河北省脱贫攻坚先进集体	2020 年	河北省委、省政府
中央党史和文献研究院	甘肃省脱贫攻坚帮扶先进集体	2019 年	甘肃省脱贫攻坚领导小组
中央编译局驻史家佐村工作队	全省精准脱贫先进驻村工作队	2017 年	河北省委组织部、省扶贫办
郝云昌	河北省脱贫攻坚先进个人	2020 年	河北省委、省政府
夏俊杰	甘肃省脱贫攻坚先进个人	2020 年	甘肃省委、省政府
王　勇	甘肃省脱贫攻坚先进个人	2020 年	甘肃省委、省政府

续表

获奖集体名称／个人姓名	奖项名称	获奖时间	颁奖单位
李 炎	甘肃省脱贫攻坚先进个人	2020 年	甘肃省委、省政府
陈郝杰	甘肃省脱贫攻坚帮扶先进个人	2020 年	甘肃省脱贫攻坚领导小组
夏俊杰	甘肃省脱贫攻坚帮扶先进个人	2019 年	甘肃省脱贫攻坚领导小组
刘中文	全省扶贫脱贫优秀驻村第一书记	2019 年	河北省委组织部、省扶贫办
刘中文	全省扶贫脱贫优秀驻村第一书记	2018 年	河北省委组织部、省扶贫办
张彦甫	甘肃省脱贫攻坚帮扶先进个人	2018 年	甘肃省脱贫攻坚领导小组
张卓然	"抓党建促脱贫"脱贫攻坚带头人	2018 年	甘肃省脱贫攻坚领导小组
李 旭	全省精准脱贫优秀第一书记	2017 年	河北省委组织部、省扶贫办
人民日报社			
程惠建	河南省脱贫攻坚先进个人	2021 年	河南省委、省政府
吕晓勋	河北省脱贫攻坚先进个人	2021 年	河北省委、省政府
吕晓勋	河北省脱贫攻坚奖贡献奖	2020 年	河北省委、省政府
吕晓勋	扶贫助困好青年	2020 年	共青团河北省委
时圣宇	河南省优秀驻村第一书记	2018 年	河南省委组织部
求是杂志社			
求是杂志社定点帮扶工作领导小组办公室	青海省脱贫攻坚先进集体	2021 年	青海省委、省政府
求是杂志社	青海省 2016 年度脱贫攻坚先进集体	2017 年	青海省委、省政府
全国总工会			
全国总工会驻壶关县扶贫工作队	山西省脱贫攻坚先进集体	2021 年	山西省委、省政府

续表

获奖集体名称/个人姓名	奖项名称	获奖时间	颁奖单位
刘 欢	山西省脱贫攻坚先进个人	2021 年	山西省委、省政府
刘 欢	山西省干部驻村帮扶工作模范第一书记	2020 年	山西省人力资源和社会保障厅、山西省扶贫办
共青团中央			
团中央第十三批驻灵丘扶贫工作队	中直机关脱贫攻坚先进集体	2013 年	中央直属机关工委
严 石	山西省脱贫攻坚奖创新奖	2020 年	山西省脱贫攻坚领导小组
孟 利	山西省干部驻村帮扶工作模范队员	2020 年	山西省人力资源和社会保障厅、省扶贫办
胡志中	山西省优秀产业发展指导员	2020 年	山西省特色产业扶贫工作领导小组办公室
高珊珊	山西省脱贫攻坚青年先锋	2019 年	山西省脱贫攻坚领导小组
高珊珊	山西省脱贫攻坚奖贡献奖	2018 年	山西省人力资源和社会保障厅、省扶贫办
全国妇联			
全国妇联	甘肃省脱贫攻坚帮扶先进集体	2021 年	甘肃省脱贫攻坚领导小组
全国妇联	甘肃省脱贫攻坚帮扶先进集体	2020 年	甘肃省脱贫攻坚领导小组
全国妇联	甘肃省脱贫攻坚帮扶先进集体	2019 年	甘肃省脱贫攻坚领导小组
全国妇联	甘肃省脱贫攻坚帮扶先进集体	2018 年	甘肃省脱贫攻坚帮扶工作协调领导小组
全国妇联	甘肃省双联行动暨精准扶贫省外帮扶单位"民心奖"	2016 年	甘肃省委、省政府
马守途	甘肃省脱贫攻坚帮扶先进个人	2021 年	甘肃省脱贫攻坚领导小组
张晓晨	甘肃省脱贫攻坚帮扶先进个人	2021 年	甘肃省脱贫攻坚领导小组

获奖集体名称 / 个人姓名	奖项名称	获奖时间	颁奖单位
马守途	甘肃省脱贫攻坚帮扶先进个人	2020 年	甘肃省脱贫攻坚领导小组
郭冬生	甘肃省脱贫攻坚帮扶先进个人	2020 年	甘肃省脱贫攻坚领导小组
马守途	甘肃省脱贫攻坚帮扶先进个人	2019 年	甘肃省脱贫攻坚领导小组
翟雁燕	甘肃省帮扶工作先进帮扶干部	2018 年	甘肃省脱贫攻坚帮扶工作协调领导小组
高宏亮	甘肃省驻村帮扶工作先进个人	2016 年	甘肃省委、省政府
中国文联			
中国文联	甘肃省脱贫攻坚帮扶先进集体	2018 年、2019 年、2020 年	甘肃省脱贫攻坚领导小组
孙明亮	甘肃省脱贫攻坚帮扶先进个人	2020 年	甘肃省脱贫攻坚领导小组
中国作协			
中国作家协会	甘肃省脱贫攻坚先进集体	2020 年	甘肃省脱贫攻坚领导小组
中国作家协会	甘肃省脱贫攻坚先进集体	2018 年	甘肃省脱贫攻坚领导小组
中国作家协会	甘肃省脱贫攻坚先进集体	2017 年	甘肃省脱贫攻坚领导小组
王志祥	甘肃省脱贫攻坚先进个人	2021 年	甘肃省脱贫攻坚领导小组
翟 民	中央和国家机关五一劳动奖章	2021 年	中央和国家机关工委
翟 民	甘肃省脱贫攻坚先进个人	2020 年	甘肃省脱贫攻坚领导小组
朱 钢	甘肃省脱贫攻坚先进个人	2019 年	甘肃省脱贫攻坚领导小组

续表

获奖集体名称／个人姓名	奖项名称	获奖时间	颁奖单位
朱　钢	甘肃省脱贫攻坚先进个人	2017 年	甘肃省脱贫攻坚领导小组
中国科协			
房瑞标	全国五一劳动奖章	2017 年	全国总工会
房瑞标	中央直属机关优秀共产党员	2016 年	中央直属机关工委
陈建中	中央国家机关等单位定点扶贫先进个人	2014 年	国务院扶贫开发领导小组
中国侨联			
徐友佳	全国侨联系统助力脱贫攻坚先进个人	2021 年	中国侨联
周臻扬	全国侨联系统助力脱贫攻坚先进个人	2021 年	中国侨联
全国人大常委会机关			
全国人大机关赴察哈尔右翼前旗挂职干部集体	内蒙古自治区脱贫攻坚先进集体	2021 年	内蒙古自治区党委、区政府
贾永春	内蒙古自治区脱贫攻坚先进个人	2021 年	内蒙古自治区党委、区政府
全国政协机关			
全国政协机关事务管理局办公室（全国政协机关扶贫工作领导小组办公室）	中央国家机关等单位定点扶贫先进集体	2014 年	国务院扶贫开发领导小组
冯宜山	安徽省脱贫攻坚先进个人	2021 年	安徽省委、省政府
张红印	安徽省扶贫先进个人	2015 年	安徽省扶贫开发领导小组
谢会昌	安徽省扶贫先进个人	2015 年	安徽省扶贫开发领导小组

续表

获奖集体名称／ 个人姓名	奖项名称	获奖时间	颁奖单位
张启振	安徽省扶贫先进个人	2015 年	安徽省扶贫开发领导小组
最高人民法院			
最高人民法院驻豫定点扶贫工作队	中央和国家机关驻豫定点扶贫先进集体	2015 年	河南省扶贫开发领导小组
贾　毅	河南省脱贫攻坚先进个人	2021 年	河南省委、省政府
林鸿顺	中央和国家机关驻豫定点扶贫先进个人	2015 年	河南省扶贫开发领导小组
姚宝华	中央和国家机关驻豫定点扶贫先进个人	2015 年	河南省扶贫开发领导小组
最高人民检察院			
最高人民检察院扶贫办	云南省脱贫攻坚先进集体	2021 年	云南省委、省政府
杨安瑞	云南省脱贫攻坚先进个人	2021 年	云南省委、省政府
李达明	云南省脱贫攻坚优秀个人	2021 年	云南省扶贫开发领导小组
翟望明	云南省脱贫攻坚优秀个人	2021 年	云南省扶贫开发领导小组
朱劳力	云南省脱贫攻坚优秀个人	2021 年	云南省扶贫开发领导小组
郑文文	云南省脱贫攻坚先进个人	2021 年	云南省委、省政府
巩宸宇	云南省优秀驻村工作队员	2018 年	云南省扶贫开发领导小组
外交部			
外交部乡村振兴定点帮扶工作领导小组办公室	云南省脱贫攻坚先进集体	2021 年	云南省委、省政府
外交部扶贫工作领导小组办公室	中央国家机关等单位定点扶贫先进集体	2014 年	国务院扶贫工作领导小组

获奖集体名称/个人姓名	奖项名称	获奖时间	颁奖单位
孙　静	云南省脱贫攻坚先进个人	2021 年	云南省委、省政府
何江川	云南省脱贫攻坚先进个人	2021 年	云南省委、省政府
国务院办公厅			
国务院办公厅驻怀安县扶贫工作组	河北省脱贫攻坚先进集体	2021 年	河北省委、省政府
国务院办公厅驻张北县扶贫工作组	河北省脱贫攻坚先进集体	2021 年	河北省委、省政府
国务院办公厅驻怀安县北庄堡村工作队	河北省扶贫脱贫先进驻村工作队	2020 年	河北省委组织部、省扶贫办
国务院办公厅驻怀安县北庄堡村工作队	河北省扶贫脱贫先进驻村工作队	2019 年	河北省委组织部、省扶贫办
国务院办公厅驻张北县扶贫工作组	河北省脱贫攻坚先进集体	2018 年	河北省扶贫开发和脱贫工作领导小组
冷张君	河北省脱贫攻坚先进个人	2021 年	河北省委、省政府
张呈祥	河北省脱贫攻坚先进个人	2021 年	河北省委、省政府
国家发展改革委			
国家发展和改革委员会驻灵寿县扶贫工作组	河北省脱贫攻坚先进集体	2021 年	河北省委、省政府
国家发展和改革委员会派驻田东县挂职工作组	广西壮族自治区脱贫攻坚先进集体	2021 年	广西壮族自治区党委、区政府
国家发展和改革委员会派驻汪清县挂职干部工作组	吉林省脱贫攻坚先进集体	2021 年	吉林省委、省政府
彭　涛	河北省脱贫攻坚先进个人	2021 年	河北省委、省政府
严　畅	吉林省脱贫攻坚先进个人	2021 年	吉林省委、省政府

获奖集体名称/ 个人姓名	奖项名称	获奖时间	颁奖单位
葛晓鹏	吉林省脱贫攻坚特别贡献奖	2020 年	吉林省委、省政府
王胜民	吉林省脱贫攻坚特别贡献奖	2019 年	吉林省委、省政府
夏凤阳	河北省脱贫攻坚奖贡献奖	2018 年	河北省扶贫办
夏凤阳	河北省扶贫脱贫"优秀驻村第一书记"	2017 年	河北省委组织部
教育部			
教育部驻青龙县扶贫工作队	河北省脱贫攻坚先进集体	2021 年	河北省委、省政府
教育部驻威县扶贫工作队	河北省脱贫攻坚先进集体	2021 年	河北省委、省政府
教育部、秦皇岛市人大驻青龙满族自治县青龙镇龙潭村联合工作队	河北省脱贫攻坚奖先进集体	2018 年	河北省扶贫办和脱贫工作领导小组
威县魏家寨村扶贫工作队	河北省扶贫脱贫先进工作队	2018 年	河北省委组织部、省扶贫办
王炳明	河北省脱贫攻坚先进个人	2021 年	河北省委、省政府
李 龙	河北省脱贫攻坚先进个人	2021 年	河北省委、省政府
李 龙	河北省脱贫攻坚奖创新奖	2020 年	河北省扶贫开发和脱贫工作领导小组
皇甫磊	河北省优秀驻村第一书记	2020 年	河北省委组织部、省扶贫办
肖 峰	河北省扶贫脱贫"优秀驻村第一书记"	2019 年	河北省委组织部、省扶贫办
张晓彬	河北省优秀驻村第一书记	2019 年	河北省委组织部、省扶贫办
张 磊	河北省脱贫攻坚奖贡献奖	2018 年	河北省扶贫开发和脱贫工作领导小组
李 强	河北省优秀驻村第一书记	2017 年	河北省扶贫开发和脱贫工作领导小组

续表

获奖集体名称／个人姓名	奖项名称	获奖时间	颁奖单位
科技部			
科技部第 30 届科技扶贫团四川团	四川省脱贫攻坚先进集体	2021 年	四川省委、省政府
科技部第 30 届科技扶贫团江西团	江西省脱贫攻坚先进集体	2021 年	江西省委、省政府
科技部科技扶贫办公室	中央国家机关等单位定点扶贫先进集体	2014 年	国务院扶贫开发领导小组
利　斌	陕西省脱贫攻坚奖创新奖	2020 年	陕西省脱贫攻坚领导小组
徐　辉	陕西省脱贫攻坚奖贡献奖	2020 年	陕西省脱贫攻坚领导小组
杨启明	四川省优秀第一书记	2018 年	四川省委、省政府
工业和信息化部			
工业和信息化部驻南部县扶贫工作组	四川省脱贫攻坚先进集体	2021 年	四川省委、省政府
工业和信息化部驻豫定点扶贫工作队	中央和国家机关驻豫定点扶贫先进集体	2015 年	河南省扶贫开发领导小组
工业和信息化部扶贫工作领导小组办公室	中央国家机关等单位定点扶贫先进单位	2014 年	国务院扶贫开发领导小组
廉志鹏	四川省脱贫攻坚先进个人	2021 年	四川省委、省政府
杨　桅	河南省脱贫攻坚先进个人	2021 年	河北省委、省政府
陆瑞阳	四川省脱贫攻坚先进个人	2019 年	四川省脱贫攻坚领导小组
徐　鹏	中央和国家机关驻豫定点扶贫先进个人	2015 年	河南省扶贫开发领导小组
鲍常科	中央和国家机关驻豫定点扶贫先进个人	2015 年	河南省扶贫开发领导小组

续表

获奖集体名称 / 个人姓名	奖项名称	获奖时间	颁奖单位
徐　鹏	河南省社会扶贫先进个人	2014 年	河南省人力资源和社会保障厅、省扶贫办
国家民委			
国家民委	广西脱贫攻坚特别贡献单位	2021 年	广西壮族自治区党委、区政府
国家民委定点扶贫工作领导小组办公室	全区脱贫攻坚先进集体	2021 年	广西壮族自治区党委、区政府
公安部			
国家移民管理局	全区脱贫攻坚先进集体	2021 年	广西壮族自治区党委
公安部直属机关党委扶贫支援工作处	贵州省脱贫攻坚先进集体	2021 年	贵州省委
公安部扶贫办	贵州省脱贫攻坚先进集体	2019 年	贵州省委
朱　振	广西壮族自治区脱贫攻坚先进个人	2021 年	广西壮族自治区党委
程显臣	贵州省脱贫攻坚优秀共产党员	2020 年	贵州省委
侯　毅	贵州省脱贫攻坚优秀第一书记	2020 年	贵州省委
侯　毅	贵州省扶贫办授予全省脱贫攻坚先进个人	2019 年	贵州省扶贫开发领导小组
樊阳升	贵州省脱贫攻坚优秀共产党员	2019 年	贵州省委
田　智	贵州省脱贫攻坚优秀共产党员	2019 年	贵州省委
孙安飞	贵州省脱贫攻坚先进个人	2019 年	贵州省扶贫开发领导小组
齐朝栋	贵州省脱贫攻坚先进个人	2019 年	贵州省扶贫开发领导小组
李建华	贵州省脱贫攻坚先进个人	2019 年	贵州省委
孙安飞	贵州省全省脱贫攻坚优秀共产党员	2018 年	贵州省委
程显臣	贵州省脱贫攻坚群英谱英才	2018 年	贵州省委组织部

续表

获奖集体名称/个人姓名	奖项名称	获奖时间	颁奖单位
国家安全部			
国家安全部驻盐山县扶贫工作组	河北省脱贫攻坚先进集体	2021年	河北省委、省政府
国家安全部扶贫团队	国安好青年	2020年	国家安全部
国安部、盐山县委统战部驻东小卢村工作队	河北省先进驻村工作队	2018年	河北省委组织部、省扶贫办
民政部			
民政部规划财务司综合处	中央国家机关等单位定点扶贫先进集体	2014年	国务院扶贫工作领导小组
蒋敏	江西省脱贫攻坚先进个人	2021年	江西省委、省政府
司法部			
司法部扶贫工作领导小组办公室	四川省脱贫攻坚先进集体	2021年	四川省委组织部
司法部驻阜城县扶贫工作组	河北省脱贫攻坚先进集体	2018年	河北省扶贫开发和脱贫工作领导小组
庞新宇	四川省脱贫攻坚先进个人	2021年	四川省委组织部
李宗波	河北省扶贫脱贫优秀驻村第一书记	2020年	河北省委组织部
何忠凯	河北省扶贫脱贫优秀驻村第一书记	2017年	河北省委组织部
财政部			
财政部驻云南省永胜县定点扶贫工作队	全国财政系统先进集体	2019年	人力资源社会保障部、财政部
财政部人事教育司干部任免处	中央国家机关等单位定点扶贫先进集体	2014年	国务院扶贫开发领导小组
范庆辉	湖南省"优秀产业发展指导员"	2020年	湖南省委农办、省农业农村厅

续表

获奖集体名称／个人姓名	奖项名称	获奖时间	颁奖单位
魏高明	云南省扶贫先进工作者	2020 年	云南省扶贫开发领导小组
颜　铭	云南省优秀驻村扶贫工作队员	2020 年	云南省扶贫开发领导小组
邢朝虹	湖南省"百名最美扶贫人物"	2019 年	湖南省扶贫开发领导小组
刘斌樑	湖南省脱贫攻坚先进个人	2018 年	湖南省委、省政府
人力资源社会保障部			
宋合飞	山西省脱贫攻坚奖贡献奖	2020 年	山西脱贫攻坚领导小组
朴久富	中央国家机关等单位定点扶贫先进个人	2014 年	国务院扶贫开发领导小组
自然资源部			
自然资源部南海局	海南省打赢脱贫攻坚战先进集体	2019 年	海南省委、省政府
王安涛	海南省脱贫攻坚先进个人	2021 年	海南省委、省政府
王安涛	海南省脱贫攻坚优秀共产党员	2021 年	海南省委
徐　岩	海南省打赢脱贫攻坚战先进个人	2020 年	海南省委、省政府
生态环境部			
生态环境部驻围场满族蒙古族自治县扶贫工作组	河北省脱贫攻坚先进集体	2021 年	河北省委、省政府
生态环境部驻隆化县扶贫工作组	河北省脱贫攻坚先进集体	2021 年	河北省委、省政府
张卫华	河北省脱贫攻坚先进个人	2021 年	河北省委、省政府
张　健	河北省脱贫攻坚先进个人	2021 年	河北省委、省政府
刘　一	2017 年度全省精准扶贫脱贫优秀驻村第一书记	2018 年	河北省委组织部

获奖集体名称/ 个人姓名	奖项名称	获奖时间	颁奖单位
住房城乡建设部			
住房和城乡建设部帮扶办公室	青海省脱贫攻坚先进集体	2021年	青海省委、省政府
住房和城乡建设部	2018年度中央定点扶贫先进单位	2019年	青海省委、省政府
戴冠华	湖北省脱贫攻坚先进个人	2021年	湖北省委、省政府
王虹航	2018年度中央定点扶贫单位优秀挂职干部	2019年	青海省委、省政府
交通运输部			
交通运输部驻藏区定点扶贫联络组	四川省脱贫攻坚奖先进集体	2019年	四川省脱贫攻坚领导小组
吕怡达	全国交通运输系统先进工作者	2020年	人力资源社会保障部、交通运输部
张巍	全国交通运输系统先进工作者	2020年	人力资源社会保障部、交通运输部
吕怡达	四川省脱贫攻坚优秀驻村工作队员	2019年	四川省委、省政府
吴守恒	四川省优秀驻村第一书记	2017年	四川省委、省政府
水利部			
水利部水库移民司（乡村振兴办）对口支援处	全国水利扶贫先进集体	2021年	水利部
李广磊	全国水利扶贫先进个人	2021年	水利部
宋康	全国水利扶贫先进个人	2021年	水利部
宋康	重庆市脱贫攻坚先进个人	2021年	重庆市委、市政府
宋康	重庆好人	2021年	重庆市委宣传部、市文明办
欧阳锋	全国水利扶贫先进个人	2021年	水利部

续表

获奖集体名称／ 个人姓名	奖项名称	获奖时间	颁奖单位
韩小虎	全国水利扶贫先进个人	2021 年	水利部
韩小虎	湖北省脱贫攻坚先进个人	2021 年	湖北省委、省政府
颜国红	全国水利扶贫先进个人	2021 年	水利部
潘明祥	全国水利扶贫先进个人	2021 年	水利部
孙启成	全国水利扶贫先进个人	2021 年	水利部
陈鹏霄	全国水利扶贫先进个人	2021 年	水利部
宋　康	重庆市脱贫攻坚奖贡献奖	2020 年	重庆市扶贫开发领导 小组
农业农村部			
农业农村部派驻剑河县帮扶工作组	贵州省脱贫攻坚先进集体	2021 年	贵州省委、省政府
深洪涛	湖南省脱贫攻坚先进个人	2021 年	湖北省委、省政府
潘　昊	全省脱贫攻坚优秀村第一书记	2020 年	贵州省委
陶传江	全国农业农村系统先进个人	2019 年	农业农村部
谭弘恩	贵州省委脱贫攻坚优秀共产党员	2019 年	贵州省委
商务部			
商务部驻广安市广安区定点扶贫工作组	四川省脱贫攻坚先进集体	2021 年	四川省委、省政府
广安市广安区龙安乡革新村党支部（商务部派驻驻村工作队）	四川省先进党组织	2019 年	四川省委
陈诗慧	四川省三八红旗手	2021 年	四川省妇联、省人力资源和社会保障厅
陈诗慧	四川省 2020 年度全省优秀驻村工作队队员	2021 年	四川省直机关工委
付晓阳	四川省脱贫攻坚先进个人	2021 年	四川省委、省政府

获奖集体名称/ 个人姓名	奖项名称	获奖时间	颁奖单位
刘书军	湖南省爱心扶贫大使	2020 年	湖南省扶贫办
金达芾	四川省优秀第一书记	2018 年	四川省委组织部
刘 艳	四川省三八红旗手	2018 年	四川省妇联、省人力 资源和社会保障厅
刘 艳	四川省五一劳动奖	2017 年	四川省总工会
文化和旅游部			
文化和旅游部财 务司规划统计处	全区脱贫攻坚中央定点帮扶优秀 单位	2019 年	内蒙古自治区扶贫开 发领导小组
李 翔	广西壮族自治区脱贫攻坚先进个人	2021 年	广西壮族自治区、党 委、区政府
国家卫生健康委			
李孟涛	山西省脱贫攻坚先进个人	2021 年	山西省委、省政府
柳清海	陕西省脱贫攻坚先进个人	2021 年	陕西省委、省政府
刘世政	陕西省脱贫攻坚奖创新奖	2020 年	陕西省脱贫攻坚领导 小组
徐 宏	最美志愿者	2020 年	中央文明办
徐 宏	山西省干部驻村帮扶工作模范第 一书记	2020 年	山西省人力资源和社 会保障厅、省扶贫办
李孟涛	山西省优秀第一书记	2019 年	山西省脱贫攻坚领导 小组
徐 宏	山西省青年五四奖章	2019 年	山西省人力资源和社 会保障厅、共青团山 西省委、省青联
程万军	"2016 感动山西"特别奖	2017 年	山西日报报业集团、 山西广播电视台、感 动山西组委会
应急管理部			
胡 杰	山西省驻村帮扶模范第一书记	2020 年	山西省人力资源和社 会保障厅、省扶贫办

续表

获奖集体名称/个人姓名	奖项名称	获奖时间	颁奖单位
孙英浩	山西省脱贫攻坚奖贡献奖	2019 年	山西省扶贫办
孙英浩	山西省扶贫模范第一书记	2018 年	山西省扶贫办
谢留强	中央国家机关等单位定点扶贫先进个人	2014 年	国务院扶贫开发领导小组
中国人民银行			
中国人民银行派驻铜川市（宜君县、印台县）帮扶工作组	陕西省脱贫攻坚先进集体	2021 年	陕西省委、省政府
中国人民银行定点扶贫驻铜川工作组	中国人民银行定点扶贫先进集体	2020 年	中国人民银行扶贫办
栾春许	中国人民银行脱贫攻坚先进个人	2021 年	中国人民银行
张建平	中国人民银行脱贫攻坚先进个人	2021 年	中国人民银行
胡　志	中国人民银行脱贫攻坚先进个人	2021 年	中国人民银行
关　伟	中国人民银行脱贫攻坚先进个人	2021 年	中国人民银行
周　源	中国人民银行定点扶贫先进个人	2020 年	中国人民银行扶贫办
谷　啸	中国人民银行定点扶贫先进个人	2020 年	中国人民银行扶贫办
张　煜	中国人民银行定点扶贫先进个人	2020 年	中国人民银行扶贫办
马林林	中国人民银行定点扶贫先进个人	2020 年	中国人民银行扶贫办
审计署			
审计署驻顺平县扶贫工作组	河北省脱贫攻坚先进集体	2021 年	河北省委、省政府
审计署驻丹寨县扶贫工作组	贵州省脱贫攻坚先进集体	2021 年	贵州省委、省政府
仇　凯	河北省脱贫攻坚先进个人	2021 年	河北省委、省政府
周　俊	贵州省脱贫攻坚优秀共产党员	2019 年	贵州省委

获奖集体名称/ 个人姓名	奖项名称	获奖时间	颁奖单位
胡光武	河北省扶贫脱贫优秀驻村第一书记	2019 年	河北省扶贫办
崔云凯	河北省脱贫攻坚奖贡献奖	2018 年	河北省扶贫办
姜海泉	贵州省脱贫攻坚优秀驻村第一书记	2018 年	贵州省委
国务院国资委			
国资委驻平乡县 扶贫工作组	河北省脱贫攻坚先进集体	2021 年	河北省委、省政府
中国质量协会	"京津冀社会组织跟党走——助 力脱贫攻坚行动"突出贡献单位	2020 年	河北省民政厅、北京市 民政局、天津市民政局
国资委定点帮扶 平乡县工作组	河北省脱贫攻坚先进集体	2018 年	河北省委组织部
冯 玮	河北省脱贫攻坚先进个人	2021 年	河北省委、省政府
冯伟林	河北省脱贫攻坚先进个人	2021 年	河北省委、省政府
石永煊	河北省优秀驻村第一书记	2020 年	河北省委组织部
王 磊	河北省优秀驻村第一书记	2017 年	河北省委组织部
海关总署			
王晓骞	河南省脱贫攻坚先进个人	2021 年	河南省委、省政府
黄倩敏	河南省三八红旗手	2019 年	河南省妇联
王 镝	河南省先进工作者	2019 年	河南省委、省政府
王 凯	河南省优秀共产党员	2016 年	河南省委
税务总局			
国家税务总局	青海省 2016 年度脱贫攻坚先进 集体	2017 年	青海省委、省政府
国家税务总局	青海社会扶贫先进集体	2015 年	青海省委农村牧区及扶 贫开发工作领导小组
国家税务总局扶 贫办	中央国家机关等单位定点扶贫先 进集体	2014 年	国务院扶贫开发领导 小组

续表

获奖集体名称 / 个人姓名	奖项名称	获奖时间	颁奖单位
王明科	青海省 2019 年度脱贫攻坚先进个人	2020 年	青海省委、省政府
崔恩彬	青海省 2019 年度脱贫攻坚先进个人	2020 年	青海省委、省政府
弓 弢	青海省 2018 年度脱贫攻坚先进个人	2019 年	青海省委、省政府
市场监管总局			
市场监管总局	2020 年度甘肃省脱贫攻坚帮扶先进集体	2021 年	甘肃省脱贫攻坚领导小组
市场监管总局办公厅综合处	甘肃省脱贫攻坚先进集体	2021 年	甘肃省委、省政府
市场监管总局	2019 年度甘肃省脱贫攻坚帮扶先进集体	2019 年	甘肃省脱贫攻坚领导小组
刘建勇	甘肃省脱贫攻坚先进个人	2021 年	甘肃省委、省政府
刘建勇	2019 年度甘肃省脱贫攻坚帮扶先进个人	2020 年	甘肃省脱贫攻坚领导小组
肖聂尊	2019 年黑龙江省脱贫攻坚奖创新奖	2019 年	黑龙江省脱贫攻坚领导小组
广电总局			
广电总局卫星直播中心融合发展处	四川省脱贫攻坚先进集体	2021 年	四川省脱贫攻坚表彰工作领导小组
广电总局公共服务司绩效管理处	广电总局脱贫攻坚特殊贡献奖	2020 年	广电总局扶贫工作领导小组
体育总局			
聂 伟	2020 年全国体育事业突出贡献奖	2020 年	体育总局
国家统计局			
牛书仁	内蒙古自治区脱贫攻坚先进个人	2021 年	内蒙古自治区党委、区政府
刘玉麒	山西省产业扶贫优秀干部	2020 年	山西省特色产业扶贫工作领导小组办公室

获奖集体名称/ 个人姓名	奖项名称	获奖时间	颁奖单位
王登魁	山西省干部驻村帮扶工作模范第一书记	2020 年	山西省人力资源和社会保障厅、省扶贫办
国家医保局			
国家医疗保障局机关党委(人事司)综合处(党群办)	甘肃省脱贫攻坚先进集体	2021 年	甘肃省委、省政府
国家医保局	甘肃省脱贫攻坚先进集体	2020 年	甘肃省脱贫攻坚领导小组
张元智	甘肃省脱贫攻坚先进个人	2021 年	甘肃省委、省政府
李大鹏	甘肃省脱贫攻坚先进个人	2020 年	甘肃省脱贫攻坚领导小组
国务院参事室			
刘学勇	吉林省脱贫攻坚先进个人	2021 年	吉林省委、省政府
王 优	中央和国家机关优秀共产党员	2021 年	中央和国家机关工委
杨文军	吉林省脱贫攻坚奖特别贡献奖	2019 年	吉林省人力资源和社会保障厅、省扶贫办
国管局			
国管局驻阜平县扶贫工作组	河北省脱贫攻坚先进集体	2021 年	河北省委、省政府
国管局扶贫办	中央和国家机关等单位定点扶贫先进集体	2014 年	国务院扶贫开发领导小组
陈 功	河北省脱贫攻坚先进个人	2021 年	河北省委、省政府
赵振兴	河北省扶贫脱贫优秀驻村第一书记	2018 年	河北省委组织部、省扶贫办
刘 伟	河北省精准脱贫优秀驻村第一书记	2017 年	河北省委组织部、省扶贫办
国务院港澳办			
王振强	河北省脱贫攻坚奖贡献奖	2018 年	河北省扶贫开发和脱贫工作领导小组

续表

获奖集体名称／ 个人姓名	奖项名称	获奖时间	颁奖单位
国务院研究室			
王　涛	河南青年五四奖章	2019 年	共青团河南省委
王　涛	河南省脱贫攻坚奖贡献奖	2018 年	河南省委、省政府
新华社			
新华社第三批驻石阡扶贫工作队	贵州省脱贫攻坚先进集体	2019 年	贵州省扶贫开发领导小组
新华社思南扶贫工作队	中央国家机关等单位定点扶贫先进集体	2014 年	国务院扶贫开发领导小组
李本源	全省脱贫攻坚优秀村第一书记	2020 年	贵州省委
邓诗微	全省脱贫攻坚优秀共产党员	2019 年	贵州省委
杨　琨	贵州省脱贫攻坚先进个人	2019 年	贵州省扶贫开发领导小组
欧甸丘	贵州省脱贫攻坚先进个人	2019 年	贵州省扶贫开发领导小组
汪　鹏	河北省脱贫攻坚奖贡献奖	2019 年	河北省扶贫开发领导小组
朱　峰	河北省脱贫攻坚奖创新奖	2018 年	河北省扶贫开发领导小组
宾绍政	全省脱贫攻坚优秀村第一书记	2018 年	贵州省委
中国科学院			
科技支撑精准扶贫助推水城县脱贫摘帽团队	中国科学院科技促进发展奖	2020 年	中国科学院
中国科学院水城脱贫攻坚党支部	全省脱贫攻坚先进党组织	2019 年	贵州省委
国家精准扶贫成效评估决策关键技术及其应用团队	中国科学院科技促进发展奖	2018 年	中国科学院
钟　瑾	全国巾帼建功标兵	2021 年	全国妇联

续表

获奖集体名称／个人姓名	奖项名称	获奖时间	颁奖单位
钟彩虹	全国创新争先奖	2020 年	人力资源社会保障部、中国科协、科技部、国务院国资委
赵贵山	贵州省脱贫攻坚优秀村第一书记	2020 年	贵州省委
唐从国	贵州省脱贫攻坚优秀共产党员	2019 年	贵州省委
赵贵山	贵州省脱贫攻坚先进个人	2019 年	贵州省扶贫开发领导小组
田 通	贵州省脱贫攻坚先进个人	2019 年	贵州省扶贫开发领导小组
韩 力	贵州省脱贫攻坚优秀村第一书记	2018 年	贵州省委
曾馥平	广西壮族自治区中直机关定点扶贫先进工作者	2014 年	广西壮族自治区扶贫开发领导小组
曾馥平	广西壮族自治区优秀共产党员	2012 年	广西壮族自治区党委
曾馥平	广西壮族自治区十大先锋人物	2012 年	广西壮族自治区党委组织部
中国社科院			
王 寅	陕西省脱贫攻坚先进个人	2021 年	陕西省委、省政府
中国工程院			
中国工程院扶贫办	云南省脱贫攻坚先进集体	2021 年	云南省委、省政府
中国工程院扶贫办	云南省脱贫攻坚奖（扶贫先进集体）	2018 年	云南省扶贫开发领导小组
常军乾	云南省脱贫攻坚先进个人	2021 年	云南省委、省政府
何朝辉	云南省脱贫攻坚先进个人	2021 年	云南省委、省政府
刘元昕	云南省脱贫攻坚奖（扶贫先进工作者）	2020 年	云南省扶贫开发领导小组
马守磊	云南省脱贫攻坚奖（优秀驻村扶贫工作队员）	2018 年	云南省扶贫开发领导小组

获奖集体名称／个人姓名	奖项名称	获奖时间	颁奖单位
国务院发展研究中心			
国务院发展研究中心、大名县委党校驻大名县大街镇双台村工作队	河北省脱贫攻坚先进集体	2018 年	河北省扶贫开发和脱贫工作领导小组
中央广电总台			
中央广播电视总台总经理室"广告精准扶贫"工作组	四川省脱贫攻坚先进集体	2021 年	四川省委、省政府
刘 超	四川省脱贫攻坚先进个人	2021 年	四川省委、省政府
中国气象局			
中国气象局应急减灾与公共服务司	中央国家机关等单位定点扶贫先进集体	2014 年	国务院扶贫开发领导小组
杨瑞林	中国气象局扶贫先进个人	2018 年	中国气象局
彭勇刚	中国气象局扶贫先进个人	2018 年	中国气象局
程 飞	中国气象局扶贫先进个人	2018 年	中国气象局
全国社保基金会			
余有德	内蒙古自治区脱贫攻坚先进个人	2021 年	内蒙古自治区党委、区政府
刁怀杰	青年创新创业创优标兵	2019 年	内蒙古自治区党委
国家信访局			
国家信访局	河北省脱贫攻坚先进集体	2021 年	河北省扶贫开发领导小组
周 波	河北省脱贫攻坚先进个人	2021 年	河北省扶贫开发领导小组
张巍婷	全国先进工作者	2020 年	中共中央、国务院
张巍婷	全国三八红旗手	2019 年	全国妇联
张巍婷	河北省脱贫攻坚奖贡献奖	2019 年	河北省扶贫开发和脱贫工作领导小组

获奖集体名称／ 个人姓名	奖项名称	获奖时间	颁奖单位
张巍婷	河北省扶贫脱贫优秀驻村第一书记	2019 年	河北省委组织部、省扶贫办
张巍婷	河北省扶贫脱贫优秀驻村第一书记	2018 年	河北省委组织部、省扶贫办
全国供销合作总社			
吉志雄	江西省脱贫攻坚奖贡献奖	2020 年	江西省政府
吉志雄	江西省最美扶贫干部	2020 年	江西省委组织部、省委宣传部、省扶贫办
吉志雄	江西省新时代赣鄱先锋	2020 年	江西省委组织部
吉志雄	江西好人	2020 年	江西省文明办
光明日报社			
光明日报社扶贫办公室	青海省脱贫攻坚先进集体	2021 年	青海省委、省政府
光明日报社	青海省 2019 年度脱贫攻坚先进单位	2020 年	青海省委、省政府
尚 杰	青海省脱贫攻坚先进个人	2021 年	青海省委、省政府
尚 杰	青海省 2019 年度脱贫攻坚先进个人	2020 年	青海省委、省政府
胡清强	青海省 2018 年度脱贫攻坚先进个人	2019 年	青海省委、省政府
经济日报社			
张 征	河北省脱贫攻坚先进个人	2021 年	河北省委、省政府
中国法学会			
李鑫鑫	重庆市 2019 年度脱贫攻坚奖贡献奖	2019 年	重庆市人力资源和社会保障局、市扶贫办开发办公室
全国对外友协			
孟庆克	山西省脱贫攻坚先进个人	2021 年	山西省委、省政府

获奖集体名称/ 个人姓名	奖项名称	获奖时间	颁奖单位
徐赐明	山西省脱贫攻坚奖贡献奖	2020 年	山西省人力资源和社会保障厅、省扶贫办
中国记协			
中国记协	甘肃省脱贫攻坚帮扶先进集体	2021 年	甘肃省脱贫攻坚领导小组
中国记协	甘肃省脱贫攻坚帮扶先进集体	2020 年	甘肃省脱贫攻坚领导小组
宋晓明	甘肃省脱贫攻坚帮扶先进个人	2021 年	甘肃省脱贫攻坚领导小组
戎昌海	甘肃省脱贫攻坚帮扶先进个人	2020 年	甘肃省脱贫攻坚领导小组
阎成谦	甘肃省脱贫攻坚帮扶先进个人	2019 年	甘肃省脱贫攻坚领导小组
杨　克	甘肃省先进驻村帮扶工作队队长（队员）	2018 年	甘肃省脱贫攻坚帮扶工作协调领导小组
全国台联			
全国台联办公室人事处	甘肃省脱贫攻坚先进集体	2021 年	甘肃省委、省政府
全国台联	甘肃省脱贫攻坚帮扶先进集体	2020 年	甘肃省脱贫攻坚领导小组
全国台联	甘肃省脱贫攻坚帮扶先进集体	2019 年	甘肃省脱贫攻坚领导小组
全国台联	甘肃省双联行动暨精准扶贫省外帮扶单位民心奖	2016 年	甘肃省委、省政府
朱肖宏	甘肃省脱贫攻坚帮扶先进个人	2021 年	甘肃省委、省政府
成龙奎	甘肃省脱贫攻坚帮扶先进个人	2020 年	甘肃省脱贫攻坚领导小组
成龙奎	甘肃省脱贫攻坚帮扶先进个人	2019 年	甘肃省脱贫攻坚领导小组
朱肖宏	甘肃省脱贫攻坚帮扶先进个人	2018 年	甘肃省脱贫攻坚领导小组

获奖集体名称/ 个人姓名	奖项名称	获奖时间	颁奖单位
中国贸促会			
关智中	贵州省脱贫攻坚先进个人	2021 年	贵州省委、省政府
崔 乐	贵州省脱贫攻坚优秀共产党员	2020 年	贵州省委
崔 乐	贵州省脱贫攻坚先进个人	2019 年	贵州省扶贫开发领导小组
李 鹏	贵州省脱贫攻坚先进个人	2019 年	贵州省扶贫开发领导小组
刘伟男	贵州省脱贫攻坚优秀村第一书记	2019 年	贵州省委
中国残联			
中国残联驻车官屯工作组	河北省扶贫脱贫"先进驻村工作队"	2017 年	河北省委组织部、省扶贫办
赵博飞	河北省脱贫攻坚奖贡献奖	2018 年	河北省委组织部、省扶贫办
陈森斌	河北省优秀驻村第一书记	2017 年	河北省委组织部、省扶贫办
中国红十字会			
白世雄	湖北省脱贫攻坚先进个人	2021 年	湖北省委、省政府
中国宋庆龄基金会			
王 禹	中央国家机关等单位定点扶贫先进个人	2014 年	国务院扶贫开发领导小组
中国国家铁路集团有限公司			
国铁集团派驻栾川县扶贫工作队	河南省脱贫攻坚先进集体	2021 年	河南省委、省政府
国铁集团派驻勉县唐家湾村扶贫工作队	陕西省脱贫攻坚先进集体	2021 年	陕西省委、省政府
国铁集团派驻和田县达奎村"访惠聚"工作队	新疆维吾尔自治区脱贫攻坚先进集体	2021 年	新疆维吾尔自治区党委、区政府

续表

获奖集体名称/个人姓名	奖项名称	获奖时间	颁奖单位
国铁集团派驻和田县巴什拉依喀村"访惠聚"工作队支部委员会	新疆维吾尔自治区先进基层党组织	2021 年	新疆维吾尔自治区党委、区政府
国铁集团派驻和田县达奎村"访惠聚"工作队	铁路脱贫攻坚先进集体	2021 年	中国国家铁路集团有限公司
国铁集团派驻和田县巴什拉依喀村工作队	新疆维吾尔自治区"访民情惠民生聚民心"驻村工作先进集体	2019 年	新疆维吾尔自治区"访惠聚"驻村工作领导小组
国铁集团派驻和田县拉依喀村"访惠聚"工作队	铁路扶贫工作先进集体	2018 年	原中国铁路总公司
国铁集团派驻和田县拉依喀村驻村工作队	新疆维吾尔自治区"访惠聚"驻村工作先进工作队	2017 年	新疆维吾尔自治区"访惠聚"驻村工作领导小组
国铁集团派驻和田县巴什拉依喀村驻村工作队	新疆维吾尔自治区"访惠聚"驻村工作先进工作队	2017 年	新疆维吾尔自治区"访惠聚"驻村工作领导小组
艾尼瓦尔·艾买提	新疆维吾尔自治区优秀共产党员	2021 年	新疆维吾尔自治区党委、区政府
任 君	铁路脱贫攻坚火车头奖章	2021 年	中国国家铁路集团有限公司
杨晓宏	中央国家机关等单位定点扶贫先进个人	2014 年	国务院扶贫开发领导小组
中国投资有限责任公司			
中国投资有限责任公司帮扶办公室	甘肃省脱贫攻坚先进集体	2021 年	甘肃省委、省政府
中国银河金融控股有限责任公司帮扶办公室	甘肃省脱贫攻坚先进集体	2021 年	甘肃省委、省政府
中国银河证券股份有限公司帮扶办公室	甘肃省脱贫攻坚先进集体	2021 年	甘肃省委、省政府

获奖集体名称/ 个人姓名	奖项名称	获奖时间	颁奖单位
申万宏源证券有限 公司帮扶办公室	甘肃省脱贫攻坚先进集体	2021 年	甘肃省委、省政府
中国投资有限责 任公司	甘肃省脱贫攻坚帮扶先进集体	2021 年	甘肃省脱贫攻坚领导 小组
中国大地保险循 化支公司	全国金融五一劳动奖状	2020 年	中国金融工会
中国投资有限责 任公司	甘肃省脱贫攻坚帮扶先进集体	2019 年	甘肃省脱贫攻坚领导 小组
中国建投驻施秉 县帮扶工作组	贵州省脱贫攻坚先进集体	2019 年	贵州省扶贫开发领导 小组
中国再保险(集团) 股份有限公司	青海省脱贫攻坚先进单位	2018 年	青海省委、省政府
中国再保险(集团) 股份有限公司	青海省脱贫攻坚先进单位	2016 年	青海省委、省政府
金 磊	甘肃省脱贫攻坚帮扶先进个人	2021 年	甘肃省脱贫攻坚领导 小组
雷 涛	甘肃省脱贫攻坚帮扶先进个人	2021 年	甘肃省脱贫攻坚领导 小组
夏兴家	贵州省脱贫攻坚先进个人	2021 年	贵州省委、省政府
金长庆	甘肃省脱贫攻坚先进个人	2021 年	甘肃省委、省政府
刘 瑜	甘肃省脱贫攻坚先进个人	2021 年	甘肃省委、省政府
杜晓光	甘肃省脱贫攻坚帮扶先进个人	2020 年	甘肃省脱贫攻坚领导 小组
张维刚	青海省脱贫攻坚先进个人	2019 年	青海省委、省政府
王 磊	全国五一劳动奖章	2019 年	全国总工会
吴敏辉	甘肃省脱贫攻坚帮扶先进个人	2019 年	甘肃省脱贫攻坚领导 小组
王 磊	青海省脱贫攻坚先进个人	2018 年	青海省委、省政府
王红军	全国金融五一劳动奖章	2018 年	中国金融工会

续表

获奖集体名称 / 个人姓名	奖项名称	获奖时间	颁奖单位
闫伟岗	贵州省脱贫攻坚先进个人	2017 年	贵州省扶贫开发领导小组
中国中信集团有限公司			
王 立	云南省脱贫攻坚先进个人	2021 年	云南省委、省政府
王 孟	云南省脱贫攻坚先进个人	2021 年	云南省委、省政府
韩智慧	云南省优秀驻村工作队员	2020 年	云南省扶贫开发领导小组
肖 鸣	重庆市脱贫攻坚工作先进个人奉献奖	2020 年	重庆市扶贫开发领导小组
肖 鸣	重庆市扶贫开发工作 2018 年度先进个人	2018 年	重庆市人社局、扶贫办
中国光大集团股份有限公司			
李东山	湖南省脱贫攻坚先进个人	2021 年	湖南省委、省政府
李东山	最美扶贫人物	2020 年	湖南省扶贫办开发领导小组
汤道财	全国金融五一劳动奖章	2020 年	中国金融工会全国委员会
李言志	最美扶贫人物	2017 年	湖南省扶贫开发领导小组
周国平	最美扶贫人物	2017 年	湖南省扶贫开发领导小组
中国邮政集团有限公司			
王海珍	陕西省脱贫攻坚先进个人	2021 年	陕西省委、省政府
中国出版集团公司			
中国出版集团公司	青海省脱贫攻坚先进单位	2019 年	青海省委、省政府
仝攀峰	青海省脱贫攻坚先进个人	2019 年	青海省委、省政府
国家档案局			
安程亮	四川省脱贫攻坚先进个人	2021 年	四川省委、省政府

获奖集体名称 / 个人姓名	奖项名称	获奖时间	颁奖单位
国家保密局			
敖　军	湖北省脱贫攻坚先进个人	2021 年	湖北省委、省政府
国家粮食和储备局			
杨乔伟	安徽省第六批优秀选派帮扶干部标兵	2018 年	安徽省委组织部、省扶贫办、省财政厅、省人力资源和社会保障厅
国家能源局			
国家能源局发展规划司扶贫开发处	甘肃省脱贫攻坚先进集体	2021 年	甘肃省委、省政府
甘肃能源监管办帮扶办	甘肃省脱贫攻坚先进集体	2021 年	甘肃省委、省政府
国家能源局	甘肃省脱贫攻坚帮扶先进集体	2016—2020 年连续 5 年	甘肃省脱贫攻坚领导小组
国家能源局	甘肃省精准扶贫省外帮扶单位"民心奖"	2015 年	甘肃省委、省政府
甘肃能源监管办综合处	中央国家机关等单位定点扶贫先进集体	2014 年	国务院扶贫开发领导小组
甘肃能源监管办	甘肃省扶贫"民心奖"	2013 年	甘肃省委、省政府
谷双魁	甘肃省脱贫攻坚先进个人	2021 年	甘肃省委、省政府
徐霆	甘肃省脱贫攻坚先进个人	2021 年	甘肃省委、省政府
李向东	甘肃省脱贫攻坚先进个人	2021 年	甘肃省委、省政府
张建伟	甘肃省脱贫攻坚帮扶先进个人	2020 年	甘肃省脱贫攻坚领导小组
吕忠	甘肃省脱贫攻坚帮扶先进个人	2020 年	甘肃省脱贫攻坚领导小组
张建伟	甘肃省脱贫攻坚帮扶先进个人	2019 年	甘肃省脱贫攻坚领导小组
谷双魁	甘肃省脱贫攻坚帮扶先进个人	2019 年	甘肃省脱贫攻坚领导小组

续表

获奖集体名称 / 个人姓名	奖项名称	获奖时间	颁奖单位
徐霆	甘肃省驻村帮扶工作队队长先进个人	2019 年	甘肃省脱贫攻坚领导小组
孙元辛	甘肃省脱贫攻坚帮扶先进个人	2017 年	甘肃省脱贫攻坚领导小组
车文玺	甘肃省省直单位"双联"行动"优秀共产党员"	2015 年	甘肃省直机关工委
国家国防科工局			
国家国防科工局派驻汉中市宁强县、略阳县工作组	陕西省脱贫攻坚先进集体	2021 年	陕西省委、省政府
国家国防科工局	中央赴陕定点扶贫先进单位	2012 年	陕西省扶贫开发领导小组
国家烟草局			
国家烟草专卖局扶贫办	中央国家机关等单位定点扶贫先进集体	2014 年	国务院扶贫开发领导小组
宋启航	湖北省脱贫攻坚先进个人	2021 年	湖北省委、省政府
轩松岭	烟草行业扶贫工作先进个人	2020 年	国家烟草局
国家林草局			
中国林科院亚热带林业实验中心经济林科技创新团队	贵州省脱贫攻坚先进集体	2021 年	贵州省委、省政府
中国林业科学研究院热带林业研究所第二党支部	广西壮族自治区脱贫攻坚先进集体	2021 年	广西壮族自治区党委、区政府
中国林业科学研究院亚热带林业研究所罗城科技帮扶专班	广西壮族自治区脱贫攻坚先进集体	2021 年	广西壮族自治区党委、区政府
赵庆超	贵州省脱贫攻坚先进个人	2021 年	贵州省委、省政府

获奖集体名称 / 个人姓名	奖项名称	获奖时间	颁奖单位
曲 佳	贵州省脱贫攻坚先进个人	2019 年	贵州省政府
张明吉	全国林业系统先进个人	2018 年	人力资源社会保障部、原国家林业局
国家铁路局			
国家铁路局派驻榕江县帮扶工作组	贵州省脱贫攻坚先进集体	2021 年	贵州省委、省政府
文 海	贵州省脱贫攻坚先进个人	2019 年	贵州省扶贫开发领导小组
徐 帅	贵州省脱贫攻坚优秀村第一书记	2019 年	贵州省委
魏恩会	国家铁路局优秀共产党员	2017 年	国家铁路局
魏恩会	贵州省优秀共产党员	2016 年	贵州省委
魏恩会	贵州省优秀村第一书记	2015 年	贵州省委党的建设工作领导小组
中国民航局			
中国民航局脱贫攻坚工作领导小组办公室	新疆维吾尔自治区脱贫攻坚先进集体	2021 年	新疆维吾尔自治区党委、区政府
民航新疆空中交通管理局工会办公室	新疆维吾尔自治区脱贫攻坚先进集体	2021 年	新疆维吾尔自治区党委、区政府
民航新疆管理局扶贫领导小组办公室	新疆维吾尔自治区脱贫攻坚组织创新奖	2020 年	新疆维吾尔自治区扶贫开发工作领导小组
民航新疆管理局驻策勒县达玛沟乡古勒铁日干村工作队	新疆维吾尔自治区"访惠聚"驻村工作先进集体	2017—2020 年连续 4 年	新疆维吾尔自治区"访惠聚"驻村工作领导小组
民航新疆管理局	新疆维吾尔自治区"访惠聚"驻村工作优秀组织单位	2017—2020 年连续 4 年	新疆维吾尔自治区"访惠聚"驻村工作领导小组

续表

获奖集体名称/ 个人姓名	奖项名称	获奖时间	颁奖单位
民航新疆管理局驻策勒县达玛沟乡硝尔哈纳村工作队	新疆维吾尔自治区"访惠聚"驻村工作先进集体	2017 年、2018 年	新疆维吾尔自治区"访惠聚"驻村工作领导小组
民航新疆管理局驻策勒县达玛沟乡古勒铁日干村工作队	新疆维吾尔自治区"访惠聚"驻村工作先进集体	2016 年	新疆维吾尔自治区党委、区政府
民航新疆管理局	新疆维吾尔自治区"访惠聚"驻村工作优秀组织单位	2016 年	新疆维吾尔自治区党委、区政府
民航新疆管理局驻策勒县达玛沟乡古勒铁日干村工作队	新疆维吾尔自治区"访惠聚"驻村工作先进集体	2014 年	新疆维吾尔自治区党委
民航新疆管理局	新疆维吾尔自治区"访惠聚"驻村工作优秀组织单位	2014 年	新疆维吾尔自治区党委
郭成宏	新疆维吾尔自治区脱贫攻坚先进个人	2021 年	新疆维吾尔自治区党委、区政府
祁 飞	新疆维吾尔自治区脱贫攻坚先进个人	2021 年	新疆维吾尔自治区党委、区政府
彭 诚	新疆维吾尔自治区"访惠聚"驻村工作先进个人	2019 年	新疆维吾尔自治区"访惠聚"驻村工作领导小组
李正乐	新疆维吾尔自治区选派深度贫困村第一书记先进个人	2019 年	新疆维吾尔自治区"访惠聚"驻村工作领导小组
任建军	新疆维吾尔自治区"访惠聚"驻村工作先进个人	2019 年	新疆维吾尔自治区"访惠聚"驻村工作领导小组
彭 诚	新疆维吾尔自治区"访惠聚"驻村工作先进个人	2018 年	新疆维吾尔自治区"访惠聚"驻村工作领导小组
王 飞	新疆维吾尔自治区选派深度贫困村第一书记先进个人	2018 年	新疆维吾尔自治区"访惠聚"驻村工作领导小组

获奖集体名称/ 个人姓名	奖项名称	获奖时间	颁奖单位
李正乐	新疆维吾尔自治区选派深度贫困村第一书记先进个人	2018 年	新疆维吾尔自治区"访惠聚"驻村工作领导小组
周 翔	新疆维吾尔自治区"访惠聚"驻村工作先进工作者	2016 年	新疆维吾尔自治区党委、区政府
朱 焕	新疆维吾尔自治区"访惠聚"驻村工作先进工作者	2016 年	新疆维吾尔自治区党委、区政府
张 刚	新疆维吾尔自治区"访惠聚"驻村工作先进工作者	2015 年	新疆维吾尔自治区党委
杨 进	新疆维吾尔自治区"访惠聚"驻村工作先进工作者	2014 年	新疆维吾尔自治区党委
梁绪勇	新疆维吾尔自治区"访惠聚"驻村工作先进工作者	2014 年	新疆维吾尔自治区党委
国家邮政局			
张惠荣	河北省脱贫攻坚先进个人	2021 年	河北省委、省政府
陈拔群	全国邮政行业劳动模范	2020 年	人力资源社会保障部、国家邮政局
陈拔群	河北省扶贫脱贫"优秀驻村第一书记"	2020 年	河北省委组织部、省扶贫办
陈拔群	河北省扶贫脱贫"优秀驻村第一书记"	2019 年	河北省委组织部、省扶贫办
陈拔群	河北省扶贫脱贫"优秀驻村第一书记"	2018 年	河北省委组织部、省扶贫办
国家乡村振兴局			
国务院扶贫办社会扶贫司定点扶贫处	贵州省脱贫攻坚先进集体	2019 年	贵州省扶贫开发领导小组
国务院扶贫办开发指导司	甘肃省脱贫攻坚帮扶先进集体	2019 年	甘肃省脱贫攻坚领导小组
门 冰	甘肃省脱贫攻坚帮扶先进个人	2021 年	甘肃省脱贫攻坚领导小组
刘胜安	甘肃省脱贫攻坚帮扶先进个人	2020 年	甘肃省脱贫攻坚领导小组

续表

获奖集体名称／个人姓名	奖项名称	获奖时间	颁奖单位
李茂林	甘肃省脱贫攻坚先进个人	2019 年	甘肃省委、省政府
范军武	贵州省脱贫攻坚优秀共产党员	2019 年	贵州省委
张显峰	甘肃省脱贫攻坚帮扶先进个人	2018 年	甘肃省脱贫攻坚领导小组
余　晖	贵州省脱贫攻坚优秀村第一书记	2018 年	贵州省委
卢立群	贵州省脱贫攻坚先进个人	2017 年	贵州省委
刘　为	贵州省优秀村第一书记	2016 年	贵州省委党的建设工作领导小组
刘　为	贵州省优秀共产党员	2016 年	贵州省委
国家文物局			
曹明成	河南省脱贫攻坚先进个人	2021 年	河南省委、省政府
国家药监局			
张艳琴	全国巾帼建功标兵荣誉称号	2021 年	全国妇联
张年亮	安徽省优秀共产党员	2021 年	安徽省委
朱明春	全国"最美家庭"	2018 年	全国妇联
国家知识产权局			
蒋鹤鸣	湖南省脱贫攻坚先进个人	2021 年	湖南省委、省政府
田　明	河北省脱贫攻坚先进个人	2021 年	河北省委、省政府
肖聂尊	黑龙江省脱贫攻坚奖贡献奖	2019 年	黑龙江省扶贫开发领导小组
中国地震局			
中国地震局	甘肃省脱贫攻坚帮扶先进集体	2020 年	甘肃省脱贫攻坚领导小组
中国地震局	甘肃省脱贫攻坚帮扶先进集体	2019 年	甘肃省脱贫攻坚领导小组
甘肃省地震局发展与财务处	中央国家机关等单位定点扶贫先进集体	2014 年	国务院扶贫开发领导小组

获奖集体名称/ 个人姓名	奖项名称	获奖时间	颁奖单位
徐 鑫	甘肃省脱贫攻坚帮扶先进个人	2020 年	甘肃省脱贫攻坚领导小组
陈家乐	应急管理部直属机关"优秀青年干部标兵"	2020 年	应急管理部
徐 鑫	甘肃省脱贫攻坚帮扶先进个人	2019 年	甘肃省脱贫攻坚领导小组
陈家乐	中国地震局直属机关"优秀共产党员"	2019 年	中国地震局
陈 涛	甘肃省脱贫攻坚帮扶先进个人	2018 年	甘肃省脱贫攻坚领导小组
陈 涛	甘肃省脱贫攻坚帮扶工作先进帮扶干部	2017 年	甘肃省脱贫攻坚领导小组
孙成功	甘肃省脱贫攻坚帮扶工作先进帮扶队员	2017 年	甘肃省脱贫攻坚领导小组
国家自然科学基金委			
沈林福	第八届首都民族团结进步先进个人	2018 年	北京市委、市政府
中国浦东干部学院			
高泽生	贵州省脱贫攻坚优秀村第一书记	2020 年	贵州省委
刘运喜	贵州省脱贫攻坚优秀共产党员	2019 年	贵州省委
高泽生	贵州省脱贫攻坚先进个人	2019 年	贵州省扶贫开发领导小组
居继涛	贵州省脱贫攻坚优秀村第一书记	2018 年	贵州省委
中国延安干部学院			
中国延安干部学院驻越西扶贫工作队	四川省脱贫攻坚先进集体	2021 年	四川省委、省政府
程时旭	四川省脱贫攻坚先进个人	2021 年	四川省委、省政府
张 旭	凉山州综合帮扶工作队优秀队员	2021 年	四川省委、省政府
强 欣	凉山州综合帮扶工作队优秀队员	2019 年	四川省委、省政府

获奖集体名称/个人姓名	奖项名称	获奖时间	颁奖单位
程时旭	四川省 2016 年脱贫攻坚"五个一"驻村帮扶先进个人、优秀第一书记	2017 年	四川省委、省政府
中国井冈山干部学院			
中国井冈山干部学院驻鄱阳县游城乡花桥村帮扶工作队	江西省脱贫攻坚先进集体	2021 年	江西省委、省政府
中国工程物理研究院			
梁 勇	陕西省脱贫攻坚先进个人	2021 年	陕西省委、省政府
王 磊	陕西省优秀第一书记	2017 年	陕西省委组织部、省委宣传部、省扶贫办、省财政厅、省人力资源和社会保障厅、省公务员局
北京航空航天大学			
韩 庚	山西省优秀共产党员	2021 年	山西省委
韩 庚	山西省脱贫攻坚先进个人	2021 年	山西省委、省政府
韩 庚	北京高校优秀共产党员	2020 年	北京市教工委
韩 庚	"中国好人榜"敬业奉献好人	2020 年	中央文明办
李建伟	"感动山西"特别奖	2016 年	山西省委宣传部
北京理工大学			
赵 汐	山西省干部驻村帮扶先进工作队长	2020 年	山西省人力资源和社会保障厅、省扶贫办
刘博联	"感动山西"特别奖	2017 年	山西省委宣传部
西北工业大学			
西北工业大学	广西脱贫攻坚特别贡献单位	2021 年	广西壮族自治区党委、区政府
西北工业大学扶贫办	广西壮族自治区脱贫攻坚先进集体	2020 年	广西壮族自治区扶贫办

获奖集体名称/ 个人姓名	奖项名称	获奖时间	颁奖单位
方 原	广西壮族自治区优秀脱贫攻坚工作队员	2020 年	广西壮族自治区党委组织部
哈尔滨工业大学			
哈尔滨工业大学扶贫办	广西壮族自治区脱贫攻坚先进集体	2021 年	广西壮族自治区党委、区政府
李 峰	广西壮族自治区脱贫攻坚先进个人	2017 年	广西壮族自治区扶贫办
中国科学技术大学			
中国科学技术大学扶贫开发领导小组办公室	贵州省脱贫攻坚先进集体	2019 年	贵州省扶贫开发领导小组
林高华	贵州省脱贫攻坚先进个人	2021 年	贵州省扶贫开发领导小组
徐晶芝	贵州省脱贫攻坚先进个人	2021 年	贵州省扶贫开发领导小组
陈 超	贵州省脱贫攻坚优秀共产党员	2019 年	贵州省委
杨志伟	贵州省脱贫攻坚优秀第一书记	2018 年	贵州省委

后 记

在隆重庆祝中国共产党成立 100 周年之际，为全面总结回顾中央和国家机关定点扶贫走过的光辉历程、取得的丰硕成果、积累的宝贵经验，进一步弘扬脱贫攻坚精神，激励中央和国家机关广大党员干部不忘初心、牢记使命，助力巩固拓展脱贫攻坚成果同乡村振兴有效衔接，为全面建设社会主义现代化国家作出新的更大贡献，中央和国家机关工委组织编写了《中央和国家机关定点扶贫成就巡礼集》。

在本书的策划、编选和出版中，始终得到了中央和国家机关各部门的大力支持，为本书提供了真实可靠较为全面的资料素材。人民出版社给予了大力支持。在此，谨向对编辑出版提供帮助支持的部门和同志表示衷心的感谢。

由于水平有限，书中难免有疏漏和不足之处，敬请提出宝贵意见。

编者

2021 年 7 月

责任编辑：任　民

版式设计：汪　莹

图书在版编目（CIP）数据

中央和国家机关定点扶贫成就巡礼集／中央和国家机关工委 编．—北京：
人民出版社，2021.11

ISBN 978－7－01－023503－5

I.①中… II.①中… III.①农村－扶贫－中国 IV.①F323.8

中国版本图书馆 CIP 数据核字（2021）第 110929 号

中央和国家机关定点扶贫成就巡礼集

ZHONGYANG HE GUOJIA JIGUAN DINGDIAN FUPIN CHENGJIU XUNLI JI

中央和国家机关工委　编

人 民 出 版 社 出版发行

（100706　北京市东城区隆福寺街 99 号）

北京雅昌艺术印刷有限公司印刷　新华书店经销

2021 年 11 月第 1 版　2021 年 11 月北京第 1 次印刷

开本：787 毫米 ×1092 毫米 1/16　印张：80.5

字数：1182 千字

ISBN 978－7－01－023503－5　定价：233.00 元（上、下）

邮购地址 100706　北京市东城区隆福寺街 99 号

人民东方图书销售中心　电话（010）65250042　65289539